Notare als Mentoren im Gesellschaftsrecht

Festschrift für Heribert Heckschen
zum 65. Geburtstag

NOTARE ALS MENTOREN IM GESELLSCHAFTSRECHT

FESTSCHRIFT FÜR

HERIBERT HECKSCHEN

ZUM 65. GEBURTSTAG

Herausgegeben von

Prof. Dr. Barbara Grunewald

Prof. Dr. Oswald van de Loo

Prof. Dr. Walter G. Paefgen

Prof. Dr. Dres. h. c. Harm Peter Westermann

2024

C.H.BECK

Zitiervorschlag:
Bearbeiter FS Heckschen, 2024, 1

beck.de

ISBN 978 3 406 82442 5

Wilhelmstraße 9, 80801 München
Druck und Bindung: Beltz Grafische Betriebe GmbH,
Am Fliegerhorst 8, 99947 Bad Langensalza

Satz: Jung Crossmedia Publishing GmbH, Lahnau
Umschlag: Druckerei C.H.Beck Nördlingen

chbeck.de/nachhaltig

Gedruckt auf säurefreiem, alterungsbeständigem Papier
(hergestellt aus chlorfrei gebleichtem Zellstoff)

VORWORT

Am 20. Oktober 2024 hat Heribert Heckschen sein 65. Lebensjahr vollendet. Dies ist Anlass, eine bemerkenswerte Karriere als Notar, Honorarprofessor an der Technischen Universität Dresden und wissenschaftlicher Autor mit der vorliegenden Festschrift zu würdigen. Freunde und Kollegen aus dem beruflichen und wissenschaftlichen Umfeld haben sich gerne zusammengefunden, um Heribert Heckschen mit dieser Festschrift zu ehren. Die große Zahl der Mitwirkenden aus Wissenschaft und Praxis ist ein sehr beredtes Zeugnis für die hohe fachliche Wertschätzung, die Heribert Heckschen in beiden Bereichen genießt.

In seinen überaus zahlreichen Veröffentlichungen hat sich der Jubilar immer wieder mit der Verbindung von Praxis und Wissenschaft beschäftigt. Fast immer ist es eine Fragestellung aus der Praxis, die er zum Anlass nimmt, ein bestimmtes Thema auch wissenschaftlich zu durchdringen. Ihn interessiert eben nicht nur die konkrete Lösung des Praxisfalls, sondern auch der übergreifende wissenschaftliche Hintergrund. Der Titel dieser Festschrift nimmt hierauf sehr bewusst Bezug.

Heribert Heckschens Veröffentlichungen befassen sich vor allem mit dem Personen- und Kapitalgesellschaftsrecht, aber auch mit dem Insolvenz- und Erbrecht. Schwerpunkte bilden der Unternehmenskauf und die Unternehmensnachfolge sowie seit fast 40 Jahren das Umwandlungsrecht in all seinen Facetten.

Sein tiefes Bedürfnis, Wissen auch an Dritte weiterzugeben und mit ihnen zu diskutieren, motiviert ihn seit langem zu einer umfangreichen Vortragstätigkeit. Seit 20 Jahren leitet er die gesellschaftsrechtlichen Jahrestagungen des Deutschen Anwaltvereins und seit einiger Zeit auch die Tagungen zum Umwandlungsrecht und zum Unternehmenskauf.

Seine Fähigkeit, mit Menschen in Kontakt zu treten und diesen Kontakt zu pflegen, hat ihm nicht nur Ämter bei der Bundesnotarkammer, dem Deutschen Notarinstitut und anderen Institutionen beschert, sondern auch dazu beigetragen, dass er als Sachverständiger vom Rechtsausschuss des Deutschen Bundestages zum Gesetz zur Modernisierung des Personengesellschaftsrechts (MoPeG) angehört wurde.

Es gäbe noch Vieles mehr zu erwähnen, weshalb die vorliegende Festschrift bei den Mitwirkenden auf so wohlwollende Resonanz gestoßen ist. Die Herausgeber und alle Autoren bezeugen mit ihren Beiträgen zu dieser Festschrift ihre hohe Wertschätzung und Dankbarkeit für das bisherige reiche Wirken des Jubilars.

Der Dank der Herausgeber gilt auch dem Beck-Verlag für die Aufnahme der Festschrift in das Verlagsprogramm und deren professionelle Betreuung und hier insbesondere Frau Bettina Miszler, die mit ruhiger und sicherer Hand für die termingerechte Fertigstellung der Festschrift gesorgt hat.

Wir wünschen Heribert Heckschen für die Zukunft weiterhin reiche Schaffenskraft und zu seinem 65. Geburtstag alles Gute – ad multos annos!

Köln/Dresden/Tübingen, im August 2024

Barbara Grunewald Oswald van de Loo Walter Paefgen Harm Peter Westermann

INHALTSVERZEICHNIS

AUTORENVERZEICHNIS

Prof. Dr. Lutz Aderhold
Rechtsanwalt und Notar a. D., Honorarprofessor an der Universität Münster
Dortmund

Dr. Matthias Aldejohann
Rechtsanwalt, Fachanwalt für Handels- und Gesellschaftsrecht
Dresden

Wolfgang Arens
Rechtsanwalt und Notar, Fachanwalt für Arbeitsrecht, Fachanwalt für Handels- und Gesellschaftsrecht, Fachanwalt für Steuerrecht
Bielefeld

Dr. Axel Bauer
Rechtsanwalt
Dresden

Prof. Dr. Walter Bayer
Richter am Thüringer Oberlandesgericht a. D., Ordentlicher Professor an der Friedrich-Schiller-Universität Jena
Jena

Prof. Dr. Alfred Bergmann
Vorsitzender Richter am II. Zivilsenat des Bundesgerichtshofs a. D.
Karlsruhe

Dr. Sebastian Berkefeld
Notar
Augsburg

Prof. Dr. Christian Bochmann, LL.M. (Cambridge)
Rechtsanwalt, Honorarprofessor an der Universität Leipzig
Hamburg

Prof. Dr. Jens Bormann, LL.M. (Harvard)
Notar, Präsident der Bundesnotarkammer, Honorarprofessor an der Leibniz Universität Hannover
Ratingen

Manfred Born
Vorsitzender Richter am Bundesgerichtshof, II. Zivilsenat
Karlsruhe

Prof. Dr. Siegfried H. Elsing, LL.M. (Yale)
Rechtsanwalt, Honorarprofessor an der Heinrich-Heine-Universität Düsseldorf
Düsseldorf

Dr. Norbert Frenz
Notar a. D.
Meerbusch

Jens Gehlich
Rechtsanwalt und Steuerberater
Dresden

Madeline Göbel, LL.M. (Dresden)
Rechtsanwältin
Leipzig

Prof. Dr. Barbara Grunewald
Emeritierte ordentliche Professorin an der Universität zu Köln
Köln

Gilbert Häfner
Präsident des Oberlandesgerichts Dresden a. D.
Dresden

Prof. Dr. Johannes Handschumacher
Rechtsanwalt, Fachanwalt für Bau und Architektenrecht,
Honorarprofessor an der Technischen Universität Dresden
Dresden

Dipl. Kfm. Dr. Andreas Heidinger
Rechtsanwalt, Referatsleiter a. D. Handels-, Gesellschafts- und Steuerrecht am
Deutschen Notarinstitut
Würzburg

Dr. Achim Herfs, LL.M. (Cornell)
Rechtsanwalt
München

Sebastian Herrler
Notar
München

Dr. Raphael Hilser, LL.M. (LSE)
Rechtsreferendar am LG Stuttgart
Stuttgart

Prof. Dr. Dr. h. c. mult. Peter Hommelhoff
Emeritierter ordentlicher Professor und ehemaliger Rektor der Ruprecht-Karls-Universität,
Richter am OLG Hamm a. D.
Heidelberg

Prof. Dr. Detlef Kleindiek
Ordentlicher Professor an der Universität Bielefeld
Bielefeld

Ralf Knaier
Wissenschaftlicher Referent im Handels-, Gesellschafts- und Steuerrecht
sowie Internationalem Privatrecht am Deutschen Notarinstitut
Würzburg

Dr. Hannah Krapp
Rechtsanwältin
Würzburg

Prof. Dr. Jan Lieder, LL.M. (Harvard)
Ordentlicher Professor an der Albert-Ludwigs-Universität Freiburg,
Richter am OLG Schleswig-Holstein
Freiburg

Prof. Dr. Oswald van de Loo
Notar, Honorarprofessor an der Technischen Universität Dresden
Dresden

Dr. Jochen Lux
Rechtsanwalt
Leipzig

Prof. Dr. Dieter Mayer
Notar a. D., Honorarprofessor an der Ludwig-Maximilians-Universität München
München

Prof. Dr. Hans-Friedrich Müller, LL.M. (Bristol)
Ordentlicher Professor an der Universität Trier, Richter am OLG Koblenz
Trier

Prof. Dr. Ulrich Noack
Emeritierter ordentlicher Professor an der Heinrich-Heine-Universität Düsseldorf
Düsseldorf

Dr. Ekkehard Nolting
Rechtsanwalt
Dresden

Prof. Dr. Walter G. Paefgen
Außerplanmäßiger Professor an der Eberhard-Karls-Universität Tübingen
Tübingen

Prof. Dr. Andreas Pentz
Rechtsanwalt, Fachanwalt für Handels- und Gesellschaftsrecht,
Honorarprofessor an der Universität Mannheim
Mannheim

Frank R. Primozic
Rechtsanwalt, Fachanwalt für Handels- und Gesellschaftsrecht,
Fachanwalt für Steuerrecht
Frankfurt am Main

Simon Redler
Notar
Ravensburg

Dr. Adolf Reul
Notar
München

Dr. Pascal Salomon
Notar
Riesa

Prof. Dr. Jessica Schmidt, LL.M. (Nottingham)
Ordentliche Professorin an der Universität Bayreuth
Bayreuth

Prof. Dr. Eberhard Schollmeyer, LL.M. (Emory)
Ministerialrat im Bundesministerium der Justiz, Honorarprofessor an der
Universität Heidelberg
Berlin

Dr. Philipp Selentin
Notarassessor, Geschäftsführer der Notarkammer Thüringen
Jena

Dr. Peter Stelmaszczyk, Maître en Droit (Paris 1 – Panthéon-Sorbonne)
Notar
Burscheid

Prof. Dr. Christoph Teichmann
Ordentlicher Professor an der Julius-Maximilians-Universität Würzburg
Würzburg

Dr. Eberhard Vetter
Rechtsanwalt
Köln

Alexander Walch
Notarassessor, Referent in der Geschäftsführung der Bundesnotarkammer
Berlin

Dr. Jannik Weitbrecht
Notarassessor, Referent beim Deutschen Notarinstitut
Würzburg

Dr. Wolfgang Weitnauer, M.C.L.

Rechtsanwalt
München

Prof. Dr. Hartmut Wicke, LL.M. (Stellenbosch)

Notar, Honorarprofessor an der Ludwig-Maximilians-Universität München
München

Rüdiger Wienberg

Rechtsanwalt, Fachanwalt für Insolvenz- und Sanierungsrecht
Berlin

Dr. Christian Zwade

Rechtsanwalt beim Bundesgerichtshof, Fachanwalt für Steuerrecht,
Fachanwalt für Bank- und Kapitalmarktrecht
Karlsruhe

LUTZ ADERHOLD

Der lange Arm des Aufsichtsrates – Anwendungsprobleme bei § 112 AktG und ihre Rechtsfolgen

I. Problemstellung

Nach §78 Abs. 1 AktG wird eine Aktiengesellschaft durch ihren Vorstand gerichtlich und außergerichtlich vertreten. Sollte – aus welchen Gründen auch immer – einmal kein Vorstand (mehr) vorhanden sein (Führungslosigkeit), wird die Aktiengesellschaft nach §78 Abs. 1 S. 2 AktG ausnahmsweise für die Empfangnahme von Willenserklärungen oder Schriftstücken durch den Aufsichtsrat vertreten. Eine andere Ausnahmeregelung hinsichtlich der Vertretungskompetenz der Aktiengesellschaft bildet § 112 AktG, wonach Vorstandsmitgliedern gegenüber der Aufsichtsrat die Gesellschaft gerichtlich und außergerichtlich vertritt. Diese Regelung ist Konsequenz der durch § 105 Abs. 1 AktG angeordneten strikten funktionalen Trennung zwischen dem Amt als Vorstand und dem Amt als Aufsichtsratsmitglied.

Trotz des auf den ersten Blick klaren und scheinbar eindeutigen Wortlauts der Vorschrift des § 112 AktG, die mit dem Aktiengesetz 1965 eingeführt wurde und die Vorgängerregelung von § 97 Abs. 1 AktG 1937 abgelöst hatte, ist sie sprudelnde Quelle vieler BGH- und sonstiger Urteile und zahlreicher Literaturbeiträge.[1] Dies beruht darauf, dass die Vorschrift einerseits durchaus zu Recht, andererseits aber mit einer Fülle dadurch entstehender Abgrenzungsschwierigkeiten über den Wortlaut hinaus angewendet wird. So ist es inzwischen nahezu unbestritten, dass die Vertretungskompetenz des Aufsichtsrates auch gegenüber ausgeschiedenen Vorstandsmitgliedern gilt[2] oder selbst gegenüber Dritten, wie etwa der Witwe eines ehemaligen Vorstandes oder einer Beratungsgesellschaft, mit der ein Beratungsvertrag über die Beschäftigung und Vergütung eines Vorstandsmitgliedes (sog. Drittanstellungsverträge) vereinbart wird.[3]

Aber nicht nur der sachliche Anwendungsbereich des § 112 AktG ist für bestimmte Konstellationen zweifelhaft und bestritten, sondern der Streit setzt sich fort in der Diskussion über die Rechtsfolgen. Wird § 112 AktG als Verbotsgesetz

---

[1] Vgl. zB nur: BGH NJW 1981, 2748; NJW 1988, 1384; NJW-RR 1990, 739; BB 2005, 514; NJW-RR 2007, 98; NZG 2009, 466; ZIP 2013, 1274; NZG 2015, 792; NJW 2019, 1677; Bachmann FS Grunewald, 2021, 31; Vetter FS Roth, 2011, 856; R. Schmitt FS Hopt, 2010, 1313; Graf Wolffskeel v. Reichenberg FS Mayer, 2020, 170; Nägele/Böhm BB 2005, 2197; Jenne/Miller ZIP 2019, 1052; Fuhrmann NZG 2017, 291; Theusinger/Guntermann AG 2017, 798.

[2] Zum Beispiel BGH NJW-RR 2007, 98 mwN.

[3] BGH NJW 2019, 1677; NZG 2015, 792.

verstanden, würde ein Verstoß dagegen zur Nichtigkeit des abgeschlossenen Rechtsgeschäftes führen. Wäre es nur eine Verletzung der Vertretungskompetenz, so spricht vieles für eine analoge Anwendung der §§ 177ff. BGB mit der Möglichkeit, dass der zunächst übergangene Aufsichtsrat das schwebend unwirksame Geschäft noch diskutieren und ggf. späterhin genehmigen und damit zur Wirksamkeit führen könnte.[4] Wenn die §§ 177ff. BGB zur Anwendung kommen sollen, gibt es wiederum sehr spezifische Probleme im Zusammenhang mit § 112 AktG, denn dann stellt sich die Frage, ob und inwieweit einerseits der ggf. vollmachtlose Vertreter und andererseits der Vertragspartner wissen oder wissen mussten, dass eigentlich § 112 AktG zur Anwendung hätte kommen müssen. Angesichts der angedeuteten Unsicherheiten in der Anwendbarkeit von § 112 AktG kann dies durchaus eine herausfordernde Beurteilung sein, die oftmals von den Betroffenen als Überforderung und Zumutung empfunden wird.

Ein relativ aktueller Fall, der kürzlich unterschiedlich in I. und II. Instanz (ohne anwaltliche Mitwirkung des Verfassers) entschieden worden ist, veranschaulicht sehr eindrucksvoll die Besonderheiten und Schwierigkeiten, die sich aus der Frage der eventuellen Anwendbarkeit von § 112 AktG ergeben können.

II. § 112 AktG und ehemalige Vorstände

1. Anwendungsbeispiel von § 112 AktG

a) Urteil des LG Dortmund vom 26.8.2021 (7 O 442/19)

Das Landgericht Dortmund hat in seinem Urteil vom 26.8.2021 in dem zu entscheidenden Fall noch eine Anwendbarkeit des § 112 AktG abgelehnt. Vereinfacht und verkürzt ging es um folgenden Sachverhalt:

Klägerin war ein deutscher Großkonzern in der Rechtsform der AG mit zahlreichen Beteiligungsgesellschaften, die vielfach auch wiederum als Aktiengesellschaften aufgestellt waren. Der Beklagte war seit 2004 Vorstand einer solchen Beteiligungsgesellschaft in der Rechtsform der Aktiengesellschaft (Schwestergesellschaft I). Gleichzeitig war er bei einer anderen Beteiligungs-AG des Konzerns als Prokurist angestellt (Schwestergesellschaft II). Im Rahmen seiner Anstellung als Vorstand bei der Schwestergesellschaft I wurde zunächst im Jahr 2005 sein Dienstvertrag einvernehmlich beendet, sein Amt als Vorstand dieser AG wurde einvernehmlich Mitte 2008 beendet. In der Folgezeit war der Beklagte nur noch als Prokurist bei dieser AG (Schwestergesellschaft I) tätig.

Bei der Schwestergesellschaft II war der Beklagte noch bis 2005 lediglich Prokurist. Im Jahr 2005 wurde er dann aber dort zum Vorstand bestellt mit entsprechendem Vorstanddienstvertrag, der letztlich im Jahr 2009 bis Mitte 2015 verlängert wurde.

Anfang 2011 entschied sich der Konzern, die Tätigkeit mit dem Beklagten in allen Konzerngesellschaften einvernehmlich zu beenden. Es ist daher zum einen

---

[4] Vgl. nur Schmitt FS Hopt, 2010, 1313.

ein Aufhebungsvertrag hinsichtlich des bei der Schwestergesellschaft II bestehenden Vorstandsdienstvertrages abgeschlossen worden, verbunden mit der Niederlegung des Vorstandsamtes. Die Abfindung für die vorzeitige einvernehmliche Beendigung des Dienstvertrages erreichte nicht die Höhe, die ansonsten für solche Fälle im Konzern üblich war. Dies wurde zugunsten des Beklagten aber dadurch kompensiert, dass zum anderen ihm im Zusammenhang mit der Aufhebung des Prokuristen-Dienstvertrages bei der Schwestergesellschaft I der parallele Abschluss eines Beratervertrages mit einer Laufzeit von neun Monaten und einem Beraterhonorar angeboten wurde, das nicht nur zufällig dem Betrag entsprach, der an der „konzernüblichen" Abfindung für die vorzeitige Beendigung des Vorstandsdienstvertrages noch fehlte.

Bei dem Vertrag über die Aufhebung des Vorstandsdienstvertrages und der Beendigung des Vorstandsamtes wurde die betreffende Schwestergesellschaft des Konzerns durch ihren Aufsichtsrat vertreten. Die andere ebenfalls als AG konstituierte Schwestergesellschaft I, bei der der spätere Beklagte Mitte 2008 als Vorstand ausgeschieden war und seitdem nur noch als Prokurist tätig war, wurde bei dem zeitgleichen Vertragsabschluss im Januar 2011 nicht durch den Aufsichtsrat vertreten, sondern durch ein Vorstandsmitglied in Gemeinschaft mit einem Prokuristen.

Der Beratungsvertrag wurde ordnungsgemäß erfüllt und jahrelang waren sämtliche Beteiligten mit dem Abschluss und der Abwicklung der Verträge einverstanden. Erst acht Jahre später, nämlich im Jahr 2019, wurde der Aufsichtsrat der Schwestergesellschaft I, mit der im Jahr 2011 der Beratervertrag abgeschlossen worden war, aus welchem Grund auch immer noch einmal mit dem Sachverhalt befasst. Nunmehr vertraten Vorstand und Aufsichtsrat der Schwestergesellschaft I die Auffassung, auch für den Abschluss des Beratervertrages Anfang 2011 sei der Aufsichtsrat allein vertretungsbefugt gewesen, so dass dieser Beratervertrag entweder unwirksam oder jedenfalls schwebend unwirksam sei. Eine nachträgliche Genehmigung durch den Aufsichtsrat wurde von diesem verweigert. Der spätere Beklagte wurde auf Rückzahlung des gesamten Beraterhonorars in Anspruch genommen, zunächst außergerichtlich und dann gerichtlich mit Klage vor dem LG Dortmund.

Das LG Dortmund hat die Klage abgewiesen. Es hat zur Begründung im Kern angeführt, bei Abschluss des Beratervertrages sei nicht der Aufsichtsrat, sondern durchaus der Vorstand – wie geschehen – zur Vertretung der Klägerin berufen. § 112 AktG sei nicht anwendbar. Die Regelung sei zwar prinzipiell auch auf ehemalige Vorstandsmitglieder anwendbar, diene aber nach ihrer Zweckbestimmung zur Verhinderung von Interessenkonflikten. Ein Interessenkonflikt sei aber im konkreten Fall nicht gegeben und ersichtlich. Zusammenfassend betonte das LG Dortmund in seinem Urteil, dass die Erweiterung des § 112 AktG über den eigentlichen Wortlaut hinaus auf ehemalige Vorstände nur dann in Betracht komme, wenn bei typisierender Betrachtung ein Interessenkonflikt denkbar sei. Ein solcher sei jedoch ausgeschlossen, weil im Zeitpunkt der Vereinbarung des Beratervertrages keine persönliche Verbindung zu den damals aktuellen Vorstandsmitgliedern durch gemeinsame Tätigkeit ersichtlich ist und auch kein zeitlicher Zusammenhang zu der früheren Vorstandstätigkeit des Beklagten besteht und letztlich auch kein inhaltlicher Zusammenhang zu der früheren Vorstandstätigkeit erkennbar ist. Bei einer solchen

Konstellation sei § 112 AktG nicht anwendbar. Anfang 2011 sei der Beklagte schon seit über zweieinhalb Jahren aus dem Vorstandsamt ausgeschieden. Nach einem Zeitraum von zwei Jahren könne ohne weitere deutliche Anhaltspunkte nicht mehr davon ausgegangen werden, dass ein Interessenkonflikt gegeben wäre. Einen Anhaltspunkt bietet die Regelung in § 100 Abs. 2 Nr. 4 AktG, wonach nach Ablauf der zweijährigen sog. Cool-off-Periode ein ehemaliges Vorstandsmitglied auch Mitglied des Aufsichtsrates werden könne. Schließlich verlange auch die Tatsache, dass der Beklagte bei der Schwestergesellschaft Vorstand war, keine andere Beurteilung, denn dort sei der entsprechende Aufhebungsvertrag für die AG durch den Aufsichtsrat abgeschlossen worden. Da die Gesellschaften untereinander rechtlich selbständig sind, müsse der Abschluss des Beratervertrages unabhängig von der Aufhebung des Vorstandsvertrages bei der Schwestergesellschaft beurteilt werden.

Der augenscheinliche wirtschaftliche Zusammenhang zwischen dem Aufhebungsvertrag des noch länger laufenden Vorstandsdienstvertrages und dem Abschluss des Beratervertrages als teilweise wirtschaftliche Kompensation spielte erstaunlicherweise weder in der I. noch in der II. Instanz eine tragende Rolle, obwohl doch möglicherweise die Wirksamkeit und der Bestand des Beratervertrages Geschäftsgrundlage für den Aufhebungsvertrag des Vorstandsdienstvertrages war.

b) Urteil des OLG Hamm vom 29. 6. 2023 (I-17 U 138/21)

Das OLG Hamm ist in der Berufungsinstanz dem Urteil des LG Dortmund nicht gefolgt und hat der Klage des Konzerns im Wesentlichen stattgegeben. Das OLG Hamm ließ sich dabei im Kern von folgenden Erwägungen leiten:

§ 112 AktG gelte nach gefestigter Rechtsprechung auch gegenüber ehemaligen Vorstandsmitgliedern. Sinn und Zweck der Regelung liege darin, eine unbefangene Vertretung der Gesellschaft sicherzustellen, welche von sachfremden Erwägungen unbeeinflusst sei und sachdienliche Gesellschaftsbelange wahre. Aus Gründen der Rechtssicherheit und Rechtsklarheit sei eine typisierende Betrachtung geboten; es komme nicht darauf an, ob konkret ein Interessenkonflikt bestehe. In der Rechtsprechung würden auch keine zusätzlichen, insbesondere keine zeitlichen Begrenzungen aufgestellt. Lediglich in der Literatur fänden sich vereinzelt vorgeschlagene zeitliche Beschränkungen. Auch das Argument der Vergleichbarkeit der sog. Cool-off-Periode des § 100 Abs. 2 Nr. 4 AktG vermöge nicht zu überzeugen. Bei der gebotenen typisierenden Betrachtung lassen sich die frühere Vorstandstätigkeit und die anschließende Tätigkeit des Beklagten als Prokurist nicht trennen. Aufgrund des Umstandes, dass der Beklagte nach Beendigung seines Vorstandsamtes noch über zweieinhalb Jahre im Wesentlichen weiterhin Tätigkeiten wahrgenommen hat, die er früher als Vorstand ausgeübt hat, sei von einer „Verquickung“ mit der früheren Vorstandstätigkeit auszugehen und dies rechtfertige im Endeffekt die Anwendbarkeit des § 112 AktG. Das OLG Hamm hat eine Revision nicht zugelassen und eine Nichtzulassungsbeschwerde ist nicht eingelegt worden, so dass das Urteil rechtskräftig geworden ist.

2. Unschärfen der teleologischen Auslegung

Die vorstehend skizzierte inhaltlich gegenteilige Argumentation der beiden Urteilsbegründungen macht deutlich, dass die Frage der Anwendbarkeit des § 112 AktG jedenfalls gegenüber ehemaligen Vorstandsmitgliedern nicht eindeutig ist. Zu Recht qualifiziert Bachmann den § 112 AktG als eine ebenso strenge wie gefährliche Norm.[5]

Die Rechtsprechung des BGH hat sich lange Zeit zunächst auf den eigentlichen Wortlaut berufen und die Auffassung vertreten, ausgeschiedene Vorstandsmitglieder seien nicht mehr „Vorstandsmitglied“ im Sinne des Gesetzes und daher sei ihnen gegenüber § 112 AktG nicht anwendbar.[6] Diese Rechtsprechung wurde 1981 anhand eines Grenzfalls aufgeweicht, als es nämlich um die Frage der Wirksamkeit des Widerrufes einer Vorstandsbestellung ging. Bei dieser Konstellation steht noch nicht fest, ob der Betreffende noch Vorstand ist oder nicht und es lag auf der Hand, dass eine unbefangene Vertretung der Gesellschaft gefährdet sein könnte, wenn das betreffende Vorstandsmitglied mit seinen Kollegen sich über den Widerruf der Bestellung auseinandersetzen müsste. In diesem Fall sei eine Vertretung der Gesellschaft durch den Aufsichtsrat nach dem Zweck des § 112 AktG geboten.[7] Noch 1986 knüpfte der BGH aber an seine frühere Rechtsprechung schon in dem Fall an, als feststand, dass ein endgültiger Widerruf der Vorstandsbestellung erfolgt war und daher mit einer Rückkehr des abberufenen Vorstandsmitgliedes nicht mehr zu rechnen sei. In diesem Fall hat der BGH § 112 AktG nicht mehr angewendet.[8]

Als der BGH aber ein Jahr später wieder über die Vertretung der Aktiengesellschaft gegenüber einem eindeutig ausgeschiedenen Vorstandsmitglied zu entscheiden hatte, ging er über die Grenzen des eigentlichen Wortlauts der Vorschrift hinaus und definierte in einer auch von der Literatur als Grundsatzurteil[9] gewerteten Entscheidung die Zweckbestimmung der Vorschrift dahingehend, dass sie dazu diene, die unbefangene Vertretung der Gesellschaft sicherzustellen, die von sachfremden Erwägungen unbeeinflusst ist und sachdienliche Gesellschaftsbelange wahrt.[10] Die von § 112 AktG bezweckte Unbefangenheit sei nicht gewährleistet, wenn die aktuellen Vorstandsmitglieder mit einem ausgeschiedenen Mitglied über einen längeren Zeitraum zusammengearbeitet hätten, da ein solcher Zusammenhang persönlich enge Beziehungen begründen könne. Diese Zweckbeschreibung ist in der Folgezeit in ständiger Rechtsprechung vom BGH wiederholt und auch von der Literatur aufgenommen worden.[11]

---

[5] Bachmann FS Grunewald, 2021, 31 (32).

[6] BGH NJW 1964, 1270.

[7] BGH NJW 1981, 2748.

[8] BGH NJW 1987, 254.

[9] Vgl. nur Bachmann FS Grunewald, 2021, 31 (34).

[10] BGH NJW 1988, 1384.

[11] Vgl. BGH NZG 2015, 792; NJW 1995, 2559; NJW-RR 1991, 926; Bachmann FS Grunewald, 2021, 31 (34); Habersack in MüKoAktG, 6. Aufl. 2023, AktG § 112 Rn. 1; Groß-Bölting/Rabe in Hölters/Weber, 4. Aufl. 2022, AktG § 112 Rn. 1; Spindler in BeckOGK, 1.10.2023, AktG § 112 Rn. 30.

Auch wenn sich Rechtsprechung und hM in der Literatur im Prinzip über die Definition der Zweckbestimmung des § 112 AktG im Kern einig sind, führt dies keineswegs bei den verschiedenen Anwendungsfällen zu eindeutigen Ergebnissen. Einigkeit besteht im Grundsatz darüber, dass es im Rahmen des § 112 AktG schon aus Gründen der Rechtssicherheit auf eine typisierende Betrachtungsweise ankommt und nicht auf die Frage einer jeweils konkreten Gefährdung der Gesellschaftsbelange, so dass eine abstrakte Gefahr genügt.[12]

Diese immer wieder vorzufindende und geradezu klassische Definition der Zweckbestimmung des § 112 AktG hilft aber in Anwendungsfällen, die über den Wortlaut der Vorschrift hinausgehen, für sich allein nicht weiter. So ist es zB nach wie vor durchaus umstritten, ob und inwieweit § 112 AktG bei Geschäften mit einer außenstehenden Gesellschaft anzuwenden ist, deren Anteile von einem Vorstandsmitglied gehalten werden. Der BGH hat die Anwendung von § 112 AktG für den Fall bejaht, dass ein Rechtsgeschäft mit einer Gesellschaft geschlossen wird, deren alleiniger Gesellschafter ein Vorstandsmitglied ist.[13] Der BGH hat die Frage offengelassen, ob § 112 AktG auch anwendbar wäre, wenn der betreffende Vorstand nicht Alleingesellschafter der Vertragspartnerin wäre, sondern dort nur mehrheitlich oder beherrschend beteiligt wäre. Die Literatur ist dieser Rechtsprechung inzwischen zunehmend gefolgt, so dass für diese Frage eine hM erkennbar ist.[14] BGH und Literatur verweisen auch in diesem Fall auf den Schutzzweck der Norm: Eine neutrale unbeeinflusste Vertretung der Gesellschaft soll gewährleistet werden.[15] Die Ausdehnung des § 112 AktG lediglich auf der Basis seiner grundsätzlichen Zweckbestimmung führt dann aber rasch wieder zu völlig unterschiedlichen Ergebnissen:

Zum Teil soll § 112 AktG mit durchaus nachvollziehbaren Überlegungen auch dann angewendet werden, wenn das betreffende Vorstandsmitglied nur Minderheitsgesellschafter der Vertragspartnerin ist. Selbst eine Minderheitsbeteiligung von lediglich 20% könne ausreichen, um einen Interessenkonflikt jedenfalls nicht auszuschließen.[16] Andere Stimmen in der Literatur lehnen die Anwendung von § 112 AktG aus Gründen der Rechtssicherheit und Rechtsklarheit ab, auch wenn das Vorstandsmitglied eine maßgebliche oder beherrschende Beteiligung an der Vertragspartnerin hat.[17] Die wohl inzwischen hM wendet demgegenüber § 112 AktG auch dann an, wenn das betreffende Vorstandsmitglied einen ganz maßgeblichen, beherrschenden Einfluss auf die Gesellschaft als Vertragspartnerin hat.[18] Insbeson-

[12] BGH NJW-RR 1991, 926; Habersack in MüKoAktG, 6. Aufl. 2023, AktG § 112 Rn. 14; Koch, 17. Aufl. 2023, AktG § 112 Rn. 4.

[13] BGH NJW 2019, 1677; NZG 2015, 792.

[14] Vgl. nur Spindler in BeckOGK, 1.10.2023, AktG § 112 Rn. 11 mwN; Habersack in MüKoAktG, 6. Aufl. 2023, AktG § 112 Rn. 10; Koch, 17. Aufl. 2023, AktG § 112 Rn. 10; Jenne/Miller ZIP 2019, 1052 (1058).

[15] BGH NJW 2019, 1677.

[16] Vetter FS Roth, 2011, 855 (861).

[17] OLG München NZG 2012, 706; Habersack in MüKoAktG, 6. Aufl. 2023, AktG § 112 Rn. 11; Groß-Bölting/Rabe in Hölters/Weber, 4. Aufl. 2022, AktG § 112 Rn. 11; Jenne/Miller ZIP 2019, 1052 (1058).

[18] OLG Saarbrücken AG 2012, 922; KG AG 2011, 758; Spindler in BeckOGK, 1.10.2023, AktG § 112 Rn. 11; Bachmann FS Grunewald, 2021, 31 (46); Backhaus/Tielmann, Der Aufsichtsrat, 2. Aufl. 2023, AktG § 112 Rn. 49.

dere von denjenigen, die berechtigterweise Zweifel äußern, ob und wann von einer beherrschenden Beteiligung des betreffenden Vorstandsmitgliedes ausgegangen werden muss und ob dies überhaupt ggf. ausreicht, wird für die Praxis empfohlen, doppelgleisig vorzugehen und das Rechtsgeschäft sowohl durch den Vorstand als auch vorsorglich durch den Aufsichtsrat vorzunehmen bzw. den Aufsichtsrat zumindest zustimmen zu lassen.[19]

Die Beispiele in der Anwendung von § 112 AktG, bei denen bei genauer Betrachtung für ein und denselben Fall in Rechtsprechung und Literatur gleichzeitig verschiedene Lösungen vertreten werden, könnten durchaus fortgesetzt werden. Erinnert sei zB nur an die verschiedenen Auffassungen bei der Frage, ob und inwieweit § 112 AktG auch gegenüber Dritten, die dem Vorstandsmitglied nahestehen, zB bei dem Abschluss von Versorgungsansprüchen mit der Witwe eines Vorstandsmitglieds etc., anzuwenden ist.[20] Angesichts dieser vielfältigen Auslegungs- und Anwendungsschwierigkeiten bei § 112 AktG empfiehlt Habersack neuerdings völlig zu Recht, die Reichweite der Vertretungsbefugnisse des Aufsichtsrates zu präzisieren.[21]

3. *Beraterverträge mit ehemaligen Vorständen*

Diese Empfehlung gilt insbesondere auch für die Frage, ob und wann § 112 AktG auf den Abschluss von Beraterverträgen mit ausscheidenden Vorstandsmitgliedern anzuwenden ist.

Wie bereits dargelegt, hat der BGH in seiner Grundsatzentscheidung aus dem Jahre 1988 entschieden, dass § 112 AktG überhaupt auf ehemalige Vorstände anwendbar sei. Dies entspricht inzwischen der ganz hM.[22]

Wiederum umstritten ist allerdings die Frage, ob die Anwendbarkeit des § 112 AktG davon abhängen soll, ob das abzuschließende Rechtsgeschäft in irgendeiner Form einen Bezug zu dem früheren Vorstandsverhältnis haben muss oder ob an das Vorliegen einer möglichen Befangenheit des Vorstandes strengere Anforderungen zu stellen sind, weil sich die Anwendung des § 112 AktG auf ausgeschiedene Vorstandsmitglieder vom Wortlaut des § 112 AktG entfernt.[23] Teilweise wird der Begriff des „neutralen Geschäfts“ verwendet. Dazu zählen Geschäfte des täglichen Lebens, sofern sie nicht Elemente einer Vergünstigung enthalten, die mit Rücksicht auf die frühere Vorstandstätigkeit gewährt wird. Dabei sei es entscheidend, ob das frühere Vorstandsmitglied der Gesellschaft wie ein gewöhnlicher Dritter gegenübersteht, in dem er von dieser auf einem offenen Markt angebotenen Waren oder Leistungen zu üblichen Konditionen nachfragt.[24] Andere Stimmen in der Literatur

---

[19] Jenne/Miller ZIP 2019, 1052 (1058); Groß-Bölting/Rabe in Hölters/Weber, 4. Aufl. 2022, AktG § 112 Rn. 12; Fuhrmann NZG 2017, 291 (294).

[20] Vgl. BGH DStR 2006, 2325; Spindler in BeckOGK, 1.10.2023, AktG § 112 Rn. 24 mwN.

[21] Habersack in MüKoAktG, 6. Aufl. 2023, AktG § 112 Rn. 2.

[22] BGH NJW-RR 1991, 926; NJW-RR 1993, 1250; NJW 1995, 2559; NJW 1997, 2324; NJW 2004, 1528; WM 2005, 330; DStR 2006, 2325; Spindler in BeckOGK, 1.10.2023, AktG § 112 Rn. 20; Habersack in MüKoAktG, 6. Aufl. 2023, AktG § 112 Rn. 14f., 17; Koch, 17. Aufl. 2023, AktG § 112 Rn. 4.

[23] Vgl. Bachmann FS Grunewald, 2021, 31 (42).

[24] Habersack in MüKoAktG, 6. Aufl. 2023, AktG § 112 Rn. 17; Vetter FS Roth, 2011, 855 (863); Groß-Bölting/Rabe in Hölters/Weber, 4. Aufl. 2022, AktG § 112 Rn. 16.

verweisen nachvollziehbar darauf, dass das Abgrenzungskriterium des „neutralen Geschäfts" bei § 112 AktG keine brauchbare Abgrenzung gewährleistet. Das Gebot der Rechtssicherheit verlange, dass Geschäfte mit Ausgeschiedenen stets wie Geschäfte mit amtierenden Vorstandsmitgliedern zu behandeln seien.[25]

Der Abschluss von Beratungsverträgen mit ehemaligen Vorstandsmitgliedern wird in der Literatur teilweise ohne jede Einschränkung unter § 112 AktG subsumiert.[26] Dabei wird freimütig eingeräumt, dass derartige Beratungsverträge zwar weder das Organverhältnis betreffen noch unbedingt ihren Ursprung im früheren Organverhältnis haben müssen. Da aber bei Geschäften mit Ausgeschiedenen zumindest die abstrakte Möglichkeit besteht, dass Vorstandskollegen – aus welchen Gründen auch immer – eine kollegiale Rücksichtnahme gegenüber einem ehemaligen Vorstandsmitglied walten lassen, verlange das Gebot der Rechtssicherheit, Geschäfte mit Ausgeschiedenen stets wie Geschäfte mit amtierenden Vorstandsmitgliedern zu behandeln.[27] Auch die Rechtsprechung differenziert nicht weiter, sondern wendet insbesondere bei dem Abschluss von Beratungsverträgen mit ehemaligen Vorstandsmitgliedern ohne Einschränkungen in sachlicher oder zeitlicher Hinsicht § 112 AktG an. In derartigen Fällen sei nur bei einer Vertretung durch den Aufsichtsrat eine unbefangene, von sachfremden Erwägungen unbeeinflusste und die Belange der Gesellschaft wahrende Vertretung gewährleistet.[28]

Verschiedene Stimmen in der Literatur wollen bei Abschluss von Beraterverträgen wenigstens dann eine Ausnahme von der Anwendung des § 112 AktG machen, wenn der spätere Vertragsabschluss mit der früheren Vorstandstätigkeit in keinerlei Zusammenhang steht.[29] Ein solcher Zusammenhang mit der früheren Vorstandstätigkeit sei in der Praxis aber wohl regelmäßig anzunehmen.[30] Eine zeitliche Einschränkung in der Anwendung des § 112 AktG bei Abschluss von Beraterverträgen mit ehemaligen Vorstandsmitgliedern wird nur sehr selten diskutiert. Backhaus/Tielmann unterscheiden zwischen zwei Fallgruppen: Wenn durch den Abschluss des Beratervertrages die Erfahrungen und Fähigkeiten des ausgeschiedenen Vorstandes für die Gesellschaft gesichert werden sollen, dann werde der Vertrag in Nachwirkung des Vorstandsverhältnisses abgeschlossen und § 112 AktG ist anwendbar. Wenn dagegen ein früheres Vorstandsmitglied längere Zeit nach dem Ausscheiden zur Beratung der Gesellschaft herangezogen wird, bleibt der Vorstand zur Vertretung der Gesellschaft berechtigt. Ein Zusammenhang zu der früheren organschaftlichen Stellung besteht im Regelfall nicht, anderenfalls wäre wieder der Aufsichtsrat zuständig.[31]

Was allerdings unter dem Begriff „längere Zeit" zu verstehen ist, wird nicht weiter diskutiert. Eine klare zeitliche Grenze zu finden, dürfte auch sehr schwierig sein. Hilfreich könnte insoweit eine Anlehnung an die sog. Cool-off-Periode des § 100

---

[25] Bachmann FS Grunewald, 2021, 31 (43); Backhaus/Tielmann, Der Aufsichtsrat, 2. Aufl. 2023, AktG § 112 Rn. 11.

[26] Bachmann FS Grunewald, 2021, 31 (43); Vetter FS Roth, 2011, 855 (863).

[27] Bachmann FS Grunewald, 2021, 31 (43).

[28] BGH NJW-RR 1993, 1250.

[29] Spindler in BeckOGK, 1.10.2023, AktG § 112 Rn. 20; Fuhrmann NZG 2017, 291 (294); Koch, 17. Aufl. 2023, AktG § 112 Rn. 4.

[30] Groß-Bölting/Rabe in Hölters/Weber, 4. Aufl. 2022, AktG § 112 Rn. 16.

[31] Backhaus/Tielmann, Der Aufsichtsrat, 2. Aufl. 2023, AktG § 112 Rn. 39.

Abs. 2 Nr. 4 AktG sein. Danach kann ein ehemaliger Vorstand erst nach Ablauf von zwei Jahren seit seinem Ausscheiden in den Aufsichtsrat derselben AG einziehen. Der Gesetzgeber hat sich mit dieser Vorschrift dafür entschieden, dass eine Zwei-Jahres-Frist generell als ausreichend angesehen wird, um den von ihm für gegeben erachteten Interessenkonflikt durch Zeitablauf ausklingen zu lassen. Im Interesse der Rechtssicherheit macht es sehr viel Sinn, die Zwei-Jahres-Frist auch für eine Begrenzung des § 112 AktG auf den Abschluss von Beraterverträgen mit ehemaligen Vorstandsmitgliedern anzuwenden.[32] In diesem Sinne hat auch das LG Dortmund in dem vorbezeichneten Urteil vom 26.8.2021 argumentiert und darauf hingewiesen, dass zwischen der Beendigung der Vorstandstätigkeit des Beklagten und dem Abschluss des Beratervertrages deutlich mehr als zwei Jahre verstrichen waren. Es fehle daher ein erforderlicher zeitlicher Zusammenhang.

Das OLG Hamm hat in dem vorstehend zitierten Urteil vom 29.6.2023 eine zeitliche Begrenzung abgelehnt und sich für keinerlei zeitliche Begrenzungen ausgesprochen. Die Tatsache, dass der Aufsichtsrat der Gesellschaft den Vorgang erst nach acht Jahren aufgegriffen hat, obwohl in der Zwischenzeit offenbar niemand auf die Idee gekommen war, dass § 112 AktG hätte angewandt werden müssen, findet in der Urteilsbegründung des OLG Hamm keine Berücksichtigung.

Das gleiche gilt für den zeitgleichen Abschluss des Aufhebungsvertrages bei der Schwestergesellschaft II. Wenn es einen Zusammenhang zu einer Vorstandstätigkeit des Beklagten gab, dann war es der Zusammenhang mit diesem Vorstandsdienstvertrag, der unter Mitwirkung des Aufsichtsrates der Schwestergesellschaft II einvernehmlich beendet wurde. Der Beratervertrag hatte nach Lage der Dinge nicht das Geringste mit dem vor rund zweieinhalb Jahren beendeten Vorstandsvertrag des Beklagten bei der Schwestergesellschaft I zu tun. Er wäre niemals abgeschlossen worden, wenn die seinerzeit beteiligten Konzernverantwortlichen es nicht – aus welchem Grund auch immer – für zweckmäßig gehalten hätten, einen Teil der Abfindung für die vorzeitige Aufhebung des Vorstandsvertrages in den Beratervertrag bei der Schwestergesellschaft I „unterzubringen“. Dies war weder isoliert eine Entscheidung des Aufsichtsrates der Schwestergesellschaft II noch des Vorstandes der Schwestergesellschaft I, sondern muss nach aller Lebenserfahrung durch die Vorstände derjenigen Gesellschaft entschieden worden sein, die aufgrund ihrer Weisungsrechte Einfluss sowohl auf die Schwestergesellschaft I und die Schwestergesellschaft II hatten. Ansonsten wäre mit Sicherheit der Vorstand der Schwestergesellschaft I nicht bereit gewesen, sein Budget mit dem Abschluss eines aus der Sicht seiner Gesellschaft gar nicht notwendigen Beratervertrages zu belasten. Dies dürfte nach Lage der Dinge nur deshalb geschehen sein, weil er die Weisung bekommen hat, einen solchen Beratervertrag abzuschließen, um das „Abfindungsbudget“ der Schwestergesellschaft II zu schonen bzw. eventuell nach außen kundgeben zu können, dass die Abfindung des Beklagten für die vorzeitige Aufhebung des Vorstandsvertrages unterdurchschnittlich niedrig war. Hätte das OLG Hamm diese Zusammenhänge gewürdigt, hätte die relativ abstrakte Argumentation der typisierten Interessenkollision bei der Schwestergesellschaft I zwi-

[32] So Fuhrmann NZG 2017, 291.

schen Vorstand und ehemaligem Vorstandsmitglied weniger überzeugend gewirkt. Sowohl die zweieinhalbjährige Frist zwischen Vertragsabschluss und Beendigung des Vorstandsamtes als erst recht die achtjährige Frist zwischen Vertragsabschluss und Berufung auf § 112 AktG hätte hier eigentlich ein Alarmzeichen sein müssen, um den tatsächlichen Motiven der damals Beteiligten und den Zusammenhängen zwischen Beratervertrag und anderweitiger Vorstandstätigkeit nachzugehen.

Derartige Unsicherheiten und ggf. auch Fehlanwendungen des § 112 AktG werden – wie dargelegt – leider dadurch begünstigt, dass sich alle Beteiligten deutlich über den Wortlaut der Vorschrift hinaus bewegen und eine klare allseits akzeptierte Fallgruppenbildung und Reichweitenbegrenzung fehlt. Die reine Zweckbeschreibung der hM ist zwar abstrakt richtig, aber viel zu unbestimmt und damit gefährlich.[33] Der Hinweis darauf, dass durch diese Vorschrift ein Interessenkonflikt vermieden werden soll, ist nicht ausreichend. Die Vorschrift will nicht vor jedem Interessenkonflikt bewahren. Eine Überstrapazierung droht umso mehr, als der Interessenkonflikt, vor dem § 112 AktG schützt, nach allgemeiner Ansicht ein bloß abstrakter ist.[34] Allein die Gefahr der Selbstbegünstigung oder der „falschen" kollegialen Rücksichtnahme darf als abstrakte Befürchtung allein nicht ausreichen. Der immer wieder zitierte Grundsatz, im Interesse der Rechtssicherheit sei auf eine typisierende Betrachtungsweise abzustellen,[35] ist zwar als solcher richtig, kann aber nicht als wirkliches entscheidendes Abgrenzungskriterium angesehen werden, denn eine abstrakte, typische Interessenkollision wird sich in den allermeisten Fällen behaupten lassen. Entscheidend ist nicht nur die abstrakte Gefahr, sondern eine Subsumtion des Einzelfalles unter die abstrakt beschriebene Zweckbestimmung des § 112 AktG. Erst wenn auch der Sachverhalt objektive tatsächliche Anknüpfungspunkte dafür hergibt, dass die typische Interessenkollision, die § 112 AktG vermeiden will, aus bestimmten Gründen besteht, eröffnet sich der Anwendungsbereich der Vorschrift. Wenn auf eine solche Subsumtion verzichtet wird, wird die Vorschrift praktisch ohne klare Abgrenzungskriterien angewendet, was bei einer Anwendung über den Wortlaut hinaus mehr als problematisch ist. Wie der vorstehend besprochene Fall gerade deutlich macht, haben sich hier möglicherweise die von Bachmann zutreffend apostrophierten „Gefahren" des § 112 AktG verwirklicht und die Vorschrift ist im vorliegenden Fall als „Reuerecht" missbraucht worden, um aus dem nach Jahren ggf. als wirtschaftlich lästig empfundenen Beratungsvertrag wieder herauszukommen.[36] Der Aufsichtsrat hatte hier einen „zu langen Arm".

Dies wäre vermieden worden, wenn das OLG Hamm durch weitere Aufklärung der bei Vertragsabschluss bestehenden Umstände, insbesondere zu den Vorstellungen und Motiven der seinerzeit handelnden Personen und den Zusammenhängen mit dem Vorstandsaufhebungsvertrag bei der Schwestergesellschaft II, geprüft hätte, ob wirklich noch eine nachvollziehbare Gefahr des Interessenkonfliktes bei der Schwestergesellschaft I besteht. Wenn dies nicht konkret hätte festgestellt werden können, erscheint es vorzugswürdiger, in solchen Fällen nach Ablauf der zweijähri-

[33] Bachmann FS Grunewald, 2021, 31 (34).
[34] Bachmann FS Grunewald, 2021, 31 (35).
[35] BGH WM 2005, 330 (331).
[36] Vgl. Bachmann FS Grunewald, 2021, 31 (33).

gen Cool-off-Periode den § 112 AktG nicht mehr auf ehemalige Vorstandsmitglieder anzuwenden, um der Gefahr einer Überstrapazierung des Anwendungsbereiches der Norm zu begegnen.

III. Nichtigkeit oder schwebende Unwirksamkeit

Die Unsicherheiten in der Anwendbarkeit des § 112 AktG setzen sich auch in der Beurteilung der Rechtsfolgen fort.

Nach früher hM führte ein Verstoß gegen § 112 AktG zur Nichtigkeit des Rechtsgeschäftes. Die Vorschrift des § 112 AktG wurde als Verbotsgesetz im Sinne von § 134 BGB angesehen, da die zwingende aktienrechtliche Zuordnungskompetenz zwischen Vorstand und Aufsichtsrat geschützt werden soll. Jedenfalls wenn die Aktiengesellschaft gegenüber einem Vorstandsmitglied durch eine nicht dem Aufsichtsrat angehörende Person – zB durch den Vorstand – vertreten wird, sei das Rechtsgeschäft nach § 134 BGB nichtig. Dies folge insbesondere aus dem Zusammenhang mit § 111 Abs. 6 AktG, wonach Aufsichtsratsmitglieder ihre Aufgabe nicht durch andere wahrnehmen lassen können.[37]

Die inzwischen hM vertritt die Ansicht, dass § 112 AktG kein Verbotsgesetz sei und bei einem Verstoß das Rechtsgeschäft lediglich schwebend unwirksam sei und die §§ 177 ff. BGB zur Anwendung kommen.[38]

Zutreffend wird § 112 AktG als eine Regelung der Vertretungsmacht beurteilt und nicht als gesetzliches Verbot. Rechtsgeschäfte, die der Vorstand anstelle des berufenen Aufsichtsrates vornimmt, sind nicht als solche verboten. Es liegt nur eine Begrenzung der Rechtsmacht vor.[39] Die AG ist auch bei Annahme nur schwebender Unwirksamkeit ausreichend geschützt bzw. die nur schwebende Unwirksamkeit verschafft ihr auch praktische Vorteile: Günstige Geschäfte kann sie durch Genehmigung für sich gelten lassen und vor ungünstigen Geschäften kann sie sich durch Verweigerung der Genehmigung schützen.[40]

Die höchstrichterliche Rechtsprechung hat die Frage der Anwendbarkeit der §§ 177 ff. BGB im außerprozessualen Bereich noch nicht entschieden. Der BGH konnte die Frage im konkreten Fall offenlassen, da nach dem Sachverhalt unstreitig

---

[37] OLG Brandenburg AG 2015, 428; OLG Frankfurt a. M. BeckRS 2008, 9147; OLG Stuttgart BeckRS 2007, 13858; OLG Hamburg NJW-RR 1986, 1483; Semmler FS Rowedder, 1994, 441 (455); Hopt/Roth in GroßKommAktG, 5. Aufl. 2019, AktG § 112 Rn. 119 (differenzierend).

[38] OLG München ZIP 2008, 220; OLG Celle BB 2002, 1438; Spindler in BeckOGK, 1.10.2023, AktG § 112 Rn. 55; Habersack in MüKoAktG, 6. Aufl. 2023, AktG § 112 Rn. 39; Groß-Bölting/Rabe in Hölters/Weber, 4. Aufl. 2022, AktG § 112 Rn. 31; Drygala in Schmidt/Lutter, 4. Aufl. 2020, AktG § 112 Rn. 26 f. (differenzierend); Grigoleit/Tomasic, 2. Aufl. 2020, AktG § 112 Rn. 19; Koch, 17. Aufl. 2023, AktG § 112 Rn. 24; Backhaus/Tielmann, Der Aufsichtsrat, 2. Aufl. 2023, AktG § 112 Rn. 101; Graf Wolffskeel v. Reichenberg FS D. Mayer, 2020, 169 (181); Vetter FS Roth, 2011, 855 (866); R. Schmitt FS Hopt, 2010, 1313 (1315); Fuhrmann NZG 2017, 291; Häger/Schlosser WM 2020, 7 (9); Armbrüster in MüKoBGB, 9. Aufl. 2021, BGB § 134 Rn. 106; Ellenberger in Grüneberg, 83. Aufl. 2024, BGB § 134 Rn. 5.

[39] OLG Celle BB 2002, 1438.

[40] Backhaus/Tielmann, Der Aufsichtsrat, 2. Aufl. 2023, AktG § 112 Rn. 97; Habersack in MüKoAktG, 6. Aufl. 2023, AktG § 112 Rn. 39; Vetter FS Roth, 2011, 855 (866).

eine nachträgliche Genehmigung des Vorstandshandelns durch den Aufsichtsrat nicht erfolgt war.[41]

In einer parallelen Frage, nämlich bei der Vertretung der Aktiengesellschaft im Prozess durch den Vorstand anstelle des eigentlich berufenen Aufsichtsrates, hat der BGH aber bereits eine Genehmigungsmöglichkeit des vollmachtlosen Vorstandshandelns durch den Aufsichtsrat bejaht.[42]

In diesem Urteil betont der BGH, dass die Aktiengesellschaft auch in einem Prozess mit einem Vorstandsmitglied – auch nach dessen Ausscheiden – ausschließlich durch den Aufsichtsrat vertreten wird. Gleichzeitig vertritt der BGH die Ansicht, dass der Aufsichtsrat im Prozess auf der Grundlage einer ausdrücklichen Beschlussfassung das bisherige Handeln des Vorstandes, nämlich dessen bisherige Prozessführung, genehmigen könne. Mit diesem Urteil hat der BGH also anerkannt, dass ein vollmachtloses Handeln eines Dritten, nämlich des nicht vertretungsberechtigten Vorstands, nachträglich durch den Aufsichtsrat gemäß § 177 Abs. 1 BGB genehmigt werden kann. Diese Rechtsansicht aus dem Jahre 2009 hat der BGH in der Folgezeit in einem Beschluss aus dem Jahre 2013 noch einmal ausdrücklich bestätigt.[43]

IV. Haftung des vollmachtlosen Vertreters gem. §§ 177ff. BGB

Wenn der Sachverhalt des anfangs geschilderten Urteils des OLG Hamm vom 29.6.2023 und zugleich die rechtliche Beurteilung des OLG Hamm zugrunde gelegt wird, dann ist durch das Handeln des nicht vertretungsbefugten Vorstandes der Schwestergesellschaft I bei Abschluss des Beratervertrages mit dem Beklagten ein schwebend unwirksamer Vertrag zustande gekommen. Von dieser rechtlichen Ausgangslage ist auch der Aufsichtsrat der Schwestergesellschaft I nach Ablauf von acht Jahren ausgegangen, denn er hat dem späteren Beklagten zunächst mit Anwaltsschreiben mitgeteilt, der Beratervertrag sei lediglich schwebend unwirksam und der Aufsichtsrat habe beschlossen, den Vertrag nicht nachträglich zu genehmigen. Der damit auch behauptete Verstoß gegen § 112 AktG bei Abschluss des Beratervertrages wurde bekanntlich späterhin durch das OLG Hamm bestätigt.

1. Haftung nach § 179 BGB

Die durch das Urteil des OLG Hamm geschaffene Rechtslage führt zu der sich aufdrängenden Frage, ob und inwieweit dem Beklagten, der aufgrund der endgültigen Unwirksamkeit des Beratervertrages sein vor acht Jahren bezogenes Beraterhonorar komplett zurückzahlen musste, eventuell Schadensersatzansprüche gegen diejenigen handelnden Personen zustehen, die seinerzeit die Schwestergesellschaft I vollmachtlos vertreten haben.

---

[41] BGH ZIP 2019, 564 (567); BAG NZG 2017, 69 (78).
[42] BGH NZG 2009, 466.
[43] BGH ZIP 2013, 1274.

Grundlage könnte ein Schadensersatzanspruch aus § 179 BGB gegen den damals für die Schwestergesellschaft I wegen § 112 AktG vollmachtlos handelnden Vorstand sein. Die Haftung des falsus procurator kommt in derartigen Fällen konsequenterweise durchaus in Betracht,[44] nachdem der Aufsichtsrat zwischenzeitlich seine Genehmigung ausdrücklich verweigert hat. § 179 BGB gilt nicht nur für die vertragliche, sondern auch für die gesetzliche und organschaftliche Vertretung.[45] Da § 179 BGB eine schuldunabhängige Garantiehaftung begründet, kommt es auf ein Verschulden des im Nachhinein vollmachtlos handelnden Vorstandes nicht an.[46]

Der Schadensersatzanspruch aus § 179 Abs. 1 BGB verpflichtet den vollmachtlosen Vertreter, den Geschäftsgegner so zu stellen, wie dieser bei Erfüllung des Geschäftes gestanden hätte, einschließlich der Kostenerstattung für einen vom Geschäftsgegner zunächst gegen den vermeintlich Vertretenen (Aktiengesellschaft) geführten erfolglosen Prozess.[47]

2. *Haftungsbegrenzung nach § 179 Abs. 2 BGB*

Der für den Geschäftsgegner prinzipiell befriedigende Schadensersatzanspruch aus § 179 Abs. 1 BGB wird dann auf das sog. Vertrauensinteresse beschränkt, wenn der Vertreter, im konkreten Fall das handelnde Vorstandsmitglied, den Mangel seiner Vertretungsmacht, nämlich die Anwendbarkeit des § 112 AktG, nicht kannte. Dies gilt auch, wenn er grob fahrlässig seine Vertretungsbefugnis annahm, es sei denn, er hatte für eine solche Annahme keinerlei Grund.[48]

Bei dem vorstehend geschilderten Fall gibt es keine Anhaltspunkte dafür, dass das konkret handelnde Vorstandsmitglied die Anwendbarkeit des § 112 AktG bei Abschluss des Beratervertrages im Januar 2011 erkannt oder auch nur bedacht hatte. Über ein etwaiges Kennenmüssen muss nicht diskutiert werden, da es nicht schaden würde, aber wohl auch nicht vorliegt. Es waren sowohl auf Seiten der Aktiengesellschaft als auch auf Seiten des ehemaligen Vorstandsmitgliedes externe Rechtsanwälte eingeschaltet, die ebenfalls keinen Anlass sahen, auch nur die Möglichkeit der Anwendbarkeit des § 112 AktG zu erwähnen. Alle Beteiligten gingen wegen des mehr als zweieinhalbjährigen Zurückliegens der früheren Vorstandstätigkeit und wegen des offensichtlich fehlenden Zusammenhangs zwischen dem abzuschließenden Beratervertrag und der früheren Vorstandstätigkeit davon aus, dass der Vorstand und nicht der Aufsichtsrat vertretungsbefugt war. Wenn der Beratervertrag seinerzeit in einem Zusammenhang stand, dann nicht mit der früheren Vor-

---

[44] Vgl. LG München BeckRS 2020, 7299; R. Schmitt FS Hopt, 2010, 1313 (1316); Backhaus/Tielmann, Der Aufsichtsrat, 2. Aufl. 2023, AktG § 112 Rn. 98; Koch, 17. Aufl. 2023, AktG § 112 Rn. 24.

[45] Schubert in MüKoBGB, 9. Aufl. 2021, BGB § 179 Rn. 7; Ellenberger in Grüneberg, 83. Aufl. 2024, BGB § 179 Rn. 1.

[46] Ellenberger in Grüneberg, 83. Aufl. 2024, BGB § 179 Rn. 1; Finkenauer in Erman, 17. Aufl. 2023, BGB § 179 Rn. 1.

[47] OLG Düsseldorf NJW 1992, 1176; Ellenberg in Grüneberg, 83. Aufl. 2024, BGB § 179 Rn. 6.

[48] Finkenauer in Erman, 17. Aufl. 2023, BGB § 179 Rn. 14.

standstätigkeit bei der Schwestergesellschaft I, sondern mit der zeitgleichen Beendigung der Vorstandstätigkeit bei der Schwestergesellschaft II, die dabei allerdings korrekt durch ihren Aufsichtsrat vertreten wurde. Das handelnde Vorstandsmitglied wird von einer Haftung nach § 179 Abs. 2 BGB nicht dadurch entlastet, dass es unter Berücksichtigung der damaligen Gesamtsituation und das Unterlassen jeglicher Hinweise auf § 112 AktG durch die externen anwaltlichen Berater bei der ihm zumutbaren Sorgfalt nicht erkennen konnte, dass § 112 AktG Anwendung findet bzw. finden könnte. Auf ein Kennenmüssen und damit auf ein Verschulden des Vertreters kommt es wegen der Garantiehaftung des § 179 BGB gerade nicht an.[49]

Der Anspruch auf das Vertrauensinteresse im Sinne von § 179 Abs. 2 BGB würde das ehemalige Vorstandsmitglied schadlos stellen. Der ehemalige Vorstand könnte nämlich nachweisen, dass er nur aufgrund seines Vertrauens auf die Wirksamkeit auch des Beratervertrages den Vorstandsaufhebungsvertrag mit der geringeren Abfindung abgeschlossen hat. Ohne den Beratervertrag hätte er die Aufhebung seines noch mehrere Jahre laufenden Vorstandsdienstvertrages nicht vereinbart und auch nicht vereinbaren müssen. Da der Verzicht auf die zukünftigen Vorstandsbezüge einen höheren Betrag ausmacht als das Beraterhonorar, greift die Begrenzung des § 179 Abs. 2 BGB auf das sog. negative Interesse: Der ehemalige Vorstand ist so zu stellen, wie er stehen würde, wenn der Beratervertrag nicht geschlossen worden wäre, allerdings begrenzt bis zur Höhe des Erfüllungsinteresses, also bis zur Höhe des Beraterhonorars.

3. Haftungsausschluss nach § 179 Abs. 3 BGB

Ein solcher Schadensersatzanspruch besteht allerdings nach § 179 Abs. 3 BGB dann nicht, wenn das ehemalige Vorstandsmitglied den Mangel der Vertretungsmacht, also die Anwendbarkeit des § 112 AktG kannte oder kennen musste.

Da keinerlei Anhaltspunkte für eine Kenntnis des ehemaligen Vorstandsmitgliedes über die Anwendbarkeit des § 112 AktG im konkreten Fall bestehen, kommt es entscheidend darauf an, ob seine Unkenntnis auf Fahrlässigkeit beruht, was wiederum vom Sorgfaltsmaßstab abhängt, der für ihn anzuwenden ist.

Die Rechtsprechung ist mit der Annahme fahrlässiger Unkenntnis sehr zurückhaltend.[50] § 179 BGB legt die Folgen der nicht vorhandenen Vertretungsmacht grundsätzlich dem Vertreter auf.[51] Im Rechtsverkehr gilt der Vertrauensgrundsatz, so dass dem Geschäftsgegner grundsätzlich keine Nachforschungspflicht obliegt,[52] sondern nur dann, wenn besondere Umstände Zweifel an der Vertretungsmacht begründen.[53]

Die Anforderungen an die Erkundigungen und Nachforschungspflichten hängen auch davon ab, welche Geschäftserfahrenheit der Geschäftsgegner hat und wel-

[49] BGH WM 1977, 478.

[50] BGH NJW-RR 2005, 268; NJW 2000, 1407.

[51] Schubert in MüKoBGB, 9. Aufl. 2021, BGB § 179 Rn. 56.

[52] LG München ZIP 2020, 971; Schäfer in BeckOK BGB, 68. Ed. 1.11.2023, BGB § 179 Rn. 28.

[53] BGH NJW 2001, 2626; NJW 2000, 1407; Schubert in MüKoBGB, 9. Aufl. 2021, BGB § 179 Rn. 56.

ches berufliche Sonderwissen, zB als Rechtsanwalt.[54] Bei einem Aufsichtsratsmitglied hat der BGH ohne Weiteres ein Kennenmüssen der Anwendbarkeit des § 112 AktG bejaht, zumindest eine Informationspflicht betont.[55] Dies dürfte prinzipiell auch für alle Vertretungsorgane und damit auch für Vorstandsmitglieder von Aktiengesellschaften gelten, denn allen sollte § 112 AktG bekannt sein.[56]

Der vorliegende Fall zeigt auch hier wieder die Gefahren zu vorschneller Subsumption unter allgemeine Obersätze. Dem betreffenden ehemaligen Vorstandsmitglied, das eine kaufmännische, aber keine juristische Ausbildung hatte, war zwar im Prinzip die Vorschrift des § 112 AktG bekannt, was aber längst nicht bedeutete, dass die Nichtanwendung bei Abschluss des Beratervertrages auf Fahrlässigkeit beruhte. Das OLG Hamm hat dazu in seinem unter → II. 1. b) skizzierten Urteil zutreffend ausgeführt, dass sich die Unwirksamkeit des Beratervertrages in Folge der fehlenden Vertretungsmacht nicht ohne Weiteres aus dem Gesetz ergibt, sondern nur aufgrund Kenntnis der Rechtsprechung und Überlegungen zu Sinn und Zweck der Regelung des § 112 AktG, jeweils bezogen auf den Einzelfall.

Wenn den mit dem Abschluss der zeitgleich abgeschlossenen Verträge (Beratervertrag und Vorstandsaufhebungsvertrag) befassten Konzernjuristen nicht Vorsatz unterstellt werden soll, um bewusst einen schwebend unwirksamen Beratervertrag zu gestalten, kann nur angenommen werden, dass auch ihnen damals die Anwendbarkeit des § 112 AktG nicht in den Sinn gekommen ist. Das gleiche gilt für die auf beiden Seiten tätigen externen Anwälte. Späterhin hat immerhin das Landgericht Dortmund ebenfalls die Anwendbarkeit des § 112 AktG auf den konkreten Fall in aller Deutlichkeit verneint. Bei derartigen Gesamtumständen kann dem nicht juristisch ausgebildeten ehemaligen Vorstandsmitglied sicherlich nicht der Vorwurf gemacht werden, seine Unkenntnis über die Anwendbarkeit des § 112 AktG beruhe auf Fahrlässigkeit.

Die geschilderte Fallkonstellation macht deutlich, dass es jeweils auf die genauen Umstände des Einzelfalles ankommt, ob der Haftungsausschluss des § 179 Abs. 3 BGB wegen fahrlässiger Unkenntnis der fehlenden Vertretungsmacht greift oder nicht. Verallgemeinernde Begründungen, wie zB ein Obersatz, wonach Vertretungsorgane von Aktiengesellschaften die Vorschrift des § 112 AktG stets zu kennen haben, werden dem nicht gerecht.

V. Zusammenfassung

Die Vorschrift des § 112 AktG wird in der Literatur zu Recht als eine ebenso strenge wie gefährliche Norm qualifiziert.[57] Sie ist bei einer Auslegung über ihren Wortlaut hinaus trotz ihrer übereinstimmend formulierten Zweckbestimmung zu unbestimmt und daher in der Anwendung für Betroffene gefährlich. Die Rechtsanwendung sollte sich dessen sehr bewusst sein und daher nicht mit allgemeinen

---

[54] LG München ZIP 2020, 971.
[55] BGH WM 2005, 330; R. Schmitt FS Hopt, 2010, 1313 (1316).
[56] Nägele/Böhm BB 2005, 2197 (2200).
[57] Bachmann FS Grunewald, 2021, 31 (32).

Obersätzen arbeiten, sondern mit konkreter Subsumption der tatsächlichen Fallumstände unter die Zweckbeschreibung des § 112 AktG, vor allem dann, wenn die Anwendung deutlich über den Wortlaut der Vorschrift hinausgeht. Der vorstehend geschilderte Fall zeigt die Notwendigkeit dieser Vorgehensweise und die zahlreichen Schwierigkeiten bei der Anwendung der Norm auf Beraterverträge mit ehemaligen Vorstandsmitgliedern und die rechtlichen Konsequenzen.

MATTHIAS ALDEJOHANN

Die gesellschaftsrechtliche Treuepflicht – Überlegungen zur Treuepflicht der GmbH gegenüber ihrem Alleingesellschafter

I. Einleitung

1. Allgemeines

Auch wenn die gesellschaftsrechtliche Treuepflicht im Gesetz betreffend die Gesellschaften mit beschränkter Haftung (GmbHG) nicht ausdrücklich kodifiziert ist, ist das Institut gesellschaftsrechtlicher Treuepflichten in Rechtsprechung und Literatur anerkannt und von praktischer Bedeutung. Grund hierfür ist, dass in der Gesellschaft die oft unterschiedlichen Interessen der Beteiligten zum Ausgleich gebracht werden müssen.

So können die Interessen aller oder einzelner Gesellschafter mit den Unternehmensinteressen der Gesellschaft kollidieren. Denkbar sind aber auch Konflikte innerhalb des Gesellschafterkreises. Minderheitsgesellschafter bedürfen eines Schutzes vor Beeinträchtigung durch die Mehrheitsgesellschafter, umgekehrt kann die Mehrheit der Gesellschafter bei Entscheidungen, die ein bestimmtes Quorum voraussetzen, auf die Mitwirkung der Minderheit angewiesen sein.[1] Die im Spannungsverhältnis zur Privatautonomie der Gesellschafter stehende gesellschaftsrechtliche Treuepflicht wird in der Kommentarliteratur als „besonderes Rechtsinstitut des Gesellschaftsrechts“[2] bezeichnet und dient dazu, die Rechte und Pflichten der Gesellschafter in der Gesellschaft zu steuern, konkret sich gegenüber der Gesellschaft loyal zu verhalten, deren Zweck aktiv zu fördern und Schaden von ihr fernzuhalten.[3]

Die gesellschaftsrechtliche Treuepflicht betrifft dabei zum einen das Verhältnis unter den Gesellschaftern *(„horizontale Treuepflicht“),* zum anderen das Verhältnis zwischen der Gesellschaft und ihren Gesellschaftern *(„vertikale Treuepflicht“).*

Der Treuepflicht der Gesellschafter gegenüber der Gesellschaft steht die korrespondierende Treuepflicht der Gesellschaft gegenüber ihren Gesellschaftern gegenüber. Aufbauend auf dem Gedanken der Fürsorge- und Rücksichtnahmepflicht ist die Gesellschaft verpflichtet, die im mitgliedschaftlichen Bereich liegenden Anliegen ihrer Gesellschafter zu erfüllen, soweit dies sachlich möglich und geboten ist. Kommt die Gesellschaft dieser Verpflichtung nicht nach und verletzt dadurch die

[1] Lieder in Michalski/Heidinger/Leible/J. Schmidt, 4. Aufl. 2023, GmbHG § 13 Rn. 133.
[2] Koch, 17. Aufl. 2023, AktG § 53a Rn. 13.
[3] Merkt in MüKoGmbHG, 4. Aufl. 2022, GmbHG § 13 Rn. 93.

ihr obliegende Treuepflicht, kann dies Schadensersatzansprüche des geschädigten Gesellschafters auslösen.

2. *Entwicklung des Instituts der gesellschaftsrechtlichen Treuepflicht*

Im Recht der Personengesellschaft wurden im Wege der richterlichen Rechtsfortbildung Überlegungen zu gesellschaftsrechtlichen Treuebindungen bereits früh angestellt. Auch im Recht der Kapitalgesellschaften ist das Institut der gesellschaftsrechtlichen Treuepflicht heute allgemein anerkannt. Der Bundesgerichtshof hat bereits in seinem Urteil vom 9.6.1954 (II ZR 70/53) hervorgehoben, dass auch der Gesellschafter einer Gesellschaft mit beschränkter Haftung ebenso wie der Aktionär sein Stimmrecht nicht zur Erlangung gesellschaftsfremder Vorteile zum Schaden der Gesellschaft ausüben darf. Er spricht im Leitsatz seiner Entscheidung ausdrücklich davon, dass die gesellschaftsrechtliche Treuepflicht der Ausübung des Stimmrechts Grenzen setzt.[4] Nachdem das Institut der gesellschaftsrechtlichen Treuepflicht zunächst im Verhältnis zwischen den Gesellschaftern und der Gesellschaft anerkannt worden ist, bejaht die herrschende Meinung seit der ITT-Entscheidung des Bundesgerichtshofes auch eine Treuepflicht der Gesellschafter untereinander. Der Bundesgerichtshof hat in Weiterführung seiner Rechtsprechung in dieser Entscheidung hervorgehoben, dass nicht nur die Beziehung zwischen den Gesellschaftern und ihrer Gesellschaft, sondern auch das Rechtsverhältnis der Gesellschafter untereinander von der gesellschaftsrechtlichen Treuepflicht bestimmt sein kann. Begründet hat der Bundesgerichtshof dies damit, dass die Ausgestaltung der Organisation und die wirtschaftliche Betätigung der Gesellschaft in erheblichem Maße dem unmittelbaren Einfluss ihrer Gesellschafter unterliegen und die inneren Verhältnisse der GmbH auf eine deutliche Nähe zu den Personengesellschaften angelegt sein können. Die Möglichkeit der Mehrheitsgesellschafter, durch Einflussnahme auf die Geschäftsführung die Interessen der Mitgesellschafter beeinträchtigen zu können, verlange als Gegengewicht, auf deren Interessen Rücksicht zu nehmen.[5]

3. *Definition*

Allgemein versteht man unter der gesellschaftsrechtlichen Treuepflicht die Verpflichtung, sich wechselseitig loyal zu verhalten, Schäden abzuwenden und den Gesellschaftszweck aktiv zu fördern. Die Treuepflicht dient dazu, die unterschiedlichen Interessen der Gesellschafter zum Ausgleich zu bringen. Von den Gesellschaftern wird ein höheres Maß an gegenseitiger Rücksicht gefordert, als sie nach den allgemeinen Grundsätzen von Treu und Glauben sowie den guten Sitten gemäß §§ 242, 826 BGB geboten ist. Anders als bei einfachen Austauschverhältnissen erwartet man in der Gesellschaft ein gesteigertes Maß an Rücksichtnahme, da die Interessen der Gesellschafter gleichlautend und auf die Verfolgung eines gemeinsamen Zwecks gerichtet sind.

---

[4] BGH 9.6.1954 – II ZR 70/53, 1401.
[5] BGH NJW 1976, 191.

Die Treuepflicht ist dabei umso größer, je mehr die Entscheidung eines Gesellschafters Auswirkungen auf die Gesellschaft oder die anderen Gesellschafter hat.

Der Jubilar, Professor Dr. Heribert Heckschen, definiert die gesellschaftsrechtliche Treuepflicht als „Verpflichtung aller Gesellschafter, sich gegenüber der Gesellschaft und untereinander fair zu verhalten sowie die Zwecke der Gesellschaft zu fördern und sie vor Schaden zu bewahren.“ Er schlussfolgert hieraus, dass auch die Mehrheitsgesellschafter aufgrund der ihnen obliegenden Treuepflicht gehalten seien, „bei der Stimmabgabe sowohl auf die Interessen der Gesellschaft als auch auf die Interessen der Minderheitsgesellschafter Rücksicht zu nehmen.“ Die gesellschaftsrechtliche Treuepflicht verwehre den Mehrheitsgesellschaftern einen nicht zweckdienlichen und unverhältnismäßigen Eingriff in die Rechte der Minderheitsgesellschafter.[6]

Weiter hebt der Jubilar hervor, dass einer willkürlichen Mehrheitsentscheidung die Treuebindung der Anteilseigner untereinander entgegenstehe. Die Geltung des Mehrheitsprinzips finde seine Grenzen in der Treuebindung. Damit werde der Gefahr des Rechtsmissbrauchs durch die Mehrheit begegnet[7]. Die gesellschaftsrechtliche Treuepflicht sei die „letzte Schranke“, um Missbrauch satzungsgemäßer Einziehungsregelungen entgegenzuwirken.[8]

4. *Problemstellung*

Während das Rechtsinstitut der gesellschaftsrechtlichen Treuepflicht heute allgemein anerkannt ist, und zwar sowohl im Verhältnis der Gesellschafter untereinander als auch im Verhältnis zwischen Gesellschaftern und Gesellschaft, ist die Treuepflicht in der Einpersonengesellschaft umstritten. Eine durchaus als herrschend zu bezeichnende Meinung lehnt die Treuepflichten des Alleingesellschafters gegenüber seiner Gesellschaft jenseits des Gebotes der Kapitalerhaltung gemäß § 30 GmbHG mit dem Einwand ab, dass in der Einpersonengesellschaft die Interessen zwischen Gesellschafter und Gesellschaft gleichlaufend seien, so dass es des Korrektivs der gesellschaftsrechtlichen Treuepflicht nicht bedürfe. Andere bejahen auch und insbesondere in der Einpersonengesellschaft das Bedürfnis für die Förder- und Rücksichtnahmepflicht des Alleingesellschafters.

Wenig diskutiert wird bisher die Treuepflicht der Gesellschaft gegenüber ihrem Alleingesellschafter.

Unter Bezugnahme auf die Rechtsprechung des Bundesgerichtshofes[9] hat das Oberlandesgericht Nürnberg[10] die Auffassung vertreten, dass den Alleingesellschafter gegenüber seiner Gesellschaft keine Treuepflicht trifft, soweit nicht dadurch berechtigte Gläubigerinteressen gefährdet werden. Begründet hat das Oberlandesgericht Nürnberg dies damit, dass ein von der Gesamtheit der Gesellschafterinteressen unabhängiges Gesellschaftsinteresse nicht anzuerkennen sei. Hieraus schlussfol-

---

[6] Heckschen/Bachmann, Mehrheitsklauseln bei Personengesellschaften, NZG 2015, 531.
[7] Heckschen, Agio und Bezugsrechtsausschluss bei der GmbH, DStR 2001, 1437.
[8] Heckschen/Strnad, Aktuelle Entwicklungstendenzen des Gesellschaftsrechts (Teil 2), GWR 2021, 195.
[9] BGH NJW 1993, 1922; NJW 1993, 193.
[10] OLG Nürnberg NZG 2020, 1224.

gert das Oberlandesgericht Nürnberg, dass man dies im Verhältnis der Gesellschaft gegenüber dem Gesellschafter ebenso bewerten müsse. Eine Begründung für diese These gibt das Oberlandesgericht Nürnberg nicht, weil die Gesellschaft in dem von ihm zu beurteilenden Fall zum Zeitpunkt der Schädigung noch zwei Gesellschafter hatte.

Im Rahmen dieses Beitrages soll die Frage des Bestehens und des Umfangs der Treuepflicht der Gesellschaft gegenüber ihrem Alleingesellschafter näher beleuchtet werden. Zuvor sollen die Grundlagen und die Fallgruppen der gesellschaftsrechtlichen Treuepflicht dargestellt und beschrieben werden.

II. Rechtsgrundlagen

Grundlagen für die gesellschaftsrechtliche Treuepflicht sind die auch für die GmbH geltende Förderungspflicht des § 705 BGB[11] sowie der Grundsatz von Treu und Glauben gemäß § 242 BGB.[12] Zum Teil wird die mitgliedschaftliche Treuebindung auch als allgemeines Rechtsprinzip im Gesellschaftsrecht und mitgliedschaftliche Hauptpflicht angesehen.[13]

Die Pflicht der Gesellschafter, zur Verwirklichung des gemeinsamen Zwecks zusammenzuarbeiten *(„Förderpflicht“)* und die Verpflichtung, auf die Interessen der Gesellschaft und der Mitgesellschafter Rücksicht zu nehmen *(„Rücksichtnahmepflicht“),* bilden die Grundlage der gesellschaftsrechtlichen Treuepflicht. Mit dem Instrument der Treuepflicht gelinge es – so Lieder – „mühelos [...] die konfligierenden Interessen zu einem angemessenen, system- und wertungskohärenten Ausgleich zu bringen“.[14] Die gesellschaftsrechtliche Treuepflicht ist insofern als ein „verbandsübergreifendes, allgemeines Rechtsinstitut des Gesellschaftsrechts“ anerkannt.[15] Merkt spricht von einem allgemeinen gesellschaftsrechtlichen Prinzip und von der „zivilrechtlichen Reaktion auf das persönliche Zusammenwirken der Gesellschaft in der Gesellschaft“. Da die Gesellschafter in der Gesellschaft dauerhaft verbunden seien, sei ein höheres Maß an gegenseitiger Rücksicht erforderlich als es die grundsätzlich geltenden Maßstäbe von Treu und Glauben und der guten Sitten gebieten würden.[16]

In der zitierten Entscheidung hebt der Bundesgerichtshof hervor, dass sich der Anwendungsbereich der gesellschaftsrechtlichen Treuepflicht sowohl auf das Verhältnis der Gesellschafter untereinander als auch auf das Verhältnis zwischen den

---

[11] Pentz in Rowedder/Pentz, 7. Aufl. 2022, GmbHG § 13 Rn. 36.

[12] Lieder in Michalski/Heidinger/Leible/J. Schmidt, 4. Aufl. 2023, GmbHG § 13 Rn. 135, der davon spricht, dass „erst beide Aspekte gemeinsam das Fundament für eine deutlich über die gewöhnlichen Ausprägungen von Treu und Glauben hinausgehende Bindung zwischen den Gesellschaftern untereinander und zur GmbH“ liefern; Merkt in MüKoGmbHG, 4. Aufl. 2022, GmbHG § 13 Rn. 100.

[13] Bayer in Luther/Hommelhof, 21. Aufl. 2023, GmbHG § 14 Rn. 29; Dreher DStR 1993, 1632; Henssler/Strohn, Gesellschaftsrecht, 5. Aufl. 2021, GmbHG § 14 Rn. 98.

[14] Lieder in Michalski/Heidinger/Leible/J. Schmidt, 4. Aufl. 2023, GmbHG § 13 Rn. 136.

[15] BGH NJW 2019, 1289.

[16] Merkt in MüKoGmbHG, 4. Aufl. 2022, GmbHG § 13 Rn. 93.

Gesellschaftern und der Gesellschaft erstreckt. Die Möglichkeit, durch Einflussnahme die gesellschaftsbezogenen Interessen der Mitgesellschafter zu beeinträchtigen, verlange als Gegengewicht, auf die Interessen der Mitgesellschafter Rücksicht zu nehmen. Zielrichtung sei dabei allerdings nicht vorrangig die allgemeine Rücksichtnahme auf die Belange der Mitgesellschafter, sondern die Förderung des Gesellschaftsinteresses und des Gesellschaftszwecks. Zur Bestimmung des Inhalts der Treuepflicht sei eine umfassende Interessenabwägung vorzunehmen.

III. Vertikale Treuepflicht

1. Entwicklung

Bereits das Reichsgericht hat eine vertikale zwischen den Gesellschaftern und der Gesellschaft bestehende Treuepflicht anerkannt. Der Bundesgerichtshof hat diesen Gedanken aufgegriffen und bekräftigt, dass die Gesellschafter einer GmbH eine „echte, nicht bloß den Grundsatz von Treu und Glauben (§ 242 BGB) beinhaltende Treuepflicht" treffe.[17] Er hat dies damit begründet, dass die Beziehungen des Gesellschafters zur Gesellschaft und seinen Mitgesellschaftern „nicht rein kapitalistisch, sondern auch persönlicher Art" seien. Je nachdem, wie das innere Verhältnis des Gesellschaftsvertrages ausgestaltet sei, treffe die Gesellschafter die Pflicht, sich persönlich für die Belange der GmbH einzusetzen und alles zu unterlassen, was deren Interesse schädigen könnte.

2. Treuepflicht der Gesellschafter gegenüber ihrer Gesellschaft

Adressat der Treuepflicht ist jeder Gesellschafter der GmbH. Dies betrifft sowohl den Mehrheitsgesellschafter als auch den Minderheitsgesellschafter, der über eine Sperrminorität Entscheidungen der Gesellschafterversammlung beeinflussen kann. Die Treuepflicht begründet die Pflicht der Gesellschafter, die Ausübung und Wahrnehmung ihrer Rechte am Gesellschaftsinteresse auszurichten. Die Treuepflicht ist dabei umso größer, je höher der Einfluss des Gesellschafters in der Gesellschaft ist. Insbesondere den beherrschenden Mehrheitsgesellschafter treffen daher besonders weitreichende Treuepflichten, die ihn dazu anhalten, bei der Stimmabgabe auf die Interessen der Gesellschaft Rücksicht zu nehmen und unnötige und übermäßige Eingriffe in die Rechte der Gesellschaft zu unterlassen. Das Gleiche gilt für den Minderheitsgesellschafter, wenn dessen Mitwirkung erforderlich ist, um zB die Sanierung der Gesellschaft in die Wege zu leiten.[18]

3. Treuepflicht der Gesellschaft gegenüber ihren Gesellschaftern

Die vertikale Treuepflicht konstituiert Pflichten sowohl für den Gesellschafter gegenüber der Gesellschaft als auch eine Verpflichtung der Gesellschaft gegenüber ihren Gesellschaftern. Dies hat der Bundesgerichtshof hervorgehoben und damit

[17] BGH NJW 1953, 780.
[18] Merkt in MüKoGmbHG, 4. Aufl. 2022, GmbHG § 13 Rn. 94ff.

Schadensersatzansprüche des in seinen Vermögensinteressen geschädigten Gesellschafters für den Fall bejaht, dass die Gesellschaft einem Gesellschafter verdeckt unberechtigte Vorteile zum Nachteil der Mitgesellschafter gewährt.[19] Es ist daher allgemein anerkannt, dass auch die Gesellschaft auf die wohlverstandenen Interessen ihrer Gesellschafter Rücksicht nehmen muss.

Grundlage für die Verpflichtung der Gesellschaft, die im mitgliedschaftlichen Bereich liegenden berechtigten Anliegen der Gesellschafter zu beachten, ist die Fürsorge- und Rücksichtnahmepflicht. Nicht nur der Gesellschafter schuldet der Gesellschaft Loyalität, die Gesellschaft ist ihrerseits verpflichtet, auf die berechtigten Belange der Gesellschafter Rücksicht zu nehmen.[20] Der Bundesgerichtshof hat in seinem Urteil vom 15.5.1972 (II ZR 70/70) im Zusammenhang mit dem Grundsatz der gleichmäßigen Behandlung aller Gesellschafter darauf hingewiesen, dass es *„beiderseitige Treuepflichten"* gibt und einen Anspruch des benachteiligten Gesellschafters gegen die Gesellschaft auf eine Ausgleichsleistung bejaht.[21] In seinem Urteil vom 19.9.1994 (II ZR 248/92) hat der Bundesgerichtshof den Anspruch eines Aktionärs auf Übermittlung der Abschrift des Hauptversammlungsprotokolls aus den der Gesellschaft gegenüber den Gesellschaftern obliegenden Treuepflichten abgeleitet.[22]

Das Oberlandesgericht Nürnberg hat die Treuepflicht der Gesellschaft gegenüber ihren Gesellschaftern im Zusammenhang mit der Erklärung zur gesonderten Feststellung des steuerlichen Einlagenkontos damit begründet, dass die Gesellschaft aufgrund der gesellschaftsvertraglichen Rücksichtnahme- und Treuepflicht verpflichtet ist, die Interessen der Gesellschafter zu wahren, soweit dies ohne entgegenstehende sachliche Gründe möglich ist. Es sei insbesondere die Verpflichtung der Gesellschaft, die Gesellschafter wirtschaftlich nicht zu schädigen.[23]

IV. Horizontale Treuepflicht

1. Entwicklung

Eine horizontale, das heißt zwischen den Gesellschaftern untereinander bestehende Treuebindung hat der Bundesgerichtshof in der Grundsatzentscheidung ITT bejaht. In seinem Urteil führt der Bundesgerichtshof[24] aus, dass nicht nur die Beziehungen zwischen den Gesellschaftern und der GmbH, sondern auch das Verhältnis der Gesellschafter untereinander von der gesellschaftsrechtlichen Treuepflicht bestimmt sein könne. Dies habe – so der Bundesgerichtshof – seinen Grund darin, „dass bei der GmbH unbeschadet ihrer körperschaftlichen Verfassung die nähere Ausgestaltung ihrer Organisation und ihrer wirtschaftlichen Betätigung oft in

---

[19] BGH DStR 1992, 150.

[20] Bayer in Luther/Hommelhof, 21. Aufl. 2023, GmbHG § 14 Rn. 31; Seibt in Scholz, 13. Aufl. 2022, GmbHG § 14 Rn. 73.

[21] BGH BeckRS 1972, 31123048.

[22] BGH NJW 1994, 3094.

[23] OLG Nürnberg NZG 2020, 1224.

[24] BGH NJW 1976, 191.

erheblichem Maß dem unmittelbaren Einfluss ihrer Gesellschafter unterliegen und die inneren Verhältnisse der GmbH daher auf eine deutliche Nähe zu den Personengesellschaften angelegt sein können."

2. *Treuepflicht des Mehrheitsgesellschafters*

Die für eine Gesellschaftermehrheit bestehende Möglichkeit, durch Einflussnahme auf die Geschäftsführung die gesellschaftsbezogenen Interessen der Minderheitsgesellschafter zu beeinträchtigen, verlangt als Gegengewicht die gesellschaftsrechtliche Pflicht, auf diese Interessen Rücksicht zu nehmen. Je größer der Einfluss eines Gesellschafters in der Gesellschaft ist, umso bedeutender wird die gesellschaftsrechtliche Treuepflicht, die den oder die beherrschenden Mehrheitsgesellschafter dazu zwingt, bei der Stimmabgabe auf die Interessen der Gesellschaft und der Mitgesellschafter Rücksicht zu nehmen.[25]

3. *Treuepflicht des Minderheitsgesellschafters*

Die horizontale Treuepflicht trifft dabei nicht nur die Mehrheitsgesellschafter, sondern auch die Minderheitsgesellschafter. Im Girmes-Urteil hat der Bundesgerichtshof[26] hervorgehoben, dass auch der Minderheitsgesellschafter verpflichtet ist, seine Mitgliedsrechte, insbesondere seine Mitverwaltungs- und Kontrollrechte, unter angemessener Berücksichtigung der Interessen der anderen Gesellschafter auszuüben. Zwar sei die Ausübung von Herrschaftsmacht in der Regel nur bei einer entsprechenden Mehrheit denkbar, auch ein Minderheitsgesellschafter könne sich aber in einer Machtposition befinden, wenn die Gesellschaftermehrheit aufgrund eines gesetzlichen oder im Gesellschaftsvertrag verankerten Quorums auf die Stimme des Minderheitsgesellschafters angewiesen ist. Soweit ein Gesellschafter die Möglichkeit habe, die Interessen seiner Mitgesellschafter zu beeinträchtigen, sei als Gegengewicht die gesellschaftsrechtliche Pflicht zu fordern, auf diese Interessen Rücksicht zu nehmen. Aufgrund der dem Gesellschafter obliegenden Treuepflicht sei es diesem nicht erlaubt, eine sinnvolle und mehrheitlich angestrebte Sanierung der Gesellschaft aus eigennützigen Gründen zu verhindern.[27] Bereits zuvor hatte der Bundesgerichtshof in der Linotype-Entscheidung klargestellt, dass die gesellschaftsrechtliche Treuepflicht deshalb auch zwischen den Gesellschaften besteht, weil Ausgestaltung, Organisation und wirtschaftliche Bestätigung in erheblichem Maße dem unmittelbaren Einfluss der Gesellschafter unterliegen.[28]

---

[25] Merkt in MüKoGmbHG, 4. Aufl. 2022, GmbHG § 13 Rn. 95.
[26] BGH NJW 1995, 1739.
[27] Merkt in MüKoGmbHG, 4. Aufl. 2022, GmbHG § 13 Rn. 96.
[28] BGH NJW 1988, 1579.

V. Fallgruppen

Die gesellschaftsrechtliche Treuepflicht kann dazu führen, dass die Gesellschafter in der Ausübung ihrer Rechte und Befugnisse beschränkt sind, die Treuepflicht kann darüber hinaus aber auch Handlungs- und Unterlassungspflichten begründen, im Einzelfall sogar Leistungspflichten entstehen lassen.

1. Stimmrechtsschranken

Die Beschränkung des Stimmrechts kommt nur in Ausnahmefällen in Betracht. Grundsätzlich stellt die Nutzung bestehender Mehrheiten für sich allein keine Verletzung der Treuepflicht dar. Nur wenn besondere Umstände hinzutreten, kann die Ausübung des Stimmrechts missbräuchlich sein.[29] Dies gilt sowohl für die Mehrheit der Gesellschafter bzw. den Mehrheitsgesellschafter, als auch für den Minderheitsgesellschafter bei Ausübung einer Sperrminorität. Sowohl der oder die Mehrheitsgesellschafter als auch der Minderheitsgesellschafter haben bei ihrem Stimmverhalten die Interessen der Mitgesellschafter und der GmbH zu berücksichtigen. Ob die Ausübung des Stimmrechts treuwidrig ist, ist dabei jeweils im Einzelfall zu bestimmen. So ist es einem Gesellschafter, gegenüber dem ein Einziehungsgrund besteht, über den ein Rechtsstreit anhängig ist, untersagt, die Geschäftsführung auszutauschen.[30] Im Zusammenhang mit der Entlastung eines Geschäftsführers dürfen die Gesellschafter ihre Stimmrechte nur so ausüben, dass die Gesellschaft nicht die Möglichkeit verliert, Schadensersatzansprüche gegen den Geschäftsführer geltend zu machen.[31] Der Mehrheitsgesellschafter, der gleichzeitig Geschäftsführer ist, darf sich auch nicht eine unangemessen hohe Vergütung bewilligen.[32] Schließlich kann, um nur ein weiteres Beispiel zu nennen, ein Auflösungsbeschluss treuwidrig sein, wenn er ausschließlich dem Zweck dient, die Minderheit aus der Gesellschaft zu drängen.[33]

2. Schädigungsverbot

Auch andere Gesellschafterrechte können unter Verweis auf die den Gesellschaftern obliegende gesellschaftsrechtliche Treuepflicht eingeschränkt sein. So kann ein Gesellschafter gehindert sein, seinen Auseinandersetzungsanspruch durchzusetzen, wenn dies zu einer Liquiditätskrise der Gesellschaft führen würde.[34] Das einem Gesellschafter gemäß § 51a GmbHG zustehende Auskunfts- und Einsichtsrecht darf nicht in einer Weise ausgeübt werden, dass dadurch die Interessen der Gesellschaft beeinträchtigt werden.[35] Es verstößt gegen die gesellschaftsrechtliche Treuepflicht,

[29] Merkt in MüKoGmbHG, 4. Aufl. 2022, GmbHG § 13 Rn. 180; Lieder in Michalski/Heidinger/Leible/J. Schmidt, 4. Aufl. 2023, GmbHG § 13 Rn. 162.
[30] OLG München NZG 1999, 407.
[31] OLG Hamm ZIP 1993, 119.
[32] BGH NZG 2004, 516.
[33] BGH NJW 1980, 1278.
[34] OLG Düsseldorf NJW-RR 1995, 420.
[35] Lieder in Michalski/Heidinger/Leible/J. Schmidt, 4. Aufl. 2023, GmbHG § 13 Rn. 176.

wenn Beschlussmängelklagen mit dem Ziel erhoben werden, sich den Lästigkeitswert abkaufen zu lassen.[36] Aus der gesellschaftsrechtlichen Treuepflicht kann sich schließlich die Pflicht der Gesellschafter ergeben, nicht nur Wettbewerb zu unterlassen, sondern Geschäftschancen nicht auf eigene Rechnung zum Nachteil der Gesellschaft zu nutzen oder einem Dritten zuzuweisen.[37]

3. Mitwirkungspflichten

Denkbar ist auch, dass ein Gesellschafter verpflichtet ist, an Maßnahmen mitzuwirken, soweit diese erforderlich sind, um den Gesellschaftszweck zu erreichen. So kann eine Verpflichtung bestehen, einem Kapitalerhöhungsbeschluss jedenfalls dann zuzustimmen, wenn hierdurch keine Nachteile für den betroffenen Gesellschafter eintreten.[38]

4. Sonstige Verhaltenspflichten

Ein Gesellschafter muss aufgrund der ihm obliegenden Treuepflicht auch Maßnahmen zustimmen, die zur Erhaltung wesentlicher Werte objektiv und unabweisbar erforderlich sind, jedenfalls dann, wenn die Zustimmung dem betroffenen Gesellschafter unter Berücksichtigung der eigenen schutzwürdigen Belange zumutbar ist und der Gesellschaftszweck sowie das Interesse der Gesellschaft die Maßnahmen zwingend gebieten.[39] In der bereits zitierten Girmes-Entscheidung hat der Bundesgerichtshof entschieden, dass es einem Gesellschafter aufgrund der ihm obliegenden Treuepflicht nicht erlaubt ist, eine sinnvolle und mehrheitlich angestrebte Sanierung der Gesellschaft einschließlich einer zum Sanierungskonzept gehörenden Kapitalherabsetzung aus eigennützigen Gründen zu verhindern.[40]

Denkbar ist sogar, dass aus der gesellschaftlichen Treuepflicht die Pflicht eines Gesellschafters folgen kann, seinen Geschäftsanteil auf einen Dritten oder einen Mitgesellschafter zu übertragen, wenn dies für die Sanierung der Gesellschaft erforderlich ist.[41]

Die Gesellschaft ist ihrerseits aufgrund der Treuepflicht gegenüber ihren Gesellschaftern verpflichtet, diesen eine für das Anrechnungsverfahren erforderliche Bescheinigung für die entrichtete Kapitalertrag- und Körperschaftsteuer auszuhändigen.[42]

---

[36] Lieder in Michalski/Heidinger/Leible/J. Schmidt, 4. Aufl. 2023, GmbHG § 13 Rn. 177; Pentz in Rowedder/Pentz, 7. Aufl. 2022, GmbHG § 13 Rn. 66.
[37] OLG Stuttgart BeckRS 2019, 8992.
[38] BGH NJW 1987, 189.
[39] BGH NZG 2016, 781.
[40] BGH NJW 1995, 1739.
[41] OLG Köln NZG 1999, 1166.
[42] BGH NJW 1992, 368.

VI. Rechtsfolgen einer Treuepflichtverletzung

1. Anfechtbarkeit von Gesellschafterbeschlüssen

Übt ein Gesellschafter unter Verstoß gegen die ihm obliegende Treuepflicht sein Stimmrecht aus, führt dies jedenfalls zur Anfechtbarkeit der Beschlüsse.[43] Zum Teil wird sogar die Auffassung vertreten, dass eine unter Verstoß gegen die Treuepflicht abgegebene Stimme wegen Rechtsmissbrauchs nichtig ist.[44]

2. Stimmrechtsbindung

Rechtsfolge eines Treuepflichtverstoßes kann auch eine mit einer Leistungsklage durchsetzbare Handlungspflicht sein. Denkbar ist auch eine Stimmrechtsbindung, die gemäß § 894 ZPO vollstreckbar ist.[45] Eine treuwidrige Stimmabgabe kann nach zum Teil vertretener Auffassung sogar durch eine einstweilige Verfügung untersagt werden, wenn die Rechtslage eindeutig ist, ein überragendes Schutzbedürfnis besteht und eine Interessenabwägung die Zumutbarkeit ergibt.[46]

3. Schadensersatzpflicht

Schließlich kann die Verletzung der Treuepflicht auch Schadensersatzansprüche auslösen, und zwar sowohl Ansprüche der Gesellschaft als auch der Gesellschafter, denen ein individueller Schaden entstanden ist.[47] In der zitierten Entscheidung des Bundesgerichtshofes ging es um die verdeckte Gewährung unberechtigter Vorteile an einen der Gesellschafter zum Nachteil der Mitgesellschafter. Der Bundesgerichtshof hat hervorgehoben, dass darin nicht nur eine Verletzung der den Gesellschaftern untereinander obliegenden Treuepflicht liegt, sondern auch eine Treuepflichtverletzung der Gesellschaft gegenüber den anderen Gesellschaftern, die Schadensersatzansprüche auslösen kann. Der Bundesgerichtshof leitet hierbei den Schadensersatzanspruch unmittelbar aus der der Gesellschaft gegenüber dem Gesellschafter obliegenden Treuepflicht ab. Ansprüche der Gesellschaft können unter den Voraussetzungen des § 46 Nr. 8 GmbHG von der Gesellschaft selbst sowie im Wege der actio pro socio von einzelnen Gesellschaftern für die Gesellschaft geltend gemacht werden.[48]

4. Einziehung, Ausschluss

Denkbar ist schließlich sogar die Einziehung bzw. der Ausschluss eines Gesellschafters, wenn dieser wiederholt oder schwerwiegend seine Treuepflicht verletzt, soweit die Satzung die Möglichkeit der Einziehung aus wichtigem Grund zulässt.[49]

---

[43] Lieder in Michalski/Heidinger/Leible/J. Schmidt, 4. Aufl. 2023, GmbHG § 13 Rn. 198; Merkt in MüKoGmbHG, 4. Aufl. 2022, GmbHG § 13 Rn. 195.
[44] BGH NJW 1991, 846.
[45] BGH NJW 1967, 1963.
[46] OLG Frankfurt a. M. GmbHR 1963, 161.
[47] BGH NJW 1992, 368.
[48] Bayer in Luther/Hommelhof, 21. Aufl. 2023, GmbHG § 14 Rn. 44.
[49] OLG Hamburg DNotI-Report 1996, 193; OLG Brandenburg NZG 1999, 828; OLG Dresden NZG 1999, 1220.

VII. Treuepflicht in der Einpersonengesellschaft

Während die Treuepflicht der Mehrheitsgesellschafter oder des Gesellschafters mit Sperrminorität anerkannt ist, wird die Treuepflicht in der Einpersonengesellschaft streitig diskutiert.

1. Herrschende Meinung

Von der wohl herrschenden Meinung im Schrifttum wird die Auffassung vertreten, dass es jenseits des Gebotes der Kapitalerhaltung gemäß § 30 GmbHG eine Treuepflicht des Alleingesellschafters nicht gebe. Aufgrund der ihm eingeräumten Verfügungsgewalt bestehe stets ein gleichlaufendes Interesse zwischen Gesellschafter und Gesellschaft. Ein Konflikt, der eines Korrektivs durch die Treuepflicht bedürfe, existiere nicht.[50]

Die Vertreter dieser Auffassung gehen davon aus, dass der Wille der Gesellschaft und der Wille ihres Alleingesellschafters stets identisch seien. Die Grenzen der Verfügungsgewalt des Alleingesellschafters und damit ein „gewisses Eigeninteresse der Gesellschaft" ergäben sich allein aus den §§ 30, 31 GmbHG sowie dem von der Rechtsprechung entwickelten Verbot existenzgefährdender Maßnahmen. Da die Existenzvernichtung aber dogmatisch auf § 826 BGB gestützt werde, sei hiermit gerade keine Anerkennung einer allgemeinen Treuepflicht des Gesellschafters gegenüber der Einpersonengesellschaft verbunden. Vielmehr könne der Alleingesellschafter weiterhin mit der Gesellschaft in Wettbewerb treten, ihre Geschäftschancen wahrnehmen, über ihre Ressourcen verfügen und risikoreiche Aktivitäten auf sie verlagern. Insofern gehe es lediglich um Fragen des Gläubigerschutzes.[51]

2. Andere Stimmen

Andere Autoren sehen gerade in der Einpersonengesellschaft ein Bedürfnis für die Förder- und Rücksichtnahmepflicht des Alleingesellschafters. Begründet wird dies damit, dass in der Einpersonengesellschaft das Korrektiv einer Minderheit fehle, das dem Handeln der Mehrheit zu Lasten der Gesellschaft Grenzen setze. Folge sei eine verminderte Richtigkeitsgewähr, zumal der Alleingesellschafter in der Regel auch alleiniger Geschäftsführer sei und daher unternehmerische Entscheidungen allein treffe.[52] Aus Sicht der Vertreter dieser Auffassung reiche es nicht aus, die Gesellschaft allein durch das Verbot existenzgefährdender Eingriffe vor einer „rücksichtslosen Ausplünderung" durch ihre Gesellschafter zu schützen. Eine Verhaltenssteuerung im Sinne einer gläubigerschützenden Corporate Governance werde dadurch nicht gewährleistet. Gesellschaftsgläubiger seien ebenso schutzwürdig wie Minderheitsgesellschafter. Hinzu komme, dass diese im Gegensatz zu Minderheitsgesellschaftern nicht einmal über gesellschaftsrechtlichen Einfluss verfügten, sich ein

---

[50] Lieder in Michalski/Heidinger/Leible/J. Schmidt, 4. Aufl. 2023, GmbHG § 13 Rn. 146; Altmeppen, 11. Aufl. 2023, GmbHG § 13 Rn. 58; Fastrich in Noack/Servatius/Haas, 23. Aufl. 2022, GmbHG § 13 Rn. 20.

[51] Merkt in MüKoGmbHG, 4. Aufl. 2022, GmbHG § 13 Rn. 112.

[52] Burgard ZIP 2002, 827.

Entzug von Vermögen und Geschäftschancen für diese aber ebenso schädlich auswirken könne.[53] Auch der Alleingesellschafter sei verpflichtet, die Verfassung der Gesellschaft einschließlich ihrer rechtlichen Selbstständigkeit zu beachten. Er könne zwar den Gesellschaftsvertrag ändern und die Gesellschaft sogar auflösen und liquidieren, solange die Gesellschaft jedoch bestehe, sei deren rechtliche Selbstständigkeit zu respektieren. Dies folge bereits aus dem Grundsatz pacta sunt servanda, der auch für den Alleingesellschafter gelte.

Burgard verweist darüber hinaus auf die Norm des § 48 Abs. 3 GmbHG. Danach habe der Alleingesellschafter Gesellschafterbeschlüsse in ein von ihm zu unterzeichnendes Protokoll aufzunehmen. Rechtsfolge sei, dass eine vom Alleingesellschafter vorgenommene Ausschüttung dann als rechtsgrundlos anzusehen sei, wenn der entsprechende Ausschüttungsbeschluss nicht protokolliert wurde. Verwiesen wird auch auf die gesellschaftsinterne Kompetenzverteilung, wonach der Gesellschafter nicht vertretungsberechtigt sei, wenn er nicht zugleich Geschäftsführer ist. Schließlich wird das Trennungsprinzip hervorgehoben, das zwingend sei und verlange, dass Vermögensbewegungen zwischen Gesellschaft und Gesellschafter ordnungsgemäß zu dokumentieren sei. Zwar treffen die Rechnungslegungs- und Publizitätspflichten in erster Linie die Geschäftsführer, sie seien jedoch zwingender Teil der Verfassung der Gesellschaft und daher auch vom Gesellschafter zu beachten.

§ 705 BGB als Grundnorm des gesamten Gesellschaftsrechts und § 242 BGB als Grundnorm des gesamten Privatrechts gelten daher auch für die Einpersonengesellschaft und ihre Alleingesellschafter. Der gemeinsame Zweck im Sinne von § 705 BGB sei nicht der gemeinsame Zweck der Gesellschafter, sondern der Zweck der Gesellschaft. Die Förderpflicht bestehe gegenüber der Gesellschaft und beschränke sich nicht auf die Leistung der vereinbarten Einlage. Vielmehr haben die Gesellschafter ihr Verhalten gegenüber der Gesellschaft an diesem Zweck auszurichten, so dass es ihnen verboten sei, die Gesellschaft zu schädigen. Der Gesellschaftszweck sei das konstitutive Merkmal der Gesellschaft. Die Gesellschafter könnten den Gesellschaftszweck zwar konkretisieren und ändern, nicht aber abbedingen. Auch der Alleingesellschafter unterliege daher der mitgliedschaftlichen Förderpflicht.[54]

Die Gesellschaft habe ein Eigeninteresse, dass die Gesellschafter ihren gesetzlichen und statutarischen Pflichten nachkommen, die Verfassung der Gesellschaft beachten, ihre Selbstständigkeit respektieren und ihren Zweck fördern. Als selbstständiger und vollwertiger Rechtsträger sei die GmbH zugleich Trägerin eigener Interessen. Der Gesellschaftsvertrag der Gesellschaft enthalte zumindest inzident die Verpflichtung, den Zweck der Gesellschaft zu fördern und deren Interessen zu verfolgen. Adressat dieser Förder- und Treuepflicht sei jedes einzelne Mitglied.[55] Gerade vor dem Hintergrund, dass der Alleingesellschafter die bereits beschriebenen Einwirkungsmöglichkeiten habe, obliege ihm eine besondere Fürsorge-, Rücksichtnahme- und Loyalitätspflicht. Auch im Falle der Einpersonengesellschaft ist diese selbständiger Träger von Interessen und stehe zu ihrem Gesellschafter

[53] Burgard ZIP 2002, 827 (831).
[54] Burgard ZIP 2002, 827 (834).
[55] Hartmann GmbHR 1999, 1061.

in einem „Sonderrechtsverhältnis, das diesen auf die Gesellschaftsinteressen verpflichtet".[56]

Dass der Alleingesellschafter keine Rücksicht auf Mitgesellschafter nehmen müsse, sondern die Geschicke der Gesellschaft allein bestimmen könne, entbinde diesen nicht davon, die rechtliche Selbstständigkeit der Gesellschaft zu beachten. Zwar könne der Alleingesellschafter in den Grenzen zwingenden Rechts das Gesellschaftsinteresse definieren, dies erlaube ihm jedoch keine Schädigung der Gesellschaft. Die Gesellschaftsgläubiger hätten einen Anspruch auf ein „Mindestmaß an gesellschaftstreuem Verhalten des Alleingesellschafters".[57]

Durch die auch einem Alleingesellschafter obliegende Förder- und Treuepflicht sowie durch das Trennungs- und Publizitätsprinzip werde die Autonomie und Gestaltungsfreiheit des Alleingesellschafters kaum eingeschränkt. Dem Gesellschafter werde keine über § 30 GmbHG hinausgehende Vermögensbindung abverlangt. Verwehrt seien ihm aber verdeckte Vermögensverschiebungen, eine vorsätzliche Schädigung der Gesellschaft sowie eine grob sorgfaltswidrige Geschäftsführung.[58] Auch der Alleingesellschafter unterliege daher hinsichtlich der gesellschaftsrechtlichen Privatautonomie Schranken, die auch durch die Interessen der Allgemeinheit und der Gläubiger gesetzt werden.[59]

Allerdings finde die Treuepflicht des Gesellschafters ihre Grenze in dessen Dispositionsbefugnis. Der Gesellschafter könne die Interessen der Gesellschaft neu definieren oder sich von der Beachtung der Treuepflicht im Einzelfall freistellen. Eine Treuepflichtverletzung liege aber vor, wenn der Gesellschafter die rechtlichen Grenzen seiner Definitions- und Dispenskompetenz überschreitet. Der Gesellschafter habe dabei sowohl formelle Grenzen (§§ 53, 54 GmbHG) als auch materielle Schranken zu beachten. Diese materiellen Schranken können dabei enger sein als die durch § 30 Abs. 1 GmbHG gesetzten Grenzen. Ein Verstoß gegen § 30 Abs. 1 GmbHG liege dann vor, wenn durch eine Verfügung über Gesellschaftsvermögen eine Unterbilanz herbeigeführt oder vertieft wird. Ein Verstoß des Gesellschafters gegen die ihm obliegende Treuepflicht liege aber auch bereits dann vor, wenn Vermögensverfügungen mit hoher Wahrscheinlichkeit und in absehbarer Zeit zur Vernichtung der wirtschaftlichen Existenz der Gesellschaft führen.[60]

3. *Rechtsprechung*

Die Vertreter der Auffassung, die eine Treuepflicht des Alleingesellschafters ablehnen, argumentieren, dass die Rechtsprechung der Überlegung einer Treuepflicht des Alleingesellschafters nicht gefolgt sei.

So verweist Altmeppen[61] auf den Beschluss des Bundesgerichtshofes vom 7.1.2008, in dem es jedoch lediglich heißt, dass „die das Basisschutzkonzept der §§ 30, 31 GmbH-Gesetz ergänzende Existenzvernichtungshaftung" nur miss-

[56] Hartmann GmbHR 1999, 1061.
[57] Burgard ZIP 2002, 827 (837).
[58] Burgard ZIP 2002, 827 (839).
[59] Hartmann GmbHR 1999, 1061 (1063).
[60] Hartmann GmbHR 1999, 1061 (1069).
[61] Altmeppen, 11. Aufl. 2023, GmbHG § 13 Rn. 58.

bräuchliche, zur Insolvenz führende oder diese vertiefende kompensationslose Eingriffe in das der Befriedigung der Gesellschaftsgläubiger dienende Gesellschaftsvermögen verbiete.

Weiter hebt der Bundesgerichtshof hervor, dass der Alleingesellschafter grundsätzlich keinem Wettbewerbsverbot unterliege, weil die Interessen des Alleingesellschafters von dem der Gesellschaft so lange nicht getrennt werden können, wie nicht Gläubigerinteressen gefährdet seien, gleichzeitig verweist der Bundesgerichtshof aber auf seine Rechtsprechung zur Durchgriffshaftung analog § 128 HGB (aF; nach Inkrafttreten des MoPeG: § 126 HGB).[62] Eine Durchgriffshaftung mit der Folge des Verlustes des Haftungsprivilegs gemäß § 13 Abs. 2 GmbHG bejaht der Bundesgerichtshof in den Fällen, in denen der Gesellschafter nicht für eine klare Vermögensabgrenzung zwischen dem Gesellschafts- und dem Privatvermögen gesorgt und damit die Rechtsform der GmbH missbraucht hat. Er begründet dies damit, dass die Einhaltung der Kapitalerhaltungsvorschriften und das Trennungsprinzip zwischen Gesellschafts- und Privatvermögen ein unverzichtbarer Ausgleich für die Haftungsbeschränkung auf das Gesellschaftsvermögen seien. Die Durchgriffshaftung analog § 128 HGB (aF; nach Inkrafttreten des MoPeG: § 126 HGB) werde durch die Rechtsprechung zum existenzvernichtenden Eingriff nicht überholt, sondern sei relevant für Fälle, in denen eine Kontrolle über die Verwendung des haftenden Gesellschaftsvermögens vereitelt werde. Der Bundesgerichtshof ist also der Auffassung, dass es neben der Haftung des § 826 BGB wegen eines existenzvernichtenden Eingriffes auch einer Durchgriffs- und Außenhaftung der Gesellschafter bedarf, wenn diese das Trennungsprinzip nicht beachten. Die Durchgriffshaftung wegen Vermögensvermischung sei „keine Zustands-, sondern eine Verhaltenshaftung wegen Rechtsformmissbrauchs".[63] Die Durchgriffshaftung treffe den Gesellschafter, wenn er aufgrund des von ihm wahrgenommenen Einflusses als Allein- oder Mehrheitsgesellschafter für den Vermögensvermischungstatbestand verantwortlich sei.

Der Bundesgerichtshof belässt es daher nicht bei der deliktischen Haftung eines Gesellschafters wegen existenzgefährdender Eingriffe gemäß § 826 BGB, sondern greift – ebenso wie die gesellschaftsrechtliche Treuepflicht – auf allgemeine, dem Gesellschaftsrecht innewohnende Grundsätze zurück.[64] In seinem Urteil vom 13.4.1994 hebt der Bundesgerichtshof ausdrücklich die persönliche Haftung derjenigen Gesellschafter hervor, die aufgrund des ihnen gegebenen Einflusses in der Gesellschaft für den in dem zu beurteilenden Sachverhalt festgestellten Vermögensvermischungstatbestand verantwortlich waren.

Gegen die Annahme, dass ein Alleingesellschafter keiner Treuepflicht unterliegt, spricht die Tatsache, dass auch in einer Mehrpersonengesellschaft Gesellschafter einstimmig oder mehrheitlich beschließen können, der Gesellschaft Vermögen zu entziehen, das zur Deckung des Stammkapitals nicht benötigt wird. Der Bundesgerichtshof hat in seinem Urteil vom 21.6.1999 (II ZR 47/98) in dem von ihm zu

[62] BGH NZG 2008, 187.
[63] BGH NJW 2006, 1344 (1346).
[64] Ebenso BGH NJW 1994, 1801.

beurteilenden Fall entschieden, dass die Gesellschafter einer GmbH für diese zwar weder wegen einer Treuepflichtverletzung noch unter dem Gesichtspunkt der unerlaubten Handlung haften.[65] Dass aber im Einzelfall eine Treuepflichtverletzung nicht vorliegt, lässt den Rückschluss darauf, dass der Alleingesellschafter keiner Treuepflicht unterliegt, jedoch nicht zu.

In seinem Urteil vom 28.9.1992 hat der Bundesgerichtshof entschieden, dass bei einem Alleingesellschafter die Verletzung einer Treuepflicht gegenüber der Gesellschaft und den Mitgesellschaftern nicht in Betracht komme, hat dies aber dahingehend eingeschränkt, dass „jedenfalls außerhalb der Gefährdung von Gläubigerinteressen" ein von der Gesamtheit der Gesellschafterinteressen unabhängiges Gesellschaftsinteresse, dem durch eine Treuepflicht Rechnung zu tragen wäre, nicht anzuerkennen sei.[66] Auch in dieser Entscheidung hat der Bundesgerichtshof daher die Treuepflicht des Alleingesellschafters nicht etwa grundsätzlich verneint, sondern lediglich eingeschränkt.

Dies gilt auch für das Urteil des Bundesgerichtshofes vom 10.5.1993, in dem der Bundesgerichtshof entschieden hat, dass der alleinige Gesellschafter einer GmbH wegen einer Treuepflichtverletzung der Gesellschaft nicht zum Schadensersatz verpflichtet ist, wenn er dieser Vermögen entzieht, das zur Deckung des Stammkapitals nicht benötigt wird. Der Bundesgerichtshof hat in diesem Urteil hervorgehoben, dass dies in gleicher Weise für die Gesellschafter der mehrgliedrigen GmbH gelte, wenn diese einverständlich handeln. Auch insofern lehnt der Bundesgerichthof eine dem Alleingesellschafter obliegende Treuepflicht nicht allgemein ab, sondern schränkt diese in gleicher Weise ein wie bei dem einverständlichen Handeln der Gesellschafter einer Mehrpersonengesellschaft.[67]

Der 1. Strafsenat des Bundesgerichtshofes weist in seinem Urteil vom 20.7.1999 in einem Strafverfahren wegen Beihilfe zum Bankrott und zur Untreue unter Bezugnahme auf die Rechtsprechung des 2. Zivilsenates darauf hin, dass die Gesellschafter nach der gesetzlichen Konzeption zwar grundsätzlich frei seien, über das Gesellschaftsvermögen zu verfügen, dies finde aber seine Grenze darin, dass die Gesellschafter über das Gesellschaftsvermögen nicht verfügen dürfen, wenn dadurch eine konkrete Existenzgefährdung für die Gesellschaft entstehe, was jedenfalls bei einem Angriff auf das durch § 30 GmbHG geschützte Stammkapital der Fall sei. Weiter führt der Bundesgerichtshof aus, dass die Zustimmung der Gesellschafter zu einem Rechtsgeschäft dann treuwidrig sei, wenn die Zustimmung dazu führe, dass das Stammkapital der Gesellschaft beeinträchtigt werde.[68] Der Bundesgerichtshof argumentiert also mit der Treuwidrigkeit eines Gesellschafterbeschlusses jedenfalls für die Fälle, in denen sich eine Gefährdung der Existenz der geschützten GmbH ergibt.

Das Oberlandesgericht Karlsruhe hebt in seinem Urteil vom 25.7.1997 (15 U 131/96) im Zusammenhang mit der Befugnis zur Disposition über das Vermögen einer GmbH durch den Alleingesellschafter das schutzwerte Eigeninteresse

---

[65] BGH NJW 1999, 2817.
[66] BGH NJW 1993, 193.
[67] BGH NJW 1993, 1922; DStR 1999, 1366.
[68] BGH NZG 2000, 307.

der Gesellschaft „auch jenseits des von § 30 GmbHG gewährten Vermögensschutzes“ hervor, wenn es um die Haftung für den Entzug von existenznotwendiger Liquidität geht. Die aus der Mitgliedschaft abzuleitende Sonderrechtsbeziehung begründe für den Gesellschafter besondere Verhaltenspflichten gegenüber der Gesellschaft, deren schuldhafte Verletzung den Gesellschafter schadensersatzpflichtig machen könne. Die Dispositionsbefugnis auch des Alleingesellschafters finde ihre Schranke in dem anerkennens- und schutzwerten Eigeninteresse der Gesellschaft.[69]

4. *Stellungnahme*

Die einem Alleingesellschafter eingeräumte Verfügungsgewalt ändert nichts an dem Bedürfnis, auch diesem aus der gesellschaftsrechtlichen Treuepflicht abgeleitete Förder- und Rücksichtnahmepflichten aufzuerlegen. Zwar gelten die zur vertikalen Treuepflicht entwickelten Grundsätze in der Einpersonengesellschaft nicht, auch der Alleingesellschafter ist aber verpflichtet, sich gegenüber der Gesellschaft loyal zu verhalten, deren Zweck zu fördern und Schaden von ihr fernzuhalten. Die von der herrschenden Meinung vertretene These, aus der umfassenden Verfügungsgewalt des Alleingesellschafters folge ein Interessengleichlauf zwischen Gesellschaftsinteresse und Gesellschafterinteresse, so dass es keine über die Treuepflicht zu lösenden Konflikte gäbe, ist nicht überzeugend. Zwar mögen die Grenzen für die Ausübung der Verfügungsgewalt zugunsten des Alleingesellschafters verschoben sein, dass die Interessen der Gesellschaft aber allein durch die §§ 30, 31 GmbHG sowie das Verbot existenzgefährdender Maßnahmen geschützt seien, ist unzutreffend. §§ 30, 31 GmbHG betreffen lediglich den Grundsatz der Erhaltung des Stammkapitals. § 30 GmbHG schützt das Vermögen der Gesellschaft primär im Interesse der Gesellschaftsgläubiger und wird dementsprechend als „zentrale Gläubigerschutzbestimmung im GmbH-Recht“ bezeichnet.[70] Die Gläubigerschutzvorschrift des § 30 GmbHG steht daher dem Interesse der Gesellschaft auf Erhalt ihrer Existenz und der daraus folgenden Rücksichtnahmepflicht ihres Alleingesellschaftes nicht entgegen.

Auch der Einwand, der Alleingesellschafter könne jederzeit den Gesellschaftszweck ändern oder die Gesellschaft gar auflösen, rechtfertigt die Ablehnung der Treuepflicht in der Einpersonengesellschaft nicht. Im Rahmen des statutarischen Gesellschaftszwecks ist auch der Alleingesellschafter verpflichtet, den Gesellschaftszweck zu fördern. Solange die Gesellschaft existiert, hat diese eigene Interessen, die auch gegenüber ihrem Alleingesellschafter bestehen und demzufolge zu Konflikten führen können, die über die gesellschaftsrechtliche Treuepflicht zu lösen sind.

Auch das Recht der GmbH wird überlagert durch die für das gesamte Gesellschaftsrecht geltende Grundnorm des § 705 BGB, die den Gesellschaftern und demzufolge auch dem Alleingesellschafter aufgibt, die Gesellschaft über die Leistung der vereinbarten Einlage hinaus zu fördern.

---

[69] OLG Karlsruhe GmbHR 1998, 235.
[70] Heidinger in Michalsky/Heidinger/Leible/J. Schmidt, 4. Aufl. 2023, GmbHG § 30 Rn. 7.

Dementsprechend spricht der Bundesgerichtshof in der „Bremer Vulkan"- Entscheidung auch von der Verpflichtung des Alleingesellschafters, bei Dispositionen über das Vermögen der Gesellschaft auf deren Eigeninteresse, ihren Verbindlichkeiten nachzukommen, angemessen Rücksicht zu nehmen und deren Existenz nicht zu gefährden.[71] Dass der Bundesgerichtshof in der Trihotel-Entscheidung[72] mit dem Rechtsinstitut der Existenzvernichtungshaftung eine aus § 826 BGB folgende deliktische Innenhaftung bejaht hat, steht dem Erfordernis einer gesellschaftsrechtlichen Treuepflicht in der Einpersonengesellschaft ebenfalls nicht entgegen.

Wie die vorstehend zitierten Fallgruppen zeigen, geht der Anwendungsbereich der gesellschaftsrechtlichen Treuepflicht weit über den Existenzerhalt der Gesellschaft hinaus und begründet Verhaltenspflichten der Gesellschafter, die Verfassung der Gesellschaft und deren rechtliche Selbständigkeit zu respektieren und hierauf Rücksicht zu nehmen.

Der Alleingesellschafter unterliegt daher hinsichtlich seiner Dispositionsbefugnisse den gleichen Schranken, denen auch die Gesellschafter einer Mehrpersonengesellschaft unterworfen sind.

VIII. Treuepflicht der Gesellschaft gegenüber ihrem Alleingesellschafter

1. Urteil des Oberlandesgerichts Nürnberg

Ausgangspunkt der vorstehenden Überlegungen ist das Urteil des Oberlandesgerichtes Nürnberg vom 1.8.2019. In dem vom Oberlandesgericht Nürnberg zu entscheidenden Fall ging es um die Frage, ob eine Gesellschaft mit beschränkter Haftung gegenüber ihren Gesellschaftern verpflichtet ist, steuerliche Einlagenkonten so zu beantragen, dass dies zu einem materiell richtigen Feststellungsbescheid des zuständigen Finanzamtes führt. Das Oberlandesgericht Nürnberg hat in dem gegen die Steuerberater der Gesellschaft gerichteten Rechtsstreit festgestellt, dass diese ihre vertraglichen Verpflichtungen mehrfach dadurch verletzt haben, dass sie der klagenden Gesellschaft eine Erklärung zur gesonderten Feststellung des steuerlichen Einlagekontos übersandt hatten, in der das Einlagekonto unzutreffend beziffert worden war. Dies führte zu einem Steuerschaden der Gesellschafter und demzufolge zu der Frage, ob der Gesellschaft durch die unzutreffende Beantragung des Einlagekontos ein eigener Schaden entstanden ist.

Das Oberlandesgericht Nürnberg hat dies zutreffend mit dem Hinweis bejaht, dass die Gesellschaft durch die fehlerhafte Beantragung des Einlagekontos die ihr obliegende Rücksichtnahme- und Treuepflicht gegenüber ihren Gesellschaftern verletzt hat mit der Folge, dass sie diesen gegenüber schadensersatzpflichtig ist. Die gesellschaftsrechtliche Rücksichtnahme- und Treuepflicht verpflichte die Gesellschaft, die Interessen der Gesellschafter zu wahren. Durch die unzutreffende Beantragung des Einlagekontos, die zu einem materiell unzutreffenden Feststellungsbescheid führte, habe die Gesellschaft hiergegen verstoßen. Die Pflichtverletzung

[71] BGH NJW 2001, 3622.
[72] BGH NJW 2007, 2689.

des beauftragten Steuerberaters müsse sich die Gesellschaft zurechnen lassen, da sie sich des externen Steuerberaters zur Erfüllung ihrer Treuepflicht als Erfüllungsgehilfen bedient habe.

Das Oberlandesgericht Nürnberg verweist in seinem Urteil auf das Institut der gesellschaftsrechtlichen Treuepflicht und hebt hervor, dass es neben der Treuepflicht der Gesellschafter gegenüber ihrer Gesellschaft auch eine korrespondierende Treuepflicht der Gesellschaft gegenüber ihrem Gesellschafter gäbe. Die Gesellschaft sei auf der Grundlage der sie bindenden Treuepflicht gehalten, die berechtigten Anliegen ihrer Gesellschafter zu berücksichtigen, soweit deren Erfüllung sachlich möglich und geboten sei. Die Verletzung der Treuepflicht löse Schadensersatzpflichten gegenüber dem geschädigten Gesellschafter aus, sofern dieser einen Eigenschaden erlitten habe.

Obwohl es in dem zu beurteilenden Sachverhalt auf die Frage nicht ankam, setzt sich das Oberlandesgericht Nürnberg auch mit der Frage auseinander, ob die Gesellschaft eine Treuepflicht gegenüber ihrem Alleingesellschafter trifft. Das Oberlandesgericht Nürnberg führt hierzu aus, dass den Alleingesellschafter keine Treuepflicht gegenüber der Gesellschaft treffe und schlussfolgert hieraus, dass man dies „im Verhältnis der Gesellschaft gegenüber dem Gesellschafter ebenso bewerten könne".[73]

2. *Stellungnahme*

Eine Begründung dieser These enthält die Entscheidung nicht, weil sich das Oberlandesgericht Nürnberg im Hinblick darauf, dass der geschädigte Gesellschafter zum Zeitpunkt der Schädigung noch nicht deren Alleingesellschafter war, hiermit nicht näher beschäftigen musste. Die nicht begründete Schlussfolgerung des Oberlandesgerichtes Nürnberg vermag aber auch nicht zu überzeugen.

Dies gilt zunächst für die These, dass den Alleingesellschafter keine Treuepflicht gegenüber der Gesellschaft treffe. Wie vorstehend dargelegt unterliegt der Alleingesellschafter zwar anderen Schranken als der Mehrheits- oder Minderheitsgesellschafter, auch ihm obliegt aber das Gebot der Förder- und Rücksichtnahmepflicht.

Selbst wenn man die Treuepflicht des Alleingesellschafters verneinen wollte, ändert dies nichts daran, dass die Gesellschaft ihrem Alleingesellschafter aus den gleichen Gründen zur Fürsorge- und Rücksichtnahme verpflichtet ist, wie dies gegenüber den Gesellschaftern einer Mehrpersonengesellschaft gilt.

Die Treuepflicht ergibt sich unmittelbar aus der Mitgliedschaft, das heißt aus dem Verhältnis zwischen Gesellschafter und Gesellschaft. Auch wenn die Treuepflicht der Gesellschafter gegenüber ihrer Gesellschaft in der Praxis von weitaus größerer Bedeutung ist, gelten die hierzu entwickelten Grundsätze in gleicher Weise für die Treuepflicht der Gesellschaft gegenüber ihren Gesellschaftern.

Eine Ausprägung der gesellschaftsrechtlichen Treuepflicht ist das Schädigungsverbot. Ebenso wie der Gesellschafter nicht berechtigt ist, die Gesellschaft aus Eigennutz zu schädigen, muss die Gesellschaft auf die Interessen ihrer Gesellschafter

[73] OLG Nürnberg NZG 2020, 1224.

Rücksicht nehmen. Die gesellschaftsrechtliche Treuepflicht findet immer dann Anwendung, wenn der eine Teil Einflussmöglichkeiten hat, die sich nachteilig auf den anderen Teil auswirken. Der Bundesgerichtshof hat dies in seinem Urteil vom 30.9.1991 (II ZR 208/90)[74] hervorgehoben und Schadensersatzansprüche des Gesellschafters gegen die Gesellschaft für den Fall bejaht, dass die Gesellschaft dem Gesellschafter eine für das Anrechnungsverfahren erforderliche notwendige Bescheinigung über die abgeführten Körperschaft- und Kapitalertragsteuern vorenthält. Der in seinen Vermögensinteressen geschädigte Gesellschafter kann sich daher gegenüber der Gesellschaft auf die dieser gegenüber ihren Gesellschaftern obliegende Treuepflicht berufen. Die Gesellschaft ist aufgrund der sie bindenden Treuepflicht verpflichtet, auf berechtigte Anliegen ihres Gesellschafters Rücksicht zu nehmen, wenn die Erfüllung sachlich möglich und geboten ist.

Einen Grund, diese der Gesellschaft gegenüber ihren Gesellschaftern bestehende Treuepflicht einzuschränken oder gar auszuschließen, gibt es nicht. Sachliche Gründe, die der Gesellschaft obliegende Fürsorge- und Rücksichtnahmepflicht einzuschränken, wenn es nicht mehrere, sondern nur einen Gesellschafter gibt, existieren nicht. Auch der Alleingesellschafter hat ein berechtigtes und durch die gesellschaftsrechtliche Treuepflicht geschütztes Interesse daran, dass die Gesellschaft soweit sachlich möglich und geboten den berechtigten Anliegen ihres Gesellschafters Rechnung trägt.

Die Gründe, die weite Teile des Schrifttums veranlassen, eine Treuepflicht des Alleingesellschafters gegenüber der Gesellschaft jenseits des Gebotes der Kapitalerhaltung gemäß § 30 GmbHG abzulehnen, sind jedenfalls für das Verhältnis zwischen der Gesellschaft und ihrem Alleingesellschafter nicht einschlägig. Begründet wird die Ablehnung der Treuepflicht des Alleingesellschafters mit der diesem eingeräumten Verfügungsgewalt und dem (vermeintlich) gleichlaufenden Interesse zwischen Gesellschafter und Gesellschaft. Der Einwand, dass es eines Korrektivs durch die Treuepflicht in der Einpersonengesellschaft nicht bedürfe, wird darauf gestützt, dass der Alleingesellschafter berechtigt sei, den Gesellschaftszweck zu ändern und die Gesellschaft sogar zu liquidieren.

All dies ändert aber nichts an der der Gesellschaft auch gegenüber ihrem Alleingesellschafter bestehenden Verpflichtung, dessen berechtigte Anliegen zu berücksichtigen, soweit dies der Gesellschaft möglich ist. Auch in einer Mehrpersonengesellschaft könnten die Gesellschafter einstimmig oder jedenfalls mit qualifizierter Mehrheit den Gesellschaftszweck ändern oder die Gesellschaft auflösen. Der Gesellschafterversammlung steht auch in der Mehrpersonengesellschaft ein Weisungsrecht gegenüber der Geschäftsführung zu. In den Grenzen des Kapitalerhaltungsgebotes sind Ausschüttungen möglich, die Gesellschafterversammlung könnte Wettbewerb einzelner Gesellschafter gegenüber der Gesellschaft zulassen. Gleichwohl ist jedenfalls für die Mehrpersonengesellschaft allgemein anerkannt, dass die gesellschaftsrechtliche Treuepflicht wechselseitig besteht, also auch im Verhältnis zwischen Gesellschaft und Gesellschafter.

---

[74] BGH DStR 1992, 150.

Die Tatsache, dass der Alleingesellschafter innerhalb der ihm auferlegten gesetzlichen Schranken ebenso wie die Gesellschafterversammlung den Gesellschaftszweck ändern, die Gesellschaft auflösen, Ausschüttungen vornehmen, mit der Gesellschaft in Wettbewerb treten oder deren Geschäftschancen wahrnehmen kann, ändert daher nichts an der der Gesellschaft obliegenden Rücksichtnahme- und Treuepflicht, die nicht nur gegenüber den Gesellschaftern einer Mehrpersonengesellschaft besteht, sondern auch gegenüber ihrem Alleingesellschafter. Selbst wenn man daher in der Einpersonengesellschaft ein Gesellschaftsinteresse, dem durch eine Treuepflicht des Alleingesellschafter Rechnung zu tragen wäre, grundsätzlich nicht anerkennen wollte, besteht die Verpflichtung der Gesellschaft, auf die berechtigten Interessen ihres Alleingesellschafters Rücksicht zu nehmen.

IX. Zusammenfassung

Die gesellschaftsrechtliche Treuepflicht ist als besonderes Rechtsinstitut des Gesellschaftsrechts anerkannt und beschreibt die Pflicht, sich wechselseitig loyal zu verhalten, Schäden abzuwenden und den Gesellschaftszweck zu fördern. Die gesellschaftsrechtliche Treuepflicht besteht sowohl unter den Gesellschaftern als auch zwischen der Gesellschaft und ihren Gesellschaftern.

Auch wenn die Treuepflicht des Gesellschafters gegenüber der Gesellschaft in der Rechtsprechung und Kommentarliteratur einen weit größeren Raum einnimmt, ist die korrespondierende Treuepflicht der Gesellschaft gegenüber ihren Gesellschaftern allgemein anerkannt. Grundlage ist der Gedanke der Fürsorge- und Rücksichtnahmepflicht, aufgrund derer die Gesellschaft gehalten ist, den berechtigten Anliegen ihrer Gesellschafter dann Rechnung zu tragen, wenn eine sachlich gerechtfertigte Ablehnung nicht in Betracht kommt. Nicht nur die Gesellschafter sind gegenüber der Gesellschaft zu besonderer Loyalität verpflichtet, auch die Gesellschaft hat auf die berechtigten Belange ihrer Gesellschafter Rücksicht zu nehmen.

Diese Grundsätze finden auch in der Einpersonengesellschaft Anwendung. Trotz der dem Alleingesellschafter eingeräumten Verfügungsgewalt obliegen diesem aus der gesellschaftsrechtlichen Treuepflicht abgeleitete Förder- und Rücksichtnahmepflichten. Auch wenn die Grenzen für die Ausübung der Verfügungsgewalt zugunsten des Alleingesellschafters deshalb verschoben sind, weil er auf die Interessen von Mitgesellschaftern keine Rücksicht nehmen muss, hat sich auch dieser gegenüber der Gesellschaft loyal zu verhalten, deren Zweck zu fördern und Schaden von ihr fernzuhalten.

Unabhängig von der Frage, ob und in welchen Grenzen Treuepflichten des Alleingesellschafters bestehen, ist die Gesellschaft auch gegenüber ihrem Alleingesellschafter verpflichtet, auf dessen wohlverstandene Interessen Rücksicht zu nehmen, soweit dies ohne entgegenstehende sachliche Gründe möglich ist.

Der Grundsatz, sich untereinander fair zu verhalten und den Zweck der Gesellschaft zu fördern, gilt also wechselseitig sowohl in der Mehr- als auch in der Einpersonengesellschaft.

WOLFGANG ARENS

Kapitalmaßnahmen in der GmbH (Gründung, Kapitalerhöhung, Kapitalherabsetzung) – ausgewählte steuerrechtliche Aspekte

I. Besteuerung der Vorgründungsgesellschaft

1. Ertragsteuerliche Behandlung

Das Steuerrecht folgt dem Zivilrecht inhaltlich und sprachlich nur teilweise. Im Steuerrecht wird mitunter die Vorgründungsgesellschaft als Vorgesellschaft bezeichnet und die Vorgesellschaft als Gründungsgesellschaft.[1]

Die Vorgründungsgesellschaft wird als Personengesamtheit behandelt, also als Mitunternehmerschaft iSv § 15 Abs. 1 S. 1 Nr. 2 EStG. Bis zum notariellen Gründungsakt wird deshalb für diese Mitunternehmerschaft eine einheitliche Gewinnfeststellung durchgeführt. Die Gewinne bzw. Verluste werden einkommensteuerlich im Verfahren der gesonderten und einheitlichen Gewinnfeststellung ausschließlich den Gesellschaftern zugerechnet.[2]

2. Umsatzsteuerliche Behandlung

Dagegen wurde und wird ihre umsatzsteuerrechtliche Unternehmereigenschaft von der instanzgerichtlichen Rechtsprechung weitgehend anerkannt,[3] gegebenenfalls auch deren Investitionszulageberechtigung.[4] Der EuGH hat in der sog. „Faxworld"-Entscheidung dementsprechend auch die Vorsteuerabzugsberechtigung einer Vorgründungsgesellschaft bejaht:[5]

„Eine allein mit dem Ziel der Gründung einer Kapitalgesellschaft errichtete Personengesellschaft ist zum Abzug der Vorsteuer für den Bezug von Dienstleistungen und Gegenständen berechtigt, wenn entsprechend ihrem Gesellschaftszweck ihr einziger Ausgangsumsatz die Übertragung der bezogenen Leistungen mittels eines Aktes gegen Entgelt an die Kapitalgesellschaft nach deren Gründung war und wenn, weil der betreffende Mitgliedstaat von der in den Artikeln 5 Absatz 8 und 6 Absatz 5 der Sechsten Richtlinie 77/388/EWG des Rates vom

---

[1] BFH BStBl. II 1983, 247; Streck, 10. Aufl. 2022, KStG § 1 Rn. 8; Tipke/Lang, Steuerrecht, § 11 Rn. 9; präziser aber BMF GmbHR 2000, 54.

[2] Streck, 10. Aufl. 2022, KStG § 1 Rn. 7; Mohr GmbHR 2003, 347.

[3] FG Hessen DStRE 2000, 763; FG Niedersachsen DStRE 2001, 1048; aA OFD Erfurt GmbHR 1998, 205; dazu Zugmaier DStR 2000, 2176; Grett DStR 2001, 968; zur Unternehmereigenschaft und zur Vorsteuerabzugsberechtigung einer Vorgründungsgesellschaft siehe BFH DStRE 2002, 698 (Vorlage an den EuGH).

[4] BMF GmbHR 2000, 54.

[5] EuGH DStRE 2004, 772; dazu Altrichter-Herzberg GmbHR 2004, 768.

17. Mai 1977 zur Harmonisierung der Rechtsvorschriften der Mitgliedstaaten über die Umsatzsteuern – Gemeinsames Mehrwertsteuersystem: einheitliche steuerpflichtige Bemessungsgrundlage in der Fassung der Richtlinie 95/7/EG des Rates vom 10. April 1995 vorgesehenen Möglichkeit Gebrauch gemacht hat, die Übertragung des Gesamtvermögens so behandelt wird, als ob keine Lieferung oder Dienstleistung vorliegt."

Dieser Ansicht ist auch der BFH gefolgt:[6]

„Eine zur Gründung einer Kapitalgesellschaft errichtete Personengesellschaft (sog. Vorgründungsgesellschaft), die nach Gründung der Kapitalgesellschaft die bezogenen Leistungen in einem Akt gegen Entgelt an diese veräußert und andere Ausgangsumsätze von vornherein nicht beabsichtigt hatte, ist zum Abzug der Vorsteuer für den Bezug von Dienstleistungen und Gegenständen ungeachtet dessen berechtigt, dass die Umsätze im Rahmen einer Geschäftsveräußerung nach § 1 Abs. 1a UStG nicht der Umsatzsteuer unterliegen. Maßgebend sind insoweit die beabsichtigten Umsätze der Kapitalgesellschaft."

Auch einer Gründerin/einem Gründer einer Ein-Personen-GmbH, die/der nicht selbst als natürliche Person besteuerte Umsätze ausführen, steht der Vorsteuerabzug – vergleichbar einer Vorgründungsgesellschaft – aus den bezogenen Beratungsleistungen zur Vorbereitung einer Ein-Personen-Kapitalgesellschaft zu. Zu diesem Ergebnis gelangt zumindest das FG Düsseldorf[7] unter Berücksichtigung der unionsrechtlichen Vorgaben in Art. 9 und 168 MwStSystRL, der Rechtsprechung des EuGH[8] und der Rechtsprechung des BFH[9] und der Maßgabe der Neutralität der Umsatzsteuer.

II. Besteuerung der Vor-GmbH

1. Ertragsteuerliche Behandlung

Demgegenüber wird bzw. wurde nach bisheriger Rechtsprechung des BFH ab dem Zeitpunkt der notariellen Gründungsbeurkundung auf die Vor-GmbH („GmbH i. G.") Körperschaftsteuerrecht angewandt, obwohl die GmbH rechtlich als Kapitalgesellschaft erst mit der Eintragung im Handelsregister entsteht.[10] Der Zeitpunkt der Eintragung im Handelsregister hat für das Steuerrecht dann keine Bedeutung mehr. Vielmehr wird eine Identität zwischen der Vor-GmbH und der GmbH angenommen.

Wie zweifelhaft diese Handhabung ist, zeigt sich beim Scheitern der Vor-GmbH, wenn also die Eintragung in das Handelsregister nicht weiter betrieben wird oder aus anderen Gründen nicht erfolgt. Es stellt sich dann die Frage, ob ab

[6] BFH DStR 2005, 1870.

[7] FG Düsseldorf DStRE 2016, 363.

[8] EuGH 29.4.2004 – C-137/02 – Faxworld, UR 2004, 362; EuGH 1.3.2012 – C-280/10 – Polski Trawertyn, UR 2012, 366; EuGH 13.3.2014 – C-204/13 – Malburg, UR 2014, 353.

[9] BFHE 2007, 67 = BStBl. II 2005, 155; BFH/NV 2015, 121; BFH/NV 2002, 1181.

[10] BFH BStBl. II 1993, 352 = DStR 1993, 126; dazu Peetz GmbHR 2000, 1083; Mohr GmbHR 2003, 347.

dem Zeitpunkt des Scheiterns eine Liquidationsbesteuerung nach Körperschaftsteuerrecht erfolgen muss oder aber – zumindest bei Fortsetzung der geschäftlichen Tätigkeit durch die Gesellschafter – nunmehr eine Einkommenbesteuerung der Personengesamthand mit einheitlicher und gesonderter Gewinnfeststellung einsetzen muss.[11] Das FG Brandenburg befürwortet dann sogar eine rückwirkende Anwendung der Besteuerungsregeln einer Mitunternehmerschaft.[12]

Der BFH hat inzwischen seine Rechtsprechung angepasst und wendet nunmehr zumindest auf eine Vor-GmbH, deren Eintragung scheitert, nicht mehr Körperschaftsteuerrecht an.[13] Zumindest sollte auch schon nach der vorherigen Auffassung des BFH bei einer gescheiterten Vor-GmbH das Einspruchsrecht gegen Gewinnfeststellungsbescheide auf die betroffenen Gesellschafter übergehen.[14]

In verfahrensrechtlicher Hinsicht hat das FG Berlin-Brandenburg entschieden, dass ein Steuerbescheid rechtswirksam ergangen ist, wenn er eine GmbH in Gründung betrifft, diese im Bescheid aber nicht als GmbH in Gründung, sondern als GbR bezeichnet wird. Steuerrechtlich komme es insoweit nicht darauf an, ob es sich bei der GmbH in Gründung zivilrechtlich um eine echte oder unechte Vorgesellschaft handelt.[15]

2. *Grunderwerbsteuerliche Behandlung*

Hatte die Vor-GmbH bereits ein Grundstück iSd Grunderwerbsteuergesetzes (GrEStG) erworben, soll nach Auffassung des BFH bei deren Auflösung wegen des damit verbundenen Rechtsträgerwechsels auf den/die Gründungsgesellschafter iSv § 1 Abs. 1 Nr. 3 GrEStG erneut Grunderwerbsteuer anfallen.[16]

Wird ein notarieller Grundstückskaufvertrag von einem vollmachtlosen Vertreter für eine noch nicht gegründete GmbH abgeschlossen, fällt im Falle der – für den Vollzug erforderlichen – Genehmigung des Kaufvertrages durch die Vorgründungsgesellschafterin die Grunderwerbsteuer doppelt an. Nach der Gründung der (Vor-)Gesellschaft und der Übereignung des Grundstückes an diese fällt sodann nach § 1 Abs. 1 Nr. 2 GrEStG ein zweites Mal Grunderwerbssteuer an. Der einmal mit dem „wahren Rechtsträger" zustande gekommene Vertrag geht mit der Gründung der GmbH nicht in dem Sinne auf diese über, dass nunmehr die GmbH anstelle des wahren Rechtsträgers in den Kaufvertrag eingetreten wäre. Das Vermögen des „wahren Rechtsträgers" der Vorgründungsgesellschaft – hierzu gehören auch vertragliche Ansprüche – geht nicht automatisch auf die später existent gewordene Gesellschaft über.[17]

---

[11] Streck, 10. Aufl. 2022, KStG § 1 Rn. 8; Schwarz ZIP 1996, 2005; so auch FG Berlin GmbHR 2000, 834 mAnm Peetz und FG Berlin GmbHR 2002, 450 mAnm Peetz; FG Brandenburg DStR 2003, 1223; offen gelassen in BFH BStBl. III 1973, 319.

[12] FG Brandenburg DStRE 2007, 463.

[13] BFH DStR 2010, 1072; dazu NJW-Spezial 2010, 431.

[14] BFH GmbHR 2005, 124.

[15] FG Berlin-Brandenburg DStRE 2012, 368; BFH BeckRS 2023, 94036.

[16] BFH DStRE 2002, 387; dazu Priester EWiR 2003, 221.

[17] OLG Zweibrücken DNotZ 2012, 449.

3. *Steuerliche Fragen zu den Gründungskosten*

Nach der Rechtsprechung des BFH sind die Gründungskosten nicht als Betriebsausgaben zu behandeln, sondern als andere Ausschüttung iSv § 27 Abs. 3 S. 2 KStG, wenn eine Kapitalgesellschaft die eigenen Gründungskosten begleicht, die zivilrechtlich von den Gesellschaftern zu tragen sind. Dies ist dann der Fall, wenn die Satzung der Gesellschaft die Übernahme zu Lasten der Gesellschaft nicht vorsieht.[18] Etwas anderes gilt, wenn die Übernahme der Gründungskosten durch die Gesellschaft in der Gründungssatzung wirksam geregelt ist.

Ausreichend – zumindest bei einer GmbH – ist dabei nach der Auffassung des FG Baden-Württemberg und der OFD Kiel und der im nachstehenden Absatz zitierten zivilrechtlichen Rechtsprechung, dass die Übernahme der Kosten im Gesellschaftsvertrag bis zu einer bestimmten Gesamtsumme geregelt ist. Nicht erforderlich ist, dass die einzelnen Positionen der Gründungskosten im Gesellschaftsvertrag festgelegt sein müssen.[19]

„Gründungsaufwand, der von der GmbH getragen werden soll bzw. zu Lasten der GmbH an Gründer oder sonstige Personen erstattet werden soll, ist in der Satzung zumindest als Gesamtbetrag gesondert festzusetzen. Das gilt auch, wenn die Verpflichtung der Gründer (§ 26 Abs. 2 AktG analog) abbedungen werden soll, der GmbH die Gründungskosten zu erstatten, die sie im Außenverhältnis – allein oder neben den Gründern – geschuldet und bezahlt hat (Kosten der Anmeldung zum Handelsregister, früher auch: Gesellschaftssteuer).“[20]

Viele Registergerichte akzeptieren üblicherweise zumindest bei einem Mindeststammkapital von 25.000 EUR die Übernahme von Gründungskosten durch die GmbH von bis zu 10% des Stammkapitals ohne weitere Nachweise.[21]

Die Übernahme der Gründungskosten durch die GmbH setzt eine Regelung in der Gründungssatzung voraus,[22] eine entsprechende Regelung nur im Gründungsprotokoll reicht dagegen nicht aus.[23]

Gründungskosten einer GmbH sind nach diesseitiger Auffassung nur diejenigen Kosten, die zur Gründung und zur Eintragung im Handelsregister erforderlich sind, also Kosten des Notariats, der Eintragung im Handelsregister und deren Veröffentlichung im Bundesanzeiger. Darunter fallen dagegen nicht sonstige „Gründerkosten“, also etwa Beratungskosten für steuerrechtliche oder gesellschaftsrechtliche Beratung der Gründer.

Der von einer GmbH laut Satzung zu übernehmende Gründungsaufwand ist jedenfalls dann nicht auf einen Betrag von 10% des Stammkapitals begrenzt, wenn der Gesellschaft freies Kapital in Höhe von einem Mehrfachen des Stammkapitals

---

[18] BFH GmbHR 1990, 313; BFH/NV 1997, 711.

[19] FG Baden-Württemberg GmbHR 1999, 632; OFD Kiel BB 1999, 2340.

[20] BGH NJW 1989, 1610; OLG Frankfurt a. M. GmbHR 2010, 589; dazu auch BFH/NV 1997, 711; BMF BStBl. I 1991, 661.

[21] OLG Hamm BeckRS 2021, 24586; dazu Bosse/Lehfeldt NWB 2022, 2551.

[22] Westermann in Scholz, 13. Aufl. 2022, GmbHG § 5 Rn. 112; dazu Weiler DNotZ 2011, 460; Singer NWB 2019, 52; Berge GmbHR 2020, 82; Peetz GmbHR 2022, 1169.

[23] LG Berlin GmbHR 1993, 590; Wachter NZG 2010, 737.

zur Verfügung steht.[24] Dies betrifft Fallgestaltungen, in denen schon bei der Gründung zusätzlich zum Stammkapital erhebliche Aufgeldzahlungen durch die Gründungsgesellschafter geleistet werden müssen.

Die Rechtsauffassung, wonach es ausreicht, in der Satzung nur den Gesamtbetrag des von der Gesellschaft zu tragenden Gründungsaufwands festzulegen, ist aber nicht unbestritten. Die Satzung einer GmbH muss nach der Auffassung des OLG Zweibrücken[25] – und entgegen anderer Handhabung in der Praxis – nicht nur den Gesamtbetrag des zu Lasten der Gesellschaft gehenden Gründungsaufwands, sondern auch dessen Zusammensetzung erkennen lassen. Diesem Erfordernis genügt eine Satzungsregelung nicht, in der nur eine Obergrenze für die Gründungskosten in Höhe von 10% des Stammkapitals ausgewiesen wird. Auch die konkrete (abschließende) Benennung der Gründungskosten als Notar-, Gerichts- und Behördenkosten genügt nicht. § 26 Abs. 2 AktG sei insoweit auf die GmbH entsprechend anwendbar.[26]

Ähnlich argumentiert auch das OLG Celle: Soll bei der Gründung einer GmbH in deren Satzung der Gründungsaufwand auf die Gesellschaft übertragen werden, so reicht dafür die Formulierung: „Die Kosten der Gründung der Gesellschaft bis zu einem Betrag von 3.000 EUR trägt die Gesellschaft." nicht aus. Vielmehr ist es aus Rechtsgründen nicht zu beanstanden, wenn das Registergericht die namentliche Nennung derjenigen Gründungskosten verlangt, die die Gesellschaft tragen soll.[27]

Gemäß § 26 Abs. 2 AktG analog ist es auch nach der Auffassung des OLG Schleswig erforderlich, dass der Gründungsaufwand, den die GmbH zu Lasten ihres Nominalkapitals zu tragen hat, im Gesellschaftsvertrag als Gesamtbetrag offengelegt wird. Dabei ist die bloße Bezifferung eines (Gesamt-)Höchstbetrages, bis zu dem die Gesellschaft die Gründungskosten trägt, nicht ausreichend. Vielmehr sind die von der Gesellschaft zu tragenden Kosten als Gesamtbetrag (Endsumme) im Gesellschaftsvertrag auszuweisen, wobei Beträge, die noch nicht genau beziffert werden können, geschätzt werden müssen. Zudem müssen diejenigen Gründungskosten, die die Gesellschaft tragen soll, im Einzelnen aufgeführt und beziffert werden. Ansonsten würde nicht deutlich, um welche Kostenpositionen es sich konkret handelt und es bestünde die Gefahr einer Schmälerung des Haftungskapitals der Gesellschaft durch zweifelhafte Gründungskosten, ohne dass dies transparent wird.[28]

Sieht die Satzung einer GmbH mit einem Stammkapital von 25.000 EUR vor, dass die GmbH Gründungskosten bis zu 15.000 EUR trägt, so sind diese Kosten unangemessen und die Satzungsgestaltung ist unzulässig, was eine Eintragung in das Handelsregister verhindert. Das ist auch dann nicht anders, wenn die GmbH

---

[24] KG DStR 2021, 2750 = GmbHR 2022, 32 mAnm Wachter; dazu Heckelmann EWiR 2022, 105; ähnlich schon OLG Hamburg GmbHR 2011, 766.

[25] OLG Zweibrücken ZIP 2014, 623.

[26] BGH DNotZ 1990, 124; NJW 1998, 233; OLG München MittBayNot 2011, 162 und OLG Frankfurt a. M. RNotZ 2010, 481; dazu Singer NWB 2019, 52.

[27] OLG Celle GmbHR 2014, 139; DStR 2016, 1126; dazu Wachter EWiR 2016, 331; Hupka notar 2017, 104.

[28] OLG Schleswig DNotZ 2023, 708; dazu Heckelmann EWiR 2023, 455; NJW-Spezial 2023, 240; Wachter GmbHR 2023, 537; Hähn notar 2023, 260.

im Wege der Umwandlung entsteht und als Sacheinlage eine Kommanditgesellschaft eingebracht wird.[29] Eine Aufzehrung des Stammkapitals in diesem Umfang durch die mit der Gründung verbundenen Kosten, stellt eine so erhebliche Schmälerung der der Sicherung der Gläubiger dienenden Mindesthaftungsmasse dar, dass sich dies mit dem in § 30 GmbHG geregelten Prinzip der Kapitalbindung und -erhaltung, das einen Vorverbrauch und eine Rückzahlung des Stammkapitals grundsätzlich verbietet, in keiner Weise mehr in Einklang bringen ließ.

Nach gefestigter höchstrichterlicher und obergerichtlicher Rechtsprechung sei hier nämlich § 26 Abs. 2 AktG entsprechend anwendbar.[30] Danach ist § 26 Abs. 2 AktG Ausdruck eines allgemeinen Rechtsgedankens, der für alle Kapitalgesellschaften und damit auch für die GmbH verbindlich ist. Die Vorschrift soll im Interesse der Gläubiger und Gesellschafter sicherstellen, dass in der Satzung offengelegt wird, inwieweit das Grundkapital durch Gründungsaufwand vorbelastet ist.

Der Gesetzgeber selbst geht von der analogen Anwendung des § 26 Abs. 2 AktG auch im GmbH-Recht aus. Im Regierungsentwurf zur Änderung des GmbH-Gesetzes im Jahre 1980[31] wurde eine sinngemäß gleiche Regelung wie § 26 Abs. 2 AktG ausdrücklich deshalb gestrichen, weil der Rechtsausschuss des Bundestages davon ausging, es könne als ungeschriebenes Recht angesehen werden, dass besondere Vorteile, die einzelnen Gesellschaftern eingeräumt werden sollten, im Gesellschaftsvertrag festgesetzt werden müssten, wenn sie der Gesellschaft gegenüber wirksam sein sollten; gleiches gelte für den sogenannten Gründungsaufwand.[32]

Das auf die UG (haftungsbeschränkt) anwendbare GmbH-Gesetz enthält keine Regelung zur Übernahme des Gründungsaufwands. Nach allgemeiner Auffassung ist die Höhe der von der Gesellschaft übernommenen Kosten – zumindest als Maximalbetrag – in der Satzung entsprechend § 26 Abs. 2 AktG anzugeben.

Bei Gründung einer Unternehmergesellschaft („UG (haftungsbeschränkt)") kann der von der Gesellschaft selbst zu tragende Gründungsaufwand in der Satzung gesellschaftsrechtlich in Höhe des vereinbarten Stammkapitals festgelegt werden. Allerdings muss die Gesellschaft dann Maßnahmen zur Vermeidung einer Überschuldung treffen.

Im Gesellschaftsvertrag einer UG (haftungsbeschränkt) vereinbarten die Gründungsgesellschafter, dass das Stammkapital 1.000 EUR beträgt und die Gesellschaft die Gründungskosten ebenfalls bis zu einem Betrag von 1.000 EUR tragen sollte. Das Registergericht hielt die Übernahme der Gründungskosten in Höhe von 100% des Stammkapitals für nicht angemessen und verweigerte die Eintragung der Gesellschaft. Denn angemessen seien höchstens 300 EUR. Der hiergegen gerichteten Beschwerde der Gesellschaft gab das Kammergericht statt.[33]

---

[29] OLG Celle GmbHR 2015, 139 mAnm Wachter = notar 2015, 292 mAnm Scheibengruber; dazu Singer NWB 2019, 52.

[30] BGHZ 107, 1; NJW 1998, 233; OLG Hamm GmbHR 1984, 155; OLG Düsseldorf GmbHR 1987, 59; OLG München GmbHR 2010, 1263; OLG Frankfurt a. M. GmbHR 2010, 589.

[31] BT-Drs. 8/1347.

[32] BT-Drs. 8/3908, 5, 70; BGHZ 107, 1; OLG Düsseldorf GmbHR 1987, 59.

[33] KG GmbHR 2015, 1158.

Das Kammergericht stellt klar, dass die Eintragung einer Gesellschaft wegen einer Bestimmung im Gesellschaftsvertrag nur dann abgelehnt werden darf, wenn hierdurch Vorschriften verletzt werden, die ausschließlich oder überwiegend dem Schutz der Gesellschaftsgläubiger oder öffentlichen Interessen dienen. Eine Verletzung des auf die UG (haftungsbeschränkt) entsprechend anwendbaren § 26 Abs. 2 AktG sah der Senat in der beanstandeten Regelung jedoch nicht. § 26 Abs. 2 AktG stelle lediglich sicher, dass in der Satzung offengelegt wird, inwieweit das Grundkapital durch Gründungsaufwand vorbelastet sei. Diese Vorschrift sei nicht schon dann verletzt, wenn der Gründungsaufwand genau dem Stammkapital entspreche. Durch die Deckelung auf die Höhe des Stammkapitals sei ausgeschlossen, dass die neue Gesellschaft allein aufgrund des Gründungsaufwands bilanziell überschuldet ins Leben trete. Auch seien die Gläubiger durch die Firmierung als „UG" und den zwingenden Zusatz „haftungsbeschränkt" auf Risiken hingewiesen und könnten sich aus dem Gesellschaftsvertrag über die Vorbelastung des Stammkapitals durch Gründungskosten informieren.

Das vom Registergericht angeführte Musterprotokoll, das in Ziff. 5 die Übernahme von Gründungskosten bis zur Höhe von 300 EUR, maximal jedoch bis zur Höhe des Stammkapitals vorsieht, spricht nicht gegen die Auffassung des Kammergerichts. Es erlaubt ausdrücklich das gesamte zur Deckung des Stammkapitals erforderliche Vermögen für die Gründungskosten zu nutzen, falls dieses 300 EUR nicht übersteigt. Allerdings hätte die Gesellschaft dann nach der Gründung kein Vermögen mehr und müsste in den meisten Fällen Insolvenz anmelden, so dass in jedem Fall zusätzliche Betriebsmittel zugeführt werden müssen (als Darlehen, Einlagen in die Kapitalrücklagen oder Ähnliches).

Die Rechtsfrage ist noch nicht abschließend durch den BGH geklärt. Das OLG Hamburg hatte entschieden, dass eine UG (haftungsbeschränkt) Gründungskosten in Höhe von 70% des Stammkapitals übernehmen darf,[34] das OLG Celle hielt hingegen eine Übernahme der Gründungskosten in Höhe von 60% des Stammkapitals bei einer GmbH für unangemessen.[35]

Der Übergang von der UG zur Voll-GmbH durch Kapitalerhöhung stellt keinen Fall der Gründung eines Rechtsträgers dar, weil das Rechtssubjekt bereits existiert. Daher können die mit der Kapitalerhöhung verbundenen Kosten nicht allein auf der Grundlage der Gründungssatzung als „Gründungs"-aufwand auf die Gesellschaft abgewälzt werden.[36]

Ob die vorstehend wiedergegebenen Grundsätze zur Beschränkung der Möglichkeit zur Übernahme der Gründungskosten auch für Kapitalerhöhungen gelten, ist streitig. Auch ohne ausdrückliche Regelung in der Satzung soll eine Kapitalgesellschaft nicht gehindert sein, sich zur Übernahme der Aufwendungen für eine Kapitalerhöhung zu verpflichten und diese alleine zu tragen. Dadurch werde den Gesellschaftern weder direkt noch mittelbar etwas zugewendet, so dass diese Aufwendungen steuerlich als Betriebsausgaben abziehbar seien, da sie betrieblich ver-

[34] OLG Hamburg GmbHR 2011, 766; dazu Wachter EWiR 2011, 535.

[35] OLG Celle NZG 2014, 1383.

[36] OLG Celle NZG 2018, 261; dazu Cziupka EWiR 2018, 329; NJW-Spezial 2018, 144.

anlasst seien. Es liege somit keine verdeckte Gewinnausschüttung (bzw. eine andere Ausschüttung) vor.[37]

Diese Auffassung hat der BFH eingeschränkt; danach gilt dies nur für die Kosten, die mit der eigentlichen Kapitalerhöhung (Beschlussfassung, Handelsregisteranmeldung, Handelsregistereintragung) zusammenhängen, nicht jedoch für die Kosten, die auf die Übernahmeerklärung (Übernahme der neuen Anteile) zurückzuführen sind.[38] Diese Kosten lägen im Interesse der übernehmenden Gesellschafter und nicht im Interesse der Gesellschaft. Diese Differenzierung ist abzulehnen, weil ohne eine formgerechte Übernahmeerklärung (§ 55 GmbHG) die Kapitalerhöhung nicht wirksam werden kann.

Die Streichung der Festsetzungen zum Gründungsaufwand in GmbH-Satzungen darf in analoger Anwendbarkeit von § 26 Abs. 5 AktG erst nach zehn Jahren erfolgen. Das OLG Celle hat dazu entschieden, dass Regelungen über den Gründungsaufwand in der GmbH-Satzung jedenfalls vor Ablauf von zehn Jahren nach erstmaliger Eintragung der Gesellschaft nicht gestrichen werden können.[39] Mit seiner Entscheidung bestätigt der Senat die Entscheidung des Registergerichts, eine vor Ablauf der Zehnjahresfrist beantragte Eintragung der Neufassung der Satzung, in der die Regelungen zum Gründungsaufwand entfallen waren, zu verweigern. Abzustellen sei auf die Informationsinteressen des Rechtsverkehrs, deren Erfüllung für eine Mindestdauer sicherzustellen sei. Die Dauer der Frist sei wenigstens an den im GmbH-Recht geltenden Verjährungsfristen (zB § 9 Abs. 2 GmbHG) zu orientieren. Das Gericht schließt sich ausdrücklich einer früheren Entscheidung des OLG Oldenburg[40] zur auch hier relevanten analogen Anwendung von § 26 AktG im GmbH-Recht an.

Die Streichung der Festsetzungen zum Gründungsaufwand in GmbH-Satzungen darf danach erst nach zehn Jahren erfolgen. Insoweit erfolgt eine analoge Anwendbarkeit von § 26 Abs. 5 AktG und der darin normierten Karenzfristen auf das Recht der GmbH.[41]

Beide Gerichte lassen letztlich offen, ob sogar eine über zehn Jahre hinausgehende Frist gerechtfertigt ist. Dagegen wird in älteren Entscheidungen anderer Gerichte eine Frist von nur fünf Jahren genannt.[42]

---

[37] FG Baden-Württemberg DStRE 1999, 753; FG Hessen 22.6.1999 – 4 K 499/98, nicht veröffentlicht.

[38] BFH BStBl. II 2000, 545 = DStR 2000, 585; dazu Reich DNotI-Report 2000, 195f.; Tiedtke/Wälzholz GmbHR 2001, 223; aA FG Düsseldorf DStRE 2000, 699 bei einer AG.

[39] OLG Celle DStR 2018, 423; dazu Wachter EWiR 2018, 265; NJW-Spezial 2018, 145; Singer NWB 2019, 52.

[40] OLG Oldenburg GmbHR 2016, 1305 mAnm Wachter; dazu NJW-Spezial 2016, 687.

[41] OLG Oldenburg GmbHR 2016, 1305 mAnm Wachter; dazu NJW-Spezial 2016, 687.

[42] OLG München GmbHR 2010, 1263; LG Berlin 25.3.1993 – 98 T 75/92 unter Verweis auf die damals nach § 9 Abs. 2 GmbHG geltende Verjährungsfrist von fünf Jahren.

III. Steuerliche Fragen zu den Anschaffungskosten auf eine GmbH-Beteiligung

Wie hoch die ursprünglichen Anschaffungskosten für die Anteile an einer GmbH für die Ermittlung eines späteren Veräußerungsgewinns bzw. -verlusts sind, ist meist unproblematisch. Zunächst handelt es sich um die geleisteten Zahlungen auf das Stammkapital der Gesellschaft, um Aufgeldzahlungen (Agio) und Anschaffungsnebenkosten (bzw. – im Fall des Anteilskaufs – um eine Zahlung auf den vereinbarten Kaufpreis für den GmbH-Anteil).

Problematischer ist oftmals die Feststellung der sog. nachträglichen Anschaffungskosten. In der Praxis gehören hierzu vor allem ausgefallene Finanzierungshilfen, wie zB wertlos gewordene Darlehen, oder die Inanspruchnahme des Gesellschafters aus einer Bürgschaft oder sonstigen Sicherheiten für die Gesellschaft. Zu beachten ist hier die geänderte Rechtslage nach Aufhebung des sog. Eigenkapitalersatzrechts durch das MoMiG und die sich daran anschließende neue Rechtsprechung des BFH. Der BFH lehnt die frühere Erfassung von eigenkapitalersetzenden Finanzierungshilfen als nachträgliche Anschaffungskosten ab. Jedoch hat er aus Vertrauensschutzgründen die neuere Rechtsprechung nur für die Fallgestaltungen für anwendbar erklärt, in denen die Finanzierungshilfe nach dem Tag der Veröffentlichung des BFH-Urteils vom 11.7.2017 am 27.9.2017 geleistet worden ist.[43]

IV. Steuerrechtliche Aspekte der Kapitalerhöhungen

1. Ertragsteuerliche Aspekte der Kapitalerhöhungen

Das GmbH-Recht unterscheidet zwei – auch steuerlich relevante – Arten von Kapitalerhöhungen:

1. Kapitalerhöhungen gegen Einlagen (Bar- oder Sacheinlagen) und
2. Kapitalerhöhungen aus Gesellschaftsmitteln.

Diese beiden Formen der Kapitalerhöhung werden auch als „externe“ bzw. „interne“ Kapitalerhöhung bezeichnet oder auch als effektive Kapitalerhöhung (mit Einzahlung von neuem Kapital durch die Gesellschafter) oder nominelle Kapitalerhöhung (aus Gesellschaftsmitteln, und zwar durch Umwandlung von Gewinn- oder Kapitalrücklagen in neues Stammkapital).

Soll dagegen der Gesellschafter seine Einlageverpflichtung durch Umwandlung seines Gesellschafterdarlehens in Stammkapital erfüllen, liegt darin keine Kapitalerhöhung aus Gesellschaftsmitteln, sondern eine Sachkapitalerhöhung, die den strengen Regelungen über Sacheinlagen genügen muss. Ggf. ist eine solche Sachkapitalerhöhung im Wege des „Schütt-aus-hol-zurück“-Verfahrens durchzuführen. Dabei kommt es insbesondere auf die Werthaltigkeit des Gesellschafterdarlehens an.

[43] Übergangsregelung nach Maßgabe des Urteils des 9. Senats des BFH v. 11.7.2017, BFHE 258, 427 = BStBl. II 2019, 208.

Das Ertragssteuerrecht unterscheidet sich in der Behandlung der beiden Formen der Kapitalerhöhung auf Gesellschaftsebene nicht. Das zu versteuernde Einkommen der Gesellschaft wird durch beide Formen der Kapitalerhöhung nicht berührt.

Wird bei der effektiven Kapitalerhöhung zusätzlich zur Stammeinlage ein Aufgeld (Agio) gezahlt, ist dieses ergebnisneutral in der Kapitalrücklage (§ 272 Abs. 2 HGB) zu erfassen. In entsprechender Höhe kommt es zu einem Zugang auf dem steuerlichen Einlagekonto iSv § 27 KStG.

Wird auf ein Aufgeld verzichtet, das den stillen Reserven entspricht, die auf die bisherigen Geschäftsanteile entfallen, liegt darin weder eine verdeckte Gewinnausschüttung noch eine – nicht den gesellschaftsrechtlichen Vorschriften entsprechende – andere Ausschüttung.[44]

Werden durch die Kapitalerhöhung in einbringungsgeborenen Anteilen enthaltene stille Reserven – die vor dem Inkrafttreten des SEStEG entstanden waren – auf neue Gesellschaftsanteile übertragen, gelten auch die neuen Gesellschaftsanteile als einbringungsgeboren iSv § 21 UmwStG aF. Sie sind damit während der siebenjährigen Sperrfrist – die jedoch durch die Kapitalerhöhung nicht neu beginnt – steuerverhaftet.[45] Kommt es nach dem Umwandlungssteuerrecht zu einer Verlagerung stiller Reserven auf andere Anteile, tritt gemäß § 22 Abs. 7 UmwStG ebenfalls eine Mitverstrickung der anderen Anteile ein.

Durch eine effektive Kapitalerhöhung kann auch der Mantelkauftatbestand iSv § 8c KStG verwirklicht werden. Folge ist dann, dass ein etwa bestehender Verlustvortrag, Zinsvortrag und/oder EBITDA-Vortrag der GmbH verloren geht. Auf die seit dem Veranlagungszeitraum 2008 in § 8c Abs. 1 S. 3 KStG enthaltene Regelung kann verwiesen werden.

„Eine Kapitalerhöhung steht der Übertragung des gezeichneten Kapitals gleich, soweit sie zu einer Veränderung der Beteiligungsquoten am Kapital der Körperschaft führt.“[46]

Auch schon nach der Auffassung der Finanzverwaltung zur Vorgängervorschrift des § 8 Abs. 4 KStG aF stand eine Kapitalerhöhung, bei der die neu eintretenden Gesellschafter nach der Kapitalerhöhung zu mehr als 50% am Stammkapital der Kapitalgesellschaft beteiligt sind, einem Gesellschafterwechsel durch Übertragung von mehr als 50% der Anteile gleich.[47] Entsprechendes gilt, wenn anstelle von neuen Gesellschaftern – oder neben diesen – bereits beteiligte Gesellschafter zusammen mit mehr als 50 Prozentpunkten am Nennkapital beteiligt sind als vorher.

Im Fall der effektiven Kapitalerhöhung kommt es ggf. zu steuerlichen Auswirkungen auf Gesellschafterebene. Dabei ist zu unterscheiden, ob der Gesellschafter an der Kapitalerhöhung teilnimmt oder ob durch die Kapitalerhöhung neue Gesellschafter eintreten.

---

[44] OFD Frankfurt a. M. DStR 2008, 202.

[45] BMF BStBl. I 1993, 185.

[46] Siehe auch Gesetz zur Vermeidung von Umsatzsteuerausfällen beim Handel mit Waren im Internet und zur Änderung weiterer steuerlicher Vorschriften v. 11.12.2018 (BGBl. I 2338); dazu auch BMF BStBl. I 2017, 1645 Tz. 9-10; BStBl. I 2021, 363.

[47] BMF BStBl. I 1999, 455 Tz. 26.

Wird die Kapitalerhöhung mit neuen Einlagen der bisherigen Gesellschafter durchgeführt, führen bei ihnen diese Einlagen und etwaige Aufgelder zu zusätzlichen (nachträglichen) Anschaffungskosten auf die Beteiligung. Bei Einlagen von Wirtschaftsgütern aus dem Privatvermögen muss beachtet werden, dass diese Einbringungstatbestände steuerrechtlich zu Veräußerungstatbeständen führen können, wenn die Wirtschaftsgüter noch steuerlich verstrickt sind, etwa bei der Einlage von Anteilen an Kapitalgesellschaften eine Veräußerung gemäß § 17 EStG vorliegen kann bzw. bei anderen Wirtschaftsgütern die Vorschriften des § 20 Abs. 2 EStG oder § 23 EStG zur Anwendung kommen können.

Durch die Kapitalerhöhung steigen die Anschaffungskosten des Gesellschafters für seine Beteiligung um das anteilig erbrachte neue Stammkapital. Im Rahmen einer späteren Veräußerung oder Liquidation sind dann auch die so erhöhten Anschaffungskosten für die Beteiligung zu berücksichtigen. Dabei verteilen sich die bisherigen und die nachträglichen Anschaffungskosten anteilig auf die alten und die neuen Anteile.[48]

Werden hingegen im Rahmen der Kapitalerhöhung natürliche Personen als neue Gesellschafter aufgenommen, veräußern die Alt-Gesellschafter einen Anteil ihrer Beteiligung an der Kapitalgesellschaft. Gleiches gilt, wenn ein Gesellschafter entgeltlich auf die Teilnahme an einer Kapitalerhöhung verzichtet oder sein Bezugsrecht entgeltlich veräußert, da er in diesem Fall sein Anwartschaftsrecht iSv § 17 Abs. 1 S. 3 EStG veräußert. Sie erzielen damit insoweit dann Einkünfte iSv § 17 EStG bzw. § 20 Abs. 2 S. 1 Nr. 1 EStG.[49]

Handelt es sich bei den neuen Gesellschaftern um nahestehende Personen der Altgesellschafter, kann es bei fehlender Angemessenheit des Entgelts zu einem anteiligen Übergang der stillen Reserven kommen. Die Anschaffungskosten der bisherigen Geschäftsanteile der verzichtenden Altgesellschafter verringern sich dann und werden anteilig auf die Neuanteile verlagert.

Wird die Einlageverpflichtung durch die Einbringung eines Betriebs, Teilbetriebs oder Mitunternehmeranteils nach § 20 UmwStG oder im Rahmen eines Anteilstauschs nach § 21 UmwStG erfüllt, ist – auf Antrag – die Einbringung zu Buchwerten steuerneutral möglich. Die neu gewährten Anteile unterliegen jedoch der Sperrfrist des § 22 UmwStG bzw. sind einbringungsgeboren iSv § 21 UmwStG aF. In der Zukunft ist für die steuerliche Behandlung sodann zwischen den alten, weder sperrfristbehafteten noch einbringungsgeborenen und den neuen, sperrfristbehafteten oder einbringungsgeborenen Anteilen zu unterscheiden. Waren bereits die Altanteile sperrfristbehaftet/einbringungsgeboren, sind auch die neuen Anteile sperrfristbehaftet/einbringungsgeboren, da durch die Kapitalerhöhung stille Reserven der bisherigen auf die neuen Anteile übergehen. Die siebenjährige Sperrfrist läuft jedoch weiter.

Eine Kapitalerhöhung gegen Einlage führt beim Gesellschafter nach Auffassung des BFH hinsichtlich der bereits bestehenden Anteile zu einer „Substanzspaltung" zugunsten der aufgrund der Bezugsrechte erworbenen neuen Anteile der betreffen-

---

[48] BFH BStBl. II 2006, 12; BStBl. II 2018, 262.

[49] BMF BStBl. I 2006, 8.

den Altgesellschafter. Diese Substanzspaltung hat zur Folge, dass Anschaffungskosten der bereits bestehenden Anteile nach Maßgabe der Gesamtwertmethode den Bezugsrechten bzw. den neuen Anteilen zuzuordnen sind. Das soll auch für im Privatvermögen gehaltene wesentliche Beteiligungen gelten.[50]

Veräußert ein GmbH-Gesellschafter Anteile, die er bei einer Kapitalerhöhung gegen Zuzahlung erworben hat, innerhalb der sog. Spekulationsfrist nach § 23 EStG, ist deshalb nach der Auffassung des BFH bei der Bemessung des steuerbaren Veräußerungsgewinns auch der Wert des Bezugsrechts auf die neuen Anteile bei deren Anschaffungskosten anzusetzen.[51] Die in § 23 Abs. 1 und Abs. 4 EStG verwendeten Begriffe „Anschaffung“ und „Anschaffungskosten“ seien iSv § 6 EStG und § 255 Abs. 1 HGB auszulegen; Anschaffung im Sinne dieser Vorschriften sei auch der Erwerb weiterer Geschäftsanteile an einer Kapitalgesellschaft im Falle einer Kapitalerhöhung.[52]

Anschaffungskosten sind die Aufwendungen, die geleistet werden, um einen Vermögensgegenstand zu erwerben. Dazu können auch Anschaffungskosten eines anderen Vermögensgegenstandes gehören, soweit sie sich in dem neu erworbenen Vermögensgegenstand fortsetzen. So verhalte es sich im Fall der Ausgabe von Bezugsrechten oder von neuen Gesellschaftsrechten aufgrund einer Kapitalerhöhung. Sie führe wirtschaftlich zu einer Abspaltung der in den bisherigen GmbH-Anteilen verkörperten Substanz und deshalb zu einer Abspaltung eines Teils der ursprünglichen Anschaffungskosten. Dieser Teil sei infolgedessen den Anschaffungskosten des Bezugsrechts oder den neuen Gesellschaftsrechten zuzurechnen, unabhängig davon, ob die Beteiligung im Privat- oder im Betriebsvermögen gehalten werden; des Weiteren gingen mit der Abspaltung die in den Altanteilen enthaltenen stillen Reserven anteilig auf die Bezugsrechte oder neuen Gesellschaftsrechte über. Auch diese übergegangenen stillen Reserven seien für die neuen Anteile „aufgewendet“ iSv § 255 Abs. 1 HGB und gehörten zu deren Anschaffungskosten.

Außerdem hat der BFH entschieden, dass es sich bei der (offenen) Sacheinlage durch Einbringung von Betriebsvermögen in eine Kapital- (oder auch Personen-)gesellschaft gegen Gewährung von Gesellschafterrechten aus der Sicht der Gesellschaft um einen „kaufähnlichen“ bzw. „tauschähnlichen Vorgang“ handele, der auf Gesellschaftsebene zu „Anschaffungskosten“ des eingelegten Wirtschaftsgutes führe.[53] Folge dieser Auffassung wäre, dass die Bewertung des eingelegten Wirtschaftsgutes nicht mit dem Teilwert, sondern mit den „Anschaffungskosten“ erfolgen müsste. Diese Auffassung erscheint aber zweifelhaft, weil für einen Anschaffungsvorgang eine Gegenleistung der Gesellschaft fehlt und weil Wertungswidersprüche zur umwandlungsrechtlichen Bewertung nach § 20 UmwStG bestehen.[54]

[50] BFHE 188, 27 = BStBl. II 1999, 638; zur Zuordnung der Anschaffungskosten bei Zahlung eines Aufgelds im Rahmen einer Kapitalerhöhung siehe BFH DStR 2009, 2661.

[51] BFH BStBl. II 2006, 12 in Fortentwicklung des Urteils BFHE 89, 120 = BStBl. II 1967, 554.

[52] Vgl. die Urteile BFHE 194, 182 = BStBl. II 2001, 345 und BFHE 202, 309 = BStBl. II 2003, 712.

[53] BFH BStBl. II 2000, 230; BFH/NV 2003, 88; kritisch dazu Schmidt/Hageböke DStR 2003, 1813; Kraft BB 2003, 2391, auch zu alternativen Investitionsstrategien.

[54] Schmidt/Hageböke DStR 2003, 1813.

Ein für den Erwerb eines GmbH-Anteils im Rahmen einer Kapitalerhöhung gezahltes Aufgeld ist ausschließlich dem neu erworbenen Anteil als Anschaffungskosten zuzuordnen; es handelt sich nicht (auch) um nachträgliche Anschaffungskosten auf die bereits vorher bestehende Beteiligung. Nach Ansicht des FG Baden-Württemberg gilt dies auch dann, wenn die Summe aus dem Nennbetrag des übernommenen Geschäftsanteils und dem Aufgeld den Verkehrswert des übernommenen Geschäftsanteils weit übersteigt (Überpari-Emission). Ein Aufgeld, das ein Erwerber neuer Geschäftsanteile aufgrund der getroffenen Einlagevereinbarung über den Nennbetrag der Einlage hinaus an eine Kapitalgesellschaft zu leisten hat und welches gemäß § 272 Abs. 2 Nr. 1 HGB in der Bilanz als Kapitalrücklage auszuweisen ist, ist Bestandteil der Gegenleistung, die der Erwerber aufbringen muss, um die Beteiligungsrechte zu erwerben. Es ist deshalb nur jenen Geschäftsanteilen als Anschaffungskosten zuzurechnen, für deren Erwerb es aufzubringen war.[55]

Es handele sich bei dem den Verkehrswert übersteigenden Teilbetrag nicht um eine verdeckte Einlage. Im Übrigen stelle der Anteilserwerb durch Kapitalerhöhung unter Aufgeldzahlung und die spätere Veräußerung des Anteils grundsätzlich keinen Gestaltungsmissbrauch iSv § 42 AO dar. Im Streitfall war der anlässlich der Kapitalerhöhung erworbene neue Geschäftsanteil an der GmbH bereits rund eineinhalb Jahre nach dem Erwerb an eine dem Gesellschafter nahestehende Person veräußert worden, wodurch ein im Sonderbetriebsvermögen II der GmbH & Co. KG ein nach dem Teileinkünfteverfahren abzugsfähiger Veräußerungsverlust entstand. Ein Gestaltungsmissbrauch liege auch dann nicht vor, wenn zwar die GmbH & Co. KG vorab von ihren steuerlichen Beratern auf beide Schritte – Kapitalerhöhung unter Zuzahlung in die Kapitalrücklage, zeitnahe verlustrealisierende Veräußerung des neuen Anteils – hingewiesen worden sei, wenn jedoch nicht von vornherein feststehe, dass und wann der neue GmbH-Anteil tatsächlich übertragen werden sollte.[56]

Nur bei einer Eintragung der Kapitalerhöhung im Handelsregister ist für eine im Rahmen der beschlossenen Kapitalerhöhung erlangte wesentliche Beteiligung iSv § 17 EStG auch ein sog. Auflösungsverlust geltend zu machen.[57]

Das Bezugsrecht steht den Gesellschaftern grundsätzlich entsprechend ihrer bisherigen Beteiligung zu. Der Ausgabepreis muss sich dabei am inneren Wert der Anteile ausrichten.[58] Bei einer Zuweisung der neuen bzw. erhöhten Anteile unter Verkehrswert soll ertragsteuerlich ein teilentgeltlicher Anteilserwerb beim Anteilsübernehmer vorliegen.[59] Umgekehrt soll – zumindest nach Auffassung des FG Düsseldorf – bei dem Gesellschafter, der einem Dritten die Anteilsübernahme unter

[55] FG Baden-Württemberg DStRE 2024, 74 (Az. BFH: IV R 12/23); unter Hinweis auf BFHE 226, 500.

[56] FG Baden-Württemberg DStRE 2024, 74 (Az. BFH: IV R 12/23); unter Hinweis auf BFHE 226, 500.

[57] FG Hamburg EFG 2001, 1435.

[58] OLG Stuttgart BB 2000, 1155 mAnm Gätsch.

[59] BMF BStBl. I 2006, 8 = DStR 2006, 95; dazu auch Centrale-Gutachten GmbHR 2006, 364.

Verkehrswert (ohne Aufgeld) ermöglicht, eine entsprechende Entnahme angenommen werden können.[60]

Den Tatbestand einer „Veräußerung von Anteilen an einer Kapitalgesellschaft" iSv § 17 EStG erfüllt, wer die durch eine Kapitalerhöhung entstehenden neuen Geschäftsanteile anderen gegen Entgelt zur Übernahme (entgeltlicher Verzicht auf das Bezugsrecht) überlässt.[61]

Tritt die Bedingung für die Zahlung des Entgelts für das Übernahmerecht erst in einem dem Jahr der Veräußerung folgenden Jahr ein, ist der das Jahr der Veräußerung betreffende Einkommensteuerbescheid nach § 173 Abs. 1 Nr. 1 iVm § 175 Abs. 1 S. 1 Nr. 2 AO 1977 rückwirkend zu ändern.[62]

Bei Nichtteilnahme einer (Beteiligungs-)Kapitalgesellschaft an einer Kapitalerhöhung und in deren Zustimmung zur Kapitalerhöhung zum Nennwert (nicht zum „wahren" Wert) soll außerdem auch eine verdeckte Gewinnausschüttung (vGA) liegen können.[63]

Eine Anwartschaft auf den Bezug von Geschäftsanteilen an einer GmbH (§ 17 Abs. 1 S. 3 EStG) im Rahmen einer Kapitalerhöhung liegt erst dann vor, wenn das Bezugsrecht selbstständig übertragbar ist. Dies setzt voraus, dass die Kapitalerhöhung durch die Gesellschafterversammlung beschlossen bzw. der entsprechende Beschluss in das Handelsregister eingetragen worden ist.[64]

Ähnliche Probleme bestehen auch in Fällen der Betriebsaufspaltung: Die Zulassung eines Dritten zur Kapitalerhöhung einer Betriebskapitalgesellschaft bewirkt beim Besitzunternehmen eine Entnahme in Höhe der Differenz zwischen dem Wert des übernommenen Anteils abzüglich der geleisteten Einlage. Eine Kapitalerhöhung, mit der ein bisher schon an der Betriebskapitalgesellschaft, nicht aber an der Besitzgesellschaft beteiligter Angehöriger seine Beteiligungsquote vergrößern kann, stellt sich in gleicher Weise als Entnahme aus dem Besitzunternehmen dar.[65]

2. *Kapitalerhöhung aus Gesellschaftsmitteln*

Auf Ebene der Gesellschafter ergeben sich bei einer Kapitalerhöhung aus Gesellschaftsmitteln keine direkten steuerlichen Auswirkungen. Die Ausgabe neuer Anteile führt bei ihnen nicht zu Einkünften aus Kapitalvermögen. Da bei der Kapitalerhöhung aus Gesellschaftsmitteln keine neue Einlage durch die Gesellschafter geleistet wird, kommt es auch nicht zu einer Erhöhung ihrer Anschaffungskosten auf die Beteiligung. Jedoch müssen die Anschaffungskosten der Altanteile wegen der Ausgabe der neuen Anteile im Rahmen der Kapitalerhöhung auf die neuen Anteile verteilt werden. Die Verteilung folgt dabei nach dem nominalen Verhältnis des Nennwerts der Neuanteile und der Altanteile zueinander.

---

[60] FG Düsseldorf DStRE 2004, 1332; bestätigt durch BFH GmbHR 2006, 720.

[61] OFD Hannover DStR 2007, 672; vgl. auch BMF BStBl. I 2006, 8 = DStR 2006, 95 zur Annahme eines privaten Veräußerungsgeschäfts iSv § 23 EStG.

[62] BFH DStR 2005, 1073.

[63] FG Münster DStRE 2004, 522.

[64] BFH BStBl. II 2023, 443 = GmbHR 2023, 414; dazu DStRK 2023, 62 (Haverkamp).

[65] BFH DStR 2006, 903; BFH/NV 2006, 650.

Bei einer verhältniswahrenden Kapitalerhöhung aus Gesellschaftsmitteln ohne Hinzutreten neuer Gesellschafter soll aber bei einer Ausgabe zum Nennwert ohne Agio (Aufgeld) keine verdeckte Gewinnausschüttung und keine andere Ausschüttung vorliegen, weil die ertragsteuerlichen Folgen sich wegen der niedrigeren Anschaffungskosten erst bei der Veräußerung/Aufgabe der Anteile realisieren.[66]

Erfolgt die Kapitalerhöhung aus Gesellschaftsmitteln gemäß § 57c GmbHG, erwerben die Gesellschafter die neuen Anteile zwingend im Verhältnis ihrer bisherigen Geschäftsanteile (§ 57j GmbHG).

Auch eigene Anteile der GmbH (an sich selbst) müssen zwingend bei der Kapitalerhöhung aus Gesellschaftsmitteln berücksichtigt werden. Auch eigene Geschäftsanteile der Gesellschaft nehmen zwingend an der Erhöhung des Stammkapitals teil. Auch in diesem Fall gilt die allgemeine Regelung, wonach die neuen Geschäftsanteile den Gesellschaftern im Verhältnis ihrer bisherigen Geschäftsanteile zustehen. Ein entgegenstehender Beschluss der Gesellschafter ist nichtig.[67] Das gilt auch dann, wenn die benachteiligten Gesellschafter zustimmen.[68]

Das steuerliche Einlagekonto erfasst den Anteil des Eigenkapitals, der auf Einlagen der Gesellschafter zurückzuführen ist, die nicht in das Nennkapital der Gesellschaft geleistet wurden. Erfolgt durch die Gesellschaft eine Rückzahlung dieser zuvor geleisteten Einlagen, führt die Rückzahlung bei den Gesellschaftern nicht zu steuerpflichtigen Bezügen iSv § 20 Abs. 1 Nr. 1 EStG. Bezüge iSv § 20 Abs. 1 Nr. 1 EStG sind nämlich nur Ausschüttungen erwirtschafteter Gewinne der Gesellschaft, nicht aber eine Einlagenrückgewähr der Gesellschaft an ihre Gesellschafter (§ 20 Abs. 1 Nr. 1 S. 3 KStG).

Aus ertragsteuerlicher Sicht löst eine Kapitalerhöhung aus Gesellschaftsmitteln auf Gesellschaftsebene die Rechtsfolgen aus, die in § 28 KStG definiert werden. § 28 KStG gibt in Ergänzung zu § 27 KStG vor, wie Kapitalmaßnahmen einer Gesellschaft, also insbesondere Kapitalerhöhungen und Kapitalherabsetzungen (aber auch die Auflösung einer Kapitalgesellschaft) zu behandeln sind. Erfasst werden dabei Kapitalerhöhungen aus Gesellschaftsmitteln, bei denen Gewinn- oder Kapitalrücklagen in Nennkapital umgewandelt werden. In § 27 KStG erfasst werden auch die steuerlichen Folgen von Kapitalherabsetzungen, bei denen das Nennkapital einer Gesellschaft im Rahmen einer Nennkapitalherabsetzung oder aufgrund der Auflösung der Gesellschaft herabgesetzt wird.

In den Fällen, in denen sämtliche, nicht in das Nennkapital geleisteten Einlagen auf dem Konto Kapitalrücklage erfasst werden, ist die Beurteilung einfach, ob die Gesellschaft erwirtschaftete Gewinne an ihre Gesellschafter ausschüttet oder zuvor geleistete Einlagen zurückzahlt.

Wurde eine Kapitalerhöhung aus Gesellschaftsmitteln vorgenommen, bei der die Kapital- oder Gewinnrücklage dazu verwendet wird, das Nennkapital der Gesellschaft zu erhöhen und werden zu einem späteren Zeitpunkt aus dem Nennkapital

[66] OFD Frankfurt a. M. GmbHR 2002, 396.

[67] Dazu Zimmermann in Rohwedder, 7. Aufl. 2022, GmbHG § 57j Rn. 2; Centrale-Gutachten GmbHR 2002, 1091.

[68] Priester in Scholz, 12. Aufl. 2021/2022, GmbHG § 57j Rn. 2; Centrale-Gutachten GmbHR 2002, 1091.

Rückzahlungen an die Gesellschafter vorgenommen, kann – ohne detaillierte Aufzeichnungen im Rechnungswesen – nicht mehr nachvollzogen werden, ob die Rückzahlung aus ehemals erwirtschafteten Gewinnen (Gewinnrücklage) oder aus ehemals geleisteten Einlagen besteht.

Die Pflicht zur Aufzeichnung dazu, ob die Kapitalerhöhung aus Gesellschaftsmitteln aus erwirtschafteten Gewinnen (sog. „Sonderausweis") oder aus (vorangegangenen) Einlagen der Gesellschafter vorgenommen wird, ist in § 28 KStG geregelt. § 28 KStG soll sicherstellen, dass erwirtschaftete Gewinne der Gesellschaft auch dann „steuerverstrickt" bleiben und somit bei den Gesellschaftern zu steuerpflichtigen Bezügen iSv § 20 Abs. 1 Nr. 1 bzw. Nr. 2 EStG führen, wenn die Gewinne der Gesellschaft für eine Kapitalerhöhung aus Gesellschaftsmitteln genutzt wurden und infolgedessen in der Bilanz nicht mehr als Gewinnrücklage, sondern als Nennkapital der Gesellschaft dargestellt werden.

Zweck dieser Regelung ist es, dass Rückzahlungen von Stammkapital und Rückzahlungen aus dem steuerlichen Einlagekonto an die Gesellschafter grundsätzlich steuerfrei sind und auch bleiben sollen, erwirtschaftete Gewinne der Gesellschaft aber „steuerverstrickt" bleiben sollen.

Werden Rücklagen durch Kapitalerhöhung aus Gesellschaftsmitteln in Stammkapital umgewandelt, schreibt § 28 Abs. 1 S. 1 KStG vor, dass für diese Umwandlung vorrangig der Bestand des steuerlichen Einlagekontos verwendet wird („[…], so gilt der positive Bestand des steuerlichen Einlagekontos als vor den sonstigen Rücklagen umgewandelt"). Dadurch wird erreicht, dass die Kapitalerhöhung aus Gesellschaftsmitteln vorrangig aus den Einlagen der Gesellschafter finanziert wird. Reicht der Bestand des steuerlichen Einlagekontos aber nicht aus, um die Kapitalerhöhung aus Gesellschaftsmitteln zu dotieren, erfolgt die darüberhinausgehende Erhöhung des Stammkapitals aus den erwirtschafteten Gewinnen der Körperschaft. Dieser Teil der Stammkapitalerhöhung ist als sog. Sonderausweis getrennt auszuweisen und gesondert festzustellen (§ 28 Abs. 1 S. 3 KStG).

Nach § 28 Abs. 1 KStG vollzieht sich die steuerliche Erfassung einer Kapitalerhöhung aus Gesellschaftsmitteln daher in folgenden Schritten:

- Verwendung des steuerlichen Einlagekontos zur Kapitalerhöhung: Um die Höhe, um die das Nennkapital durch Verwendung des steuerlichen Einlagekontos erhöht wird, ist das steuerliche Einlagekonto zu vermindern. Übersteigt die Kapitalerhöhung den Betrag des steuerlichen Einlagekontos, ist dieses auf null herabzusetzen.
- Verwendung der sonstigen Rücklagen, wenn der Bestand des steuerlichen Einlagekontos nicht ausreicht: Werden sonstige Rücklagen zur Kapitalerhöhung verwendet, ist für diesen Betrag ein Sonderausweis festzustellen.

Wenn der Bestand des steuerlichen Einlagekontos nicht für die Dotierung der Kapitalerhöhung ausreicht, ist der Sonderausweis nach § 28 Abs. 1 S. 3 KStG zu ermitteln. Maßgeblich ist dabei der Stand des Einlagenkontos zum Schluss des Wirtschaftsjahres der Kapitalerhöhung aus Gesellschaftsmitteln (§ 28 Abs. 3 KStG: „Ein Sonderausweis zum Schluss des Wirtschaftsjahrs vermindert sich um den positiven Bestand des steuerlichen Einlagekontos zu diesem Stichtag; der Bestand des steuerlichen Einlagekontos vermindert sich entsprechend"). Gemeint ist dabei der Bestand vor Kürzung um den Betrag, der für die Kapitalerhöhung verwendet wird.[69] Unterjährige Veränderungen des Einlagenkontos, also Veränderungen – sowohl vor als auch nach der Umwandlung – sind für die Ermittlung des maßgeblichen Bestands des steuerlichen Einlagekontos ebenfalls zu berücksichtigen.

Übersteigt der Betrag der Kapitalerhöhung den so ermittelten Stand des steuerlichen Einlagekontos – erfolgt die Kapitalerhöhung aus Gesellschaftsmitteln also durch Umbuchung sonstiger Rücklagen – ist für diesen Teil nach § 28 Abs. 1 S. 3 KStG der Sonderausweis festzustellen. Gleiches gilt, wenn eine Kapitalerhöhung ausschließlich aus sonstigen Rücklagen durchgeführt wird.

Die ist jährlich weiterzuentwickeln und gesondert festzustellen. Der Bescheid über die gesonderte Feststellung ist Grundlagenbescheid für den Bescheid über die gesonderte Feststellung für den nachfolgenden Feststellungszeitpunkt (§ 28 Abs. 1 S. 4 KStG iVm § 27 Abs. 2 KStG).

Nach dem Bilanzrechtsmodernisierungsgesetz (BilMoG), das im Mai 2009 in Kraft getreten ist, wird die spätere Veräußerung eigener Anteile der Gesellschaft durch die Gesellschaft handelsrechtlich einer Kapitalerhöhung gleichgestellt. Der durch den vorangegangenen Erwerb der eigenen Anteile entstandene offene Absetzungsbetrag vom gezeichneten Kapital wird dabei rückgängig gemacht. Der den Nennbetrag übersteigende Veräußerungserlös wird grundsätzlich in die Kapitalrücklage eingestellt. Wegen der wirtschaftlichen Betrachtungsweise des Handelsrechts ist auch in der Steuerbilanz die Veräußerung eigener Anteile nicht als Veräußerungsvorgang, sondern wie eine Kapitalerhöhung zu behandeln.[70]

3. Besonderheiten bei Kapitalerhöhungen gegen Sacheinlagen

a) Betriebe oder Teilbetriebe

Besteht die Sacheinlage in der Einbringung eines Unternehmens, dann muss nach § 5 Abs. 4 S. 2 GmbHG der Sachgründungsbericht die Jahresergebnisse der letzten beiden Geschäftsjahre des einzubringenden Unternehmens enthalten. Regelmäßig ist eine „bescheinigte Bilanz" mit einzureichen, also eine Bilanz mit einem Vermerk des Steuerberaters oder Wirtschaftsprüfers über die Richtigkeit der Wertansätze. Dagegen ist eine von einem Wirtschaftsprüfer testierte Bilanz nicht zwingend erforderlich.[71] Bei der Unternehmensbewertung im Rahmen der Sacheinlage ist zu beachten, dass das Institut der Wirtschaftsprüfer (IdW) am 28.6.2000 den Standard S 1 zur Unternehmensbewertung in Kraft gesetzt hat, der die früheren Bewertungsempfehlungen des Hauptfachausschusses von 1983 (HFA 2/83) und für kleinere und mittlere Unternehmen von 1997 (HFA 6/97) ersetzt.[72]

Um die Aufstellung einer gesonderten Einbringungsbilanz zu vermeiden, wird in der Praxis häufig der Sachgründungsvorgang zeitnah zum Bilanzstichtag des vor-

---

[69] BMF BStBl. I 2003, 366.

[70] BMF BStBl. I 2013, 1615.

[71] Spiegelberger/Walz GmbHR 1998, 761 (764); Winter in Scholz, 9. Aufl. 2000, GmbHG § 8 Rn. 13.

[72] Veröffentlicht in FN IdW 2000, 415ff.; dazu Reuter BB 2000, 2298.

angegangenen Geschäftsjahres des einzubringenden Unternehmens gewählt. Das Geschäft soll dann in der Zwischenzeit als für Rechnung der neu entstehenden Gesellschaft geführt gelten.[73] Feste Regeln darüber, wie zeitnah der Gründungsvorgang zum vorangegangenen Bilanzstichtag des einzubringenden Unternehmens stehen muss, sind nicht bekannt. Eine solche Verfahrensweise sollte deshalb in jedem Fall im Vorhinein mit dem Registergericht abgestimmt sein.

Da das Umwandlungsgesetz nach den gesetzgeberischen Motiven gerade nicht analogiefähig sein soll,[74] wird man sicherlich nicht die achtmonatige Rückwirkung gemäß § 20 Abs. 1 UmwStG iVm § 2 UmwG in Anspruch nehmen können. Der Zeitraum zulässiger Rückwirkung wird also deutlich kürzer sein und beträgt nach der dem Verfasser bekannten Praxis vieler Registergerichte nur wenige Wochen.

Die Einbringung von Betriebsvermögen in eine Kapitalgesellschaft gegen Gesellschaftsanteile ist nach der Auffassung des BFH[75] ein tauschähnlicher und damit entgeltlicher Vorgang, der bei Ansatz von Teil- oder Zwischenwerten zur Aufdeckung des Geschäftswertes und dessen Aktivierung gemäß § 5 Abs. 2 EStG führt.

b) Einzelwirtschaftsgüter

Tauglicher Gegenstand einer Sacheinlage sind selbstverständlich nur solche Gegenstände, die im unbelasteten Eigentum des einbringenden Gesellschafters stehen.[76] Der Gesellschafter, der einen Gegenstand als Sacheinlage in das Vermögen der Gesellschaft leistet, trägt die volle Darlegungs- und Beweislast dafür, dass das Eigentum daran zur Zeit der Einbringung besteht. Das gilt insbesondere, wenn der Gegenstand zuvor für andere geschäftliche Zwecke sicherungsübereignet gewesen war.[77] Auch muss der als Sacheinlage vorgesehene Gegenstand, wenn er zuvor der Gesellschaft schon zur Nutzung zur Verfügung stand, im Zeitpunkt des Kapitalerhöhungsbeschlusses der Gesellschaft noch gegenständlich zur Verfügung stehen.[78]

Als Nachweis für den Wert von Einzelgegenständen aus dem privaten Vermögen der Gesellschafter kommen Rechnungen und sonstige Anschaffungsbelege, Kaufverträge, Preislisten und dergleichen nur dann in Betracht, wenn diese Gegenstände unmittelbar zuvor von einem fremden Dritten erworben worden waren. Sollen dagegen nicht neue Privatgegenstände eingebracht werden, verlangen die Registergerichte in aller Regel ausführliche Wertgutachten.[79]

Bei der Einbringung von Immobilien, insbesondere Grundstücken, kommt einerseits ein Nachweis durch eine Bescheinigung des örtlichen Gutachterausschusses hinsichtlich des Grundstückswertes in Betracht, andererseits auch möglicher-

---

[73] Ulmer in Hachenburg, 8. Aufl. 1992, GmbHG § 5 Rn. 105.

[74] Arens/Spieker, Umwandlungsrecht in der Beratungspraxis, 1. Aufl. 1996, S. 25.

[75] BFH DStRE 2003, 37; so auch Maetz in Widmann/Mayer, Umwandlungsrecht, 2023, UmwStG vor § 1 Rn. 44, 46ff.; Schmitt in Schmitt/Hörtnagel, 10. Aufl. 2024, UmwStG § 4 Rn. 39f.

[76] Zum gutgläubigen Erwerb der als Sacheinlage zur Gründung einer GmbH geleisteten Sachen bei Gutgläubigkeit des Geschäftsführers bzw. der Mitgesellschafter siehe OLG Köln GmbHR 2002, 549.

[77] LG Bonn EWiR 1999, 953 (v. Gleichenstein).

[78] BGH DStR 2000, 1963; dazu DNotI-Report 2000, 201.

[79] Spiegelberger/Walz GmbHR 1998, 761 (764).

weise ein Wertnachweis durch Vorlage des notariellen Kaufvertrages und etwa vorhandener Miet- oder Pachtverträge. In der Praxis verlangen die Registergerichte allerdings auch insoweit regelmäßig die Vorlage des Gutachtens eines öffentlich bestellten und vereidigten Sachverständigen. Zu beachten ist, dass die Einlage von Immobilien Grunderwerbsteuerpflicht auslöst, wobei allerdings wegen der Bemessungsgrundlage Besonderheiten gelten (§ 8 Abs. 2 GrEStG).[80]

Wird zur Durchführung einer Kapitalerhöhung als Sacheinlage ein Grundstück in eine GmbH eingebracht, so ist bei der vom Registerrichter vorzunehmenden Überprüfung der Werthaltigkeit nicht nur auf den Verkehrswert des Grundstücks abzustellen, sondern eine bereits auf dem Grundstück lastende und bestehenbleibende Grundschuld, die der Absicherung bereits bestehender Darlehensverbindlichkeiten der Gesellschaft dient, ist wertmindernd zu berücksichtigen.[81]

Sollen einzelne Gegenstände aus dem Betriebsvermögen eingebracht werden, lassen die Registergerichte regelmäßig bei einer Einbringung zu Buchwerten einen Bestätigungsvermerk des Steuerberaters in Zusammenhang mit dem Sachgründungsbericht ausreichen; soll die Einbringung aber zu Werten oberhalb des letzten Buchwertes erfolgen, werden regelmäßig Sachverständigengutachten verlangt.[82]

4. *Kapitalerhöhungen im „Schütt-aus-hol-zurück-Verfahren"*

Gelegentlich werden Kapitalerhöhungen im Rahmen des sog. „Schütt-aus-hol-zurück"-Verfahrens vollzogen.[83] Hintergrund sind häufig auch steuerliche Überlegungen.[84] Zu beachten ist jedoch, dass die zivilrechtliche Rechtsprechung dies häufig als verdeckte oder verschleierte Sacheinlagen bzw. Hin- und Herzahlen bewertet und deshalb für unzulässig erachtet, weil das Sacheinlagerecht Umgehungsschutz genieße.[85] Eine Falschberatung in diesem Zusammenhang kann auch zu einer entsprechenden Beraterhaftung zugunsten der an der Kapitalerhöhung teilnehmenden Altgesellschafter führen.[86]

---

[80] BFH BStBl. II 1990, 186; GmbHR 2003, 669.

[81] OLG Frankfurt a. M. NZG 2006, 631; dazu NJW-Spezial 2006, 413.

[82] Spiegelberger/Walz GmbHR 1998, 761 (764).

[83] Zur notariellen Praxis DNotI-Report 2000, 3ff.

[84] Zur Frage, ob unter fremden Dritten „inkongruente" Gewinnausschüttungen im Rahmen des „Schütt-aus-hol-zurück-Verfahrens" zur Erlangung einer Verlustabzugsmöglichkeit einen Gestaltungsmissbrauch darstellen, siehe BFH BB 1999, 2443; dazu einschränkend BMF BStBl. I 2001, 43; Schodder/Mollowitz GmbHR 2002, R65; zu den steuerlichen Vorteilen dieses Verfahrens im Rahmen des Halb- bzw. Teileinkünfteverfahrens siehe auch Müller DB 2000, 533; Ott StuB 2000, 385; Langenfeld GmbH-StB 1999, 296. Gesellschaftsrechtlich ist dafür eine satzungsrechtliche Grundlage, etwa eine Öffnungsklausel in der Gewinnverteilungsregelung, erforderlich: BayObLG GmbHR 2001, 728.

[85] BGHZ 28, 314 = DB 1959, 80; OLG Köln ZIP 1999, 399; zum „Schütt-aus-hol-zurück"-Verfahren BGH ZIP 1991, 511; dazu Frey EWiR 1991, 1213; OLG Celle ZInsO 2004, 93; OLG Saarbrücken NotBZ 2004, 161; dazu Undritz EWiR 2004, 1031; OLG Stuttgart DStR 2004, 1972 mAnm Wälzholz.

[86] BGH NJW 2000, 725 mAnm Jungk = GmbHR 2000, 130 mAnm Schick; zur Notarhaftung siehe OLG Naumburg DStR 2010, 564; zur Haftung des Kreditinstituts bei verdeckten Sacheinlagen in einer AG gemäß § 37 Abs. 1 S. 4 AktG siehe Müller ZIP 1998, 137.

Die Rechtsprechung wandte früher dabei die Sacheinlagevorschriften an, wenn bei Gewinnausschüttungen bzw. Darlehensrückzahlungen an die Gesellschafter innerhalb von sechs Monaten vor der Kapitalerhöhung eine Abrede über die „Wiedereinlage" getroffen wurde. Der BGH hat später aber für diese Fallgestaltungen entschieden, dass im Wesentlichen die Regeln über die Kapitalerhöhung aus Gesellschaftsmitteln zu beachten sind, wenn im Kapitalerhöhungsbeschluss ausdrücklich die Art und Weise, wie die durch die Kapitalerhöhung entstandene Einlageverpflichtungen getilgt werden sollen, offengelegt wird.[87]

Zu den Mindestanforderungen einer solchen Kapitalerhöhung aus Gesellschaftsmitteln im Schütt-Aus-Hol-Zurück-Verfahren gehören eine Erklärung in dem betreffenden Gesellschafterbeschluss, dass die Kapitalerhöhung im Wege dieses Verfahrens erfolgen soll und dazu weitere Angaben über die Bewirkung der Einlageleistung gemacht werden, ferner muss eine entsprechende Angabe in der Registeranmeldung selbst erfolgen und die anmeldenden Geschäftsführer müssen die Versicherungen gemäß § 57i Abs. 1 S. 2 GmbHG iVm § 57 Abs. 2 S. 1 GmbHG abgeben, sowie zum Werthaltigkeitsnachweis eine testierte und höchstens acht Monate alte Bilanz zum Handelsregister reichen.

Andernfalls werden wohl – wie ein Umkehrschluss aus der BGH-Begründung ergibt – bei Kapitalerhöhungen im Wege des „Schütt-aus-hol-zurück-Verfahrens" die Sacheinlagevorschriften weiterhin beachtet werden müssen. Das gilt insbesondere etwa dann, wenn eine disquotale/inkongruente Erhöhung gewollt ist.

5. Vermeidungsgestaltung: Kapitalerhöhungen nach dem sog. „Steuerberatermodell"

Sacheinlagen im Rahmen von Sachkapitalerhöhungen und von „gemischten" Bar- und Sachkapitalerhöhungen erfordern als Eintragungsvoraussetzungen unter anderem die Beibringung eines sog. Sachkapitalerhöhungsberichts (analog zum Sachgründungsbericht iSv § 5 Abs. 4 GmbHG bei Sachgründungen) und von „Werthaltigkeitsnachweisen" zur Vorlage an das Registergericht (siehe § 8 Abs. 1 Nr. 5 GmbHG) sowie den vorherigen „dinglichen Vollzug" der Sacheinlage bei Anmeldung (siehe § 7 Abs. 3 GmbHG: „Die Sacheinlagen sind vor der Anmeldung [...] zu bewirken [...]").

Wenn ein Betrieb oder Teilbetrieb oder ein Mitunternehmeranteil in eine unbeschränkt körperschaftsteuerpflichtige Kapitalgesellschaft (§ 1 Abs. 1 Nr. 1 KStG) als Sacheinlage eingebracht werden soll, dann ist dies nach dem Wortlaut des § 20 UmwStG nur dann – auf Antrag – zu Buchwerten, also ohne Aufdeckung der stillen Reserven in dem eingebrachten Betriebsvermögen, möglich, wenn der Einbringende dafür neue Anteile an der Gesellschaft erhält. Bei einer engen Auslegung des Wortlautes dieser Vorschrift („Sacheinlage") setzt also die steuerneutrale Einbringung – durch Einzelrechtsnachfolge im Wege einer Einbringung oder durch Gesamtrechtsnachfolge, ggf. auch einer sog. „partielle Gesamtrechtsnachfolge", etwa im Wege einer Ausgliederung eines Einzelunternehmens zur Aufnahme (§§ 123 Abs. 3, 152 UmwG) – voraus, dass das genannte qualifizierte Betriebsver-

[87] BGH ZIP 1997, 1337; dazu Schultz EWiR 1998, 127; Sieger/Hasselbach GmbHR 1999, 205; Priester ZGR 1998, 856 und GmbHR 1998, 861.

mögen („Betrieb oder Teilbetrieb oder ein Mitunternehmeranteil") iSv § 20 Abs. 1 UmwStG gegen Gewährung neuer Geschäftsanteile im Rahmen einer Sachkapitalerhöhung auf die GmbH übertragen wird. § 20 UmwStG gilt sowohl für die Fälle der Einzel- als auch der Gesamtrechtsnachfolge. Dieses Verfahren wird in der Praxis häufig als zu „sperrig" und aufwändig angesehen.

Diese strenge Vorgabe für steuerneutrale Einbringungen hat der BFH gelockert. Der BFH geht davon aus, dass § 20 UmwStG eine eigenständige Legaldefinition des umwandlungssteuerrechtlichen Begriffs der Sacheinlage enthält. Bei einer Bargründung oder -kapitalerhöhung kann auch dann eine Sacheinlage vorliegen, wenn der Gesellschafter zusätzlich zu der Bareinlage gleichzeitig eine Verpflichtung übernimmt, als Aufgeld (Sachagio) einen Betrieb, Teilbetrieb oder Mitunternehmeranteil in die Kapitalgesellschaft einzubringen.[88]

Dem liegt das sog. „Steuerberatermodell" zugrunde.[89] Die Einbringung im weiteren Sinne (zB auch durch Ausgliederung) erfolgt zum Buchwert gemäß § 20 Abs. 1, Abs. 2 UmwStG im Rahmen einer Barkapitalerhöhung nebst Sachagio (Aufgeld) gegen Gewährung neuer Gesellschafterrechte zugunsten des einbringenden Gesellschafters. Es wird eine (in aller Regel geringe) Barkapitalerhöhung beschlossen und als Aufgeld (Sachagio) die Übertragung des qualifizierten Betriebsvermögens iSv § 20 Abs. 1 UmwStG vereinbart. Die neuen Anteile werden als Gegenleistung für die Barkapitalerhöhung gewährt, also – ganz oder hälftig – durch eine Bareinlage dotiert. Der Wert des durch die Einbringung übertragenen Vermögens („Betrieb oder Teilbetrieb oder ein Mitunternehmeranteil") iSv § 20 Abs. 1 UmwStG wird in die Kapitalrücklage der Gesellschaft eingestellt.

Die Einbringung im Wege des sog. Steuerberatermodells im Rahmen einer gemischten Sach- und Bareinlage mit Barkapitalerhöhung und Sach-Agio (Aufgeld) ist nicht nur vom BFH in seinem Urteil vom 7.4.2010 anerkannt worden, sondern diese Rechtsprechung wurde auch von der Finanzverwaltung im Umwandlungssteuererlass 2011 vom 11.11.2011 unter Tz. 01.44 und Tz. 20.09 akzeptiert.

Dadurch wird das Erfordernis der Beibringung eines Sachkapitalerhöhungsberichts und von Werthaltigkeitsnachweisen vermieden. Allerdings erwarten die Registergerichte, dass die Geschäftsführer der GmbH im Rahmen ihrer Anmeldeversicherungen auch versichern, dass das eingebrachte Sachagio keinen negativen Wert hat, also die bisherigen und die neuen Stammeinlagen dadurch wirtschaftlich nicht gemindert werden.

Durch dieses Verfahren kann auch innerhalb einer Unternehmergesellschaft (haftungsbeschränkt) im Rahmen einer Barkapitalerhöhung mit Sachagio die steuerneutrale Einbringung von qualifiziertem Betriebsvermögen iSv § 20 UmwStG herbeigeführt werden, ohne gegen das Sacheinlagenverbot des § 5a Abs. 2 S. 2 GmbHG zu verstoßen. Das ist insbesondere immer dann interessant, wenn das einzubringende Betriebsvermögen nicht ausreicht, um damit eine Stammkapitalerhöhung auf 25.000 EUR zu dotieren.

---

[88] BFHE 229, 518 = BStBl. II 2010, 1094.

[89] Nicht zu verwechseln mit dem sog. „Steuerberatermodell" bei der Herstellung einer steuerlichen Betriebsaufspaltung.

Mit der Feststellung, dass § 20 UmwStG eine eigenständige Legaldefinition des umwandlungssteuerrechtlichen Begriffs der Sacheinlage enthält, hat der BFH steuerneutrale Einbringungstatbestände iSv § 20 UmwStG stark vereinfacht. Erforderlich ist danach nur, dass das Aufgeld Teil des einheitlichen tauschähnlichen Einbringungsgeschäfts ist und das Gegenseitigkeitsverhältnis von Einbringung und Erwerb der GmbH-Anteile vorliegt. Dies kann in dem Einbringungsvertrag durch einen entsprechenden Bedingungszusammenhang zwischen Barkapitalerhöhung gegen Gewährung neuer Anteile und Sacheinlage geregelt werden.

Nicht ermöglicht werden dadurch aber steuerneutrale Einbringungen von Einzelwirtschaftsgütern (zum Buchwert) oder von qualifiziertem Betriebsvermögen iSv § 20 UmwStG, bei denen diese unmittelbare Verbindung mit einer Kapitalerhöhung nicht besteht. Dadurch sind dem sog. „Steuerberatermodell" entsprechende Grenzen gesetzt.

Das FG Baden-Württemberg[90] hat die Klage eines Einzelunternehmers abgewiesen, der für eine logische Sekunde nach Schenkung durch den Vater Einzelunternehmer wurde und dann das Einzelunternehmen in eine zuvor neu gegründete GmbH ohne zusätzliche Kapitalerhöhung einbrachte. Der Gegenwert des Einzelunternehmens zu Buchwerten stellte er in eine Kapitalrücklage der GmbH ein. Dabei half es auch nicht, dass dies schon so in der Gründungssatzung der GmbH vorgesehen war.

Das FG Baden-Württemberg ging von einer Betriebsaufgabe des eingebrachten Einzelunternehmens und somit einer Realisierung aller dortigen stillen Reserven aus. Der BFH bestätigte diese Auffassung in der Beschwerdeinstanz:[91] Eine unentgeltliche Zuführung in das Eigenkapital einer Kapitalgesellschaft (verdeckte Einlage) kann weder nach § 20 Abs. 1 S. 1 UmwStG 2002 noch nach der Fusionsrichtlinie[92] erfolgsneutral erfolgen. Bringt bei Bargründung einer GmbH der Gesellschafter zusätzlich zu der Bareinlage einen Betrieb ein, liegt eine Sacheinlage iSv § 20 Abs. 1 S. 1 UmwStG nur dann vor, wenn der Einbringungsgegenstand nach der Einlagevereinbarung als Aufgeld (Agio) Bestandteil des vom Einbringenden für die neuen Gesellschaftsanteile zu leistenden Entgelts ist.

V. Schenkungsteuerliche Aspekte der Kapitalerhöhung

Erbringt ein Gesellschafter bei einer Neugründung einer GmbH seine Stammeinlage, die den Wert der übernommenen Anteile übersteigt, etwa weil er ein Aufgeld zahlt oder ein Unternehmen, eine Gesellschaftsbeteiligung oder ein sonstiges Wirtschaftsgut einbringt, liegt eine schenkungsteuerbare freigebige Zuwendung iSv § 7 Abs. 1 Nr. 1 ErbStG an die Mitgesellschafter vor. Für den Tatbestand des § 7

---

[90] FG Baden-Württemberg GmbHR 2011, 776 mAnm Wachter.

[91] BFH GmbHR 2012, 654.

[92] Richtlinie 90/434/EWG des Rates v. 23.7.1990 über das gemeinsame Steuersystem für Fusionen, Spaltungen, die Einbringung von Unternehmensteilen und den Austausch von Anteilen, die Gesellschaften verschiedener Mitgliedstaaten betreffen (ABl. EG 1990 L 225, 1) – Fusionsrichtlinie aF.

ErbStG kommt es nur auf den objektiven Befund, also die Frage einer wirtschaftlichen Wertverschiebung an, nicht aber auf eine subjektive Betrachtung der Beteiligten. Eine Bereicherungsabsicht ist insoweit also nicht erforderlich.[93]

Die Ausgabe von GmbH-Anteilen im Rahmen einer Kapitalerhöhung zum Nennwert bei tatsächlich höherem Wert der Anteile soll nach Auffassung des BFH als (reine, nicht als „gemischte") Schenkung (freigebige Zuwendung) iSv § 7 Abs. 1 Nr. 1 ErbStG qualifiziert werden können, wenn:

- eine Bereicherung der neuen Gesellschafter gegeben ist,
- eine (quotale) Entreicherung der Altgesellschafter bezüglich ihrer Altanteile dadurch gegeben ist, und
- bei den Altgesellschaftern wegen des Bewusstseins darum ein Wille zur Unentgeltlichkeit angenommen werden kann.[94]

Auch nach der Verwaltungsauffassung soll bei einer nicht verhältniswahrenden Kapitalerhöhung bzw. bei der Aufnahme Dritter eine (gemischte) Schenkung angenommen werden können.[95] Der unentgeltliche (Teil-)Verzicht auf ein Bezugsrecht im Rahmen solcher Kapitalerhöhungsmaßnahmen kann also ggf. als schenkungsteuerpflichtiger Vorgang angesehen werden.[96] Ebenfalls kann eine Schenkung in der Zulassung zu einer Kapitalerhöhung gegen ein zu niedriges Ausgabeaufgeld liegen.[97] Nach der bisherigen Auffassung des BFH sollte dies aber nur dann der Fall sein, wenn die verzichtenden Gesellschafter den Willen zur Unentgeltlichkeit hatten.[98]

Übersteigt der Wert eines Anteils des Neugesellschafters, den dieser im Zuge der Kapitalerhöhungen erhält, die zu leistende Einlage, kann eine schenkungsteuerpflichtige Zuwendung von den Altgesellschaftern an den Neugesellschafter vorliegen. Eine verdeckte Gewinnausschüttung (vGA) liegt dagegen nicht vor, denn deren Voraussetzungen werden nicht erfüllt.[99]

Das FG Münster[100] hat im Urteil vom 26.7.2012 entschieden: Haben sich die Gesellschafter im Rahmen einer Kapitalerhöhung auf den Erwerb der neuen Gesellschaftsanteile zum Nennwert (X DM nebst Agio in Höhe von X DM) eingelassen, ohne dass erkennbar ist, dass die Gegenleistung nach kaufmännischen Gesichtspunkten wie zwischen fremden Dritten ermittelt wurde, liegt zumindest eine billigende Inkaufnahme der Teilunentgeltlichkeit vor.

Der BFH hat sich dem angeschlossen: Wird im Zuge einer Kapitalerhöhung einer GmbH ein Dritter zur Übernahme des neuen Gesellschaftsanteils zugelassen,

---

[93] Siehe dazu die Auffassung der Finanzverwaltung in R E 7.5 zu § 7 ErbStG, BStBl. I 2019, 2.

[94] BFH GmbHR 2001, 623 mAnm Binnewies; DStRE 2002, 694; H 18 Nr. 3 ErbStR; dazu auch Viskorf FR 2001, 910; Nachreiner MittBayNot 2002, 362; Gottschalk DStR 2002, 377 (381); Kamchen/Kling NWB 2014, 3467; Binnewies/Mehlaf DStR 2022, 1848; siehe auch Albrecht ZErb 2003, 141.

[95] So schon der koordinierte Ländererlass des FM Baden-Württemberg GmbHR 1997, 424.

[96] FM Baden-Württemberg GmbHR 1997, 424; dazu Centrale-Gutachten GmbHR 2000, 1091; Gebel DStR 2003, 622; vgl. auch FG Düsseldorf DStR 2000, 483.

[97] OFD Frankfurt a. M. DStR 2002, 767.

[98] BFH GmbHR 2001, 632 mAnm Binnewies.

[99] BFH BStBl. II 1975, 230.

[100] FG Münster DStRE 2014, 280.

kann eine freigebige Zuwendung der Altgesellschafter an den Dritten vorliegen, wenn der gemeine Wert des Anteils die zu leistende Einlage übersteigt. Eine freigebige Zuwendung der Gesellschafter von Altgesellschaftern an den Dritten kommt nicht in Betracht. Auf den Erwerb des neuen Anteils können aber die Steuervergünstigungen des § 13a ErbStG anwendbar sein.[101]

Bei der vom BFH zu beurteilenden Kapitalerhöhungsmaßnahme bestand die Besonderheit darin, dass sowohl die bisherigen Gesellschafter als auch die neuen Gesellschafter ausländische Kapitalgesellschaften waren. Der BFH stellte dazu fest, dass eine freigebige Zuwendung auch zwischen Kapitalgesellschaften vorliegen könne. Die Zuwendung könne zudem nur zwischen den Altgesellschaftern (Kapitalgesellschaft) und den Neugesellschaftern (Kapitalgesellschaft) in Betracht kommen. Der vom Finanzamt angenommenen Schenkung an die hinter dem neuen Gesellschafter stehenden Anteilseigner folgte der BFH ausdrücklich nicht.[102]

Die für die Schenkungsteuerpflicht unter anderem erforderliche Bereicherung kann allerdings nach Ansicht des BFH durch einen Vergleich des Verkehrswerts der Anteile der Altgesellschafter vor und nach der Kapitalerhöhung widerlegt werden. Keine Bereicherung und damit keine freigebige Zuwendung an den Neugesellschafter liegt vor, wenn der Verkehrswert der Beteiligung nach der Kapitalerhöhung und Entrichtung der Einlage durch den Neugesellschafter nicht geringer ist als der Verkehrswert der Anteile der Altgesellschafter, den diese im Zeitpunkt der Kapitalerhöhung gehabt hätten, wenn es nicht zu der Kapitalerhöhung gekommen wäre.[103]

Nehmen nicht alle bisherigen Gesellschafter an der Kapitalerhöhung teil bzw. zahlen die Neugesellschafter bezogen auf den Wert der Anteile, die sie erwerben, ein zu geringes Aufgeld, gehen stille Reserven anteilig auf die anderen Gesellschafter über. Dies führt zu einer freigebigen Zuwendung an die anderen Gesellschafter, die an der Kapitalerhöhung teilnehmen.[104] Mit seinem Urteil hat das FG Baden-Württemberg aber auch entschieden, dass ein gegen Wertausgleich erfolgender Verzicht eines Gesellschafters auf die Teilnahme an der Kapitalerhöhung einer GmbH keine gemischte Schenkung an die Mitgesellschafter darstellt.

Erwirbt ein Gesellschafter im Rahmen einer Kapitalerhöhung neue Anteile an einer Kapitalgesellschaft gegen eine Einlage, die den Wert der Anteile übersteigt, kommt eine Schenkung des neu eintretenden Gesellschafters an die übrigen Gesellschafter gemäß § 7 Abs. 8 ErbStG in Betracht. Im umgekehrten Fall, also dann, wenn ein Gesellschafter im Rahmen einer Kapitalerhöhung neue GmbH-Anteile gegen eine zu geringe Einlage und ohne weitere Verpflichtungen eingehen zu müssen, erbringt, ist er auf Kosten der Altgesellschafter bereichert (§ 7 Abs. 1 Nr. 1 ErbStG), und zwar mit dem Wirksamwerden der Kapitalerhöhung, also mit der Eintragung im Handelsregister.

---

[101] BFH DNotZ 2015, 72.

[102] BFH DNotZ 2015, 72.

[103] BFH DNotZ 2015, 72.

[104] FG Baden-Württemberg BeckRS 2020, 26625 (Az. BFH: II B 55/20); siehe auch schon OFD Frankfurt a. M. DStR 2008, 202.

Dies wird jeweils abgeleitet aus dem Wortlaut des § 7 Abs. 1 und Abs. 7 ErbStG („als freigebige Zuwendung gilt […]“). Durch die Neufassung des § 7 Abs. 8 ErbStG mit Wirkung zum 1.1.2012 kommt es aber nunmehr nur noch auf den objektiven Tatbestand einer Bereicherung an.

Für die Bemessungsgrundlage der Schenkungsteuer kommt es nach Ansicht der Finanzverwaltung auf die steuerlich zu bestimmende Werterhöhung an:[105]

„Die Bereicherung richtet sich nach der Erhöhung des gemeinen Werts der Anteile an der Kapitalgesellschaft, nicht nach dem Wert der Leistung des Zuwendenden. Maßgeblich sind die allgemeinen Regelungen für die Bewertung nicht notierter Anteile (§ 11 Absatz 2 BewG, ggf. in Verbindung mit §§ 199ff. BewG). Die Werterhöhung kann damit auch durch eine Verbesserung der Ertragsaussichten bewirkt werden, die durch die Leistung des Zuwendenden verursacht ist. § 200 Absatz 4 BewG ist zu beachten.

Gegenstand der Steuerbegünstigungen nach §§ 13a, 13c, 28a ErbStG ist der Erwerb von Anteilen an Kapitalgesellschaften, nicht aber die Werterhöhung solcher Anteile, die sie aufgrund von Leistungen an die Kapitalgesellschaft im Sinne des § 7 Absatz 8 ErbStG erfahren. Daher ist die Steuerbegünstigung nach §§ 13a, 13c oder 28a ErbStG in den Fällen des § 7 Absatz 8 ErbStG nicht zu gewähren.“

Auf die Anzeigepflicht des Notars in diesem Zusammenhang nach § 34 ErbStG iVm § 8 ErbStDV ist hinzuweisen. Danach ist der Notar verpflichtet, „dem für die Verwaltung der Erbschaftsteuer zuständigen Finanzamt schriftlich Anzeige zu erstatten über diejenigen Beurkundungen, Zeugnisse und Anordnungen, die für die Festsetzung einer Erbschaftsteuer von Bedeutung sein können.“[106] Die Anzeigepflicht des Notars verdrängt gemäß § 30 Abs. 3 ErbStG insoweit die Anzeigepflicht des Beschenkten gemäß § 30 Abs. 1 ErbStG.

Lässt ein Gesellschafter sein Bezugsrecht bei einer Kapitalerhöhung (teilweise) verfallen, kann dieser (faktische) Verzicht ggf. ebenfalls als steuerbare freigebige Zuwendung an die Mitgesellschafter gewertet werden, die ihre Bezugsrechte ausüben und an der Kapitalerhöhung teilnehmen. Das gilt zumindest dann, wenn ihnen durch die Kapitalerhöhung eine Wertsteigerung zukommt, die den Wert einer von ihnen im Rahmen der Kapitalerhöhung zu erbringenden Einlage übersteigt.

VI. Kapitalherabsetzungen und deren Steuerfolgen

Der Vollzug einer Kapitalherabsetzung erfolgt im Rahmen der Rechnungslegung dadurch, dass das gezeichnete Kapital in den Büchern der Gesellschaft auf den herabgesetzten Betrag zu vermindern ist.

Im Rahmen einer sog. ordentlichen Kapitalherabsetzung gemäß § 58 GmbHG – auch „effektive“ Kapitalherabsetzung genannt – werden Einlagen an die Gesellschafter zurückgewährt oder aber ausstehende Einlagen werden ihnen erlassen.

---

[105] R E 7.12 und 7.13 zu § 7 ErbStG, BStBl. I 2019, 2.
[106] § 34 Abs. 1 ErbStG.

Im Rahmen einer solchen ordentlichen Kapitalherabsetzung dürfen die durch die Herabsetzung frei gewordenen Bestandteile des Eigenkapitals erst dann an die Gesellschafter zurückgewährt werden, wenn die Kapitalherabsetzung im Handelsregister eingetragen ist und damit wirksam geworden ist.

Auszahlungen von Einlagen schon während des Sperrjahres sind zumindest dann unzulässig, wenn dafür keine ausreichenden Rücklagen oder Gewinnvorträge vorhanden sind. Solche Auszahlungen vor Eintragung der Kapitalherabsetzung im Handelsregister wurden früher steuerrechtlich als verdeckte Gewinnausschüttungen behandelt.[107]

Nach der neueren Rechtsprechung des BFH gelten sie aber zumindest dann als zulässige vorweggenommene Kapitalrückzahlungen, wenn die Gesellschafter den Kapitalherabsetzungsbeschluss gefasst, die Geschäftsführer die Veröffentlichung vorgenommen, die Gläubiger befriedigt oder sichergestellt und nach Ablauf des Sperrjahres die Anmeldung beim Handelsregister vorgenommen haben.[108]

Der BFH hat diese Rechtsprechung noch weiter gemildert, wonach eine Rückzahlung bereits vor dem handelsrechtlichen Wirksamwerden der beschlossenen Kapitalherabsetzung nicht als verdeckte Gewinnausschüttung zu behandeln ist, wenn – schon vor Ablauf des Sperrjahres – die Beteiligten im Zeitpunkt der Zahlung alles unternommen haben, was zum handelsrechtlichen Wirksamwerden erforderlich ist, und wenn Gläubigerinteressen nicht berührt sind.[109]

Mit dem Wirksamwerden der ordentlichen Kapitalherabsetzung reduzieren sich die Anschaffungskosten der Gesellschafter auf ihre Beteiligung entsprechend.

Eine Kapitalherabsetzung mit Ausschüttungen kann auf der Ebene der Gesellschafter bei wesentlicher Beteiligung iSv § 17 EStG oder bei einer Beteiligung im Betriebsvermögen zu einer Einkommensteuerpflicht führen, wenn aus dem Sonderausweis zum steuerlichen Einlagenkonto ausgezahlt wird.[110]

Im Rahmen einer sog. außerordentlichen Kapitalherabsetzung gemäß § 58a GmbHG – auch „nominelle" Kapitalherabsetzung genannt – werden keine Einlagen an die Gesellschafter zurückgewährt bzw. ausstehende Einlagen werden ihnen nicht erlassen. Vielmehr wird das nominelle Stammkapital zum Ausgleich vorgetragener Verluste, die gegen das Stammkapital zu buchen waren, dem verbliebenen Betrag des Eigenkapitals der Gesellschaft angepasst.

Eine Kapitalherabsetzung ohne Ausschüttungen ist auf der Ebene der Gesellschaft und der Gesellschafter steuerneutral.[111]

---

[107] BFH BStBl. III 1963, 454.

[108] BFH BStBl. II 1976, 341; Hense/Gnadenberger in Beck'sches Handbuch der GmbH, 6. Aufl. 2021, § 8 Rn. 145.

[109] BFH BStBl. II 1995, 725 = DStR 1995, 1503.

[110] Altmeppen, 11. Aufl. 2023, GmbHG § 58 Rn. 85.

[111] Altmeppen, 11. Aufl. 2023, GmbHG § 58 Rn. 85.

AXEL BAUER

Sorgen um das gesamte Vermögen und der Faktor Zeit im Recht

Viele Vermögen, namentlich große, machen Freude, viele Menschen machen sich Sorgen um ihr Vermögen, viele auch um ihr gesamtes Vermögen und für viele M&A-Anwälte und in diesem Feld tätige Notare sind Sorgen über ein gesamtes Vermögen manchmal Sorgen über schwerwiegende Transaktionshindernisse. Und diese lassen einen über den Faktor Zeit im Recht nachdenken, der besagt, dass vernünftige Rechtsbehelfe wenig nutzen, wenn sie bei zeitkritischen Transaktionen wie M&A-Transaktionen nicht rechtzeitig umgesetzt werden können.

Dieser Beitrag handelt von solchen Sorgen bei einer im Raum stehenden Einwilligung des Ehegatten nach § 1365 BGB und wie man damit umgehen könnte.

I. Ausgangsfall

Eine GmbH mit acht in der Gesellschaft aktiven Gesellschaftern wird zunächst in eine AG umgewandelt, um für einen möglichen Verkauf aller Anteile besser aufgestellt zu sein. Die Gesellschaft wird von mehreren Kaufinteressenten umworben. Bedingung ist unter anderem, dass 100% der Aktien verkauft werden und die Gesellschafter aktiv in der Gesellschaft tätig bleiben. Viele Probleme werden im Laufe der Verhandlungen gelöst, es zeichnet sich ab, dass die Transaktion erfolgreich mit einem Erwerber zu einem beiderseits erfreulichen Kaufpreis abgeschlossen werden kann. Der Anwalt der Verkäufer weist bei einem Treffen seine Mandanten darauf hin, dass es die Vorschrift des § 1365 BGB gibt, nach der der Ehepartner eines Gesellschafters dem Verkauf zustimmen muss, wenn es sich bei dem verkauften Gegenstand um sein gesamtes Vermögen handelt, und liest vor:

„Ein Ehegatte kann sich nur mit Einwilligung des anderen Ehegatten verpflichten, über sein Vermögen im Ganzen zu verfügen. Hat er sich ohne Zustimmung des anderen Ehegatten verpflichtet, so kann er die Verpflichtung nur erfüllen, wenn der andere Ehegatte einwilligt."

Die Reaktion sind einige betroffene Gesichter, und die Betroffenheit wird noch größer, nachdem erklärt wird, dass das „Vermögen im Ganzen" keineswegs „alles" ist, sondern grundsätzlich nach der Rechtsprechung sogar nur 80 bis 90% des Gesamtvermögens. Und als weiter erläutert wird, dass von diesen Zustimmungen die gesamte Transaktion abhängt, weil bei fehlender Zustimmung eines Ehegatten die gesamte Transaktion scheitern kann, werden auch die Gesichter derjenigen Mandanten länger, deren Ehegattinnen selbstverständlich zustimmen werden. Und einer der Aktionäre, auf dessen zukünftige Mitwirkung der Käufer keinesfalls verzichten würde, erklärt, dass er von seiner Frau niemals die Zustimmung bekommen könne; er lebe seit vier Jahren in einer höchst streitigen Scheidung, und seine Frau habe die Eigenart, einfach keinen Anwalt zu bestellen und dann nicht zur Verhandlung zu kommen, und Versäumnisurteile auf Scheidung gebe es nach Auskunft seines Scheidungsanwalts nicht. Der M&A-Anwalt muss weiter erläutern, dass jedenfalls der Käufer jedes Risiko ausgeschaltet wissen muss. Daran hängt die Transaktion. Die Idee, das Problem durch eine Teilnichtigkeitsklausel zu lösen, durch die die fehlende Zustimmung bei einem Gesellschafter jedenfalls die Gesamttransaktion nicht gefährden würde, scheitert schon daran, dass der Käufer erklärt hat, zwingend mindestens 96% der Anteil erwerben zu wollen.[1] Was tun?

Das Rechtsgeschäft, ja eine ganze Transaktion, kann davon abhängig sein, dass ein Dritter, bei § 1365 Abs. 1 BGB der Ehegatte (oder bei § 179a AktG auch die Hauptversammlung einer Aktiengesellschaft), der Transaktion zustimmt oder im Falle einer Nichtzustimmung die Wirksamkeit der Transaktion – mit den damit verbundenen zeitlichen Verzögerungen – in Frage stellen kann. Bei der Zustimmung nach § 1365 Abs. 1 BGB gibt es in Form der Ersetzung der Zustimmung durch das Familiengericht nach § 1365 Abs. 2 BGB eine Abhilfe, bei der aber auch der Zeitfaktor eine Rolle spielen kann.

Eine auf den ersten Blick ähnliche Problematik stellt sich nach § 179a AktG, wonach sich eine Aktiengesellschaft „zur Übertragung des ganzen Gesellschaftsvermögens" nur mit einem zustimmenden Hauptversammlungsbeschluss mit satzungsändernder Mehrheit verpflichten kann. Wird ein solcher Beschluss zwar gefasst, aber angefochten, steht ein Freigabeverfahren nach § 246a AktG gesetzlich nicht zur Verfügung. Das ist vor allem ein Problem, wenn, wie häufig in solchen Fällen, bekannte Kleinaktionäre Aktien erworben haben, bei denen man fest mit Anfechtungsklagen rechnen muss. Wenn die Zeit drängt, bleibt oft nur die Möglichkeit nach Wegen zu suchen, einen Hauptversammlungsbeschluss zu vermeiden. Dieser Beitrag wird sich nicht mit den Einzelheiten der Voraussetzungen für eine Zustimmung der Hauptversammlung nach § 179a AktG befassen. Die Literatur dazu und die unterschiedlichen Meinungen zu den Voraussetzungen für die Notwendigkeit einer Befassung der Hauptversammlung sind nahezu unüberschaubar, auch wenn sie kürzlich in einer publizierten Dissertation zusammengefasst worden sind.[2] Der Versuch einer Klärung würde diesen Beitrag sprengen.

Fokus dieses Beitrages soll vielmehr die Zustimmung zur Verfügung über das Vermögen im Ganzen gemäß § 1365 BGB sein und speziell die Frage, wann und unter welchen Voraussetzungen ein mehrteiliges Rechtsgeschäft, bei dem am Ende ein Vermögenstransfer, der sich als „Vermögen im Ganzen" qualifiziert, auch ohne Einwilligung gemäß § 1365 Abs. 1 BGB möglich ist, und zwar allgemein bei der Veräußerung von Gesellschaftsanteilen.

[1] Hintergrund war, dass dem Käufer diese Mehrheit notfalls einen Squeeze-out ermöglichen würde, da es sich um eine AG handelte.

[2] Witt, Die Veräußerung des ganzen Gesellschaftsvermögens gemäß § 179a Abs. 1 AktG, 2021.

II. Zu § 1365 BGB

1. Grundsätze

Die Vorschrift des § 1365 BGB wurde im Gleichberechtigungsgesetz vom 18.6.1957 als Teil der Einführung der Zugewinngemeinschaft als gesetzlicher Güterstand eingeführt und blieb bis heute unverändert.[3] In der Folge hat sich eine umfassende Interpretation der einfach formulierten Vorschrift in der Rechtsprechung und Literatur entwickelt,[4] als deren wesentliche Ergebnisse man heute festhalten kann:

– Verfügung über das Vermögen „im Ganzen" bedeutet, dass nicht nur eine selten vorkommende Gesamtübertragung des Vermögens, sondern auch eine oder mehrere Einzelübertragungen die Zustimmungspflicht auslösen können, wenn es sich um das wesentliche Vermögen handelt (sog. Einzeltheorie).[5]
– Dabei wird ein quantitativer Vergleich zwischen dem übertragenen Vermögen und dem verbleibenden Vermögen zum bisherigen Gesamtvermögen vorgenommen. Die Grenze wird bei „kleineren" Vermögen" bei ca. 15% (verbleibendes Vermögen)[6] bzw. 10% oder weniger bei größeren Vermögen ab ca. 250.000 EUR[7] (seit BGH Urteil vom 13.3.1991 – XII ZR 79/90; seither ohne „Inflationsbereinigung") angenommen.[8]
– Die Zustimmungspflicht kann nicht einfach dadurch umgangen werden, dass man eine gewollte Gesamttransaktion in zwei oder mehrere Einzeltransaktionen aufspaltet.
– Bei mehreren Transaktionen, die im Ergebnis die vorgenannten Grenzen übersteigen, hat sich in Rechtsprechung und Literatur eine Abgrenzungsformulierung durchgesetzt, wonach Geschäfte, die in einem sachlichen Zusammenhang stehen und einen einheitlichen Lebensvorgang bilden, insgesamt dem Anwendungsbereich des § 1365 Abs. 1 BGB unterfallen, wenn diese durch eine entsprechende Absicht der Parteien oder einen engen zeitlichen Zusammenhang ver-

---

[3] Mit den einzigen Ausnahmen, dass am 2.1.2002 „im ganzen" durch „im Ganzen" und dass das Vormundschaftsgericht durch das Familiengericht ersetzt wurde. § 1365 BGB gilt nach § 6 LPartG entsprechend für die eingetragene Lebenspartnerschaft.

[4] Eine Zusammenstellung findet sich unter anderem bei Thiele in Staudinger, 2017, BGB § 1365 „Schrifttum".

[5] Praktisch durchgesetzt hat sich die sog. Einzeltheorie (siehe Thiele in Staudinger, 2017, BGB § 1365 Rn. 17; Budzikiewicz in Erman, 17. Aufl. 2023, BGB § 1365 Rn. 8; Finger JZ 1975, 461; Koch in MüKoBGB, 9. Aufl. 2022, BGB § 1365 Rn. 12; Siede in Grüneberg, 83. Aufl. 2024, BGB § 1365 Rn. 6.

[6] Bei kleinen Vermögen ist der Tatbestand des § 1365 BGB grundsätzlich nicht erfüllt, wenn dem verfügenden Ehegatten Werte von 15% seines ursprünglichen Gesamtvermögens verbleiben (BGHZ 77, 293–300).

[7] Bei größeren Vermögen ist der Tatbestand des § 1365 BGB grundsätzlich nicht erfüllt, wenn dem verfügenden Ehegatten Werte von 10% seines ursprünglichen Gesamtvermögens verbleiben (BGH NJW 1991, 1739–1740).

[8] Einzelheiten mit Überblick über die Rechtsprechung bei Thiele in Staudinger, 2017, BGB § 1365 Rn. 27; Koch in MüKoBGB, 9. Aufl. 2022, BGB § 1365 Rn. 30, 31 spricht sich für eine einheitliche Grenze von 10% aus.

knüpft oder Teil eines Gesamtplans sind.[9] Teilweise wird angenommen, dass eventuell nur der letzte Teilakt, mit dem die Grenze überschritten wird, mangels Zustimmung nichtig ist.[10]

– Damit das in Frage stehende Geschäft infolge der Verletzung von § 1365 BGB (schwebend) unwirksam ist, muss der Geschäftsgegner wissen oder – vereinfacht ausgedrückt – fahrlässig nicht wissen, dass der Übertragende im vorstehenden Sinn über sein Vermögen „im Ganzen" verfügt.[11]

Es wird die Auffassung vertreten, dass die Verfügungsbeschränkung des § 1365 Abs. 1 BGB weitgehend leer laufe, da die erforderliche Kenntnis des Geschäftspartners vom Vorliegen der objektiven Voraussetzungen des Gesamtvermögensgeschäfts den realen Anwendungsbereich der Bestimmung faktisch auf einen sehr engen Personenkreis – wie nächste Familienangehörige oder Banken – verenge.[12]

Diese Auffassung greift zu kurz. Gerade bei M&A-Transaktionen ist davon auszugehen, dass ein professioneller Unternehmenskäufer bzw. die von ihm eingeschaltete Anwaltskanzlei im Rahmen der hier zwingend gebotenen[13] Due Diligence darauf bestehen wird, dass für jeden einzelnen Verkäufer nachgewiesen wird, dass eine Zustimmung nach § 1365 Abs. 1 BGB entweder nicht erforderlich ist (unter anderem, weil der Verkäufer nicht (mehr) verheiratet ist oder weil Gütertrennung vereinbart ist) oder dass die Zustimmung schriftlich vorgelegt wird. Denn das Risiko, dass später eine Anteilsübertragung als nichtig angegriffen wird, wird nahezu jeder Käufer von Gesellschaftsanteilen ausschließen wollen.

Im Falle einer notwendigen, aber fehlenden Einwilligung nach § 1365 Abs. 1 BGB hilft auch keine Gewährleistung im Unternehmenskaufvertrag. Denn in aller Regel ist dem Käufer daran gelegen, die Anteile sicher zu erwerben und nicht allein auf Schadenersatzansprüche angewiesen zu sein. Daher ist gerade für den Käufer die Wirksamkeit der gesamten Transaktion in Frage gestellt, wenn eine Zustimmungspflicht nicht ausgeschlossen werden kann, die Zustimmung aber nicht vorliegt. Auf eine Nachgenehmigung nach § 1366 Abs. 1 BGB wird sich der Käufer nicht verlassen, wenn diese nicht ganz sicher erteilt werden wird. Und eine Empfehlung, dass „Reden Silber und Schweigen Gold" sein kann und „die Nichtthematisierung der Vermögensverhältnisse und – generell – der mit § 1365 BGB verbundenen Fragen

[9] OLG Brandenburg FamRZ 1996, 1015–1016; ebenso Thiele in Staudinger, 2017, BGB § 1365 Rn. 33.

[10] OLG München 15.11.2005 – 19 W 2583/05, juris Rn. 10.

[11] Die Vorschrift des § 1365 BGB greift nach ständiger Rechtsprechung des Bundesgerichtshofs allerdings nicht nur dann ein, wenn das Geschäft auf die Übertragung des gesamten Vermögens als solches gerichtet ist, sondern auch, wenn ein einzelner Vermögensgegenstand veräußert wird, der im Wesentlichen das ganze Vermögen des Veräußerers darstellt, und wenn der Vertragspartner dies weiß oder zumindest die Verhältnisse kennt, aus denen sich dies ergibt (Senatsurteil BGHZ 77, 293 (295) = FamRZ 1980, 765; BGHZ 35, 135 (143) = FamRZ 1961, 302 und BGHZ 43, 174 (177) = FamRZ 1965, 258); BGHZ 196, 95 Rn. 10.

[12] So Milzer NZG 2017, 1090 (1093) bei Fn. 34.

[13] Auch wenn eine due diligence in der Entscheidung des BGH NJW 2023, 3423 bei Immobilienverkäufen nicht für zwingend erachtet wird, ist sie bei Unternehmensverkäufen aus meiner Sicht für Vorstand nach § 93 AktG bzw. Geschäftsführung nach § 43 GmbHG unerlässlich, siehe hierzu Sorgfaltspflicht und Verantwortlichkeit der Vorstandsmitglieder Hölters/Weber, 4. Aufl. 2022, AktG § 93 Rn. 158–160 und insbesondere Rn. 161–164 für die Erwerber due diligence.

sich als Königwegs erweisen“[14] könne, scheint mir jedenfalls aus anwaltlicher Sicht – vorsichtig ausgedrückt – gewagt. Eher würde ich dazu raten, jedenfalls diese Thematik zum Gegenstand einer vendor due diligence[15] zu machen.

Ein ohne die erforderliche Einwilligung des Ehegatten vorgenommenes mehrseitiges Rechtsgeschäft ist gemäß § 1366 Abs. 1 BGB schwebend unwirksam, dh bis zur Erteilung der Genehmigung oder ihrer Ersetzung können hieraus keinerlei Rechte hergeleitet werden. Wird die Genehmigung verweigert, ist der Vertrag unwirksam (§ 1366 Abs. 4 BGB).

Der im Ausgangsfall dargestellte gesamte Kauf- und Abtretungsvertrag zwischen den Verkäufern und der Käuferin über sämtliche Aktien der Gesellschaft wäre daher gemäß § 139 BGB wegen des unwirksamen Verkaufs der von einem der Verkäufer verkauften Aktien – ohne Einwilligung seiner Ehefrau oder Ersetzung derselben – unwirksam.

2. *Abhilfe nach § 1365 Abs. 2 BGB*

Anders als im Falle des § 179a AktG besteht im Falle der erforderlichen Zustimmung nach § 1365 Abs. 1 BGB die Möglichkeit, dass nach *§ 1365 Abs. 2 BGB* das Familiengericht auf Antrag die Zustimmung des Ehegatten durch Beschluss ersetzt:

„Entspricht das Rechtsgeschäft den Grundsätzen einer ordnungsmäßigen Verwaltung, so kann das Familiengericht auf Antrag des Ehegatten die Zustimmung des anderen Ehegatten ersetzen, wenn dieser sie ohne ausreichenden Grund verweigert oder durch Krankheit oder Abwesenheit an der Abgabe einer Erklärung verhindert und mit dem Aufschub Gefahr verbunden ist.“

Auch eine solche Zustimmungsersetzung ist bei einer M&A-Transaktion nicht einfach, wenn der Ehegatte obstruiert. Im Allgemeinen wird man bei einer M&A-Transaktion mit einem Dritten, namentlich wenn der Käufer in einem Bieterverfahren ausgesucht worden ist, davon ausgehen können, dass die Gegenleistung für den Verkauf des Anteils marktgerecht ist und dass der zustimmungspflichtige Ehegatte sich wirtschaftlich nicht schlechter stellt, insbesondere wenn eine nicht isoliert verkaufbare Beteiligung in ein sofort verfügbares Geldvermögen quasi getauscht wird. Daher kann man in solchen Fällen davon ausgehen, dass eine Ersetzung der Zustimmung durch das Familiengericht erreichbar ist. Man kann die Aussichten, diese Ersetzung zu erreichen, erhöhen, wenn man von vornherein eine Absicherung des Gegenwertes bis zur Ehescheidung anbietet.[16]

Aber zum einen sprechen oft Geheimhaltungsgründe gegen ein solches Verfahren, da der potentielle Käufer und der Verhandlungsstand in der Antragsbegründung offengelegt werden müsste.[17] Zudem sind Fristen für die Gewährung recht-

---

[14] So Hauschild/Böttcher FS Heidel, 2022, 231 (236).

[15] Siehe Hölters/Weber, 4. Aufl. 2022, AktG § 93 Rn. 173.

[16] Das Familiengericht kann dies nicht ohne weiteres von sich aus anordnen, siehe Budzikiewicz in Erman, 17. Aufl. 2023, BGB § 1365 Rn. 51.

[17] Budzikiewicz in Erman, 17. Aufl. 2023, BGB § 1365 Rn. 45.

lichen Gehörs (§ 34 FamG) einzuhalten und ein Beschluss des Familiengerichts kann durch das Rechtsmittel der Beschwerde angegriffen werden. Die ersetzende Zustimmung wird erst mit Rechtskraft des Beschlusses wirksam (§ 40 Abs. 3 S. 1 FamG). Nach § 40 Abs. 3 S. 2 FamG kann das Gericht „bei Gefahr im Verzug" die sofortige Wirksamkeit des Beschlusses anordnen. Ob eine Verzögerung oder das drohende Scheitern einer Transaktion aber „Gefahr im Verzug" ist, stellt man allenfalls fest, wenn das Gericht die Anordnung ausspricht und dies nicht mehr angefochten werden kann. Vorher besteht keine Transaktionssicherheit.

Selbst dann ist die Ersetzung der Zustimmung durch das Familiengericht bei einer typischen M&A Transaktion nicht gesichert. Dem Antrag auf Ersetzung der Einwilligung liegt ein bestimmter geplanter Vertrag zu Grunde, dessen für die Ersetzungsentscheidung wesentlicher Inhalt mitgeteilt wird. Wenn die Vertragsparteien später von dem im Antrag auf gerichtliche Entscheidung mitgeteilten Vertragsinhalt abweichen, so wird der Vertrag durch den die Einwilligung ersetzenden Beschluss nur insoweit wirksam, als er darin gebilligt wurde. Kommt es danach noch zu Änderungen, so sollen die geänderten Teile zunächst schwebend unwirksam sein und der (erneuten) Genehmigung bedürfen.[18]

Im Allgemeinen ist dies kurz vor Abschluss einer Transaktion aber nicht das einzige Problem. Man verhandelt oft bis zum Schluss über den Preis, viele Details und meistens über Garantien und Haftung. Dabei ist die Überwindung des § 1365 BGB oft ein lange unterschätztes Detailproblem, das auf einmal schnell gelöst werden muss. Auch hier kann der Faktor „Zeit im Recht" zum Problem werden.

3. *Keine Rechtssicherheit über eine Auslegung der Norm nach dem Schutzzweck*

In einem Fall wie dem oben geschilderten läge es nahe, darauf zu vertrauen, dass der einmaligen Chance, den (liquiden) Wert der Beteiligung durch einen (Mit-)Verkauf zu vervielfachen, durch eine einschränkende Auslegung der Bestimmung nach ihrem Zweck Geltung verschafft werden könnte. Auch sollte man annehmen, dass die Tatsache Berücksichtigung fände, dass im Normalfall der verkaufende Ehegatte eine angemessene Gegenleistung bekommt, so dass es sich quasi um einen „Tausch" von Vermögensbestandteilen handelt.

Einigkeit besteht darüber, dass die Vorschrift des § 1365 BGB zwei Schutzzwecke hat, nämlich die Erhaltung der wirtschaftlichen Grundlage der Ehe- und Familiengemeinschaft, die durch einseitige Vermögenstransaktionen beeinträchtigt werden könnte, und zum anderen die Absicherung und Durchführung des Zugewinnausgleichs.[19] Die ganz überwiegende Auffassung geht jedoch dahin, dass die abstrakte Fassung der Vorschrift einschränkende Auslegungen verbiete und in den Wertvergleich Gegenleistungen für das verkaufte Geschäftsobjekt wie der Kaufpreis nicht

[18] Koch in MüKoBGB, 9. Aufl. 2022, BGB § 1365 Rn. 111.

[19] Koch in MüKoBGB, 9. Aufl. 2022, BGB § 1365 Rn. 1, 2; „§ 1365 Abs. 1 BGB soll die wirtschaftliche Grundlage der Familie vor einseitigen Maßnahmen eines Ehegatten schützen und zugleich den Zugewinnausgleichsanspruch des Ehegatten sichern" (Senat BGHZ 35, 135 (136 f.); BGHZ 40, 218 (219); BGHZ 43, 174; NJW 1984, 609 (610); NJW 2007, 3124).

einzustellen sind.[20] So heißt es in der Entscheidung des BGH Urteil vom 2.2.2000 – XII ZR 25/98:[21]

„Zwar ist richtig, dass § 1365 BGB auch das Ziel verfolgt, den Zugewinnausgleichsanspruch zu sichern (Senat, BGHZ 77, 293 [297] = NJW 1980, 2350 = LM § 1366 BGB Nr. 1 L; BGHZ 101 225 [228] = NJW 1987, 2673 = LM § 1365 BGB Nr. 11). Die Gesetzesfassung abstrahiert jedoch bewusst von diesem Zweck und schützt damit – schon aus nahe liegenden Gründen der Rechtssicherheit – einen Ehegatten vor Verfügungen seines Ehegatten auch dann, wenn absehbar ist, dass der nicht verfügende Ehegatte im Falle einer künftigen Auflösung der Ehe nicht ausgleichsberechtigt sein würde."

Die Vorschrift des § 1365 BGB ist in einer Zeit entstanden, als die Vermögensverhältnisse in Ehen vielleicht noch „bescheidener" waren als heute. Gleichwohl muss man davon ausgehen, dass die Gerichte im Streitfalle weiterhin allein darauf abstellen, ob über das – näher zu definierende – gesamte Vermögen im Sinne der tradierten Rechtsäußerungen verfügt werden soll und im Übrigen auf die viel flexiblere Möglichkeit verweisen würden, eine Zustimmung des Familiengerichts nach § 1365 Abs. 2 BGB zu erwirken, bei der solche Gesichtspunkte gerade berücksichtigt werden können. Kurzum: eine einschränkende Auslegung des § 1365 Abs. 1 BGB wird derzeit in der Rechtsprechung nicht vertreten und ist auch in näherer Zukunft weder de lege lata noch de lege ferenda zu erwarten. Bei einer M&A-Transaktion bieten solche Überlegungen keine Rechtssicherheit.

4. *Zur Definition des gesamten Vermögens*

Das Zustimmungserfordernis bei der Zugewinngemeinschaft nach § 1365 Abs. 1 BGB greift ein, wenn über das „Vermögen im Ganzen" verfügt werden soll. Einigkeit besteht in Rechtsprechung und Literatur, dass das „Vermögen im Ganzen" keineswegs das gesamte Vermögen sein muss, damit die Vorschrift eingreift.

Nach § 1365 BGB sind auch Rechtsgeschäfte über Einzelgegenstände/Einzelstücke zustimmungsbedürftig, wenn sie das ganze oder nahezu das ganze Vermögen ausmachen.[22] Dies ist nach allgemeiner Auffassung bei Vermögen von bis zu 250.000 EUR der Fall, wenn der Ehegatte über 85% seines Aktivvermögens verfügt. Bei größeren Vermögen, die der Bundesgerichtshof in einer grundlegenden Entscheidung vom 13.3.1991 – XII ZR 79/90 jedenfalls bei 500.000 DM annahm, wird die Grenze des verbleibenden Vermögens bei 10% angenommen, was bei noch größeren Vermögen noch darunter liegen könne.[23] Es zählt allein der objektive Wert aufgrund einer wirtschaftlichen Betrachtungsweise,[24] wobei der Wert einer Gegenleistung außer Betracht bleibt. Der Wert des übertragenen Vermögens ist, wie auch der Wert des restlichen Vermögens, um die bereits auf dem Gegenstand ruhenden

[20] Koch in MüKoBGB, 9. Aufl. 2022, BGB § 1365 Rn. 29; Hauschild/Böttcher FS Heidel, 2022, 231 (233f.).
[21] NJW 2000, 1947 (1948).
[22] Vgl. BGH NJW 1989, 475; Siede in Grüneberg, 83. Aufl. 2024, BGB § 1365 Rn. 6.
[23] NJW 1991, 1739–1740.
[24] Vgl. BGH FamRZ 2012, 116.

(valutierenden) Belastungen zu verringern.[25] Nach der heute weitgehend übereinstimmenden Meinung werden kleinere Vermögen etwa bei 75.000 EUR, größere ab ca. 250.000 EUR, jedenfalls bei 420.000 EUR angenommen.[26]

a) Bestimmung des Gesamtvermögens

Für die Bestimmung des Gesamtvermögens wird maßgeblich auf das Wertverhältnis des beim verfügenden Ehegatten verbleibenden Restvermögens im Verhältnis zu dem weggegebenen Vermögen abgestellt.[27] Es ist also zunächst das Gesamtvermögen zu ermitteln und sodann das nach der Verfügung verbleibende Vermögen. Auf der Grundlage der Entscheidung des Bundesgerichtshofes vom 13.3.1991 – XII ZR 79/90[28] wird die Grenze für das verbleibende Vermögen bei größeren Vermögen bei 10% gesetzt, wobei offengelassen wurde, ob bei außergewöhnlich großen Vermögen die Grenze noch tiefer angesetzt werden kann. Diese klare Festlegung in der Rechtsprechung ist verdienstvoll, weil sie in einem kritischen Bereich der Zustimmungspflicht bei Vermögensbewegungen im alltäglichen Privatbereich, aber auch bei Unternehmen, für Rechtsicherheit gesorgt hat.

Diese fehlt bei § 179a AktG, obwohl auch in dieser Vorschrift ähnlich von einer Übertragung des „gesamten Gesellschaftsvermögens" die Rede ist; dort streitet man in einer ausufernden rechtswissenschaftlichen Literatur[29] mangels einer klaren BGH-Entscheidung nach den Holzmüller- und Gelatine-Entscheidungen weiterhin darüber, ob quantitative Elemente trotz des klaren Wortlauts der Bestimmung überhaupt eine Rolle spielen, und wenn ja,[30] in welcher Höhe (zB 20%) oder ob es allein auf sog. qualitative Elemente ankomme, nämlich ob noch nach der Transaktion ein Geschäft im Sinne des Satzungszwecks übrig bleibt.[31] Diese Diskussion, die über eine analoge Anwendung dieser Vorschrift auf die GmbH und die KG ausgeufert war, hat der Bundesgerichtshof durch zwei gründliche und gut begründete Entscheidungen zur GmbH im Jahr 2019[32] und 2022 zur KG[33] beendet und abgeschnitten. Darauf soll aber hier nicht weiter eingegangen werden.[34] Vielmehr

---

[25] Vgl. BGH FamRZ 1980, 765 und zuletzt OLG Brandenburg 30.3.2023 – 13 UF 199/20, juris Rn. 33.

[26] Scheller/Sprink in BeckOK BGB, 70. Ed. 1.5.2024, BGB § 1365 Rn. 15 mit Übersicht zu einzelnen Wertgrenzen der Rechtsprechung.

[27] Koch in MüKoBGB, 9. Aufl. 2022, BGB § 1365 Rn. 15.

[28] FamRZ 1991, 669–670 = NJW 1991, 1739–1740.

[29] Die veröffentliche Dissertation von Witt, Die Veräußerung des ganzen Gesellschaftsvermögens gemäß § 179a Abs. 1 AktG, 2021, hat 329 Seiten, die von Packi, Die Veräußerung des ganzen Gesellschaftsvermögens, 2011, mit 325 Seiten einen fast gleichen Umfang.

[30] Ehmann in Grigoleit, 2. Aufl. 2020, AktG § 179a Rn. 5; Stein in MüKoAktG, 5. Aufl. 2021, AktG § 179a Rn. 18.

[31] So zB Heidel, Aktienrecht und Kapitalmarktrecht, 5. Aufl. 2019, AktG § 179a Rn. 4; Witt, Die Veräußerung des ganzen Gesellschaftsvermögens gemäß § 179a Abs. 1 AktG, 2021, S. 63, 303, These 4.

[32] BGHZ 220, 354–377 = NZG 2019, 505.

[33] BGHZ 232, 375–385 = NZG 2022, 697.

[34] Mangels eines auf einen Beschluss der Hauptversammlung nach § 179a AktG anwendbaren Freigabeverfahrens kann dies zu erheblichen Verzögerungen einer Transaktion führen; die Erstreckung auf alle eintragungspflichtigen Strukturmaßnahmen und vor allem auch auf Beschlüsse nach § 179a AktG wurde zB von Paschos/Johannsen-Roth NZG 2006, 327 (333) angeregt.

soll hier nur festgehalten werden, dass es bei § 1365 BGB eine in Rechtsprechung und Literatur recht einheitliche Grenzziehung bei 10% des verbleibenden Vermögens gibt und § 1365 Abs. 2 BGB die Möglichkeit vorsieht, die fehlende Zustimmung gerichtlich zu ersetzen.

b) Bewertungsfragen bei Beteiligungen

Bei der Bestimmung des Vermögens finden grundsätzlich die Bewertungsregelungen für den Zugewinnausgleich Anwendung (§ 1376 BGB).[35] Wenn das zu beurteilende Vermögen allein in der zur Veräußerung anstehenden Beteilung besteht, stellt sich das Bewertungsproblem nicht, da es gleich ist, von welchem Wert 90% oder weniger verkauft werden bzw. 10% oder mehr behalten werden. Anders ist es, wenn der verfügende Ehegatte weiteres Vermögen hat, zB Wertpapiere oder Grundstücke. Dann ist eine Summe aus deren Werten und dem Wert der Beteiligung zu bilden. Und dann stellt sich die Frage, ob die Beteiligung mit dem Buchwert vor Veräußerung (der durch verschiedene Faktoren gemindert sein kann, zB Abfindungsklauseln)[36] oder dem viel höheren Verkaufswert angesetzt werden muss. Auf diese Abgrenzung könnte man verzichten, wenn – bei „größeren Vermögen", siehe oben – der Verkäufer 10% der zu veräußernden Beteiligung behält, um „auf die sichere Seite" zu kommen.

c) Zwischenergebnis

Wenn – abgesehen von den in Rede stehenden Anteilen – das übrige Vermögen einen positiven Wert aufweist, können also jedenfalls 90% des gesamten Anteilsbestandes zustimmungsfrei veräußert werden. Der Verkauf und die Abtretung von lediglich 90% der an der zu veräußernden Gesellschaft gehaltenen Anteile fällt daher – isoliert betrachtet – nicht in den Anwendungsbereich von § 1365 Abs. 1 BGB, da davon ausgegangen werden kann, dass die nicht verkauften Anteile genau so viel wert sind wie die verkauften Anteile, zumal, wenn der Verkäufer von dem Käufer ein Angebot zum Erwerb der Restanteile zum selben Preis bekommt. Dieser Prozentsatz des Restvermögens erhöht sich noch um das sonstige Vermögen des Verkäufers.

5. Anwendung auf mehrere Veräußerungsvorgänge

a) Grundproblem

Bei Gestaltungen dieser Art wird es regelmäßig bei nicht börsennotierten Gesellschaften das Interesse sowohl des Verkäufers als auch des Käufers sein, auch den restlichen Anteilsbestand zu veräußern. Dabei hilft der naheliegende Gedanke nicht weiter, die Veräußerung einfach in mehrere Schritte, die jeweils unter der maßgeblichen Vermögensschwelle liegen, aufzuspalten. So wäre beispielsweise eine Verfügung über die Hälfte des Vermögens mit von vornherein vereinbarter späterer Ver-

[35] Budzikiewicz in Erman, 17. Aufl. 2023, BGB § 1365 Rn. 14.
[36] Siehe Siede in Grüneberg, 83. Aufl. 2023, BGB § 1376 Rn. 43f., 47.

fügung über die weitere Hälfte unwirksam, obwohl bei keiner der Verfügungen über das gesamte Vermögen verfügt wurde und bei der zweiten Veräußerung der Kaufpreis aus der ersten Veräußerung regelmäßig noch sonstiges Vermögen wäre. Das dürfte jedenfalls dann gelten, wenn in der Addition beider Veräußerungsschritte die 90%-Grenze des ursprünglichen Gesamtvermögens überschritten würde.

Es stellt sich die Frage, wann und unter welchen Umständen eine solche Zusammenschau von mehreren Transaktionsschritten zu erfolgen hat.

Und auch dann, wenn eine solche Zusammenschau vorzunehmen ist, stellt sich die Frage, ob dann nur der letzte Transaktionsschritt unwirksam ist oder ob die Unwirksamkeit sich auf alle vorherigen Transaktionsschritte erstreckt.

b) Trennung in Veräußerungsschritte

Die Rechtsprechung und Literatur nimmt im Anschluss an eine Formulierung in einer Entscheidung des Brandenburgischen Oberlandesgerichts aus dem Jahre 1996 regelmäßig an, dass mehrere Rechtsgeschäfte zusammen zu berücksichtigen sind, die in einem derart engen zeitlichen und sachlichen Zusammenhang stehen, dass sie als einheitlicher Lebensvorgang erscheinen; für den Anwendungsbereich der Regelung des § 1365 BGB sei vielmehr ausreichend, dass die späteren Verfügungen bei wirtschaftlicher Betrachtungsweise auf den früheren Verfügungen aufbauen.[37] Durchgesetzt hat sich die Formulierung, dass „Geschäfte, die in einem sachlichen Zusammenhang stehen und einen einheitlichen Lebensvorgang bilden, insgesamt dem Anwendungsbereich des § 1365 Abs. 1 BGB unterfallen,[38] jedenfalls dann, wenn diese durch eine entsprechende Absicht der Parteien oder einen engen zeitlichen Zusammenhang und/oder einen Gesamtplan verknüpft sind.[39] Bei mehreren Veräußerungsschritten finde daher § 1365 BGB bei Bestehen eines engen sachlichen und zeitlichen Zusammenhangs und damit einhergehenden einheitlichen Lebenssachverhalts auf jedes (Teil-) Geschäft Anwendung.[40]

Ähnlich haben mehrere weitere Oberlandesgerichte geurteilt:

„Mehrere Rechtsgeschäfte, die in ihrer Gesamtheit den Tatbestand des Gesamtvermögensgeschäfts erfüllen, je für sich betrachtet jedoch unbedenklich sind, bleiben zustimmungsfrei auch dann, wenn sie in einem nahen zeitlichen Zusammenhang stehen. Alle Geschäfte sind dagegen gebunden, wenn sie nicht nur in zeitlichem, sondern zugleich auch in sachlichem Zusammenhang stehen und wirtschaftlich einen einheitlichen Lebensvorgang bilden (OLG Brandenburg FamRZ 1996, 1015; MüKoBGB/Koch § 1365 Rn. 33).“[41]

„Eine nach § 1365 BGB einwilligungspflichtige Vermögensverfügung im Ganzen liegt auch vor, wenn der wesentliche Teil des Vermögens aufgrund eines Gesamtplans in drei Akten – verteilt über einen Zeitraum von mehr als einem Jahr – veräußert wird.“[42]

---

[37] OLG Brandenburg FamRZ 1996, 1015–1016.

[38] Ebenso Thiele in Staudinger, 2017, BGB § 1365 Rn. 33; Scheller/Sprink in BeckOK BGB, 68. Ed. 1.11.2023, BGB § 1365 Rn. 16.

[39] Budzikiewicz in Erman, 17. Aufl. 2023, BGB § 1365 Rn. 17.

[40] Thiele in Staudinger, 2017, BGB § 1365 Rn. 33.

[41] OLG München NJW 2023, 159–161 Rn. 26.

[42] OLG Köln BeckRS 2012, 14533.

„Bei mehreren Rechtsgeschäften, die wegen zeitlichen und sachlichen Zusammenhangs wirtschaftlich einen einheitlichen Lebensvorgang bilden, sind die einzelnen Werte insgesamt zu berücksichtigen. Die Anwendung des § 1365 BGB setzt weiter voraus, dass der Erwerber bei Abschluss des Verpflichtungsgeschäfts positiv weiß, dass es sich bei dem Geschäftsobjekt um das gesamte Vermögen des Vertragspartners handelt.“[43]

Dies wird auch in der Kommentarliteratur übernommen:

„Alle Geschäfte sind dagegen gebunden, wenn sie nicht nur in zeitlichem, sondern zugleich auch in sachlichem Zusammenhang stehen und wirtschaftlich einen einheitlichen Lebensvorgang bilden.“[44]

In allen Fällen soll jedoch als subjektives Moment hinzukommen müssen, dass die einzelnen Geschäftsgegner von diesem objektiven Zusammenhang mehrerer Geschäfte und davon Kenntnis haben, dass sie zusammengenommen das ganze Vermögen des Ehegatten betreffen.[45] Zum Teil wird auch die fahrlässige Unkenntnis als schädlich[46] erachtet. Maßgebend ist die Kenntnis zum Zeitpunkt der Verpflichtungsgeschäfte, nicht der Vollendung des Rechtserwerbs.

Bei M&A-Transaktionen ist aber wegen der oben beschriebenen Anforderungen an eine korrekte Käufer- oder Verkäufer Due Diligence immer von einer solchen Kenntnis auszugehen.

c) *Auswirkungen auf frühere Transaktionsschritte*

Wenn eine aus mehreren Schritten bestehende Gesamttransaktion in ihrer Gesamtheit zustimmungspflichtig ist, stellt sich die Frage, ob und gegebenenfalls wann die Transaktion unwirksam ist oder wird. Dabei ist zu unterscheiden:

- Ist eine einzelne Transaktion nicht zustimmungspflichtig, aber veräußert ein Ehegatte sein gesamtes Vermögen in mehreren (Teil-)Rechtsgeschäften, die jedes für sich genommen nicht das Vermögen im Ganzen betreffen, bleibt das einzelne Geschäft *grundsätzlich* zustimmungsfrei.[47]
- Wird eine Transaktion zu Umgehungszwecken in mehrere Transaktionsschritte aufgespalten, ist schon der erste Transaktionsschritt unwirksam. Gleiches gilt, wenn mehrere Schritte einem Gesamtplan zur zustimmungsfreien Veräußerung folgen.
- Ist die erste einzelne Transaktion nicht zustimmungspflichtig, wird aber später in einem oder mehreren weiteren Rechtsgeschäften ohne vorherigen Gesamtplan insgesamt das „Vermögen im Ganzen“ veräußert, ist jedenfalls dieser weitere Schritt zustimmungspflichtig, aber nur dieser.[48] Dabei soll das aus dem früheren

---

[43] OLG München NJW 2023, 159.

[44] Koch in MüKoBGB, 9. Aufl. 2022, BGB § 1365 Rn. 33.

[45] Koch in MüKoBGB, 9. Aufl. 2022, BGB § 1365 Rn. 35; Budzikiewicz in Erman, 17. Aufl. 2023, BGB § 1365 Rn. 18.

[46] Budzikiewicz in Erman, 17. Aufl. 2023, BGB § 1365 Rn. 19 mwN.

[47] Budzikiewicz in Erman, 17. Aufl. 2023, BGB § 1365 Rn. 16.

[48] Budzikiewicz in Erman, 17. Aufl. 2023, BGB § 1365 Rn. 16; OLG München 15.11.2005 – 19 W 2583/05; Thiele in Staudinger, 2017, BGB § 1365 Rn. 33.

Transaktionsschritt resultierende Vermögen dem Aktivvermögen des veräußernden Ehegatten hinzuzurechnen sein.[49]

– Veräußert der Ehegatte zunächst eindeutig zustimmungsfrei Vermögen, entschließt er sich aber dann in einem zeitlichen und sachlichen Zusammenhang mit der Ersttransaktion dazu, auch das restliche Vermögen an denselben Käufer zu veräußern, sollte dieser zweite Schritt eigentlich ebenfalls zustimmungsfrei sein. Es wird jedoch ein sehr hohes Risiko bestehen, dass der Ehegatte und ihm folgend die Gerichte davon ausgehen, dass dieser weitere Veräußerungsschritt von vornherein geplant war, und die Darlegungs- und Beweislast dürfte bei dem Veräußerer liegen, der sich auf die Zustimmungsfreiheit beruft.

d) Lösungsansätze

Versteht man die Formulierungen der Gerichte und der Literatur als absolut, so scheint jede Transaktion, die darauf abzielt, doch die gesamte Beteiligung zu veräußern, ohne Zustimmung des Ehegatten zum Scheitern verurteilt zu sein. Ich halte dies nicht für richtig und will einen Weg für Lösungen aufzeigen, die Veräußerungen in mehreren Schritten möglich machen, sofern nicht von vornherein bindende Verpflichtungen für die „grenzüberschreitenden" weiteren Transaktionsschritte eingegangen werden.

aa) Zweckrichtung

Die Rechtsprechung hat durchaus gesehen, dass eine zu strikte Interpretation von § 1365 Abs. 1 BGB zu ungerechten Schwierigkeiten führen kann. So heißt es in einem Urteil des BGH aus dem Jahr 1996:[50]

„§ 1365 BGB bezweckt die Erhaltung wirtschaftlicher Werte, nicht aber Erschwerungen des Rechtserwerbs."

bb) Grundüberlegung

Kerngedanke ist, das Gesamtgeschäft in zwei Teile aufzuspalten, von denen der erste Teil eindeutig und ohne jeden Zweifel zustimmungsfrei ist. Zu dem zweiten Teil gibt es hingegen keine bindende Verpflichtung des Verkäufers, sondern nur ein Angebot des Käufers, auch diese Anteile zu erwerben.

cc) Kein einfaches bindendes Angebot

Eine Gestaltung dahin, dass der Verkäufer gegenüber dem Käufer ein bindendes Angebot abgibt, seine restlichen Anteile jederzeit zu verkaufen (call-option) und dass der Käufer ein bindendes Angebot abgibt, die restlichen Anteile des Verkäufers jederzeit zu kaufen (put-option), ist vor dem Hintergrund der oben beschriebenen Rechtsprechung nicht zu empfehlen. Beiden Parteien wäre bei einer solchen Gestaltung bereits bei Abschluss des ersten Kauf- und Übertragungsvertrages bewusst, dass über sämtliche Anteile verfügt werden soll. Der Verkäufer, um dessen Ver-

---

[49] Budzikiewicz in Erman, 17. Aufl. 2023, BGB § 1365 Rn. 16; Koch in MüKoBGB, 9. Aufl. 2022, BGB § 1365 Rn. 32; Thiele in Staudinger, 2017, BGB § 1365 Rn. 34.

[50] BGHZ 132, 218 Rn. 31.

fügung es geht, könnte nicht verhindern, dass es im Zusammenhang mit der ersten Transaktion zu einer Gesamttransaktion kommt, die, wäre sie gleich vorgenommen worden, ohne Zweifel als Veräußerung des gesamten Vermögens im Sinne des § 1365 Abs. 1 BGB zu werten wäre.

dd) Angebot des Verkäufers unter Bedingungen

Der Verkäufer könnte dem Käufer ein einseitiges Angebot unterbreiten, die restlichen Anteile an den Käufer zu veräußern, das aber dadurch bedingt wäre oder dessen Annahme dadurch bedingt wäre, dass

- der Ehegatte dem Verkauf und der Abtretung der restlichen Anteile zugestimmt hat oder
- diese Einwilligung gerichtlich nach § 1365 Abs. 2 BGB ersetzt wurde oder
- zwischen den Ehegatten Gütertrennung vereinbart wurde oder
- die Ehe unter Erledigung des Zugewinnausgleichs rechtskräftig geschieden wurde oder
- der Ehegatte, dessen Einwilligung in Rede steht, verstirbt.

Es verbliebe dennoch ein Risiko, dass dies bei Beurteilung der ersten Anteilsverfügung insgesamt als eine Umgehung von § 1365 Abs. 1 BGB gewertet werden könnte und schon die Abtretung der ersten (ca. 90%) der Anteile schwebend unwirksam wäre, weil die Absicht des Verkäufers, über seinen gesamten Anteilsbesitz zu verfügen (wenn auch unter Bedingungen), durch das Angebot dokumentiert würde.

Hier, wie auch in zahlreichen Literaturäußerungen, wird mit dem Sinn und Zweck des § 1365 BGB argumentiert, der die Mitwirkung des Ehegatten an vermögensmindernden Verfügungen sicherstellen wolle. Dabei wird häufig verkannt, dass bei fast allen M&A-Transaktionen, bei denen das in Rede stehende Unternehmen an einen fremden Dritten veräußert wird, das Vermögen nicht gemindert, sondern nur realisiert, getauscht oder erhöht wird. Aber der Grundlagenentscheidung des Bundesgerichtshofs vom 13.3.1991 ist zuzustimmen, dass über die Frage, wann eine Zustimmung nach § 1365 Abs. 1 BGB erforderlich ist, grundsätzlich aus Gründen der Rechtssicherheit abstrakt anhand klarer Kriterien entschieden werden muss.

Wenn aber unter Beachtung solcher Kriterien zunächst eine Transaktion verbindlich vereinbart wird, die – isoliert gesehen – eindeutig nicht einer Zustimmung nach § 1365 BGB bedarf, ist nicht einzusehen, warum diese Transaktion nicht in einem zweiten Schritt vollendet werden kann, wenn die Bedingungen, die dem Schutz des anderen Teils dienen, eingehalten werden.

- Wenn der Ehegatte dem zweiten Teil der Transaktion zugestimmt hat, stimmt er ausdrücklich oder konkludent auch dem ersten Teil mit zu, denn bei der Aufforderung zur Zustimmung muss auch die erste Transaktion offengelegt werden.
- Wenn das Familiengericht nach § 1365 Abs. 2 BGB über die Ersetzung der Zustimmung zur zweiten Transaktion entscheidet, berücksichtigt es schon deshalb auch die erste Transaktion, weil diese mit offengelegt werden muss und ersetzt damit ausdrücklich oder konkludent die Zustimmung für die erste und die zweite Transaktion bzw. gibt für die erste Transaktion ein Negativattest ab.

- Wenn zwischen den Ehegatten (inzwischen) Gütertrennung vereinbart wurde, gilt § 1365 BGB nicht mehr und es ist zwingend ein Zugewinnausgleich durchzuführen, der Schutzzweck des § 1365 BGB greift nicht mehr ein.
- Wenn die Ehe rechtskräftig geschieden und der Zugewinnausgleich durchgeführt ist, ist für eine Zustimmung des ehemaligen Ehegatten ohnehin kein Raum.[51]
- Wenn der Ehegatte nach der ersten Transaktion verstorben ist, ist für eine Zustimmung zur zweiten Transaktion kein Raum, weil die Ehe nicht mehr besteht. Und sollte die erste Transaktion doch der Zustimmung bedurft haben, wird sie durch Konvaleszenz mit dem Tode wirksam, wie der BGH sowohl für die erbrechtliche als auch die güterrechtliche Lösung mit überzeugenden Gründen entschieden hat.[52]

Auch in diesem Falle gibt es zwar einen einheitlichen zeitlichen und sachlichen Zusammenhang, der wirtschaftlich als einheitlicher Lebensvorgang angesehen werden dürfte. Es fehlt aber an einem Gesamtplan, das gesamte Vermögen zustimmungsfrei zu veräußern. Vielmehr geht der Gesamtplan dahin, zunächst nur einen Teil des Vermögens zustimmungsfrei zu veräußern und dann in einem zweiten Schritt den Rest des Vermögens mit Zustimmung nach § 1365 Abs. 1 BGB oder deren Äquivalent zu veräußern. Gleichwohl besteht angesichts der pauschalen Formulierung der Bedingungen für eine Zusammenrechnung mehrerer Transaktionen in der Rechtsprechung und ihr folgend der Literatur ein Restrisiko, dass die Gerichte nach diesen Gedanken das Zustimmungserfordernis auf alle diesbezüglichen Verfügungen erstrecken würden. Es sollte daher – wenn möglich und wenn der Käufer zustimmt – eine Gestaltung vermieden werden, bei der der Verkäufer selbst – wenn auch unter Bedingungen – eine Verpflichtung eingehen würde, auch seine restlichen Anteile zu verkaufen.

ee) Angebot des Käufers unter Bedingungen

Eine weitere – noch sicherere – Lösung wäre, dass nicht der Verkäufer dem Käufer, sondern der Käufer dem Verkäufer ein unwiderrufliches und bindendes Angebot auf den Kauf der restlichen Anteile des Verkäufers unterbreitet, ohne dass der Verkäufer sich zur Annahme dieses Angebotes verpflichtet. Natürlich ist auch hier der Zusammenhang mit der Ersttransaktion evident. Aber in diesem Fall fehlt es schon am Eingangsmerkmal des § 1365 Abs. 1 BGB, nämlich der Verfügung oder der Verpflichtung zu einer Vermögensübertragung.

Der Käufer kann nicht daran gehindert werden, seinen Erwerbswillen durch ein Angebot zu untermauern. Mangels zeitlich zusammenhängender Verfügungen und mangels einer bindenden Verpflichtung des Verkäufers zum Verkauf der restlichen Anteile könnten jedenfalls zumindest die ersten ca. 90% der Anteile ohne Zustimmung des Ehegatten wirksam verkauft und abgetreten werden.

---

[51] Näher Siede in Grüneberg, 83. Aufl. 2023, BGB § 1365 Rn. 11 ff.

[52] Ein schwebend unwirksames Gesamtvermögensgeschäft wird durch den Tod des zustimmungsberechtigten Ehegatten wirksam (Konvaleszenz), unabhängig davon, ob der Zugewinnausgleich nach der sog. erbrechtlichen Lösung (§ 1371 Abs. 1 BGB) oder der sog. güterrechtlichen Lösung (§ 1371 Abs. 2 BGB) durchzuführen ist (BGH NJW 1982, 1099–1100).

Allerdings ist sicherzustellen, dass schon das Angebot des Käufers unter den unter → 5. d) dd) genannten Bedingungen steht. In einem solchen Fall dürfte die mehrstufige Veräußerung eindeutig zulässig sein. Diese Bedingung wird auch der das Angebot unterbreitende Käufer aus Eigeninteresse stellen, da er rechtssicher die veräußerten Anteile erwerben will. Ein zunächst einmal wirksames Rechtsgeschäft, das der Zustimmung des Ehegatten nicht bedurfte, kann nicht nachträglich dadurch unwirksam werden, dass der Käufer ein Angebot zum Erwerb der restlichen Anteile unterbreitet. Und die Annahme dieses Angebots kann nicht nachträglich die erste Transaktion unwirksam machen, da sie nur erfolgen kann, wenn auch unter Berücksichtigung der ersten Transaktion eine Einwilligung erteilt, ersetzt oder obsolet geworden ist.

6. Flankierende Maßnahmen

Die vorstehend skizzierte Transaktionsstruktur entspricht aber unter Umständen nicht dem wirtschaftlich gewollten. Denn Käufer wollen in vielen Fällen 100% der Anteile erwerben. Um dem wirtschaftlich von beiden Parteien intendierten Ergebnis der Akquisition des gesamten Kapitals der Gesellschaft möglichst nahe zu kommen, sind daher ergänzend folgende Maßnahmen in Erwägung zu ziehen.

- Der Verkäufer könnte dem Käufer eine unbeschränkte und umfassende Stimmrechtsvollmacht im Hinblick auf die verbleibenden Anteile erteilen. Der Käufer wäre dann in der Lage, Gesellschafterversammlungen unter Verzicht auf Form- und Fristvorschriften jederzeit abhalten zu können und einstimmige Beschlussergebnisse herbeizuführen. Allerdings wäre die Erteilung einer unwiderruflichen Vollmacht ausgeschlossen und gemäß § 134 BGB nichtig.[53] Die Vollmacht müsste wenigstens jederzeit widerruflich sein.
- Zusätzlich könnte der Verkäufer dem Käufer auch ein vertragliches Vorkaufsrecht an den restlichen Anteilen einräumen. Dieses Vorkaufsrecht könnte auch in den Kaufvertrag über alle übrigen Anteile der anderen Anteilsinhaber und der zuerst verkauften Anteile des Verkäufers aufgenommen werden. Denn ein Vorkaufsrecht setzt den (wirksamen) Verkauf an einen Dritten voraus. Solange dieser Drittverkauf nicht stattfindet, fehlt es an einer Verfügung im Sinne von § 1365 BGB.[54]
- Darüber hinaus könnte man daran denken, dass der Verkäufer gegenüber dem Käufer eine Verpflichtung eingeht, innerhalb eines zu bestimmenden Zeitraums an niemand anderen als den Käufer der Ersttransaktion zu verkaufen. Auch dies wäre noch keine Verfügung im Sinne des § 1365 Abs. 1 BGB. Allerdings würde dadurch der Zusammenhang zwischen dem ersten und dem gewünschten zweiten Verkauf im Sinne eines mittelbaren Zwangs verstärkt und damit auch das Risiko, dass eine Zusammenschau der Transaktionsteile vorgenommen würde.
- Und schließlich könnte man auch vorsehen, dass der Verkäufer unter einer der Bedingungen (oben → 5. d) dd), ee)) verpflichtet würde, das Angebot anzuneh-

---

[53] Vgl. statt aller nur Rieckers in Spindler/Stilz, 5. Aufl. 2022, AktG § 134 Rn. 49 mwN.

[54] Koch in MüKoBGB, 9. Aufl. 2022, BGB § 1365 Rn. 65.

men, aber auch hier bewegt man sich etwas weiter in ein Restrisiko. Allerdings gibt es nach Sinn und Zweck des § 1365 BGB keinen Grund, deshalb die Wirksamkeit der Gesamttransaktion in Frage zu stellen. Denn die Zustimmung und die gerichtlich ersetzte Zustimmung sind die gesetzlichen Freiräume für die Verfügung und nach der rechtskräftigen Scheidung der Ehe macht eine Zustimmung keinen Sinn mehr.

Erwähnt sei noch, dass bei einer Aktiengesellschaft für den Käufer, der mindestens 95% der Aktien erworben hätte, die Möglichkeit eines Squeeze-outs nach §§ 327a–327f AktG besteht. Wenn der Erwerber zusammen mit den Anteilen, die er von den anderen Aktionären zu 100% zusammen mit den ca. 90% der Anteile des Aktionärs, dessen Aktienbesitzveräußerung der Zustimmung bedürfen könnte, erwirbt, werden diese 95% je nach quotalem Anteil dieses Aktionärs schnell erreicht. Die Erwähnung dieser Möglichkeit kann es dem Käufer erleichtern, der vorstehend skizzierten Lösung zuzustimmen, sollte aber nicht Gegenstand des Vertrages sein. Für den Verkäufer dürfte es allemal attraktiv sein, seine verbleibende Beteiligung zu den angebotenen Bedingungen zu veräußern, weil sie keine garantierten Dividenden mit sich bringt.

III. Praktische Hinweise

Dieser Festschriftbeitrag ehrt einen gesellschaftsrechtlich sehr erfahrenen Notar. Es ist daher naheliegend, einige Gestaltungshinweise zu geben, zu denen der oben geschilderte Fall Anlass gibt.

Das komplizierte Verhältnis zwischen Ehevertrag und Gesellschaftsrecht ist jüngst in einem Aufsatz von Schemmann, Die Umsetzung gesellschaftsvertraglicher Güterrechtsklauseln[55] beleuchtet worden. Zuvor hatten schon Wenckstern[56] und Milzer[57] auf die damit verbundenen Probleme detailliert hingewiesen.[58] Standard ist die Empfehlung, im Gesellschaftsvertrag der Personengesellschaft, der GmbH, der AG oder der SE und/oder in einer Konsortialvereinbarung jedenfalls bei Familiengesellschafteten vorzusehen oder gar vorzuschreiben, dass der Gesellschafter in einem Ehevertrag Gütertrennung vereinbaren muss (§ 1365 BGB ist damit auch ausgeschlossen) oder eine modifizierte Zugewinngemeinschaft vereinbaren muss, bei der der Zugewinnausgleich unter Lebenden nicht gilt oder jedenfalls der Wert der Unternehmensbeteiligung aus der Berechnung des Zugewinns ausgenommen wird und zugleich die Anwendung des § 1365 BGB ausgeschlossen wird.[59] Dies dient bei Familiengesellschaften vor allem dem Schutz davor, dass der Mitgesell-

---

[55] Schemmann NJW 2021, 3421.

[56] Wenckstern NJW 2014, 1335.

[57] Güterstandklauseln – ein Selbstmord aus Angst vor dem eigenen Tod, NZG 2017, 1090 Rn. 14.

[58] Auch Werner NZG 2022, 987 und Hauschild/Böttcher FS Heidel, 2022, 231 ff. befassen sich kritisch mit den damit verbundenen Problemen

[59] Schemmann NJW 2021, 3421 Rn. 1, 2 mit Nachweisen auf diverse Klauselvorschläge in Formularbüchern.

schafter durch einen Zugewinnausgleichsanspruch gezwungen wäre, seine Anteile zu verkaufen bzw. die Mitgesellschafter gezwungen wären, diese Anteile zu kaufen, um den Charakter einer Familiengesellschaft zu erhalten und auch von den Steuerverschonungen nach §§ 13a, 13b ErbStG weiterhin gesichert Gebrauch machen zu können. Als Sanktion bei Nichteinhaltung dieser Verpflichtung wird häufig vereinbart,[60] dass der Anteil gegen Zahlung einer möglichst geringen Abfindung eingezogen werden kann.

Es wäre einmal eine empirische Untersuchung wert, in wie vielen Fällen es solche Regelungen gibt, und vor allem, in wie vielen (oder wenigen) Fällen die Einhaltung dieser Regelungen auch kontrolliert wird oder die Nichteinhaltung sanktioniert wird. Bei der Eheschließung ist es bekanntlich nicht immer einfach, vor dem Gang zum Standesamt den Gang zum Notar für die Beurkundung einer Gütertrennung vorzuschlagen. Wenn, wie häufig, jung geheiratet wird, gibt es oft auch noch kein unternehmerisches Vermögen, das Veranlassung zur Gütertrennung gäbe. Entsteht dieses dann im Laufe der Ehezeit, ist der Vorschlag oft nicht leicht zu vermitteln. Insbesondere in Erbfällen kann dies zu psychologischen Härten führen, wenn eine Erbin dem Gatten oder ein Erbe der Gattin erklären muss, dass ein Gang zum Notar zum Abschluss eines Ehevertrages ansteht, um Gütertrennung zu vereinbaren; da ist eine modifizierte Zugewinngemeinschaft vielleicht noch eher vermittelbar.

Die nachträgliche Vereinbarung einer Gütertrennung löst nach §§ 1386, 1385 BGB einen Zugewinnausgleich aus, der oft liquiditätsmäßig gar nicht befriedigt werden könnte. Es kommt hinzu, dass die Vereinbarung von Gütertrennung erheblich erbrechtliche,[61] pflichtteilsrechtliche[62] und schenkungs- und erbschaftssteuerliche[63] Konsequenzen hat, die allerdings durch eine modifizierte Zugewinngemeinschaft vermieden werden könnten.

Hingegen lässt sich nach meinen Erfahrungen problemlos vermitteln, dass jedenfalls das Zustimmungserfordernis bei Vermögensverfügungen nach § 1365 BGB ausgeschlossen werden soll. Immerhin ist das statistische Risiko, dass es zu einer Ehescheidung und damit zu Spannungen bei der Bitte zur Einwilligung in eine Vermögensverfügung kommt, erheblich, namentlich nach vielen Ehejahren, in denen Zeit zum Aufbau eines relevanten Vermögens bestand.[64] Man kann den Mitgesellschaftern nicht zumuten, dass ein Unternehmensverkauf daran scheitern könnte, dass ein Ehegatte die Zustimmung verweigert, obwohl nach dem Gesellschaftsvertrag mit Mehrheitsbeschluss und durch drag-along Klauseln gesellschaftsrechtlich ein 100%-Verkauf durchgesetzt werden könnte.

---

[60] Siehe zB Wenckstern NJW 2014, 1338 (1339).

[61] Nach § 1931 Abs. 1 BGB beträgt der Erbanteil des Ehegatten neben dem der Kinder nur 1/4 statt 1/2 in der Zugewinngemeinschaft nach §§ 1931 Abs. 3, 1371 BGB.

[62] Dementsprechend sind bei Gütertrennung auch die Pflichtteilsansprüche der Kinder höher.

[63] § 5 ErbStG gilt nur in der Zugewinngemeinschaft.

[64] Im Zeitraum zwischen 2005 und 2022 lag die Scheidungsquote in Deutschland zwischen 51,92% und rund 35%, dabei wurden die meisten Scheidungen von Paaren vollzogen, die über 26 Jahre miteinander verheiratet waren, siehe https://de.statista.com/statistik/daten/studie/76211/umfrage/scheidungsquote-von-1960-bis-2008/.

Wenn dies gesellschaftsvertraglich so geregelt wird, ist es eigentlich unumgänglich, auch die Zustimmungsfreiheit durch Ausschluss des § 1365 BGB ehevertraglich abzusichern. Damit wird dem Ehegatten noch nichts genommen. Er/sie nimmt dann durch den Zugewinnausgleich immer noch an dem Erfolg teil und ist nach § 1375 Abs. 2 BGB gegen Missbrauch geschützt. Es kommt hinzu, dass § 1365 BGB auch bei anderen gesellschaftsrechtlichen Vorgängen ein schwerwiegendes Hindernis bilden kann, nicht nur bei der Einbringung des Vermögens in die Gesellschaft, sondern unter Umständen auch bei späteren Änderungen des Gesellschaftsvertrages und Kapitalmaßnahmen.[65]

Es sollte jedenfalls die Empfehlung erfolgen, vertraglich zumindest die Anwendung des § 1365 BGB ganz[66] auszuschließen. Da die Ehegatten mit solchen Vereinbarungen ihre güterrechtlichen Verhältnisse regeln, bedarf auch dieser Ausschluss der Form des Ehevertrages (§§ 1408, 1410 BGB).[67] Weitergehende ehevertragliche Regelungen sind ein weites Feld,[68] das in diesem Beitrag nicht betreten werden soll.

IV. Zusammenfassung

M&A-Transaktionen können durch die Zustimmungspflicht nach § 1365 BGB gefährdet werden. Es empfiehlt sich (oder ist sogar geboten), darauf schon in einem möglichst frühen Stadium der Transaktionsvorbereitung hinzuweisen und abzuklären, ob daraus Transaktionshindernisse erwachsen können. Sollten sich solche Transaktionshindernisse herausstellen, sollte parallel versucht werden, die Zustimmung in Gesprächen mit dem Ehegatten zu erlangen, ein Zustimmungsverfahren nach § 1365 Abs. 2 BGB vorzubereiten (eine formale Einleitung des Zustimmungsverfahrens ist erst möglich, wenn das zustimmungspflichtige Geschäft klar beschrieben werden kann) und für den Worst Case eine Lösungsmöglichkeit für die fehlende Ehegattenzustimmung in der Transaktionsstruktur zu berücksichtigen.

---

[65] Ausführlich Thiele in Staudinger, 2017, BGB § 1365 Rn. 58 ff. Gesamtvermögensgeschäfte im Gesellschaftsrecht; näher auch Scheller/Sprink in BeckOK BGB, 68. Ed. 1.11.2023, BGB § 1365 Rn. 29 Stichwort Gesellschaftsrecht; Budzikiewicz in Erman BGB, 17. Aufl. 2023, BGB § 1365 Rn. 34; Hauschild/Böttcher FS Heidel, 2022, 231 (235); das Sonderproblem der mittelbaren Anteilsveräußerung durch eine einem Ehegatten zuzuordnende Zwischenholding behandeln Hauschild/Böttcher FS Heidel, 2022, 231 (244) und Werbeck BB 2021, 2250, beide mit dem Ergebnis, dass § 1365 BGB in diesem Fall nicht eingreife. Daran kann man jedenfalls dann Zweifel haben, wenn der Ehegatte als Gesellschafter der Holding oder Geschäftsführer der Tochter mitwirkt oder seine Beteiligung in die Holding einbringt, um die Veräußerung durch die Tochter zustimmungsfrei gestalten zu wollen.

[66] Ein solcher Ausschluss könnte auch nur auf eine bestimmte Beteiligung bezogen werden, dann können sich aber schwierige Auslegungsprobleme ergeben, insbesondere wenn es zu Surrogaten der Beteiligung kommt; diese Probleme sind von Hauschild/Böttcher FS Heidel, 2022, 231 (238 ff.) detailliert aufgezeigt und behandelt worden.

[67] Koch in MüKoBGB, 9. Aufl. 2022, BGB § 1365 Rn. 118.

[68] Siehe zB die oben zitierten Beiträge von Wenckstern NJW 2014, 1335; Milzer NZG 2017, 1090 (14); Schemmann NJW 2021, 3421; Werner NZG 2022, 987 und Hauschild/Böttcher FS Heidel, 2022, 231 ff. jeweils mwN.

In fast allen Fällen einer unternehmerischen Beteiligung zusammen mit mehreren Gesellschaftern empfiehlt es sich, schon bei Gesellschaftsgründung bzw. bei späterem Hinzutreten von Gesellschaftern sicherzustellen, dass alle Mitgesellschafter, die im gesetzlichen Güterstand der Zugewinngemeinschaft leben, in einem Ehevertrag die Anwendung des § 1365 BGB jedenfalls für diese Beteiligung ausschließen. Und es empfiehlt sich weiter, die Umsetzung dieser gesellschaftsvertraglichen Bestimmung auch zeitnah und laufend zu kontrollieren. Denn in einer Ehekrise lässt sich das oft kaum noch umsetzen.

WALTER BAYER/PHILIPP SELENTIN

Die Beteiligung des nach § 16 Abs. 1 S. 1 GmbHG legitimierten Scheingesellschafters an Kapitalmaßnahmen und Strukturveränderungen

I. *Einführung*

Heribert Heckschen hat sich vielfach mit Problemen des Umwandlungsrechts[1] sowie mit Streitfragen zur GmbH-Gesellschafterliste beschäftigt. Noch wenig diskutiert wurde allerdings bislang die Problematik, welche Rechtsfolgen es hat, wenn ein materiell nicht berechtigter, jedoch in der Gesellschafterliste nach §§ 16, 40 GmbHG eingetragener (Schein-)Gesellschafter an Kapitalmaßnahmen sowie Strukturveränderungen, speziell an Kapitalerhöhungen sowie Umwandlungen nach dem UmwG, teilgenommen hat. Da dieses Thema sowohl wissenschaftlich reizvoll als auch für die notarielle Praxis relevant ist, hoffen die Verfasser, dass die nachfolgenden Ausführungen auf das Interesse unseres Jubilars stoßen.

II. *Gesellschafterliste und Legitimationswirkung*

Nochmals zur Erinnerung: Sinn und Zweck der im Rahmen des MoMiG reformierten Gesellschafterliste ist, im Hinblick auf die Personen der Gesellschafter und ihre Beteiligung eine höhere Transparenz und zugleich auch ein Mehr an Rechtssicherheit zu schaffen.[2] Im Verhältnis zwischen GmbH und Gesellschafter soll für klare Verhältnisse gesorgt werden. Dadurch sollen zugleich Transaktionskosten bei Unternehmenskäufen gesenkt, aber auch Missbrauch und Geldwäsche bekämpft werden.[3]

Unmittelbar sollen diese Ziele erreicht werden durch die Pflicht, unverzüglich nach Wirksamwerden jeder Veränderung bei den Anteilseignern eine neue Gesellschafterliste zu erstellen und beim Handelsregister einzureichen (§ 40 Abs. 1 und 2 GmbHG). Mittelbar soll die gesetzliche Konzeption verwirklicht werden durch die

[1] Siehe bereits in jungen Jahren: Heckschen, Verschmelzung von Kapitalgesellschaften, 1989 (zum UmwG-DisKE 1988).

[2] BGH GmbHR 2021, 84 Rn. 25; GmbHR 2021, 366 Rn. 52 mit zustimmender Anm. Bayer; Bayer/Horner/Möller GmbHR 2022, 1 Rn. 65 mwN; vgl. weiter Löbbe in Habersack/Casper/Löbbe, 3. Aufl. 2019, GmbHG § 16 Rn. 6; Verse in Henssler/Strohn, Gesellschaftsrecht, 6. Aufl. 2024, GmbHG § 16 Rn. 1; Pentz in Rowedder/Pentz, 7. Aufl. 2022, GmbHG § 16 Rn. 2.

[3] BGH GmbHR 2021, 84 Rn. 25; GmbHR 2021, 366 Rn. 52; Bayer/Horner/Möller GmbHR 2022, 1 Rn. 65.

Legitimationswirkung gemäß § 16 Abs. 1 S. 1 GmbHG,[4] nach der im Verhältnis zur Gesellschaft unwiderlegbar nur derjenige als Gesellschafter gilt, der als solcher in der im Handelsregister aufgenommenen Gesellschafterliste eingetragen ist.[5]

Dies bedeutet: Nur der in der Gesellschafterliste Eingetragene (mithin der Listengesellschafter) kann Rechte gegen die GmbH geltend machen, umgekehrt kann die GmbH im Grundsatz nur von ihm die Erfüllung von Pflichten einfordern.[6] Leistungen der GmbH an den Listengesellschafter (etwa Gewinnausschüttungen) werden mit Rechtsgrund geleistet und haben mithin Erfüllungswirkung.[7]

Die Legitimationswirkung betrifft im Grundsatz nur das Verhältnis zwischen der GmbH und ihren Gesellschaftern, doch werden auch Dritte ggf. reflexartig geschützt, so dass etwa ein Beschluss, der mit den Stimmen des Eingetragenen gefasst wurde, nicht mit der Begründung angefochten werden kann, der Eingetragene sei nicht Gesellschafter, während umgekehrt die Stimmabgabe des nicht eingetragenen wahren Gesellschafters einen Anfechtungsgrund darstellen kann.[8] Zuvor bereits gefasste Beschlüsse bleiben auch nach der Korrektur der Liste wirksam.[9]

Davon abgesehen ist eine unzutreffende Eintragung bzw. Nichteintragung in der Gesellschafterliste ohne jede Bedeutung für die materielle Rechtslage.[10] Das Rechtsverhältnis zwischen dem entgegen der materiellen Rechtslage Eingetragenen und dem wahren Gesellschafter wird durch die Eintragung nicht berührt; es bestimmt sich vielmehr nach den allgemeinen zivilrechtlichen Grundsätzen.[11] So ist jeweils im Einzelfall zu prüfen, inwieweit der materiell Berechtigte, also der wahre Gesellschafter, gegen den Scheingesellschafter Herausgabe- bzw. Ausgleichsansprüche geltend machen kann.[12] Oftmals wird Rechtsgrundlage ein zwischen den Beteiligten geschlossener Vertrag sein, der sich später als unwirksam oder sonstwie fehlerhaft herausstellt und dann nach den §§ 812ff. BGB rückabzuwickeln ist, gelegentlich kommen Ansprüche in Betracht, die aus dem Rechtsverhältnis zwischen einem Scheinerben, der vermeintlich Gesellschafter wurde, und dem wahren Erben resultieren. Herausgabe- bzw. Ausgleichsansprüche können im Einzelfall auch aus

---

[4] So auch BGH GmbHR 2021, 84 Rn. 25; GmbHR 2021, 366 Rn. 52; Bayer/Horner/Möller GmbHR 2022, 1 Rn. 65.

[5] Bayer in Lutter/Hommelhoff, 21. Aufl. 2023, GmbHG § 16 Rn. 30; Altmeppen, 11. Aufl. 2023, GmbHG § 16 Rn. 25; Seibt in Scholz, 13. Aufl. 2022, GmbHG § 16 Rn. 36; Löbbe in Habersack/Casper/Löbbe, 3. Aufl. 2019, GmbHG § 16 Rn. 76; Heidinger in MüKoGmbHG, 4. Aufl. 2022, GmbHG § 16 Rn. 239, 245; Lieder GmbHR 2016, 186 (196f.); Bayer/Selentin FS Heidinger, 2023, 13 (16) mwN.

[6] Ausf. Bayer/Horner/Möller GmbHR 2022, 1 Rn. 31ff.

[7] Heidinger in MüKoGmbHG, 4. Aufl. 2022, GmbHG § 16 Rn. 239, 240.

[8] Bayer in Lutter/Hommelhoff, 21. Aufl. 2023, GmbHG § 16 Rn. 30 mwN.

[9] BGH NZG 2019, 269 (273f.); Verse in Henssler/Strohn, Gesellschaftsrecht, 6. Aufl. 2024, GmbHG § 16 Rn. 14, 44.

[10] Bayer in Lutter/Hommelhoff, 21. Aufl. 2023, GmbHG § 16 Rn. 29; Servatius in Noack/Servatius/Haas, 23. Aufl. 2022, GmbHG § 16 Rn. 16a; Wilhelmi in BeckOK GmbHG, 58. Ed. 1.3.2022, GmbHG § 16 Rn. 23.

[11] Bayer in Lutter/Hommelhoff, 21. Aufl. 2023, GmbHG § 16 Rn. 31; Bayer/Horner/Möller GmbHR 2022, 1 Rn. 25 mwN.

[12] Bayer in Lutter/Hommelhoff, 21. Aufl. 2023, GmbHG § 16 Rn. 31; Heidinger in MüKo-GmbHG, 4. Aufl. 2022, GmbHG § 16 Rn. 253.

Geschäftsführung ohne Auftrag begründet sein, bei Verschulden des Listengesellschafters kommen im Einzelfall auch Schadensersatzansprüche in Betracht.

Im Verhältnis zu Dritten ist nur der wahre Gesellschafter Inhaber des Geschäftsanteils;[13] nur er kann – trotz fehlender Eintragung in der Gesellschafterliste – den Anteil abtreten, nur seine Gläubiger können ihn pfänden.[14] Die Eintragung des Scheingesellschafters kann ggf. allein zum gutgläubigen Erwerb führen (vgl. § 16 Abs. 3 GmbHG).[15]

III. Kapitalerhöhung

Wie bereits ausgeführt, ist der Kapitalerhöhungsbeschluss, der unter Mitwirkung des in der Liste eingetragenen Scheingesellschafters gefasst wurde, nicht deshalb fehlerhaft und anfechtbar, weil der Listengesellschafter materiell nicht berechtigt ist (→ II.). Denn die Legitimationswirkung der Listeneintragung hat gerade die Bedeutung, dass der Eingetragene im Verhältnis zur Gesellschaft und damit auch im Verhältnis zu seinen Mitgesellschaftern unwiderlegbar als berechtigt gilt (→ II.).

Fraglich ist hingegen, ob die *neu entstehenden Geschäftsanteile* für den Scheingesellschafter oder für den materiell Berechtigten begründet werden. Richtigerweise gilt es hier zwischen der effektiven und der nominellen Kapitalerhöhung zu differenzieren:

1. Effektive Kapitalerhöhung

Nimmt der Scheingesellschafter an einer effektiven Kapitalerhöhung (vgl. §§ 55ff. GmbHG) teil,[16] so wird er Partei des mit der GmbH nach § 55 GmbHG abzuschließenden Übernahmevertrages[17] und damit auch zur Leistung der festgesetzten Einlage verpflichtet.[18] Die ganz herrschende Meinung geht hierauf aufbauend davon aus, dass der Listengesellschafter und nicht der materiell Berechtigte die neuen Anteile erwirbt.[19]

Diese Ansicht erweist sich im Ergebnis als zutreffend. Gegen den materiell wirksamen Erwerb der neuen Geschäftsanteile lässt sich insbesondere nicht anführen,

---

[13] Bayer/Horner/Möller GmbHR 2022, 1 Rn. 26 mwN.

[14] BGH GmbHR 2015, 526 Rn. 16 mAnm Bayer; Bayer in Lutter/Hommelhoff, 21. Aufl. 2023, GmbHG § 16 Rn. 30; Wicke, 4. Aufl. 2020, GmbHG § 16 Rn. 2.

[15] BGH GmbHR 2015, 526 Rn. 16 mAnm Bayer; bekräftigend BGH GmbHR 2021, 84 Rn. 17 = NJW 2021, 622 mAnm Miller.

[16] Siehe dazu etwa Saß RNotZ 2016, 213 (214ff.).

[17] Näher Bayer in Lutter/Hommelhoff, 21. Aufl. 2023, GmbHG § 55 Rn. 34; Lieder in MüKoGmbHG, 4. Aufl. 2022, GmbHG § 55 Rn. 151ff. mwN.

[18] Näher Bayer in Lutter/Hommelhoff, 21. Aufl. 2023, GmbHG § 55 Rn. 40; Lieder in MüKoGmbHG, 4. Aufl. 2022, GmbHG § 55 Rn. 153; vgl. weiter BGH NZG 2015, 1396 Rn. 16 mAnm Lieder EWiR 2016, 5.

[19] Heidinger in MüKoGmbHG, 4. Aufl. 2022, GmbHG § 16 Rn. 244; Verse in Henssler/Strohn, Gesellschaftsrecht, 6. Aufl. 2024, GmbHG § 16 Rn. 14; Löbbe in Habersack/Casper/Löbbe, 3. Aufl. 2019, GmbHG § 16 Rn. 78; Altmeppen, 11. Aufl. 2023, GmbHG § 16 Rn. 25; vgl. zur Rechtslage vor dem MoMiG auch schon Schnorbus ZGR 2004, 126 (136); H. Winter/Seibt in Scholz, 10. Aufl. 2006, GmbHG § 16 Rn. 36 mwN.

dass sich die GmbH in einem Irrtum befunden habe, da sie den Übernahmevertrag ggf. nur mit dem wahren Gesellschafter abschließen wollte. Bereits die Irrtumsprämisse ist zweifelhaft, soll doch die Legitimationswirkung a priori davor schützen, dass sich die GmbH hierüber Gedanken machen müsste. Doch hierauf kommt es nicht an. Denn nach Eintragung der Kapitalerhöhung im Handelsregister können mögliche Mängel der Übernahme nicht mehr geltend gemacht werden,[20] sei es, weil sie geheilt sind[21] oder nach den Grundsätzen des fehlerhaften Verbandes[22] in der Weise bestandskräftig wurden, dass die Kapitalerhöhung und die Begründung der neuen Geschäftsanteile nicht mehr (rückwirkend) beseitigt werden können.[23]

Zu erörtern ist, wie die neuen Geschäftsanteile (vgl. § 55 Abs. 3 GmbHG) geschaffen wurden: Dabei ist Ausgangspunkt, dass im Falle einer Kapitalerhöhung das Bezugsrecht auf die neuen Geschäftsanteile[24] dem wahren Gesellschafter als dem materiell berechtigten Inhaber der (Alt-)Geschäftsanteile zusteht. Die Legitimationswirkung des § 16 Abs. 1 S. 1 GmbHG versetzt den Listengesellschafter indes in die Situation, dass er das Bezugsrecht einerseits ausüben und die GmbH es ihm gegenüber andererseits auch nicht in Abrede stellen kann.[25] Dies gilt regelmäßig in gleicher Weise, wenn dem Listengesellschafter die Übernahme der neuen Geschäftsanteile – wie oft in der (notariellen) Praxis – in Form eines gesonderten Zulassungsbeschlusses[26] gestattet wurde.

Wurde die Kapitalerhöhung durch Aufstockung eines bestehenden Geschäftsanteils durchgeführt,[27] so steht dieser einheitliche Geschäftsanteil materiell zum Teil dem wahren Inhaber des Altgeschäftsanteils vor Aufstockung zu, im Übrigen dem Listengesellschafter als dem materiell Berechtigten des neu übernommenen Anteils.

Sind die alten und neuen Geschäftsanteile getrennt, so kann der insoweit materiell berechtigte Listengesellschafter die ihm zustehenden neuen Geschäftsanteile wirksam veräußern, ohne dass der Erwerber den Beschränkungen des § 16 Abs. 3 GmbHG unterworfen wäre; es findet mithin insoweit kein gutgläubiger Erwerb statt.

---

[20] Ziemons in BeckOK GmbHG, 58. Ed. 1.11.2023, GmbHG § 55 Rn. 129 ff.; Lieder in MüKoGmbHG, 4. Aufl. 2022, GmbHG § 57 Rn. 55 ff., 59 ff. mwN.

[21] Näher Bayer in Lutter/Hommelhoff, 21. Aufl. 2023, GmbHG § 57 Rn. 23; Lieder in MüKoGmbHG, 4. Aufl. 2022, GmbHG § 57 Rn. 57.

[22] Ausf. jüngst wieder Lieder DNotZ 2022, 252 (257 ff.) mwN.

[23] Bayer in Lutter/Hommelhoff, 21. Aufl. 2023, GmbHG § 57 Rn. 24 ff.; Lieder in MüKoGmbHG, 4. Aufl. 2022, GmbHG § 57 Rn. 59 ff.

[24] Zum richtigerweise bestehenden gesetzlichen Bezugsrecht Heckschen DStR 2021, 1438 f.; vgl. weiter Bayer in Lutter/Hommelhoff, 21. Aufl. 2023, GmbHG § 55 Rn. 19 ff.; Lieder in MüKoGmbHG, 4. Aufl. 2022, GmbHG § 55 Rn. 103 ff.; Altmeppen, 11. Aufl. 2023, GmbHG § 55 Rn. 27; Wicke, 4. Aufl. 2020, GmbHG § 55 Rn. 11; Ziemons in Michalski/Heidinger/Leible/Schmidt, 4. Aufl. 2023, GmbHG § 55 Rn. 71; Priester/Tebben in Scholz, 13. Aufl. 2022, GmbHG § 55 Rn. 42 ff.

[25] Ausf. Bayer/Horner/Möller GmbHR 2022, 1 Rn. 31 ff. mwN.

[26] Dazu näher Bayer in Lutter/Hommelhoff, 21. Aufl. 2023, GmbHG § 55 Rn. 29 ff.; Lieder in MüKoGmbHG, 4. Aufl. 2022, GmbHG § 55 Rn. 101 mwN.

[27] Dazu näher Bayer in Lutter/Hommelhoff, 21. Aufl. 2023, GmbHG § 55 Rn. 17; Lieder in MüKoGmbHG, 4. Aufl. 2022, GmbHG § 55 Rn. 57 ff.; Priester/Tebben in Scholz, 13. Aufl. 2022, GmbHG § 55 Rn. 24.

Rechtsfolge nach Aufdeckung der Scheingesellschafterstellung des in der Liste Eingetragenen und erfolgter Korrektur der Gesellschafterliste[28] ist, dass der Listengesellschafter die dem materiell Berechtigten zustehenden (Alt-)Geschäftsanteile an diesen herauszugeben hat; maßgeblich hierfür ist das zwischen dem wahren Gesellschafter und dem Listengesellschafter bestehende Rechtsverhältnis (→ II.; etwa Kaufvertrag mit unwirksamer Abtretung). Die unter Mitwirkung des Listengesellschafters gefassten Beschlüsse bleiben nach Maßgabe von § 16 Abs. 1 S. 1 GmbHG wirksam (→ II.). Dabei konnten die neuen Geschäftsanteile bei der Bemessung der Stimmkraft berücksichtigt werden.

Herauszugeben hat der Listengesellschafter aber auch die aus der Kapitalerhöhung übernommenen *neuen Geschäftsanteile.* Zwar wurde er materiell wirksam Inhaber dieser neuen Geschäftsanteile, doch hat er mit diesem Erwerb keine dauerhafte Rechtsposition erlangt: Denn die neuen Geschäftsanteile hat er auf der Grundlage des ihm materiell nicht zustehenden Bezugsrechts erhalten; er hat somit bereicherungsrechtlich in das Bezugsrecht des materiellen Gesellschafters „eingegriffen", sodass er dessen Kondiktionsanspruch gem. § 812 Abs. 1 S. 1 Alt. 2 BGB ausgesetzt ist. Der „unberechtigte Eingriff" ist darin zu sehen, dass der Listengesellschafter mit seiner Teilnahme an der Kapitalerhöhung und dem Erwerb der neuen Geschäftsanteile die „Früchte" des ihm materiell nicht zustehenden Bezugsrechts aus dem ihm gleichfalls materiell nicht zustehenden (Alt-)Geschäftsanteil zum Nachteil des wahren Gesellschafters und mithin auf dessen Kosten gezogen hat. Bildhaft gesprochen kann man auch sagen, dass der Listengesellschafter verfügungsgleich in das Bezugsrecht des wahren Gesellschafters hinsichtlich der konkret betroffenen Kapitalerhöhung eingegriffen hat, sei es, weil das konkrete Bezugsrecht nunmehr Zug um Zug gegen Gewährung der betroffenen Anteile erloschen ist oder weil bereits die Teilnahme am Kapitalerhöhungsbeschluss zu einer Inhaltsänderung des Bezugsrechts geführt hat; diese Frage kann indes offenbleiben, da bei beiden Sichtweisen eine Verfügung vorliegt, zu welcher der Listengesellschafter nicht berechtigt war, die er jedoch aufgrund der Legitimationswirkung mit Auswirkung auf den wahren Gesellschafter vornehmen konnte. § 16 Abs. 1 S. 1 GmbHG sperrt diesen Kondiktionsanspruch im Verhältnis des wahren Gesellschafters zum Listengesellschafter – wie ausgeführt – nicht (→ II.).

Die Konstruktion des bereicherungsrechtlichen Anspruchs des wahren Berechtigten auf Herausgabe des erlangten neuen Geschäftsanteils hat indes ein anderes Hindernis zu überwinden: Da der Listengesellschafter im Gegenzug zum übernommenen neuen Geschäftsanteil die von ihm geschuldete Einlage gezahlt hat, stellt sich dies aus der maßgeblichen Sicht der die Zahlung empfangenden GmbH[29] als eine Leistung dar, die zum Zwecke der Erfüllung der Einlageschuld getätigt wurde. Gegenüber der Gesellschaft besteht der rechtliche Grund für die Leistung, der im Übernahmevertrag zu sehen sein dürfte, unabhängig von den Streitigkeiten zwischen dem Listengesellschafter und dem wahren Rechtsinhaber fort. Auch wenn die Gesellschafterliste hinsichtlich des Altgeschäftsanteils korrigiert wird, so steht

[28] Dazu näher Bayer in Lutter/Hommelhoff, 21. Aufl. 2023, GmbHG § 40 Rn. 95ff.

[29] Buck-Heeb in Erman, 17. Aufl. 2023, BGB § 812 Rn. 14ff.; Sprau in Grüneberg, 83. Aufl. 2024, BGB § 812 Rn. 14ff. mwN.

doch der durch die Kapitalerhöhung geschaffene neue Geschäftsanteil materiell dem Listengesellschafter zu und schafft mithin einen zusätzlichen oder zumindest über den Übernahmevertrag hinausgehenden Rechtsgrund für seine Leistung.

Zur (nachträglichen) Beseitigung des Rechtsgrundes für diese Leistung könnte es daher erforderlich sein, den Übernahmevertrag aufzuheben. Probleme bereitet insoweit indes die bereits erwähnte Lehre vom fehlerhaften Verband: Im Interesse des Rechtsverkehrs wird eine eingetragene Kapitalerhöhung grundsätzlich auch dann als wirksam angesehen, wenn sie an einem relevanten Fehler leidet.[30] Diesen Grundsätzen würde es widersprechen, zwar die Kapitalerhöhung im Bestand zu erhalten, die GmbH aber einem Anspruch auf Rückzahlung der im Rahmen der Kapitalerhöhung geleisteten Mittel auszusetzen.

Richtigerweise wird man in dieser Konstellation einen Fall annehmen müssen, in dem der Vorrang des Leistungsverhältnisses durchbrochen wird.[31] Dem wahren Gesellschafter kann mithin ein Direktkondiktionsanspruch gegen den Listengesellschafter nach Maßgabe von § 812 Abs. 1 S. 1 Alt. 2 BGB eingeräumt werden, verbunden mit der Folge, dass diesem Zug-um-Zug gegen Abtretung der neuen Geschäftsanteile die Einlagezahlung zu erstatten ist. Dem Listengesellschafter steht dabei generell nur ein Anspruch auf Erstattung seiner tatsächlich erbrachten Zahlung zu; dies gilt auch dann, wenn der wahre Wert (Verkehrswert) des Anteils – wie häufig – höher liegt (vgl. § 818 Abs. 2 BGB). Der eingetragenen Kapitalerhöhung wird somit nicht die Grundlage entzogen; der Kapitalschutz bei der GmbH wird nicht angetastet, da diese am Prozess des Bereicherungsausgleichs nicht beteiligt wird.[32]

2. *Nominelle Kapitalerhöhung*

Im Falle der nominellen Kapitalerhöhung,[33] mithin der Schaffung neuer Geschäftsanteile aus Mitteln der Gesellschaft (vgl. §§ 57c ff. GmbHG), ist die Rechtslage hingegen anders: Die neuen Geschäftsanteile entstehen hier *ipso iure* entsprechend den bisherigen Beteiligungsverhältnissen; somit erwirbt stets der wahre Gesellschafter.[34] Ein abweichender Verteilungsbeschluss wäre gem. § 57j S. 2

[30] Lieder DNotZ 2022, 252 (258, 260f.); Mayer/Weiler in BeckNotar-HdB, 8. Aufl. 2024, Kap. 4 Rn. 383.

[31] Siehe zu den anerkannten Fallgruppen etwa Medicus/Petersen, Bürgerliches Recht, 29. Aufl. 2023, Rn. 730 mwN.

[32] Auf weitere denkbare Einzelprobleme des Bereicherungsausgleichs kann hier nicht näher eingegangen werden, diese müssen einer spezifizierten Betrachtung vorbehalten bleiben.

[33] Siehe Saß RNotZ 2016, 213 (224ff.).

[34] Heidinger in MüKoGmbHG, 4. Aufl. 2022, GmbHG § 16 Rn. 244; Löbbe in Habersack/Casper/Löbbe, 3. Aufl. 2019, GmbHG § 16 Rn. 78; Verse in Henssler/Strohn, Gesellschaftsrecht, 6. Aufl. 2024, GmbHG § 16 Rn. 14; Kleindiek in Lutter/Hommelhoff, 21. Aufl. 2023, GmbHG § 57j Rn. 1; Lieder in MüKoGmbHG, 4. Aufl. 2022, GmbHG § 57j Rn. 3f.; Priester/Tebben in Scholz, 3. Aufl. 2022, GmbHG § 57j Rn. 5; Schnorbus in Rowedder/Pentz, 7. Aufl. 2022, GmbHG § 57j Rn. 2; Altmeppen, 11. Aufl. 2023, GmbHG § 16 Rn. 25, § 57j Rn. 2; Ulmer/Casper in Habersack/Casper/Löbbe, 3. Aufl. 2019, GmbHG § 57j Rn. 3; vgl. zur Rechtslage vor dem MoMiG auch schon Stein FS Ulmer, 2003, 643 (647ff.); Schnorbus ZGR 2004, 126 (137ff.); H. Winter/Seibt in Scholz, 10. Aufl. 2006, GmbHG § 16 Rn. 36 mwN.

GmbHG nichtig. Die Eintragung des Scheingesellschafters in der Gesellschafterliste hat hier mithin keine Auswirkungen auf die materielle Rechtslage.

Unbestritten steht indes die Befugnis zur Ausübung der mitgliedschaftlichen Rechte aus dem neu geschaffenen Anteil, speziell auch das Recht zum Gewinnbezug, für die Dauer der Eintragung gegenüber der Gesellschaft dem Listengesellschafter in gleicher Weise zu wie im Hinblick auf den originären Geschäftsanteil.[35] Im Innenverhältnis zum wahren Gesellschafter ist der Listengesellschafter regelmäßig zur Herausgabe sowohl des Altgeschäftsanteils als auch des aus der Kapitalerhöhung stammenden Neugeschäftsanteils sowie sämtlicher Gewinnausschüttungen nach Maßgabe des zwischen ihnen bestehenden vertraglichen Schuldverhältnisses bzw. nach Maßgabe des Bereicherungsrechts verpflichtet.

IV. Umwandlung

Weniger Einigkeit besteht im Schrifttum im Hinblick auf Umwandlungen nach dem UmwG. Das Grundproblem, dass eine Strukturmaßnahme durch einen infolge der Eintragung in die Gesellschafterliste legitimierten Scheingesellschafter wirksam (mit-)beschlossen werden kann, stellt sich auch hier. Unbestritten ist allein, dass der Umwandlungsbeschluss nicht wegen Mitwirkung des Scheingesellschafters anfechtbar ist, § 16 Abs. 1 S. 1 GmbHG.

1. Verschmelzung

a) Regelfall: Anteilsgewährung am aufnehmenden oder neuen Rechtsträger für die Anteilsinhaber des übertragenden Rechtsträgers

Werden – wie im gesetzlichen Regelfall – bei einer Verschmelzung für die untergegangenen Anteile am übertragenden Rechtsträger Anteile am übernehmenden oder neuen Rechtsträger gewährt, so ist umstritten, ob diese neuen Anteile dem materiell Berechtigten[36] oder dem in der Liste eingetragenen Scheingesellschafter zustehen.[37]

---

[35] So auch schon zur Rechtslage vor dem MoMiG Stein FS Ulmer, 2003, 643 (649ff.) im Anschluss an Lutter/Hommelhoff, 15. Aufl. 2000, GmbHG § 57j Rn. 1.

[36] So Heidinger in Henssler/Strohn, Gesellschaftsrecht, 6. Aufl. 2024, UmwG § 20 Rn. 53; Heidinger in MüKoGmbHG, 4. Aufl. 2022, GmbHG § 16 Rn. 245; Heidinger/Knaier in Heckschen/Heidinger, Die GmbH in der Gestaltungs- und Beratungspraxis, 5. Aufl. 2023, § 13 Rn. 748; Leonard/Simon in Semler/Stengel/Leonard, 5. Aufl. 2021, UmwG § 20 Rn. 74b; Rieckers/Cloppenburg in Habersack/Wicke, 3. Aufl. 2023, UmwG § 20 Rn. 118; Marsch-Barner/Oppenhoff in Kallmeyer, 7. Aufl. 2020, UmwG § 20 Rn. 29; Löbbe in Habersack/Casper/Löbbe, 3. Aufl. 2019, GmbHG § 16 Rn. 78; Leyendecker/Langner ZGR 2015, 516 (528ff., 531f.); Schniepp/Hensel NZG 2014, 857 (860f.); Westermann/Hornung GmbHR 2018, 840 (841f.); wohl auch Winter in Schmitt/Hörtnagl, 9. Aufl. 2020, UmwG § 20 Rn. 96; vgl. jüngst auch Anna Zeugner, Die Ausgestaltung der Anteilsgewährung in der umwandlungsrechtlichen Praxis, 2023, S. 181ff.; zur Rechtslage vor dem MoMiG auch schon H. Winter/Seibt in Scholz, 10. Aufl. 2006, GmbHG § 16 Rn. 36.

[37] So Grunewald in Lutter, 7. Aufl. 2024, UmwG § 20 Rn. 60; ausf. Grunewald FS Seibert, 2019, 251ff.; wohl auch Altmeppen, 11. Aufl. 2023, GmbHG § 16 Rn. 25; vgl. weiter (zur Rechtslage vor dem MoMiG) Schnorbus ZGR 2004, 126 (147f.); Schothöfer GmbHR 2003, 1321 (1326).

Für letztere Ansicht wird zum einen die Legitimationswirkung als Argument angeführt, zum anderen aber auch die Bezeichnung des Scheingesellschafters im Verschmelzungsvertrag nach Maßgabe von §§ 5 Abs. 1 Nr. 4, 46 Abs. 1 S. 1 UmwG. Weiterhin wird vorgebracht, dass es nicht sein könne, dass sich der wahre Gesellschafter einer GmbH im Falle der Verschmelzung auf eine Personengesellschaft plötzlich in der Rolle eines persönlich haftenden Gesellschafters wiederfinde. Schließlich dürften auch die Anteilsinhaber des übernehmenden Rechtsträgers nicht dadurch überrumpelt werden, dass eine andere Person als der eingetragene Listengesellschafter in den nunmehr gemeinsamen Gesellschafterkreis einrücke.

Dies sind beachtenswerte Argumente, die letztlich aber dennoch nicht überzeugen können: Nach dem Wortlaut der maßgeblichen Vorschrift des § 20 Abs. 1 Nr. 3 S. 1 Hs. 1 UmwG werden die Anteilsinhaber des übertragenden Rechtsträgers Anteilsinhaber des übernehmenden oder neuen Rechtsträgers. Da die neuen Anteile als Kompensation für die mit dem erloschenen übertragenden Rechtsträger gleichfalls untergegangenen Anteile gewährt werden, müssen die neuen Anteile in der Person desjenigen begründet werden, der im übertragenden Rechtsträger Anteilsinhaber war. Dies ist ungeachtet der legitimierenden Wirkung der Listeneintragung nach allgemeiner Ansicht stets der wahre GmbH-Gesellschafter; denn für die materielle Rechtslage ist die Eintragung in der Gesellschafterliste – wie bereits ausgeführt – ohne jede Bedeutung (→ II.).

Hinzu kommt: Der auf die Rechts- und Pflichtenstellung zur GmbH ausgerichtete Anwendungsbereich des § 16 Abs. 1 S. 1 GmbHG (→ II.) würde ohne sachliche Rechtfertigung überdehnt, wenn man den Listengesellschafter nunmehr im übernehmenden oder neuen Rechtsträger als materiell berechtigten Inhaber der neuen Anteile betrachten, mithin den wahren Gesellschafter der übertragenden GmbH auf diese Weise enteignen und auf Ersatzansprüche gegen den Listengesellschafter verweisen würde.

Allein diese Lösung ist auch in der Systematik des Gesetzes angelegt: Denn nach § 20 Abs. 1 Nr. 3 S. 2 UmwG setzen sich Rechte Dritter, die an den untergegangenen Anteilen im übertragenen Rechtsträger bestanden, im Wege der dinglichen Surrogation an den neu gebildeten Anteilen im übernehmenden Rechtsträger fort.[38] Es wäre widersprüchlich, die Rechte Dritter an den Geschäftsanteilen der übertragenden GmbH stärker zu schützen als die Inhaberschaft des materiell berechtigten Gesellschafters.[39]

Ungeachtet, ob die kompensatorischen neuen Anteile – wie regelmäßig[40] – aus einer Kapitalerhöhung beim übernehmenden Rechtsträger stammen oder von diesem anderweitig zur Verfügung gestellt werden,[41] wird somit stets der materiell berechtigte Gesellschafter der übertragenden GmbH Inhaber der neuen Anteile beim übernehmenden Rechtsträger.

---

[38] Für alle: Grunewald in Lutter, 7. Aufl. 2024, GmbHG § 20 Rn. 72.

[39] Richtig Schniepp/Hensel NZG 2014, 857 (861).

[40] Rechtstatsachen bei Anna Zeugner, Die Ausgestaltung der Anteilsgewährung in der umwandlungsrechtlichen Praxis, 2023, S. 317 (54,77%).

[41] Für alle: Grunewald in Lutter, 7. Aufl. 2024, UmwG § 20 Rn. 61.

Die Rechtslage ist mithin vergleichbar mit der Rechtslage bei der *nominellen Kapitalerhöhung:* In beiden Fällen wird ungeachtet der fehlerhaften Eintragung in der Gesellschafterliste der wahre Gesellschafter berechtigt. Der Legitimationswirkung kommt insoweit keine Bedeutung zu; sie beschränkt sich darauf, dass der Listengesellschafter an der Beschlussfassung über die Verschmelzung mitwirken kann und ihn ggf. zur Einlegung von Rechtsbehelfen (Anfechtung, Spruchverfahren bei unangemessenem Umtauschverhältnis usw.) berechtigt.[42]

Wird bei einer GmbH als übernehmendem oder neuem Rechtsträger nunmehr wiederum der bisherige Scheingesellschafter in die Gesellschafterliste eingetragen – was notwendig ist, um die Mitgliedschaftsrechte nach Maßgabe von § 16 Abs. 1 S. 1 GmbHG auszuüben[43] – so führt dies (nur) dazu, dass er (wie bislang) alle Rechte aus den ihm materiell nicht zustehenden neuen Anteilen geltend machen kann und alle daraus resultierenden Verpflichtungen erfüllen muss.[44] Das Auseinanderfallen zwischen materieller Rechtslage und Legitimationswirkung setzt sich somit auch nach der erfolgten Verschmelzung fort.[45]

In den speziellen Konstellationen, in welchen ein weitergehendes Schutzbedürfnis des wahren Anteilseigners besteht, sollte erwogen werden, die diesbezüglich bestehenden Schutzrechte (entsprechend) anzuwenden.

b) Sonderkonstellationen

aa) Down-stream-Verschmelzung

Wird eine übertragende Mutter-GmbH down-stream auf eine Tochter verschmolzen, so ist nach § 54 Abs. 1 S. 2 Nr. 2 UmwG keine Kapitalerhöhung erforderlich, weil die bisherigen Anteile der Mutter an der Tochter den bisherigen Gesellschaftern der Mutter zur Verfügung gestellt werden können.[46] Allerdings ist eine Kapitalerhöhung hier auch nicht verboten; es besteht vielmehr ein Kapitalerhöhungswahlrecht.[47] Würde eine Kapitalerhöhung vorgenommen, so würden nach dem bislang Gesagten die neuen Anteile an der übernehmenden Tochter dem *wahren Gesellschafter der Mutter* als Kompensation für die untergegangenen Anteile an der Mutter zustehen (→ IV. 1. a). Wertungsmäßig kommt kein anderes Ergebnis in Betracht, wenn auf eine Kapitalerhöhung verzichtet wird; die Anteile an der Tochter stehen vielmehr auch hier dem wahren Gesellschafter der Mutter zu, nicht einem Listengesellschafter.[48]

---

[42] Bayer in Lutter/Hommelhoff, 21. Aufl. 2023, GmbHG § 16 Rn. 30 mwN.

[43] Grunewald in Lutter, 7. Aufl. 2024, UmwG § 20 Rn. 61; Rieckers/Cloppenburg in Habersack/Wicke, 3. Aufl. 2023, UmwG § 20 Rn. 118 aE.

[44] Rieckers/Cloppenburg in Habersack/Wicke, 3. Aufl. 2023, UmwG § 20 Rn. 118 aE.

[45] Löbbe in Habersack/Casper/Löbbe, 3. Aufl. 2019, GmbHG § 16 Rn. 78; Rieckers/Cloppenburg in Habersack/Wicke, 3. Aufl. 2023, UmwG § 20 Rn. 118 aE.

[46] J. Vetter in Lutter, 7. Aufl. 2024, UmwG § 54 Rn. 51, 53; Reichert in Semler/Stengel/Leonard, 5. Aufl. 2021, UmwG § 54 Rn. 16.

[47] Näher Reichert in Semler/Stengel/Leonard, 5. Aufl. 2021, UmwG § 54 Rn. 14; J. Vetter in Lutter, 7. Aufl. 2024, UmwG § 54 Rn. 45ff.

[48] Wie hier auch Westermann/Hornung GmbHR 2018, 840 (841); Leyendecker/Langner ZGR 2015, 516 (528ff.); vgl. weiter Anna Zeugner, Die Ausgestaltung der Anteilsgewährung in der umwandlungsrechtlichen Praxis, 2023, S. 186f.

Nicht anders zu entscheiden ist im Ergebnis der Fall, dass die Mutter selbst *Scheingesellschafter der Tochter* ist:[49] Dass hier die Voraussetzungen des § 54 Abs. 1 S. 2 Nr. 2 UmwG objektiv nicht gegeben sind, da die Anteile an der Tochter in Wirklichkeit nicht der Mutter zustehen, spielt für das Ergebnis keine Rolle. Die Anteile an der Tochter stehen mithin nicht den Anteilsinhabern der untergegangenen Schein-Mutter zu, sondern dem wahren Gesellschafter der Tochter.

bb) Verschmelzung bei Anteilsgewährungsverbot

Hauptanwendungsfall eines Anteilsgewährungsverbotes ist in der Praxis die upstream-Verschmelzung einer 100%igen GmbH-Tochter auf ihre durch die Listeneintragung legitimierte Mutter.[50]

Nach § 20 Abs. 1 Nr. 3 S. 1 Hs. 1 Alt. 1. UmwG werden hier keine neuen Geschäftsanteile erworben;[51] § 54 Abs. 1 S. 1 Nr. 1 UmwG *verbietet* deshalb auch eine Kapitalerhöhung bei der übernehmenden Mutter.[52] In diesem Fall wird man zu dem Ergebnis kommen müssen, dass der wahre Gesellschafter der übertragenden Tochter-GmbH seine Beteiligung endgültig an den Listengesellschafter verliert.[53] Denn nichtexistierende Anteile können nicht allein deshalb zu Lasten des übernehmenden Rechtsträgers und seiner Anteilsinhaber fingiert werden, um den kompensationslosen Anteilsverlust für den bislang materiell Berechtigten zu vermeiden.

Bestätigt wird dieses Ergebnis wiederum durch einen Seitenblick auf das Schicksal von Rechten Dritter an Anteilen des übertragenden Rechtsträgers:[54] Hier ist anerkannt, dass eine dingliche Surrogation nicht stattfinden kann, wenn keine neuen Anteile entstehen.[55]

Die Rechtslage ist mithin aus der Perspektive des wahren Anteilsinhabers nicht anders als im Falle einer wirksamen Einziehung, die gegen den Listengesellschafter beschlossen wurde, aber den Wegfall der Geschäftsanteile des wahren Gesellschaf-

---

[49] So auch Westermann/Hornung GmbHR 2018, 840 (842).

[50] J. Vetter in Lutter, 7. Aufl. 2024, UmwG § 54 Rn. 19; vgl. weiter Leyendecker-Langner ZGR 2015, 516 (530f.).

[51] Für alle: Grunewald in Lutter, 7. Aufl. 2024, UmwG § 20 Rn. 65.

[52] Näher J. Vetter in Lutter, 7. Aufl. 2024, UmwG § 54 Rn. 17ff.

[53] Heidinger in Henssler/Strohn, Gesellschaftsrecht, 6. Aufl. 2024, UmwG § 20 Rn. 53a; Heidinger in MüKoGmbHG, 4. Aufl. 2022, GmbHG § 16 Rn. 246; Rieckers/Cloppenburg in Habersack/Wicke, 3. Aufl. 2023, UmwG § 20 Rn. 118; Leonard/Simon in Semler/Stengel/Leonard, 5. Aufl. 2021, UmwG § 20 Rn. 74c; Westermann/Hornung GmbHR 2017, 626 (628ff.); Leyendecker-Langner ZGR 2015, 516 (530f.); Schniepp/Hensel NZG 2014, 857 (861); vgl. weiter Anna Zeugner, Die Ausgestaltung der Anteilsgewährung in der umwandlungsrechtlichen Praxis, 2023, S. 188ff.

[54] So auch Schniepp/Hensel NZG 2014, 857 (861).

[55] Heidinger in Henssler/Strohn, Gesellschaftsrecht, 6. Aufl. 2024, UmwG § 20 Rn. 60; Simon in KölnKommUmwG, 2009, UmwG § 20 Rn. 40; Grunewald in Lutter, 7. Aufl. 2024, UmwG § 20 Rn. 72; Heckschen/Weitbrecht ZIP 2019, 1189 (1193). Eine Zustimmung des Dritten nach Maßgabe von § 1276 BGB ist nach zutreffender, wenngleich umstrittener Ansicht, nicht erforderlich; vgl. Heckschen/Weitbrecht ZIP 2019, 1189 (1193f); J. Vetter in Lutter, 7. Aufl. 2024, UmwG § 54 Rn. 103ff.; v. Hinden in Habersack/Wicke, 3. Aufl. 2023, UmwG § 54 Rn. 57; ausf. (zum Pfandrecht am GmbH-Geschäftsanteil) Habersack FS D. Mayer, 2020, 3 (8ff.) mwN zum Streitstand.

ters zur Folge hat,[56] oder einer gegen den Listengesellschafter durchgeführten Kaduzierung, die gleichfalls zum Verlust der Geschäftsanteile für den wahren Gesellschafter führt.[57]

Anders als im Falle der effektiven Kapitalerhöhung (→ III. 1.) wird der Listengesellschafter dem wahren Gesellschafter für den Anteilsverlust regelmäßig Wertausgleich zu leisten haben,[58] sofern nicht ausnahmsweise bei Verschulden weitergehend Schadensersatzansprüche in Betracht kommen.[59] Entgegen einer vereinzelt gebliebenen Ansicht werden bereicherungsrechtliche Innenausgleichsansprüche auch nicht durch § 20 UmwG gesperrt;[60] denn diese Regelung schafft keinen endgültigen Rechtsgrund für das Behaltendürfen ungerechtfertigt erlangter Vermögensvorteile.[61]

cc) Verschmelzung mit Verzicht auf Anteilsgewährung

Ist die Rechtslage anders, wenn deshalb keine neuen Anteile gewährt werden, weil der Listengesellschafter nach Maßgabe von § 54 Abs. 1 S. 3 UmwG[62] hierauf verzichtet hat? Zu Recht wird dies im bisherigen, spärlichen Schrifttum verneint und angenommen, dass auch hier in gleicher Weise wie bei der up-stream-Verschmelzung die Anteile am übertragenden Rechtsträger zum Nachteil des materiell Berechtigten erlöschen.[63] Praktische Bedeutung hat der Verzicht insbesondere bei der Seitwärts-Verschmelzung von beteiligungsidentischen Konzern-Schwestergesellschaften.[64]

Das mögliche Argument, dass ein Verzicht auf die Anteilsgewährung im Hinblick auf die für den wahren Anteilsinhaber nachteilige Rechtsfolge möglicherweise nicht wirksam sein könne, überzeugt nicht: Es ist vielmehr in der Konzeption der

---

[56] Siehe nur BGHZ 220, 207 Rn. 24ff., 71 = GmbHR 2019, 335 mAnm Wachter; Kleindiek in Lutter/Hommelhoff, 21. Aufl. 2023, GmbHG § 34 Rn. 57; Kersting in Noack/Servatius/Haas, 23. Aufl. 2022, GmbHG § 34 Rn. 14; Verse in Henssler/Strohn, Gesellschaftsrecht, 6. Aufl. 2024, GmbHG § 16 Rn. 18; Seibt in Scholz, 13. Aufl. 2022, GmbHG § 16 Rn. 39; Heidinger in MüKoGmbHG, 4. Aufl. 2022, GmbHG § 16 Rn. 20, 143; Lieder/Becker GmbHR 2019, 441ff.; Bayer/Horner/Möller GmbHR 2022, 1 Rn. 32 mwN; aA aber Altmeppen, 11. Aufl. 2022, GmbHG § 16 Rn. 10; Pentz FS Marsch-Barner, 2018, 431 (441ff.); krit. auch Maier-Reimer FS Grunewald, 2021, 711 (723).

[57] Wie hier Bayer in Lutter/Hommelhoff, 21. Aufl. 2023, GmbHG § 21 Rn. 2; Verse in Henssler/Strohn, Gesellschaftsrecht, 6. Aufl. 2024, GmbHG § 21 Rn. 10; Wiersch ZGR 2015, 591 (605f.); ausf. Bayer/Horner/Möller GmbHR 2022, 1 Rn. 17; aA aber Schütz in MüKoGmbHG, 4. Aufl. 2022, GmbHG § 21 Rn. 42; Kersting in Noack/Servatius/Haas, 23. Aufl. 2022, GmbHG § 21 Rn. 7; Leuschner in Habersack/Casper/Löbbe, 3. Aufl. 2019, GmbHG § 21 Rn. 73.

[58] Nähere Begründung bei Westermann/Hornung GmbHR 2017, 626 (630ff.).

[59] So auch Westermann/Hornung GmbHR 2017, 626 (629f.).

[60] So aber Leyendecker/Langner ZGR 2015, 516 (543).

[61] Zutreffend Westermann/Hornung GmbHR 2017, 626 (631).

[62] Ausf. J. Vetter in Lutter, 7. Aufl. 2024, UmwG § 54 Rn. 63ff.

[63] Leyendecker-Langner ZGR 2015, 516 (531); folgend Leonard/Simon in Semler/Stengel/Leonard, 5. Aufl. 2021, UmwG § 20 Rn. 74d; Rieckers/Cloppenburg in Habersack/Wicke, 3. Aufl. 2023, UmwG § 20 Rn. 118; Anna Zeugner, Die Ausgestaltung der Anteilsgewährung in der umwandlungsrechtlichen Praxis, 2023, S. 190f.; wohl auch Westermann/Hornung GmbHR 2017, 626 (628f.).

[64] Näher J. Vetter in Lutter, 7. Aufl. 2024, UmwG § 54 Rn. 66; Reichert in Semler/Stengel/Leonard, 5. Aufl. 2021, UmwG § 54 Rn. 19.

Legitimationswirkung angelegt, dass der Listengesellschafter alle Erklärungen gegenüber der Gesellschaft wirksam abgeben kann, insbesondere auch solche, die sich im Ergebnis für den wahren Gesellschafter als nachteilig herausstellen. Die in notarieller Form vom Scheingesellschafter gegenüber der GmbH abgegebene Verzichtserklärung[65] ist somit nach Maßgabe von § 16 Abs. 1 S. 1 GmbHG wirksam. Es besteht kein Unterschied zu Handlungen des Listengesellschafters, die Gegenmaßnahmen der Gesellschaft oder der Mitgesellschafter herausfordern, etwa die Herbeiführung eines zur Einziehung des Geschäftsanteils führenden wichtigen Grundes[66] oder der Nichtleistung der eingeforderten Einlage mit der Folge der Kaduzierung des Geschäftsanteils.[67]

Es stehen dem wahren Gesellschafter des (Alt-)Geschäftsanteils gegen den Listengesellschafter bereicherungsrechtliche Wertersatzansprüche, ggf. auch Schadensersatzansprüche zu (→ IV. 1. b) bb).

2. *Formwechsel*

Wiederum anders zu entscheiden ist beim Formwechsel der GmbH. Nach dem Grundsatz der Identität des Rechtsträgers und der Kontinuität der Mitgliedschaft[68] werden zwar auch hier keine neuen Anteile gewährt; vielmehr verändert der formwechselnde Rechtsträger allein sein Rechtskleid und damit verbunden notwendigerweise auch die Art der Beteiligung; der Umfang der Beteiligung wird hingegen nicht verändert, sondern bleibt gleichfalls identisch. Wird etwa eine GmbH in eine AG umgewandelt, so werden alle GmbH-Gesellschafter zu Aktionären, sofern sie nicht gegen Abfindung ausscheiden.

Allerdings gibt es keine Notwendigkeit, dem Listengesellschafter einer bisherigen GmbH zum Nachteil des wahren Anteilsinhabers die Inhaberschaft an den künftigen Aktien zuzusprechen.[69] Handelt es sich um Namensaktien und wird der bisherige Listengesellschafter nunmehr in das Aktienregister eingetragen, so bleibt er jedoch nach wie vor gegenüber der Gesellschaft legitimiert[70] (§ 67 Abs. 2 AktG).

---

[65] Näher J. Vetter in Lutter, 7. Aufl. 2024, UmwG § 54 Rn. 86ff.

[66] Siehe oben bei Fn. 56.

[67] Siehe oben bei Fn. 57.

[68] Näher Hoger in Lutter, 7. Aufl. 2024, UmwG § 190 Rn. 1; vgl. weiter Foerster in Habersack/Wicke, 3. Aufl. 2023, UmwG § 190 Rn. 37ff. mwN.

[69] So auch Heidinger in MüKoGmbHG, 4. Aufl. 2022, GmbHG § 16 Rn. 244, 245; Löbbe in Habersack/Casper/Löbbe, 3. Aufl. 2019, GmbHG § 16 Rn. 78; Wicke, 4. Aufl. 2020, GmbHG § 16 Rn. 8; vgl. weiter zur Rechtslage vor dem MoMiG Schnorbus ZGR 2004, 126 (144f.); H. Winter/Seibt in Scholz, 10. Aufl. 2006, GmbHG § 16 Rn. 36 mwN.

[70] Zur Legitimation des im Aktienregister Eingetragenen ausf. Bayer in MüKoAktG, 6. Aufl. 2024, AktG § 67 Rn. 55ff. mwN.

ALFRED BERGMANN

Zum Stand des Vereinsrechts nach dem MoPeG

I. Einleitung

§ 54 S. 1 BGB in der bis zum 31.12.2023 geltenden Fassung bestimmte, dass auf Vereine, die nicht rechtsfähig sind, die Vorschriften über die Gesellschaft Anwendung finden. Das Gesetz zur Modernisierung des Personengesellschaftsrechts (Personengesellschaftsrechtsmodernisierungsgesetz – MoPeG) vom 10.8.2021 (BGBl. 2021 I 3436), mit dem in erster Linie die Ziele der Konsolidierung des Rechts der Gesellschaft bürgerlichen Rechts gemäß den bis dahin geltenden §§ 705 ff. BGB nach der Grundsatzentscheidung des Bundesgerichtshofs „ARGE Weißes Ross" (BGHZ 146, 341) sowie die Modernisierung des Rechts aller rechtsfähigen Personengesellschaften verfolgt worden sind,[1] hat mit der ab dem 1.1.2024 geltenden geänderten Fassung des § 54 BGB unter Einführung des Begriffs der Vereine ohne Rechtspersönlichkeit auch im Vereinsrecht eine nicht unbedeutende Änderung vorgenommen. Die Neufassung des § 54 BGB soll im Folgenden unter ausgewählten, nicht notwendig zusammenhängenden Aspekten einer näheren Betrachtung darauf unterzogen werden, wie sich danach insbesondere mit Blick auf die Unterscheidung der unterschiedlichen Vereinstypen der Stand des Vereinsrechts darstellt. Die sich durch § 54 BGB alter und neuer Fassung ergebende enge Verbindung zwischen dem Vereinsrecht und dem Gesellschaftsrecht, dem das Hauptaugenmerk der juristischen Tätigkeit des Jubilars gilt, rechtfertigt diese Betrachtung ebenso wie die gemeinsame Vorliebe des Jubilars und des Verfassers für den Vereinssport. Im beruflichen Bereich befasst sich zudem das Notariat, in dem der Jubilar seine Tätigkeit ausübt, auch mit vereinsrechtlichen Angelegenheiten. Zu diesem Zweck werden im Downloadbereich der Homepage des Notariats u. a. Vorlagen zum Vereinswesen zum Gebrauch angeboten, auf die sogleich zurückgekommen werden soll.

II. Gründung des Vereins

1. Das (rechtliche) Leben eines Vereins beginnt mit seiner Gründung. Zum Gründungsakt bietet das Notariat des Jubilars eine Vorlage zur „Niederschrift über die Gründungsversammlung eines Vereins" an. Diese Niederschrift gibt[2] folgenden

[1] Vgl. BT-Drs. 19/27635, 1f.

[2] Im Zeitpunkt der Anfertigung dieses Beitrags.

Ablauf der Gründungsversammlung eines Vereins mit einer Tagesordnung beispielhaft wieder: „(1) Aussprache über die Gründung eines … (Verein); (2) Beratung und Feststellung der Vereinssatzung; (3) Wahl des Vorstands; (4) Verschiedenes". Zu Tagesordnungspunkt 2 (Beratung und Feststellung der Vereinssatzung) enthält die vorgeschlagene Niederschrift nach der Angabe, dass alle Anwesenden nach Erörterung eines Satzungsentwurfs der vorgeschlagenen Fassung durch Handzeichen zugestimmt haben, die folgende Protokollierung: „Herr A stellte fest, dass damit der … (Verein) gegründet ist, und forderte alle Anwesenden auf, ihren Beitritt durch Unterzeichnung der Satzung zu bestätigen. Daraufhin unterzeichneten alle Versammlungsteilnehmer die Satzung." Anschließend hält das Protokoll unter Tagesordnungspunkt 3 die Wahl von Vorstandsmitgliedern fest. Aus dem Protokoll ergibt sich weiter, dass der Verein in das Vereinsregister eingetragen werden soll.

Die Herrn A zugeschriebene – durch Veröffentlichung auf der Homepage des Notariats sozusagen notariell bestätigte – protokollarische Feststellung, dass „damit", nämlich mit der Zustimmung der Beteiligten zur Satzung, der Verein gegründet sei, lässt mit Blick auf die nunmehr geltende Fassung des § 54 BGB jedoch leichte Zweifel aufkommen. Stimmt es wirklich, dass bereits mit der von allen zukünftigen Vereinsmitgliedern erklärten Zustimmung zu einem vorgelegten Satzungstext der angestrebte Verein gegründet ist? An dieser Aussage im Protokollbeispiel stört dabei nicht so sehr der Umstand, dass nach der gewählten Formulierung bereits die durch Handzeichen erklärte Zustimmung ausreichen soll und nicht erst die Unterzeichnung des Satzungstextes. Nach § 58 Abs. 2 BGB sind der Anmeldung eines Vereins zur Eintragung in das Vereinsregister zwar Abschriften der Satzung beizufügen. Dessen ungeachtet besteht aber kein allgemeines Formerfordernis für die als Vertrag zwischen den Vereinsgründern zu verstehende Satzung.[3] Das ergibt sich auch aus § 25 BGB, in dem ein Formerfordernis nicht erwähnt ist.

2. Neben der Bestimmung des § 25 BGB sind gemäß § 54 Abs. 1 S. 1 BGB wie alle Vorschriften der §§ 24–53 BGB für Vereine, deren Zweck nicht auf einen wirtschaftlichen Geschäftsbetrieb gerichtet ist und die nicht durch Eintragung in das Vereinsregister Rechtspersönlichkeit erlangt haben, entsprechend anzuwenden. Um einen solchen Idealverein, also einen nicht auf einen wirtschaftlichen Geschäftsbetrieb gerichteten Verein, handelt es sich in dem genannten Beispiel, da die Eintragung ins Vereinsregister angestrebt wird und diese nur solchen Idealvereinen offensteht. Wirtschaftliche Vereine erlangen dagegen durch staatliche Verleihung gem. § 22 BGB Rechtsfähigkeit. Und § 54 Abs. 1 S. 1 BGB wird man ohne weiteres dahin auszulegen haben, dass die Vorschrift nicht nur auf Idealvereine anzuwenden ist, deren Eintragung in das Vereinsregister von vornherein gar nicht beabsichtigt ist, sondern dass Vereine, deren Eintragung beabsichtigt, aber noch nicht erfolgt ist, also noch nicht eingetragene Vereine, ebenfalls von ihr erfasst werden.

Auf den (noch) nicht eingetragenen Idealverein ist gem. § 54 Abs. 1 S. 1 BGB folglich auch die Vorschrift des § 26 Abs. 1 S. 1 BGB entsprechend anzuwenden, die unmissverständlich fordert, dass der Verein einen Vorstand haben „muss". Kann die Gründung eines Vereins, selbst eines Vereins ohne Rechtspersönlichkeit im

[3] Vgl. Schwennicke in Staudinger, 2023, BGB § 25 Rn. 19 mwN.

Sinne des § 54 Abs. 1 S. 1 BGB, danach schon abgeschlossen sein, obwohl ein Vorstand noch nicht gewählt ist? Diese Rechtsfrage wird sich sicherlich nur ausnahmsweise stellen, weil – wie in dem hier beispielhaft geschilderten Gründungsgeschehen – in der Regel nach der Einigung der Gründer über die Satzung unter dem anschließenden Tagesordnungspunkt der Vorstand satzungsgemäß gewählt werden wird. Gleichwohl kann es vorkommen, dass bei dem Vorhaben, einen Verein zu gründen, nach der Einigung über die Satzung und deren Unterzeichnung die Vorstandswahl misslingt, zB weil die in Aussicht genommenen Kandidaten wider Erwarten nicht gewählt werden oder sie kurzfristig ihre Bereitschaft zur Amtsübernahme wieder zurücknehmen. Wenn die Beteiligten ihr Vorhaben dann nicht endgültig aufgeben wollen, sondern übereinkommen, die Vorstandswahl zu einem späteren Zeitpunkt nachzuholen, in der Zwischenzeit nach weiteren Kandidaten für den Vorstand zu suchen oder bereits ins Gespräch gebrachte Personen noch einmal ins Gebet zu nehmen, kann sich die Frage stellen, ob der Verein ohne Vorstand dann gleichwohl schon gegründet ist und ob er für etwaige Rechtsfragen, die sich im weiteren Geschehensverlauf stellen können, bereits als solcher zu behandeln ist. Wer haftet zB für etwaige Kosten, wenn einer der Beteiligten im Namen des Vereins für eine zweite Versammlung, bei der die Vorstandswahl nachgeholt werden soll, einen Saal anmietet und auch dieser zweite Versuch scheitert?

3. Für die insoweit gebotenen weiteren Überlegungen wird zunächst in einem noch etwas allgemeineren Sinn unter der Gründung eines Vereins die Herbeiführung der Tatbestandsmerkmale verstanden, mit denen bei einem Zusammenschluss mehrerer natürlicher oder juristischer Personen die konstitutiven Begriffsmerkmale eines Vereins im Sinne des BGB erfüllt werden. Besteht der Gründungsvorgang aus mehreren Abschnitten, so ist die Gründung einer Vereinigung als Verein abgeschlossen, sobald dieser als solcher entstanden ist. Nach gängiger, aber wohl nicht abschließender Definition wird der Verein im Sinne des BGB verstanden als ein auf Dauer angelegter Zusammenschluss von Personen zur Verwirklichung eines gemeinsamen Zweckes mit körperschaftlicher Verfassung, wobei sich die körperschaftliche Organisation in einem Gesamtnamen, in der Vertretung durch einen Vorstand und in der Unabhängigkeit des Vereins vom Wechsel der Mitglieder äußern soll.[4]

Geht man von dieser allgemeinen Begriffsbestimmung des Vereins aus, so unterscheidet das Gesetz in den §§ 21, 22 BGB zunächst zwischen wirtschaftlichen und nicht wirtschaftlichen Vereinen. Der nicht wirtschaftliche Verein (Idealverein) erlangt nach dem unverändert gebliebenen Wortlaut des § 21 BGB durch Eintragung in das Vereinsregister Rechtsfähigkeit. Der auf einen wirtschaftlichen Geschäftsbetrieb gerichtete wirtschaftliche Verein erlangt Rechtsfähigkeit durch staatliche Verleihung, § 22 BGB. Für Idealvereine, die nicht in das Vereinsregister eingetragen sind, ist nach der Neufassung des § 54 Abs. 1 S. 1 BGB durch das MoPeG nunmehr klargestellt, dass auf sie die für eingetragene Vereine geltenden Vorschriften der §§ 24–53 BGB entsprechend anzuwenden sind. Die Vorschrift formuliert den aus der Nichteintragung in das Vereinsregister folgenden Status des nicht eingetragenen Vereins dahin, dass ihm infolge der Nichteintragung die Rechtspersönlichkeit fehlt,

---

[4] Vgl. Schwennicke in Staudinger, 2023, BGB § 21 Rn. 3 mwN.

und nicht etwa, wie man aus § 21 BGB folgern könnte, die Rechtsfähigkeit. Die Klarstellung, dass der nicht eingetragene Verein rechtsfähig ist, ergibt sich insbesondere aus der Gesetzesbegründung zur Neufassung des § 54 BGB, in der die Ersetzung der früheren Bezeichnung „nicht rechtsfähiger Verein" in § 54 BGB alter Fassung durch den neuen Begriff des „Vereins ohne Rechtspersönlichkeit" damit begründet wird, dass die Verwendung der alten Bezeichnung für Vereine, die heute als rechtsfähig anerkannt werden, verwirrend gewesen sei.[5] Entsprechendes gilt für den wirtschaftlichen Verein, der nicht durch staatliche Verleihung Rechtspersönlichkeit erlangt hat, und für den gem. § 54 Abs. 1 S. 2 BGB die Vorschriften über die Gesellschaft entsprechend anzuwenden sind. Er ist danach zwar ohne Rechtspersönlichkeit, aber in entsprechender Anwendung der §§ 705 ff. BGB oder der §§ 105 ff. HGB rechtsfähig.[6] Demzufolge ist nunmehr zu unterscheiden zwischen eingetragenen und nicht eingetragenen Idealvereinen sowie den in Folge staatlicher Verleihung rechtsfähigen wirtschaftlichen Vereinen mit Rechtspersönlichkeit und wirtschaftlichen Vereinen, die mangels Verleihung ohne Rechtspersönlichkeit sind mit der Verweisung in § 54 Abs. 1 S. 2 BGB auf das Gesellschaftsrecht. Man kann den Unterschied zwischen den einzelnen Vereinen auch so beschreiben, dass der nicht eingetragene sowie der wirtschaftliche nicht konzessionierte Verein ihre Rechtsfähigkeit weder durch Eintragung in das Vereinsregister (§ 21 BGB) noch durch staatliche Verleihung (§ 22 BGB) erlangt haben und damit keine juristischen Personen sind.[7]

In dem angesprochenen Beispielsfall, in dem der Wille der Beteiligten auf die Gründung eines rechtsfähigen eingetragenen Idealvereins gerichtet ist, gehört es nicht nur für die Erlangung der Rechtsfähigkeit (einschließlich der Rechtspersönlichkeit) durch Eintragung in das Vereinsregister zu den zu erfüllenden Tatbestandsmerkmalen, dass der Verein gemäß der zwingenden Vorschrift des § 26 Abs. 1 S. 1 BGB einen Vorstand haben muss. Infolge der Verweisung in § 54 Abs. 1 S. 1 BGB sind auch die Merkmale eines Idealvereins ohne Rechtspersönlichkeit nicht gegeben, wenn ein Vorstand nicht vorhanden ist. Es bedarf auch für den nicht eingetragenen Verein (§ 54 Abs. 1 S. 1 BGB) eines als Vorstand bezeichneten Vertretungsorgans, das nicht die Mitgliederversammlung sein darf.[8]

4. Im vereinsrechtlichen Schrifttum wird – oder wurde jedenfalls für den Rechtszustand vor dem 1.1.2024 – allerdings von der wohl überwiegenden Ansicht angenommen, dass die Gründung eines Vereins bereits in der Einigung der Gründer über die Satzung bestehe.[9] Dabei wird aber teilweise auch zwischen Gründung und

---

[5] Vgl. BT-Drs. 19/27635, 123 unten sowie 124; vgl. ferner Wertenbruch in Schäfer, Das neue Personengesellschaftsrecht, 2022, S. 402; Schöpflin in Prütting/Wegen/Weinreich, 18. Aufl. 2023, BGB § 54 Rn. 12 aE; aA wohl Ellenberger in Grüneberg, 83. Aufl. 2024, BGB § 54 Rn. 1 f., der dem Idealverein ohne Rechtspersönlichkeit nur eine partielle Rechtsfähigkeit zubilligen will.

[6] Wertenbruch in Schäfer, Das neue Personengesellschaftsrecht, 2022, S. 402.

[7] Vgl. dazu auch Mauracher Entwurf für ein Gesetz zur Modernisierung des Personengesellschaftsrechts, hrsg. vom Bundesministerium der Justiz und für Verbraucherschutz, April 2020, S. 68 zu § 54 BGB.

[8] Schwennicke in Staudinger, 2023, BGB § 26 Rn. 5 f. mwN.

[9] Schöpflin in Prütting/Wegen/Weinreich, 18. Aufl. 2023, BGB § 22 Rn. 13; Ellenberger in Grüneberg, 83. Aufl. 2024, BGB § 21 Rn. 11; Schwennicke in Staudinger, 2023, BGB § 21 Rn. 99 sowie Schwennicke in Staudinger, 2019, BGB § 54 Rn. 27 mwN.

Errichtung des Vereins unterschieden, wobei die Errichtung erst mit Satzungsfeststellung und Vorstandswahl gegeben sein soll.[10] Die Bestellung des Vorstandes wird nur vereinzelt als zusätzlich notwendiger Gründungsakt angesehen.[11] Diese überwiegende Auffassung im Schrifttum ist ersichtlich noch von der früher im Gesetz niedergelegten Unterscheidung von nicht rechtsfähigen Vereinen gem. § 54 BGB aF und den mit Eintragung oder staatlicher Verleihung rechtsfähigen Vereinen geprägt. Die Unterscheidung zwischen dem Entstehen der juristischen Person mit der Eintragung in ein Register und ihrer Errichtung durch einen vor der Eintragung liegenden Gründungsakt ist in dieser Form insbesondere im Recht der Aktiengesellschaft in den §§ 29 und 41 AktG niedergelegt. Nach § 29 AktG wird die Gesellschaft mit der Übernahme der Aktien durch die Gründer errichtet. § 41 Abs. 1 S. 1 AktG bestimmt, dass die Aktiengesellschaft vor der Eintragung in das Handelsregister als solche nicht besteht. Im GmbH-Recht bestimmt § 11 Abs. 1 GmbHG entsprechend, dass vor der Eintragung in das Handelsregister die Gesellschaft mit beschränkter Haftung als solche nicht besteht.

Für die jeweiligen Stadien vor dem Erwerb der Rechtspersönlichkeit als juristischer Person wird sowohl im Vereinsrecht[12] als auch im Recht der Kapitalgesellschaften über das Bestehen einer Vorgründungsgesellschaft als Gesellschaft bürgerlichen Recht und eines Vorvereins mit körperschaftlichen Strukturen diskutiert. Nach den sich aus der Neufassung des § 54 BGB ergebenden Begriffsbestimmungen wird man auf den Begriff des sog. Vorvereins im Vereinsrecht aber wohl nicht mehr zurückzugreifen haben. Vereine treten nach nunmehr geltendem Recht als rechtsfähige juristische Personen entweder in der Form des eingetragenen Idealvereins oder des wirtschaftlichen Vereins mit staatlicher Verleihung oder als rechtsfähige Vereine ohne Rechtspersönlichkeit entweder in der Form des nicht eingetragenen Idealvereins oder des wirtschaftlichen Vereins ohne Verleihung in Erscheinung. Auf den nicht eingetragenen Idealverein ohne Rechtspersönlichkeit ist kraft der Verweisung in § 54 Abs. 1 S. 1 BGB das für die Vereine mit Rechtspersönlichkeit geltende Vereinsrecht der §§ 24–53 BGB entsprechend anzuwenden, für den wirtschaftlichen Verein ohne Rechtspersönlichkeit gilt gem. § 54 Abs. 1 S. 2 BGB Gesellschaftsrecht. Vor dem Hintergrund dieser auch gesetzessprachlich vorgenommenen Neugliederung sollte auch die begriffliche Abgrenzung der vor und nach Vereinsgründung be- und entstehenden Rechtsformen sowie der damit jeweils verbundenen Haftungsausgestaltungen vorgenommen werden.

Der Begriff des Vorvereins vermag als solcher lediglich noch das für jeden eingetragenen Idealverein notwendige Durchgangsstadium zwischen Vereinbarung der Satzung mit Wahl des ersten Vorstands und nachfolgender Eintragung des Vereins in das Vereinsregister zu bezeichnen. In diesem Durchgangstadium ist aber mit der Einigung über die Satzung und der Wahl des Vorstandes nach allgemeiner Ansicht in jedem Fall ein rechtsfähiger Verein entstanden. Als noch nicht eingetragener Verein im Sinne eines „Vorvereins" des eingetragenen Vereins mit Rechtspersön-

[10] Schöpflin in Prütting/Wegen/Weinreich, 18. Aufl. 2023, BGB § 22 Rn. 14.
[11] Leuschner in MüKoBGB, 8. Aufl. 2021, BGB § 54 Rn. 67.
[12] Vgl. Schwennicke in Staudinger, 2023, BGB § 21 Rn. 102ff. mwN.

lichkeit unterscheidet sich ein solcher „Vorverein“ rechtlich nicht von dem nicht in das Vereinsregister eingetragenen Verein, dessen Eintragung überhaupt nicht oder jedenfalls im aktuellen Zeitpunkt nicht beabsichtigt ist. Für diese beide Erscheinungsformen umfassende Rechtsform hat der Gesetzgeber nunmehr die Bezeichnung „Verein ohne Rechtspersönlichkeit“ eingeführt und für das anzuwendende Recht in § 54 Abs. 1 S. 1 BGB ausdrücklich auf die Vorschriften der §§ 24ff. BGB verwiesen. Sachliche Gründe für eine Unterscheidung danach, ob die Eintragung beabsichtigt ist oder nicht, lassen sich dem Gesetz nicht entnehmen und sind auch sonst nicht zu erkennen.

Soweit ein Teil der Literatur beim Gründungsvorgang dem Zeitraum zwischen der Einigung über die Satzung und der Wahl des Vorstands jedenfalls nach bisheriger Gesetzesfassung eine rechtliche Bedeutung beigemessen hat, könnte man zwar in Erwägung ziehen, den Begriff des „Vorvereins“ zur Bezeichnung dieses Entstehungsabschnitts zu verwenden. Für eine Benennung der in diesem Zeitraum bestehenden Personenverbindung erscheint der Begriff des „Vorvereins“ jedoch als ungeeignet. Wenn die Gemeinschaft der Beteiligten, die sich über die Satzung geeinigt haben, nicht über einen Vorstand verfügt, kann sie selbst noch kein Verein sein und als solche mangels entsprechender Vertreter nicht wie ein Verein handeln. Die Verwendung der Bezeichnung „Vorverein“ erweckt dagegen den damit irreführenden Eindruck, das so benannte Gebilde sei selbst schon ein Verein. Solange die Gründung eines der in § 54 BGB genannten Vereine nach dem oben Gesagten noch nicht abgeschlossen ist, aber weiter betrieben werden soll, wird man daher den weiterhin auf die Vollendung der Vereinsgründung gerichteten Zusammenschluss dieser Personen als eine BGB-Gesellschaft anzusehen haben. Voraussetzung ist, dass ihrem Zusammenwirken nach den Umständen des Falles ein entsprechender rechtsgeschäftlicher Bindungswille zugrunde liegt. Demzufolge kommen in diesem Stadium jedenfalls grundsätzlich eine Außenhaftung der Mitglieder dieser Vorgründungs-BGB-Gesellschaft gegenüber Dritten wie auch ihre anteilige Haftung im Innenverhältnis in Betracht. Daneben kann die Handelndenhaftung gem. § 54 Abs. 2 BGB eingreifen, wenn und soweit bereits im Namen des noch zu gründenden Vereins gehandelt wird. Diese auch als Vorgründungsgesellschaft bezeichnete BGB-Gesellschaft ist mit dem anschließend gegründeten Verein jedoch rechtlich nicht identisch, selbst wenn der Gesellschafterkreis der BGB-Gesellschaft und der Mitgliederbestand des Vereins zunächst aus demselben Personenkreis bestehen sollte. Die Einordnung des auf die Vereinsgründung gerichteten Personenzusammenschlusses als BGB-Gesellschaft gilt unabhängig davon, ob ein Idealverein oder ein wirtschaftlicher Verein gegründet werden soll.

5. Aus § 54 Abs. 2 BGB ergibt sich bezüglich des Entstehungszeitpunktes nichts Anderes, insbesondere kann dieser Gesetzesbestimmung nicht entnommen werden, dass ein (nicht eingetragener) Verein auch ohne Vorstand entstehen kann. Nach dieser Vorschrift haften Personen, die im Namen eines Vereins ohne Rechtspersönlichkeit einem Dritten gegenüber rechtsgeschäftlich handeln, dem Dritten gegenüber persönlich. Diese Haftung setzt weder voraus, dass der Handelnde als (angeblich) vertretungsberechtigter Vorstand eines Vereins auftritt, noch dass es den Verein oder den Vorstand überhaupt gibt. § 54 Abs. 2 BGB will nach der Gesetzesbegrün-

dung den Rechtsverkehr vielmehr gerade auch insoweit schützen, als die Geschäftsgegner nicht sicher nachprüfen können, ob der Verein überhaupt besteht und ob er durch den Handelnden wirksam vertreten werden kann.[13] Soll aber § 54 Abs. 2 BGB Dritte durch Begründung einer persönlichen Haftung des Handelnden auch davor schützen, dass im Namen rechtlich nicht existenter Vereine ohne Rechtspersönlichkeit Rechtsgeschäfte abgeschlossen werden, so besagt diese Vorschrift folglich nichts darüber, wann ein Verein (ohne Rechtspersönlichkeit) existent geworden ist, insbesondere nicht, ob es dazu der Wahl eines (ersten) Vorstands bedarf oder nicht.

6. Demzufolge wird zusammenfassend vorgeschlagen, nach der Neugliederung der verschiedenen Formen des Vereins durch die Neufassung des § 54 BGB beim Verein nicht (mehr) zwischen den einzelnen Schritten zu unterscheiden, die zu seiner rechtlichen Entstehung führen. Damit entfällt auch die Notwendigkeit der Unterscheidung zwischen Gründung und Entstehung. Der Gesamtvorgang der Gründung oder Entstehung besteht aus der Einigung über die Satzung und der Wahl des Vorstands und ist mit letzterer abgeschlossen. Eine rechtliche Unterscheidung zwischen Gründung, Errichtung und Entstehung ist beim Verein ohne Rechtspersönlichkeit auch deshalb nicht geboten, weil bei ihm nicht wie bei den Kapitalgesellschaften schon durch entsprechende gesetzliche Regelungen, insbesondere durch besondere Formerfordernisse (vgl. § 23 AktG, § 2 GmbHG), den einzelnen Abschnitten eine besondere rechtliche Bedeutung beigemessen wird. § 25 BGB sieht, wie bereits dargelegt, für die Satzung des Vereins keine besondere Form vor. Nach der Rechtsprechung ist nicht einmal eine ausdrückliche Vereinbarung erforderlich. Vielmehr können der auf Bildung eines Vereins gerichtete Willen und das Vorhandensein einer körperschaftlichen Verfassung auch aus den Gesamtumständen hergeleitet werden.[14]

III. Haftung nach Gründung eines Vereins

1. Nach der rechtlichen Entstehung eines (noch) nicht in das Vereinsregister eingetragenen Idealvereins oder eines wirtschaftlichen Vereins mit (noch) fehlender staatlicher Verleihung richtet sich die Haftung beim nicht eingetragenen Verein ohne Rechtspersönlichkeit im Sinne des § 54 Abs. 1 S. 1 BGB nach den entsprechend anzuwendenden Vorschriften der §§ 24 bis 53 BGB, also entsprechend den §§ 31 ff. BGB. Beim Idealverein ohne Rechtspersönlichkeit im Sinne des § 54 Abs. 1 S. 1 BGB ist eine Haftung der Vereinsmitglieder aufgrund ihrer Mitgliedschaft für Verbindlichkeiten des Vereins demnach ausgeschlossen.[15] Soweit auf den wirtschaftlichen Verein ohne Rechtspersönlichkeit gem. § 54 Abs. 1 S. 2 BGB Gesellschaftsrecht entsprechend anzuwenden ist, richtet sich die Haftung der Vereinsmitglieder für die Verbindlichkeiten des wirtschaftlichen Vereins nach den §§ 721 ff.

[13] BT-Drs. 19/27635, 124.
[14] BGH WM 1978, 115.
[15] BT-Drs. 19/27635, 124.

BGB oder, wenn der Verein ein Handelsgewerbe betreibt, nach den §§ 126ff. HGB.[16] Hinzu tritt die persönliche Haftung gem. § 54 Abs. 2 BGB von Personen, die im Namen eines Idealvereins ohne Rechtspersönlichkeit oder eines wirtschaftlichen Vereins ohne Rechtspersönlichkeit ein Rechtsgeschäft tätigen. Diese Haftung trifft die betreffenden Personen aufgrund ihres rechtsgeschäftlichen Handelns für den betreffenden Verein ohne Rechtspersönlichkeit. Der Handelnde kann sich daher nicht auf Haftungsbeschränkungen berufen, die sich nur aus anderen Umständen oder Eigenschaften herleiten, also zB nicht darauf, dass Vereinsmitglieder nicht allein aufgrund ihrer Mitgliedschaft persönlich für Verbindlichkeiten des Vereins haften.

2. Mit der Eintragung des Idealvereins in das Vereinsregister findet ebenso wie mit der staatlichen Verleihung beim wirtschaftlichen Verein insoweit ein Rechtsformwechsel statt, als diese Vereine mit den jeweiligen Rechtsakten Rechtspersönlichkeit erlangen und fortan als juristische Personen existieren. Die jeweiligen Vereine mit Rechtspersönlichkeit sind ungeachtet des mit dem Erwerb der Rechtspersönlichkeit verbundenen jeweiligen Rechtsformwechsels mit den jeweiligen Vereinen ohne Rechtspersönlichkeit, also denjenigen vor Eintragung und vor Verleihung, identisch. Es kommt daher auch nicht zu einem Übergang von Verbindlichkeiten von einem auf einen anderen Rechtsträger. Die wirksam für den jeweiligen Verein begründeten Verbindlichkeiten sind und bleiben vor und nach der Eintragung bzw. Verleihung Verbindlichkeiten des Vereins, der auch als solcher Träger des aktiven Vereinsvermögens ist und bleibt. Die Haftung richtet sich bei den Vereinen mit Rechtspersönlichkeit nach den Vorschriften der §§ 31ff. BGB, und zwar in unmittelbarer und nicht nur entsprechender Anwendung.

3. Eine andere Frage ist es, ob mit der Erlangung der Rechtspersönlichkeit des Vereins durch Eintragung in das Vereinsregister beim Idealverein oder mit der staatlichen Verleihung beim wirtschaftlichen Verein die Handelndenhaftung gem. § 54 Abs. 2 BGB erlischt. Wie bereits ausgeführt, wird nach der Gesetzesbegründung die Handelndenhaftung gem. § 54 Abs. 2 BGB als erforderlich angesehen, weil die Geschäftsgegner nicht sicher nachprüfen können, ob die Vereine bestehen, welche Mitglieder sie haben, ob sie wirksam von dem Handelnden vertreten werden können und inwieweit der Verein über ein ausreichendes Vermögen verfügt, um die eingegangenen Verbindlichkeiten zu erfüllen.[17] Nach dieser Begründung wäre wohl eine Fortdauer der Haftung desjenigen, der im Namen eines Vereins rechtsgeschäftlich gehandelt hat, der im Zeitpunkt des rechtsgeschäftlichen Handelns noch keine Rechtspersönlichkeit erlangt hatte, auch für den Zeitraum nach Erlangung der Rechtspersönlichkeit selbst dann angebracht, wenn der Handelnde über Vertretungsmacht verfügt und dadurch wirksam eine Verbindlichkeit des Vereins begründet hat. Denn damit wäre noch nicht sichergestellt, dass das Vereinsvermögen zur Erfüllung dieser Verbindlichkeit ausreicht.

Mit einer solchen Rechtsfolge würde dem Rechtsgeschäftsgegner eines Vereins ohne Rechtspersönlichkeit durch § 54 Abs. 2 BGB, der Schutz wegen des Fehlens

[16] BT-Drs. 19/27635, 124 Abs. 3 und 4.

[17] BT-Drs. 19/27635, 124.

der Registerpublizität bieten soll,[18] allerdings ein Schutzumfang zugebilligt, der ihm gegenüber einem Verein mit Rechtspersönlichkeit nicht zugutekäme. Denn bei einem eingetragenen Idealverein mit Rechtspersönlichkeit lässt sich aus dem Vereinsregister zwar die Vertretungsmacht der Mitglieder des Vorstands des eingetragenen Vereins ersehen (§ 64 BGB), über die Vermögensverhältnisse des eingetragenen Vereins besagt das Vereinsregister jedoch ebenso wenig etwas wie darüber, welche Mitglieder der Verein hat. Beim wirtschaftlichen Verein mit Rechtspersönlichkeit macht § 22 BGB jedenfalls für die staatliche Verleihung keine Vorgaben für ein im Vergleich mit dem wirtschaftlichen Verein ohne Rechtspersönlichkeit höheres Schutzniveau. Demzufolge dürfte die Gesetzesbegründung zum Schutzzweck des § 54 Abs. 2 BGB hinsichtlich der Aufzählung der Gefahren, denen mit der Handelndenhaftung gem. § 54 Abs. 2 begegnet werden soll, wohl deutlich zu weit gehen. Dieser Befund spricht dafür, den Handelnden jedenfalls dann von der persönlichen Haftung gem. § 54 Abs. 2 BGB zu befreien, wenn der Verein später durch Eintragung oder staatliche Verleihung Rechtspersönlichkeit erlangt hat und durch den Abschluss des in Rede stehenden Rechtsgeschäfts bereits eine Verbindlichkeit des Vereins begründet worden ist.[19] Die in der Gesetzesbegründung angeführten Risiken, dass der Geschäftsgegner im Zeitpunkt des Abschlusses des Rechtsgeschäfts nicht nachprüfen kann, ob der Verein überhaupt besteht, ob er durch den Handelnden wirksam vertreten werden kann und welche Mitglieder er hat, spielen dann keine Rolle mehr. Und das Risiko, dass ein Verein möglicherweise nicht über ausreichendes Vermögen verfügt, um etwaige Verbindlichkeiten aus einem Rechtsgeschäft erfüllen zu können, ist beim Verein mit Rechtspersönlichkeit nicht zwangsläufig geringer oder für den Rechtsgeschäftsgegner eher zu erkennen als beim Verein ohne Rechtspersönlichkeit.

4. Abgesehen von der hier vorgeschlagenen Beschränkung der Handelndenhaftung des § 54 Abs. 2 BGB für den Zeitraum, ab dem der Verein Rechtspersönlichkeit erlangt hat, erscheint es darüber hinaus fraglich, ob es der besonderen Vorschrift des § 54 Abs. 2 BGB überhaupt noch bedarf oder ob die in Rede stehenden Fälle nicht sachgerecht mit den für entsprechendes Vertreterhandeln geltenden allgemeinen Rechtsgrundsätzen gelöst werden können. Dabei ist insbesondere zu denken an die allgemeine rechtsgeschäftliche und deliktische Haftung des Vertreters ohne Vertretungsmacht (zB gem. § 179 BGB)[20] sowie der verfassungsmäßigen Vertreter im Sinne des § 31 BGB oder anderer körperschaftlich organisierter Rechtssubjekte wie der GmbH und der AG. So könnte etwa dem Umstand, dass etwaige Beschränkungen der Vertretungsmacht des Vorstands des (noch) nicht eingetragenen Vereins für Dritte nicht erkennbar sind, damit begegnet werden, dass ein nicht eingetragener Verein, der eine Person zum Vorstand bestellt, sich gegenüber Dritten nur unter der Voraussetzung auf eine Beschränkung der Vertretungsmacht berufen kann, dass der Dritte sie kannte, oder wenn die Grundsätze über den Missbrauch der Vertretungsmacht eingreifen.

---

[18] Vgl. Westermann/Anzinger in Erman, 17. Aufl. 2023, BGB § 54 Rn. 11.

[19] Ellenberger in Grüneberg, 83. Aufl. 2024, BGB § 54 Rn. 13 mwN; aA Westermann/Anzinger in Erman, 17. Aufl. 2023, BGB § 54 Rn. 13.

[20] Vgl. dazu BGH NZG 2013, 672.

IV. Fazit

1. Gemäß § 54 Abs. 1 BGB in der ab dem 1.1.2024 geltenden Fassung sind die in dieser Vorschrift genannten Vereine ohne Rechtspersönlichkeit, also der nicht in das Vereinsregister eingetragene Idealverein und der wirtschaftliche Verein, der nicht durch Verleihung Rechtspersönlichkeit erlangt hat, als solche rechtsfähig und unterscheiden sich insoweit nicht von dem in das Vereinsregister eingetragenen Idealverein und dem wirtschaftlichen Verein, die durch die Eintragung bzw. durch staatliche Verleihung Rechtspersönlichkeit erworben haben. Ein Unterschied besteht vielmehr nur noch darin, dass die zuletzt genannten Vereine durch Eintragung bzw. Verleihung zu juristischen Personen geworden sind. Dieser Unterschied sollte im Gesetz durch Anpassung des Wortlauts der §§ 21, 22, 73, 74 Abs. 1 BGB zum Ausdruck gebracht werden, indem in den genannten Vorschriften das Wort „Rechtsfähigkeit" durch „Rechtspersönlichkeit" ersetzt wird.

2. Der Verein ohne Rechtspersönlichkeit im Sinne des § 54 Abs. 1 BGB entsteht mit der Einigung über die Satzung und die Wahl des Vorstands. Eine Unterscheidung zwischen den unterschiedlichen Abschnitten des Gründungsgeschehens, der Errichtung und der Entstehung ist beim Verein anders als bei der AG und der GmbH nicht im Gesetz angelegt und daher nicht geboten. Da von § 54 Abs. 1 BGB sowohl Vereine erfasst werden, welche die Eintragung in das Vereinsregister oder die staatliche Verleihung von vornherein gar nicht oder jedenfalls nicht in dem aktuellen Zeitpunkt anstreben, als auch solche, bei denen die Eintragung oder Verleihung angestrebt, aber noch nicht erfolgt ist, dürfte ein Bedarf, die Rechtsnatur des in einem solchen Durchgangsstadium zur Erlangung der Rechtspersönlichkeit befindlichen Vereins als „Vorverein" zu bezeichnen, nicht (mehr) bestehen.

3. Die in der Gesetzesbegründung zur Handelndenhaftung gem. § 54 Abs. 2 BGB genannten Schutzbedürfnisse der Rechtsgeschäftsgegner des nicht eingetragenen Vereins wie Unkenntnis der Mitglieder sowie des Umfangs des Vereinsvermögens tragen die Begründung dieser weitgehenden Haftung nicht, weil beim eingetragenen Verein durch die im Vereinsregister erfolgte Eintragung die entsprechende Kenntnis gleichfalls nicht erlangt werden kann. Der Handelnde sollte von seiner Haftung gem. § 54 Abs. 2 BGB daher zumindest dann befreit werden, wenn der Verein später ins Vereinsregister eingetragen wird und eine entsprechende Verbindlichkeit des Vereins begründet worden ist. Davon abgesehen sollte überprüft werden, ob die in Rede stehenden Haftungsfälle nicht schon mit den allgemeinen Regeln der rechtsgeschäftlichen und deliktischen Haftung des Vertreters sachgerecht beurteilt werden können und demgemäß auf die zusätzliche Handelndenhaftung gem. § 54 Abs. 2 BGB insgesamt verzichtet werden kann.

SEBASTIAN BERKEFELD

Probleme der Kapitalaufbringung bei Voreinzahlungen

I. Problemaufriss

Die gesetzlichen Anforderungen an die Kapitalaufbringung bei Kapitalgesellschaften spielen eine zentrale Rolle bei der notariellen Beratung im Bereich des Gesellschaftsrechts, insbesondere bei der GmbH. Auch der Jubilar hat sich bei seinen umfangreichen Veröffentlichungen wiederholt mit Fragen der Kapitalaufbringung und -erhaltung auseinandergesetzt. Eine praxisrelevante Fallgruppe stellen sog. Voreinzahlungen bei der Gründung der Gesellschaft oder bei Kapitalerhöhungen dar.[1] Dabei kommen nicht nur Konstellationen vorschneller Gesellschafter oder eines hohen Liquiditätsdrucks der Gesellschaft in Frage, sondern auch die Verwendung von Bareinzahlungen bei gescheiterten Gründungs- oder Barkapitalerhöhungsvorgängen bei deren Wiederholung. In allen Fällen von Voreinzahlungen kann die Einhaltung der Anforderungen an die Kapitalaufbringung hinsichtlich der Stammeinlage(n) problematisch sein, wobei im Folgenden zwischen der Gründung und Kapitalerhöhungen unterschieden wird.[2] Für den beurkundenden Notar besteht zudem ein Haftungsrisiko, da sich dieser zumindest bei der Beurkundung eines Kapitalerhöhungsbeschlusses darüber vergewissern und bei den Inferenten nachfragen muss, ob eine Vorauszahlung an die Gesellschaft erfolgt ist; gegebenenfalls muss sie/er die Beteiligten über die Voraussetzungen einer Zahlung auf künftige Einlagenschuld aufklären.[3] Der BGH betrachtet es nämlich als nicht allzu fernliegend, dass die Gesellschafter über den Begriff der Bareinlage einer Fehlvorstellung unterliegen und insoweit der notariellen Aufklärung bedürfen.

[1] Basierend auf Berkefeld in Heckschen/Heidinger, Die GmbH in der Gestaltungs- und Beratungspraxis, 5. Aufl. 2023, Kap. 11 Rn. 10ff., 213ff. sowie Berkefeld notar 2019, 313.

[2] Demgegenüber dürfte die Voreinzahlung eines etwaigen Bar-Agios unproblematisch sein, da dessen Aufbringung nicht der Kapitalaufbringungskontrolle unterliegt. Vielmehr muss eine solche Voreinzahlung nach allgemeinen Grundsätzen beurteilt werden und einem bestimmten Schuldverhältnis zugeordnet werden können; vertiefend Berkefeld in Heckschen/Heidinger, Die GmbH in der Gestaltungs- und Beratungspraxis, 5. Aufl. 2023, Kap. 11 Rn. 36, 65ff. mwN.

[3] Vgl. nur BGH NZG 2008, 512; sowie LG Stralsund NotBZ 2002, 310; zu den Belehrungspflichten des Notars bei der (effektiven) Barkapitalerhöhung einer GmbH ausführlich Leske NotBZ 2002, 284; Lieder in MüKoGmbHG, 4. Aufl. 2022, GmbHG § 56a Rn. 33.

II. Voreinzahlung bei Gründung

Voreinzahlungen bei der Gesellschaftsgründung dürften die Ausnahme sein, da die Gesellschaft erst mit Abschluss des Gesellschaftsvertrags in notarieller Form entsteht[4] und die Eröffnung eines Bankkontos steuerrechtlich wegen des Gebots der Kontenwahrheit (§ 154 AO) erst nach der Errichtung der Gesellschaft zulässig ist und Banken die Kontoerrichtung für die noch nicht existierende GmbH i. G. mittlerweile in aller Regel verweigern werden. Im Einzelfall erscheint eine Voreinzahlung mit Bargeld denkbar durch Hinterlegung in den Geschäftsräumen (beim vermeintlichen Geschäftsführer) oder bei der Einzahlung auf das Geschäftskonto bei einer unerkannt nichtigen Gesellschaftsgründung (je nach Rechtsauffassung etwa bei einer vollmachtlosen Vertretung bei der Einpersonengründung).[5]

1. Einpersonengesellschaft

Bei der Einpersonengründung wird der Gesellschafter idR noch uneingeschränkten Zugriff auf das Geschäftskonto der vermeintlichen GmbH haben, so dass sich die Einlageleistung letztlich noch in seinem Vermögen befindet. Zur Korrektur der Voreinzahlung müsste es möglich sein, die Einlage vom scheinbar der GmbH i. G. zugeordneten Geschäftskonto auf ein nach der Gründung neu eröffnetes Geschäftskonto zu übertragen. Meines Erachtens besteht insoweit kein Risiko eines Verstoßes gegen § 19 Abs. 4 oder Abs. 5 GmbHG, da die zur Erfüllung der Einlagepflicht verwendeten Barmittel noch nicht aus dem Vermögen des Gründers ausgesondert wurden und insoweit bei wirtschaftlicher Betrachtungsweise weder eine Forderung eingebracht wird noch eine Leistung vom Zielrechtsträger (i. G.) an den Inferenten zurückfließt (zB im Wege des Her- und Hinzahlens). Gleiches gilt bei der untauglichen Hinterlegung der Einlage in den Geschäftsräumen der vermeintlichen GmbH i. G. oder bei deren „Geschäftsführer“.[6] In diese Richtung geht auch eine Entscheidung des OLG Frankfurt a. M.[7] Danach genügt die Einzahlung der Stammeinlage vor Errichtung der Einmann-GmbH auf ein Konto des Gesellschafters als Erfüllung der Bareinlagepflicht, wenn die Vorauszahlung mit einer klaren Zweckbestimmung erfolgt, das Kontoguthaben auf die Vorgesellschaft aus-

[4] Vgl. nur Servatius in Noack/Servatius/Haas, 23. Aufl. 2022, GmbHG § 2 Rn. 36; sofern die Gründer schon vorher Vorbereitungshandlungen durchführen oder sogar nach außen als vermeintliche GmbH in Erscheinung treten, kann eine Vorgründungsgesellschaft vorliegen, häufig in der Rechtsform der GbR, seltener als oHG; vgl. auch Servatius in Noack/Servatius/Haas, 23. Aufl. 2022, GmbHG § 2 Rn. 36.

[5] Die Einpersonengründung wäre nach hM in diesem Fall nichtig, wobei die Rechtsfolgen umstritten sind, vgl. hierzu etwa Berkefeld in Heckschen/Heidinger, Die GmbH in der Gestaltungs- und Beratungspraxis, 5. Aufl. 2023, Kap. 11 Rn. 14.

[6] Vgl. auch Herrler in MüKoGmbHG, 4. Aufl. 2022, GmbHG § 7 Rn. 86 mwN, wonach ein vom Geschäftsführer in dieser Funktion eröffnetes Konto einem Konto der Gesellschaft gleichstehe, wenn hinreichend deutlich werde, dass der Geschäftsführer dieses Konto in seiner Organeigenschaft und damit ausschließlich zugunsten der Gesellschaft unterhalte. Denn das Guthaben stehe ihm dann nicht persönlich zu (mit Verweis auf § 54 Abs. 3 S. 2 AktG).

[7] OLG Frankfurt a. M. GmbHR 2005, 681; s. in diese Richtung schon OLG Düsseldorf GmbHR 1994, 398 (399) unter Berufung auf BGH GmbHR 1992, 601 (602); OLG Stuttgart GmbHR 1995, 115 (118).

drücklich übertragen wird und die Stammeinlage zu diesem Zeitpunkt als ausscheidbarer Vermögensgegenstand noch unangetastet vorhanden ist. Dann handele es sich auch nicht um eine Sacheinlage, sondern um die Erfüllung einer Bareinlage.

2. Mehrpersonen-GmbH

Bei einer Mehrpersonengründung erfolgt die Einlageleistung vor dem Beurkundungstermin beim Notar demgegenüber nicht nur auf eine noch nicht bestehende Verbindlichkeit, sondern auch an den falschen Rechtsträger, die Vorgründungsgesellschaft. Zur späteren GmbH i. G. besteht nach allgemeiner Auffassung keine Kontinuität.[8] Nach den für Voreinzahlungen bei der Kapitalerhöhung entwickelten Grundsätzen kann mit der Zahlung an die Vorgründungsgesellschaft eine Forderung (aus § 812 Abs. 1 S. 2 Hs. 2 BGB) auf Rückzahlung entstehen, die möglicherweise als Sacheinlage einzubringen wäre.[9] Demgegenüber sprechen einige Stimmen in der Literatur bei engem zeitlichem Zusammenhang zwischen der Einzahlung und der Beurkundung von einer rein „technischen Voreinzahlung“ mit Wirkung für die Vor-GmbH bzw. gehen von einer (konkludenten) rechtsgeschäftlichen Übertragung des Vermögens der Vorgründungsgesellschaft auf die Vor-GmbH aus. Dabei wird auch vertreten,[10] dass bei einem zeitlich engen Zusammenhang zwischen Einzahlung und Übernahme durch die Vor-GmbH die Anwendung des Sachgründungsrechts nicht geboten sei, jedenfalls wenn das eingezahlte Geld noch unangetastet separierbar vorhanden ist und mit einer klaren Zweckbestimmung als Einlage auf den übernommenen Geschäftsanteil erfolgt ist. Dies erinnert an die Grundsätze des Bundesgerichtshofs zur ausnahmsweise schuldtilgenden Voreinzahlung bei der Kapitalerhöhung (dazu sogleich). Ebenso hat das OLG Schleswig in einer älteren Entscheidung zur Haftung nach dem Verkauf einer Vorratsgesellschaft die Einzahlung einige Tage vor der Gründung nicht als Problem angesehen und daran keine Haftung geknüpft.[11]

Sofern die Voreinzahlung bei der GmbH-Gründung erkannt wird, wird im Schrifttum empfohlen, dass die Vorgründungsgesellschaft als Dritter auf die Einlageforderung der Vor-GmbH leistet, was ohne weitere Voraussetzungen mit Tilgungswirkung möglich sei.[12] Sofern die Voreinzahlung nicht erkannt wird und man mit den vorgenannten Stimmen im Schrifttum von einer konkludenten Übertragung des Vermögens der Vorgründungsgesellschaft auf die Vor-GmbH ausgeht, dürfte die Einzahlung des Stammkapitals zumindest dann ordnungsgemäß bewirkt sein, wenn die voreingezahlten Mittel im Zeitpunkt der GmbH-Errichtung noch vollständig vorhanden sind. Andernfalls dürfte zumindest eine Erfüllungswirkung in Höhe des noch vorhandenen Bestands anzunehmen sein (mit der Folge einer

---

[8] Vgl. nur Merkt in MüKoGmbHG, 4. Aufl. 2022, GmbHG § 11 Rn. 119 mwN.

[9] Vgl. Wegmann DStR 1992, 1620; OLG Stuttgart DNotZ 1994, 695 (698); vgl. auch DNotI-Report 1995, 65ff.; Rezori RNotZ 2011, 125.

[10] Vgl. Gehrlein BB 2004, 2361 (2362); Herrler in MüKoGmbHG, 4. Aufl. 2022, GmbHG § 7 Rn. 98f.; so auch schon OLG Düsseldorf GmbHR 1994, 398.

[11] OLG Schleswig GmbHR 2003, 1058.

[12] Herrler in MüKoGmbHG, 4. Aufl. 2022, GmbHG § 7 Rn. 99 mwN aus dem Schrifttum und Verweis auf BGH NJW 1992, 2698f.

Differenzhaftung der Gesellschafter für den Fehlbetrag). Gegen das Vorliegen einer verdeckten Sacheinlage spricht in diesem Fall mE, dass die eingezahlten Mittel anders als bei der Kapitalerhöhung noch nicht in das Vermögen der GmbH gelangt sind und dieser bei der konkludenten Übertragung effektiv Liquidität zugeführt wird. Lediglich die Einzahlung erfolgt dann auf Veranlassung des Inferenten durch einen Dritten.

III. Voreinzahlung bei Kapitalerhöhung

1. Fallgruppenbildung der Voreinzahlung bei der Kapitalerhöhung

Praxisrelevanter dürften Voreinzahlungen bei der Kapitalerhöhung sein. Die Einlageverpflichtung entsteht, wenn ein Beschluss über die Kapitalerhöhung gefasst wurde und eine Übernahmeerklärung der Zeichner vorliegt, die von der Gesellschaft angenommen wurde. Dies erfolgt zwar regelmäßig, aber nicht zwingend gleichzeitig.

Wenn im Kapitalerhöhungsbeschluss statuiert wird, dass zunächst lediglich die Mindesteinlagen nach §§ 56a, 7 Abs. 2 S. 1 GmbHG zu leisten sind und die Resteinlage erst nach der Fassung eines entsprechenden Gesellschafterbeschlusses, kommt zunächst hinsichtlich der Resteinlage eine Vorleistung auf die bestehende, aber noch nicht fällige Einlageschuld in Betracht. Dies dürfte unter dem Gesichtspunkt der Kapitalaufbringung aber unproblematisch sein, da der Grundsatz der realen Kapitalaufbringung gewahrt wird und ein Vertrauen des Rechtsverkehrs auf eine Leistung erst nach Fälligkeit der Schuld allgemein im Zivilrecht – und daher auch im GmbHG – nicht geschützt wird.[13]

Demgegenüber birgt die Zahlung auf die Verpflichtung zur Einlageleistung vor ihrer Entstehung erhebliche Risiken.[14] Im Ausgangspunkt ergeben sich für die Voreinzahlung wie für die reguläre Einlageleistung ab der Entstehung gleiche Anforderungen an die Leistung zur endgültigen freien Verfügung der Geschäftsführung.[15] Bei der Voreinzahlung muss jedoch zusätzlich geklärt werden, ob sie einer Leistung nach der gesetzlich vorgesehenen Reihenfolge gleichgesetzt werden kann. Nach der grundlegenden Entscheidung des BGH aus dem Jahr 2006[16] wird zwischen nicht schuldtilgenden und ausnahmsweise schuldtilgenden Voreinzahlungen unterschieden, wobei bei letzteren Voreinzahlungen, bei denen der eingezahlte Betrag in

[13] Berkefeld in Heckschen/Heidinger, Die GmbH in der Gestaltungs- und Beratungspraxis, 5. Aufl. 2023, Kap. 11 Rn. 37f.; vgl. auch Wegmann DStR 1992, 1620 (1621).

[14] Allerdings dürfte es unproblematisch sein, wenn die Einlageleistung bis zur Eintragung der Kapitalerhöhung im Handelsregister verbraucht wird, da der BGH das Prinzip der wertgleichen Deckung bekanntlich aufgegeben hat. Es genügt, dass die Geschäftsführer versichern, dass die Einlagen auf das neue Stammkapital der Geschäftsführung für die Zwecke der Gesellschaft zur endgültig freien Verfügung eingezahlt und auch in der Folge nicht an die Übernehmer zurückgezahlt worden sind, vgl. nur Saß RNotZ 2016, 213 (219) mwN.

[15] Insbesondere Schaffung neuer Liquidität durch die Einlageleistung, keine Rückzahlung an den Einleger; demgegenüber keine Anforderung der wertgleichen Deckung bis zur Anmeldung.

[16] BGH ZIP 2006, 2214.

diesem Zeitpunkt als solcher noch im Gesellschaftsvermögen vorhanden ist, von Voreinzahlungen in Sanierungsfällen, bei der Einlagebetrag bei Entstehen der Einlageverpflichtung nicht mehr zur Verfügung steht, abzugrenzen ist.[17]

2. *Schuldtilgende Voreinzahlung, wenn Einlage noch als solche zweifelsfrei vorhanden ist*

In den Urteilen vom 10.7.2012 und 19.1.2016[18] hat der BGH bestätigt, dass eine Voreinzahlung die später entstandene Einlageverpflichtung grundsätzlich nur dann tilgt, wenn sich der Einlagebetrag im Zeitpunkt der Entstehung der Einlageverpflichtung noch „als solcher zweifelsfrei" im Vermögen der Gesellschaft befindet. Dabei war der BGH in seinen ersten Urteilen zunächst ungenau in seiner Terminologie und nannte den Kapitalerhöhungsbeschluss, stellte aber von Anfang an argumentativ auf den Zeitpunkt der Entstehung der Einlageverpflichtung ab. Diese erfolgt aber erst mit der zeitlich ggf. auch erst nachfolgenden Übernahmevereinbarung.

Anders als für die reguläre Einlageleistung lässt der BGH[19] bei der Vorleistung aber keine Zahlung auf ein debitorisches Konto bei der Bank genügen.[20] Der voreingezahlte Betrag muss also (bei Bareinzahlung) noch in der Kasse der Gesellschaft vorhanden sein oder auf ein Konto der Gesellschaft überwiesen worden sein, dass ab der Einzahlung fortdauernd bis zur Fassung des Kapitalerhöhungsbeschlusses ein Guthaben in entsprechender Höhe ausweist.[21] In früheren Entscheidungen formulierte der BGH dahingehend, dass der entsprechende Geldbetrag für die Gesellschaft noch voll als Kapital verfügbar sein müsse und nicht verbraucht bzw. ausgegeben worden sein dürfe.[22]

---

[17] Durch das MoMiG haben sich insoweit keine Änderungen ergeben, Apfelbaum Notar 2008, 160 (168); Priester DStR 2010, 494 (495); krit. Bayer, Kapitalschutz in der GmbH – eine Generalkritik, Gesellschaftsrecht in der Diskussion 2012, 2013, S. 25, 457, der in den unterschiedlichen Rechtsfolgen bei Voreinzahlung (keine Schuldtilgung) und verdeckter Sacheinlage (Anrechnung) einen Wertungswiderspruch sieht; vgl. auch Goette FS Priester, 2007, 95ff.; differenzierend Ehlke ZIP 2007, 749; der BGH hat diese Kritik im Urteil v. 19.1.2016 nicht aufgegriffen.

[18] BGH NZG 2012, 1067; DStR 2016, 923; so schon BGH ZIP 2004, 849; dem folgend BGH GmbHR 2006, 1328 und OLG Nürnberg DZWIR 2011, 167ff.; ebenso schon im Urteil BGHZ 145, 150; dazu auch Heidinger DNotZ 2001, 341; unter Verweis auf seine Entscheidung v. 2.12.1968 BGHZ 51, 157 = MDR 1969, 372.

[19] BGH ZIP 2006, 2214; DStR 2016, 923; ZIP 2004; mit fundamentaler schuldrechtlicher Kritik: Ulmer FS Westermann, 2008, 1567; ebenso OLG Celle ZIP 2010, 2298.

[20] Krit. insoweit etwa Lieder in MüKoGmbHG, 4. Aufl. 2022, GmbHG § 56a Rn. 36 (weder die Erfordernisse der Kapitalaufbringung noch Transparenzgesichtspunkte verlangten ein Abweichen von den allgemeinen Grundsätzen); Ulmer/Casper in Habersack/Casper/Löbbe, 3. Aufl. 2019, GmbHG § 56a Rn. 30 jeweils mwN; vgl. auch Ehlke ZIP 2007, 749 (751); Lieder in Bayer/Koch, Aktuelles GmbH-Recht, 2013, S. 142 (156).

[21] BGH DStR 2016, 923 (925); NJW 2008, 1392 (1394); keinesfalls ausreichend dürfte es nach der Rechtsprechung des BGH sein, dass das Konto – wie zT im Schrifttum missverständlich formuliert wird – „ein Guthaben" aufweist, das Konto also zwischen Einzahlung und Übernahmeerklärung lediglich nicht ins Minus gerät.

[22] Vgl. BGH NJW 1969, 840 (841).

Beweggrund für diese strenge Rechtsprechung ist, dass vor Entstehen der Einlagepflicht an die Gesellschaft erbrachte Geldleistungen nach dem Kapitalaufbringungssystem des GmbHG (intendierte registergerichtliche Präventivkontrolle) grundsätzlich nicht als Zahlungen auf die geschuldete Bareinlage anzuerkennen sind und nach Ansicht des BGH lediglich „aus Gründen der Vereinfachung der Abwicklung“ für den vorgenannten Fall eine Ausnahme zu machen sei.[23]

Insoweit besteht das Risiko, dass die Einlageleistung infolge von Schwankungen auf den Geschäftskonten durch nachfolgende Aus- und Einzahlungen nach Auffassung der Rechtsprechung als verbraucht gilt, selbst wenn der Saldo des Kontos nach Einzahlung und im Zeitpunkt der Übernahmeerklärung vergleichbar hoch ist.[24] Folglich wird man eine schuldtilgende Vorleistung eindeutig bzw. rechtssicher nur dann annehmen können, wenn der Einzahlungsbetrag auf ein Sonderkonto überwiesen wurde oder – falls auf ein reguläres, nicht überzogenes Geschäftskonto eingezahlt wurde – im relevanten Zeitraum keine Abbuchungen von diesem Konto getätigt wurden.

Neben dem tatsächlichen Vorhandensein des Wertes der Voreinzahlung im Vermögen der GmbH wird als weiteres Erfordernis für eine tilgende Voreinzahlung in der Literatur die Transparenz des Vorgangs genannt.[25] Es müsse insofern im Kapitalerhöhungsbeschluss und der Registeranmeldung offengelegt werden, dass die Einlagepflicht durch Voreinzahlung erfüllt wurde, und der Einleger müsse seine Zahlungen für Dritte eindeutig und erkennbar als Voreinzahlungen auf die bevorstehende Kapitalerhöhung kennzeichnen.[26] Auch hieran wird es in der Praxis oft fehlen.

3. *Schuldtilgende Voreinzahlung in Sanierungsfällen*

Sofern der Einlagegenstand im Zeitpunkt der Entstehung der Einlagepflicht nicht mehr vorhanden ist, kommt eine Befreiung von der Einlagepflicht nach der Rechtsprechung nur unter sehr engen Voraussetzungen – mithin in sog. Sanie-

---

[23] Vgl. BGH DStR 2004, 782 (783); instruktiv auch Wicke DStR 2016, 1115 (1116); Lubberich DNotZ 2016, 811 (813f.); Ulmer/Casper in Habersack/Casper/Löbbe, 3. Aufl. 2019, GmbHG § 56a Rn. 23, 28.

[24] Problematisch ist dabei mE auch, dass sog. Sichteinlagen, also Einlagen auf Tageskonten, nach hM als unregelmäßige Verwahrung iSd §§ 700, 488ff. BGB einzuordnen sind, vgl. Heermann in MüKoBGB, 9. Aufl. 2023, BGB § 675 Rn. 82, so dass der Nachweis ausgeschlossen erscheint, dass die Einlagemittel bei Abbuchungen vom Geschäftskonto nicht angetastet wurden, selbst wenn der Saldo infolge weiterer Geldeingänge iE konstant bleibt; aA wohl Ulmer/Casper in Habersack/Casper/Löbbe, 3. Aufl. 2019, GmbHG § 56a Rn. 27: Erfüllungswirkung der Vorleistung bei „Überweisung der Bareinlage auf ein Gesellschaftskonto, das bei Entstehung der Einlageforderung noch ein entsprechendes Guthaben ausweist“, siehe auch Ulmer/Casper aaO Rn. 28: Erfüllungswirkung sogar bei Verwendung der Voreinzahlung zu Investitionszwecken oder zur Tilgung vollwertiger GmbH-Verbindlichkeiten denkbar.

[25] Vgl. etwa Lieder in MüKoGmbHG, 4. Aufl. 2022, GmbHG § 56a Rn. 33; Servatius in Noack/Servatius/Haas, 23. Aufl. 2022, GmbHG § 56a Rn. 12; Ziemons in Michalski/Heidinger/Leible/J. Schmidt, 4. Aufl. 2023, GmbHG § 56a Rn. 25; Hermanns DNotZ 2011, 325 (330).

[26] Priester DStR 2010, 494 (496f.); Hermanns DNotZ 2011, 325 (330); vgl. auch Ziemons in Michalski/Heidinger/Leible/J. Schmidt, 4. Aufl. 2023, GmbHG § 56a Rn. 25 mwN; vgl. bisher nur im Sanierungsfall auch BGH NZG 2007, 23.

rungsfällen – in Betracht.[27] Es muss sich um eine sanierungsbedürftige und – bei objektiver Betrachtung ex ante – sanierungsfähige Gesellschaft handeln, die mithilfe der Kapitalerhöhung durchgreifend saniert werden kann, wobei die Rettung scheitern würde, falls die üblichen Kapitalaufbringungsregeln beachtet werden müssten. Zudem muss die Vorleistung eindeutig mit einem entsprechenden Tilgungszweck verbunden werden, die Voreinzahlung in dem Gesellschafterbeschluss und der Handelsregisteranmeldung offen gelegt werden und zwischen Voreinzahlung und der Kapitalerhöhung ein enger zeitlicher Zusammenhang bestehen, wobei die Kapitalerhöhung im Zeitpunkt der Voreinzahlung bereits konkret in die Wege geleitet worden sein muss.[28] Obgleich im Schrifttum verbreitet dafür plädiert wird, auf das Sanierungsmerkmal zu verzichten, wird für die Erfüllungstauglichkeit der Vorleistung dennoch eine zeitliche Verbindung von Vorleistung und Kapitalerhöhung sowie die Offenlegung und Prüfung der Voreinzahlung durch das Registergericht verlangt.[29]

Die strengen Anforderungen der Rechtsprechung werden in der Praxis nur in wenigen Ausnahmefällen erfüllt, insbesondere nicht bei Einpersonengesellschaften oder wenn (bei Mehrpersonengesellschaftern) eine Universalversammlung mit Fristverzicht möglich ist.[30] Die Bareinlageforderung der Gesellschaft gegen den Inferenten bleibt dann nach hM in voller Höhe bestehen;[31] eine Analogie zu § 19 Abs. 4 S. 3 GmbHG kommt insoweit nicht in Betracht.[32]

IV. Lösungsstrategien bzw. Fehlerkorrektur

Sobald den Beteiligten die fehlende Tilgungswirkung der Voreinzahlung (nach Hinweis durch ihre Rechtsberater oder den Notar) bewusst wird, wird häufig versucht, den „Fehler" zu korrigieren, etwa durch einvernehmliche Verrechnung des Rückforderungsanspruchs des Gesellschafters mit der Einlageforderung oder durch

[27] Vgl. BGH GmbHR 2006, 1328; DStR 2016, 923; OLG Nürnberg BB 2010, 2970; OLG Celle DB 2010, 2215–2217; aus dem Schrifttum etwa Ulmer/Casper in Habersack/Casper/Löbbe, 3. Aufl. 2019, GmbHG § 56a Rn. 22, 28; siehe auch Berkefeld in Heckschen/Heidinger, Die GmbH in der Gestaltungs- und Beratungspraxis, 5. Aufl. 2023, § 11 Rn. 27; Ziemons in BeckOK GmbHG, 59. Ed. 1.11.2023, GmbHG § 56a Rn. 17 ff.; krit. unter anderem Lieder in MüKoGmbHG, 4. Aufl. 2022, GmbHG § 56a Rn. 34 mwN; Wicke DStR 2016, 1115 (1117); zur Sondersituation in der Coronapandemie etwa Servatius in Noack/Servatius/Haas, 23. Aufl. 2022, GmbHG § 56a Rn. 15 mit Verweis auf § 7 Abs. 4 WStBG.

[28] Wicke DStR 2016, 1115 (1116 f.); Servatius in Noack/Servatius/Haas, 23. Aufl. 2022, GmbHG § 56a Rn. 10 ff.

[29] Vgl. etwa Lieder in MüKoGmbHG, 4. Aufl. 2022, GmbHG § 56a Rn. 30, 33 ff. mwN.

[30] So waren etwa im oben genannten Fall des BGH v. 26.6.2006 die Anforderungen an den Ausnahmetatbestand nicht erfüllt, da dem Alleingesellschafter bei Terminschwierigkeiten des „Hausnotars" zumutbar gewesen sei, sich an einen anderen alsbald erreichbaren Notar zu wenden.

[31] Missverständlich insofern BGH GmbHR 2012, 1066 Rn. 16, der aber auf Goette FS Priester, 2007, 95 (98) verweist, wo der Fall der Verrechnung richtigerweise als verdeckte Sacheinlage eingeordnet wird.

[32] Vgl. OLG Celle DB 2010, 2215 mit dem Argument, der Inferent wolle eine Bareinlage und keine verdeckte Sacheinlage einbringen.

Rückzahlung des voreingezahlten Betrags und zeitnahe neue Einlageleistung. Insoweit kann eine verdeckte Sacheinlage anzunehmen sein. Eine einseitige Aufrechnung wiederum dürfte an § 19 Abs. 2 S. 2 GmbHG scheitern.[33]

1. *Risiko der verdeckten Sacheinlage, § 19 Abs. 4 GmbHG*

Gemäß § 19 Abs. 4 S. 1 GmbHG befreit die Geldeinlage den Inferenten dann nicht von seiner Einlageverpflichtung, wenn diese Einlage bei wirtschaftlicher Betrachtung und aufgrund einer im Zusammenhang mit der Übernahme der Einlage getroffenen Abrede vollständig als (verdeckte) Sacheinlage zu bewerten ist. Seit dem MoMiG sind allerdings die darauf gerichteten Vereinbarungen und die dinglichen Vollzugsgeschäfte nicht mehr nichtig, § 19 Abs. 4 S. 2 GmbHG, und der Wert des verdeckt eingebrachten Vermögensgegenstands wird auf die Einlageverpflichtung angerechnet, § 19 Abs. 4 S. 3 GmbHG. Das ändert aber nichts daran, dass der Inferent zur Leistung seiner Einlage in bar verpflichtet bleibt und sich der Geschäftsführer bei der Versicherung gem. § 8 Abs. 2 GmbHG (Leistung zur endgültig freien Verfügung) nach § 82 Abs. 1 Nr. 1 GmbHG strafbar macht.

Mit der Problematik der verdeckten Sacheinlage bei Voreinzahlungen hat sich der BGH bekanntlich im Jahr 2016 befasst.[34] In dem der Entscheidung zugrunde liegenden Fall zahlte der Inferent H. Z. bei einer geplanten Kapitalerhöhung vor Entstehen der Einlagepflicht einen Betrag an die Gesellschaft mit dem Buchungstext „H. Z. Einlage". Auf Rückfrage der Buchhalterin bei dem Steuerberater der Gesellschaft wurden diese Buchungen storniert und als Darlehen verbucht. Erst einen Monat später wurde der Kapitalerhöhungsbeschluss gefasst. Zu diesem Zeitpunkt war der geleistete Betrag nicht mehr als Guthaben auf dem Konto der Gesellschaft vorhanden. Weitere vier Wochen später zahlte die Gesellschaft die ursprüngliche Leistung an den Inferenten zurück. Anschließend überwies der Gesellschafter den Betrag am selben Tag an die Gesellschaft unter Bezugnahme auf die Kapitalerhöhung. Da der Voreinzahlungsbetrag zum Zeitpunkt des Kapitalerhöhungsbeschlusses nach den Feststellungen des Berufungsgerichts nicht mehr als solcher im Gesellschaftsvermögen vorhanden war, führte die Voreinzahlung nach Auffassung des Gerichts nicht zur Tilgung der Einlageleistung, sondern es entstand ein Anspruch des Gesellschafters gegen die Gesellschaft aus ungerechtfertigter Bereicherung gem. § 812 Abs. 1 S. 2 Var. 2 BGB.[35]

Die erneute Einzahlung des Gesellschafters wertet der BGH bei wirtschaftlicher Betrachtungsweise und aufgrund Abrede im Zusammenhang mit der Übernahme der Geldeinlage als verdeckte Sacheinlage dieser Bereicherungsforderung. Dabei ist die Reihenfolge der Zahlungen (hier erst Erfüllung der Gesellschafterforderung,

---

[33] Näher Berkefeld in Heckschen/Heidinger, Die GmbH in der Gestaltungs- und Beratungspraxis, 5. Aufl. 2023, § 11 Rn. 303ff.

[34] BGH DStR 2016, 923.

[35] Dabei unterstellt der BGH zugunsten des Gesellschafters, dass es sich bei der Voreinzahlung – entgegen der späteren Buchung – nicht um ein Darlehen gehandelt habe, da ansonsten der strengere § 19 Abs. 5 GmbHG (in Gestalt des Her- und Hinzahlens) zur Anwendung hätte kommen können (keine Anrechnung!). Natürlich hätte der Gesellschafter den Anspruch aus § 812 BGB im Wege der offenen Sachkapitalerhöhung nach § 56 GmbHG einbringen können.

anschließend Zahlung auf Einlagepflicht) nach Auffassung des Senats unerheblich. Entscheidend sei allein der mit diesen Leistungen bewirkte Erfolg, dass der Gesellschaft im wirtschaftlichen Ergebnis keine neue Liquidität zugeführt worden sei, sondern sie lediglich die Befreiung von einer Gesellschafterforderung erhalten habe. Da auf den Sachverhalt bereits das neue Recht anwendbar war, kam der BGH zumindest zur Anwendung der Anrechnungsvorschrift des § 19 Abs. 4 S. 3 GmbHG, wobei die Werthaltigkeit der Bereicherungsforderung noch vom Berufungsgericht festzustellen war.

2. *Wohl kein Verstoß gegen Kapitalaufbringungsvorschriften, wenn Einlageleistung bei „Reparaturmaßnahme" noch als solche vorhanden ist*

Etwas anderes könnte gelten, wenn die Rückzahlung an den Gesellschafter bereits *vor* dem Entstehen der Einlagepflicht erfolgt *und* die Voreinzahlung zu diesem Zeitpunkt noch als solche im Gesellschaftsvermögen vorhanden ist (etwa nach Hinweis durch den Notar oder Rechtsberater bei der Vorbereitung der Kapitalerhöhung). Dies folgt zwar nicht bereits aus dem Umstand, dass die Forderung des Gesellschafters infolge Rückzahlung bereits vor dem Entstehen der Einlagepflicht nach § 362 Abs. 1 BGB erloschen war und infolgedessen überhaupt nicht mehr als Sacheinlage eingebracht werden könnte.[36] Denn der BGH hat ausdrücklich hervorgehoben, dass die Reihenfolge der Zahlungen („Hin- und Her-" oder „Her- und Hinzahlen") unerheblich sei und es allein darauf ankomme, ob der Gesellschaft im wirtschaftlichen Ergebnis neue Liquidität zugeführt werde.

Jedoch dürften die Tatbestandsvoraussetzungen der verdeckten Sacheinlage nicht erfüllt sein, wenn dem Gesellschafter nie ein Rückzahlungsanspruch gegen die GmbH zustand. Hintergrund dieser Überlegung ist, dass der Gesellschafter eine Leistung auf eine noch nicht bestehende Schuld erbracht hat. Da überwiegend davon ausgegangen wird, dass bei Leistungen auf künftige Schuldverhältnisse ein Fall der Zweckverfehlungskondiktion gemäß § 812 Abs. 1 S. 2 Var. 2 BGB vorliegt,[37] dürfte ein Rückforderungsanspruch erst bzw. nur dann zu bejahen sein, wenn die fehlende Schuldtilgung (wegen des Verbrauchs der Voreinzahlung) feststeht oder die Kapitalerhöhung nicht durchgeführt wird.[38] Sofern der Voreinzahlungsbetrag dagegen bis zum Entstehen der Einlagepflicht entsprechend den in Abschnitt I aufgestellten Anforderungen noch vorhanden ist, hätte die Barkapitalerhöhung durchgeführt werden können und es besteht zu keinem Zeitpunkt ein Anspruch aus § 812 Abs. 1 BGB, den der Gesellschafter verdeckt hätte einbringen können. Dann kann es im Hinblick auf § 19 Abs. 4 GmbHG nicht schaden, wenn die noch vorhandene Voreinzahlung an den Gesellschafter zurückgeführt wird und dieser anschließend den Betrag erneut an die Gesellschaft zahlt.[39]

---

[36] So aber Illhardt GmbHR 2016, 482 (483f.).

[37] Vgl. etwa BGH WM 1967, 1042; OLG Brandenburg BeckRS 2010, 12594; aA BGH NJW 1983, 1905 (1907) (obiter dictum ohne nähere Begründung); Weber JZ 1989, 25 (29).

[38] Vgl. auch Ulmer/Casper in Habersack/Casper/Löbbe, 3. Aufl. 2019, GmbHG § 56a Rn. 26.

[39] Vgl. auch BGH DStR 2011, 1235, wonach ein künftiger Regressanspruch eines Bürgen nicht sacheinlagefähig sei. Das Gericht führt insoweit aus, dass aufschiebend bedingte Forderun-

Meines Erachtens dürfte ein solches Vorgehen auch nicht den Tatbestand des § 19 Abs. 5 S. 1 GmbHG in Gestalt des „Her- und Hinzahlens" erfüllen. Zwar erfasst der Tatbestand nicht nur das „Hin- und Herzahlen" oder „Her- und Hinzahlen" im Rahmen einer Darlehensgewährung, sondern jede Konstellation, die bei wirtschaftlicher Betrachtung einer Rückzahlung der Einlage (an den Gesellschafter) entspricht.[40] Insofern könnte man den Standpunkt einnehmen, dass der Gesellschaft nach dem Entstehen der Einlagepflicht bei wirtschaftlicher Betrachtung keine neue Liquidität zugeführt, sondern das Vermögen lediglich um den zuvor entnommenen Betrag aufgefüllt wird. Gegen die Anwendbarkeit der Norm spricht jedoch, dass der Gesellschaft – anders als in den typischen Fällen des § 19 Abs. 5 GmbHG – im Vergleich zum Stand vor der Planung der Kapitalerhöhung dauerhaft Liquidität zugeführt wird. Eine höchstrichterliche Klärung dieser Rechtsfrage steht – soweit ersichtlich – noch aus.

3. Sicherer Weg: Einbringen der Forderung aus § 812 BGB als Sacheinlage

Sofern sich die Einlageleistung im Zeitpunkt der „Reparaturmaßnahme" nicht mehr als solche im Gesellschaftsvermögen befindet, besteht grundsätzlich die Möglichkeit, die ursprünglich geplante Barkapitalerhöhung auf eine reguläre Sachkapitalerhöhung umzustellen und die Forderung aus § 812 BGB gegen die Gesellschaft als offene Sacheinlage in die Gesellschaft einzubringen. Alternativ könnte man auch erwägen, die Vorleistung in ein Darlehen umzuqualifizieren und dieses im Rahmen der Sachkapitalerhöhung einzulegen.[41]

In der notariellen Kapitalerhöhungsurkunde könnte insoweit nach dem Urkundeneingang und dem Sachstand (Beteiligungsverhältnisse) etwa formuliert werden:

> „Der Gesellschafter Herr X hat in Vorgriff auf die nachstehende Kapitalerhöhung bereits am 15.7.2024 einen Betrag in Höhe von … EUR auf ein Gesellschaftskonto überwiesen. Nach Angabe der Beteiligten besteht die Gefahr, dass die eingezahlten Mittel inzwischen verbraucht sind; sie gehen daher davon aus, dass es sich um eine sog. nicht schuldtilgende Voreinzahlung im Sinne der Rechtsprechung des Bundesgerichtshofs handelt (vgl. zuletzt BGH vom 10.1.2016 – II ZR 61/15, DStR 2016, 923), bei der nach Auffassung des Bundesgerichtshofs eine Forderung aus § 812 Abs. 1 BGB entsteht, die bei Werthaltigkeit im Wege der Sacheinlage eingebracht werden kann. Dies vorausgeschickt halten die Gesellschafter der Gesellschaft unter Verzicht auf sämtliche durch Gesetz oder Satzung festgelegten Frist- und Formvorschriften eine Gesellschaftervollversammlung der GmbH ab und beschließen hierbei, was folgt:
>
> [1. Erhöhung des Stammkapitals gegen Sacheinlage durch Ausgabe eines neues Geschäftsanteils in Höhe von … EUR; 2. Zulassung von Herrn X zur Übernahme des neuen Geschäftsanteils] 3. Auf den neuen Geschäftsanteil im Nennbetrag von … EUR hat Herr X in voller Höhe eine Sacheinlage dergestalt zu erbringen, dass er die ihm gegen die Gesellschaft aus § 812 BGB zustehende Forderung wegen Voreinzahlung in Höhe von … EUR auf die Gesellschaft überträgt. Die Beteiligten gehen von der Werthaltigkeit der vorgenannten Forderung aus. Soweit der Einbringungswert der vorgenannten Forderung den Nennbetrag des hierfür gewährten neuen Geschäftsanteils übersteigt, ist die Differenz in die Kapitalrücklage der Gesell-

---

gen keine tauglichen Sacheinlagegegenstände seien, solange die Bedingung nicht eingetreten und der Bedingungseintritt auch nicht überwiegend wahrscheinlich sei.

[40] Vgl. nur Casper in Habersack/Casper/Löbbe, 3. Aufl. 2019, GmbHG § 19 Rn. 209 mwN.

[41] Vgl. Tuttlies BB 2011, 148.

schaft einzustellen. Soweit der Einbringungswert der vorgenannten Forderung den Nennbetrag des hierfür gewährten neuen Geschäftsanteils nicht erreicht, hat der Inferent, Herr X, den Fehlbetrag in Geld aufzubringen und an die Gesellschaft zu leisten. [Es folgen die weiteren regulären Bestimmungen des Kapitalerhöhungsbeschlusses samt nachfolgender Forderungseinbringung.]"

Dieser Weg setzt allerdings Bonität der GmbH voraus, da ansonsten der Sacheinlagegegenstand, mithin die Forderung aus § 812 BGB oder § 488 BGB, nicht vollwertig wäre. Dabei betont etwa das OLG Nürnberg,[42] dass der Bereicherungsanspruch des Gesellschafters insbesondere dann nicht vollwertig sei, wenn ihm die Einrede des Wegfalls der Bereicherung (§ 818 Abs. 3 BGB) oder der Kapitalerhaltungsgrundsatz des § 30 GmbHG entgegengehalten werden könne.

Von Nachteil ist zudem, dass die Werthaltigkeit der Forderung dem Registergericht gegenüber nachzuweisen ist, sich die Eintragung der Kapitalerhöhung infolgedessen eventuell verzögert und idR zusätzliche Kosten für den Wertnachweis entstehen. Sofern die Forderung nur teilweise werthaltig ist, müsste entweder eine gemischte Bar- und Sachkapitalerhöhung durchgeführt werden, der Differenzbetrag zwischen dem Forderungswert und dem Betrag der geplanten Kapitalerhöhung also durch Bareinlage ausgeglichen werden oder der Kapitalerhöhungsbetrag entsprechend reduziert werden.

Strukturell könnte man durch die offene Sacheinlage dann sogar den Vorwurf einer Einlagenrückgewähr nach § 19 Abs. 5 GmbHG verneinen, selbst wenn der ursprünglich eingezahlte Geldbetrag absprachegemäß wieder als Darlehen an den Inferenten ausgekehrt wird.

Der vorgenannte Lösungsansatz kann ferner dahingehend abgewandelt werden, dass die Kapitalerhöhung entgegen der ursprünglichen Planung nicht durchgeführt und die Voreinzahlung zum Gesellschafterdarlehen umqualifiziert oder als freiwillige Einlage in die Kapitalrücklage der Gesellschaft gemäß § 272 Abs. 2 Nr. 4 HGB eingestellt wird. In der Praxis wird diese Variante jedoch von vornherein nur in Betracht kommen, wenn alle Gesellschafter Vorleistungen erbracht haben (da ansonsten der betroffene Gesellschafter bei wirtschaftlicher Betrachtung eine Einlage erbringt, ohne dass sich seine Stimm- und Gewinnbezugsrechte entsprechend erhöhen) und es keine gewichtigen Gründe für eine echte Kapitalerhöhung gibt (etwa die Schaffung neuer Geschäftsanteile als Pfandobjekt für Finanzierungsgläubiger, eine Verschiebung der Gesellschafterrechte bei disproportionaler Zeichnung der neuen Geschäftsanteile durch die Altgesellschafter oder Ähnliches).

4. *Stehenlassen mit nachfolgendem erlaubten Hin-und-Her-Zahlen*

Eine weitere Alternative könnte darin bestehen, den möglichen, infolge des Kapitalerhöhungsbeschlusses entstehenden Rückzahlungsanspruch aus § 812 Abs. 1 S. 2 Var. 2 BGB gesellschafterseitig zunächst nicht geltend zu machen (diesen mithin stehen zu lassen) und die bare Einlageleistung regulär nach Entstehung der Einlageverpflichtung nochmals zu erbringen. Sodann könnte die bare Einlageleistung un-

[42] OLG Nürnberg BB 2011, 148, im Ansatz bestätigt, aber zur Nachermittlung aufgehoben und zurückverwiesen durch BGH NZG 2012, 1067.

ter Einhaltung der Vorgaben für die ordnungsgemäße Einlagenrückgewähr nach § 19 Abs. 5 GmbHG als von der Gesellschaft an den Inferenten gewährtes Darlehen zurückgezahlt werden. Bleibt die Forderung aus § 812 Abs. 1 S. 2 Var. 2 BGB zunächst unberührt, wird die bare Einlageverpflichtung durch eine nochmalige Zahlung ordnungsgemäß getilgt. Wann und unter welchen Umständen der Gesellschafter später die Forderung aus § 812 Abs. 1 S. 2 Var. 2 BGB und die Darlehensverbindlichkeit gegen die GmbH aufrechnen kann, ist indes noch nicht höchstrichterlich geklärt und hängt im Wesentlichen von dem Charakter der Darlehensverbindlichkeit iRd § 19 Abs. 5 GmbHG ab. Der BGH hat für die AG vor einiger Zeit festgestellt, dass eine (einvernehmliche) Aufrechnungsvereinbarung über Einlageleistungsansprüche nach § 66 AktG wirksam ist, wenn die Forderung des Aktionärs gegen die Gesellschaft vollwertig, fällig und liquide ist.[43] Vorsorglich muss jedoch darauf hingewiesen werden, dass die Rechtsfrage nicht abschließend geklärt ist und unmittelbar einschlägige Rechtsprechung – soweit ersichtlich – nicht vorliegt. Zudem hat dieser Lösungsansatz den Nachteil, dass der Inferent der Gesellschaft zumindest vorübergehend weiteres Kapital zur Verfügung stellen und er seinerseits wegen der Anforderungen des § 19 Abs. 5 GmbHG voll kreditfähig sein muss. Schließlich besteht das Risiko, dass die Befriedigung der gestundeten Gesellschafterforderung durch Aufrechnung mit der Gesellschaftsforderung nach §§ 135 Abs. 1 Nr. 2, 39 Abs. 1 Nr. 5 InsO anfechtbar ist, wenn die Gesellschaft innerhalb eines Jahres nach der Aufrechnung insolvent wird.

V. Fazit

Festzuhalten bleibt, dass Voreinzahlungen in der Praxis vor allem bei Kapitalerhöhungen nach wie vor häufig vorkommen, gerade insoweit aber rechtliche Risiken im Zusammenhang mit der ordnungsgemäßen Kapitalaufbringung bestehen. Leider sind alle bisher diskutierten Lösungsansätze mit zT erheblichen Nachteilen und Rechtsunsicherheiten verbunden. Überdies ist eine belastbare Einschätzung, ob eine Voreinzahlung nicht schuldtilgend ist, iSd BGH-Rechtsprechung mitunter schwierig bis kaum zu treffen. Die beste Strategie dürfte daher in der Praxis darin bestehen, Steuerberater und Mandanten weiter für die Gefahren von Voreinzahlungen zu sensibilisieren, damit diese von vornherein vermieden werden. Zudem sollte der Notar bei der Beurkundung der Kapitalerhöhung die Problematik ausführlich mit den Beteiligten erörtern und aktiv nachfragen, ob Voreinzahlungen geleistet wurden. Aus Haftungsgründen sollte dies auch in der notariellen Urkunde dokumentiert werden. Falls eine Voreinzahlung von den Beteiligten im Einzelfall bejaht wird, sollte die Beurkundung abgebrochen und das weitere Vorgehen sorgfältig mit den Beteiligten und deren Steuerberater abgestimmt werden, ggf. unter Rückgriff auf die vorstehend diskutierten Lösungsansätze.

---

[43] BGH ZIP 2012, 73; da nicht hinsichtlich des Einlageanspruchs aufgerechnet wird, dürften jedenfalls die strengen Vorgaben des § 19 Abs. 2 GmbHG nicht eingreifen.

CHRISTIAN BOCHMANN

Die gegenständliche Reichweite der Sondererbfolge in Personengesellschaftsanteile

I. *Einführung*

An der akademisch ebenso faszinierenden wie praktisch relevanten Schnittstelle zwischen Personengesellschafts- und Erbrecht hat der Gesetzgeber mit § 711 Abs. 2 S. 2 und 3 BGB in der Fassung des Gesetzes zur Modernisierung des Personengesellschaftsrechts (MoPeG)[1] die folgenden, bereits zuvor praktisch unbestrittenen[2] Grundsätze positiviert: Sind mehrere Erben vorhanden, fällt ein kraft gesellschaftsvertraglicher Nachfolgeklausel vererblich gestellter (§ 711 Abs. 2 S. 1 BGB) Gesellschaftsanteil kraft Gesetzes jedem Erben unmittelbar persönlich entsprechend der Erbquote zu.[3] Die Vorschriften über die Erbengemeinschaft finden insoweit keine Anwendung. Damit wird der erbrechtliche Grundsatz der Gesamtrechtsnachfolge in Erbengemeinschaft nach § 2032 BGB durchbrochen, und es kommt stattdessen zur Sondererbfolge (Singularsukzession) der Miterben in den ihrer Erbquote entsprechenden Teil der vererbten Gesellschaftsbeteiligung.[4] Für persönlich haftende Gesellschafter in der offenen Handelsgesellschaft und der Kommanditgesellschaft gilt nichts anderes,[5] ebenso – ungeachtet der gegenüber GbR (§ 723 Abs. 1 Nr. 1 BGB) und oHG (§ 130 Abs. 1 Nr. 1 HGB) verschiedenen dispositiven Ausgangslage bezüglich der Vererblichkeit (§ 177 HGB) – für Kommanditbeteiligungen.[6]

Jenseits dieser fundamentalen Weichenstellung zwischen Personengesellschafts- und Erbrecht ist vieles ungeklärt. Der Jubilar hat etwa zu Recht darauf hingewiesen, dass der Vorrang des Gesellschafts- vor dem Erbrecht nur im Falle der Anwendbarkeit deutschen Erbrechts selbstverständlich ist. Die Berufung eines ausländischen Erbrechts nach EuErbVO werfe hingegen die Frage auf, ob dieses sich ungeachtet § 711 Abs. 2 S. 2 und 3 BGB gegen das deutsche Gesellschaftsrecht durchsetze.[7]

---

[1] BGBl. 2021 I 3436.

[2] Vgl. nur BGHZ 22, 186, juris Rn. 16 (oHG-Gesellschaftsanteil); BGHZ 108, 187, juris Rn. 11 (Kommanditanteil); K. Schmidt, Gesellschaftsrecht, 4. Aufl. 2002, § 45 V. 4. a (S. 1339ff.); Heckschen in Burandt/Rojahn, Erbrecht, 4. Aufl. 2022, BGB § 2205 Rn. 37; K. Schmidt/Fleischer in MüKoHGB, 5. Aufl. 2022, HGB § 139 Rn. 13ff.; Ulmer FS Schilling, 1973, 79 (93ff.).

[3] Begr. RegE MoPeG, BT-Drs. 19/27635, 145.

[4] Begr. RegE MoPeG, BT-Drs. 19/27635, 145; vgl. auch Freier/Knaier in Heckschen/Freier, Das MoPeG in der Notar- und Gestaltungspraxis, 2024, § 3 Rn. 593.

[5] Leipold, Erbrecht, 23. Aufl. 2022, Rn. 595f; Leipold in MüKoBGB, 9. Aufl. 2022, BGB § 1922 Rn. 204, 131f.

[6] Leipold, Erbrecht, 23. Aufl. 2022, Rn. 595f.; Hölscher ZPG 2023, 330 (332).

[7] Heckschen/Nolting BB 2020, 2256 (2262).

Eine weitere ungeklärte – und bislang wenig beachtete[8] – Frage ist die nach der gegenständlichen Reichweite der Sondererbfolge in Personengesellschaftsanteile. Es geht dabei nicht darum, in welchem anteiligen Umfang ein gesellschaftsrechtlich qualifizierter Erbe in die Beteiligung einrückt,[9] sondern darum, was zu der Beteiligung gehört. Diese Frage ist dann von besonderer Brisanz, wenn Miterben durch qualifizierte Nachfolgeklauseln[10] von der Nachfolge in den Personengesellschaftsanteil ausgeschlossen sind. Denn die Konsequenz des § 711 Abs. 2 S. 2 und 3 BGB besteht darin, dass der Personengesellschaftsanteil als solcher nicht in die ungeteilte Erbengemeinschaft fällt, sondern sich automatisch auf die gemäß der Nachfolgeklausel berufenen Miterben – aber eben auch nur auf diese – aufteilt.[11] Zum Nachlass gehört der Anteil nach heute hM gleichwohl,[12] was insbesondere für die Reichweite der Testamentsvollstreckung von Bedeutung ist. Die qualifizierten Erben müssen sich den Anteilswert damit zwar bei der Auseinandersetzung mit den weichenden Miterben auf ihren Erbteil anrechnen lassen und bei Insuffizienz des Nachlasses Ausgleich gegenüber den weichenden Erben (der Erbengemeinschaft) leisten.[13] Die Positionen unterscheiden sich – und das trotz gleicher Stellung in erbrechtlicher Hinsicht – aber dennoch erheblich: Während der qualifizierte Erbe unmittelbar Gesellschafter wird, müssen die weichenden Miterben gegebenenfalls um ihre Ausgleichsansprüche kämpfen. Umgekehrt kann gerade die Gesellschafterstellung eine ungewollte Bürde sein, wenn sie gesellschaftsrechtlich sehr schwach ist – etwa ohne nennenswerte Entnahmerechte, ohne Einfluss und ohne unmittelbare Kündigungsmöglichkeit –, der qualifizierte Erbe aber substanziellen Ausgleichsforderungen der weichenden Miterben ausgesetzt ist.

Da Anknüpfungspunkt der Sondererbfolge ausweislich § 711 Abs. 2 S. 2 BGB der „Gesellschaftsanteil" ist, rückt für die Bestimmung ihrer Reichweite die Frage in den Mittelpunkt, was zum Gesellschaftsanteil im Sinne der Vorschrift gehört – und was nicht. Abstrakte Formeln vom Inbegriff der Rechtsbeziehungen aus dem Gesellschaftsverhältnis zu der Gesellschaft, zu ihrem Vermögen und zu den übrigen Gesellschaftern (Inbegriff der mitgliedschaftlichen Rechte)[14] allein führen nicht weiter. Denn die vermögensmäßige „Beteiligung" von Personengesellschaftern ist praktisch durch die gesellschaftsvertragliche Regelung von Gesellschafterkonten und den damit verbundenen, fein ausdifferenzierten Regeln zur Ergebnisverbuchung und Entnahmeberechtigung geprägt, wobei sich die daraus fließenden rechtlichen Positionen erheblich unterscheiden.

[8] Vgl. aber Lorz in Ebenroth/Boujong, 5. Aufl. 2024, HGB § 131 Rn. 12; vgl. auch Roth in Hopt, 43. Aufl. 2024, HGB § 131 Rn. 14.

[9] Dazu grundlegend BGHZ 68, 225, juris Rn. 27 (vollumfänglicher Anteilserwerb des einzigen qualifizierten Erben).

[10] BGHZ 68, 225, juris Rn. 27; BGH NJW 1983, 2376 (2377); K. Schmidt/Fleischer in MüKoHGB, 5. Aufl. 2022, HGB § 139 Rn. 16; Reuter in Staudinger, 2003, BGB § 727 Rn. 19 f.

[11] BGHZ 68, 225 = NJW 1977, 1339 (1342 f.); BGHZ 119, 346 (354); Lorz in Ebenroth/Boujong, 5. Aufl. 2024, HGB § 131 Rn. 10.

[12] BGHZ 68, 225 = NJW 1977, 1339 (1343); K. Schmidt/Fleischer in MüKoHGB, 5. Aufl. 2022, HGB § 139 Rn. 13; Kamanabrou in Oetker, 8. Aufl. 2024, HGB § 131 Rn. 7.

[13] Lorz in Ebenroth/Boujong, 5. Aufl. 2024, HGB § 131 Rn. 23 ff.; Schäfer in MüKoBGB, 9. Aufl. 2024, BGB § 711 Rn. 65.

[14] So zB BGH NZG 2020, 1304 Rn. 9.

Ganz grob lassen sich Eigenkapitalpositionen und Fremdkapitalpositionen der Gesellschafter unterscheiden. Letztere stellen – echte – Forderungen der Gesellschafter dar, im Grundsatz nicht anders als solche gegen einen Dritten.[15] Da diese – häufig aus stehengelassenen Gewinnen gespeist – praktisch typischerweise einen erheblichen Anteil an der finanziellen Position eines Personengesellschafters gegenüber seiner Gesellschaft ausmachen, stellt sich die Frage, ob sie Bestandteil des „Gesellschaftsanteils" sind und damit nur qualifizierten Erben zufallen oder wie das gesamte übrige Vermögen als Teil des Nachlasses der ungeteilten Erbengemeinschaft unter Einschluss aller Erben zustehen.

II. Die Entscheidung des OLG Schleswig vom 8.12.2021

Das Oberlandesgericht Schleswig hat sich in seiner Entscheidung zu Az. 9 U 86/20 vom 8.12.2021 mit der Frage der gegenständlichen Reichweite der Sonderrechtsnachfolge befasst.

1. Sachverhalt

Der Erblasser war an einer Kommanditgesellschaft beteiligt, in der für ihn als einzigem Kommanditisten ein Darlehenskonto auf Basis folgender gesellschaftsvertraglicher Vorgabe geführt wurde:

„Soweit die Gegenleistung für das in Erfüllung der Kommanditeinlage auf die Gesellschaft übertragene Vermögen die Kommanditeinlage übersteigt, wird der Mehrbetrag einem Darlehenskonto des Kommanditisten gutgeschrieben und von der Gesellschaft als Verbindlichkeit geschuldet."

Dem Gesellschafterdarlehenskonto sollten ferner Gewinnanteile gutgeschrieben werden, die nicht zum Ausgleich negativer Salden von Verlustsonderkonten benötigt werden. Als qualifizierte Nachfolgeklausel sah der Gesellschaftsvertrag vor:

„Der Anteil eines Gesellschafters am Gesellschaftsvermögen kann von Todes wegen nur auf Personen übertragen werden, die a) mit dem Gesellschafter … in gerader Linie verwandt oder b) Ehegatte des Gesellschafters … oder einer Person nach Buchst. a) sind. Mit ihnen wird die Gesellschaft fortgesetzt. Andere Erben oder Vermächtnisnehmer können nicht in die Gesellschaft eintreten."

Mit Erbvertrag bestimmte der Erblasser seine beiden leiblichen Söhne sowie deren Halbbruder – den Sohn der Ehefrau des Erblassers aus erster Ehe – zu seinen Erben zu gleichen Teilen und vermachte (nur) seinen leiblichen Söhnen seinen Kommanditanteil an der in Rede stehenden Gesellschaft.

[15] Vgl. für den Gewinnanspruch BGH NZG 2013, 738 Rn. 20f.; Bochmann in Ebenroth/Boujong, 5. Aufl. 2024, HGB § 122 Rn. 7.

2. Gründe

Unstreitig ging die Kommanditbeteiligung des Erblassers im Ausgangspunkt aufgrund der qualifizierten Nachfolgeklausel im Gesellschaftsvertrag jeweils hälftig (nur) auf die beiden leiblichen Söhne des Erblassers über und wurde nicht gemeinschaftliches Vermögen der Erben in Erbengemeinschaft. Der nicht qualifizierte Erbe machte jedoch geltend, die auf dem Gesellschafterdarlehenskonto verbuchte Darlehensforderung des Erblassers gegen die Kommanditgesellschaft sei gesamthänderisches Vermögen der Erbengemeinschaft geworden.

Dem folgte das OLG Schleswig allerdings nicht und entschied, der Kommanditanteil sei insgesamt mit allen Konten – inklusive des in Rede stehenden Darlehenskontos – ausschließlich den Erben, die leibliche Söhne sind, zugefallen: Ob mit der Übertragung von Gesellschafteranteilen auch alle Gesellschafterkonten des Erblassers auf die Erben übergehen oder diese bei dem übertragenden Gesellschafter verbleiben sollen, sei durch eine Auslegung der zugrundeliegenden vertraglichen Regelungen zum Zeitpunkt des Vertragsschlusses zu ermitteln.[16] Bei der Auslegung einer erbvertragsmäßigen Verfügung im Sinne von § 2278 BGB sei gemäß §§ 133, 157 BGB zu ermitteln, was die Vertragsteile im maßgebenden Zeitpunkt der Errichtung des Erbvertrages erklärt haben und wie das Erklärte aus der Sicht des anderen Teils zu verstehen gewesen sei; was ein Erblasser – einseitig – gewollt (und nicht auch geäußert) habe, falle dagegen, solange es dem anderen Teil verborgen geblieben sei, bei der Auslegung nicht ins Gewicht.[17] Grundsätzlich gingen bei fehlender ausdrücklicher Bestimmung die Forderungen des übertragenden Gesellschafters gegen die Gesellschaft mit auf die Erwerber über, die im Zeitpunkt des Vertragsabschlusses aus dem Rechenwerk der Gesellschaft erkennbar seien.[18] Im Interesse der Rechtssicherheit und Rechtsklarheit gingen im Zweifel alle Rechte und Pflichten des bisherigen Gesellschafters, die im Gesellschaftsvertrag ihre Grundlage haben, auf den neuen Gesellschafter über.[19] Anderes könne nur dann gelten, wenn der Gesellschaftsvertrag oder der Übertragungsvertrag abweichende Bestimmungen enthalte oder sich aus den Umständen bestimmte Ausnahmen ergeben.[20] Die Partei, die sich auf diese Ausnahmen berufe, trage insoweit die Darlegungs- und Beweislast.[21]

III. Kritik

Wäre die Entscheidung zu einem Abtretungsvertrag unter Lebenden ergangen, stünde sie im Einklang mit der – vom OLG Schleswig rezipierten – obergerichtlichen und höchstrichterlichen Rechtsprechung.[22] In Rede stand allerdings eine

---

[16] OLG Schleswig 8.12.2021 – 9 U 86/20, juris Rn. 82.
[17] OLG Schleswig 8.12.2021 – 9 U 86/20, juris Rn. 83.
[18] OLG Schleswig 8.12.2021 – 9 U 86/20, juris Rn. 84.
[19] OLG Schleswig 8.12.2021 – 9 U 86/20, juris Rn. 84.
[20] OLG Schleswig 8.12.2021 – 9 U 86/20, juris Rn. 84.
[21] OLG Schleswig 8.12.2021 – 9 U 86/20, juris Rn. 84.
[22] BGHZ 106, 359; OLG Koblenz 25.5.2010 – 12 U 957/04, juris; OLG Köln ZIP 2000, 1726.

– wenn auch vertragliche – Verfügung von Todes wegen. Mit Blick auf diesen Umstand ist die Rechtsprechung, auf die sich das Oberlandesgericht stützt, nicht nur unergiebig, sondern dürfte sogar das gegenteilige Ergebnis nahelegen. Denn wenngleich die Frage in dieser Zuspitzung noch nicht entschieden wurde, legt doch insbesondere die ältere Rechtsprechung zum Schicksal von Ansprüchen auf Gewinn und Auseinandersetzungsguthaben im Zusammenhang mit der Nachlassverwaltung, Nachlassinsolvenzverwaltung und Verwaltungstestamentsvollstreckung[23] nahe, dass derartige selbstständige Ansprüche gerade nicht den Weg der Singularsukzession gehen.

1. *Vom OLG Schleswig angeführte Rechtsprechungsgrundsätze*

Das OLG Schleswig stützt seine Entscheidung im Wesentlichen auf folgende Rechtsprechungslinie:

Die vom Obergericht zitierte Entscheidung des Bundesgerichtshofs zu Az. II ZR 120/62 hält fest, dass es der Disposition der Parteien eines Anteilsübertragungsvertrags unterliegt, welche Sozialansprüche und Sozialverbindlichkeiten der Gesellschaft gegenüber dem Veräußerer auf den Erwerber übergehen.[24] Konkret ging es um Rückzahlungspflichten in Bezug auf die zu Unrecht entnommene gesellschaftsvertragliche Tätigkeitsvergütung eines oHG-Gesellschafters. Mit Blick auf diese Konstellation erklärt sich die erstmals formulierte Einschränkung, dass mangels anderweitiger Anhaltspunkte im Zweifel nur der Übergang solcher Verpflichtungen und Ansprüche gewollt sein kann, *„die bei Vertragsschluß bereits im Rechenwerk der Gesellschaft ihren Niederschlag gefunden haben, also insbesondere aus den Privat- und Darlehenskonten des Veräußerers ersichtlich sind"*.[25] Da weder die unberechtigte Entnahme noch die daraus resultierende Rückzahlungsverpflichtung verbucht worden war, sei diese nicht auf den Erwerber übergegangen; vielmehr hafte (allein) der Veräußerer weiter, obwohl er nicht mehr Gesellschafter sei.[26]

Bekräftigt wurde jener Grundsatz mit Urteil des Bundesgerichtshofs zu Az. II ZR 163/85. In der Entscheidung ging es um das Schicksal einer auf dem Gesellschaftsverhältnis einer GmbH & Co. KG beruhenden Darlehensforderung, die sich aus nicht entnommenen Gewinnen speiste. Diese trat der ehemalige Gesellschafter zu einem Zeitpunkt ab, als die vorangegangene Kommanditanteilsübertragung an einen anderen bereits wirksam geworden war, was wiederum die Frage aufwarf, ob der ehemalige Gesellschafter überhaupt noch Inhaber der Gesellschafterdarlehensforderung war.

Der BGH hob zunächst hervor, der Umstand, dass das Privatkonto ausschließlich gesellschaftsrechtliche Ansprüche enthielte, stehe der Annahme eines selbstständig übertragbaren Forderungsrechts (§ 711a S. 2 BGB) nicht entgegen.[27] Aus dieser

---

[23] BGHZ 47, 293 = NJW 1967, 1961 (1962); BGHZ 91, 132 = NJW 1984, 2104 (2105); BGHZ 108, 187 = NJW 1989, 3152 (3154); vgl. auch KG NJW-RR 1991, 835 (836).
[24] BGHZ 45, 221, juris Rn. 13.
[25] BGHZ 45, 221, juris Rn. 14.
[26] BGHZ 45, 221, juris Rn. 14.
[27] BGH 5.5.1986 – II ZR 163/85, juris Rn. 19.

Selbständigkeit könne jedoch nicht geschlossen werden, dass der Anspruch beim Veräußerer verbleibe und nicht auf den Erwerber übergehe.[28] Im Zweifel gingen diejenigen Geldansprüche und -verpflichtungen aus der Vergangenheit, die im Zeitpunkt des Vertragsschlusses bereits im Rechenwerk der Gesellschaft ihren Niederschlag gefunden haben – insbesondere auf dem Privat- oder Darlehenskonto des Veräußerers –, auf den Erwerber über. Die Konstellation war wirtschaftlich folglich genau umgekehrt zu derjenigen in BGHZ 45, 221: Es ging nicht darum, den Erwerber vor nicht erkennbarer Inanspruchnahme zu schützen, sondern ihm die *„im Rechenwerk"* ersichtlichen Forderungen des übertragenden Gesellschafters zuzusprechen.

In den obergerichtlichen Entscheidungen des OLG Koblenz zu Az. 12 U 957/04 sowie des OLG Köln zu Az. 22 U 139/99 ging es ebenfalls um Darlehensforderungen von Kommanditisten, die auf Gesellschafterdarlehenskonten erfasst waren. Nach OLG Köln sollten bei zeitlich verzögerter Übertragung auf Grundlage einer Option diejenigen Darlehensforderungen bei Wirksamwerden des Anteilsübergangs nicht mit übertragen werden, die im Zeitpunkt des Optionsangebots noch nicht im Rechenwerk erkennbar waren.[29] Das OLG Koblenz schloss aus besonderen Umständen der Übertragung von Kommanditanteilen darauf, dass Gesellschafterdarlehensforderungen nicht mit übertragen sein sollten.

Sämtliche Entscheidungen, die das OLG Schleswig heranzieht, heben hervor, es könne keine allgemeine Aussage über den Verbleib selbstständiger Gesellschafterrechte bei Anteilsübertragungen getroffen werden. Es komme vielmehr auf die konkrete Vereinbarung – und damit auf die Auslegung der zugrunde liegenden Parteivereinbarung – an.[30] Prämisse ist aber in jedem Falle die Selbstständigkeit des in Rede stehenden Rechts, Dreh- und Angelpunkt seines Schicksals im Zuge von Anteilsübertragungen die konkrete Vereinbarung. Bei den Darlehensforderungen bestanden diese in Abtretungsvereinbarungen (§§ 398, 413 BGB). Im Fall von BGHZ 45, 221 ging es letztlich (unausgesprochen) um eine Schuldübernahme gemäß § 415 BGB, da der Veräußerer nur auf diese Weise von einer selbstständigen Verbindlichkeit gegenüber der Gesellschaft frei werden konnte.

2. *Unergiebigkeit älterer Rechtsprechung für Verfügungen von Todes wegen*

a) Verfügungsgeschäfte unter Lebenden über selbstständige Ansprüche und Verbindlichkeiten aus dem Gesellschaftsverhältnis

Auch wenn die Entscheidung des OLG Schleswig Gegenteiliges suggeriert, ist die frühere höchst- und obergerichtliche Rechtsprechung für die Beurteilung der Reichweite der Sondererbfolge in Personengesellschaftsanteile – allenfalls – unergiebig. Das liegt nicht daran, dass die Rechtsprechung ihren Ausgang bei der Frage des Übergangs einer eigenständigen Verbindlichkeit des Gesellschafters

---

[28] BGH 5.5.1986 – II ZR 163/85, juris Rn. 19.

[29] OLG Köln ZIP 2000, 1726 (1729).

[30] BGHZ 106, 359; OLG Koblenz 25.5.2010 – 12 U 957/04, juris Rn. 42; OLG Köln ZIP 2000, 1726.

nahm, wenngleich diese Konstellation sich unter dem Schutzwürdigkeitsgesichtspunkt gewiss anders darstellt als diejenige des (Mit-)Übergangs selbstständiger Forderungen des Veräußerers. Der maßgebliche Unterschied besteht vielmehr darin, dass es in jeder der referenzierten Konstellationen um rechtsgeschäftliche Übertragungen von Personengesellschaftsanteilen unter Lebenden ging. Diese Verfügungsgeschäfte vollziehen sich gemäß §§ 413, 398 BGB in Gestalt eines Abtretungsvertrags.[31] Für diesen wiederum gelten die allgemeinen Auslegungsgrundsätze der §§ 133, 157 BGB, sodass es konsequent ist, wenn die Rechtsprechung bei Anteilsabtretungen im Hinblick auf die Reichweite des Verfügungsgeschäfts auch in Bezug auf selbstständige Forderungen des Veräußerers den Willen von Veräußerer und Erwerber erforscht. Gleiches gilt für den in BGHZ 45, 221 in Rede stehenden Übergang selbstständiger Verbindlichkeiten, da auch die Schuldübernahme nach hM ein Verfügungsgeschäft ist,[32] das im konkreten Fall mit Zustimmung aller übrigen oHG-Gesellschafter – somit in Bezug auf das Forderungsrecht der oHG in jedem Falle auch mit deren Zustimmung selbst – zwischen Schuldner (Anteilsveräußerer) und Übernehmer (Anteilserwerber) geschlossen wurde.[33]

Die Dispositionsfreiheit der Parteien des Anteilsübertragungsvertrags und damit (möglicherweise) verbundener Forderungsabtretungen und Schuldübernahmen gilt freilich nur unter der Prämisse, dass das Abspaltungsverbot des § 711 a BGB (§ 717 BGB aF) gewahrt ist. Nicht gesondert übertragbar sind danach Rechte der Gesellschafter aus dem Gesellschaftsverhältnis, womit in erster Linie Verwaltungsrechte gemeint sind[34], wohl aber Ansprüche, deren Befriedigung außerhalb der Liquidation verlangt werden kann, sowie Ansprüche eines Gesellschafters auf seinen Gewinnanteil oder auf dasjenige, was ihm im Fall der Liquidation zukommt. Mit dem Gewinnanteil ist der konkret entstandene oder künftig in der Person des Abtretenden als Gesellschafter entstehende Gewinnanteil gemeint,[35] sodass die separate Übertragbarkeit von entstandenen Gewinnansprüchen – zumal auf Darlehenskonten erfassten – außer Zweifel steht.[36] Für den Fall eines tatsächlich selbstständigen Sozialanspruchs der Gesellschaft gegen ihren Gesellschafter gilt dies ebenfalls.[37]

---

[31] Vgl. nur BGHZ 81, 82, juris Rn. 7; Schäfer in MüKoBGB, 9. Aufl. 2024, BGB § 711 Rn. 7; vgl. auch Begr. RegE MoPeG, BT-Drs. 19/27635, 144f.

[32] Rieble in Staudinger, 2022, BGB § 415 Rn. 7; Heinemeyer in MüKoBGB, 9. Aufl. 2022, BGB § 415 Rn. 1.

[33] Zur berechtigten Kritik an der Weite der Formulierung des BGH in Bezug auf die Dispositionsfreiheit bezüglich Gesellschafterverbindlichkeiten, wenn es an der Zustimmung der Gesellschaft als Gläubigerin fehlt, vgl. Schäfer in MüKoBGB, 8. Aufl. 2020, BGB § 719 Rn. 44; Habermeier in Staudinger, 2003, BGB § 719 Rn. 16.

[34] Schäfer in MüKoBGB, 9. Aufl. 2024, BGB § 711 a Rn. 4.

[35] Schäfer in MüKoBGB, 9. Aufl. 2024, BGB § 711 a Rn. 28; Könen in Koch, Personengesellschaftsrecht, 2024, § 711 a Rn. 21, 23.

[36] Bochmann in Ebenroth/Boujong, 5. Aufl. 2024, HGB § 120 Rn. 45, § 122 Rn. 9ff.; Schäfer in MüKoBGB, 9. Aufl. 2024, BGB § 711 a Rn. 30.

[37] Schäfer in MüKoBGB, 9. Aufl. 2024, BGB § 711 a Rn. 27.

b) Letztwillige Verfügungen vs. Übertragung von Einzelrechten

In eben jenen zwei Prämissen – Einigung zwischen Verfügungsvertragsparteien sowie selbstständige Verbindlichkeit bzw. Forderung als Verfügungsgegenstand – liegt der fundamentale Unterschied zur Konstellation, die das OLG Schleswig zu entscheiden hatte. Grundlage der Nachfolge in die Kommanditbeteiligung des Erblasser-Gesellschafters war zwar ein Erb*vertrag,*[38] der ebenfalls verfügenden Charakter hat.[39] Als zweiseitiger Vertrag ist zudem auch der Erbvertrag grundsätzlich der Auslegung zugänglich, dh hinsichtlich der darin getroffenen vertraglichen Verfügungen von Todes wegen ist der Wille der Vertragschließenden im Zeitpunkt des Erbvertragsschlusses nach allgemeinen Grundsätzen (§§ 133, 157 BGB) zu erforschen.[40]

Erbvertragsmäßige Verfügungen – im Gegensatz zu einseitigen Verfügungen in einer Erbvertragsurkunde[41] – können ausweislich § 2278 Abs. 2 BGB aber ausschließlich in Erbeinsetzungen, Vermächtnissen und Auflagen bestehen. Die am Willen der Vertragschließenden orientierte Auslegung eines Erbvertrags kann folglich ausschließlich die Frage zum Gegenstand haben, ob und in welchem Umfang Verfügungen im Sinne des § 2278 Abs. 2 BGB – Erbeinsetzung, Vermächtnis, Auflage – vereinbart wurden. Die unmittelbare dingliche Übertragung einzelner zum Nachlass gehörender Rechte und Pflichten ist hingegen gerade nicht erfasst.

Einseitige letztwillige Verfügungen sind zwar vielgestaltiger als die nach § 2278 Abs. 2 BGB zugelassenen erbvertragsmäßigen, und zur Ermittlung ihres Inhalts kommt es allein auf den tatsächlichen Willen des Erblassers an.[42] Nach ganz hM besteht aber auch insofern ein Typenzwang dahin, dass nur die gesetzlich abschließend zugelassenen Verfügungen von Todes wegen getroffen werden können.[43] Das sind insbesondere Erbeinsetzung, Vermächtnisse, Auflagen, Teilungsanordnungen, Testamentsvollstreckung etc.[44] Die dinglich-verfügende Disposition über Einzelrechte aus dem Nachlass gehört ebenfalls gerade nicht dazu. Insbesondere die Teilungsanordnung (§ 2048 BGB) wirkt nicht dinglich, sondern bewirkt lediglich Verpflichtungen und Rechte zwischen den Miterben[45] und kann daher nicht Grundlage für eine Singularsukzession in selbstständige aus der Mitgliedschaft – die ihrerseits der Singularsukzession unterliegt – erwachsene Rechte sein.[46]

---

[38] OLG Schleswig 8.12.2021 – 9 U 86/20, juris Rn. 18.

[39] Röthel, Erbrecht, 18. Aufl. 2020, § 23 I.

[40] BGHZ 26, 204 = NJW 1958, 498 (498 f.); OLG Saarbrücken ZEV 2020, 299 (300); Raff in Staudinger, 2022, BGB § 2278 Rn. 11; Weidlich in Grüneberg, 83. Aufl. 2024, BGB § 1941 Rn. 8.

[41] S. Kappler/T. Kappler in Erman, 17. Aufl. 2023, BGB § 2299 Rn. 1; Raff in Staudinger, 2022, BGB § 2299 Rn. 1.

[42] Eingehend Opris in Scherer, Münchener Anwaltshandbuch Erbrecht, 6. Aufl. 2024, § 6 Rn. 7 ff.

[43] Leipold in MüKoBGB, 9. Aufl. 2022, BGB § 1937 Rn. 10 f.; Otte in Staudinger, 2017, BGB vor §§ 1937–1941 Rn. 14.

[44] Weitere Beispiele bei Weidlich in Grüneberg, 83. Aufl. 2024, BGB § 1937 Rn. 8 f.

[45] Fest in MüKoBGB, 9. Aufl. 2022, BGB § 2048 Rn. 8.

[46] Fest in MüKoBGB, 9. Aufl. 2022, BGB § 2048 Rn. 9.

3. Singularsukzession in Personengesellschaftsanteile als Ausnahme von der erbrechtlichen Universalsukzession

a) Unmittelbare Dispositionsbefugnis über die Sondererbfolge in Personengesellschaftsanteile?

Es stellt sich damit die Frage, ob die konkrete Reichweite der Sondererbfolge in den Personengesellschaftsanteil selbst letztwillig – sei es durch Erbvertrag wie im Fall des OLG Schleswig oder durch einseitige letztwillige Verfügung – bestimmt werden kann.

Durch lebzeitige Dispositionen ist dies indirekt durchaus möglich, da auch die gezielte Umschichtung von Vermögen in Personengesellschaftsbeteiligungen vom Erbrecht grundsätzlich respektiert wird. Ein Unterfall hiervon ist die „Umwandlung" selbstständiger Forderungsrechte gegen die Gesellschaft – zB in Form von Gewinnauszahlungsansprüchen – in Eigenkapital. Eine einmal entstandene selbstständige Forderung kann dem Gesellschafter zwar nur mit seiner Zustimmung wieder entzogen werden. Entscheidet er sich jedoch dafür, diese in Eigenkapital umzuwandeln und sind gesellschaftsseitig die Voraussetzungen dafür gegeben – ein Gesellschafterbeschluss oder eine sonstige gesellschaftsvertragliche Maßgabe –, kann die Forderung in das Eigenkapital der Gesellschaft eingebracht („umgebucht") werden[47] und verliert damit ihre Selbstständigkeit. Selbstständige Verfügungen über den (Eigen-)Kapitalanteil an einer Personengesellschaft sind nicht möglich,[48] was seine Zurechnung zum Gesellschaftsanteil im Sinne von § 711 Abs. 2 BGB und damit ihr Schicksal in der erbrechtlichen Singularsukzession unzweifelhaft macht.

Jene Gestaltungsmöglichkeiten sind aber lediglich Ausdruck der allgemeinen Vermögensdispositionsfreiheit des Erblassers zu Lebzeiten,[49] die allenfalls nachlaufend über das Pflichtteilsergänzungsrecht (§ 2325 BGB) oder im Falle von Erbverträgen über die Herausgabepflicht in Bezug auf den Vertragserben beeinträchtigende Schenkungen im Sinne von § 2287 BGB Korrekturen erfährt.

Das erbrechtliche Schicksal selbstständiger Rechte im Todeszeitpunkt unmittelbar durch letztwillige Verfügung zu bestimmen, hieße über die Reichweite der Sondererbfolge zu disponieren. Dass dies mit Rücksicht auf den Numerus Clausus der letztwilligen Verfügungen nicht möglich ist, wurde bereits ausgeführt (→ III. 2. b). Es stünde zudem dem Grundsatz der Gesamtrechtsnachfolge gemäß § 1922 BGB entgegen, wonach mit dem Tod des Erblassers der gesamte Nachlass ungeteilt auf den oder im Falle einer Mehrheit von Erben auf die Erben (§ 2032 BGB) übergeht. Dieser Grundsatz der Universalsukzession als solcher ist nicht disponibel und schließt eine vom Nachlass abgetrennte, unmittelbare Zuweisung

---

[47] Bochmann in Ebenroth/Boujong, 5. Aufl. 2024, HGB § 120 Rn. 85; Lieder in Oetker, 8. Aufl. 2024, HGB § 120 Rn. 68.

[48] Zur Rechtsnatur des (Eigen-)Kapitalanteils K. Schmidt, Gesellschaftsrecht, 4. Aufl. 2002, § 47 III. 2. a; Bochmann in Ebenroth/Boujong, 5. Aufl. 2024, HGB § 120 Rn. 70; Roth in Hopt, 43. Aufl. 2024, HGB § 120 Rn. 13.

[49] Vgl. auch für den Erbvertrag ausdrücklich § 2286 BGB.

selbstständiger einzelner Rechte und Verbindlichkeiten aus.[50] Ausnahmen können sich konsequenterweise nur aus gesetzlicher Bestimmung ergeben.

Die Sondererbfolge in Personengesellschaftsanteile war zwar vor Inkrafttreten des MoPeG nicht positiv gesetzlich geregelt wie nunmehr in § 711 Abs. 2 BGB. Sie wurde aber als gesetzliche Konsequenz der Unvereinbarkeit der personengesellschaftsrechtlichen Mitgliedschaft mit Grundsätzen der Erbenhaftung sowie der Willensbildung in einer Erbengemeinschaft verstanden und konnte schon vor nahezu einem halben Jahrhundert ausweislich BGHZ 68, 225 *„mangels zwingender gegenteiliger Argumente schon im Hinblick auf die notwendige Kontinuität einer revisionsrichterlichen Rechtsprechung nicht mehr in Frage gestellt werden."*[51] Dementsprechend heißt es in der Gesetzesbegründung zu § 711 Abs. 2 BGB in der Fassung des MoPeG, dieser stelle die *„schon geltende [...] Rechtslage"*[52] klar.

Da durch den Einsatz qualifizierter Nachfolgeklauseln – wie im Fall des OLG Schleswig – die Richtung der Sonderrechtsnachfolge bestimmt werden kann, mag man die Sondererbfolge in Personengesellschaftsanteile als *„privatautonom initiiert"*[53] bezeichnen. Grundlage hierfür ist aber eben die vormals unausgesprochene, nunmehr in § 711 Abs. 2 BGB ausdrücklich gesellschaftsrechtlich-gesetzliche Gestattung dieser Gestaltungsmöglichkeit.

b) Konflikt zwischen Erb- und Gesellschaftsrecht bei verselbstständigten Rechten?

Ob diese auch ein Ausgreifen auf zwar aus der Mitgliedschaft erwachsene, aber von dieser verselbstständigte Vermögensrechte im Sinne von § 711a S. 2 BGB und Verbindlichkeiten gestattet, lässt sich nur mit Rücksicht auf den Konflikt zwischen Erb- und Gesellschaftsrecht, den der Grundsatz der Sondererbfolge zugunsten des Gesellschaftsrechts auflöst, beantworten. Der Grundsatz der Universalsukzession soll sowohl im Sinne der Nachlassbeteiligten als auch der Allgemeinheit den Nachlass im Ausgangspunkt als Einheit zusammenhalten und eine geordnete Abwicklung ermöglichen.[54] Die Sonderrechtsnachfolge in Personengesellschaftsanteile soll in der GbR und oHG Wertungswidersprüche zwischen Gesellschafter- und Erbenhaftung sowie zwischen individuellen organschaftlichen Pflichten und der gemeinschaftlichen Verwaltung des Nachlasses in Erbengemeinschaften (§ 2038 BGB) vermeiden.[55] Für die Kommanditgesellschaft gilt all das zwar allenfalls in reduziertem Maße, weshalb immer wieder Zweifel hinsichtlich der Berechtigung der Sondererbfolge in Kommanditanteile angemeldet wurden;[56] nicht erst mit § 711 Abs. 2

[50] Leipold in MüKoBGB, 9. Aufl. 2022, BGB § 1922 Rn. 196, § 1937 Rn. 10 und 51.

[51] BGHZ 68, 225 = NJW 1977, 1339 (1342).

[52] Begr. RegE MoPeG, BT-Drs. 19/27635, 145.

[53] Kunz in Staudinger, 2017, BGB § 1922 Rn. 187.

[54] Muscheler, Universalsukzession und Vonselbsterwerb, 2002, S. 96ff.; Leipold, Erbrecht, 23. Aufl. 2022, Rn. 631; Leipold in MüKoBGB, 9. Aufl. 2022, BGB § 1922 Rn. 196; Kunz in Staudinger, 2017, BGB § 1922 Rn. 192ff.

[55] BGHZ 68, 225 = NJW 1977, 1339 (1342); Weidlich/Federle NJW 2023, 1993.

[56] Kunz in Staudinger, 2017, BGB § 1922 Rn. 230; Köbler DB 1972, 2241ff.; Knieper/Fromm NJW 1980, 2677 (2681).

BGB, §§ 161 Abs. 1, 105 Abs. 3 HGB, sondern schon zuvor war aber auch insofern die Singularsukzession ganz herrschend anerkannt.[57]

Nicht zur Anwendung gelangt die Sondererbfolge nach hM hingegen dann, wenn die Gesellschaft durch den Tod eines Gesellschafters aufgelöst wird. Der Gesellschaftsanteil an der Liquidationsgesellschaft wird zusammen mit dem übrigen Nachlass gemeinschaftliches Vermögen der Erbengemeinschaft.[58] Die Vorschrift des § 711 Abs. 2 S. 1 BGB knüpft dementsprechend daran an, dass die Gesellschaft mit dem Erben „fortgesetzt" werden soll.[59] Hieraus wird ersichtlich, dass die lediglich noch finanzielle Exspektanz am Schluss der Liquidation (§ 736d Abs. 5 und 6 BGB) keiner gesellschaftsrechtlichen Verteidigung gegen die erbrechtlichen Besonderheiten der ungeteilten Erbengemeinschaft bedarf. Hierfür lässt sich auch – allerdings auf die Reichweite der Nachlassverwaltung fokussierte – ältere Rechtsprechung anführen. In BGHZ 91, 132 etwa heißt es:

„Denn es gibt keinen Grund anzunehmen, daß die Sondervererbung des Gesellschaftsanteils auch aus ihm abzuleitende übertragbare Vermögensrechte umfassen müßte. Der Senat hat daher ebenfalls schon für die Nachlaßverwaltung entschieden, daß bis zur Abwicklung des Nachlaßvermögens (jedenfalls bestimmte) Gewinnansprüche und der Anspruch auf das künftige Auseinandersetzungsguthaben zum übrigen Nachlaß gehören und infolgedessen der Nachlaßverwaltung unterliegen [...]."[60]

Gegen Schlussfolgerungen hieraus auf das Schicksal selbstständiger Sozialansprüche im Falle der Fortsetzung der Gesellschaft (nur) mit qualifizierten Erben ließe sich jedoch einwenden, dass die Liquidationsgesellschaft keines besonderen Schutzes gegen separate Forderungsrechte bedarf.

Der Schutz des Gesellschaftsvermögens ist allerdings keine anerkannte oder anerkennenswerte Ratio der Sondererbfolge. Das folgt bereits daraus, dass das Gesetz in GbR (§ 723 Abs. 1 Nr. 1 BGB) und oHG (§ 130 Abs. 1 Nr. 1 HGB) als Regelfall das Ausscheiden des verstorbenen Gesellschafters vorsieht, welche eine Abfindung des oder der Erben nach § 728 BGB bzw. § 135 HGB nach sich zieht. Unabhängig von der Frage der Reichweite der sogenannten Durchsetzungssperre gesellschaftsvertraglich begründeter Forderungen im Abfindungsfall sind einmal entstandene selbstständige Forderungsrechte aus Gesellschafterdarlehen, deren Forderungscharakter sich gerade daraus ergibt, dass es nach den gesellschaftsvertraglichen Maßgaben nicht mit späteren Verlusten verrechnet wird, sondern unbedingt geltend gemacht werden kann, im Rahmen der Schlussabrechnung zu berücksichtigen;[61] sie reduzieren als Gesellschaftsverbindlichkeit den Wert des Gesellschaftsanteils. Mit anderen Worten: Dass Gesellschafterdarlehen infolge des Erbfalls geltend gemacht

---

[57] BGH NZG 2012, 385 Rn. 18 mwN.

[58] BGH NJW 1982, 170 (171); (implizit) auch BGHZ 98, 48 (58); OLG Düsseldorf NJW-RR 1987, 732 (733); Kunz in Staudinger, 2017, BGB § 1922 Rn. 199.

[59] Vgl. auch Bochmann ZGR-Sonderheft 23 (2021), 221 (225).

[60] BGHZ 91, 132 = NJW 1984, 2104 (2105) unter Heranziehung von BGHZ 47, 293 = NJW 1967, 1961; vgl. ferner BGHZ 108, 187 = NJW 1989, 3152 (3154); KG NJW-RR 1991, 835 (836).

[61] Vgl. BGH DB 1978, 877, juris Rn. 13f.; Schäfer in MüKoBGB, 9. Aufl. 2024, BGB § 728 Rn. 15.

werden können, ist aus Perspektive des Gesellschaftsrechts kein unerträglicher Störfall, sondern geradezu Konsequenz der dispositiven Ausscheidensregelungen bei GbR und oHG, die ohne weiteres in Abweichung von § 177 HGB auch für die Kommanditgesellschaft bestimmt werden können.[62]

Ein Konflikt zwischen Gesellschafts- und Erbrecht, der es gebieten würde, selbstständige Forderungsrechte der gesamthänderischen Bindung der Erbengemeinschaft zu entziehen, ist damit nicht zu erkennen. Dies spricht deutlich gegen die Singularsukzession in derartige Ansprüche. Dass sie im Einzelfall mit Blick auf die individuellen gesellschaftsvertraglichen Grundlagen schwer abgrenzbar sein können, steht dem nicht kategorisch im Wege. Für Sozialverbindlichkeiten des Erblassers gegenüber der Gesellschaft wird gleiches zu gelten haben, schon um eine Separierung von den selbstständigen Gesellschafterforderungen zu vermeiden.

Dass die Mitgliedschaft und damit Verwaltungsrechte von den in Rede stehenden selbstständigen Vermögensrechten separiert werden, ist auch bei rechtsgeschäftlichen Abtretungen von Vermögensrechten im Sinne von § 711a S. 2 BGB der Fall.[63] Immerhin gehören der Erbengemeinschaft in Konstellationen wie der vom OLG Schleswig entschiedenen auch qualifizierte Erben an, die zwar nicht über die der gemeinschaftlichen Verwaltung unterliegenden selbstständigen Rechte allein verfügen können (§ 2038 BGB), ihre mitgliedschaftlichen Rechte aber im Rahmen des gesellschaftsrechtlich zulässigen auch im Dienste der Erbengemeinschaft werden geltend machen dürfen. Die Gesellschaft umgekehrt kann hinsichtlich der selbstständigen Rechte gegenüber der auch aus nichtqualifizierten Erben und damit aus Nichtgesellschaftern bestehenden Erbengemeinschaft nicht schlechter stehen als gegenüber dem Erblasser-Gesellschafter. Das heißt sämtliche Einwendungen, die ihre Grundlage im Gesellschaftsvertrag haben – insbesondere Entnahme-/Fälligkeitsregelungen –, bestehen auch gegenüber der Erbengemeinschaft fort.

4. *Geschäfte unter Lebenden auf den Todesfall?*

Das Ergebnis des OLG Schleswig und insbesondere die vertragsrechtliche Begründung können allerdings auch als Fingerzeig zu einer alternativen Deutung gelesen werden: Denn es steht dem Erblasser nicht nur frei, unter Lebenden Geschäfte auf den Todeszeitpunkt über seinen Anteil an einer Personengesellschaft zu treffen, wie es mit der sogenannten rechtsgeschäftlichen Nachfolgeklausel auf den Todesfall des Überträgers befristet und durch das Überleben des Empfängers bedingt geschieht.[64] In gleicher Weise sind Geschäfte auf den Todesfall im Hinblick auf verselbstständigte Rechte, die ihren Ursprung in der Mitgliedschaft haben, möglich. Sie unterscheiden sich in ihren Voraussetzungen und Konsequenzen jedoch deutlich von der erbrechtlichen Zuwendung im Wege der Singularsukzession in den Anteil. Gesellschaftsrechtlich darf die lebzeitig-rechtsgeschäftliche Abtretung selbständiger Rechte nicht ausgeschlossen sein. Zu denken ist ferner insbesondere an

---

[62] Guntermann in Koch, Personengesellschaftsrecht, 2024, HGB § 177 Rn. 3; Mock in Röhricht/Graf von Westphalen/Haas/Mock/Wöstmann, 6. Aufl. 2023, HGB § 177 Rn. 3ff.

[63] Schäfer in MüKoBGB, 9. Aufl. 2024, BGB § 711a Rn. 37.

[64] Vgl. nur Lorz in Ebenroth/Boujong, 5. Aufl. 2024, HGB § 131 Rn. 51.

die Form des § 2301 BGB, wobei die aufschiebend bedingte schenkweise Abtretung als vollzogene Schenkung im Sinne von § 2301 Abs. 2 BGB gilt,[65] was aber in jedem Fall eine Einigung unter Beteiligung des Bedachten selbst voraussetzt und einseitige Zuwendungen ausschließt. Im Fall des OLG Schleswig waren die Bedachten selbst beteiligt, und es steht konstruktiv nichts der Annahme entgegen, dass in dem in Rede stehenden Erbvertrag auch lebzeitige Geschäfte auf den Todesfall geschlossen wurden, dh dass jedenfalls die selbstständigen Vermögensrechte lediglich an die qualifizierten Erben abgetreten worden sein könnten.

Allerdings ist zu bedenken, dass die Rechtsfolgen sich im Vergleich zur Singularsukzession der qualifizierten Nachfolger gravierend unterscheiden: Denn im Falle der erbrechtlichen Nachfolge fällt der Anteil zwar nicht gegenständlich, aber wertmäßig in den Nachlass und verringert die wertmäßige Beteiligung der weichenden Erben grundsätzlich nicht.[66] Lebzeitige Zuwendungen auf den Todesfall hingegen sind lediglich pflichtteilsergänzungsrechtlich auszugleichen.[67] Ob sich unter diesen Vorzeichen ein Wille der Beteiligten zu lebzeitigen Geschäften feststellen lässt – namentlich ein Wille zur gespaltenen Übertragung der Mitgliedschaft selbst nach erbrechtlichen Grundsätzen und der verselbstständigten Rechte nach lebzeitig-rechtsgeschäftlichen Grundsätzen – ist zweifelhaft. Zudem wird aufgrund der zukunftsgerichteten Wirkung wieder das aus der Rechtsprechung zu lebzeitigen Anteilsübertragungen bekannte Problem virulent werden, in welchem Umfang im Zeitpunkt der Vereinbarung von einer Übertragung sonstiger Rechte auszugehen sei.

IV. Fazit in Thesen

(1) Ob selbstständige Ansprüche im Sinne von § 711a S. 2 BGB von der Singularsukzession in Personengesellschaftsanteile nach § 711 Abs. 2 BGB erfasst sind, ist sehr zweifelhaft. Für selbstständige Erblasser-Gesellschafterverbindlichkeiten gegenüber der Gesellschaft, die ihre Grundlage im Gesellschaftsverhältnis haben, gilt nichts anderes; als Erblasserschulden handelt es sich um gemeinschaftliche Nachlassverbindlichkeiten, für welche alle Miterben als Gesamtschuldner haften (§§ 1967, 2058 BGB).

(2) Gerade der Umstand, dass sich das Schicksal derartiger Vermögensrechte bei Geschäften unter Lebenden durch Parteivereinbarung frei bestimmen lässt, spricht gegen die Singularsukzession. Denn diese ist eine gesetzliche Ausnahme von der Universalsukzession im Sinne von § 1922 BGB, die ihre Ursache in Inkompatibilitäten zwischen Gesellschafts- und Erbrecht hat.

[65] K. Schmidt/Fleischer in MüKoHGB, 5. Aufl. 2022, HGB § 131 Rn. 26; Kamanabrou in Oetker, 8. Aufl. 2024, HGB § 131 Rn. 28.

[66] BGH NJW 1983, 2376; BGHZ 98, 48 = NJW-RR 1986, 1161; Leipold, Erbrecht, 23. Aufl. 2022, Rn. 594.

[67] Vgl. Leipold, Erbrecht, 23. Aufl. 2022, Rn. 581a, 839ff.; Kamanabrou in Oetker, 8. Aufl. 2024, HGB § 131 Rn. 30; Lorz in Ebenroth/Boujong, 5. Aufl. 2024, HGB § 131 Rn. 52; Schäfer in MüKoBGB, 9. Aufl. 2024, BGB § 711 Rn. 70; auch zur Ablehnung weitergehender Ausgleichsansprüche nach §§ 2050ff. BGB.

(3) Die vertraglichen Charakterzüge von Erbverträgen vermögen – entgegen der Entscheidung des OLG Schleswig zu Az. 9 U 86/20 – jedenfalls keine Disposition der Beteiligten über die gegenständliche Reichweite der Singularsukzession zu rechtfertigen. Das folgt bereits aus § 2278 Abs. 2 BGB, der die erbvertragsmäßigen Verfügungen abschließend aufzählt und Dispositionen über Einzelgegenstände mit unmittelbarer dinglicher Wirkung gerade nicht vorsieht. Für einseitige Verfügungen von Todes wegen gilt im Ergebnis das gleiche.

(4) Gehen selbstständige Rechte, die ihren Ursprung im Gesellschaftsverhältnis haben, im Erbfall einen anderen Weg als der Gesellschaftsanteil selbst, weil qualifizierte und nicht qualifizierte Erben existieren, bestehen sämtliche Einwendungen, die ihre Grundlage im Gesellschaftsvertrag haben – insbesondere Entnahme-/Fälligkeitsregelungen – auch gegenüber der Erbengemeinschaft fort.

(5) Rechtsgeschäftliche Zuwendungen unter Lebenden auf den Todesfall hinsichtlich verselbstständigter Vermögensrechte sind durchaus möglich. Ob die erbvertragliche Erbeneinsetzung in Kombination mit einer gesellschaftsrechtlichen Nachfolgeklausel im Einzelfall dahin verstanden werden kann, dass die verselbstständigten Rechte nicht erbrechtlich, sondern rechtsgeschäftlich auf den Todesfall an die qualifizierten Erben übertragen werden sollen, wird schon mit Rücksicht auf die daraus resultierenden vermögensmäßigen Ungleichgewichte zwischen den Erben regelmäßig zweifelhaft sein.

JENS BORMANN/ALEXANDER WALCH

Zwei Jahre notarielle Online-Verfahren im Gesellschaftsrecht – Ein Blick zurück und nach vorn

An aktuellen, gerade auch für die notarielle Praxis bedeutsamen Themen fehlte es in den vergangenen Jahren nicht. Sowohl in der laufenden als auch in der vergangenen Legislaturperiode traten vor allem im Gesellschaftsrecht zahlreiche Änderungen bzw. Neuerungen über nahezu alle Gesellschaftsformen hinweg in Kraft: Angefangen bei der jüngst erfolgten Modernisierung des Personengesellschaftsrechts über die Umsetzung von Digitalisierungs- und Umwandlungsrichtlinie bis hin zur Einführung und Verstetigung der virtuellen Hauptversammlung bei Aktiengesellschaften sowie Genossenschaften. Die gesetzgeberischen Vorhaben hat der Jubilar dabei stets mit wertvollen Fachbeiträgen oder – im Fall der Umsetzung der Umwandlungsrichtlinie – sogar als Mitglied der Expertenkommission des Bundesministeriums der Justiz aktiv begleitet.[1] Für eine Festschrift steht damit eine vielfältige Auswahl an Themen zur Verfügung.

Dieser Beitrag widmet sich den notariellen Online-Verfahren im Gesellschaftsrecht, deren Einführung nicht nur beurkundungsrechtlich ein Novum darstellt. Seit dem 1.8.2022 gibt es in Deutschland die Möglichkeit, Beurkundungen und Beglaubigungen auch online durchzuführen. Zwar funktionieren zahlreiche Abläufe im Rahmen notarieller Amtstätigkeit bereits seit vielen Jahren digital. Zu nennen sind hier etwa die seit 2007 ausschließlich digitale Kommunikation zwischen Notar und Registergericht über die sichere EGVP-Infrastruktur oder Einrichtungen wie das Zentrale Testamentsregister, das Zentrale Vorsorgeregister sowie die Elektronische Urkundensammlung. Der Beurkundungs- bzw. Beglaubigungsvorgang als solcher war bis zu dem vorgenannten Zeitpunkt jedoch ausschließlich Präsenzterminen vorbehalten. Seit dem Start der notariellen Online-Verfahren können bestimmte notarielle Urkunden auch ohne physische Anwesenheit eines oder auch aller Beteiligten errichtet werden. Im Anwendungsbereich der Online-Verfahren ist die notarielle Amtstätigkeit damit nunmehr Ende zu Ende digitalisiert – von der Besprechung und Entwurfserstellung über die Beurkundung bis hin zum Vollzug.

Der Beitrag beleuchtet zunächst den europäischen Ursprung der Online-Verfahren sowie die anschließende Umsetzung in das nationale Recht. Im Fokus stehen dabei die besonderen technischen und rechtlichen Anforderungen des deutschen Verfahrensrechts, die unionsweit das höchste Sicherheitsniveau gewährleisten und für die sich der Gesetzgeber angesichts der Bedeutung der vorsorgenden Rechtspflege bewusst entschieden hat. Schließlich stellt der Beitrag die unterschiedliche

[1] Vgl. BT-Drs. 20/3822, 45.

Ausgestaltung notarieller Online-Verfahren in den europäischen Mitgliedstaaten sowie die damit einhergehenden Konsequenzen am Beispiel des Nachbarstaates Österreich dar.

I. *Öffentliche Präventivkontrolle im Lichte des Unionsrechts*

1. *Öffentliche Präventivkontrolle als maßgeblicher Standortfaktor*

Öffentliche Register wie das Grundbuch oder das Handelsregister sind aus dem europäischen und insbesondere dem deutschen Rechts- und Wirtschaftsverkehr kaum wegzudenken. Sie bieten Bürgern, Wirtschaft und Verwaltung in allen Bereichen eine zuverlässige, schnell und unkompliziert erreichbare Informationsquelle. Aufgrund der sorgfältigen Eingangskontrolle durch Notare und Registergerichte kommt deutschen Registern über eine reine Informations- auch eine Publizitätsfunktion zu. Nicht nur der deutsche, sondern der gesamte internationale Rechtsverkehr kann ohne größeren Aufwand oder professionelle Hilfe auf wesentliche Unternehmensangaben zugreifen und auf die Registereintragungen vertrauen. Dieser niederschwellige und gleichzeitig vertrauenswürdige Zugang schafft Rechtssicherheit, verhindert, dass etwa kleine Unternehmen im Wettbewerb das Nachsehen haben, und beschleunigt die Abwicklung zahlreicher Rechtsgeschäfte erheblich.[2] Hingegen haben Länder ohne öffentliche Präventivkontrolle mit Missbräuchen beispielsweise in Form von Company Hijacking oder Corporate Identity Theft zu kämpfen.[3] Der Rechts- und Wirtschaftsverkehr hat – nicht ausschließlich, aber gerade – bei größeren Transaktionen ein Bedürfnis nach Rechtssicherheit. In Ländern, die nicht über ein mit Publizitätswirkungen ausgestattetes öffentliches Registerwesen verfügen, muss der Rechts- und Wirtschaftsverkehr auf umfangreiche, zeit- und kostenintensive rechtliche Prüfungen und Gutachten (in Form sog. Legal Opinions oder Due-Diligence-Prüfungen) zurückgreifen, um ein gewisses Maß an Sicherheit zu erlangen.[4] Derartige Maßnahmen sind unter anderem im deutschen Gesellschaftsrecht dank der Publizitätswirkungen nicht erforderlich und werden durch einen einfachen, mittlerweile kostenlosen Registerauszug ersetzt. Darüber hinaus können dadurch langwierige streitige Gerichtsverhandlungen in aller Regel vermieden werden. Ein zuverlässiges Registerwesen bietet also nicht nur individuelle Vorteile, sondern stellt einen erheblichen Standortvorteil dar.[5]

Damit öffentliche Register ihre Informations- und Publizitätsfunktion erfüllen können, ist verfahrensrechtlich sicherzustellen, dass die in ihnen enthaltenen Informationen aktuell und zutreffend sind. Notwendig ist also eine sorgfältige Eingangskontrolle, die in Deutschland durch ein effektives Zusammenwirken von Notaren

---

[2] Ausführlich Krafka in MüKoHGB, 5. Aufl. 2021, HGB § 8 Rn. 4ff.

[3] Bormann/Stelmaszczyk FS 25 Jahre Deutsches Notarinstitut, 2018, 418.

[4] Bormann/Stelmaszczyk FS 25 Jahre Deutsches Notarinstitut, 2018, 418f.; Bormann/Stelmaszczyk ZIP 2018, 764 (769).

[5] Zur Bedeutung öffentlicher Register Stelmaszczyk/Wosgien EuZW 2023, 550 (552f.).

und Registergerichten (sog. Vier-Augen-Prinzip) erreicht wird.[6] Die Prüfung der eingereichten Anmeldungen bzw. Anträge und die Vornahme der Eintragungen obliegen dabei den Gerichten – je nach Verfahrensgegenstand dem Rechtspfleger oder Richter. Dem geht eine zusätzliche Kontrolle der Anmeldung bzw. des Antrags einschließlich ggf. einzureichender Unterlagen durch einen Notar voraus. Diese notarielle Kontrolle umfasst dabei sowohl die Identität des Erklärenden als auch den Inhalt der Erklärung. Fehlerhafte Anmeldungen und Anträge – und in der Folge auch Eintragungen – werden durch diese zusätzliche, vorgeschaltete Instanz vermieden und die Gerichte gleich in mehrfacher Hinsicht entlastet.[7] Was lange Zeit gelebte Praxis war, hat der Gesetzgeber mittlerweile ausdrücklich in § 378 Abs. 3 S. 1 FamFG und § 15 Abs. 3 S. 1 GBO gesetzlich verankert.[8]

2. *Stellenwert der Notare im europäischen Gesellschaftsrecht*

Auch auf europäischer Ebene sind Funktion und Bedeutung einer notariellen Mitwirkung bereits seit Jahrzehnten anerkannt. So waren Notare schon in der Ersten Richtlinie (EWG) 68/151 des Rates vom 9.3.1968 zur Koordinierung der Schutzbestimmungen, die in den Mitgliedstaaten den Gesellschaften im Sinne des Art. 58 Abs. 2 des Vertrages im Interesse der Gesellschafter sowie Dritter vorgeschrieben sind, um diese Bestimmungen gleichwertig zu gestalten (Publizitätsrichtlinie)[9] Teil der öffentlichen Präventivkontrolle. Die Richtlinie sah vor, dass die wesentlichen Gesellschaftsdokumente nicht nur publiziert, sondern – zum Schutz des Rechtsverkehrs – vorab sorgfältig geprüft werden müssen. Registereinträgen zu Kapitalgesellschaften sollte dadurch im Gemeinschaftsgebiet einheitlich eine hohe Qualität und Verlässlichkeit zukommen. Um dieses Ziel zu erreichen, verpflichtete Art. 10 der Richtlinie sämtliche Mitgliedstaaten, eine öffentliche Beurkundung von Errichtungsakt und Satzung der Gesellschaft sowie Änderungen dieser Akte vorzusehen, sofern deren Rechtsvorschriften bei einer Gesellschaftsgründung keine vorbeugende Verwaltungs- oder gerichtliche Kontrolle kannten. Eine notarielle Kontrolle war der behördlichen oder gerichtlichen Kontrolle also gleichgesetzt. Aufgrund der unterschiedlichen gesellschaftsrechtlichen Traditionen der Mitgliedstaaten stellte die Vorschrift lediglich eine Mindestvorgabe dar. Insbesondere zulässig war daher, eine präventive Kontrolle durch eine Kombination beider Stellen vorzusehen – also sowohl durch Notare als auch zusätzlich durch Registergerichte. Ungeachtet der konkreten Umsetzung in den einzelnen Mitgliedstaaten war die öffentliche Präventivkontrolle das Mittel der Wahl, um für den Rechtsverkehr ein hohes Schutzniveau zu erreichen.[10] Diese Vorgabe hat die Richtlinie (EU) 2017/1132 des Europäischen Parlaments und des Rates vom 14.6.2017 über bestimmte Aspekte des Gesellschaftsrechts (Gesellschaftsrechtsrichtlinie)[11] unverändert übernom-

---

[6] BT-Drs. 18/10607, 105.
[7] Vgl. hierzu auch Teichmann ZIP 2018, 2451 (2453).
[8] BT-Drs. 18/10607, 106.
[9] ABl. 1968 L 65, 8.
[10] Vgl. ausführlich Bormann/Wosgien FS Frenz, 2024, 59 (63f.) mwN.
[11] ABl. 2017 L 169, 46.

men. Mit der – sogleich näher zu betrachtenden – Digitalisierungsrichtlinie sowie ihrer erst kürzlich beschlossenen Nachfolgerin, der Digitalisierungsrichtlinie 2.0, hat der europäische Gesetzgeber seine Grundsatzentscheidung für das System der vorsorgenden Rechtspflege abermals bekräftigt und diese weiter ausgebaut.[12]

3. Garant für Rechtssicherheit und Verlässlichkeit – auch im Zeitalter der Digitalisierung

Als Teil der Gesamtstrategie für einen digitalen Binnenmarkt beabsichtigte die EU unter anderem, das Gesellschaftsrecht an das digitale Zeitalter anzupassen.[13] Zu diesem Zweck fand vom 10.5.2017 bis zum 6.8.2017 eine öffentliche Konsultation der EU-Kommission zu einem Gesellschaftsrechtspaket statt. Die Konsultation zielte darauf ab, die für den Binnenmarkt notwendigen Maßnahmen zu identifizieren, um grenzüberschreitende Umwandlungsvorgänge zu vereinfachen, den Einsatz digitaler Instrumente im Lebenszyklus von Unternehmen zu fördern und das gesellschaftsrechtliche Kollisionsrecht zu harmonisieren.[14] Auf Grundlage der Stellungnahmen legte die EU-Kommission zur Umsetzung dieses Ziels am 25.4.2018 erstmals ihren Vorschlag für ein Company Law Package vor.[15] Bestandteil des Gesetzgebungspaketes war – neben der Richtlinie (EU) 2019/2121 vom 27.11.2019 zur Änderung der Richtlinie (EU) 2017/1132 in Bezug auf grenzüberschreitende Umwandlungen, Verschmelzungen und Spaltungen (sog. Mobilitäts- bzw. Umwandlungsrichtlinie) – die europäische Richtlinie (EU) 2019/1151 vom 20.6.2019 zur Änderung der Richtlinie (EU) 2017/1132 im Hinblick auf den Einsatz digitaler Werkzeuge und Verfahren im Gesellschaftsrecht (Digitalisierungsrichtlinie – DigRL).[16] Von den Plänen unionseinheitlicher Kollisionsvorschriften rückte die EU-Kommission hingegen ab und legte insoweit keinen entsprechenden Gesetzesentwurf vor.[17]

Die namensgebenden digitalen Werkzeuge und Verfahren sollen den Binnenmarkt im gesellschaftsrechtlichen Bereich vereinfachen, modernisieren und beschleunigen. Neben einer Reihe weiterer Maßnahmen sollte hierfür allem voran ein Verfahren geschaffen werden, mit dem Gesellschaften vollständig online gegründet werden können (vgl. ErwG 2 und 8 der DigRL). Wie bereits zuvor bei der Publizitäts- und Gesellschaftsrechtsrichtlinie erkannte der europäische Gesetzgeber auch im Rahmen der Digitalisierungsrichtlinie die zentrale Bedeutung einer notariellen Beteiligung für rechtssichere, funktionsfähige öffentliche Register ausdrücklich an: Mit Blick auf ihre gesellschaftsrechtlichen Traditionen sollten die Mitgliedstaaten für Online-Verfahren Notare einbinden können (ErwG 19 S. 1 der DigRL). Insbesondere sollen Notare herangezogen werden können, um die Rechts-

[12] Ausführlich Bormann/Wosgien FS Frenz, 2024, 59 (66ff.).
[13] Bormann/Stelmaszczyk NZG 2019, 601.
[14] Einzelheiten zur Konsultation „EU Company law upgraded: Rules on digital solutions and efficient cross-border operations" sind abrufbar unter https://ec.europa.eu/newsroom/just/items/58190/de.
[15] Bormann/Stelmaszczyk NZG 2019, 601.
[16] ABl. 2019 L 186, 80.
[17] Schollmeyer NZG 2021, 692 (694).

und Geschäftsfähigkeit sowie die Identität der Beteiligten zu prüfen und die Verlässlichkeit der Registerinhalte sicherzustellen (ErwG 22 S. 1 und 4 der DigRL). Positiv ist, dass die Richtlinie den Einsatz digitaler Werkzeuge nicht „auf Biegen und Brechen" vorantreibt, sondern zugleich einheitliche Mindeststandards vorschreibt, um einer missbräuchlichen Verwendung entgegenzuwirken.[18] So soll gerade in grenzüberschreitenden Fällen ein „hohes Maß an Vertrauen" gewährleistet werden (ErwG 10 S. 5 der DigRL). Die Digitalisierungsrichtlinie soll den Rechtsverkehr vereinfachen, nicht aber das bestehende Sicherheitsniveau verringern (ErwG 2 und 3 der DigRL). Diese unionsrechtlichen Vorgaben sind zu begrüßen. Wegen der Publizitätswirkung deutscher Register ist ein verfahrensrechtlich gewährleistetes hohes Sicherheitsniveau in Anbetracht der verfassungsrechtlichen Eigentumsgarantie jedoch ohnehin zwingend.[19]

II. Von der Digitalisierungsrichtlinie bis zur ersten Online-Gründung

Die Digitalisierungsrichtlinie legte damit den Grundstein für Online-Gründungen in Deutschland. Naturgemäß waren die Vorgaben zunächst allerdings noch in nationales Recht umzusetzen. Dies war allein schon deshalb notwendig, weil die Digitalisierungsrichtlinie *das* Verfahren zur Online-Gründung gerade nicht kennt. Vielmehr gibt sie den nationalen Gesetzgebern nur ein Ziel vor. Für die konkrete Ausgestaltung des Online-Verfahrens bestanden zahlreiche Mitgliedstaatenoptionen – und damit nicht unerhebliche Gestaltungsspielräume.[20]

1. Rahmenbedingungen der Digitalisierungsrichtlinie

Die Erwägungsgründe zeichnen die grundlegenden Maßgaben für Online-Gründungen bereits vor: Entbehrlichkeit eines persönlichen Erscheinens, Vorkehrungen gegen Missbrauch und Betrug, ein hohes Maß an Vertrauen sowie eine zuverlässige Identitäts-, Rechts- und Geschäftsfähigkeitskontrolle.

Nähere Vorgaben hierzu legen die Art. 13ff. der DigRL fest, wobei in Anbetracht der vorstehenden Eckpunkte die digitale Identitätsprüfung im Vordergrund steht. In einem ersten Schritt dürfen die Mitgliedstaaten jedoch wählen, für welche Gesellschaftsformen das Verfahren überhaupt zur Verfügung stehen soll.

a) Von der Online-Gründung erfasste Rechtsformen

Anhang II der Gesellschaftsrechtsrichtlinie enthält einen Katalog an Kapitalgesellschaften, auf deren Online-Gründung sich der Anwendungsbereich der Richtlinie dem Grunde nach erstreckt (in Deutschland: AG, KGaA, GmbH, UG (haftungsbeschränkt)).[21] Die Mitgliedstaaten haben nach Art. 13g Abs. 1 UAbs. 2 der DigRL jedoch ausdrücklich die Wahl, eine Online-Gründung auf die in

[18] Bormann/Stelmaszczyk NZG 2019, 601 (607).
[19] Bormann/Stelmaszczyk FS 25 Jahre Deutsches Notarinstitut, 2018, 423.
[20] Bormann/Stelmaszczyk NZG 2019, 601 (602); Bock DNotZ 2018, 643 (659).
[21] Lieder NZG 2018, 1081 (1082).

Anhang IIA genannten Rechtsformen – in Deutschland die GmbH – zu beschränken. Des Weiteren erlaubt Art. 13g Abs. 4 lit. d der DigRL, Sachgründungen vom Anwendungsbereich der Online-Verfahren auszunehmen.

b) Richtlinienvorgaben zum Gründungsverfahren

Für das Verfahren zur Online-Gründung selbst schreibt Art. 13g Abs. 3 der DigRL lediglich Mindestvoraussetzungen vor, die mitunter rudimentär ausgestaltet sind. Die Mitgliedstaaten haben unter anderem zu gewährleisten, dass die Gründer rechts- und geschäftsfähig sowie vertretungsbefugt sind. Neben einer obligatorischen Identitätsprüfung ist ferner vorgeschrieben, dass die Vertrauensdienste der Verordnung (EU) Nr. 910/2014 des Europäischen Parlaments und des Rates vom 23.7.2014 über elektronische Identifizierung und Vertrauensdienste für elektronische Transaktionen im Binnenmarkt und zur Aufhebung der Richtlinie 1999/93/EG (eIDAS-Verordnung)[22] zu nutzen sind.

Eine Identifizierung findet gemäß Art. 13g Abs. 3 lit. b, Art. 13b Abs. 1 der DigRL zunächst durch elektronische Identifizierungsmittel statt, die der jeweilige Mitgliedstaat im Rahmen eines genehmigten elektronischen Identifizierungssystems ausgestellt hat. Ferner sind auch Identifizierungsmittel anderer Mitgliedstaaten anzuerkennen, sofern diese den Anforderungen für eine Anerkennung gemäß Art. 6 eIDAS-VO genügen. Eine Anerkennung setzt hiernach neben einer Notifizierung[23] voraus, dass dem ausländischen elektronischen Identifizierungsmittel mindestens ein ebenso hohes Vertrauensniveau zukommt, wie der inländische Online-Dienst es fordert.[24] Andernfalls gestattet Art. 13b Abs. 2 der DigRL den Mitgliedstaaten ausdrücklich, ausländische elektronische Identifizierungsmittel abzulehnen, um eine Umgehung des eigenen hohen Sicherheitsniveaus zu verhindern.[25] Eine ursprünglich vorgesehene Mitgliedstaatenoption, weitere, auch weniger sichere Identifizierungsmittel anzuerkennen, wurde – angesichts des Ziels, ein hohes Maß an Vertrauen sicherzustellen – im weiteren Gesetzgebungsverfahren bewusst verworfen.[26] Über diese grundlegenden Anforderungen an eine Identifizierung hinaus erlaubt ErwG 22 S. 1 der DigRL ergänzende elektronische Kontrollen der Identität. Lässt sich die Identität im Einzelfall nicht sicher feststellen, erlaubt Art. 13b Abs. 4 der DigRL, die physische Anwesenheit einer beteiligten Person zu verlangen, um missbräuchliches Verhalten auszuschließen.

Gemäß Art. 13g Abs. 3 der DigRL mindestens vorzusehen sind ferner Verfahren zur Überprüfung des Unternehmensgegenstandes und Namens – soweit jeweils im nationalen Recht vorgesehen – sowie der Bestellung von Geschäftsführern.

Hingegen sieht Art. 13g Abs. 4 der DigRL Mitgliedstaatenoptionen vor, unter anderem für eine Rechtmäßigkeitskontrolle des Gründungsaktes, für den Umgang

---

[22] ABl. 2014 L 257, 73.

[23] Zu den Bedenken gegenüber einem bloßen Notifizierungsverfahren vgl. Bormann/Stelmaszczyk NZG 2019, 601 (607).

[24] Stelmaszczyk/Kienzle ZIP 2021, 765 (769f.); ferner Drews in BeckOK IT-Recht, 13. Ed. 1.4.2022, Art. 6 eIDAS-VO Rn. 4.

[25] J. Schmidt ZIP 2021, 112 (113f.); Bormann/Stelmaszczyk NZG 2019, 601 (607).

[26] Zu dieser ursprünglichen Fassung kritisch Lieder NZG 2018, 1081 (1086f.); Bormann/Stelmaszczyk NZG 2019, 601 (607).

mit disqualifizierten Geschäftsführern sowie für eine Beteiligung von Notaren. Weitere Gestaltungsmöglichkeiten enthält Art. 13j Abs. 3 und 5 der DigRL für das Verfahren zur Vorlage von Urkunden.

2. *Technische Erprobung*

Die am 11.7.2019 im Amtsblatt der Europäischen Union verkündete Digitalisierungsrichtlinie trat am 31.7.2019 in Kraft und sah eine Umsetzungsfrist bis spätestens 1.8.2022 vor.

Während sich der deutsche Gesetzgeber damit befasste, wie die europäischen Anforderungen idealerweise in nationales Recht umzusetzen sind, entwickelte die Bundesnotarkammer parallel einen voll funktionsfähigen Prototyp, um die technische Machbarkeit eines Online-Beurkundungsverfahrens aufzuzeigen. Auf dieser Grundlage unterbreitete sie einen Vorschlag, wie eine Implementierung der europarechtlichen Vorgaben unter Beibehaltung der in Deutschland bewährten Zusammenarbeit von Notaren und Registergerichten technisch erfolgen könnte. Der Prototyp enthielt trotz seines frühen Stadiums bereits sämtliche wesentlichen Funktions- und Sicherheitsmerkmale: ein niederschwelliges Online-Portal für Bürger, einen geschützten Datenraum zum Dokumentenaustausch, ein sicheres Videobeurkundungssystem sowie die Möglichkeit, elektronische Identitätsnachweise und Lichtbilder auszulesen und elektronische Urkunden von allen Beteiligten qualifiziert elektronisch signieren zu lassen. Vorgestellt wurde der Prototyp Vertretern des Bundesministeriums der Justiz und für Verbraucherschutz, der Europäischen Kommission sowie einigen Landesjustizverwaltungen.[27]

3. *Umsetzung der Digitalisierungsrichtlinie in Deutschland*

Aus all diesen Überlegungen ging am 5.7.2021 letztlich das Gesetz zur Umsetzung der Digitalisierungsrichtlinie (DiRUG)[28] hervor, das die Umsetzungsfrist vollständig ausschöpfte und pünktlich am 1.8.2022 in Kraft trat.

Im Einklang mit ErwG 19 S. 1 der DigRL realisiert das DiRUG die Richtlinienvorgaben unter möglichst weitgehender Wahrung der etablierten Grundsätze und Prinzipien des deutschen Handels- und Gesellschaftsrechts. Die Funktionsfähigkeit und Verlässlichkeit der Handels-, Genossenschafts- und Partnerschaftsregister sollte gewahrt und ihrer Bedeutung für den Rechts- und Geschäftsverkehr entsprechend Rechnung getragen werden. Ausdrücklich sollte Notaren und Registergerichten auch weiterhin eine entscheidende Bedeutung zukommen.[29] Unabdingbare Grundvoraussetzung eines digitalen Beurkundungsverfahrens war dabei eine Echtzeit-Videokommunikation, um die verschiedenen notariellen Amtspflichten, insbesondere die sorgfältige Identifizierung und Willensermittlung funktionsäquivalent digital abbilden zu können.[30]

---

[27] DNotZ 2021, 563 (572).
[28] BGBl. 2021 I 3338.
[29] BT-Drs. 19/28177, 2.
[30] BT-Drs. 19/28177, 115.

In Hinblick auf den sachlichen Anwendungsbereich entschied sich der deutsche Gesetzgeber zunächst für eine Mindestumsetzung der Richtlinie. Erfasst waren neben der Bargründung von GmbH noch Handelsregisteranmeldungen für Einzelkaufleute, GmbH, AG und KGaA einschließlich ihrer Zweigniederlassungen sowie für Zweigniederlassungen von Kapitalgesellschaften anderer EU- bzw. EWR-Staaten.[31] Ausschlaggebend für diese Entscheidung war insoweit, dass ein Online-Verfahren gerade für die GmbH-Gründung besonders geeignet schien, für eine Vielzahl anderer Beurkundungsgegenstände hingegen andere Formzwecke im Vordergrund stehen.[32] Mitursächlich war nicht zuletzt auch ein gewisser zeitlicher Druck wegen des absehbaren Endes der Legislaturperiode, was schlimmstenfalls eine Diskontinuität des Gesetzgebungsvorhabens zur Folge gehabt hätte.[33] Der Rechtsausschuss des Deutschen Bundestages forderte die Bundesregierung jedoch dazu auf, zeitnah in der nächsten Legislaturperiode einen Vorschlag vorzulegen, Online-Beglaubigungen auf Personenhandelsgesellschaften und Genossenschaften zu erstrecken. Weiter sollte geprüft werden, inwieweit weitere gesellschaftsrechtliche Vorgänge wie etwa GmbH-Sachgründungen oder Satzungsänderungen in den Anwendungsbereich notarieller Online-Verfahren einbezogen werden können.[34]

Die neue Bundesregierung griff diesen Ball zeitnah auf. Ein im Koalitionsvertrag vereinbartes Ziel ist, „[…] Beurkundungen per Videokommunikation auch bei Gründungen mit Sacheinlage und weiteren Beschlüssen [zu] erlauben".[35] Dieser Vereinbarung folgte mit beachtlichem Tempo bereits am 22.3.2022 der Referentenentwurf eines Gesetzes zur Ergänzung der Regelungen der Digitalisierungsrichtlinie (DiREG)[36] sowie am 13.4.2022 der zugehörige Gesetzesentwurf der Bundesregierung. Beschlossen wurde das DiREG schließlich am 15.7.2022.[37] Das eigentliche Umsetzungsgesetz wurde damit noch vor seinem Inkrafttreten abgeändert bzw. ergänzt: Neben der Sachgründung erfasst das DiREG weitere praktisch relevante Anwendungsfälle, etwa Gründungs- und Vollzugsvollmachten, einstimmige Gesellschafterbeschlüsse einschließlich Kapitalmaßnahmen, Übernahmeerklärungen sowie sämtliche Anmeldungen zum Handels-, Genossenschafts-, Partnerschafts- und Vereinsregister. Die Änderungen des DiREG traten gestaffelt in Kraft – teilweise direkt zum 1.8.2022, teilweise mit einer einjährigen Übergangsfrist zum 1.8.2023, um dem technischen und organisatorischen Mehraufwand zu begegnen.[38] Sachgerecht war die Erweiterung insbesondere in Hinblick auf Anmeldungen von Personenhandelsgesellschaften, da dadurch auch GmbH & Co. KGs vollständig online gegründet werden können und nicht etwa

[31] BT-Drs. 19/28177, 95f., 161.

[32] BT-Drs. 19/28177, 113, 115.

[33] Ausführlich hierzu Gräfin Wolffskeel von Reichenberg FS Heidinger, 2023, 91.

[34] BT-Drs. 19/30523, 99.

[35] Koalitionsvertrag zwischen SPD, Bündnis 90/Die Grünen und FDP, S. 89, abrufbar unter https://www.bundesregierung.de/breg-de/aktuelles/koalitionsvertrag-2021-1990800, zuletzt abgerufen am 5.7.2024.

[36] BGBl. 2022 I 1146.

[37] Zur Historie siehe auch Lieder ZRP 2022, 102; Heckschen/Knaier NZG 2022, 885f.

[38] Vgl. hierzu auch Kienzle/Thelen DNotZ 2023, 85 (86); ferner BT-Drs. 20/1672, 27.

nur die Komplementär-GmbH, wie es nach der Rechtslage des DiRUG der Fall gewesen wäre.[39]

Eine vorerst letzte Änderung erfuhr der Anwendungsbereich am 1.1.2024 mit Inkrafttreten des Gesetzes zur Modernisierung des Personengesellschaftsrechts (MoPeG). Da § 707b Nr. 2 BGB umfassend auf § 12 HGB verweist, sind auch Anmeldungen zum Gesellschaftsregister erfasst.

Generell ist positiv hervorzuheben, dass der deutsche Gesetzgeber – wie bereits der europäische Gesetzgeber vor ihm – bei der Digitalisierung mit Augenmaß[40] vorgeht. Erfreulich ist insbesondere, dass sich beide Umsetzungsgesetze vertieft mit den unterschiedlichen Zwecken der notariellen Beurkundung auseinandersetzen.[41]

III. Rechtliche und technische Anforderungen des Beurkundungsgesetzes

Die maßgeblichen verfahrensrechtlichen Vorschriften für notarielle Online-Verfahren in Deutschland finden sich in den §§ 16a ff., 40a BeurkG. Den Betrieb des notwendigen Videokommunikationssystems wies der Gesetzgeber in den §§ 78 Abs. 1 S. 2 Nr. 10, 78p BNotO der Bundesnotarkammer zu. Ergänzende Vorgaben insbesondere zu dessen technischer Ausgestaltung enthält die Verordnung über den Betrieb eines Videokommunikationssystems für notarielle Urkundstätigkeiten (NotViKoV).

Der gesetzgeberische Grundgedanke war dabei, dem hoheitlichen Charakter notarieller Amtstätigkeit sowie den Formzwecken umfassend Rechnung zu tragen und die zentralen Wesensmerkmale des Präsenzverfahrens funktionsäquivalent in die digitale Welt zu übertragen.[42]

1. Sachlicher Anwendungsbereich

Während das DiRUG sich wie dargestellt noch auf eine Mindestumsetzung beschränkte, nahm das DiREG gezielt weitere praxisrelevante Fälle sowie Defizite des Umsetzungsgesetzes in den Blick.[43] Die grundlegende Intention galt jedoch auch für die Ausweitung: Online-Verfahren sollten für Vorgänge eingeführt werden, die bei einer abstrakten Betrachtung hierfür besonders geeignet sind. Einzubeziehende beurkundungsbedürftige Rechtsgeschäfte haben daher ihrer Struktur nach der konsensualen Gesellschaftsgründung zu entsprechen.[44] Ergebnis dieser Überlegungen ist ein praxisgerechter und systematisch konsequenter Anwendungsbereich.[45]

---

[39] Ausführlich hierzu Gräfin Wolffskeel von Reichenberg FS Heidinger, 2023, 91.

[40] Stelmaszczyk EuZW 2021, 513; Stelmaszczyk/Strauß ZIP 2022, 1077 (1078).

[41] Vgl. etwa BT-Drs. 20/1672, 24; ferner BT-Drs. 19/28177, 115; demgegenüber war in Österreich maßgeblich, dass eine elektronische Errichtung von Notariatsakten im Einklang mit dem im Regierungsprogramm vorgesehenen weiteren Ausbau der Digitalisierung stand, vgl. Ausschussbericht zu dem Entwurf eines Bundesgesetzes, mit dem die Notariatsordnung, das GmbH-Gesetz, das 2. COVID-19-Justiz-Begleitgesetz und das EIRAG geändert werden, 588 BlgNR. 27. GP, 1.

[42] Vgl. im Einzelnen BT-Drs. 19/28177, 115f.

[43] Stelmaszczyk/Strauß ZIP 2022, 1077 (1078ff.); Heckschen/Knaier NZG 2022, 885 (893).

[44] BT-Drs. 20/1672, 12 (24).

[45] So auch Lieder ZRP 2022, 102 (105).

a) *Anwendungsbereich der §§ 16a ff., 40a BeurkG*

Im Online-Verfahren zulässig ist zunächst die Gründung einer GmbH – und zwar in sämtlichen Varianten (Bar-, Sach- und Mischgründung). Denn bei Gründungen besteht typischerweise eine legitime Eilbedürftigkeit.[46] Auch weisen Gründer regelmäßig bereits eine gewisse Geschäftserfahrung auf.

Neben Gründungen sind weitere konsensuale Entscheidungen per Online-Verfahren möglich. Dies betrifft wesentliche Beschlussfassungen (Satzungsänderungen, Kapitalmaßnahmen) im weiteren Fortbestand der GmbH. Dies ist konsequent, da derartige Entscheidungen theoretisch bereits bei der Gründung hätten getroffen werden können,[47] und trägt der in ErwG 26 S. 1 DigRL angedeuteten Bestrebung eines „Digital Life Cycle" der GmbH Rechnung. Nicht erfasst sind hingegen Mehrheitsbeschlüsse. Diese gehen meist mit kontroversen Diskussionen einher, die sich in einer Videokonferenz kaum sachgerecht abbilden lassen. Sich überschneidende Redebeiträge sind in aller Regel nur mühsam wahrnehmbar bzw. zuzuordnen, Redeabfolge und Konversationsgeschwindigkeit lassen sich schwerer steuern.[48] Schließlich hält sich auch der Beschleunigungseffekt in Grenzen, da die Beteiligten gerade nicht auf Ladungsfristen verzichten können.[49] Generell sind Online-Beurkundungen in den vorgenannten Fällen nur zulässig, sofern keine sonstigen Formvorschriften entgegenstehen. Demnach scheiden beispielsweise Sachgründungen oder Sachkapitalerhöhungen unter Einbringung von Grundstücken oder eine Mitbeurkundung ehevertraglicher Vereinbarungen[50] aus. Da insoweit andere Formzwecke im Vordergrund stehen und der Anwendungsbereich für diese Geschäfte bereits isoliert nicht eröffnet ist, können diese erst recht nicht im Zusammenhang etwa mit einer Gründung online durchgeführt werden.

Gründungs- und Vollzugsvollmachten können ebenfalls per Videokommunikation „errichtet", also beurkundet, werden.[51] Neben einem praktischen Bedürfnis[52] sprechen hierfür auch systematische Gründe, da die für Gründungs- und Vollzugsvollmachten vorgesehene Form keine über die eigentliche Gründung hinausgehenden Zwecke verfolgt. Eine bloße Beglaubigung derartiger Vollmachten scheidet nach dem eindeutigen Wortlaut hingegen aus. Hintergrund ist, dass bei der Beurkundung des Gesellschaftsvertrages wegen § 172 BGB entweder das Original oder eine Ausfertigung (§ 47 BeurkG) der notariellen Gründungsvollmacht vorzulegen ist. Die Vorschrift setzt jeweils die Vorlage einer papiernen Urkunde voraus. Denn

---

[46] BT-Drs. 19/28177, 113.

[47] BT-Drs. 20/1672, 24.

[48] Vgl. hierzu sowie allgemein zu Nachteilen und Problemen wie dem „Online-Fatigue" im Bereich virtueller Beschlussfassungen Heckschen/Hilser ZIP 2022, 670 (675); zu den Problemen speziell bei virtuellen Hauptversammlungen Danwerth ZIP 2023, 2329 (2343).

[49] Zu den Kompetenzen einer Vollversammlung Altmeppen, 11. Aufl. 2023, GmbHG § 51 Rn. 15, 17.

[50] Zur generellen Frage der Formbedürftigkeit von sog. Güterstandsklauseln Münch in MüKo-BGB, 9. Aufl. 2022, BGB § 1410 Rn. 4.

[51] Da § 2 Abs. 2 GmbHG auf Genehmigungserklärungen entsprechend anzuwenden ist, können auch diese per Videokommunikation beurkundet werden, vgl. Meier BB 2022, 1731 (1734).

[52] Ausführlich hierzu Stelmaszczyk/Strauß GmbHR 2022, 833 (842 f.).

die Rechtsscheinwirkung resultiert aus der Überlegung, dass der Vollmachtgeber den Rechtsscheinsträger bei einer widerrufenen Vollmacht jederzeit herausverlangen kann. Umgekehrt darf der Rechtsverkehr auf den Fortbestand der Vertretungsbefugnis vertrauen, solange die bevollmächtigte Person im Besitz des Originals oder einer auf sie lautenden Ausfertigung ist.[53] Diese Funktion kann eine als PDF-Datei gespeicherte Vollmacht jedenfalls derzeit nicht erfüllen. Denn bei einer rein digitalen Vollmachtsurkunde bestünde die Möglichkeit, diese einschließlich ihrer Signaturen beliebig zu kopieren. Gibt der Vollmachtgeber die Datei aus der Hand, geht damit ein Kontrollverlust einher. Auch nach Widerruf der Vollmacht könnte er nicht sicherstellen, dass der Bevollmächtigte keine Kopie der Vollmacht mehr vorhält.[54] Mangels Gültigkeitsregister existiert im digitalen Rechtsverkehr derzeit also kein entsprechender Rechtsscheinsträger. *Das* Original bzw. *die* Ausfertigung existiert insoweit nicht.[55] Notwendig ist, von elektronisch errichteten Vollmachten eine papiergebundene Ausfertigung zu erstellen, was nur bei einer Beurkundung möglich ist, nicht dagegen bei einer Beglaubigung.[56]

Erfasst sind auch sämtliche Anmeldungen zum Handels-, Genossenschafts-, Partnerschafts-, Vereins- sowie Gesellschaftsregister.[57] Dies ist aus tatsächlichen wie auch aus rechtlichen Gründen zweckmäßig: Denn die bei den Beteiligten entfallenden Wegezeiten fallen aufgrund der bei Beglaubigungen typischerweise kürzeren Termindauer mehr ins Gewicht. Ferner stellen Beglaubigungen in der Regel eher einfach gelagerte Vorgänge dar, da das Beurkundungsgesetz insoweit nur eine eingeschränkte Belehrung der Beteiligten vorschreibt. Die Unterschiede zwischen einem Präsenz- und einem Online-Termin fallen dadurch weniger ins Gewicht. Hauptzweck der notariellen Beglaubigung ist vielmehr eine zuverlässige Feststellung der Identität eines Beteiligten. Diese ist mit Blick auf die Publizitätswirkungen deutscher Register zwingend. Indem Notare die erklärenden Personen identifizieren, entlasten sie zugleich auch Registergerichte, da diese die Identität anmeldender Personen nicht mehr prüfen müssen.[58] Das bedeutet allerdings auch, dass gerade auch eine Online-Beglaubigung das hohe Maß an Verlässlichkeit einer Identifikation im Präsenzverfahren sicherstellen muss, was – wie nachstehend näher dargestellt wird – nur durch das Auslesen eines elektronischen Lichtbildes erreicht wird.[59]

---

[53] Danninger/Stepien DNotZ 2021, 812 (815).

[54] Flache/Schnelle notar 2023, 89 (91f.).

[55] Vor diesem Hintergrund fingiert § 45 Abs. 3 BeurkG für in der elektronischen Urkundensammlung verwahrte elektronische Urkunden den Charakter einer Urschrift. Vgl. hierzu auch Regler in BeckOGK, 1.3.2024, BeurkG § 45 Rn. 23.

[56] Lieder ZIP 2023, 1923 (1932f.); Kienzle DNotZ 2021, 590 (600); Stelmaszczyk/Strauß ZIP 2022, 1077 (1086f.); Stelmaszczyk/Strauß GmbHR 2022, 833 (843f.); Stelmaszczyk in BeckOGK, 1.1.2024, GmbHG § 2 Rn. 505; BT-Drs. 20/1672, 22.

[57] Der am 1.1.2026 in Kraft tretende § 3 Abs. 2 StiftRG kF sieht keine Möglichkeit vor, Anmeldungen zum Stiftungsregister online beglaubigen zu lassen.

[58] Limmer in Frenz/Miermeister, BNotO, 5. Aufl. 2020, BeurkG § 40 Rn. 1.

[59] BT-Drs. 19/28177, 129; zum Zweck der Beglaubigung ferner Einsele in MüKoBGB, 9. Aufl. 2021, BGB § 129 Rn. 1.

b) Nicht erfasste Vorgänge

Außerhalb dieses Numerus clausus lässt das deutsche Beurkundungsgesetz keine Online-Verfahren zu.[60]

Insbesondere sind im Bereich des Familien-, Erb- oder Immobilienrechts die Formzwecke der Entschleunigung sowie des Schutzes und der Warnung der unerfahrenen Vertragspartei regelmäßig von größerer Bedeutung. Charakteristisch hierfür ist etwa § 17 Abs. 2a S. 2 Nr. 2 BeurkG, der bewusst eine mit dem Charakter von Online-Verfahren unvereinbare Entschleunigung des Verfahrens zur Gewährleistung einer wohlüberlegten Entscheidung des besonders schutzwürdigen Verbrauchers vorsieht.[61] Selbiges gilt für Anteilsübertragungen, da § 15 Abs. 3 und 4 GmbHG neben dem Anlegerschutz[62] einer bewussten Entschleunigung zur Vermeidung spekulativen Handels[63] dient.[64] Dieser Zweck wäre durch eine grundsätzlich von überall durchführbare Online-Beurkundung nicht in gleichem Maße gewahrt. Schließlich bleiben Umwandlungsvorgänge dem Präsenzverfahren vorbehalten.[65] Die tatsächliche und rechtliche Tragweite von Umwandlungsvorgängen geht über diejenige einer bloßen Gründung oder Satzungsänderung hinaus. Aufgrund dieser erhöhten Komplexität eignen sich Umwandlungsvorgänge generell nicht für Online-Verfahren.[66]

Auch stehen in den genannten Fällen eine persönliche Beratung und Belehrung deutlich im Vordergrund. Grund hierfür ist zunächst, dass die Beteiligten bei den nicht erfassten Rechtsgeschäften nicht typischerweise geschäftserfahren sind. Hinzu kommt, dass etwa bei letztwilligen Verfügungen die Körpersprache von entscheidender Bedeutung ist, um festzustellen zu können, ob der Erblasser wirklich aus freien Stücken testiert, es sich also tatsächlich um seinen „letzten Willen" handelt. Ähnliche Bedeutung haben Mimik und Gestik bei in persönlicher oder wirtschaftlicher Hinsicht bedeutenden Rechtsgeschäften wie Ehe- oder Immobilienkaufverträgen. Nicht selten manifestieren sich noch bestehende Fragen, Unsicherheiten bzw. generell klärungsbedürftige Sachverhalte nonverbal. Derartige Umstände lassen sich zuverlässig nur in einem persönlichen Gespräch von Angesicht zu Angesicht feststellen. Bei Beurkundungen mittels Videokommunikation besteht demgegenüber eine Distanz zwischen Urkundsperson und Beteiligtem, zumal der Notar die Räumlichkeiten des Beteiligten – und damit seine aktuelle Situation und Willensbildung – naturgemäß nicht abschließend beurteilen kann.[67]

---

[60] DNotI-Report 2023, 11; Lieder ZIP 2023, 1923 (1927).

[61] BT-Drs. 19/28177, 113.

[62] BT-Drs. 20/3822, 96.

[63] Altmeppen, 11. Aufl. 2023, GmbHG § 15 Rn. 66.

[64] Nach dem klarstellenden § 2 Abs. 3 S. 1 Hs. 2 GmbHG ist eine Mitbeurkundung von Abtretungsverpflichtungen ausschließlich im Gesellschaftsvertrag zulässig. Näher hierzu Stelmaszczyk in BeckOGK, 1.1.2024, GmbHG § 2 Rn. 443ff.

[65] BT-Drs. 19/28177, 161; BT-Drs. 20/1672, 23; Heckschen/Knaier NZG 2022, 885 (888f.).

[66] Stelmaszczyk/Strauß ZIP 2022, 1077 (1079); Stelmaszczyk/Strauß GmbHR 2022, 833 (842).

[67] Zu qualitativen Unterschieden zwischen Präsenz- und Online-Versammlungen s. Wicke DStR 2022, 498 (499f.) mwN; ferner Heckschen/Hilser ZIP 2022, 461 (463f.).

2. *Wahrung des hoheitlichen Charakters*

Lässt das materielle Recht Online-Beurkundungen oder -Beglaubigungen zu, sind diese ausschließlich über das von der Bundesnotarkammer betriebene System abzuwickeln, vgl. §§ 16a Abs. 1, 40a Abs. 1 S. 1 BeurkG. Der Betrieb des Videokommunikationssystems stellt für die Bundesnotarkammer eine Pflichtaufgabe in mittelbarer Staatsverwaltung dar (§ 78 Abs. 1 S. 2 Nr. 10 BNotO).[68] Als Aufsichtsbehörde kontrolliert das Bundesministerium der Justiz die Einhaltung der gesetzlichen Anforderungen (§ 77 Abs. 2 S. 1 BNotO).

Deutschland hat sich bei der Umsetzung – wie auch zahlreiche andere Mitgliedstaaten – für eine hoheitliche Ausgestaltung entschieden.[69] Die Beschränkung auf das von der Bundesnotarkammer als Körperschaft des öffentlichen Rechts betriebene System trägt dabei allem voran dem hoheitlichen Charakter notarieller Tätigkeit Rechnung. Notare sind gemäß § 1 BNotO unabhängige Träger eines öffentlichen Amtes auf dem Gebiet der vorsorgenden Rechtspflege.[70] Gerade im Bereich des Gesellschaftsrechts stellt ihre Mitwirkung die Funktionsfähigkeit des Handelsregisters und damit staatliche Kernfunktionen sicher.[71] Zudem gewährleistet nur ein hoheitlicher Betrieb, dass außerhalb der Staatsverwaltung stehende private Dritte keinen Zugriff auf die sensiblen Inhalte eines Beurkundungsverfahrens erhalten. Die Nutzung anderer, insbesondere privater Plattformen ist demnach untersagt und stellt nicht nur einen schwerwiegenden Dienstverstoß dar, sondern führt darüber hinaus zur Nichtigkeit der notariellen Urkunde.[72] Für die notarielle Praxis dürfte sich anbieten, bereits in der Urkunde bzw. im Vermerk entsprechend Klarheit zu schaffen: Grundsätzlich haben elektronische Niederschriften und Vermerke lediglich die Feststellung zu enthalten, dass das Verfahren mittels Videokommunikation durchgeführt wurde, §§ 16b Abs. 3 S. 2, 40a Abs. 2 S. 2 BeurkG. Über diese Mindestvorgabe hinaus dürfte empfehlenswert sein, festzustellen, dass die Beurkundung bzw. Beglaubigung mittels Videokommunikation *über das von der Bundesnotarkammer betriebene System* stattfand, damit Rechtsverkehr und Aufsichtsbehörde die Wirksamkeit der notariellen Urkunde zuverlässig prüfen können.[73]

Bei der gesetzgeberischen Entscheidung, die Bundesnotarkammer mit der Entwicklung und dem Betrieb des hoheitlichen Videokommunikationssystems zu beauftragen, war auch entscheidend, dass diese ihre technische Expertise bereits zuvor unter Beweis gestellt hatte, insbesondere durch den Betrieb des Zentralen Vorsorgeregisters, Zentralen Testamentsregisters oder Notarnetzes.[74] Daher kann und darf der Rechtsverkehr davon ausgehen, dass das Videokommunikationssystem höchs-

---

[68] Hushahn in BeckOK BNotO, 9. Ed. 1.2.2024, BNotO § 78p Rn. 2.

[69] Bormann/Wosgien in FS Frenz, 2024, 59 (69); Salemink/Wolters/Wulf ECFR 2024, 67 (74ff.); vgl. u. a. in den Niederlanden Art. 53d Wet op het notarisambt sowie in Belgien Art. 13 § 2 de la loi du 16 mars 1803 contenant organisation du notariat.

[70] Zur hoheitlichen Stellung von Notaren vgl. etwa BVerfG NJW 1987, 887; ferner BVerfG NJW 2012, 2639 (2641).

[71] BT-Drs. 19/28177, 110.

[72] Vgl. auch Rachlitz in BeckOGK, 1.12.2023, BeurkG § 16a Rn. 11, 136.

[73] Zum Zweck der Vermerkpflicht Bremkamp in BeckOK BeurkG, 10. Ed. 1.3.2024, BeurkG § 16b Rn. 14f.

[74] Ausführlich hierzu Bormann/Siegel FS Vossius, 2023, 23 (29f.).

ten Anforderungen im Bereich Sicherheit, Manipulationsresistenz, Zuverlässigkeit sowie Datensicherheit und Datenschutz uneingeschränkt gerecht wird und eine dauerhafte Verfügbarkeit gewährleistet ist.[75] Schließlich können sich Bürger bei Verwendung einer hoheitlichen Videokommunikationsplattform sicher sein, dass es sich bei der in der Videokonferenz zugeschalteten Beurkundungsperson auch tatsächlich um einen Notar handelt.

3. Rechtssichere elektronische Identifizierung der Urkundsbeteiligten

Kernstück des deutschen notariellen Online-Verfahrens sind die Vorgaben für die elektronische Identifizierung, an die das Beurkundungsgesetz besondere Anforderungen stellt.

a) Hoher Stellenwert der Identifizierung durch den Notar

Unabhängig von Präsenz- oder Online-Verfahren ist eine rechtssichere Identifizierung der Beteiligten aus verschiedenen Gründen von entscheidender Bedeutung.

Zunächst nehmen die in der notariellen Urkunde dokumentierten Feststellungen zur Identität der Person an der besonderen Beweiskraft öffentlicher Urkunden (§§ 415ff. ZPO) teil. Sie begründen den vollen Beweis und sind grundsätzlich der freien Beweiswürdigung entzogen.[76]

Wie eingangs bereits dargestellt ist eine ordnungsgemäße Identifizierung darüber hinaus zum Schutz sowie zur Entlastung des Rechts- und Wirtschaftsverkehrs notwendig, gerade in Hinblick auf öffentliche Register wie das Handelsregister.[77] Zur Erleichterung und Beschleunigung gelten Eintragungen aufgrund der Publizitätswirkung grundsätzlich als richtig, sodass beispielsweise gutgläubige Vertragspartner auf den Registerinhalt vertrauen dürfen. Gerechtfertigt ist dies jedoch nur, wenn sichergestellt ist, dass Eintragungen inhaltlich korrekt und von der richtigen Person veranlasst worden sind. Hierfür hat der Gesetzgeber den Notar in das Eintragungsverfahren eingebunden. Denn neben einer inhaltlichen Kontrolle sind Eintragungsgrundlage gerade auch die notariellen Feststellungen zur Identität der Beteiligten. Wegen deren Beweiswirkungen können und dürfen Registergerichte auf diese zurückgreifen, müssen also keine erneute Identitätsprüfung durchführen. Das Verfahrensrecht hat daher ein hohes Sicherheitsniveau bei der Identifizierung zu garantieren, damit Notare ihre vorgeschaltete Filter- und Entlastungsfunktion auch bei Online-Beurkundungen und -Beglaubigungen sachgerecht erfüllen können.[78]

Schließlich dient eine rechtssichere Identifizierung dem Allgemeininteresse einer effektiven Verhütung von Straftaten. Im Zusammenhang mit notariellen Verfahren bestehen vielfältige Anreize für Identitätstäuschungen zu kriminellen Zwecken, beispielsweise zur Erschleichung fremder Vermögenswerte von erheblichem Wert

---

[75] BT-Drs. 19/28177, 110 (116).

[76] Kienzle DNotZ 2021, 590 (597); Bremkamp in BeckOK BeurkG, 10. Ed. 1.3.2024, BeurkG § 10 Rn. 127; BT-Drs. 19/28177, 119f.

[77] Limmer in Frenz/Miermeister, BNotO, 5. Aufl. 2020, BeurkG § 10 Rn. 7.

[78] Lieder ZIP 2023, 1923 (1929); zur Filter- und Entlastungsfunktion der Notare ausführlich BT-Drs. 18/10607, 105f.

oder zur Erreichung falscher Eintragungen in staatlichen Registern.[79] Daher legt das Beurkundungsgesetz ein zentrales Augenmerk auf eine ordnungsgemäße Identifizierung. Darüber hinaus sind Notare als Verpflichtete nach § 2 Abs. 1 Nr. 10 GwG auch nach den geldwäscherechtlichen Vorschriften zu einer sorgfältigen Identifizierung verpflichtet.[80] Denn diese ist ein wesentlicher Bestandteil bei der Bekämpfung von Geldwäsche, Terrorismusfinanzierung, Steuerhinterziehung, Insolvenz- sowie sonstigen Wirtschaftsstraftaten und unabdingbar, um Schäden für die Beteiligten und die Allgemeinheit zu vermeiden.[81] Dass sich die Einbindung von Notaren in die Geldwäschebekämpfung in Deutschland bewährt hat, schlägt sich in den Meldezahlen der notariellen Praxis nieder: Notare haben zuletzt 7.223 Meldungen nach dem GwG abgegeben und damit die höchste Anzahl im Nichtfinanzsektor.[82]

b) Identifizierungsverfahren bei notariellen Online-Verfahren

Grundsätzlich gilt die Amtspflicht des § 10 Abs. 1 BeurkG, sich Gewissheit über die Person der Beteiligten zu verschaffen, auch bei Online-Verfahren. Damit geht zunächst die allgemeine Pflicht einher, die Identität der Beteiligten höchstpersönlich festzustellen und nicht auf andere Personen oder gar externe Dienstleister auszulagern. Ferner folgt daraus, dass der Notar wie bisher im Präsenzverfahren mit „besonderer"[83] bzw. „äußerster"[84] Sorgfalt vorzugehen hat.

Eine elektronische Identifizierung wirft zunächst jedoch verschiedene Probleme auf, einerseits wegen der fehlenden persönlichen Anwesenheit der Beteiligten, andererseits mangels Möglichkeit, Ausweise (etwa deren Haptik, Reflexionsverhalten oder Sicherheitsmerkmale) näher zu prüfen.[85] Auch deshalb dürfte der Gesetzgeber das Risiko von Identitätstäuschungen bei digitalen Verfahren höher einschätzen als bei analogen Verfahren.[86] Um diesen Problemen zu begegnen und ein dem Präsenzverfahren gleichwertiges Maß an Sicherheit zu garantieren, lag der Fokus des deutschen Gesetzgebers bei notariellen Online-Verfahren maßgeblich auf dem Identifizierungsverfahren.[87]

Anders als im Präsenzverfahren steht daher nicht im Ermessen des Notars, wie er sich diese Gewissheit im Sinne des § 10 Abs. 1 BeurkG verschafft.[88] Vielmehr sieht § 16c BeurkG für das digitale Verfahren konkrete, strenge Vorgaben vor. Der Notar

---

[79] BT-Drs. 20/8095, 64.

[80] Siehe hierzu ausführlich Sommer MittBayNot 2019, 226 (230f.).

[81] BT-Drs. 19/28177, 120; BT-Drs. 20/8095, 64.

[82] Vgl. den Jahresbericht 2022 der Financial Intelligence Unit, abrufbar unter https://www.zoll.de/DE/FIU/Fachliche-Informationen/Jahresberichte/jahresberichte_node.html, zuletzt abgerufen am 5.7.2024.

[83] § 26 Abs. 1 DONot in der bis zum 31.12.2021 geltenden Fassung.

[84] BGH DNotZ 1956, 502.

[85] Kienzle DNotZ 2021, 590 (598).

[86] Vgl. etwa für den Bereich digitaler Verwaltungsverfahren BT-Drs. 20/8093, 40.

[87] BT-Drs. 19/28177, 115.

[88] Aufgrund der Verfahrensherrschaft des Notars hat dieser im Präsenzverfahren – außerhalb des Anwendungsbereichs des GwG – die Feststellungen grundsätzlich nach eigenem Ermessen zu treffen, vgl. Limmer in Frenz/Miermeister, BNotO, 5. Aufl. 2020, BeurkG § 10 Rn. 7.

hat sich von den Beteiligten einen elektronischen Identitätsnachweis[89] des Vertrauensniveaus „hoch" im Sinne der eIDAS-Verordnung *sowie* ein auf dem Ausweisdokument gespeichertes und unmittelbar ausgelesenes elektronisches Lichtbild übermitteln zu lassen. § 16c S. 1 BeurkG verlangt somit kumulativ, dass dem Notar zwei Datensätze von dem jeweiligen Beteiligten zur Verfügung gestellt werden. Die Kombination beider Elemente garantiert einen hohen Sicherheitsstandard, ohne dass hiermit Zeitverlust einherginge.[90] Nicht ausreichend ist, ausschließlich den elektronischen Identitätsnachweis *oder* das elektronische Lichtbild auszulesen.

Die Verwendung eines elektronischen Identitätsnachweises des Vertrauensniveaus „hoch" gewährleistet grundsätzlich bereits ein hohes Sicherheitsniveau. Da der elektronische Identitätsnachweis selbst jedoch keine Übermittlung von elektronischen Lichtbildern vorsieht, könnten Identitätstäuschungen oder Fälle verdeckter Stellvertretung nicht sicher ausgeschlossen werden.[91] Zwar erfordert das Auslesen des elektronischen Ausweises die Eingabe einer persönlichen, im Grundsatz nur dem Ausweisinhaber bekannten PIN. Dieser ist jedoch nicht gehindert, seine PIN zu missbräuchlichen Zwecken weiterzugeben. Zudem könnten Kriminelle sich diese verschaffen.[92] Um derartige Fälle effektiv auszuschließen und eine höchstpersönliche Mitwirkung der Beteiligten zu gewährleisten, sieht § 16c S. 2 BeurkG daher zusätzlich einen Abgleich der in der Videokonferenz erschienenen Person mit dem elektronisch übermittelten Lichtbild vor. Lediglich bei persönlich bekannten Beteiligten kann der Notar von der Übermittlung eines Lichtbildes absehen.

Die Möglichkeit für die Mitgliedstaaten, ein zweistufiges Identifizierungsverfahren anhand eines *zusätzlichen* Identifizierungsmittels vorzusehen, steht im Einklang mit dem Unionsrecht. Sie ist bereits in Art. 2 Abs. 3, ErwG 21 S. 7 eIDAS-Verordnung angelegt und nach ErwG 22 S. 1 und 4 der DigRL ausdrücklich erlaubt.[93] Der Erwägungsgrund baut dabei auf ErwG 20 auf und dient einem der Kernziele der Digitalisierungsrichtlinie: der Schaffung eines digitalen, aber ebenso vertrauenswürdigen Umfeldes mit einem verlässlichen Registerwesen, um Identitätsdiebstähle sowie betrügerisches und sonstiges missbräuchliches Verhalten zu verhindern.

---

[89] Bei dem elektronischen Identitätsnachweis (sog. eID) handelt es sich um den europäischen Standard zur digitalen Abbildung staatlicher Identitätsnachweise. Die Ausweisdaten (Name, Vorname, Geburtsdatum, Geburtsort, Adresse) sind auf dem Chip europäischer Ausweisdokumente gespeichert. Damit der Rechtsverkehr diese Daten in einem gesicherten Verfahren aus dem Chip der eID auslesen kann, muss eine bei der Ausstellung eines Ausweises erteilte, personalisierte PIN eingegeben werden.

[90] So lobt etwa Teichmann, dass „[d]ie technisch anspruchsvolle Identifizierung […] elegant in die ohnehin stattfindende elektronische Beurkundung integriert [wird], so dass kein Zeitverlust zu befürchten ist.", GmbHR 2021, 1237 (1246).

[91] Zur technischen Unterscheidung der beiden Vorgänge BT-Drs. 19/28177, 121. Das elektronische Lichtbild ist Bestandteil des sog. hochsicheren Speichermediums, vgl. Art. 3 Abs. 5 der Verordnung (EU) 2019/1157 vom 20.6.2019 zur Erhöhung der Sicherheit der Personalausweise von Unionsbürgern und der Aufenthaltsdokumente, die Unionsbürgern und deren Familienangehörigen ausgestellt werden, die ihr Recht auf Freizügigkeit ausüben, ABl. 2019 L 188, 67.

[92] BT-Drs. 19/28177, 120f., 129; Bormann/Stelmaszczyk NZG 2019, 601 (609); Stelmaszczyk/Kienzle GmbHR 2021, 849 (857).

[93] Zur Richtlinienkonformität ausführlich Lieder NZG 2018, 1081 (1088f.); Bormann/Stelmaszczyk NZG 2019, 601 (609f.); Teichmann ZIP 2018, 2451 (2455ff.); J. Schmidt ZIP 2021, 112 (114).

Ein Lichtbildabgleich hat dabei gemäß § 16c S. 2 BeurkG ausschließlich anhand eines elektronischen Lichtbildes zu erfolgen, das unmittelbar aus dem Speicher des Ausweisdokuments ausgelesen und im Anschluss direkt an den Notar weitergeleitet wird. Bevor dem Notar das Lichtbild zur Identifizierung angezeigt wird, überprüft das System der Bundesnotarkammer nach § 10 Abs. 3 S. 3 NotViKoV das Ausweisdokument auf Echtheit und Gültigkeit sowie die ausgelesenen Daten auf Manipulationsfreiheit. Andere audiovisuelle Identifizierungsverfahren schließt der Wortlaut des § 16c BeurkG aus. Diese Entscheidung hat der Gesetzgeber nach den zugrundeliegenden Gesetzgebungsmaterialien aufgrund der Missbrauchs- und Manipulationsanfälligkeit derartiger Verfahren bewusst getroffen. Dies gilt namentlich allen voran für sog. Video-Ident-Verfahren. Bei diesen wird ein Ausweisdokument sowie das dort aufgebrachte Lichtbild per Webcam gefilmt und nur diese Aufzeichnung zur Identifizierung übermittelt. Durch Bewegen des Ausweisdokumentes sollen dessen Sicherheitsmerkmale überprüft werden. Bei einem Video-Ident-Verfahren wird also kein elektronisches Lichtbild übermittelt, sondern das analoge Lichtbild aufgezeichnet.[94] Dadurch ist zwangsläufig ein weiterer Schritt zwischengeschaltet, nämlich die Aufzeichnung durch eine Videokamera. Hierdurch entstehen einerseits zusätzliche Angriffsflächen, andererseits sind gefälschte Ausweisdokumente so generell schwerer zu erkennen. Vor diesem Hintergrund gelten Video-Ident-Verfahren daher als besonders fälschungsanfällig.[95]

4. Ersatz der Unterschrift durch qualifizierte elektronische Signatur

Notare errichten im Online-Verfahren nach § 16b Abs. 2 BeurkG eine elektronische Niederschrift. Naturgemäß können weder Notar noch die Beteiligten diese händisch unterzeichnen. Stattdessen ist die elektronische Niederschrift gemäß § 16b Abs. 4 S. 1 BeurkG qualifiziert elektronisch zu signieren. Diese Vorgabe gilt für sämtliche mitwirkenden Personen, neben Beteiligten und Notar also insbesondere auch für Dolmetscher, Verständigungspersonen, Zeugen oder einen zweiten Notar.[96] Wie bei der Unterschrift (vgl. § 13 Abs. 3 S. 1 BeurkG) handelt es sich dabei um eine Wirksamkeitsvoraussetzung.

Der Unterschrift kommt bei notariellen Niederschriften maßgeblich eine Autorisierungsfunktion zu. Die Beteiligten dokumentieren mit dieser, dass sie sich die in der Urkunde niedergelegten Erklärungen zurechnen lassen und genehmigen.[97] Da ausschließlich qualifizierte elektronische Signaturen die Zwecke einer händischen Unterschrift in vergleichbarer Weise abbilden,[98] lässt der deutsche Gesetzgeber ein-

[94] Ausführlich zu videobasierten Identifizierungsverfahren Omlor/Sedlmeir/Urbach ZIP 2024 (im Erscheinen).

[95] BT-Drs. 19/28177, 121; zum Ablauf eines Video-Ident-Verfahrens sowie zur Kritik ZD-Aktuell 2022, 01309; Wand DuD 2024, 232 (234); Biallaß RDi 2023, 59 (64); Biallaß/Leeb Rpfleger Studienhefte 6/2023, 234 (235); generell zu Gefahren und Gegenmaßnahmen bei Deepfakes siehe Steffes/Zichler DuD 2024, 158; zu Missbrauchsmöglichkeiten vgl. auch BGH MMR 2023, 952; ferner Tagesspiegel v. 10.8.2022 („Gematik verbietet VideoIdent-Verfahren").

[96] BT-Drs. 19/28177, 118.

[97] BGH DNotZ 2003, 269 (270).

[98] BT-Drs. 14/4987, 15f.; BGH NJW 2022, 2415 (2416).

fache oder fortgeschrittene elektronische Signaturen[99] ausdrücklich nicht genügen. Denn einfache elektronische Signaturen (zB eingescannte Unterschriften, maschinenschriftlicher Namenszug)[100] haben keinerlei Sicherheitsanforderungen zu erfüllen und können ohne Weiteres kopiert oder entfernt werden.[101] Sie sind weder eindeutig einer bestimmten Person zuzuordnen noch bieten sie eine Gewähr für Echtheit oder Unveränderlichkeit. Fortgeschrittene elektronische Signaturen bieten zwar ein höheres Maß an Sicherheit, da sie nach Art. 26 eIDAS-VO unter anderem der signierenden Person zuzuordnen sein müssen. Jedoch existieren keine näheren Vorgaben für das Verfahren zur Identifizierung der signierenden Person.[102] Ein qualifiziertes Zertifikat, das von einem qualifizierten Vertrauensdiensteanbieter ausgestellt wurde und dessen Gültigkeit Voraussetzung für das Anbringen einer qualifizierten elektronischen Signatur ist, existiert bei fortgeschrittenen elektronischen Signaturen nicht.

Hingegen setzen qualifizierte elektronische Signaturen nach Art. 3 Nr. 12 eIDAS-VO zusätzlich ein von einem Vertrauensdiensteanbieter ausgestelltes, zum Zeitpunkt ihrer Erzeugung gültiges qualifiziertes Zertifikat voraus. Die Signatur selbst ist mittels qualifizierter elektronischer Signaturerstellungseinheit zu erzeugen, die unter anderem verlässlich gegen Fälschungen schützen muss. Für beide Voraussetzungen gelten demnach erhöhte Sicherheitsanforderungen. Insbesondere sind die jeweiligen Personen nach Art. 24 Abs. 1 eIDAS-VO vor der Vergabe eines qualifizierten Zertifikates zu identifizieren.[103] Dadurch kann der Rechtsverkehr die signierende Person eindeutig zuordnen. Signatur und Dokument sind mittels eines mathematisch-logischen Verfahrens auf Dauer verbunden. Würden die Signatur, das Dokument oder dessen Inhalt nachträglich verändert, wäre dies für den Rechtsverkehr erkennbar, da eine Signaturprüfung ein ungültiges Ergebnis liefern würde. Eine qualifizierte elektronische Signatur gewährleistet die Authentizität und Integrität des Dokumentes, also dass die enthaltenen Erklärungen vom Signierenden stammen, so genehmigt und nachträglich nicht verändert wurden.[104] Vor diesem Hintergrund kann auch eine materiell-rechtlich angeordnete Schriftform ebenfalls nur durch qualifizierte, nicht jedoch durch einfache oder fortgeschrittene Signaturen ersetzt werden.[105]

---

[99] Maßgeblicher Unterschied zum Präsenzverfahren ist, dass der Notar den Vorgang der Unterzeichnung unmittelbar wahrnehmen und sich so von einer höchstpersönlichen Unterschriftsleistung überzeugen kann. In Online-Verfahren ist dies naturgemäß nicht möglich.

[100] Goergen/Kasselmann DGVZ 2023, 192.

[101] BT-Drs. 14/4662, 18.

[102] Zu den Anforderungen an eine fortgeschrittene elektronische Signatur Wichner in BeckOGK, 1.3.2022, SGB I § 36a Rn. 50.

[103] Ausführlich Einsele in MüKoBGB, 9. Aufl. 2021, BGB § 126a Rn. 11ff.; ferner Bremkamp in BeckOK BeurkG, 9. Ed. 1.3.2024, BeurkG § 16b Rn. 19.

[104] BT-Drs. 14/4987, 17; ferner Primaczenko/Frohn in BeckOGK, 1.5.2020, BGB § 126a Rn. 6.

[105] Ausführlich hierzu BT-Drs. 14/4987, 15ff.

IV. Umsetzung in anderen EU-Mitgliedstaaten – Errichtung elektronischer Notariatsakte in Österreich

Wegen der weit gefassten Rahmenbedingungen und damit einhergehenden Gestaltungsspielräumen für die nationalen Gesetzgeber existiert unionsweit nicht *das* Online-Verfahren bzw. *die* Online-Gründung. Die Ansätze der Mitgliedstaaten sind daher entsprechend heterogen. Extrembeispiele sind etwa Mitgliedstaaten, deren Rechtsordnung eine notarielle Präventivkontrolle im Gesellschaftsrecht nicht vorsieht oder ein Notariat lateinischer Prägung nicht kennt. Zu nennen ist insoweit neben dem aus dem Digitalisierungskontext bekannten Estland[106] auch Schweden, dem eine notarielle Beurkundung im Gesellschaftsrecht fremd ist.[107] Generell findet in Schweden eine vorsorgende Rechtspflege praktisch nicht statt. Auch enthält das Verfahrensrecht weder spezielle Vorschriften zur Feststellung der Beteiligten noch Prüfungs- und Belehrungspflichten. Maßgeblich ist vielmehr eine Generalklausel, wonach der Notar sein Amt redlich, sorgfältig und unparteiisch ausüben soll.[108]

Naheliegend ist ein Blick in den Nachbarmitgliedstaat Österreich, auch mit Blick auf die aktuelle Diskussion in der Literatur. Nach kurzer Darstellung der Gesetzeshistorie und der einschlägigen Verfahrensvorschriften werden die mitunter erheblichen rechtlichen Unterschiede des österreichischen Online-Verfahrens nachstehend näher dargestellt.

1. Gesetzeshistorie

Die Möglichkeit einer Online-Gründung hat der dortige Gesetzgeber zum 1.1.2019 mit dem Elektronische-Notariatsform-Gründungsgesetz (ENG) eingeführt.[109] In den Fokus rückte die elektronische Errichtung von Notariatsakten im Rahmen der COVID-19-Pandemie. Während Notare in Deutschland unter Wahrung risikoangemessener Infektionsschutzmaßnahmen weiterhin persönlich für die rechtsuchende – auch nicht digitale – Bevölkerung tätig waren, schlug Österreich einen anderen Weg ein und nahm die Pandemie zum Anlass, die elektronische Errichtung von Notariatsakten auszuweiten. Auf Grundlage des mit dem Vierten COVID-19-Gesetz[110] eingeführten § 90a der österreichischen Notariatsordnung (öNO) wurde der Anwendungsbereich auf nahezu alle formbedürftigen Rechtsgeschäfte, Erklärungen oder rechtserhebliche Tatsachen erstreckt. Ein Präsenzvorbehalt war ausschließlich für letztwillige Verfügungen vorgesehen, vgl. §§ 67 Abs. 1 S. 2, 70 S. 2 öNO, § 4 Abs. 2 S. 1 SVD.[111]

Diese Rechtslage verstetigte der österreichische Gesetzgeber noch im selben Jahr[112] mit Wirkung zum 1.1.2021.[113]

---

[106] Bormann/Stelmaszczyk FS 25 Jahre Deutsches Notarinstitut, 2018, 419.

[107] Foerster in Süß/Wachter, Handbuch des internationalen GmbH-Rechts, 4. Aufl. 2022, Schweden Rn. 16.

[108] Ausführlich Krage DNotZ 1998, 787 (791 f.).

[109] öBGBl. 2018 I Nr. 71.

[110] öBGBl. 2020 I Nr. 24.

[111] Zib in Zib/Umfahrer, Notariatsordnung, 2. Aufl. 2023, öNO § 69b Rn. 9.

[112] öBGBl. 2020 I Nr. 157.

[113] Vgl. zum Ganzen auch Lieder NZG 2022, 1043 (1048).

2. *Verfahrensrechtliche Anforderungen der österreichischen Notariatsordnung*

Die maßgeblichen Verfahrensvorschriften enthalten §§ 69b, 79 Abs. 1 und 9 öNO. Das Identifizierungsverfahren ist ergänzend in der Notar-E-Identifikations-Verordnung (NEIV) geregelt. Dabei gilt § 69b öNO für die elektronische Errichtung von Notariatsakten, für das digitale Beglaubigungsverfahren gilt hingegen § 79 Abs. 1 und 9 öNO. Die beiden Vorschriften lauten in ihren für diesen Beitrag wesentlichen Stellen wie folgt:

§ 69b österreichische Notariatsordnung

(1) Ein Notariatsakt kann nach Maßgabe der verfügbaren technischen Voraussetzungen auch elektronisch unter Nutzung einer elektronischen Kommunikationsmöglichkeit errichtet werden. Für die Errichtung gelten die Bestimmungen dieses Bundesgesetzes über die Aufnahme eines elektronisch errichteten Notariatsakts mit den sich aus Abs. 2 bis 4 ergebenden Abweichungen. Ein Notariatsakt kann nach Maßgabe der verfügbaren technischen Voraussetzungen auch elektronisch unter Nutzung einer elektronischen Kommunikationsmöglichkeit errichtet werden. Für die Errichtung gelten die Bestimmungen dieses Bundesgesetzes über die Aufnahme eines elektronisch errichteten Notariatsakts mit den sich aus Abs. 2 bis 4 ergebenden Abweichungen.

(2) Der Notar hat bei einer nicht physisch anwesenden Partei durch Sicherungsmaßnahmen dafür zu sorgen, dass die Feststellung und Prüfung der Identität der Partei unter Verwendung eines elektronischen Verfahrens auf sichere und zweifelsfreie Weise erfolgen, dies

1. *anhand eines amtlichen Lichtbildausweises (§ 36b Abs. 2 dritter Satz) im Rahmen eines videogestützten elektronischen Verfahrens oder*

2. *durch ein gesetzlich vorgesehenes Verfahren, mit dem gesichert dieselbe Information wie mit der Vorlage eines amtlichen Lichtbildausweises zur Verfügung gestellt wird (elektronischer Ausweis).*

Der Bundesminister für Verfassung, Reformen, Deregulierung und Justiz hat mit Verordnung festzulegen, welche Maßnahmen zum Ausgleich des insofern potenziell bestehenden erhöhten Risikos der Geldwäscherei (§ 165 StGB) oder der Terrorismusfinanzierung (§ 278d StGB) erforderlich sind, unter welchen Voraussetzungen sich der Notar für eine solche Identitätsfeststellung und -prüfung eines Dienstleisters bedienen kann und welche Anforderungen an die Datensicherheit, an die Fälschungssicherheit und an die Verlässlichkeit der Personen, die den Identifikationsvorgang konkret durchführen, erfüllt sein müssen. Die näheren technischen Voraussetzungen für die Verfahren nach Z 1 und 2 sind in Richtlinien der Österreichischen Notariatskammer zu regeln. Die endgültige Verantwortung für die Erfüllung der Pflicht zur Identifizierung verbleibt beim Notar. Sämtliche der bei der Feststellung und Prüfung der Identität der Partei unter Verwendung eines elektronischen Verfahrens erhobenen Daten und aufgezeichneten Vorgänge müssen dem Notar zur Sicherstellung der Erfüllung der ihn treffenden Sorgfaltspflichten unmittelbar zur Verfügung stehen. Ist dem Notar anhand dessen eine abschließende Erfüllung der ihn treffenden Identifizierungs- und sonstigen Sorgfaltspflichten nicht möglich, so hat die Aufnahme des Notariatsakts unter Nutzung einer elektronischen Kommunikationsmöglichkeit zu unterbleiben.

(3) Bei der Aufnahme des Notariatsakts müssen alle Parteien ununterbrochen entweder physisch vor dem Notar anwesend oder mit dem Notar und den anderen Parteien unter Nutzung einer elektronischen Kommunikationsmöglichkeit durch eine optische und akustische Zweiweg-Verbindung in Echtzeit verbunden sein. Wird die Verbindung vorübergehend unterbrochen, so hat der Notar mit der Errichtung des Notariatsakts innezuhalten und erst dann fortzufahren, wenn die Verbindung wieder vollständig hergestellt ist."

(4) § 68 gilt mit der Maßgabe, dass die unter Nutzung einer elektronischen Kommunikationsmöglichkeit verbundene Partei ihre elektronische Signatur (Art. 3 Z 10 eIDAS-VO) dem Notariatsakt zeitlich vor einer allenfalls physisch vor dem Notar anwesenden Partei beizufügen hat. Zusätzlich zu den Angaben nach § 68 Abs. 2 hat der Notar im Notariatsakt auch anzuführen, dass der Notariatsakt unter Nutzung einer elektronischen Kommunikationsmöglichkeit durch eine optische und akustische Zweiweg-Verbindung zustande gekommen ist und welche Partei sich derart an der Aufnahme des Notariatsakts beteiligt hat; für den Fall des Fehlens dieser Angabe gilt § 68 Abs. 2 letzter Satz sinngemäß.

(4a) Die Errichtung eines Notariatsakts unter Nutzung einer elektronischen Kommunikationsmöglichkeit kann auch dadurch erfolgen, dass die physisch vor dem Notar anwesenden Parteien die zu errichtende Urkunde wahlweise händisch unterschreiben oder elektronisch signieren und die mit dem Notar elektronisch verbundenen Parteien die zu errichtende Urkunde elektronisch signieren. […]

§ 79 Abs. 1, Abs. 9 österreichische Notariatsordnung

(1) Der Notar kann die Echtheit einer händischen Unterschrift (firmenmäßigen Zeichnung) oder eines Handzeichens auf einer Papierurkunde beziehungsweise die Echtheit einer elektronischen Signatur (firmenmäßigen Zeichnung) auf einer elektronisch errichteten Urkunde beurkunden, wenn die Partei

1. *ihre Identität und gegebenenfalls auch ihr Geburtsdatum durch eines der im § 55 genannten Mittel ausweist,*

[…]

4. *sie die Unterschrift oder das Handzeichen beziehungsweise die Signatur vor dem Notar setzt oder ausdrücklich anerkennt, dass die Unterschrift oder das Handzeichen oder die Signatur von ihr stammt.*

[…]

(9) Abweichend von Abs. 1 Z 1 und 4 kann der Notar unter sinngemäßer Anwendung des § 69b Abs. 2 und 3 auch die Echtheit der Unterschrift oder der elektronischen Signatur einer nicht physisch anwesenden Partei beurkunden. Der Notar muss dabei mit der Partei vor und während ihrer Unterschrifts- oder Signaturleistung unter Nutzung einer elektronischen Kommunikationsmöglichkeit durch eine optische und akustische Zweiweg-Verbindung ununterbrochen und solange verbunden sein, dass von ihm der Vorgang der Anbringung der händischen Unterschrift oder der elektronischen Signatur eindeutig und lückenlos mitverfolgt werden kann. Bei einer händischen Unterschrift hat die Partei dem elektronischen Abbild des von ihr unterfertigten Dokuments auch ihre elektronische Signatur beizufügen. Zusätzlich zu den sonstigen Voraussetzungen hat der Notar vor der Beglaubigung der Echtheit einer Unter-

schrift auch einen optischen Vergleich zwischen dem an ihn elektronisch übermittelten Dokument und der der Partei nach der Anbringung der Unterschrift vorliegenden Urkunde vorzunehmen. [...]

a) Sachlicher Anwendungsbereich

Einen ersten bedeutenden Unterschied zeigt ein Vergleich von § 69b Abs. 1 öNO und § 16a Abs. 1 BeurkG. Das deutsche Verfahrensrecht ordnet an, dass eine Beurkundung mittels Videokommunikation erfolgen kann, „soweit dies durch Gesetz zugelassen ist".

Eine vergleichbare Wendung enthielt § 69b Abs. 1 öNO in der bis zum 31.12.2020 geltenden Fassung („Soweit dies gesetzlich vorgesehen ist, [...]"), diese ist danach jedoch entfallen. Eine positive Zulassung ist in Österreich nunmehr nicht mehr erforderlich. Vielmehr geht das österreichische Recht umgekehrt vor: Ausnahmen vom gesetzlichen Anwendungsbereich sind geregelt in den §§ 67 Abs. 1 S. 2, 70 S. 2 öNO, § 4 Abs. 2 S. 1 SVD. Letztwillige Verfügungen („letztwillige Anordnungen") können nicht elektronisch errichtet werden.

Auch in Österreich beschränkte sich die elektronische Errichtung von Notariatsakten ursprünglich auf GmbH-Gründungen. Mit der Online-Gründung sollten Unternehmensgründungen vereinfacht werden. Zur Frage, inwieweit die verschiedenen Formzwecke auch digital gewahrt werden können, äußert sich das Gesetz nicht, noch setzt es sich vertieft mit diesen auseinander. Lediglich erkannte der österreichische Gesetzgeber für Online-Verfahren ein „potenziell erhöhte[s] Risiko der Geldwäscherei und Terrorismusfinanzierung".[114]

Auch die Erweiterung im Zuge der COVID-19-Pandemie ging nicht näher auf die Formzwecke ein, sondern lediglich darauf, dass das Gesetz dazu diene, persönliche Kontakte auf das Notwendigste zu reduzieren.[115] Selbiges gilt für die anschließende Verstetigung der COVID-19-Rechtslage, die mit den politischen Bestrebungen einer weiteren Digitalisierung begründet wurde.[116]

b) Kein hoheitlicher Betrieb

Ebenfalls fällt bei einem Vergleich auf, dass weder § 69b öNO noch § 79 Abs. 9 öNO nähere Vorgaben zum Videokommunikationssystem enthalten. In beiden Fällen genügt vielmehr die „Nutzung einer elektronischen Kommunikationsmöglichkeit". Nach § 69b Abs. 3 S. 1 Alt. 2 öNO bzw. § 79 Abs. 9 S. 2 öNO muss lediglich eine „optische und akustische Zweiweg-Verbindung" mit dem Notar und – soweit vorhanden – den anderen Beteiligten sichergestellt sein. Insbesondere ist die Verwendung einer staatlichen Videokommunikationsplattform nicht vorgeschrieben. Österreichischen Notaren ist es daher verfahrensrechtlich erlaubt, auch für den hoheitlichen Beurkundungs- bzw. Beglaubigungsvorgang auf private Dienst-

[114] Erläuterung zur Regierungsvorlage des ENG, 253 BlgNR. 26. GP, 3.

[115] Ausschussbericht zu dem Entwurf eines 4. COVID-19-Gesetzes, 403/A BlgNR. 27. GP, 13.

[116] Ausschussbericht zu dem Entwurf eines Bundesgesetzes, mit dem die Notariatsordnung, das GmbH-Gesetz, das 2. COVID-19-Justiz-Begleitgesetz und das EIRAG geändert werden, 588 BlgNR. 27. GP, 1.

leister zurückzugreifen.[117] An diese stellt die österreichische Notariatsordnung – soweit ersichtlich – weder spezifische Anforderungen (zB in Form von Zertifizierungen oder Ähnlichem) noch unterliegen diese einer besonderen staatlichen Aufsicht, die etwa die Einhaltung allgemeiner technischer Sicherheitsanforderungen überwacht. Auch sonst sieht das Verfahrensrecht keine weiteren (Sicherheits-)Anforderungen vor.

c) Qualitative Unterschiede bei der Identifizierung

Verschiedene qualitative Abweichungen bestehen bei dem gesetzlich vorgesehenen Verfahren zur Identifizierung der an der Beurkundung oder Beglaubigung beteiligten Personen. Neben der grundlegenden Entscheidung für ein einstufiges Identifizierungsverfahren bleiben auch die Identifizierungsalternativen für sich genommen hinter dem deutschen Sicherheitsniveau zurück.

aa) Einstufiges Identifizierungsverfahren

Die nach dem österreichischen Verfahrensrecht zu verwendenden Identifizierungsmittel sind alternativ, nicht kumulativ. Der Wortlaut des § 69b Abs. 2 S. 1 öNO fordert ausdrücklich „die Feststellung und Prüfung der Identität der Partei [...] anhand eines amtlichen Lichtbildausweises (§ 36b Abs. 2 dritter Satz) im Rahmen eines videogestützten elektronischen Verfahrens *oder* durch ein gesetzlich vorgesehenes Verfahren, mit dem gesichert dieselbe Information wie mit der Vorlage eines amtlichen Lichtbildausweises zur Verfügung gestellt wird (elektronischer Ausweis)." Das in der ersten Alternative genannte videogestützte elektronische Verfahren meint dabei ein Video-Ident-Verfahren.[118] Auf dieses musste der österreichische Gesetzgeber zwangsläufig zurückgreifen, da der elektronische Ausweis zum Zeitpunkt der Einführung elektronischer Notariatsakte noch nicht zur Verfügung stand.[119] Bis zu dessen Einführung in Österreich am 5.12.2023[120] lief die zweite Alternative faktisch leer.

Im österreichischen Beurkundungsverfahren genügt also *entweder* ein Video-Ident-Verfahren *oder* das Auslesen einer eID. Eine Kombination von zwei Identifizierungsmitteln (in Deutschland: eID des Vertrauensniveaus „hoch" *und* elektronisch ausgelesenes Lichtbild) sieht das österreichische Verfahrensrecht dagegen nicht vor. Hierin liegt ein grundlegender Unterschied zum zweistufigen deutschen Verfahren, da gerade keine *zusätzliche* Identitätskontrolle erfolgt.[121] Auch der sowohl in Deutschland als auch in Österreich stattfindende visuelle Abgleich in der Videokonferenz ist keine *zusätzliche* Stufe im vorgenannten Sinne, sondern *integraler Be-*

---

[117] Lieder NZG 2022, 1043 (1052).

[118] Zib in Zib/Umfahrer, Notariatsordnung, 2. Aufl. 2023, öNO § 69b Rn. 16.

[119] Erläuterung zur Regierungsvorlage des ENG, 253 BlgNR. 26. GP, 3; ferner Zib in Zib/Umfahrer, Notariatsordnung, 2. Aufl. 2023, öNO § 69b Rn. 13.

[120] Vgl. hierzu die Webseite der ID-Austria, abrufbar unter https://www.oesterreich.gv.at/id-austria.html, zuletzt abgerufen am 5.7.2024.

[121] Das niederländische Recht lässt elektronische Identitätsnachweise des Vertrauensniveaus „hoch" ohne Übermittlung eines Lichtbildes ausreichen. Das belgische Recht erlaubt einen zusätzlichen Lichtbildabgleich, ohne diesen jedoch zwingend vorzuschreiben. Ausführlich Salemink/Wolters/Wulf ECFR 2024, 67 (93).

standteil der jeweiligen Identifizierung:[122] Folgte man einem anderslautenden in der Literatur geäußerten, irreführenden Verständnis, so wäre das deutsche beurkundungsrechtliche Identifizierungsverfahren sogar dreistufig: Zunächst werden die Angaben eines elektronischen Identitätsnachweises des Vertrauensniveaus „hoch" übermittelt. Im Anschluss wird das elektronische Lichtbild ausgelesen. Sobald beides erfolgt ist, findet eine visuelle Identifizierung in der Videokonferenz statt.

Für die zweite im österreichischen Verfahrensrecht vorgesehene Variante des Auslesens einer eID ist anzumerken, dass § 69b Abs. 2 S. 1 Ziff. 2 öNO neben dem Auslesen einer eID nicht auch die zusätzliche Übermittlung eines Lichtbildes verbindlich vorschreibt. Eine entsprechende Vorgabe sieht weder § 69b Abs. 2 S. 1 Ziff. 2 öNO noch § 36b Abs. 2 S. 2 öNO vor. Dem österreichischen Verfahrensrecht dürfte daher genügen, wenn eine eID den Mindestdatensatz an Personenidentifizierungsdaten zur Verfügung stellt. Ein Lichtbild enthält dieser nicht, vgl. Art. 11 iVm dem Anhang der der Durchführungsverordnung (EU) 2015/1501 vom 8.9.2015 über den Interoperabilitätsrahmen gemäß Art. 12 Abs. 8 der Verordnung (EU) Nr. 910/2014 des Europäischen Parlaments und des Rates über elektronische Identifizierung und Vertrauensdienste für elektronische Transaktionen im Binnenmarkt.[123] Das Verfahrensrecht verzichtet in diesen Fällen also gänzlich darauf, dass ein Abgleich des Erscheinungsbildes der Person in der Videokonferenz – und damit eine Überzeugung des Notars von der höchstpersönlichen Mitwirkung – verbindlich zu erfolgen hat.

bb) Abweichende Sicherheitsstandards

Das Sicherheitsniveau beider Identifizierungsprozesse bleibt auch jeweils für sich genommen hinter den Anforderungen des deutschen Rechts zurück.[124]

Für die Variante einer Identifizierung mittels eID lässt das österreichische Verfahrensrecht das niedrigere Vertrauensniveau „substanziell" ausreichen.[125] Hieran hat sich auch nach der Einführung der „ID-Austria" nichts geändert.[126]

Auch das alternative Video-Ident-Verfahren weicht qualitativ deutlich ab.[127] Denn im Rahmen dieses „videogestützten elektronischen Verfahrens" lesen österreichische Notare gerade kein elektronisches Lichtbild aus dem elektronischen Speichermedium eines Ausweisdokuments aus.[128] Übermittelt wird bei dem deutschen Verfahren eine unmittelbar auf dem Ausweis gespeicherte Lichtbilddatei und keine bloße bildliche Ablichtung des Ausweises. Nach § 3 Abs. 1 S. 2 NEIV sowie Ziff. 2.1 der Richtlinien der Österreichischen Notariatskammer vom 17.1.2019

---

[122] Missverständlich und im Ergebnis unzutreffend daher Deck NZG 2024, 185 (188f.) sowie NZG 2024, 430.

[123] ABl. 2014 L 235, 1.

[124] So bereits Lieder NZG 2022, 1043 (1054); ferner Bormann GmbHR 2023, 533 (537).

[125] Lieder NZG 2022, 1043 (1051); ferner DNotI-Report 2023, 12.

[126] Deck NZG 2024, 185 (189).

[127] Denga RDi 2024, 123 (130); Mosch, Die Onlinegründung von Kapitalgesellschaften in Deutschland und Österreich, 2022, S. 208f.

[128] Wiederum missverständlich und im Ergebnis unzutreffend Deck NZG 2024, 185 (189), der davon spricht, dass „in sämtlichen Varianten des österreichischen Onlineverfahrens ebenso wie im deutschen Recht [ein Lichtbild] ausgelesen" werde.

wird das Ausweisdokument nach dem österreichischen Verfahrensrecht lediglich über die Kamera wahrgenommen, technisch also gerade keine Lichtbilddatei aus dem Speicher des Ausweises übermittelt.[129] Durch Kippen und Drehen des Ausweises wird versucht, die Sicherheitsmerkmale des Ausweisdokuments zu überprüfen, vgl. insbesondere § 3 Abs. 3 Nr. 1 NEIV. Generell beschränken sich die verfahrensbezogenen Sicherungsmaßnahmen des § 3 NEIV im Wesentlichen darauf, den Ablauf eines Video-Ident-Verfahrens zu beschreiben (Sichtbarkeit von Gesicht, Vorder- und Rückseite des Ausweisdokumentes, zu prüfende Angaben des Ausweisdokumentes sowie notwendige Handlungen der per Videokommunikation zu identifizierenden Person). Anders als bei § 16c S. 1 BeurkG nimmt der Notar den Ausweis und insbesondere das Lichtbild also lediglich mittelbar über die Kamera (bzw. sogar nur Screenshots des in die Kamera gehaltenen Ausweisdokuments) wahr, was zusätzliche Angriffsflächen bietet. Vor diesem Hintergrund verweist das Bundesamt für Sicherheit in der Informationstechnik (BSI) auf potenzielle Manipulationsmöglichkeiten bei Video-Ident-Verfahren.[130] Soweit in Deutschland im nichtnotariellen Bereich Video-Ident-Verfahren zugelassen sind, gehen die hierfür geltenden Vorschriften selbst dort über die Anforderungen der §§ 2ff. NEIV hinaus.[131]

cc) Keine höchstpersönliche Identifizierung

Schließlich verlangt das österreichische Verfahrensrecht anders als das deutsche nicht, dass die technische Durchführung der Identifizierung vom Notar selbst durchgeführt wird. Zwar weist § 69b Abs. 2 S. 3 öNO dem österreichischen Notar die endgültige *Verantwortung* für die Erfüllung der Pflicht der Identifizierung zu. Jedoch können für die *Durchführung* der Identifizierung, insbesondere für die Prüfung der Authentizität des Ausweisdokumentes, ausdrücklich Mitarbeiter (§§ 2 Abs. 1, 3 Abs. 3 NEIV) herangezogen oder diese Pflicht sogar auf private Dienstleister ausgelagert werden (vgl. §§ 69b Abs. 2 S. 2, 79 Abs. 9 S. 1 öNO iVm § 5 S. 1 NEIV).[132] Dabei kann zwischen Durchführung der Identifizierung und Errichtung des Notariatsaktes auch ein Zeitabstand liegen.[133]

Diese Vorgabe geht auf Art. 25 Abs. 1 S. 4 der Richtlinie (EU) 2015/849 vom 20.5.2015 zur Verhinderung der Nutzung des Finanzsystems zum Zwecke der Geldwäsche und der Terrorismusfinanzierung, zur Änderung der Verordnung (EU) Nr. 648/2012 des Europäischen Parlaments und des Rates und zur Aufhebung der Richtlinie 2005/60/EG des Europäischen Parlaments und des Rates und der

[129] Vgl. hierzu samt kritischer Einschätzung auch Biallaß RDi 2023, 59 (64).

[130] BSI, Anforderungskatalog zur Prüfung von Identifikationsverfahren gemäß TR03147, S. 26, 34, 67f.; ferner die Hinweise des BSI, abrufbar unter https://www.bsi.bund.de/DE/Themen/Unternehmen-und-Organisationen/Informationen-und-Empfehlungen/Kuenstliche-Intelligenz/Deepfakes/deepfakes_node.html, zuletzt abgerufen am 5.7.2024.

[131] Vgl. etwa Rundschreiben Nr. 3/2017 der Bundesanstalt für Finanzdienstleistungsaufsicht (BaFin) sowie den darauf aufbauenden Referentenentwurf einer Geldwäschevideoidentifizierungsverordnung (GwVideoIdentV).

[132] Ausführlich Lieder NZG 2022, 1043 (1050f.); ferner Mosch, Die Onlinegründung von Kapitalgesellschaften in Deutschland und Österreich, 2022, S. 127.

[133] Zib in Zib/Umfahrer, Notariatsordnung, 2. Aufl. 2023, öNO § 69b Rn. 19.

Richtlinie 2006/70/EG der Kommission (sog. Vierte Geldwäscherichtlinie) zurück und ähnelt daher § 17 Abs. 1 S. 3 des deutschen GwG. „Endgültige Verantwortung" meint, dass der Verpflichtete – in diesem Fall der österreichische Notar – das Risiko einer nicht ordnungsgemäß durchgeführten Identifizierung trägt und dieses nicht delegieren kann.[134] Eine Pflicht, diese persönlich durchzuführen, ist der Vorschrift gerade nicht zu entnehmen. Dies bestätigen die Materialien zu § 69b öNO, wonach die Identifizierungsdaten dem österreichischen Notar vom Dienstleister nur zur Verfügung gestellt werden müssen.[135] Das österreichische Verfahrensrecht lässt es daher für die Identifizierung genügen, wenn Dritte (bspw. Mitarbeitende eines Dienstleisters) ein Video-Ident-Verfahren durchführen und der Notar die Identifizierung der Beteiligten dann lediglich anhand der in diesem Verfahren erstellten Screenshots kontrolliert.

Die in den §§ 2, 3 NEIV geregelten organisatorischen und verfahrensbezogenen Sicherungsmaßnahmen sind – insbesondere mit Blick auf die Einbeziehung dritter Personen – zudem sehr allgemein gehalten. So sehen die organisatorischen Sicherungsmaßnahmen in § 2 Abs. 1 NEIV lediglich vor, dass Mitarbeiter „besonders geschult und zuverlässig" zu sein haben. Ihnen sind „jedenfalls ausreichende Kenntnisse über den rechtlichen Rahmen des elektronisch unterstützten Identifikationsverfahrens, die technischen Voraussetzungen sowie die praktische Sicherstellung der Identitätsprüfung" zu vermitteln. Spezifische Schulungsinhalte etwa zu aktuellen Fälschungsmöglichkeiten oder eine Pflicht, Fortbildungen zu besuchen bzw. Wissen regelmäßig oder anlassbezogen aufzufrischen, sind hingegen nicht vorgesehen.[136]

d) *Einfache elektronische Signatur*

Abschließend haben die per elektronischer Kommunikationsmöglichkeit verbundenen Personen den Notariatsakt nach dem österreichischen Verfahrensrecht elektronisch zu signieren, §§ 68 Abs. 1 lit. g, 69b Abs. 4 S. 1, Abs. 4a S. 1 öNO. Zur Begriffsbestimmung der „elektronischen Signatur" verweist die Vorschrift auf Art. 3 Nr. 10 eIDAS-VO. Im Umkehrschluss ist also weder eine fortgeschrittene (Art. 3 Nr. 11 eIDAS-VO) noch eine qualifizierte (Art. 3 Nr. 12 eIDAS-VO) elektronische Signatur erforderlich. Vielmehr erfüllt auch eine einfache elektronische Signatur diese verfahrensrechtliche Anforderung.[137]

Dem Notariatsakt könnten nach dem österreichischen Verfahrensrecht beispielsweise der Name eines Beteiligten in Buchstaben oder auch dessen eingescannte eigenhändige Unterschrift beigefügt werden.[138] Die Urheberschaft kann dadurch im Nachhinein – wenn überhaupt – nur eingeschränkt nachvollzogen werden.

---

[134] Vgl. für das deutsche Recht Achtelik in Herzog, 5. Aufl. 2023, GwG § 17 Rn. 5; Brian in BeckOK GwG, 17. Ed. 1.3.2024, GwG § 17 Rn. 27; jedenfalls missverständlich Deck NZG 2024, 185 (189).

[135] Erläuterung zur Regierungsvorlage des ENG, 253 BlgNR. 26. GP, 4.

[136] Entsprechende Vorgaben sieht etwa § 6 GwVideoIdentV-RefE vor.

[137] Zib in Zib/Umfahrer, Notariatsordnung, 2. Aufl. 2023, öNO § 69b Rn. 39.

[138] Lapp/Drews in BeckOK IT-Recht, 13. Ed. 1.1.2024, eIDAS-VO Art. 3 Rn. 27; BGH NJW-RR 2024, 331 Rn. 11.

Dies ist aufgrund der Autorisierungsfunktion der Unterschrift problematisch und aufgrund des geringeren Sicherheitsniveaus bei der Identifizierung umso bedenklicher. Auch gewährleisten einfache elektronische Signaturen nicht die Integrität der Erklärung.[139] Ein einfach elektronisch signierter Text kann verändert werden, ohne dass diese Änderungen für die Beteiligten, die Urkundsperson oder den Rechtsverkehr nachvollziehbar wären.[140] Den Beteiligten könnten daher beispielsweise durch einen Cyberangriff unerkannt Erklärungen „untergejubelt" werden, die sie so nie abgegeben haben. Eine einfache elektronische Signatur ist daher auch nach dem österreichischen Recht nicht in der Lage, gesetzlich angeordnete Schriftformerfordernisse zu ersetzen, vgl. § 4 Abs. 1 S. 1 SVG. Dieses verfahrensrechtliche Sicherheitsdefizit wird auch in der österreichischen Kommentarliteratur angemerkt.[141]

Hingegen kann der Rechtsverkehr anhand einer qualifizierten elektronischen Signatur der Beteiligten erkennen und prüfen, dass diese mit den in der notariellen Urkunde enthaltenen Erklärungen einverstanden sind und die Erklärungen in dieser Form abgegeben haben. Denn qualifizierte elektronische Signatur und Dokument sind so verbunden, dass bereits eine nachträgliche Änderung einzelner Wörter oder gar Buchstaben zur Folge hätte, dass die Signatur der Beteiligten als ungültig angezeigt würde.[142]

Lediglich die abschließende Signatur des Notariatsaktes durch den österreichischen Notar hat qualifiziert elektronisch zu erfolgen, §§ 69b Abs. 4 S. 1, 68 Abs. 1 lit. h, 47 Abs. 3 öNO.[143] Für Beteiligte und Rechtsverkehr geht damit ein Sicherheitsrisiko einher: Bis zur qualifizierten elektronischen Signatur des Notars könnten die Erklärungen der Beteiligten und damit der Notariatsakt kompromittiert werden. Die Erklärungen der Beteiligten unterliegen damit einem geringeren Schutzniveau, was insbesondere wegen der Autorisierungsfunktion ihrer Signatur problematisch ist. In einem solchen Fall würde die qualifizierte elektronische Signatur des Notars die Gefahr sogar perpetuieren, da das (kompromittierte) Dokument ab diesem Zeitpunkt besondere Beweiswirkungen entfaltet, gleichzeitig aber unveränderlich ist.

3. Weitere verfahrensrechtliche Besonderheiten der österreichischen Online-Beglaubigung

Auch bei Online-Beglaubigungen geht das österreichische Verfahrensrecht einen grundlegend anderen Weg. § 79 Abs. 9 S. 1 öNO sieht insoweit zwei Verfahrensalternativen vor: Der Notar kann die Echtheit sowohl einer Unterschrift als auch einer elektronischen Signatur einer nicht physisch anwesenden Partei beglaubigen. Für die Identifizierung verweist die Vorschrift auf § 69b Abs. 2 öNO.

---

[139] Allgemein zum fehlenden Sicherheitswert BT-Drs. 14/4662, 18.

[140] Primaczenko/Frohn in BeckOGK, 1.5.2020, BGB § 126a Rn. 6.

[141] Zib in Zib/Umfahrer, Notariatsordnung, 2. Aufl. 2023, öNO § 69b Rn. 39.

[142] BT-Drs. 19/28177, 130.

[143] Schuller-Köhler/Cach in Zib/Umfahrer, Notariatsordnung, 2. Aufl. 2023, öNO § 48 Rn. 15.

Im Falle einer Signaturbeglaubigung genügt wiederum eine einfache elektronische Signatur,[144] sodass die vorstehend näher dargestellten Gefahren hier ebenfalls bestehen.

Alternativ kann auch eine Unterschrift online beglaubigt werden. Nach § 79 Abs. 9 S. 1 öNO müssen Notar und Beteiligter hierfür vor und während der Unterschriftsleistung per Videokommunikation verbunden sein, sodass der Notar die Anbringung der händischen Unterschrift mitverfolgen kann. Anschließend hat die beteiligte Person das unterzeichnete Dokument einzuscannen, mit einer einfachen elektronischen Signatur zu versehen und an den Notar zu übermitteln. Sodann hat der Notar die beiden Unterschriften – auf dem ihm elektronisch übermittelten Dokument und dem per Videokommunikation vernommenen Original – zu vergleichen. Beglaubigt wird bei diesem Verfahren nur die Unterschrift, nicht hingegen die (einfache) elektronische Signatur.[145] Notwendig war dieser „gesetzgeberische Kunstgriff",[146] da dem österreichischen Firmenbuch nach § 9 Abs. 3 öGmbHG eine Musterunterschrift zu übermitteln ist.

Fraglich ist, inwieweit ein Unterschriftsabgleich per Videokommunikation die Authentizität sicherstellen kann. Dies gilt umso mehr, als das Verfahren nach § 79 Abs. 9 öNO auch nicht durch Richtlinien näher konkretisiert werden kann, etwa durch besondere Anforderungen an die Bildqualität. Insoweit besteht die Gefahr, dass dem Notar ein Dokument zur Beglaubigung übermittelt wird, welches die zugeschaltete Person gar nicht unterzeichnet hat. Vor diesem Hintergrund geht die Literatur richtigerweise davon aus, dass ein solches Verfahren ein erhöhtes Missbrauchspotenzial aufweist.[147]

Die Möglichkeit, Unterschriften in einem Fernverfahren zu beglaubigen, ist dem deutschen Recht auch nach Inkrafttreten des § 40a BeurkG unbekannt und kann ggf. den Straftatbestand einer Falschbeurkundung im Amt erfüllen.[148] Von deren Einführung hat der Gesetzgeber zu Recht abgesehen, da sich eine Unterschriftsleistung per Videokommunikation naturgemäß nur eingeschränkt nachvollziehen lässt und insoweit auch kein praktisches Bedürfnis besteht.

V. „Race to the bottom" aufgrund uneinheitlicher Sicherheitsstandards?

Auch deutsche Notare, Registergerichte und Grundbuchämter können in ihrer Praxis mit elektronischen Urkunden konfrontiert sein, die in ausländischen Online-Verfahren errichtet wurden. Denkbar ist etwa, dass eine so beglaubigte Handelsregisteranmeldung bzw. – aufgrund der unterschiedlichen Anwendungsbereiche – Grundbucherklärung eingereicht oder auf Grundlage einer im Ausland online beglaubigten Vollmacht eine GmbH gegründet werden soll.

---

[144] Gruber/Haiden-Fill in Zib/Umfahrer, Notariatsordnung, 2. Aufl. 2023, öNO § 79 Rn. 73.
[145] Gruber/Haiden-Fill in Zib/Umfahrer, Notariatsordnung, 2. Aufl. 2023, öNO § 79 Rn. 95, 104.
[146] Gruber/Haiden-Fill in Zib/Umfahrer, Notariatsordnung, 2. Aufl. 2023, öNO § 79 Rn. 95.
[147] So auch Lieder ZIP 2023, 1923 (1931).
[148] Meier in BeckOGK, 1.2.2024, BeurkG § 40 Rn. 23f.

1. *Ausgangslage*

Dass sich der deutsche Rechtsverkehr mit Urkunden ausländischer Notare zu befassen hat, ist grundsätzlich nicht neu: Bereits 1981 hatte sich der BGH mit der Frage zu beschäftigen, ob die Satzungsänderung einer GmbH im Ausland wirksam beurkundet werden kann.[149] Die Entscheidung stellte grundlegende Anforderungen auf, wann eine ausländische Urkunde auch im Inland verwendet werden kann. Entscheidend sind die Zwecke, die der deutsche Gesetzgeber mit der Anordnung des jeweiligen Formerfordernisses erreichen möchte. Denn nationale Formvorschriften sind für den inländischen Rechtsverkehr von erheblicher Bedeutung und nicht verzichtbar. Sie lassen sich daher auch nicht ohne Weiteres über den Umweg ins Ausland untergraben. Auch wenn die Beglaubigung oder Beurkundung im Ausland wirksam sein mag, lautet die entscheidende Frage für deutsche Notare, Registergerichte und Grundbuchämter: Gelten derartige Dokumente auch aus deutscher Sicht als beurkundet oder beglaubigt, sind die enthaltenen Erklärungen also materiell-rechtlich wirksam bzw. genügen diese den verfahrensrechtlichen Formanforderungen.

Die Digitalisierungsrichtlinie enthält keine Vorgaben zur Anerkennung ausländischer Online-Verfahren bzw. generell ausländischer Urkunden. Angesichts ihrer Zielsetzungen (Sicherstellung eines hohen Maßes an Vertrauen, Schutz vor missbräuchlichem Verhalten, Wahrung der gesellschaftsrechtlichen Traditionen, vgl. ErwG 2, 3, 10, 19, 22),[150] hätte eine entsprechende Regelung auch eher überrascht. Auch die künftige Digitalisierungsrichtlinie 2.0 kennt nur eine Anerkennungspflicht in Hinblick auf das neue EU-Gesellschaftszertifikat und die neue digitale EU-Vollmacht. Zudem besteht die Pflicht insoweit nicht uneingeschränkt. Denn der europäische Gesetzgeber sieht diese Dokumente gerade nicht als abschließenden, sondern lediglich als schlüssigen Nachweis an. Die Mitgliedstaaten dürfen diese Dokumente also nicht nur zurückweisen, wenn Ursprung oder Echtheit zweifelhaft sind bzw. ein begründeter Verdacht auf Missbrauch oder Betrug besteht, sondern auch wenn aufgrund konkreter Anhaltspunkte Zweifel an der sachlichen Richtigkeit bestehen.[151]

2. *Allgemeiner Beurteilungsmaßstab*

Sollen in ausländischen Online-Verfahren errichtete Urkunden im deutschen Rechtsverkehr verwendet werden, stellt sich die – aus dem Präsenzverfahren bekannte, in ihren Einzelheiten umstrittene – Frage nach der Möglichkeit einer Substitution, also ob und unter welchen Voraussetzungen Urkunden ausländischer

---

[149] BGH NJW 1981, 1160.

[150] Bormann/Wosgien FS Frenz, 2024, 59 (68); Stelmaszczyk/Wosgien EuZW 2023, 550 (555f.).

[151] Stelmaszczyk/Wosgien in Wachter/Heckschen, Praxis des Handels- und Gesellschaftsrechts, 6. Aufl. 2024, Rn. 2342, 2378, 2382; J. Schmidt NZG 2024, 563 (572). Eine „Äquivalenzklausel" dahingehend, dass bestimmte Register anderer Mitgliedstaaten generell von der Anerkennungspflicht ausgenommen werden können, sieht die Digitalisierungsrichtlinie 2.0 mit Blick auf die harmonisierten Vorschriften zur Eingangskontrolle dagegen nicht vor. Zu diesem Vorschlag näher Bormann/Wosgien FS Frenz, 2024, 59 (73).

Urkundspersonen einem inländischen Formerfordernis genügen.[152] Die Materialien des DiREG führen hierzu aus:

„Dies [...] [ist] auch bei Beantwortung der Frage zu berücksichtigen, ob eine im Ausland mittels Videokommunikation vorgenommene Beurkundung einer Beurkundung durch eine deutsche Notarin oder einen deutschen Notar gleichwertig und deshalb im Inland wirksam ist. Eine Gleichwertigkeit ist nur gegeben, wenn die ausländische Urkundsperson nach Vorbildung und Stellung im Rechtsleben eine der Tätigkeit der deutschen Notarin oder des deutschen Notars entsprechende Funktion ausübt und für die Errichtung der Urkunde ein Verfahrensrecht zu beachten hat, das den tragenden Grundsätzen des deutschen Beurkundungsrechts entspricht (vergleiche BGH, Beschluss vom 16. Februar 1981 – II ZB 8/80; Beschluss vom 17. Dezember 2013 – II ZB 6/13).“[153]

Auch mehr als 40 Jahre später sind also die von der Rechtsprechung aufgestellten Maßstäbe noch immer von Bedeutung. Die zur Substitution im Präsenzverfahren entwickelten Anforderungen gelten dabei im Grundsatz auch für notarielle Online-Verfahren: Auf einer *ersten* Stufe ist durch Auslegung zu ermitteln, ob die jeweilige Formvorschrift *überhaupt* einer Substitution zugänglich ist (sog. Substituierbarkeit).[154] Erst wenn dies bejaht werden kann, sind auf einer *zweiten* Stufe unter anderem in- und ausländisches Verfahrensrecht *abstrakt* zu vergleichen.

Im Einzelnen sind diese Anforderungen an eine Substitution umstritten; Teile der Literatur sprechen bestimmten gesellschaftsrechtlichen Vorgängen eine *Substituierbarkeit* generell ab.[155] Allgemein wird dies angenommen, wenn das ausländische Verfahren dem deutschen sowohl in *persönlicher* als auch in *sachlicher* Hinsicht gleichwertig ist.[156] Hierfür hat die ausländische Urkundsperson nach Vorbildung und Stellung

---

[152] Nach überwiegender Auffassung findet die Ortsform des Art. 11 Abs. 1 Alt. 2 EGBGB für gesellschaftsrechtliche Vorgänge keine Anwendung, vgl. zum Streitstand Lieder ZIP 2023, 1923 (1924f.); selbst bei Anwendung der Ortsform wäre in aller Regel deutsches Recht berufen, da sich die Beteiligten auch bei Online-Verfahren meist ohnehin in Deutschland aufhalten, vgl. DNotI-Report 2023, 9 (10).

[153] BT-Drs. 20/1672, 13.

[154] Ausführlich Strauß MittBayNot 2021, 69 (70). Gesellschaftsrechtliche Statusmaßnahmen (insbes. Gründungen und Umwandlungen) sind bereits auf dieser ersten Stufe nicht substituierbar, weder in Online- noch in Präsenz-Verfahren. Die insoweit verfolgten Formzwecke (insbes. materielle Richtigkeitsgewähr, notarielle Belehrungs-, Kontroll- und Filterfunktion, steuerliche Anzeigepflichten, geldwäscherechtliche Prüf- und Meldepflichten) können institutionell nur durch inländische Notarinnen und Notare gewährleistet werden. Vgl. hierzu Lieder NZG 2022, 1043 (1045f.); Altmeppen, 11. Aufl. 2023, GmbHG § 2 Rn. 26; Stelmaszczyk in BeckOGK, 1.1.2024, GmbHG § 2 Rn. 243ff.; C. Jaeger in BeckOK GmbHG, 59. Ed. 1.2.2024, GmbHG § 2 Rn. 14; Kindler in MüKoBGB, 8. Aufl. 2021, IPR II Teil 10 Rn. 540; Schäfer in Henssler/Strohn, Gesellschaftsrecht, 6. Aufl. 2024, GmbHG § 2 Rn. 17.

[155] Vgl. Schäfer in Henssler/Strohn, Gesellschaftsrecht, 6. Aufl. 2024, GmbHG § 2 Rn. 16f.; Kindler in MüKoBGB, 8. Aufl. 2021, IPR II Teil 10 Rn. 544; eingehend zur Frage der Substitution der Präsenz- und Online-Beurkundung durch einen österreichischen Notar, auch unter Berücksichtigung des Kollisionsrechts, Lieder NZG 2022, 1043 (1044ff.) mwN.

[156] Vgl. ausführlich Lieder NZG 2022, 1043 (1047f.); Harbarth in MüKoGmbHG, 4. Aufl. 2022, GmbHG § 53 Rn. 79ff.; Ulmer/Casper in Habersack/Casper/Löbbe, 3. Aufl. 2021, GmbHG § 53 Rn. 52ff.; Ulmer/Löbbe in Habersack/Casper/Löbbe, 3. Aufl. 2021, GmbHG § 2 Rn. 19ff.; Altmeppen, 11. Aufl. 2023, GmbHG § 2 Rn. 19ff.; Kindler in MüKoBGB, 8. Aufl. 2021, IPR II Teil 10 Rn. 544; Bayer in Lutter/Hommelhoff, 21. Aufl. 2022, GmbHG § 15 Rn. 28, § 2 Rn. 28.

im Rechtsleben eine der Tätigkeit des deutschen Notars entsprechende Funktion auszuüben (persönliche Gleichwertigkeit) und für die Errichtung der Urkunde ein Verfahrensrecht zu beachten, das den tragenden Grundsätzen des deutschen Beurkundungsrechts entspricht (sachliche Gleichwertigkeit).[157] Entscheidend abzustellen ist neben den Beurkundungszwecken[158] auch auf weitere hoheitliche Aufgaben wie insbesondere steuerliche Mitteilungspflichten, die Rolle des Notars bei der Geldwäscheprävention sowie die besondere Beachtung datenschutzrechtlicher Belange, die ausdrücklich Niederschlag in den §§ 5, 5a DONot gefunden hat.[159]

Ausgehend von der vorstehenden Formulierung der Rechtsprechung („[...] zu beachten hat [...]") sind zur Beurteilung der Gleichwertigkeit beide Beurkundungsverfahren abstrakt zu betrachten und gegenüberzustellen.[160] Dies ist nicht nur geboten, um den Formzwecken entsprechend Rechnung zu tragen. Vielmehr ist sie aus Gründen der Rechtssicherheit und Verfahrensbeschleunigung zwingend. Inländische Stellen wie Registergerichte oder Grundbuchämter wären sonst mit erheblichen, zeitaufwendigen Ermittlungspflichten belastet. Denn sie könnten in aller Regel nicht mit hinreichender Gewissheit nachvollziehen, inwieweit ausländische Verfahrensvorschriften tatsächlich den deutschen gleichwertig sind.[161] Wegen des abstrakten Vergleichsmaßstabes ist daher unerheblich, ob verfahrensrechtliche Vorgaben des deutschen Rechts bei dem betreffenden Beurkundungs- oder Beglaubigungsvorgang durch die ausländische Urkundsperson konkret eingehalten wurden. Ohne Belang ist beispielsweise, wenn Niederschriften verlesen werden, obwohl das ausländische Verfahrensrecht eine derartige Vorgabe nicht kennt, oder – im Kontext von Online-Verfahren – Dokumente überobligatorisch qualifiziert elektronisch signiert werden, nach dem ausländischen Verfahrensrecht grundsätzlich jedoch eine einfache elektronische Signatur genügt.[162]

3. *Besondere Anforderungen im Bereich notarieller Online-Verfahren*

Aufgrund der technischen Besonderheiten von Online-Verfahren können die Maßstäbe für die Substitution im digitalen Rechtsverkehr jedoch nicht deckungsgleich angewendet werden.[163] *Zusätzlich* sind bei der Prüfung im Bereich notariel-

---

[157] Grundlegend hierzu BGH NJW 1981, 1160; ferner Stelmaszczyk in BeckOGK, 1.1.2024, GmbHG § 2 Rn. 118.

[158] BGH NZG 2015, 18 (19).

[159] Zu den ersten beiden Aspekten Lieder ZIP 2023, 1923 (1929); Schäuble in Staudinger, BGB, 2024 (im Erscheinen), EGBGB Art. 11 Rn. 299, 310, 327; Raff DNotZ 2020, 750 (753ff.); Heinze NZG 2017, 371; Kindler in MüKoBGB, 8. Aufl. 2021, IPR II Teil 10 Rn. 544; vgl. ausführlich Lieder NZG 2022, 1043 (1047f.); Harbarth in MüKoGmbHG, 4. Aufl. 2022, GmbHG § 53 Rn. 79ff.; Ulmer/Casper in Habersack/Casper/Löbbe, 3. Aufl. 2021, GmbHG § 53 Rn. 52ff.; Ulmer/Löbbe in Habersack/Casper/Löbbe, 3. Aufl. 2021, GmbHG § 2 Rn. 19ff.; Altmeppen, 11. Aufl. 2023, GmbHG § 2 Rn. 19ff.; Kindler in MüKoBGB, 8. Aufl. 2021, IPR II Teil 10 Rn. 544; Bayer in Lutter/Hommelhoff, 21. Aufl. 2023, GmbHG § 15 Rn. 28, § 2 Rn. 28.

[160] Bayer in Lutter/Hommelhoff, 21. Aufl. 2023, GmbHG § 15 Rn. 34.

[161] Lieder ZIP 2023, 1923 (1926).

[162] Vgl. hierzu Heckschen GWR 2018, 393. Ein solches „Selbstleseverfahren" sieht etwa Art. 32 Abs. 1 S. 1 des Liechtensteinischen Notariatsgesetzes vor, vgl. ausführlich Zib ÖNotZ 2024, 54 (63).

[163] Schäuble BWNotZ 2024, 70 (73f.).

ler Online-Verfahren daher sachlicher Anwendungsbereich (vgl. hierzu nachstehend a) sowie rechtliche und technische Anforderungen inländischer Online-Verfahren entscheidend zu berücksichtigen (hierzu nachstehend → b).[164] Hierfür gilt ebenfalls ein *abstrakter* Maßstab.[165]

Auch insoweit führen die Materialien des DiREG ausdrücklich aus:

„Danach scheidet eine Substitution des Beurkundungsverfahrens durch ein Online-Verfahren von vornherein (unabhängig von dessen konkreter Ausgestaltung) aus, soweit das deutsche Recht ein Präsenzverfahren vorschreibt. In diesen Fällen schließt die Entscheidung des nationalen Gesetzgebers für ein Präsenzerfordernis die Gleichwertigkeit jedweden Online-Verfahrens vor in- oder ausländischen Notarinnen und Notaren aus. Auch dort, wo das deutsche Recht notarielle Online-Verfahren zulässt, können nur solche ausländischen Online-Verfahren als gleichwertig anerkannt werden, die den tragenden Grundsätzen des deutschen Beurkundungsrechts entsprechen. Dies kann allenfalls für solche ausländischen Online-Verfahren gelten, die eine vergleichbar sichere persönliche Identifizierung der Beteiligten durch die Notarin oder den Notar anhand von elektronischen Identifizierungsmitteln und elektronisch übermittelten Lichtbildern ermöglichen und dem hoheitlichen Charakter des Beurkundungsverfahrens in vergleichbarer Weise Rechnung tragen.“[166]

a) *Generell keine Substitution außerhalb des sachlichen Anwendungsbereichs*

Die Ersetzung eines deutschen Formerfordernisses durch ein ausländisches notarielles Online-Verfahren hat bereits ohne näheren Vergleich der Verfahrensvorschriften auszuscheiden, soweit das deutsche Beurkundungsgesetz zwingend ein Präsenzverfahren vorschreibt. Rechtsdogmatisch ist die entsprechende inländische Formvorschrift bereits auf der ersten Stufe nicht substituierbar.[167] Denn das Präsenzverfahren stellt auch nach der Umsetzung der Digitalisierungsrichtlinie am 1.8.2022 den gesetzlichen Regelfall im deutschen Beurkundungsrecht dar. Das deutsche Beurkundungsgesetz setzt voraus, dass der Unterschriftszug bei einer Unterschriftsbeglaubigung in der Gegenwart des Notars zu vollziehen bzw. anzuerkennen ist.[168] Bei Beurkundungsverfahren muss der Notar die Erklärungen gemäß § 13 Abs. 1 S. 1 Hs. 1 BeurkG unmittelbar wahrnehmen.[169] Vor diesem Hintergrund entsprach es schon bislang der allgemeinen Ansicht, dass Fernbeurkundungen oder Fernbeglaubigungen dem notariellen Präsenzverfahren nicht gleichwertig sein können.[170]

---

[164] Zu diesen Anforderungen ausdrücklich BT-Drs. 20/1672, 13.

[165] Stelmaszczyk in BeckOGK, 1.1.2024, GmbHG § 2 Rn. 523 mwN.

[166] BT-Drs. 20/1672, 13.

[167] Stelmaszczyk in BeckOGK, 1.1.2024, GmbHG § 2 Rn. 520.

[168] Meier in BeckOGK, 1.2.2024, BeurkG § 40 Rn. 24; Limmer in Frenz/Miermeister, BNotO, 5. Aufl. 2020, BeurkG § 40 Rn. 12; Lerch, 5. Aufl. 2016, BeurkG § 40 Rn. 9.

[169] Bremkamp in BeckOK BeurkG, 10. Ed. 1.3.2024, BeurkG § 13 Rn. 6; Seebach/Rachlitz in BeckOGK, 1.2.2024, BeurkG § 13 Rn. 20.

[170] DNotI-Report 2020, 121 (122 f.); OLG Karlsruhe NZG 2022, 1603 (1604); Herrler in Herrler, Gesellschaftsrecht in der Notar- und Gestaltungspraxis, 2. Aufl. 2021, § 7 Rn. 74; Lieder ZIP 2023, 1923 (1926).

Seit dem 1.8.2022 kennt das deutsche Recht notarielle Online-Verfahren. Für die Beurkundung und Beglaubigung mittels Videokommunikation nach § 16a Abs. 1 BeurkG bzw. § 40a Abs. 1 S. 2 BeurkG gilt wie dargestellt allerdings bewusst ein strenger Numerus clausus. Denn nach zutreffender Einschätzung des Gesetzgebers sind Online-Verfahren nur in bestimmten, ausdrücklich geregelten Fällen geeignet, die Schutzzwecke der notariellen Form funktionsäquivalent in ein Online-Verfahren zu überführen.[171] Diese grundlegende Auswahlentscheidung ist nach dem gesetzgeberischen Willen auch im Rahmen der Substitution zu respektieren. Dieser stellt klar, dass „eine Substitution des Beurkundungsverfahrens durch ein Online-Verfahren von vornherein (unabhängig von dessen konkreter Ausgestaltung) aus[scheidet], soweit das deutsche Recht ein Präsenzverfahren vorschreibt."

Ohne nähere Prüfung nicht durch Online-Verfahren substituierbar sind damit insbesondere Geschäftsanteilsabtretungen einer GmbH, andere Vollmachten als Gründungsvollmachten (zB Vorsorgevollmachten), umwandlungsrechtliche Vorgänge sowie sämtliche Vorgänge im Bereich des Erb-, Familien-, Immobilienrechts (zB Eheverträge, Kaufverträge, Grundbucherklärungen).[172] Dies gilt in der Konsequenz auch für Sachgründungen oder -kapitalerhöhungen bzw. Sachagios, wenn die Einlage nach anderen Formvorschriften im Sinne der §§ 2 Abs. 3 S. 1 Hs. 1, 53 Abs. 3 S. 2 GmbHG einer Beurkundung bedarf. Speziell für Gründungsvollmachten ist hervorzuheben, dass das deutsche Recht aus materiell-rechtlichen Gründen derzeit nur deren Online-*Beurkundung* zulässt.[173]

b) Besondere Anforderungen bei notariellen Online-Verfahren

Innerhalb des sachlichen Anwendungsbereichs sind die tragenden Grundsätze des deutschen Beurkundungsgesetzes zu wahren. Im Bereich notarieller Online-Verfahren bedeutet das, dass das ausländische Verfahrensrecht neben generellen Anforderungen (zB eingehende Kontrolle durch Verlesen der Urkunde, umfassende Hinweis- und Belehrungspflichten) zusätzlich auch den rechtlichen und technischen Vorgaben des deutschen Online-Verfahrens entsprechen muss.

Gleichwertig können nach dem gesetzgeberischen Willen nur Online-Verfahren sein, „die eine vergleichbar sichere persönliche Identifizierung der Beteiligten durch die Notarin oder den Notar anhand von elektronischen Identifizierungsmitteln und elektronisch übermittelten Lichtbildern ermöglichen und dem hoheitlichen Charakter des Beurkundungsverfahrens in vergleichbarer Weise Rechnung tragen."

---

[171] BT-Drs. 19/28177, 115; BT-Drs. 20/1672, 21.

[172] BT-Drs. 19/28177, 113; zu Vorsorgevollmachten ausdrücklich BT-Drs. 20/1672, 22; zu Grundbucherklärungen vgl. DNotI-Gutachten Nr. 200443, S. 3.

[173] Ausführlich zur Notwendigkeit der Vorlage einer physischen Vollmachtsurkunde im Original oder in Ausfertigung s. Lieder ZIP 2023, 1923 (1932); ferner unter → III. 1. a).

4. *Keine Gleichwertigkeit des österreichischen Online-Verfahrensrechts*

Den vorstehenden Maßstäben wird das österreichische Beurkundungsrecht bei Online-Beurkundungen und -Beglaubigungen nach nahezu einhelliger Auffassung in der Literatur nicht gerecht.[174] Insbesondere sehen die verfahrensrechtlichen Vorschriften keine vergleichbar sichere persönliche Identifizierung vor. Auch innerhalb des sachlichen Anwendungsbereichs sind österreichische Online-Verfahren daher aus deutscher Sicht nicht gleichwertig und können ein deutsches Formerfordernis nicht substituieren. Dies gilt speziell auch für Online-Beglaubigungen. Da die Identitätsfeststellung bei diesen gerade Hauptzweck des Verfahrens ist und formelle Formvorschriften wie § 12 HGB Gewissheit über die Person des Anmeldenden gewährleisten sollen,[175] fallen die qualitativen Unterschiede des Identifizierungsverfahrens besonders ins Gewicht.[176]

a) *Unterschiedliche Umsetzung der Digitalisierungsrichtlinie*

Von vorneherein unerheblich ist, dass deutsche und ausländische Verfahrensvorschriften auf dieselbe europäische Richtlinie zurückgehen – wie hier die Digitalisierungsrichtlinie.[177] Dies gilt umso mehr, als die Digitalisierungsrichtlinie gerade kein einheitliches Online-Verfahren vorgibt, vielmehr den Mitgliedstaaten ausdrücklich die Möglichkeit besonders hoher Sicherheitsstandards lässt und die österreichischen Verfahrensvorschriften sogar (§§ 69b, 79 Abs. 9 öNO) vor Beschluss der Digitalisierungsrichtlinie eingeführt wurden.

b) *Kein verpflichtender hoheitlicher Betrieb des Videokommunikationssystems*

Die österreichische Notariatsordnung schreibt nicht die Abwicklung der Videobeurkundung über ein hoheitliches Videokommunikationssystem vor. Das österreichische Verfahrensrecht garantiert daher weder eine staatliche Aufsicht über das verwendete technische System, noch sieht die österreichische Notariatsordnung sonst besondere Anforderungen für den Betrieb des Systems vor.[178]

---

[174] Zur fehlenden Gleichwertigkeit des österreichischen Online-Verfahrens vgl. auch Altmeppen, 11. Aufl. 2023, GmbHG § 2 Rn. 94; Lieder ZIP 2023, 1923 (1935); Lieder NZG 2022, 1043 (1049ff.); Lieder ZRP 2022, 102 (104); Bormann GmbHR 2023, 533 (534ff.); Schäuble in Staudinger, BGB, 2024 (im Erscheinen), EGBGB Art. 11 Rn. 317, 326; Berthold Rpfleger 2023, 551 (556); C. Jaeger in BeckOK GmbHG, 59. Ed. 1.2.2024, GmbHG § 2 Rn. 14; Trölitzsch in BeckOK GmbHG, 59. Ed. 1.11.2023, GmbHG § 53 Rn. 23b; DNotI-Report 2023, 9; Knaier notar 2023, 135 (140f.); Sander in BeckOK BNotO, 9. Ed. 1.2.2024, BNotO § 20 Rn. 40; Strauß MittBayNot 2022, 429 (432); Hertel/Strauß MittBayNot 2023, 433 (439); Melchior in Gustavus, Handelsregisteranmeldungen, 12. Aufl. 2024, 13. Auslandsbezug Rn. 110; Krafka, Registerrecht, 12. Aufl. 2024, Rn. 80c; aA nur Deck NZG 2024, 430 (437); ohne nähere Prüfung OLG Celle NZG 2023, 1087.

[175] Meier in BeckOGK, 1.2.2024, BeurkG § 40 Rn. 4f.; Krafka, Registerrecht, 12. Aufl. 2024, Rn. 80.

[176] Schäuble BWNotZ 2024, 70 (74).

[177] So fälschlicherweise die in der Literatur stark kritisierte Entscheidung des OLG Celle NZG 2023, 1087.

[178] Bei einem Rückgriff auf private Anbieter treten allgemeine Probleme hinzu, beispielsweise mit Blick auf die DS-GVO, vgl. hierzu EuGH NJW 2020, 2613; ferner Lieder ZIP 2023, 1923 (1931).

Dies widerspricht dem hoheitlichen Charakter notarieller Beurkundungen und Beglaubigungen sowie der Grundentscheidung des deutschen Gesetzgebers, auch notarielle Online-Verfahren zur Gewährleistung staatlicher Kernfunktionen hoheitlich auszugestalten.

c) Keine höchstpersönliche Identifizierungspflicht

Die in Österreich vorgesehene Möglichkeit, die Durchführung der Identifizierung auf andere Personen wie Mitarbeitende oder Dienstleister (vgl. §§ 69b Abs. 2 S. 2, 79 Abs. 9 S. 1 öNO iVm §§ 3 Abs. 3, 5 NEIV) auszulagern, ist unvereinbar mit der höchstpersönlichen Identifizierungspflicht in Deutschland.

Denn sowohl bei Beurkundungen als auch bei Beglaubigungen haben die notariellen Feststellungen zur Person besondere Beweiskraft im Sinne des § 415 ZPO und damit einen hohen Wert für den Rechtsverkehr, insbesondere auch, da Registergerichte und Grundbuchbücher keine eigene Identifizierung mehr durchführen.[179] Die fehlende Höchstpersönlichkeit fällt dabei umso mehr ins Gewicht, als die organisatorischen und verfahrensbezogenen Sicherungsmaßnahmen bei der Einbeziehung dritter Personen nur sehr vage geregelt sind.

d) Nur einstufiges Identifizierungsverfahren

Entscheidend gegen eine Gleichwertigkeit spricht auch die Grundentscheidung für eine lediglich einstufige Identifizierung, entweder auf Grundlage einer eID oder eines Video-Ident-Verfahrens.

Ausschließlich die in § 16c BeurkG vorgesehene Kombination aus einer eID des Vertrauensniveaus „hoch" sowie einem elektronisch ausgelesenen Lichtbild bieten eine dem Präsenzverfahren vergleichbare Sicherheit und einen angemessenen Schutz vor einer missbräuchlichen Verwendung.[180] Ohne verpflichtendes zusätzliches Auslesen eines elektronischen Lichtbildes und dessen Abgleich mit der in der Videokonferenz erschienenen Person kann sich der Notar nicht in gleich sicherem Maße von der höchstpersönlichen Mitwirkung eines Beteiligten überzeugen (zur qualitativen Einordnung von Video-Ident-Verfahren sogleich). Umgekehrt übergeht eine bloße „videogestützte Identifizierung" nach österreichischem Recht das nach der Digitalisierungsrichtlinie maßgebliche Identifizierungsmittel – nämlich die eID.

e) Geringere technische Standards bei der Identifizierung

Beide Identifikationsalternativen des österreichischen Verfahrensrechts weisen deutliche qualitative Defizite gegenüber § 16c BeurkG auf. Zum einen lässt die österreichische Notariatsordnung elektronische Ausweisdokumente mit dem niedrigeren Vertrauensniveau „substanziell" (Art. 8 Abs. 2 lit. b eIDAS-VO) ausreichen. Zum anderen erreicht auch das alternativ mögliche Video-Ident-Verfahren aufgrund erheblicher Missbrauchsgefahren nicht den deutschen Sicherheitsstandard.

[179] Kienzle DNotZ 2021, 590 (597).
[180] BT-Drs. 19/28177, 115 (120f.).

Insbesondere bietet die bloße Wahrnehmung des Ausweisdokumentes „über die Kamera“ eine zusätzliche Angriffsfläche. An diesem Ergebnis ändern auch die Voraussetzungen des NEIV nichts. Denn diese kennt lediglich abstrakte Vorgaben, die hinter den in Deutschland für Video-Ident-Verfahren geltenden Anforderungen zurückbleiben. Für den Bereich der notariellen Online-Verfahren hat der deutsche Gesetzgeber diese in Kenntnis der hierzulande für Video-Ident-Verfahren geltenden technischen und organisatorischen Vorgaben bewusst und ausdrücklich ausgeschlossen.

Unerheblich ist, dass das Verfahren für eine *geldwäscherechtliche* Identifizierung genügt. Denn für die Beurteilung der Gleichwertigkeit maßgeblich und zu vergleichen sind nach den dargestellten Kriterien ausschließlich die *beurkundungsrechtlichen* Vorgaben für eine Identifizierung.[181] Letztere sind deutlich strenger. Dies gebieten nicht nur die Beweiswirkungen der §§ 415ff. ZPO, sondern auch die verfassungsrechtliche Eigentumsgarantie. Denn aufgrund seiner Fürsorgepflicht hat der Staat besondere Vorkehrungen zu treffen, um die Richtigkeit von Registereintragungen zu garantieren, wenn er diesen Publizitätswirkungen zukommen lässt bzw. die Möglichkeit eines gutgläubigen Erwerbs vorsieht.[182]

f) *Keine qualifizierte elektronische Signatur durch die Beteiligten*

Die beteiligten Personen müssen eine österreichische Urkunde nur einfach elektronisch signieren. Mit dieser elektronischen Signatur geht – anders als bei einer qualifizierten elektronischen Signatur – keinerlei Authentizitäts- und Integritätsschutz einher, was insbesondere in Hinblick auf die Autorisierungsfunktion bedenklich ist. Bis zur qualifizierten elektronischen Signatur des österreichischen Notars ist das Dokument „ungeschützt“, könnte also unerkannt abgeändert oder gar ausgetauscht werden.

g) *Keine ausreichende Prävention von Geldwäsche und Terrorismusfinanzierung*

Ungeachtet der abweichenden technischen Ausgestaltung spricht auch die unterschiedliche Einbindung von Notaren bzw. deren Stellenwert im Bereich der Geldwäschebekämpfung gegen ein gleichwertiges Verfahren. Generell ist zu berücksichtigten, dass die deutschen Verpflichtungen des GwG keine Anwendung auf ausländische Notare finden können. Grundsätzlich besteht daher die Gefahr, dass Auslandsbeurkundungen den inländischen Bestrebungen zur Geldwäscheprävention zuwiderlaufen. Ein Blick über die Grenzen zeigt, dass es auch bei EU-Mitgliedstaaten teilweise deutliche Unterschiede hinsichtlich der faktischen Effektivität der geldwäscherechtlichen Vorgaben gibt. In der Literatur werden daher Bedenken geäußert, wonach Geldwäscher gezielt auch auf ausländische Verfahren ausweichen

[181] Diese notwendige Unterscheidung verkennt Deck NZG 2024, 185 (189); Deck NZG 2024, 430 (432). Ferner geht der Autor unzutreffend davon aus, dass das Video-Ident-Verfahren ein elektronisches Identifizierungsmittel im Sinne der Art. 13b Abs. 1 lit. a, Art. 13a Nr. 1 DigRL, Art. 3 Nr. 2 eIDAS-VO darstellt.

[182] Bormann/Stelmaszczyk FS 25 Jahre Deutsches Notarinstitut, 2018, 423.

könnten, um strengere Kontrollen zu umgehen.[183] Gerade Online-Verfahren böten für Kriminelle eine einfache Möglichkeit zur Umgehung, da diese grundsätzlich von jedem Standort aus durchgeführt werden könnten.

h) Keine Fernbeglaubigung von Unterschriften in Deutschland

Speziell bei Online-Beglaubigungen hat eine Gleichwertigkeit auch dann auszuscheiden, wenn das ausländische Verfahrensrecht – anders als das deutsche Beurkundungsgesetz – eine Unterschriftsbeglaubigung im (Fern-)Verfahren zulässt, beispielsweise mittels Unterschriftenabgleich.[184] § 40a BeurkG erlaubt ausschließlich eine Beglaubigung qualifizierter elektronischer Signaturen, da eine bloße Wahrnehmung bzw. ein bloßer Abgleich einer per Videokommunikation vernommenen Unterschrift erhöhtes Missbrauchspotenzial aufweist.

VI. Auswirkungen fehlender Gleichwertigkeit

Fehlt es an einer Gleichwertigkeit und scheidet eine Substitution demnach aus, gilt das Dokument aus deutscher Sicht nicht als beurkundet bzw. beglaubigt. Bei materiellen Formvorschriften ist das zugrunde liegende Rechtsgeschäft nichtig (§ 125 S. 1 BGB).[185] Handelt es sich um formelle Formvorschriften (wie etwa § 29 GBO), so liegt aus Sicht des deutschen Rechts lediglich eine Erklärung etwa in Textform vor.[186] Für deutsche Notare, Registergerichte und Grundbuchämter ergeben sich daraus unterschiedliche Konsequenzen.

1. Umgang mit Gründungsvollmachten

Auf der Grundlage einer in einem nicht gleichwertigen Online-Verfahren errichteten Gründungsvollmacht kann ein deutscher Notar den Gesellschaftsvertrag einer deutschen GmbH nicht beurkunden.[187]

Gemäß § 17 Abs. 1 BeurkG hat der Notar Inhalt, Umfang und Wirksamkeit einer Vollmacht zu prüfen.[188] Das Formgebot des § 2 Abs. 2 GmbHG stellt ein Wirksamkeitserfordernis für die Vollmachtserteilung dar. Diesem kommt keine bloße Ordnungsfunktion zu.[189] Ob ein formunwirksames Rechtsgeschäft geheilt

---

183 Allgemein zur Umgehung durch ausländische Notare Lieder NZG 2022, 1043 (1046); Bormann GmbHR 2023, 533 (536); Herrler GmbHR 2013, 617 (628).

184 Lieder ZIP 2023, 1923 (1926).

185 Vgl. für die Gründung einer GmbH Stelmaszczyk in BeckOGK, 15.8.2022, GmbHG § 2 Rn. 163.

186 DNotI-Gutachten Nr. 200443, S. 4; umgangen werden kann dies auch nicht dadurch, dass eine deutsche Urkundsperson eine beglaubigte Abschrift der ihm vorliegenden ausländischen Urkunde errichtet und einreicht. Sofern die „Ausgangsurkunde“ nicht unter Wahrung beispielsweise von § 29 GBO errichtet worden ist – mithin aus deutscher Sicht also Textform vorliegt –, kann auch eine beglaubigte Abschrift keine stärkere Beweiskraft haben als die Hauptschrift.

187 Heinze in MüKoGmbHG, 4. Aufl. 2022, GmbHG § 2 Rn. 104.

188 Heinze in MüKoGmbHG, 4. Aufl. 2022, GmbHG § 2 Rn. 94; Stelmaszczyk in BeckOGK, 15.8.2022, GmbHG § 2 Rn. 253.1

189 Heinze in: MüKoGmbHG, 4. Aufl. 2022, GmbHG § 2 Rn. 88.

werden kann, ist für das Tätigwerden des Notars ebenfalls ohne Bedeutung.[190] Denn Notare dürfen als Träger eines öffentlichen Amtes nicht an der Verletzung unmittelbar geltender Gesetzesanordnungen mitwirken, auch wenn zur Wahrung der Rechtssicherheit subsidiär Heilungsmöglichkeiten vorgesehen sind.[191]

Handelt es sich um im Ausland online *beglaubigte* Vollmachten, scheidet eine Beurkundung bereits aus materiellrechtlichen Gründen aus. Denn § 172 BGB erfordert, dass die Beteiligten dem Notar eine papierne Vollmachtsurkunde im Original oder in Ausfertigung vorlegen. Die beglaubigte elektronische Datei genügt ebenso wenig wie einfache oder beglaubigte Abschriften hiervon. Die Erteilung von Ausfertigungen dürfte bei Beglaubigungen – auch im Ausland – regelmäßig nicht in Betracht kommen.[192] Vor diesem Hintergrund lässt § 2 Abs. 2 S. 2 GmbHG ausschließlich eine Beurkundung mittels Videokommunikation zu, anders als im Präsenzverfahren hingegen nicht eine Beglaubigung.

2. *Erfordernis einer notariellen Vorprüfung*

Nach § 15 Abs. 3 GBO, § 378 Abs. 3 FamFG hat der Notar bestimmte Erklärungen bzw. Anmeldungen auf ihre Eintragungsfähigkeit hin zu prüfen und das Ergebnis in einem Prüfvermerk zu dokumentieren, unabhängig davon, ob er die Anmeldung oder Erklärung entworfen hat. Zweifelt der Notar an der Eintragungsfähigkeit, hat er die Beteiligten hierauf hinzuweisen und entsprechende Änderungen anzuregen. Wünschen die Beteiligten dennoch, die Anmeldung unverändert einzureichen, so hat der Notar seine Zweifel in einem Prüfvermerk für das Registergericht darzustellen. Nach allgemeiner Auffassung können ausschließlich deutsche Notare registerrechtliche Prüfvermerke (§ 15 Abs. 3 GBO, § 378 Abs. 3 FamFG) anbringen. Hintergrund ist, dass nur so eintragungsfähige Antragstellungen und die damit einhergehende Filter- und Entlastungsfunktion erreicht werden. Denn fundierte materiell-rechtliche Kenntnisse sind im Ausland institutionell nicht gewährleistet.[193] Ein von ausländischen Urkundspersonen angebrachter Prüfvermerk genügt den register- bzw. grundbuchverfahrensrechtlichen Anforderungen daher nicht.[194] Der registerrechtliche Prüfvermerk stellt nach überwiegender Auffassung eine Eintragungsvoraussetzung dar. Fehlt dieser, hat das Registergericht bzw. Grundbuchamt bereits aus diesem Grund eine Zwischenverfügung zu erlassen.[195]

---

[190] Für Mängel bei Gründung einer GmbH ist etwa anerkannt, dass die Eintragung unter anderem auch Fehler wie eine formlos erteilte Gründungsvollmacht heilt, vgl. Wicke in MüKoGmbHG, 4. Aufl. 2022, GmbHG § 9c Rn. 54.

[191] Litzenburger in BeckOK BGB, 69. Ed. 1.2.2024, BeurkG § 4 Rn. 2f.; Schaller in BeckOGK, 1.4.2024, BeurkG § 4 Rn. 31.

[192] Lieder ZIP 2023, 1923 (1932f.).

[193] Krafka in MüKoFamFG, 3. Aufl. 2019, FamFG § 378 Rn. 15f.; Reetz in BeckOK GBO, 52. Ed. 1.3.2024, GBO § 15 Rn. 81; Otto in BeckOK FamFG, 49. Ed. 1.2.2024, FamFG § 378 Rn. 54.

[194] Lieder ZIP 2023, 1923 (1934).

[195] Otto in BeckOK FamFG, 49. Ed. 1.2.2024, FamFG § 378 Rn. 75; aA Krafka in MüKoFamFG, 3. Aufl. 2019, FamFG § 378 Rn. 18.

Grundsätzlich ist zu prüfen, ob die Anmeldung abstrakt auf eine eintragungsfähige Tatsache gerichtet ist und ob die Formulierung der Anmeldung eine derartige Eintragung zuließe, deren Fassung also bestimmt genug ist.[196] Eine weitgehendere inhaltliche Prüfungspflicht – etwa hinsichtlich der Eintragungsfähigkeit im konkreten Fall oder in Bezug auf beizufügende Anlagen – besteht dagegen nicht. Eine solche könnte sich lediglich aus § 17 BeurkG ergeben.[197] Soweit keine Pflicht zur inhaltlichen Prüfung besteht, ist dem Notar eine weitgehendere Prüfung mit Blick auf die Zwecke der notariellen Vorprüfung (materielle Richtigkeitsgewähr, Beschleunigung und Entlastung des Registerverfahrens, Filter- und Entlastungsfunktion) jedenfalls nicht untersagt.

Legen die Beteiligten eine in einem nicht gleichwertigen Online-Verfahren beglaubigte Registeranmeldung oder Grundbucherklärung vor, ist diese nach den vorstehenden Ausführungen bereits aus formellen Gründen nicht eintragungsfähig. Der Notar dürfte der Anmeldung bzw. Erklärung daher einen negativen Prüfvermerk beizufügen haben.[198] Bestehen die Beteiligten dennoch auf eine Einreichung, darf der Notar diese nach Auffassung des Gesetzgebers grundsätzlich nicht ablehnen, da die notariellen Prüfpflichten die Prüfungskompetenzen des Registergerichts nicht einschränken.[199] Praktisch dürfte sich in diesen Fällen anbieten, die Beteiligten vorab auf die Bedenken hinzuweisen und eine formgerechte Errichtung anzuregen.[200]

Legen die Beteiligten hingegen einen im Ausland beurkundeten Gesellschaftsvertrag vor mit der Bitte, die zugehörige Registeranmeldung zu fertigen, so ist dem Notar vor Fertigung der Anmeldung zu empfehlen, eine formgerechte Beurkundung des Gesellschaftsvertrages anzuregen. Andernfalls wird das Registergericht die Eintragung der Gesellschaft gemäß § 9c Abs. 1 S. 1 Var. 1 GmbHG abzulehnen haben.[201] Bei der Entwurfsfertigung unterliegt der Notar den umfangreichen Prüfungs- und Belehrungspflichten nach § 17 BeurkG.[202]

---

[196] Eickelberg in Sternal, 21. Aufl. 2023, FamFG § 378 Rn. 34.

[197] Eickelberg in Sternal, 21. Aufl. 2023, FamFG § 378 Rn. 33.

[198] Angelehnt an Weber RNotZ 2017, 427 (434) könnte dieser lauten: „Gegen die Eintragungsfähigkeit der vorstehenden zur Eintragung erforderlichen Erklärungen/Anmeldung bestehen nach Prüfung durch den Notar für das Grundbuchamt/Registergericht gem. § 15 Abs. 3 GBO/§ 378 Abs. 3 FamFG Bedenken. Die Anmeldung/Erklärung wurde in [Land] mittels Videokommunikation errichtet. Nach dem deutschen Verfahrensrecht ist jedoch ausschließlich ein Präsenzverfahren zulässig/Das Verfahrensrecht in [Land] ist dem deutschen Beurkundungsgesetz nach der h. L. nicht gleichwertig."

[199] BT-Drs. 18/10607, 109f.

[200] Halten sich die Beteiligten im Ausland auf, könnte eine Beurkundung bzw. Beglaubigung bei einer deutschen Auslandsvertretung (vgl. § 10 KonsularG) oder durch Bevollmächtigte vor einem deutschen Notar erfolgen. Beglaubigungen können ggf. alternativ auch durch ausländische Notare in einem Präsenzverfahren erfolgen, wenn die entsprechenden Voraussetzungen vorliegen, vgl. Schaub in Bauer/Schaub, Grundbuchordnung, 5. Aufl. 2023, AT Abschnitt K Rn. 623. Beurkundungen sind dagegen auch in Präsenzverfahren regelmäßig nicht gleichwertig.

[201] Da es sich um eine Statusmaßnahme handelt, scheitert eine Substitution – unabhängig davon, ob es sich um ein Präsenz- oder Online-Verfahren handelt – bereits an der ersten Stufe der Substituierbarkeit.

[202] Winkler, 21. Aufl. 2023, BeurkG § 53 Rn. 71.

3. Einreichung von Gesellschafterlisten

Bei Auslandsbeurkundungen sind inländische Notare – mangels Mitwirkung im Sinne des § 40 Abs. 2 S. 1 GmbHG – nicht verpflichtet, eine notarbescheinigte Gesellschafterliste einzureichen. Diese können eine Gesellschafterliste lediglich als Bote einreichen.[203] Einer Vorprüfung gemäß § 378 Abs. 3 S. 1 FamFG einschließlich positiven oder negativen Vermerks ist bei Einreichung einer Gesellschafterliste nicht erforderlich.[204]

Da keine Mitwirkungspflicht nach § 40 Abs. 2 S. 1 GmbHG besteht, kann der Notar die Einreichung der Gesellschafterliste ablehnen. Eine Pflicht zum Tätigwerden gemäß § 15 BNotO besteht nicht. Erkennt der Notar die Unwirksamkeit der zugrundeliegenden Geschäftsanteilsabtretung, dürfte er in diesen Fällen regelmäßig sogar verpflichtet sein, die Einreichung einer neuen Gesellschafterliste abzulehnen. Denn grundsätzlich darf er im Falle einer notariellen Mitwirkung eine neue Liste nur einreichen, wenn er von der Wirksamkeit der Veränderung überzeugt ist.[205] Legt man diesen Maßstab auch für ein Tätigwerden als Bote zugrunde, wird der Notar eine Einreichung abzulehnen haben. Denn Geschäftsanteilsabtretungen sind nicht vom Anwendungsbereich deutscher Online-Verfahren erfasst, sodass er nicht zu dieser Überzeugung gelangen kann.

Ähnliches gilt aus registergerichtlicher Sicht. Unstreitig steht Registergerichten ein formelles Prüfungsrecht zu, also ob Gesellschaftsvertrag und Anmeldung formgerecht errichtet wurden und ein korrekter Prüfvermerk vorhanden ist. Inwieweit ihnen im Hinblick auf Gesellschafterlisten darüber hinaus auch ein materielles Prüfungsrecht zusteht, ist im Einzelnen umstritten und vom BGH nicht abschließend geklärt. Die vorherrschende Literaturansicht nimmt ein uneingeschränktes formelles sowie ein auf *offenkundig* unrichtige Gesellschafterlisten begrenztes inhaltliches Prüfungsrecht an. In diesen Fällen sei dem Registergericht unzumutbar, eine neue Liste in das Handelsregister aufzunehmen. Das Registergericht dürfe nicht daran mitwirken, eine falsche Legitimationsbasis für die Ausübung der Gesellschafterrechte oder einen unrichtigen Rechtsscheinträger zu schaffen. Ein falscher Anschein ließe sich nur durch Ablehnung der Eintragung vermeiden. Erkennt das Registergericht die Unrichtigkeit der Veränderung, wird es eine Gesellschafterliste zum Schutz des Rechtsverkehrs nicht nur zurückweisen dürfen, sondern sogar müssen.[206]

Eine *offenkundig* unwirksame Änderung im Gesellschafterbestand dürfte vorliegen, wenn das Registergericht erkennt, dass die Geschäftsanteilsabtretung online beurkundet wurde. Bei Präsenzverfahren ist davon auszugehen, dass eine durch das Registergericht zu beanstandende Liste vorliegt, wenn die fehlende Gleichwertigkeit ohne Weiteres feststeht.[207] Selbiges dürfte daher im Bereich notarieller Online-Verfahren gelten, insbesondere da Geschäftsanteilsabtretungen nach dem

[203] Heidinger in MüKoGmbHG, 4. Aufl. 2023, GmbHG § 40 Rn. 350.
[204] Krafka in MüKoFamFG, 3. Aufl. 2019, FamFG § 378 Rn. 19.
[205] Vgl. hierzu DNotI-Report 2023, 83 (86).
[206] Ausführlich hierzu DNotI-Report 2023, 9ff.; ferner Berthold Rpfleger 2023, 553 (556f.).
[207] Servatius in Noack/Servatius/Haas, 23. Aufl. 2022, GmbHG § 40 Rn. 75a.

deutschen Beurkundungsgesetz nicht online durchgeführt werden können und damit bereits von vornherein, ohne nähere Prüfung des Verfahrensrechts nicht substituierbar sind. In Anbetracht der klaren und ausführlichen Materialien zum DiREG dürfte dies daher umso mehr gelten.

4. Notarielle Bescheinigungen

Gemäß § 21 Abs. 3 BNotO dürfen Notare Bescheinigungen über eine durch Rechtsgeschäft begründete Vertretungsmacht ausstellen. Dies ist nach dessen S. 2 nur zulässig, wenn sich die Urkundsperson zuvor durch Einsichtnahme in eine öffentliche oder öffentlich beglaubigte Vollmachtsurkunde über die Begründung der Vertretungsmacht vergewissert hat. Voraussetzung ist wiederum jedoch das Vorliegen einer physischen Vollmachtsurkunde bzw. einer Ausfertigung derselben, von deren Formgültigkeit sich der Notar zu überzeugen hat. Eine Notarbescheinigung für originär elektronische Gründungsvollmachten scheidet daher aus. In Betracht käme lediglich eine Bescheinigung für eine Ausfertigung einer originär elektronischen Urkunde.[208]

Auch auf Grundlage einer von ausländischen Urkundspersonen ausgestellten Vollmachtsurkunde können deutsche Notare eine Bescheinigung über die Vertretungsmacht ausstellen. Inwieweit eine öffentliche oder öffentlich beglaubigte Urkunde im Sinne des § 21 Abs. 3 BNotO vorliegt, bemisst sich wiederum nach den Grundsätzen der Substitution. Kann eine Gleichwertigkeit der ausländischen Urkunde nicht angenommen werden, scheidet die Ausstellung einer Vertretungsbescheinigung aus.[209]

VII. Fazit und Ausblick

Gerade aus notarieller Sicht brachten die letzten Jahre nicht nur zahlreiche, sondern auch bedeutende Neuerungen mit sich. Insbesondere das Jahr 2022 war mit Einführung des Urkundenverzeichnisses, der Elektronischen Urkundensammlung sowie den notariellen Online-Verfahren von Digitalisierung geprägt. Dabei haben der Berufsstand, aber auch die Bundesnotarkammer erneut bewiesen, dass sie technische Neuerungen nicht scheuen, sondern diese gezielt für sich und die rechtsuchende Bevölkerung zu nutzen wissen.

Auf europäischer Ebene schreitet die Digitalisierung weiter voran. Das Europäische Parlament hat im April 2024 die Digitalisierungsrichtlinie 2.0 beschlossen, die für den Binnenmarkt verschiedene wichtige Vorgaben mit sich bringt und dadurch einen echten Gewinn für den europäischen Rechts- und Wirtschaftsstandort darstellt. Zu nennen sind etwa der Ausbau der obligatorischen Präventivkontrolle durch öffentliche Stellen, ein erweiterter Mindestprüfungskatalog, dessen Erstreckung auf Präsenzverfahren sowie die Einbeziehung von Personenhandelsgesell-

---

[208] Ausführlich hierzu Lieder ZIP 2023, 1923 (1934) mwN.

[209] Sander in BeckOK BNotO, 9. Ed. 1.2.2024, BNotO § 21 Rn. 64; Limmer in Frenz/Miermeister, 5. Aufl. 2020, BNotO § 21 Rn. 14d.

schaften.[210] Insgesamt sind die Änderungen zwar weniger disruptiv als die der Digitalisierungsrichtlinie 1.0, mindestens aber ebenso relevant.

Auch auf nationaler Ebene dürfte das Ende der Fahnenstange noch nicht in Sicht sein. Im Bereich der Unternehmensgründung haben notarielle Online-Verfahren inzwischen Fuß gefasst und stellen ein adäquates Mittel dar, um Gründern größtmögliche Flexibilität zu bieten. Gleichzeitig bestünde auch bei Gründungen – konkret für die sich nach der Beurkundung anschließenden Schritte – noch weiteres Optimierungspotenzial. Dabei ließe sich auf bestehende digitale Strukturen zurückgreifen, um Gründungen zu beschleunigen und Gründer noch weiter von Bürokratie zu entlasten. So könnten Notare strukturierte Datensätze nicht nur wie bisher an Registergerichte, sondern auch an weitere Stellen wie Unfallversicherungsträger, die Bundesagentur für Arbeit sowie Gewerbe- oder Finanzämter schicken. Dadurch könnten Notare den Gründern ihre Anzeige-, Antrags- und Mitteilungspflichten ohne wesentlichen Mehraufwand abnehmen. Die Gründer könnten sich auf ihr Unternehmen konzentrieren und Behörden erhielten Datensätze, die sie automatisch weiterverarbeiten und dadurch Zeit einsparen könnten. Voraussetzung hierfür wäre jedoch, dass die vorgenannten Stellen technisch in der Lage sind, entsprechende Datensätze zu empfangen, und die Kommunikation über einen einheitlichen Kommunikationsweg verläuft. Anbieten würde sich insoweit die etablierte EGVP-Infrastruktur. Ohne entsprechende Regelung des Gesetzgebers dürfte jedoch zu befürchten sein, dass die unterschiedlichen Stellen auf ihren Insellösungen beharren.

Auch künftig wird die Bundesnotarkammer weiterhin mit den technischen Entwicklungen Schritt halten. Dass es an solchen nicht fehlen wird, zeigen die aktuellen Überlegungen und Diskussionen um Einsatzmöglichkeiten von künstlicher Intelligenz in sämtlichen Lebensbereichen, auch im Rechtsverkehr. Wie diese den Berufsstand in Zukunft unterstützt, bleibt abzuwarten. Die Erfahrungen der Vergangenheit zeigen jedoch, dass weder Smart Contracts noch künstliche Intelligenz eine persönliche Betreuung durch den Notar ersetzen können.

---

[210] Ausführlich hierzu Stelmaszczyk/Wosgien EuZW 2023, 550 (551).

MANFRED BORN

Die Selbstbestellung des Vorstands der Aktiengesellschaft zum Geschäftsführer der 100%-igen Tochter-GmbH – Gestattung des Selbstkontrahierens mit und ohne Satzungsgrundlage

I. Ausgangslage

Nach § 181 BGB kann ein Vertreter, soweit nicht ein anderes ihm gestattet ist, im Namen des Vertretenen mit sich im eigenen Namen (Fall 1, Selbstkontrahierung) oder als Vertreter eines Dritten (Fall 2, Mehrfachvertretung) ein Rechtsgeschäft nicht vornehmen, es sei denn, dass das Rechtsgeschäft ausschließlich in der Erfüllung einer Verbindlichkeit besteht. § 181 BGB betrifft unmittelbar nur den gewillkürten und den gesetzlichen Stellvertreter und nicht den Vorstand einer Aktiengesellschaft, denn der ist Organ der Gesellschaft und nicht Stellvertreter iSd §§ 164 ff. BGB. Die Vorschrift enthält aber einen allgemeinen Rechtsgedanken, der auf den Vorstand einer Aktiengesellschaft anwendbar ist.[1]

Nach der Rechtsprechung des II. Zivilsenats des Bundesgerichtshofs[2] und der überwiegenden Auffassung im Schrifttum[3] ist die Vertretungsmacht des Vorstandsmitglieds einer Aktiengesellschaft bei der Beschlussfassung über seine Bestellung als Geschäftsführer einer 100%-igen Tochter-GmbH nach § 181 Fall 1 BGB beschränkt.[4] Die Beschlussfassung über die Bestellung und die Eigenbestellung durch das handelnde Vorstandsmitglied, das die Bestellungserklärung im Namen der Mutter-Aktiengesellschaft als für die GmbH die Bestellungserklärung abgebender Alleingesellschafterin erklärt und zugleich das Amt im eigenen Namen annimmt, sind dabei ein einheitliches Rechtsgeschäft, auf das § 181 Fall 1 BGB anwendbar ist.[5]

Stimmt ein Vorstandsmitglied einer Aktiengesellschaft bei der Beschlussfassung über seine Bestellung als Geschäftsführer der 100%-igen Tochter-GmbH entgegen der Beschränkung des § 181 Fall 1 BGB ab, ist seine Stimmabgabe schwebend unwirksam.[6] Damit ist in der Einpersonen-GmbH zugleich der Bestellungsbeschluss schwebend unwirksam, ohne dass es einer Anfechtungsklage bedarf.[7] Die Wirksam-

[1] Für die AG: BGHZ 236, 54 Rn. 20 ff.; BeckRS 1960, 31181591; für die GmbH: BGHZ 33, 189 (190) = NJW 1960, 2285; KG NZG 2006, 718 (719); OLG Nürnberg BeckRS 2010, 7681; Born in BeckOGK, 1.5.2024, GmbHG § 53 Rn. 433.

[2] BGHZ 236, 54.

[3] Vgl. die Nachweise in BGHZ 236, 54 Rn. 16.

[4] BGHZ 236, 54 Rn. 33; ZIP 1994, 129 (131).

[5] BGHZ 236, 54 Rn. 18 ff.

[6] BGHZ 236, 54 Rn. 33; ZIP 1994, 129 (131).

[7] BGHZ 236, 54 Rn. 33 mwN.

keit der Stimmabgabe hängt deshalb von der, anders als bei Anwendung des § 112 AktG,[8] zweifelsfrei zulässigen Genehmigung durch die Alleingesellschafterin ab (vgl. § 177 Abs. 1 BGB).[9] Dem steht praktisch nicht entgegen, dass einseitige Rechtsgeschäfte wie die Stimmabgabe grundsätzlich nicht genehmigungsfähig sind (§ 180 S. 1 BGB). Denn bei der Stimmabgabe durch die Alleingesellschafterin ist eine Beanstandung nicht zu erwarten (vgl. § 180 S. 2 BGB).[10] Mit der Genehmigung wird die Stimmabgabe und damit der Bestellungsbeschluss sowie die Eigenbestellung rückwirkend (§ 184 Abs. 1 BGB) wirksam.[11]

Zuständig für die Erteilung der Genehmigung nach § 177 Abs. 1 BGB ist jedes vertretungsberechtigte und nicht durch § 181 BGB in seiner Vertretungsmacht beschränkte (infizierte) Vorstandsmitglied der Alleingesellschafterin. Andere Organe als der Vorstand können die Aktiengesellschaft nur vertreten, wenn ihnen abweichend von der Grundregel des § 78 Abs. 1 S. 1 AktG die gesetzliche Vertretung übertragen wurde, was nicht der Fall ist.[12] Da schwebend unwirksame Rechtsgeschäfte durch einen gesetzlichen Vertreter, einen Bevollmächtigten und selbst durch den handelnden Vertreter ohne Vertretungsmacht, wenn er nachträglich Vertretungsmacht erlangt, genehmigt werden können, führt § 181 BGB lediglich zum Ausschluss der infizierten Vorstandsmitglieder.[13]

Fehlt es an einer ausreichenden Anzahl vertretungsberechtigter Vorstandsmitglieder, werden verschiedene Lösungsansätze vertreten. Genannt wird die Genehmigung durch den Aufsichtsrat in einem solchen Mangelfall,[14] oder die Bestellung eines stellvertretenden Vorstandsmitglieds nach § 105 Abs. 2 AktG.[15] Während der erstgenannte Vorschlag im Hinblick auf die in § 78 Abs. 1 S. 1 AktG vorgenommene Kompetenzzuweisung[16] und die fehlende Zuständigkeit des Aufsichtsrats nach § 112 S. 1 AktG[17] abzulehnen sein dürfte, steht der zweitgenannte Vorschlag im Konflikt mit dem Tatbestandsmerkmal der Verhinderung in § 105 Abs. 2 AktG. Die nur vorübergehende Verhinderung genügt nach stark vertretener Auffassung gerade nicht. Vom Begriff der Verhinderung nicht erfasst ist danach insbesondere der vorliegend zu beurteilende Fall, dass ein Vorstandsmitglied an der Vornahme eines einzelnen Rechtsgeschäfts oder an der Mitwirkung bei einem Beschluss aus rechtlichen Gründen gehindert ist.[18]

---

[8] Vgl. BGH NJW-RR 1993, 1250 (1251); Ekkenga AG 1985, 40 (41f.).

[9] BGHZ 236, 54 Rn. 33 mwN.

[10] Zur Anwendbarkeit von § 180 S. 2 BGB siehe Götze GmbHR 2001, 217 (221); Wachter GmbHR 2022, 476 (479); Werner NZG 2022, 702f.; vgl. auch OLG Frankfurt a. M. NZG 2003, 438; OLG München ZIP 2011, 772 (773).

[11] BGH NJW-RR 2022, 1027 Rn. 17; NZG 2000, 256 (258); BGHZ 65, 123 (126).

[12] BGHZ 236, 54 Rn. 34; BGHZ 234, 152 Rn. 20.

[13] BGHZ 236, 54 Rn. 34.

[14] Hopt/Roth in GroßKommAktG, 5. Aufl. 2018, AktG § 112 Rn. 73.

[15] Cahn/Mertens in KölnKommAktG, 3. Aufl. 2012, AktG § 112 Rn. 4.

[16] BGHZ 236, 54 Rn. 34; BGHZ 234, 152 Rn. 20.

[17] BGHZ 236, 54 Rn. 43ff.

[18] Habersack in MüKoAktG, 6. Aufl. 2023, AktG § 105 Rn. 25; kritisch auch Bulgrin/Wolf NJW 2023, 1325 Rn. 13.

II. Vorbeugende Gestaltung

Um sich gar nicht erst mit derlei Schwierigkeiten herumschlagen zu müssen, empfiehlt es sich, wie vom II. Zivilsenat angesprochen, der Aktiengesellschaft im Rahmen ihres Selbstorganisationsrechts die Möglichkeit einzuräumen, ihrem Vorstand durch die Befreiung von den Beschränkungen des § 181 BGB ein selbständiges Handeln zu ermöglichen.[19] Konkret geht es um die Ausfüllung des Tatbestandsmerkmals: „soweit nicht ein anderes ihm gestattet ist". Nicht beantwortet wird in der Entscheidung allerdings die spannende Frage: Wie lässt sich die Befreiung einzelner oder sämtlicher Mitglieder des Vorstands vom Selbstkontrahierungsverbot des § 181 Fall 1 BGB (Gestattung) für die Selbstbestellung in der 100%-igen Tochter GmbH begründen und auf welche Weise ist sie umsetzbar?

1. Keine Sperre der Gestattung durch § 112 S. 1 AktG

Die Gestattung für diesen Fall ist nicht selbstverständlich. Im Gegenteil. Nach bisher überwiegender Auffassung ist es nicht zulässig, den Vorstand einer Aktiengesellschaft von den Beschränkungen des § 181 Fall 1 BGB zu befreien. Insoweit sei die gesetzliche Vertretungsbefugnis der Vorstandsmitglieder nach § 78 AktG bereits durch § 112 S. 1 AktG eingeschränkt, sodass kein Raum für eine Anwendung des § 181 BGB beim Selbstkontrahieren bestehe und daher eine vorherige Gestattung nach § 181 BGB ausscheide.[20]

Ob und inwieweit eine Befreiung des Vorstands von den Beschränkungen des § 181 BGB möglich ist, hängt demnach entscheidend davon ab, wie weit der Anwendungsbereich des § 112 S. 1 AktG gezogen wird.[21] Nach dieser Norm vertritt Vorstandsmitgliedern gegenüber der Aufsichtsrat die Aktiengesellschaft gerichtlich und außergerichtlich. Bei der Selbstbestellung eines Vorstandsmitglieds einer Aktiengesellschaft zum Geschäftsführer einer GmbH, deren Alleingesellschafterin die Aktiengesellschaft ist, handelt es sich aber nicht um eine vom Schutzzweck des § 112 S. 1 AktG erfasste Vertretung der Aktiengesellschaft gegenüber ihrem Vorstandsmitglied. Die Stimmabgabe ist eine der Aktiengesellschaft in ihrer Eigenschaft als Alleingesellschafterin zuzurechnende Willenserklärung ihres Stimmrechtsvertreters, die der GmbH und nicht dem Vorstand gegenüber abgegeben wird. Bei der Bestellungserklärung der GmbH handelt es sich zwar um eine gegenüber dem Vorstandsmitglied abzugebende Willenserklärung. Sie betrifft aber kein Rechtsgeschäft der Aktiengesellschaft. Vielmehr handelt es sich um eine unmittelbar für und gegen die GmbH wirkende (§ 164 Abs. 1 S. 1 BGB) Erklärung der Gesellschafterversammlung als dem Organ, das für die Ausführung von Gesellschafterbeschlüssen zu-

[19] BGHZ 236, 54 Rn. 49.

[20] Koch, 18. Aufl. 2024, AktG § 78 Rn. 6; Grigoleit in Grigoleit, 2. Aufl. 2020, AktG § 78 Rn. 8; Spindler in MüKoAktG, 6. Aufl. 2023, AktG § 78 Rn. 124; Seibt in K. Schmidt/Lutter, 4./5. Aufl. 2020/2024, AktG § 78 Rn. 8; Fleischer in BeckOGK, 1.10.2023, AktG § 78 Rn. 11; Habersack in GroßKommAktG, 5. Aufl. 2015, AktG § 78 Rn. 23; Cahn in KölKommAktG, 4. Aufl. 2023, AktG § 78 Rn. 72.

[21] Spindler in MüKoAktG, 6. Aufl. 2023, AktG § 78 Rn. 123.

ständig ist.[22] Wird § 181 Fall 1 BGB für den Fall der Selbstbestellung in der 100%-igen Tochter-GmbH durch § 112 S. 1 AktG nicht gesperrt, entfällt die Rechtfertigung für ein Gestattungsverbot.

2. *Gestattung mit und ohne Satzung*

Es gilt, sich als nächstes die Frage zu beantworten, auf welcher Grundlage die Gestattung von wem erteilt werden kann.

a) Generelle Gestattung nur in der Satzung

In seiner Stellungnahme zum Regierungsentwurf des MoMiG hat der Bundesrat angeregt, im weiteren Gesetzgebungsverfahren zu prüfen, ob nicht die Berechtigung des Vorstands zur Einzelvertretung sowie die Befreiung von § 181 BGB als gesetzliche Regelfälle in das Gesellschaftsrecht aufgenommen werden könnten. Sofern ausnahmsweise das Prinzip der Gesamtvertretung durch mehrere Vorstände, die Geltung von § 181 BGB oder eine sonstige zulässige Gestaltung der Vertretungsmacht gewünscht sei, könne dies entsprechend geregelt und die jeweilige Beschränkung mit Wirkung nach außen im Handelsregister eingetragen werden.[23] Der Gesetzgeber ist diesem Vorschlag bekanntermaßen nicht gefolgt. Dies mag daran gelegen haben, dass entgegen der Auffassung des Bundesrats in der Praxis gerade nicht in der weit überwiegenden Zahl der Fälle den Vorständen die Befugnis zur Einzelvertretung eingeräumt wird. Eine solche Satzungsgestaltung ist vielmehr unüblich.[24]

Sucht man nach einer im Gesetz angelegten Lösung, fällt der Blick auf § 78 Abs. 3 AktG. Nach § 78 Abs. 3 S. 1 AktG kann die Satzung bestimmen, dass einzelne Vorstandsmitglieder abweichend von der Regel des § 78 Abs. 2 S. 1 AktG allein oder in Gemeinschaft mit einem Prokuristen zur Vertretung der Gesellschaft befugt sind. Dasselbe kann nach § 78 Abs. 3 S. 2 AktG der Aufsichtsrat bestimmen, wenn die Satzung ihn hierzu ermächtigt hat. Zieht man § 78 Abs. 3 AktG für die Befreiung des Vorstands vom Verbot des Selbstkontrahierens im Fall der Eigenbestellung in der 100%-igen Tochter-GmbH entsprechend heran, kann die Gestattung entsprechend § 78 Abs. 3 S. 1 AktG in der Satzung enthalten sein,[25] sie kann aber auch durch den Aufsichtsrat ausgesprochen werden, wenn dieser dafür entsprechend § 78 Abs. 3 S. 2 AktG durch eine allgemeine Satzungsbestimmung ermächtigt wurde.[26]

---

[22] BGHZ 236, 54 Rn. 48; Koch, 18. Aufl. 2024, AktG § 78 Rn. 6.

[23] Regierungsentwurf eines Gesetzes zur Modernisierung des GmbH-Rechts und zur Bekämpfung von Missbräuchen (MoMiG), BT-Drs. 16/6140, 67.

[24] Vgl. nur Fleischer in BeckOGK, 1.10.2023, AktG § 78 Rn. 37 sowie Koch, 18. Aufl. 2024, AktG § 78 Rn. 15.

[25] Bulgrin/Wolf NJW 2023, 1325 Rn. 15f.; vgl. Koch, 18. Aufl. 2024, AktG § 78 Rn. 7; Seibt in K. Schmidt/Lutter, 4./5. Aufl. 2020/2024, AktG § 78 Rn. 8; Spindler in MüKoAktG, 6. Aufl. 2023, AktG § 78 Rn. 131; Habersack in GroßKommAktG, 5. Aufl. 2015, AktG § 78 Rn. 25; Cahn in KölnKommAktG, 4. Aufl. 2023, AktG § 78 Rn. 76 – jeweils für die Mehrfachvertretung.

[26] Bulgrin/Wolf NJW 2023, 1325 Rn. 15f.; Koch, 18. Aufl. 2024, AktG § 78 Rn. 7; Seibt in K. Schmidt/Lutter, 4./5. Aufl. 2020/2024, AktG § 78 Rn. 8; Spindler in MüKoAktG, 6. Aufl.

Die entsprechende Anwendung des § 78 Abs. 3 AktG ist gerechtfertigt, weil das Gesetz an dieser Stelle zum Ausdruck bringt, dass Erweiterungen der in § 78 Abs. 2 S. 1 AktG vorgesehenen Vertretungsregelung, die dem Schutz der Gesellschaft dient, nur durch die Satzung selbst oder nur im Falle der Satzungsermächtigung durch Aufsichtsratsbeschluss zulässig sind.[27] Das Verbot des Selbstkontrahierens dient ebenfalls dem Schutz der Gesellschaft auf der Ebene der Vertretung. Das Verbot will verhindern, dass verschiedene und einander widersprechende Interessen durch ein und dieselbe Person vertreten werden, weil dies die Gefahr eines Interessenkonflikts und damit einer Schädigung des Vertretenen mit sich bringt. Eine solche Gefahr besteht bereits bei der auf die eigene Bestellung bei der 100%-igen Tochter-GmbH gerichteten Stimmabgabe durch das Vorstandsmitglied der Aktiengesellschaft, weil bereits die Stimmabgabe sich sachlich an den Vorstand als zu Bestellenden richtet und ihn materiell begünstigen soll.[28] Durch die Gestattung des Selbstkontrahierens wird die organschaftliche Vertretungsmacht des Vorstands gegen die zum Schutz der Aktiengesellschaft angeordnete Beschränkung erweitert.[29] Der Satzungsvorbehalt entspricht im Übrigen der Rechtslage bei der GmbH. Die generelle Ermächtigung zum Selbstkontrahieren für alle oder für bestimmte Arten von Geschäften ist auch bei der GmbH nur durch eine entsprechende Bestimmung in der Satzung möglich. Das kann von vornherein geregelt werden oder nachträglich durch Satzungsänderung geschehen.[30]

Um Wirksamkeit zu erlangen, muss die Gestattung des Selbstkontrahierens bei der Aktiengesellschaft in das Handelsregister eingetragen werden (§ 181 Abs. 3 AktG).[31] Nach § 39 Abs. 1 S. 3 AktG ist einzutragen, „welche", eingeschränkte oder nicht eingeschränkte, „Vertretungsbefugnis die Vorstandsmitglieder haben". Dazu gehört auch die Erweiterung der organschaftlichen Vertretungsmacht um die Befugnis, Insichgeschäfte abzuschließen bzw. die statutarische Befugnis des Aufsichtsrats, eine solche Erweiterung der Vertretungsmacht zu gewähren. Eingetragen werden muss daher die unmittelbare Befreiung in der Satzung entsprechend § 78 Abs. 3 S. 1 AktG, aber auch die Ermächtigung des Aufsichtsrats zur Befreiung entsprechend § 78 Abs. 3 S. 2 AktG.[32]

2023, AktG § 78 Rn. 131; Cahn in KölnKommAktG, 4. Aufl. 2023, AktG § 78 Rn. 76 – jeweils für die Mehrfachvertretung.

[27] Vgl. Spindler in MüKoAktG, 6. Aufl. 2023, AktG § 78 Rn. 131.

[28] BGHZ 236, 54 Rn. 21.

[29] BGHZ 87, 59 (61 f.).

[30] BGH NJW 2000, 664 (665); BGHZ 114, 167 (170); BGHZ 87, 59 (60); BGHZ 33, 189 (191); OLG Frankfurt a. M. NJW 1983, 945; OLG Köln NJW 1993, 1018; KG NZG 2006, 718 (719); OLG Celle NZG 2000, 1034; OLG Nürnberg BeckRS 2010, 7681; OLG Düsseldorf NZG 2021, 1027 Rn. 11; Born in BeckOGK, 1.5.2024, GmbHG § 53 Rn. 434; Harbarth in MüKoGmbHG, 4. Aufl. 2022, GmbHG § 53 Rn. 225; aA mit ausführlicher Begründung Altmeppen, 11. Aufl. 2023, GmbHG § 35 Rn. 90 f.

[31] BGH NJW 2000, 664 (665); Born in BeckOGK, 1.5.2024, GmbHG § 53 Rn. 435.

[32] Vgl. für die GmbH: BGH NJW 2000, 664 (665); BGHZ 114, 167 (170); BGHZ 87, 59 (61); OLG Düsseldorf DNotZ 1995, 237; OLG Köln NJW 1993, 1018; OLG Nürnberg BeckRS 2010, 7681; Born in BeckOGK, 1.5.2024, GmbHG § 53 Rn. 435; für die AG: Vetter/Schulenburg in Henssler/Strohn, Gesellschaftsrecht, 5. Aufl. 2021, AktG § 37 Rn. 9; Terbrack in Heidel, Aktienrecht und Kapitalmarktrecht, 5. Aufl. 2020, AktG § 39 Rn. 19; Koch, 18. Aufl. 2024, AktG § 37 Rn. 8, § 39 Rn. 3; Arnold in KölnKommAktG, 4. Aufl. 2022, AktG § 37

b) Gestattung im Einzelfall ohne Satzungsregelung

Daneben stellt sich die Frage, ob die Selbstbestellung des Vorstands einer Aktiengesellschaft zum Geschäftsführer der 100%-igen Tochter GmbH bei fehlender Satzungsregelung im Einzelfall gestattet werden kann und wer dazu befugt ist?

Anders als bei der generellen Gestattung durch Satzungsbestimmung ist die *Hauptversammlung* nicht zuständig. Die Zuständigkeit kann auch nicht durch ein Verlangen des Vorstands nach § 119 Abs. 2 AktG begründet werden. Insoweit besteht weitgehend Einigkeit.[33]

Eine Einzelfallgestattung durch den *Aufsichtsrat* ohne Satzungsgrundlage ist ebenfalls unzulässig. Dass der Aufsichtsrat eine Gestattung im Einzelfall auch ohne Satzungsermächtigung hierzu aussprechen kann, wird teilweise mit Blick auf § 112 AktG,[34] unter Hinweis auf die Überwachungsaufgabe des Aufsichtsrats,[35] oder unter Verweis auf die zum GmbH-Recht vertretene Auffassung, dass die Gesellschafter den Geschäftsführer auch ohne satzungsgemäße Grundlage durch Beschluss im Einzelfall „ad hoc" von dem Verbot der Selbstkontrahierung befreien können, selbst wenn eine entsprechende Satzungsregelung fehlt,[36] bejaht.[37] Teilweise wird eine subsidiäre Zuständigkeit angenommen.[38]

Diese Auffassungen sind abzulehnen. Der Aufsichtsrat kann ohne Satzungsermächtigung keine Einzelfallgestattung erteilen. Da bei der Selbstbestellung des Vorstands in der 100%-igen Tochter-GmbH § 112 AktG nicht einschlägig ist, fehlt mangels gesetzlicher Zuweisung dem Aufsichtsrat die Kompetenz für eine solche Gestattung und die damit einhergehende Erweiterung der organschaftlichen Vertretungsmacht des Vorstands[39] um die Befugnis, Insichgeschäfte abzuschließen. Die Rechtsprechung zur GmbH hilft nicht weiter, weil sie mit der Aussage, die Beschränkung aufzuheben falle in den Aufgabenbereich desjenigen Gesellschaftsorgans, das zur Bestellung und Abberufung des Geschäftsführers berufen sei,[40]

Rn. 35, 37; Pentz in MüKoAktG, 5. Aufl. 2019, AktG § 37 Rn. 55, § 39 Rn. 14; Röhricht/Schall in GroßKommAktG, 5. Aufl. 2016, AktG § 37 Rn. 52f., § 39 Rn. 8; Cahn in KölnKommAktG, 4. Aufl. 2023, AktG § 78 Rn. 76; aA Stelmaszczyk in BeckOGK, 1.10.2023, AktG § 39 Rn. 10; differenzierend nach § 78 Abs. 3 S. 1 und 2 AktG Vedder in Grigoleit, 2. Aufl. 2020, AktG § 37 Rn. 14, § 39 Rn. 2; noch anders für die GmbH BGHZ 33, 189 (191f.).

[33] DNotI Report 2023, 153; Koch, 18. Aufl. 2024, AktG § 78 Rn. 7; Fleischer in BeckOGK, 1.10.2023, AktG § 78 Rn. 12; Seibt in K. Schmidt/Lutter, 4./5. Aufl. 2020/2024, AktG § 78 Rn. 8; Spindler in MüKoAktG, 6. Aufl. 2023, AktG § 78 Rn. 131; Krafka in BeckOGK, 1.12.2023, BGB § 181 Rn. 307; Habersack in GroßKommAktG, 5. Aufl. 2015, AktG § 78 Rn. 25; Cahn in KölnKommAktG, 4. Aufl. 2023, AktG § 78 Rn. 76; vgl. BGH WM 1960, 803 zu § 97 AktG 1937; aA Ekkenga AG 1985, 40 (42).

[34] Grigoleit in Grigoleit, 2. Aufl. 2020, AktG § 78 Rn. 8; Habersack in GroßKommAktG, 5. Aufl. 2015, AktG § 78 Rn. 25; aA Fleischer in BeckOGK, 1.10.2023, AktG § 78 Rn. 12.

[35] Koch, 18. Aufl. 2024, AktG § 78 Rn. 7.

[36] Dazu BGHZ 87, 59 (60) mwN; BeckRS 1971, 31125189; BGHZ 58, 115 (120); KG GmbHR 2002, 327; Harbarth in MüKoGmbHG, 4. Aufl. 2022, GmbHG § 53 Rn. 225; Born in BeckOGK, 1.5.2024, GmbHG § 53 Rn. 434.

[37] So Spindler in MüKoAktG, 6. Aufl. 2023, AktG § 78 Rn. 131; Wicke GmbHR 2023, 477 Rn. 7.

[38] Bulgrin/Wolf NJW 2023, 1325 Rn. 13, 17.

[39] BGHZ 87, 59 (61f.).

[40] BGHZ 33, 189 (192f.).

vorrangig die Gesellschafterversammlung als zentrales Entscheidungsorgan der GmbH adressiert.[41] Kompetenzen für den Aufsichtsrat lassen sich daraus deshalb nicht ableiten.

Bleibt der *Vorstand*. Zuständig für die Gestattung der Selbstbestellung des Vorstands der Aktiengesellschaft zum Geschäftsführer der 100%-igen Tochter-GmbH ist jedes vertretungsberechtigte und nicht durch § 181 BGB in seiner Vertretungsmacht beschränkte (infizierte) Vorstandsmitglied der Alleingesellschafterin. Diese Kompetenzzuweisung ergibt sich bei Unzuständigkeit von Hauptversammlung und Aufsichtsrat zwingend aus § 78 Abs. 1 S. 1 AktG.[42] Die Beschränkung auf nicht infizierte Vorstandsmitglieder folgt aus dem Umstand, dass die Gestattung des Selbstkontrahierens ebenfalls ein Rechtsgeschäft ist[43] und daher wie jedes andere Rechtsgeschäft dem Verbot des § 181 BGB unterliegt. Deshalb kann sich ein Stellvertreter die Erlaubnis zum Selbstkontrahieren nicht namens des Vertretenen selbst erteilen.[44]

---

[41] BGHZ 220, 354 Rn. 33.
[42] BGHZ 236, 54 Rn. 34; BGHZ 234, 152 Rn. 20; ebenso Bulgrin/Wolf NJW 2023, 1325 Rn. 17.
[43] Vgl. RGZ 51, 422 (427).
[44] BGHZ 58, 115 (117f.); BGHZ 33, 189 (191).

SIEGFRIED H. ELSING

Das MoPeG und die Schiedsfähigkeitsrechtsprechung des BGH

Das Gesellschaftsrecht bildet einen wichtigen Schwerpunkt des weitgefächerten Tätigkeits- und Interessenfeldes von *Heribert Heckschen*. Obwohl in diesem Rechtsgebiet die Gestaltungspraxis vor dem Hintergrund des Ausgleichs der Interessen der jeweils Beteiligten im Vordergrund steht, müssen auch immer denkbare Streitsituationen bedacht und für deren Beilegung muss Vorsorge getroffen werden. Die Vereinbarung von Schiedsklauseln in Gesellschaftsverträgen und Satzungen ist hierbei, vor allem bei den Personengesellschaften, aber zunehmend auch bei den Gesellschaften mit beschränkter Haftung, eine häufig gewählte und bewährte Gestaltungsalternative.[1]

Inwieweit bei Beschlussmängelstreitigkeiten Schiedsvereinbarungen ein geeignetes Streitbeilegungsinstrument sind, war lange Zeit ungewiss, bis der Bundesgerichtshof in seiner sogenannten Schiedsfähigkeitsrechtsprechung weitgehend Klarheit geschaffen und die Schiedsfähigkeit solcher Streitigkeiten, jedenfalls bei Vorliegen bestimmter Voraussetzungen, bejaht hat.[2]

In diesem Beitrag soll zunächst die vorerwähnte Rechtsprechung in knapper Form nachgezeichnet werden. Sodann werden die Auswirkungen des soeben in Kraft getretenen „Gesetzes zur Modernisierung des Personengesellschaftsrechts“[3] für die Beilegung von Beschlussmängelstreitigkeiten durch Schiedsgerichte untersucht und vor dem Hintergrund der Schiedsfähigkeitsrechtsprechung und des neuen Gesetzes einige in der Beratungspraxis zu erwägende Gestaltungsoptionen dargestellt.

I. Die Entwicklung der Schiedsfähigkeitsrechtsprechung des BGH

1. Relevante gesetzliche Regelungen

a) Aktiengesellschaft

Den Ausgangspunkt der Frage nach der Schiedsfähigkeit von Beschlussmängelstreitigkeiten bildeten bisher die für die Aktiengesellschaft geltenden Regelungen in §§ 241 ff. AktG. Das Aktiengesetz differenziert zwischen zwei Vehikeln zur Aus-

---

[1] Böckstiegel, Schiedsgerichtsbarkeit in gesellschaftsrechtlichen und erbrechtlichen Angelegenheiten, S. 1; Raeschke-Kessler/Wiegand AnwBl. 2007, 396.

[2] BGH NZG 2022, 264 Rn. 14 ff. – Schiedsfähigkeit IV; NZG 2017, 657 Rn. 24 ff. – Schiedsfähigkeit III; NJW 2009, 1962 Rn. 10 ff. – Schiedsfähigkeit II.

[3] Gesetz zur Modernisierung des Personengesellschaftsrechts (Personengesellschaftsmodernisierungsgesetz – MoPeG) vom 10.8.2021 (BGBl. I 3436), in Kraft getreten am 1.1.2024.

tragung von Beschlussmängelstreitigkeiten innerhalb der Aktiengesellschaft: Der Nichtigkeitsklage gemäß § 249 AktG bei Vorliegen von Nichtigkeitsgründen nach § 241 Nr. 1–6 AktG und der Anfechtungsklage gemäß § 246 AktG bei Vorliegen von Anfechtungsgründen nach § 243 AktG. Man spricht insoweit vom Anfechtungsmodell.[4] Während die Nichtigkeitsklage nach der herrschenden Meinung den Charakter einer besonderen Feststellungsklage, gerichtet auf die Feststellung der Nichtigkeit des Hauptversammlungsbeschlusses, hat, handelt es sich bei der Anfechtungsklage um eine Gestaltungsklage.[5] Infolge umfangreicher Verweisungen des § 249 Abs. 1 S. 1 AktG auf die Vorschriften der §§ 246–248a AktG sind Nichtigkeits- und Anfechtungsklage jedoch im Hinblick auf Verfahren und Urteilswirkung vergleichbar.[6] Die Anfechtungsklage ist gemäß § 246 Abs. 2 S. 1 AktG gegen die Gesellschaft zu richten. Das Gleiche gilt gemäß §§ 249 Abs. 1 S. 1, 246 Abs. 2 S. 1 AktG grundsätzlich auch für die Nichtigkeitsklage, jedoch ist nicht ausgeschlossen, die Nichtigkeit auch auf anderem Wege als durch Erhebung der Klage geltend zu machen (§ 249 Abs. 1 S. 2 AktG). Aus § 246 Abs. 3 S. 1 AktG (für die Nichtigkeitsklage in Verbindung mit § 249 Abs. 1 S. 1 AktG), der eine Zuständigkeitszuweisung zum Landgericht am Sitz der Gesellschaft vornimmt, folgt, dass das Gesetz vom Leitbild der Klage vor einem staatlichen Gericht ausgeht.

b) *Gesellschaft mit beschränkter Haftung*

Für die Gesellschaft mit beschränkter Haftung enthält das GmbHG keine Regelungen über die Beilegung von Beschlussmängelstreitigkeiten. Es ist jedoch grundsätzlich anerkannt, dass diese Regelungslücke durch die analoge Anwendung der aktienrechtlichen Vorschriften über die Nichtigkeit und Anfechtung von Hauptversammlungsbeschlüssen gemäß §§ 241 ff. AktG auf die Gesellschaft mit beschränkter Haftung geschlossen werden kann.[7] Auch im Recht der Gesellschaft mit beschränkter Haftung gilt somit grundsätzlich das Anfechtungsmodell. Im Rahmen der Beschlussanfechtung erfasst die Analogie zu den aktienrechtlichen Vorschriften auch § 246 Abs. 3 S. 1 AktG, sodass bei Beschlussmängelstreitigkeiten innerhalb der Gesellschaft mit beschränkter Haftung gleichermaßen das Landgericht am Sitz der Gesellschaft ausschließlich zuständig ist, sofern nicht der ordentliche Rechtsweg ausgeschlossen ist.[8]

---

[4] BT-Drs. 19/27635, 111 f.

[5] Englisch in Hölters/Weber, 4. Aufl. 2022, AktG § 249 Rn. 2; Schäfer in MüKoAktG, 5. Aufl. 2021, AktG § 249 Rn. 4.

[6] Englisch in Hölters/Weber, 4. Aufl. 2022, AktG § 249 Rn. 1.

[7] BGH NZG 2021, 831 Rn. 21 ff.; NZG 2019, 269 Rn. 68; Leinekugel in BeckOK GmbHG, 58. Ed. 1.10.2023, GmbHG Anh. § 47 Einleitung; Wertenbruch in MüKoGmbHG, 4. Aufl. 2023, GmbHG Anh. § 47 Rn. 1.

[8] Noack in Noack/Servatius/Haas, 23. Aufl. 2022, GmbHG Anh. § 47 Rn. 168; Wertenbruch in MüKoGmbHG, 4. Aufl. 2023, GmbHG Anh. § 47 Rn. 386.

c) Personengesellschaften

Vor dem Inkrafttreten des MoPeG am 1.1.2024 stellte das im Recht der Kapitalgesellschaften geltende Anfechtungsmodell den zentralen Unterschied zum Recht der Personengesellschaften dar. Während beim Anfechtungsmodell der Kapitalgesellschaften Beschlussmängelstreitigkeiten fristgebunden im Verhältnis der klagenden Gesellschafter und der Gesellschaft mit Wirkung für und gegen alle Gesellschafter auszutragen sind, konnten die Gesellschafter einer Personengesellschaft bislang lediglich eine nicht fristgebundene Feststellungsklage gemäß § 256 Abs. 1 ZPO mit Wirkung inter partes gegen die sich der Nichtigkeit widersetzenden Gesellschafter erheben.[9] Man spricht insoweit vom Feststellungsmodell.[10]

d) Beschlussmängel vor Schiedsgerichten

Die Auswirkungen dieser beiden Modelle auf die Wirksamkeit einer Schiedsklausel für Beschlussmängelstreitigkeiten wurden in der Schiedsfähigkeitsrechtsprechung des Bundesgerichtshofs konkretisiert und sollen im Folgenden unter Berücksichtigung der seit dem Inkrafttreten des MoPeG eingetretenen Neuerungen dargestellt werden.

Den Dreh- und Angelpunkt der Diskussion zur Schiedsfähigkeit von Beschlussmängelstreitigkeiten bildet der Begriff der Schiedsfähigkeit. Diese richtet sich nach § 1030 ZPO. Dabei betrifft die Regelung die objektive Schiedsfähigkeit, also die Frage, welche Streitgegenstände sich generell als Gegenstand einer Schiedsvereinbarung eignen.[11] Grundsätzlich steht die Schiedsgerichtsbarkeit der staatlichen Gerichtsbarkeit gleichberechtigt gegenüber.[12] Die Schiedsfähigkeit wird nur dann versagt,

> *„wenn sich der Staat im Interesse besonders schutzwürdiger [...] Rechtsgüter ein Rechtsprechungsmonopol in dem Sinn vorbehalten hat, dass allein der staatliche Richter in der Lage sein soll, durch seine Entscheidung den angestrebten Rechtszustand herbeizuführen.“*[13]

Diesem schiedsfreundlichen Verständnis entspricht es, dass seit der Schiedsrechtsnovelle 1998 gemäß § 1030 Abs. 1 S. 1 ZPO jeder vermögensrechtliche Anspruch schiedsfähig ist, ohne dass es noch auf die Vergleichsfähigkeit ankommt.[14] Nur bei nicht-vermögensrechtlichen Ansprüchen kommt es gemäß § 1030 Abs. 1 S. 2 ZPO noch auf die Vergleichsfähigkeit an.

Die Konzentration auf den Begriff der Schiedsfähigkeit ist jedoch missverständlich.[15] Schließlich ist die vermögensrechtliche Natur von Beschlussmängel-

---

[9] Mock SchiedsVZ 2022, 56f.; Sackmann NZG 2016, 1041 (1042).

[10] Mock SchiedsVZ 2022, 56f.

[11] Münch in MüKoZPO, 6. Aufl. 2022, ZPO § 1030 Rn. 11; Voit in Musielak/Voit, 20. Aufl. 2023, ZPO § 1030 Rn. 1.

[12] BT-Drs. 13/5274, 34.

[13] BGH NJW 2004, 2898 (2899); NJW 1996, 1753 (1754) – Schiedsfähigkeit I.

[14] Gesetz zur Neuregelung des Schiedsverfahrensrechts (Schiedsverfahrens-Neuregelungsgesetz – SchiedsVfG) vom 22.12.1997 (BGBl. I 3224), in Kraft getreten am 1.1.1998; BT-Drs. 13/5274, 34; Anders in Anders/Gehle, 81. Aufl. 2023, ZPO § 1030 Rn. 5.

[15] So auch Baumann/Wagner BB 2022, 963; Nolting ZIP 2017, 1641 (1642).

streitigkeiten und somit ihre Schiedsfähigkeit im Sinne der Vorschrift des § 1030 Abs. 1 S. 1 ZPO unumstritten.[16] Vorzugswürdig wäre es mithin, die schiedsgerichtliche Beilegung von Beschlussmängelstreitigkeiten als Frage der Wirksamkeit der Schiedsvereinbarung unter dem Gesichtspunkt der Erfüllung rechtsstaatlicher Mindestanforderungen gemäß § 138 BGB zu behandeln.[17]

2. *Rechtsprechung vor 1996*

Die Frage, ob Beschlussmängelstreitigkeiten einer Streitbeilegung durch private Schiedsgerichte außerhalb der staatlichen Justiz zugänglich sind, hat bereits vor dem Zeitraum, zu dem der Bundesgerichtshof diese Frage zunächst mangels Schiedsfähigkeit verneinte, die Gerichte beschäftigt.

Bereits im Jahr 1951 verneinte der II. Zivilsenat des Bundesgerichtshofs die Möglichkeit Beschlussmängelstreitigkeiten innerhalb einer Aktiengesellschaft im Wege eines Schiedsverfahrens entscheiden zu lassen unter Berufung auf die ausschließliche Zuständigkeit des Landgerichts am Sitz der Gesellschaft gemäß § 246 Abs. 3 S. 1 AktG.[18] Diese Wertung erstreckte das Oberlandesgericht Hamm im Jahr 1986 auf die Gesellschaft mit beschränkter Haftung.[19] Zum einen verdeutliche die ausdrückliche Zuweisung der Zuständigkeit für Beschlussmängelstreitigkeiten zur staatlichen Gerichtsbarkeit in § 246 Abs. 3 S. 1 AktG analog, dass diese Frage nicht zur Disposition der Parteien stehe.[20] Zum anderen sei die in § 248 Abs. 1 S. 1 AktG analog vorgesehene Urteilswirkung für und gegen alle Gesellschafter sowie für und gegen die Organe der Gesellschaft, unabhängig von ihrer Parteistellung, mit der besonderen Natur des Schiedsverfahrens nicht zu vereinbaren, da letzteres einem streng formalistischen, öffentlichen Verfahrensablauf nicht unterworfen sei und auch eine Verfahrensbeteiligung Dritter in Form einer Nebenintervention – anders als bei der staatlichen Gerichtsbarkeit gemäß § 66 ZPO – nicht gesichert sei.[21] Gerade aus dieser Möglichkeit der Verfahrensbeteiligung rechtfertige sich jedoch die Rechtskrafterstreckung.[22] Darüber hinaus verneinten beide Gerichte die nach altem Recht erforderliche Vergleichsfähigkeit der Beschlussmängelstreitigkeiten (vgl. § 1025 Abs. 1 ZPO aF bis 1998).[23]

Eine andere rechtliche Wertung in Bezug auf die Gesellschaft mit beschränkter Haftung nahm der für die Schiedsgerichtsbarkeit zuständige III. Zivilsenat des Bundesgerichtshofs vor. Dieser umschiffte die genannten Probleme durch Verweis auf die Möglichkeit einer Feststellungsklage gemäß § 256 Abs. 1 ZPO, die – anders als

[16] Nolting ZIP 2017, 1641 (1642); Schlüter DZWIR 2018, 251 (254).

[17] So auch Baumann/Wagner BB 2022, 963; Nolting ZIP 2017, 1641 (1642); Schlüter DZWIR 2018, 251 (254).

[18] BGH BeckRS 1951, 31203937.

[19] OLG Hamm NJW-RR 1987, 1319.

[20] OLG Hamm NJW-RR 1987, 1319; vgl. auch Emmert, Gesellschaftsrechtliche Streitigkeiten in institutionellen Schiedsverfahren, 2020, S. 35.

[21] OLG Hamm NJW-RR 1987, 1319 (1320); vgl. auch Emmert, Gesellschaftsrechtliche Streitigkeiten in institutionellen Schiedsverfahren, 2020, S. 36.

[22] OLG Hamm NJW-RR 1987, 1319 (1320); vgl. auch Emmert, Gesellschaftsrechtliche Streitigkeiten in institutionellen Schiedsverfahren, 2020, S. 36.

[23] OLG Hamm NJW-RR 1987, 1319 (1320); BGH BeckRS 1951, 31203937.

die Beschlussanfechtung gemäß §§ 241 ff. AktG analog – als Urteilswirkung keine Rechtskrafterstreckung vorsieht und somit unstreitig einem Vergleich zugänglich ist.[24]
Dieser Lösungsweg ist jedoch mit dem Manko der fehlenden Gestaltungswirkung behaftet.[25]

3. *Schiedsfähigkeit I*

Mit der Entscheidung Schiedsfähigkeit I konkretisierte der II. Zivilsenat des Bundesgerichtshofs im Jahr 1996 diese Rechtslage für die Gesellschaft mit beschränkter Haftung. Das Oberlandesgerichts Karlsruhe als Vorinstanz hatte die Anfechtung von Beschlüssen der Gesellschaftsversammlung einer Gesellschaft mit beschränkter Haftung jedenfalls unter der Prämisse als schiedsfähig erachtet, dass der Gesellschaftsvertrag eine Schiedsvereinbarung enthält und sich zusätzlich alle Gesellschafter der Schiedsgerichtsbarkeit unterworfen haben.[26] Der Bundesgerichtshof verneinte demgegenüber die generelle Schiedsfähigkeit von Beschlussmängelstreitigkeiten innerhalb einer Gesellschaft mit beschränkter Haftung.[27] Zur Begründung verwies er allerdings nicht auf die Zuständigkeitsregelung in § 246 Abs. 3 S. 1 AktG analog, sondern stellte klar, dass diese Regelung lediglich der Zuweisung von sachlicher und örtlicher Zuständigkeit innerhalb der staatlichen Gerichtsbarkeit diene und keine Rückschlüsse auf die Schiedsfähigkeit erlaube.[28] Auch die rechtsgestaltende Urteilswirkung als solche stelle kein Hindernis dar, insoweit als in einer Vielzahl von anderen Gestaltungsprozessen ebenfalls die Schiedsfähigkeit anerkannt sei.[29] Darüber hinaus stünden auch Gesichtspunkte des Minderheitenschutzes der Anerkennung der Schiedsfähigkeit von Beschlussmängelstreitigkeiten nicht entgegen, solange sichergestellt sei, dass das Schiedsverfahren dem Verfahren vor dem staatlichen Gericht im Hinblick auf den gewährten Rechtsschutz in nichts nachstehe.[30] Der Bundesgerichtshof bejahte nunmehr auch die objektive Vergleichsfähigkeit von Beschlussmängelstreitigkeiten.[31] Diese sei nur dann zu versagen, wenn dies zum Schutz besonders schutzwürdiger Rechtsgüter ausnahmsweise geboten sei.[32] Auch die subjektive Vergleichsfähigkeit sei unter der Voraussetzung unproblematisch, dass die fehlende Identität zwischen den Urhebern der Schiedsvereinbarung und den Parteien des Schiedsverfahrens, also insbesondere der Gesellschaft als Beklagte, durch eine Aufnahme der Schiedsklausel in die Satzung der Gesellschaft überbrückt und so eine Bindungswirkung erzeugt wird.[33] Als zentrales Argument gegen die Schiedsfähigkeit von Beschlussmängelstreitigkeiten innerhalb der Gesellschaft

[24] BGH NJW 1979, 2567 (2569).
[25] So auch Emmert, Gesellschaftsrechtliche Streitigkeiten in institutionellen Schiedsverfahren, 2020, S. 38 f.
[26] OLG Karlsruhe DB 1995, 721.
[27] BGH NJW 1996, 1753 – Schiedsfähigkeit I.
[28] BGH NJW 1996, 1753 (1754) – Schiedsfähigkeit I.
[29] BGH NJW 1996, 1753 (1754) – Schiedsfähigkeit I.
[30] BGH NJW 1996, 1753 (1754) – Schiedsfähigkeit I.
[31] BGH NJW 1996, 1753 (1754) – Schiedsfähigkeit I.
[32] BGH NJW 1996, 1753 (1754) – Schiedsfähigkeit I.
[33] BGH NJW 1996, 1753 (1754 f.) – Schiedsfähigkeit I.

mit beschränkter Haftung führte der Bundesgerichtshof letztlich aber die in §§ 248 Abs. 1 S. 1, 249 Abs. 1 S. 1 AktG analog vorgesehene inter-omnes-Wirkung des Urteils an.[34] Diese Rechtskrafterstreckung sei nur gerechtfertigt, weil durch § 246 Abs. 3 S. 6 AktG analog eine Konzentration mehrerer Anfechtungsklagen vor einem einzigen Gericht erzielt werde und somit die Einheitlichkeit der Sachentscheidungen sichergestellt sei.[35] Zudem werde die Streitigkeit durch unabhängige und unparteiliche Richter im Rahmen eines streng förmlichen und öffentlichen Verfahrens entschieden, dies sei zwingende Voraussetzung für eine Rechtskrafterstreckung auf Nichtverfahrensbeteiligte.[36] Im Hinblick auf diese spezifische verfahrensrechtliche Einbettung unterscheide sich die staatliche Gerichtsbarkeit von der Schiedsgerichtsbarkeit, die keine Entscheidung mit inter-omnes-Wirkung bewirken könne.[37] Schließlich fehle es an einem Pendant zu der ausdrücklichen Anordnung der Rechtskrafterstreckung gemäß §§ 248 Abs. 1 S. 1, 249 Abs. 1 S. 1 AktG analog in den Bestimmungen über das schiedsgerichtliche Verfahren.[38] Diese sehen in § 1055 ZPO vielmehr nur eine inter-partes-Wirkung des Schiedsspruchs vor.[39] Eine doppelt analoge Anwendung der §§ 248 Abs. 1 S. 1, 249 Abs. 1 S. 1 AktG auf das schiedsgerichtliche Verfahren zur Beilegung der Beschlussmängelstreitigkeit innerhalb der Gesellschaft mit beschränkter Haftung lehnte der Bundesgerichtshof ab.[40]

4. *Schiedsfähigkeit II*

Diese Auffassung korrigierte der II. Zivilsenat des Bundesgerichtshofs im Jahr 2009 in seiner Entscheidung Schiedsfähigkeit II, indem er die Schiedsfähigkeit von Beschlussmängelstreitigkeiten innerhalb der Gesellschaft mit beschränkter Haftung anerkannte, sofern das schiedsgerichtliche Verfahren bestimmte Voraussetzungen erfüllt, welche die Gleichwertigkeit mit der staatlichen Gerichtsbarkeit sicherstellen.[41] Diese Gleichwertigkeit zeichne sich durch die Gewährung von hinreichenden Mitwirkungsrechten und effektivem Rechtsschutz der betroffenen Gesellschafter aus.[42] Nur unter diesen Voraussetzungen sei es gerechtfertigt, dem Schiedsspruch die gleiche inter-omnes-Wirkung zukommen zu lassen, die §§ 248 Abs. 1 S. 1, 249 Abs. 1 S. 1 AktG analog ausdrücklich für Urteile eines staatlichen Gerichts vorsehen.[43] Erforderlich sei, dass die Schiedsklausel im Gesellschaftsvertrag rechtsstaatlichen Mindestvoraussetzungen genüge.[44] Dies sei unter Zugrundelegung der Vorschrift des § 138 Abs. 1 BGB zu beurteilen, die eine übermäßige Einschränkung der Gewährleistung effektiven Rechtsschutzes verbiete.[45] Das bedeute im Einzelnen, dass die

[34] BGH NJW 1996, 1753 (1755) – Schiedsfähigkeit I.
[35] BGH NJW 1996, 1753 (1755) – Schiedsfähigkeit I.
[36] BGH NJW 1996, 1753 (1755) – Schiedsfähigkeit I.
[37] BGH NJW 1996, 1753 (1755) – Schiedsfähigkeit I.
[38] BGH NJW 1996, 1753 (1755) – Schiedsfähigkeit I.
[39] BGH NJW 1996, 1753 (1755) – Schiedsfähigkeit I.
[40] BGH NJW 1996, 1753 (1755) – Schiedsfähigkeit I.
[41] BGH NJW 2009, 1962 Rn. 10 – Schiedsfähigkeit II.
[42] BGH NJW 2009, 1962 Rn. 10 – Schiedsfähigkeit II.
[43] BGH NJW 2009, 1962 Rn. 10 – Schiedsfähigkeit II.
[44] BGH NJW 2009, 1962 Rn. 10 – Schiedsfähigkeit II.
[45] BGH NJW 2009, 1962 Rn. 16ff. – Schiedsfähigkeit II.

Schiedsabrede mit Zustimmung aller Gesellschafter entweder in der Satzung oder außerhalb der Satzung getroffen werden muss (1.), jeder Gesellschafter über die Einleitung und den Stand des Schiedsverfahrens informiert werden muss, um so dem Verfahren als Nebenintervenient beizutreten (2.), alle Gesellschafter die Möglichkeit zur Mitwirkung an der Auswahl und Bestellung der Schiedsrichter erhalten müssen, sofern diese nicht durch eine neutrale Stelle erfolgt (3.) und schließlich die Konzentration aller denselben Streitgegenstand betreffenden Beschlussmängelstreitigkeiten bei einem Schiedsgericht sichergestellt sein muss (4.).[46] Dabei könne eine § 246 Abs. 3 S. 6 AktG entsprechende Verfahrenskonzentration nur durch eine ex ante Bestimmung einer neutralen Person oder Stelle oder durch Einfügung einer Sperrwirkung in Bezug auf spätere Anträge bei einem nur ex post bestimmten Schiedsgericht erreicht werden.[47] Nur unter Einhaltung dieser Voraussetzungen sei es möglich, Beschlussmängelstreitigkeiten innerhalb einer Gesellschaft mit beschränkter Haftung in einem schiedsgerichtlichen Verfahren beizulegen.[48]

Diese zur Schiedsfähigkeit von Beschlussmängelstreitigkeiten innerhalb der Gesellschaft mit beschränkter Haftung entwickelten Grundsätze könnten nicht ohne weiteres auf die Aktiengesellschaft übertragen werden, unabhängig davon, dass bei beiden Gesellschaftsformen das Anfechtungsmodell vorherrschend sei. Bei der Aktiengesellschaft sei zwischen satzungsmäßigen Schiedsklauseln und selbständigen Schiedsverträgen gemäß § 1029 ZPO zu unterscheiden.[49] Anders als im Recht der Gesellschaft mit beschränkter Haftung, welches sich gemäß § 45 Abs. 1 GmbHG durch Satzungsautonomie auszeichnet, gelte im Recht der Aktiengesellschaft gemäß § 23 Abs. 5 AktG der Grundsatz der Satzungsstrenge.[50] Nach § 23 Abs. 5 S. 1 AktG sei eine Abweichung von den Vorschriften des AktG durch die Satzung nur dann zulässig, wenn dies ausdrücklich zugelassen sei. Im Kontext der Schiedsfähigkeit von Beschlussmängelstreitigkeiten bedeute dies, dass § 23 Abs. 5 S. 1 AktG einer Abweichung von der ausschließlichen Zuständigkeit des Landgerichts am Sitz der Gesellschaft gemäß § 246 Abs. 3 S. 1 AktG entgegenstehe, sodass eine in der Satzung der Aktiengesellschaft enthaltene Schiedsklausel unzulässig sei.[51] Demgegenüber könne ein selbständiger Schiedsvertrag gemäß § 1029 ZPO zulässig sein, sofern dieser unter Mitwirkung aller Aktionäre zustande gekommen und die in der Entscheidung Schiedsfähigkeit II in Bezug auf die Gesellschaft mit beschränkter Haftung entwickelten Kriterien erfüllt seien.[52] In diesem Fall gelte die inter-omnes-Wirkung entsprechend §§ 248 Abs. 1 S. 1, 249 Abs. 1 S. 1 AktG auch

[46] BGH NJW 2009, 1962 Rn. 20 – Schiedsfähigkeit II.

[47] BGH NJW 2009, 1962 Rn. 25 – Schiedsfähigkeit II.

[48] BGH NJW 2009, 1962 Rn. 21 – Schiedsfähigkeit II.

[49] Schäfer in MüKoAktG, 5. Aufl. 2021, AktG § 246 Rn. 32.

[50] Altmeppen, 11. Aufl. 2023, GmbHG Anh. § 47 Rn. 131.

[51] Ehmann in Grigoleit, 2. Aufl. 2020, AktG § 246 Rn. 28; Englisch in Hölters/Weber, 4. Aufl. 2022, AktG § 246 Rn. 62; Koch, 17. Aufl. 2023, AktG § 246 Rn. 18; Schäfer in MüKoAktG, 5. Aufl. 2021, AktG § 246 Rn. 33; Vatter in BeckOGK, 1.10.2023, AktG § 246 Rn. 12; aA Borris NZG 2010, 481; wohl auch Bryant/Hagmann SchiedsVZ 2023, 332 (333f.).

[52] Bryant/Hagmann SchiedsVZ 2023, 332 (333); Englisch in Hölters/Weber, 4. Aufl. 2022, AktG § 246 Rn. 63; Koch, 17. Aufl. 2023, AktG § 246 Rn. 19; Schäfer in MüKoAktG, 5. Aufl. 2021, AktG § 246 Rn. 34; Vatter in BeckOGK, 1.10.2023, AktG § 246 Rn. 13.

für die schiedsgerichtliche Entscheidung.[53] Aus Praktikabilitätserwägungen wird dies aber allenfalls bei kleineren Aktiengesellschaften möglich sein.[54]

Praktische Erleichterungen bei der Gestaltung von Schiedsvereinbarungen im Einklang mit der Schiedsfähigkeitsrechtsprechung des Bundesgerichtshofs schaffen die DIS-ERGeS.[55] Die Vereinbarung der DIS-ERGeS stellt sicher, dass die zugrundeliegende Schiedsklausel den Anforderungen des Bundesgerichtshofs an die Schiedsfähigkeit von Beschlussmängelstreitigkeiten entspricht.[56] Nach § 1.1 der DIS-ERGeS gilt, dass letztere Anwendung finden,

> *„wenn die Parteien in der in oder außerhalb des Gesellschaftsvertrages getroffenen Schiedsvereinbarung auf sie Bezug genommen oder sich sonst auf ihre Anwendung geeinigt haben."*

Daraus könnte man schließen, dass es grundsätzlich einer separaten Einbeziehungsvereinbarung bedarf.

In schiedsfreundlicher Weise hat das Oberlandesgericht München nunmehr jedoch klargestellt, dass die DIS-ERGeS auch ohne ausdrückliche Bezugnahme Anwendung finden sollen, sofern in der Schiedsvereinbarung ein genereller Verweis auf die DIS-Schiedsgerichtordnung enthalten ist.[57] In dem konkreten Fall ging es um einen Antrag auf Feststellung der Zulässigkeit mehrerer Schiedsverfahren betreffend Beschlussmängelstreitigkeiten gemäß § 1032 Abs. 2 ZPO.[58] Die Grundlage der Schiedsverfahren bildete eine Schiedsklausel im Gesellschaftsvertrag einer Gesellschaft mit beschränkter Haftung.[59] Diese Schiedsklausel sah vor, dass für alle Streitigkeiten zwischen den Gesellschaftern untereinander sowie in ihrem Verhältnis zur Gesellschaft der ordentliche Rechtsweg ausgeschlossen sein und stattdessen ein Schiedsgericht nach der DIS-Schiedsgerichtsordnung abschließend über die Streitigkeit entscheiden solle.[60] Auf die DIS-ERGeS wurde in der Schiedsklausel nicht ausdrücklich verwiesen.[61] Dabei kam es für die Wirksamkeit der Schiedsklausel im Sinne ihrer Vereinbarkeit mit den in der Entscheidung Schiedsfähigkeit II formulierten Mindeststandards gerade auf die Einbeziehung der DIS-ERGeS an.[62] Zum Zwecke der Auslegung der streitgegenständlichen Schiedsklausel stellte das Oberlandesgericht München zunächst fest, dass die Schiedsklausel objektiv ausgelegt werden müsse.[63] Im konkreten Fall wurden in der Schiedsvereinbarung keine Musterklauseln der DIS verwendet, was ein weites Verständnis nahe-

---

[53] Englisch in Hölters/Weber, 4. Aufl. 2022, AktG § 246 Rn. 63; Koch, 17. Aufl. 2023, AktG § 246 Rn. 19; Schäfer in MüKoAktG, 5. Aufl. 2021, AktG § 246 Rn. 34; Vatter in BeckOGK, 1.10.2023, AktG § 246 Rn. 13.

[54] Englisch in Hölters/Weber, 4. Aufl. 2022, AktG § 246 Rn. 63; Vatter in BeckOGK, 1.10.2023, AktG § 246 Rn. 13.

[55] DIS Ergänzende Regeln für gesellschaftsrechtliche Streitigkeiten (DIS-ERGeS), Anlage 5 der 2018 DIS-Schiedsgerichtsordnung 2018.

[56] BayObLG SchiedsVZ 2023, 100 Rn. 64; LG Köln SchiedsVZ 2018, 275 Rn. 19ff.

[57] BayObLG SchiedsVZ 2023, 100 Rn. 56.

[58] BayObLG SchiedsVZ 2023, 100f.

[59] BayObLG SchiedsVZ 2023, 100f.

[60] BayObLG SchiedsVZ 2023, 100f.

[61] BayObLG SchiedsVZ 2023, 100f.

[62] So auch Lenz SchiedsVZ 2023, 106 (107).

[63] BayObLG SchiedsVZ 2023, 100 Rn. 58.

lege.[64] Der Wortlaut der Schiedsvereinbarung enthielt auch keine anderweitigen Anhaltspunkte, die auf einen Ausschluss der Anwendbarkeit der Anlagen der DIS-Schiedsgerichtsordnung hindeuten, zumal die DIS-ERGeS nach Art. 1.3 der DIS-Schiedsgerichtsordnung Bestandteil der letzteren und somit von dem allgemeinen Verweis auf die DIS-Schiedsgerichtsordnung mitumfasst seien.[65] Vielmehr deute der uneingeschränkte Wortlaut auf den Willen zu einer umfassenden schiedsgerichtlichen Kompetenz hin, sodass es aus Sicht eines objektiven Gesellschafters abwegig wäre, die DIS-ERGeS als integralen Bestandteil der DIS-Schiedsgerichtsordnung nicht miteinzubeziehen.[66]

Diese weite Auslegung des Oberlandesgerichts München kann wohl in ihrer Gesamtheit nicht auf jegliche Schiedsklauseln übertragen werden, ohne Rücksicht auf ihre Gestaltung im Einzelfall.[67] Eine automatische Einbeziehung der DIS-ERGeS mag vor dem Hintergrund der weit gefassten Schiedsklausel im konkreten Fall, die einen Ausschluss der staatlichen Gerichtsbarkeit für „alle Streitigkeiten" vorsah, vertretbar sein, kann aber nicht dazu führen, dass das grundsätzliche Regelungssystem der DIS-Schiedsgerichtsordnung und ihrer Anlagen unterlaufen wird.[68] Gemäß Art. 1.4 der DIS-Schiedsgerichtsordnung gelangen die DIS-ERGeS nämlich grundsätzlich nur dann zur Anwendung, wenn die Parteien dies vereinbart haben (Opt-in).[69] Darüber hinaus ist zu beachten, dass die DIS-Schiedsgerichtsordnung drei verschiedene Musterklauseln zur Verfügung stellt: Eine Musterklausel für die (ausschließliche) Anwendbarkeit der DIS-Schiedsgerichtsordnung (1.), eine Musterklausel für die Geltung der DIS-Schiedsgerichtsordnung sowie des beschleunigten Verfahrens (2.),[70] und schließlich eine Musterklausel für die Anwendbarkeit der DIS-Schiedsgerichtordnung inklusive der DIS-ERGeS (3.). Im konkreten Fall wurde keine der bestehenden Musterklauseln verwendet, sodass das Oberlandesgericht München unter Zugrundelegung des weiten Wortlauts uneingeschränkt davon ausgehen konnte, der Verweis auf die DIS-Schiedsgerichtsordnung umfasse auch die DIS-ERGeS.[71] In Fällen, in denen eine Musterklausel verwendet wird, ist indessen Vorsicht geboten, denn ginge man davon aus, dass die DIS-ERGeS bei jedem Verweis auf die DIS-Schiedsgerichtsordnung zur Anwendung kommen (wie beispielsweise in der Musterklausel zur Anwendbarkeit der DIS-Schiedsgerichtsordnung), würde dies die Existenz der speziell für solche Verfahren entworfenen Musterklausel in Frage stellen.[72] Insgesamt ist der schiedsfreundliche Ansatz des Oberlandesgerichts München jedoch zu begrüßen. Zur Vermeidung von Rechtsunsicherheit empfiehlt sich dennoch eine ausdrückliche Vereinbarung der Anwendbarkeit der DIS-ERGeS, sofern diese gewünscht ist.[73]

---

[64] BayObLG SchiedsVZ 2023, 100 Rn. 57.
[65] BayObLG SchiedsVZ 2023, 100 Rn. 57.
[66] BayObLG SchiedsVZ 2023, 100 Rn. 58.
[67] So auch Lenz SchiedsVZ 2023, 106 (107).
[68] So auch Lenz SchiedsVZ 2023, 106 (107).
[69] So auch Lenz SchiedsVZ 2023, 106 (107).
[70] Anlage 4 der 2018 DIS-Schiedsgerichtsordnung 2018.
[71] So auch Lenz SchiedsVZ 2023, 106 (107).
[72] So auch Lenz SchiedsVZ 2023, 106 (107).
[73] So auch Lenz SchiedsVZ 2023, 106 (108).

5. *Schiedsfähigkeit III*

Die sich aus der Entscheidung Schiedsfähigkeit II ergebenden Grundsätze übertrug der I. Zivilsenat des Bundesgerichtshofs in seiner Entscheidung Schiedsfähigkeit III im Jahr 2017 jedenfalls im Grundsatz auf Beschlussmängelstreitigkeiten in Personengesellschaften, „sofern bei diesen gegenüber Kapitalgesellschaften keine Abweichungen geboten sind.“[74] Dabei hat der Bundesgerichtshof jedoch dahinstehen lassen, wann und in welchem Umfang solche Abweichungen vorzunehmen sind. Im konkreten Fall ging es um eine GmbH & Co. KG.[75]

Diese Entscheidung wurde aufgrund der strukturellen Unterschiede zwischen dem Recht der Personengesellschaften und dem Recht der Kapitalgesellschaften weitgehend und zu Recht kritisiert.[76] Während bei Beschlussmängelstreitigkeiten innerhalb der Gesellschaft mit beschränkter Haftung das Anfechtungsmodell gilt und gemäß § 246 Abs. 2 S. 1 AktG analog die Anfechtungsklage gegen die Gesellschaft zu richten ist, bestand wie eingangs dargestellt (→ I. 1. c) eine solche Möglichkeit bei Personengesellschaften angesichts des dort geltenden Feststellungsmodells zum Zeitpunkt der Entscheidung nicht.[77] Beschlussmängel im Recht der Personengesellschaften hatten grundsätzlich die Nichtigkeit des Beschlusses zur Folge.[78] Den Gesellschaftern der Personengesellschaft blieb grundsätzlich einzig und allein der Weg über die nicht fristgebundene Feststellungsklage gemäß § 256 Abs. 1 ZPO gegen diejenigen Gesellschafter, die sich der Nichtigkeit des Beschlusses widersetzen, es sei denn, der Gesellschaftsvertrag sah ausnahmsweise eine Klage gegen die Gesellschaft vor.[79] Darüber hinaus fehlte im Recht der Personengesellschaften eine den §§ 248 Abs. 1 S. 1, 249 Abs. 1 S. 1 AktG analog entsprechende Regelung und somit eine Rechtskrafterstreckung auf Nichtverfahrensbeteiligte.[80] Die Urteilswirkung der Feststellungsklage erschöpfte sich in einer inter-partes-Wirkung für und gegen die Verfahrensbeteiligten.[81] Eine Absicherung der Rechtskrafterstreckung durch Anordnung einer Konzentration der Verfahren bei einem einzigen Gericht wie in § 246 Abs. 3 S. 6 AktG analog gab es im Recht der Personengesellschaften ebenfalls nicht, sodass die Gefahr einander widersprechender Entscheidungen bestand.[82] Schließlich unterlagen Beschlussmängelstreitigkeiten im Recht der Personengesellschaften auch keiner Klagefrist wie in § 246 Abs. 1 AktG analog und die Nichtigkeit des Beschlusses konnte vielmehr ohne zeitliche Grenzen

---

[74] BGH NZG 2017, 657 Rn. 26 – Schiedsfähigkeit III.

[75] BGH NZG 2017, 657 – Schiedsfähigkeit III.

[76] Glienke/Hohm SchiedsVZ 2022, 189 (190f.); Heinrich ZIP 2018, 411 (413ff.); Nolting ZIP 2017, 1641 (1642); Schlüter DZWIR 2018, 251 (254ff.); Schmidt ZPG 2023, 81 (88).

[77] Borris NZG 2017, 761 (764); Bryant/Hagmann SchiedsVZ 2023, 332 (333); Glienke/Hohm SchiedsVZ 2022, 189 (190f.); Mock SchiedsVZ 2022, 56 (57).

[78] Göz/Peitsmeyer SchiedsVZ 2018, 7 (9); Sackmann NZG 2016, 1041 (1042).

[79] Borris NZG 2017, 761 (764); Glienke/Hohm SchiedsVZ 2022, 189 (190f.); Heinrich ZIP 2018, 411 (413).

[80] Bryant SchiedsVZ 2017, 194 (196); Bryant/Hagmann SchiedsVZ 2023, 332 (333); Mock SchiedsVZ 2022, 56 (57).

[81] Bryant SchiedsVZ 2017, 194 (196); Heinrich ZIP 2018, 411 (412f.); Mock SchiedsVZ 2022, 56 (57).

[82] Göz/Peitsmeyer SchiedsVZ 2018, 7 (9).

gerügt werden, sodass man von einer geringeren Schutzbedürftigkeit der Gesellschafter einer Personengesellschaft gegenüber denjenigen einer Kapitalgesellschaft ausgehen konnte.[83]

6. *Schiedsfähigkeit IV*

Diese Kritik veranlasste den I. Zivilsenat des Bundesgerichtshofs schließlich im Jahr 2021 zur Korrektur im Rahmen seiner Entscheidung Schiedsfähigkeit IV. Auch in diesem Fall ging es um eine GmbH & Co. KG.[84] Der Bundesgerichtshof stellte klar, dass die in der Entscheidung Schiedsfähigkeit II aufgestellten Grundsätze nur auf solche Personengesellschaften Anwendung finden, „bei denen der Gesellschaftsvertrag vorsieht, dass Beschlussmängelstreitigkeiten nicht unter den Gesellschaftern, sondern mit der Gesellschaft auszutragen sind.“[85]

Der Bundesgerichtshof präzisierte die Entscheidung Schiedsfähigkeit III dahingehend, dass bei Personengesellschaften immer dann eine Abweichung von den Anforderungen an die Schiedsfähigkeit von Beschlussmängelstreitigkeiten in Kapitalgesellschaften geboten sei, wenn die Streitigkeit nach dem Gesellschaftsvertrag im Kreis der Gesellschafter erfolge.[86] Dies stelle den gesetzlichen Regelfall dar, denn sofern der Gesellschaftsvertrag nichts anderes vorsieht, gelte das Feststellungsmodell und die Gesellschafter der Personengesellschaft könnten die Nichtigkeit eines Gesellschaftsbeschlusses nur im Rahmen einer Feststellungsklage gegen die Mitgesellschafter gemäß § 256 Abs. 1 ZPO geltend machen.[87] In Ermangelung einer inter-omnes-Wirkung, seien dann nur diejenigen Gesellschafter an das Feststellungsurteil gebunden, die auch an dem Verfahren beteiligt waren, sodass es insoweit keiner Schutzmechanismen wie im Einzelnen in Schiedsfähigkeit II postuliert bedürfe.[88] Etwas anderes gelte indessen, wenn im Gesellschaftsvertrag das Anfechtungsmodell vereinbart wurde, dieser also vorsieht, dass Beschlussmängel durch eine Klage gegen die Gesellschaft geltend zu machen sind.[89] Auch ohne eine ausdrückliche gesetzliche Anordnung entsprechend §§ 248 Abs. 1 S. 1, 249 Abs. 1 S. 1 AktG, deren (analoger) Anwendungsbereich auf Kapitalgesellschaften beschränkt ist, seien die Gesellschafter in diesem Fall jedenfalls schuldrechtlich verpflichtet, die in der Beschlussmängelstreitigkeit gegen die Gesellschaft ergehende Entscheidung zu achten.[90] Dies gelte auch für einen Schiedsspruch, denn dieser habe gemäß § 1055 ZPO unter den Parteien die Wirkung eines rechtskräftigen gerichtlichen Urteils.[91] Diese Bindung an die gegenüber der Gesellschaft ergehende Entscheidung erfordere aus Gründen der Eindämmung der Gefahr einer Benachteiligung der Gesellschafter und der Gewährung notwendigen Rechtsschutzes wiederum ein Korrektiv

[83] Bryant SchiedsVZ 2017, 194 (196); Göz/Peitsmeyer SchiedsVZ 2018, 7 (9).
[84] BGH NZG 2022, 264 – Schiedsfähigkeit IV.
[85] BGH NZG 2022, 264 Rn. 14 – Schiedsfähigkeit IV.
[86] BGH NZG 2022, 264 Rn. 17 – Schiedsfähigkeit IV.
[87] BGH NZG 2022, 264 Rn. 17 – Schiedsfähigkeit IV.
[88] BGH NZG 2022, 264 Rn. 17 – Schiedsfähigkeit IV.
[89] BGH NZG 2022, 264 Rn. 18 ff. – Schiedsfähigkeit IV.
[90] BGH NZG 2022, 264 Rn. 19 – Schiedsfähigkeit IV.
[91] BGH NZG 2022, 264 Rn. 19 – Schiedsfähigkeit IV.

in Form von Mindeststandards wie denjenigen, die in der Entscheidung Schiedsfähigkeit II aufgestellt wurden.[92] Bloße Informationspflichten der Gesellschaft gegenüber den Gesellschaftern würden demgegenüber nicht ausreichen, denn diese würden weder eine Mitwirkung bei der Auswahl und Bestellung der Schiedsrichter, einen Verfahrensbeitritt als Nebenintervenient, noch eine Verfahrenskonzentration und somit eine Vermeidung widersprüchlicher Entscheidungen ermöglichen.[93] Der taugliche Klagegegner, also die Frage, ob die Klage gemäß dem Anfechtungsmodell gegen die Gesellschaft zu richten ist, sei durch Auslegung des Gesellschaftsvertrages gemäß §§ 133, 157 BGB zu ermitteln.[94] Indizielle Bedeutung käme dabei der Verwendung des Begriffs „Anfechtung" sowie der Vereinbarung einer Anfechtungsfrist zu.[95] Im Ergebnis nahm der Bundesgerichtshof an, dass die im konkreten Fall verwendete Schiedsklausel trotz wirksamer Vereinbarung des Anfechtungsmodells gemäß § 139 BGB – mangels Einhaltung der in der Entscheidung Schiedsfähigkeit II formulierten Mindeststandards – teilnichtig sei.[96] Die Nichtigkeitsfolge erstrecke sich danach ausschließlich auf die Zuweisung der Beschlussmängelstreitigkeiten zu den Schiedsgerichten.[97] Aufgrund des eindeutigen Willens der Vertragsschließenden bleibe es im Übrigen jedoch beim Ausschluss der staatlichen Gerichtsbarkeit.[98]

In der Gesamtbetrachtung stellt sich die Rechtslage nach der Entscheidung Schiedsfähigkeit IV folgendermaßen dar: Schiedsklauseln für Beschlussmängelstreitigkeiten in Kapital- und Personengesellschaften sind zulässig, wenn das Gesetz (bei den Kapitalgesellschaften) oder der Gesellschaftsvertrag (bei den Personengesellschaften) das Anfechtungsmodell vorsieht und die in der Entscheidung Schiedsfähigkeit II formulierten Mindeststandards, etwa durch Vereinbarung der DIS-ERGeS, gewährleistet sind.[99] Sie sind demgegenüber unwirksam, wenn das Feststellungsmodell vorherrschend ist, was vor dem Inkrafttreten des MoPeG den gesetzlichen Regelfall bei den Personengesellschaften darstellte.[100]

II. *Die Auswirkungen des MoPeG*

1. *Personenhandelsgesellschaften*

Was zum Zeitpunkt der Entscheidung Schiedsfähigkeit IV noch den Ausnahmefall darstellte und nur bei entsprechender Vereinbarung im Gesellschaftsvertrag galt, wird mit dem Inkrafttreten des MoPeG am 1.1.2024 jedenfalls für die Personen-

---

[92] BGH NZG 2022, 264 Rn. 19 – Schiedsfähigkeit IV.
[93] BGH NZG 2022, 264 Rn. 20 – Schiedsfähigkeit IV.
[94] BGH NZG 2022, 264 Rn. 22 – Schiedsfähigkeit IV.
[95] BGH NZG 2022, 264 Rn. 23 – Schiedsfähigkeit IV.
[96] BGH NZG 2022, 264 Rn. 30ff. – Schiedsfähigkeit IV.
[97] BGH NZG 2022, 264 Rn. 30ff. – Schiedsfähigkeit IV.
[98] BGH NZG 2022, 264 Rn. 30ff. – Schiedsfähigkeit IV.
[99] So auch Mock SchiedsVZ 2022, 56.
[100] So auch Mock SchiedsVZ 2022, 56.

handelsgesellschaften zum Regelfall.[101] Das Anfechtungsmodell gilt auch ohne gesellschaftsvertragliche Regelung, soweit es nicht abbedungen wurde.

Neben der Annäherung des Rechts der Gesellschaft bürgerlichen Rechts an das Recht der Personenhandelsgesellschaften als wesentliches Ziel der Novelle, verfolgt letztere auch das Anliegen, dem Reformbedarf im übrigen Personengesellschaftsrecht Rechnung zu tragen.[102] Die neu eingeführten §§ 110ff. HGB (in Verbindung mit § 161 Abs. 2 HGB) kodifizieren das Beschlussmängelrecht für die offene Handelsgesellschaft und die Kommanditgesellschaft und gleichen dieses an die aktienrechtlichen Vorschriften der §§ 241ff. AktG an.[103] Dabei sind die Vorschriften geprägt durch den Wandel vom bisweilen für die Personenhandelsgesellschaften geltenden Feststellungsmodell hin zum bisher nur bei den Kapitalgesellschaften vorherrschenden Anfechtungsmodell.[104] Was sich zum Zeitpunkt der Entscheidung Schiedsfähigkeit III noch als struktureller Unterschied zwischen Kapital- und Personenhandelsgesellschaft darstellte, zeigt sich nunmehr als Gemeinsamkeit, sodass die in der Entscheidung Schiedsfähigkeit III vorgenommene generalisierende Wertung im Hinblick auf die Personenhandelsgesellschaften nunmehr doch keiner Rechtfertigung mehr bedarf. In anderen Worten: „Das neue Recht schafft das Fundament für die alte Entscheidung."[105]

Was bedeutet dies im Einzelnen? Während den Gesellschaftern einer Personenhandelsgesellschaft nach altem Recht vorbehaltlich anderweitiger gesellschaftsvertraglicher Regelungen nur der Weg über die Feststellungsklage gegen die opponierenden Mitgesellschafter gemäß § 256 Abs. 1 ZPO zur Feststellung der Nichtigkeit von Gesellschaftsbeschlüssen offenstand (Feststellungsmodell), differenziert § 110 HGB nunmehr zwischen der Nichtigkeit (§§ 110 Abs. 2, 114 HGB) und der Anfechtbarkeit (§§ 110 Abs. 1, 111–113 HGB) von Gesellschaftsbeschlüssen (Anfechtungsmodell).[106] Das bedeutet, dass nur noch Verstöße gegen die Nichtigkeitsgründe in § 110 Abs. 2 Nr. 1 und Nr. 2 HGB zur Nichtigkeit des Gesellschaftsbeschlusses von Anfang an führen.[107] Sonstige Verstöße führen gemäß § 110 Abs. 1 HGB zur Anfechtbarkeit des Gesellschaftsbeschlusses, sodass die Gesellschafter den Mangel innerhalb der dreimonatigen Klagefrist des § 112 Abs. 1 S. 1 HGB geltend machen müssen, um die endgültige Wirksamkeit des Beschlusses zu verhindern.[108] Die Klage ist in jedem Fall gegen die Gesellschaft zu richten (§§ 113 Abs. 2 S. 1, 114 S. 1 HGB).[109] Dabei gilt es zu beachten, dass die §§ 110ff. HGB gemäß § 108

[101] Glienke/Hohm SchiedsVZ 2022, 189 (197); Schmidt ZPG 2023, 81 (88).

[102] Hermanns DNotZ 2022, 3f.

[103] Baumann/Wagner BB 2022, 963 (965); Bryant/Hagmann SchiedsVZ 2023, 332 (333); Lieder ZRP 2021, 34f.

[104] Klimke in BeckOK HGB, 40. Ed. 1.1.2024, HGB § 110 Rn. 2f.; Liebscher in Schäfer, Das neue Personengesellschaftsrecht, 2022, § 5 Rn. 169; Liebscher/Günthner ZIP 2022, 713 (718); Lieder ZRP 2021, 34 (35); Noack NZG 2020, 581 (583); Mock SchiedsVZ 2022, 56 (59); Otte/Dietlein in BeckOGK, 15.10.2022, HGB nF 2024 § 110 Rn. 2.

[105] Schmidt ZPG 2023, 81 (88).

[106] Baumann/Wagner BB 2022, 963 (965); Noack NZG 2020, 581 (583).

[107] Klimke in BeckOK HGB, 40. Ed. 1.1.2024, HGB § 110 Rn. 3.

[108] Klimke in BeckOK HGB, 40. Ed. 1.1.2024, HGB § 110 Rn. 3.

[109] Klimke in BeckOK HGB, 40. Ed. 1.1.2024, HGB § 113 Rn. 9f., § 114 Rn. 5; Otte/Dietlein in BeckOGK, 15.10.2022, HGB nF 2024 § 113 Rn. 19ff., § 114 Rn. 13.

HGB dispositiv sind, sodass es den Gesellschaftern der Personenhandelsgesellschaften frei steht anstelle des Anfechtungsmodells das Feststellungsmodell zu vereinbaren (Opt-Out).[110]

Nach der neuen gesetzlichen Konzeption, stellt die Klage gegen die Gesellschaft im Rahmen der Beschlussanfechtung nicht mehr den von einer gesellschaftsvertraglichen Bestimmung abhängigen Ausnahmefall dar, sondern wird nunmehr durch § 113 Abs. 2 S. 1 HGB vorgeschrieben.[111] Darüber hinaus sieht § 113 Abs. 6 HGB nun ebenfalls eine inter-omnes-Wirkung des der Anfechtungsklage stattgebenden Urteils für und gegen alle Gesellschafter unabhängig von ihrer Verfahrensbeteiligung vor und erzeugt so eine Parallele zu der Regelung des § 248 Abs. 1 S. 1 AktG.[112] Widersprüchliche Entscheidungen infolge der Gestaltungswirkung und Rechtskrafterstreckung des Urteils werden vermieden, indem – vergleichbar zu § 246 Abs. 3 S. 6 AktG – mehrere Anfechtungsprozesse gemäß § 113 Abs. 4 S. 2 HGB zur gleichzeitigen Verhandlung und Entscheidung verbunden werden.[113]

Insgesamt führt die Reform dazu, dass die durch die Entscheidung Schiedsfähigkeit III erfolgte grundsätzliche Anerkennung der Schiedsfähigkeit von Beschlussmängelstreitigkeiten in Personengesellschaften unter der Voraussetzung der Einhaltung der in der Entscheidung Schiedsfähigkeit II formulierten Mindeststandards, nun doch auf die Personenhandelsgesellschaften übertragen werden kann.[114] Personenhandelsgesellschaften betreffende Schiedsvereinbarungen, die vor dem Inkrafttreten des MoPeG noch wirksam waren, müssen seit dem 1.1.2024 nunmehr also plötzlich doch die in der Entscheidung Schiedsfähigkeit II postulierten Voraussetzungen erfüllen, um nicht ihre Nichtigkeit zu riskieren.[115] Für die Beratungspraxis ist es daher nunmehr notwendig und ratsam, bestehende Schiedsvereinbarungen, die Beschlussmängelstreitigkeiten in Personenhandelsgesellschaften umfassen, auf ihre Vereinbarkeit mit den in der Entscheidung Schiedsfähigkeit II aufgestellten Kriterien zu überprüfen und unter Umständen anzupassen, um die Schiedsfähigkeit von Beschlussmängelstreitigkeiten sicherzustellen.[116] Die DIS-ERGeS können bei dieser Anpassung herangezogen werden.[117]

---

[110] Baumann/Wagner BB 2022, 963 (965); Klimke in BeckOK HGB, 40. Ed. 1.1.2024, HGB § 110 Rn. 41; Mock SchiedsVZ 2022, 56 (59f.); Schmidt ZHR 2023, 107 (116).

[111] Baumann/Wagner BB 2022, 963 (965); Schmidt ZPG 2023, 81 (88).

[112] Baumann/Wagner BB 2022, 963 (965); Klimke in BeckOK HGB, 40. Ed. 1.1.2024, HGB § 113 Rn. 58.

[113] Klimke in BeckOK HGB, 40. Ed. 1.1.2024, HGB § 113 Rn. 48; Otte/Dietlein in BeckOGK, 15.10.2022, HGB nF 2024 § 113 Rn. 50.

[114] So auch Bryant/Hagmann SchiedsVZ 2023, 332 (333); Schmidt ZPG 2023, 81 (88).

[115] So auch Glienke/Hohm SchiedsVZ 2022, 189 (197f.); Liebscher/Günthner ZIP 2022, 713 (720).

[116] So auch Glienke/Hohm SchiedsVZ 2022, 189 (198); Schlüter DZWIR 2022, 605.

[117] Göz/Peitsmeyer SchiedsVZ 2018, 7 (13); Jobst ZIP 2022, 884 (889); Liebscher/Günthner ZIP 2022, 713 (720).

2. *Sonstige Personengesellschaften*

Für die rechtsfähige Gesellschaft bürgerlichen Rechts (§§ 706ff. BGB) und die Partnerschaftsgesellschaft (§§ 1ff. PartGG) bleibt es in Ermangelung einer gesetzlichen Regelung, die den §§ 110ff. HGB entspricht, dabei, dass Beschlussmängelstreitigkeiten nur dann vor Schiedsgerichten verhandelt werden können, wenn im Gesellschaftsvertrag das Anfechtungsmodell vereinbart worden ist.[118] Ohne eine solche Vereinbarung bleibt es für diese Gesellschaften beim Feststellungsmodell, welches aufgrund der fehlenden Passivlegitimation der Gesellschaft und in Ermangelung einer inter-omnes-Wirkung des Urteils für und gegen alle Gesellschafter, die Annahme der Schiedsfähigkeit von Beschlussmängelstreitigkeiten nicht zulässt.[119]

Die nicht-rechtsfähige Gesellschaft bürgerlichen Rechts (§§ 740ff. BGB) ist demgegenüber nicht prozessfähig gemäß § 51 Abs. 1 ZPO, sodass eine gesellschaftsvertragliche Festlegung des Anfechtungsmodells und somit die Wirksamkeit von Schiedsvereinbarungen für Beschlussmängelstreitigkeiten von vornherein ausscheidet.[120]

Insgesamt entsteht so ein Ungleichgewicht zwischen der Rechtslage bei den Personenhandelsgesellschaften und derjenigen bei den sonstigen Personengesellschaften. Aus kautelarjuristischer Sicht ist es deshalb empfehlenswert, dass die Gesellschafter von rechtsfähigen Gesellschaften bürgerlichen Rechts und von Partnerschaftsgesellschaften die Passivlegitimation der Gesellschaft im Falle von Beschlussmängelstreitigkeiten im Gesellschaftsvertrag festlegen, um ebenfalls die Streitbeilegung durch Schiedsgerichte zu ermöglichen und somit eine Rechtslage herbeizuführen, die derjenigen bei den Personenhandelsgesellschaften entspricht.[121]

III. *Zu erwägende Gestaltungsoptionen*

Zusammenfassend ergibt sich somit nunmehr auf der Grundlage des MoPeG folgender Regelungsbedarf bzw. Gestaltungsspielraum:

Bei Personenhandelsgesellschaften, für die nunmehr grundsätzlich das Anfechtungsmodell gilt, ist zu prüfen, ob aufgrund der besonderen Umstände ein Opt-Out und damit eine Rückkehr zum Feststellungsmodell in Betracht kommt. Im Übrigen ist in den Fällen, in denen ein Opt-Out nicht vorgesehen ist, zu prüfen, ob die in der Entscheidung Schiedsfähigkeit II postulierten besonderen Erfordernisse für die schiedsgerichtliche Streitbeilegung erfüllt sind.

---

[118] Jobst ZIP 2022, 884 (888); Liebscher in Schäfer, Das neue Personengesellschaftsrecht, 2022, § 5 Rn. 169f.; Liebscher/Günthner ZIP 2022, 713 (719); Mock SchiedsVZ 2022, 56 (60f.); Schmidt ZPG 2023, 81 (88).

[119] Baumann/Wagner BB 2022, 963 (965).

[120] Mock SchiedsVZ 2022, 56 (61).

[121] So auch Schmidt ZPG 2023, 81 (88).

Für sonstige Personengesellschaften (also die rechtsfähige Gesellschaft bürgerlichen Rechts und die Partnerschaftsgesellschaft) ist zu erwägen, ob im Gesellschaftsvertrag das Anfechtungsmodell unter Beachtung der Erfordernisse aus Schiedsfähigkeit II vereinbart werden soll, da ansonsten das Feststellungsmodell gilt.

Bei nicht-rechtsfähigen Gesellschaften bürgerlichen Rechts gibt es keinen Gestaltungsspielraum. Es bleibt daher in jedem Fall beim Feststellungsmodell.

NORBERT FRENZ

Zur Entwicklung des Notariats – Versuch eines Resümees

I. Ausgangspunkte

Heribert Heckschen war zur etwa gleichen Zeit Notarassessor der Rheinischen Notarkammer wie ich. Er war schon als Notarassessor herausragend. Ich erinnere mich, wie beeindruckt ich war von seinem Referat vor den Kammermitgliedern, das für jeden Notarassessor obligatorisch war (und ist). Wenn ich mich nicht täusche, ging es um die Rechtsprechung zum damaligen Umwandlungsrecht.

Noch beeindruckter war ich von seiner Entscheidung, gemeinsam mit seinem Assessorenkollegen van de Loo das bequeme Rheinland zu verlassen und 1990 ein Notariat in Dresden aufzubauen. Dazu gehörte erheblicher Mut und auch ein Maß an Fähigkeiten, mit völlig neuen Sachverhalten umzugehen, das ich mir selbst nicht zugetraut hätte.

Tatsächlich hat er nicht nur den Aufbau des Notariats glänzend bewältigt, sondern er ist in der Folgezeit durch sein umfangreiches Wirken, insbesondere im Bereich des Gesellschaftsrechts, in die Fußstapfen von Hans Joachim Priester getreten, den Altmeister des Gesellschaftsrechts, nicht nur für Notare. Dabei hat er wie auch Priester immer den persönlichen Kontakt mit Wissenschaftlern, Richtern und Angehörigen anderer Berufe und die (durchaus auch freundschaftlichen) Auseinandersetzungen mit ihnen gepflegt. Er hat aber darüber hinaus in unzähligen Veranstaltungen als glänzender Redner mit großem Geschick seinen Berufskollegen das Gesellschaftsrecht wieder und wieder nahegebracht. Schon dafür gebührt ihm größter Dank.

Ich habe lange überlegt, welches Thema ich für diese Festschrift zu seinen Ehren wählen sollte, bis mir einfiel, dass wir eigentlich beide durch die Wiedervereinigung besonders geprägt sind, er als Jungnotar in Dresden seit 1990 und ich, weil ich 1991 in die Geschäftsführung der BNotK berufen wurde, die nicht zuletzt auch die Aufgabe hatte, das Wiedervereinigungsrecht intensiv zu begleiten.

Die meisten nachfolgend angesprochenen Themen haben daher ihren eigentlichen Grund in dieser sehr intensiv erlebten Zeit. Da Heribert Heckschen seit jeher auch eine berufspolitische Größe ist, passt der Text hoffentlich auch in seine Festschrift.

Die Zeit vor der Wiedervereinigung war geruhsam. Es gab zwei Kommentare zur BNotO, seit kurzem das Münchener Vertragshandbuch, den Kersting-Bühling, zum Teil noch die großen Formularkommentare des Heymanns-Verlags, die aber im Notariat wenig verbreitet waren. Notarhandbücher gab es keine mit Ausnahme eines Anleitungsbuches, das vor allem von Reithmann geprägt war. Auch zum Beurkundungsrecht gab es gerade einmal zwei Kommentare, von denen der eine zwar grundlegend, aber einige Jahre alt war. Die Rheinische Notarkammer hatte ihren Mitgliedern zwei Musterkaufverträge zur Verfügung gestellt (einmal mit Hinterlegung und einmal ohne Hinterlegung). Modern waren Handbücher mit unkommentierten Textbausteinen in unterschiedlicher Tiefe, die in einem „Schreibcomputer" gespeichert und nach Diktatvorgabe oder sonstiger Anweisung verwendet wurden.

Eine Gruppe von Notaren der Rheinischen Notarkammer legte zu den Standesrichtlinien einen Formulierungsvorschlag vor, in dem auf Pflichtbezeichnungen verzichtet wurde. Es hieß nicht mehr: „Der Notar muss oder soll dies oder jenes tun", sondern: „Der Notar tut dies oder jenes". Die Autoren hielten dies für modern, der Vorstand der Rheinischen Notarkammer behielt die Nerven. Das Papier hatte keine Chancen.

Berufspolitische oder berufsrechtliche Diskussionen innerhalb des Standes fanden nicht statt. Alle vier Jahre gab es einen Notartag, zu dem auch Rechtswissenschaftler und gelegentlich Richter eingeladen wurden. Ansonsten gab es Verbindungen zur Wissenschaft und zur Richterschaft nur aufgrund persönlicher Beziehungen einzelner Notare, etwa durch die gemeinsame Bearbeitung von Kommentaren. Alle paar Jahre traf sich das Präsidium der BNotK mit einer Gruppe von BGH-Richtern in Bad Herrenalb zu einem Meinungsaustausch, bei dem von Seiten der Präsidiumsmitglieder Kurzreferate gehalten wurde. Irgendwann empfand man das Niveau dieser Referate als unbefriedigend, die Treffen wurden eingestellt und auch nicht durch ein anderes Format ersetzt.

Es gab immerhin kammerübergreifende Kooperationen, so schon 1981 – zur Vermeidung einer Staatshaftung (vgl. § 19 Abs. 1 S. 4 BNotO) – den Vertrauensschadensfonds der 1987 unter Aufstockung des Vermögens zum erweiterten Vertrauensfonds wurde. Es gab außerdem seit 1983 das im DAI eingerichtete Fachinstitut für Notare, mit dem die BNotK die Fortbildung der Notare betrieb, vor allem aber die Ausbildung angehender Anwaltsnotare. Zu nennen sind als Kammerorganisation schließlich auch die von einzelnen Kammern für ihre Mitglieder eingerichteten Versorgungswerke.

II. Fortbildung und Belehrungspflichten

Die geschilderte Beschaulichkeit fand ihr Ende mit der Wiedervereinigung. Ein Grund war, dass das Notariat im Beitrittsgebiet kurzfristig in die Lage versetzt werden musste, den völlig veränderten Verhältnissen personell und strukturell gerecht zu werden. Dies erforderte unter anderem Fortbildungen im Beitrittsgebiet wie im alten Teil der Republik über das weiter geltende „alte" Recht, das neue Recht und zudem das Wiedervereinigungsrecht. Die Bewältigung dieser Aufgabe erforderte die Mitwirkung zahlreicher Kollegen. Sie war auch deshalb nicht einfach, weil das Wiedervereinigungsrecht selbst einem ständigen Wandel unterworfen war, nicht weil die zunächst verabschiedeten Regelungen schlecht waren, sondern weil dem Gesetzgeber in vielen Fällen das Tatsachenwissen fehlte und neue Erkenntnisse leicht einmal kurz vorher verabschiedete Regelungen als verbesserungsbedürftig erscheinen ließen. Der Gesetzgeber war in nie gekanntem Maße gefordert, die BNotK, die diese Gesetzgebung intensiv und in enger Abstimmung mit den Kammern und dem Bundesjustizministerium begleitete, ebenso. Bei der Vermittlung der sich ständig ändernden Rechtsmaterie war es – neben den herausragenden Leistungen der Notarvereine – das unter der Leitung von Jerschke stehende Fachinstitut für Notare, das eine zentrale Rolle übernahm und in ganz Deutschland entsprechende Fortbildungen anbot. Legendär ist eine Veranstaltung in Berlin mit Andreas Albrecht, damals Notarassessor bei der Landesnotarkammer Bayern, mit mehr als 1.000 Zuhörern.

Die Erfahrungen, die dabei gemacht wurden, waren die Grundlage für alle späteren erfolgreichen großen Kampagnen des Fachinstituts, ohne die das Notariat die zahlreichen Neuentwicklungen der Folgezeit – zB das Umwandlungsrecht, das Sachenrechtsbereinigungsrecht, die Schuldrechtsreform, das elektronische Handelsregister, das Vorsorge- und das Testamentsregister, das GNotKG, das Urkundenverzeichnis und die Online-Beurkundung – nicht hätte bewältigen können. Die Mitarbeit der Kammern an Gesetzen ist das eine, dafür Sorge zu tragen, dass Neuregelungen in kürzester Zeit jeder einzelnen Notarin und jedem einzelnen Notar vermittelt werden, und zwar so, dass sie auch sofort umgesetzt werden können, ist etwas völlig anderes. Möglich ist dies nur durch die beeindruckende Bereitschaft vieler Kollegen, an solchen Fortbildungen zu referieren, und ein absolut professionelles Management, wie es beim DAI besteht, bei weitem nicht nur für Notare, aber eben besonders effizient für den Bereich des Notariats. Die Notarkammern als Mitglieder des DAI stellen auf diese Weise sicher, dass ihre Kammerangehörigen den ihnen obliegenden Pflichten nachkommen können. Sie erreichen aber auch, das berufsinterne Erneuerungen, wie etwa das Urkundenverzeichnis, erfolgreich umgesetzt werden können.

Die Fortbildungspflicht ist in § 14 Abs. 6 BNotO statuiert, aber nicht sanktioniert, was ich immer bedauert habe. Allein das Haftungsrisiko als Sanktion erscheint mir nicht wirklich als ausreichend. Fortbildungsverhalten jedenfalls bei der Beurteilung der fachlichen Eignung in Konkurrenzbewerbungen einzubeziehen, ist meines Erachtens das Mindeste.

Bei der Gründung des DNotI gab es zunächst die Überlegung – auch von mir – die notarielle Aus- und Fortbildung aus dem DAI in das neu entstehende DNotI zu verlagern. Diese Überlegung ist nicht umgesetzt worden, was sich im Nachhinein auch als völlig richtig erwiesen hat.

III. Zur Rolle der Kammern

Die Geschichte des DNotI aus BNotK-Sicht habe ich an anderer Stelle dargestellt[1] und will das dort Gesagte hier nicht wiederholen. Vossius hat in einer bemerkenswerten Rede zum 30. Geburtstag des DNotI ausführlich dargestellt, dass es

---

[1] FS 25 Jahre DNotI, 2018, 1 ff.

eine Idee bayrischer Notarassessoren war, ein Notarinstitut in Anlehnung an die französischen Cridons zu gründen. Die Verdienste dieser bayrischen Ideengeber (vor allem Schervier und Kössinger) können in der Tat nicht hoch genug eingeschätzt werden. Aber: Sie wollten unbedingt ein bayrisches Institut (vielleicht noch mit der Pfalz), kein deutsches.

Diese Zielsetzung war auch verständlich, wenn man sich die damalige berufspolitische Situation vor Augen hält: Es herrschte „Krieg" zwischen den Anwaltsnotaren und den Nurnotaren. Die Anwaltsnotare waren empört, weil die Nurnotare es in letzter Minute erreicht hatten, dass das Nurnotariat im Beitrittsgebiet eingeführt wurde, und die Nurnotare fürchteten durch die damals neu entstehenden überörtlichen und transnationalen Anwaltssozietäten und neuen Verbindungsmöglichkeiten mit anderen Berufen förmlich erdrückt zu werden: Auf der Seite der Nurnotare Strukturen, die vor allem durch Einzelämter und – außer in Hamburg – höchstens Zweier-Sozietäten geprägt waren, und auf der anderen Seite große überörtliche oder transnationale Sozietäten, die eine One-Shop-Leistung anbieten wollten. Bei dieser Ausgangslage den einzelnen Nurnotaren Unterstützung durch einen wissenschaftlichen Beratungsdienst anzubieten, war eine glänzende Idee, und damit in der eigenen (bayrischen) Standesorganisation durchzudringen, bemerkenswert.

Betrieben wurde das Vorhaben an der Geschäftsstelle der BNotK vorbei. Sie wurde weder informiert noch konsultiert. Der damalige Hauptgeschäftsführer Pützer und auch ich erfuhren eher zufällig von dem Projekt. Wir fanden die Idee gut, wollten aber ein deutsches Institut für alle Nurnotare in allen Kammern und auch für alle Anwaltsnotare, denn die Strukturen im Anwaltsnotariat waren (und sind) keineswegs ausschließlich von Großsozietäten geprägt, sondern weit mehr von sehr viel kleineren Einheiten. Es war im Übrigen unsere Überzeugung, dass das Notariat nicht durch einzelne herausragend qualifizierte Berufsangehörige in München, Hamburg oder Köln überleben würde, sondern nur dann, wenn es ebenso in der Fläche hervorragende Leistungen anbieten konnte. Um dies zu erreichen, war ein nationales Institut zwingend. Dass er es geschafft hat, die bayrischen Kollegen hiervon zu überzeugen – unvergessen das Verdikt von Schippel, dem damaligen Präsidenten der BNotK, zugleich Präsident der bayrischen Landesnotarkammer: „Das schaffen Sie nie!" – bleibt das große Verdienst von Pützer, dem es gelang, auch zunächst hartnäckig sich sträubende bayerische Kollegen für das geänderte Modell zu gewinnen.

Die anschließende Durchsetzung auf nationaler Ebene war ebenfalls kein Selbstläufer, stand aber immer unter der (durchaus hilfreichen) bayrischen Drohung, wenn es auf der BNotK-Ebene scheitere, werde es postwendend in Bayern umgesetzt. Es scheiterte aber nicht. Zwischen der ersten Beschlussfassung im Präsidium der BNotK und dem Beschluss der Vertreterversammlung im Herbst 1992 zur Errichtung lag weniger als ein Jahr. Wenige Monate später nahm es seine Arbeit auf.

Ich habe mich immer gefragt, warum ein solch völlig neues Projekt in so kurzer Zeit realisiert werden konnte, obwohl „Krieg" zwischen den Berufsformen herrschte und nebenher auch noch eine sehr strittige Berufsrechtsreform lief. Natürlich lag es an der Überzeugungskraft der Idee, vielleicht auch an den taktisch nicht völlig misslungenen Anreizen für die Kammern, sich dem Projekt anzuschließen. Im Nachhinein glaube ich aber, dass der Erfolg vor allem etwas mit dem Ende der Beschaulichkeit zu tun hat: Wenn eine Wiedervereinigung möglich war, dann war alles möglich und erst recht die Gründung eines Deutschen Notarinstituts.

Ich habe für mich aus dem Projekt DNotI vor allem drei Lehren gezogen:

1. Zum einen müssen die Notare, alle Notare, durch Kammerstrukturen und -organisationen unterstützt werden. Die Dringlichkeit dieser Aufgabe hat gegenüber 1992 nur zugenommen. Ich hätte mir schon früher eine Deutsche Notartreuhandbank[2] vorstellen können oder eine betriebswirtschaftliche Beratungsstelle. Heute scheint es mir unabdingbar, den einzelnen Berufsangehörigen im technischen Bereich effektive Hilfestellung anzubieten und erst recht bei allen Geldwäscheregelungen, etwa nach dem Vorbild des spanischen Notariats. Dies umzusetzen, sollte nicht an beschränkten Kapazitäten oder der Höhe der aufzubringenden Geldmittel scheitern. Kapazitäten schlummern immer im notariellen Berufsstand und die finanziellen Mittel sind bei einer Kammerlösung sehr viel geringer als die Aufwendungen, die jeder einzelne durch Einsetzung entsprechenden Personals oder technischer Hilfsmittel aufzubringen hat. Von der Effektivität ganz zu schweigen.
2. Zum anderen hatte die Gründungsgeschichte des DNotI gezeigt, dass Insellösungen einzelner Kammern nicht helfen. Ein so kleiner Berufsstand wie der der Notare ist nur erfolgreich, wenn gemeinsame, allen Berufsangehörigen offenstehende Lösungen geschaffen werden.
3. Und schließlich: Der standesinterne Diskurs ist oftmals nicht einfach, manchmal wirklich nervig und gelegentlich außerordentlich langsam – aber er lohnt sich. Natürlich ist für einen erfolgreichen Abschluss immer auch ein glückliches Zeitfenster erforderlich, in dem engagierte Personen ein Projekt zu ihrem eigenen machen. Die gilt etwa für das Urkundenverzeichnis, dem quälend lange Diskussionen über Jahre vorausgegangen sind. Das jüngste Beispiel ist das Vorhaben, eine einheitliche Prüfungsordnung für Notariatsangestellte in ganz Deutschland zu schaffen und ihnen einen universitären Abschluss zu ermöglichen. Die entsprechenden ausformulierten Vorschläge lagen seit Jahren auf dem Tisch, wurden aber nicht weiterverfolgt, weil eine (vielleicht auch noch eine andere) Kammer dies nicht wollte oder für unerheblich erachtete. Erst ein Wechsel im Bereich der Kammerleitung und das Engagement der aktuellen Geschäftsführung der BNotK haben dazu geführt, das Projekt in das erforderliche Abstimmungsverfahren mit dem zuständigen Ministerium und den Sozialpartnern einzubringen und für ein Studium mit einer Hochschule ein geeignetes Angebot zu schaffen – Jahre später zwar, aber wichtiger ist, dass es tatsächlich zum Abschluss gebracht wurde.

---

[2] Vgl. die Darstellung zur österreichischen Notartreuhandbank von Woschnatz ZNotP 1997, 24ff.

IV. Technik und Pistole

Grundbuch und sonstige Register hatten zu DDR-Zeiten naturgemäß nicht die Bedeutung, wie sie ihnen in einer privatwirtschaftlichen Rechtsordnung zukamen. Das BMJ stellte daher nach der Wiedervereinigung die ernsthafte Überlegung an, ob die Wiederbelebung der Register überhaupt möglich war oder die Einführung eines Versicherungssystems wie in den USA die bessere Lösung darstellen könnte. Schmidt-Räntsch wurde vom BMJ in die USA geschickt und kam erfreulicherweise zu dem Ergebnis, dass das deutsche System zu bevorzugen war.

Im Sommer 1992 wurde die BNotK-Geschäftsführung von Schmidt-Räntsch gebeten, einen Vertreter zu einer Besprechung ins BMJ zu entsenden. Worum es ging, wurde nicht gesagt. Beteiligt an dieser Besprechung waren neben Schmidt-Räntsch ein Richter des BayObLG, der Leiter der IT-Abteilung im bayrischen Justizministerium und der frühere Leiter dieser IT-Abteilung, der nunmehr – nach meiner Erinnerung als Pensionär – Leiter der IT-Abteilung in Sachsen geworden war.

Es ging bei der Besprechung darum, die Möglichkeit einer vollelektronischen Registerführung zu schaffen und damit den Rückstand der Register in den früheren DDR-Gebieten durch neue Technologie wettzumachen. Es hatte in der Vergangenheit, vor der Wiedervereinigung, bereits einmal einen Versuch gegeben, der aber durch einen Notar, der als Autor von Textbausteinen einen Namen hatte, unter Hinweis auf alle möglichen technischen Risiken hintertrieben worden war. Zum Zeitpunkt der Besprechung saß der betreffende Kollege in Haft, nicht wegen seiner früheren Störmanöver, sondern wegen Vermögensdelikten. Gleichwohl wollte man vor dem Start eines neuen Versuchs sich der Unterstützung der BNotK versichern.

Kurz vorher war bekannt geworden, dass beim Grundbuchamt in München jemand versucht hatte, das Grundbuch durch Austausch von Papieren zu fälschen. Für mich war dieser Fall immer das Lehrbeispiel dafür, dass man bei neuen Techniken sehr schnell alle möglichen Risiken in den Blick nimmt, aber gleichzeitig offenbare Risiken der bisherigen Handhabung völlig ausblendet.

Aus dieser Besprechung heraus entstanden zwei Bund-Länder-Arbeitskreise, an denen die BNotK als alleiniger Dritter beteiligt war. Der eine Arbeitskreis erarbeitete die gesetzlichen Grundlagen für das dann so genannte Registerverfahrensbeschleunigungsgesetz (RegVBG) und gleichzeitig erarbeitete der zweite Arbeitskreis das Pflichtenheft für die spätere Umsetzung. Ziemlich genau ein Jahr nach der ersten Sitzung, nämlich am 20.12.1993 stand das Gesetz im Bundesgesetzblatt und die Arbeiten an dem Pflichtenheft waren abgeschlossen.[3] Die Grundlagen für eine voll elektronische Registerführung waren damit geschaffen. Möglich wurde dies nur durch den enormen Einsatz von Schmidt-Räntsch und den IT-Abteilungsleitern. Die BNotK hatte sich nicht verweigert, sondern mitgearbeitet und konnte daher auch die ihr wichtigen Punkte einbringen.

[3] Hierzu Frenz DNotZ 1994, 153ff.

Auf der Kammerversammlung der Rheinischen Notarkammer 2015, die auch aus anderen Gründen noch lebhaft in Erinnerung ist, gab es den Gastvortrag eines Kollegen aus einer anderen Kammer zu kommenden technischen Entwicklungen im Notariat. Der Kollege galt als technisch herausragend beschlagen. Der Vorstand wollte die Kammermitglieder aus berufenem Munde auf Zukünftiges hinweisen (und auch einen zusätzlichen Anreiz für den Besuch der Kammerversammlung schaffen).

In Erinnerung geblieben ist von diesem Vortrag die Feststellung des Vortragenden, er könne sich eine Online-Beurkundung nicht vorstellen, da man es als Notar bei einer solchen Online-Beurkundung ja nie ausschließen könne, dass neben dem auf dem Bildschirm zu sehenden Beteiligten eine nicht zu sehende Person mit einer Pistole in der Hand auf den Beteiligten ziele.

Der Vortragende hat heute seine Meinung sicherlich geändert. Damals war es ein – im wahrsten Sinne – Totschlagsargument. Es erinnerte mich an den früheren, später einsitzenden Hintertreiber und war natürlich auch völlig unsinnig, weil auch bei der Präsenzbeurkundung der Notar keine Personenkontrolle durchführt, um Pistolen etc. ausfindig zu machen. Im Übrigen gab es damals bereits eine kleine Gruppe von Notaren („Elisenhofgruppe"), die ohne Denkverbote Möglichkeiten und Risiken solcher Beurkundungstechniken diskutierte. Deren Überlegungen haben vielleicht auch dazu beigetragen, dass dem späteren Wunsch der Kommission nach Einführung entsprechender Möglichkeiten im Gesellschaftsrecht offener begegnet wurde. Letztlich haben sicher die Erfahrungen in Coronazeiten den einen oder anderen Vorbehalt wegfallen lassen, vielleicht wird die Routine mit den neugeschaffenen Möglichkeiten dazu führen, den Anwendungsbereich angemessen auszuweiten und die Verfahren zu erleichtern.

In der Zivilprozessordnung (§ 128a ZPO) wurde die Möglichkeit einer Online-Verhandlung bereits zum 1.1.2002 eingeführt, entsprechendes gilt für andere Verfahrensordnungen. Bis vor einiger Zeit konnte ich auf keinen Kollegen treffen, der diese Vorschriften kannte. Für mich war nie einzusehen, warum in der streitigen Gerichtsbarkeit zwar Online-Verfahren möglich sein sollten, im Bereich der freiwilligen Gerichtsbarkeit oder jedenfalls Teilen davon aber prinzipiell nicht.

V. Regelungsdichte und Regelungswüste

Die Vertreterversammlung im Herbst 1993, die die Gründung des DNotI beschloss, verabschiedete auch Vorschläge für die vom BMJ initiierte Berufsrechtsreform. Eine der Aufgaben der Berufsrechtsreform war die demokratische Legitimation der Standesrichtlinien. Im anwaltlichen Berufsrecht hatte dies zur Statuierung der kammerunabhängigen Satzungsversammlung geführt. Fraglich war, welche Lösung für die BNotK umgesetzt werden sollte. Bei der BNotK waren die Standesrichtlinien bisher von der Vertreterversammlung beschlossen worden. Daneben gab es noch einige zusätzliche Richtlinien einzelner Kammern. Die Einsetzung einer notariellen Satzungsversammlung zur demokratischen Legitimation der BNotK-Richtlinien wäre natürlich möglich gewesen. Fraglich war aber die Festlegung des Stimmrechts. Sollte jeder Anwaltsnotar das gleiche Stimmrecht haben wie ein Nurnotar? Sollte auf Urkundszahlen abgestellt werden oder gar auf den Schlüssel, den man für die Beiträge zum Vertrauensschadensfonds gefunden hatte? Bohrer, der vor Pützer Geschäftsführer der BNotK war, hielt das Problem für unlösbar.

Allerdings sollten einige der bisherigen Standesrichtlinien nach dem Willen des BMJ im Gesetz selbst geregelt werden (unter dem Abschnitt sonstige Amtspflichten, §§ 25 ff. BNotO). Andere Richtlinien sollten nach den Vorstellungen des Präsidiums wegfallen. Wenn man dies umsetzte, blieben zwei oder drei Richtlinien über. Daher war es nicht fernliegend zu hinterfragen, ob man tatsächlich eine Satzungsversammlung benötigte und sich damit das kaum lösbare Problem des Stimmrechts einkaufte.

Die Geschäftsführung entwickelte das Konzept, die Zuständigkeit der BNotK für Standesrichtlinien auf eine Kompetenz zur Richtlinienempfehlung zurückzuschneiden, wobei die Empfehlungen erst durch Übernahme durch die einzelnen Kammern verpflichtende Wirkung entfalteten. Bei den einzelnen Kammern gab es bereits nur einheitlich geregeltes Stimmrecht und damit auch kein Demokratiedefizit. Außerdem war in dem Vorschlag der Geschäftsführung vorgesehen, dass die Richtlinien als Satzung beschlossen werden und damit der Genehmigung durch die jeweilige Justizverwaltung bedurften.

Der Präsidentenkonferenz in München wurde ein entsprechender Vorschlag vorgelegt, verbunden mit einem Papier der bislang bestehenden Richtlinien, in dem die wegfallenden und die verbleibenden Richtlinien markiert waren. Beides überzeugte. Der Vorschlag wurde praktisch ohne Diskussion angenommen. Schippel schloss den Punkt der Beratung mit der Bewertung ab, Standesrichtlinien hätten bei Anwälten („freie Advokatur") eine andere Bedeutung als für die durch Gesetze stark regulierte Tätigkeit des Notars.

Schippel hatte natürlich recht und irrte doch gewaltig. Die Berufsrechtsreform konnte erst in der folgenden Legislaturperiode verabschiedet werden. Unmittelbar danach wurden den Kammern Vorschläge zu Richtlinien vorgelegt, die kammerintern diskutiert werden sollten. Aus den ursprünglich zwei oder drei verbleibenden Richtlinien war ein ganzes Paket geworden, weil man auf einmal auch alle möglichen Handlungsempfehlungen aus BNotK – Rundschreiben etc. zu Richtlinien erheben wollte. Der Vorstand der Rheinischen Kammer hatte ernstlich vor, in einer Richtlinie allgemein den Anschein der Verletzung von berufsrechtlichen Pflichten verbieten zu wollen. Nur der Hinweis, dass damit wegen des Anscheinsverbots in § 14 Abs. 2 S. 2 BNotO der Anschein des Anscheins Verbotstatbestand würde und der Begriff des Anscheins ohnehin nicht besonders belastbar ist, konnte dies verhindern.

Wer die folgende Entwicklung überblickt, sieht eine Begeisterung zur Regulierung notarieller Tätigkeiten, die kein Ende zu finden scheint und von einer Detailfreude geprägt ist, die ihresgleichen sucht. Wer ernsthaft Beispiele für eine notwendige Deregulierung sucht, hier wird er fündig und kann reich ernten.

Dieser enormen Regelungsdichte gegenüber steht (oder liegt) eine – wie ich finde – nach wie vor desaströse Regelungswüste: Beinahe alles, was an Detailregelungen in den letzten Jahren und Jahrzehnten Gesetz, Verordnung oder DONot geworden ist, betrifft gewissermaßen das Innenverhältnis, also das Verhältnis zwischen Notar und Aufsicht. (Um nicht missverstanden zu werden: Ich halte seit jeher eine effektive Aufsicht für unerlässlich, ebenso deren Sicherung durch angemessene Regelungen.) Nahezu unverändert geblieben ist hingegen das notarielle Verfahrensrecht, das im Prinzip auf dem Stand des Inkrafttretens des Beurkundungsgesetzes vom 28.8.1969 steht. Allerdings mit zwei wichtigen Ausnahmen: Zum einen die neu eingeführten Regelungen in §§ 16a ff. BeurkG für die Durchführung der Online-Beurkundung und zum anderen die Regelung zur 14-Tages-Frist, die am falschen Ort steht, misslungen ist[4] und zu unzähligen Haftungen von Notaren geführt hat, aber nie einer angemessenen Neuregelung zugeführt wurde.

Der andere Teil der freiwilligen Gerichtsbarkeit, die Gerichte, haben mit dem FamFG eine auch unter rechtsstaatlichen Anforderungen sachgerechte Regelung der einzelnen Verfahren erhalten. Das Notariat ist davon weit entfernt. Wir haben die Gelegenheit des FamFG verpasst, vielleicht aber auch gar nicht nutzen wollen. Vermutlich ist die Vorstellung einer zu starken Einschränkung der notariellen Gestaltungsfreiheit so furchterregend, dass man hier lieber auf eine Regelung verzichtet und auch in Kauf nimmt, dass man gelegentlich nur Kompetenznormen hat, aber keine adäquate Verfahrensregelung.

Man sollte sich nur darüber im Klaren sein, dass, solange keine adäquaten Verfahrensregelungen bestehen, sie von der Haftungs-Rechtsprechung gesetzt werden, oft genug naturgemäß aus der Luft und ohne Absicherung durch einen Diskurs mit dem Berufsstand. Die Frage etwa, ob die 14-Tages-Frist wegen der Tätigkeitspflicht nach § 15 BNotO zur Disposition der Beteiligten steht (so Bohrer[5] und ich) oder nicht, hat nicht der Gesetzgeber entschieden, sondern der BGH ohne Vorwarnung und natürlich über den Einzelfall hinaus mit faktischer Rückwirkung für alle Fälle. Noch schlimmer ist die Lage bei Nachlassverzeichnissen. Seitdem die Gerichte die Zuständigkeit verloren haben und nur noch Notare zur Aufnahme zuständig sind, werden dem Notar Pflichten auferlegt, für die es keinerlei verfahrensrechtliche Grundlagen gibt, sondern die allenfalls und mit erheblicher Beliebigkeit aus dem Amtscharakter abgeleitet werden, während bei der früheren Ko-Zuständigkeit der Gerichte annähernd vergleichbare Anforderungen nicht aufgestellt wurden. Gäbe es heute noch eine Ko-Zuständigkeit der Gerichte, so wäre längst eine passende Verfahrensregelung in das FamFG aufgenommen worden.

Die Regelungswüste Notarverfahrensrecht hat aber noch einen anderen erheblichen Nachteil: Notare haben erhebliche Schwierigkeiten ihre Tätigkeiten deutlich werden zu lassen. Einem heterogen zusammengesetzten Gremium zur Geldwäsche im BMF zu erklären, wie die Vorbereitung, Beurkundung und Abwicklung eines Kaufvertrages abläuft, ist nicht trivial und leidet darunter, dass man auf befürchtete Rückfragen – „Wo ist das denn geregelt?" – in vielen Punkten nur antworten könnte, das es sich aus der Rechtsprechung ergebe oder dem Amtscharakter oder Rückgriff nimmt bei dem Satz: „Das war schon immer so". Hätte man wenigstens

[4] Bohrer DNotZ 2002, 579 (591).
[5] DNotZ 2002, 597 (593).

ein paar best-practice-Regelungen, wäre die Außendarstellung der notariellen Verfahren wesentlich einfacher und auch leichter einsetzbar.

VI. Wünsche

Zu den größten Erfolgen der letzten Jahre gehört das grundlegend veränderte Verhältnis der BNotK zur Europäischen Kommission und zum Europäischen Parlament. Die früher praktizierte Ablehnung aller Initiativen aus Brüssel oder Straßburg ist einem „ja, aber" gewichen, das zu einer völlig neuen Rolle der BNotK als Mitspieler, ja Berater der europäischen Institutionen geführt hat. Es ist das besondere Verdienst von Bormann, diese fundamentale Änderung der Berufspolitik angeregt und auch durchgesetzt zu haben, mit enormen positiven Konsequenzen für das deutsche Notariat.

Wünschenswert wäre, das Verhältnis auch zu anderen Verbänden in Deutschland und auch in Europa auf eine neue Basis zu stellen, insbesondere zu den Wirtschaftsverbänden und Verbänden der Wohnungswirtschaft. Früher bestehende Beziehungen zum DIHT, dem evangelischen Siedlungswerk oder dem Gesamtverband der Wohnungswirtschaft zeigen, dass hiervon nur alle Seiten profitieren können.

Beim DNotI, einer wirklichen Perle des Berufsstandes, schlummern noch einige Schätze, die gehoben werden sollten. Die Konzentration auf Gutachten wird bei Lichte betrachtet heutigen Bedürfnissen nur teilweise gerecht. Die Arbeitshilfen, die beim DNotI eher versteckt untergebracht sind, könnten mit überschaubarem Einsatz erheblich ausgebaut und endlich auf einen angemessenen Platz gebracht werden. Es sollte verhindert werden, dass ich als Notar Prüfungen über mögliche Erwerbsverhältnisse bei Auslandsbezug schneller bei Chat GPT in Erfahrung bringen kann als bei notareigenen Einrichtungen.

Der „Krieg" zwischen den Berufsformen ist zum Glück längst überwunden. Manchmal geraten „Kriege" in Vergessenheit und die Sehnsucht nach disruptiven Ereignissen führt zu Fehlentwicklungen, die sich nur aus völliger Unkenntnis der Entwicklungsgeschichte des Erreichten erklären lassen. Angesichts der Erfahrung mit der damaligen „Kriegssituation" wünsche ich mir, dass das heute bestehende gute und vertrauensvolle Verhältnis zwischen den Notariatsformen in seiner überragenden Bedeutung richtig eingeschätzt und nicht durch Lust am Disruptiven beeinträchtigt wird. Die Kräfte sollten für Besseres zum Nutzen aller eingesetzt werden.

JENS GEHLICH

Einfluss des MoPeG auf die Anwendung der §§ 5 und 6 GrEStG

Herr Professor Dr. Heribert Heckschen war maßgeblich an meiner beruflichen Entwicklung beteiligt. Im Sommer/Herbst 1997 konnte ich im Rahmen meines Referendariats die Wahlstation in dem von ihm und Herrn Professor Dr. van de Loo geführten Notariat in Dresden absolvieren. In der Zusammenarbeit mit Herrn Professor Heckschen verfestigte sich in dieser Zeit bei mir der Entschluss, als Jurist vertragsgestaltend tätig zu werden. Ich realisierte für mich jedoch auch, dass nicht die Neutralität eines Notars und dessen breite Aufstellung über mehrere Rechtsbereiche, sondern die vertiefte Befassung mit gesellschaftsrechtlicher Vertragsgestaltung und die Verhandlung von Verträgen/wirtschaftlichen Sachverhalten als anwaltlicher Interessenvertreter einer Partei das interessantere Tätigkeitsgebiet sein sollte. Auf der Basis der Erfahrungen meiner Wahlstation bei Herrn Dr. Professor Heckschen bin ich dann Anfang 1998 als Anwalt am Dresdner Standort von Noerr, damals noch unter dem Namen Nörr Stiefenhofer & Lutz, ins Berufsleben gestartet. Seitdem haben sich die Wege von Herrn Professor Dr. Heckschen und mir über Jahre, wenn auch in unterschiedlichen Rollen (er Notar und ich Anwalt) immer wieder gekreuzt. Stets habe ich dabei neben seiner Professionalität als Notar auch seinen hohen wissenschaftlichen Anspruch und sein unermüdliches Engagement geschätzt. Es ist mir daher eine besondere Freude, mit dem nachfolgenden Beitrag ein Thema an der Schnittstelle von Gesellschafts- und Steuerrecht zu beleuchten, welches insbesondere für gesellschaftsrechtliche Umstrukturierungen – ein Feld, dem Herr Professor Dr. Heckschen in seinem Schaffen große Aufmerksamkeit gewidmet hat – von großer Bedeutung ist.

I. Einleitung

Nach § 5 GrEStG ist unter Beachtung weiterer Voraussetzungen die Übertragung von Grundstücken durch einen Alleineigentümer oder durch Miteigentümer auf eine Gesamthand ganz oder teilweise von der Grunderwerbsteuer befreit. § 6 GrEStG ordnet die ganz oder teilweise Befreiung von der Grunderwerbsteuer für den umgekehrten Fall, das heißt die Übertragung von Grundstücken von der Gesamthand auf einen oder mehrere an der Gesamthand beteiligte Personen, an. Hauptanwendungsfall dieser Steuerbefreiungsvorschriften sind Grundstücksübertragungen von bzw. auf Personengesellschaften.[1] So ist zB im Rahmen von Kon-

[1] So auch schon hervorgehoben in der Gesetzesbegründung zum Grunderwerbsteuergesetz 1940, abgedruckt in Boruttau, Gewerbesteuergesetz, 2. Aufl. 1942, S. 668.

zernumstrukturierungen die Implementierung von grundstückshaltenden Personengesellschaften eine wichtige Gestaltungsvariante zur Schaffung von steuerlichen Teilbetreiben und deren ertragssteuerneutrale Überführung auf den neuen Rechtsträger. In diesem Zusammenhang ist es wiederum von zentraler Bedeutung, dass die Übertragung der Grundstücke auf die Personengesellschaft grunderwerbsteuerfrei erfolgen kann und folglich zusätzliche Steuerlasten und Restrukturierungshindernisse vermieden werden.

Im Rahmen des Diskussionsentwurfs des Bundesministeriums für Finanzen für die Novellierung des Grunderwerbsteuergesetzes (Grunderwerbsteuer-Novellierungsgesetz) wird ausgeführt, dass durch das Gesetz zur Modernisierung des Personengesellschaftsrechts vom 10.8.2021 (MoPeG)[2] mit Wirkung zum 1.1.2024 die gesamthänderische Vermögensbindung weitgehend abgeschafft sei und somit die Vergünstigungen der §§ 5 und 6 GrEStG ins Leere gehen würden.[3] Diese Aussage wird vom Bundesfinanzministerium in der Begründung der Bundesregierung zum Entwurf des Gesetzes zur Stärkung von Wachstumschancen, Investitionen und Innovationen sowie Steuervereinfachung und Steuerfairness (Wachstumschancengesetz) wiederholt[4] und weiter ausgeführt:

„Ab dem 1. Januar 2024 gibt es für die Grunderwerbsteuer, welche auf das Zivilrecht abstellt, keine Gesamthand mehr, so dass der jeweilige Regelungsinhalt des § 5 Absätze 1 und 2 GrEStG, des § 6 Absatz 3 Satz 1 GrEStG sowie des § 7 Absatz 2 GrEStG ins Leere läuft."

Nachdem bis Ende 2023 eine Verständigung mit den Bundesländern weder zum Grunderwerbsteuer-Novellierungsgesetz noch zum Wachstumschancengesetz erreichbar war, wurde mit dem Kreditzweitmarktfördergesetz vom 22.12.2023[5] mit Wirkung zum 1.1.2024 ein neuer § 24 in das Grunderwerbsteuergesetz eingefügt, der für die Zwecke der Grunderwerbsteuer rechtsfähige Personengesellschaften im Sinne des § 14a Abs. 2 Nr. 2 AO und deren Vermögen als Gesamthand bzw. Gesamthandsvermögen fingiert. Gleichzeitig wurde im Kreditzweitmarktfördergesetz jedoch bestimmt,[6] dass die Regelung des § 24 GrEStG zum 1.1.2027 außer Kraft tritt. Die weitere Anwendung der Steuervergünstigungsvorschriften der §§ 5 und 6 GrEStG für Grundstücksübertragungen von bzw. auf Personengesellschaften ist somit ausdrücklich nur bis Ende 2026 gesichert. Gleiches gilt für das Risiko, dass mit Inkrafttreten des MoPeG ein Ende der wertmäßigen Beteiligung „am Vermögen der Gesamthand" angenommen wird mit der Konsequenz, dass für Grundstücksübertagungen der letzten 10 Jahre eine steuerschädliche Verletzung der Nachbehaltensfristen von § 5 Abs. 3 S. 1 GrEStG bzw. § 6 Abs. 3 S. 2 GrEStG vorliegt.[7]

---

[2] BGBl. 2021 I 3436.

[3] Diskussionsentwurf des Bundesministeriums der Finanzen zum Grundsteuer-Novellierungsgesetz-GrEStG, Stand 15.6.2023, dort S. 23f.

[4] Gesetzesentwurf der Bundesregierung zum Gesetz zur Stärkung von Wachstumschancen, Investitionen und Innovationen sowie Steuervereinfachung und Steuerfairness, Bearbeitungsstand 29.8.2023, dort S. 263.

[5] Art. 29 Kreditzeitmarktfördergesetz, BGBl. 2023 I Nr. 411, S. 64.

[6] Art. 31 Kreditzweitmarktfördergesetz, BGBl. 2023 I Nr. 411, S. 64.

[7] Vgl. Schmitz in Heckschen/Freier, Das MoPeG in der Notar- und Gestaltungspraxis, 2024, § 9 Rn. 28f.; Desens GmbHR 2023, 772 (776f.).

Vor diesem Hintergrund soll in diesem Beitrag untersucht werden, ob die Prämisse des Bundesministeriums für Finanzen, dass die Regelungen des MoPeG einer weiteren Anwendung der Steuervergünstigung nach §§ 5 und 6 GrEStG entgegenstehen, zutreffend ist.

II. Entwicklung der Gesamthand im Personengesellschaftsrecht

1. Gesamthandsprinzip für Personengesellschaften und dessen Implementierung ins Bürgerliche Gesetzbuch

Im Bürgerlichen Gesetzbuch hatte das Gesamthandsprinzip für Personengesellschaften insbesondere in den §§ 718 und 719 BGB aF seinen Niederschlag gefunden. Über die Verweisungsnormen der §§ 105 Abs. 3 und 161 Abs. 2 HGB und des § 1 Abs. 4 PartGG galt das Gesamthandsprinzip über die Gesellschaft bürgerlichen Rechts hinaus auch für die OHG, die Kommanditgesellschaft und die Partnerschaftsgesellschaft.[8]

Weitgehend übereinstimmend wurde die Gesamthand im Personengesellschaftsrecht dahingehend verstanden, dass die Gesellschafter in ihrer gesamthänderischen Verbundenheit Träger des Gesellschaftsvermögens sind.[9] Im Einzelnen waren das Wesen und der Inhalt der Gesamthand jedoch umstritten.[10]

Die Einführung des Gesamthandsprinzips für Personengesellschaften in das Bürgerliche Gesetzbuch geht zurück auf die Mehrheitsentscheidung der zweiten Kommission.[11] Der erste Entwurf zum BGB basierte noch auf der Annahme einer Bruchteilsgemeinschaft der Gesellschafter und dessen Beschränkung über schuldrechtliche Rechtsverhältnisse gemäß dem Gesellschaftsvertrag.[12]

Die Absicht der zweiten Kommission ging dahin, über die Einführung des Gesamthandsprinzips die Nutzung des der Gesellschaft zugeordneten und für deren Tätigkeit benötigten Vermögens stärker zu schützen und für die Gesellschaft zu erhalten. Dazu sollten die einzelnen Gegenstände des Gesellschaftsvermögen einschließlich etwaiger Anteile hieran mit dinglicher Wirkung der Verfügungsmacht der einzelnen Gesellschafter entzogen werden[13] und die Zwangsvollstreckung in

---

[8] Roth in Baumbauch/Hopt, 40. Aufl. 2021, HGB § 105 Rn. 15 und 17, § 124 Rn. 3; Schäfer in Ulmer/Schäfer, Gesellschaft bürgerlichen Rechts und Partnerschaftsgesellschaft, 7. Aufl. 2017, PartGG § 1 Rn. 7 und 88.

[9] Flume, Allgemeiner Teil des bürgerlichen Rechts, Band 1, Die Personengesellschaft, 1977, S. 50; Thomas in Palandt, 56. Aufl. 1997, BGB § 705 Rn. 17; Rühlicke ZEW 2007, 261 (262); BGHZ 34, 293 (296); Joachim/Berndt/Boin NJW 1998, 2854 (2855).

[10] Kannegießer, Das Wesen der Gesamthand, 1914, S. 1; Ulmer/Schäfer in MüKoBGB, 5. Aufl. 2009, BGB § 718 Rn. 2ff. mwN; Sprau in Palandt, 60. Aufl. 2001, BGB Vor § 705 Rn. 24 mwN.

[11] Mugdan, Die gesamten Materialien zum Bürgerlichen Gesetzbuch für das Deutsche Reich, Band 2, 1899, S. 989f. und 993; Limbach, Gesamthand und Gesellschaft, 2016, Rn. 443.

[12] Limbach, Gesamthand und Gesellschaft, 2016, Rn. 443.

[13] Mugdan, Die gesamten Materialien zum Bürgerlichen Gesetzbuch für das Deutsche Reich, Band 2, 1899, S. 990f.

das Gesellschaftsvermögen beschränkt sein.[14] Im Übrigen erfolgte von der zweiten Kommission keine weitergehende Auseinandersetzung mit dem Wesen und dem Inhalt des Gesamthandprinzips im Personengesellschaftsrecht. So wurde zB offengelassen, ob im Rahmen der Gesamthand ein Quoteneigentum des einzelnen Gesellschafters an einzelnen Vermögensgegenständen bestehe.[15]

Vor diesem Hintergrund bestand Einigkeit, dass das wesentliche charakteristische Merkmal der Gesamthand im Personengesellschaftsrecht die Beschränkung der Verfügungsfreiheit des einzelnen Gesellschafters ist.[16] Umstritten war jedoch, wie das Gesamthands-/Gesellschaftsvermögen selbst zu qualifizieren ist. Wie bereits ausgeführt, hat die zweite Kommission hierzu keine Aussage getroffen.

Von Kannegießer wurde angenommen, dass das Wesen der Gesamthand bei der Personengesellschaft letztendlich ausschließlich die gesetzlich angeordnete dingliche Vermögensgebundenheit sei, die mit der Personengebundenheit der Personengesellschaft einhergehe.[17] Der Personenverband ist somit Grundlage und nicht Ausfluss der Vermögensverbundenheit.[18] Eine Personengesellschaft setzt voraus, dass sich mindestens zwei Personen zusammenschließen, um einen gemeinschaftlichen Zweck zu verfolgen.[19] Sobald die mittels Personenverband begründete Personengesellschaft einen Vermögensgegenstand erwirbt, greift die Vermögensgebundenheit der Gesamthand.[20] Die geschilderte Personengebundenheit der Personengesellschaft erfordert dabei nicht, dass sich die Personen nicht voneinander trennen können.[21] Vielmehr ist ein Wechsel des Personenbestands zB durch Ein- und Austritt oder durch Anteilsübertragung möglich, sofern stets mindestens zwei Gesellschafter vorhanden sind. Die gesamthänderische Vermögensgebundenheit wird von einem Gesellschafterwechsel nicht berührt. Insgesamt kommt Kannegießer zu dem Schluss, dass die Gesamthand eine gewisse Selbständigkeit von den einzelnen Mitgliedern des Personenverbandes erreicht, jedoch von der juristischen Person abzugrenzen ist.[22]

In Übereinstimmung mit der Auffassung von Kannegießer wurde überwiegend angenommen, das gesamthänderische Gesellschaftsvermögen einer Personengesellschaft bilde eine Mittelstufe zwischen der juristischen Person, die für sich allein besteht, und der vereinigten Vermögensmasse mehrerer Einzelsubjekte (Gemeinschaft nach Bruchteilen).[23] Auf der Basis dieser Einordung wurde von der ursprünglich

---

[14] Mugdan, Die gesamten Materialien zum Bürgerlichen Gesetzbuch für das Deutsche Reich, Band 2, 1899, S. 993.

[15] Mugdan, Die gesamten Materialien zum Bürgerlichen Gesetzbuch für das Deutsche Reich, Band 2, 1899, S. 990f.; siehe zur Theorie der geteilten Mitberechtigung und zur Theorie der ungeteilten Mitberechtigung auch Wilhelm, Das Recht der Gesamthand im 21. Jahrhundert, 2021, S. 27 mwN.

[16] Staudinger, 5./6. Aufl. 1910, BGB § 718 Anm. II. 1.

[17] Kannegießer, Das Wesen der Gesamthand, 1914, S. 44, 64ff. und 84.

[18] Kannegießer, Das Wesen der Gesamthand, 1914, S. 44.

[19] Roth in Hopt, 41. Aufl. 2022, HGB § 105 Rn. 1; Sprau in Palandt, 65. Aufl. 2006, BGB § 705 Rn. 1.

[20] Kannegießer, Das Wesen der Gesamthand, 1914, S. 65.

[21] Kannegießer, Das Wesen der Gesamthand, 1914, S. 45.

[22] Kannegießer, Das Wesen der Gesamthand, 1914, S. 80ff.

[23] Vgl. beispielhaft Staudinger, 5./6. Aufl. 1910, BGB § 718 Anm. II. 2.

herrschenden Meinung[24] jedoch unter anderem mit Verweis auf den Wortlaut des § 718 Abs. 1 BGB aF eine Rechtsfähigkeit der GbR abgelehnt. Soweit der OHG und der Kommanditgesellschaft Teilrechtsfähigkeit zugesprochen wurde, erfolgte dies nicht aus aufgrund der gesamthänderischen Gebundenheit, sondern aufgrund der besonderen Vorschrift des § 124 HGB aF, gemäß § 162 Abs. 2 HGB bzw. § 7 Abs. 2 PartGG auch für die Kommanditgesellschaft und die Partnerschaftsgesellschaft Anwendung fand.[25] Aus der fehlenden Rechtsfähigkeit wurde der Schluss gezogen, dass die Rechte an den einzelnen Vermögensgegenständen den Gesellschaftern zustehe und die Mitgliedschaft an der Gesamthand somit das Medium für den Anteil des einzelnen Gesellschafters am Gesamthandsvermögen ist.[26] Insoweit wurde der Personenverband als solcher negiert und nur auf die Gesellschafter abgestellt.[27]

Weitergehend wurde die Gesamthand von Gierke als „rechtsfähiger Personenverband" bezeichnet.[28] Auch mit dieser Begrifflichkeit wird neben der (gewissen) Selbständigkeit der Vermögensgebundenheit vom Personenverband auch eine Abgrenzung von der juristischen Person deutlich. Anders als von der oben dargestellten ursprünglich herrschenden Meinung wird hier jedoch die Rechtsfähigkeit des Personenverbands als solcher anerkannt.

Flume arbeitet heraus,[29] dass in Abgrenzung zur Innengesellschaft eine Außengesellschaft (GbR) immer dann anzunehmen ist, wenn das Gesellschaftsverhältnis sich nicht ausschließlich als Rechtverhältnis der Gesellschafter untereinander darstellt. Demgemäß ist bei Vorliegen von Gesamthandsvermögen, zB weil die Gesellschafter Beiträge an die Gesellschaft geleistet haben, keine Innengesellschaft, sondern stets eine Außengesellschaft anzunehmen.[30] Jedenfalls für die Gesamthand bei der Personengesellschaft nimmt Flume eine Handlungszuständigkeit und eine Rechtszuständigkeit der durch die Gesellschafter begründeten Organisationseinheit an.[31] Auch er gesteht somit dem Personenverband (der *„Gruppe"*) und somit der Gesellschaft als solcher Rechtsfähigkeit zu.[32] Mit dieser Gruppenlehre wird dem Umstand Rechnung getragen, dass die Außen-GbR und die Personenhandelsgesellschaften im Rechtsverkehr losgelöst von den einzelnen Gesellschaftern wahrgenommen werden[33] und dass der Bestand der Rechtsverhältnisse der Gesamthand

---

[24] Thomas in Palandt, 56. Aufl. 2006, BGB § 705 Rn. 17; Joachim/Berndt/Boin NJW 1998, 2854 (2855).

[25] Joachim/Berndt/Boin NJW 1998, 2854 (2855); BGH NJW 1988, 556.

[26] Vgl. Flume, Die Personengesellschaft, 1977, S. 53f. mwN.

[27] S. auch Flume, Die Personengesellschaft, 1977, S. 55 mwN.

[28] Gierke, Deutsches Privatrecht, Band 1, S. 668, zitiert nach Kannegießer, Das Wesen der Gesamthand, 1914, S. 83 Fn. 193.

[29] Flume, Die Personengesellschaft, 1977, S. 6.

[30] Flume, Die Personengesellschaft, 1977, S. 6f.

[31] Flume, Die Personengesellschaft, 1977, S. 56f. und 61f.

[32] Ebenso unter anderem Ulmer in MüKoBGB, 3. Aufl. 1997, BGB § 705 Rn. 130ff.; K. Schmidt, Gesellschaftsrecht, 3. Aufl. 1997, S. 203ff.; Hüffer, Gesellschaftsrecht, 4. Aufl. 1996, S. 45ff.; K. Schmidt NJW 2001, 993 (994ff.); Altmeppen NJW 2004, 1563 (1564); s. zur Entwicklung des Meinungstands zur Gesamthand auch Heckschen in Heckschen/Feier, Das MoPeG in der Notar- und Gestaltungspraxis, 2024, S. 3ff.

[33] Wilhelm, Das Recht der Gesamthand im 21. Jahrhundert, 2021, S. 32f.

einschließlich des Vermögens unabhängig von einem Gesellschafterwechsel zB durch Anteilsübertragung ist.[34]

2. *Urteil des Bundesgerichtshofes vom 29. 1. 2001 zur Rechtswidrigkeit der (Außen-)GbR*

Nachdem der BGH bereits mit Urteil vom 15.7.1997[35] die GbR hinsichtlich der Verpflichtung aus einem Scheck als scheckfähig und somit rechtsfähig angesehen hat, hat er mit er mit Urteil vom 29.1.2001[36] unter Aufgabe der bisherigen Rechtsprechung und bezugnehmend auf die Auffassung von Flume die generelle Rechtsfähigkeit und demgemäß auch die Parteifähigkeit der Außen-GbR anerkannt.[37] Aufgrund der Rechtsfähigkeit ist damit auch die Gesellschaft selbst der Träger ihres Gesellschaftsvermögens.[38]

Der BGH stellte in seinem Urteil vom 29.1.2001 zunächst fest, dass der historische Gesetzgeber eine konkrete Festlegung zum Gesamthandsprinzip und dessen Konsequenzen unterlassen habe und dies „Raum für eine an den praktischen Bedürfnissen der Verwirklichung des Gesamthandsprinzips orientierte Beurteilung der Rechtsnatur der GbR" lasse.[39] Folglich steht auch der Gesetzeswortlaut nicht der Annahme der Rechtsfähigkeit der Außen-GbR entgegen.[40]

Begründet hat der BGH seine geänderte Auffassung damit, dass die Annahme der Rechtsfähigkeit ein praktikables und weitgehend widerspruchsfreies Modell der vom Gesetz gewollten rechtlichen Absonderung des Gesellschaftsvermögens vom Privatvermögen der Gesellschafter biete.[41] So kann über die Annahme der Rechtsfähigkeit erklärt werden, dass ein Gesellschafterwechsel keinen Einfluss auf den Fortbestand der mit der Gesellschaft bestehenden Rechtsverhältnisse hat.[42] Gleiches gilt für die identitätswahrende Umwandlung einer GbR in eine Handelsgesellschaft, der gemäß § 124 HGB aF Rechtsubjektfähigkeit zukommt. Mit der Rechtsfähigkeit der Personengesellschaft kann erklärt werden, dass die Umwandlung nicht zu einem Rechtsträgerwechsel führt.[43] Ergänzend stützt sich der BGH in seiner Entscheidung auf § 11 Abs. 2 InsO, gemäß welchem der Gesetzgeber sich dafür ausgesprochen hat, dass die GbR als solche Träger der Insolvenzmasse ist.[44]

Im Anschluss an das Grundsatzurteil des BGH ging die herrschende Meinung davon aus, dass die Außen-GbR und die Personenhandelsgesellschaften sich der juristischen Person zwar angenähert haben, mit dieser aber nicht strukturidentisch sind.[45] Die juristische Person ist unabhängig von ihren Gesellschaftern, das heißt sie

[34] Wilhelm, Das Recht der Gesamthand im 21. Jahrhundert, 2021, S. 33.
[35] BGH DB 1997, 1813.
[36] BGH NJW 2001, 1056.
[37] Statt vieler Röder DStR 2023, 1085 (1086).
[38] Röder DStR 2023, 1085 (1086); Westermann in Erman, 16. Aufl. 2020, BGB § 718 Rn. 1.
[39] BGH NJW 2001, 1056 (1057).
[40] BGH NJW 2001, 1056 (1057 f.).
[41] BGH NJW 2001, 1056 (1057).
[42] BGH NJW 2001, 1056 (1057).
[43] BGH NJW 2001, 1056 (1057).
[44] BGH NJW 2001, 1056 (1057).
[45] Wilhelm, Das Recht der Gesamthand im 21. Jahrhundert, 2021, S. 34 mwN.

ist eine eigenständige Verbandsperson.[46] Demgegenüber setzen Personengesellschaften das Vorhandensein von mindestens zwei Gesellschaftern voraus. Eine vollumfängliche Verselbständigung von den Gesellschaftern erfolgt – anders als bei einer juristischen Person – gerade nicht.[47] Charakteristisch ist für Personengesellschaften folglich der Personenverband.[48] Es wird im Schrifttum daher auch von einer vom Personenverband abgeleiteten Rechtsfähigkeit der Personengesellschaft gesprochen.[49]

3. Änderungen durch das MoPeG

Die durch das MoPeG[50] mit Wirkung zum 1.1.2024 eingeführte Neufassung des § 705 Abs. 1 BGB bestimmt nunmehr ausdrücklich: Eine GbR kann

„selbst Rechte erwerben und Verbindlichkeiten eingehen, wenn sie nach dem gemeinsamen Willen der Gesellschafter am Rechtsverkehr teilnehmen soll (rechtsfähige Gesellschaft).“

Folgerichtig wurden die §§ 718, 719 BGB aF vollständig geändert und bestimmt § 713 BGB nunmehr zum Gesellschaftsvermögen:

„Die Beiträge der Gesellschafter sowie die für oder durch die Gesellschaft erworbenen Rechte und die gegen sie begründeten Verbindlichkeiten sind Vermögen der Gesellschaft.“

§ 713 BGB gilt über die Verweisungen in §§ 105 Abs. 3, 161 Abs. 2 HGB und in § 1 Abs. 4 PartGG auch für die OHG, die Kommanditgesellschaft[51] und die Partnerschaftsgesellschaft.[52]

Laut Gesetzesbegründung soll mit der Neufassung des § 105 Abs. 1 BGB die Rechtsprechung des BGH vom 29.1.2001 über die Anerkennung der Rechtsfähigkeit der Außen-GbR nachvollzogen werden.[53] Das in § 713 BGB benannte Gesellschaftsvermögen soll „an die Stelle eines gesamthänderisch gebunden Vermögens der Gesellschafter“ treten.[54] In diesem Zusammenhang spricht die Gesetzesbegründung auch vom „Verzicht auf das Gesamthandsprinzip“.[55] Dieses habe sich mit der Anerkennung der Rechtsfähigkeit überholt.[56] Dementsprechend wird auch in der Literatur vielfach angenommen, durch das MoPeG werde die Gesamthand für Personengesellschaften abgeschafft.[57] Von anderen wiederum wird betont, dass es sich

---

[46] Wilhelm, Das Recht der Gesamthand im 21. Jahrhundert, 2021, S. 34.

[47] BGH WM 2014, 560 Rn. 25; Wilhelm, Das Recht der Gesamthand im 21. Jahrhundert, 2021, S. 36ff.

[48] Wilhelm, Das Recht der Gesamthand im 21. Jahrhundert, 2021, S. 34f.

[49] Wilhelm, Das Recht der Gesamthand im 21. Jahrhundert, 2021, S. 37 mwN; Beuthien NZG 2011, 481 (484); Schäfer in MüKoBGB, 8. Aufl. 2020, BGB vor § 705 Rn. 14.

[50] BGBl. 2021 I 3436.

[51] Bachem DStR 2022, 725.

[52] Schäfer in Schäfer, Gesellschaft bürgerlichen Rechts und Partnerschaftsgesellschaft, 9. Aufl. 2023, PartGG § 1 Rn. 7 und 88.

[53] RegE BR-Drs. 59/21, 1f. und 136.

[54] RegE BR-Drs. 59/21, 114.

[55] RegE BR-Drs. 59/21, 114.

[56] RegE BR-Drs. 59/21, 163.

[57] Heinze DStR 2020, 2107 (2107); Schall NZG 2021, 494 (494); Jähne, Modernisierung des Personengesellschaftsrecht, 2023, Rn. 2.

insoweit lediglich um eine Klarstellung aufgrund des geänderten Verständnisses seit der Entscheidung des BGH von 2001 handelt, das heißt eine Abschaffung des Gesamthandsprinzips nicht durch das MoPeG erfolgt.[58]

Auch nach den Änderungen durch das MoPeG hat der Gesetzgeber die Personengesellschaft nicht als juristische Person eingestuft.[59] Es bleibt vielmehr dabei, dass – ebenso wie bei Anwendung des Gesamthandsprinzips nach der Entscheidung des BGH vom 29.1.2001[60] – die Personengesellschaft und somit der Fortbestand des Gesellschaftsvermögens durch den Personenverband charakterisiert wird.[61] Insbesondere gilt weiterhin der Grundsatz der Einheitlichkeit der Mitgliedschaft des Gesellschafters,[62] das Anwachsungsprinzip (vgl. § 712 BGB) und ist das Entstehen einer Ein-Mann-Personengesellschaft ausgeschlossen.[63] So erlischt gemäß § 712a BGB die Gesellschaft, wenn nur ein Gesellschafter übrigbleibt. Ein Erwerb von eigenen Gesellschaftsanteilen ist nicht möglich, § 711 Abs. 1 S. 2 BGB. Anders als bei vom Trennungsprinzip charakterisierten Kapitalgesellschaften besteht somit bei Personengesellschaften eine direkte Korrelation zwischen Mitgliedschaft und Beteiligung am Gesellschaftsvermögen. Demgemäß stellt auch Karsten Schmidt fest, dass das MoPeG nicht mit Gesetzeskraft die Abschaffung des Gesamthandsprinzips festlegt.[64]

Bereits während des Gesetzgebungsverfahrens zum MoPeG wurden in den Stellungnahmen zum Referentenentwurf und im Schrifttum die Auswirkungen auf das Steuerrecht problematisiert.[65] Wohl vor diesem Hintergrund finden sich in der Gesetzesbegründung zum MoPeG folgende Ausführungen zu den steuerlichen Auswirkungen:[66]

„Änderungen an den ertragssteuerlichen Grundsätzen der Besteuerung von Personengesellschaften sind mit dem vorliegenden Entwurf nicht verbunden. [...]. Soweit in den Steuergesetzen von Gesamthandsvermögen gesprochen wird, ist dies bei rechtsfähigen Personengesellschaften dahingehend zu verstehen, dass damit das Vermögen der Gesellschaft in Abgrenzung zum Vermögen der einzelnen Gesellschafter (Sonderbetriebsvermögen) gemeint ist.“

Hauptmotivation dieser Äußerungen in der Gesetzesbegründung dürfte gewesen sein, die zügige zivil- und gesellschaftsrechtliche Umsetzung der Modernisierung des Personengesellschaftsrechts nicht zu gefährden.[67] Änderungen steuerrechtlicher Vorschriften waren nicht Gegenstand des Gesetzgebungsverfahrens zum MoPeG.[68]

---

[58] Röder DStR 2023, 1085 (1086).
[59] RegE BR-Drs. 59/21, 113f.
[60] Vgl. Schäfer in Habersack/Schäfer, 2. Aufl. 2018, HGB § 105 Rn. 20 und 266.
[61] Könen in Koch, Personengesellschaftsrecht, 2024, BGB § 708 Rn. 35ff. und § 112 Rn. 4.
[62] Könen in Koch, Personengesellschaftsrecht, 2024, BGB § 112 Rn. 4.
[63] Wilhelm, Das Recht der Gesamthand im 21. Jahrhundert, 2021, S. 117.
[64] K. Schmidt JuS 2024, 1 (3).
[65] Desens GmbHR 2023, 772 (772) mwN.
[66] BR-Drs. 59/21, 114.
[67] Vgl. Desens GmbHR 2023, 772 (773); Röder DStR 2023, 1085 (1085).
[68] Desens GmbHR 2023, 772 (772).

III. Auswirkungen der Gesetzesänderungen durch das MoPeG auf die §§ 5 und 6 des GrEStG

Vielfach wird angenommen, dass durch das MoPeG und eine damit einhergehende Abschaffung des Gesamthandsprinzips im Personengesellschaftsrecht der weiteren Anwendung der §§ 5 und 6 GrEStG für Personengesellschaften der Boden entzogen[69] bzw. die weitere Anwendung zumindest gefährdet sei.[70] Ob dies zutreffend ist, soll nachfolgend untersucht werden.

1. Entstehungsgeschichte von §§ 5 und 6 GrEStG

Im Grunderwerbsteuergesetz wurden und werden Personengesellschaften beständig als eigenständiger Rechtsträger des Grundvermögens behandelt[71] mit der Konsequenz, dass Grundstücksübertragungen vom Gesellschafter auf die Gesellschaft und umgekehrt von der Gesellschaft auf den Gesellschafter grundsätzlich gemäß § 1 Abs. 1 GrEStG einen grunderwerbsteuerpflichtigen Erwerbsvorgang darstellen.

Um diesem entgegenzuwirken, sahen bereits das Grunderwerbsteuergesetz 1919[72] als auch das Gewerbesteuergesetz 1927[73] jeweils in § 15 vor, dass im Rahmen der Steuerberechnung der Anteil des Erwerbs, welcher entsprechend den jeweiligen Beteiligungsverhältnissen auf die Übertragung vom Gesellschafter an die gesamte Hand bzw. von der gesamten Hand an einen oder mehrere Gesellschafter entfällt, außen vor bleibt.

Ihre jetzige Struktur erhielten die §§ 5 und 6 GrEStG durch das Grunderwerbsteuergesetz vom 29. 3. 1940,[74] in dem die Grundstückübertragungen vom Gesellschafter auf die Gesamthand sowie im umgekehrten Fall von der Gesamthand auf den Gesellschafter in Höhe des Beteiligungsverhältnisses bereits von der Steuererhebung freigestellt werden. Mit diesen Regelungen wurde somit für Grundstücksübertragungen auf bzw. von Personengesellschaften abweichend von § 1 Abs. 1 GrEStG teilweise eine Transparenz angeordnet. Die Regelungen der §§ 5 und 6 GrEStG aus dem Grunderwerbsteuergesetz 1940 wurden im Wesentlichen unverändert in das Grunderwerbsteuergesetz 1983 übernommen.[75]

In der Begründung zum Grunderwerbsteuergesetz 1940 wurde als Anwendungsfälle der §§ 5 und 6 GrEStG ausdrücklich die Personengesellschaften angesprochen. So heißt es dort:[76]

---

[69] Desens GmbHR 2023, 772 (775 ff.); Schmitz in Heckschen/Freier, Das MoPeG in der Notar- und Gestaltungspraxis, 2024, § 9 Rn. 27; Heinze DStR 2020, 2107 (2108).

[70] Viskorf in Viskorf, 20. Aufl. 2022, GrEStG § 5 Rn. 4 aE.

[71] BFH DStR 2022, 1379 Rn. 14; Meßbach-Hönsch in Viskorf, 20. Aufl. 2022, GrEStG § 1 Rn. 20.

[72] RGBl. 1919, 1617.

[73] RGBl. 1927 I 72.

[74] RGBl. 1940 I 585.

[75] Loose in Viskorf, 20. Aufl. 2022, GrEStG Vorbemerkungen Rn. 4 aE.

[76] Abdruck der Begründung zum GrEStG in Boruttau, Gewerbesteuergesetz, 2. Aufl. 1942, S. 668.

„Unter einer Gesamthand sind die folgenden Personengemeinschaften zu verstehen: Die offene Handelsgesellschaft, die Kommanditgesellschaft, die Gesellschaft des bürgerlichen Rechts, die Erbengemeinschaft und die eheliche und die fortgesetzte Gütergemeinschaft. Die Regelung der §§ 5 und 6 ist allerdings für Erbengemeinschaften und für die eheliche Gemeinschaft nur von geringer Bedeutung; denn der Übergang von Grundstücken zwischen diesen Gemeinschaften und ihren Teilnehmern ist im Allgemeinen aufgrund des § 3 Ziffern 3 bis 5 von der Besteuerung in vollem Umfang ausgenommen. Die Vorschriften der §§ 5 und 6 kommen infolgedessen in der Hauptsache für Personengesellschaften in Betracht."

In der Gesetzesbegründung für das Grunderwerbssteuergesetz 1940 wird weiter ausgeführt,[77] dass nach den Vorschriften des bürgerlichen Rechtes die Personengemeinschaften keine eigene Rechtspersönlichkeit haben, Träger der gemeinschaftlichen Rechte und Pflichten die an der Gemeinschaft beteiligten Personen sind, an jedem Gegenstand des gemeinschaftlichen Vermögens eine Mitberechtigung der beteiligten Personen bestehe, jedoch insoweit für die Beteiligten eine Verfügungsbeschränkung greife, sodass das Vermögen zum Zwecke der Gemeinschaft dinglich gebunden ist. Dass die Grundstücksübertragung in diesen Fällen auch insoweit als grundsätzlich steuerpflichtige Übertragung anzusehen ist, wie eine Beteiligung des grundstücksübertragenden bzw. grundstücksempfangenden Gesellschafters besteht, wurde als zu korrigierende Härte angesehen.[78]

2. *Auslegung von §§ 5 und 6 GrEStG*

Ob nach Inkrafttreten des MoPeG Grundstückübertragungen auf bzw. von Personengesellschaften unabhängig von der Übergangsvorschrift des § 24 GrEStG vom Anwendungsbereich der §§ 5 und 6 GrEStG erfasst sind, ist nach richtiger Ansicht eine Frage der Gesetzesauslegung.[79]

Im Wege der Gesetzesauslegung ist der heute maßgebliche, also der normative Sinn des Gesetzes zu bestimmen.[80] Dies hat ausgehend vom Wortsinn, unter Einbezug der Gesetzessystematik und des Bedeutungszusammenhangs des Gesetzes und unter Berücksichtigung der Regelungsabsichten und der konkreten Normvorstellung des historischen Gesetzgebers sowie des „fortgeschriebenen" Inhalts des Gesetzes, der heute als maßgeblich zu beachten ist (objektiv-teleologische Kriterien), zu erfolgen.[81] Dabei sind die vorgenannten Kriterien nicht isoliert, sondern in ihrem Zusammenspiel zu betrachten und zu würdigen.[82]

[77] Abdruck der Begründung zum GrEStG in Boruttau, Gewerbesteuergesetz, 2. Aufl. 1942, S. 668f.

[78] Abdruck der Begründung zum GrEStG in Boruttau, Gewerbesteuergesetz, 2. Aufl. 1942, S. 669f.

[79] Röder DStR 2023, 1085 (1092); Desens GmbHR 2023, 772 (774ff.).

[80] Larenz/Canaris, Methodenlehre der Rechtswissenschaft, 3. Aufl. 1995, S. 139.

[81] Larenz/Canaris, Methodenlehre der Rechtswissenschaft, 3. Aufl. 1995, S. 139f.

[82] Larenz/Canaris, Methodenlehre der Rechtswissenschaft, 3. Aufl. 1995, S. 140.

a) *Wortlautauslegung*

Der Wortsinn ist nicht nur Beginn der Gesetzesauslegung, sondern bestimmt auch dessen Grenze. Eine Deutung, die nicht mehr im Bereich des möglichen Wortsinnes liegt, ist nicht mehr Gesetzesauslegung (Ausdeutung), sondern wäre Umdeutung und somit Rechtsfortbildung.[83] Vom möglichen Wortsinn erfasst wird alles, was nach dem allgemeinen Sprachgebrauch oder dem maßgeblichen Sprachgebrauch des Gesetzes noch als mit diesem Ausdruck gemeint verstanden werden kann.[84]

Gemäß diesen Grundsätzen kommt es darauf an, welcher Wortsinn dem Begriff „Gesamthand (Gemeinschaft zur gesamten Hand)" im Rahmen der Anwendung der §§ 5 und 6 GrEStG zukommt. Der Begriff der Gesamthand ist nicht durch den allgemeinen Sprachgebrauch,[85] sondern durch den Sprachgebrauch des Gesetzes und der Rechtswissenschaft determiniert.

Der BFH[86] verstand unter dem Begriff Gesamthand noch bis zum Jahr 2014 die „unmittelbare dingliche Mitberechtigung der Gesamthänder am Gesellschaftsvermögen." Zwischenzeitlich betont er unter ausdrücklicher Aufgabe seiner ursprünglichen Definition, dass das Grundstück „in demselben grunderwerbsteuerlichen Zurechnungsbereich verbleibt".[87] Desens schließt daraus, dass der Begriff Gesamthandsvermögen im Sinne der §§ 5 und 6 GrEStG weiterhin eine Vermögenszuordnung nicht ausschließlich zur Gesellschaft, sondern auch zum Gesellschafter voraussetzt.[88] Desens sieht hier die Auslegungsgrenze aufgrund des Wortsinns und kommt zum Ergebnis, dass mit Inkrafttreten des MoPeG, welches das Gesellschaftsvermögen ausschließlich der Personengesellschaft zuweist, eine Einbeziehung der Personengesellschaft unter den Begriff Gesamthand nicht mehr möglich sei.[89]

Wie oben ausgeführt, war das historische Verständnis der Gesamthand im Personengesellschaftsrecht überwiegend vom Gesellschafter als anteiligen Träger des Gesamthands-/Gesellschaftsvermögens geprägt. Im Gesetzgebungsverfahren zum Bürgerlichen Gesetzbuch war jedoch nicht dieser Aspekt entscheidend, sondern es ging vielmehr darum, die Nutzung des Gesellschaftsvermögens für die Gesellschaft durch die Begrenzung der Verfügungsmöglichkeit des einzelnen Gesellschafters zu sichern. Dementsprechend wurde bereits zum Zeitpunkt der Implementierung der Gesamthand im Personengesellschaftsrecht des BGB insbesondere von Gierke die Verselbstständigung des Gesellschaftsvermögens als Wesen der Gesamthand diskutiert (→ II. 1.). Spätestens mit den Arbeiten von Flume trat der Gesellschafterverband/die Gesellschaft als solche(r) als Träger des Gesellschaftsvermögen immer mehr in den Vordergrund (→ II. 1.). Diesem Verständnis ist der

---

[83] Larenz/Canaris, Methodenlehre der Rechtswissenschaft, 3. Aufl. 1995, S. 140.

[84] Larenz/Canaris, Methodenlehre der Rechtswissenschaft, 3. Aufl. 1995, S. 140.

[85] Weder im Duden noch im Wahrig Deutsches Wörterbuch wird der Begriff Gesamthand geführt.

[86] BFH BStBl. II 2014, 329 (330).

[87] BFH DStR 2022, 1379 Rn. 1.

[88] Desens GmbHR 2023, 772 (775).

[89] Desens GmbHR 2023, 772 (775f.).

BGH in seiner Entscheidung im Januar 2001 gefolgt und hat der Personengesellschaft eigenständige Rechtsfähigkeit zuerkannt mit der Folge, dass Träger des Vermögens nicht die Gesellschafter sind, sondern die Gesellschaft selbst.[90] Der BGH hat in diesem Zusammenhang unter Verweis auf das Gesetzgebungsverfahren zum BGB ausdrücklich ausgesprochen, dass der Gesetzeswortlaut[91] der Annahme der rechtsfähigen Außen-GbR nicht entgegensteht.[92] Auch nach Inkrafttreten des MoPeG ist ein entscheidendes Merkmal der Personengesellschaft der Personenverband (→ II. 3.).

Die Bedeutung des Wortes Gesamthand im Sinne der §§ 5 und 6 GrEStG erfasst unter Berücksichtigung dieser langanhaltenden Diskussion und Rechtsentwicklung auch die Personengesellschaft mit eigener Rechtsfähigkeit. Die Aufhebung der §§ 718 und 719 BGB aF und der Regelungsinhalt des neuen § 713 BGB stehen diesem nicht entgegen. Jedenfalls kann aus der Wortlautauslegung keine Grenze dergestalt hergeleitet werden, dass mit Inkrafttreten des MoPeG die Anwendung der §§ 5 und 6 GrEStG nicht mehr möglich sei.

b) Systematische Auslegung

Weitere Kriterien der Gesetzesauslegung sind das Verständnis einzelner Sätze, Worte und Regelungen aus dem Kontext zu weiteren Regelungen derselben Norm, desselben Gesetzes oder zu anwendbaren Wertentscheidungen und Prinzipien, die gegebenenfalls in anderen Gesetzen ihren Niederschlag gefunden haben.[93]

§ 1 Abs. 1 GrEStG ordnet die Übertragung von Grundvermögen auf oder von Personengesellschaften grundsätzlich als grunderwerbsteuerpflichtigen Vorgang ein.[94] §§ 5 und 6 GrEStG bestimmen hiervon eine Ausnahme, indem sie, soweit eine Beteiligung an der Gemeinschaft besteht, eine Transparenz des Gemeinschaftsvermögens annehmen und insoweit die Grundstücksübertragung der Grunderwerbsteuerpflicht entheben. Auch das Einkommensteuerrecht kennt für das Vermögen von Personengesellschaften eine Transparenz und somit eine steuerliche Zuordnung von Vermögensgegenständen der Gesellschaft beim Gesellschafter entsprechend dessen Beteiligungsverhältnisse.[95] Dieses Transparenzprinzip für Personengesellschaften dürfte dafür sprechen, auch den Einbezug von Personengesellschaften in den Regelungsbereich der §§ 5 und 6 GrEStG zu begründen. Dass das ertragsteuerliche Transparenzprinzip auch für die Grunderwerbsteuer relevant ist, hat der Gesetzgeber unter anderen durch die Einfügung von § 5 Abs. 1 S. 2, Abs. 2 S. 2 und Abs. 3 S. 3 GrEStG zum Ausdruck gebracht. Danach wird infolge der Option nach § 1a KStG zur Körperschaftsteuer und somit der Entscheidung gegen die

[90] BGH NJW 2001, 1056; s. auch → II. 1.

[91] § 719 BGB aF spricht von einem Anteil des Gesellschafters am Gesellschaftsvermögen und an den einzelnen dazu gehörigen Gegenständen. Regelungsgegenstand der genannten Vorschrift war jedoch die Verfügungsbeschränkung des einzelnen Gesellschafters.

[92] BGH NJW 2001, 1056 (1057f.).

[93] Larenz/Canaris, Methodenlehre der Rechtswissenschaft, 3. Aufl. 1995, S. 148f.

[94] Meßbach-Hönsch in Viskorf, 20. Aufl. 2022, GrEStG § 1 Rn. 20.

[95] Kahle in Prinz/Kahle, Becksches Handbuch der Personengesellschaften, 5. Aufl. 2020, § 7 Rn. 8ff.

einkommensteuerrechtliche Transparenz der Personengesellschaft die Steuerfreistellung nach § 5 GrEStG erheblich eingeschränkt.[96]

Die mit dem Gesetz zur Modernisierung des Körperschaftsteuerrechts vom 1.7.2021[97] in §§ 5 und 6 GrEStG neu aufgenommenen Regelungen, die die ausschließlich von Personengesellschaften wahrnehmbare Option nach § 1a KStG zur Körperschaftsteuer betreffen, sprechen ebenfalls dafür, dass Personengesellschaften unter dem Begriff der Gesamthand subsumiert werden können, somit für diese der Anwendungsbereich der §§ 5 und 6 GrEStG eröffnet ist.[98] Diesem gesetzessystematischen Argument kommt allenfalls dann keine Bedeutung zu, wenn man mit Desens bei der Anwendung auf die steuerlichen Vorschriften des Grunderwerbsteuergesetzes unterscheidet zwischen der Rechtsfähigkeit der Personengesellschaften, wie sie der BGH mit dem Urteil von 2001 bestätigt hat, und der Rechtsfähigkeit von Personengesellschaften, wie sie im MoPeG im Ausdruck kommt.[99] Der Gesetzgeber des MoPeG hat indes insoweit zum Ausdruck gebracht, dass er lediglich die Rechtsprechung des BGH nachvollziehen will (→ III. 3.). Für eine unterschiedliche Behandlung vor und nach Inkrafttreten des MoPeG ist somit kein Raum. Dass der Wortsinn des Begriffs Gesamthand der Anwendung der §§ 5 und 6 GrEStG auf Personengesellschaften ab Inkrafttreten des MoPeG nicht entgegensteht, wurde bereits oben nachgewiesen (→ III. 2. a).

Gegen die Subsumption von Personengesellschaften unter den Begriff der Gesamthand könnte der mit Wirkung zum 1.1.2024 neu eingefügte § 24 GrEStG, der diesbezüglich ausdrücklich eine entsprechende Fiktion anordnet, sprechen. Mit dieser Vorschrift wird jedoch lediglich dem Risiko, dass als Ergebnis einer Gesetzesauslegung §§ 5 und 6 GrEStG nicht mehr auf Personengesellschaften Anwendung finden, vorgebeugt. Eine gesetzliche Anordnung, dass bei der hier vertretenen gegenläufigen Auslegung Personengesellschaften nicht unter dem Begriff der Gesamthand im Sinne der §§ 5 und 6 GrEStG zu fassen sind, enthält § 24 GrEStG nicht.

c) Regelungsabsicht, Zwecke und Normvorstellungen des historischen Gesetzgebers

Für die Gesetzesauslegung ist weiter von Bedeutung, welchen Zweck und welche Normvorstellungen der historische Gesetzgeber mit der auszulegenden Regelung verband.[100] Ebenso wie der Wortsinn begründet die erkennbar getroffene Wertentscheidung des historischen Gesetzgebers eine für die Gesetzesanwendung verbindliche Auslegungsgrenze.[101] Bei der Ermittlung des Willens des historischen Gesetzgebers kann die Gesetzesbegründung als Erkenntnisquelle herangezogen werden.[102] Da zwischen den die Gesetzesbegründung erstellenden Verfassern des Gesetzestextes und den maßgebenden Abgeordneten als Gesetzgebungsorgan zu unterscheiden ist, ist letztendlich jedoch die Regelungsabsicht und der Zweck des

---

[96] S. auch Viskorf in Viskorf, 20. Aufl. 2022, GrEStG § 5 Rn. 48ff.
[97] BGBl. 2021 I 2050 (2054).
[98] Röder DStR 2023, 1085 (1092f.).
[99] Desens GmbHR 2023, 772 (776).
[100] Larenz/Canaris, Methodenlehre der Rechtswissenschaft, 3. Aufl. 1995, S. 149ff.
[101] Larenz/Canaris, Methodenlehre der Rechtswissenschaft, 3. Aufl. 1995, S. 149f.
[102] Larenz/Canaris, Methodenlehre der Rechtswissenschaft, 3. Aufl. 1995, S. 141.

Gesetzes selbst maßgebend.[103] Die Gesetzesbegründung stellt folglich keine bindende Richtschnur für die Gesetzesauslegung dar.[104]

In der Gesetzesbegründung zum Grunderwerbsteuergesetz 1940, auf welches die heutigen Regelungen der §§ 5 und 6 GrEStG im Wesentlichen zurückgehen, wurden – die damalige überwiegende Meinung zum Gesamthandsprinzip aufnehmend – der Gesellschafter als Träger des Gesellschaftsvermögens hervorgehoben. Es wurde jedoch auch ausdrücklich erklärt, dass die Grundstücksübertragung von bzw. auf Personengesellschaften begünstigt werden sollen und dies als Hauptanwendungsfall der §§ 5 und 6 GrEStG benannt (→ III. 1.). Dies deckt sich auch mit der Gesetzesanwendung seitdem. Letztlich hat der historische Gesetzgeber die wirtschaftliche Entscheidung getroffen, Grundstücksübertragung von bzw. auf Personengesellschaften teilweise von der Grunderwerbsteuer freizustellen.[105] Diese Regelungsabsicht hat im Grunderwerbsteuergesetz seinen Niederschlag gefunden und wird seitdem in ständiger Gesetzesanwendung praktiziert.

Auch der Wille des historischen Gesetzgebers bestätigt die weitere Anwendung der §§ 5 und 6 GrEStG auf Personengesellschaften nach Inkrafttreten des MoPeG. Jedenfalls kann aus ihm keine gegenteilige Auffassung im Sinne einer bindenden Grenze für die Gesetzesauslegung entnommen werden.

d) Objektiv-teleologische Auslegung

Unter objektiv-teleologischer Auslegung versteht man die Gesetzesauslegung gemäß den erkennbaren Zwecken und dem Grundgedanken einer Regelung.[106]

Gesetzeszweck und Grundgedanke der §§ 5 und 6 GrEStG – wie auch seit Jahren so praktiziert – ist unter anderem die teilweise Freistellung von Grundstücksübertragungen von bzw. auf Personengesellschaften von der Grunderwerbsteuer. Die entsprechende Gesetzesanwendung erfolgte unabhängig von der zivilrechtlichen Diskussion zum Wesen der Gesamthand und der Anerkennung der Rechtsfähigkeit der Außen-GbR durch den BGH. Auch das MoPeG hat an diesem Gesetzeszweck nichts geändert. Dies gilt umso mehr, als im Rahmen des Gesetzgebungsverfahrens zum MoPeG zum Ausdruck gebracht wurde, keine Änderung der Grundsätze der Besteuerung von Personengesellschaften zu verfolgen (→ II. 3.). Es ist daher für den Gesetzesanwender nicht erklärbar, weshalb das bloße Inkrafttreten des MoPeG zu einem stark reduzierten Anwendungsbereich der §§ 5 und 6 GrEStG führen soll. Dies wäre allenfalls dann möglich, wenn die sich aus Wortlautauslegung und/oder der Auslegung nach dem Willen des historischen Gesetzgebers ergebenden Grenzen, die weitere Anwendung von §§ 5 und 6 GrEStG auf Personengesellschaften ausschließen würden. Dass dies gerade nicht der Fall ist, wurde vorstehend nachgewiesen.

[103] Larenz/Canaris, Methodenlehre der Rechtswissenschaft, 3. Aufl. 1995, S. 149f.
[104] Larenz/Canaris, Methodenlehre der Rechtswissenschaft, 3. Aufl. 1995, S. 150.
[105] Viskorf in Viskorf, 20. Aufl. 2022, GrEStG § 5 Rn. 4.
[106] Larenz/Canaris, Methodenlehre der Rechtswissenschaft, 3. Aufl. 1995, S. 153ff.

e) Zwischenfazit

Ob nach Inkrafttreten des MoPeG unabhängig von der Übergangsvorschrift des § 24 GrEStG die §§ 5 und 6 GrEStG weiter auf Personengesellschaften anzuwenden sind, ist eine Frage der Gesetzesauslegung. Wie oben nachgewiesen, führt die Gesetzesauslegung von §§ 5 und 6 GrEStG dazu, dass der dortige Gesamthandsbegriff auch nach Inkrafttreten des MoPeG weiter auf Personengesellschaften anzuwenden ist.

3. Europarechtswidrige Beihilfe

Letztendlich kann dahingestellt bleiben, ob es sich bei der weiteren Anwendung der §§ 5 und 6 GrEStG auf Personengesellschaften um eine Beihilfe im Sinne des Art. 107 AEUV handelt.[107] Von der Pflicht zur Notifizierung durch die Europäische Kommission sind sogenannte neue Beihilfen, das heißt Beihilfen die nach Inkrafttreten des EWG-Vertrags am 1.1.1958 erlassen wurden, betroffen.[108] Die Begünstigung von Grundstücksübertragungen auf bzw. von Personengesellschaften erfolgt auf der Grundlage der §§ 5 und 6 GrEStG bereits seit dem Grunderwerbsteuergesetz 1940. Diese Vorschriften finden insoweit in ihrer ursprünglichen Fassung auch nach Inkrafttreten des MoPeG weiter auf Personengesellschaften Anwendung. Eine notifizierungspflichtige neue Beihilfe liegt somit nicht vor.

4. Verstoß gegen Art. 3 GG

Die weitere Anwendung der §§ 5 und 6 GrEStG auf Personengesellschaften stellt auch keinen Verstoß gegen das Gleichbehandlungsgebot des Art. 3 GG dar. Zwar unterliegen Grundstücksübertragungen zwischen Kapitalgesellschaften und ihren Gesellschaftern nicht einer entsprechenden Befreiung von der Grunderwerbsteuer. Jedoch auch nach Anerkennung der Rechtsfähigkeit von Personengesellschaften, die damit Träger des Gesellschaftsvermögens sind, bestehen weiter Unterschiede zwischen Personengesellschaften und Kapitalgesellschaften, wie zB der die Personengesellschaft charakterisierende Grundsatz des Sozietätsmodels,[109] die grundsätzlich bestehende persönliche Haftung der Gesellschafter von Personengesellschaften für Gesellschaftsverbindlichkeiten[110] oder die Transparenz zwischen Personengesellschaft und Gesellschafter im Rahmen der Ertragsbesteuerung einschließlich der Zusammenrechnung von Vermögen der Personengesellschaft und des (Sonderbetriebs-)Vermögens des Gesellschafters. Dies gilt auch nach Inkrafttreten des MoPeG. Diese Unterschiede sollten nach wie vor ausreichende sachliche Gründe sein, die die unterschiedliche Behandlung von Personengesellschaften und Kapitalgesellschaften im Rahmen der Grunderwerbsteuer rechtfertigen, so dass ein Verstoß gegen Art. 3 GG ausscheidet.[111]

---

[107] S. hierzu Desens GmbHR 2023, 772 (777 f.).

[108] Desens GmbHR 2023, 772 (778).

[109] Könen in Koch, Personengesellschaftsrecht, 2024, BGB § 708 Rn. 35.

[110] S. BGH NJW 2001, 1056 (1061); § 721 BGB, § 126 HGB (§ 128 HGB aF), §§ 161 Abs. 2, 171 Abs. 1 HGB.

[111] Vgl. BVerfG NZG 2017, 828 Rn. 111 ff.; aA Desens GmbHR 2023, 772 (780); Röder DStR 2023, 1085 (1093); wohl auch Schall NZG 2021, 494 (496).

IV. Fazit

Auch nach Inkrafttreten des MoPeG sind die §§ 5 und 6 GrEStG weiter auf Personengesellschaften anwendbar und zwar unabhängig von der Fiktionsanordnung des § 24 GrEStG. Dies folgt aus der Gesetzesauslegung von §§ 5 und 6 GrEStG und insbesondere des dortigen Begriffs der Gesamthand. Aufgrund der erheblichen Rechtsunsicherheiten, die aus anderweitigen Literaturauffassungen und den Stellungnahmen des Bundesfinanzministeriums im Rahmen der Gesetzgebungsverfahren zum Grunderwerbsteuer-Novellierungsgesetz und zum Wachstumschancengesetz folgen, ist dennoch eine gesetzliche Klarstellung, die die weitere Anwendbarkeit über den 1.1.2027 hinaus absichert, wünschenswert.

Da Grunderwerbsteuerbelastungen eines der Haupthindernisse für konzerninterne Umstrukturierungen sind, sollte de lege ferenda insoweit eine rechtsformneutrale und über die bisherige Regelung des § 6a GrEStG hinausgehende Steuerfreistellung eingeführt werden. Aus Praxissicht ist die Neufassung von § 5 GrEStG, wie im Diskussionsentwurf zum Grunderwerbsteuer-Novellierungsgesetz vorgesehen, hierfür eine gute Ausgangsbasis.

BARBARA GRUNEWALD

Der Ausschluss aus der Zwei-Personen-GmbH im Wege der Gesellschafterklage, ein Sonderfall oder Ausdruck einer allgemeinen Regel?

I. Fragestellung

Vor kurzem hat der BGH[1] einen Fall entschieden, in dem es um den Ausschluss eines Gesellschafters aus wichtigem Grund aus einer Zwei-Personen-GmbH ging. Der Gesellschaftsvertrag enthielt keine den Ausschluss eines Gesellschafters oder die Einziehung eines Geschäftsanteils betreffende Regelung. Kläger war einer der beiden Gesellschafter, nicht die GmbH. Der BGH entschied, dass der Kläger unter den Voraussetzungen der actio pro socio die Ausschlussklage erheben kann. Damit stellt sich die Frage, ob diese Entscheidung nur für die Zwei-Personen-GmbH oder für alle Gesellschaften gilt und ob auch weitere Fälle, die eigentlich das Rechtsverhältnis der Gesellschafter untereinander betreffen, auf diesem Weg gelöst werden können.

II. Die Entscheidung des BGH

Der Sachverhalt, der dem Urteil des BGH zugrunde lag, ist schnell berichtet: Kläger und Beklagter sind Gesellschafter der Nebenintervenientin, einer GmbH. Beide sind mit 50% beteiligt. Der Kläger beantragte den Ausschluss des Beklagten aus wichtigem Grund. Der Gesellschaftsvertrag enthielt weder eine Regelung über den Ausschluss von Gesellschaftern noch über die Einziehung von Geschäftsanteilen.

Der BGH entschied, dass der Kläger prozessführungsbefugt sei. Zwar sei die Ausschließungsklage eigentlich von der GmbH zu erheben. Doch könne der Gesellschafter einer Zwei-Personen-GmbH unter den Voraussetzungen der actio pro socio im eigenen Namen auf Ausschließung seines Mitgesellschafters klagen. Zwar bestehe – so der BGH wörtlich –

„grundsätzlich ein Vorrang der inneren Zuständigkeitsordnung der Gesellschaft, der jedoch entfällt, wenn eine Klage der Gesellschaft undurchführbar, durch den Schädiger selbst vereitelt worden oder in Folge der Machtverhältnisse der Gesellschaft so erschwert ist, dass es für den betroffenen Gesellschafter ein unzumutbarer Umweg wäre, müsste er die Gesellschaft erst zu einer Klage zwingen."

[1] BGH 11.7.2023 – II ZR 116/21, NJW 2023, 3164.

Diese Voraussetzungen seien im vorliegenden Fall erfüllt. Denn wie die organschaftliche Vertretung der GmbH zu erfolgen habe, sei Gegenstand mehrerer Gerichtsverfahren, in denen u. a. über die Abberufung des Geschäftsführers sowie über die Bestellung neuer Geschäftsführer gestritten werde. Das Amtsgericht hatte zwar einen Notgeschäftsführer mit einem beschränkten Aufgabenkreis bestellt, der die Vertretung der Gesellschaft in Gerichtsprozessen umfasst. Gegen die Bestellung hatten aber beide Parteien Beschwerde eingelegt.

III. Die Grundstruktur der Gesellschafterklage

Die Entscheidung nennt die Voraussetzungen einer Gesellschafterklage: Da der Kläger ein fremdes Recht im eigenen Namen geltend macht, liegt ein Fall der Prozessstandschaft vor. Der Gesetzgeber des MoPeG hat dies für die Personengesellschaften in § 715b Abs. 1 S. 1 BGB klargestellt.[2] Für die GmbH kann nichts anderes gelten.[3] Ebenso zutreffend wird in dem Urteil des BGH gesagt, dass eine solche Klage nicht stets zulässig ist, da sie die gesellschaftsvertraglich vereinbarte Zuständigkeit für die Geltendmachung der Rechte der GmbH – die natürlich beim Geschäftsführer liegt – durchbricht. Auch dies ist in § 715b Abs. 1 S. 1 BGB kodifiziert und entspricht auch für die GmbH der allgemeinen Meinung.[4]

Gemäß § 715b Abs. 1 S. 1 BGB ist die Gesellschafterklage des Weiteren nur zulässig, wenn „der dazu berufene geschäftsführende Gesellschafter" – übertragen auf die GmbH also der Geschäftsführer – „dies (gemeint ist die gerichtliche Durchsetzung des Anspruchs) pflichtwidrig unterlässt". In der Entscheidung des BGH wird diese Formulierung des Gesetzes nicht aufgegriffen. Vielmehr wird darauf abgestellt, ob die Klage der Gesellschaft so erschwert ist, dass es für den betroffenen Gesellschafter unzumutbar ist, die GmbH zur Klage zu zwingen. Ob diese Formulierungen zu unterschiedlichen Ergebnissen führen, wird zu klären sein (→ V.).

---

[2] Siehe Begründung zum Gesetzentwurf der Bundesregierung, BT-Drs. 19/27635, 154.

[3] So auch Bayer in Lutter/Hommelhoff, 21. Aufl. 2023, GmbHG § 13 Rn. 54; Ebbing in Michalski/Heidinger/Leible/J. Schmidt, 3. Aufl. 2017, GmbHG § 14 Rn. 95; Fastrich in Noack/Servatius/Haas, 23. Aufl. 2022, GmbHG § 13 Rn. 37; Merkt in MüKoGmbHG, 4. Aufl. 2022, GmbHG § 13 Rn. 331; aA Altmeppen, 10. Aufl. 2021, GmbHG § 13 Rn. 17; Raiser in Habersack/Casper/Löbbe, 3. Aufl. 2019, GmbHG § 14 Rn. 58.

[4] Statt aller Altmeppen, 10. Aufl. 2021, GmbHG § 13 Rn. 22; Ebbing in Michalski/Heidinger/Leible/J. Schmidt, 3. Aufl. 2017, GmbHG § 14 Rn. 104; Fastrich in Noack/Servatius/Haas, 23. Aufl. 2022, GmbHG § 13 Rn. 39; Merkt in MüKoGmbHG, 4. Aufl. 2022, GmbHG § 13 Rn. 339; einschränkend Raiser in Habersack/Casper/Löbbe, 3. Aufl. 2019, GmbHG § 14 Rn. 59 ff.

IV. Die Gesellschafterklage zur Durchsetzung des Ausschlusses eines Gesellschafters

1. Zwei-Personen- und Mehr-Personen-GmbH

In der Entscheidung des BGH ging es um eine GmbH mit zwei Gesellschaftern, eine Konstellation, in der die Gesellschafterklage wegen der stets drohenden Pattsituation unter den Gesellschaftern sowie der Abhängigkeit der Geschäftsführung von den Gesellschaftern besonders häufig relevant wird. Das hat in der Literatur zu der Annahme geführt, dass die Ausschließung aus einer GmbH durch die Gesellschafterklage auf Zwei-Personen-Gesellschaften beschränkt sei.[5] Das Urteil des BGH trifft insoweit keine klare Aussage, was auch nicht erforderlich war, da eine Zwei-Personen-Gesellschaft betroffen war.

Es besteht aber kein Anlass, in Ausschlussfällen die Gesellschafterklage auf Zwei-Personen-GmbHs zu beschränken.[6] Die Interessenlage ist nicht anders, wenn dem Kläger ein Block aus mehreren Gesellschaftern gegenübersteht – wie es insbesondere in Familiengesellschaften nicht selten ist. Demgemäß wird im Bereich der Gesellschafterklage auch sonst nicht danach unterschieden, ob die GmbH zwei oder mehr Gesellschafter hat. Es geht um die Durchsetzung eines Anspruchs der Gesellschaft, der aus unsachlichen Gründen von der Geschäftsführung der Gesellschaft nicht in die Hand genommen wird. Mit der Zahl der Gesellschafter hat das nichts zu tun.

2. Der Gesellschafterbeschluss

Der Erhebung der Gesellschafterklage geht regelmäßig ein Beschluss der Gesellschafter in Bezug auf die Frage, ob geklagt werden soll, voraus.[7] Ein Gesellschafter, gegen den sich eine Ausschlussklage aus wichtigem Grund richten soll, hat insoweit kein Stimmrecht. Soll gegen mehrere Gesellschafter aus demselben Grund vorgegangen werden, haben sie auch in Bezug auf die gegen den jeweils anderen gerichtete Klage kein Stimmrecht.[8] Hier zeigt sich, dass auch in einer Gesellschaft mit mehr als zwei Gesellschaftern die Ausschlussklage im Wege der Prozessstand-

---

[5] Habersack in Habersack/Casper/Löbbe, 3. Aufl. 2020, GmbHG Anh. § 34 Rn. 33; Strohn in MüKoGmbHG, 4. Aufl. 2022, GmbHG § 34 Rn. 176, die für die Zwei-Personen-GmbH ein Vorgehen vergleichbar der actio pro socio befürworten; Ebbing in Michalski/Heidinger/Leible/J. Schmidt, 3. Aufl. 2017, GmbHG Anh. § 34 Rn. 28 erwähnt die actio pro socio nur für die Zwei-Personen-GmbH.

[6] So auch K. Schmidt, Gesellschaftsrecht, 4. Aufl. 2002, § 35 VI. 2. c (S. 1062).

[7] Nach herrschender Meinung ist ein solcher Beschluss im Grundsatz stets erforderlich: Altmeppen, 10. Aufl. 2021, GmbHG § 13 Rn. 22; Bayer in Lutter/Hommelhoff, 21. Aufl. 2023, GmbHG § 13 Rn. 55; Ebbing in Michalski/Heidinger/Leible/J. Schmidt, 3. Aufl. 2017, GmbHG § 14 Rn. 104; Fastrich in Noack/Servatius/Haas, 23. Aufl. 2022, GmbHG § 13 Rn. 39; Merkt in MüKoGmbHG, 4. Aufl. 2022, GmbHG § 13 Rn. 339; aA Raiser in Habersack/Casper/Löbbe, 3. Aufl. 2019, GmbHG § 14 Rn. 16, der nur eine Gelegenheit zur Stellungnahme fordert.

[8] BGH NZG 2009, 707 Rn. 30 (Abberufung von Geschäftsführern); Altmeppen, 10. Aufl. 2021, GmbHG § 47 Rn. 135; Drescher in MüKoGmbHG, 4. Aufl. 2023, GmbHG § 47 Rn. 193; Hüffer in Habersack/Casper/Löbbe, 3. Aufl. 2020, GmbHG § 47 Rn. 187; Kleindiek in Lutter/Hommelhoff, 21. Aufl. 2023, GmbHG § 34 Rn. 123; Römermann in Michalski/Heidinger/

schaft für Minderheitsgesellschafter relevant werden kann. Mehrheitsgesellschafter werden demgegenüber eher den Geschäftsführer anweisen, die Ausschlussklage zu erheben, um so das mit einer Gesellschafterklage verbundene, sie persönlich treffende Kostenrisiko zu vermeiden.

In Bezug auf die erforderliche Mehrheit für den Beschluss vor Erhebung der Gesellschafterklage geht die herrschende Meinung davon aus, dass die einfache Mehrheit genügt.[9] Betrachtet man den hier zur Diskussion stehenden Fall der Ausschlussklage, ergibt sich damit eine Diskrepanz zur jedenfalls bislang vom BGH vertretenen Meinung. Zwar war der BGH auch schon vor dem hier diskutierten Urteil der Ansicht, dass ein Ausschluss eines Gesellschafters aus wichtigem Grund auch dann möglich ist, wenn sich in der Satzung der GmbH keine entsprechende Regelung findet. Voraussetzung dafür war aber, dass die Gesellschafter mit einer 3/4-Mehrheit den Beschluss fassten, dass diese Klage erhoben werden soll.[10] Begründet wurde dies mit der Nähe der Ausschlussklage zum Auflösungsbeschluss nach § 60 Abs. 1 Nr. 2 GmbHG, der mit einer 3/4-Mehrheit gefasst werden muss.

Diese Argumentation war schon immer angreifbar,[11] da ein Ausschluss gerade nicht zur Auflösung der Gesellschaft führt und daher eine entsprechende Parallele auch nicht gezogen werden kann. Sie sollte daher auch nicht auf die Beschlussfassung vor Erhebung einer Gesellschafterklage gerichtet auf Ausschluss eines Mitgesellschafters übertragen werden, zumal das Kostenrisiko bei der Gesellschafterklage bei dem klagenden Gesellschafter und nicht bei der Gesellschaft liegt. Auch der Schutz des von der Ausschlussklage betroffenen Gesellschafters erfordert eine so hohe Mehrheit nicht. Denn schließlich kommt es nur dann zum Verlust der Gesellschafterstellung, wenn tatsächlich ein wichtiger Grund dem weiteren Verbleib des Gesellschafters in der GmbH entgegensteht. Zudem können andere im Wege der Gesellschafterklage unstreitig durchsetzbare Ansprüche einen Gesellschafter ebenfalls hart treffen – etwa wenn es um eine Schadensersatzklage geht. Gleichwohl reicht auch in diesen Fällen die einfache Mehrheit für die Erhebung der Gesellschafterklage aus. Auch eventuell gegen den Ausschluss stimmende Mitgesellschafter sind nur eingeschränkt schutzwürdig. Da der Ausschluss einen wichtigen Grund voraussetzt, ist es kaum denkbar, dass anerkennenswerte Gründe gegen die Erhebung der Ausschlussklage sprechen.

Leible/J. Schmidt, 3. Aufl. 2017, GmbHG § 47 Rn. 268; Seibt in Scholz, 13. Aufl. 2022, GmbHG Anh. § 34 Rn. 40.

[9] Dies soll aus einer Parallele von § 46 Nr. 2 GmbHG und § 46 Nr. 8 GmbHG sich ergeben: Altmeppen, 10. Aufl. 2021, GmbHG § 13 Rn. 21; Bayer in Lutter/Hommelhoff, 21. Aufl. 2023, GmbHG § 13 Rn. 55; Fastrich in Noack/Servatius/Haas, 23. Aufl. 2022, GmbHG § 13 Rn. 39; Merkt in MüKoGmbHG, 4. Aufl. 2022, GmbHG § 13 Rn. 338.

[10] BGHZ 9, 157 (177); BGHZ 153, 285 (288); NZG 2003, 284 (285); zustimmend Kersting in Noack/Servatius/Haas, 23. Aufl. 2022, GmbHG Anh. § 34 Rn. 9; Ulmer/Habersack in Habersack/Casper/Löbbe, 3. Aufl. 2020, GmbHG § 34 Rn. 25; Strohn in MüKoGmbHG, 4. Aufl. 2022, GmbHG § 34 Rn. 163; Kleindiek in Lutter/Hommelhoff, 21. Aufl. 2023, GmbHG § 34 Rn. 121.

[11] Für eine einfache Mehrheit K. Schmidt, Gesellschaftsrecht, 4. Aufl. 2002, § 35 VI. 2. c; Seibt in Scholz, 13. Aufl. 2022, GmbHG Anh. § 34 Rn. 39.

Ergeht ein Beschluss, der es ablehnt, die Ausschlussklage zu erheben, muss ein Gesellschafter, der gleichwohl im Wege der Gesellschafterklage vorgehen will, erst diesen Beschluss anfechten.[12] Das ist mühsam, aber dem Umstand geschuldet, dass die innere Zuständigkeitsordnung in der GmbH im Prinzip zu wahren ist.

In der Zwei-Personen-GmbH macht es allerdings keinen Sinn, einen Gesellschafterbeschluss vor Erhebung der actio pro socio zu fordern.[13] Denn es ist von vorneherein klar, dass der Betroffene behaupten wird, es bestehe kein Anlass für die gegen ihn gerichtete Klage, und er habe daher sehr wohl ein Stimmrecht, und ebenso klar ist, dass sein Mitgesellschafter dies anders sehen wird. Daher kann auf dieses Vorgeplänkel verzichtet werden. Der BGH erwähnt ein Beschlusserfordernis in der eingangs geschilderten Entscheidung nicht einmal. Auch in ähnlich gelagerten Fällen (zB Gesellschafterversammlung wird pflichtwidrig überhaupt nicht tätig, Mehrheitsverhältnisse sind so, dass mit einem zustimmenden Beschluss sowieso nicht zu rechnen ist; Verjährung droht) wird so entschieden.[14]

V. Gesellschafterklage in ähnlichen Fällen

In der eingangs geschilderten Entscheidung des BGH wird ausführlich begründet, warum auch ein Ausschluss aus wichtigem Grund im Wege der Gesellschafterklage durchgesetzt werden kann. Das Urteil weist daraufhin, dass die Gesellschafterklage „die Gesellschafter auch vor Beeinträchtigungen durch eine unrechtmäßige Einflussnahme auf die Geschäftsführung bei der Verfolgung von aus der gesellschafterlichen Treuepflicht erwachsenden Ansprüchen schützen" solle. Ob es sich dabei um die Treuepflicht der Gesellschafter untereinander oder eines Gesellschafters gegenüber der GmbH handelt, bleibt offen.

Die Ausführungen des BGH sind auf den Hintergrund zu sehen, dass die Erhebung einer Ausschlussklage im Wege der actio pro socio nicht der Normalfall der Gesellschafterklage ist. Zwar entspricht es allgemeiner Meinung, dass die Ausschlussklage im Regelfall von der GmbH erhoben werden muss,[15] so dass die Gesellschafterklage, die ja auf die Durchsetzung von Ansprüchen der Gesellschaft gerichtet ist, problemlos einschlägig sein müsste. Aber bei Lichte besehen geht es bei einer Ausschlussklage zumindest auch um eine Abänderung des Gesellschaftsvertrages – ein Gesellschafter soll ausscheiden –, die eigentlich das Rechtsverhältnis der

[12] Altmeppen, 10. Aufl. 2021, GmbHG § 13 Rn. 24; Fastrich in Noack/Servatius/Haas, 23. Aufl. 2022, GmbHG § 13 Rn. 39; Merkt in MüKoGmbHG, 4. Aufl. 2022, GmbHG § 13 Rn. 338f.

[13] Ebenso Bayer in Lutter/Hommelhoff, 21. Aufl. 2023, GmbHG § 13 Rn. 55; Merkt in MüKoGmbHG, 4. Aufl. 2022, GmbHG § 13 Rn. 338.

[14] Siehe BGH NZG 2005, 216; Bayer in Lutter/Hommelhoff, 21. Aufl. 2023, GmbHG § 13 Rn. 55; Ebbing in Michalski/Heidinger/Leible/J. Schmidt, 3. Aufl. 2017, GmbHG § 14 Rn. 102; Fastrich in Noack/Servatius/Haas, 23. Aufl. 2022, GmbHG § 13 Rn. 39; Merkt in MüKo-GmbHG, 4. Aufl. 2022, GmbHG § 13 Rn. 338.

[15] BGHZ 9, 157 (177); Kersting in Noack/Servatius/Haas, 23. Aufl. 2022, GmbHG Anh. § 34 Rn. 88; Kleindiek in Lutter/Hommelhoff, 21. Aufl. 2023, GmbHG § 34 Rn. 124; Merkt in MüKoGmbHG, 4. Aufl. 2022, GmbHG § 13 Rn. 177.

Gesellschafter untereinander betrifft. Im Recht der Personenhandelsgesellschaften wird daher die Ausschlussklage von den Mitgesellschaftern und nicht von der OHG/KG erhoben (§ 134 HGB).

Damit stellt sich die Frage, ob auch in anderen Fällen statt einer Klage gegen die Mitgesellschafter auf den Weg der actio pro socio ausgewichen werden kann. Für den Fall, dass ein im Gesellschaftsvertrag vorgesehener Ausschluss ohne wichtigen Grund durchgesetzt werden soll (etwa Ausschluss eines familienfremden Erben bei entsprechender Regelung im Gesellschaftsvertrag), ist dies sicher zu bejahen. Denn die Grundstruktur der Ausschlussklage ändert sich nicht allein deshalb, weil der Grund der Ausschließung ein anderer ist. Wenn es um die typischen Fälle der Abänderung des Gesellschaftsvertrages geht, ist das weniger klar. Zu denken wäre etwa an die Begrenzung von Sonderrechten eines Gesellschafters. Konkret: Wie muss ein Gesellschafter vorgehen, wenn er den Verzicht seines Mitgesellschaftes auf ein Sonderrecht, zB auf Beteiligung an der Geschäftsführung oder auf ein Gewinnvoraus, erreichen will?

Erforderlich ist in diesen Fällen eine Satzungsänderung,[16] also im Konfliktfall eine Anfechtungsklage gegen den ablehnenden Beschluss kombiniert mit einer positiven Beschlussfeststellungsklage und eine Klage gegen den durch das Sonderrecht privilegierten Gesellschafter.[17] Das ist im Regelfall ein praktikabler Weg. Doch bleibt damit die Frage unbeantwortet, ob in den Fällen, in denen dieser Weg nicht gangbar ist, unter den Voraussetzungen der Gesellschafterklage ausnahmsweise eine actio pro socio gerichtet auf Zustimmung zur Vertragsänderung möglich ist. Ein solches Vorgehen ist insbesondere in den Fällen von praktischer Relevanz, in denen die Gesellschafterklage ohne vorherigen Gesellschafterbeschluss erhoben werden kann, also beispielsweise, wenn die Gesellschafterversammlung überhaupt nicht tätig wird (→ IV.).

Meines Erachtens sollte diese Frage bejaht werden. Auch in den Fällen, in denen eine Pflicht zur Zustimmung zu einer Vertragsänderung besteht, lässt sich sagen, dass der Gesellschafter diese Zustimmung auch der Gesellschaft aufgrund seiner Treuepflicht im Verhältnis zur GmbH schuldet und dass dieser Anspruch daher ebenfalls nach den Regeln der actio pro socio durch andere Gesellschafter durchgesetzt werden kann. Denn schließlich greift diese Möglichkeit nur, wenn der reguläre Weg zur Erwirkung der Vertragsänderung nicht offensteht, was nur selten der Fall sein wird (→ VI.). Auch wird die Klage nur Erfolg haben, wenn die Voraussetzungen der Zustimmungspflicht erfüllt sind. Niemand kann aber ein schützenswertes Interesse daran haben, in diesen Fällen dem Gesellschafter einen praktisch gangbaren Weg zur Durchsetzung der Vertragsänderung unter Hinweis auf einen unzumutbaren anderen Weg zu versperren.

---

[16] Raiser in Habersack/Casper/Löbbe, 3. Aufl. 2019, GmbHG § 14 Rn. 35; Seibt in Scholz, 13. Aufl. 2022, GmbHG § 14 Rn. 35.

[17] Harbarth in MüKoGmbHG, 4. Aufl. 2020, GmbHG § 53 Rn. 124; Noack in Noack/Servatius/Haas, 23. Aufl. 2022, GmbHG § 53 Rn. 35.

VI. Unterschiede in den Voraussetzungen der Gesellschafterklage bei Personengesellschaften und GmbH?

In § 715b Abs. 1 S. 1 BGB heißt es, dass die Gesellschafterklage eröffnet ist, „wenn der dazu berufene geschäftsführungsbefugte Gesellschafter dies (gemeint die Klageerhebung) pflichtwidrig unterlässt“. Demgegenüber stellt der BGH im eingangs geschilderten Urteil unter Bezugnahme auf eine bereits in früheren Urteilen entwickelte Formulierung darauf ab, dass „eine Klage der Gesellschaft undurchführbar, durch den Schädiger selbst vereitelt worden oder in Folge der Machtverhältnisse der Gesellschaft so erschwert ist, dass es für den betroffenen Gesellschafter ein unzumutbarer Umweg wäre, müsste er die Gesellschaft erst zu einer Klage zwingen“.[18]

Das ist nicht dasselbe. Dies zeigt gerade der hier zur Diskussion stehende Fall. Vom Gericht war ein Notgeschäftsführer bestellt worden, wogegen allerdings beide Parteien Beschwerde eingelegt hatten. Warum dieser Notgeschäftsführer nicht aktiv geworden war, sagt das Urteil nicht. Daher bleibt auch offen, ob er pflichtwidrig gehandelt hatte oder nicht.

Gleichwohl sollte man nicht davon ausgehen, dass die Voraussetzungen der Gesellschafterklage bei Personengesellschaften anders ausgestaltet sind als in der GmbH. Auch in BGB-Gesellschaft, OHG und KG muss in den Fällen, in denen die Formulierung, die der BGH für die GmbH entwickelt hat, eingreift, die Gesellschafterklage gegeben sein. Denn, wie in dem Urteil zutreffend gesagt wird, geht es in der Sache darum, dass die „actio pro socio [...] die Gesellschafter auch vor Beeinträchtigungen durch eine unrechtmäßige Einflussnahme bei der Verfolgung von aus der gesellschafterlichen Treuepflicht erwachsenden Ansprüche schützen“ soll. Daher entfällt der „Vorrang der inneren Zuständigkeitsordnung der Gesellschaft [...], wenn eine Klage infolge der Machtverhältnisse der Gesellschaft so erschwert ist [...], dass die Erzwingung der Klage durch die Gesellschaft für den betroffenen Gesellschafter ein unzumutbarer Umweg wäre.“ Es ist kein Grund ersichtlich, warum dies in der Personengesellschaft anders sein sollte, zumal die persönliche Verpflichtung der Gesellschafter untereinander eher enger als in der GmbH ist. So kann beispielsweise in einer GmbH & Co. KG die Geltendmachung eines Anspruchs der KG unterbleiben, weil – ähnlich zu dem eingangs geschilderten Fall – die Vertretungsverhältnisse in der Komplementär-GmbH unklar sind. Die in § 715b Abs. 1 S. 1 BGB angesprochene Pflichtwidrigkeit des geschäftsführenden Gesellschaftes nennt daher zwar den häufigsten Fall, in dem die Gesellschafterklage zulässig ist, sie ist aber offen für Analogien. Umgekehrt kann auch in der GmbH davon ausgegangen werden, dass die Gesellschafterklage eröffnet ist, wenn die Geschäftsführung die Durchsetzung des Anspruchs „pflichtwidrig“ unterlässt.[19] Dieser Fall ist eigentlich nur ein Beispiel für die vom BGH gewählte Formulierung, nach der die Klage gegen die GmbH – gerichtet auf die Durchsetzung des Anspruchs – für einen Gesellschafter einen unzumutbaren Umweg beinhalten würde.

---

[18] BGH NJW 2023, 3164 (3166).

[19] So § 715b Abs. 1 S. 1 BGB.

VII. Zusammenfassung

1. Die Klage auf Ausschluss eines GmbH-Gesellschafters kann im Wege der actio pro socio erhoben werden. Dies gilt für jede GmbH, nicht nur für die Zwei-Personen-Gesellschaft.
2. Zuvor muss – sofern nicht eine Zwei-Personen-GmbH betroffen ist oder ein anderer Ausnahmefall gegeben ist – ein Beschluss, gerichtet auf Durchsetzung des Ausschlusses durch die Gesellschaft, gefasst werden. Dieser Beschluss bedarf lediglich der einfachen Mehrheit. Dies gilt auch, wenn eine Ausschlussklage erhoben werden soll.
3. Im Wege der Gesellschafterklage kann auch ein Anspruch auf Änderung des Gesellschaftsvertrages durchgesetzt werden.
4. Voraussetzung der Gesellschafterklage ist entweder, dass der Geschäftsführer die Geltendmachung des Anspruchs pflichtwidrig unterlässt oder eine Klage der Gesellschaft undurchführbar, durch den Schädiger selbst vereitelt worden oder in Folge der Machtverhältnisse in der Gesellschaft ein unzumutbarer Umweg wäre. Dies gilt sowohl für Personengesellschaften wie auch für eine GmbH.

GILBERT HÄFNER

Der konkludente Maklervertrag – oft eine Willensfiktion?

I. *Einführung*

Angesichts der in den Jahren 2002–2022 rasant gestiegenen Immobilienpreise wird der Erwerb von Wohneigentum insbesondere für junge Menschen ohne beträchtliches Vermögen immer schwieriger. Die Politik hat die Brisanz dieser Entwicklung erkannt und erörtert immer wieder Vorschläge, wie der Erwerb eines Eigenheims erleichtert werden könnte. Neben der Diskussion über neue staatliche Förderprogramme und eine Senkung der Grunderwerbssteuer (durch die Bundesländer) geraten dabei immer mehr auch die so genannten Erwerbsnebenkosten in den Blick, also die Notar- und Grundbuchkosten und die Maklerprovisionen. Vergleiche der in Deutschland üblichen Makler-Provisionssätze mit denjenigen anderer europäischer oder außereuropäischer Länder zeigen nämlich, dass die hierzulande üblichen Provisionssätze für Immobilienmakler im internationalen Vergleich im oberen Bereich liegen.[1]

Mit dem *Gesetz über die Verteilung der Maklerkosten bei der Vermittlung von Kaufverträgen über Wohnungen und Einfamilienhäuser* vom 12.6.2020, das am 23.12.2020 in Kraft getreten ist, hat der Gesetzgeber einen ersten Anlauf zur Eindämmung der von den Käufern bei derartigen Käufen zu zahlenden Maklerkosten unternommen. Neben der in §§ 656c und 656d BGB vorgeschriebenen Provisionsteilung[2] ist ein – weiterer – Baustein der Regelungen die Einführung eines *bereichsspezifischen Formzwanges:* Maklerverträge, die den Nachweis oder die Vermittlung des Abschlusses eines Kaufvertrages über eine Wohnung oder ein Einfamilienhaus betreffen, bedürfen nach dem neu eingefügten § 656a BGB seit 23.12.2020 der *Textform.* Das zuvor für Maklerverträge betreffend den Nachweis oder die Vermittlung eines Mietvertrages über eine Wohnung eingeführte Bestellerprinzip (das in einigen Ländern auch für Maklerverträge über den Verkauf/Ankauf von Immobilien gilt)[3] wurde in Deutschland nicht auf Immobilienkäufe ausgedehnt.

Bis zum Inkrafttreten der Neuregelung am 23.12.2020 konnten Maklerverträge auch betreffend Einfamilienhäuser und Wohnungen formfrei, also auch mündlich,

---

[1] Bericht des Wissenschaftlichen Dienstes des Bundestages vom 27.8.2018 – WD 7-3000-162/18: Die Maklerprovision in ausgewählten europäischen Ländern; abrufbar unter wd-7-162-18-pdf-data.pdf (bundestag.de).

[2] In der Gesetzesbegründung heißt es dazu auf Seite 1: Es soll verhindert werden, dass Maklerkosten, die vom Verkäufer verursacht wurden und vor allem in seinem Interesse angefallen sind, im Kaufvertrag vollständig oder zu einem überwiegenden Anteil dem Käufer aufgebürdet werden.

[3] Siehe Fn. 1.

abgeschlossen werden. Vor allem aber führte der von der Rechtsprechung anerkannte *konkludente Abschluss eines Maklervertrages* durch schlüssiges Verhalten zu zweifelhaften Ergebnissen, wie im Folgenden gezeigt werden soll. Diese Rechtsprechung hat die Inanspruchnahme von Maklerleistungen durch den Kunden in Kenntnis einer Provisionserwartung des Maklers weitgehend als – unausgesprochene – Willenserklärung des Kunden, gerichtet auf die Annahme eines meist im Exposee angebotenen Maklervertrages, gewertet. Dieses Konstrukt des konkludenten Vertragsschlusses hat dazu beigetragen, dass eine Verhandlung über die Höhe der Provision in vielen Fällen praktisch nicht stattfand. Der Kunde ahnte zwar meist, dass er eine Provision zahlen müsse, erwartete jedoch, dass man dies noch vereinbaren und die Höhe noch aushandeln müsse. Dass er jedoch ohne jede dahingehende Unterschrift oder Erklärung bereits einen – auch hinsichtlich der Provisionshöhe – bindenden Vertrag geschlossen hatte und es damit für eine Verhandlung über die Provisionshöhe zu spät war, kam für viele Kunden überraschend. Dieser Umstand erleichterte den Maklern die „Durchsetzung" von Provisionssätzen, die wohl deutlich höher lagen als es bei diesbezüglichen Verhandlungen zwischen Maklerkunde und Makler der Fall gewesen wäre.

Mit der Einführung des bereichsspezifischen Formzwanges wird im Geltungsbereich des § 656a BGB, also *bei Verträgen über Wohnungen und Einfamilienhäuser,* der *konkludente Abschluss eines Maklervertrages nicht mehr möglich* sein. Sein Anwendungsbereich wird daher im Immobilienbereich künftig auf Grundstücke, Mehrfamilienhäuser und Gewerbeobjekte beschränkt sein.

Auch wenn damit die Bedeutung des Instrumentes des konkludenten Maklervertrages deutlich abgeschwächt wurde, schon weil die Käufer derartiger Objekte meist geschäftserfahren sind, soll in dieser Betrachtung untersucht werden, wann ein solcher konkludenter Vertragsschluss angenommen werden kann, wie die Rechtsprechung zu diesem Komplex zu bewerten ist und welche Auswirkungen das Instrument hat.

II. Die Rechtsprechung zum konkludenten Maklervertrag

Soweit nicht der bereichsspezifische Formzwang insbesondere des § 656a BGB greift,[4] kann ein Maklervertrag sowohl schriftlich als auch mündlich geschlossen werden. Eine bestimmte Form ist dann nicht vorgeschrieben. Damit kommt auch ein konkludenter Vertragsschluss durch schlüssiges Verhalten in Betracht. Die Frage,

[4] Ebenfalls Schriftformerfordernis gilt bei Verträgen über die Vermittlung von *Mietverträgen über Wohnraum,* § 2 Abs. 1 S. 2 WoVermG. Ein Formerfordernis für den Maklervertrag kann sich außerdem *aus dem Schutzzweck der für das Hauptgeschäft vorgeschriebenen Form* (zB notarielle Beurkundung bei Grrundstücksverträgen, § 311b BGB) ergeben, etwa bei Vereinbarung einer erfolgsunabhängigen Zahlungspflicht in einem Maklervertrag (zB Reservierungsgebühr oder Aufwendungspauschale), die mittelbaren Druck auf den Abschluss eines Grundstückskaufvertrages ausübt, was jedenfalls ab etwa 10% bis 15% der erwarteten Provision der Fall sein dürfte (OLG Dresden MDR 2017, 82 und MDR 1997, 1011; BGH 2.7.1986 – IVa ZR 102/85; zur Problematik siehe auch: Heckschen/Herzog, Obergrenze für Reservierungsgebühren bei Immobilienkaufverträgen, NotBZ 2019, 14).

wann das Verhalten des Kunden als stillschweigende Vertragserklärung anzusehen ist, hat die Rechtsprechung vielfältig beschäftigt; sie hat zentrale Bedeutung im Rechtsalltag des Maklerrechts.[5] Dabei geht es meist um die Frage der Annahme eines Angebotes des Maklers; es kann aber auch um ein Angebot des Kunden gehen.

1. Grundsatz: Inanspruchnahme eines Maklers führt noch nicht zu einem entgeltlichen Vertrag

Klarzustellen ist zunächst, dass nicht jeder Kontakt zu einem Makler schon zu einem stillschweigenden Vertragsschluss führt. Wendet sich etwa ein Interessent an einen Makler, der am Markt mit Angeboten wirbt, bittet diesen um Benennung geeigneter Objekte und nimmt entsprechende Nachweise entgegen, so liegt hierin noch keine stillschweigende Vertragserklärung. Der Interessent kann nämlich davon ausgehen, dass der Makler das Objekt (die Vertragsgelegenheit) von der Gegenseite an die Hand bekommen hat und seine Leistung (Weitergabe der Information an den Interessenten) eine solche ist, die er für diesen Auftraggeber erbringt.[6] Er muss daher nicht damit rechnen, dass der Makler auch von ihm eine Provision erwartet und bietet eine solche auch nicht seinerseits an. Es ist Sache des Maklers, für klare Verhältnisse zu sorgen, also dem Interessenten deutlich zu machen, dass er (auch)[7] von ihm eine Provision verlangen will. Unklarheiten gehen zu seinen Lasten.[8]

Selbst die Wahrnehmung eines Besichtigungstermins mit dem Makler oder die Entgegennahme eines vom Makler zur Verfügung gestellten Objektnachweises beinhaltet vor diesem Hintergrund für sich genommen noch keine Vertragserklärung des Maklerkunden.[9] Auch hier gilt, dass der Kunde so lange davon ausgehen kann, der Makler werde im Auftrag der Gegenseite tätig, wie der Makler nicht deutlich macht, dass er (ggf. auch) von dem jetzigen Kunden eine Provision fordere. Auch das (erst) im Besichtigungstermin zur Kenntnis des Kunden gebrachte Provisionsverlangen – mündlich oder durch Übergabe des einen entsprechenden Hinweis enthaltenden Exposés – stellt auch bei Fortsetzung des Termins keine tragfähige Grundlage für einen konkludenten Vertragsschluss in diesem Termin dar.[10] Das gilt selbst dann, wenn der Kunde dem Provisionsverlangen nicht widerspricht, denn ein Verhalten des Kunden, das auf eine konkludente Annahme schließen

---

[5] Fischer NJW 2016, 3281. Das galt jedenfalls bis zur Einführug des bereichsspezifischen Formzwangs durch § 656a BGB.

[6] BGH 3.5.2012 – III ZR 62/11; BGH 22.9.2005 – III ZR 393/04; Retzlaff in Grüneberg, 83. Aufl. 2024, BGB § 652 Rn. 4.

[7] Der für beide Seiten auf vertraglicher Grundlage tätige *Doppelmakler* ist heute gängige Praxis. Der strukturelle Interessengegensatz (der Verkäufer möchte einen möglichst hohen Preis erzielen, der Käufer möglichst wenig bezahlen) ist allerdings evident und macht es dem Makler schwer, die Interessen seiner Kunden (wessen?) zu vertreten. Die Rechtsprechung hat sich daher auch zunächst schwergetan, die gesetzliche Regelung zur verbotenen Doppelmaklertätigkeit (§ 654 BGB) vor allem beim Vermittlungsmakler einzugrenzen (vgl. BGH 11.11.1999 – III ZR 160/98).

[8] Retzlaff in Grüneberg, 83. Aufl. 2024, BGB § 652 Rn. 3.

[9] BGH 16.11.2006 – III ZR 57/06.

[10] OLG Schleswig 21.7.2006 – 14 U 55/06: kein Maklerlohnanspruch trotz Gesprächsfortsetzung nach Exposéübergabe.

ließe, stellt der unterbliebene Widerspruch in diesem Fall nicht dar. Erst wenn er im Anschluss weitere Maklerleistungen – nunmehr in Kenntnis des Provisionsverlangens – in Anspruch nimmt, mag man eine konkludente Willenserklärung erwägen.

Eine solche Inanspruchnahme liegt aber nicht schon darin, dass der Kunde sein erlangtes Wissen dazu nutzt, den Verkäufer zu ermitteln, um mit diesem ohne weitere Einschaltung des Maklers einen Kaufvertrag abzuschließen.[11] Der BGH formuliert dies in seinem 3. Leitsatz der Entscheidung vom 25.09.1985 so: „Einen Erklärungsgehalt gegenüber dem Makler hat dieses Verhalten nicht. Ein Erklärungswert als Provisionsversprechen kommt dem Verhalten des Interessenten nur zu, wenn es sich darstellt als dessen bejahende Entscheidung zwischen den Alternativen, die ihm gegen Entgelt angebotenen Dienste in Anspruch zu nehmen oder zurückzuweisen". Die Verwertung des erlangten Wissens stellt auch dann keine konkludente Vertragsannahme dar, wenn der Kunde den Abschluss eines Vertrages ausdrücklich ablehnt.[12]

Das Verwerten der vor Abschluss eines Maklervertrages erteilten Information stellt auch keinen Treuebruch des Kunden dar. Benennt der Makler das Objekt ohne vorherige Vereinbarung mit dem Interessenten, handelt er auf eigenes Risiko. Verwirklicht sich das bewusst übernommene Risiko, so können dessen nachteilige Folgen dem Makler nicht mit dem Hinweis auf das Gebot von Treu und Glauben abgenommen werden.[13] Ebenso wenig stellt die Verwertung der erlangten Kenntnis eine Annahme des Angebots des Maklers auf Abschluss eines Maklervertrages dar.

2. Eindeutiges Provisionsverlangen des Maklers gegenüber dem betreffenden Kunden als Voraussetzung für einen konkludenten Vertragsschluss

Voraussetzung für eine konkludente Annahme durch den Kunden ist daher zunächst, dass der Makler ein eindeutig an ihn gerichtetes Angebot auf Abschluss eines entgeltlichen Maklervertrages abgegeben hat. Die Frage, welche Anforderungen an die Eindeutigkeit und Klarheit eines solchen Angebotes zu stellen sind, beschäftigt immer wieder die Gerichte.

Klar ist zunächst, dass ein *in den AGB enthaltenes Provisionsverlangen* nicht ausreicht. Damit muss der Kunde nicht rechnen, es also auch nicht zur Kenntnis nehmen, zumal die AGB erst durch Einbeziehung in einen wirksam abgeschlossenen Vertrag zu dessen Bestandteil werden.[14] Auch der Hinweis im Exposé auf die „umseitigen Provisions- und Geschäftsbedingungen", die dann nähere Angaben dazu enthalten, reicht nicht aus, da nicht davon auszugehen ist, dass der Empfänger diese zur Kenntnis nimmt.[15]

---

[11] BGH 25.9.1985 – IVa ZR 22/84.
[12] OLG Koblenz 2.3.2020 – 12 U 732/18 (Spielervermittler).
[13] BGH 25.9.1985 – IVa ZR 22/84 unter Ziffer II. 4.
[14] OLG Bremen 28.1.1965 – 2 U 96/64.
[15] OLG Düsseldorf 22.12.1995 – 7 U 278/94.

Ebenso enthält eine Zeitungsanzeige kein Angebot auf Vertragsschluss, da es sich nur um eine invitatio ad offerendum handelt.[16] Allerdings hat der BGH[17] ausgeführt, dass eine durch eine *Zeitungs- oder Internetanzeige* (im Fall: immoscout24) ausgelöste Kontaktaufnahme dann zu einem Vertragsschluss führen könne, „wenn der Makler sein Provisionsverlangen im Inserat bereits ausdrücklich und unmissverständlich zum Ausdruck gebracht hat".

Der praktisch häufigste Fall ist ein *Provisionshinweis im Exposé oder Objektnachweis.* Dabei hat die Frage, welche Formulierung eindeutig genug ist, um dem Kunden deutlich zu machen, dass *von ihm* eine Provision gefordert wird, zu einer umfangreichen Kasuistik geführt.

Kann der Kunde die Angabe auch so verstehen, dass der andere Vertragsteil, in der Regel also der Verkäufer, Provision zu zahlen hat, so ist der Hinweis nicht ausreichend klar; das knüpft an die oben erwähnte Regel an, wonach der Kunde zunächst davon ausgehen kann, der Makler werde für die Gegenseite tätig. Gleiches gilt, wenn der Hinweis so verstanden werden kann, dass eine vom Verkäufer geschuldete Provision beim Kauf auf den Käufer abgewälzt werden soll. In diesen Fällen muss der Kaufinteressent den Hinweis nicht unbedingt so verstehen, dass der Makler einen Vertrag mit ihm schließen will. Bei dieser Betrachtung muss wohl auf den konkreten Verständnishorizont des betreffenden Kunden abgestellt werden, denn beim konkludenten Handeln geht es darum, dass der potenzielle Vertragspartner – hier der Makler – sich sicher sein können muss, dass sein konkreter Kunde durch sein Handeln eine Willenserklärung zum Ausdruck bringen will. Nur dann kann er das Handeln des Kunden als Vertragserklärung auffassen. Allgemeine Erwägungen helfen hier nicht weiter, wenngleich in der Rechtsprechung eine auf den Fall und die betreffenden Personen bezogene Betrachtung weitgehend durch allgemeine Erwägungen ersetzt wird.

Die Obergerichte haben eine Reihe von Formulierungen als nicht ausreichend deutliches Provisionsverlangen verworfen.[18] Hier einige Beispiele, in welchen die Gerichte als nicht ausreichend klar angesehen haben, dass der Kunde (Käufer) Provisionsschuldner sein soll:

- „als Verkaufspreis werden vom Eigentümer 35 000 DM + Provision gefordert"[19]
- „Kaufpreis DM 620.000,– Courtage: 3,42%"[20]
- „3,42% Courtage vom Kaufpreis"[21]
- „Kaufpreis DM 900.00 + Provision"[22]

---

[16] OLG Hamm 16.5.1994 – 18 U 231/93.

[17] BGH 3.5.2012 – III ZR 62/11; BGH 12.1.2017 – I ZR 198/15.

[18] Siehe die Übersicht bei Fischer, Maklerrecht, 7. Aufl. 2023, Rn. 38ff.

[19] KG NJW 1958, 63.

[20] OLG Hamm NJW-RR 1994, 1078; der Begriff „Courtage" gehört nicht wirklich zum Sprachgebrauch der Durchschnittsbevölkerung, so dass ich mangels besonderer Umstände schon wegen des unklare Begriffes Zweifel an einem ausreichend klaren Provisionsverlangen hätte. Man kann es auch klarer ausdrücken! Warum geschieht das nicht?

[21] OLG Hamm NJW-RR 1995, 819; zu einem ähnlichen Fall OLG Dresden NZM 1998, 1016.

[22] OLG Hamm NJW-RR 1999, 127; ähnlich OLG Düsseldorf 26.4.1996 – 7 U 146/95. Jedenfalls für im Internet beworbene Objekte hat der Senat des OLG Hamm unter Berufung auf

Im Gegensatz zu dieser eher restriktiven Rechtsprechung stellt der BGH in einer Entscheidung aus dem Jahr 1999[23] fest, die Auslegung eines im Objektnachweis enthaltenen Provisionshinweises dahingehend, der Makler wolle auf Vereinbarungen hinweisen, die er mit der anderen Vertragsseite (Verkäufer) getroffen habe, widerspreche der Lebenserfahrung. Jedenfalls dann, wenn der Kunde sich an den Makler wende und nicht umgekehrt, sei die Klausel „Provision: 3% des Kaufpreises, siehe Geschäftsbedingungen" ein hinreichend deutlicher Hinweis auf eine Provisionserwartung gegenüber dem Kunden. In einer weiteren Entscheidung aus dem Jahr 2012 hat der BGH die Formulierung: „Provision 7,14%" direkt unter der Angabe der Vermarktungsart (Kauf) und des Kaufpreises als ein eindeutiges Provisionsverlangen gegenüber dem Kaufinteressenten angesehen.[24]

Der Argumentation des BGH kann man sich nicht ganz entziehen, denn manche Entscheidung zu vermeintlich uneindeutigen Provisionsverlangen wirkt doch eher rabulistisch. Die frühere restriktive Linie hat auch viel damit zu tun, dass die Gerichte ein Schutzbedürfnis der Maklerkunden gesehen haben, die von den Maklern zur Provisionsfrage eher im Dunklen gelassen wurden, um nach Möglichkeit Verhandlungen über die doch beträchtlichen Provisionssätze zu umgehen. Richtigerweise sollte der Schutz aber auf einer anderen Ebene gewährt werden, nämlich bei der Frage, wann eine konkludente Vertragserklärung des Maklerkunden vorliegt. Darauf werde ich noch eingehen.

3. *Konkludente Annahme durch den Kunden*

In ständiger Rechtsprechung wird die Formel verwendet: Ein Kaufinteressent, der in Kenntnis[25] eines eindeutigen Provisionsverlangens, zB in einem ihm übersandten Objektnachweis oder Exposé, die Dienste des Maklers in Anspruch nimmt, gibt damit grundsätzlich in schlüssiger Weise zu erkennen, dass er den in dem Provisionsbegehren liegenden Antrag auf Abschluss eines Maklervertrags annehmen will.[26] Ein solches schlüssiges Handeln wird etwa in der Bitte an den Makler um Zusendung weiterer Informationen oder in der Wahrnehmung eines Besichtigungstermines mit dem Makler gesehen. Die Frage, ob der Maklerkunde das Provisionsverlangen tatsächlich zur Kenntnis genommen hat, wird in den Entscheidungen nicht weiter thematisiert. Der Erhalt eines Exposés, das ein ausreichend deutliches Provisionsverlangen enthält, wird als ausreichend gesehen, offenbar als eine Art „Kennen-Müssen". Ein als Willenserklärung (konkludente Annahme) auslegbares Verhalten setzt allerdings voraus, dass sich der Handelnde des Erklärungs-

das BGH-Urteil vom 3.5.2012 – III ZR 62/11 seine restriktive Rechtsprechung jedoch aufgegeben und lässt die Formulierung „Provision 3,57%" im Zusammenhang mit einem Kaufangebot ausreichen: OLG Hamm NJW-RR 2013, 170.

[23] BGH 4.11.1999 – III ZR 223/98.

[24] BGH 3.5.2012 – III ZR 62/11, Rn. 13.

[25] Der tatsächlichen *Kenntnis* des Kunden vom Provisionsverlangen wird in den Urteilen wenig Beachtung geschenkt. Faktisch wird es als eine Art „Kennen-Müssen" verstanden, so dass der Erhalt eines Exposés, das ein ausreichend deutliches Provisionsverlangen enthält, bereits als ausreichend angesehen wird.

[26] BGH 3.5.2012 – III ZR 62/11 mit weiteren Nachweisen.

gehaltes seines Handelns bewusst ist. Das wiederum setzt positive Kenntnis vom Provisionsverlangen voraus. Der Erklärungsempfänger muss davon ausgehen können, dass der Handelnde unausgesprochen „Ja" sagen möchte. Auf die Frage der tatsächlichen Kenntnis wird in nahezu allen gerichtlichen Entscheidungen nicht eingegangen. Nach meiner Überzeugung kann ohne Kenntnis des Angebots eine Annahme auch konkludent gar nicht erklärt werden.

Lehnt der Kunde die Zahlung einer Provision ausdrücklich ab, so kann auch die Inanspruchnahme von Maklerleistungen nicht als schlüssige Annahme des Provisionsverlangens gewertet werden.[27] Das gilt auch dann, wenn nach der Erklärung der Ablehnung weitere Maklerleistungen in Anspruch genommen werden, die der Kunde als Leistungen des Maklers gegenüber der Verkäuferseite verstehen konnte.[28] Vielfach übersehen wird, dass die Beweislast für eine nicht erfolgte Ablehnung jedenfalls bei substantiiertem Vortrag des Kunden bei dem den Anspruch stellenden Makler liegt, da es um die Frage des Zustandekommens des Vertrages geht, auf den der klagende Makler seinen Anspruch stützt.[29] Dass der Makler hier eine negative Tatsache beweisen muss, ändert daran nichts, weil nach materiellem Recht das Nichtvorliegen einer Ablehnung Anspruchsvoraussetzung für den konkludenten Abschluss eines Maklervertrages ist.[30] Die Schwierigkeit deines Negativbeweises ändert grundsätzlich nicht die Verteilung der Beweislast.

4. *Hilfsweise Anspruch aus § 653 BGB?*

Lässt sich das Zustandekommen eines Maklervertrages nach den vorstehenden Ausführungen nicht feststellen, so kann ein Provisionsanspruch auch nicht auf § 653 BGB gestützt werden. Diese Vorschrift setzt nämlich gerade voraus, dass dem Makler eine bestimmte Leistung „übertragen" wurde. Die bloße Einigkeit über die Vornahme bestimmter Maklerleistungen genügt dafür nicht. Sie lässt nämlich im Unklaren, ob der Makler „für" die eine oder die andere Seite tätig wird, ob also die eine Seite mit einer Unterstützung des Maklers rechnen darf oder ob sie gewärtigen muss, dass der Makler in Wahrheit auf der Gegenseite steht und dieser hilft.[31] Bedeutung hat § 653 BGB daher nur, wenn ein Vertrag geschlossen ist, aber die Höhe der Provision nicht bestimmt wurde.[32]

III. *Kritik der Rechtsprechung*

Allgemeine Voraussetzung für einen konkludenten Vertragsschluss ist zunächst, dass der Handelnde Rechtsbindungswillen hat. Das wiederum setzt bezogen auf den Maklervertrag voraus, dass er Kenntnis von einem Provisionsverlangen des Maklers als Angebot auf Abschluss eines Maklervertrages hat, zu dem er durch sein

---

[27] BGH 4.10.1995 – IV ZR 163/94.
[28] BGH 11.4.2002 – III ZR 37/01.
[29] BGH 23.10.1980 – IVa ZR 27/80.
[30] Greger in Zöller, 35. Aufl. 2024, ZPO vor § 284 Rn. 24.
[31] BGH 23.10.1980 – IVa ZR 27/80.
[32] Retzlaff in Grüneberg, 83. Aufl. 2024, BGB § 653 Rn. 3; BGH 6.12.2001 – III ZR 296/00.

widerspruchsloses Handeln die Annahme erklären kann. Das Provisionsverlangen muss daher sowohl eindeutig sein, also klar gerichtet auf einen entgeltlichen Vertrag gerade mit dem Kunden (meist dem Käufer), als auch so gestaltet sein, dass es vom Kunden nicht übersehen werden kann. Nur dann nämlich, wenn der Makler sicher davon ausgehen kann, dass der Kunde sein Provisionsverlangen zur Kenntnis genommen hat, kann er seinerseits annehmen, dass der Kunde ohne ausdrückliche Erklärung, allein durch eine Inanspruchnahme seiner Leistungen, zum Ausdruck bringen will, er nehme das Angebot auf Abschluss eines Maklervertrages an, verpflichte sich also zur Zahlung der geforderten Provision.

Genau hier sind aber nach meiner Überzeugung in vielen Fällen Zweifel angebracht. Zwar stellt die Rechtsprechung an ein Provisionsverlangen beachtliche Anforderungen im Hinblick auf dessen Eindeutigkeit und lässt in den AGB „versteckte" Formulierungen nicht ausreichen (siehe im Einzelnen hierzu oben). Aber auch eine im Exposé enthaltene Formulierung wie „Käuferprovision 3,57% incl. MwSt.", die nach der Rechtsprechung als Grundlage für die Annahme eines konkludenten Vertragsschlusses durch nachfolgende Inanspruchnahme von Maklerleistungen ausreichen dürfte, mag zwar der Sache nach eindeutig sein. Die Annahme, der Kunde habe sie zur Kenntnis genommen und auch so verstanden, dass es sich um ein Angebot an ihn handele, das er annehmen solle, ist aber nach der Lebenserfahrung keineswegs zwingend und kann im Grunde nicht ungeprüft zugrunde gelegt werden.[33]

Exposés umfassen meist viele Seiten mit allerhand Informationen zu dem angebotenen Objekt. Schon rein *quantitativ* geht hier der in aller Regel nur eine knappe Zeile umfassende Text zur Provision leicht unter. Hinzu kommt, dass die genannte oder eine ähnliche Formulierung meist am unteren Ende einer – häufig allerdings der ersten – Seite steht, also nicht gerade „ins Auge sticht". Dass der Kunde das Exposé so aufmerksam und intensiv gelesen hat, dass er diese Formulierung zur Kenntnis genommen und seine rechtliche Bedeutung zutreffend erfasst hat, erscheint zweifelhaft. Bei vielen Kunden mag dies der Fall sein, aber der Prozentsatz derer, die diese Passage nicht zur Kenntnis genommen oder jedenfalls ihre Bedeutung nicht erfasst haben, dürfte nicht gering sein. Das aber entzieht im Grunde bereits der Annahme einer konkludenten Vertragserklärung den Boden. Denn wenn das Gegenüber – der Makler – nicht sicher sein kann, dass sein Kunde die Provisionsforderung zur Kenntnis genommen hat und sich mit ihr wortlos einverstanden erklären will, dann ist für die Annahme eines konkludenten Vertrages im Grunde kein Raum.

Auch *qualitativ* sind an der Annahme einer konkludenten Vertragserklärung des Kunden auf der Grundlage eines solchen Provisionsverlangens Zweifel angebracht. Die Formulierung „Käuferprovision [...]" deutet eher auf eine bereits bestehende Zahlungsverpflichtung hin, die es aber eben von Rechts wegen nicht gibt. Dass diese Zahlungsverpflichtung aber nur dann besteht, wenn der Kunde „Ja" dazu sagt, und sei es durch konkludentes Handeln, dürfte den Wenigsten klar sein. Das korrespondiert mit dem von Maklern häufig verwendeten Begriff der „Provisions-

[33] Zur Notwendigkeit der Kenntnis vgl. auch Fn. 26.

pflichtigkeit". Eben diese kennt das Gesetz aber nicht. Dass der Kunde weiß, dass erst durch seine Annahmeerklärung ein entgeltlicher Maklervertrag mit Zahlungsverpflichtung zustande kommt, ist eine Annahme, die jedenfalls in vielen Fällen nicht gerechtfertigt ist. Auch hier könnte man vom Makler erwarten, dass er seine Provisionsforderung und damit sein Vertragsangebot (noch) eindeutiger erklärt.

Ich habe in meiner beruflichen Praxis als Vorsitzender einer Kammer für Maklersachen am Landgericht und – über 17 Jahre – des Maklersenates am Oberlandesgericht Dresden in Verfahren ohne schriftlichen Maklervertrag die Makler immer wieder gefragt, warum sie dem Kunden nicht einen schriftlichen Vertag vorgelegt haben (zu persönlichen Begegnungen ist es praktisch immer gekommen), sondern sich auf einen konkludenten Vertragsschluss verlassen hätten, der doch viel riskanter sei. Immer wieder habe ich darauf die Antwort bekommen, dass die Unterbreitung eines schriftlichen Vertrages nach der Erfahrung der Makler dazu führe, dass der Kunde über die Höhe der geforderten Provision quasi erschrecke und diese herunterhandeln wolle. Am Ende komme dann häufig eine niedrigere Provision heraus. Über den konkludenten Vertrag sei die Wahrscheinlichkeit, dass man den geforderten Provisionssatz ohne Diskussion und Abstriche durchsetzen könne, sehr viel höher.

Dass die Rechtsprechung dennoch den konkludenten Maklervertrag in diesen Konstellationen so weitgehend bejaht, mag damit zu tun haben, dass die Sorge, der Kunde werde den Makler umgehen, immer ein wenig im Hintergrund steht. Und tatsächlich gibt es nicht wenige Maklerkunden, die es darauf anlegen, ein Objekt zu bekommen, ohne Provision zahlen zu müssen, also den Makler umgehen.

Flume[34] schreibt zur konkludenten Willenserklärung: „Die Willenserklärung durch schlüssiges Handeln ist als bewusster Akt finaler Rechtsgestaltung scharf zu scheiden von den Fällen, in denen ein Handeln zwar für „den anderen" den Anschein einer Willenserklärung durch schlüssiges Verhalten ergibt, der Handelnde selbst sich aber der Schlüssigkeit seines Handelns nicht bewusst ist." Und hier kommt ein prozessualer Gesichtspunkt ins Spiel: Steht nicht – etwa durch Einlassung des Maklerkunden – fest, dass dieser sich der Schlüssigkeit seines Handelns bewusst war, dann kann auch der Makler nicht davon ausgehen, dass sein Kunde eine Vertragserklärung in Gestalt der schlüssigen Erklärung der Annahme des Vertragsangebotes abgeben wollte. Dann kann aber auch das Gericht keinen konkludenten Maklervertrag annehmen. Würde hier dennoch ein Vertrag bejaht, so liefe das auf ein „Wollen-Müssen" statt eines „Wollens" hinaus.

Zusammenfassend meine ich daher, dass bei der Frage eines konkludenten Vertragsschlusses zu prüfen ist, ob der Handelnde (Maklerkunde) das Provisionsverlangen des Maklers wirklich zur Kenntnis genommen und verstanden hat und auf dieser Grundlage durch seine Inanspruchnahme von Leistungen des Maklers unausgesprochen sein Einverständnis damit erklären wollte. Tatsächlich prüft die Rechtsprechung intensiv, ob der Makler ein deutliches Vertragsangebot an den Kunden gegeben hat. Ist das der Fall, wird bei nachfolgender Inanspruchnahme von Maklerleistungen eine konkludente Vertragserklärung des Kunden ohne weiteres angenommen.

---

[34] Flume, Allgemeiner Teil des BGB, Band 2: Das Rechtsgeschäft, 3. Aufl. 1979, § 5 Ziff. 4.

IV. Schlussbemerkung

Das gesetzgeberische Ziel, einen dämpfenden Einfluss auf die Höhe der zu zahlenden Maklerprovisionen bei Wohnungen und Einfamilienhäusern auszuüben, ist durch die Einführung des Halbteilungsgrundsatzes bei Doppeltätigkeit (§ 656c BGB: die beiden Maklerkunden können sich nur in gleicher Höhe verpflichten) nach meiner Beobachtung im Wesentlichen nicht erreicht worden. Zahlen hierzu kenne ich jedoch nicht. Auch der durch das neu eingeführte Schriftformerfordernis für Maklerverträge in diesem Bereich (§ 656a BGB) erreichte faktische Ausschluss konkludenter Verträge bei Wohnungen und Einfamilienhäusern hat offensichtlich nicht zu geringeren Provisionen geführt, allerdings zu einer gleichmäßigen Verteilung auf die Parteien. Vom Makler wird nun dem Verkäufer gegenüber argumentiert, er „müsse" auch von ihm eine Provision in gleicher Höhe nehmen, sonst gehe er leer aus oder müsse auf einen Teil der Käuferprovision verzichten. Der Halbteilungsgrundsatz bewirkt auf diese Weise, dass Verhandlungen über die Höhe der Provision schwieriger geworden sind; für den Makler ist das eine taktisch günstige Position.

Wirkungsvoller wäre es gewesen, Schriftformerfordernis und Bestellprinzip zu kombinieren. Im Bereich der Wohnraummiete hat sich gezeigt, dass der Berufsstand der Makler mit dem Bestellprinzip immer noch gut leben kann. Und nachdem das Bestellprinzip den Segen des Bundesverfassungsgerichts[35] bei Mietmaklern erhalten hat, wäre es auch im Bereich der Immobilienmakler eine angemessene Lösung.

Jedenfalls aber sollte die Rechtsprechung die Anforderungen an konkludente Maklerverträge enger fassen. Auf diese Weise bekommt der Markt in diesem Bereich wieder etwas mehr Raum.

[35] BVerfG 29.6.2016 – 1 BvR 1015/15.

JOHANNES HANDSCHUMACHER

Das bauordnungsrechtliche Abstandsflächenrecht am Beispiel von § 6 SächsBO

I. *Einführung*

1. *Problemaufriss*

Ein Beitrag zum bauordnungsrechtlichen Abstandsflächenrecht in einer Festschrift für einen Notar? Eine durchaus berechtigte Frage. Um welche – auch bei einer notariellen Beurkundung – relevanten Rechtsfragen es sich dabei im Einzelnen handelt, soll dieser Betrag beleuchten.

Bei der Veräußerung von Baugrundstücken haben die Parteien in der Regel eine bestimmte Vorstellung von dessen Bebaubarkeit, also des grundsätzlich bestehenden Baurechts. Vor dem Hintergrund der verfassungsrechtlich durch Art. 14 GG garantierten Baufreiheit[1] wird Baurecht durch die einschlägigen Regelungen des öffentlichen Baurechts nicht nur gewährt, sondern spiegelbildlich auch erheblich eingeschränkt. Dies zuvorderst durch die Vorschriften des BauGB und der Landesbauordnungen. Allzu häufig prüfen die Parteien nur unzureichend die tatsächliche Rechtslage und unterstellen oder behaupten eine nicht realistische Bebaubarkeit. Dies soll an einem Beispiel verdeutlicht werden. Ist bei einem Verkauf eine Grundstücksteilung beabsichtigt, so wird der Notar zwar routinemäßig den Passus in den Grundstückskaufvertrag aufnehmen, dass sich die Parteien über die baurechtlichen Folgen der jeweiligen Grundstücksteilung vor der Beurkundung selbst informiert haben. Dabei geht es – unausgesprochen – insbesondere um einzuhaltende Abstandsflächen und deren Auswirkungen auf das Maß der baulichen Nutzung bei einer Verkleinerung der Grundstücksfläche.[2] Wie verhält es sich nun, wenn die Parteien für den Notar erkennbar etwas Falsches unterstellen, nicht in hinreichender Weise die baurechtlichen Verhältnisse abgeklärt haben, bzw. nicht das rechtlich gebotene Instrumentarium in Erwägung ziehen, um eine baurechtlich genehmigungsfähige Situation herzustellen, zB durch die Vereinbarung von Dienstbarkeiten über Abstandsflächen?

Grundsätzlich muss der Notar die Parteien bei der Beurkundung beraten und die erforderlichen Hinweise erteilen, § 17 BeurkG. Dabei muss er den wahren Willen der Parteien erforschen. Der Notar muss auch dafür Sorge tragen, dass die Parteien

---

[1] Papier/Shirvani in Dürig/Herzog/Scholz, Grundgesetz, 102. EL 8/2023, Art. 14 Rn. 164.

[2] Grziwotz in Grziwotz/Lüke/Saller, Praxishandbuch Nachbarrecht, 3. Aufl. 2020, Kap. 6 Ziff. 9.

die richtigen Rechtsbegriffe verwenden, diese ggf. erläutern und die Parteien über eventuelle Fehlvorstellungen aufklären.[3]

Der Notar muss je nach Art des zu beurkundenden Rechtsgeschäfts auch alle regelungsbedürftigen Punkte, die üblicherweise Gegenstand solcher Urkunden sind, ansprechen und sich vergewissern, ob die Beteiligten hierzu bewusst oder nur aus Versehen oder Unkenntnis keine Abrede getroffen haben.[4] Er hat daher mit den Beteiligten den Sachverhalt so ausführlich zu erörtern, dass er alle Tatsachen kennt, um eine dem wahren Willen der Beteiligten entsprechende rechtswirksame Urkunde zu erstellen.[5] Von den Beteiligten vorgelegte Unterlagen hat der Notar höchstpersönlich zur Kenntnis zu nehmen,[6] also auch etwaige Pläne.

Zwar steht das Problem des Umfangs der Bebaubarkeit des Kaufgrundstücks in der Regel nicht im Zentrum der notariellen Beratung, ist aber in der aktuellen Situation – wie das oben skizzierte Beispiel zeigt – nicht zu vernachlässigen, weil durch die einzuhaltenden Abstandsflächen der Umfang der Bebaubarkeit eines Grundstücks in ganz erheblichem Maße eingeschränkt wird, mithin auch seine Werthaltigkeit, von den erhöhten Anforderungen an dessen Überplanung und den damit einhergehenden Kosten ganz zu schweigen.

Damit sollte die eingangs gestellte Frage beantwortet sein, ob das Thema „Abstandsflächen“ auch in der Festschrift für einen Notar durchaus seine Berechtigung hat.

Der Beitrag führt zunächst überblicksweise in das Rechtsproblem der „Abstandsflächen“ ein. Hieran schließt sich eine vertiefte systematische Darstellung der besonders relevanten Rechtsfragen am Beispiel von § 6 SächsBO[7] an, mit einzelnen Tiefenbohrungen zu ausgewählten und praxisrelevanten Problemen. Zum Ende erlaubt sich der Autor noch einen kritischen Ausblick, insbesondere im Hinblick auf die sich im Zuge der zunehmenden innerstädtischen Verdichtung verschärfenden Zielkonflikte, die gesetzgeberisches Handeln erfordern werden.

2. *Nachbarschutz*

a) Nachbarschutz allgemein

Der Grundstückseigentümer, der das Grundstück an sich repräsentiert, ist vielerlei Regelungen unterworfen, die die Bebauung seines Grundstücks reglementieren und damit auch dessen Werthaltigkeit maßgeblich beeinflussen können.[8] Die bauplanungsrechtlichen Regelungen – zuvorderst die des BauGB – bestimmen, ob ein Grundstück überhaupt und wenn ja, in welchem Umfang es bebaut werden darf. Die bauordnungsrechtlichen Regelungen der Landesbauordnungen regeln dem-

---

[3] Vgl. für alle Litzenburger in BeckOK BGB, 68. Ed. 1.11.2023, BeurkG § 17 Rn. 1.

[4] Litzenburger in BeckOK BGB, 68. Ed. 1.11.2023, BeurkG § 17 Rn. 2 mwN; Kindler in BeckNotar-HdB, 8. Aufl. 2024, § 31 Rn. 89ff. mwN.

[5] Vgl. zuletzt BGH 15.6.2023 – III ZR 44/22 zur Vermutung beratungsgerechten Verhaltens.

[6] Vgl. für alle BGH 13.6.1995 – IX ZR 203/94.

[7] §§ ohne Gesetzesbezeichnung sind im Folgenden solche der SächsBO.

[8] Vgl. Dieterich in Ernst/Zinkahn/Bielenberg/Krautzberger, 151. EL 8/2023, BauGB § 194 Rn. 88.

gegenüber, wie eine bauliche Anlage beschaffen sein muss, dienen also zuvorderst der Gefahrenabwehr, mithin dem Schutz der Allgemeinheit und/oder der Grundstücksnachbarn vor einer übermäßigen oder gar gefährdenden Beeinträchtigung durch Bebauung auf einem Nachbargrundstück.[9]

b) Nachbarschutz durch Abstandsflächen

Nachbarschutz bietet vor allem § 6, also der Paragraf in der Sächsischen Bauordnung über die Abstandsflächen.[10] Ähnliche Regelungen finden sich in der MBO (Musterbauordnung)[11] und den übrigen Bauordnungen der einzelnen Bundesländer, mit teilweise deutlich ausdifferenzierten Regelungen. Zweck der Regelungen über die Abstandsflächen ist die Gewährleistung von ausreichender Belichtung, von effektivem Brandschutz, sowie – nach der Reform 2004 – nur noch mittelbar einem ausreichenden „Sozialabstand" zum Nachbargrundstück.[12] Werden die gesetzlich vorgesehenen Abstandsflächen durch eine bauliche Anlage eingehalten, so ist eine solche Nachbarbebauung grundsätzlich durch den Grundstücksnachbarn hinzunehmen, weil deren Rechtmäßigkeit durch die Einhaltung der gesetzlichen Vorgaben indiziert ist.[13] Tut sie dies nicht, so liegt eine baurechtswidrige Situation vor, die der betroffene Nachbar nicht hinnehmen muss.

Abstandsflächen sind nicht nur in Bebauungsplangebieten oder im unbeplanten Innenbereich einzuhalten, sondern auch im Außenbereich, gewähren also auch dort Nachbarschutz.[14]

Der Nachbar kann bei einer Abstandsflächenüberschreitung aus eigenem Recht die Einhaltung der Abstandsflächen verlangen, auch wenn er faktisch von der Bebauung gar nicht beeinträchtigt ist.[15]

Bei einer besonders belastenden Nachbarbebauung kann – trotz Einhaltung der Abstandsflächen – nach dem Gebot der Rücksichtnahme eine eigentlich rechtmäßige Bebauung dennoch unzulässig sein.[16]

---

[9] Vgl. Dietrich in Ernst/Zinkahn/Bielenberg/Krautzberger, 151. EL 8/2023, BauGB B. Einleitung Rn. 79.

[10] Neben den Regelungen in § 6 gibt es noch weitere Abstandsflächenregelungen, zB § 5 Abs. 5 SächsBestG oder § 25 Abs. 3 SächsWaldG sowie bundesgesetzliche Regelungen, zB § 9 FStrG usw., die es zu beachten gilt.

[11] § 6 unterscheidet sich nur insoweit von § 6 MBO, dass nach der sächsischen Regelung als rechtliche Sicherung der Abstandsfläche, die auf ein Nachbargrundstück ragt, auch eine privatrechtliche Sicherung durch Grund- oder beschränkt persönliche Dienstbarkeit und nicht nur durch eine Baulast möglich ist.

[12] Vgl. LT-Drs. 3/9651, 11 f.; siehe auch § 89 Abs. 1 Ziff. 6 über die örtlichen Bauvorschriften.

[13] BVerwG 11.1.1999 – 4 B 128.98.

[14] Vgl. OVG Münster 5.5.2006 – 10 B 205/06.

[15] Vgl. zB OVG Bautzen 12.10.2010 – 1 B 249/10.

[16] OVG Bautzen 20.10.2005 – 1 BS 251/05; vgl. im Übrigen für alle Handschumacher, Immobilienrecht praxisnah, 2. Aufl. 2019, Ziff. 6.2.5 mwN.

c) Überblick

§ 6 regelt den bauordnungsrechtlich einzuhaltenden Mindeststandard. Es soll seit der Reform 2004 „nur" noch die ausreichende Belichtung von Aufenthaltsräumen und der Brandschutz gewährleistet werden.[17] Belüftung, Besonnung, sozialer Mindeststandard oder Absicherung städtebauliche Zielsetzung sind nicht mehr direkter Schutzzweck, weil diese – so der gesetzgeberische Hintergrund – nicht Ziele des Bauordnungsrechts sein könnten.[18] Das Sächsische Oberverwaltungsgericht fasst die seit 2004 geltende Rechtslage wie folgt zusammen:

„Bei der Beurteilung der Frage, ob und ggf. in welchem Umfang eine Abweichung bezüglich § 6 SächsBO in Betracht kommt, sind zunächst die Schutzziele des § 6 SächsBO (Brandschutz und die gesundheitsrelevante Belichtung von Aufenthaltsräumen) und das Ausmaß ihrer Beeinträchtigung auf der Grundlage einer zutreffenden Berechnung der Abstandsflächen fehlerfrei zu bestimmen."[19]

Gemäß § 6 Abs. 1 S. 1, 2 sind zur Erreichung dieser Ziele vor den Außenwänden von Gebäuden Abstandsflächen zu den Grundstücksgrenzen freizuhalten. Bauliche Anlagen und andere Anlagen und Einrichtungen, die keine Gebäude sind, aber eine gebäudegleiche Wirkung haben, müssen Abstandsflächen ebenfalls einhalten.

Gemäß § 6 Abs. 2 S. 1, 2 müssen Abstandsflächen auf dem Baugrundstück selbst liegen. Gemäß § 6 Abs. 1 S. 3 kann bauplanungsrechtlich aber Abweichendes festlegen werden.

Abstandsflächen sind nicht nur bei der Errichtung von baulichen Anlagen einzuhalten, sondern auch bei deren Veränderungen, wenn diese Veränderungen abstandsflächenrechtliche Relevanz haben.

Maßgeblich für die Berechnung der Tiefe der jeweiligen Abstandsfläche ist die Wandhöhe der baulichen Anlage, bezeichnet gem. § 6 Abs. 4 S. 5 als Maß „H".[20] H × 0,4, gemessen ab Oberkante des natürlichen Geländes, ergibt den einzuhaltenden Abstand in Metern zur Grundstücksgrenze. Unabhängig davon beträgt gem. § 6 Abs. 5 S. 1 Hs. 2 die Mindestabstandsflächentiefe immer 3 m.

Die Höhe von Dächern mit weniger als 70° Dachneigung wird zu 1/3 der Wandhöhe nach § 6 Abs. 4 S. 4 hinzugerechnet. § 6 Abs. 6 und 7 regeln, dass bestimmte Bauteile bei der Berechnung der Abstandsflächen außer Betracht bleiben.

---

[17] OVG Bautzen 20.10.2005 – 1 BS 251/05.

[18] Krit. Dirnberger in Jäde/Dirnberger/Böhme, Bauordnungsrecht Sachsen, 75. AL, § 6 Rn. 4ff. mwN.

[19] OVG Bautzen 16.6.2015 – 1 A 556/14.

[20] Vgl. für alle VGH München 8.9.2020 – 9 B 08.3162.

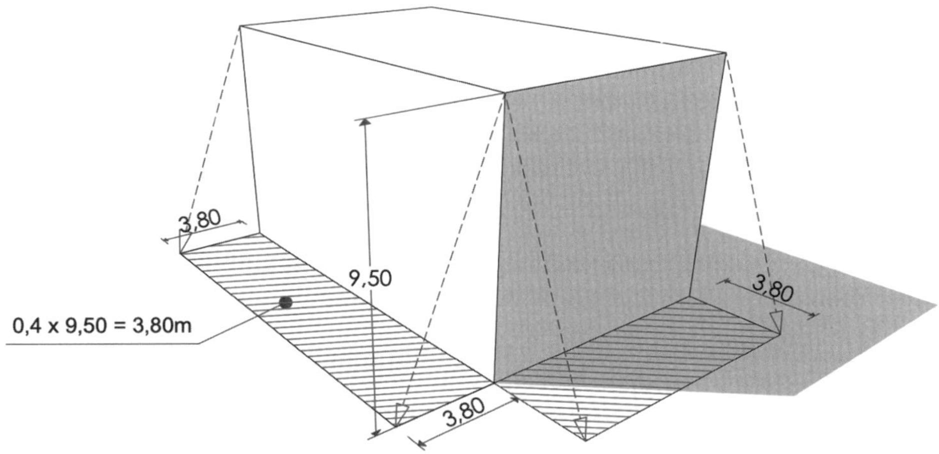

Grundmodell Abstandsflächen[21]

II. Die Regelungstatbestände von § 6 im Einzelnen

1. § 6 Abs. 1 S. 1, Gebäude

a) Errichtung von Gebäuden

Die Abstandsflächen müssen bei der Errichtung von Gebäuden durch diese selbst eingehalten werden. Sie dürfen nicht in Abstandsflächen anderer Gebäude stehen. Was ein „Gebäude" im Sinne der SächsBO ist, regelt § 2 Abs. 2. Danach sind Gebäude iSv § 6 „selbständig benutzbare, überdeckte bauliche Anlagen, die von Menschen betreten werden können und geeignet oder bestimmt sind, dem Schutz von Menschen, Tieren oder Sachen zu dienen."

Abstandsflächenrechtlich relevant sind nur oberirdische Gebäude bzw. Gebäudeteile, nicht hingegen (vollständig) unterirdische.[22] Tiefgaragen, Schutzräume oder Schwimmbecken benötigen mangels Außenwänden (vgl. Abs. 4 S. 3) zB keine Abstandsflächen,[23] weil eine Belichtung nicht beeinträchtigt sein kann und sie auch keine erdrückende Wirkung haben können. Diese Wirkung, vor der der Nachbar zu schützen ist, kann nur von oberirdischen Anlagen ausgehen.[24]

---

[21] Die in diesem Beitrag verwendeten Grafiken stammen von Herrn Architekten Marcus Dinslage, Düsseldorf.

[22] Vgl. OVG Koblenz 12.3.2021 – 8 A 11428/20; vgl. auch Kraus in Busse/Kraus, 152. EL 2023, BayBO Art. 6 Rn. 17.

[23] OVG Münster 26.4.2023 – 7 A 2967/21, Rn. 10ff. mwN; vgl. auch Handschumacher jurisPR-ÖffBauR 6/2023 Anm. 1 mwN.

[24] OVG Münster 26.4.2023 – 7 A 2968/21; VG Köln 20.9.2023 – 2 L 1420/23, Rn. 30.

b) Gebäude ohne Außenwände

Außenwände iSv § 6 Abs. 1 S. 1 sind über der Geländeoberfläche liegende sichtbare Wände, die eine Gebäudeseite abschließen. Problematisch sind insoweit Säulen, Stützen, Pfeiler, Überdachungen, überdachter Stellplatz und Gitterkonstruktion, bei denen der Gebäudeabschluss nicht ohne weiteres feststellbar ist. In diesen Fällen ist zumeist eine sog. „fiktive" Wand zu bilden, um die Abstandsfläche zu bestimmen.[25]

Das Oberverwaltungsgericht Berlin-Brandenburg fasst diese Rechtslage, und wie in einem solchen Fall vorzugehen ist, wie folgt zusammen:

„Weist ein Gebäude eine überdachte Terrasse oder ausladende Dachvorsprünge auf, die von Pfeilern gestützt werden, so ist als abstandsflächenrechtlich relevante Außenwand nicht die zurückgesetzte raumabschließende Wand, sondern der Abschluss des offenen „Raumes" anzusehen. Auch eine licht- und luftdurchlässige Gitterstruktur, die Bauteile eines Gebäudes überspannt und optisch den Eindruck einer Vorverlagerung der Außenwand vermittelt, kann abstandsflächenrechtlich als „Außenwand" zu berücksichtigen sein. Zudem ist anerkannt, dass eine bauliche Anlage nicht notwendig über Seitenwände verfügen muss, um ein Gebäude iSd § 2 Abs. 2 BauO-BE zu sein. Fehlen einem Gebäude seitliche Außenwände ganz oder teilweise, so ist im Rahmen der Anwendung des § 6 BauO-BE die fiktive Außenwandfläche zu berücksichtigen."[26]

Besteht die Außenwand eines Gebäudes aus verschiedenen Teilen, oder ist sie U- bzw. L-förmig ausgebildet, so wird sie abstandsflächenrechtlich gleichwohl als Einheit betrachtet. Ein Gebäude hat daher im Regelfall – auch wenn es Vorsprünge oder Rücksprünge aufweist – nur vier Außenwände.[27]

c) Veränderungen an Gebäuden

Veränderungen an Gebäuden lösen dann neue Abstandsflächen aus, wenn die Veränderungen „abstandsflächenrelevant" sind. Wird zB bei einem ursprünglich bestandsgeschützten Gebäude das bisherige Dach durch ein Dach mit größerer Dachneigung ersetzt, löst dies eine Neuprüfung der Abstandsflächen im Hinblick auf das gesamte Gebäude aus. Dies gilt auch dann, wenn das neue Dach für sich genommen „abstandsflächenneutral" ist. Darauf, ob sich die ursprünglichen Abstandsflächen verändern, kommt es also nicht an. Die Frage, ob der Gebäudebestand selbst baurechtskonform ist, muss also ggf. neu bewertet werden, auch wenn sich die für die Berechnung der Abstandsflächen maßgeblichen gesetzlichen Parameter nicht relevant ändern. Eine besondere Problematik stellt in dieser Hinsicht der Um- oder Anbau eines oder an ein bestandsgeschütztes Gebäude dar. Die Rechtsprechung des Sächsischen Oberverwaltungsgerichts ist dazu ziemlich stringent. Danach sind auch die in ein Bauvorhaben einbezogenen Bestandsgebäude neu zu bewerten, soweit die Frage der Einhaltung der Abstandsflächen für ein einheitliches Bauvorhaben ins-

---

[25] Vgl. VGH München 13.4.2005 – 1 B 04.636; vgl. auch Kraus in Busse/Kraus, 152. EL 2023, BayBO Art. 6 Rn. 22ff.

[26] OVG Berlin-Brandenburg 15.7.2016 – 10 S 12.16.

[27] OVG Bautzen 16.2.1999 – 1 S 53/99.

gesamt neu aufgeworfen wird. Ein einheitliches Bauvorhaben ist vor allem dann als Einheit zu bewerten, wenn der Bauherr das Vorhaben selbst bereits im Bauantrag als einheitlichen „Um- und Neubau" zur Genehmigung gestellt hat. Gleiches gilt, wenn ein übergreifendes Nutzungskonzept zu einem einheitlichen Objekt zusammengefasst und zum Bauantrag eine einheitliche Flächenberechnung vorgenommen wurde. Eindeutig ist auch die Rechtslage, wenn eine funktionale Verbindung der Bauten zu einem einheitlichen Gebäude festzustellen ist. Werden bauliche Anlagen also baulich, zB durch Aufstockung, Um- und Anbauten geändert, ist abstandsflächenrechtlich eine Gesamtbetrachtung des neuen Gebäudes als Einheit vorzunehmen. Eine bauliche Veränderung ist in einem solchen Fall nur dann zulässig, wenn auch der Altbestand nach geltendem Abstandsflächenrecht genehmigungsfähig ist.

d) Nutzungsänderungen

Eine reine Nutzungsänderung ist grundsätzlich nicht abstandsflächenrelevant.[28] Sie erfordert nur dann eine abstandsflächenrechtliche Neubewertung, wenn sie auf wenigstens einen durch die Abstandsvorschriften geschützten Belang nachteiligere Auswirkungen als die bisherige Nutzung hat.[29] Anders verhält es sich, wenn durch die Nutzungsänderung selbst die Privilegierung nach § 6 Abs. 8 wegfällt.[30]

Führen die Umbaumaßnahmen an einem Gebäude nicht zu einer abstandsflächenrechtlichen Neubewertung, so gilt dies idR ebenfalls für die damit verbundene genehmigte Nutzungsänderung. Denn im Verhältnis zur bisherigen Nutzung eines Gebäudes als Büro- und Geschäftshaus führt zB eine neue Wohnnutzung nicht zu einer rechtsrelevanten stärkeren Belastung nachbarschützender Belange.[31]

2. § 6 Abs. 1 S. 2, Anlagen mit gebäudegleicher Wirkung

Nicht nur Gebäude müssen Abstandsflächen einhalten, sondern auch Anlagen mit gebäudegleichen Wirkungen.[32] Grundsätzlich sind dabei Anlagen relevant, wenn sie so beschaffen sind oder genutzt werden, dass sie die Belichtung von Nachbargebäuden oder den Brandschutz beeinträchtigen können, vergleichbar wie bei Gebäuden. Hierbei muss immer der jeweilige Einzelfall in den Blick genommen werden. Eine schematische Betrachtung verbietet sich.[33]

Problematisch sind zB geschlossene Einfriedungen von über 2 m, Aufschüttungen,[34] Plakatwände,[35] Terrassen,[36] Freisitze,[37] Kfz-Stellplätze mit und ohne Über-

[28] VGH Mannheim 24.11.2016 – 3 B 2515/16; vgl. OVG Bautzen 15.3.1994 – 1 S 633/93; vgl. auch Nr. 6.1.1 VwVSächsBO.

[29] OVG Berlin-Brandenburg 15.2.2023 – 10 N 38/20, Rn. 24 mwN; vgl. auch Hoppenberg/de Witt, Handbuch des öffentlichen Baurechts, 40. EL, H Rn. 360 a f. mwN.

[30] VGH Mannheim 24.11.2016 – 3 B 2515/16; OVG Münster 24.6.2004 – 7 A 4529, Rn. 41; OVG Bautzen 15.3.1994 – 1 S 633/93; im Einzelnen unter → II. 4. f.

[31] VGH Mannheim 24.7.2014 – 3 B 835/14.

[32] Vgl. hierzu Nr. 6.1.2 VwVSächsBO.

[33] Vgl. OVG Berlin-Brandenburg 31.7.1992 – 2 B 3.91, Rn. 20 mwN.

[34] VG Berlin 26.1.2023 – 19 K 603.19, Rn. 31.

[35] OVG Bautzen 16.4.1999 – 1 S 39/99.

[36] Vgl. OVG Magdeburg 12.10.2023 – 2 L 17/23.Z, Rn. 13 ff.

[37] Bei Erhöhungen vgl. OVG Magdeburg 13.4.2012 – 2 L 46/11, Rn. 13.

dachung, Lagerplätze, Masten, Parabolantennen, Photovoltaikanlagen, Wärmepumpen[38] und Windkraftanlagen.[39]

Insbesondere bei Aufschüttungen an der Grundstücksgrenze können sich besondere Problemlagen ergeben, also ob eine Abstandsfläche einzuhalten ist und wie sie sich berechnet. Bei der Frage, inwieweit eine Aufschüttung für sich genommen abstandsflächenrechtlich relevant ist, kommt es auf die Ausgestaltung der Aufschüttung im konkreten Einzelfall an. Das OVG Münster hat in seiner Entscheidung vom 7.5.2021 hierzu wie folgt ausgeführt:

„Eine Aufschüttung ist dann selbstständig, wenn sie nicht im Zusammenhang mit einer anderen baulichen Anlage errichtet wurde, sondern eine eigene Funktion und eine eigene Zweckbestimmung hat, also nicht im räumlichen oder funktionalen Zusammenhang mit einer anderen baulichen Anlage durchgeführt werden, wie z. B. Aufschüttungen für Terrassen oder Abgrabungen für die Belichtung eines Kellers. Grundsätzlich ist die Unterteilung einer Aufschüttung in eine abstandsflächenirrelevante Böschung und einen sonstigen Teil unzulässig. Eine gedankliche Aufteilung einer Aufschüttung, welche eine baulich-konstruktive und funktionale und optische Einheit bildet, ist nicht statthaft, es ist stets die gesamte Aufschüttung in die rechtliche Bewertung einzubeziehen. Eine „einheitliche“ Aufschüttung ist abstandsflächenrechtlich auch einheitlich zu beurteilen.“[40]

Fraglich kann dennoch sein, ob auch eine Böschung zur Aufschüttung dazugehört oder ob eine solche Böschung getrennt zu beurteilen ist. Das bestimmt sich nach optischen, baukonstruktiven und funktionalen Gesichtspunkten. Allein der Umstand, dass das gesamte Element „gegliedert“ ist, beseitigt das Merkmal der Einheitlichkeit jedenfalls nicht.[41] Dient eine Böschung – wie meistens – dazu, die Aufschüttung zu stützen und eine Verbindung zum ursprünglichen Geländeniveau herzustellen, ist von einer Einheitlichkeit und der abstandsflächenrechtlichen Relevanz insgesamt auszugehen.[42] Wie differenziert jeder Einzelfall beurteilt werden muss, ergibt sich anschaulich aus der Entscheidung des OVG Bautzen vom 18.5.2015:

„Auf bloße Aufschüttungen im Sinne von § 2 Abs. 1 Satz 4 Nr. 1 BauO LSA, auf denen keine Terrassen oder vergleichbare Anlagen errichtet werden, lässt sich diese Regel aber nicht ohne weiteres übertragen. Von ihnen gehen gebäudegleiche Wirkungen im Sinne des § 6 Abs. 1 Satz 2 BauO LSA regelmäßig erst ab einer größeren Höhe aus. Die Einsichtnah-

---

[38] Auch eine Luftwärmepumpe muss die Abstandsfläche von drei Metern einhalten. Die Wärmepumpe ist eine andere Anlage im Sinn von Art. 6 Abs. 1 S. 2 der Bayerischen Bauordnung, da von ihr eine Wirkung wie von einem Gebäude ausgeht, vgl. OLG Nürnberg 30.1.2017 – 14 U 2612/15. Zu landesrechtlichen Ausnahmeregelungen vgl. zB § 6 Bln BO.

[39] Mit zahlreichen weiteren Beispielen vgl. Hoppenberg/de Witt, Handbuch des öffentlichen Baurechts, 40. EL, H Rn. 369; Dirnberger in Jäde/Dirnberger/Böhme, Bauordnungsrecht Sachsen, 75. AL, § 6 Rn. 36ff.

[40] OVG Münster 7.5.2021 – 2 A 468/21 mAnm Handschumacher jurisPR-ÖffBauR 7/2022 Anm. 6.

[41] OVG Münster 10.2.2010 – 7 B 1368/09; OVG Münster 10.6.1999 – 7 B 827/99, Rn. 5.

[42] Vgl. OVG Greifswald 15.6.2023 – 3 M 80/23 OVG; OVG Greifswald 22.2.2023 – 3 LZ 471/19 OVG.

memöglichkeit spielt dort keine entscheidende Rolle, vielmehr sind insoweit andere Funktionen der Abstandsflächen maßgeblich, insbesondere der Schutz des Nachbargrundstücks vor Verschattung. Ausgehend von der gesetzlichen Wertung in § 6 Abs. 8 Satz 1 Nr. 3 BauO LSA, dass Stützmauern und geschlossene Einfriedungen außerhalb von Gewerbe- und Industriegebieten mit einer Höhe bis zu 2 m in den Abstandsflächen eines Gebäudes sowie ohne eigene Abstandsflächen zulässig sind, haben Anlagen – auch Aufschüttungen – über 2m Höhe regelmäßig Abstandsflächen einzuhalten.“[43]

Problematisch ist bei Aufschüttungen auch die Berechnung der Abstandsflächen. Bei einer gebotenen einheitlichen Betrachtung ist dabei auf den Böschungsfuß abzustellen. Selbst wenn im Verlauf der Böschung weiter zurückversetzte Teile der Aufschüttung den erforderlichen Abstand, der in der Regel der Mindestabstand von 3 m sein dürfte, einhalten, so liegt gleichwohl ein Abstandsflächenverstoß vor, wenn dieser Abstand durch den Böschungsfuß selbst nicht eingehalten wird. Dies dürfte inzwischen gesicherte Rechtsprechung sein.[44]

Grundsätzlich ist also die Prüfung, ob von einer baulichen Anlage – aus der Sicht des Nachbargrundstücks – Wirkungen wie von Gebäuden ausgehen, anhand des *„Gebäudetypischen“* vorzunehmen, vor dem § 6 schützen kann und soll.[45]

3. *§ 6 Abs. 1 S. 3, Vorrang des Bauplanungsrechts*

Wird durch das Bauplanungsrecht für das Baugrundstück eine von § 6 abweichende Regelung getroffen oder ergibt sich dies aus § 34 BauGB, so geht eine solche bei der Bestimmung von Abstandsflächen vor.[46] Die Regelung von § 6 ist insoweit also nachrangiges Recht.

Solche bauplanungsrechtlichen Vorschriften sind insbesondere Festsetzungen in Bebauungsplänen über die Bauweise gem. § 22 BauNVO, also offene oder geschlossene Bauweise.[47] Bei geschlossener Bauweise (notwendiger Grenzbau) soll gerade ein einheitlicher Baukomplex entstehen und Gebäudeabstände vermieden werden. Eine deckungsgleiche Aneinanderreihung ist dabei nicht erforderlich, also auch ein Versprung und/oder eine Terrassierung der Gebäude sind möglich.[48] Auch nicht überdeckende Gebäudeteile sind auf diese Art und Weise ohne Einhaltung einer Abstandsfläche an der Grenze zulässig,[49] ebenso wie die Festsetzung einer halboffenen Bauweise oder die Festsetzung einer Doppelhausbebauung.[50]

---

[43] OVG Bautzen 13.4.2012 – 2 L 46/11; vgl. auch Handschumacher jurisPR-ÖffBauR 7/2022 Anm. 6.

[44] Vgl. zB OVG Greifswald 15.6.2023 – 3 M 80/23 OVG, Rn. 17; OVG Greifswald 14.11.2013 – 3 M 222/13; OVG Saarlouis 27.7.2010 – 2 A 105/10; VGH München 3.5.1999 – 15 B 96.189, Rn. 41.

[45] Vgl. OVG Münster 18.5.2015 – 2 A 126/15.

[46] Vgl. OVG Greifswald 11.4.2023 – 3 LB 467/20, Rn. 57 ff.

[47] Vgl. zB OVG Münster 19.1.2009 – 10 B 1687/08; zur Möglichkeit von Festsetzungen zu Abstandsflächen in Bebauungsplänen siehe § 9 Abs. 1 Nr. 2a BauGB.

[48] OVG Bautzen 12.10.2010 – 1 B 249/10.

[49] Problematisch ist die Situation dann, wenn bei dem Nachbargebäude Fenster vorhanden sind.

[50] Vgl. hierzu auch Nr. 6.1.3 VwVSächsBO.

Aber auch im unbeplanten Innenbereich gem. § 34 BauGB kann das Bauplanungsrecht dem bauordnungsrechtlichen Abstandsflächengebot von § 6 vorgehen.[51] Maßgeblich ist dabei die Einfügensbeurteilung gem. § 34 BauGB, also die Orientierung an der Umgebungsbebauung.[52] Die Umgebungsbebauung muss deutlich von der geschlossenen oder halboffenen Bauweise geprägt sein, um das Abstandsflächengebot außer Kraft zu setzen. Kleinere Unterbrechungen sind unschädlich. Bei einer Gemengelage ohne eindeutige Prägung oder diffusen Verhältnissen greift § 6 Abs. 1 S. 3 nicht, sind also die Abstandsflächen einzuhalten.[53] Im Außenbereich gem. § 35 BauGB scheidet ein Vorrang des Bauplanungsrecht idR von vorneherein aus.[54]

Auch bei einem (nur) „möglichen Grenzbau" nach § 22 Abs. 2 BauNVO bzw. § 34 BauGB ist ein Grenzbau ohne Abstandsfläche denkbar,[55] nämlich bei Doppelhäusern oder Hausgruppen. Von einem Doppelhaus spricht man dann, wenn zwei an der Grundstücksgrenze gebaute Wohnhäuser durch Aneinanderbauen wechselseitig und in verträglicher und abgestimmter Weise eine Einheit ergeben. Es kommt dabei auf ein Mindestmaß an Übereinstimmung von Proportionen und den gestaltgebenden baulichen Elementen an.[56] Bei einem zu starken Versatz fehlt es an dieser notwendigen Einheitlichkeit und es verbleibt bei den Reglungen von § 6.

Festsetzungen von Baulinien oder Baugrenzen nach § 23 BauNVO fallen nicht unter § 6 Abs. 1 S. 3. Ihre Festsetzung in Bebauungsplänen vermittelt auch keinen Drittschutz. Bei Baulinien auf der Grundstücksgrenze bedarf es vielmehr einer Zulassung nach § 67, wenn keine örtliche Satzung nach § 89 Abs. 1 Ziff. 6 vorhanden ist. Vorrang haben gemäß § 6 Abs. 5 S. 4 also immer durch gemeindliche Entscheidungen wie städtebauliche Satzung und Satzungen nach § 89 vorgeschriebene andere Abstandsflächen unter Berücksichtigung der abstandsflächenrechtlichen Zwecksetzung.

4. *§ 6 Abs. 2, Lage der Abstandsflächen*

a) Lage auf dem „Grundstück"

Grundsätzliches müssen Abstandsflächen (vollständig) auf dem Vorhabengrundstück selbst liegen, und zwar über die gesamte Breite und Tiefe. Das *„Grundstück"* iSv § 6 Abs. 2 S. 1 ist das Buchgrundstück nach BGB. Das OLG Magdeburg differenziert dabei in seiner Entscheidung vom 26. 9. 2013 zutreffend wie folgt:

[51] Vgl. OVG Bautzen 10.6.2021 – 1 B 217/21, Rn. 11; OVG Bautzen 1.3.2005 – 1 BS 24/05 zum zu berücksichtigenden Gebot der Rücksichtnahme.

[52] Vgl. für alle OVG Greifswald 11.4.2023 – 3 LB 467/20, Rn. 57 ff.

[53] Vgl. auch Hoppenberg/de Witt, Handbuch des öffentlichen Baurechts, 40. EL, H Rn. 364 a ff. mwN.

[54] Vgl. OVG Bautzen 17.7.2003 – 1 B 438/01, Rn. 38; vgl. VG Mainz 4.9.2006 – 3 L 633/06. MZ, Rn. 9.

[55] Zur bauplanungsrechtlichen „Gleichgültigkeit" vgl. OVG Bautzen 17.7.2002 – 1 B 438/01, Rn. 37.

[56] OVG Berlin-Brandenburg 31.7.2015 – 2 S 29.15.

„Die Rechtsprechung geht allerdings davon aus, dass das Baugrundstück und das Buchgrundstück keineswegs ausnahmslos gleichzusetzen sind. Ausnahmen sind nicht nur vertretbar, sondern sogar geboten, wenn bei Verwendung des grundbuchrechtlichen Begriffs die Gefahr entstünde, dass der Sinn einer bestimmten bau- und bodenrechtlichen Regelung handgreiflich verfehlt würde. So kann etwa die Größe eines Grundstücks, das mehrere Hektar umfasst, der Annahme eines einheitlichen Baugrundstücks entgegenstehen (vgl. BVerwG, Beschl. v. 11. 04. 1990 – 4 B 62.90, NVwZ-RR 1990, 528). Zu beachten ist aber, dass Abweichungen vom Buchgrundstücksbegriff auf echte Ausnahmen beschränkt bleiben müssen. Andernfalls würde mit einer Vielzahl von „Ausnahmen“ das unterlaufen, was jene Festlegung auf den grundbuchrechtlichen Begriff erreichen soll.“[57]

Etwas anderes kommt also nur dann in Betracht, wenn zB wegen der Größe des Grundstücks sich eine einheitliche Betrachtung als „Baugrundstück“ (ausnahmsweise) verbietet.[58] Soll zB das Bauvorhaben mehrere hundert Meter von einer öffentlichen Straße entfernt errichtet werden und erschweren noch weiter Umstände die Erreichbarkeit des Bauvorhabens, so verbietet es sich, einen Grundstückskomplex nur deshalb als ein einheitliches Baugrundstück anzusehen, weil er einem einzigen Eigentümer gehört und grundbuchrechtlich ein einziges Grundstück bildet.[59]

Das Grundstück im Rechtssinne und im tatsächlichen Sinne ist also – von Ausnahme abgesehen – in aller Regel deckungsgleich. Eventuell fehlerhaft festgestellte Grenzverläufe müssen gegebenenfalls zivilrechtlich durch Grenzscheidungsklage korrigiert werden.[60]

b) Überbau, § 912 BGB

Streitig ist die Rechtslage bei einem Überbau gemäß § 912 BGB. Es ist zwar Konsens in der Rechtsprechung, dass ein Überbau iSv § 912 BGB das Eigentum des Nachbarn verletzt, auch wenn ggf. eine Duldungspflicht besteht.[61] Der Weg über die Einstellungsverfügung oder die Anfechtung der Baugenehmigung führt für den betroffenen Nachbarn aber in der Regel nicht zum gewünschten Ziel, weil der entsprechende Nachbarschutz dem Privatrecht zugeordnet ist und dem Nachbarn über §§ 903, 912, 1004 BGB rechtliche Möglichkeiten zur Verfügung stehen, sich gegen Eigentumsverletzungen vom Nachbargrundstück zivilrechtlich und zivilprozessual zur Wehr zu setzen. Es ist nicht Aufgabe der Bauaufsichtsbehörden, die Folgen privatrechtlicher Eigentumsverletzungen zu regeln. Baugenehmigungen werden schließlich auch unbeschadet privater Rechte Dritter erteilt.[62]

---

[57] OLG Magdeburg 26.9.2013 – 2 L 202/11.

[58] BVerwG 14.12.1973 – 4 C 48.72.

[59] BVerwG 11.4.1990 – 4 B 62/90.

[60] Vgl. für alle BeckOK BGB, 68. Ed. 1.8.2023, BGB § 920 Rn. 4-16.

[61] Zur Verfassungswidrigkeit von § 16a NachbG Bln beim Überbau durch Wärmedämmungen vgl. BGH 1.7.2022 – V ZR 23/21 mAnm Handschumacher jurisPR-ÖffBauR 9/2022 Anm. 6.

[62] Vgl. zB VG Gelsenkirchen 12.11.2013 – 6 K 2397/12; VGH München 16.8.2010 – 2 ZB 10.134; VGH Mannheim 17.2.1992 – 5 S 144/92.

c) § 6 Abs. 2 S. 2, Lage auf öffentlichem Grund und Boden

Gemäß § 6 Abs. 2 S. 2 dürfen Abstandsflächen bis zu dessen Hälfte auf öffentlichen Grund und Boden ragen. Dazu gehören auch öffentliche Grün- und Wasserflächen (vgl. § 9 Abs. 1 Nr. 15, 16 BauGB). Diese Ausnahme bedarf keiner Ermessensentscheidung der Baugenehmigungsbehörde, sondern gilt von Gesetzes wegen. Dies ist gerechtfertigt, weil auf öffentlichem Grund und Boden wie Straßen oder Plätzen in der Regel keine Gebäude stehen, ergo keine Kollisionssituation besteht.[63] Gegebenenfalls kann deswegen im Wege von § 67 auch eine Ausdehnung auf die gesamte öffentliche Fläche ermöglicht werden. Die jeweilige Fläche muss allerdings öffentlich gewidmet sein. Die Mitte der öffentlichen Fläche richtet sich nach der Gesamtausdehnung der Fläche oder der Flächen, an die gebaut wird. Auch wenn nur öffentliche Flächen in Anspruch genommen werden, so ist § 6 Abs. 2 S. 2 gleichwohl nachbarschützend. Schließlich soll so auch dem „Gegenüber" die Möglichkeit des eigenen Abstandsflächennachweises auf der öffentlichen Fläche bis zu deren Mitte gesichert werden.[64]

d) § 6 Abs. 2 S. 3, Grenzüberschreitung

Eine Grenzüberschreitung der Abstandsflächen ist zulässig, wenn diese eine rechtliche Sicherung erhält. Eine lediglich privatrechtliche Zustimmung genügt im Hinblick auf den eindeutigen Gesetzeswortlaut nicht.[65] Dabei ist eine rechtliche Sicherung nach § 2 Abs. 12 notwendig, also durch eine Grunddienstbarkeit gem. § 1018 BGB, eine beschränkt persönliche Dienstbarkeit zugunsten der Bauaufsichtsbehörde gem. § 1090 BGB oder durch die Übernahme einer Baulast gem. § 83.

Eine rechtliche Absicherung ist selbstredend auch notwendig, wenn beide Grundstücke den gleichen Eigentümer haben. Steht ein Nachbargrundstück im Eigentum des gleichen Bauherrn, ist dies für die Abstandsflächen nach § 6 irrelevant, es sei denn, das Gebäude soll gemäß § 4 Abs. 2 auf einem aus mehreren Grundstücken bestehenden Gesamtbaugrundstück errichtet werden.[66] Eine Überschreitung der Grundstücksgrenzen ist ansonsten nur bei rechtlicher Sicherung gem. § 6 Abs. 2 S. 3 iVm § 2 Abs. 12 zulässig. § 6 regelt zuvorderst nicht die zu den Grundstücksgrenzen einzuhaltenden Abstände, sondern das System von Gebäudeabständen zueinander.[67]

e) § 6 Abs. 3, Überdeckungsverbot

Für Abstandsflächen gilt gem. § 6 Abs. 3 – wie auch in anderen Bundesländern – ein Überdeckungsverbot.[68] Dieses Verbot ergibt sich bereits aus § 6 Abs. 2 S. 1. Zu einer (unzulässigen) Überdeckung kann es vor allem kommen bei einer Übereck-

---

[63] Vgl. für alle Hormann, 4. Aufl. 2022, HBO § 6 Rn. 70.

[64] OVG Saarlouis 21.11.2012 – 2 B 284/12.

[65] Ggf. kann der Nachbar bei Zustimmung zur Grenzüberschreitung das Recht verwirkt haben, gegen den Abstandsflächenverstoß jenseits der Grundstücksgrenze vorzugehen.

[66] Dirnberger in Jäde/Dirnberger/Böhme, Bauordnungsrecht Sachsen, 79. AL, § 6 Rn. 76.

[67] Dirnberger in Jäde/Dirnberger/Böhme, Bauordnungsrecht Sachsen, 79. AL, § 6 Rn. 84f.

[68] Vgl. zB OVG Münster 30.11.2010 – 7 A 431/09.

Stellung von Gebäude auf demselben Grundstück[69] oder Gebäuden, bei denen die Abstandsflächen gem. § 6 Abs. 2 S. 3 auf dem Nachbargrundstück liegen.[70] Zulässig ist eine Überdeckung nur dann, wenn die Außenwände mit einem Winkel von mehr als 75° zueinander stehen, § 6 Abs. 3 S. 2 Ziff. 1.[71] Eine Überdeckung ist also zB dann zulässig, wenn die Außenwände eines Gebäudes in einem rechten Winkel von 90° zueinander stehen. Die Abstandsflächen gegenüberliegender Außenwände dürfen sich hingegen nicht überdecken.

Bei verschiedenen Gebäuden, bei denen die Abstandsflächenüberdeckung geprüft werden muss, erfolgt die Winkelmessung durch die gedachte Verlängerung der winkelig zueinander stehenden Außenwände (Fluchten).

Eine weitere Ausnahme gilt für Atriumhäuser, also bei Außenwänden zu einem fremder Sicht entzogenen Gartenhof, § 6 Abs. 3 S. 2 Ziff. 2, was bei einer verdichteten Innenstadtbebauung mit sog. Town-Häusern regelmäßig der Fall ist. Eine Einsichtnahme muss durch Nutzer des Gebäudes, dessen Abstandsflächen die Abstandsflächen des zu betrachtenden Vorhabens überdecken, ausgeschlossen sein.[72] Eine Außenwand innerhalb der Abstandsflächen der gegenüberliegenden Außenwand ist aber unzulässig. Bei einer Außenwand muss die Mindesttiefe des Innenhofs also den gegenüberliegenden Abstandsflächen entsprechen.

f) Privilegierungen, § 6 Abs. 8

Gemäß § 6 Abs. 8 genießen untergeordnete bauliche Anlagen eine Privilegierung, müssen also die eigentlich erforderlichen Abstandsflächen nicht einhalten. Diese sind als Grenzbau oder in Grenznähe zulässig, ohne Abstandsflächen zur Grundstücksgrenze, als da sind Garagen, einschließlich Abstellraum,[73] gebäudeunabhängige Solaranlagen[74] sowie Stützmauern und geschlossene Einfriedungen.[75]

Sie dürfen eine mittlere Wandhöhe von bis zu 3 m haben und eine Gesamtlänge je Grundstücksgrenze von 9 m, ohne Dachüberhänge.[76] Es kommt nicht darauf an, wie viele Nachbargrenzen es gibt und ob ein Nachbar mehrfach betroffen ist. Für den Begriff der Nachbargrenze iSv § 6 kommt es auf die Perspektive des Baugrundstücks an. Es ist unerheblich, wie viele Grundstücke an die jeweilige

---

[69] Für diesen Fall ist § 6 Abs. 3 nicht nachbarschützend, vgl. OVG Berlin-Brandenburg 9.1.2018 – 2 S 48.17, Rn. 21; bei nur geringfügiger Überdeckung auf demselben Grundstück ist ggf. eine Abweichung nach § 67 möglich.

[70] Vgl. VGH Kassel 23.7.2013 – 3 A 1115/13.Z.

[71] Vgl. für alle Homann, 4. Aufl. 2022, HBO § 6 Rn. 81; Hahn in Busse/Kraus/Hahn, 152. EL 10/2023, BayBO Art. 6 Rn. 145; OVG Bautzen 6.6.2001 – 1 D 442/99.

[72] Hahn in Busse/Kraus/Hahn, 152. EL 10/2023, BayBO Art. 6 Rn 147.

[73] Vgl. OVG Koblenz 26.10.2016 – 1 A 10530/16.OVG; vgl. hierzu ausführlich Hoppenberg/de Witt, Handbuch des öffentlichen Baurechts, 40. EL, H Rn. 370ff. mwN; zur Problematik bei Garagen mit Abstellraum siehe OVG Bautzen 20.10.2005 – 1 BS 251/05.

[74] OVG Bautzen 8.7.2014 – 1 B 91/14.

[75] Vgl. OVG Saarlouis 12.2.2009 – 2 A 17/0; um eine Stützmauer handelt es sich nur, wenn die Mauer im Zusammenhang mit dem Grundstück zur Abstützung des natürlichen Geländes erforderlich ist. Hiervon ist dann nicht (mehr) auszugehen, wenn ein gärtnerisch nutzbares Gelände in Hanglage durch unnötige Aufschüttungen ein verändertes Geländeprofil erhält, vgl. VGH München 12.9.2013 – 14 CE 13.928; OVG Münster 27.11.1998 – 11 A 195/88, Rn. 12ff.

[76] Vgl. OVG Magdeburg 1.6.2017 – 2 M 49/1.

Grenze angrenzen.[77] Abknickende Grenzen mit einem Winkel über 150° sind eine Grenze. Die maximale Länge der grenzständischen Gebäude beträgt 15 m je Grundstück.[78]

Von einer missbräuchlichen Umgehung der zahlenmäßigen Beschränkung und damit der Unwirksamkeit der erteilten Baugenehmigung ist dann auszugehen, wenn ein wirtschaftlich einheitlich genutztes Grundstück nur deswegen in zwei Buchgrundstücke geteilt wird, um genau die Begrenzung von 9 m an der Grenze zu unterlaufen.[79]

III. Berechnung der Abstandsflächen

1. Die Höhe „H"

Wie eingangs bereits dargestellt, berechnet sich gem. § 6 Abs. 5 S. 1 die Tiefe der Abstandsfläche nach der Höhe der Außenwände – *Maß H* – in Metern und zwar x 0,4. In Gewerbe- und Industriegebieten genügt gem. § 6 Abs. 5 S. 2 eine Tiefe von nur 0,2 H. Die Höhe von Dächern mit weniger als 70° Dachneigung wird gem. § 6 Abs. 4 S. 3 zu 1/3 der Wandhöhe hinzugerechnet, anderenfalls wird die volle Dachhöhe der Wandhöhe hinzugerechnet.[80]

Bezugspunkt für die Berechnung ist gem. § 6 Abs. 4 S. 2 die jeweilige natürliche Geländeoberfläche und zwar dort, wo die Außenwand aus dem Gelände austritt. Die Geländeoberfläche ist grundsätzlich die natürliche, gewachsene Oberfläche und nicht die durch Aufschüttungen oder Abgrabungen veränderte Geländeoberfläche.[81] Die Berechnung erfolgt unter Zugrundelegung der natürlichen Geländeoberfläche des Bau- und nicht das Nachbargrundstücks.[82] Die Höhe der Außenwand wird von dort entlang der Außenwand senkrecht bis zum Schnittpunkt mit der Dachhaut als dem oberen Wandabschluss gemessen.[83] Bei Gebäuden ohne Dachneigung berechnet sich die Wandhöhe bis zu deren oberen Abschluss, zB einer Attika oder Brüstung.[84] Bei Gebäuden ohne Außenwand, zB offenen Carports, Arkaden, Säulen etc., ist eine „fiktive" Wand der Bezugspunkt für die Berechnung (im Einzelnen → I. 1. b).

[77] OVG Münster 15.9.2021 – 2 A 1218/21 mAnm Handschumacher jurisPR-ÖffBauR 1/2002 Anm. 5.
[78] Vgl. Nr. 6.7.1 VwVSächsBO.
[79] Vgl. OVG Lüneburg 26.2.2004 – 1 LA 210/03.
[80] Das sog. Schmalseitenprivileg gem. § 6 Abs. 6 S. 1 SächsBO aF wurde abgeschafft, ebenso wie in den meisten anderen Landesbauordnungen und teilweise durch Ausnahmen für bestimmte Gebäude ersetzt.
[81] VGH München 4.5.2023 – 15 CS 23.603.
[82] Vgl. VGH München 8.6.2010 – 9 B 08.3162.
[83] VGH München 23.12.2013 – 15 CS 13.2479.
[84] Vgl. VG Augsburg 17.6.2020 – Au 4 20.168, Rn. 45; OVG Weimar 5.10.1999 – 698/99, Rn. 12.

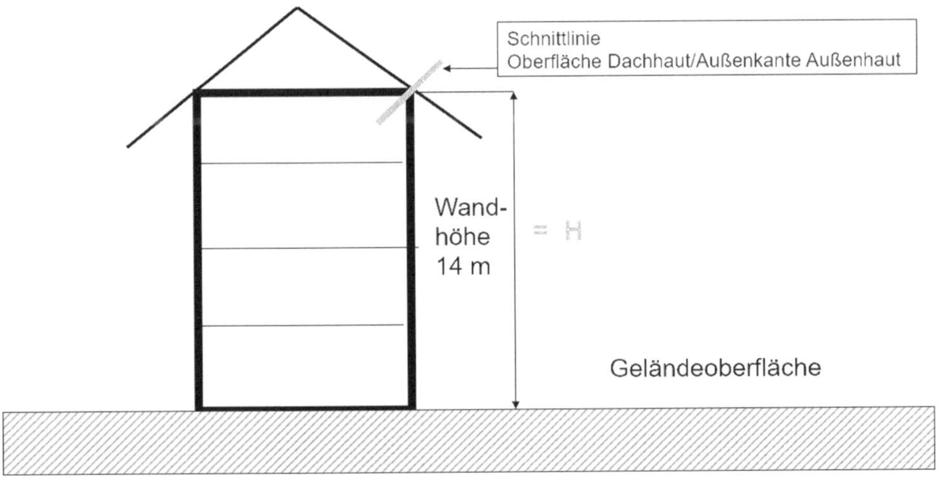

Bei einer Wandhöhe von 14 m errechnet sich (ohne Dach) die Abstandsfläche von 14 × 0,4 = 5,60 m.

Abstandsflächen bilden nach der SächsBO graphisch dargestellt ein gestauchtes Spiegelbild vor der jeweiligen Außenwand inkl. Dach der baulichen Anlage ab. Im Abstandsflächenplan des Bauantrags sind sie zeichnerisch darzustellen.[85]

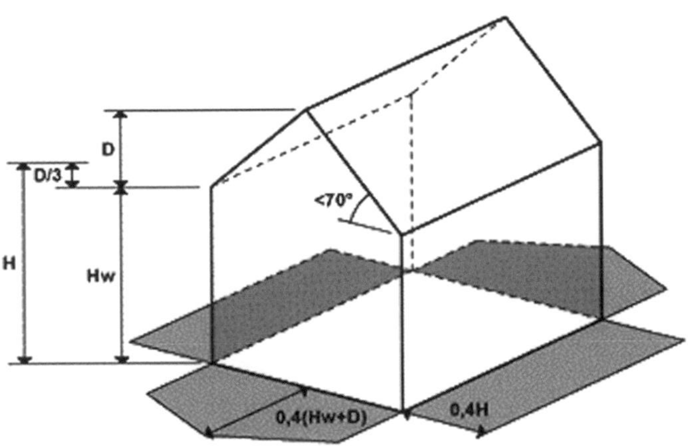

Vgl. Nr. 6.4. VwVSächsBO

Anders als zB in Nordrhein-Westfalen sieht die SächsBO bei der Berechnung der giebelseitigen Abstandsfläche, bei der das Dach nur mit einem Drittel zu berücksichtigen ist, keine Mittelung, sondern eine exakte Spiegelung der Giebelform vor.

[85] Vgl. § 9 Abs. 4 Ziff. 12 DVOSächsBO.

2. Fallgruppen

Diverse Fallgruppen sind bei der Berechnung der Abstandsflächen besonders „problematisch", zB Gebäude mit Staffelgeschossen, mit Wänden mit unterschiedlichen Höhen auf geneigtem Gelände, mit Vor- und Rücksprüngen, mit Rundungen usw., weil für jedes „Bauteil" bzw. jeden Wandabschnitt der baulichen Anlage quasi eine eigene Abstandsfläche gebildet werden muss,[86] die ggf. durch eine größeren Abstandsfläche eines anderen Gebäudeteils zwar überlagert werden, partiell aber über eine andere Abstandsfläche herausragen kann, wie die nachfolgenden Grafiken zeigen.

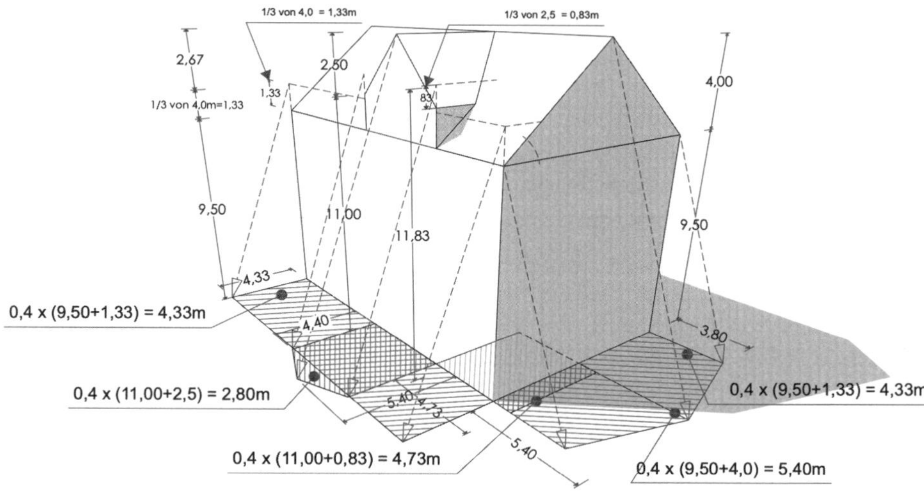

Normalhaus mit Gaupe

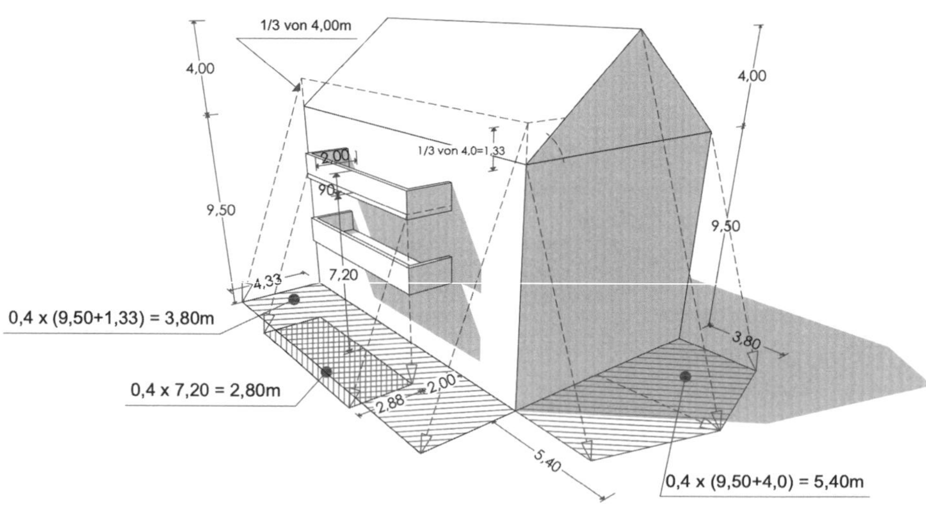

Normalhaus mit Balkonen

[86] VGH Mannheim 10.12.2015 – 8 S 1531/14.

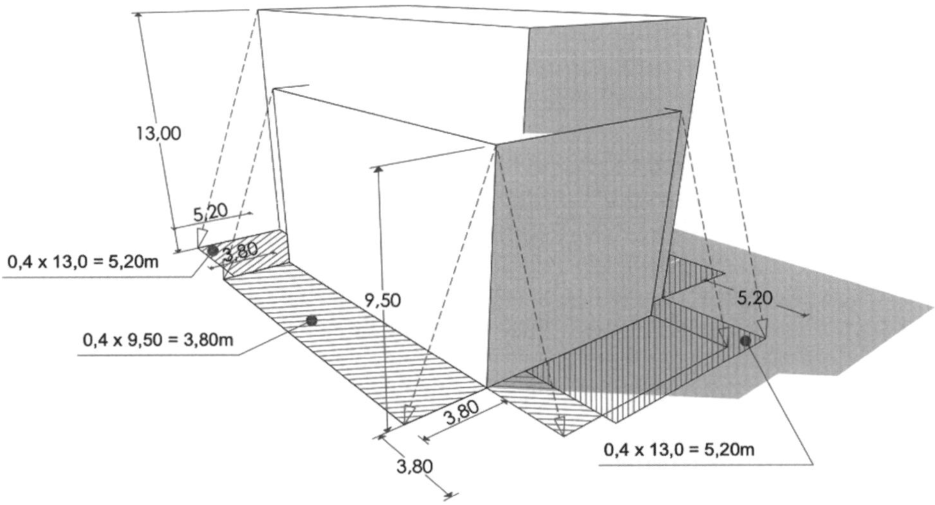

Mehrgeschosser mit Staffelgeschoss

Bei Gebäuden auf geneigtem Grund und Boden bildet sich eine keilförmige Abstandsfläche. Die talseitige Abstandsfläche ist zudem tiefer als die bergseitige.

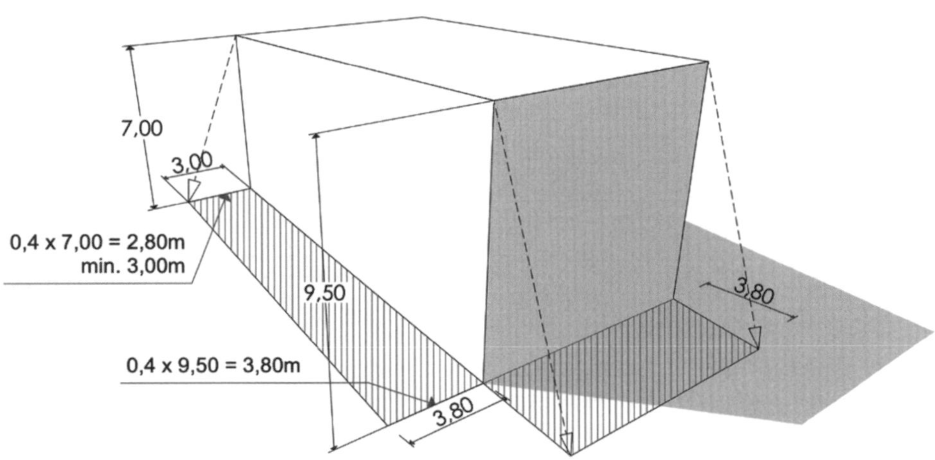

Gebäude auf geneigtem Gelände

Bei Rundbauten bildet die Grundstücksgrenze quasi die Tangente zur gerundeten Abstandsfläche.

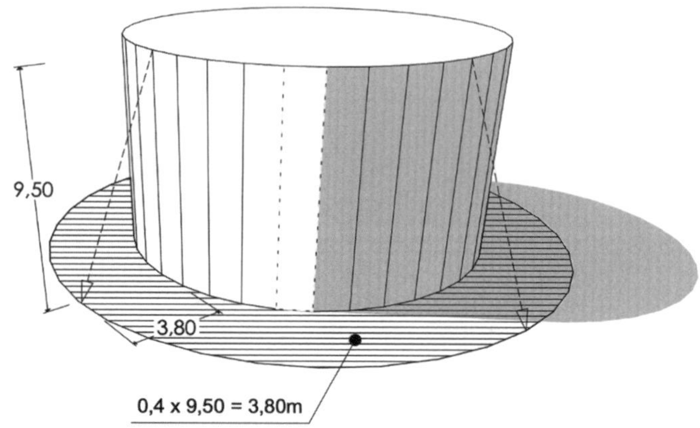

Rundbau

3. *Bauteile ohne Abstandsflächen*

Keine Abstandsflächen sind gem. § 6 Abs. 6 und 7 für kleinere hervortretende Bauteile wie zB Gesimse, Dachüberstände oder bei Vorbauten mit geringem Ausmaß zu berechnen.[87] Bei „Anbauten" zwecks Energieeinsparung bei bestehenden Gebäuden, also solchen, die nach dem 31.12.2015 errichtet wurde, genügt eine Mindestabstandsfläche von 2,50 m bei einer Stärke von nicht mehr als 0,25 m. Für Neuerrichtungen ab dem 1.1.2016 gilt die Ausnahme nicht.

4. *Abweichung*

Gemäß § 67 kann die Bauaufsichtsbehörde zwar Abweichungen auch von den Vorgaben von § 6 zulassen, so das Ermessen nicht auf null reduziert ist. Dies ist aber idR der Fall, so dass nur bei ganz atypischen Fällen, zB wegen des Grundstückszuschnitts, eine Abweichung genehmigungsfähig ist. Das OVG Bautzen hat die Möglichkeiten einer Abweichensentscheidung in seinem Beschluss vom 11.10.2011 wie folgt zusammengefasst:

„Bei der Erteilung einer Abweichung ist zu berücksichtigen, dass die einschlägigen Belange und Interessen regelmäßig schon durch die sonstigen baurechtlichen Vorschriften in einen gerechten Ausgleich gebracht worden sind und die Gleichmäßigkeit des Gesetzesvollzugs kein beliebiges Abweichen von den Vorschriften der Landesbauordnungen gestattet, andererseits jedoch § 67 SächsBO eine Flexibilisierung insbesondere bei der Verwirklichung der betroffenen Schutzgüter eröffnet (Fortführung: OVG Bautzen, 2005-08-28, 1 B 889/04, SächsVBl 2006, 183).“[88]

---

[87] Zur Definition vgl. Nr. 6.6.1 und 6.6.2 VwVSächsBO; nach der Reform von 2004 ist nicht mehr erforderlich, dass es sich bei einem Vorbau um ein „untergeordnetes" Bauteil handelt. Zur alten Rechtslage vgl. OVG Bautzen 6.9.1994 – 1 S 275/94.

[88] OVG Bautzen 11.10.2011 – 1 B 230/11, Rn. 9; fortgeführt OVG Bautzen 16.6.2015 – 1 A 556/14, Rn. 27; VG Frankfurt 21.9.2010 – 8 K 982/10.F, Rn. 22 ff. mwN; vgl. ausführlich Hoppenberg/de Witt, Handbuch des öffentlichen Baurechts, 40. EL, H Rn. 376 ff. mwN.

IV. Gebot der Rücksichtnahme

Bei der Beurteilung, ob eine bauliche Anlage nachbarrechtlich nicht zu beanstanden ist, muss auch das Gebot der Rücksichtnahme mit in Betracht gezogen werden.[89] Das Gebot der Rücksichtnahme ist in § 15 Abs. 1 S. 2 BauNVO konkretisiert bzw. ist dort gesetzlich verankert.[90] Die Interessen des Bauherrn sind bei der Frage der Zulässigkeit eines Bauvorhabens grundsätzlich gegen die Interessen des Grundstücksnachbarn abzuwägen. Der Grad der ggf. „rücksichtslosen" Betroffenheit des einzelnen Nachbarn bestimmt sich dabei nicht nur nach der Intensität der Beeinträchtigung, sondern im konkreten Einzelfall auch nach der Bewertung der rechtlichen Schutzwürdigkeit und Schutzbedürftigkeit von Bauherr und Nachbar.[91]

Ein Bauvorhaben kann daher bei ganz schwerwiegenden Beeinträchtigungen, auch wenn es bauplanungs- und bauordnungsrechtlich rechtmäßig wäre, also auch die nach § 6 ermittelten Abstandsflächen einhält, dennoch wegen eines Verstoßes gegen das Rücksichtnahmegebot unter engen Voraussetzungen ganz oder zum Teil unzulässig sein.[92] Aus dem Umstand, dass Abstandsflächen nicht eingehalten werden, kann umgekehrt aber nicht ohne weiteres auf eine erdrückende Wirkung geschlossen werden. Der VGH München fasst die Problematik in seiner Entscheidung vom 14.10.2010 wie folgt zusammen:

„Nach der ständigen Rechtsprechung des Senats würde eine Einhaltung des Abstandsflächenrechts von vornherein eine erdrückende Wirkung regelmäßig ausschließen (vgl. etwa Beschluss. vom 23.9.2009 Az. 15 ZB 09.98). Das bedeutet aber nicht etwa umgekehrt, dass eine – unterstellte – Überschreitung der Abstandsflächen regelmäßig eine einmauernde Wirkung des Vorhabens mit sich bringt. Vielmehr kommt es [...] auf eine Gesamtschau des Einzelfalls unter Einschluss des Zuschnitts und der Lage des klägerischen Grundstücks an. Die zu der Problematik einer ‚erdrückenden Wirkung' veröffentlichte Rechtsprechung (Überblick bei Troidl, BauR 2008, 1829) macht deutlich, dass die Situation auf dem Grundstück des Klägers noch nicht durch jene Unzumutbarkeit geprägt ist, die im Einzelfall eine solche Annahme gerechtfertigt hat."[93]

Die Verletzung des Rücksichtnahmegebots kann beispielsweise dann gegeben sein, wenn durch die Errichtung eines übergroßen Gebäudes an der Grundstücksgrenze ein in unmittelbarer Nachbarschaft befindliches Wohngebäude quasi „eingemauert" oder „erdrückt"[94] bzw. eine „gefängnishofähnliche" Situation entstehen würde. Eine solche Wirkung ist allerdings nur ausnahmsweise anzunehmen, nämlich dann, wenn ein Nachbargrundstück durch die Ausmaße eines Bauvorhabens, seine massive Gestaltung oder seine Lage unangemessen benachteiligt und gerade

---

[89] Vgl. für alle BVerwGE 44, 244.

[90] Vgl. BVerwG 11.5.1998 – 4 B 45/98, Rn. 9; BVerwG 5.8.1983 – 4 C 96/79.

[91] VGH Mannheim 8.11.2007 – 3 S 1923/07.

[92] In der Regel verneinend VGH München 4.10.2023 – 1 CS 22.1871, Rn. 10; zur Indizwirkung bei Einhaltung der Abstandsflächen vgl. VGH München 22.6.2011 – 15 CS 11.1101, Rn. 17 mwN; ausführlich Dirnberger in Jäde/Dirnberger/Böhme, Bauordnungsrecht Sachsen, 75. AL, § 6 Rn. 10 mwN.

[93] VGH München 14.10.2010 – 15 ZB 10.1584.

[94] OVG Bautzen 22.12.2010 – 1 B 231/10.

deswegen geradezu „erdrückt“, „eingemauert“ oder „abgeriegelt“ wird. Die baulichen Dimensionen des „erdrückenden Gebäudes“ müssen im Einzelfalles derart übermächtig sein, dass das „erdrückte“ Gebäude oder Grundstück nur noch wie eine von dem herrschenden Gebäude dominierte Fläche ohne eigene baurechtliche Charakteristik wahrgenommen wird, oder das Bauvorhaben das Nachbargrundstück regelrecht abriegelt, das heißt dort das Gefühl des Eingemauertseins oder der Gefängnishofsituation hervorruft.[95] Dieser Fall der heranrückenden und damit erdrückenden Nachbarbebauung ist wohl der häufigste Fall der Verletzung des Rücksichtnahmegebots, auch wenn die Anforderungen hieran sehr hoch sind.

Das Gebot der Rücksichtnahme gilt nicht nur gegenüber privaten Nachbarn, sondern auch in Gewerbegebieten, wenn auch in reduziertem Umfang.[96]

Welche schwierigen Abwägungsfragen sich bei der innerstädtischen Verdichtung insoweit stellen können, soll an folgendem Beispiel verdeutlicht werden. Eine Verletzung des Gebots der Rücksichtnahme scheidet zB bei der Verschattung einer Photovoltaikanlage auf dem Nachbargrundstück von vorneherein aus. Diese Situation mag für den Nachbarn misslich sein, wenn sich im Nachhinein seine Investition mangels ausreichender Sonneneinstrahlung nicht mehr amortisieren kann. Ein Grundstückseigentümer kann sich aber (auch) bei der Errichtung seiner Photovoltaikanlage nicht darauf verlassen, dass der seinerzeit – im Hinblick auf die noch nicht vorhandene Bebauung eines Nachbargrundstücks – bestehender Lagevorteil fortbesteht.[97] Da eine erdrückende Wirkung idR von einer Photovoltaikanlage nicht ausgeht, kann sich der Nachbar in einem solchen Fall nicht auf das Gebot der Rücksichtnahme berufen.

V. Drittschutz durch § 6

Wie eingangs bereits ausgeführt, gewährt § 6 Drittschutz für den Grundstücksnachbarn. Die Regelungen über die Abstandsflächen dienen nicht nur dem Schutz der Allgemeinheit vor Gefahren, sondern auch dem Nachbarschutz. Das ist inzwischen gesicherte Rechtsprechung.[98]

1. Rechtsschutzbedürfnis

Da durch § 6 nur noch das Minimum an Schutz vor einer belastenden Nachbarbebauung gewährt werden soll, sind die sich aus der Wand- und Dachhöhe zu ermittelnden Abstandsflächentiefen auch „zentimetergenau“ einzuhalten. Eine „Ba-

[95] OVG Saarlouis 3.11.2023 – 2 B 127/23, Rn. 13; vgl. auch OVG Lüneburg 16.2.2024 – 1 LA 88/23; OVG Bremen 11.10.2023 – 1 B 104/23.

[96] VGH München 20.12.2016 – 9 CS 16.2088; OVG Sachsen 16.6.2015 – 1 A 556/14.

[97] OVG Münster 20.12.2022 – 2 B 1103/22; OVG Münster 18.7.2022 – 7 A 924/21; vgl. auch Miernik jurisPR-ÖffBauR 3/2023 Anm. 3.

[98] Vgl. Lafontaine in Herberger/Martinek/Rüßmann/Weth/Würdinger, jurisPK-BGB, 10. Aufl. 2023, WEG § 13 Rn. 44; vgl. auch Hoppenberg/de Witt, Handbuch des öffentlichen Baurechts, 40. EL, H Rn. 360ff. mwN; Dirnberger in Jäde/Dirnberger/Böhme, Bauordnungsrecht Sachsen, 79. AL, § 6 Rn. 12.

gatellgrenze", die eine Überschreitung noch rechtfertigen kann, gibt es nicht,[99] allenfalls in ganz begrenzten Ausnahmefällen. Auch eine erschwerte Bebaubarkeit ändert hieran grundsätzlich nichts.[100]

Der betroffene Nachbar kann also aus eigenem Recht gegen die Nachbarbebauung vorgehen, wenn die Abstandsflächen nicht eingehalten werden, weil § 6 auch seinem Schutz dient,[101] unabhängig davon, ob tatsächlich eine Beeinträchtigung festzustellen ist.[102] In einem solchen Fall hat die Bauaufsichtsbehörde auch kein Ermessen für ein Einschreiten, sondern der Nachbar hat einen Anspruch hierauf, idR durch Verfügung einer Baueinstellung und ggf. eines Rückbaus.[103] Wird der notwendige Abstand lediglich zwischen zwei Gebäuden auf demselben Grundstück nicht eingehalten, kann sich der Nachbar nicht auf den Drittschutz von § 6 berufen.[104]

2. *Vorbeugender Nachbarschutz*

Bei der Planung und der tatsächlichen Umsetzung von Bauvorhaben ist insbesondere der vorbeugende Nachbarschutz von Relevanz, also der Rechtsschutz der Nachbarn gegen eine Bebauung, die noch nicht ausgeführt wurde, deren Umsetzung aber absehbar ist.[105] Der betroffene Grundstücksnachbar braucht nicht erst zuzuwarten, bis das entsprechende Gebäude auf dem Nachbargrundstück errichtet wurde. Im Gegenteil, er muss vielmehr seinen vorbeugenden Nachbarschutz frühzeitig in Anspruch nehmen, um sein Rechtsschutzbedürfnis nicht zu verlieren.[106] Der Rechtsschutz im Verfahren des vorläufigen Rechtsschutzes gem. § 8 Abs. 5 VwVfG ist bereits zulässig, auch wenn nur eine Teilbaugenehmigung vorliegt, hieraus aber bereits weitgehend die Situierung des Gebäudes auf dem Grundstück und die überbaubare Grundstücksfläche feststeht,[107] was zB bei einem Bauvorbescheid regelmäßig der Fall ist.

3. *Unzulässige Rechtsausübung*

Ein Nachbar, der sein Gebäude selbst nicht unter Einhaltung von Abstandsflächen – trotz entsprechender Baugenehmigung – errichtet hat, kann sich hingegen trotz formeller Rechtmäßigkeit nicht auf eine erdrückende Wirkung bzw. die Un-

---

[99] Vgl. VGH München 4.5.2023 – 15 CS 23.603; OVG Bautzen 12.6.2014 – 1 A 754/13.

[100] Vgl. VGH Mannheim 4.4.2013 – 8 S 304/13; uU Ausnahmen, wenn die Abstandsfläche zur Unbebaubarkeit des Nachbargrundstücks führt oder wenn zB bei einer Windkraftanlage die Nachbargrundstücke nur landwirtschaftlich genutzte Parzellen sind, eine Beeinträchtigung also tatsächlich nicht zu erwarten ist. Vgl. VGH Mannheim 4.4.2017 – 4 B 449/17.

[101] Vgl. OVG Münster 15.7.2015 – 7 B 478/15.

[102] Vgl. für alle OVG Bautzen 6.9.1994 – 1 S 275/94, SächsVBl. 1994, 285.

[103] Vgl. OVG Bremen 13.2.2023 – 1 B 319/22, Rn. 20; OVG Sachsen 20.8.2020 – 1 A 1194/17, Rn. 35 bei der Möglichkeit einer Abweichensentscheidung gem. § 67; OVG Saarlouis 10.5.2012 – 7 A 1069/14.

[104] OLG Dresden 26.3.2003 – 11 U 524/02, Rn. 13; vgl. hierzu auch Anm. Baden IBR 2003, 637.

[105] Vgl. für alle Handschumacher, Immobilienrecht praxisnah, 2. Aufl. 2019, Ziff. 6.2.3 mwN.

[106] Vgl. OVG Bautzen 3.3.2010 – 1 B 23/10.

[107] Vgl. VG Düsseldorf 13.2.2006 – 9 L 196/06, Rn. 12ff.; VGH München 16.8.2001 – 2 ZS 01.1874.

terschreitung von Abstandsflächen berufen. Die Geltendmachung von Abwehrrechten verstieße gegen Treu und Glauben.[108]

Der Umstand, dass der von einem Vorhaben betroffene Nachbar durch das Zusammenspiel von Bauplanungs- und Bauordnungsrecht sein Grundstück ggf. weitergehend ausnutzen kann, als sein Nachbar, führt hingegen für sich besehen nicht dazu, dass er die ihm gesetzlich zugewiesene Abwehrbefugnis, gegen eine Nachbarbebauung vorzugehen, verliert.[109]

VI. Ausblick

Die in Zukunft immer drängendere innerstädtische Verdichtung wird die nachbarlichen Konflikte noch weiter verschärfen. Die zuvor dargestellten Rechtsfragen und die daraus folgenden Konflikte werden an Relevanz gewinnen, auch in der anwaltlichen Beratung und der notariellen Praxis. Allein durch die Schaffung des Baugebietstyps „Urbane Gebiete" gem. § 6a BauNVO im Jahre 2017 ist es den Kommunen planungsrechtlich erlaubt, eine verdichtete Bebauung und ein Neben- und Miteinander von unterschiedlichen Nutzungsarten zu ermöglichen. Jüngst hat das Bundesverwaltungsgericht sogar entschieden, dass die Festsetzung eines urbanen Gebiets zwar auf die städtische Innenentwicklung ausgerichtet sei, der Anwendungsbereich von § 6a BauNVO sich aber nicht auf die Überplanung bebauter Bereiche der Gemeinden beschränkt, sondern auch in Stadtrandlagen zulässig sei. Eine räumliche Beschränkung sei den Gesetzesmaterialien nicht zu entnehmen.[110] Auch sonstige gesetzgeberische Maßnahmen zur Deregulierung und zur Förderung des Wohnungsbaus dürften weiter in die Richtung gehen, innerstädtische und verdichtete Bebauung eher zu ermöglichen denn zu verhindern. Diese zu erwartende Entwicklung stößt zunehmend auf die Regelungen des Abstandsflächenrechts, die nur noch das Minimum an Schutz vor einer Nachbarbebauung und dessen bedrängender Wirkung gewährleisten. Welche Konfliktsituationen dies bereits heraufbeschwört, hat die Frankfurter Allgemeine Zeitung am Beispiel der zunehmenden Hinterhofbebauung in Berlin geschildert. Der Zielkonflikt ist dort mit Händen zu greifen.[111]

In solchen Situationen ist den Baugenehmigungsbehörden auch nahezu jede Möglichkeit einer Abweichensentscheidung nach § 67 genommen, die nach der derzeitigen Rechtslage ohnehin für eine Abstandsflächenunterschreitung kaum mehr Raum lässt.[112]

---

[108] VGH München 4.2.2011 – 1 BV 08.131; OVG Münster 26.6.2014 – 7 A 2057/12; OVG Berlin-Brandenburg 8.9.2015 – 2 S 28.15; VGH Mannheim 25.10.2016 – 3 B 2377/16; VGH Mannheim 11.6.2019 – 3 B 731/18, zur wechselseitigen Unterschreitung von Abstandsflächen; VGH Mannheim 3.6.2020 – 3 B 2322/19, Rn. 12 zur Bindungswirkung einer nachbarlichen Verzichtserklärung.

[109] OVG Bremen 13.2.2023 – 1 B 319/22, Rn. 18.

[110] BVerwG 12.6.2023 – 4 BN 33.22.

[111] Frankfurter Allgemeine Zeitung v. 26.1.2024, S. 28.

[112] Vgl. OVG Bautzen 28.8.2005 – 1 B 889/04, Rn. 31 mwN.

Der Zielkonflikt wird sich auch noch dadurch verschärfen, dass in Zukunft weitaus mehr Singlehaushalte eine Wohnung für sich beanspruchen und mehr altersgerechte Wohnungen für eine überalterte Gesellschaft zur Verfügung stehen müssen, also Bestandgebäude für solche Nutzungszwecke hergerichtet werden sollen und müssen, mit abstandsflächenrelevanten An-, Aus- und Umbauten. Bei Altbausanierungen wird zB der Anbau von Balkon- und Aufzuganlagen für jeden Investor unabdingbar werden, ganz zu schweigen von dem abstandsflächenrelevanten Anbau von Wärmepumpen und Ähnlichem.

Die TU Darmstadt hat bereits in ihrer Deutschlandstudie 2019[113] ermittelt, dass 2,3 Mio. bis 2,7 Mio. Wohnungen allein durch (abstandsflächenrelevante) Aufstockungen und Dachausbauten geschaffen werden können.

Diese allein durch solche Bautätigkeiten entstehenden Konflikte nur durch eine „Bevölkerungsbeteiligung" im Wege von Partizipationsverfahren bewältigen zu wollen, dürfte wohl kaum ausreichen. Allzu häufig werden solche Beteiligungs- zu Verhinderungsinstrumenten, ohne einen durch ein Neubauprojekt oder eine umfangreiche Sanierung ausgelösten Nachbarschaftskonflikt tatsächlich zu lösen. Am Ende reduziert es sich dann vor Gericht auf die Frage, Verstoß gegen das Gebot der Rücksichtnahme, ja oder nein? Damit bliebe es der Verwaltungsgerichtsbarkeit überlassen, einen Konflikt im jeweiligen Einzelfall zu entscheiden – nicht zu lösen –, obwohl erkennbar ein gesellschaftlicher Konflikt zugrunde liegt, der zuvorderst durch den demokratisch legitimierten Gesetzgeber zu lösen ist. Schließlich ist zu bedenken, dass jede gesetzliche Einschränkung des Grundstückseigentums, auch die Regelungen über die Abstandsflächen bzw. deren weitere Einschränkung, sich an Art. 14 GG messen lassen müssen. Der VGH Mannheim hat hierzu in seiner Entscheidung vom 3.6.2020 folgendes unter Verweis auf die Entscheidung des Bundesverwaltungsgerichts vom 16.5.1991 ausgeführt:

„Der Gesetzgeber steht im Bau- und Bodenrecht bei Erfüllung des ihm in Art. 14 Abs. 1 Satz 2 GG erteilten Auftrages, Inhalt und Schranken des Eigentums zu regeln, vor der Aufgabe, einen Ausgleich zwischen dem Privateigentum, wie es Art. 14 Abs. 1 Satz 1 GG gewährleisten will, und der sich aus Art. 14 Abs. 2 GG ergebenden Verpflichtung zu schaffen, dass der Gebrauch des Eigentums zugleich dem Wohl der Allgemeinheit unter Berücksichtigung der berechtigten Belange Dritter zu dienen hat. Ihm obliegt es dabei, die von seiner Regelung erfassten oder auch nur berührten Interessen zu bewerten. Um vor der Verfassung Bestand zu haben, müssen die Gründe, die hierbei für eine das Privateigentum einschränkende Regelung angeführt werden können, vom geregelten Sachbereich her geboten und auch in ihrer Ausgestaltung sachgerecht sein. Die grundgesetzliche Eigentumsgarantie umfasst die Erhaltung der Substanz des Eigentums und die Beachtung des Gleichheitssatzes und des Verhältnismäßigkeitsprinzips. Das auch drittschützende Abstandsflächenrecht stellt eine Regelung im Sinne des Art. 14 Abs. 1 Satz 2 GG dar, die den Inhalt des Eigentums am Grundstück näher bestimmt, soweit dessen Nutzbarkeit betroffen ist (BVerwG, Urteil vom 16. 05. 1991 – 4 C 17/90 –, juris Rdnr. 21, 23, 24, jeweils m. w. N.).“[114]

[113] TU Darmstadt, Fachbereich Architektur, Deutschlandstudie 2019, Wohnraumpotenziale in urbanen Lagen, Aufstockung und Umnutzung von „Nichtwohngebäuden", 13.2.2019.

[114] VGH Mannheim 3.6.2020 – 3 B 2322/19, Rn. 26.

Dieser Aufgabe der Konfliktlösung, unter Abwägung der widerstreitenden Nachbarinteressen, werden sich die jeweiligen Landesgesetzgeber also auch unter verfassungsrechtlichen Gesichtspunkten stellen müssen. Die Diskussion um die ausreichenden Abstände bei Windrädern ist nur ein Beispiel für einen zu bewältigenden Zielkonflikt. Solcherlei berechtigte Einwände von betroffenen Grundstückseigentümern einfach nur mit dem Schlagwort *„nimby" (not in my backyard)* zu delegitimieren, wäre also wohlfeil.

Der Bundesgesetzgeber hat eine solche Abwägung zB bereits mit dem EEG zugunsten des Ausbaus „Erneuerbarer Energien" vorgenommen. In § 2 EEG ist ausdrücklich festgelegt, dass die Errichtung und der Betrieb solcher Anlagen im *„überragenden öffentlichen Interesse"* liege, und *„der öffentlichen Sicherheit"* diene. Dass die vorzunehmende Abwägung nunmehr idR zulasten anderer Schutzgüter ausfällt, ist dann nur konsequent.[115]

Als Landesgesetzgeber ist zB das Land Berlin dieser gesetzgeberischen Verpflichtung auch schon nachgekommen, indem ab dem 30.12.2023 gem. § 6 Abs. 8 S. 1 Nr. 3 BauO Bln nF Wärmepumpen einschließlich ihrer Fundamente und Einhausungen mit einer Höhe bis zu 2 m und einer Gesamtlänge je Grundstücksgrenze von 3 m ohne eigene Abstandsfläche zulässig sind. Weitere den Nachbarschutz einschränkende, dann aber auch demokratisch legitimiert, werden folgen (müssen). Wo hierbei die verfassungsrechtlichen Grenzen liegen, wird sich weisen. Dass in dieser Hinsicht nicht alles möglich sein wird, was politisch zB im Sinne des „Klimaschutzes" für wünschenswert oder gar für „alternativlos" gehalten wird, zeigt – wie bereits unter → II. 4. b) erwähnt – das Urteil des Bundesgerichtshofs vom 1.7.2022 zur Verfassungswidrigkeit ebenfalls einer Neuregelung des Landes Berlin, nämlich von § 16a NachBG Bln, der – anders als in den übrigen Bundesländern – eine umfassende Duldungspflicht des Grundstücksnachbar hinsichtlich eines Überbaus der Grenze zum Zwecke der Wärmedämmung an bestehenden Gebäuden vorsah.[116] Eine im wahrsten Sinne des Wortes begrüßenswerte und klare „Grenzziehung" durch den BGH, an der sich die Landesgesetzgeber zu orientieren haben werden, wenn eine weitergehende Einschränkung des Rechts auf Einhaltung von Abstandsflächen gesetzlich normiert werden soll.

VII. Schlussbemerkung

Die im Rahmen dieses Beitrags dargestellten möglichen „Problemlagen" schon vor der Beurkundung eines Kaufvertrages zu erkennen, muss für die Kaufvertragsparteien und den beurkunden Notar von großer Wichtigkeit sein. Die Konfliktlagen werden sich – wie dargestellt – in Zukunft bei einer zunehmend verdichteten Innenstadtbebauung auch immer häufiger stellen und nur nach eingehender juristischer Prüfung zu beurteilen sein. Den strengen Regelungen des Abstandsflächen-

[115] Zum Denkmalschutz vgl. OVG Greifswald 7.2.2023 – 5 K 171/22 OVG, Rn. 161 ff.

[116] BGH 1.7.2022 – V ZR 23/21 mAnm Handschumacher jurisPR-ÖffBauR 9/2022 Anm. 6.

rechts und der vielfältigen hierzu ergangenen Rechtsprechung, insbesondere auch der jüngeren Zeit, sollte daher bei der Beurkundung eines Verkaufs eines Baugrundstücks oder eines Bauprojektes die volle Aufmerksamkeit gewidmet werden. Dies gilt umso mehr, wenn eine bestimmte Bebaubarkeit durch den Verkäufer behauptet, zugesichert oder sogar garantiert wird.

ANDREAS HEIDINGER/RALF KNAIER

Die Gesellschafterliste in der Gestaltungs- und Beratungspraxis – A never ending story?

I. Einführung

Kaum ein Thema vermochte es in den letzten Jahrzehnten eine derartige Flut an Rechtsprechung und Literatur herauszufordern, wie es die Gesellschafterliste nach § 40 GmbHG und eine Unzahl an Problemen bei ihrer Ausgestaltung und Handhabung getan hat. Diesen Herausforderungen muss sich vor allem auch die Gestaltungs- und Beratungspraxis stellen. Vielfach finden komplexe Fallgestaltungen ganz unerwartet ihren Niederschlag bei der Gestaltung der Liste. Probleme werden von Experten und dem Gesetzgeber nicht erkannt und werden zu Stolpersteinen für die Praxis. Bemerkenswert ist hierbei besonders, wie viele verschiedene Rechtsgebiete tangiert werden, wenn es um die Gesellschafterliste geht. Bei all dem fällt es mitunter schwer, den Überblick zu behalten. Der vorliegende Beitrag versucht daher auch nicht, sämtliche Problemfelder im Zusammenhang mit der Gesellschafterliste zu adressieren. Vielmehr soll anhand des langen Weges, den die Gesellschafterliste in den vergangenen über 130 Jahren zurückgelegt hat, skizziert werden, wie sich an ihr unter dem Eindruck des steten Wandels der Rechtslage immer wieder neue Fragestellungen entzündet haben. In das Rampenlicht sollen hierbei vor allem Problemfelder gerückt werden, die in Literatur und Rechtsprechung bisher keine oder nur wenig Beachtung gefunden haben und deren Klärung teilweise noch als (völlig) offen gelten muss.

Über 25 Jahre lang hat der Jubilar mit dem Autor dieses Beitrages kreuz und quer die Bundesrepublik als Referent bereist. Diese Tätigkeit durch dick und dünn, bei manchen unangenehmen Überraschungen, aber auch vielen unvergessenen Highlights hat uns als Team in freundschaftlicher Weise zusammengeschweißt. Wenn die Thematik irgendwie mit der Gesellschafterliste zu tun hatte, konnten wir darauf wetten, dass ein Ansturm von Fragen und Fällen an uns herangetragen wurde. Taktisch haben wir – wenn möglich – dieses Thema auf die Zeit nach der Mittagspause gelegt, um die „Verdauungsmüdigkeit" zu bekämpfen. Sowohl der Jubilar als auch der Autor haben sich in vielfältigen Veröffentlichungen (Aufsätze, Kommentare und Handbücher) zur Gesellschafterliste geäußert. Die Relevanz für die Praxis zeigt sich auch darin, dass ein stetiger Fluss an Anfragen zu diesem Thema beim Deutschen Notarinstitut bis heute nie abgerissen ist. Nachfolgend wird nur die persönliche Meinung der Autoren und nicht des Deutschen Notarinstitutes dargestellt.

Weit weniger lang und intensiv ist der gemeinsame Weg des Jubilars und des Co-Autors. Gleichwohl durfte der Co-Autor den Jubilar in zahlreichen gemeinsamen Projekten, intensiven fachlichen Diskussionen sowie in der gemeinsamen wissenschaftlichen Begleitung von Gesetzgebungsverfahren beim Bundesjustizministeriums kennen und schätzen lernen. Das erste dieser Projekte war der Einstieg des Co-Autors in das Standardwerk des Jubilars und des Autors zum GmbH-Recht, dem Heckschen/Heidinger, Die GmbH in der Gestaltungs- und Beratungspraxis im Jahr 2017. Wohl kein anderes Thema als dieses der Gesellschafterliste in der Gestaltungs- und Beratungspraxis könnte daher besser in den Kontext des Anlasses passen.

Autor und Co-Autor wünschen dem Jubilar von Herzen alles Gute und im positivsten Sinne eine „never ending story" im Hinblick auf alle Projekte, die die Zukunft dem Jubilar noch bescheren wird.

II. Das Schattendasein der Gesellschafterliste in den Anfangsjahrzehnten der GmbH

Wenngleich die Frage nach dem ob und wie des Endes der Geschichte der Gesellschafterliste auch am Ende dieses Beitrags offen bleibt (→ VI.), hat dennoch jede never ending story einen Anfang.

1. Die unscheinbare Gesellschafterliste des GmbHG aus 1892

Im Falle der Gesellschafterliste beginnt die Geschichte mit dem Erlass des GmbHG[1] am 20.4.1892. Bereits in der Ursprungsfassung des am 10.5.1892 in Kraft getretenen GmbHG enthielt der damalige § 41 GmbHG eine – im Vergleich zu heute recht unscheinbare und knappe – Regelung über die Gesellschafterliste:[2]

„Alljährlich im Monat Januar haben die Geschäftsführer eine von ihnen unterschriebene Liste der Gesellschafter, aus welcher Name, Vorname, Stand und Wohnort der letzteren sowie ihre Stammeinlagen zu entnehmen sind, zum Handelsregister einzureichen. Sind seit Einreichung der letzten Liste Veränderungen hinsichtlich der Person der Gesellschafter und des Umfangs ihrer Beteiligung nicht eingetreten, so genügt die Einreichung einer entsprechenden Erklärung."

Im Gegensatz zu heute bestand eine ausschließliche Zuständigkeit für den Geschäftsführer bzgl. Erstellung und Einreichung der Gesellschafterliste zum Handelsregister. Die Liste konnte zudem auch nur eine Momentaufnahme des Gesellschafterbestandes vermitteln, da sie nur alljährlich im Januar eingereicht werden musste und nur wenn es zu Veränderungen gekommen war.[3]

[1] Gesetz betreffend die Gesellschaften mit beschränkter Haftung v. 20.4.1892, RGBl. S. 477.

[2] Hierzu und zum Umgang mit der Gesellschafterliste in der Folgezeit ausführlich Conrad, Die Dogmatik der Gesellschafterliste, 2023, S. 64ff.

[3] Hardung in BeckOGK, 15.6.2022, GmbHG § 40 Rn. 2.

Hintergrund der Implementierung dieser Verpflichtung zur Einreichung einer öffentlich einsehbaren Gesellschafterliste war die Ansicht des historischen Gesetzgebers, dass der GmbH im Vergleich zur Aktiengesellschaft aufgrund der stärkeren Verknüpfung ihrer Gesellschafter ein stärkeres persönliches Element innewohnt.[4] Dieses persönliche Element, verbunden mit den Eigenheiten einer Gesellschaft, in der es gegenüber Dritten grundsätzlich keine unmittelbare Haftung der Gesellschafter gibt, begründete das Bedürfnis des Rechtsverkehrs an der Publizität der Beteiligungsverhältnisse.[5]

2. *Die Gesellschafterliste als Randfigur bis zum Ende des 20. Jahrhunderts*

Eine weitergehende Bedeutung konnte man der Gesellschafterliste kaum zumessen, denn der heute korrespondierende § 16 GmbHG statuierte 1892 lediglich in seinem Abs. 1: „Der Gesellschaft gegenüber gilt im Fall der Veräußerung des Geschäftsanteils nur derjenige als Erwerber, dessen Erwerb unter Nachweis des Übergangs bei der Gesellschaft angemeldet ist.“[6] Wichtiger als die Eintragung in der Gesellschafterliste war also die Anmeldung bei der Gesellschaft und dies sollte auch die nächsten Jahrzehnte so bleiben.[7] Durch das „Einführungsgesetz zum Handelsgesetzbuche“[8] verlagerte sich lediglich der Standort der Vorschrift von § 41 GmbHG idF von 1892 zu § 40 GmbHG. Ende 1985 verlagerte sich durch das BiRiLiG[9] der Aktualisierungszeitpunkt von Januar auf den „gleichen Zeitpunkt, in dem der Jahresabschluß zum Handelsregister einzureichen ist“.[10] Da die Liste aber weiterhin nur einmal jährlich auf den neusten Stand gebracht werden musste und der Stand danach jederzeit wechseln konnte, stellte sie auch in der durch das BiRiLiG geänderten Fassung keine verlässliche Informationsquelle für den Rechtsverkehr dar.[11]

3. *Die Angabe des Wohnorts des Gesellschafters als zeitloses Problem*

Wenngleich dieser erste Abschnitt der story der Gesellschafterliste wenig unterhaltsam klingt, kann man aus ihm schon einen ersten Hinweis ablesen, warum die Geschichte der Gesellschafterliste eine unendliche sein könnte. Seit 1892 ist

---

[4] Fell, Die GmbH-Gesellschafterliste im Spannungsfeld von Geheimhaltungs- und Veröffentlichungsinteressen, 2017, S. 60 mwN; zur historischen Entwicklung bzgl. des Aktienbuchs im Aktienrecht ausführlich Conrad, Die Dogmatik der Gesellschafterliste, 2023, S. 26 ff.

[5] So Fell, Die GmbH-Gesellschafterliste im Spannungsfeld von Geheimhaltungs- und Veröffentlichungsinteressen, 2017, S. 60 f. mwN; Hardung in BeckOGK, 15.6.2022, GmbHG § 40 Rn. 2.

[6] Zur Bedeutung der Norm im GmbHG von 1892 Miller, Die relative Gesellschafterstellung im GmbH-Recht, 2022, S. 38 f.

[7] Ausführlich zur Entwicklung im Hinblick auf die relative Gesellschafterstellung Miller, Die relative Gesellschafterstellung im GmbH-Recht, 2022, S. 37 ff.

[8] V. 10.5.1897, RGBl. S. 437 (477).

[9] Gesetz zur Durchführung der Vierten, Siebenten und Achten Richtlinie des Rates der Europäischen Gemeinschaften zur Koordinierung des Gesellschaftsrechts v. 19.12.1985, BGBl. I 2355.

[10] Hardung in BeckOGK, 15.6.2022, GmbHG § 40 Rn. 3.

[11] BayObLG NJW-RR 1987, 1175 (1176); Fink Rpfleger 1988, 456 (457); Fell, Die GmbH-Gesellschafterliste im Spannungsfeld von Geheimhaltungs- und Veröffentlichungsinteressen, 2017, S. 66 ff.; Hardung in BeckOGK, 15.6.2022, GmbHG § 40 Rn. 5 f.

in der Gesellschafterliste der Wohnort der Gesellschafter anzugeben (→ II. 1.). Diese Angabepflicht blieb stets unverändert. Zugleich bringen gewandelte Lebensverhältnisse und die Anforderungen der modernen Wirtschaft diesen Aspekt wieder in die Diskussion. Insbesondere Start-Up-Gesellschafter pflegen heutzutage regelmäßig einen sehr flexiblen Lebenswandel. Einige von Ihnen gehen so weit, dass sie als „digitale Nomaden“ auf der ganzen Welt herumziehen, an jedem Ort nur wenige Wochen verbringen und ganz ohne einen festen Wohnsitz leben. Der historische Gesetzgeber hatte sicher nicht vor Augen, dass Obdachlose Gesellschafter einer GmbH werden würden und die modernen Gesetzgeber hatten diese Konstellation bisher noch nicht erkannt. Für die Gestaltungs- und Beratungspraxis ist aber zugleich die Frage aufgeworfen, welche Angabe hinsichtlich des Wohnortes in einem solchen Fall bei den betroffenen Gesellschaftern zu machen ist.

Der Begriff des Wohnortes wird teilweise gleichbedeutend mit dem des Wohnsitzes in § 7 Abs. 1 BGB verstanden und lässt sich dann als räumlicher Schwerpunkt der Lebensverhältnisse einer natürlichen Person charakterisieren.[12] Teilweise wird in Anlehnung an § 106 Abs. 2 Nr. 1 HGB angeführt, dass unter Wohnort derjenige Ort zu verstehen ist, an dem der Gesellschafter sich tatsächlich dauernd oder aber überwiegend aufhält und dieser Ort daher gerade nicht zwingend mit dem Wohnsitz nach den §§ 7 ff. BGB identisch sein muss.[13] Wegen der evidenten Schwierigkeiten, einen Gesellschafter, der möglicherweise einen Allerweltsnamen trägt, insbesondere in größeren Städten, vor allem aber auch im Ausland zu identifizieren, wird unter Bezugnahme auf die ratio legis des § 40 Abs. 1 GmbHG auch teilweise sogar eine vollständige Adressenangabe gefordert.[14] Ob die letztgenannte Ansicht im Lichte der jüngsten BGH-Rechtsprechung,[15] in welcher bei den Angaben zu GmbH-Geschäftsführern gem. § 43 Nr. 4 lit. b HRV nach den Feststellungen des Senats lediglich der Wohnort aber nicht die Privatanschrift anzugeben ist[16] noch Bestand haben kann, erscheint zweifelhaft. All diese Ansätze helfen jedoch nicht weiter, wenn es sich um einen digitalen Nomaden handelt, der stetig umherreist.

Denkbar wäre es in diesem Zusammenhang auf den letzten gemeldeten Wohnsitz abzustellen und diesen anzugeben. Dies ist der Rechtsordnung nicht unbekannt. § 16 ZPO regelt genau dies hinsichtlich des allgemeinen Gerichtsstands wohnsitzloser Personen. Der Mehrwert für die Gesellschafterliste dürfte dabei aber zweifelhaft sein, da der betreffende Gesellschafter gerade dort ja nicht mehr aufzufinden ist, daher dadurch gerade kein Mehrwert für die Identifikation seiner Person geschaffen wird und auch in keiner Weise gesichert ist, ob sich dort noch Verwandte, Bekannte oder andere mit dem Gesellschafter überhaupt in Kontakt

---

[12] Hardung in BeckOGK, 15.6.2022, GmbHG § 40 Rn. 160.

[13] Böhringer BWNotZ 2017, 61; siehe auch Lieder in Oetker, 8. Aufl. 2024, HGB § 106 Rn. 15.

[14] Paefgen in Habersack/Casper/Löbbe, 3. Aufl. 2020, GmbHG § 40 Rn. 37; Terlau in Michalski/Heidinger/Leible/J. Schmidt, 4. Aufl. 2023, GmbHG § 40 Rn. 7.

[15] BGH Beschl. v. 23.1.2024 – II ZB 7/23.

[16] Dazu auch Weichert ZGI 2023, 11 (16).

stehende Personen aufhalten. Weniger hilfreich für die Identifizierung aber sachdienlich im Hinblick auf bspw. die Erreichbarkeit des Gesellschafters könnte statt der Angabe des Wohnortes die Angabe einer Art „Geschäftsansässigkeit“ am Sitz der Gesellschaft selbst sein. Die GmbH wird in vielen Fällen eine Möglichkeit haben, den Gesellschafter ggf. über einen Empfangs- bzw. Zustellungsbevollmächtigten zu erreichen. Der Wohnort (nicht die Adresse) eines Empfangs- bzw. Zustellungsbevollmächtigten wäre eine weitere Angabemöglichkeit. Für Personen mit Wohnsitz im Ausland wird teilweise ohnehin die Angabe eines Empfangsbevollmächtigten im Inland gefordert.[17] Auch dies ist unseres Erachtens allerdings nicht vom Wortlaut des § 40 Abs. 1 GmbHG gedeckt, wenngleich es durchaus sinnvoll sein mag.

Die letztgenannten Ansätze werden allerdings der Zielrichtung der Wohnortangabe nach § 40 Abs. 1 S. 1 GmbHG gerade nicht gerecht. Für Zwecke der Gesellschafterliste kommt es einzig und allein auf die Identifizierung des Gesellschafters an. Keine Rolle spielt dabei die Erreichbarkeit. Diese muss zwischen Gesellschaft und Gesellschafter auf andere Weise vereinbart und gewährleistet werden. Hierfür ist die Gesellschafterliste gerade kein Vehikel. Die Einschaltung eines Empfangsbevollmächtigten ist damit kein denkbarer Ansatz im Zusammenhang mit § 40 Abs. 1 S. 1 GmbHG.

Letztlich bezweckt die ratio legis zwar die Identifizierung des Gesellschafters, sie muss diese aber nicht abschließend ermöglichen.[18] Für die Identifizierung des wohnsitzlosen Gesellschafters wäre die Angabe des Geburtsortes eine hilfreiche Möglichkeit. Am Standesamt des Geburtsortes werden schließlich auch die relevanten Änderungen des Personenstandes, wie etwaige Heirat oder Tod der Person dokumentiert (§ 27 Abs. 4 PStG). Freilich ist dies aber vom Wortlaut des § 40 Abs. 1 GmbHG nicht gedeckt. Letzen Endes zwingt § 40 Abs. 1 GmbHG einen Gesellschafter nicht dazu, einen Wohnort zu haben. Es kommt daher auch in Frage schlicht anzugeben, dass der Gesellschafter wohnsitzlos ist. Damit wird auch eine Unterscheidung zu evtl. namensgleichen anderen Personen, die allerdings einen festen Wohnsitz haben, ermöglicht. Für die Gestaltungs- und Beratungspraxis besteht in einem solchen Fall derzeit allerdings das Risiko einer Verzögerung der Aufnahme der Liste in den Registerordner, da dies bisher – soweit ersichtlich – noch nicht Gegenstand der wissenschaftlichen Diskussion ist.

4. *Kleider machen keine Kaufleute*

Bereits seit langer Zeit war immer wieder streitig diskutiert worden, ob bei Kaufleuten als Gesellschafter, deren Geschäftsanteil in deren Betriebsvermögen fällt die Angabe der Firma, des Firmensitzes und – bei Eintragung in das Handelsregister – das zuständige Registergericht und die Registernummer (anstelle oder zusätzlich zu den bei natürlichen Personen ansonsten notwendigen Angaben) eingetragen wer-

[17] Wachter in Bork/Schäfer, 5. Aufl. 2022, GmbHG § 40 Rn. 22; dem folgend auch Hardung in BeckOGK, 15.6.2022, GmbHG § 40 Rn. 161.

[18] Hardung in BeckOGK, 15.6.2022, GmbHG § 40 Rn. 162.

den können.[19] Eine ähnliche Diskussion ist bereits im Zusammenhang mit der Eintragung von Kommanditisten nach § 162 HGB bei der Zuordnung des Kommanditanteils entweder zum privaten Vermögen oder zum geschäftlichen Vermögen eines Kaufmanns als Kommanditist geführt worden. Hierbei wird wohl überwiegend vertreten, dass die Zuordnung entsprechend durch Nennung des bürgerlichen Namens bzw. im umgekehrten Fall der Firma im Handelsregister kenntlich zu machen ist[20] und eine Änderung dieser Zuordnung ebenfalls anmeldepflichtig sein soll.[21]

Derartige Angaben sind für natürliche Personen als Gesellschafter in § 40 GmbHG nie vorgesehen gewesen und auch heute unterscheidet die Norm in Abs. 1 lediglich zwischen natürlichen Personen und Gesellschaften.[22] Die steuerliche Zuordnung des Geschäftsanteils zum Privat- oder Betriebsvermögen von Einzelkaufleuten spielt für die Zwecke der Gesellschafterliste keine Rolle.[23] Entscheidend ist die Identifikation des Inhabers des Geschäftsanteils als Gesellschafter und nicht die vermögensmäßige Zuordnung bei dieser Person. Entsprechende Hinweise auf die wirtschaftliche Zuordnung eines Geschäftsanteils sind daher ebenso wie die anderen angedachten Zusatzangaben bei Kaufleuten nicht eintragungsfähig und es kommt unseres Erachtens damit entscheidend und allein auf die Angabe des Firmeninhabers an.[24]

[19] Für den Verzicht auf derartige Angaben noch Görner in Rowedder/Schmidt-Leithoff, 6. Aufl. 2017, GmbHG § 40 Rn. 4; Bayer in Lutter/Hommelhoff, 21. Aufl. 2023, GmbHG § 40 Rn. 13; Heilmeier in BeckOK GmbHG, 59. Ed. 1.5.2024, GmbHG § 40 Rn. 24; für die fakultative Angabe der Firma Terlau in Michalski/Heidinger/Leible/J. Schmidt, 4. Aufl. 2023, GmbHG § 40 Rn. 5; jetzt auch Görner in Rowedder/Pentz, 7. Aufl. 2022, GmbHG § 40 Rn. 6; für die Angabe von Firma, zuständigem Registergericht und Registernummer anstelle des bürgerlichen Namens Wicke, 5. Aufl. 2024, GmbHG § 40 Rn. 6; für die Angabe der Firma anstelle des bürgerlichen Namens und für einen fakultativen Hinweis auf das zuständige Registergericht und die Registernummer Servatius in Noack/Servatius/Haas, 23. Aufl. 2022, GmbHG § 40 Rn. 10; nur für die Aufnahme eines klarstellenden Hinweises, dass der Geschäftsanteil zum Vermögen des Kaufmanns gehört Wachter in Bork/Schäfer, 5. Aufl. 2022, GmbHG § 40 Rn. 24.

[20] So etwa Grunewald in MüKoHGB, 5. Aufl. 2022, HGB § 162 Rn. 18; Roth in Hopt, 43. Aufl. 2024, HGB § 162 Rn. 4; Notz/Zinger in BeckOGK, 1.1.2024, HGB § 162 Rn. 10 mit Hinweis darauf, dass bei einem Kaufmann als Kommanditist dessen bürgerlicher Name hinzuzufügen ist, wenn dieser von der Firma abweicht; Oepen in Ebenroth/Boujong, 5. Aufl. 2024, HGB § 162 Rn. 8 allerdings einschränkend dahingehend, dass bei Zuordnung zum Privatvermögen der Kommanditist nicht mit seiner Firma, sondern ausschließlich mit seinem Namen anzugeben und einzutragen ist; vgl. zum Ganzen auch OLG Jena NZG 2011, 25.

[21] So explizit Oetker in Oetker, 8. Aufl. 2024, HGB § 162 Rn. 24; siehe auch OLG Jena NZG 2011, 25.

[22] Ausführlich hierzu und zur Einordnung verschiedenster anderer Rechtsträger im System des § 40 Abs. 1 GmbHG Heidinger in MüKoGmbHG, 4. Aufl. 2023, GmbHG § 40 Rn. 36ff.; Hardung in BeckOGK, 15.6.2022, GmbHG § 40 Rn. 138ff.

[23] Bayer in Lutter/Hommelhoff, 21. Aufl. 2023, GmbHG § 40 Rn. 13; Hardung in BeckOGK, 15.6.2022, GmbHG § 40 Rn. 165; Wachter in Bork/Schäfer, 5. Aufl. 2022, GmbHG § 40 Rn. 24.

[24] So auch Heidinger in MüKoGmbHG, 4. Aufl. 2023, GmbHG § 40 Rn. 36; Hardung in BeckOGK, 15.6.2022, GmbHG § 40 Rn. 164f.

III. Weitere Aufwertung der Gesellschafterliste durch das Handelsrechtsreformgesetz (HRefG)

Bei den Beratungen über das Handelsrechtsreformgesetz[25] wurde eine ersatzlose Abschaffung der Gesellschafterliste mit dem Argument abgelehnt, dass ein legitimes Interesse des Rechtsverkehrs an zutreffender Information über den aktuellen Gesellschafterbestand bestünde.[26] Die vorgeschlagene Eintragung der Gesellschafter in das Handelsregister wurde mit dem Argument abgelehnt, dass dies nur dann sinnvoll wäre, wenn dieser Eintragung konstitutive Wirkung für den Erwerb von Gesellschaftsanteilen beigemessen würde. Dies widerspräche aber der nach der gesetzgeberischen Konzeption des GmbH-Rechts erwünschten weitgehenden Fungibilität der Anteile.[27] Im Ergebnis führte das HRefG[28] zum 1.7.1998 die Verpflichtung der Geschäftsführer ein, nach jeder Veränderung in der Person eines Gesellschafters oder des Umfangs seiner Beteiligung unverzüglich eine neue Liste zum Handelsregister einzureichen.[29] Zudem wurde ein neuer § 40 Abs. 1 S. 2 GmbHG eingefügt, demzufolge ein Notar, der einen Vertrag über die Abtretung eines Geschäftsanteils nach § 15 Abs. 3 GmbHG beurkundet hatte, diese Abtretung unverzüglich dem Registergericht anzuzeigen hatte. Damit war der Notar zum ersten Mal in das System der Gesellschafterliste einbezogen worden, wenn auch nur mit einem sehr begrenzten Kanon an Pflichten. Eine Pflicht eine Gesellschafterliste zu erstellen und zum Handelsregister einzureichen traf den Notar zu dieser Zeit noch nicht. § 40 Abs. 2 GmbHG idF des HRefG führte eine gesamtschuldnerische Haftung für Geschäftsführer ein, die ihrer Pflicht nach § 40 Abs. 1 S. 1 GmbHG nicht nachgekommen waren.

IV. Der große Durchbruch für die Gesellschafterliste seit dem MoMiG

Im durch das MoMiG[30] mit Wirkung zum 1.11.2008 grundlegend geänderten § 40 GmbHG wird diese Entwicklung zur aktuelleren Gesellschafterliste mit größerer Richtigkeitsgewähr fortgeführt.[31] Entweder der Geschäftsführer (Abs. 1) oder der an einer Veränderung mitwirkende Notar (Abs. 2) sind seitdem zur unverzüglichen Einreichung einer aktuellen Gesellschafterliste verpflichtet. Den großen Durchbruch ermöglichte der Gesellschafterliste aber eine ganz andere Änderung durch das MoMiG. Mit der Reform wurde der Anknüpfungspunkt von § 16 Abs. 1 GmbHG

---

[25] Ausführlich zu den Auswirkungen des HRefG auf die Gesellschafterliste und die entsprechenden Entwicklungen in der Gesetzesentstehung Hardung in BeckOGK, 15.6.2022, GmbHG § 40 Rn. 6ff.

[26] BT-Drs. 13/8444, 79f.

[27] BT-Drs. 13/8444, 79f.

[28] BGBl. 1998 I 1474.

[29] Hardung in BeckOGK, 15.6.2022, GmbHG § 40 Rn. 7; kritisch zur Reform Miller, Die relative Gesellschafterstellung im GmbH-Recht, 2022, S. 44.

[30] V. 23.10.2008, BGBl. I 2026.

[31] Ausführlich zu den Folgen des MoMiG für die Gesellschafterliste Werbeck, Offenbare Unrichtigkeiten im Unternehmensrecht, 2021, S. 181ff.; Hasselmann NZG 2009, 409; Begemann/Galla GmbHR 2009, 1065; Mayer ZIP 2009, 1037; siehe auch Damm BWNotZ 2017, 2; Wachter GmbHR 2018, 1129.

geändert.[32] An die Stelle der früher vorgesehenen Anmeldung bei der Gesellschaft ist die Eintragung als Gesellschafter in die im Handelsregister aufgenommene Gesellschafterliste getreten. Nach § 16 Abs. 1 GmbHG gilt seitdem nicht mehr der bei der Gesellschaft angemeldete, sondern nur derjenige als Gesellschafter, der in der im Handelsregister aufgenommenen Gesellschafterliste (§ 40 GmbHG) eingetragen ist.[33] Damit ist die Gesellschafterliste alleinige Legitimationsbasis für die Ausübung von Gesellschafterrechten und das – neben dem Gesellschaftsvertrag – wohl wichtigste Dokument einer jeden GmbH.[34] Die Vermutungswirkung der Gesellschafterliste bezieht sich auf sämtliche Gesellschafterrechte. So kann – grundsätzlich unabhängig von der materiellen Rechtslage – nur der in der Gesellschafterliste Eingetragene gegenüber der Gesellschaft Gesellschafterrechte geltend machen.[35] Dies betrifft zB Stimmrechte, das Recht auf Ladung und zur Teilnahme an der Gesellschafterversammlung und Gewinnbezugsrechte. Für die Ausübung von Gesellschafterrechten bei der GmbH[36] ist seither also kumulativ dreierlei erforderlich:[37]

1. Mitteilung und Nachweis gegenüber der Geschäftsführung (§ 40 Abs. 1 S. 2 GmbHG), soweit nicht eine Liste vom Notar eingereicht wird (§ 40 Abs. 2 S. 1 GmbHG),
2. Eintragung des Neugesellschafters in die Liste,
3. Aufnahme der Liste im Handelsregister.

In dieser Gemengelage standen daher oftmals Probleme im Zusammenhang mit der Frage, wer wann Listengesellschafter war oder sein sollte im Fokus von Wissenschaft, Praxis und Rechtsprechung.

1. *Die Gesellschafterliste und unbekannte Erben*

Da GmbH-Geschäftsanteile kraft Gesetzes vererblich sind (§ 15 Abs. 1 GmbHG), stellt insbesondere der Erbfall eine in der Gesellschafterliste auszuweisende Veränderung dar. Einzutragen sind daher der bzw. die Erben, ggf. in Erbengemeinschaft.[38]

---

[32] Dazu ausführlich Conrad, Die Dogmatik der Gesellschafterliste, 2023, S. 72 ff.; siehe auch mit Betrachtung der Vorarbeiten der Reform Miller, Die relative Gesellschafterstellung im GmbH-Recht, 2022, S. 44 ff.

[33] Heidinger in MüKoGmbHG, 4. Aufl. 2023, GmbHG § 40 Rn. 31; ausführlich im Kontext der Reform Heckschen, Das MoMiG in der notariellen Praxis, 2009, Rn. 437 ff.

[34] Heidinger in MüKoGmbHG, 4. Aufl. 2023, GmbHG § 40 Rn. 7; Bayer in Lutter/Hommelhoff, 21. Aufl. 2023, GmbHG § 40 Rn. 1; Paefgen in Habersack/Casper/Löbbe, 3. Aufl. 2020, GmbHG § 40 Rn. 24; U. H. Schneider GmbHR 2009, 393; Bayer/Selentin FS Heidinger, 2023, 13 f.

[35] Heidinger in MüKoGmbHG, 4. Aufl. 2022, GmbHG § 16 Rn. 193 ff.; Servatius in Noack/Servatius/Haas, 23. Aufl. 2022, GmbHG § 16 Rn. 3 ff.

[36] Vgl. hierzu im Einzelnen noch zum alten Recht Peetz GmbHR 2006, 852 (853).

[37] Heidinger in MüKoGmbHG, 4. Aufl. 2022, GmbHG § 16 Rn. 7; krit. zum Umstand, dass nunmehr anstelle der Anmeldung (Abs. 1 aF) drei Handlungen erforderlich sind, um den Gesellschafter gegenüber der Gesellschaft zu legitimieren Noack DB 2006, 1475 (1477).

[38] Vgl. Heidinger in MüKoGmbHG, 4. Aufl. 2022, GmbHG § 40 Rn. 39; Hardung in BeckOGK, 15.6.2022, GmbHG § 40 Rn. 291; monographisch hierzu Alles, Der Tod des GmbH-Gesellschafters, 2017.

In der Gestaltungs- und Beratungspraxis tritt daher oftmals die Frage auf, wie insbesondere die Geschäftsführung der GmbH damit umzugehen hat, dass die Erbfolge noch nicht geklärt ist.[39] Eine Möglichkeit könnte darin bestehen, eine Gesellschafterliste einzureichen, die die „unbekannten Erben" als Gesellschafter ausweist. Die Möglichkeit der Eintragung unbekannter Erben in die Gesellschafterliste ist zwar nicht abschließend geklärt, aber in der Literatur weitgehend anerkannt.[40] Man zieht insoweit überwiegend eine Parallele zur Rechtslage im Grundbuchverfahren.[41] Demzufolge müssen die unbekannten Erben eingetragen werden, sofern nicht unverzüglich nach Wirksamwerden der Veränderung in der Person des Gesellschafters ein Erbschein vorgelegt werden kann. Gemäß § 40 Abs. 1 S. 5 GmbHG erfolgt die Änderung der Liste durch die Geschäftsführer allerdings nur „auf Mitteilung und Nachweis". Bei der Eintragung unbekannter Erben dürfte der Nachweis keine größeren Schwierigkeiten bereiten. Grundsätzlich sind zwar an den Nachweis wegen der Bedeutung der Gesellschafterliste als Rechtsscheingrundlage für einen gutgläubigen Erwerb strenge Anforderungen zu stellen. Die hM geht deshalb in Anknüpfung an § 35 Abs. 1 GBO davon aus, dass für die Eintragung der (namentlich benannten) Erben ein Erbschein oder ggf. eine in einer öffentlichen Urkunde enthaltene Verfügung von Todes wegen nebst Eröffnungsniederschrift erforderlich ist; ein privatschriftliches Testament soll hingegen nicht genügen.[42] Für eine Eintragung unbekannter Erben wird man indes einen Nachweis über den Tod des Erblassers (bspw. eine Sterbeurkunde) genügen lassen können, denn allein daraus ergibt sich bereits, dass (unbekannte) Erben an dessen Stelle getreten sind.[43]

Neben der Nachweisfrage stellt sich allerdings das Problem, dass die Geschäftsführer nach hM erst auf eine Mitteilung iSd § 40 Abs. 1 S. 5 GmbHG hin befugt sind, eine neue Gesellschafterliste einzureichen.[44] Ein möglicher Weg könnte darin liegen, die Mitteilung der sich als Erben berühmenden Personen ausreichen zu lassen.[45] Alternativ soll die Möglichkeit bestehen, – falls vorhanden – einen transmortal Bevollmächtigten[46] für den Erblasser handeln zu lassen oder die Bestellung eines

[39] Ausführlich hierzu Alles, Der Tod des GmbH-Gesellschafters, 2017, S. 134ff.

[40] Heidinger in MüKoGmbHG, 4. Aufl. 2022, GmbHG § 40 Rn. 42f., 181; D. Mayer MittBayNot 2014, 114 (124f.); Werner GmbHR 2014, 357 (358); wohl aA Heilmeier in BeckOK GmbHG, 59. Ed. 1.5.2024, GmbHG § 40 Rn. 21.

[41] D. Mayer MittBayNot 2014, 114 (124f.).

[42] Heidinger in MüKoGmbHG, 4. Aufl. 2022, GmbHG § 40 Rn. 175; Terlau in Michalski/Heidinger/Leible/Schmidt, 4. Aufl. 2023, GmbHG § 40 Rn. 17; Hardung in BeckOGK, 15.6.2022, GmbHG § 40 Rn. 319; aA Wachter DB 2009, 159 (161).

[43] Heidinger in MüKoGmbHG, 4. Aufl. 2023, GmbHG § 40 Rn. 181.

[44] Vgl. Hardung in BeckOGK, 15.6.2022, GmbHG § 40 Rn. 308; Heidinger in MüKoGmbHG, 4. Aufl. 2023, GmbHG § 40 Rn. 161; Oetker in Henssler/Strohn, Gesellschaftsrecht, 6. Aufl. 2024, GmbHG § 40 Rn. 21.

[45] Vgl. Heidinger/Knaier in Heckschen/Heidinger, Die GmbH in der Gestaltungs- und Beratungspraxis, 5. Aufl. 2023, Kap. 13 Rn. 728.

[46] Bei einer transmortalen Vollmacht handelt es sich um eine Vollmacht, durch die der Vertretene zu seinen Lebzeiten dem Bevollmächtigten Vertretungsmacht erteilt hat und die nach dem Willen des Erblassers oder wegen des Fehlens einer entgegenstehenden Anordnung über den Erbfall hinaus fortbesteht, hierzu und den in diesem Zusammenhang aufgeworfenen Rechtsproble-

Nachlasspflegers (§ 1960 BGB) anzuregen, der die Mitteilung vornimmt.[47] Insoweit wird sogar vertreten, die GmbH sei verpflichtet, eine Nachlasspflegschaft zu erwirken.[48] Vertretbar erscheint es aber auch, den Geschäftsführern ausnahmsweise unabhängig von einer Mitteilung eine Kompetenz zur Listeneinreichung einzuräumen, wenn sie sichere Kenntnis vom Tod des Gesellschafters haben.[49] Theoretisch wäre es schließlich auch denkbar, den Klageweg zu beschreiten: Die Erben dürfte nämlich eine Mitteilungspflicht gegenüber der Gesellschaft treffen. Sie können sich nicht nach Belieben für oder gegen die Listenaktualisierung entscheiden; Transparenz der tatsächlichen Gesellschafterverhältnisse war gerade das Anliegen des Gesetzgebers bei Einführung des Listenkonzepts.[50] Rein praktisch wird sich eine solche Klage aber wegen der unklaren Passivlegitimation schwierig gestalten.

Im Ergebnis erscheint es daher zur Bereinigung der Gesellschafterliste gut vertretbar, durch die Geschäftsführer eine Liste einreichen zu lassen, die die unbekannten Erben als Gesellschafter ausweist.[51] Es ist allerdings nochmals darauf hinzuweisen, dass sowohl die generelle Möglichkeit, unbekannte Erben in die Liste einzutragen, als auch Details der Umsetzung, vor allem die Frage der Einreichungskompetenz (unabhängig von einer Mitteilung) nicht abschließend geklärt sind. Für die Praxis hat sich wohl der Weg über einen transmortal Bevollmächtigten als der beste Weg etabliert, da so auch eine wirksame Ladung für die Gesellschafterversammlung an den Gesellschafter (Erblasser) bewirkt werden kann und der transmortal Bevollmächtigte die Gesellschafterrechte ausüben kann.[52] Der transmortal Bevollmächtigte ist durch die Eintragung des Erblassers legitimiert, diesen der Gesellschaft gegenüber zu vertreten, vertritt materiellrechtlich aber schon die Erben und nicht mehr den Erblasser.[53]

---

men ausführlich Bayer ZfPW 2020, 385; grundlegend RGZ 88, 345 (348); siehe auch Petersen Jura 2010, 757; Keim DNotZ 2008, 175.

[47] Heidinger/Knaier in Heckschen/Heidinger, Die GmbH in der Gestaltungs- und Beratungspraxis, 5. Aufl. 2023, Kap. 13 Rn. 726.

[48] Noack in Noack/Servatius/Haas, 23. Aufl. 2022, GmbHG § 51 Rn. 6a; Wolff in Münchener Handbuch des Gesellschaftsrechts, Bd. 3, 6. Aufl. 2023, § 39 Rn. 39.

[49] In diese Richtung wohl Altmeppen, 11. Aufl. 2023, GmbHG § 40 Rn. 8: Geschäftsführer müssen für eine Korrektur der Liste sorgen, wenn sie Kenntnis von der Unrichtigkeit haben; diese Konsequenz ließe sich evtl. aus BGH DNotZ 2014, 463 ziehen; hier bejaht der BGH die Berechtigung des Geschäftsführers, eine „falsche“ Notarliste zu korrigieren und geht in diesem Zusammenhang nicht auf das Mitteilungserfordernis ein; s. auch BGH GmbHR 2017, 519; vgl. aber einschränkend im Hinblick auf Korrektur OLG Rostock GmbHR 2017, 523.

[50] Vgl. Heidinger in MüKoGmbHG, 4. Aufl. 2023, GmbHG § 40 Rn. 171; Wicke, 5. Aufl. 2024, GmbHG § 40 Rn. 2; Altmeppen, 11. Aufl. 2023, GmbHG § 40 Rn. 22: Verpflichtung „mitzuteilen und ggf. nachzuweisen“; aA Servatius in Noack/Servatius/Haas, 23. Aufl. 2022, GmbHG § 40 Rn. 24, der aber statutarische Mitteilungspflicht für möglich hält.

[51] So bereits Heidinger in MüKoGmbHG, 4. Aufl. 2023, GmbHG § 40 Rn. 43f.

[52] Auch ein Nachlasspfleger kann als gesetzlicher Vertreter der unbekannten Erben deren Rechte in der Gesellschaft wahrnehmen, ohne dass allerdings die Verfügungsmacht der Erben selbst verdrängt würde, Heidinger in MüKoGmbHG, 4. Aufl. 2023, GmbHG § 40 Rn. 44.

[53] Heidinger in MüKoGmbHG, 4. Aufl. 2023, GmbHG § 40 Rn. 44; Heidinger in MüKo-GmbHG, 4. Aufl. 2022, GmbHG § 16 Rn. 162, 172; Bayer ZfPW 2020, 385 (393); vgl. auch OLG Naumburg GmbHR 2017, 86 Rn. 34; DNotI-Abrufgutachten Nr. 169354; Link RNotZ 2009, 19 (21); Wachter DB 2009, 159 (162).

In diesem Zusammenhang ist auch die Frage aufgeworfen, ob das Registergericht die Aufnahme von zwischenzeitlich eingereichten Gesellschafterlisten, die andere Übertragungsvorgänge abbilden, verweigern darf, bis eine die Erbfolge darstellende Gesellschafterliste eingereicht ist.

Im Grundsatz besteht kein inhaltliches Prüfungsrecht des Registergerichts hinsichtlich eingereichter Listen (→ IV. 5.). Diskutiert wird allerdings, ob das Registergericht bei offensichtlichen Fehlern und sicherer Kenntnis der inhaltlichen Unrichtigkeit die Eintragung ablehnen darf.[54] Sofern man dem Registergericht ein solches Ablehnungsrecht überhaupt zugestehen möchte, dürfte es allerdings auf derartige Fälle zu beschränken sein, bei denen die in der eingereichten Liste ausgewiesene Veränderung offensichtlich unrichtig ist (→ IV. 5.). Ist dagegen eine tatsächlich erfolgte Veränderung noch nicht in der zuletzt zum Register eingereichten Liste ausgewiesen und wird eine weitere Liste eingereicht, die diese Unzulänglichkeit nicht korrigiert, sondern eine andere Veränderung in Bezug auf einen anderen Geschäftsanteil – wie etwa hier den rechtsgeschäftlichen Erwerb eines Geschäftsanteils – ausweist, so gibt es keine Rechtsposition, die durch die Aufnahme der neuen Liste gefährdet würde. Die Unrichtigkeit der zuletzt aufgenommenen Liste wird durch die Aufnahme der neuen Liste zwar nicht beseitigt, aber auch nicht erweitert oder perpetuiert. Somit greift hier auch die Erwägung des OLG Frankfurt a. M.[55] nicht, das Registergericht dürfe die Aufnahme einer Liste verweigern, wenn es sichere Kenntnis von deren Unrichtigkeit habe, weil es nicht wissentlich an der Schaffung eines falschen Rechtsscheins mitwirken dürfe. Auf der anderen Seite hat aber der Erwerber gewichtiges Interesse an einer baldigen Aufnahme der neuen Liste, die ihn als Gesellschafter ausweist, vgl. nur § 16 GmbHG.

Ein weiteres Argument gegen ein Zurückweisungsrecht des Registergerichts folgt aus § 40 Abs. 2 S. 2 GmbHG. Nach dieser Vorschrift muss die Liste mit einer Bescheinigung des Notars versehen sein, dass die geänderten Eintragungen den Veränderungen entsprechen, an denen er mitgewirkt hat, und die übrigen Eintragungen mit dem Inhalt der zuletzt im Handelsregister aufgenommenen Liste übereinstimmen. Diese Bescheinigung hat gerade nicht den Inhalt, dass die Liste insgesamt richtig ist. Dementsprechend hat der Notar die zuvor eingereichte Liste nicht inhaltlich auf ihre Richtigkeit und die dort abgebildeten Veränderungen nicht auf ihre rechtliche Wirksamkeit hin zu überprüfen.[56] Vielmehr kann sich der Notar grundsätzlich auf den Inhalt der zuletzt im Handelsregister aufgenommenen Gesellschafterliste verlassen und hat diese – ergänzt um die Veränderung, an der er mitgewirkt hat – lediglich fortzuschreiben.[57] Selbst wenn er Zweifel hinsichtlich

---

[54] Befürwortend etwa OLG Frankfurt a. M. BeckRS 2011, 3072; Görner in Rowedder/Pentz, 7. Aufl. 2022, GmbHG § 40 Rn. 50; allg. zum Streitstand s. Heidinger in MüKoGmbHG, 4. Aufl. 2023, GmbHG § 40 Rn. 360, mwN.

[55] BeckRS 2011, 3072.

[56] OLG München DNotZ 2009, 637 (638) mit Verweis auf D. Mayer DNotZ 2008, 403 (411); Schneider GmbHR 2009, 393 (396); Katschinski/Rawert ZIP 2008, 1993 (2002); anders noch der Referentenentwurf zum MoMiG, wonach der Notar hätte bescheinigen müssen, dass ihm aus seinen Unterlagen nichts ersichtlich ist, was der Richtigkeit der Liste entgegensteht.

[57] Wachter ZNotP 2008, 378 (391); Bednarz BB 2008, 1854 (1851); Vossius DB 2007, 2299 (2304); Preuß ZGR 2008, 676 (696).

der Richtigkeit der letzten beim Handelsregister aufgenommenen Liste hat, kann er nicht die Erstellung einer neuen Liste mit Notarbescheinigung zurückstellen.[58] Eine Richtigkeitsgewähr übernimmt der Notar also nur dafür, dass die geänderten Eintragungen der materiell-rechtlichen Rechtslage entsprechen. Für alle übrigen Positionen enthält die Notarbescheinigung, vergleichbar mit der Satzungsbescheinigung nach § 54 GmbHG, nur die Sicherung einer kontinuierlichen Fortschreibung ohne Anspruch auf inhaltliche Richtigkeit.[59] Mit diesem Prüfungsmaßstab des an einer Veränderung mitwirkenden Notars wäre es unvereinbar, wenn das Registergericht die Aufnahme der Liste verweigern dürfte, weil eine nicht veränderte Listenposition unrichtig ist. Wäre das Registergericht hierzu berechtigt, so müsste der Notar faktisch die Richtigkeit aller Listenpositionen prüfen. Ansonsten könnte er seiner Pflicht zur Einreichung der Liste nach § 40 Abs. 2 S. 1 GmbHG nicht nachkommen. Eine solche Prüfungspflicht sieht das Gesetz aber ausweislich des § 40 Abs. 2 S. 2 GmbHG gerade nicht vor.

2. *Veränderung als Einreichungsanlass nur bei Gesellschaftern oder auch bei der betroffenen Gesellschaft selbst?*

Bei jeder Veränderung in der Person eines Gesellschafters oder des Umfangs seiner Beteiligung war nun also seitens des Geschäftsführers eine neue Gesellschafterliste einzureichen. Für die Gestaltungs- und Beratungspraxis ist in diesem Zusammenhang zum einen die Frage aufgeworfen, was alles als Änderung in diesem Sinne zu verstehen ist. Hier hat sich ein sehr weites Verständnis des Veränderungsbegriffs durchgesetzt.[60] Unter den Begriff fallen unter anderem der rechtsgeschäftliche Erwerb und die rechtsgeschäftliche Veräußerung von Geschäftsanteilen, der Anteilserwerb kraft Gesetz, Veränderungen im Zusammenhang mit einer Kapitalerhöhung oder -herabsetzung, Veränderung des Umfangs der Beteiligung, Veränderung dinglicher Berechtigungen und auch sonstige Änderungen wie die Änderung des Namens bzw. der Firma eines Gesellschafters[61] oder Änderungen seines Wohnortes oder Sitzes.[62]

Bisher umstritten ist die Frage, ob eine Veränderung, die eine Pflicht zur Listeneinreichung auslöst, auch dann gegeben ist, wenn sich die Firma der GmbH selbst, für die eine Gesellschafterliste im Handelsregister aufgenommen wurde ändert. Streng genommen geht mit der Firmenänderung beim Rechtsträger, dem die Liste

---

[58] Wachter ZNotP 2008, 378 (391); Heckschen, Das MoMiG in der notariellen Praxis, 2009, Rn. 517; scheinbar strenger, aber inkonsequent Bednarz BB 2008, 1854 (1861): nur solange der Notar keinen begründeten Zweifel an deren Richtigkeit hat; unklar, ob auch für diesen Fall strenger Bohrer MittBayNot 2010, 17 (18), da „auf eine bekannt unrichtige Liste nicht aufgesetzt werden darf“.

[59] S. zum Ganzen DNotI-Report 2010, 53 (56).

[60] Ausführlich zu den verschiedensten Konstellationen Hardung in BeckOGK, 15.6.2022, GmbHG § 40 Rn. 277ff.; Heidinger in MüKoGmbHG, 4. Aufl. 2023, GmbHG § 40 Rn. 96ff.

[61] Heidinger in MüKoGmbHG, 4. Aufl. 2023, GmbHG § 40 Rn. 141; Wachter ZNotP 2008, 378 (380); Bayer in Lutter/Hommelhoff, 21. Aufl. 2023, GmbHG § 40 Rn. 33; krit. Ising NZG 2010, 812 (816).

[62] Heidinger in MüKoGmbHG, 4. Aufl. 2023, GmbHG § 40 Rn. 141; Wachter ZNotP 2008, 378 (380); Wicke, 5. Aufl. 2024, GmbHG § 40 Rn. 4; DNotI-Report 2011, 73 (75).

zugeordnet ist, keine Veränderung im Gesellschafterbestand einher, sodass kein direkter Anwendungsfall des § 40 GmbHG gegeben zu sein scheint.[63] Die mit der Liste verbundene „Publizitätsgewähr" muss allerdings auch die Zuordnung der Liste zu einer bestimmten GmbH möglich machen. Daraus wird zum Teil geschlossen, dass die korrekte Angabe, um welche GmbH es sich handelt, bei der die betroffenen Gesellschafter beteiligt sind, zum Begriff „Umfang der Beteiligung" iSd § 40 Abs. 1 S. 1 GmbHG gehört.[64] Die richtige Zuordnung ist dabei aber weitgehend schon dadurch gewährleistet, dass die Liste im richtigen Registerordner abgelegt ist (vgl. § 9 HRV).[65] Es mag aber dennoch zu Irritationen des Rechtsverkehrs führen, wenn die im Registerordner enthaltene Gesellschafterliste eine fremde Firma „führt". Aus diesem Grund spricht einiges für eine Pflicht zur Korrektur der Gesellschafterliste durch den Geschäftsführer auf Grund seiner diesbezüglich allgemein bestehenden Verpflichtung. Dementsprechend handelt es sich im Hinblick auf die Geschäftsführerhaftung auch nicht um eine Frage des § 40 Abs. 3 GmbHG, sondern um eine Frage der allgemeinen Haftung wegen Sorgfaltspflichtverletzung nach § 43 GmbHG. Die Problematik ist dabei gleichermaßen für den Geschäftsführer wie für den an einer Änderung ggf. beteiligten Notar relevant.

3. Die „anlasslose" Einreichung von Gesellschafterlisten

Zugleich war die Frage aufgeworfen, ob es Konstellationen geben kann, in denen unstreitig keine Veränderung in der Person eines Gesellschafters oder des Umfangs seiner Beteiligung vorliegt, aber dennoch die Einreichung einer neuen Gesellschafterliste geboten oder zumindest zulässig und sinnvoll ist. In der Gestaltungs- und Beratungspraxis entzündete sich diese Frage unter anderem an der Nummerierungspflicht von Geschäftsanteilen. Gemäß § 40 Abs. 1 S. 1 GmbHG idF des MoMiG sind die Geschäftsanteile an der GmbH mit laufenden Nummern zu versehen. Diese Pflicht wird durch § 1 der am 1.7.2018 in Kraft getretenen Gesellschafterlistenverordnung (GesLV)[66] konkretisiert. Sowohl die Übergangsvorschrift des § 8 EGGmbHG als auch des § 5 GesLV verlangen bei Altgesellschaftern allerdings eine Beachtung der neuen Vorgaben erst dann, wenn wegen einer Veränderung iSd § 40 Abs. 1 S. 1 GmbHG eine neue Gesellschafterliste einzureichen ist. Damit dürfte klar sein, dass eine neue Liste nicht „anlasslos" eingereicht werden muss, etwa allein zur Korrektur einer noch existierenden Papierliste aus der Zeit vor dem MoMiG.[67]

---

[63] So Heidinger in MüKoGmbHG, 4. Aufl. 2023, GmbHG § 40 Rn. 144; aA Terbrack NotBZ 2014, 455; ebenfalls abl. Schuhmann/Frühwirt GmbH-StB 2016, 237.

[64] Terbrack NotBZ 2014, 455 (457).

[65] So schon Heidinger in MüKoGmbHG, 4. Aufl. 2023, GmbHG § 40 Rn. 144.

[66] Verordnung über die Ausgestaltung der Gesellschafterliste (Gesellschafterlistenverordnung – GesLV) v. 20.6.2018, BGBl. I 870.

[67] Siehe DNotI-Report 2018, 105 (106); Seibt in Scholz, 12. Aufl. 2021, GmbHG § 40 Rn. 47; zur GesLV s. BR-Drs. 105/18, 13; Cziupka GmbHR 2018, R180f.; Freier notar 2018, 292 (295); Rubner/Leuering NJW-Spezial 2018, 463; Szalai GWR 2018, 250 (253f.)

Nicht in diese Kategorie fallen indes „Altlisten" aus der Zeit vor dem MoMiG, die inhaltlich falsch sind.[68] Unseres Erachtens gelten ohne gesetzliche Regelung für den Wechsel des Systems diese falschen „Altlisten" als Rechtsscheinträger iSd § 16 GmbHG (neu).[69] Dies stellt eine besonders haftungsträchtige Situation dar (Ladung zur Gesellschafterversammlung; gutgläubiger Erwerb, usw.) Daher besteht eine unmittelbare Pflicht des Geschäftsführers,[70] eine Korrekturliste einzureichen, wenn[71] er davon Kenntnis erlangt, dass die „Altliste" unrichtig ist.[72]

Eine anlasslose Einreichung im Sinne dieser Betrachtung liegt dabei nicht vor. Vielmehr ist der Anlass die Nachholung einer bisher versäumten Pflicht zur Einreichung einer Gesellschafterliste, die er schon nach altem Recht hatte.[73] Dafür bedarf es der Korrektur der fehlerhaften Liste durch Einreichung und Aufnahme einer richtigen Gesellschafterliste im Handelsregister. Das OLG Düsseldorf hatte eine Listeneinreichung in derart gelagerten Fällen zunächst für eine Papierliste befürwortet[74] und sodann auch für eine Liste aus der Zeit vor dem MoMiG gelten lassen.

Nicht abschließend geklärt ist indes die Frage, ob eine Gesellschafterliste anlasslos eingereicht werden darf, um sie an neue formale Vorgaben anzupassen. In der Literatur ist diese Frage umstritten, wird tendenziell aber wohl bejaht.[75] Das OLG Düsseldorf hat sich unter anderem im Zusammenhang mit der Nummerierung ausdrücklich für eine solche Möglichkeit ausgesprochen.[76] Auch hat es in einer Entscheidung darauf hingewiesen, dass die Frage der Mitteilungspflicht nach § 20 Abs. 2 Nr. 1 GwG (aF) für die Zulässigkeit der anlasslosen Einreichung nicht ausschlaggebend sei.[77] Die zum Zeitpunkt der Entscheidung noch geltende Mitteilungsfiktion, die an Angaben in der Gesellschafterliste anknüpfte, ist inzwischen nicht mehr Gesetz.[78] Das KG[79] hat in zwei jüngeren Entscheidungen die Aufnahme

---

[68] Zur Aktualisierung von Altlisten Heidinger in MüKoGmbHG, 4. Aufl. 2023, GmbHG § 40 Rn. 98, 192 und 206.

[69] Str.; ausführlich zum Ganzen Heidinger in MüKoGmbHG, 4. Aufl. 2022, GmbHG § 16 Rn. 124 ff.; siehe zur Gegenmeinung OLG Dresden RNotZ 2017, 322; dazu Heckschen NotBZ 2016, 467; abl. Schodder EWiR 2017, 201; dezidiert abl. Heidinger GmbHR 2017, 273.

[70] Zur Zuständigkeit des Geschäftsführers KG NZG 2012, 587; OLG München NZG 2012, 349; Paefgen in Habersack/Casper/Löbbe, 3. Aufl. 2020, GmbHG § 40 Rn. 253; Berninger GmbHR 2009, 679 (683); Hasselmann NZG 2009, 409 (411); Bussian/Achenbach BB 2010, 778 (780), auch für den Fall der Fortschreibung einer falschen alten Listeneintragung in einer neuen Notarliste.

[71] Siehe bereits Heidinger in MüKoGmbHG, 4. Aufl. 2023, GmbHG § 40 Rn. 207 mwN.

[72] Siehe bereits Heidinger in MüKoGmbHG, 4. Aufl. 2023, GmbHG § 40 Rn. 207 mwN.

[73] Dazu Heidinger in MüKoGmbHG, 4. Aufl. 2023, GmbHG § 40 Rn. 207.

[74] OLG Düsseldorf BWNotZ 2020, 120; dazu Miller BWNotZ 2020, 90.

[75] Dafür etwa Wanner-Laufer NZG 2021, 960 (962); Miller BWNotZ 2020, 90 (92); Cziupka GmbHR 2018, R180 f.; Szalai GWR 2018, 250 (254); Servatius in Noack/Servatius/Haas, 23. Aufl. 2022, GmbHG § 40 Rn. 7a; H. Schmidt NZG 2021, 181 (182); aA Heilmeier in BeckOK GmbHG, 59. Ed. 1.5.2024, GmbHG § 40 Rn. 180; wohl auch Altmeppen, 11. Aufl. 2023, GmbHG § 40 Rn. 8.

[76] Vgl. OLG Düsseldorf DNotZ 2020, 786 Rn. 17; DNotZ 2020, 789 (792); DNotZ 2020, 793 Rn. 16.

[77] OLG Düsseldorf DNotZ 2020, 789 (792).

[78] Vgl. Reuter in BeckOGK, 1.2.2024, GwG § 20 Rn. 67 f.

[79] KG NZG 2020, 746 Rn. 6; NZG 2020, 907 Rn. 12.

einer Gesellschafterliste abgelehnt, soweit sie „denselben Gesellschafterbestand wie die letzte im Registerordner aufgenommene Liste ausweist". Allerdings ging es in den zu entscheidenden Sachverhalten nicht um „Anpassungslisten", sondern schlicht um die Einreichung inhaltlich identischer Listen.

Unseres Erachtens spricht nichts gegen die „anlasslose" Einreichung einer Gesellschafterliste, soweit der Gesellschaft damit (erstmals) eine formal ordnungsgemäße Liste verschafft wird. Dies entspricht sowohl dem Transparenzzweck als auch dem Vereinheitlichungszweck, wie sie § 40 GmbHG bzw. der GesLV zugrunde liegen.[80] Man wird im Ergebnis sogar noch einen Schritt weitergehen können. § 1 Abs. 4 GesLV ermöglicht es, wenn die Gesellschafterliste aufgrund der bisherigen Nummerierung unübersichtlich würde oder geworden ist, die Geschäftsanteile in einer Bereinigungsliste abweichend von § 1 Abs. 2 S. 1 GesLV zu nummerieren. Ob eine unübersichtliche Nummerierung vorliegt, ist zunächst eine Tatfrage des jeweiligen Einzelfalls, deren Kriterien in der bisherigen Rechtsprechung und Literatur – soweit ersichtlich – nicht ausgeleuchtet wurden. Eine solche Bereinigungsliste kann sachdienlich und für die GmbH und ihre Gesellschafter hilfreich sein. Ausgehend von den zuvor gemachten Erwägungen erscheint es unseres Erachtens jedenfalls nicht ausgeschlossen, auch eine solche Bereinigungsliste in der Regel zur Einreichung zum Handelsregister zuzulassen. Die GesLV darf, nachdem ihre Grundlage in § 40 Abs. 4 GmbHG nur nähere Bestimmungen über die Ausgestaltung der Gesellschafterliste ermöglicht, nicht darüber hinausgehen und vermag es daher unseres Erachtens nicht, selbstständig einen Einreichungsanlass zu schaffen. Allerdings liegt in einer solchen Bereinigungsliste – jedenfalls regelmäßig – ein Mehrwert und auch eine „anlasslose" Einreichung einer solchen verschafft der Gesellschaft damit eine formal ordnungsgemäße Liste und doppelt nicht lediglich eine identische schon aufgenommene Liste.

Eine parallele Problemstellung ist bei „Altlisten", aus der Zeit vor dem MoMiG, teilweise sogar noch in Form von Papierlisten gegeben.[81] Das OLG Düsseldorf hatte eine Listeneinreichung ohne Änderung iSv § 40 Abs. 1 GmbHG zunächst für eine Papierliste befürwortet[82] und sodann auch für eine Liste aus der Zeit vor dem MoMiG gelten lassen.[83] Unseres Erachtens ist zumindest in diesen beiden Konstellationen unter Berücksichtigung des Gedankens der Transparenzförderung eine Listeneinreichung durchaus auch ohne Veränderung zuzulassen,[84] ohne dass jedoch eine korrespondierende Pflicht für Notare oder Geschäftsführer besteht.[85]

---

[80] Vgl. Heidinger in MüKoGmbHG, 4. Aufl. 2023, GmbHG § 40 Rn. 6; BR-Drs. 105/18, 4.

[81] Zur Aktualisierung von Altlisten Heidinger in MüKoGmbHG, 4. Aufl. 2023, GmbHG § 40 Rn. 98 und 192.

[82] OLG Düsseldorf BWNotZ 2020, 120; dazu Miller BWNotZ 2020, 90.

[83] OLG Düsseldorf BWNotZ 2020, 118; s. aber auch strenger OLG Düsseldorf NZG 2020, 872, bei überholender „MoMiG-Liste".

[84] Allgemein für Zulässigkeit der anlasslosen Einreichung Wanner-Laufer NZG 2021, 960.

[85] Heidinger in MüKoGmbHG, 4. Aufl. 2023, GmbHG § 40 Rn. 98.

4. *Die verschiedenen Daten im Registerverfahren von der Erstellung und Aufnahme der Gesellschafterliste in den Registerordner*

Zum anderen stellt sich natürlich auch die Frage, wann die Gesellschafterliste ihre Wirkung entfaltet. Entscheidendes Datum hierfür ist nicht dasjenige der Veränderung, sondern dasjenige der Aufnahme der Liste im Handelsregister (Registerordner).[86] So trivial die Antwort auf die aufgeworfene Frage erscheint, kommt es dennoch in der Praxis häufig zu Problemen in diesem Zusammenhang.

In zahlreichen Praxisfällen können verschiedene Daten eine Rolle spielen, was aber nicht zwingend bedeutet, dass diese Rolle für die Gesellschafterliste relevant ist. Betrachtet man verschiedene praxisrelevante Zeitpunkte, gibt es vor einer relevanten Veränderung bspw. die Einigung, die im Ergebnis zu der Veränderung führt. Regelmäßig wäre dies etwa der schuldrechtliche Vertrag, der etwa die Grundlage für eine Geschäftsanteilsabtretung bildet. Dieser Zeitpunkt ist für den Inhalt der Gesellschafterliste nicht relevant. Ein Verpflichtungsgeschäft führt noch nicht zu einer relevanten Veränderung. Dem nachgelagert ist der Zeitpunkt der – dinglich wirksamen – Veränderung. Dies kann im Beispielsfall der Geschäftsanteilsübertragung das sofortige Wirksamwerden einer Abtretung sein oder auch der Eintritt einer aufschiebenden Bedingung,[87] wenn die Abtretung nicht sofort wirksam geworden ist. Die Eintragung einer Kapitalerhöhung führt in einem weiteren Beispiel zu deren Wirksamkeit (§ 54 Abs. 3 GmbHG)[88] und damit auch zu den sodann in der Gesellschafterliste abzubildenden Veränderungen, wenn neue Geschäftsanteile ausgegeben worden sind.[89] Der Zeitpunkt des Wirksamwerdens der Veränderung ist relevant, weil dann entweder der Geschäftsführer oder der Notar unverzüglich auf diesen folgend eine neue Gesellschafterliste zum Registergericht einreichen müssen.[90] Für den Inhalt der Liste ist der Zeitpunkt gleichwohl nicht relevant. Es folgen der Zeitpunkt der tatsächlichen Listenerstellung, der unseres Erachtens keinerlei Rolle spielt und der Zeitpunkt der Einreichung zum und des Eingangs beim Handelsregister. Der letzte Zeitpunkt ist derjenige, der regelmäßig für die Prüfung durch das Handelsregister relevant wird, bei der Gesellschafterliste jedoch auch nur untergeordnete Bedeutung hat (zur Prüfung durch das Registergericht → IV. 5.). Der wichtigste Zeitpunkt in diesem gesamten Ablauf ist derjenige der Einstellung der Liste in den Registerordner, da dieser Zeitpunkt für die Wirkungen des § 16 GmbHG entscheidend ist.[91] Es folgt noch der unmittelbar nachgelagerte Zeitpunkt der Abrufbarkeit der Liste über das Registerportal der Länder.

---

[86] Heidinger in MüKoGmbHG, 4. Aufl. 2023, GmbHG § 40 Rn. 66.

[87] Kritisch zur BGH-Rechtsprechung zum gutgläubigen Erwerb von Geschäftsanteilen im Zusammenhang mit aufschiebend bedingten Anteilsabtretungen jüngst wieder Bayer/Selentin FS Heidinger, 2023, 13 (21 f.).

[88] Siehe auch Miller in BeckOGK, 15.12.2023, GmbHG § 57 Rn. 132.

[89] Zum Entstehen der neuen Geschäftsanteile bei der Kapitalerhöhung BGHZ 68, 191 (196 f.); Lieder in MüKoGmbHG, 4. Aufl. 2022, GmbHG § 55 Rn. 192; Bayer in Lutter/Hommelhoff, 21. Aufl. 2023, GmbHG § 55 Rn. 41.

[90] Ausführlich zum Zeitpunkt der Einreichung Heidinger in MüKoGmbHG, 4. Aufl. 2023, GmbHG § 40 Rn. 183 ff. (für den Geschäftsführer) und Rn. 280 ff. (für den Notar).

[91] Vgl. OLG Jena BeckRS 2021, 12917; Heidinger in MüKoGmbHG, 4. Aufl. 2023, GmbHG § 16 Rn. 85.

Im Gesetz ist die Angabe des Datums der Veränderung bei der Gesellschafterliste selbst nicht vorgesehen. Das Datum der Unterschrift unter der Liste und damit das Datum ihrer Erstellung ist im Gesetz ebenfalls nicht vorgesehen. Üblicherweise, unseres Erachtens aber nicht zwingend, wird es in vielen Fällen angegeben.[92] Es bringt lediglich zum Ausdruck, auf welchem Informationsstand des Geschäftsführers oder des Notars die neue Liste erstellt wurde, was bei der Haftung für eine fehlerhafte Liste von Bedeutung sein kann. Erstellt der Notar eine Gesellschafterliste als Eigenurkunde, kann sich gleichwohl aus dem BeurkG die Pflicht ergeben, das Erstellungsdatum anzugeben.

Das Registerportal sieht allerdings vier Datenfelder vor:

1. „Erstellt zum:"
2. „Erstellt am:"
3. „Eingegangen am:"
4. „Aufnahme in den Registerordner am:"

„Erstellt zum:" gibt nach Informationen des Registerportals[93] das Datum an, zu dem die im Registerdokument wiedergegebene Veränderung nach Angabe des Einreichers wirksam geworden ist. „Erstellt am:" weist das Datum aus, an dem das Dokument erstellt worden ist. „Eingegangen am:" bezeichnet das Datum, an dem das Dokument beim Registergericht eingegangen ist.

Die konkrete Angabe über den „Stand der Liste" kann das Registergericht allerdings unseres Erachtens nicht verlangen. Eine solche Angabe ist nicht im Gesetz vorgesehen. Auch führt sie eher zur Verwirrung als zur Rechtssicherheit. Gleichwohl verlangen in der Praxis einige Registergerichte eine Angabe um das Datenfeld „erstellt am" ausfüllen zu können und stilisieren dieses Verlangen sogar zu einer ein Eintragungshindernis begründende Pflichtangabe hoch. In diesem Zusammenhang neigen einige Registergerichte sogar dazu, eigenständig und nach eigener Einschätzung Datumsangaben zu machen. Vorgefunden wurde bspw. die Praxis, dass bei auf Kaufpreiszahlung bedingten Anteilskaufverträgen sogar trotz anderweitiger Angabe des die Liste einreichenden Notars das Datum des Kaufvertrags und nicht das Datum des Kaufpreiseingangs mit Mitteilung an den Notar angegeben wurde. Hierdurch wird uU dann sogar der Eindruck erweckt, der Geschäftsanteil sei bereits früher, nämlich mit Kaufvertragsschluss und nicht wie tatsächlich aufschiebend bedingt übergegangen.

Diese Registerpraxis ist erschreckend und keinesfalls mit der Gesetzeslage in Einklang zu bringen. Weder darf das Registergericht Angaben verlangen und hieraus ein Eintragungshindernis konstruieren, die das Gesetz nicht vorschreibt, noch darf es eigenständig irgendwelche Angaben machen und veröffentlichen, die nicht bestehen oder so nicht gemacht wurden. Das Registergericht ist in erster Linie annehmende und verwahrende Stelle für die Gesellschafterliste[94] und hat sich darauf auch

---

[92] Auch schon Heidinger in MüKoGmbHG, 4. Aufl. 2023, GmbHG § 40 Rn. 67; strenger Krafka, Registerrecht, 12. Aufl. 2024, Rn. 1102: Stets muss die Liste das Datum ihrer Erstellung erkennen lassen; empfehlenswert Seibt in Scholz, 12. Aufl. 2021, GmbHG § 40 Rn. 38.

[93] Siehe https://www.handelsregister.de/rp_web/documents-dk.xhtml (Stand: 5.7.2024).

[94] Siehe OLG München ZIP 2012, 2254.

zu beschränken. Nur der Geschäftsführer oder der Notar sind befugt, die Liste zum Handelsregister einzureichen. Dementsprechend kommen auch nur der Geschäftsführer oder der Notar als Verantwortliche für den Inhalt der Liste in Frage. An der einmal zum Register eingereichten Liste können daher durch das Register oder andere Dritte keinesfalls Änderungen vorgenommen werden, da so der Verantwortlichkeitszusammenhang beinträchtig würde.

Für die Wirkungen der Gesellschafterliste nach § 16 GmbHG ist es letztlich allerdings nur wichtig, dass das Datum der Aufnahme der Gesellschafterliste im Handelsregister zweifelsfrei zu erkennen ist, da daran die gesamten Rechtsscheinwirkungen der Liste knüpfen.[95] Dies ist bisher weder im GmbHG noch in der HRV vorgesehen. Inzwischen ist das Datum der Aufnahme wenigstens als Datenfeld vorgesehen und Online ersichtlich.[96] Diesbezüglich sollte der Gesetzgeber mit einer verpflichtenden Regelung zumindest in der HRV baldmöglichst Klarheit schaffen. Allerdings fehlt in der neu programmierten Maske weiterhin die Angabe der genauen Uhrzeit der Aufnahme, die bei – in der Praxis gelegentlich vorkommenden – Aufnahme mehrerer Listen an einem Tag für die Festlegung von deren Wirkungsreihenfolge ebenfalls notwendig wäre. Gerade bei mehreren an einem Tag eingestellten Listen kann es in der Praxis oft zu unnötigen Verwirrungen kommen, die zumindest durch eine gleichzeitige Einreichung mehrerer Listen durch den Notar und eine Weisung zur Reihenfolge der Einstellung der Listen in aller Regel pragmatisch gelöst werden kann.

5. Die Gesellschafterliste in den Fängen übereifriger Registergerichte

Daneben hatte sich die Gestaltungs- und Beratungspraxis aber auch immer mehr mit der Frage zu beschäftigen, inwieweit dem Registergericht eigentlich ein Prüfungsrecht zukommt oder es sogar eine Prüfungspflicht hinsichtlich der eingereichten Liste zu erfüllen hat. Nicht selten kommt es in der Praxis vor, dass Registergerichte Gesellschafterlisten beanstanden und mittels Zwischenverfügung zunächst die Aufnahme in den Registerordner ablehnen.

Das Registergericht hat grundsätzlich die Pflicht, die Vorschriften und Grundsätze des materiellen Rechts zu beachten.[97] Ersichtlich falsche Informationen dürfen nicht mit amtlicher Hilfe öffentlich verbreitet werden.[98] Im Ausgangspunkt ist grundsätzlich anerkannt, dass das Registergericht eine formelle Prüfung der Anmeldung vornehmen darf. In materieller Hinsicht hat das Registergericht zu prüfen, ob die angemeldeten Tatsachen rechtmäßig und richtig sind. Hier soll im Allgemeinen eine Schlüssigkeitsprüfung vorgenommen werden, während bei Zweifeln auch eine vollständige Prüfung durch das Registergericht vorzunehmen ist.[99]

---

[95] Ausführlich Heidinger in MüKoGmbHG, 4. Aufl. 2022, GmbHG § 16 Rn. 31ff.

[96] Ries in Liber amicorum Mock, 2009, 217 (220) bezeichnet den früheren Zustand ohne Eingabemöglichkeit als paradox.

[97] Vgl. zur Eintragung Koch/Harnos in Staub, 6. Aufl. 2023, HGB § 8 Rn. 80ff.

[98] Schaub in Ebenroth/Boujong, 5. Aufl. 2024, HGB § 8 Rn. 141; OLG Düsseldorf GmbHR 2001, 243; KG GmbHR 2012, 400; OLG München ZIP 2011, 2057.

[99] BGH NJW-RR 2011, 1184; NJW 1991, 1754 (1758); OLG Düsseldorf DNotI-Report 1995, 143; OLG Hamm NZG 2011, 311; Roth/Stelmaszczyk in Koller/Kindler/Drüen,

Dies lässt sich durch die Zwecke des Handelsregisters begründen, dass es keine falschen Tatsachen verlautbaren soll, andererseits aber auch mit der im Handelsverkehr gebotenen Schnelligkeit Eintragungen verlautbaren soll.

Für die Gesellschafterliste, welche in den für das entsprechende Registerblatt bestimmten Registerordner aufzunehmen (§ 9 Abs. 1 HRV) und nicht in das Handelsregister einzutragen ist,[100] gelten diese allgemeinen Grundsätze nicht. So ist insbesondere die Prüfungstiefe umstritten. Der Gesetzgeber ging in der Begründung ausdrücklich davon aus, dass das Registergericht die Listen lediglich entgegennimmt und „keine inhaltliche Prüfungspflicht" hat.[101] Die Gesetzesbegründung spricht jedoch nur von der Prüfungspflicht und verhält sich nicht zu der Frage, ob dem Gericht ein Prüfungsrecht zusteht.

Unstreitig steht dem Registergericht ein formelles Prüfungsrecht zu, also bzgl. der Frage, ob die Liste den formalen Anforderungen des § 40 GmbHG genügt.[102]

Ob dem Registergericht darüber hinaus auch ein materielles Prüfungsrecht zusteht, ist zweifelhaft. Die inzwischen vorherrschende Literaturmeinung nimmt ein uneingeschränktes formelles Prüfungsrecht und darüber hinaus ein begrenztes inhaltliches Prüfungsrecht an. Der BGH hat die Frage, ob dem Registergericht auch ein inhaltliches Prüfungsrecht zusteht, zuletzt ausdrücklich offengelassen.[103] Ein solches Prüfungsrecht soll bspw. in Fällen bestehen, in denen die Unrichtigkeit der Liste offenkundig ist[104] oder das Registergericht sichere Kenntnis von der Unrichtigkeit der Gesellschafterliste hat.[105] In solchen Evidenzfällen kann dem Registergericht nicht zugemutet werden, an der Aufnahme einer ersichtlich unrichtigen Liste mitzuwirken. Nur in diesen sehr begrenzten Ausnahmefällen ist eine Beanstandung der Liste zulässig.[106] Das Registergericht dürfe nicht daran mitwirken, dass eine falsche Legitimationsbasis für die Ausübung der Gesellschafterrechte oder ein unrichtiger Rechtsscheinträger geschaffen werden.[107] Das OLG Köln[108] formuliert noch deutlicher, dass das Registergericht eine offensichtlich unrichtige Gesellschafterliste zurückweisen dürfe, weil nur so vermieden werden kann, dass ein falscher Anschein erweckt wird. Angesichts dieser Argumente und unter dem Gesichtspunkt des Verkehrsschutzes wird das Registergericht daher auch eine offenkundig unrichtige Gesellschafterliste zurückweisen müssen, wenn die Unrichtigkeit

---

10. Aufl. 2023, HGB § 8 Rn. 23; Schaub in Ebenroth/Boujong, 5. Aufl. 2024, HGB § 8 Rn. 143; Krafka, Registerrecht, 12. Aufl. 2024, Rn. 1025.

[100] BT-Drs. 16/6140, 37; Heidinger in MüKoGmbHG, 4. Aufl. 2023, GmbHG § 40 Rn. 354.

[101] BT-Drs. 16/6140, 44.

[102] BGH NZG 2011, 1268; OLG Nürnberg NZG 2018, 312 Rn. 25.

[103] BGH DNotZ 2014, 457 Rn. 23; offengelassen auch KG FGPrax 2016, 161; OLG Hamburg NZG 2015, 72.

[104] So OLG München FGPrax 2009, 181 (182); Paefgen in Habersack/Casper/Löbbe, 3. Aufl. 2020, GmbHG § 40 Rn. 103.

[105] Dafür OLG Nürnberg NZG 2018, 312 Rn. 32; Görner in Rowedder/Pentz, 7. Aufl. 2022, GmbHG § 40 Rn. 50; Heilmeier in BeckOK GmbHG, 59. Ed. 1.5.2024, GmbHG § 40 Rn. 182; siehe auch Altmeppen, 11. Aufl. 2023, GmbHG § 40 Rn. 33.

[106] Bayer in Lutter/Hommelhoff, 21. Aufl. 2023, GmbHG § 40 Rn. 70.

[107] D. Mayer ZIP 2009, 1037 (1039); Schneider GmbHR 2009, 393 (395); Wachter ZNotP 2008, 376 (386).

[108] Beschl. v. 19.7.2023 – 2 Wx 170/13, NZG 2013, 1431.

erkannt wird. Gleichzeitig dürften die Anforderungen an die offensichtliche Unrichtigkeit und ähnliche dieser Kategorien recht hoch sein, da das Registergericht sich selbst gerade nicht zur umfassenden Prüfung ermächtigen können dürfte.

Im Ergebnis dürfte, wenngleich hierzu bisher keine eindeutige Rechtsprechung existiert, bei einer offensichtlich unwirksamen Änderung im Gesellschafterbestand jedenfalls eine offenkundige Unrichtigkeit der eingereichten Liste vorliegen. *Servatius*[109] nennt darüber hinaus als Beispiel einer durch das Registergericht zu beanstandenden Liste explizit eine Liste von einem ausländischen Notar, wenn ohne weiteres feststeht, dass es an der Gleichwertigkeit der Beurkundung fehlt. In diesem speziell gelagerten Fall dürfte ein Einzelfallbeispiel eines weitergehenden Prüfungsrechts des Registers zu sehen sein, der keinesfalls verallgemeinerungs- bzw. erweiterungsfähig ist.

V. Die Gesellschafterliste im Rampenlicht anderer Gesetzgebungsvorhaben

Während die Gesellschafterliste durch das MoMiG wesentlich aufgewertet wurde, kam sie in der Folgezeit immer wieder in die Diskussion, weil sie unmittelbar oder mittelbar durch andere Reformvorhaben betroffen war.

1. Geldwäschebekämpfung, Transparenzregister und Gesellschafterlistenverordnung

Das seit dem MoMiG bestehende System, welches auf eine bedeutende, zuverlässige sowie möglichst aktuelle Gesellschafterliste aufbaut, vermochte es auch in der Folgezeit zu überzeugen. Durch das Gesetz zur Umsetzung der Vierten EU-Geldwäscherichtlinie, zur Ausführung der EU-Geldtransferverordnung und zur Neuorganisation der Zentralstelle für Finanztransaktionsuntersuchungen[110] wurde zur weiteren Missbrauchsbekämpfung, verstärkter Transparenz und Verhinderung von Geldwäsche der bisherige in § 40 Abs. 1 GmbHG geregelte, zwingende Inhalt der Gesellschafterliste dort erweitert.[111] Insbesondere konnte man sich durch die ordentliche Führung der Gesellschafterliste häufig eine separate Meldung an das neu eingeführte Transparenzregister sparen, da für die GmbH die Mitteilungsfiktion des § 20 Abs. 2 GwG aF galt und eine Meldung aufgrund der im Handelsregister aufgenommenen Gesellschafterliste entbehrlich war.[112] Die neueste Novelle des Geldwäschegesetzes hat diese Funktion der Gesellschafterliste mit Wirkung zum 1.8.2021 wieder ersatzlos beseitigt.[113] Was blieb waren jedoch die Änderungen in § 40 Abs. 1 GmbHG im Hinblick auf den Inhalt der Gesellschafterliste. Außerdem wurde auf der Grundlage einer Ermächtigung in § 40 Abs. 4 GmbHG eine Verord-

[109] Servatius in Noack/Servatius/Haas, 23. Aufl. 2022, GmbHG § 40 Rn. 75a.
[110] V. 23.6.2017, BGBl. I 1822.
[111] DNotI-Report 2018, 105; s. auch den Überblick bei Punte/Stefanink GWR 2018, 131.
[112] Siehe dazu Friese/Brehm GWR 2017, 271 (272); Kotzenberg/Lorenz NJW 2017, 2433; Assmann/Hütten AG 2017, 449 (451); Bochmann DB 2017, 1310; Spoerr/Roberts WM 2017, 1142 (1147).
[113] Heidinger in MüKoGmbHG, 4. Aufl. 2023, GmbHG § 40 Rn. 3, 15ff.; ausführlich John NZG 2021, 957.

nung über die Ausgestaltung der Gesellschafterliste erlassen. Diese GesLV[114] ist zum 1.7.2018 in Kraft getreten (§ 6 GesLV).

Ein Relikt aus dieser Zeit sind die in der Gesellschafterliste aufzunehmenden Prozentzahlen für die einzelnen Geschäftsanteile und für die Gesamtbeteiligung eines jeden Gesellschafters (vgl. auch § 4 GesLV). Anzugeben ist demnach bis heute zusätzlich die durch den jeweiligen Nennbetrag eines Geschäftsanteils vermittelte jeweilige prozentuale Beteiligung am Stammkapital, sowie bei mehreren Geschäftsanteilen in der Hand von einem Gesellschafter gesondert der Gesamtumfang der Beteiligung am Stammkapital als Prozentsatz.[115] Auch in Fällen, in denen die Beteiligungsstruktur leicht erkennbar ist, kann daher nach der Neuregelung weder die Angabe des Prozentsatzes, der den Gesamtumfang der Beteiligung zum Ausdruck bringt, noch die Angabe der prozentualen Beteiligung, die jeder Geschäftsanteil vermittelt, weggelassen werden.[116] Unseres Erachtens ist der Nutzen der zusätzlich anzugebenden prozentualen Beteiligung, die jeder Geschäftsanteil vermittelt, de facto nicht mehr vorhanden, insbesondere, wenn die GmbH ausschließlich über Geschäftsanteile mit einem Nennbetrag von je 1 Euro verfügt.

Die gesetzlichen Vorgaben tragen letztlich nunmehr nur noch zur Komplizierung der Führung von Gesellschafterlisten bei, da seit dem 1.8.2021 mit der Änderung des Transparenzregisters zum Vollregister der ursprüngliche Transparenzsteigerungszweck obsolet geworden ist. Der Gesetzgeber hätte in diesem Zuge die Regelung über die Prozentangaben in der Gesellschafterliste besser wieder aufgegeben. Zu Folgeproblemen kommt dies nun unseres Erachtens aktuell evtl. im Zusammenhang mit dem MoPeG (→ V. 3.). Ein Praxisbeispiel hierfür kann etwa eine ordentliche Kapitalerhöhung (§ 55 GmbHG) bei einer GmbH sein, die drei natürliche Personen und eine GbR als Gesellschafter hat. Wird in dieser Konstellation eine ordentliche Kapitalerhöhung bei der GmbH beschlossen, an der eine Gesellschafterin der GmbH, die eine GbR ist, nicht mitwirkt und auch keine der neuen Anteile übernehmen soll,[117] kommt es nach Wirksamwerden der Kapitalerhöhung mit ihrer Eintragung und nach der Übernahme der neuen Geschäftsanteile durch die Übernehmer dennoch zu einer Veränderung an der Eintragung der an sich unbeteiligten GbR. Die GbR behält zwar lediglich den oder die Anteile, die sie zuvor hatte, jedoch verringert sich nun die Höhe des Prozentsatzes ihrer Beteiligung, da neue Geschäftsanteile geschaffen und von ihr nicht (teilweise) übernommen wurden. Diese kann nach § 40 Abs. 1 S. 3 GmbHG dann erst vorgenommen und in die Gesellschafterliste eingetragen werden, wenn sich die GbR in das Gesellschaftsregister hat eintragen lassen. Eine teleologische Reduktion kommt in diesem Fall unseres Erachtens nicht in Betracht, da nur auf die Veränderung an der Eintragung der GbR abgestellt wird und eine solche gerade stattfindet (anders manche Fälle in dem die GbR ganz aus der Liste getilgt wird, dazu → V. 3. a). Hier kann erhebliches Verzögerungspotenzial im Hinblick auf die Einreichung der Liste liegen, insbeson-

[114] V. 20.6.2018, BGBl. I 870.

[115] OLG Bremen DNotZ 2020, 558; siehe auch Birkefeld/Schäfer DB 2017, 2755.

[116] So OLG München NZG 2018, 63; OLG Bremen DNotZ 2020, 558.

[117] Zu den Fällen, in denen Gesellschafter bei der Kapitalerhöhung keine neuen Anteile übernehmen ausführlich Miller in BeckOGK, 15.12.2023, GmbHG § 55 Rn. 170ff.

dere wenn die betroffene GbR erst zur Anmeldung zum Gesellschaftsregister im Klageweg bewegt werden muss. Letztlich würde bei der Übernahme der neuen Anteile durch einen hinzutretenden, bisher nicht beteiligten Gesellschafter, sogar die Ausübung von dessen Gesellschafterrechte blockiert und verzögert (vgl. § 16 Abs. 1 GmbHG).

2. *Die Rechtsfähigkeit der Wohnungseigentümergemeinschaft und „Fremdvorgaben" für die Gesellschafterliste*

Reformen in anderen Rechtsgebieten können – unmittelbar oder mittelbar – erhebliche Auswirkungen auf die Gesellschafterliste haben. Als Beispiel kann hierfür die Wohnungseigentümergemeinschaft herangezogen werden. Durch das WEMoG[118] wurde 2020 das WEG reformiert. In § 9a Abs. 1 WEG heißt es nun:

„Die Gemeinschaft der Wohnungseigentümer kann Rechte erwerben und Verbindlichkeiten eingehen, vor Gericht klagen und verklagt werden. [...] Sie führt die Bezeichnung ‚Gemeinschaft der Wohnungseigentümer' oder ‚Wohnungseigentümergemeinschaft' gefolgt von der bestimmten Angabe des gemeinschaftlichen Grundstücks."

Die Norm stellt zum einen die Rechtsfähigkeit der Wohnungseigentümergemeinschaft fest. Zum anderen trifft sie auch eine gesetzliche Vorgabe darüber, welche Bezeichnung die Wohnungseigentümergemeinschaft zu führen hat.

Die Wohnungseigentümergemeinschaft kann in der seit dem 1.12.2020 geltenden Fassung des § 9a Abs. 1 S. 1 WEG Rechte erwerben und Verbindlichkeiten eingehen. Insbesondere ist der Verband auch grundbuchfähig, kann also auch selbst Eigentum an Grundstücken erwerben.[119] Die WEG kann aufgrund ihrer uneingeschränkten Rechtsfähigkeit auch Gesellschafterin einer GmbH sein und selbst Geschäftsanteile halten.

Die Wohnungseigentümergemeinschaft führt gem. § 9a Abs. 1 S. 3 WEG die Bezeichnung „Gemeinschaft der Wohnungseigentümer" oder „Wohnungseigentümergemeinschaft" gefolgt von der bestimmten Angabe des gemeinschaftlichen Grundstücks. Als „bestimmte Angabe des Grundstücks" ist entweder die Angabe der Adresse (Straße mit Hausnummer) oder die grundbuchrechtliche Bezeichnung des Stammgrundstücks möglich.[120] Unter dieser Bezeichnung ist der Verband in das Grundbuch einzutragen.[121] Weitere Anforderungen an die Bezeichnung im Grundbuch, etwa aus § 15 GBV, ergeben sich nicht.

---

[118] Gesetz zur Förderung der Elektromobilität und zur Modernisierung des Wohnungseigentumsgesetzes und zur Änderung von kosten- und grundbuchrechtlichen Vorschriften (Wohnungseigentumsmodernisierungsgesetz – WEMoG) v. 16.10.2020, BGBl. I 2187.

[119] Falkner in BeckOGK, 1.5.2023, WEG § 9a Rn. 54f.; Weber in WürzNotar-HdB, 6. Aufl. 2022, Teil 2 Kap. 4 Rn. 108, 110 mwN; Müller in BeckOK WEG, 55. Ed. 1.1.2024, WEG § 9a Rn. 5, 7; so schon selbst unter Annahme der nunmehr überholten Teilrechtsfähigkeit der Wohnungseigentümergemeinschaft BGH NJW 2016, 2177 Rn. 23ff.

[120] Falkner in BeckOGK, 1.5.2023, WEG § 9a Rn. 146; Hügel in BeckOK BGB, 55. Ed. 1.11.2023, WEG § 9a Rn. 7.

[121] Falkner in BeckOGK, 1.5.2023, WEG § 9a Rn. 146; Weber in WürzNotar-HdB, 6. Aufl. 2022, Teil 2 Kap. 4 Rn. 108.

§ 40 Abs. 1 GmbHG erfasst die Wohnungseigentümergemeinschaft nicht unmittelbar. Als rechtsfähige Gemeinschaft könnte man nun eine Parallele zur Behandlung von Gesamthandsgemeinschaften oder Bruchteilsgemeinschaften ziehen. Diese bedürfen wie bisher auch nach dem MoPeG weiterhin der Nennung ihrer Mitglieder unter Anführung von deren Vor- und Familiennamen, Geburtsdatum und Wohnort unter Zusatz „in … gemeinschaft". Allerdings gehen die Mitglieder der WEG aus einem anderen Register, nämlich dem Grundbuch hervor. Außerhalb von Gesamtrechtsnachfolgekonstellationen wie Erbschaft oder Umwandlung nach dem UmwG kann es auch nicht zu einem Gemeinschafterwechsel außerhalb des Grundbuchs kommen. Letztlich entscheidend dürfte aber sein, dass § 9a WEG als § 40 GmbHG gleichrangiges Bundesgesetz eine explizite Anordnung darüber trifft, dass die WEG die Bezeichnung „Gemeinschaft der Wohnungseigentümer" oder „Wohnungseigentümergemeinschaft" gefolgt von der bestimmten Angabe des gemeinschaftlichen Grundstücks führt. Dies muss unseres Erachtens konsequenterweise dann auch in der Gesellschafterliste gelten. Eine Wohnungseigentümergemeinschaft kann daher in der Gesellschafterliste unseres Erachtens nur als Gemeinschaft der Wohnungseigentümer gefolgt von der bestimmten Angabe des gemeinschaftlichen Grundstücks oder als Wohnungseigentümergemeinschaft gefolgt von der bestimmten Angabe des gemeinschaftlichen Grundstücks angegeben werden. Jede andere Darstellung in der Gesellschafterliste ist aufgrund § 9a Abs. 1 S. 3 WEG nicht möglich. Dementsprechend ist es unseres Erachtens auch nicht zulässig sämtliche Gemeinschafter der WEG in der Gesellschafterliste aufzuzählen.

3. Die Modernisierung des Personengesellschaftsrechts durch das MoPeG und die Gesellschafterliste

Zuletzt brachte die Modernisierung des Personengesellschaftsrechts durch das MoPeG[122] wieder viel Aufmerksamkeit für verschiedene Fragen rund um die Gesellschafterliste.

a) Ausgangssituation

Weitreichende Folgen hat das MoPeG in diesem Zusammenhang für die GmbH-Gesellschafterliste. Das MoPeG sieht in § 40 Abs. 1 S. 2 GmbHG vor, dass bei einem Gesellschafter, der selbst eine juristische Person oder rechtsfähige Personengesellschaft ist, in die Liste dessen Firma oder Name, Sitz und, soweit gesetzlich vorgesehen, das zuständige Registergericht und die Registernummer aufzunehmen sind. Zudem wurde ein neuer S. 3 in § 40 Abs. 1 GmbHG eingefügt, der als Sonderregel für die GbR statuiert, dass die Gesellschaft bürgerlichen Rechts nur in die Liste eingetragen werden kann und Veränderungen an ihrer bestehenden Eintragung nur vorgenommen werden können, wenn sie in das neue Gesellschaftsregister eingetragen ist. Diese Gesetzesänderung ist konsequent im Hin-

---

[122] Gesetz zur Modernisierung des Personengesellschaftsrechts (Personengesellschaftsrechtsmodernisierungsgesetz – MoPeG) v. 10.8.2021, BGBl. I 3436.

blick darauf, dass das MoPeG nun ein Register für GbR einführt, in welches sich diese eintragen lassen können, aber sie künftig, soweit sie nicht reine Innengesellschaft ist, auch ohne Eintragung von Gesetzes wegen als rechtsfähig anerkannt wird.[123]

Ergänzend zu den Regelungen im GmbHG wird § 12 EGGmbHG erweitert. Für eine vor Inkrafttreten der Reform in eine Gesellschafterliste eingetragene GbR haben sowohl sämtliche bislang in der Gesellschafterliste eingetragenen Gesellschafter als auch die im Gesellschaftsregister eingetragene Gesellschaft bürgerlichen Rechts gegenüber den zur Einreichung der geänderten Gesellschafterliste Verpflichteten zu versichern, dass die in der geänderten Gesellschafterliste eingetragene Gesellschaft bürgerlichen Rechts dieselbe ist wie diejenige, die in der zuletzt zum Handelsregister eingereichten Gesellschafterliste eingetragen wurde. Dies sichert die Identität der GbR bei Änderungen der Gesellschafterliste.

Diese Änderungen zielen zudem darauf ab, die Beteiligung einer GbR an einer GmbH für alle Beteiligten, insbesondere auch für die Öffentlichkeit, transparenter zu machen.[124] Ergänzend sieht § 12 Abs. 2 EGGmbHG vor, dass als Veränderung im Sinne des § 40 Abs. 1 S. 1 und 3 GmbHG auch eine Veränderung in dem Gesellschafterbestand der GbR gilt. Hierdurch entsteht auf eine an einer GmbH beteiligte GbR Druck, sich in das Gesellschaftsregister einzutragen. Gleichzeitig geht damit jedoch die Gefahr einher, dass nicht eingetragene GbR schlicht untätig bleiben und die Gesellschafterliste nicht mehr den aktuellen Gesellschafterbestand wiedergibt. Wie effizient der Absicherungsmechanismus des § 12 EGGmbHG funktionieren wird, werden erste Praxiserfahrungen zeigen müssen. Denkbar ist dann auch ein Auseinanderfallen der Eintragung in der Gesellschafterliste und derjenigen im reformierten Transparenzregister.

Die gesetzliche Regelung ist zudem offenbar nicht bis zu Ende durchdacht.[125] Eine rechtsfähige nicht in ihrem Register eingetragene GbR kann einen GmbH-Geschäftsanteil materiellrechtlich wirksam erwerben oder übertragen, ohne sich in irgendeinem Register eintragen zu lassen. Dies unterscheidet den Fall vom Grundstückserwerb, bei dem die Eintragung im Grundbuch konstitutiv ist. Der eine Geschäftsanteilsabtretung beurkundende (deutsche) Notar ist nach § 40 Abs. 2 GmbHG verpflichtet, die erwerbende GbR als neue Gesellschafterin in der Gesellschafterliste aufzunehmen und diese zum Handelsregister einzureichen. Dies darf er nach der neuen Regelung im EGGmbHG allerdings nicht. Dieser Konflikt ermöglicht „transparenzlose" Abtretungen auf eine GbR und von einer GbR auf eine andere. Wie der Notar mit dieser Pflichtenkollision umgehen muss, ist derzeit unklar. Die Beurkundung verweigern wird er nicht in allen Fällen können, da die Abtretung von Geschäftsanteilen ohne Eintragung im neuen Gesellschaftsregister und der Gesellschafterliste nicht per se unlauteren Zwecken dienen muss. Die Mitteilung des Notars an die GmbH nach § 40 Abs 2 S. 1 Hs. 2 GmbHG über die erfolgte

[123] Dazu Storz GWR 2021, 5ff.; Bachmann NZG 2020, 612; Heinze DStR 2020, 2107; Geibel ZRP 2020, 137; Noack NZG 2020, 581; Scholz NZG 2020, 1044; Heckschen NZG 2020, 761; Heckschen/Nolting BB 2020, 2256; Wertenbruch NZG 2019, 407.

[124] Späth-Weinreich BWNotZ 2021, 90 (96).

[125] Krit. dazu auch Heckschen AnwBl. 2021, 224ff. mit ausf. Analyse.

Abtretung hilft auch nicht weiter, da der Geschäftsführer die nicht im Gesellschaftsregister eingetragene GbR auch nicht in die Gesellschafterliste eintragen darf. Die Meldung an das Transparenzregister erfasst allenfalls Beteiligungen über 25%, bei mehrstufigen Konstruktionen nicht einmal diese Beteiligungen. Die Veräußerung der GbR-Beteiligungen bleibt völlig unentdeckt. Mit einem Strohmann als Listengesellschafter, der seine Beteiligung von unter 50% an eine (bei 100% an vier) rechtsfähige nicht im Gesellschaftsregister eingetragene GbR veräußert, ergibt sich eine veritable Transparenzlücke. Der Gesetzgeber ist gefordert, diese zu schließen. Der Notar wird auf die Rechtsfolgen der fehlenden Voreintragung hinzuweisen haben.[126]

In Zukunft wird unseres Erachtens zum Beispiel der Fall problematisch werden, in dem eine nicht im Gesellschaftsregister eingetragene GbR, die – wie vor dem MoPeG zulässig – in der Gesellschafterliste eingetragen ist, die GmbH als Gesellschafterin vollständig verlässt. Dies kann verschiedene Gründe haben und entsprechend ist unseres Erachtens auch zu differenzieren. Die GbR kann unter anderem alle ihre Geschäftsanteile abtreten, sie kann ausgeschlossen werden oder ihre Anteile können eingezogen werden.

In all diesen Fällen ergibt sich eine Veränderung an der Beteiligung der GbR an der GmbH, und zwar dergestalt, dass die GbR nicht mehr an der GmbH beteiligt ist. Folgt man streng dem Wortlaut des § 40 Abs. 1 GmbHG, wäre die GbR, bevor sie aus der Gesellschafterliste gestrichen werden kann, in das Gesellschaftsregister einzutragen, da ja eine Veränderung vorliegt. Dies erscheint bei näherer Betrachtung jedoch zu formell und auch von der Wertung im Einzelfall her ggf. befremdlich. Die GbR wird in all diesen Fällen lediglich aus der Gesellschafterliste entfernt. Der mit ihrer Voreintragungsobliegenheit verfolgte Zweck wird in diesen Fällen also gar nicht verfolgt.

Bei der Abtretung der gesamten Beteiligung der GbR und ihrem Ausscheiden aus der Gesellschaft liegt dem jedoch eine freiwillige Verfügung der GbR als Gesellschafterin zugrunde. Der Ausgangspunkt ist damit der gleiche wie in dem Fall, dass die GbR nur einige aber nicht alle ihrer Geschäftsanteile abtritt. Zwar taucht die GbR nach Abtretung aller ihrer Geschäftsanteile in der Gesellschafterliste nicht mehr auf. Dementsprechend kann auch das Registergericht gar nicht prüfen, ob eine Voreintragung stattgefunden hat (unabhängig davon, ob es dies überhaupt darf). Letztlich dürfte auch in diesem Fall ein Abweichen von der gesetzlichen Regelung, die an jede Veränderung an der Eintragung anknüpft und damit auch an ihre vollständige Tilgung aus der Liste, nicht geboten sein. Letztlich führt diese Betrachtung aber auch zu dem paradoxen Ergebnis, dass eine GbR, die ihre gesamte außenwirksame Tätigkeit einstellen und Innen-GbR werden will, zunächst gezwungen ist, sich in das Gesellschaftsregister einzutragen, um ihre GmbH-Geschäftsanteile abtreten zu können und anschließend das Liquidationsverfahren mit abschließender Löschung im Gesellschaftsregister durchlaufen muss, um Innen-GbR werden zu können.

---

[126] So wohl auch Stock NZG 2023, 361 (364).

Anders liegt der Fall bei einer Zwangseinziehung der Geschäftsanteile,[127] deren Inhaberin eine GbR ist. Bei der Einziehung geht der betroffene Geschäftsanteil unter.[128] Infolgedessen ist auch eine aktualisierte Gesellschafterliste zum Handelsregister einzureichen, die die neue Gesellschafterzusammensetzung wiedergibt.[129] Hinsichtlich der GbR würde dem Wortlaut nach hier auch das Voreintragungserfordernis des § 40 Abs. 1 S. 3 GmbHG eingreifen. Die uneingeschränkte Anwendung des Voreintragungserfordernisses würde allerdings dazu führen, dass die GbR ihre eigene Austragung aus der Gesellschafterliste blockieren könnte, indem sie (vorsätzlich) keine Voreintragung vornimmt.[130] Unseres Erachtens erscheint hier eine teleologische Reduktion geboten.[131]

Gleiches müsste auch unseres Erachtens auch bei einem Ausschluss der GbR aus der GmbH gelten, da die GmbH ansonsten zunächst klageweise die Anmeldung und Eintragung seitens der GbR in das Gesellschaftsregister erzwingen müsste. Dies erscheint den Mitgesellschaftern kaum zumutbar.

b) Gesellschafterliste bei Ersteintragung einer bisher nicht eingetragenen GbR im Gesellschaftsregister

Gemäß § 40 Abs. 1 bzw. Abs. 2 GmbHG hat der Geschäftsführer bzw. der mitwirkende Notar bei Veränderungen im Gesellschafterbestand unverzüglich nach deren Wirksamwerden eine aktualisierte Gesellschafterliste einzureichen, die diese Veränderungen ausweist. Eine die Listeneinreichung auslösende Veränderung iSd § 40 Abs. 1 GmbHG ist auch die Änderung des Namens oder des Wohnorts eines Gesellschafters.[132] Unseres Erachtens handelt es sich bei der Registrierung der bisher nicht eingetragenen GbR im Gesellschaftsregister auch um eine die Listeneinreichungspflicht auslösende Änderung iSd § 40 Abs. 1 S. 1 GmbHG. Dies zeigt sich unseres Erachtens allein schon daran, dass § 40 Abs. 1 S. 2 GmbHG statuiert, dass Gesellschafter, die selbst eine juristische Person oder rechtsfähige Personengesellschaft sind, in die Liste mit deren Firma oder Name, Sitz und, soweit gesetzlich vorgesehen, das zuständige Registergericht und die Registernummer aufzunehmen sind. Diese in Bezug genommenen Daten werden erst geschaffen durch die Eintragung der GbR in das Gesellschaftsregister. Damit stellt die Ersteintragung der GbR im Gesellschaftsregister auch eine relevante Veränderung iSd § 40 Abs. 1 S. 1 GmbHG dar. Dies dürfte sich mit der bisherigen Praxis im Hinblick auf die Beurteilung von Veränderungen bei einem Gesellschafter der GmbH und die dadurch ausgelöste Einreichungspflicht vereinbaren lassen.[133]

---

[127] Hierzu ausführlich im Kontext der Einreichung einer Gesellschafterliste jüngst Drescher FS Heidinger, 2023, 91.

[128] BGHZ 139, 299 (302); OLG Dresden ZIP 2016, 720; Strohn in MüKoGmbHG, 4. Aufl. 2022, GmbHG § 34 Rn. 61.

[129] Vgl. BGH NJW 2015, 1385.

[130] Stock NZG 2023, 361 (365).

[131] So auch schon Stock NZG 2023, 361 (365).

[132] Heidinger in MüKoGmbHG, 4. Aufl. 2023, GmbHG § 40 Rn. 141; Wicke, 5. Aufl. 2024, GmbHG § 40 Rn. 4; Servatius in Noack/Servatius/Haas, 23. Aufl. 2022, GmbHG § 40 Rn. 6.

[133] Dazu ausführlich mit zahlreichen Beispielen Heidinger in MüKoGmbHG, 4. Aufl. 2023, GmbHG § 40 Rn. 141, 96ff.

Die Frage, wer in diesem Fall für die Einreichung der Gesellschafterliste zuständig ist, dürfte bisher offen sein und wird auch nur wenig diskutiert. Weder das MoPeG selbst noch der Regierungsentwurf zum MoPeG enthält eine Regelung oder Erörterungen über die Zuständigkeit zu Einreichung der neuen Gesellschafterliste bei Ersteintragung einer GbR im Gesellschaftsregister, nachdem diese bereits zuvor Gesellschafterin einer GmbH war. Es ist damit auf die allgemeinen Abgrenzungskriterien zu § 40 Abs. 1 und 2 GmbHG zurückzugreifen. Der Geschäftsführer der GmbH hat gem. § 40 Abs. 1 GmbHG die Primärpflicht zur Listeneinreichung auf Mittelung und Nachweis der betreffenden Veränderung. Der Notar ist für die Listenerstellung nach § 40 Abs. 2 GmbHG nur zuständig, wenn er an Veränderungen in den Personen der Gesellschafter oder des Umfangs ihrer Beteiligung mitgewirkt hat.

In der bisherigen Diskussion wird vor allem der – anders gelagerte – Fall in den Blick genommen, dass im Rahmen einer Anteilsabtretung, an der eine bisher nicht im Gesellschaftsregister eingetragene GbR beteiligt ist, zunächst die Eintragung dieser GbR in das Gesellschaftsregister durchgeführt und in einer weiteren „Zwischenliste" abgebildet wird, der dann die die Abtretung abbildende Liste folgt.[134]

In dem hier vorliegenden Fall geht es allerdings um die isolierte Einreichung einer neuen Gesellschafterliste aufgrund der freiwilligen Eintragung der GbR im Gesellschaftsregister.[135] Teilweise wird mit dem Gedanken sympathisiert, dass der Geschäftsführer hier für die Einreichung der Liste zuständig ist.[136] Teilweise wird darauf abgestellt, ob es sich um einen Fremdentwurf oder einen Eigenentwurf des Notars handelt.[137] Unseres Erachtens dürfte in dem Fall, in dem der Notar lediglich die Unterschriften der GbR-Gesellschafter bei der Anmeldung beglaubigt und im Übrigen nur die Anmeldung, die er nicht erstellt hat, als Bote an das Handelsregister übermittelt, gut vertretbar sein, dass hier der Geschäftsführer der GmbH, an der die GbR beteiligt ist, zur Listeneinreichung auf Mitteilung und Nachweis verpflichtet ist.[138] In den übrigen Fällen, in denen der Notar einen eigenen Entwurf für die Anmeldung erstellt, die Unterschriften der GbR-Gesellschafter beglaubigt und mit dem Vollzug beauftragt ist, spricht unseres Erachtens viel dafür, von einer Pflicht zur Listeneinreichung durch den Notar nach § 40 Abs. 2 GmbHG auszugehen.[139] Durch die Beurkundung wirkt der Notar an dieser Veränderung mit und ist dann auch nach § 40 Abs. 2 GmbHG verpflichtet, eine aktuelle Gesellschafterliste mit Notarbescheinigung einzureichen.[140]

---

[134] Siehe etwa Freier in Heckschen/Freier, Das MoPeG in der Notar- und Gestaltungspraxis, 2024, § 3 Rn. 746 ff.; Reymann in FS Heidinger, 2023, 413 (424 f.).

[135] Dazu Freier in Heckschen/Freier, Das MoPeG in der Notar- und Gestaltungspraxis, 2024, § 3 Rn. 757 ff.; Reymann in FS Heidinger, 2023, 413 (425 f.).

[136] In diese Richtung wohl Servatius in Noack/Servatius/Haas, 23. Aufl. 2022, GmbHG § 40 Rn. 12 a.

[137] Reymann in FS Heidinger, 2023, 413 (425).

[138] So auch Reymann in FS Heidinger, 2023, 413 (425); siehe auch Freier in Heckschen/Freier, Das MoPeG in der Notar- und Gestaltungspraxis, 2024, § 3 Rn. 758.

[139] Siehe auch Reymann in FS Heidinger, 2023, 413 (425); Freier in Heckschen/Freier, Das MoPeG in der Notar- und Gestaltungspraxis, 2024, § 3 Rn. 758.

[140] Für vergleichbare Änderungen bei Gesellschaften als Gesellschafter einer GmbH schon bisher Heidinger in MüKoGmbHG, 4. Aufl. 2023, GmbHG § 40 Rn. 242.

Die Verpflichtung des Notars zur Einreichung einer Gesellschafterliste greift nur ein, wenn er Kenntnis von der Gesellschafterstellung bei einer GmbH der von seiner Beurkundung betroffenen Gesellschafterin hat. Eine Nachforschungspflicht trifft den Notar nach ganz allgemeiner Meinung nicht.[141] Praktisch ist der Notar also auf die Mitteilung über eine Gesellschafterstellung der von seiner Beurkundung betroffenen GbR durch deren Gesellschafter angewiesen. Es empfiehlt sich daher nachzufragen, ob die betroffene Gesellschaft Geschäftsanteile an einer GmbH hält.[142] Bleiben Zweifel an der Zuständigkeit des Notars bei der Einreichung einer Liste, wird in der Literatur die Möglichkeit der Einreichung einer gemeinsamen Liste durch den Geschäftsführer und Notar vorgeschlagen.[143] Durch Unterschrift beider unter der Liste und Beifügung einer nochmals unterschriebenen Notarbescheinigung erfüllt eine solche Liste die formellen Voraussetzungen sowohl des § 40 Abs. 1 GmbHG als auch des § 40 Abs. 2 GmbHG und es handelt es sich in jedem Fall um eine vom Zuständigen eingereichte, wirksame Gesellschafterliste.[144]

c) *Fern- und Ausstrahlwirkungen*

Weitere Probleme bzgl. einer Voreintragungsobliegenheit, die dazu führt, dass die GbR zunächst in das Gesellschaftsregister eingetragen werden muss, bevor ein anderer Vorgang durchgeführt oder wirksam werden kann, können sich im Zusammenhang mit der Gründung oder Kapitalerhöhung bei einer GmbH ergeben.

Materiell-rechtlich kann auch die nicht eingetragene GbR Gesellschafterin einer GmbH sein und auch Anteile bei einer Kapitalerhöhung übernehmen (vgl. § 705 Abs. 2 BGB).[145] Allerdings ist zu differenzieren zwischen der materiell-rechtlichen Wirksamkeit der Kapitalerhöhung (einschließlich der Übernahme der neuen Anteile), welche unabhängig von der Voreintragung der GbR eintritt, und der späteren Eintragung der GbR in die neue Gesellschafterliste nach § 40 Abs. 1 S. 3 GmbHG, welche die Voreintragung der GbR erfordert.[146] § 57 Abs. 3 Nr. 2 GmbHG ist im Zuge der MoPeG-Reform unverändert geblieben. Anders als § 8 Abs. 1 Nr. 3 GmbHG verweist er auch nicht auf § 40 GmbHG. Im Gegensatz zur Gründung, bei der eine Eintragung der GmbH mangels gesetzeskonformer Liste bei einer (noch) nicht im Gesellschaftsregister eingetragenen GbR als Gründer auftritt, fehlt dieser Bezug für die Übernehmerliste. Damit ist jedenfalls bei einer Beschlussfassung und Übernahme nebst Erstellung der Übernehmerliste und Einreichung kein Eintragungshindernis gegeben. Dies gilt gleichermaßen im Jahre 2024, sodass auch bei einer erst jetzt beschlossenen Kapitalerhöhung die noch nicht eingetragene aber

141 Tebben RNotZ 2008, 441 (452); D. Mayer DNotZ 2008, 409; D. Mayer MittBayNot 2014, 114; Flick GWR 2010, 33.

142 Siehe auch Heidinger in MüKoGmbHG, 4. Aufl. 2023, GmbHG § 40 Rn. 242.

143 Heidinger in MüKoGmbHG, 4. Aufl. 2023, GmbHG § 40 Rn. 263.

144 OLG Hamm NZG 2010, 475; so auch als Empfehlung für den hier gegebenen Fall Freier in Heckschen/Freier, Das MoPeG in der Notar- und Gestaltungspraxis, 2024, § 3 Rn. 758f., 751.

145 Stelmaszczyk in BeckOGK, 1.1.2024, GmbHG § 2 Rn. 196; siehe auch Schäfer in MüKo-BGB, 9. Aufl. 2024, BGB § 705 Rn. 185ff.

146 So auch Schudlo/Bock BB 2023, 2051 (2053); Stock NZG 2023, 361 (364f.).

rechtsfähige GbR mitwirken und als Übernehmerin von Anteilen fungieren kann. Unseres Erachtens verfehlt die teilweise in der Literatur gemachte Erwägung, dass es „zwingend geboten" sei „an die Übernahmeliste des § 57 Abs. 3 Nr. 2 GmbHG dieselben Voraussetzungen in Bezug auf das Voreintragungsprinzip zu stellen wie an die Gesellschafterliste nach § 40 Abs. 1 S. 3 GmbHG",[147] völlig den Kern der zuvor herausgearbeiteten Systematik des Gesetzes. Das diese Erwägung vermeintlich stützende „Argument",[148] dass die Gesellschafter bei der Kapitalerhöhung nach § 55 Abs. 2 GmbHG auch den Beitritt neuer Gesellschafter – und damit auch einer nicht eingetragenen GbR – als Übernehmer zulassen können und der Zweck der Voreintragungsobliegenheit nach § 40 Abs. 1 S. 3 GmbHG, für eine hinreichende Transparenz der Beteiligungsverhältnisse zu sorgen damit einen Gleichauf zwischen Übernehmerliste und späterer Gesellschafterliste nach Eintragung der Kapitalerhöhung erfordere verfängt aus den gleichen Gründen nicht. Es wäre Aufgabe des Gesetzgebers, diesen von den entsprechenden Literaturstimmen[149] gewünschten Gleichauf zu regeln, was im Zuge des MoPeG jedoch gerade nicht geschehen ist.

Aufgrund des Verweises auf § 40 GmbHG in § 8 Abs. 1 Nr. 3 GmbHG besteht für die errichtete GmbH unseres Erachtens allerdings ein Eintragungshindernis solange die Gründer-GbR noch nicht in das Gesellschaftsregister eingetragen worden ist. Dies kann in der Praxis zu unvorhergesehenen erheblichen Verzögerungen im Eintragungsprozess führen.

VI. A never ending story: Die Zukunft der Gesellschafterliste

Am Ende dieses Beitrages können weder ein echtes Fazit noch eine thesenhafte Zusammenfassung gefundener Ergebnisse stehen, denn wie sich immer wieder zeigt, handelt es sich bei der Gesellschafterliste tatsächlich um eine never ending story. Die Regelung des § 40 GmbHG ist bei zahlreichen Reformen immer wieder Gegenstand von Änderungen und Folgeänderungen. Daneben wird die Geschichte der Gesellschafterliste stetig mit Problem- und Grenzfällen aus der Praxis fortgeschrieben, in die dieser Beitrag allenfalls einen kleinen Einblick eröffnen konnte.

Am Ende kann daher lediglich ein Ausblick darauf stehen, wie die niemals endende Geschichte der Gesellschafterliste weitergehen könnte. Fest steht unseres Erachtens jedenfalls, dass die Geschichte der Gesellschafterliste noch für eine lange Zeit spannend und sicherlich im Detail unvorhersehbar fortgeschrieben werden wird. Bei einem abschließenden Blick in die Glaskugel soll der Fokus auf zwei Extrempositionen gelegt werden.

Die eine Extremposition steht schon seit Jahren in der Diskussion,[150] wird bisher aber nicht mit Nachdruck verfolgt. Die janusköpfige Zuständigkeitsverteilung für Erstellung und Einreichung einer Gesellschafterliste zwischen Geschäftsführer und

---

[147] Wertenbruch/Alm GmbHR 2024, 225 (229).
[148] Wertenbruch/Alm GmbHR 2024, 225 (229).
[149] Wertenbruch/Alm GmbHR 2024, 225 (229).
[150] Siehe ausführlich zum Diskussionsstand mwN Heidinger in MüKoGmbHG, 4. Aufl. 2023, GmbHG § 40 Rn. 213.

Notar führt zu zahlreichen weiteren Problemen.[151] Gerade in den rechtlich schwierig zu beurteilenden Fällen der Erbfolge, der Einziehung,[152] der Teilung, der Zusammenlegung und der Durchführung von genehmigtem Kapital muss der – oftmals überforderte[153] – Geschäftsführer wegen seiner Zuständigkeit die Rechtslage beurteilen. Bei gesellschaftsinternen Konflikten besteht auch ein nicht unerhebliches Missbrauchspotential.[154] Diese Aufgaben könnten viel besser vom neutralen und juristisch qualifizierten Notar erledigt werden.[155] Bei seiner Mitwirkung an der Veränderung besteht die Amtspflicht für ihn darin, von sich aus eine neue Liste mit der Veränderung zum Handelsregister einzureichen. Bei Veränderungen ohne seine Mitwirkung sollte er – de lege ferenda – auf Mitteilung und Nachweis die Liste einreichen können. Viele der derzeitigen Probleme wären dadurch gelöst. Um das gesetzgeberische Ziel der Gesellschafterliste zu erreichen, spricht unseres Erachtens aus sachlichen Gründen alles dafür, die Kompetenz zur Listeneinreichung allein beim Notar zu bündeln.[156]

Die andere Extremposition würde im Ergebnis auch dazu führen, dass der GmbH-Geschäftsführer die Zuständigkeit für die Erstellung und Einreichung der Gesellschafterliste letztlich verliert.[157] Die Rede ist von der Diskussion über die Anwendung der Blockchain-Technologie im GmbH-Recht[158] und Tokenisierung von Geschäftsanteilen.[159] Unter anderem wird die Einbindung der Blockchain-Technologie zur Absicherung der Identifizierung bei der Einreichung der Gesellschafterliste vorgeschlagen, um das Risiko der Übermittlung durch Unbefugte auszuschließen.[160] Ferner gibt es Überlegungen, den Verkehrsschutz der Gesellschafterliste durch die Einbindung der Blockchain-Technologie zu verbessern und so die Ge-

---

[151] Dazu jüngst Lieder FS Heidinger, 2023, 287; Bayer/Selentin FS Heidinger, 2023, 13 (18ff.).

[152] Hierzu ausführlich im Kontext der Einreichung einer Gesellschafterliste Drescher FS Heidinger, 2023, 91.

[153] Dies provoziert häufig eine kostenpflichtige rechtliche Beratung Wicke, 5. Aufl. 2024, GmbHG § 40 Rn. 30; Bednarz BB 2008, 1854 (1858).

[154] Omlor EWiR 2010, 669 (670), mit Hinweis auf den Sachverhalt eines str. Einziehungsbeschlusses bei KG ZIP 2010, 2047; ausf. schon Omlor, Verkehrsschutz im Kapitalgesellschaftsrecht, 2010, S. 332ff.; zum Missbrauch der Gesellschafterliste im Rahmen von Gesellschafterstreitigkeiten Wolfer/Adams GWR 2014, 339, spricht von möglicher „feindlicher Übernahme".

[155] Dazu jüngst ausführlich und mit vergleichender Betrachtung Lieder FS Heidinger, 2023, 287; siehe auch Bayer/Selentin FS Heidinger, 2023, 13 (18ff.).

[156] Befürwortend auch Bayer in Lutter/Hommelhoff, 21. Aufl. 2023, GmbHG § 40 Rn. 4; Werbeck, Offenbare Unrichtigkeiten im Unternehmensrecht, 2021, S. 334; Berninger DStR 2010, 1292 (1293); Flesner NZG 2006, 641 (643); Grunewald/Gehling/Rodewig ZIP 2006, 685 (686); Preuß RNotZ 2009, 529 (536); Heckschen DStR 2007, 1442 (1450); Bednarz BB 2008, 1854 (1859); Schockenhoff/Höder ZIP 2006, 1841 (1845); Ries NZG 2010, 135 (136); Wachter GmbHR 2010, R337 (R338) mit vorformuliertem Gesetzesvorschlag; Lieder FS Heidinger, 2023, 287 (292); Bayer/Selentin FS Heidinger, 2023, 13 (18ff.) erwägen sogar, ein von den Notaren geführtes Gesellschafterlistenregister einzuführen.

[157] So auch im Ergebnis Maume NZG 2021, 1189 (1192).

[158] Dazu ausführlich Maume NZG 2021, 1189; siehe auch Möslein/Omlor/Urbach ZIP 2020, 2149.

[159] Dazu Hardung in BeckOGK, 15.6.2022, GmbHG § 40 Rn. 69.

[160] Maume NZG 2021, 1189 (1192); Hardung in BeckOGK, 15.6.2022, GmbHG § 40 Rn. 69.

sellschafterliste insgesamt aufzuwerten.[161] Dies alles setzt eine grundlegende Umgestaltung des in Deutschland und aufgrund vor allem der Digitalisierungsrichtlinie[162] in weiten Teilen der EU bestehenden Registersystems voraus. Die Blockchain ist unseres Erachtens allerdings denkbar ungeeignet für eine Anwendung im Handelsregisterrecht.[163] Die angestrebten Vorteile lassen sich unseres Erachtens zudem sogar besser, insoweit sie die Beantwortung juristischer Fragen noch zusätzlich erfordern, durch die Alleinzuständigkeit des Notars für die Gesellschafterliste lösen.

[161] Maume NZG 2021, 1189 (1192); Hardung in BeckOGK, 15.6.2022, GmbHG § 40 Rn. 69.

[162] RL 2019/1151/EU des Europäischen Parlaments und des Rates v. 20.6.2019 zur Änderung RL 2017/1132/EU im Hinblick auf den Einsatz digitaler Werkzeuge und Verfahren im Gesellschaftsrecht, ABl. 2019 L 186, 80.

[163] So schon allgemein zur Anwendung der Blockchain-Technologie im Handelsregisterrecht Knaier/Wolff BB 2018, 2254 mit Verweis insbesondere darauf, dass die Blockchain-Technologie selbst keine Lösungen für die Speicherung von Dokumenten und Daten anbietet und daher zwingend mit bereits bestehenden Systemen verknüpft werden müsste, die Blockchain-Technologie die Frage nach der Vertraulichkeit und dem Schutz von Daten offen lässt und die Funktion des Notars, der wesentlich zur Funktionalität und Zuverlässigkeit des derzeitigen Handelsregisters beiträgt, durch eine Blockchain nicht abgebildet werden kann, so dass enorme Rechtsunsicherheiten entstehen können und in vielen Fällen keine kostengünstige und qualifizierte Beratung der Handelnden gewährleistet wäre.

ACHIM HERFS

Wie hältst Du es mit dem Börsenkurs? – Bewertung bei Strukturmaßnahmen von börsennotierten Aktiengesellschaften

I. Einleitung

Der Jubilar ist ein ausgewiesener Kenner des Umwandlungsrechts. Als Hauptversammlungsnotar ist er auch mit Strukturmaßnahmen von börsennotierten Unternehmen bestens vertraut. Womit er sich allerdings nicht beschäftigen muss, ist die Unternehmensbewertung, die jeder Umwandlungs- oder Strukturmaßnahme zugrunde liegt. Die Bewertung passiert im Vorfeld. Bei Fassung der entsprechenden Beschlüsse ist die Bewertung abgeschlossen. Die Unternehmensbewertung ist das Ergebnis eines komplexen Prozesses, der Finanzabteilungen in Unternehmen, Wirtschaftsprüfer und Anwälte beschäftigt. Es gibt verschiedene Bewertungszwecke (Entscheidungswert, Marktwert, Schiedswert, objektivierter Unternehmenswert), und -methoden. Die wichtigsten Bewertungsmethoden sind die Ertragswertmethode, wobei die Wirtschaftsprüfer für Strukturmaßnahmen einen eigenen Standard entwickelt haben,[1] Discounted Cash Flow-Verfahren und Substanzwert- oder Liquidationsverfahren.[2] Bei börsennotierten Unternehmen hat sich schon immer die Frage gestellt, ob eine Unternehmensbewertung überhaupt nach einer dieser Methoden erforderlich ist oder ob man nicht einfach auf den Börsenwert abstellen kann. Der Börsenpreis bildet sich durch eine Vielzahl von Transaktionen über die Börse auf der Basis der Informationen, die vom Emittenten aufgrund kapitalmarktrechtlicher Vorgaben veröffentlicht werden. Bei Informationseffizienz sollte der sich bildende Preis den inneren Wert der Aktie widerspiegeln.[3] Genau diesem Gedanken ist der BGH in seinem wegweisenden Beschluss vom 21.2.2023 gefolgt.[4] Es ging um die Entscheidung eines Spruchverfahrens, in dem Aktionäre der börsennotierten WCM Beteiligungs- und Grundbesitz-AG („WCM“) eine höhere Abfindung und Ausgleich unter dem Beherrschungsvertrag der WCM mit der ebenfalls börsennotierten TLG Immobilien AG („TLG“) festsetzen lassen wollten

[1] Vgl. IDW, Grundsätze zur Durchführung von Unternehmensbewertungen idF 2008 (IDW S1), abrufbar unter https://beck-online.beck.de/Bcid/Y-400-W-IDWPS-GL-s-1-2008.

[2] Überblick über die Bewertungsverfahren bei Mandl/Rabl in Peemöller, Praxishandbuch der Unternehmensbewertung, 8. Aufl. 2023, S. 51ff.

[3] OLG Frankfurt a. M. NZG 2021, 979 Rn. 32ff.; Ruiz de Vargas NZG 2023, 923 (924f.); Fama Financial Analysts Journal, 21 (5), 55 (56) „in an efficient market at any point in time the actual price of a security will be a good estimate of its intrinsic value".

[4] BGHZ 236, 180 Rn. 20 = NJW 2023, 2114 (2116) – TLG/WCM mAnm Ruiz de Vargas NZG 2023, 923; Seibt EWiR 2023, 325; Dahmen GWR 2023, 280; Hüttemann/Meinert JZ 2023, 823.

(„WCM Beschluss"). Die Vorinstanzen[5] hatten die Unternehmenswerte (die Abfindung erfolgte nach § 305 Abs. 2 Nr. 1 AktG in Aktien) jeweils anhand des Börsendurchschnittskurses bestimmt. Der BGH wies die Rechtsbeschwerde zurück. Diese Entscheidung könnte die Bestimmung der Abfindung bei börsennotierten Gesellschaften vereinfachen, für alle Aktionäre transparenter machen und die Spekulation auf Heraufsetzung der Abfindung im Spruchverfahren eindämmen. Der Börsenkurs als Abfindung lässt sich für jeden Aktionär nachvollziehen, wohingegen eine Fundamentalbewertung nur noch von Experten verstanden und überprüft werden kann.[6] Die Umsetzung von Strukturmaßnahmen bei börsennotierten Aktiengesellschaften würde hierdurch wesentlich vereinfacht und finanzielle Risiken aus Spruchverfahren minimiert werden. Fast genau ein Jahr später hat der BGH erneut bestätigt, dass Abfindung und Ausgleich gem. §§ 304, 305 AktG bei börsennotierten Gesellschaften ausschließlich auf der Grundlage des Börsenkurses bestimmt werden können.[7] Erstaunlicherweise ist die für die Praxis begrüßenswerte Wendung in der Rechtsprechung sowohl bei Bewertern als auch in der Literatur auf Widerstand gestoßen, was wiederum Auswirkungen auf die erstinstanzlichen Entscheidungen haben könnte. Bei der Vorbereitung von Strukturmaßnahmen, aber auch im Spruchverfahren, wird immer wieder eine Frage auftauchen: „Wie hältst Du es mit dem Börsenkurs?". Der Verfasser hofft, dass das Nachzeichnen der Entwicklung, die zu dem WCM-Beschluss des BGH geführt hat[8] und die möglichen Auswirkungen dieses Beschlusses auf die Praxis das Interesse des Jubilars finden werden.

II. Bewertungsanlässe

Im Gesellschafts-, Umwandlungs- und Kapitalmarktrecht gibt es viele Anlässe, zu denen Unternehmensbewertungen von Rechts wegen durchzuführen sind. Meistens geht es um die Bestimmung der Abfindung bei Ausscheiden aus der Gesellschaft oder um die Bestimmung der Gegenleistung bei Transaktionen, in denen der Preis nicht mit jedem Gesellschafter individuell ausgehandelt wird (bspw. Übernahmeangebote, Sacheinlagen).

1. Personengesellschaftsrecht

Die Grundregel zur Pflicht zur Unternehmensbewertung findet sich in § 728 Abs. 1 S. 1 BGB (früher § 738 Abs. 1 S. 2 BGB), der über §§ 105 Abs. 3, 161 Abs. 2 HGB auch für die OHG und KG gilt. Dort heißt es, dass dem ausscheidenden Ge-

---

[5] OLG Frankfurt a. M. NZG 2021, 979; LG Frankfurt a. M. 20.8.2019 – 3-05 O 25/18.

[6] Witt ZGR 2023, 921 (933); Ruiz de Vargas NZG 2023, 923 (929); Peemöller BB 2023, 1584.

[7] BGH Beschl. v. 31.1.2024 – II ZB 5/22, BeckRS 2024, 8656 Rn. 21 ff. = ZIP 2024, 1070 (1071) – Vodafone/KDG mAnm Leuering/Rubner NJW-Spezial 2024, 336; Kittner GWR 2024, 201; Peemöller BB 2024, 1328. Der BGH hat damit auf Stimmen reagiert, die den Beschluss im Spruchverfahren TLG/WCM für eine Einzelfallentscheidung gehalten haben, weil es um eine Abfindung gegen Aktien aufgrund einer Umtauschrelation ging.

[8] Bestätigt durch BGH BeckRS 2024, 8656 Rn. 21 ff. = ZIP 2024, 1070 (7071).

sellschafter eine dem Wert seines Anteils angemessene Abfindung zu zahlen ist. Nach § 728 Abs. 2 BGB ist der Wert des Anteils im Wege der Schätzung zu ermitteln. Das Gesetz schreibt also den Bewertungsgrund (Ausscheiden) und das Bewertungsziel (Bestimmung einer dem Wert des Anteils angemessene Abfindung), aber keine Bewertungsmethode vor.[9]

2. *Aktienrecht*

Die Regelung in § 728 BGB (früher § 738 BGB) war gesetzgeberisches Vorbild für § 305 Abs. 2 Nr. 2 und Nr. 3 AktG.[10] Diese Vorschrift sieht für den Fall des Abschlusses eines Beherrschungs- oder Gewinnabführungsvertrages mit einer Aktiengesellschaft als beherrschter Gesellschaft die Gewährung einer angemessenen Barabfindung an Minderheitsaktionäre vor, die ausscheiden wollen, sofern den Aktionären nicht die Aktien des anderen Vertragsteils anzubieten sind, wie im WCM-Fall. Die angemessene Barabfindung muss gem. § 305 Abs. 3 S. 2 AktG die Verhältnisse im Zeitpunkt der Beschlussfassung über den Vertrag berücksichtigen. Mehr Hinweise zu Bewertungsziel und -methode gibt das Gesetz nicht.

Eine Barabfindungspflicht ist darüber hinaus bei der Eingliederung (§ 320b Abs. 1 S. 3 AktG) und beim Squeeze-out (§ 327a Abs. 1 S. 1 AktG) vorgesehen. Auch dort gibt es die gleichen Vorgaben wie beim Beherrschungsvertrag. Weitere Barabfindungspflichten für Aktiengesellschaften finden sich beim umwandlungsrechtlichen und übernahmerechtlichen Squeeze-out (§ 62 Abs. 5 UmwG, § 39a Abs. 1 S. 1 WpÜG). Es gelten die gleichen Regeln wie beim aktienrechtlichen Squeeze-out. Etwas anders sind die rechtlichen Vorgaben bei der Bestimmung des Ausgleichs nach § 304 Abs. 2 S. 1 AktG beim Beherrschungs- oder Gewinnabführungsvertrag. Als Ausgleich für das Eingriffsrecht des herrschenden Unternehmens erhalten die Minderheitsaktionäre eine Art Garantiedividende. Diese wiederkehrende Geldzahlung ist nach der bisherigen Ertragslage, dh vor Abschluss des Unternehmensvertrags, und den Ertragsaussichten zu bestimmen. Hier ist also das Bewertungsziel etwas genauer umschrieben als bei der Bemessung der Abfindung nach § 305 AktG.

Unternehmensbewertungen sind ferner erforderlich, wenn Unternehmensbeteiligungen im Wege der Sacheinlage eingebracht werden (§§ 27, 36a, 183, 255 Abs. 2 AktG). Hier sind eigentlich zwei Bewertungen erforderlich: der Wert des eingebrachten Unternehmens und der als Gegenleistung ausgegebenen Aktien. § 255 Abs. 2 AktG aF verlangte zum Schutz der Aktionäre, dass die neu ausgegebenen Aktien nicht zu einem unangemessen niedrigen Preis ausgegeben werden dürfen. § 255 Abs. 2 AktG ist durch das ZuFinG reformiert worden, um die Bewertung zu vereinfachen und Transaktionen bzw. Kapitalerhöhungen mit Bezugsrechtsausschluss rechtssicherer zu machen (→ IV. 4. f) cc)). Zwar kann nach § 255 Abs. 2 AktG nF keine Anfechtung „darauf gestützt werden, dass der auf eine Aktie entfal-

---

[9] Schlobsner in Heidel/Hirte, Das neue Personengesellschaftsrecht, 2024, § 11 Rn. 8–35; Schöne in BeckOK BGB, 69. Ed. 1.2.2024, BGB § 728 Rn. 12; R. Koch in BeckOGK, 1.9.2023, BGB nF GbR 2024 § 728 Rn. 27.

[10] Hüttemann in Fleischer/Hüttemann, Rechtshandbuch Unternehmensbewertung, 2. Aufl. 2019, Rn. 1.10.

lende Wert der Einlage unangemessen niedrig ist", jedoch ist in diesem Fall nun eine entsprechende bare Ausgleichszahlung vorgesehen, vgl. § 255 Abs. 4 AktG nF.[11]

3. *Umwandlungsrecht*

Im Umwandlungsrecht gibt es Barabfindungsangebote wie im Aktienrecht, es gibt aber auch das Erfordernis, Umtauschwertrelationen, als das Wertverhältnis zwischen zwei Unternehmen, herzustellen.

Eine Barabfindungspflicht besteht bei Gründung durch Verschmelzung und Verlegung einer SE (§§ 7, 12 SEAG), bei einer Umwandlung durch Verschmelzung (§ 29 Abs. 1 UmwG), durch Spaltung (§§ 125, 29 Abs. 1 UmwG) und durch Formwechsel (§ 207 UmwG) sowie bei grenzüberschreitender Umwandlung in Folge einer Verschmelzung (§ 313 UmwG), einer Spaltung (§ 327 UmwG) oder eines Formwechsels (§ 340 UmwG).

Bei der Verschmelzung (§ 5 Nr. 3 UmwG) und Auf- und Abspaltung (§ 126 Nr. 3 UmwG) muss eine Umtauschrelation bestimmt werden.

4. *Übernahmerecht*

Auch im Übernahmerecht können Unternehmensbewertungen erforderlich werden. Der Bieter muss zunächst seinen Grenzwert, dh den maximalen Preis bestimmen, den er bieten will, bevor er die Verhandlungen mit dem Zielunternehmen aufnimmt. Dafür muss er das Zielunternehmen bewerten. Nach welcher Methode er das tut, bleibt seinem Ermessen vorbehalten. Es gibt keine rechtlichen Vorgaben, allenfalls aus dem Gesellschaftsrecht, das für die Geschäftsleitung des Bieters gilt. Bei einer deutschen Aktiengesellschaft oder SE wäre das die Business Judgement Rule. Zur Absicherung kann der Bieter eine Fairness Opinion einholen.[12] Für die Aktionäre der Zielgesellschaft ist es interessant zu wissen, in welchem Verhältnis der gebotene Preis zum Unternehmenswert steht. Seinen Grenzpreis muss der Bieter aber nicht aufdecken. Er muss allerdings mit dem Beginn der Annahmefrist eine Angebotsunterlage veröffentlichen, in der gem. § 11 Abs. 1 S. 2 WpÜG alle Angaben enthalten sein müssen, die notwendig sind, damit die Aktionäre in Kenntnis der Sachlage über das Angebot entscheiden können. Nach § 11 Abs. 2 Nr. 4 WpÜG sind Angaben über die Art und Höhe der für die Aktien gebotenen Gegenleistung zu machen. Nach § 2 Nr. 3 WpÜG-AngVO sind in die Angebotsunterlage Angaben zu den angewandten Bewertungsmethoden aufzunehmen. Ziel der Offenlegung ist es, den Angebotsadressaten die Beurteilung der Gegenleistung und die Entscheidung über die Annahme des Angebots zu erleichtern.[13] Die Adressaten werden durch die Mindestpreisregelung in § 31 Abs. 1,

---

[11] Bungert/Strothotte NZG 2024, 89.

[12] Winner in Fleischer/Hüttemann, Rechtshandbuch Unternehmensbewertung, 2. Aufl. 2019, Rn. 23.10; DVFA-Grundsätze für die Erstellung von Fairness Opinions, Version 3.1, 4/2023, Rn. 14 ff., abrufbar unter https://dvfa.de/wp-content/uploads/2023/05/Grundsaetze_Fairness_Opinions_2023_Langfassung.pdf.

[13] RegBegr. WpÜG BT-Drs. 14/7034, 78; Beuskens/Oechsler in Beurskens/Ehricke/Ekkenga, 2. Aufl. 2021, WpÜG § 11 Rn. 38.

Abs. 4 WpÜG, konkretisiert durch § 5 WpÜG AngVO (→ IV. 4. f) aa)), geschützt. Danach darf die angebotene Gegenleistung nicht niedriger sein als der in den sechs Monaten vor der Veröffentlichung des Angebots gezahlte Preis für den Erwerb von Aktien und nicht niedriger als der gewichtete Dreimonatskurs vor Ankündigung des Angebots (§ 2 Nr. 7 WpÜG-AngVO). Nur wenn gem. § 5 Abs. 4 WpÜG die Aktie des Zielunternehmens als illiquide anzusehen ist, ist eine Unternehmensbewertung durchzuführen.[14]

Vorstand und Aufsichtsrat der Zielgesellschaft haben gem. § 27 WpÜG eine begründete Stellungnahme zu dem Angebot abzugeben. Die Stellungnahme soll das Angebot beurteilen und mit einer Handlungsempfehlung für die Angebotsadressaten abschließen.[15] Kern der Stellungnahme ist die Erklärung, ob und aus welchen Gründen die Organe die gebotene Gegenleistung für angemessen oder nicht angemessen halten. Für die Aussage ist zu untersuchen, wie sich die Gegenleistung zum Fundamentalwert der Aktie verhält. Ein Vergleich allein mit dem Börsenkurs ist nicht ausreichend.[16] In der Praxis holen die Organe für diese Beurteilung eine Fairness Opinion ein.[17]

III. Rechtliche Vorgaben

1. Bewertung in der Wirtschaftswissenschaft

Die Unternehmensbewertung ist zunächst eine Disziplin der Wirtschaftswissenschaften. Unternehmenswerte dienen der Vorbereitung wirtschaftlicher Entscheidungen. Der Käufer eines Unternehmens wird fragen, was er höchstens bezahlen soll, der Verkäufer muss überlegen, was er mindestens erhalten muss, damit er sich ohne Wertverlust von einem Unternehmen oder Unternehmensteilen trennen kann. Diese Entscheidungswerte können nur durch einen Vergleich des betreffenden Unternehmens mit anderen Investitionsobjekten ermittelt werden. *„Bewerten heißt [...] vergleichen"*, wird oft gesagt.[18] Die Konzeptionen und Theorien wie Unternehmenswerte zu ermitteln sind, haben sich in der Wirtschaftswissenschaft im

[14] Zu den Bewertungsmethoden siehe Winner in Fleischer/Hüttemann, Rechtshandbuch Unternehmensbewertung, 2. Aufl. 2019, Rn. 23.87: Grds. ist, sofern Zugang zu den internen Plandaten der Zielgesellschaft besteht, eine Unternehmensbewertung nach IDW S1 vorzunehmen.

[15] Krause/Pötzsch in Assmann/Pötzsch/Schneider, 3. Aufl. 2020, WpÜG § 27 Rn. 31; Harbarth in Baums/Thoma, 14. EL 2015, WpÜG § 27 Rn. 82; Hirte/Heinrich/Mohamed in Kölner Kommentar zum WpÜG, 3. Aufl. 2022, WpÜG § 27 Rn. 50.

[16] Krause/Pötzsch in Assmann/Pötzsch/Schneider, 3. Aufl. 2020, WpÜG § 27 Rn. 65, 70; Kölner Kommentar zum WpÜG, 3. Aufl. 2022, WpÜG § 27 Rn. 39; Winner in Fleischer/Hüttemann, Rechtshandbuch Unternehmensbewertung, 2. Aufl. 2019, Rn. 23.31.

[17] OLG Stuttgart WM 2019, 366 (368 f.); DVFA-Grundsätze für die Erstellung von Fairness Opinions, Version 3.1, 4/2023, Rn. 14 ff., abrufbar unter https://dvfa.de/wp-content/uploads/2023/05/Grundsaetze_Fairness_Opinions_2023_Langfassung.pdf.

[18] Moxter, Grundsätze ordnungsgemäßer Unternehmensbewertung, 2. Aufl. 1983, S. 123; vgl. auch Hüttemann in Fleischer/Hüttemann, Rechtshandbuch Unternehmensbewertung, 2. Aufl. 2019, Rn. 1.1.

Laufe der Zeit gewandelt.[19] Wichtig im Zusammenhang mit dieser Untersuchung ist, dass seit den 80er Jahren kapitalmarktorientierte Bewertungsansätze zunehmend an Bedeutung gewinnen. Das Unternehmen wird nicht länger nur aus dem Blickwinkel einer bestimmten Person (Käufer, Verkäufer, abzufindender Aktionär), sondern aus der Perspektive des Kapitalmarkts bewertet. Das führt dazu, dass vermehrt Aktienkurse und Multiplikatoren als Bewertungsparameter herangezogen werden.[20] Dies hat auch in der Rechtsprechung zu einem Paradigmenwechsel geführt. In der deutschen Bewertungspraxis gibt es eine weitere Besonderheit. Die Bewertungspraxis wird dominiert durch den Berufsstand der Wirtschaftsprüfer. Das Institut der Wirtschaftsprüfer (IDW) erarbeitet über den Fachausschuss für Unternehmensbewertung (FAUB) Empfehlungen für und Stellungnahmen an die Angehörigen des Berufsstands für die Durchführung von Bewertungen. Wirtschaftsprüfer werden gerichtlich als Prüfer bestellt, die die Abfindungen oder Umtauschrelationen nach den gesetzlichen Vorgaben zu überprüfen und zu bestätigen haben (§§ 293d und 293e AktG für den Vertragsprüfer, §§ 9ff. UmwG für die Verschmelzung). Folgen die bestellten Prüfer den Empfehlungen, so hat das große Auswirkungen auf die Bewertungspraxis, weil festgesetzte Abfindungen oder Umtauschrelationen nur vom Prüfer bestätigt werden, wenn sie sich mit diesen Standards vereinbaren lassen. Für die Unternehmensbewertung hat der IDW einen Standard entwickelt: Grundsätze zur Durchführung von Unternehmensbewertungen idF von 2008 (IDW S1).[21] Diese Standardisierung hat den Vorteil der Filterung neuer fachwissenschaftlicher Erkenntnisse und kann zu einer sinnvollen Vereinheitlichung der Bewertungsmethoden beitragen,[22] sie kann aber auch die Aufnahme neuerer Entwicklungen in die Bewertungspraxis verzögern und verhindern, selbst wenn diese von der Rechtsprechung bereits berücksichtigt werden.

2. *Bewertung als Rechtsproblem*

Die Unternehmensbewertung wird zum Rechtsproblem, wenn die Rechtsanwendung die Feststellung von Unternehmenswerten erfordert.[23] Einige Anlässe sind bereits oben unter → II. dargestellt worden. Entscheidend ist aus welcher Perspektive das Unternehmen von Rechts wegen bewertet werden sollte. Dies lässt sich nicht einheitlich beantworten, sondern ist im jeweiligen Normenkontext durch Auslegung zu ermitteln.[24] Deshalb ist die Unternehmensbewertung im rechtlichen

[19] Vgl. Überblick bei Hüttemann in Fleischer/Hüttemann, Rechtshandbuch Unternehmensbewertung, 2. Aufl. 2019, Rn. 1.1ff.

[20] Hüttemann in Fleischer/Hüttemann, Rechtshandbuch Unternehmensbewertung, 2. Aufl. 2019, Rn. 1.2; Schwetzler FS Großfeld, 2019, 401 (402ff.); die Entwicklung nachzeichnend auch Decher AG 2023, 106 Rn. 11ff.

[21] Der Standard wird gerade überarbeitet, Decher AG 2023, 106 Rn. 6. Thema der Überarbeitung ist unter anderem die Behandlung von Synergien, dazu Popp DK 2023, 59.

[22] OLG Stuttgart AG 2013, 840 (841); Hüttemann in Fleischer/Hüttemann, Rechtshandbuch Unternehmensbewertung, 2. Aufl. 2019, Rn. 1.3.

[23] Grundlegend zur Unternehmensbewertung als Rechtsproblem Adolff, Unternehmensbewertung im Recht der börsennotierten Aktiengesellschaft, 2007.

[24] Hüttemann in Fleischer/Hüttemann, Rechtshandbuch Unternehmensbewertung, 2. Aufl. 2019, Rn. 1.10; Fleischer ZGR 1997, 368 (378ff.).

Kontext auch keine bloße Tatsachenfrage, die der Richter mangels Sachkunde einfach dem Bewerter überlassen kann. Im WCM-Beschluss hat der BGH festgestellt, dass es eine Rechtsfrage sei, ob eine Bewertungsmethode den Bewertungszielen entspricht (also zB, ob der Börsenkurs als Bewertungsgrundlage ausreicht), die Frage, welche Bewertungsmethode im Einzelfall den Wert der Unternehmensbeteiligung am besten abbildet, sei dagegen eine Tatfrage.[25] Der Richter müsse den Wert schätzen. Bewertungsmethoden sind vom Recht nicht vorgegeben. Bewertungsmethoden sind keine Rechtsnormen und binden den Richter nicht. Das gilt auch für Bewertungsstandards wie den IDW S1 oder Empfehlungen des FAUB. Eine marktorientierte Bewertung einer Unternehmensbeteiligung auf der Grundlage des Börsenkurses ist genauso wie die Ertragswertmethode oder das Discounted Cash Flow-Verfahren geeignet für die Schätzung des Unternehmenswerts und steht im Einklang mit Art. 14 GG. Eine Methode scheidet nur aus, wenn sie aufgrund der Umstände des konkreten Falles nicht dazu geeignet ist, den „wahren Wert" abzubilden.[26]

3. *Rechtliche Bewertungsvorgaben*

a) Abfindung beim Beherrschungs- und Gewinnabführungsvertrag

Der Beherrschungs- oder Gewinnabführungsvertrag – in der Praxis ist es fast immer der kombinierte Beherrschungs- und Gewinnabführungsvertrag – führt zu einem starken Eingriff in die Mitgliedschaftsrechte der außenstehenden Aktionäre. Als Kompensation sollen die Minderheitsaktionäre eine Verkaufsoption erhalten. Sie können ihre Aktien an den herrschenden Aktionär veräußern, das Gesetz spricht in § 305 Abs. 1 AktG von Abfindung.[27] Das Gesetz gibt keine Vorgaben für die Bestimmung der Abfindung, außer den Bewertungsstichtag (Tag der Hauptversammlung, § 305 Abs. 3 S 2 AktG) und dass die Abfindung „angemessen" sein muss.[28] Aber es gibt verfassungsrechtliche Vorgaben. Nach Auffassung des BVerfG verlangt Art. 14 Abs. 1 GG, dass dem Aktionär für den Verlust seiner Vermögens- und Herrschaftsrechte eine vollständige wirtschaftliche Entschädigung zu gewähren ist, die den wirklichen oder *„wahren Wert"* der Unternehmensbeteiligung widerspiegelt.[29] Ausgangspunkt für die Bestimmung des *„wahren Werts"* ist die Liquidationshypothese, maßgeblich ist eine fiktive Liquidation mit bestmöglicher Verwertung. Der *„wahre Wert"* wird aus dem Preis abgeleitet, der bei einem hypothetischen

---

[25] BGHZ 236, 180 Rn. 17 = NJW 2023, 2114 (2116); bestätigt durch BGH BeckRS 2024, 8656 Rn. 22 = ZIP 2024, 1070 (1071).

[26] BGHZ 236, 180 Rn. 19f. = NJW 2023, 2114 (2116f.).

[27] Hasselbach in Hasselbach/Nawroth/Rödding, Beck'sches Holding-Handbuch, 3. Aufl. 2020, Teil B Rn. 338; v. Rossum in MüKoAktG, 6. Aufl. 2023, AktG § 305 Rn. 7; Koch, 18. Aufl. 2024, AktG § 305 Rn. 9.

[28] Durch das Gesetz zur Bereinigung des Umwandlungsrechts vom 28.10.1994, BGBl. I 3210 wurde der Wortlaut von § 305 Abs 3. S. 2 AktG geändert: An die Stelle der Worte „Vermögens- und Ertragslage" wurden die Worte „Verhältnisse der Gesellschaft" gesetzt. Mit der Neufassung sollte nach der Gesetzesbegründung erreicht werden, dass keine Bewertungsmethode vorgeschrieben werden sollte. Die Vorschrift solle sich darauf beschränken, den für die Barabfindung entscheidenden Zeitpunkt festzulegen. Vgl. BT-Drs. 12/6699, 94f.

[29] BVerfG NJW 1999, 3769 (3771); NJW 2011, 2497 Rn. 21.

Verkauf des gesamten Unternehmens an einen *„marktypischen"* Erwerber erzielt werden kann.[30] Daran anschließend entschied das BVerfG, dass ein existierender Börsenkurs bei der Ermittlung des Werts der Unternehmensbeteiligung jedenfalls nicht unberücksichtigt bleiben dürfe. Im Lichte von Art. 14 Abs. 1 GG bilde der Börsenkurs die Untergrenze der angemessenen Kompensation.[31] Verfassungsrechtlich gibt es keine Vorgaben, welche Bewertungsmethode anzuwenden ist. Es muss das Gesamtunternehmen bewertet werden, nicht der einzelne Anteil. Der aus der Gesellschaft gedrängte Minderheitsaktionär, der nach der Rechtsprechung des BVerfG eine „volle" Entschädigung erhalten soll, soll im Ergebnis so gestellt werden, wie wenn die Gesellschaft im Zuge ihrer Liquidation das von ihr getragene Unternehmen transaktionskostenfrei veräußert hätte und der Aktionär sodann seinen quotalen Anteil am Liquidationserlös erhalten hätte. Das ist der Gedanke des § 728 BGB nF. Die Liquidationshypothese ist ein Bewertungsziel, an das Richter und Bewerter gebunden sind.[32] Mit welcher Methode der „objektivierte Unternehmenswert" ermittelt wird, ist dagegen offen.

b) Ausgleich beim Beherrschungs- oder Gewinnabführungsvertrag

Hat eine Gesellschaft aufgrund eines Gewinnabführungsvertrags ihren Gewinn an eine andere Gesellschaft abzuführen, so entsteht kein Bilanzgewinn, der an die Aktionäre ausgeschüttet werden kann. Für die dadurch entzogene Dividende muss den außenstehenden Aktionären ein angemessener Ersatz oder „Ausgleich" gewährt werden. Ein ähnliches Resultat kann entstehen, wenn eine Gesellschaft ihre Leitungsbefugnisse im Wege eines Beherrschungsvertrags einer anderen Gesellschaft überträgt. In diesem Fall kann ihre weisungsgebundene Tätigkeit dazu führen, dass sie keinen Gewinn mehr erwirtschaftet, sondern Gewinne bei anderen mit dem herrschenden Unternehmen verbundenen Unternehmen entstehen. Deshalb ist auch beim isolierten Beherrschungsvertrag ein Ausgleich zu zahlen.[33] Durch den Ausgleich soll der Entzug oder die Beeinträchtigung der mitgliedschaftlichen Vermögensrechte kompensiert werden.[34] Die Ausgleichsansprüche sind beim Gewinnabführungs- und beim Beherrschungsvertrag unterschiedlich geregelt: Da bei Gewinnabführungsverträgen die Dividende durch die Gewinnabführung ausgeschlossen ist, sind an deren Stelle auf den Aktiennennbetrag bezogene wiederkehrende Geldleistungen zu entrichten, § 304 Abs. 1 S. 1 AktG. Bei einem isolierten Beherrschungsvertrag hingegen kann grundsätzlich ein Bilanzgewinn entstehen, dem Aktionär muss aber wegen der Eingriffsrechte der Obergesellschaft ein jährlicher Gewinnanteil in bestimmter Höhe garantiert werden,

---

[30] Schwetzler FS Großfeld, 2019, 401 (403).

[31] BVerfG NJW 1999, 3769 (3771 f.).

[32] Adolff/Häller in Fleischer/Hüttemann, Rechtshandbuch Unternehmensbewertung, 2. Aufl. 2019, Rn. 21.88; Wicke FS Stilz, 2014, 706 (710); Hütteman FS Hoffmann-Becking, 2013, 603 (605); Schwetzler FS Großfeld, 2019, 401 (403); IDW, Grundsätze zur Durchführung von Unternehmensbewertungen idF 2008 (IDW S1), Rn. 13, abrufbar unter https://beck-online.beck.de/Bcid/Y-400-W-IDWPS-GL-s-1-2008.

[33] Noch zu § 293 AktG aF: RegBegr. AktG BT-Drs. IV/171, 223.

[34] V. Rossum in MüKoAktG, 6. Aufl. 2023, AktG § 304 Rn. 7.

§ 304 Abs. 1 S. 2 AktG. Ist das herrschende Unternehmen eine AG oder eine KGaA, haben die Parteien ein Wahlrecht zwischen einem festen (§ 304 Abs. 2 S. 1 AktG) und einem variablen (§ 304 Abs. 2 S. 2 AktG) Ausgleich. Ganz überwiegend wird der feste Ausgleich gewählt. Beim festen Ausgleich sollen die außenstehenden Aktionäre mindestens den Betrag erhalten, den sie ohne den Unternehmensvertrag nach der bisherigen Ertragslage der Gesellschaft und ihren künftigen Ertragsaussichten als Dividende zu erwarten hätten. Was in der Zukunft voraussichtlich verteilt werden kann, hängt von der künftigen Ertragslage ab. In der Praxis wird der feste Ausgleich durch Verrentung des Ertragswerts bestimmt.[35] Bis zum WCM-Beschuss des BGH war offen, ob der Ertragswert auch aus dem Börsenkurs abgeleitet werden kann.[36]

4. *Squeeze-out*

Für die Bemessung der Abfindung beim aktienrechtlichen Squeeze-out gelten die gleichen Grundsätze wie bei der Bemessung der Abfindung nach § 305 AktG. § 327a Abs. 1 S. 1 AktG verlangt, dass die Barabfindung angemessen sein muss und § 327b Abs. 1 S. 1 Hs. 2 AktG gibt vor, dass sie die Verhältnisse der Gesellschaft im Zeitpunkt der Beschlussfassung ihrer Hauptversammlung berücksichtigen muss. Eine verfassungskonforme Auslegung der Vorgaben zur Barabfindung verlangt wie beim Unternehmensvertrag eine „volle Entschädigung", dh dass die grundrechtlich relevante Einbuße vollständig kompensiert werden muss; die Abfindung muss also dem vollen Wert der Beteiligung des Minderheitsaktionärs entsprechen.[37] Eine Bewertungsmethode wird nicht vorgegeben. So kommen auch beim aktienrechtlichen Squeeze-out für die Bestimmung der Barabfindung der Unternehmenswert und der aussagekräftige Börsenkurs in Betracht.[38] Ein Sonderfall ist die Konstellation, dass zum Zeitpunkt des Squeeze-out bereits ein Beherrschungs- und Gewinnabführungsvertrag (BGAV) besteht. Ist ein fixer Ausgleich vereinbart, sind die Aktien der verbleibenden Aktionäre verrentet, sie entsprechen wirtschaftlich einer ungesicherten Schuldverschreibung der Obergesellschaft. Der Wert der Aktie entspricht damit dem Wert der zukünftigen Ausgleichszahlungen diskontiert auf den Tag der Hauptversammlung mit einem Zinssatz, der das Risko des Ausfalls der Obergesellschaft reflektiert, nicht aber das unternehmerische Risiko der Aktiengesellschaft, aus der die verbleibenden Aktionäre ausgeschlossen werden.[39] Grundsätzlich stehen also drei Bewertungsmethoden zur Wahl: der Ertragswert, der Börsenkurs, sofern noch aussagekräftig, und der Barwert der Garantiedividende unter dem Unternehmensvertrag. Offen war, ob hier das Meistbegünstigungsprinzip an-

---

[35] Popp AG 2023, 801 (803); weitere Nachweise bei Popp/Ruthard in Fleischer/Hüttemann, Rechtshandbuch Unternehmensbewertung, 2. Aufl. 2019, Rn. 12.201.

[36] Übersicht zum Meinungsstand bei BGHZ 236, 180 Rn. 39ff. = NJW 2023, 2114 (2120f.).

[37] BVerfG NJW 1962, 1667 (1669); NJW 1999, 3769 (3771); OLG Frankfurt a.M. BeckRS 2012, 6905 unter B. II. 1. der Entscheidungsgründe.

[38] Übersicht zu den möglichen Bewertungsmethoden beim aktienrechtlichen Squeeze-out: Herfs/Goj DB 2021, 772.

[39] Adolff/Häller in Fleischer/Hüttemann, Rechtshandbuch Unternehmensbewertung, 2. Aufl. 2019, Rn. 21.103.

zuwenden ist. In der *Nestlé*-Entscheidung[40] hatte der BGH das noch offengelassen, nur festgestellt, dass der Unternehmenswert (festgestellt nach Ertragswert oder Börsenkurs) jedenfalls dann maßgeblich sei, wenn er höher als der Barwert der Garantiedividende sei.[41] In der späteren *Wella*-Entscheidung hat der BGH-Börsenwert, Ertragswert nach IDW S1 und Barwert der Garantiedividende miteinander verglichen und dann auf den höheren Barwert abgestellt. Er hat aber nicht ausdrücklich ein Meistbegünstigungsprinzip postuliert, sondern alle Methoden grundsätzlich als gleichwertig dargestellt.[42] Eine Methode scheide nur aus, wenn sie aufgrund der konkreten Umstände des Einzelfalls nicht geeignet sei, den *„wahren Wert"* der Beteiligung der Minderheit abzubilden.[43] In der speziellen Konstellation des Squeeze-out bei fortbestehenden BGAV spiegelt der Börsenkurs nicht mehr die zukünftigen Ertragsaussichten wider. Die Aktie der abhängigen Aktiengesellschaft ist einem festverzinslichen Wertpapier ähnlich. Der Kurs reflektiert die Höhe der Garantiedividende, das Ausfallrisiko und das Marktumfeld. Dabei spielt der Zinssatz eine Rolle, den die Gesellschaft bei Begebung einer ungesicherten Anleihe zu zahlen hätte. Der Kurs steigt oder fällt, bis die Rendite des Investments in die Aktie der Rendite einer solchen Anleihe entspricht.[44]

5. *Sacheinlage (Angemessenheitsprüfung)*

§ 255 Abs. 2 AktG aF verlangte, dass bei Ausgabe von Aktien unter Ausschluss des Bezugsrechts die neuen Aktien nicht zu einem Ausgabebetrag ausgegeben werden dürfen, der unangemessen niedrig ist. Anderenfalls konnte der Kapitalerhöhungsbeschluss angefochten werden. Der Hauptanwendungsfall von § 255 Abs. 2 AktG aF war die Sachkapitalerhöhung, insbesondere zum Erwerb einer Unternehmensbeteiligung gegen Aktien.[45]

Nach welcher Bewertungsmethode der Aktienwert zu bestimmen ist, war unter dem Wortlaut von § 255 Abs. 2 S. 1 AktG aF bei börsennotierten Gesellschaften umstritten. Der Streit kreiste vor allem bei Barkapitalerhöhungen darum, ob man zur Bestimmung des Aktienwerts den Unternehmenswert ermitteln muss oder die Wertbestimmung allein am Börsenkurs ausrichten kann.[46] Bei Sachkapitalerhöhungen unter Einbringung von Unternehmensanteilen, die keinen Börsenkurs haben, wird die Bewertungsproblematik um einen Aspekt erweitert. Im Ausgangspunkt muss der Wert der Sacheinlage dem Ausgabewert der Aktien entsprechen.[47] Ist das Bezugsrecht der Aktionäre zugunsten des Sacheinlegers ausgeschlossen, ist also zum einen der Wert der Sacheinlage und zum anderen der Wert der ausgegebenen Ak-

[40] BGH NZG 2016, 461 Rn. 30.
[41] BGH NZG 2016, 461 Rn. 19.
[42] Herfs/Goj DB 2021, 772 (777).
[43] BGH NZG 2020, 1386 Rn. 20.
[44] Herfs/Goj DB 2021, 772 (774).
[45] Vgl. BGH NJW 1978, 1316 (1318); J. Koch in MüKoAktG, 5. Aufl. 2021, AktG § 255 Rn. 28; Schwarz AG-Sonderbeilage ZuFinG 6/2024, 31 Rn. 17.
[46] So die wohl hM zum alten Recht, vgl. Koch in MüKoAktG, 5. Aufl. 2021, AktG § 255 Rn. 20ff. mwN.
[47] Bayer ZHR 168 (2004), 132 (142).

tien zu ermitteln und zueinander in Relation zu setzen. Das sog. Postulat der Methodengleichheit verlangte bislang, dass beide Werte nach derselben Bewertungsmethode zu ermitteln sind.[48] In der Folge waren auch die Aktien einer börsennotierten Gesellschaft, die gegen Einbringung nicht börsennotierter Unternehmensanteile ausgegeben wurden, am inneren Unternehmenswert bemessen worden, und zwar selbst dann, wenn dieser unter dem Börsenkurs lag.[49] Dies führte zu einer Vielzahl von Unsicherheiten hinsichtlich der Angemessenheit des Ausgabewerts.[50] Für Vorstand und Aufsichtsrat der emittierenden Gesellschaft gab es eine hohe Rechtsunsicherheit und ein Anfechtungsrisiko. Share-for-Share Transaktionen wurden außerhalb des genehmigten Kapitals durch diese Risiken sehr erschwert.

Durch das Zukunftsfinanzierungsgesetz vom 11.12.2023[51] wurde § 255 AktG neu gefasst, um diese Unsicherheiten zu beseitigen (→ IV. 4. f) cc)).

IV. Bewertungsmethoden

Der BGH hat im WCM-Beschluss festgestellt, dass in Abfindungssituationen der *„wahre Wert“* der Unternehmensbeteiligung unter Einschluss der stillen Reserven und des inneren Geschäftswerts bestimmt wird, wobei sicherzustellen ist, dass die Aktionäre jedenfalls nicht weniger erhalten als bei einer freien Desinvestitionsentscheidung zum Zeitpunkt der Maßnahme. Bewertungsmethoden sind rechtlich nicht vorgegeben. Eine marktorientierte Bewertung einer Unternehmensbeteiligung aufgrund des Börsenkurses ist genauso geeignet zur Schätzung des Werts wie eine Ertragswertmethode oder das Discounted Cash Flow-Verfahren und ausnahmsweise der Liquidationswert.[52]

1. Ertragswertverfahren

Konzeptionell entspricht der Ertragswert dem Barwert, der sich aus der Diskontierung der zukünftigen Erträge (= Nettozuflüsse an die Unternehmenseigner) aus dem betriebsnotwendigen Vermögen ergibt. Zu diesem Wert wird der Liquidationswert des nicht betriebsnotwendigen Vermögens hinzuaddiert. Zur Ermittlung

---

[48] OLG Jena NZG 2007, 147 (149); Bayer ZHR 163 (1999), 505 (534f.); Lappe BB 2000, 313 (315). Das Prinzip geht zurück auf eine Bemerkung des BGH in BGHZ 147, 108 (112): „[...] Die Berücksichtigung dieses Referenzzeitraumes ist grundsätzlich geboten, um möglichst gleiche Ausgangsvoraussetzungen für die Bestimmung der Wertrelation zu schaffen“. Die Bemerkung bezog sich darauf, dass die Referenzzeiträume gleich sein sollen, wenn zwei Börsenkurse in Beziehung gesetzt werden sollen. Daraus wurde dann der Grundsatz der Methodengleichheit entwickelt. Zum Postulat der Methodengleichheit bei Sachkapitalerhöhungen Schwarz AG-Sonderbeilage ZuFinG 6/2024, 31 Rn. 34, 96.

[49] Schwab in K. Schmidt/Lutter, 4. Aufl. 2020, AktG § 255 Rn. 6; aA Hasselbach/Jakobs AG 2014, 217 (220).

[50] Vgl. Bayer ZHR 163 (1999), 505 (523ff.); Ehmann in Grigoleit, 2. Aufl. 2020, AktG § 255 Rn. 6f. mwN.

[51] BGBl. 2023 I 354.

[52] BGHZ 236, 180 Rn. 19 = NJW 2023, 2114 (2116).

des Barwerts der zukünftigen Erträge wird ein Kapitalisierungszinssatz verwendet, der die Rendite aus einer zur Investition in das zu bewertende Unternehmen adäquaten Alternativanlage repräsentiert. Im Ertragswertverfahren wird der Wert des Unternehmens nach seiner Eigenschaft, finanzielle Überschüsse für die Unternehmenseigner zu erzielen, abgeleitet.[53] Da ein Unternehmen grundsätzlich eine unendliche Lebensdauer besitzt, wird die Zukunft in einen konkreten, planbaren Horizont (gewöhnlich drei Jahre) und die Zeit nach dem Planungszeitraum unterteilt. Für den Planungszeitraum wird der periodenspezifische Ertrag aufgrund der Unternehmensplanung ermittelt. Auf Basis des letzten Jahres im Planungszeitraum wird dann der Restwert als „ewige Rente" berechnet.[54] In der rechtlich orientierten Bewertungspraxis wird der Ertragswert nach dem IDW S1 Bewertungsstandard ermittelt.[55] Der BGH weist aber im WCM-Beschuss darauf hin, dass ein Bewertungsstandard, auch wenn er häufig benutzt werde, keine Rechtsnorm sei und die Gerichte nicht binde.[56]

Im Rahmen der Ertragswertmethode hat der Bewerter mehrere Schätzungen oder Prognosen durchzuführen, die große Auswirkungen auf das Ergebnis der Bewertung haben. Der Kapitalisierungszinssatz, mit dem die zukünftigen Zuflüsse diskontiert werden, die Ausschüttungsquote und der Wachstumsabschlag in der „ewigen Rente". Der Kapitalisierungszinssatz setzt sich zusammen aus risikolosem Basiszinssatz und Risikozuschlag, der sich wiederum aus Marktrisikoprämie und Beta-Faktor ergibt. Die letzten beiden Komponenten sind Einschätzungen, beim Beta-Faktor muss die Entscheidung getroffen werden, ob das eigene Beta herangezogen werden kann, oder auf das Beta einer Peer-Group zurückgegriffen werden muss.[57] Die Ausschüttungsquote bestimmt, wie viel des erwirtschafteten Ertrags an die Anteilseigner ausgeschüttet wird. In der Planungsphase richtet sich die Thesaurierungsquote nach der Planung. In der ewigen Rente wird nach dem IDW S1 unterstellt, dass das Ausschüttungsverhalten des zu bewertenden Unternehmens dem Ausschüttungsverhalten der Alternativanlage entspricht, sofern nicht Besonderheiten der Branche der Kapitalstruktur oder der rechtlichen Rahmenbedingungen zu beachten sind.[58] Der Wachstumsabschlag repräsentiert das künftige, hauptsächlich inflationsbedingte Wachstum in der ewigen Rente. Das Wachstum wird durch einen Abschlag auf den Kapitalisierungszinssatz ausgedrückt.[59] Nach der Rechtspre-

---

[53] IDW, Grundsätze zur Durchführung von Unternehmensbewertungen idF 2008 (IDW S1), Rn. 4, abrufbar unter https://beck-online.beck.de/Bcid/Y-400-W-IDWPS-GL-s-1-2008.

[54] Böcking/Nowak in Fleischer/Hüttemann, Rechtshandbuch Unternehmensbewertung, 2. Aufl. 2019, Rn. 4.33; generell zur Ertragswertmethode Mandl/Reiber in Peemöller, Praxishandbuch der Unternehmensbewertung, 8. Aufl. 2023, S. 57ff.

[55] Jonas in Fleischer/Hüttemann, Rechtshandbuch Unternehmensbewertung, 2. Aufl. 2019, Rn. 3.1ff.

[56] BGHZ 236, 180 Rn. 19 = NJW 2023, 2114 (2116).

[57] Franken/Schulte in Fleischer/Hüttemann, Rechtshandbuch Unternehmensbewertung, 2. Aufl. 2019, Rn. 6.1ff., zur Marktrisikoprämie Rn. 6.43ff., zum Betafaktor Rn. 6.80ff. Zur gesamten Methodik OLG Karlsruhe, Der Konzern 2024, 2124 Rn. 85ff.

[58] IDW, Grundsätze zur Durchführung von Unternehmensbewertungen idF 2008 (IDW S1), Rn. 37, abrufbar unter https://beck-online.beck.de/Bcid/Y-400-W-IDWPS-GL-s-1-2008.

[59] OLG Frankfurt a.M. AG 2012, 417 Rn. 56f.; Franken/Schulte in Fleischer/Hüttemann, Rechtshandbuch Unternehmensbewertung, 2. Aufl. 2019, Rn. 5.55, 5.146.

chung soll der Wachstumsabschlag nicht pauschal festgesetzt werden, sondern die konkreten Verhältnisse des Bewertungsobjekts berücksichtigen.[60] Die Wachstumsrate in der ewigen Rente hat eine große Auswirkung auf das Bewertungsergebnis. Wieder eine Einschätzung, die nur auf Vertretbarkeit überprüft werden kann. Der Ertragswert kann daher durch eine „geeignete" Auswahl an bewertungsrelevanten Parametern beeinflusst werden.[61] Dementsprechend weist der BGH im WCM-Beschluss darauf hin (und meint wohl vornehmlich den von Wirtschaftsprüfern bevorzugten IDW-Standard), dass jede Bewertungsmethode mit zahlreichen Prognosen, Schätzungen und methodischen Einzelentscheidungen verbunden sei. Keine Bewertungsmethode könne eine Unternehmensbeteiligung exakt berechnen. Sie könne nur rechnerische Ergebnisse liefern, die die Grundlage der Schätzung des Gerichts nach § 287 Abs. 2 ZPO bilden.[62]

2. *Discounted Cash Flow-Verfahren*

Beim Discounted Cash Flow-Verfahren (DCF-Verfahren) wird der Unternehmenswert durch Diskontierung der zukünftigen Cash Flows bestimmt. Grundlage ist der Free Cash Flow. Ausgangspunkt für die Berechnung ist das EBIT, Abschreibungen und andere zahlungsunwirksame Aufwendungen werden hinzuaddiert, der Saldo aus Investitionen und Desinvestitionen sowie Erhöhungen/Verminderungen im Working Capital werden addiert oder abgezogen.[63] Hauptunterschied zum Ertragswertverfahren ist, dass auf Cash Flows und nicht auf den den Anteilseignern zufließenden Ertrag abgestellt wird.[64] Es sind grundsätzlich keine Ausschüttungsannahmen zu treffen.[65]

3. *Liquidationswert*

Der Liquidationswert ist die Wertuntergrenze eines Unternehmens.[66] Er wird dann maßgeblich, wenn bei ertragsschwachen Unternehmen der Ertragswert bei Fortführung des Unternehmens unter dem Liquidationswert liegt.[67] Der Liquida-

---

[60] OLG Stuttgart AG 2012, 221; OLG Düsseldorf AG 2017, 754.

[61] Schwetzler FS Großfeld, 2019, 401 (409).

[62] BGHZ 236, 180 Rn. 20 = NJW 2023, 2114 (2116f.); bestätigt durch BGH BeckRS 2024, 8656 Rn. 24 = ZIP 2024, 1070 (1071); zur Überprüfung der Bewertungsparameter bei der Ertragswertmethode Spruchverfahren Schwarz AG-Sonderbeilage ZuFinG 6/2024, 31 Rn. 56ff. mwN.

[63] Jonas/Wieland-Blöse in Fleischer/Hüttemann, Rechtshandbuch Unternehmensbewertung, 2. Aufl. 2019, Rn. 10.24ff.

[64] Zu Unterschieden zwischen Ertragswert- und DCF-Verfahren Jonas/Wieland-Blöse in Fleischer/Hüttemann, Rechtshandbuch Unternehmensbewertung, 2. Aufl. 2019, Rn. 10.52ff.

[65] Zu Ausschüttungsannahmen bei der DCF-Methode Jonas/Wieland-Blöse in Fleischer/Hüttemann, Rechtshandbuch Unternehmensbewertung, 2. Aufl. 2019, Rn. 10.54.

[66] Böcking/Rauschenberg in Fleischer/Hüttemann, Rechtshandbuch Unternehmensbewertung, 2. Aufl. 2019, Rn. 2.39; IDW, Grundsätze zur Durchführung von Unternehmensbewertungen idF 2008 (IDW S1), Rn. 140, abrufbar unter https://beck-online.beck.de/Bcid/Y-400-W-IDWPS-GL-s-1-2008.

[67] Böcking/Rauschenberg in Fleischer/Hüttemann, Rechtshandbuch Unternehmensbewertung, 2. Aufl. 2019, Rn. 2.39; für den Fall der Abfindung beim Squeeze-out BGH NZG 2016, 461; Hüttemann CF 2016, 467 (468ff.).

tionswert entspricht dem Barwert der den Anteilseignern bei einer Liquidation zufließenden Überschüssen, dh die Summe der bei einer Einzelveräußerung der Vermögensgegenstände (einschließlich der nicht aktivierbaren Vermögensgegenstände) zu erzielenden Preise abzüglich der zu tilgenden Verbindlichkeiten.[68]

4. *Börsenkurs*

In Rechtsprechung und Literatur war lange umstritten, ob der Börsenkurs bei Strukturmaßnahmen von börsennotierten Unternehmen der alleinmaßgebliche Bewertungsmaßstab sein kann (marktorientierte Bewertung) oder ob der „innere" oder „wahre" Wert ermittelt werden muss (Fundamentalbewertung).[69] Die Rechtsprechung hat lange die Auffassung vertreten, dass der Börsenkurs nicht den „wirklichen Wert" reflektierte.[70] Der Sache nach geht es um die Frage, ob der Preis oder der Wert der Aktie maßgeblich sein soll. Lange war die herrschende Meinung, dass der Börsenkurs nur eine Untergrenze sein kann. Ist der Fundamentalwert höher, müsse dieser gelten.[71]

a) Rechtsprechung des BVerfG

Grundlage für die Auffassung, dass der Börsenkurs die Untergrenze der Bewertung darstellen müsse, ist die Rechtsprechung des BVerfG. In der DAT/Altana-Entscheidung hat das BVerfG entschieden, dass die Abfindung bei Verlust der Mitgliedschaft nicht niedriger als der Börsenkurs sein dürfe. Aufgrund des Eigentumsschutzes nach Art. 14 GG dürfen die Minderheitsaktionäre nicht weniger erhalten als bei einer freiwilligen Desinvestitionsentscheidung.[72] Damit war zunächst ein Meistbegünstigungsprinzip etabliert. Der Fundamentalwert müsse auch berücksichtigt werden, weil die Aktie als Anteil am Unternehmen auch die Teilhabe an künftigen Erträgen und Wertsteigerungen ermögliche.[73] Dabei ist das BVerfG aber nicht stehengeblieben, sondern hat in den folgenden Jahren in einer Reihe von Nichtannahmeentscheidungen angedeutet, dass der Börsenkurs nicht nur eine Untergrenze bilde, sondern auch als Grundlage für die Bewertung in Betracht komme, weil verfassungsrechtlich keine bestimmte Methode zur Unternehmensbewertung vorgeschrieben sei.[74]

---

[68] Böcking/Rauschenberg in Fleischer/Hüttemann, Rechtshandbuch Unternehmensbewertung, 2. Aufl. 2019, Rn. 2.38; Ballwieser/Hachmeister, Unternehmensbewertung, 6. Aufl. 2021, S. 243.

[69] Überblick über Meinungstand vor BGHZ 236, 180 = NJW 2023, 2114 siehe Bungert/Strothotte DB 2023, 1332; Decher AG 2023, 106; ausführlich Adolff/Häller in Fleischer/Hüttemann, Rechtshandbuch Unternehmensbewertung, 2. Aufl. 2019, Rn 18.21ff.

[70] BGHZ 71, 40 (51) = NJW 1978, 1316 (1318).

[71] IDW FAUB WPg 2021, 958; Überblick bei Vargas NZG 2023, 923 (924).

[72] BVerfG AG 1999, 566.

[73] Schwetzler FS Großfeld, 2019, 401 (406).

[74] BVerfG AG 2001, 42; NJW 2007, 828; NJW 2011, 2497; AG 2012, 625; NJW 2012, 3020.

b) Ältere Rechtsprechung des BGH

Daran anknüpfend hat der BGH für den Squeeze-out eine Schätzung des Unternehmenswerts anhand des Börsenkurses ausdrücklich für zulässig erklärt.[75] In einer etwas späteren Entscheidung hat der BGH festgestellt, dass der „wahre Wert" durch eine geeignete Methode der Unternehmensbewertung oder auf andere Weise festgestellt werden könne, insbesondere unter Rückgriff auf den Börsenwert der Anteile.[76] Nicht entschieden war, ob die Abfindung auch allein auf den Börsenkurs gestützt werden konnte, oder ob das Meistbegünstigungsprinzip gilt. Anders als in der bewertungsrechtlichen Fachliteratur[77] tendierten mehrere Oberlandesgerichte aufgrund dieser Rechtsprechung dazu, die Abfindung nach § 305 AktG allein auf der Basis des Börsenkurses zu bestimmen.[78] Keine einheitliche Meinung gab es zu der Frage, ob dann auch der Ausgleich auf Basis des Börsenkurses bestimmt werden darf.[79]

c) Rechtsprechung der Oberlandesgerichte

Das OLG Stuttgart entschied bereits 2011,[80] dass für die Schätzung des Verkehrswertes der Aktien der Börsenkurs als marktorientierte Wertermittlungsmethode gleichermaßen wie „fundamentalanalytische Wertermittlungsmethoden wie das Ertragswertverfahren" dem Gericht zur Verfügung stünden. Eine bestimmte Methode sei nicht vorgegeben. Zugleich sprach sich das OLG klar gegen ein Meistbegünstigungsprinzip aus, was hier aber nicht entscheidungsrelevant war, da der Börsenkurs höher lag als der ermittelte Unternehmenswert. Für die Berechnung des Ausgleichs hingegen hielt das OLG den Ertragswert für die maßgebliche Ausgangsgröße, selbst wenn dieser unter dem Börsenwert liege.

Das OLG Frankfurt entschied im Fall der Verschmelzung der T-Online auf die Deutsche Telekom im Jahr 2010, dass das Umtauschverhältnis auch allein auf den Börsenkurs gestützt werden könne.[81] Es handelte sich allerdings um die Verschmelzung zweier großer Gesellschaften mit sehr liquiden Aktien. Der Rückgriff auf die Börsenkurse zur Feststellung eines relativen Wertverhältnisses bot sich daher an.[82]

Ein weiterer Meilenstein war die Entscheidung des OLG München im Dezember 2021 im Rahmen eines Spruchverfahrens zur Bemessung der Barabfindung und Ausgleich unter einem BGAV zwischen Vodafone und der Kabel Deutschland AG.

---

[75] BGHZ 297, 114 Rn. 33; mwN Bungert/Strothotte DB 2023, 1332.

[76] BGH NZG 2016, 461 Rn. 22f.

[77] Noch vor dem Beschluss des BGH im Spruchverfahren TLG/WCM hatte der FAUB des IDW eine Stellungnahme am 1.8.2021 veröffentlicht, wonach der Börsenkurs zur Unternehmenswertbestimmung grds. ungeeignet sei, vgl. IDW FAUB WPg 2021, 958.

[78] OLG Frankfurt a. M. NZG 2021, 979; OLG München NZG 2022, 606, komplette Entscheidung bei BeckRS 2021, 43656.

[79] OLG Frankfurt a. M. DB 2016, 1074ff.; OLG Stuttgart 17.11.2011 – 20 W 7/1 zum Meinungsstand in der Literatur vor dem WCM-Beschluss des BGH; vgl. Bungert/Strothotte DB 2023, 1332 Rn. 50 mwN.

[80] OLG Stuttgart BeckRS 2011, 24586.

[81] OLG Frankfurt a. M. AG 2010, 751 Rn. 52ff.

[82] Decher AG 2023, 106 Rn. 14.

Dem Abschluss des BGAV war ein Übernahmeangebot vorausgegangen.[83] Das OLG München stellte fest, dass eine Methode für die Bewertung gewählt werden müsse, die „grundsätzlich anerkannt und in der Praxis gebräuchlich" sei.[84] Es gelte der „Grundsatz der Methodenoffenheit", ein Vorrangverhältnis bestehe weder zugunsten einer Bewertung nach dem Ertragswertverfahren noch nach einer marktorientierten Bewertung.[85] Nach der Feststellung, dass der Börsenwert als Untergrenze zu berücksichtigen sei,[86] setzt sich das OLG allgemein und detailliert mit der Frage auseinander, inwiefern der Börsenwert auch allgemein den Wert der Aktien widerspiegele, und danach damit, welcher Zeitraum zugrunde zu legen und ob der Kurs möglicherweise verfälscht sei,[87] was schlussendlich verneint wird.[88] Nach dieser Analyse folgt dann ein starkes Bekenntnis zum Börsenkurs als Mittel der Bewertung insgesamt: dieser bilde nicht nur eine Untergrenze, sondern könne allgemein „als Ausdruck einer zutreffenden Marktbewertung durch die Marktteilnehmer auch als Schätzgrundlage für den ‚wirklichen', ‚wahren' Wert herangezogen werden".[89] Dieser Schluss des OLG München folgt nicht zuletzt aus den erheblichen Abweichungen zwischen der großen Varianz der Ergebnisse in verschiedenen Bewertungsgutachten nach der Ertragswertmethode, weswegen das Gericht nicht den Börsenkurs, sondern vielmehr das Ertragswertverfahren als geeignete Schätzgrundlage für den Unternehmenswert anzweifelt.[90] Trotz des starken Bekenntnisses für den Börsenkurs als Maßstab misst das OLG München der Fundamentalbewertung einen gewissen Wert als „plausibilisierende Überlegung" bei,[91] wobei auch andere solcher Überlegungen, etwa zu Multiplikatorbewertung oder Analystenschätzungen, relevant seien.[92]

In der Vorinstanz zur WCM-Entscheidung des BGH hatte das OLG Frankfurt über die Beschwerde gegen das erstinstanzliche Urteil des LG Frankfurt zu entscheiden.[93] Das LG hatte das Umtauschverhältnis und den Ausgleich allein aus den Börsenwerten abgeleitet. Das OLG Frankfurt hat das nicht beanstandet. Damit war das OLG Frankfurt das erste OLG, das den Börsenkurs sowohl für das Umtauschverhältnis als auch für die Ableitung des angemessenen Ausgleichs nach § 304 Abs. 2 S. 1 AktG herangezogen hat.[94]

Wie schon zuvor das OLG München bemängelt das OLG Frankfurt die „Schwierigkeiten und Unsicherheiten" einer Fundamentalbewertung, was als Ar-

---

[83] OLG München NZG 2022, 606, komplette Entscheidung bei BeckRS 2021, 43656. Die Rechtsbeschwerde gegen diesen Beschluss wurde vom BGH zurückgewiesen, BGH BeckRS 2024, 8656 Rn. 21ff. = ZIP 2024, 1070 (1071).

[84] OLG München BeckRS 2021, 43656 Rn. 36.

[85] OLG München BeckRS 2021, 43656 Rn. 38.

[86] OLG München BeckRS 2021, 43656 Rn. 41.

[87] OLG München BeckRS 2021, 43656 Rn. 42ff.

[88] OLG München BeckRS 2021, 43656 Rn. 69.

[89] OLG München BeckRS 2021, 43656 Rn. 70.

[90] OLG München BeckRS 2021, 43656 Rn. 71ff.

[91] OLG München BeckRS 2021, 43656 Rn. 84.

[92] OLG München BeckRS 2021, 43656 Rn. 113ff.; zur Entscheidung des OLG München Decher AG 2023, 106 Rn. 20ff.

[93] OLG Frankfurt a. M. NZG 2021, 979.

[94] OLG Frankfurt a. M. NZG 2021, 979.

gument für die Geeignetheit des Börsenwerts als Bewertungsgrundlage spreche.[95] Für die Vorzugswürdigkeit der Bewertung anhand des Börsenwertes führt das OLG insbesondere auch die hohe Liquidität der Aktien, aber auch die Vermeidung von Wertungswidersprüchen (Methodengleichheit).[96] Nach Auffassung des OLG Frankfurt ist ferner auch im Zusammenhang mit der Ermittlung des Ausgleichs nach § 304 AktG die marktorientierte Bewertung angemessen.[97]

d) TLG/WCM-Entscheidung des BGH

Der BGH wies die Rechtsbeschwerde gegen die Entscheidung des OLG Frankfurt zurück.[98] Die Kernaussagen des BGH geben der Diskussion über die Bedeutung von Börsenkursen bei Strukturmaßnahmen von börsennotierten Unternehmen eine bemerkenswerte Wende.[99] Die Bestimmung eines Ertragswerts war nach Auffassung des BGH in diesem Fall nicht erforderlich. Der BGH gibt der marktorientierten Bewertung mit erstaunlich klaren Worten den Vorrang vor anderen Bewertungsmethoden.

Die maßgeblichen Unternehmenswerte kann das Gericht bei Bestimmung der Abfindung nach § 305 AktG nur gem. § 287 Abs. 2 ZPO schätzen. Jede Wertermittlung ist mit zahlreichen Prognosen, Schätzungen und methodischen Einzelentscheidungen verbunden. Keine Bewertungsmethode kann den Wert eines Unternehmens exakt bestimmen. Die Entscheidung, welche von mehreren Bewertungsmethoden zur Bestimmung des Unternehmenswertes am besten geeignet ist, obliegt als Teil der Tatsachenfeststellung dem Tatrichter.[100] Er muss sich dabei nicht sachverständig beraten lassen.[101]

Für die Bestimmung der angemessenen Abfindung der außenstehenden Aktionäre gem. § 305 Abs. 1 AktG ist die Heranziehung des Börsenwerts eine grundsätzlich geeignete Methode. Die marktorientierte Bewertungsmethode beruht auf der Annahme, dass die Marktteilnehmer aufgrund der ihnen zur Verfügung gestellten Informationen und Informationsmöglichkeiten die Ertragskraft eines Unternehmens zutreffend bewerten und sich die Marktbewertung im Börsenkurs niederschlägt. Nur wenn im konkreten Fall von der Möglichkeit einer effektiven Informationsbewertung durch die Marktteilnehmer nicht ausgegangen werden kann, darf der Anteilswert nicht auf Basis des Börsenkurses berechnet werden.[102]

Eine marktorientierte Bewertung ist genauso wie die Ertragswertmethode, das DCF-Verfahren oder ausnahmsweise der Liquidationswert geeignet, den vollen

---

[95] OLG Frankfurt a. M. NZG 2021, 979 Rn. 38.

[96] OLG Frankfurt a. M. NZG 2021, 979 Rn. 60.

[97] OLG Frankfurt a. M. NZG 2021, 979 Rn. 72ff.

[98] BGHZ 236, 180 = NJW 2023, 2114.

[99] Witt ZGR 2023, 921 (932f.) spricht von einem „Paradigmenwechsel"; Seibt EWIR 2023, 325.

[100] BGHZ 236, 180 Rn. 17 = NJW 2023, 2114 (2116); bestätigt durch BGH BeckRS 2024, 8656 Rn. 22 = ZIP 2024, 1070 (1071).

[101] BGHZ 236, 180 Rn. 22 = NJW 2023, 2114 (2117); bestätigt durch BGH BeckRS 2024, 8656 Rn. 58 = ZIP 2024, 1070 (1075).

[102] BGHZ 236, 180 Rn. 20 = NJW 2023, 2114 (2116f.); bestätigt durch BGH BeckRS 2024, 8656 Rn. 26 = ZIP 2024, 1070 (1071).

Wert einer Unternehmensbeteiligung im Sinne von Art. 14 GG zu bestimmen. Eine Unternehmensbewertung, die wie die Ertragswertmethode auf die künftig ausschüttbaren Ertragsüberschüsse abstellt und daher mit naturgemäß unsicheren Prognosen arbeiten muss, führt nicht zu genaueren Ergebnissen als der Börsenkurs.[103]

Der Tatrichter ist an die vom Abfindungspflichtigen gewählte und vom Angemessenheitsprüfer bestätigte Methode nicht gebunden. Er kann beispielsweise statt der Ertragswertmethode die marktorientierte Bewertungsmethode anwenden.[104]

Es gibt kein methodenbezogenes Meistbegünstigungsprinzip. Es ist nicht geboten, zur Bestimmung des „wahren" Werts jede denkbare Bewertungsmethode anzuwenden und die für die Minderheitsaktionäre günstigste Methode anzuwenden.[105]

Der angemessene Ausgleich nach § 304 Abs. 1 AktG (Garantiedividende) kann auf der Basis des Börsenkurses berechnet werden. Der Börsenkurs ist grundsätzlich geeignet, die Ertragslage eines Unternehmens und die künftigen Ertragsaussichten hinreichend zum Ausdruck zu bringen.[106]

Die Entscheidung überzeugt nicht nur wegen ihrer klaren Tendenz für eine marktorientierte Bewertung bei aussagekräftigen Börsenkursen. Sie räumt auch mit den lange in der Rechtsprechung und in der Literatur herrschenden Vorurteilen gegen den Börsenkurs auf („Märkte sind volatil und nicht verlässlich und können manipuliert werden"). Nach Auffassung des BGH bildet der Börsenkurs den Wert einer Aktie mindestens so zuverlässig ab, wie andere Bewertungsmethoden, wenn der Kapitalmarkt hinreichend effizient sowie liquide ist und keine Marktstörung vorliegt. In der Entscheidung heißt es ausdrücklich, dass „die künftigen Ertragsaussichten […] als Teil ihrer Ertragskraft in einem funktionierenden Kapitalmarkt durch eine Vielzahl von Marktteilnehmern durch reale Transaktionen zutreffend bewertet [werden]".[107] Aus der Entscheidung spricht auch eine starke Skepsis, ob andere Bewertungsmethoden tatsächlich richtige und verlässlichere Ergebnisse liefern. Der BGH verweist mehrmals darauf, dass eine fundamentalwertorientierte Bewertung auf einer Vielzahl von Prognosen, Schätzungen und methodischen Einzelfallentscheidungen beruht, die subjektiv und für Dritte oft nicht nachvollziehbar sind.[108] Die Skepsis dürfte auch darauf beruhen, dass IDW S1 Gutachten immer umfangreicher, wissenschaftlicher und detailreicher werden, ohne dass sie nachvollziehbarer und verständlicher werden.[109] Die Details einer Ertragswertmethode werden dann im Spruchverfahren von einer kleinen Gruppe von Experten mit sehr spezialisierten Richtern diskutiert und dann in sehr langen Urteilen abgehandelt. Die Weiterentwicklung der Bewertungsmethoden bezieht immer mehr Einflussgrößen ein, auch wenn der zusätzliche Erkenntnisgewinn marginal

[103] BGHZ 236, 180 Rn. 35 = NJW 2023, 2114 (2119).
[104] BGHZ 236, 180 Rn. 25 = NJW 2023, 2114 (2117).
[105] BGHZ 236, 180 Rn. 35 = NJW 2023, 2114 (2119); bestätigt durch BGH BeckRS 2024, 8656 Rn. 24 = ZIP 2024, 1070 (1071).
[106] BGHZ 236, 180 Rn. 44 = NJW 2023, 2114 (2121); bestätigt durch BGH BeckRS 2024, 8656 Rn. 68 = ZIP 2024, 1070 (1075).
[107] BGHZ 236, 180 Rn. 46 = NJW 2023, 2114 (2121 f.).
[108] BGHZ 236, 180 Rn. 17, 35 = NJW 2023, 2114 (2116, 2119).
[109] Witt ZGR 2023, 921 (933); Peemöller BB 2023, 1584.

ist.[110] Der Minderheitsaktionär, für den die Bewertung gemacht wird, kann die Bewertung nicht nachvollziehen. Den Börsenkurs versteht er, weil er eindeutig ist. Die Spruchverfahren dauern viel zu lange, vor allem wenn Sachverständige hinzugezogen werden, und sind im Ergebnis kaum vorhersehbar, was die Rückstellungsbildung schwierig macht.

e) Reaktion des FAUB

Es war zu erwarten, dass nach diesen Zweifeln des BGH an der Fundamentalbewertung eine Reaktion des FAUB nicht lange auf sich warten ließ. In einer Stellungnahme zum WCM-Beschluss des BGH vom 14.6.2023 zur Relevanz von Börsenkursen stellte der FAUB apodiktisch fest, dass es nicht sachgerecht sei, zur Bestimmung von Abfindungen und anderen Angemessenheitsprüfungen ausschließlich auf den Börsenkurs abzustellen. Nach Ansicht des FAUB bleibt es weiterhin notwendig, dass die Überprüfung der Angemessenheit durch einen Wirtschaftsprüfer anhand einer fundamentalen Unternehmensbewertung erfolgt.[111] Es bleibt also alles wie bisher. Der FAUB hat zwei Argumente: Es handele sich um eine Einzelfallentscheidung, weil nur ein Umtauschverhältnis zu ermitteln war, es kam deshalb nur auf eine angemessene Wertrelation an, aber nicht auf die absoluten Werte, wie bei sonstigen Abfindungen. Müsse der *„wahre"* Wert ermittelt werden, könne der Börsenkurs diesen Wert nicht reflektieren, weil dem Kapitalmarkt wesentliche unternehmensinterne Informationen, nämlich die mittel- und langfristige Unternehmensplanung, nicht bekannt seien. Dem Börsenwert könne lediglich eine Plausibilisierungsfunktion zugewiesen werden.[112]

Die Auffassung der FAUB läuft auf ein Meistbegünstigungsprinzip hinaus, das der BGH ausdrücklich abgelehnt hat. Wenn der Ertragswert immer zu ermitteln ist und der Börsenkurs nach BVerfG die Untergrenze bildet, dann ist der höhere der beide Werte maßgeblich. Wie soll beim Abschluss eines Beherrschungsvertrags der Vorstand der beherrschten Gesellschaft einer Abfindung auf der Grundlage des niedrigeren Börsenkurses zustimmen, wenn er gerade einen Ertragswert – nach Auffassung des FAUB der *„wahre Wert"* – ermittelt hat, der höher ist?

f) Gesetzliche Entwicklungen

Die Auffassung des BGH, dass der Börsenkurs zur Bestimmung der Abfindung bei Strukturmaßnahmen allein maßgeblich sein kann, entspricht der gesetzlichen

---

[110] Peemöller BB 2023, 1584.

[111] https://www.idw.de/idw/themen-branchen/unternehmensbewertung-bwl/boersenkurse.html. Diese Stellungnahme hat offenbar den BGH motiviert, seine Börsenkursrechtsprechung bei der nächsten Gelegenheit zu bestätigen (BeckRS 2024, 8656 Rn. 21ff. = ZIP 2024, 1070 (1071)).

[112] IDW FAUB WPg 2021, 958 (961). Es bleibt unklar, wie der Börsenwert den Ertragswert plausibilisieren kann, wenn ihm wesentliche Informationen fehlen, nämlich die Unternehmensplanung, die Grundlage des Ertragswert nach IDW S1 ist. Ruiz de Vargas NZG 2023, 923 (Fn. 7) weist darauf hin, dass auch das Ertragswertverfahren im Tax CAPM Modell auf Kapitalmarktdaten, wie Beta Faktoren, zurückgreift, die rational handelnde Markteilnehmer voraussetzen, die aber nach der Logik des FAUB auf halbinformierter Grundlage arbeiten.

Entwicklung, die bei der Preisfindung von Übernahmeangeboten und Abfindungen bei Strukturmaßnahmen immer mehr auf den Börsenkurs als maßgebliche Größe setzt.

aa) WpÜG

§ 31 Abs. 1 S. 1 WpÜG verpflichtet den Bieter den Aktionären der Zielgesellschaft eine „angemessene" Gegenleistung anzubieten, insoweit eine ähnliche Formulierung wie in § 305 Abs. S. 1 AktG. Anders als in der aktienrechtlichen Regelung wird im WpÜG in S. 2 aber die angemessene Gegenleistung direkt definiert. Sie entspricht grundsätzlich dem durchschnittlichen Börsenkurs der Zielgesellschaft. In § 5 Abs. 1 WPÜG-AngVO wird präzisiert, wie der durchschnittliche Börsenkurs zu bestimmen ist, nämlich als der gewichtete Durchschnittskurs in den drei Monaten vor Ankündigung des Angebots gem. § 10 WpÜG. § 5 Abs. 3 WPÜG-AngVO bestimmt, wie der gewichtete Durchschnittskurs zu berechnen ist. In der Praxis übernimmt die BaFin diese Berechnung. Nur in den Fällen des Abs. 4 ist eine Unternehmensbewertung der Zielgesellschaft durchzuführen. Das sind die Fälle, in denen die Aktie der Zielgesellschaft nicht liquide genug ist, um den Wert der Zielgesellschaft reflektieren zu können.[113] Die Verordnung geht von mangelnder Liquidität aus, wenn im Referenzzeitraum von drei Monaten an weniger als einem Drittel der Börsentage Börsenkurse festgestellt worden sind und mehrere nacheinander gestellte Kurse um mehr als 5% voneinander abweichen, was für ein sehr geringes Handelsvolumen spricht. Die Tests sind kumulativ[114] und abschließend.[115]

Die Preisregelung im WpÜG ist eine Mindestpreisregelung. Der Bieter muss mindestens den Drei-Monats-Durchschnittskurs bieten, er kann aber auch mehr bieten und wird das in der Regel auch tun, die sogenannte Übernahmeprämie. Er muss mehr bieten, wenn er Aktien zu einem höheren Preis als dem maßgeblichen Börsenkurs in den sechs Monaten vor der Ankündigung des Angebots (Vorerwerb) oder in dem Jahr nach Veröffentlichung des Ergebnisses des Angebots (Nacherwerb) erworben hat. Diese Preiserhöhungsregelungen sollen die Gleichbehandlung aller Aktionäre der Zielgesellschaft sicherstellen.[116] Die Mindestpreisregelung im WpÜG sollte transparent und leicht überprüfbar sein. Aber natürlich geht es hier nicht um Entschädigung für den Verlust der Aktie, sondern jeder Aktionär kann für sich entscheiden, ob er zu diesem Preis verkaufen will.

bb) Delisting

Einen weiteren Schritt in Richtung Börsenkurs ist der Gesetzgeber mit der Regelung des Delisting in § 39 BörsG gegangen, die am 26.11.2015 in Kraft getreten ist. Vor der Neuregelung war in der Literatur diskutiert worden, ob der Schutz von Minderheiten über eine gesellschaftsrechtliche Lösung, dh Hauptversammlungs-

---

[113] Noack/Zetzsche in Schwark/Zimmer, Kapitalmarktrechts-Kommentar, 5. Aufl. 2020, WpÜG § 31 Rn. 39ff.

[114] Noack/Zetzsche in Schwark/Zimmer, Kapitalmarktrechts-Kommentar, 5. Aufl. 2020, WpÜG § 31 Rn. 40.

[115] Vgl. Wackerbarth in MüKoAktG, 5. Aufl. 2021, WpÜG § 31 Rn. 53.

[116] Süßmann in Angerer/Brandi/Süßmann, 4. Aufl. 2023, WpÜG § 31 Rn. 86; Noack/Zetzsche in Schwark/Zimmer, Kapitalmarktrechts-Kommentar, 5. Aufl. 2020, WpÜG § 31 Rn. 75.

beschluss mit einem am inneren Wert der Aktie orientierten Abfindungsangebot wie beim Beherrschungsvertrag, oder über eine kapitalmarktrechtliche Lösung, dh Schutz über ein Abfindungsangebot mit börsenkursorientierten Preisregeln wie beim Kontrollwechsel, erreicht werden soll. Die Bundesregierung entschied sich für die kapitalmarktrechtliche Lösung, die einfacher und rechtssicherer zu sein schien.[117] Nach der Gesetzesbegründung soll die kapitalmarktrechtliche – sich am Börsenkurs orientierende – Lösung „im Regelfall ein transparentes und rechtssicheres Verfahren [ermöglichen], dass auch für die betroffenen Emittenten handhabbar ist und keine übermäßigen bürokratischen Hürden aufbau[t]".[118] Zudem sei eine Berechnung auf Grundlage des Börsenkurses sachgerecht, da durch ein Delisting „lediglich die leichtere Handelbarkeit der Aktie beeinträchtigt wird, die Mitgliedschaft des Aktionärs als solche aber nicht berührt wird".[119]

Wie beim Übernahmeangebot steht es jedem Aktionär frei, ob er das Delisting-Angebot annimmt, genauso wie es jedem Aktionär beim Beherrschungsvertrag freisteht, ob er das Abfindungsangebot annimmt. Allerdings ist der faktische Druck noch höher als beim Beherrschungsvertrag, weil nach Vollzug des Delisting-Angebots die Notierung im regulierten Markt widerrufen wird, unabhängig von der Annahmequote.[120]

cc) ZuFinG

Einen weiteren Schritt ist der Gesetzgeber beim Zukunftsfinanzierungsgesetz (ZuFinG) gegangen, das am 15.12.2023 in Kraft getreten ist.[121] Im Gesetzgebungsverfahren war dem Gesetzgeber der WCM-Beschluss des BGH bekannt. Ein Teil der Neuregelungen des ZuFinG ist eine Neufassung des § 255 AktG. Nach der alten Regelung konnte ein Kapitalerhöhungsbeschluss angefochten werden, wenn der Ausgabebetrag der neu ausgegebenen Aktien unangemessen niedrig ist (§ 255 Abs. 2 S. 1 AktG aF). Diese Bewertungsrüge soll nach der neuen Regelung wie im UmwG und bei Beherrschungsvertrag und Squeeze-out nur noch im Spruchverfahren geltend gemacht werden können. Die Anfechtung ist insoweit ausgeschlossen (§ 255 Abs. 2 und 4 nF).[122] Im Rahmen dieser Reform hat der Gesetzgeber für börsennotierte Gesellschaften in § 255 Abs. 5 S. 1 und 2 AktG nF einen sicheren Bewertungsparameter zur Bestimmung des Ausgabewertes neu gewährter Aktien geschaffen. Bemerkenswert ist, dass der Gesetzgeber anders als zB in § 305 Abs. 3 AktG für die Abfindung beim Beherrschungsvertrag hier auf ein Angemessenheitspostulat verzichtet, sondern direkt an den Börsenkurs anknüpft.[123] Bei börsennotierten Gesellschaften ist für die nach § 255 Abs. 4 AktG nF erforderliche Prüfung

---

[117] Zur Gesetzgebungsgeschichte Bayer NZG 2015, 1169 (1170ff.); Leyendecker/Herfs BB 2018, 643.

[118] BT-Drs. 18/6220, 84.

[119] BT-Drs. 18/6220, 84.

[120] Kritisch zur alleinigen Maßgeblichkeit des Börsenkurses Koch AG 2021, 249ff.

[121] BGBl. 2023 I 354; Überblick zum Gesetz bei Florstedt NZG 2024, 179; Lorenz DStR 2024, 442; ausführlich zur Auswirkung der Reform des § 255 AktG auf das Recht der Unternehmensbewertung Schwarz AG-Sonderbeilage ZuFinG 6/2024, 31.

[122] Koch, 18 Aufl. 2024, AktG § 255 Rn. 7f.

[123] Koch, 18 Aufl. 2024, AktG § 255 Rn. 44.

der Angemessenheit des Ausgabebetrags der neu ausgegebenen Aktien der Wert des Drei-Monats-Durchschnittskurses anzusetzen, sofern nicht der Börsenkurs ausnahmsweise aufgrund eines abschließenden Kriterienkatalogs als unbeachtlich anzusehen ist.[124] Wenn die neuen Aktien zum Börsenwert ausgegeben werden, ist für die Bewertungsrüge kein Raum mehr. Es ist eine „Safe Harbor“ Regelung. In der Begründung des Regierungsentwurfs wird ausgeführt, dass „für den Bereich der börsennotierten Aktiengesellschaften – vorbehaltlicher typisierter Fälle fehlerhafter Marktpreisbildung nach Satz 3 – der Einwand ausgeschlossen [ist], der ‚wahre Wert‘ des Unternehmens spiegele sich nicht im Börsenkurs wider“.[125] Das ist für den hier geregelten Fall sozusagen die Kodifizierung der Börsenkursrechtsprechung des BGH aus dem WCM-Beschluss.[126] Wenn die Ausgabe zum Börsenkurs erfolgt, ist der Ausgabepreis angemessen.[127] Warum soll dann der Börsenkurs nicht auch bei der in der Praxis viel bedeutsameren Bemessung der Abfindung bei Strukturmaßnahmen maßgeblich sein?[128]

V. Wann ist Börsenkurs maßgeblich?

1. Bedeutung der Börsenkursrechtsprechung für die Praxis

Für die Praxis hätte die Anwendung der Grundsätze zur Maßgeblichkeit des Börsenkurses bei Strukturmaßnahmen börsennotierter Gesellschaften große Vorteile. Das größte Problem der Bestimmung des Unternehmenswerts durch eine Fundamentalbewertung ist die Komplexität, der Zeitaufwand und die Unvorhersehbarkeit des Ergebnisses.[129] Die Erstellung eines Bewertungsgutachtens dauert in der Regel mindestens drei Monate. Es muss eine Planung erstellt werden, ggf. muss auf den jährlichen Planungszyklus gewartet werden, um eine anlassbezogene Planung zu vermeiden,[130] die Planung plausibilisiert werden, Marktdaten und Kapitalmarktdaten gesammelt, die Peer Group bestimmt werden etc. Der gesamte Bewertungsprozess muss vom gerichtlich bestellten Prüfer nachvollzogen werden. Derzeit endet jede Strukturmaßnahme in einem Spruchverfahren. Der Tatrichter muss alle Bewertungsschritte im Einzelnen nachvollziehen und ggf. mit Hilfe eines Sachverständigen überprüfen. Die Bestellung eines Sachverständigen verlängert das Spruchverfahren in der Regel um mindestens ein Jahr, oft länger. Der BGH hat wohl angesichts dieser langen Verfahrensdauer ausdrücklich festgestellt, dass es eines Sachverständigengutachtens nur bedarf, wenn das Gericht streitige Punkte nicht aus eigener Sachkunde beurteilen könne.[131] Während der Dauer des Spruchverfahrens

[124] Schwarz AG-Sonderbeilage ZuFinG 6/2024, 31 Rn. 70.
[125] RegE ZuFinG BT-Drs. 20/8298, 118.
[126] Schwarz AG-Sonderbeilage ZuFinG 6/2024, 31 Rn. 86.
[127] Bungert/Strothotte DB 2023, 2422; Bungert/Strothotte DB 2024, 36ff.
[128] So auch Wasmann AG 2023, 810.
[129] Ruiz de Vargas NZG 2023, 923 (925) meint, der eigentliche objektivierte Ertragswert sei „intersubjektiv“ oft nicht nachvollziehbar, nur noch für Experten verständlich.
[130] OLG Düsseldorf NZG 2023, 160 Rn. 36f.; Koch, 18. Aufl. 2024, AktG § 305 Rn. 25.
[131] BGHZ 236, 180 Rn. 31 = NJW 2023, 2114 (2118).

ist es für das ausgleichspflichtige Unternehmen sehr schwierig, angemessene Rückstellungen zu bilden. Schon kleine Veränderungen beim Kapitalisierungszinssatz, insbesondere bei der Marktrisikoprämie oder beim Beta-Faktor oder der Wachstumsrate in der ewigen Rente (→ IV. 1.), können zu großen Veränderungen beim Abfindungswert führen.[132] All diese Probleme gäbe es nicht mehr, wenn der Börsenkurs bei aussagekräftigem Kurs die maßgebliche Größe für die Bestimmung der Abfindung bei Strukturmaßnahmen ist.

Die Bestimmung der Abfindung beim Beherrschungsvertrag nach dem Fundamentalwert hat in der Vergangenheit bei der Übernahme von börsennotierten Unternehmen zu einem speziellen Phänomen geführt, dem sogenannten „Backend-Trade", der Übernahmen erschwert. Es handelt sich letztlich um Abfindungsarbitrage.[133] Zum ersten Mal hat der Hedge Fund Elliot dieses Model bei der Übernahme der Kabel Deutschland AG („KDG") durch Vodafone im Jahr 2013 praktiziert.[134] Der „Backend- Trade" funktioniert wie folgt: Ein Übernahmeangebot wird gestartet, während der Annahmefrist kaufen Hedge Fonds Aktien des Zielunternehmens. Der Markt ist zu dem Zeitpunkt sehr liquide, weil sich der Kurs dem Angebotspreis annähert und bisherige Investoren den Gewinn realisieren. Sie bekommen das Geld schneller, als wenn sie bis zum Closing warten, und vermeiden das Risiko, dass Bedingungen nicht erfüllt werden, zB die kartellrechtliche Genehmigung. Im Fall der Übernahme von KDG war Elliot in der Lage, relativ schnell eine Position von 15% aufzubauen. Das Angebot muss erfolgreich sein und dann muss ein Beherrschungsvertrag folgen. Die Hedge Fonds, so auch Elliot im Fall KDG, spekulieren jetzt darauf, dass die Abfindung aufgrund einer Fundamentalbewertung höher ist als der Angebotspreis. Die Abfindung wird endgültig erst im Spruchverfahren festgelegt.[135] In der Zwischenzeit hat aber jeder außenstehende Aktionär das Abfindungsrecht nach § 305 AktG. Je nach Bonität des Ausgleichspflichtigen – im Fall Vodafone sehr hoch – kann der Hedge Fonds seine Investition für den Erwerb der Aktien des Zielunternehmens fast vollständig fremdfinanzieren, und auf eine höhere Abfindung im Spruchverfahren warten. Weniger als den Börsenkurs zum Zeitpunkt der Ankündigung des Beherrschungsvertrags kann er aufgrund des Grundsatzes, dass die Abfindung nicht unter dem Börsenkurs liegen darf, nicht bekommen. Im Fall Vodafone/KDG entsprach die Abfindung dem Angebotspreis. Das wird fast immer der Fall sein, wenn der Beherrschungsvertrag schnell nach Vollzug des Übernahmeangebots abgeschlossen wird. Der Fundamentalwert kann aber wesentlich höher sein. Im Fall Vodafone/KDG lag nach Einschaltung von Sachverständigen die Bandbreite zwischen 70 EUR und 250 EUR, was den Senat zur Ablehnung der Ertragswertmethode veranlasste.[136] Dieser „Back-

---

[132] Schwarz AG-Sonderbeilage ZuFinG 6/2024, 31 Rn. 57.

[133] Erklärung hierzu Fleischer/Kolb AG 2019, 57 (67).

[134] Schmidbauer NZG 2023, 972 (975 f.); Vetter in Veil/Grigoleit/Habersack, Öffentliche Unternehmensübernahmen, 2022, S. 176, 183. Ein anderes Beispiel für Abfindungsarbitrage durch Elliot war die Übernahme von Celesio, vgl. dazu https://www.manager-magazin.de/unternehmen/artikel/hedgefonds-elliot-von-paul-singer-steigt-bei-celesio-ein-a-932112.html.

[135] Das Spruchverfahren im Fall Vodafone/KDG wurde erst durch das Urteil des OLG München NZG 2022, 606 beendet. Rechtsbeschwerde ist anhängig.

[136] OLG München BeckRS 2021, 43656 Rn. 36 ff., 72; Ruiz de Vargas NZG 2022, 599 (600).

End Trade“ ergibt aber nur dann Sinn, wenn von Anfang zu erwarten ist, dass die Abfindung unter dem Beherrschungsvertrag dem Börsenkurs entsprechen wird. Wird bei einer Übernahme unmittelbar nach Abschluss oder schon während des Angebots nach Erreichen der Mindestannahmeschwelle der Abschluss eines Beherrschungs- und Gewinnabführungsvertrag angekündigt, dann können Abfindung und Ausgleich auf den Börsenkurs gestützt werden. Wegen der Übernahme wird die Aktie in den letzten drei Monaten sehr liquide gewesen sein, alle wesentlichen Informationen über die Zielgesellschaft sind auch im Markt. Die Abfindung wird dann dem Übernahmepreis entsprechen. Wenn in dem Übernahmepreis eine Prämie enthalten war, profitieren davon auch die Minderheitsaktionäre, die das Angebot nicht angenommen haben.[137]

2. *Kritik am Börsenkurs*

Warum wird bezweifelt, dass der Börsenkurs eine geeignete Grundlage für die Bestimmung der Abfindung sein kann? Der FAUB stellt in seiner Stellungnahme zwei Aspekte heraus:

1. Wertrelevante unternehmensinterne Informationen, nämlich die Unternehmensplanung, sind dem Kapitalmarkt nicht bekannt.
2. Markt und Börsenpreise unterliegen kurzfristigen Stimmungen und können den fundamentalen Unternehmenswert nicht widerspiegeln.

Die Unternehmensplanung ist die subjektive Sicht des Managements auf die Zukunft, die durch einen Gutachter und den gerichtlich bestellten Prüfer plausibilisiert wird. Die Sicht auf die Zukunft ist dem Gutachter vorgegeben. Sie liegt im Ermessen des Vorstands. Der Bewerter ist nicht befugt, die Geschäftspolitik an sich zu ziehen.[138] Weil die Planung subjektiv ist und von Eigeninteressen des Vorstands an der Steigerung des Unternehmenswertes getrieben sein kann, verbietet das Kapitalmarktrecht die Veröffentlichung von langfristigen Planungen, sofern sie nicht durch eine Prüfbescheinigung validiert werden. Auch der Minderheitsaktionär, der außerhalb einer Strukturmaßnahme, eine Investitions- oder Desinvestitionsentscheidung trifft, tut dies aufgrund verfügbarer Kapitalmarktransaktionen, aber ohne Zugriff auf unternehmensinterne Informationen wie Planung. Daran stört sich keiner. Warum soll er bei einer Strukturmaßnahme stärker geschützt werden als bei einer freiwilligen Desinvestitionsentscheidung?[139] Zudem stimmt es auch nicht, dass der Kapitalmarkt keine Informationen über Planung des Unternehmens hat. Im Lagebericht müssen börsennotierte Unternehmen eine Prognose für das laufende Jahr geben. Die meisten Unternehmen veröffentlichen auch eine mittelfristige Prognose.[140] Diese

[137] Vgl. für die Bestimmung der Abfindung bei einem umwandlungsrechtlichen Squeeze-out (§ 62 Abs. 5 UmwG) auf Grundlage Börsenkurs nach Übernahme OLG Frankfurt a. M. BeckRS 2024, 2874 Rn. 21 ff.

[138] OLG München BeckRS 2021, 43656 Rn. 74; OLG Düsseldorf BeckRS 2015, 19619 Rn. 32; Schwarz AG-Sonderbeilage ZuFinG 6/2024, 31 Rn. 56 mwN.

[139] Ruiz de Vargas NZG 2023, 923 (928).

[140] DRS 20 abrufbar unter https://www.drsc.de/app/uploads/2017/02/120928_DRS_20_near-final.pdf; Fülbier/Pellens in MüKoHGB, 5. Aufl. 2024, HGB § 315 Rn. 47 ff.

Daten werden von Analysten zu Prognosen verarbeitet, die dem Kapitalmarkt bekannt und im Kurs reflektiert sind.

Der andere Kritikpunkt sind generelle Marktverzerrungen, die auf exogenen Faktoren beruhen und mit der Ertragskraft der Gesellschaft nichts zu tun haben. Ein gern zitiertes Beispiel dafür, dass das Abstellen auf Börsenkurse zu unangemessenen Ergebnissen führt, ist das Delisting von Rocket Internet.[141] Rocket Internet war im Jahr 2014 mit einem Emissionspreis von 42,50 EUR an die Börse gegangen. Zu Beginn des Jahres 2020 stand der Kurs noch bei 22,22 EUR. Am 1.9.2020 veröffentlichte der Hauptaktionär ein Delisting Angebot zu einem Preis von 18,57 EUR.[142] Dies war möglich durch Ausnutzen des Kurssturzes durch die Corona Krise. Im März 2020 setzte ein Kurssturz ein, in dessen Verlauf der DAX um 36% fiel und sich nur langsam erholte. Da für ein Delisting Angebot der Sechs-Monats-Durchschnittskurs der Mindestpreis ist, wurde durch den Zeitpunkt des Angebots die gesamte Schwächephase des Aktienmarkts durch Corona mitgenommen. Das Handelsblatt titelte „Samwer nutzt die Coronakrise aus, um billig davon zu kommen".[143] Die Schutzvereinigung für Wertpapierbesitz (DSW) sprach von legalem Betrug.[144] Die Empörung ist verständlich, allerdings sollte man nicht vergessen, dass das Delisting Angebot nicht angenommen werden muss. Es bietet nur eine Ausstiegsmöglichkeit als Voraussetzung für das Delisting.[145] Aktionäre können aber ihre Aktien behalten und meistens auch an nicht regulierten Handelsplattformen handeln.[146] Auf jeden Fall lässt sich aus diesem Fall nicht die generelle Ungeeignetheit von Börsenkursen zur Bestimmung von Abfindungen herleiten. Vielmehr sind solche Marktstörungen ein Fall, in dem der Börsenkurs keine geeignete Schätzgrundlage ist.

3. Liquiditätstest

Der Börsenkurs kann nach dem WCM-Beschluss des BGH nur dann maßgebliche Bewertungsgrundlage sein, wenn von einer „effektiven Informationsbewertung durch die Marktteilnehmer" ausgegangen werden kann. Dafür ist aber keine

---

[141] Ausführlich dazu Koch AG 2021, 249ff.; ein ähnlicher Fall war das Delisting Angebot der Centrotec SE vom 10.12.2020, das ebenfalls kritisiert wurde, vgl. Redenius-Hövermann ZIP 2021, 485 (489f.).

[142] Delisting Angebotsunterlage der Rocket Internet SE vom 1.10.2020 https://www.bafin.de/SharedDocs/Downloads/DE/Angebotsunterlage/rocket_internet_se.pdf?__blob=publicationFile&v=2.

[143] Kapalschinski in Handelsblatt, 1.9.2020 abrufbar unter https://www.handelsblatt.com/meinung/kommentare/kommentar-delisting-von-rocket-internet-samwer-nutzt-die-coronakrise-aus-um-billig-davonzukommen/26147946.html?ticket=ST-1885184-anCTPPR1MKIWi9CrOjWa-ap3; Koch AG 2021, 249.

[144] N-tv-Interview Marc Tüngler, Geschäftsführer Schutzvereinigung für Wertpapierbesitz abrufbar unter https://www.n-tv.de/wirtschaft/wirtschaft_startup/Rocket-Internet-kastriert-seine-Anleger-article 22010873.html; Koch AG 2021, 249.

[145] Fromholzer in Veil/Grigoleit/Habersack, Öffentliche Unternehmensübernahmen, 2022, S. 221, 231f.

[146] Aktien nach Delisting können im Freiverkehr an den Wertpapierbörsen in Berlin, Düsseldorf, Hamburg, Hannover und Stuttgart einbezogen, sowie über Tradegate Exchange und LS Exchange handelbar.

totale Informationseffizienz erforderlich.[147] Nur dann kann der sich durch viele Markttransaktionen herausgebildete Preis tatsächlich den „wahren" Wert der Aktie widerspiegeln. Der Schwerpunkt bei der Bewertung durch die Gesellschaft, aber auch bei der Überprüfung durch sachverständigen Prüfer und das Gericht liegt daher auf der Frage, ob die folgenden Voraussetzungen erfüllt sind:[148]

- keine Marktstörung vorliegt (so wie im Fall Rocket Internet);[149]
- die Gesellschaft den Kurs nicht durch irgendwelche Meldungen manipuliert hat;[150]
- die Gesellschaft ihren kapitalmarktrechtlichen Informationspflichten nachgekommen ist;[151]
- die Aktie hinreichend liquide ist. Dies hängt vom Handelsvolumen, und Höhe des Streubesitzes ab.[152]

Es sei eine umfassende Einschätzung aller Umstände im Einzelfall erforderlich.[153] Wichtig ist die Liquidität. In liquiden Märkten kann von einer effizienten Verarbeitung aller zur betreffenden Gesellschaft verfügbaren Informationen ausgegangen werden.[154] Die Beweislast, dass der Börsenkurs nicht den wahren Wert der Aktie spiegelt, trägt derjenige, der sich gegen den Börsenkurs als geeignete Schätzgrundlage ausspricht.[155]

Zur Überprüfung der Liquidität bieten sich mehrere Kriterien an. Nach § 5 Abs. 4 WpÜG-AngVO ist nicht mehr der gewichtete Drei-Monats-Durchschnittskurs der Mindestpreis bei einem Übernahme- oder Pflichtangebot, sondern ein durch Bewertung ermittelter Wert, wenn

- in den drei Monaten vor Veröffentlichung der Entscheidung zur Abgabe eines Angebots gem. § 10 WpÜG an weniger als einem Drittel der Börsentage Börsenkurse festgestellt worden und
- mehrere aufeinander festgestellte Börsenkurse um mehr als 5% voneinander abweichen.

---

[147] BGHZ 236, 180 Rn. 20 = NJW 2023, 2114 (2117f.); bestätigt durch BGH BeckRS 2024, 8656 Rn. 26 = ZIP 2024, 1070 (1071); Ruthardt BWP 1/2024, 26 (28).

[148] Ruiz de Vargas NZG 2023, 923 (925); Ruiz de Vargas NZG 2022, 599 (602); Witte ZGR 921 (932); Bungert/Strothotte DB 2023, 1332 (1334); Schwarz AG-Sonderbeilage ZuFinG 6/2024, 31 Rn. 64f.

[149] Zur Frage ob im Rahmen des § 255 Abs. 5 AktG eine Ausnahme von der Maßgeblichkeit des Börsenkurses bei Marktstörungen gelten soll Schwarz AG-Sonderbeilage ZuFinG 6/2024, 31 Rn. 95; dafür Harnos AG 2023, 348 Rn 28; Koch AG 2024, 1 Rn. 9.

[150] Decher AG 2023, 106 Rn. 73.

[151] Decher AG 2023, 106 Rn. 73.

[152] Vgl. Decher AG 2023, 106 Rn. 50ff., der aber darauf hinweist, dass in Situationen geringeren Streubesitzes (etwa bei einem aktienrechtlichen Squeeze-Out in Anschluss an eine erfolgte Übernahme) auch auf das relative Handelsvolumen in Bezug auf die außenstehenden Aktien angeknüpft werden kann.

[153] OLG Frankfurt a. M. BeckRS 2024, 2874 Rn. 28.

[154] Ruthardt BWP 1/2024, 26.

[155] Bungert/Strothotte DB 2023, 1332 (1334).

Diese Kriterien sind von Gerichten bei Liquiditätsprüfungen herangezogen worden.[156] Darüber hinaus wurden in der Rechtsprechung[157] weitere Kriterien zur Überprüfung der Liquidität entwickelt. Eine Aktie gelte als ausreichend liquide, sofern:

- der Streubesitz größer als 5,0% ist,[158]
- an mehr als einem Drittel der Handelstage aktiver Handel besteht und/oder
- mehr als 0,018% des gesamten Aktienbestands (ausstehende Aktien) pro Tag gehandelt werden.[159]

Ein weiteres von der Rechtsprechung verwendetes Kriterium für ausreichende Liquidität ist das eines niedrigen *bid-ask-spread* unter 1,0 bzw. 1,25%.[160] Ein geringer *bid-ask-spread* deute auf niedrige Transaktionskosten hin und sichere zusammen mit ausreichendem Handelsvolumen die Grundlage für eine effiziente Preisbildung.[161] So haben die Vorinstanzen im TLG/WCM Spruchverfahren den *bid-ask-spread,* das Handelsvolumen pro Tag und die statistische Güte des Betafaktors herangezogen.[162]

Der Begriff der liquiden Aktie wird auch in § 31 Abs. 2 WpÜG verwendet. Aktien dürfen nur als Gegenleistung angeboten werden, wenn sie an einem organisierten Markt innerhalb der EU zugelassen und „liquide" sind. Das OLG Frankfurt hat einen Liquiditätstest aus einer EU-Verordnung zu einer ganz anderen Thematik herangezogen, um die Voraussetzung des § 31 Abs. 2 WpÜG zu prüfen.[163] Dieser Test verlangt einen Streubesitz von 500 Mio. EUR. Das Handelsvolumen muss mindesten 500 Transaktionen umfassen oder ein Tagesumsatz von 2 Mio. EUR erreicht werden. Dieser Test ist schon für die Frage der Zulässigkeit eines Tauschangebots nicht angemessen,[164] jedenfalls ist für die Prüfung der Aussagekraft des Börsenkurses nicht relevant.[165] Beim Tauschangebot soll der Liquiditätstest sicherstellen, dass der Wert der Gegenleistung durch Verkauf der erhaltenen Aktien realisiert werden kann. Bei der Bewertung geht es um die Prüfung der Informationseffi-

---

[156] OLG München BeckRS 2021, 43656 Rn. 40; dazu Ruiz de Vargas NZG 2022, 599 (602).

[157] BGH BeckRS 2024, 8656 Rn. 30 = ZIP 2024, 1070 (1072); NZG 2001, 603; OLG München DNotZ 2006, 946; OLG Frankfurt a. M. BeckRS 2007, 12655; LG Frankfurt a. M. AG 2006, 757.

[158] In der Rechtsprechung gibt es auch Urteile, dass dieses Kriterium insbesondere bei Squeeze-outs nicht uneingeschränkt anwendbar sei. Vgl. LG Stuttgart BeckRS 2018, 35320; OLG Stuttgart AG 2011, 560 (561); BeckRS 2010, 9848; OLG Karlsruhe BeckRS 2017, 124895.

[159] OLG Stuttgart BeckRS 2011, 24586.

[160] BGH BeckRS 2024, 8656 Rn. 30 = ZIP 2024, 1070 (1071); OLG Frankfurt a. M. BeckRS 2024, 2874 Rn. 28 f.; Decher AG 2023, 106 Rn. 59 mwN.

[161] Ruthardt BWP 1/2024, 26 (27).

[162] OLG Frankfurt a. M. NZG 2021, 979 Rn. 39 ff.; dazu BGHZ 236, 180 Rn. 32 = NJW 2023, 2114 (2119); Ruiz de Vargas NZG 2023, 923 (927); Decher AG 2023, 106 Rn. 59 f.

[163] OLG Frankfurt a. M. NZG 2021, 1127 Rn. 166 ff. Das Gericht zieht den Test nach Art. 22 Abs. 1 Finanzinstrumente-Aufzeichnungspflicht-DVO (EG nur. 1287/2006) heran. Der Gedanke bei Entscheidung des OLG Frankfurt a. M. zum WpÜG war, dass Aktien, die als Gegenleistung angeboten werden Geldersatz seien und ihr Wert direkt realisierbar sein müsse. Deshalb müssen hohe Liquiditätsanforderungen gestellt werden.

[164] Herfs in Veil/Grigoleit/Habersack, Öffentliche Unternehmensübernahmen, 2022, S. 155, 163 ff.; Schwarz AG-Sonderbeilage ZuFinG 6/2024, 31 Rn. 64.

[165] OLG Frankfurt a. M. BeckRS 2024, 2874 Rn. 45.

zienz des Marktes und den Nachweis, dass Informationen im Preis reflektiert sind, was einen ausreichenden Handel voraussetzt.

Eng verbunden mit der Frage der ausreichenden Liquidität ist die Frage, ob sie eine aussagekräftige Beurteilung des originären Beta-Faktors erlaubt.[166] Die Tatsache aber, dass im Rahmen der Fundamentalbewertung nach IDW S1 der eigene Beta-Faktor als nicht aussagekräftig angesehen wurde, führt nicht automatisch dazu, dass der Börsenkurs als Schätzgrundlage ausscheidet.[167] Erforderlich ist eine Gesamtabwägung aller relevanter Kriterien.[168] Selbst ein durch Übernahmespekulationen verzerrter Börsenkurs und die daraus folgende Verzerrung des originären Beta-Faktors spricht nicht gegen seine Verwendung als Schätzgrundlage zur Unternehmensbewertung. Die Verzerrung des Börsenkurses wirkt sich zugunsten der Minderheitsaktionäre aus.[169]

Es gibt derzeit keinen abschließenden Katalog von Kriterien, die erfüllt sein müssen, um von der Liquidität der Aktie ausgehen zu können. In der Praxis sollten im Bewertungsgutachten alle genannten Kriterien geprüft und bewertet werden. Je detaillierter die Analyse ist, desto weniger angreifbar wird sie.

Eine weitere Frage ist, zu welchem Zeitpunkt der Börsenkurs festgestellt werden muss. Das kann nicht der Zeitpunkt der Hauptversammlung sein, sondern muss der Zeitpunkt der Ankündigung der Maßnahme sein, wie der BGH schon in der Stollwerck- Entscheidung festgestellt hat.[170]

4. *Auswirkungen für die Praxis*

Die wichtigste Frage für die Praxis ist, ob in einem Fall, in dem der Börsenkurs aussagekräftig ist und eine geeignete Schätzgrundlage sein kann, trotzdem eine Fundamentalbewertung durchgeführt werden muss. Der FAUB empfiehlt das (→ IV. 4. e)). Dafür könnte auch sprechen, dass der BGH im WCM-Beschluss bestätigt hat, dass der Tatrichter nicht an die vom Abfindungspflichtigen gewählte Bewertungsmethode gebunden sei.[171] Es ist also möglich, dass der Tatrichter den Börsenkurs nicht für eine geeignete Schätzgrundlage und deshalb den Ertragswert für maßgeblich hält. Der andere Grund ist, dass der Angemessenheitsprüfer aufgrund der FAUB-Stellungnahme eine Ertragswertberechnung zur Plausibilisierung verlangen wird. Auch das OLG Frankfurt, das eines der ersten Gerichte war, das den Börsenkurs als alleinmaßgebliche Bewertungsgrundlage anerkannt hat (→ IV. 4. c)), hat jüngst eine Validierung des Börsenkurses durch den Fundamentalwert vor-

---

[166] Decher AG 2023, 106 Rn. 60; Fleischer/Schulte in Fleischer/Hüttemann, Rechtshandbuch Unternehmensbewertung, 2. Aufl. 2019, Rn. 6139ff.

[167] BGH BeckRS 2024, 8656 Rn. 39 = ZIP 2024, 1070 (1073); OLG Frankfurt a. M. NZG 2021, 979 Rn. 52; Decher AG 2023, 106 Rn. 68.

[168] BGHZ 236, 180 Rn. 32 = NJW 2023, 2114 (2119); Ruthardt BWP 1/2024, 26; Ruiz de Vargas NZG 2023, 923 (927).

[169] BGH BeckRS 2024, 8656 Rn. 39 = ZIP 2024, 1070 (1071); Decher AG 2023, 106 Rn. 67f.

[170] BGH AG 2010, 629 Rn. 12; OLG München BeckRS 2021, 43656 Rn. 43f.; Schwarz AG-Sonderbeilage ZuFinG 6/2024, 31 Rn. 85.

[171] BGHZ 236, 180 Rn. 25 = NJW 2023, 2114 (2117).

genommen, weil der Kurs durch eine Übernahme verzerrt war.[172] Insbesondere wenn Zweifel an der Maßgeblichkeit des Börsenkurses bestehen, ist zu empfehlen, zur Plausibilisierung des Börsenkurses, den sogenannten „Zukunftswert" nach der Ertragswertmethode zu bestimmen.[173]

Wenn der Abfindungspflichtige eine solche Bewertung erstellen lässt, stellen sich weitere Fragen:

- Ist diese Bewertung nur eine „Schattenbewertung", die intern zur Validierung des Börsenkurses durchgeführt wird, aber nicht allen Aktionären im Bewertungsgutachten zugänglich gemacht wird?
- Was ist, wenn der Ertragswert nach dieser Bewertung höher als der Börsenkurs ist?

Die praktisch wichtigsten Fälle für eine Börsenkursbewertung sind der Unternehmensvertrag und die Verschmelzung. Beim Squeeze-out wird der Börsenkurs weniger relevant sein, weil der Streubesitz niedrig und der Börsenkurs oft nicht aussagekräftig sein wird. Anders kann es nur sein, wenn der Übernehmer mit seinem Angebot direkt die 95% erreicht.[174] In den Fällen des Unternehmensvertrags und der Verschmelzung bedarf es aber einer Einigung der beteiligten Gesellschaften. Liegt der Ertragswert unter dem Börsenwert, werden sich die Parteien angesichts der BGH-Entscheidung wohl auf den Börsenwert einigen. Im umgekehrten Fall könnte auch der Börsenkurs gewählt werden, sofern er aussagekräftig ist.[175] Aber ist das realistisch? Wird der Vorstand der abhängigen Gesellschaft im Fall des Unternehmensvertrags einer Abfindung zustimmen, die unter dem gleichzeitig festgestellten Ertragswert liegt? Das wird schwer zu rechtfertigen sein, insbesondere dann, wenn das Bewertungsgutachten zum Ertragswert allen Aktionären zugänglich gemacht wird, sozusagen als alternative Bewertungsmethode angeboten wird. Mit welchem Argument kann der Vorstand der abhängigen Gesellschaft den niedrigeren Börsenkurs akzeptieren, wenn er trotz der BGH-Rechtsprechung selbst ein Gutachten zum Ertragswert in Auftrag gegeben hat?

Obwohl der BGH ein Meistbegünstigungsprinzip abgelehnt, läuft die Auffassung, wonach eine Fundamentalbewertung durchzuführen ist, im Ergebnis genau darauf hinaus. Das kann nicht richtig sein.

Die Prüfung muss nach dem BGH-Urteil vielmehr auf der 1. Stufe sein, ob der Börsenkurs aussagekräftig ist, wenn ja, dann muss kein Ertragswert bestimmt werden, wenn nein, dann muss der Ertragswert ermittelt werden.[176]

---

[172] OLG Frankfurt a. M. BeckRS 2024, 2874. Zur Maßgeblichkeit des Börsenkurses auch bei Verzerrung durch Übernahmespekulation BGH BeckRS 2024, 8656 Rn. 39 = ZIP 2024, 1070 (1073).

[173] BGH BeckRS 2024, 8656 Rn. 54 = ZIP 2024, 1070 (1074). Der BGH hält aber eine solche Plausibilisierung nicht für zwingend erforderlich. Nach dem BGH kann aber eine Multiplikatorbewertung in gleicher Weise wie das Ertragswertverfahren zur Plausibilisierung des Börsenkurses herangezogen werden (Rn. 49).

[174] Vgl. bspw. die Übernahme der Godewind Immobilien AG durch Covivio S. A. im Jahr 2020 oder die der RIB Software SE durch die Schneider Investment AG im selben Jahr.

[175] So Wasmann AG 2023, 810 Rn. 12.

[176] Ruiz de Vargas NZG 2023, 923 (925); Wasmann AG 2023, 810 Rn. 13.

Der Ertragswert kann nur der Validierung des eigentlich für maßgeblich gehaltenen Börsenkurses dienen.[177] So wie früher der Börsenkurs oder ein Multiplikatorverfahren zur Plausibilisierung des Ertragswerts herangezogen wurden, ist die Prüfung jetzt umgekehrt. Ist auf der 1. Stufe der Börsenkurs für maßgeblich gehalten worden, erfolgt auf der 2. Stufe nur noch seine Plausibilisierung. Dadurch kann überprüft werden, ob eine temporäre Fehlbewertung der Aktie durch den Markt vorliegt.[178]

Es muss dann aber auch in der Dokumentation klar werden, dass der Börsenkurs die Bewertungsgrundlage ist und die Fundamentalbewertung nur zur Kontrolle und für den Fall vorgenommen wurde, dass der Richter im Spruchverfahren den Börsenkurs nicht für maßgeblich hält, etwa weil der Kurs durch exogene Faktoren beeinflusst wurde. Dies war der Grund, warum das OLG Frankfurt in einem nach dem WCM-Beschluss entschiedenen Spruchverfahren (Squeeze-out Abfindung nach Übernahme) zwar den Börsenkurs für aussagekräftig hielt, ihn aber trotzdem durch einen Fundamentalwert validiert hat, weil der Kurs durch die Übernahme verzerrt worden sei.[179] Wenn aber die Fundamentalwerte nur zur Plausibilisierung herangezogen werden, sollte auch die Offenlegung entsprechend sein. Das gesamte Bewertungsgutachten muss nicht offengelegt werden. Die Methode, nach der man die Fundamentalbewertung durchgeführt hat (muss nicht zwingend IDW S1 sein) und der Wert oder besser die Bewertungsbandbreite, die sich dabei ergeben hat,[180] sollten genannt werden. Das kann untermauert werden durch Angabe einiger Parameter, die der Bewertung zugrunde gelegt wurden (Kapitalisierungszinssatz, Wachstumsrate in der ewigen Rente, Verrentungszinssatz für die Berechnung des Ausgleichs). Wesentliche Grundlage jeder Ertragswertermittlung ist natürlich die Planung. Es kann überlegt werden, eine Drei-Jahres-Planung offenzulegen, damit der Fundamentalwert besser nachzuvollziehen ist.

VI. Fazit

„Wie hältst Du es mit dem Börsenkurs?" war die Ausgangsfrage dieses Beitrags. Aufgrund der Entwicklung der Rechtsprechung und der Gesetzgebung, insbesondere der Änderungen des § 255 AktG durch das ZuFinG ist die Antwort einfach: Wenn bei einer Strukturmaßnahme einer börsennotierten Gesellschaft Abfindung, Ausgleich oder der Ausgabepreis von neu ausgegebenen Aktien bestimmt werden muss, ist der Börsenkurs maßgeblich, sofern er aussagekräftig ist.

---

[177] BGH BeckRS 2024, 8656 Rn. 54 = ZIP 2024, 1070 (1074); so auch OLG Frankfurt a. M. BeckRS 2024, 2874 Rn. 59; dazu Ruthardt BWP 1/2024, 26.

[178] Schwetzler FS Goßfeld, 2019, 401 (407).

[179] OLG Frankfurt a. M. BeckRS 2024, 2874; zur Maßgeblichkeit des Börsenkurses auch bei Verzerrung durch Übernahmespekulationen BGH BeckRS 2024, 8656 Rn. 39 = ZIP 2024, 1070 (1073).

[180] Vgl. Wasmann AG 2023, 810 Rn. 12 („es [wird] niemals zwei Bewerter geben […], die völlig unabhängig voneinander bei einer Bewertung im Milliardenbereich centgenau zum selben Ertragswert gelangen [werden]"). Ein Punktbewertung ist bei einer Methode, die auf so vielen Annahmen und Ermessensentscheidungen beruht, nicht möglich.

Bei börsennotierten Gesellschaften ist eine zweistufige Prüfung vorzunehmen: Ist der Börsenkurs aussagekräftig? Wenn ja, dann muss kein Ertragswert bestimmt werden; wenn nein, dann muss der Ertragswert ermittelt werden. Dann taugt der Börsenkurs auch nicht als Untergrenze. Entweder/oder, Tertium non datur.

Es gibt noch keinen abschließenden Test, wann der Börsenkurs aussagekräftig genug ist, um den „wahren Wert" abzubilden. Die Bewertung auf der Grundlage des Börsenkurses beruht auf der Annahme, dass die Marktteilnehmer aufgrund der ihnen zur Verfügung gestellten Informationen und Informationsmöglichkeiten die Ertragskraft eines Unternehmens zutreffend bewerten und sich die Marktbewertung im Börsenkurs niederschlägt.

Aus diesem Grundprinzip ergeben sich auch die maßgeblichen Kriterien für die Prüfung: Es darf keine exogene Marktstörung vorliegen (zB Covid), die Gesellschaft muss kapitalmarktrechtlichen Offenlegungspflichten unterliegen und diesen nachgekommen sein, sie darf den Kurs nicht manipuliert haben, die Aktie muss liquide sein. Die Liquidität einer Aktie lässt sich am täglichen Handelsvolumen, der Höhe des Streubesitzes und dem sog. *Bid-ask Spread* messen. Je geringer der *Bid-ask Spread,* desto liquider ist die Aktie. Noch nicht abschließend geklärt ist, welcher Referenzzeitraum für den für die Bewertung maßgeblichen Börsenkurs gelten soll. Hier sollten die Grundsätze, die der BGH in der Stollwerk-Entscheidung für den Börsenkurs als Untergrenze der Bewertung entwickelt hat Anwendung finden, also der gewichtete Dreimonatskurs vor der Bekanntgabe der Maßnahme.[181]

Ist der Börsenkurs aufgrund dieser Analyse maßgeblich, dann ist er maßgeblich. Es spielt keine Rolle, ob der Ertragswert höher als der Börsenkurs sein könnte. Es gilt kein Meistbegünstigungsprinzip. Das hat der BGH im WCM-Beschluss ausdrücklich entschieden.

Es gibt trotzdem Gründe, warum der Abfindungspflichtige den Fundamentalwert zusätzlich bestimmen sollte. Der BGH hat ausdrücklich festgestellt, dass der Tatrichter im Spruchverfahren nicht an die vom Abfindungspflichtigen gewählte und vom Angemessenheitsprüfer bestätigte Methode gebunden ist. Kommt der Tatrichter bei der Prüfung des Börsenkurses zu dem Ergebnis, dass der Börsenkurs nicht maßgeblich ist, kann das Gutachten zur Fundamentalbewertung vorgelegt werden, um eine Verzögerung des Spruchverfahrens zu vermeiden. Zudem kann der Fundamentalwert der Plausibilisierung des Börsenkurses dienen, etwa um auszuschließen, dass Markverzerrungen oder Manipulationen vorliegen. Zwingend ist das nicht.

Durch die neue Rechtsprechung zum Börsenkurs werden öffentliche Übernahmen erleichtert. In letzter Zeit wurden solche Übernahmen durch sogenannte Abfindungsarbitrage erschwert. Insbesondere bei Transaktionen, bei denen ein Abschluss eines Beherrschungsvertrags zur Integration des Zielunternehmens erforderlich ist, haben sich Hedge-Fonds eingekauft und auf eine höhere Abfindung im *„Backend"*, also bei Abschluss eines Beherrschungsvertrags oder im Squeeze-out spekuliert. Das hat den Erfolg von Übernahmen erschwert. Wird aber der Beherrschungsvertrag oder der Squeeze-out unmittelbar nach Abschluss der Übernahme

[181] BGH BeckRS 2024, 8656 Rn. 31 = ZIP 2024, 1070 (1072).

angekündigt,[182] kann die Bewertung auf der Grundlage des Börsenkurses erfolgen, der dem Übernahmepreis entsprechen wird. Während und vor der Ankündigung der Übernahme wird die Aktie des Zielunternehmens immer sehr liquide sein. Für Abfindungsarbitrage ist dann kein Raum mehr.

[182] Der BGH hat im Spruchverfahren Vodafone/KDG offengelassen, ob schon die Ankündigung in der Angebotsunterlage, einen Beherrschungsvertrag abschließen zu wollen, für den Beginn des Referenzzeitraums ausreichend ist, obwohl die Umsetzbarkeit noch nicht gesichert ist.

SEBASTIAN HERRLER

Voreintragungsobliegenheiten nach dem MoPeG[1]

I. Einleitung

1. „Entdeckung" der Rechtsfähigkeit der GbR

Obwohl ursprünglich als Gesamthand konzipiert, hat der II. Zivilsenat des Bundesgerichtshofs mit seiner Entscheidung vom 29.1.2001[2] die rechtliche Verselbstständigung der Außen-GbR anerkannt und damit dem Rechtsanwender ein rechtsfähiges Subjekt beschert, welches – anders als die im Handelsregister eingetragenen Gesellschaften – über keine natürliche Publizität verfügte. Folglich konnten Existenz, Identität und die Vertretungsverhältnisse der GbR nicht zuverlässig festgestellt werden. In besonderem Maße manifestierte sich das Publizitätsdefizit der rechtsfähigen Außen-GbR, als der V. Zivilsenat des BGH in seiner Entscheidung vom 4.12.2008[3] deren Grundbuchfähigkeit anerkannte und für deren Eintragung im Grundbuch – trotz entsprechender Warnungen aus dem Schrifttum[4] – die Angabe des Namens der GbR für ausreichend erachtete. Die eiligen Reparaturbemühungen des Gesetzgebers (Einführung von § 899a BGB aF und von § 47 Abs. 2 GBO aF)[5] stellten die Handlungsfähigkeit der GbR zwar grundsätzlich wieder her, warfen allerdings neue Fragen auf (unter anderem Geltung des § 899a BGB aF auch für das Kausalgeschäft).[6] Die Abhilfebemühungen der Kautelarpraxis[7] vermochten die Risiken zwar zu minimieren. Vollständige Rechtssicherheit wurde aber nicht erreicht. Dies wäre nur dadurch möglich gewesen, dass sich die GbR-Gesellschafter als vermögensverwaltende oHG in das Handelsregister eintragen lassen, was indes nur selten geschehen ist, da die oHG gerade für vermögensverwaltende Gesellschaften vielfach mit Blick auf die sich hieran knüpfenden Rechtsfolgen (unter anderem

---

[1] Der nachfolgende Beitrag stellt eine (aktualisierte) Zusammenfassung der Ausführungen des Verfassers in §§ 8 und 9 des Münchner Handbuchs des Gesellschaftsrechts, Band 2, 6. Aufl. 2024, dar.

[2] BGHZ 146, 341 = NJW 2001, 1056 – ARGE/Weißes Ross.

[3] BGHZ 179, 102 = NJW 2009, 594. Die Gesellschafter sollten nur hilfsweise in Ermangelung eines Namens der GbR eingetragen werden.

[4] Lehmann AcP 207 (2007), 225 (248): „eine Art schwarzes Loch des Grundbuchverkehrs".

[5] Vgl. die vorherige Änderung von § 162 Abs. 1 S. 2 HGB und die nachfolgende Änderung von § 40 Abs. 1 S. 2 GmbHG (GbR als Kommanditist bzw. als Gesellschafter einer GmbH).

[6] Für einen Überblick zum Streitstand (Erstreckung von § 899a S. 2 iVm § 892 BGB auf das Kausalgeschäft, Anwendbarkeit allgemeiner Rechtsscheingrundsätze etc.) vgl. Herrler in Grüneberg, 82. Aufl. 2023, BGB § 899a Rn. 6 mwN.

[7] Doppelverpflichtung auch der eingetragenen Gesellschafter; Abwicklung über Anderkonto und Auszahlung erst nach Eigentumsumschreibung; Erteilung einer Gründungsvollmacht bei der Errichtung der GbR.

Formkaufmann, Grundsatz der Einzelvertretung in Verbindung mit unbegrenzter Haftung der Gesellschafter, Buchführungs- und Bilanzierungspflicht nach §§ 238 ff. HGB) nicht als geeignete Rechtsform angesehen wird. Auch im Übrigen konnte das Grundbuch für eine dort eingetragene GbR aufgrund des begrenzten Einsichtsrechts (vgl. § 12 GBO) kein Subjektregister ersetzen, zumal die Vermutung in § 899a S. 1 BGB aF und die von S. 2 in Bezug genommenen §§ 892–899 BGB nur „in Ansehung des eingetragenen Rechts" Anwendung fanden.

2. *Überwindung des Publizitätsdefizits*

Vor diesem Hintergrund herrschte breites Einvernehmen, dass es das bestehende Publizitätsdefizit jedenfalls in den Bereichen zu beseitigen galt, in denen die GbR in nicht nur unerheblichem Umfang am Rechtsverkehr teilnimmt und daher das Interesse der Vertragspartner und der Gläubiger an Transparenz und Rechtssicherheit, dh an verlässlichen Informationen über Existenz, Identität, Gesellschafter und eine zustellungsfähige Anschrift ein etwaiges Interesse der GbR-Gesellschafter an einer unbürokratischen Gründung und Verwaltung überwiegt. Die grundsätzlich denkbare Regelungsvariante, die zuvor punktuell in einzelnen Objekteregistern normierte Publizität der GbR (vgl. § 899a BGB aF iVm § 47 Abs. 2 GBO aF, § 40 Abs. 1 S. 2 GmbHG aF, § 162 Abs. 1 S. 2 HGB aF) auszubauen, etwa durch Erstreckung der Publizitätswirkung des § 899a BGB aF auf die Existenz der GbR und das Kausalgeschäft sowie durch Schaffung vergleichbarer Vorschriften in anderen Objektregistern,[8] wurde nicht weiter verfolgt, um nicht eine Behelfslösung zum allgemeinen Prinzip zu erheben.[9] Stattdessen wurde mit der Schaffung eines Subjektregisters eine zentrale Lösung zur Beseitigung des Publizitätsdefizits gewählt.

Ausgehend von der Entscheidung für ein Subjektregister zur Überwindung des Publizitätsdefizits hat sich der Gesetzgeber mit dem MoPeG weder für eine generelle bzw. eine an bestimmte Voraussetzungen geknüpfte Pflicht zur Eintragung der GbR entsprechend dem oHG-Modell gewählt noch die Rechtsfähigkeit der GbR an deren Eintragung im Register geknüpft. Ein dem Charakter der GbR als Auffangrechtsform für Gelegenheitsgesellschaften durch Vermeidung jeglichen verpflichtenden Zusatzaufwands Rechnung tragendes, freies Eintragungswahlrecht erschien indes ebenfalls nicht zielführend, da dieses keine hinreichende Gewähr für die Behebung der bestehenden Publizitätsdefizite in den relevanten Bereichen geboten hätte.[10] Um die mit Anerkennung der Rechtsfähigkeit einhergehenden Vorteile beizubehalten, die flexible Verwendbarkeit der GbR nicht über Gebühr einzuschränken und zugleich für hinreichende Publizität zu sorgen, wurden durch das MoPeG – ausgehend vom Grundsatz einer freiwilligen Eintragung (§ 707 Abs. 1 BGB) wie bei der kleingewerblichen oder der vermögensverwaltenden oHG (vgl. § 107 Abs. 1 S. 1 HGB) – diverse Eintragungsanreize geschaffen und diese durch verfahrensrechtliche (faktische) Eintragungszwänge ergänzt, um sicherzustellen, dass jedenfalls diejenigen Gesellschaften, die in relevanter Weise im Rechtsverkehr

---

[8] Vgl. K. Schmidt ZHR 177 (2013), 712 (734 f.).

[9] Mauracher Entwurf, S. 142.

[10] Begr. RegE, BT-Drs. 19/27635, 108 f.; Herrler ZGR-Sonderband 23 (2021), 39 (46 ff.).

in Erscheinung treten, im Interesse ihrer (künftigen) Vertragspartner und Gläubiger über Subjektpublizität verfügen. Das grundsätzlich bestehende Eintragungswahlrecht wird in zahlreichen Konstellationen durch verfahrensrechtliche Voreintragungsobliegenheiten dergestalt eingeschränkt, dass im Ergebnis faktisch ein Eintragungszwang besteht, wenn die hiervon erfassten Rechtsgeschäfte vorgenommen werden sollen (konstitutive Eintragung im Objektregister, vgl. § 873 Abs. 1 BGB) bzw. der rechtliche Erfolg von Rechtsgeschäften, die unabhängig von einer Eintragung im Objektregister wirksam werden, im entsprechenden Register verlautbart werden soll (deklaratorische Eintragung im Objektregister), insbesondere mit Blick auf die hierdurch herbeigeführte Publizitäts- (vgl. § 15 HGB) bzw. Legitimationswirkung (vgl. § 16 Abs. 1 GmbHG). In allen Konstellationen, in denen die Eintragung konstitutiv für den Rechtserwerb ist, hat die Voreintragungsobliegenheit freilich faktisch die Wirkung einer materiellen Sperre.

In der praktischen Anwendung liegt der Schwerpunkt der im Folgenden näher zu beleuchtenden Voreintragungsobliegenheiten im Immobiliarsachenrecht (→ II.). Die Unvollkommenheit von § 899a BGB war einer der (wenn nicht der) zentrale(n) Auslöser für die Reform des Personengesellschaftsrechts. Hier gilt es die Anwendung der Registerpublizität (§ 707a Abs. 3 S. 1 BGB iVm § 15 HGB) flächendeckend sicherzustellen. Daneben spielen die Voreintragungsobliegenheiten aber auch im Personengesellschafts- (→ III.), Kapitalgesellschafts- (→ IV.) und Umwandlungsrecht (→ V.) eine Rolle. Gerade im Gesellschaftsrecht bringen diese an einigen Stellen Friktionen mit sich, die im Gesetzgebungsverfahren jedenfalls nicht im Fokus standen.

II. Immobiliarsachenrecht

Im Immobiliarsachenrecht setzt der Erwerb eines Grundstücks, eines grundstücksgleichen Rechts sowie eines dinglichen Rechts an einem Grundstück oder an einem grundstücksgleichen Recht gem. § 873 Abs. 1 BGB (ggf. iVm § 925 BGB, § 11 Abs. 1 ErbbauRG) die Eintragung im Grundbuch als konstitutives Wirksamkeitserfordernis voraus. Demgemäß statuiert § 47 Abs. 2 GBO, dass für eine Gesellschaft bürgerlichen Rechts ein Recht nur eingetragen werden soll, wenn sie im Gesellschaftsregister eingetragen ist (grundbuchverfahrensrechtliche Sperre), sofern der maßgebliche Antrag ab dem 1.1.2024 gestellt wurde (Art. 229 § 21 Abs. 4 EGBGB).[11] Im Regelfall wird sich eine GbR, die ein derartiges Recht erwerben möchte, zunächst im Gesellschaftsregister eintragen lassen und nach Abschluss der Registrierung den Erwerbsvertrag abschließen. Im Grundbuch ist die GbR – in Abweichung zur vormaligen Rechtslage (vgl. § 47 Abs. 2 GBO aF) – sodann nur noch mit Name, Sitz, Registergericht und Registerblatt einzutragen. Fehlt es an der Registrierung der GbR im Gesellschaftsregister und wird diese dennoch als Berechtigte im Grundbuch eingetragen – was in der Praxis kaum je vor-

[11] Zum Übergangsrecht vgl. Kratzlmeier ZfIR 2023, 197 (207ff.); Wilsch MittBayNot 2023, 457 (463ff.).

kommen dürfte –, lässt dies die Wirksamkeit des Erwerbsvorgangs materiellrechtlich unberührt, da es sich bei § 47 Abs. 2 GBO lediglich um eine Vorschrift des Grundbuchverfahrensrechts handelt. Die eigentliche Bedeutung der lediglich verfahrensrechtlichen Dimension von § 47 Abs. 2 GBO kommt beim Rechtserwerb einer GbR kraft Gesetzes (etwa – wenngleich ebenfalls eher atypisch – nach § 1922 Abs. 1 BGB) zum Tragen, da die fehlende Eintragung diesem nicht entgegensteht.[12]

Der Anwendungsbereich der grundbuchverfahrensrechtlichen Sperre beschränkt sich nicht auf den Ersterwerb von im Grundbuch eingetragenen Rechten durch eine GbR, sondern erfasst auch sog. Bestandsgesellschaften, also die zahlreichen Gesellschaften bürgerlichen Rechts, die bereits vor dem 1.1.2024 (überwiegend nach Maßgabe von § 47 Abs. 2 GBO aF) im Grundbuch eingetragen wurden. Diese müssen sich zwar nicht verpflichtend innerhalb einer bestimmten Frist nach dem 1.1.2024 im Gesellschaftsregister eintragen lassen. Allerdings ordnet die Verfahrensvorschrift des Art. 229 § 21 Abs. 1 EGBGB an, dass neue Eintragungen in das Grundbuch, die ein Recht einer Bestands-GbR betreffen, nur nach deren vorheriger Registrierung im Gesellschaftsregister und Anpassung des bisherigen Grundbucheintrags an die neuen Vorgaben (Name, Sitz, Registergericht und -blatt; Streichung der Gesellschafter) vorgenommen werden sollen, also insbesondere Verfügungen durch Bestandsgesellschaften deren vorherige Registrierung erfordern, sofern der maßgebliche Antrag ab dem 1.1.2024 gestellt wurde (Art. 229 § 21 Abs. 4 EGBGB). Bei Veränderungen im Gesellschafterbestand einer nach Maßgabe von § 47 Abs. 2 GBO aF im Grundbuch eingetragenen Bestandsgesellschaft ist eine diesbezügliche Grundbuchberichtigung[13] nach Art. 229 § 21 Abs. 2 S. 1 EGBGB ausgeschlossen. Vielmehr statuiert Art. 229 § 21 Abs. 2 S. 2 EGBGB eine Voreintragungsobliegenheit der GbR im Gesellschaftsregister unter Verlautbarung der relevanten Änderung im Gesellschafterkreis und die anschließende Richtigstellung der Bezeichnung der GbR im Grundbuch.

1. *Reichweite der Voreintragungsobliegenheiten*

a) § 47 Abs. 2 GBO (Erwerb durch GbR)

Die Voreintragungsobliegenheit gem. § 47 Abs. 2 GBO erstreckt sich auf jegliche Eintragung eines Rechts „für" eine GbR in das Grundbuch. Neben dem Eigentum an einem Grundstück fallen hierunter grundstücksgleiche Rechte sowie beschränkte dingliche Rechte in Abteilung II und III des Grundbuchs einschließlich Vormerkung und Widerspruch. Das Tatbestandsmerkmal „Eintragung" im Sinne von § 47 Abs. 2 GBO ist weit auszulegen, sodass neben der erstmaligen Begründung eines Rechts auch die Inhaltsänderung eines bereits existierenden Rechts ebenso wie berichtigende Verlautbarungen (etwa im Falle eines gesetzlichen Erwerbstatbestands) erfasst werden.[14]

---

[12] Begr. RegE, BT-Drs. 19/27635, 207.

[13] Der bislang bestehende Grundbuchberichtigungszwang nach § 82 S. 3 GBO aF wurde aufgehoben.

[14] Begr. RegE, BT-Drs. 19/27635, 206.

Die Voreintragungsobliegenheit findet im Fall einer Zwangsvollstreckung durch eine GbR (zur Zwangsvollstreckung gegen eine GbR → II. 1. b) aa) (4)) ebenfalls Anwendung. Eine Zwangs- bzw. Arresthypothek (§§ 867, 932 ZPO) wird daher erst nach Registrierung der GbR im Grundbuch eingetragen. Eine Verkürzung des Rechtsschutzes ist hiermit nicht verbunden, da die Monatsfrist des § 929 Abs. 3 iVm Abs. 2 ZPO nicht für den Grundbuchvollzug gilt und es bei rechtzeitig gestelltem Eintragungsantrag auch nicht zu einer Rangbeeinträchtigung kommt (vgl. §§ 17, 45 GBO).[15] Beteiligt sich eine GbR erfolgreich an einem Zwangsversteigerungsverfahren, findet der Eigentumsübergang außerhalb des Grundbuchs durch Zuschlag statt (§ 90 Abs. 1 ZVG) und die Eintragung des neuen Eigentümers erfolgt im Wege der Grundbuchberichtigung. Um sicherzustellen, dass die Grundbuchberichtigung im Anschluss an den Zuschlag erfolgen kann, wird das Versteigerungsgericht Gebote einer GbR nur zulassen, wenn diese bereits im Gesellschaftsregister registriert (und wirksam vertreten) ist.[16]

b) Art. 229 § 21 EGBGB (Übergangsregelung für Bestandsgesellschaften)

aa) Eintragungen, die ein Recht einer Bestands-GbR betreffen (Abs. 1)

(1) Für Gesellschaften bürgerlichen Rechts, die noch unter Geltung des alten Rechts in das Grundbuch eingetragen wurden,[17] fordert Art. 229 § 21 Abs. 1 EGBGB für jegliche Eintragungen im Grundbuch, die ein Recht der GbR betreffen, dass letztere zuvor im Gesellschaftsregister und sodann (berichtigend) unter Angabe der Registerdaten im Grundbuch eingetragen wird. Die Voreintragungsobliegenheit nach Art. 229 § 21 Abs. 1 EGBGB erfasst demnach Verfügungen der GbR über ihr Eigentum (Auflassung) und ihre beschränkten dinglichen Rechte (einschließlich der Vormerkung), also die diesbezügliche Begründung, Inhaltsänderung und (ggf. teilweise) Aufgabe sowie den Verzicht. Durch das Zusammenspiel der Gesellschaftsregister- und Grundbuchpublizität wird trotz Aufhebung von § 899a BGB aF weiterhin ein gutgläubiger Erwerb ermöglicht (§ 707a Abs. 3 S. 1 BGB iVm § 15 HGB; § 892 BGB). Neben konstitutiv wirkenden Eintragungen (vgl. § 873 Abs. 1 BGB) fallen aber auch lediglich berichtigende Eintragungen betreffend ein Recht einer Bestands-GbR in den Anwendungsbereich von Art. 229 § 21 Abs. 1 EGBGB, etwa ein Eigentumswechsel kraft Gesetzes (Erbfolge, Umwandlungsvorgänge). Zum Sonderfall der Anwachsung bei Ausscheiden des vorletzten Gesellschafters (§ 712a Abs. 1 BGB) → II. 2. b).

(2) Obwohl es sich bei der Eintragung der GbR im Grundbuch unter Angabe der Registerdaten statt der Gesellschafter nicht um eine Grundbuchberichtigung, sondern lediglich um eine Richtigstellung handelt,[18] ordnet Art. 229 § 21 Abs. 3

---

[15] Begr. RegE, BT-Drs. 19/27635, 207.

[16] Begr. RegE, BT-Drs. 19/27635, 207.

[17] Gleiches gilt für den unwahrscheinlichen Fall, dass eine GbR nach dem 1.1.2024 entgegen § 47 Abs. 2 GBO ohne vorherige Registrierung im Gesellschaftsregister erstmals im Grundbuch eingetragen wird und es sodann zu einem in den Anwendungsbereich von Art. 229 § 21 Abs. 1 EGBGB fallenden Vorgang kommt.

[18] Änderung lediglich der Art und Weise, in der die GbR im Grundbuch eingetragen ist, ohne ihre Rechtsstellung zu berühren.

EGBGB an, dass diese Richtigstellung verfahrensrechtlich wie eine Grundbuchberichtigung zu behandeln ist (kein Freibeweisverfahren) und es der Bewilligung sämtlicher im Grundbuch nach § 47 Abs. 2 GBO aF als Gesellschafter eingetragenen Personen in der Form des § 29 GBO bedarf. In den Fällen des § 22 Abs. 2 GBO (GbR als Eigentümerin, Erbbauberechtigte) bedarf es zusätzlich der Zustimmung der einzutragenden (registrierten) GbR[19] in der Form des § 29 GBO. Dies dient dem Nachweis der Identität und soll verhindern, dass einer registrierten GbR ein Recht an einem Grundstück aufgedrängt wird.[20]

(3) Von Art. 229 § 21 Abs. 1 EGBGB nicht erfasst werden bloße Richtigstellungen, zB nach Änderung des Namens einer Bestands-GbR.[21] Derartige Eintragungen haben nicht am öffentlichen Glauben des Grundbuchs teil, sodass ein derartiger Vorgang zu keiner Grundbuchunrichtigkeit im Sinne von § 22 GBO führt. Da die Änderung des Namens kein Recht der GbR betrifft, kann der Name im Wege der Richtigstellung ohne Voreintragung der GbR im Gesellschaftsregister geändert werden.[22] Die Grundsätze der Richtigstellung gelten ebenfalls, wenn eine GbR ohne entsprechenden verfahrensrechtlichen Zwang nach Art. 229 § 21 Abs. 1 EGBGB, dh insbesondere nicht im Zusammenhang mit einer Verfügung über ein Grundbuchrecht, in das Gesellschaftsregister eingetragen wird und sodann unter Name, Sitz und Registerdaten in das Grundbuch eingetragen werden soll („isolierte Umfirmierung"). Denn diese Eintragung betrifft kein Recht einer GbR im Sinne von Art. 229 § 21 Abs. 1 EGBGB. Obwohl Art. 229 § 21 Abs. 1 EGBGB nicht einschlägig ist, wird das Grundbuchamt die in Art. 229 § 21 Abs. 3 EGBGB normierten Anforderungen an die Eintragung der registrierten GbR anstelle der GbR unter Angabe ihrer Gesellschafter anlegen, um die eGbR vor einem aufgedrängten Erwerb zu schützen.[23] Ist das Recht einer nicht registrierten GbR nur mittelbar betroffen, etwa bei Verfügung über ein beschränktes dingliches Recht am Grundstück einer GbR oder Eigentumswechsel bei einem Grundstück, an welchem die GbR Inhaber eines dinglichen Rechts ist, greift das Voreintragungserfordernis nicht ein.[24] Gleiches gilt für „nicht-eintragungsakzessorische Vorgänge" (Abtretung von Briefgrundschulden oder eines vormerkungsgesicherten Anspruchs), welche die nicht registrierte GbR ohne Voreintragung wirksam vornehmen kann.[25] Sollen diese allerdings berichtigend im Grundbuch nachvollzogen werden, findet Art. 229 § 21 Abs. 1 EGBGB Anwendung.

(4) Art. 229 § 21 Abs. 1 EGBGB gilt grundsätzlich auch in der Zwangsvollstreckung gegen eine noch nicht im Gesellschaftsregister eingetragene GbR. Aus diesem Grund soll der Vollstreckungsgläubiger entsprechend § 14 GBO berechtigt sein, die GbR in das Gesellschaftsregister eintragen und sodann das Grundbuch be-

[19] Insoweit genügt die ordnungsgemäße Vertretung der eGbR.
[20] Begr. RegE, BT-Drs. 19/27635, 218.
[21] Gleiches gilt für eine Änderung des Sitzes der GbR.
[22] Begr. RegE, BT-Drs. 19/27635, 216f.
[23] Begr. RegE, BT-Drs. 19/27635, 217.
[24] Wobst ZPG 2023, 58 (61).
[25] Kratzlmeier ZfIR 2023, 197 (200f.).

richtigen zu lassen.[26] Welche Anforderungen an den Nachweis der Identität der im Grundbuch eingetragenen GbR und der im Vollstreckungstitel genannten Schuldnerin zu stellen sind, ist indes noch nicht abschließend geklärt. Teilweise wird die Übereinstimmung des Gesellschafterkreises für ausreichend erachtet.[27] Da dieselben Gesellschafter an mehreren Gesellschaften beteiligt sein können, wird mit Blick auf die Rechtsfähigkeit der GbR mitunter erwogen, darüber hinausgehend zu fordern, dass die GbR im Rubrum exakt gemäß ihrer Bezeichnung im Grundbuch genannt ist.[28] Falls man dies mit Blick auf die Aufhebung von § 899a BGB aF ablehnte, bedürfte es eines weiteren Titels, der die im Grundbuch eingetragenen Gesellschafter zur Anmeldung der GbR beim Gesellschaftsregister und zur Abgabe der für die Grundbuchberichtigung erforderlichen Bewilligungen verpflichtet.[29]

bb) Gesellschafterwechsel bei einer bereits im Grundbuch eingetragenen GbR (Abs. 2)

(1) Bei (rechtserheblichen) Veränderungen im Gesellschafterbestand einer auf Grundlage von § 47 Abs. 2 GBO aF im Grundbuch eingetragenen GbR – gleiches gilt, wenn die Gesellschafter noch in gesamthänderischer Verbundenheit als Berechtigte im Grundbuch eingetragen sind –, etwa durch Anteilsabtretung oder Erwerb von Todes wegen, findet gem. Art. 229 § 21 Abs. 2 S. 1 EGBGB keine Berichtigung des Grundbuchs mehr statt. Änderungen im Gesellschafterbestand führen ohnehin nicht zu einer Grundbuchunrichtigkeit im Sinne von § 894 BGB bzw. § 22 GBO, da die Stellung des Berechtigten (GbR) hiervon unberührt bleibt. Gleichwohl zogen derartige Änderungen mit Blick auf die Publizitätswirkung des § 899a BGB aF gem. § 82 S. 3 GBO aF einen Grundbuchberichtigungszwang nach sich. Vielmehr bedarf es der Eintragung der GbR im Gesellschaftsregister unter Abbildung der relevanten Änderung im Gesellschafterkreis und der anschließenden Richtigstellung der Bezeichnung der GbR im Grundbuch (Angabe der Registerdaten und Streichung der bislang eingetragenen Gesellschafter). Art. 229 § 21 Abs. 2 S. 2 EGBGB iVm § 82 GBO statuiert insoweit einen Grundbuchberichtigungszwang.

(2) Anders als bei den anderen Voreintragungsobliegenheiten besteht insoweit der Grundbuchberichtigungszwang fort, dh das Grundbuchamt ist bei Kenntniserlangung von einer rechtserheblichen Veränderung im Gesellschafterbestand aufgrund des Verweises auf § 82 GBO zu Zwangsmaßnahmen berechtigt; eine Ermittlungspflicht besteht indes nicht.[30] Unabhängig von etwaigen Zwangsmaßnahmen des Grundbuchamts liegt eine zeitnahe Eintragung und Verlautbarung der geänderten Gesellschafterverhältnisse im Gesellschaftsregister und (mittelbar) auch im Grundbuch im Interesse des Ausgeschiedenen, vor allem um die Nachhaftungsfrist des § 728b Abs. 1 S. 3 Var. 2 BGB in Gang zu setzen. Ebenso wie bei Art. 229 § 21 Abs. 1 EGBGB bedarf eine Richtigstellung im Sinne von Art. 229 § 21 Abs. 2 EGBGB gem. Art. 229 § 21 Abs. 3 EGBGB der Bewilligung aller im Grundbuch

[26] Begr. RegE, BT-Drs. 19/27635, 218f.
[27] So Kratzlmeier ZfIR 2023, 197 (206).
[28] Kramer FGPrax 2023, 193 (197).
[29] Kramer FGPrax 2023, 193 (197).
[30] Begr. RegE, BT-Drs. 19/27635, 217; vgl. Krauß notar 2023, 339 (340f.).

nach § 47 Abs. 2 GBO aF eingetragenen Gesellschafter und in den Fällen des § 22 Abs. 2 GBO (GbR als Eigentümerin, Erbbauberechtigte) zusätzlich der Zustimmung der einzutragenden (registrierten) GbR,[31] jeweils in der Form des § 29 GBO. Während für den Fall des Ausscheidens durch Tod hinsichtlich der Anmeldung der GbR, die grundsätzlich von allen Gesellschaftern zu bewirken ist (§ 707 Abs. 4 S. 1 BGB), eine Erleichterung normiert wurde (entbehrlich, sofern „besondere Hindernisse entgegenstehen"), gilt dies nicht ohne weiteres auch für die grundbuchverfahrensrechtlich zum Nachweis der Identität gebotenen Bewilligung. Im Zweifel wird man insoweit auf die bisher für § 899a BGB aF geltenden Grundsätze zurückgreifen.[32]

Ebenso wie Art. 229 § 21 Abs. 1 EGBGB hinsichtlich vergleichbarer Änderungen bei der GbR gilt Art. 229 § 21 Abs. 2 EGBGB nicht für bloße Richtigstellungen im Hinblick auf die im Grundbuch eingetragenen Gesellschafter, etwa im Fall einer Namensänderung infolge Verehelichung, Scheidung oder Adoption. Diese können weiterhin ohne Voreintragung der GbR im Gesellschaftsregister im Grundbuch verlautbart werden.[33]

2. *(Potentielle) Ausnahmen vom Voreintragungserfordernis*

Die in § 47 Abs. 2 GBO sowie Art. 229 § 21 Abs. 1 und 2 EGBGB normierten Voreintragungsobliegenheiten gelten in ihrem Anwendungsbereich nach dem Gesetzeswortlaut ausnahmslos. In der Literatur wurden indes Konstellationen identifiziert, in denen der Sinn und Zweck einer Voreintragung der GbR im Gesellschaftsregister jedenfalls nicht zweifelsfrei ist und daher eine teleologische Reduktion des betreffenden Voreintragungserfordernisses zu erwägen ist.

a) Veräußerung des einzigen Grundstücks

Veräußert eine noch nicht im Gesellschaftsregister eingetragene GbR ihr einziges Grundstück bzw. wird ihr einziges im Grundbuch eingetragenes Recht aufgehoben (und ist sie nicht als Gesellschafterin in anderen Objektregistern eingetragen, etwa als GmbH-Gesellschafterin), wurde im Gesetzgebungsverfahren unter Verweis auf den Normzweck von § 40 Abs. 1 GBO sowie den Umstand, dass keine Perpetuierung einer unerwünschten Eintragungsfassung droht, da die GbR aus dem Grundbuch ausscheidet, mitunter eine Ausnahme von der Voreintragungsobliegenheit gefordert. Die GbR werde ansonsten zur Registrierung im Gesellschaftsregister gezwungen, um nach Vollzug der Verfügung sogleich nach Maßgabe der §§ 735 ff. BGB liquidiert zu werden. In derartigen Konstellationen solle es im Ermessen der Vertragsparteien liegen, das Rechtsgeschäft unter Inanspruchnahme der Gesellschaftsregisterpublizität oder unter Verzicht auf diese abzuschließen.[34] Im Gesetzeswortlaut der verabschiedeten Fassung des MoPeG finden sich für eine derartige Ausnahme allerdings keine Anhaltspunkte, sodass allenfalls eine teleologische

[31] Insoweit genügt die ordnungsgemäße Vertretung der eGbR.
[32] Vgl. Grüneberg/Herrler, 82. Aufl. 2023, BGB § 899a Rn. 3 mwN.
[33] Begr. RegE, BT-Drs. 19/27635, 218.
[34] Vgl. unter anderem Bolkart MittBayNot 2021, 319 (329).

Reduktion von Art. 229 § 21 Abs. 1 EGBGB in Betracht kommt. Da die Gesetzesverfasser in Kenntnis der vorstehend beschriebenen Diskussion in der Literatur insoweit keine Änderungen am Gesetzestext vorgenommen haben und sich in den Gesetzesmaterialien keine Hinweise darauf finden, dass in derartigen Konstellationen eine Ausnahme von der Voreintragungsobliegenheit zu erwägen sei,[35] lässt sich die erforderliche planwidrige Regelungslücke nur schwer begründen. Überwiegend wird daher eine Ausnahme vom Voreintragungserfordernis im Ergebnis auch für diejenigen Gesellschaften zurecht abgelehnt, die ihr einziges Grundstück veräußern. Ausschlaggebend dürfte die Erwägung gewesen sein, dass sich nur durch Voreintragung der GbR im Gesellschaftsregister eine für den Rechtsverkehr und das Grundbuchamt verlässliche Nachweisgrundlage (transparente Informierung über die Verhältnisse der GbR) geschaffen werde.[36]

b) *Bloße reale Auseinandersetzung der Gesellschafter einer Bestands-GbR*

Ungeachtet dessen, dass sich in der Gesetzesbegründung des MoPeG keine Anhaltspunkte für die Anerkennung von Ausnahmen vom Voreintragungsgrundsatz finden, erscheint ein Verzicht auf die Voreintragung in teleologischer Reduktion von Art. 229 § 21 Abs. 1 EGBGB erwägenswert, wenn sich eine bislang nicht im Gesellschaftsregister eingetragene, grundbesitzhaltende GbR dergestalt auseinandersetzt, dass einem, mehreren oder allen Gesellschaftern das Grundstück zu Allein- bzw. Miteigentum übertragen wird. In derartigen Konstellationen besteht kein Bedarf für die Publizitätswirkungen des § 15 HGB bzw. für einen gutgläubigen Erwerb, der allenfalls bei vorangehenden Gesellschafterwechseln in Betracht kommt, welche den Buch-Gesellschaftern bekannt sein sollten. Unter diesen Umständen erscheint eine über die Verlautbarung der Bestandsgesellschafter im Grundbuch hinausgehende Nachweisgrundlage entbehrlich, welche ohnehin nur diese selbst geschaffen würde. Besonders augenfällig wird die praktische Relevanz für eine derartige Ausnahme vom Voreintragungsgrundsatz bei der Auseinandersetzung einer Zweipersonen-GbR, nicht selten in Gestalt der Ehegatten-GbR, die das selbstgenutzte Familienheim auf Anraten ihrer rechtlichen Berater nicht zu ideellen Bruchteilen, sondern in GbR erworben haben.[37] Gerade in Trennungssituationen würden die Noch-Ehegatten andernfalls zur Registrierung ihren GbR mit sich anschließendem Liquidationsverfahren gezwungen, welches den vielfach gewünschten „wirtschaftlichen Schlussstrich" unnötig hinauszögert.

c) *Gesetzlicher Eigentumsverlust*

Eine teleologische Reduktion von Art. 229 § 21 Abs. 1 EGBGB wird ferner teilweise in Fällen befürwortet, in denen eine GbR ihr grundbuchliches Recht kraft Gesetzes verloren hat (Umwandlungsvorgänge, Anwachsung). Insoweit kommt ein

---

[35] Vgl. Begr. RegE, BT-Drs. 19/27635, 216.

[36] Heckschen/Knaier, Handbuch Personengesellschaften, § 9 Rn. 230o; Hermanns in Schäfer, Das neue Personengesellschaftsrecht, 2022, § 2 Rn. 43; Kratzlmeier ZfIR 2023, 197 (203); Krauß notar 2023, 339; Wobst ZPG 2023, 58 (60).

[37] Vgl. Wilsch MittBayNot 2023, 457 (458).

gutgläubiger Erwerb nicht in Betracht und es droht auch keine Perpetuierung einer unerwünschten Eintragungsfassung.[38] Für Umwandlungsmaßnahmen wird diese Ausnahme unter Hinweis darauf abgelehnt, die Voreintragung diene der transparenten Information des Rechtsverkehrs über die Verhältnisse der GbR.[39] Angesichts der fehlenden Umwandlungsfähigkeit einer nicht registrierten GbR (→ V.) geht es bei den Fällen der Gesamtrechtsnachfolge in erster Linie um Anwachsungsfälle, also das Ausscheiden des vorletzten Gesellschafters einer nicht eingetragenen GbR (vgl. § 712a BGB). In einer derartigen Konstellation kommt eine Voreintragung der GbR im Gesellschaftsregister nach erfolgtem Ausscheiden des vorletzten Gesellschafters mangels Fortexistenz der GbR (Vollbeendigung) nicht in Betracht.[40] Im Fall der Anwachsung ist nicht nur der Rechtsträger unrichtig bezeichnet, sondern das Grundbuch ist unrichtig im Sinne von § 22 GBO. In teleologischer Reduktion von Art. 229 § 21 Abs. 1 EGBGB bedarf es hier richtigerweise keiner Voreintragung. Die Grundbuchberichtigung setzt analog Art. 229 § 21 Abs. 3 S. 2 EGBGB die Bewilligung aller eingetragenen Gesellschafter der GbR in der Form des § 29 GBO voraus.[41]

3. *Abschluss des Rechtsgeschäfts vor Registrierung der GbR*

Die Voreintragungsobliegenheiten nach § 47 Abs. 2 GBO und Art. 229 § 21 Abs. 1 EGBGB betreffen unmittelbar nur den dinglichen Vollzug, dh die Eintragung im Grundbuch. In der Zusammenschau mit den durch sie bezweckten Publizitätswirkungen des Gesellschaftsregisters zielen sie freilich auf eine Vornahme der relevanten Rechtsgeschäfte erst nach Registrierung der GbR ab, da nur auf diese Weise der gutgläubige Vertragspartner geschützt ist (§ 707a Abs. 3 S. 1 BGB iVm § 15 HGB) und sich keine Fragen hinsichtlich der Identität der den Vertrag schließenden, nicht eingetragenen GbR sowie der in der Folge registrierten eGbR stellen (Identitätsrisiko, § 892 BGB).[42] Im Idealfall sollte daher die beteiligte GbR zunächst im Gesellschaftsregister registriert und – im Fall einer Bestandsgesellschaft – sollten bestehende Grundbucheintragungen der GbR berichtigt werden. Weitere Rechtsgeschäfte sollten erst im Anschluss vorgenommen werden. Das damit einhergehende zweistufige Verfahren (erst Eintragung im Gesellschaftsregister, ggf. anschließend Berichtigung im Grundbuch und sodann Abschluss des gewünschten Rechtsgeschäfts), welches den Abschluss des eigentlich angestrebten Geschäfts um mindestens ein bis zwei Wochen verzögern dürfte, wird im Einzelfall von den Parteien als unbefriedigend empfunden. Daher stellt sich die Frage, ob die Eintragungen im Gesellschaftsregister und Grundbuch stets abzuwarten sind oder ob – unter

[38] So Bolkart MittBayNot 2021, 319 (328f.) und Kramer FGPrax 2023, 193.

[39] Krauß notar 2023, 339.

[40] Andernfalls müsste die GbR für die Zwecke der Registrierung im Gesellschaftsregister als fortbestehend fingiert werden und es müssten Gesellschafter an der Anmeldung mitwirken, die gar keine Gesellschafter mehr sind.

[41] Bolkart MittBayNot 2021, 319 (329); Krauß notar 2023, 339; Wobst ZPG 2023, 58 (61); aA Aumann notar 2022, 99 (104); wohl auch Hermanns in Schäfer, Das neue Personengesellschaftsrecht, 2022, § 2 Rn. 43.

[42] Vgl. Krauß notar 2023, 339 (340).

bestimmten Voraussetzungen, Schutzvorkehrungen bzw. Hinweisen – der Abschluss des gewünschten Rechtsgeschäfts schon vor Registrierung der GbR (insbesondere unmittelbar nach deren Anmeldung) und ggf. vor Richtigstellung der Grundbucheintragungen erfolgen kann bzw. sollte.

Da auch die nicht eingetragene GbR nach § 705 Abs. 2 Var. 1 BGB rechtsfähig ist, *kann* der Vertragsschluss ohne weiteres vor Registrierung und ggf. Grundbuchberichtigung erfolgen. Zu klären ist lediglich, ob bzw. unter welchen Voraussetzungen dies ratsam ist. In jedem Fall führt die spätere Eintragung der GbR im Register nicht dazu, dass die hierdurch vermittelten Publizitätswirkungen für Rechtsgeschäfte vor Registrierung Anwendung finden (keine Rückwirkung der Registerpublizität). Dies gilt gleichfalls für von der nicht eingetragenen GbR oder deren Gesellschaftern in dieser Funktion erteilte Vollmachten, die nach Eintragung ausgeübt werden.[43] Eine Bescheinigung nach § 32 GBO kommt somit nicht in Betracht.

a) *Erwerb durch GbR*

Schließt eine noch nicht registrierte GbR einen Grundstückskaufvertrag als Erwerber ab, stellen sich insbesondere folgende Probleme:

aa) *Vormerkung als Fälligkeitsvoraussetzung*

Im absoluten Regelfall wird die Fälligkeit des Kaufpreises unter anderem an die Eintragung einer Eigentumsvormerkung (auch „Auflassungsvormerkung") geknüpft. Ohne Registrierung der GbR wird die Vormerkung jedoch mit Blick auf § 47 Abs. 2 GBO aF nicht eingetragen. Auch bei bereits erfolgter Registeranmeldung der GbR haben es deren Gesellschafter in der Hand, die Registrierung der GbR und dadurch die Eintragung der Vormerkung als Voraussetzung der Fälligkeit des Kaufpreises durch Rücknahme der Anmeldung zu verzögern bzw. zu verhindern. Richtigerweise dürfte unter diesen (recht unwahrscheinlichen) Umständen die (vom Erwerber verhinderte) Fälligkeitsvoraussetzung „ranggerechte Eintragung der Vormerkung" mit Blick auf den Rechtsgedanken von § 162 BGB als eingetreten zu betrachten sein. Der besonders vorsichtige Gestalter mag darüberhinausgehend für diesen Fall im Kaufvertrag ausdrücklich Vorsorge treffen, beispielsweise dadurch, dass derselbe Notar für den Vollzug der Registrierung zuständig ist und die Fälligkeitsvoraussetzung „ranggerechte Eintragung der Vormerkung" entfällt, wenn die Eintragung der Vormerkung sich aus Gründen verzögert, die der Erwerbersphäre zuzurechnen sind. Denkbar ist auch ein diesbezügliches Rücktrittsrecht.[44]

bb) *Vollzugsfähigkeit der vor Registrierung erklärten Auflassung*

Wird die GbR in derselben Urkunde gegründet, in der auch der Grundstückskaufvertrag samt Auflassung abgeschlossen wird, bestehen keine Zweifel an der Existenz, Identität und Vertretungsberechtigung der später eingetragenen GbR.[45]

---

[43] Bolkart MittBayNot 2021, 319 (327); Hermanns in Schäfer, Das neue Personengesellschaftsrecht, 2022, § 2 Rn. 37; Wilsch MittBayNot 2023, 457 (460).

[44] So Heckschen/Weitbrecht in BeckNotar-HdB, 8. Aufl. 2024, § 20 Rn. 253.

[45] Vgl. Schöner/Stöber, Grundbuchrecht, 16. Aufl. 2022, Rn. 981 c.

Zudem kann der Notar bei Bedarf eine entsprechende Identitätsbestätigung (§ 24 BNotO, nicht § 21 BNotO) ausstellen.[46] Ist ein derartiges Vorgehen (zB aus Kostengründen)[47] nicht gewünscht und auch nicht materiellrechtlich geboten (Reichweite von § 311b Abs. 1 S. 1 BGB),[48] bietet es sich an, die GbR unmittelbar vor Abschluss des Erwerbsgeschäfts beim Gesellschaftsregister anzumelden, dem Grundstückskaufvertrag eine beglaubigte Abschrift der Registeranmeldung beizufügen[49] und nach Registrierung eine notarielle Identitätsbescheinigung auszustellen.[50] Dies soll nach herrschender Meinung in der Literatur als Existenz-, Vertretungs- und Identitätsnachweis jedenfalls bei Mitwirkung aller Gesellschafter am Grundstückskaufvertrag genügen.[51] Dass alle Gesellschafter der GbR auch am Grundstückskaufvertrag mitwirken und sich der Zwangsvollstreckung wegen der Kaufpreiszahlungspflicht[52] in ihr Privatvermögen unterwerfen, empfiehlt sich im Regelfall schon mit Blick auf § 722 Abs. 2 BGB. Bei Bedarf kann unter diesen Umständen die bereits erfolgte GbR-Gründung bestätigt werden. Im Einzelfall mag der Kaufvertrag auch lediglich mit vertretungsberechtigten Gesellschaftern der GbR abgeschlossen werden.[53] Für die notarielle Eigenurkunde gilt insoweit das Vorstehende.

cc) Bestellung von Finanzierungsgrundpfandrechten

Für die Bestellung von Finanzierungsgrundschulden aufgrund einer entsprechenden Vollmacht des Verkäufers gelten die vorstehenden Ausführungen grundsätzlich entsprechend. Steht im Raum, dass die Vollmacht erst einige Zeit nach ihrer Erteilung zum Einsatz kommt und die Verlässlichkeit der in der Registeranmeldung enthaltenen Informationen mehr und mehr abzunehmen droht, empfiehlt sich eine Bevollmächtigung auch der Gesellschafter der GbR zur Grundschuldbestellung,

---

[46] Bolkart MittBayNot 2021, 319 (330).

[47] Grundsätzlich handelt es sich um verschiedene Beurkundungsgegenstände im Sinne von §§ 86 Abs. 2, 111 GNotKG (vgl. LG München I MittBayNot 1972, 314).

[48] Ein Beurkundungserfordernis besteht für die GbR-Gründung insbesondere in Konstellationen, in denen sich die Gesellschafter zum Erwerb einer Immobilie verpflichten. Der bloße Umstand, dass es sich um eine „Projekt GbR" handelt, die zum Zwecke des Erwerbs eines bestimmten Grundstücks gegründet wurde, genügt insoweit allerdings richtigerweise nicht, sofern es an einer entsprechenden Verpflichtung der Gesellschafter zu dem konkreten Erwerb fehlt (strenger unter Umständen Krauß notar 2023, 339 (346)).

[49] Teilweise wird die umgekehrte Reihenfolge unter Bezugnahme auf den Erwerbsvertrag in der Registeranmeldung befürwortet (Bolkart MittBayNot 2021, 319 (330)). Dies hat jedoch den Nachteil, dass diese Informationen dann für jedermann einsehbar sind.

[50] Hermanns in Schäfer, Das neue Personengesellschaftsrecht, 2022, § 2 Rn. 37; Heckschen/Weitbrecht in BeckNotar-HdB, 8. Aufl. 2024, § 20 Rn. 253.

[51] Wilsch MittBayNot 2023, 457 (459f.); ähnlich Krauß notar 2023, 339 (346); Luy/Sorg DNotZ 2023, 657 (665); Wobst ZPG 2023, 58 (60); strenger Bolkart MittBayNot 2021, 319 (329f.); Freier in Heckschen/Freier, Das MoPeG in der Notar- und Gestaltungspraxis, 2024, § 3 Rn. 708ff., die in derartigen Fällen unter Hinweis auf die Nachweismittelbeschränkungen gem. § 29 GBO eine (ggf. erneute) Beurkundung der Auflassung nach Registrierung der GbR für erforderlich halten, da die vom BGH vormals anerkannten Nachweiserleichterungen nach Schaffung des Gesellschaftsregisters nicht mehr in Betracht kämen.

[52] Hierfür haften die Gesellschafter nach § 721 S. 1 BGB ohnehin gesamtschuldnerisch persönlich.

[53] Vgl. Krauß notar 2023, 339 (347).

um etwaige Zweifel des Grundbuchamts an Existenz, Identität und Vertretungsverhältnissen des Bevollmächtigten nicht aufkommen zu lassen.[54] Der Notar wird die Vollstreckungsklausel in dinglicher und persönlicher Hinsicht gegen die eGbR freilich nur erteilen, wenn er von deren Identität und wirksamen Vertretung überzeugt ist, mithin die Voraussetzungen vorliegen, unter denen er zur Erstellung einer die Identität bestätigenden Eigenurkunde bereit ist.[55]

b) Veräußerung bzw. allgemeine Verfügung durch GbR

In der Veräußerungskonstellation gibt es im Regelfall seltener Anlass, mit noch nicht eingetragenen Gesellschaftern bürgerlichen Rechts als Vertragsbeteiligten zu operieren. Im Regelfall bahnt sich das beabsichtigte Rechtsgeschäft mit einigem Vorlauf an. Spätestens bei Erteilung eines Maklerauftrags zum Verkauf eines Grundstücks sollte daher die Registrierung der GbR angestoßen werden, sodass mit Blick auf den üblichen Vorlauf vor Abschluss des Kaufvertrags eine Eintragung im Gesellschaftsregister (Subjektpublizität nach § 707a Abs. 3 S. 1 BGB iVm § 15 HGB) nebst Richtigstellung der Grundbuchdaten (Objektpublizität) möglich sein sollte. Den Gesellschaftern einer Bestands-GbR unabhängig von einer beabsichtigten Transaktion zur Registrierung zu raten,[56] erscheint mit Blick auf die weiteren, ggf. unerwünschten Folgen einer Registrierung (unter anderem Transparenzregisterpflichtigkeit nach § 20 Abs. 1 GwG) nicht zweifelsfrei. Gleichwohl sollte der Abschluss eines Kaufvertrags durch eine noch nicht registrierte GbR als Veräußerer einen absoluten Ausnahmefall darstellen, da der Erwerber in diesem Fall auf jeglichen Gutglaubensschutz verzichtet. § 899a BGB ist auf nach dem 31.12.2023 abgeschlossene Rechtsgeschäfte auch dann nicht mehr anwendbar, wenn die Vertragsparteien von einer vorherigen Registrierung der GbR absehen. Zudem kann die Eintragung der Eigentumsvormerkung durch die Gesellschafter der Bestands-GbR beliebig verzögert bzw. gänzlich verhindert werden, mit der Folge, dass der Käufer zwischenzeitlichen Verfügungen über den Grundbesitz schutzlos gegenübersteht.[57] Soll der Vertragsabschluss gleichwohl vor Registrierung und/oder Grundbuchberichtigung erfolgen, gilt es Folgendes zu beachten:

aa) Ausstehende Grundbuchberichtigung bei bereits erfolgter Registrierung im Gesellschaftsregister

Ist die Bestands-GbR bei Vertragsschluss bereits im Gesellschaftsregister registriert und steht lediglich die (beantragte) Grundbuchberichtigung noch aus, greift die Subjektpublizität nach § 707a Abs. 3 S. 1 BGB iVm § 15 HGB ein, so dass keine Zweifel an der Existenz und Vertretungsberechtigung bestehen. Insoweit genügt das Handeln eines vertretungsberechtigten Gesellschafters der GbR. Zwar fehlt es im Zeitpunkt des Vertragsschlusses noch an der Objektpublizität, doch wird diese

[54] Baschnagel/Hilser notar 2023, 167 (176).
[55] Krauß notar 2023, 339 (340).
[56] So Krauß notar 2023, 339 (340).
[57] Freier in Heckschen/Freier, Das MoPeG in der Notar- und Gestaltungspraxis, 2024, § 3 Rn. 700ff.

wegen der Voreintragungsobliegenheit gem. § 47 Abs. 2 GBO notwendig vor Eintragung der Käufervormerkung und damit spätestens bei Eintritt der Fälligkeit des Kaufpreises vorliegen, sodass an der Identität der handelnden eGbR und der Eigentümerin im Zeitpunkt des Grundbuchvollzugs keine Zweifel bestehen. Um den Käufer vor allfälligen Verzögerungen des Vollzugs aus der Sphäre der GbR-Gesellschafter betreffend die Grundbuchberichtigung zu schützen, mag man ein Rücktrittsrecht für den Fall vorsehen, dass die Berichtigung nicht innerhalb einer (wegen der Unwägbarkeiten des Grundbuchvollzugs großzügig zu bemessenden) bestimmten Frist erfolgt ist.[58]

bb) Ausstehende Grundbuchberichtigung bei noch nicht erfolgter Registrierung im Gesellschaftsregister

Stehen bei Vertragsschluss sowohl die Registrierung der GbR als auch die Grundbuchberichtigung noch aus, fehlt es in diesem Zeitpunkt an jeglichem Publizitätsträger, sodass die wirksame Vertretung der GbR mit den dem Grundbuchamt zur Verfügung stehenden Erkenntnismitteln nicht mit letzter Gewissheit festgestellt werden kann.[59] Wird die GbR indes unmittelbar vor Abschluss des Veräußerungsvertrags beim Gesellschaftsregister angemeldet, wird dem Grundstückskaufvertrag eine beglaubigte Abschrift der Registeranmeldung beigezufügt und stellt der beurkundende Notar nach Registrierung und Berichtigung des Grundbuchs eine notarielle Identitätsbescheinigung aus, sollte dies jedenfalls bei Mitwirkung aller Gesellschafter am Grundstückskaufvertrag als hinreichender Nachweis von Existenz, Vertretungsbefugnis und Identität genügen (streitig).[60] Ist beabsichtigt, nicht alle GbR-Gesellschafter am Grundstückskaufvertrag mitwirken zu lassen – insbesondere bei nicht im selben Termin erfolgender und damit einige Zeit zurückliegender Gesellschaftsregisteranmeldung –, ist die zuverlässige Feststellung der Vertretungsberechtigung für Notar und Grundbuchamt erschwert. Man mag mit einer Versicherung des handelnden GbR-Gesellschafters arbeiten, dass es gegenüber der Registeranmeldung nicht zu Veränderungen gekommen ist, doch verbleibt stets ein Rest an Ungewissheit, weshalb jedenfalls in derartigen Konstellationen besser die Registrierung der GbR abgewartet werden sollte.[61] Wie bereits erwähnt, können die Gesellschafter einer Bestands-GbR deren Registrierung, damit die Eintragung der Vormerkung und hierdurch die Fälligkeit des (wirtschaftlich freilich ihnen selbst zufließenden) Kaufpreises beliebig hinauszögern, was zu Schäden beim Erwerber (va Bereitstellungszinsen) führen kann. Man mag hierfür vertraglich Vorkehrungen in Gestalt eines Rücktrittsrechts bei Nichtregistrierung der GbR bis zu einem bestimmten Zeitpunkt bzw. durch Vereinbarung einer pauschalen Vertragsstrafe treffen.

---

[58] Vgl. Krauß notar 2023, 339 (343).

[59] Bolkart MittBayNot 2021, 319 (328); Freier in Heckschen/Freier, Das MoPeG in der Notar- und Gestaltungspraxis, 2024, § 3 Rn. 709f.

[60] Hermanns in Schäfer, Das neue Personengesellschaftsrecht, 2022, § 2 Rn. 42; Krauß notar 2023, 339 (346); aA Bolkart MittBayNot 2021, 319 (329f.); Freier in Heckschen/Freier, Das MoPeG in der Notar- und Gestaltungspraxis, 2024, § 3 Rn. 708ff.

[61] Andernfalls sollten die Vertragsteile hierauf und auf etwaige Schwierigkeiten beim Grundbuchvollzug hingewiesen werden.

cc) Fazit

Angesichts dessen, dass die Vollzugsfähigkeit von Kaufverträgen, die mit einer noch nicht im Gesellschaftsregister eingetragenen GbR abgeschlossen werden, nicht geklärt ist und von den Grundbuchämtern mitunter in Zweifel gezogen wird, empfiehlt es sich, stets auf eine Registrierung der GbR hinzuwirken, um materiellen Risiken und allfälligen Abwicklungsschwierigkeiten vorzubeugen.[62]

III. Personengesellschaften

Voreintragungsobliegenheiten bestehen auch für Fälle, in denen sich eine GbR an der Gründung einer Personengesellschaft beteiligt (vgl. § 707 a Abs. 1 S. 2 BGB) bzw. sich der Gesellschafterbestand einer noch unter Geltung des früheren Rechts im Handelsregister eingetragenen GbR als Gesellschafter einer oHG oder KG ändert (vgl. § 162 Abs. 1 S. 2 HGB aF).

1. Gründung unter Beteiligung einer GbR oder späterer Beitritt

Wird eine GbR unter Beteiligung einer anderen GbR gegründet oder tritt eine GbR einer bereits gegründeten anderen GbR bei (originärer Erwerb, keine Anteilsabtretung), so soll die GbR gem. § 707 a Abs. 1 S. 2 BGB als Gesellschafterin nur in das Gesellschaftsregister eingetragen werden, wenn sie zuvor selbst registriert wurde. Anders als im Grundbuch wirkt die Eintragung im Gesellschafts- bzw. Handelsregister freilich nicht konstitutiv, sondern nur deklaratorisch.[63] Ein teilweiser Vollzug der Registeranmeldung unter einstweiliger Aussparung der Registerdaten der noch nicht registrierten GbR ist nicht zulässig.[64] Es ist aber zulässig, beide Anmeldungen in demselben Termin vorzunehmen und den beglaubigenden Notar zu ermächtigen, die zweite Anmeldung nach Registrierung der Gesellschafter-GbR um deren Registerdaten zu ergänzen, um den Beteiligten einen erneuten Gang zum Notar zu ersparen. Bei den Registerdaten der Gesellschafter-GbR handelt es sich um einen obligatorischen Registerinhalt (vgl. § 4 Abs. 3 S. 3 GesRV). Diese für die Gesellschafterstellung einer GbR an einer anderen GbR in § 707 a Abs. 1 S. 2 BGB statuierte Voreintragungsobliegenheit gilt ebenfalls für die Beteiligung einer GbR an einer oHG (iVm § 105 Abs. 3 HGB), einer KG (iVm § 161 Abs. 2 HGB) und einer KGaA (iVm § 278 Abs. 2 AktG). Somit setzt deren Eintragung als Gesellschafterin im Handelsregister deren vorherige Registrierung im Gesellschaftsregister voraus.

---

[62] Freier in Heckschen/Freier, Das MoPeG in der Notar- und Gestaltungspraxis, 2024, § 3 Rn. 712.

[63] Anders nur, wenn zB der Beitritt aufschiebend bedingt auf die Registereintragung als Gesellschafter vereinbart wurde.

[64] Stock NZG 2023, 361 (362); Baschnagel/Hilser notar 2023, 167 (178).

2. *Derivativer Anteilserwerb durch GbR*

Für den sekundären Erwerb einer Beteiligung an einer Personengesellschaft durch eine GbR im Wege der Anteilsveräußerung (vgl. nunmehr § 711 Abs. 1 S. 1 BGB) gelten die vorstehenden Grundsätze entsprechend.[65] Die GbR kann die Beteiligung materiellrechtlich unabhängig von ihrer Registrierung wirksam erwerben. Eine Eintragung der GbR im Gesellschafts- bzw. Handelsregister als Gesellschafterin kommt indes erst nach vorheriger Registrierung in Betracht (vgl. § 707a Abs. 1 S. 2 BGB, ggf. iVm § 105 Abs. 3 HGB, § 161 Abs. 2 HGB bzw. § 278 Abs. 2 AktG). Ungeachtet des Interesses des übertragenden Gesellschafters an einem raschen Vollzug (Anlauf der Nachhaftungsfrist, § 728b Abs. 1 S. 3 Var. 2 BGB) kann dieser aufgrund des einheitlichen Vorgangs in Abgrenzung zu einem isolierten Austritt und isolierten Beitritt richtigerweise nicht teilweise unter bloßer Austragung des Veräußerers ohne Eintragung der erwerbenden GbR erfolgen.[66]

3. *Anteilsveräußerung durch GbR*

Anders als im Immobiliarsachenrecht und anders als bei der GmbH ist es einer nicht registrierten GbR, die Gesellschafter einer anderen Personengesellschaft ist, möglich, ihre Gesellschaftsbeteiligung zu veräußern und dies im Handelsregister eintragen zu lassen, ohne dass die GbR zuvor im Gesellschaftsregister registriert werden müsste. In dieser Konstellation wurde vom Gesetzgeber bewusst kein Voreintragungserfordernis angeordnet.[67] § 89 Abs. 1 EGHGB erfasst lediglich Veränderungen im Gesellschafterbestand der GbR (hierzu sogleich → 4.). Zwar würde die vorherige Registrierung zur Rechtssicherheit beitragen, da sich Existenz, Identität und ordnungsgemäße Vertretung der veräußernden GbR durch Registereinsicht zuverlässig ermitteln ließen.[68] Da ein gutgläubiger Erwerb eines Personengesellschaftsanteils jedoch nicht in Betracht kommt und im Übrigen im Registerverfahren weniger strenge Nachweisanforderungen gelten, erscheint ein Verzicht auf ein Voreintragungserfordernis in dieser Konstellation im Ergebnis überzeugend. Dies gilt unabhängig davon, ob die GbR ihren Anteil vollständig oder nur teilweise überträgt,[69] auch wenn zuzugeben ist, dass die gesetzlich unerwünschte Registerlage bei lediglich teilweiser Übertragung perpetuiert würde.[70]

---

[65] Gleiches gilt für den (wenig praxisrelevanten) Fall, dass eine GbR als Erbe eingesetzt wurde.

[66] Stock NZG 2023, 361 (362); Baschnagel/Hilser notar 2023, 167 (178); aA John NZG 2022, 243 (245).

[67] Begr. RegE, BT-Drs. 19/27635, 261.

[68] Daher für ein Voreintragungserfordernis auch insoweit noch Herrler ZGR-Sonderband 23 (2021), 39 (75 f.).

[69] Stock NZG 2023, 361 (363); Baschnagel/Hilser notar 2023, 167 (178); aA John NZG 2022, 243 (245).

[70] Daher insoweit für ein Voreintragungserfordernis plädierend Hermanns in Schäfer, Das neue Personengesellschaftsrecht, 2022, § 2 Rn. 57.

4. Veränderungen im Gesellschafterkreis einer Bestands-GbR als Gesellschafter einer oHG oder KG

Veränderungen im Gesellschafterbestand einer als Gesellschafterin einer oHG oder KG im Handelsregister gem. bzw. analog § 162 Abs. 1 S. 2 HGB aF samt Gesellschaftern eingetragenen GbR werden seit 1.1.2024 nach § 89 Abs. 1 S. 1 EGHGB nicht mehr in das Handelsregister eingetragen, um die Eintragung der GbR unter Angabe ihrer Gesellschafter nicht zu perpetuieren.[71] Vielmehr bedarf es gem. § 89 Abs. 1 S. 2 EGHGB zunächst der Eintragung der GbR unter Abbildung des neuen Gesellschafterkreises im Gesellschaftsregister und sodann der berichtigenden Anmeldung der eGbR zur Eintragung in das Handelsregister durch sämtliche bisher dort als GbR-Gesellschafter eingetragenen Personen sowie durch die eGbR, gem. § 89 Abs. 1 S. 3 EGHGB verbunden mit einer Versicherung aller Anmeldenden, dass die bislang eingetragene GbR mit der einzutragenden eGbR identisch ist. Ob im Falle eines Gesellschafterwechsels auf Ebene einer Bestands-GbR eine Verpflichtung der Gesellschafter zur Anmeldung besteht, ist noch nicht abschließend geklärt. Richtigerweise ist eine Anmeldepflicht anzunehmen. Damit können auch die eintragungswilligen Gesellschafter von ihren Mitgesellschaftern berechtigterweise die erforderliche Mitwirkung an der Anmeldung verlangen. Neben dem Wortlaut von § 89 Abs. 1 S. 2 EGHGB geführt („anzumelden *ist*")[72] spricht hierfür, dass es sich bei der Angabe der Gesellschafter um eine vormals anmeldepflichtige Tatsache handelte, sodass auch alle diesbezüglichen Änderungen analog § 107 HGB aF verpflichtend anzumelden waren.[73] In jedem Fall empfiehlt sich im Falle eines Gesellschafterwechsels auf Ebene der Gesellschafter-GbR eine zeitnahe Berichtigung des Handelsregisters, was eine Voreintragung der GbR im Gesellschaftsregister voraussetzt, um die Nachhaftung des Ausscheidenden zeitlich zu begrenzen[74] und um eine etwaige fortbestehende Rechtsscheinhaftung nach § 15 HGB[75] zu vermeiden.

Wird eine im Handelsregister eingetragene GbR ohne Gesellschafterwechsel im Gesellschaftsregister registriert („isolierte Umfirmierung"), ist § 89 Abs. 1 S. 1 EGHGB zwar seinem Wortlaut nach nicht einschlägig. Gleichwohl finden die Vorgaben in § 89 Abs. 1 S. 2 und S. 3 EGHGB entsprechende Anwendung (Anmeldung durch alle bislang eingetragenen Gesellschafter und die eGbR samt Identitätsversicherung).

Dem Wortlaut nach findet § 89 Abs. 1 S. 1 EGHGB nur auf spätere Änderungen „in der Zusammensetzung der Gesellschafter" Anwendung. Dies legt nahe, dass – im Gleichlauf mit den grundbuchverfahrensrechtlichen Vorschriften (→ II. 1. b) aa) (3)) – Änderungen von Namen und Sitz der im Handelsregister

---

[71] Begr. RegE, BT-Drs. 19/27635, 260.

[72] Baschnagel/Hilser notar 2023, 167 (179); tendenziell gegen eine Anmeldepflicht John NZG 2022, 243 (246).

[73] Vgl. Oetker in Oetker, 7. Aufl. 2021, HGB § 162 Rn. 7.

[74] Vorbehaltlich einer positiven Kenntnis des Gläubigers vom Ausscheiden ist hierfür freilich nur die Eintragung im Gesellschaftsregister maßgeblich (vgl. § 728b Abs. 1 S. 3 BGB).

[75] Ob § 15 HGB insoweit eingreift, ist freilich ungeklärt (Herrler ZGR-Sonderband 23 (2021), 39 (75)).

eingetragenen GbR und schlichte Namensänderungen der auf Grundlage von § 162 Abs. 1 S. 2 HGB aF eingetragenen GbR-Gesellschafter keine Voreintragungsobliegenheit begründen, sondern weiterhin im Handelsregister verlautbart werden können (Richtigstellungen).

IV. Kapitalgesellschaften

1. GmbH

Angesichts der Legitimations- bzw. Publizitätswirkungen der Gesellschafterliste (§ 16 Abs. 1 und Abs. 3 GmbHG) wurden Voreintragungsobliegenheiten für Gesellschaften bürgerlichen Rechts als GmbH-Gesellschafter normiert. Für Bestandsgesellschaften, die bereits vor dem 1.1.2024 als Gesellschafter an einer GbR beteiligt waren, besteht jedoch ohne konkreten Anlass keine Verpflichtung zur Registrierung im Gesellschaftsregister.[76] Im Unterschied zum Immobiliarsachenrecht stellt nach der Gesetzesbegründung indes eine sog. „isolierte Umfirmierung", dh eine freiwillige Registrierung der GbR im Gesellschaftsregister ohne transaktionsbezogenen Anlass, eine Veränderung im Sinne von § 40 Abs. 1 S. 1 GmbHG dar, verbunden mit der Pflicht zur Aktualisierung der Gesellschafterliste.[77] Auch hier bedarf es einer „Identitätsversicherung" durch alle in der Gesellschafterliste aufgeführten GbR-Gesellschafter und der eGbR (§ 12 Abs. 2 EGGmbHG), die gegenüber dem für die Listenerstellung Zuständigen[78] (Geschäftsführer oder Notar, nicht gegenüber dem Registergericht) abzugeben ist.[79]

a) Originärer Anteilserwerb

aa) Gründung

Eine GbR kann gem. § 40 Abs. 1 S. 3 GmbHG nur nach vorheriger Registrierung im Gesellschaftsregister in die Gesellschafterliste einer GmbH aufgenommen werden. Somit ist die Eintragung einer unter Beteiligung einer noch nicht registrierten GbR gegründeten GmbH mit Blick auf §§ 8 Abs. 1 Nr. 3, 40 Abs. 1 S. 3 GmbHG erst nach vorheriger Registrierung der GbR im Gesellschaftsregister möglich.[80] Ohne gesetzeskonforme Gesellschafterliste sind die eingereichten Gründungsunterlagen unvollständig und die Gesellschaft ist daher gem. § 9c Abs. 1 S. 1 GmbHG nicht eintragungsfähig. Die Einreichung einer Gesellschafterliste ohne Auflistung der GbR kommt nicht in Betracht. Grundsätzlich sollte daher eine GbR erst registriert sein, bevor eine GmbH unter ihrer Beteiligung gegründet wird. In Anlehnung an die Ausführungen zum Immobiliarsachenrecht steht der

[76] Begr. RegE, BT-Drs. 19/27635, 271.

[77] Begr. RegE, BT-Drs. 19/27635, 272; Wicke NotBZ 2022, 401 (404).

[78] Der mit der Anmeldung der GbR zum Gesellschaftsregister befasste Notar ist gem. § 40 Abs. 2 S. 1 GmbHG auch unter bestimmten Voraussetzungen für die Einreichung der berichtigten Gesellschafterliste zuständig; näher dazu Bolkart MittBayNot 2024, 110 (117f.).

[79] Baschnagel/Hilser notar 2023, 167 (172); Wicke NotBZ 2022, 401 (404).

[80] Stock NZG 2023, 361 (364f.).

Vornahme des Gründungsakts aber jedenfalls dann nichts entgegen, wenn die GbR vorab im selben Termin zur Eintragung im Gesellschaftsregister angemeldet wurde und die GmbH-Gründung sodann unter Beteiligung aller GbR-Gesellschafter erfolgt. Die Registerdaten der GbR können durch den vom Geschäftsführer hierzu ermächtigten Notar im Nachgang in die Gesellschafterliste aufgenommen werden. Auch bietet sich die Errichtung einer die Identität bestätigenden Eigenurkunde nach Eintragung der GbR im Gesellschaftsregister an (vgl. § 24 BNotO).

bb) Kapitalerhöhung

Die vorstehend beschriebene Voreintragungsobliegenheit gilt bei Kapitalerhöhungen entsprechend, wenn man mit der herrschenden Meinung davon ausgeht, dass für die Übernehmerliste im Sinne von § 57 Abs. 3 Nr. 2 GmbHG im Wesentlichen dieselben Anforderungen wie für die Gründungsliste gelten.[81] Ein derartiges Verständnis ist jedoch mit Blick auf die begrenzten Wirkungen der Übernehmerliste nicht zwingend geboten. Anders als der Gesellschafterliste im Gründungsstadium kommen der Übernehmerliste bei der Kapitalerhöhung keine Legitimations- bzw. Publizitätswirkungen nach § 16 Abs. 1, Abs. 3 GmbHG zu. Folglich erscheint eine Anwendung der Vorgaben von § 40 GmbHG auf die Übernehmerliste mangels ausdrücklichen Verweises in § 57 Abs. 3 Nr. 2 GmbHG nicht zwingend erforderlich. Sofern sich das Registergericht anderweitig von der Existenz und ordnungsgemäßen Vertretung der GbR überzeugen kann und die Identifikation auf andere Weise möglich ist,[82] sollte die Kapitalerhöhung auch vor Registrierung der GbR eintragungsfähig sein (streitig),[83] zumal die aktualisierte Gesellschafterliste nicht notwendig mit der Anmeldung der Kapitalerhöhung einzureichen ist,[84] da die Kapitalerhöhung erst mit Eintragung wirksam wird. In der notariellen Gesellschafterliste, welche die Kapitalerhöhung abbildet und welcher die Legitimations- und Publizitätswirkungen zukommen, kann freilich gem. § 40 Abs. 1 S. 3 GmbHG nur die dann registrierte GbR eingetragen werden. Der für die Listenerstellung Zuständige muss von der Identität der zunächst nicht registrierten GbR und der eGbR überzeugt sein bzw. werden (zB durch eine entsprechende Identitätsversicherung). Wenngleich ein Vollzug einer Kapitalerhöhung unter Beteiligung einer nicht regis-

---

[81] So unter anderem Lieder in MüKoGmbHG, 4. Aufl. 2022, GmbHG § 57 Rn. 19; Ziemons in Michalski/Heidinger/Leible/J. Schmidt, 4. Aufl. 2023, GmbHG § 57 Rn. 30; differenzierend aber Miller in BeckOGK, 15.12.2023, GmbHG § 57 Rn. 71 ff. (bloße Orientierung an den Vorgaben von § 40 Abs. 1 GmbHG); Ulmer/Casper in Habersack/Casper/Löbbe, 3. Aufl. 2019, GmbHG § 57 Rn. 13 (keine strikte Maßgeblichkeit von § 8 Abs. 1 Nr. 3 GmbHG).

[82] Bei nicht registrierten Gesellschaften als GmbH-Gesellschafter, insbesondere Auslandsgesellschaften, stellt sich ein ähnliches Problem. Zwar wurde § 40 Abs. 1 S. 2 Hs. 2 GmbHG (Eintragung auch der Gesellschafter bei nicht registrierten Gesellschaften) aufgehoben (kritisch Herrler ZGR-Sonderband 23 (2021), 39 (71)), doch gilt es auch insoweit eine eindeutige Identifizierung sicherzustellen (Begr. RegE, BT-Drs. 19/27635, 271).

[83] Ebenso im Ergebnis Stock NZG 2023, 361 (365); aA Baschnagel/Hilser notar 2023, 167 (177); Bolkart MittBayNot 2024, 110 (120).

[84] Nach teilweise vertretener Auffassung darf die aktualisierte Gesellschafterliste sogar erst nach Eintragung der Kapitalerhöhung eingereicht werden, was aber als unnötig streng erscheint, wenn in der bereits zuvor eingereichten Liste hinreichend deutlich zum Ausdruck kommt, dass diese erst ab Eintragung der Kapitalerhöhung Gültigkeit beansprucht.

trierten GbR nach der hier vertretenen Auffassung möglich ist, empfiehlt sich gleichwohl eine vorherige Registrierung der Geschäftsanteile übernehmenden GbR.

b) Derivativer Anteilserwerb

Der Erwerb eines GmbH-Geschäftsanteils durch eine nicht registrierte GbR ist materiellrechtlich wirksam. Allerdings kann der Veräußerungsvorgang durch Aufnahme der GbR in der aktualisierten Gesellschafterliste unter Austragung des Veräußerers gem. § 40 Abs. 1 S. 3 GmbHG erst nach Registrierung der GbR im Gesellschaftsregister abgebildet werden. Vor Registrierung der GbR ist richtigerweise auch keine Austragung des Veräußerers möglich, da es sich bei der Anteilsabtretung –ungeachtet der Publizitätswirkungen der Gesellschafterliste insbesondere nach § 16 Abs. 1 GmbHG – um einen einheitlichen Vorgang handelt, der im Ganzen in der Liste zu verlautbaren ist,[85] zumal die betroffenen Anteile andernfalls vorübergehend als „herrenlos" gebucht werden müssten.

c) Anteilsveräußerung durch GbR

Die in § 40 Abs. 1 S. 3 GmbHG normierte Voreintragungsobliegenheit findet nach hM – anders als im Personengesellschaftsrecht (oben → III. 3.) und anders als nach der hier vertretenen Auffassung im Aktienrecht (unten → IV. 2. c)) – ebenfalls auf Anteilsveräußerungen durch die noch nach Maßgabe von § 40 Abs. 1 S. 2 Hs. 2 GmbHG aF in der Gesellschafterliste geführte GbR Anwendung. Zwar ist die Abtretung durch die nicht registrierte GbR materiellrechtlich wirksam. Ihre Austragung und damit zugleich die Aufnahme des Erwerbers in die aktualisierte Gesellschafterliste sind aber nach hM erst nach vorangehender Registrierung der GbR im Gesellschaftsregister möglich.[86] Hierfür spricht jedenfalls prima facie, dass ein gutgläubiger Anteilserwerb bei der GmbH nach Maßgabe von § 16 Abs. 3 GmbHG grundsätzlich möglich ist. Dass die verfügende GbR tatsächlich existiert und ordnungsgemäß vertreten wurde, folgt bei Voreintragung der GbR aus der positiven Publizität des Gesellschaftsregisters (§ 15 Abs. 3 HGB iVm § 707a Abs. 3 S. 1 BGB). Verfahrensrechtlich ist nach Registrierung der GbR zunächst eine neue Gesellschafterliste zum Handelsregister einzureichen, in welcher die eGbR anstelle der zuvor „gebuchten" GbR samt deren Gesellschaftern aufzunehmen ist. Im Anschluss (ggf. unmittelbar im Anschluss bei bereits wirksam erfolgter Abtretung) ist eine weitere Gesellschafterliste vom beurkundenden Notar zu erstellen und einzureichen, die den Erwerber der Geschäftsanteile als neuen Inhaber anstelle der eGbR ausweist.

Bolkart hat indes zurecht darauf hingewiesen, dass eine aus § 40 Abs. 1 S. 3 GmbHG abgeleitete Voreintragungsobliegenheit für die Veräußerung von GmbH-Geschäftsanteilen gerade nicht gewährleistet, dass dem Erwerber die vorstehend be-

---

[85] Stock NZG 2023, 361 (365); abweichend John NZG 2022, 243 (246).

[86] John NZG 2022, 243 (246); Schäfer in MüKoBGB, 9. Aufl. 2024, BGB § 707a Rn. 9; Wicke NotBZ 2022, 401 (403); Baschnagel/Hilser notar 2023, 167 (177); aA Servatius, GbR, 2023, BGB § 713 Rn. 23; Bolkart MittBayNot 2024, 110 (115 f.).

schriebene positive Publizität des Gesellschaftsregisters hinsichtlich Existenz und Vertretung der GbR zugutekommt, da die Abtretung der Anteile materiellrechtlich unabhängig von einer Voreintragung möglich und wirksam ist und eine etwaige Voreintragungsobliegenheit lediglich den notwendig zeitlich nachgelagerten Publizitätsakt der Aktualisierung der Gesellschafterliste betrifft. Mit anderen Worten erfüllt das Voreintragungserfordernis bei vollständiger Veräußerung der von einer nicht registrierten GbR gehaltenen GmbH-Geschäftsanteile die ihr zugedachte Gutglaubensfunktion gerade nicht. Bei vollständiger Veräußerung wird auch kein unerwünschter Registerstand perpetuiert.[87] Ein Verzicht auf das Voreintragungserfordernis bei Veräußerung sämtlicher von einer nicht registrierten GbR gehaltenen Geschäftsanteile erscheint daher vorzugswürdig.

d) *Veränderungen im Gesellschafterkreis einer Bestands-GbR als Gesellschafter einer GmbH*

Mit Aufhebung von § 40 Abs. 1 S. 2 Hs. 2 GmbHG aF sind die Gesellschafter einer GbR, die an einer GmbH beteiligt ist, nicht mehr in der Gesellschafterliste aufzuführen. Hieraus wird gefolgert, dass Änderungen im Gesellschafterbestand der GbR (aufgrund Anteilsabtretung, Erbfolge etc.) seit 1.1.2024 nicht mehr in einer aktualisierten Liste verlautbart werden können.[88] Eine zutreffende Wiedergabe des Gesellschafterbestands der GbR ist gem. § 40 Abs. 1 S. 3 GmbHG nunmehr nur durch Registrierung der GbR und anschließende Berichtigung der Gesellschafterliste der GmbH unter Angabe der Registerdaten der GbR und Streichung der GbR-Gesellschafter möglich. Diese Voreintragungsobliegenheit gilt aufgrund des weiten Wortlauts von § 40 Abs. 1 S. 3 GmbHG („Veränderungen an ihrer Eintragung") – anders als im Immobiliarsachenrecht (→ II. 1. b) aa) (3)) – ebenso für Änderungen der GbR selbst (Namensänderung, Sitzverlegung) und für bloße Richtigstellungen betreffend die GbR-Gesellschafter (insbesondere Namensänderungen). Auch derartige Berichtigungen können gem. § 40 Abs. 1 S. 3 GmbHG nicht mehr durch Einreichung einer aktualisierten Gesellschafterliste verlautbart werden.

Teilweise wird unter Verweis auf § 12 Abs. 2 EGGmbHG in derartigen Konstellationen eine Pflicht (notwendig der GbR-Gesellschafter! – vgl. § 707 Abs. 1 BGB) zur Registrierung und anschließende Einreichung einer aktualisierten Gesellschafterliste[89] postuliert. Insoweit ist aber richtigerweise zu differenzieren. Sobald es zu einer Veränderung im Gesellschafterbestand einer in einer GmbH-Gesellschafterliste aufgenommenen GbR in „eintragungsfähiger Form" gekommen ist, dh bei entsprechender Registrierung der GbR im Gesellschaftsregister, liegt eine Veränderung im Sinne von § 40 Abs. 1 S. 1, S. 3 GmbHG vor, die eine Aktualisierungspflicht betreffend die Gesellschafterliste auslöst. Dies wird durch § 12 Abs. 2 EGGmbHG klargestellt. Man mag einen weitergehenden Bedeutungsgehalt von § 12 Abs. 2 EGGmbHG erwägen, da sich die Aktualisierungspflicht bei erstmaliger Eintragung der GbR bereits aus dem Umstand der Registrierung (neue Register-

[87] Näher Bolkart MittBayNot 2024, 110 (113 ff.).

[88] Baschnagel/Hilser notar 2023, 167 (177).

[89] In der Regel durch den die Registeranmeldung einreichenden Notar.

daten) ergibt. Gleichwohl liegt es fern, eine durch § 12 Abs. 2 EGGmbHG begründete Anmeldepflicht der GbR-Gesellschafter anzunehmen. Änderungen im Gesellschafterkreis der GbR als Gesellschafterin der GmbH können nur durch Voreintragung im Gesellschaftsregister verlautbart werden. Ob dies geschieht, liegt – mangels Publizitätswirkung dieser Angaben – im Ermessen der Gesellschafter.[90] Sofern eine Berichtigung des Gesellschafterbestands der GbR im Wege deren Registrierung erfolgt, besteht eine Aktualisierungspflicht im Hinblick auf die Gesellschafterliste.

2. *GbR als Aktionärin*

Trotz der fehlenden Publizitätswirkungen des Aktienregisters für Namensaktien wurde auch insoweit gem. § 67 Abs. 1 S. 3 AktG eine Voreintragungsobliegenheit normiert, die lediglich auf interne Transparenz und Verwaltungseffizienz der Aktiengesellschaft abzielt.[91] Für Bestandsgesellschaften, die bereits vor dem 1. 1. 2024 auf Grundlage des früheren Rechts im Aktienregister eingetragen waren, besteht jedoch ohne konkreten Anlass keine Verpflichtung zur Registrierung im Gesellschaftsregister.[92] Ebenso wie bei der GmbH und im Unterschied zum Immobiliarsachenrecht stellt indes eine sog. „isolierte Umfirmierung", dh eine freiwillige Registrierung der GbR im Gesellschaftsregister ohne transaktionsbezogenen Anlass, nach der Gesetzesbegründung eine Veränderung im Sinne von § 67 Abs. 1 S. 3 AktG dar.[93] Eine „Identitätsversicherung" seitens der bislang eingetragenen GbR-Gesellschafter und der eGbR gegenüber der AG ist nicht vorgesehen, aber stets hilfreich.[94]

a) *Gründung*

Anders als bei der GmbH ist die Gründung einer AG unter Mitwirkung einer nicht registrierten GbR materiellrechtlich wirksam möglich. Eintragungshindernisse bestehen nicht. Das Aktienregister ist erst nach Entstehung der AG durch Eintragung im Handelsregister zu führen. Die Voreintragungsobliegenheit nach § 67 Abs. 1 S. 3 AktG hat allerdings zur Folge, dass die nicht registrierte GbR nicht in das Aktienregister aufgenommen wird und daher ihre Aktionärsrechte gem. § 67 Abs. 2 S. 1 AktG nicht ausüben kann.[95]

b) *Erwerb durch GbR*

Auch der Erwerb von Aktien durch eine nicht registrierte GbR ist materiellrechtlich wirksam möglich. Sie wird jedoch gem. § 67 Abs. 1 S. 3 AktG nicht ins Aktienregister aufgenommen mit der Folge, dass sie ihre Aktionärsrechte gem. § 67

---

[90] Ebenso im Ergebnis John NZG 2022, 243 (246).
[91] Begr. RegE, BT-Drs. 19/27635, 268f.
[92] Begr. RegE, BT-Drs. 19/27635, 269.
[93] Begr. RegE, BT-Drs. 19/27635, 269.
[94] Vgl. Harzenetter/Zeyher AG 2024, 67 Rn. 21 zu praktischen Schwierigkeiten bei der Umsetzung von § 67 Abs. 1 S. 3 AktG, wenn die der AG übermittelten Aktionärsinformationen die Beteiligung einer GbR nicht enthalten.
[95] Stock NZG 2023, 361 (365).

Abs. 2 S. 1 AktG nicht ausüben kann. Im Gegensatz zur Rechtslage bei den Personengesellschaften und der GmbH ist es aber möglich, den Veräußerer aus dem Aktienregister auszutragen und die betreffenden Aktien als freien Meldebestand zu buchen (gespaltene Buchung). Zum einen kommt dem Aktienregister keine Publizitätsfunktion zu. Zum anderen ist dem Veräußerer im Regelfall der Erwerber nicht bekannt, sodass Einschränkungen aufgrund von Besonderheiten in der Person des Erwerbers die Fungibilität von Aktien unnötig einschränken würden.[96] In der Praxis mag die Voreintragungsobliegenheit durch die Banken im automatisierten Handel dadurch effektuiert werden, dass einer GbR der Erwerb von Aktien erst nach vorheriger Registrierung ermöglicht wird.

c) Veräußerung durch GbR

Im Fall der Veräußerung von Aktien durch eine nicht registrierte GbR gilt Vorstehendes grundsätzlich entsprechend, dh die Veräußerung ist materiellrechtlich wirksam, eine Austragung der GbR als „Veränderung" des Aktienregisters im Sinne von § 67 Abs. 1 S. 3 AktG kommt aber erst nach vorheriger Eintragung der GbR im Gesellschaftsregister in Betracht. Könnte ein Erwerber, dem gar nicht bewusst war, mit einer nicht eingetragenen GbR zu kontrahieren, nicht ins Register eingetragen werden und folglich seine Aktionärsrechte nach § 67 Abs. 2 S. 1 AktG nicht ausüben, wäre das einigermaßen unbefriedigend. Sofern die Banken nicht faktisch die Voreintragung in das Gesellschaftsregister vor Veräußerung der Aktien durchsetzen, erscheint eine Korrektur der Rechtsfolgen von § 67 Abs. 1 S. 3 AktG für die Rechtsposition des Erwerbers geboten. Die bislang hierfür vorgeschlagenen Lösungswege, (1.) Löschung der GbR unabhängig von einer vorangehenden Registrierung[97] bzw. (2.) Eintragung des Erwerbers unter fortbestehender Buchung der GbR, die mit einem Vermerk versehen wird, dass die GbR nicht mehr Aktionär ist, aber mangels Registrierung nicht gelöscht werden kann,[98] stehen beide in einem gewissen Spannungsverhältnis zu § 67 Abs. 1 S. 3 AktG.

Ebenso wie bei der Veräußerung sämtlicher von einer nicht eingetragenen Bestands-GbR gehaltenen GmbH-Geschäftsanteile gewährleistet eine aus § 67 Abs. 1 S. 3 AktG abgeleitete Voreintragungsobliegenheit für die Aktienveräußerung gerade nicht, dass dem Erwerber die positive Publizität des Gesellschaftsregisters hinsichtlich Existenz und Vertretung der veräußernden GbR (§ 15 Abs. 3 HGB iVm § 707 a Abs. 3 S. 1 BGB) zugutekommt, da die Abtretung der Aktien materiellrechtlich unabhängig von einer Voreintragung möglich und wirksam ist und eine etwaige Voreintragungsobliegenheit lediglich den notwendig zeitlich nachgelagerten Publizitätsakt der Aktualisierung des Aktienregisters betrifft. Bei der AG kommt hinzu, dass da der Eintragung im Aktienregister keine Publizitätswirkung zukommt und ein gutgläubiger Aktienerwerb somit ausgeschlossen ist. Ebenso wie bei Per-

[96] Stock NZG 2023, 361 (365f.). Vgl. Harzenetter/Zeyher AG 2024, 67 Rn. 15 zum Sonderfall des Hinzuerwerbs von Aktien durch eine nicht registrierte GbR (gespaltene Buchung – freier Meldebestand nur hinsichtlich der hinzuerworbenen Aktien).

[97] Cahn in BeckOGK, 1.2.2024, AktG § 67 Rn. 27; Harzenetter/Zeyher AG 2024, 67 Rn. 18: „Löschung keine Änderung im Sinne von § 67 Abs. 1 S. 3 AktG".

[98] Stock NZG 2023, 361 (366).

sonengesellschaften erscheint die Eintragung einer GbR, die ihre Aktien (ganz oder teilweise) veräußert – ungeachtet des im Detail von § 89 Abs. 1 EGHGB abweichenden Wortlauts von § 67 Abs. 1 S. 3 AktG – nicht zwingend geboten und aus teleologischen Gründen verzichtbar.

V. Umwandlungsrecht

Nur die eingetragene GbR ist als Ausgangs- oder Zielrechtsträger umwandlungsfähig. Dies gilt gleichermaßen für Verschmelzung, Spaltung und Formwechsel (vgl. §§ 3 Abs. 1 Nr. 1, 124 Abs. 1, 191 Abs. 1 Nr. 1, Abs. 2 Nr. 1 UmwG). Richtigerweise ist die Registrierung der GbR im Zeitpunkt der Eintragung der Umwandlung maßgeblich, sodass der Umwandlungsvertrag noch mit der nicht eingetragenen GbR abgeschlossen und diese erst im Zusammenhang mit dem Abschluss des Umwandlungsvertrags beim Gesellschaftsregister angemeldet werden kann.[99] Schon um Verzögerungen im Verfahrensablauf zu vermeiden, empfiehlt sich freilich eine vorherige Registrierung.

VI. Fazit

1. Die von den Gesetzesverfassern des MoPeG gewählte Lösung zur Überwindung des Publizitätsdefizits der vom BGH als rechtsfähig anerkannten Außen-GbR in Gestalt eines grundsätzlichen Eintragungswahlrechts verbunden mit Eintragungsanreizen und Voreintragungsobliegenheit stellt einen maßvollen Ausgleich der widerstreitenden Interessen (zuverlässige Feststellbarkeit der Existenz und der Vertretungsverhältnisse der GbR einerseits und Vermeidung von Formalitäten, Aufwand und Publizität in Bereichen, in denen die GbR nur in unbedeutender Weise im Rechtsverkehr in Erscheinung tritt, andererseits) dar. Begrüßenswert sind insbesondere die Regelungen betreffend die Bestandsgesellschaften, die bereits Inhaber von registrierten Rechten sind und sich erst dann zu registrieren haben, wenn sie über ihr Recht verfügen oder eine kraft Gesetzes eingetretene Veränderung im Objektregister bzw. eine Veränderung im Gesellschafterbestand verlautbaren wollen. Vielfach wurde die GbR als Rechtsform gewählt, weil gerade keine Registerpublizität gewünscht war. Daher ist mit freiwilligen Registrierungen von Bestandsgesellschaften ohne konkreten Anlass eher nicht in größerer Zahl zu rechnen.
2. Im Immobiliarsachenrecht haben die Voreintragungsobliegenheiten in der Praxis die größte Bedeutung. Lediglich in der Konstellation der Zwangsvollstreckung gegen eine noch nicht im Gesellschaftsregister eingetragene GbR, welche schon bislang mit einigen Hürden einherging, droht ein komplexes, zeitaufwändiges Verfahren, welches den Zugriff des Gläubigers auf die Immobilie erschwert.

---

[99] So wohl Heckschen/Weitbrecht in Heckschen/Freier, Das MoPeG in der Notar- und Gestaltungspraxis, 2024, § 6 Rn. 8.

3. Im Gesetzgebungsverfahren vorgetragenen Wünschen auf Verzicht auf das Voreintragungserfordernis bei Veräußerung des einzigen Grundstücks durch eine sog. „Objekt-GbR" ist der Gesetzgeber nicht nachgekommen und es steht nicht zu erwarten, dass sich eine derartige Ausnahme praeter legem durchsetzen wird. Erwägenswert erscheint indes ein Verzicht auf das Voreintragungserfordernis im Fall einer realen Auseinandersetzung unter den GbR-Gesellschaftern, da sämtliche mit der Voreintragung verfolgten Zwecke hier nicht einschlägig sind. Zuverlässig vermeiden lässt sich das Voreintragungserfordernis dadurch, dass alle Gesellschafter bis auf einen aus der GbR austreten, da die GbR erlischt und somit nicht mehr eintragungsfähig ist und das Vermögen der GbR dem verbliebenen Gesellschafter anwächst.
4. Mitunter wird das jedenfalls zweiaktige Verfahren (Registrierung der GbR im Gesellschaftsregister, ggf. Berichtigung der bereits vorhandenen Grundbucheintragung, und anschließende Vornahme des beabsichtigten Rechtsgeschäfts) als etwas schwerfällig empfunden und seitens der Beteiligten ein einheitlicher Termin zur Vornahme aller erforderlichen Rechtshandlungen gewünscht. Bislang ist noch nicht abschließend geklärt, ob ein aktiges Verfahren ohne zusätzlichen Transaktions- und/oder Kostenaufwand zum gewünschten Erfolg führt. In der Erwerbskonstellation (Erwerb durch noch nicht registrierte GbR) erscheint ein derartiges Verfahren ohne relevante materielle Risiken durchführbar. In der Veräußerungskonstellation (Veräußerung durch noch nicht registrierte GbR) verzichtet der Erwerber hingegen auf nahezu alle vorgesehenen Schutzmechanismen und schließt den Kaufvertrag allein im Vertrauen auf die Redlichkeit des Verkäufers. Daher sollte der Abschluss eines Kaufvertrags durch eine noch nicht registrierte GbR als Veräußerer einen absoluten Ausnahmefall darstellen.
5. Die Voreintragungsobliegenheiten im Gesellschaftsrecht ähneln denen im Immobiliarsachenrecht. Da die Publizitätswirkungen des Handelsregisters bzw. der Gesellschafterliste hinter denen des Grundbuchs zurückbleiben, sind diese allerdings in einzelnen Bereichen weniger streng. So setzt die Anteilsveräußerung einer Beteiligung an einer Personenhandelsgesellschaft durch eine Bestands-GbR weder materiellrechtlich noch für die Zwecke des (deklaratorischen) Registervollzugs deren Voreintragung im Gesellschaftsregister voraus. Für die (vollständige oder teilweise) Veräußerung von Aktien durch eine Bestands-GbR sollte dies ebenfalls gelten, da es mit dem gebotenen Schutz des Erwerbers kaum vereinbare wäre, wenn dieser mangels Austragbarkeit der nicht registrierten GbR aus dem Aktienregister dort nicht registriert werden kann, zumal wenn dieser sich – wie nahezu ausnahmslos bei Erwerb über Handelsplattformen – nicht bewusst war, die Aktien von einer nicht registrierten Bestands-GbR zu erwerben. Gleiches gilt entgegen der wohl noch hM, wenn eine nicht registrierte Bestands-GbR ihre sämtlichen GmbH-Geschäftsanteile veräußert. Mangels Publizitätswirkungen erscheint es bei der GmbH – entgegen der hM – ferner nicht gerechtfertigt, die Voreintragungsobliegenheit auf die Übernehmerliste im Rahmen einer Kapitalerhöhung zu erstrecken. Auf die Gesellschafterliste, in der die vollzogene Kapitalerhöhung nach Eintragung verlautbart wird, ist die Voreintragungsobliegenheit freilich anwendbar.

PETER HOMMELHOFF

Gemeinwohlgüter-Schutz im faktischen Konzern

Das Lieferkettensorgfaltspflichtengesetz[1] nimmt große deutsche Unternehmen für die internationale Menschenrechtslage[2] und auch für den Umweltschutz in Verantwortung und auferlegt ihnen Sorgfaltspflichten für ihren eigenen Geschäftsbereich sowie insbesondere für die unmittelbaren und mittelbaren Zulieferer in ihren Lieferketten.[3] Zum eigenen Geschäftsbereich eines Unternehmens in seiner Eigenschaft als Obergesellschaft in verbundenen Unternehmen zählt nach § 2 Abs. 6 S. 3 LkSG jede konzernangehörige Gesellschaft, wenn auf sie die Obergesellschaft einen bestimmenden Einfluss ausübt. Dieser Frage soll hier für die faktischen Konzernverbindungen nachgegangen werden: Unter welchen Voraussetzungen gehört die Tochter mitsamt ihren Aktivitäten zum Geschäftsbereich der Mutter, der Konzernobergesellschaft, und welche konkreten Sorgfaltspflichten folgen aus einer solchen Zugehörigkeit für die Geschäftsleitung der Mutter? Das soll zunächst für die geschäftsleitende Holding mit unter anderem einer deutschen Konzerntochter in ihrem Alleinbesitz mit 2500 Beschäftigten erörtert werden. Danach sind faktische Konzernverbindungen anderer Gestalt zu beleuchten.

I. Die Sorgfaltspflichten der Leitungsorgane im Konzern

Da die Konzerntochter mehr als 1000 Arbeitnehmer beschäftigt, ist sie nach § 1 Abs. 1 S. 3 LkSG für den Schutz der Menschenrechte und der Umwelt in ihrem Aktivitätsbereich verantwortlich; sie hat deshalb die nach § 3 Abs. 1 LkSG vorgesehenen Pflichten von der Einrichtung eines Risikomanagements über Präventionsmaßnahmen im eigenen Bereich bis hin zu denen bei mittelbaren Zulieferern zu erfüllen. Neben der Konzerntochter ist aber auch die geschäftsleitende Holding, die Obergesellschaft, für den Menschenrechts- und Umweltschutz verantwortlich; denn ihr werden die Arbeitnehmer der Tochter nach § 1 Abs. 3 LkSG mit der Folge zugerechnet, dass auch sie, die Konzernmutter, den Schwellenwert des § 1 Abs. 1 S. 3 LkSG übertrifft.

---

[1] Gesetz über unternehmerische Sorgfaltspflichten in Lieferketten v. 16.7.2021, BGBl. I 2959.

[2] Siehe Begr. RegE LkSG, BT-Drs. 18/28649, 23.

[3] Für einen Überblick über die Regelungsinhalte des LkSG statt vieler Spindler ZHR 186 (2022), 67 ff.; Nietsch/Wiedmann NJW 2022, 1 ff.; Stöbener de Mora/Noll NZG 2021, 1237 (1239 ff.); Stöbener de Mora/Noll NZG 2021, 1285 ff. – jeweils mwN.

1. Die Gefahr der Pflichtendiffusion

Sollte die Mutter auf die Tochter einen bestimmenden Einfluss nach § 2 Abs. 6 S. 3 LkSG ausüben, so ist sie für den Geschäftsbereich der Tochter in gleicher Weise verantwortlich wie für ihren eigenen. Muss die Muttergeschäftsleitung deshalb für den Tochterbereich (wie schon die Tochtergeschäftsleitung) ebenfalls das gesetzliche Schutzprogramm[4] vom Risikomanagement bis hin zu den Präventionsmaßnahmen bei den mittelbaren Zulieferern[5] bei sich einrichten oder ihr vorhandenes Mutter-Schutzprogramm auf den Geschäftsbereich der Konzerntochter erstrecken? Das würde zu einer Verdoppelung der Schutzaktivitäten führen; denn das LkSG lässt an keiner Stelle erkennen, das Schutzprogramm der Mutter entbinde die Tochter und deren Geschäftsleitung von ihren Schutzpflichten ex lege oder eröffne der Tochtergeschäftsleitung die Möglichkeit, ihre Schutzpflichten auf die Muttergeschäftsleitung zu übertragen. Allerdings sind identische Schutzmaßnahmen in der Mutter und in der Tochter nicht nur wirtschaftlich unvernünftig, sondern weitergehend ausnehmend gefährlich, weil sie zu einer Diffusion der Verantwortlichkeiten führen können: Ein jeder Verantwortungsträger vertraut darauf, dass der andere seiner Verantwortung nachkommt – mit der Folge, dass keiner seiner Verantwortung gerecht wird.[6]

2. Die Schutzpflichten der Tochtergeschäftsleitung

Damit die jeweiligen Verantwortlichkeiten der Mutter und der Tochter nicht diffundieren, müssen die jeweiligen Sorgfaltspflichten der beiden Leitungsorgane je eigenständig definiert und so gegeneinander abgegrenzt werden, dass der gesetzlich vorgegebene Menschenrechts- und Umweltschutz keinerlei Beeinträchtigung erleidet. Deshalb ist eine der beiden Geschäftsleitungen auf das volle Schutzprogramm vom Risikomanagement bis zu den Präventionsmaßnahmen bei den mittelbaren Zulieferern zu verpflichten. Für den Geschäftsbereich der Tochter sollte das schon deshalb deren Geschäftsleitung sein, weil sie dessen Quellen der menschenrechtlichen und umweltbezogenen Risiken näher steht als die Muttergeschäftsleitung, sie diese Risiken daher präziser ermitteln und schneller erfassen sowie sachkundiger gewichten und präzisieren kann, um den Verpflichtungen aus § 5 LkSG möglichst effektiv nachzukommen.

---

[4] Dazu, dass die Einzelmaßnahmen als Bestandteile eines Schutzprogramms gesehen werden müssen, für die CSDDD des Unionsgesetzgebers schon Hommelhoff FS Henssler, 2023, 971 (974ff.); für die europäische CSRD Hommelhoff/Allgeier/Jelonek NZG 2023, 911 (912ff.).

[5] Zur Einbeziehung der mittelbaren Zulieferer in die LkSG-Sorgfaltspflichten umfassend Lüneborg MDR 2023, 1009ff. mwN.

[6] Vgl. in diesem Kontext zu den bloß sekundären Sorgfaltspflichten der Finanzunternehmen in der CSDDD Allgeier, Nachhaltigkeit und Mittelstand, Jur. Diss. Heidelberg, im Erscheinen; im Anschluss an Habrich ZVglRWiss 122 (2023), 219 (226f.); für eine zunehmende Verantwortungsdiffusion bei großer Entfernung von der Gefahrenquelle in der Wertschöpfungskette vgl. Baur in Schmitt/Bamberg, Psychologie und Nachhaltigkeit, 2018, S. 153f.

3. Die Systemkontrolle der Muttergeschäftsleitung

Wie sind vor diesem Hintergrund die Sorgfaltspflichten der Muttergeschäftsleitung mit Blick auf den Geschäftsbereich der Tochter eigenständig zu konkretisieren? Auch sie müssen auf den Menschenrechts- und Umweltschutz dort abzielen, ohne jedoch die Tochtermaßnahmen bloß zu wiederholen. Das ist dann nicht der Fall, wenn die Muttergeschäftsleitung sich auf die Kontrolle konzentriert,[7] ob die Tochtergeschäftsleitung ihren Schutzpflichten tatsächlich nachkommt und damit die vom Gesetz angestrebten Erfolge erzielt. Die Muttergeschäftsleitung hat mithin die Einrichtung des vollen Schutzsystems in der Konzerntochter und dessen gutes Funktionieren zu überwachen und im Fall von Mängeln oder Schwächen auf deren Überwindung hinzuwirken. Auf diesem Weg einer zusätzlichen Systemkontrolle wird der Menschenrechts- und Umweltschutz im Geschäftsbereich der Konzerntochter gestärkt, ohne dass es zu einer Diffusion von Verantwortlichkeiten kommt. Oder anders formuliert: Wenn die Obergesellschaft im Konzern auf die konzernangehörige Gesellschaft einen bestimmenden Einfluss nach § 2 Abs. 6 S. 3 LkSG ausübt, dann erfüllt die Geschäftsleitung der Obergesellschaft ihre Verantwortung für den Gemeinwohlgüter-Schutz im Tochterbereich dadurch, dass sie das Schutzsystem, von der Tochtergeschäftsleitung für ihren Geschäftsbereich einzurichten und zu betreiben, auf Existenz und Erfolg hin kontrolliert.

Die Wahrnehmung dieser Systemkontrolle steht mitnichten zur Disposition – weder zu der der Muttergeschäftsleitung noch zu der der Tochter. Sobald die Muttergeschäftsleitung einen bestimmenden Einfluss ausübt, muss sie in Erfüllung der Verpflichtung ihrer Gesellschaft aus § 3 Abs. 1 LkSG diese Systemkontrolle tatsächlich ausführen. Deshalb sind §§ 2 Abs. 6 S. 3, 3 Abs. 1 LkSG dahin zu interpretieren, die Geschäftsleitung der Tochter habe die der Mutter von sich aus mit sämtlichen Informationen[8] zu versorgen, die erforderlich sind, um eine effektive Systemkontrolle durchführen zu können.

II. Zur Zentralisierung von Schutzmaßnahmen bei der Mutter

Da die geschäftsleitende Holding selbst keine Gemeinwohlgüter-relevanten Außenbeziehungen pflegt,[9] ist es nur konsequent, dass sie für ihren Bereich kein Schutzsystem nach §§ 3ff. LkSG einzurichten braucht. Ihre Verantwortlichkeit erschöpft sich in der Kontrolle der nachgeordneten Konzernbereiche mit ihren zumeist vielfältigen Außenbeziehungen unterschiedlichster Art.[10]

---

[7] Allgemein zur Kontrolle des Tochtergeschehens durch die Muttergeschäftsleitung Hommelhoff FS Krieger, 2020, 393 (400f.); Dominke, Einheitliche Gruppenleitung über die Binnengrenzen in Europa, 2017, S. 184f. im Anschluss an unternehmenspraktisches Schrifttum.

[8] Zum Konzerninformationsanspruch Schockenhoff NZG 2020, 1001; Mader, Informationsfluss im Unternehmensverbund, Jur. Diss., 2016, S. 226ff., 268.

[9] Vgl. zum Hauptzweck der Holding, ihre Beteiligungen zu führen, Lutter/Bayer, Holding-Handbuch, 6. Aufl. 2020, § 1 Rn. 1.1.

[10] Vgl. zur Pflichtenreduktion auf die Kontrolle Rothenburg/Rogg AG 2022, 257 (265).

1. Zentralisierungs-Impulse

Allerdings steht eine solche Holding regelmäßig nicht nur an der Spitze einer einzigen Unternehmensverbindung, sondern leitet eine Mehrzahl dieser Verbindungen einheitlich (§ 18 Abs. 1 AktG). Sollten unter den Konzerntöchtern sich solche befinden, die wegen der geringeren Zahl ihrer Beschäftigten nicht selbst LkSG-schutzpflichtig für ihren Geschäftsbereich sind, so hat die geschäftsleitende Holding für diese Bereiche bei sich das Schutzsystem zu etablieren, falls die Voraussetzungen der §§ 1 Abs. 3, 2 Abs. 6 S. 3 LkSG erfüllt sind.[11] Das gilt in gleicher Weise, wenn die Konzernmutter nicht bloß als geschäftsleitende Holding agiert, sondern in ihrem eigenen Bereich Gemeinwohlgüter-relevant wirtschaftet, also an der Spitze eines sog. Stammhaus-Konzerns steht.

Falls so auf der Ebene der Konzernmutter ein LkSG-Schutzsystem einzurichten ist, aber ebenfalls dann, wenn die Muttergeschäftsleitung lediglich das oder die Schutzsysteme auf der Tochterebene zu kontrollieren hat, stellt sich die Frage, ob bestimmte Maßnahmen für die Konzerntochter oder -töchter zentral für alle Konzernunternehmen auf der Mutterebene erledigt werden können – etwa die vorbereitenden Handlungen, um die Gemeinwohlgüter-Risiken nach § 5 Abs. 2 LkSG gewichten und priorisieren können, oder um Schulungen nach § 6 Abs. 3 Nr. 3 LkSG durchzuführen.

2. Unaufgebbare Verantwortlichkeit der Tochtergeschäftsleitung

Aus dem Blickwinkel einer selbst LkSG-schutzpflichtigen Tochtergeschäftsleitung geschaut, liegt es in deren unternehmerischem Organisationsermessen, ob sie diese Maßnahmen durch eigenes Personal, durch außenstehende Dritte oder durch Personal der Konzernmutter erledigen lässt.[12] Wesentlich ist bloß, dass sich die Tochtergeschäftsleitung auf diesem Wege nicht ihrer unaufgebbaren Verantwortung für den Gemeinwohlgüter-Schutz in ihrem eigenen Bereich entledigt.[13] Deshalb ist eine Verlagerung von Schutzaktivitäten auf die Ebene der Konzernmutter allein dann rechtsverträglich, wenn sichergestellt ist, dass die Tochtergeschäftsleitung fortlaufend über die Durchführung der ausgelagerten Maßnahmen informiert und ihr überdies das Recht eingeräumt wird, auf diese Durchführung verbindlich steuernden Einfluss zu nehmen, sobald die Tochtergeschäftsleitung dies für geboten erachtet.[14] Insgesamt verbietet deren unaufgebbare Verantwortung für den LkSG-Gemeinwohlgüterschutz im Tochtergeschäftsbereich der Konzerngeschäftsleitung in der faktischen Konzernverbindung eine

---

[11] Fleischer/Götz in Fleischer/Mankowski, 2023, LkSG § 4 Rn. 37; Rothenburg/Rogg AG 2022, 257 (265f.).

[12] Gehling/Fischer in Gehling/Ott, 2022, LkSG § 4 Rn. 357; Rothenburg/Rogg AG 2022, 257 (265); Theusinger/Gergen in Schall/Theusinger/Pour Rafsendjani, 2023, LkSG § 4 Rn. 64; aA Altenschmidt in Burgi/Habersack, Handbuch Öffentliches Recht des Unternehmens, 2024, § 10 Rn. 10.

[13] Theusinger/Gergen in Schall/Theusinger/Pour Rafsendjani, 2023, LkSG § 4 Rn. 64.

[14] Zur wechselseitigen Information vgl. Rothenburg/Rogg AG 2022, 257 (264f.).

Weisung dahin, bestimmte Schutzmaßnahmen oder deren Vorbereitung an die Mutter zu übertragen.[15]

3. Konsentierte Zentralisierung

Es ist hier nicht der Raum, im Einzelnen auszumessen, welche Schutzmaßnahmen oder deren Vorbereitung die verantwortliche Tochtergeschäftsleitung überhaupt nicht aus der Hand geben darf – wie etwa die Grundsatzerklärung nach § 6 Abs. 2 LkSG; diese und deren Einzelheiten sind das rechtlich zwingende Proprium der Tochtergeschäftsleitung (arg. § 6 Abs. 2 S. 2 LkSG). Zwar wird es regelmäßig im besonderen Interesse der Muttergeschäftsleitung liegen, für den gesamten Konzern mit einer einheitlichen Menschenrechts- und Umweltschutz-Strategie im Rechts- und Geschäftsverkehr und darüber hinaus im allgemeinen Umfeld aufzutreten. Aber dafür müssen die schutzverantwortlichen Tochtergeschäftsleitungen und ihr Einvernehmen[16] gewonnen werden. Ihnen einseitig eine konzerneinheitliche Strategie verbindlich vorzugeben, ist der Muttergeschäftsleitung verwehrt.[17]

III. Systemkontrolle und bestimmender Einfluss

Wie oben (→ I. 3.) dargestellt, konzentriert sich die LkSG-Verantwortlichkeit der Muttergeschäftsleitung gegenüber einer selbst LkSG-pflichtigen Konzerntochter im Anwendungsbereich des § 2 Abs. 6 S. 3 LkSG auf deren Verpflichtung, das System zum Schutze der Gemeinwohlgüter im Tochter-Geschäftsbereich auf dessen Einrichtung und gutes Funktionieren hin zu überprüfen.

1. Gestärkter Gemeinwohlgüter-Schutz durch Systemkontrolle

Die Systemkontrolle durch die Mutter verstärkt den Gemeinwohlgüter-Schutz der Tochter. Oder anders formuliert: Wenn die Obergesellschaft, die Mutter, auf die konzernangehörige Tochtergesellschaft einen bestimmenden Einfluss nach § 2 Abs. 6 S. 3 LkSG ausübt, dann bedarf die Tochter nach der gesetzlichen Regelung für den Gemeinwohlgüter-Schutz in ihrem Bereich über das eigene Schutzsystem hinaus einer zusätzlichen Verstärkung und Absicherung durch die Systemkontrolle der Mutter.[18] Damit ist von einem bestimmenden Einfluss der Konzernmutter im-

---

[15] Insoweit unzutreffend und in Widerspruch zur eigenen Aussage, die Tochtergeschäftsleitung müsse die zentrale Umsetzung bei der Mutter überprüfen, Theusinger/Gergen in Schall/Theusinger/Pour Rafsendjani, 2023, LkSG § 4 Rn. 63; so schon allgemein Hommelhoff, Die Konzernleitungspflicht, 1982, S. 227f.

[16] Vgl. auch „Abstimmung" und „kommunizierende Röhren" Fleischer/Götz in Fleischer/Mankowski, 2023, LkSG § 4 Rn. 35f.; im Anschluss daran Gehling CCZ 2023, 211 (214); allgemein zu den „kommunizierenden Röhren" Fleischer in BeckOGK, 1.10.2023, AktG § 91 Rn. 91.

[17] So auch Gehling CCZ 2023, 211 (214f.), der von gesetzlich zwingender dezentraler Struktur spricht; aA wohl Theusinger/Gergen in Schall/Theusinger/Pour Rafsendjani, 2023, LkSG § 4 Rn. 63, die von der Möglichkeit der Mutter sprechen, der Tochter ein System zu delegieren.

[18] Siehe dazu auch Hommelhoff ZHR 188 (2024), 336 (351f.).

mer dann auszugehen, wenn dieser Einfluss so beschaffen ist, dass er für die Effektivität des Schutzsystems auf der Tochterebene einer zusätzlichen Verstärkung und Absicherung durch die Systemkontrolle der Muttergeschäftsleitung bedarf, weil die Tochtergeschäftsleitung allein für das gute und erfolgreiche Funktionieren ihres Schutzsystems keine hinreichende Gewähr verspricht.[19]

2. *Die Abgrenzungsfunktion des bestimmenden Einflusses*

Somit regieren der „bestimmende Einfluss" und seine Ausübung die Verantwortlichkeit der Mutter für den Tochterbereich und die Kontrollpflichten der Muttergeschäftsleitung über das Schutzsystem in der Tochter. Ohne ausgeübten bestimmenden Einfluss keine Mutterverantwortlichkeit für den Gemeinwohlgüter-Schutz im Tochter-Geschäftsbereich und dementsprechend auch keine Kontrollpflichten der Muttergeschäftsleitung. Je nachdem muss die Muttergeschäftsleitung ihr Aufgabenfeld vorausschauend organisieren. Dafür bedarf es klarer und rechtssicher zu handhabender Abgrenzungen; das gebietet schon der hohe Stellenwert, den das LkSG dem Gemeinwohlgüter-Schutz beimisst: Präventiver Güterschutz erfordert vorausschauende Organisation dieses Schutzes. Diesen Anforderungen ist der Bundestags-Ausschuss mit seinen Beschreibungen des bestimmenden Einflusses von den gesellschaftsrechtlichen Möglichkeiten der Einflussnahme über die Einbindung in ein konzernweites Compliance-System bis hin zum Gleichlauf der Geschäftsbereiche verbunden mit der Aufforderung, eine individuell wertende Gesamtbetrachtung aller Bindungen zwischen Mutter und Tochter vorzunehmen,[20] noch nicht einmal im Ansatz gerecht geworden.[21] Ein solches Vorgehen mag sich für eine kompensatorische Haftung im Nachhinein eignen, taugt aber nicht als Grundlage prospektiver Unternehmens- und Konzernorganisation.

3. *Die Rechtsform der Tochter als Abgrenzungsansatz*

Für eine klare und rechtssichere Abgrenzung der Verantwortungsbereiche im faktischen Konzern und für die Bestimmung der Organpflichten in ihm ist auf die Rechtsform der Konzerntochter abzustellen[22] und zu prüfen, ob nach ihrer Organisationsverfassung die Position der Tochtergeschäftsleitung in so starkem Maße auf den Konzern und auf die Führung des Tochtergeschehens durch die Muttergeschäftsleitung ausgerichtet ist, dass der Gemeinwohlgüter-Schutz nicht allein und ausschließlich der Tochtergeschäftsleitung anvertraut werden kann, sondern durch die Systemkontrolle durch die Muttergeschäftsleitung verstärkt werden muss.

[19] Vgl. Gehling CCZ 2023, 211 (215).

[20] Vgl. Beschlussempfehlung und Bericht des Ausschusses für Arbeit und Soziales, BT-Drs. 19/30505, 38.

[21] Dazu ebenso kritisch Nietsch/Wiedmann NJW 2022, 1 (7).

[22] Wohl auch BMAS, FAQ LkSG, IV Nr. 6 (abrufbar unter: https://www.csr-in-deutschland.de/DE/Wirtschaft-Menschenrechte/Gesetz-ueber-die-unternehmerischen-Sorgfaltspflichten-in-Lieferketten/FAQ/faq-art.html#doc977f9a9d-bfdd-4d31-9e31-efab307ceee6bodyText4 (zuletzt aufgerufen am 19.6.2024), die auf die Eigenart der Konzernverbindung abstellen, in die logisch die Rechtsform der Tochter inbegriffen sein müsste; ebenso Fleischer/Götz in Fleischer/Mankowski, 2023, LkSG § 4 Rn. 36.

IV. Die Tochter-GmbH

Ein solch' verstärkender Gemeinwohlgüter-Schutz durch die Muttergeschäftsleitung ist in einer Konzerntochter im Alleinbesitz der Mutter mit bis zu 500 Beschäftigten geboten, wenn die Tochter als GmbH nach dem gesetzlichen Normalstatut organisiert ist. Dann nämlich ist diese Tochter-GmbH in nahezu allem auf den Konzern und auf die Führung der Tochteraktivitäten durch die Muttergeschäftsleitung ausgerichtet:[23] Diese bestimmt die Unternehmenspolitik der Tochter[24] sowie die wesentlichen Entscheidungen und Maßnahmen in ihr,[25] so dass die Tochtergeschäftsleitung allein im Bereich des laufenden Tagesgeschäfts Entscheidungsfreiräume hat, aber auch diese bloß unter dem Vorbehalt jederzeit freier Weisungen (§ 37 Abs. 1 GmbHG).[26] Gegenüber diesen sind (neben der Existenz der Gesellschaft) allein die gesetzlichen Pflichtaufgaben (Rechnungslegung, Kapitalschutz, Insolvenzantrag) abgeschirmt, zu denen jetzt auch der LkSG-Schutz der Gemeinwohlgüter zählt. Darüber hinaus entscheidet die Muttergeschäftsleitung über die Eigenkapitalausstattung der Konzerntochter und regelmäßig auch über deren Fremdkapitalversorgung,[27] um den Betrieb und die Investitionen der Tochtergesellschaft zu finanzieren – einschließlich derer zum Gemeinwohlgüter-Schutz. Schließlich befindet die Muttergeschäftsleitung über die Besetzung der beiden obersten Führungsebenen in der Konzerntochter – verschärft durch die Möglichkeit, die Tochtergeschäftsführer jederzeit und ohne Begründung abberufen zu können (§ 38 Abs. 1 GmbHG). Nach allem ist die GmbH im Alleinbesitz ihrer Mutter schon nach ihrem Normalstatut auf eine zentralistische Konzernverbindung hin angelegt.[28]

Mit alledem ist diese Tochtergeschäftsleitung daher in so starkem Maße auf die Muttergeschäftsleitung ausgerichtet, dass der Gemeinwohlgüter-Schutz auf der Tochterebene nur zusammen mit seiner Verstärkung durch die Systemkontrolle der Muttergeschäftsleitung sichergestellt ist. Daher steht diese Tochter-GmbH im Alleinbesitz unter dem bestimmenden Einfluss der Obergesellschaft im Sinne des § 2 Abs. 6 S. 3 LkSG.

V. Die Tochter-AG

Ganz anders hingegen die faktisch konzernierte Tochteraktiengesellschaft, selbst wenn sie mit weniger als 500 Beschäftigten im Alleinbesitz der Konzernmutter steht.

---

[23] Ausführlich Hommelhoff ZHR 188 (2024), 336 (339ff.).

[24] Kleindiek in Lutter/Hommelhoff, 21. Aufl. 2023, GmbHG § 37 Rn. 8; aA Beurskens in Noack/Servatius/Haas, 23. Aufl. 2022, GmbHG § 37 Rn. 47.

[25] Kleindiek in Lutter/Hommelhoff, 21. Aufl. 2023, GmbHG § 37 Rn. 11; aA Beurskens in Noack/Servatius/Haas, 23. Aufl. 2022, GmbHG § 37 Rn. 47.

[26] Kleindiek in Lutter/Hommelhoff, 21. Aufl. 2023, GmbHG § 37 Rn. 18.

[27] Baums, Recht der Unternehmensfinanzierung, 2017, § 42 Rn. 1ff.; speziell zur Tochter-AG Hommelhoff in Hommelhoff/Hopt/Leyens, Unternehmensführung durch Vorstand und Aufsichtsrat, 2024, § 14 Rn. 41ff.

[28] Vgl. Hommelhoff in Lutter/Hommelhoff, 21. Aufl. 2023, GmbHG Anh. § 13 Rn. 1.

1. Der eigenverantwortliche Tochtervorstand

Denn in einer so organisierten Konzernverbindung leitet der Tochtervorstand die Aktivitäten seiner Gesellschaft rechtlich zwingend unter eigener Verantwortung (§ 76 Abs. 1 AktG) und unterliegt keinerlei Weisungen der Muttergeschäftsleitung.[29] Schon die Initiative ist ihm zur eigenverantwortlich unternehmerischen Gestaltung zugewiesen: für die Unternehmenspolitik der Konzerntochter sowie für die außergewöhnlichen Maßnahmen und Geschäfte in ihr ebenso wie für das laufende Tagesgeschäft. Die Eigen- und die Fremdkapitalfinanzierung liegt zu wesentlichen Teilen in den Händen des Vorstands im Zusammenwirken mit deren Aufsichtsrat (§ 58 Abs. 2 AktG) und auch für die Stellenbesetzung unterhalb der Vorstandsebene ist der Tochtervorstand zuständig. Ihn schottet § 119 Abs. 2 AktG gegenüber der Konzernmutter ab,[30] die allerdings über ihre Repräsentanten im Tochteraufsichtsrat, namentlich über die „Personalschiene" (§ 84 Abs. 1, 4 AktG),[31] den Tochtervorstand auf den Gesamtkonzern ausrichten und auch ansonsten, wenn auch nur unter Beachtung des Tochtereigeninteresses,[32] Einfluss nehmen kann. Das freilich steht in steter Spannung zum gesetzlich zwingenden Auftrag an den Vorstand der Tochter, deren Angelegenheiten eigenverantwortlich zu leiten, was im Extremfall dazu führen kann, dass er eine ihm nach § 311 Abs. 1 AktG angesonnene Maßnahme ablehnen kann, obwohl ihm für den mit der Maßnahme verbundenen Nachteil voller Ausgleich zugesagt worden ist.[33] Persönlich abgesichert sind die Vorstandsmitglieder in der Tochter durch die Einschränkung des § 84 Abs. 4 AktG, aus ihrem (zeitlich befristeten, § 84 Abs. 1 S. 1 AktG) Amt nur aus wichtigem Grund abberufen werden zu können und dies zudem nicht von der Konzernmutter selbst, sondern bloß vom Aufsichtsrat der Tochter, der auf deren Eigeninteressen, wie gesagt, verpflichtet ist. Die faktisch konzernierte Aktiengesellschaft lässt sich nur betont dezentral einheitlich leiten.[34]

2. Gemeinwohlgüter-Schutz durch den Tochtervorstand

Für den Gemeinwohlgüter-Schutz in der Tochter-AG und für die Führung des Schutzsystems in ihr hat diese Eigenverantwortlichkeit des Tochtervorstands samt all ihrer Ausprägungen und Absicherungen trotz der Einbindung in einen faktischen Konzern Konsequenzen: Der effektive und fortlaufende Schutz der Ge-

---

[29] OLG Karlsruhe WM 1987, 533 (534); Habersack in Emmerich/Habersack, Aktien- und GmbH-Konzernrecht, 10. Aufl. 2022, AktG § 311 Rn. 78; Hoffmann-Becking ZHR 150 (1986), 570 (579); Spindler in MüKoAktG, 6. Aufl. 2023, AktG § 76 Rn. 56.

[30] Vgl. allgemein Hoffman in BeckOGK, 1.10.2023, AktG § 119 Rn. 2.

[31] Dazu Bayer in MüKoAktG, 6. Aufl. 2023, AktG § 17 Rn. 26; Koch, 18. Aufl. 2024, AktG § 17 Rn. 5; J. Vetter in K. Schmidt/Lutter, 4. Aufl. 2020, AktG § 17 Rn. 6.

[32] BGHZ 179, 71 Rn. 13; KG AG 2003, 500 (504); Altmeppen in MüKoAktG, 6. Aufl. 2023, AktG § 311 Rn. 13f., 402f.; Habersack in Emmerich/Habersack, Konzernrecht, 12. Aufl. 2023, S. 458; Fleischer in BeckOGK, 1.7.2023, AktG § 76 Rn. 97; Koch, 18. Aufl. 2024, AktG § 311 Rn. 48; H. F. Müller in BeckOGK, 1.7.2023, AktG § 311 Rn. 125.

[33] Habersack in Emmerich/Habersack, Konzernrecht, 12. Aufl. 2023, S. 492; Koch, 18. Aufl. 2024, AktG § 311 Rn. 48.

[34] Altmeppen/Hommelhoff ZGR 2024, 155 (158).

meinwohlgüter im Geschäftsbereich der Tochter durch deren Vorstand ist schon von Gesetzes wegen hinreichend sichergestellt. Seine zusätzliche Absicherung durch die Systemkontrolle der Muttergeschäftsleitung im Interesse der Gemeinwohlgüter im Tochterbereich ist nicht geboten; entsprechende Kontrollpflichten brauchen nicht begründet zu werden. § 2 Abs. 6 S. 3 LkSG ist deshalb dahin zu erläutern: Eine faktisch konzernierte Tochteraktiengesellschaft steht nicht unter dem bestimmenden Einfluss ihrer Obergesellschaft; in dieser dezentralen Konzernverbindung waltet kein solche Zusatzpflichten begründender Einfluss.[35]

3. *Zwischenergebnis*

Somit lassen sich die pflichtenbegründenden Konzernverbindungen von den pflichtenfreien nach § 2 Abs. 6 S. 3 im Grundsatz leicht und rechtssicher gegeneinander abgrenzen: Wird die nachgeordnete Konzerntochter im Alleinbesitz der Mutter als GmbH organsiert, ist deren Geschäftsleitung zur Systemkontrolle für den Tochterbereich verpflichtet. Wird die Tochter dagegen als AG organisiert, entstehen in dieser dezentralen Konzernverbindung keine Kontrollpflichten der Muttergeschäftsleitung im Interesse der Tochter-Gemeinwohlgüter.

VI. *Rechtsform-Varianten bei der Tochter*

Zu untersuchen bleibt dieser Abgrenzungsansatz für organisatorische Varianten für die faktisch konzernierte Tochtergesellschaft.

1. *Die mitbestimmte Tochter-GmbH*

Zunächst für die Tochter-GmbH im Alleinbesitz, die wegen ihrer mehr als 2000 Beschäftigten dem MitbestG 1976 unterfällt und daher einen paritätisch zusammengesetzten Aufsichtsrat (§ 7 Abs. 1 MitbestG) mit der Zuständigkeit für die Besetzung der Geschäftsführerpositionen (§ 31 MitbestG) hat. In einer so paritätisch mitbestimmten GmbH bleiben die Entscheidungszuständigkeiten der Gesellschafter und somit auch die der Konzernmutter als Alleingesellschafterin im Übrigen unberührt (arg. § 25 Abs. 2 MitbestG).[36] Das bedeutet: Innerhalb eines faktischen Konzerns ist auch die mitbestimmte GmbH wie schon die mitbestimmungsfreie ganz auf die Konzernmutter und auf den Gesamtkonzern hin ausgerichtet. Die Geschäftsleitung der Mutter bestimmt das Gesamtgeschehen auch in der mitbestimmten GmbH bis hinunter auf die Ebene des Tagesgeschäfts. Aber sogar in dieses kann die Muttergeschäftsleitung jederzeit in Ausübung des Weisungsrechts eingreifen.[37] Zwar darf sie den Gemeinwohlgüter-Schutz auf der Tochterebene nicht schwächen (→ I. 3.). Aber diese Einschränkung entzieht die Konzerntochter dem bestimmenden Einfluss der Mutter ebenso wenig wie die Tatsache, dass die Besetzung der

---

[35] So auch schon Spindler ZHR 186 (2022), 67 (76f.).
[36] Hommelhoff ZGR 1978, 119 (150).
[37] Beurskens in Noack/Servatius/Haas, 23. Aufl. 2022, GmbHG § 37 Rn. 35.

Positionen in der Tochtergeschäftsleitung nicht in die unmittelbare Entscheidungsmacht der Konzernmutter fällt, sondern dem mitbestimmten Tochteraufsichtsrat zugewiesen ist.[38] Ganz im Gegenteil schwächt es die Stellung der Tochtergeschäftsleitung, wenn sie auf der einen Seite in ihrem Handeln ganz auf die Muttergeschäftsleitung ausgerichtet ist, auf der anderen Seite jedoch die Mitglieder der Tochtergeschäftsleitung in ihrer persönlichen Stellung vom Votum des Tochteraufsichtsrats abhängen, in dem die Mutter über ihre Repräsentanten letztlich das Sagen hat: Für Mutter-Entscheidungen im Widerspruch zu den Interessen der Tochter-Arbeitnehmer kann die Tochtergeschäftsleitung nur allzu leicht im Tochteraufsichtsrat verantwortlich gemacht werden.

Auch eine so in ihrer Stellung *geschwächte* Tochtergeschäftsleitung bedarf einer zusätzlichen Absicherung durch die Systemkontrolle der Mutter, damit auch für den Geschäftsbereich der Konzerntochter ein effektiver Gemeinwohlgüter-Schutz gewährleistet werden kann. Mithin steht ebenfalls eine mitbestimmte GmbH im Alleinbesitz der Mutter unter deren bestimmendem Einfluss im Sinne des § 2 Abs. 6 S. 3 LkSG.

2. *Die Tochter-GmbH unter dem DrittelbG*

Wenn schon der paritätisch zusammengesetzte Aufsichtsrat mit Personalkompetenz in der Tochter-GmbH nichts am bestimmenden Einfluss der Mutter auf jene etwas ändert, dann muss dieses Ergebnis erst recht für die Konzerntochter mit mehr als 500, aber weniger als 2000 Beschäftigten gelten. Ihr nach dem Drittelbeteiligungsgesetz zu bildender und zu besetzender Aufsichtsrat hat lediglich Überwachungs- und Beratungskompetenzen (§ 1 Abs. 1 Nr. 3 DrittelbG),[39] aber keine Personalkompetenzen, so dass dieser Tochteraufsichtsrat die Ausrichtung der Tochter-GmbH auf ihre Konzernmutter und auf den Gesamtkonzern im Vergleich zur vollständig mitbestimmungsfreien Tochtergesellschaft unverändert lässt. Auf die so verfasste Tochter nimmt die Mutter mithin ebenfalls derart wesentlichen Einfluss, dass ein effektiver Gemeinwohlgüter-Schutz im Geschäftsbereich der Tochter zusätzliche Unterstützung durch die Systemkontrolle der Muttergeschäftsleitung benötigt. Die drittelbeteiligt mitbestimmte Tochter-GmbH im Alleinbesitz der Mutter steht mithin gleichfalls unter deren bestimmenden Einfluss nach § 2 Abs. 6 S. 3 LkSG.

3. *Die aktiengesellschaftsähnlich gestaltete GmbH*

Vor diesem Hintergrund der verschiedenen gesetzlich organisierten Tochtergesellschaften bleibt die Frage, ob eine Tochter-GmbH in Ausnutzung der GmbH-spezifischen Gestaltungsfreiheit (§ 45 GmbHG) in der Weise organisiert werden kann, dass sie, mit aktiengesellschaftsähnlichen Zügen versehen, wie eine Tochter-AG außerhalb des bestimmenden Einflusses der Mutter nach § 2 Abs. 6 S. 3 LkSG zu platzieren ist.

---

[38] Hommelhoff/Bayer in Lutter/Hommelhoff, 21. Aufl. 2023, GmbHG § 52 Rn. 143.
[39] Hommelhoff/Bayer in Lutter/Hommelhoff, 21. Aufl. 2023, GmbHG § 52 Rn. 130ff.

Dem Geschäftsleitungsorgan der Tochter-GmbH kann im Gesellschaftsvertrag Eigenverantwortlichkeit und Weisungsfreiheit gerade so zugewiesen werden,[40] wie sie der aus §§ 76 Abs. 1, 111 Abs. 4 S. 1, 119 Abs. 2 AktG des Tochtervorstands entsprechen. In gleicher Weise kann das Recht zum Widerruf der Geschäftsführerbestellung auf den aus wichtigem Grunde beschränkt werden (§ 38 Abs. 2 GmbHG). Allerdings ist eine solche Widerrufs-Einschränkung im Gesellschaftsvertrag in doppelter Hinsicht zulasten der Tochtergeschäftsführer gefährdet: Zum einen kann die alleinbesitzende Mutter den Gesellschaftsvertrag jederzeit abändern und zum anderen könnte sie ihn auch ohne Vertragsänderung auf Dauer im Wege der Satzungsdurchbrechung punktuell außer Wirkung setzen.[41] Gerade die letzte Bedrohung nimmt den Tochtergeschäftsführern die unverzichtbare persönliche Sicherheit. Sie kann allein durch ein Sonderrecht auf weisungsfreie Geschäftsführung[42] geschaffen werden; dies könnte nur mit Zustimmung des Rechtsinhabers aufgehoben, abgeschwächt oder außer Funktion gesetzt werden.[43] Ein solches Sonderrecht lässt sich freilich nur als Teil der Mitgliedschaft begründen, so dass der Rechtsinhaber, hier also der oder die Tochtergeschäftsführer, Gesellschafter der Konzerntochter sein muss.[44] Damit verliert die Gesellschaft den Status einer Konzerntochter im Alleinbesitz mit der Folgefrage, ob eine Konzerntochter-GmbH mit Minderheitsgesellschaftern im Gesellschaftsvertrag so ausgestaltet werden kann, dass sie bestimmendem Einfluss der Mutter nach § 2 Abs. 6 S. 3 LkSG entzogen ist und bleibt.

4. *Die statutarisch gestaltete Tochter-GmbH mit Minderheitsgesellschaftern*

Der auf das Ziel einer aktiengesellschaftsähnlichen Organisationsverfassung der Tochter-GmbH ausgerichtete Gesellschaftsvertrag muss zwei Anliegen zugleich gerecht werden: Er muss einen schon in der Tochter selbst effektiven Gemeinwohlgüter-Schutz sicherstellen und dabei zugleich einen effektiven Minderheitenschutz. Mechanismen zugunsten des Gemeinwohlgüter-Schutzes dürfen sich im Ergebnis nicht zum Nachteil der Minderheitsgesellschafter auswirken.

Mit Blick auf den Gemeinwohlgüter-Schutz in der Tochter-GmbH können deren Eigenständigkeit im Konzern und die Vorstands-gleiche Eigenverantwortlichkeit ihrer Geschäftsleitung von der Unternehmenspolitik bis hin zu den Finanzierungs-Entscheidungen statutarisch eingeführt und abgesichert werden, wenn die Tochtergeschäftsführer für die Zeit ihrer Amtsführung zu Gesellschaftern berufen und mit einem Sonderrecht auf weisungsfreie Geschäftsführung gesichert werden. Fraglich ist dann nur noch, ob in der Tochter ein fakultativer Aufsichtsrat (§ 52 GmbHG) mit Personalkompetenz installiert werden muss. Er würde zwar zwischen der Mutter- und der Tochtergeschäftsleitung dämpfende Distanz schaffen und ggf.

---

[40] Vgl. U. H. Schneider/S. H. Schneider in Scholz, 12. Aufl. 2021, GmbHG § 37 Rn. 104.

[41] Vgl. Harbarth in MüKoGmbHG, 4. Aufl. 2022, GmbHG § 53 Rn. 50ff.

[42] S. unter anderem Bayer in Lutter/Hommelhoff, 21. Aufl. 2023, GmbHG § 14 Rn. 19.

[43] Analog § 35 BGB BGH NJW-RR 1989, 542 (543).

[44] Näher J. Schmidt in Michalski/Heidinger/Leible/J. Schmidt, 4. Aufl. 2023, GmbHG § 3 Rn. 77.

für konzernneutralere Überwachung und Beratung der Tochtergeschäftsleitung sorgen können. Das aber wäre wohl für die Eigenständigkeit der Tochter und die Eigenverantwortlichkeit ihrer Geschäftsleitung nicht unbedingt notwendig. Das (wie vorgeschlagen ausgestaltete) Sonderrecht der Gesellschaftergeschäftsführer könnte in hinreichendem Ausmaß dafür Gewähr bieten, dass die statutarisch geschaffene Eigenständigkeit der Konzerntochter tatsächlich durchgehend gelebt werden kann. Dem Gemeinwohlgüter-Schutz ließe sich durch einen entsprechend ausgestalteten Gesellschaftsvertrag hinreichend Rechnung tragen.

Bleibt zur Abrundung der gesellschaftsvertraglichen Gestaltung der Minderheitenschutz,[45] falls neben der Konzernmutter und den Gesellschaftergeschäftsführern noch weitere außenstehende Gesellschafter an der Konzerntochter beteiligt sein sollten. Dann ist insbesondere dafür Vorsorge zu treffen, dass die Tochtergeschäftsführer in ihrem Wirken auch auf die Interessen dieser Minderheitsgesellschafter ausgerichtet bleiben. Das alles bedarf sorgfältiger Prüfung, welchen Gefahren diese Minderheitsgesellschafter in ihren Mitverwaltungs- und Vermögensrechten ausgesetzt sein und mithilfe welcher Schutzkautelen diesen Gefahren erfolgsversprechend begegnet werden könnte. Den Gemeinwohlgüter Schutz jedoch würde all das nicht berühren.

Im Ergebnis kann daher festgehalten werden: Eine Tochter-GmbH kann in ihrer Eigenständigkeit gegenüber der Konzernmutter und in der Eigenverantwortlichkeit ihrer Tochtergeschäftsleitung im Gesellschaftsvertrag aktiengesellschaftsähnlich so stark abgesichert werden, dass der Schutz der Gemeinwohlgüter im Geschäftsbereich der Tochter durch deren Geschäftsleitung allein gewährleistet werden kann. Eine zusätzliche Systemkontrolle durch die Muttergeschäftsleitung ist nicht erforderlich. Die so in einer dezentralen Konzernverbindung abgesicherte Tochter-GmbH steht nicht im bestimmenden Einfluss der Obergesellschaft nach § 2 Abs. 6 S. 3 LkSG. Zwar verliert in einer solchen Konstellation die Mutter ihren Alleinbesitz an der Tochter; das aber führt nicht zum Verlust der Möglichkeiten konzernstiftend einheitlicher Leitung.

VII. Zusammenfassung

Ob eine konzernangehörige Gesellschaft, so lässt sich nach allem zusammenfassen, im Sinne des § 2 Abs. 6 S. 3 LkSG unter dem bestimmenden Einfluss der Obergesellschaft steht, bestimmt sich danach, ob der Gemeinwohlgüter-Schutz im Geschäftsbereich der konzernangehörigen Gesellschaft durch deren Geschäftsleitung allein effektiv und auf Dauer geleistet werden kann oder ob das Schutzsystem zusätzlich der Kontrolle auf der Ebene der konzernangehörigen Gesellschaft durch die Geschäftsleitung der Obergesellschaft bedarf.

---

[45] Zum selbstgestalteten Minderheitenschutz in der Tochter-GmbH Hommelhoff in Lutter/Hommelhoff, 21. Aufl. 2023, GmbHG Anh. § 13 Rn. 41 ff.; Leuschner in Habersack/Casper/Löbbe, Großkommentar GmbHG, 3. Aufl. 2021, GmbHG Anh. § 77 Rn. 64 ff.; speziell zum Minderheitenschutz durch Sonderrechte Kallrath MittRhNotK 1999, 325 (327).

Diese Zusatzkontrolle ist stets dann geboten, wenn die konzernangehörige Gesellschaft in der Rechtsform einer GmbH organisiert ist – es sei denn, deren Organisationsverfassung ist aktiengesellschaftsähnlich im Gesellschaftsvertrag gestaltet. Dazu gehört auf jeden Fall für die Gesellschaftergeschäftsführer der konzernangehörigen Gesellschaft ein mitgliedschaftsrechtliches Sonderrecht auf weisungsfreie Geschäftsführung für die Zeit ihrer Amtsführung, aber nicht unbedingt ein fakultativer Aufsichtsrat.

Keiner Zusatzkontrolle bedarf der Gemeinwohlgüter-Schutz, falls die konzernabhängige Gesellschaft als AG organisiert ist. Sie und die auf Eigenständigkeit und Eigenverantwortlichkeit hin statutarisch ausgestaltete GmbH stehen nicht unter dem bestimmenden Einfluss der Obergesellschaft nach § 2 Abs. 6 S. 3 LkSG.

Damit kann das für den Gemeinwohlgüter-Schutz im faktischen Konzern zentral bedeutsame Tatbestandsmerkmal vorausschauend rechtssicher für die Strukturierung der Konzernverbindungen gehandhabt werden – in einer GmbH, die gegen bestimmenden Einfluss der Konzernmutter abgeschirmt werden soll, mithilfe der Notare bei der Gestaltung des Tochtergesellschaftsvertrags. *Heribert Heckschen,* einem der für diese Aufgabe exzellent ausgewiesenen Berufsangehörigen,[46] sei daher dieser Beitrag mit allen guten Wünschen gewidmet.

---

[46] Heckschen/Heidinger, Die GmbH in der Gestaltungs- und Beratungspraxis, 5. Aufl. 2023.

DETLEF KLEINDIEK

Restrukturierungsanzeige nach § 31 StaRUG und Gesellschafterentscheid in der GmbH

I. *Einführung*

Das Unternehmensstabilisierungs- und -restrukturierungsgesetz (StaRUG), mit dem die Richtlinie über Restrukturierung und Insolvenz (EU) 2019/1023 vom 20.6.2019[1] – im Folgenden: Restrukturierungsrichtlinie oder RRL – umgesetzt wurde und das zum Jahresbeginn 2021 als Art. 1 des Sanierungs- und Insolvenzrechtsfortentwicklungsgesetzes (SanInsFoG) vom 22.12.2020[2] in Kraft trat, eröffnet restrukturierungsfähigen Schuldnern den Zugang zu den Instrumenten des „Stabilisierungs- und Restrukturierungsrahmens" (StaRUG Teil 2, §§ 2–93). Voraussetzung für die Inanspruchnahme jener Instrumente ist die Anzeige des Restrukturierungsvorhabens beim zuständigen Restrukturierungsgericht (§ 31 Abs. 1 StaRUG). Sie wird vom Schuldner, vertreten vom gesetzlichen Vertretungsorgan nach der im Einzelfall geltenden allgemeinen Vertretungsregelung (im mehrköpfigen Organ: Gesamt-, Mehrheits- oder Einzelvertretungsbefugnis), abgegeben, wobei Bevollmächtigung möglich ist.[3] Mit dieser Restrukturierungsanzeige wird die Restrukturierungssache rechtshängig (§ 31 Abs. 3 StaRUG).

Die Inanspruchnahme der Instrumente des Stabilisierungs- und Restrukturierungsrahmens ist eine der denkbaren „Gegenmaßnahmen", zu denen die Mitglieder des zur Geschäftsführung berufenen Organs einer juristischen Person (und ebenso die Geschäftsleiter haftungsbeschränkter Gesellschaften ohne Rechtspersönlichkeit) nach Maßgabe von § 1 StaRUG angehalten sind. Diese Vorschrift (Titel: „Krisenfrüherkennung und Krisenmanagement bei haftungsbeschränkten Unternehmensträgern") ist die einzige Norm in Teil 1 des StaRUG („Krisenfrüherkennung und Krisenmanagement"). Ihr Abs. 1 S. 1 verpflichtet die genannten Geschäftsleiter dazu, „fortlaufend" über Entwicklungen zu wachen, welche den Fortbestand der juristischen Person (oder Gesellschaft) gefährden können. Erkennen die Geschäftsleiter solche Entwicklungen, haben sie geeignete Gegenmaßnahmen zu ergreifen und den zur Überwachung der Geschäftsleitung berufenen Orga-

[1] Richtlinie (EU) 2019/1023 des Europäischen Parlaments und des Rates vom 20.6.2019 über präventive Restrukturierungsrahmen, über Entschuldung und über Tätigkeitsverbote sowie über Maßnahmen zur Steigerung der Effizienz von Restrukturierungs-, Insolvenz- und Entschuldungsverfahren und zur Änderung der Richtlinie (EU) 2017/1132 (Richtlinie über Restrukturierung und Insolvenz), ABl. EU 2019 L 172, 18.

[2] BGBl. 2020 I 3256.

[3] Weiterführend Fritz in MüKoStaRUG, 2023, StaRUG § 31 Rn. 11ff.

nen unverzüglich Bericht zu erstatten (§ 1 Abs. 1 S. 2 StaRUG). Berühren die zu ergreifenden Maßnahmen die Zuständigkeit anderer Organe, haben die Geschäftsleiter unverzüglich auf deren Befassung hinzuwirken (§ 1 Abs. 1 S. 3 StaRUG).

§ 1 StaRUG hat gegenüber dem Vorschlag des Regierungsentwurfs zum SanInsFoG[4] keine Änderungen erfahren. In der Entwurfsbegründung hieß es zu jener Bestimmung: Die dort normierten Pflichten könnten bereits dem geltenden Recht entnommen werden, seien im Gesetz aber bislang nur punktuell geregelt. Insofern beschränke sich die Vorschrift darauf, das geltende Recht im Interesse der Rechtsklarheit einer positiven Regelung zuzuführen.[5] Man könnte also meinen, das StaRUG habe, was die Geschäftsleiterpflichten zur Krisenfrüherkennung und Krisenreaktion betrifft, zu keiner materiellen Änderung der schon bisher bestehenden Rechtslage geführt.[6]

Allerdings hatte der Regierungsentwurf für Teil 1 des StaRUG („Krisenfrüherkennung und Krisenmanagement") – Überlegungen im Schrifttum[7] aufgreifend – mit §§ 2, 3 StaRUG-E zwei zusätzliche Vorschriften zu (weitergehenden) haftungsbewehrten Pflichten bei drohender Zahlungsunfähigkeit vorgeschlagen. Sie sahen unter anderem vor: Die Geschäftsleiter juristischer Personen (sowie der ihnen gleichgestellten Gesellschaften ohne Rechtspersönlichkeit) sollten verpflichtet werden, die „Interessen der Gesamtheit der Gläubiger (zu) wahren", wenn die juristische Person (oder Gesellschaft) drohend zahlungsunfähig iSv § 18 Abs. 2 InsO ist (§ 2 Abs. 1 StaRUG-E). Die Mitglieder der Überwachungsorgane sollten gehalten sein, über die Einhaltung jener Geschäftsleiterpflicht zu wachen; Beschlüsse und Weisungen der Überwachungsorgane und anderer Organe sollten unbeachtlich sein, soweit sie der gebotenen Wahrung der Gläubigerinteressen entgegenstehen (§ 2 Abs. 2 StaRUG-E). Die schuldhafte Verletzung jener Leitungs- und Überwachungspflichten bei drohender Zahlungsunfähigkeit sollte eine Schadensersatzhaftung der Geschäftsleiter und Mitglieder der Überwachungsorgane gegenüber der juristischen Person (oder Gesellschaft) zur Folge haben (§ 3 Abs. 1 und 2 StaRUG-E), wobei ein Verzicht auf (sowie ein Vergleich über) jene Ersatzansprüche nur unter engen Voraussetzungen zulässig sein sollte (§ 2 Abs. 4 StaRUG-E).

Jene Vorschläge der §§ 2, 3 StaRUG-E sind bekanntlich nicht Gesetz geworden; der Gesetzgeber hat sie – auf Vorschlag des Bundestagsausschusses für Recht und Verbraucherschutz[8] – nicht übernommen. Eine Verpflichtung zur Wahrung der Gläubigerinteressen ist allein in §§ 32 Abs. 1, 43 Abs. 1 StaRUG kodifiziert, die freilich erst ab Rechtshängigkeit der Restrukturierungssache (herbeigeführt durch Abgabe der Restrukturierungsanzeige) Geltung beanspruchen:[9] Nach § 43 StaRUG

[4] BT-Drs. 19/24181 vom 9.11.2020.

[5] BT-Drs. 19/24181, 103.

[6] So etwa die Einschätzungen bei Gehrlein BB 2021, 66 (67); Seibt in Seibt/Westpfahl, 2023, StaRUG § 1 Rn. 6 und 9; C. Schäfer FS Gehrlein, 2022, 491 (501f.); Scholz ZIP 2021, 219 (229f.); Thole BB 2021, 1347 (1348).

[7] S. insbesondere Westpfahl ZRI 2020, 157 (172, 180ff.).

[8] S. dazu den Bericht des Ausschusses für Recht und Verbraucherschutz zum RegE SanInsFoG, BT-Drs. 19/25353, 6.

[9] Statt anderer Korch in Seibt/Westpfahl, 2023, StaRUG § 43 Rn. 25; Schluck-Amend in Jacoby/Thole, 2023, StaRUG § 43 Rn. 4.

haben die Geschäftsleiter von juristischen Personen (sowie der gleichgestellten Gesellschaften ohne Rechtspersönlichkeit) darauf hinzuwirken, dass die Restrukturierungssache mit der Sorgfalt eines ordentlichen und gewissenhaften Geschäftsleiters betrieben und dabei die Interessen der Gesamtheit der Gläubiger gewahrt werden (§ 43 Abs. 1 S. 1 StaRUG). Damit sind auch die Geschäftsleiter Träger jener Pflicht, der nach § 32 Abs. 1 StaRUG schon jeder die Restrukturierungssache betreibende Schuldner unterworfen ist. Für die Verletzung ihrer Pflicht haften die Geschäftsleiter dem Schuldner in Höhe des den Gläubigern entstandenen Schadens, es sei denn sie haben die Pflichtverletzung nicht zu vertreten (§ 43 Abs. 1 S. 2 StaRUG).

Trotz der ersatzlosen Streichung der §§ 2 und 3 StaRUG-RegE im finalen Text des Gesetzes ist alsbald eine Diskussion darüber entbrannt, ob sich die schon bislang bestehende Rechtslage zu den Geschäftsleiterpflichten in der Unternehmenskrise mit Inkrafttreten des StaRUG tatsächlich nicht geändert hat. Denn manche meinen, die Vorgaben der Restrukturierungsrichtlinie würden zu einer richtlinienkonformen Anpassung in der Anwendung des geltenden Rechts – sei es im Rahmen von § 1 StaRUG, sei es im Blick auf die allgemeinen Bestimmungen (insbesondere) von § 43 GmbHG und § 93 AktG – zwingen.[10] Andere befürworten die analoge Anwendung des § 43 StaRUG vor Rechtshängigkeit der Restrukturierungssache[11] oder machen geltend, der Gesetzgeber des StaRUG habe die Richtlinienvorgaben nicht hinreichend umgesetzt, weil die Umsetzungsdefizite auch im Wege einer richtlinienkonformen Anpassung des geltenden Gesetzesrechts nicht geheilt werden könnten.[12]

Die folgenden Überlegungen wollen einen Beitrag zu jener Debatte leisten. Sie greifen dabei einen Teilaspekt der Thematik heraus, über den seit Inkrafttreten des StaRUG kontrovers diskutiert wird: Sind die Geschäftsleiter einer juristischen Person, wenn sie – im Sinne der ihnen nach § 1 Abs. 1 S. 2 StaRUG auferlegten Pflicht, „geeignete Gegenmaßnahmen" in Reaktion auf bestandsgefährdende Entwicklungen zu ergreifen – die mit dem StaRUG eröffnete Option zur Inanspruchnahme des Stabilisierungs- und Restrukturierungsrahmens nutzen wollen, von einem zustimmenden Beschluss eines nach der Binnenverfassung des Schuldners entscheidungszuständigen anderen Organs (in der GmbH die Gesellschafterversammlung, in der AG der Aufsichtsrat oder möglicherweise gar die Hauptversammlung) abhängig? Dem soll hier unter Konzentration auf die Pflichtenbindung des Geschäftsführers einer GmbH nachgegangen werden, denn die aufgeworfenen Grundsatzfragen lassen sich am Beispiel jener Gesellschaftsform hinreichend beantworten. Müssen die Geschäftsführer zunächst eine billigende Beschlussfassung der GmbH-Gesellschafter abwarten? Oder dürfen sie das Restrukturierungsvorhaben bei dem zustän-

[10] In diesem Sinne (mit erheblichen Unterschieden in den Einzelheiten) etwa Hölzle FS Gehrlein, 2022, 261 (262f., 270f.); Korch GmbHR 2021, 793 (798); Sander ZHR 188 (2024), 8 (10, 32ff.); Scholz ZIP 2021, 219 (222); monographisch Krüger Insolvenzbezogene Pflichten von Unternehmensleitung und Beratern nach der sog. Restrukturierungsrichtlinie RL (EU) 2019/1023 und dem StaRUG, 2023, zusammenfassend S. 293ff.

[11] Kuntz ZIP 2021, 597 (610).

[12] L. M. Guntermann WM 2021, 214 (221); Jungmann ZRI 2021, 209 (212f.); monographisch A. Guntermann, Geschäftsleiterverantwortung bei wahrscheinlicher Insolvenz, 2021, S. 98ff.

digen Restrukturierungsgericht (wenn ein solcher Beschluss nicht zustande kommt) ggf. auch ohne Gesellschafterentscheid und sogar gegen den erklärten Willen der Gesellschafter anzeigen, sofern sie dies im Gläubigerinteresse als geboten ansehen? Inwieweit lässt sich für eine Antwort an die gewonnenen Erkenntnisse über die (verbandsinterne) Letztentscheidungskompetenz der GmbH-Gesellschafter zur Stellung eines (fakultativen) Antrags auf Eröffnung des Insolvenzverfahrens wegen (erst) drohender Zahlungsunfähigkeit (§ 18 InsO) anknüpften und welche neuen Aspekte sind mit den einschlägigen Vorgaben der Restrukturierungsrichtlinie verbunden?

II. Die Pflichten der Unternehmensleitung nach Art. 19 RRL

Was die hier einschlägigen Richtlinienvorgaben betrifft, steht Art. 19 RRL im Zentrum des Interesses. Jene Norm ist die einzige Bestimmung im 5. Kapitel („Pflichten der Unternehmensleitung“) des II. Titels („Präventiver Restrukturierungsrahmen“) der Restrukturierungsrichtlinie. Art. 19 RRL knüpft an eine „wahrscheinlichen Insolvenz“ an und beansprucht damit auch schon vor Inanspruchnahme des Zugangs zum präventiven Restrukturierungsrahmen (iSd Art. 4 RRL) Geltung:[13]

Art. 19 Pflichten der Unternehmensleitung bei einer wahrscheinlichen Insolvenz

Die Mitgliedstaaten stellen sicher, dass die Unternehmensleitung bei einer wahrscheinlichen Insolvenz mindestens Folgendes gebührend berücksichtigt:

a) die Interessen der Gläubiger, Anteilsinhaber und sonstigen Interessenträger,

b) die Notwendigkeit, Schritte einzuleiten, um eine Insolvenz abzuwenden, und

c) die Notwendigkeit, vorsätzliches oder grob fahrlässiges Verhalten zu vermeiden, das die Bestandsfähigkeit des Unternehmens gefährdet.

Jene Bestimmung unterscheidet sich nicht unwesentlich vom vorausgegangenen Richtlinienvorschlag der Europäischen Kommission aus dem November 2016.[14] Dessen Art. 18 – ebenfalls in Kapitel 5 platziert, das freilich einen abweichenden Titel trug („Pflichten der Unternehmensleitung im Zusammenhang mit Verhandlungen über einen präventiven Restrukturierungsplan“) – lautete:

Art. 18 Pflichten der Unternehmensleitung

Die Mitgliedstaaten erlassen Vorschriften, um sicherzustellen, dass die Unternehmensleitung bei einer drohenden Insolvenz verpflichtet ist,

[13] Korch GmbHR 2021, 793 (798); Sander ZHR 188 (2024), 8 (34); aA wohl J. Schmidt in MüKoStaRUG, 2023, StaRUG § 1 Rn. 18.

[14] Europäische Kommission, Vorschlag für eine Richtlinie des Europäischen Parlaments und des Rates über präventive Restrukturierungsrahmen, die zweite Chance und Maßnahmen zur Steigerung der Effizienz von Restrukturierungs-, Insolvenz- und Entschuldungsverfahren und zur Änderung der Richtlinie 2012/30/EU, COM(2016) 723 final vom 22.11.2016.

a) sofort Schritte einzuleiten, um die Verluste für Gläubiger, Arbeitnehmer, Anteilseigner und sonstige Interessenträger zu minimieren;

b) den Interessen der Gläubiger und sonstigen Interessenträger gebührend Rechnung zu tragen;

c) angemessene Schritte einzuleiten, um eine Insolvenz abzuwenden;

d) vorsätzliches oder grob fahrlässiges Verhalten zu vermeiden, das die Rentabilität des Unternehmens gefährdet.

Im politischen Kompromiss(findungs)prozess der Trilog-Verhandlungen hatte dieser Vorschlag der Kommission erhebliche Korrekturen im Sinne einer „absichtsvollen Abschwächung"[15] erfahren.[16] Gegenüber der dort letztlich erzielten politischen Einigung (noch Art. 18)[17] wurde der finale Text des Art. 19 RRL lediglich redaktionell geglättet, was die Reihenfolge der in lit. a genannten *stakeholders* betraf (im finalen Richtlinientext der englischen Sprachfassung: *„the interests of creditors, equity holders and other stakeholders"* statt *„the interests of creditors, other stakeholders and equity holders"*).

Verglichen mit Art. 18 des Kommissionsvorschlags ist in Art. 19 RRL nicht nur der Umsetzungsauftrag an die Mitgliedstaaten, sondern auch die Pflichtenbindung der Unternehmensleitung schwächer ausgeprägt. Nach wie vor stellt das (an die Unternehmensleitung adressierte) Gebot zur „gebührenden Berücksichtigung" – das sich nach dem klaren Wortlaut des Art. 19 RRL auf alle drei Buchstaben (a, b und c) gleichermaßen bezieht – aber auf ein Verhalten (Tun oder Unterlassen) der Unternehmensleitung ab, hat also durchaus eine Verhaltenspflicht zum Gegenstand. Jedoch scheinen die Begriffe „gebührende Berücksichtigung" (im Rahmen des Geschäftsleiterhandelns bei wahrscheinlicher Insolvenz) einerseits und „Notwendigkeit" (zu einem bestimmten Verhalten im Sinne von lit. b und lit. c der Norm) andererseits auf eine unterschiedlich intensiv ausgeprägte Pflichtenbindung des Normadressaten hinzuweisen. Deshalb mag es befremdlich anmuten, wenn – wie in den Normgeboten aus Art. 19 lit. b und lit. c RRL – beide Begriffe in einem Atemzug begegnen. Im Blick auf die Vorgabe des Art. 19 lit. c RRL, bei der es vor allem um die Vermeidung unvertretbarer wirtschaftlicher Risiken gehen dürfte, ist das vorzeiten erörtert worden.[18] Für die im Zusammenhang dieses Beitrags – neben lit. a – mehr interessierende Bestimmung des Art. 19 lit. b RRL lässt sich jenes Störgefühl indes sehr viel leichter auflösen, worauf zurückzukommen sein wird (→ VI. 1.).

Der schon in der englischen Sprachfassung des Kommissionsvorschlags verwendete Begriff *„likelihood of insolvency"* war in der deutschsprachigen Fassung jenes Vorschlags noch mit „drohende Insolvenz" übersetzt worden; im finalen Richtlinientext heißt es nun passender: „wahrscheinliche Insolvenz". Im Bauplan der

[15] Vgl. Seibt/von Treuenfeld DB 2019, 1190 (1193).

[16] Dazu auch Scholz ZGR 2019, 1050 (1054 f., 1057 ff.).

[17] Rat der EU, Dok. 15556/18 vom 17.12.2018.

[18] S. hierzulande insbesondere Korch ZGR 2019, 1050 (1061 ff.); Scholz ZIP 2021, 219 (221 f.); ferner J. Schmidt in MüKoStaRUG, 2023, StaRUG § 1 Rn. 22.

Restrukturierungsrichtlinie ist jener Begriff – wie auch der Begriff der Insolvenz – „im Sinne des nationalen Rechts zu verstehen“ (Art. 2 Abs. 2 RRL). Die „wahrscheinliche Insolvenz“ ist nach Art. 4 Abs. 1 RRL auch Zugangsvoraussetzung zum präventiven Restrukturierungsrahmen. Der deutsche Gesetzgeber hat insoweit bekanntlich an die drohende Zahlungsunfähigkeit iSv § 18 Abs. 2 InsO angeknüpft: § 29 Abs. 1 StaRUG.[19] Zur Wahrung des Abstandsgebots zwischen dem Vorfeldtatbestand der „wahrscheinlichen Insolvenz“ und den (eigentlichen) Insolvenztatbeständen hat er – ebenfalls im Zuge des SanInsFoG – die maßgeblichen Prognosezeiträume in § 18 Abs. 2 InsO (für die drohende Zahlungsunfähigkeit; jetzt: „in aller Regel ... 24 Monate“) und § 19 Abs. 2 InsO (für die Fortführungsprognose im Rahmen der Überschuldungsprüfung; jetzt: „in den nächsten 12 Monaten“) neu abgegrenzt, um so dem Tatbestand der drohenden Zahlungsunfähigkeit ein eigenes Zeitfenster von zwölf Monaten zu verschaffen, in denen nicht zugleich auch schon Überschuldung angenommen werden muss.[20]

III. Krisenfrüherkennung und Krisenmanagement: § 1 StaRUG

Sucht man in den Bestimmungen des StaRUG nach Regelungen zu den „Pflichten der Unternehmensleitung“, die – im Sinne des Art. 19 RRL – schon *vor* der Inanspruchnahme des Zugangs zum präventiven Restrukturierungsrahmen (durch Anzeige des Restrukturierungsvorhabens, § 31 Abs. 1 StaRUG) Geltung beanspruchen, hat es bei § 1 StaRUG nahezu sein Bewenden. § 101 StaRUG (zu „Informationen über die Verfügbarkeit der von öffentlichen Stellen bereitgestellten Instrumentarien zur frühzeitigen Identifizierung von Krisen“) sowie § 102 StaRUG (zu Hinweis- und Warnpflichten der dort genannten Berufsträger) haben eine ergänzende Funktion. Jene Regelungen, auf die hier nicht weiter einzugehen ist, erklären sich nicht zuletzt vor dem Hintergrund der Vorgaben des Art. 3 RRL zu „Frühwarnung und Bereitstellung von Informationen“.

1. Krisenfrüherkennung

Nach § 1 Abs. 1 S. 1 StaRUG haben die Geschäftsleiter einer juristischen Person fortlaufend über Entwicklungen zu wachen, welche den Fortbestand der juristischen Person gefährden können. Diese nunmehr rechtsformübergreifend normierte Verpflichtung zur „Krisenfrüherkennung“, die für das Aktienrecht bereits im Jahre 1998 eine ausdrückliche Regelung in § 91 Abs. 2 AktG gefunden hatte, wird im GmbH-Recht schon lange als Bestandteil der allgemeinen Leitungspflichten des Geschäftsführers (§ 43 Abs. 1 GmbHG) angesehen, die sich zudem vor dem Hintergrund spezifischer Organpflichten (heute insbesondere aus §§ 49 Abs. 2 und 3 GmbHG, §§ 15a, 15b InsO) erklärt:[21] Auch die Geschäftsführer der GmbH sind

---

[19] Dazu Begründung zum RegE SanInsFoG, BT-Drs. 19/24181, 90f.

[20] Dazu Begründung zum RegE SanInsFoG, BT-Drs. 19/24181, 88, 196f.

[21] Kleindiek in Lutter/Hommelhoff, 21. Aufl. 2023, GmbHG § 43 Rn. 31ff. mwN; zuletzt etwa Sander ZHR 188 (2024), 8 (10ff.).

angehalten, die Finanz- und Vermögenslage der Gesellschaft kontinuierlich zu beobachten und im Falle krisenhafter Anzeichen näher zu überprüfen. Sie müssen für eine Organisation innerhalb der Gesellschaft sorgen, die sie in die Lage versetzt, die wirtschaftliche und finanzielle Lage der Gesellschaft jederzeit zu überblicken und Risiken (erst recht: bestandsgefährdende Risiken) so rechtzeitig zu erkennen, dass wirksame Maßnahmen zu ihrer Steuerung ergriffen werden können. Im Geschäftsführerkollegium ist, auch im Falle einer Ressortaufteilung, jeder einzelne Geschäftsführer gehalten, auf Schaffung der notwendigen organisatorischen Voraussetzungen zu drängen.

§ 1 Abs. 1 S. 1 StaRUG knüpft zwar an die Regelung des § 91 Abs. 2 AktG an, wonach der Vorstand geeignete Maßnahmen zu treffen, insbesondere ein Überwachungssystem einzurichten hat, damit den Fortbestand der Gesellschaft gefährdende Entwicklungen früh erkannt werden. In der Begründung des RegE zum SanInsFoG[22] wird freilich darauf hingewiesen, dass die konkrete Ausformung und Reichweite der Pflicht zur Überwachung bestandsgefährdender Risiken von der Größe, Branche, Struktur und Rechtsform des jeweiligen Unternehmens abhänge. In jedem Fall aber sollten die Geschäftsleiter (auch kleinerer Unternehmen) gehalten sein, die Unternehmensverhältnisse und Entwicklungen laufend daraufhin zu beobachten und zu überprüfen, ob sie das Potenzial haben, bei ungehindertem Fortgang den Fortbestand des Unternehmens zu gefährden.

2. *Krisenmanagement*

Sind bestandsgefährdende Entwicklungen eingetreten, so haben die Geschäftsleiter die Verpflichtung, „geeignete Gegenmaßnahmen" zu ergreifen und den zur Überwachung der Geschäftsleitung berufenen Organen unverzüglich Bericht zu erstatten: § 1 Abs. 1 S. 2 StaRUG. Berühren die zu ergreifenden Maßnahmen die Zuständigkeit anderer Organe, haben sie unverzüglich auf deren Befassung hinzuwirken: § 1 Abs. 1 S. 3 StaRUG. Die Formulierung des § 1 Abs. 1 S. 2 StaRUG stellt für die dort beschriebene Reaktion zwar darauf ab, dass die Geschäftsleiter die bestandsgefährdenden Entwicklungen „erkennen". Aber dem liegt eine Organpflicht zugrunde, die schon als gebotene Reaktion auf den objektiven Eintritt bestandsgefährdender Entwicklungen zu verstehen ist;[23] ihre schuldhafte Verletzung ist haftungsbewehrt, im GmbH-Recht nach § 43 Abs. 2 GmbHG.[24] Wer das anders sehen will, muss auf ein schuldhaftes Nichterkennen der Bestandsgefährdung im Sinne einer Verletzung der Überwachungspflicht aus § 1 Abs. 1 S. 1 StaRUG rekurrieren.[25]

Mit „Entwicklungen, welche den Fortbestand der juristischen Person gefährden können" hat der Gesetzgeber ein Merkmal gewählt, das mit dem Tatbestand der drohenden Zahlungsunfähigkeit (§ 18 Abs. 2 InsO) nicht deckungsgleich ist. Poten-

---

[22] BT-Drs. 19/24181, 104.

[23] Gleichsinnig Scholz ZIP 2021, 219 (229); Seibt in Seibt/Westpfahl, 2023, StaRUG § 1 Rn. 27.

[24] Kleindiek in Lutter/Hommelhoff, 21. Aufl. 2023, GmbHG § 43 Rn. 35.

[25] So Thole in Jacoby/Thole, 2023, StaRUG § 1 Rn. 20.

ziell bestandsgefährdende Entwicklungen, denen zu begegnen ist, können durchaus auch schon vor dem Zeitpunkt eintreten, zu dem drohende Zahlungsunfähigkeit gegeben ist.[26] Spätestens ab Eintritt drohender Zahlungsunfähigkeit wird man aber zugleich eine bestandsgefährdende Entwicklung iSd § 1 Abs. 1 StaRUG anzunehmen haben,[27] denn die einschlägigen Vorgaben des Art. 19 RRL knüpfen für die dort adressierten Pflichten der Unternehmensleitung an die „wahrscheinliche Insolvenz" an, die im Umsetzungskonzept des StaRUG im Sinne „drohender Zahlungsunfähigkeit" konkretisiert worden ist.

Was als „geeignete Gegenmaßnahme" angesehen werden kann, hängt ganz von den Ursachen der bestandsgefährdenden Entwicklungen ab und lässt sich nur unter Würdigung der Umstände des jeweiligen Einzelfalls ermessen. Die Begründung des RegE zum SanInsFoG erklärt denn auch lediglich, hinsichtlich der Auswahl der zu treffenden Gegenmaßnahmen und deren Durchführung stehe den Geschäftsleitern der Beurteilungsspielraum zu, der ihnen nach Maßgabe der spezialgesetzlichen Regelungen für Maßnahmen der Geschäftsführung zuzubilligen sei.[28] Hat sich die bestandsgefährdende Entwicklung so weit verdichtet, dass drohende Zahlungsunfähigkeit dargelegt werden kann, war der freiwillige Gang in das Insolvenz(plan)-verfahren (§ 18 InsO) schon bislang eine zu erwägende Option. Mit dem StaRUG ist die Inanspruchnahme der Instrumente des Stabilisierungs- und Restrukturierungsrahmens hinzugekommen.

Auch die Regelungen in § 1 Abs. 1 S. 2 und 3 StaRUG bringen in der Sache nichts Neues. Sie waren – als Konkretisierungen der allgemeinen Leitungspflicht in der Unternehmenskrise – schon bisher breit akzeptiert. Bezogen auf die GmbH:[29] Da den Geschäftsführern die unternehmerische Leitung der Gesellschaft zugewiesen ist, haben sie die Möglichkeiten zur Krisenreaktion einschließlich einer umfassenden betrieblichen und finanziellen Sanierung zu prüfen, Sanierungskonzepte zu entwickeln und ggf. Sanierungsschritte einzuleiten. Aber das steht unter dem Vorbehalt der Entscheidungskompetenzen der Gesellschafter. Aus eigener Kompetenz können die Geschäftsführer nur unaufschiebbare Maßnahmen treffen, um die Sanierungsfähigkeit der Gesellschaft zu erhalten. Denn die grundlegenden Sanierungsentscheidungen sind im Kompetenzgefüge des GmbH-Rechts – sofern die Satzung nichts anderes bestimmt – von den Gesellschaftern zu treffen, die den Geschäftsführern gegenüber ihre Bereitschaft zur Sanierung (oder ggf. ihren mangelnden Sanierungswillen) kundtun müssen. Zur Beratung und Entscheidung hierüber haben die Geschäftsführer die Versammlung der Gesellschafter einzuberufen (§ 49 Abs. 2 GmbHG). Doch Letztere sind in ihrer Entscheidung grundsätzlich frei; sie haben *keine* allgemeine Sanierungspflicht, weder gegenüber der Gesellschaft

[26] Goetker in Flöther, 2021, StaRUG § 1 Rn. 7; H.-F. Müller ZGR 2018, 56 (63); Sander ZHR 188 (2024), 8 (25f., 34); Thole BB 2021, 1347 (1348); Thole in Jacoby/Thole, 2023, StaRUG § 1 Rn. 13; wohl aA Seibt in Seibt/Westpfahl, 2023, StaRUG § 1 Rn. 27.

[27] Skaurdszun/Amort DB 2021, 1317 (1319).

[28] BT-Drs. 19/24181, 104.

[29] Zum Folgenden (mit weiteren Nachweisen) schon Kleindiek in Lutter/Hommelhoff, 21. Aufl. 2023, GmbHG § 43 Rn. 32ff.; instruktiv zusammenfassend auch Haas FS Kayser, 2019, 309 (314ff.).

noch gar gegenüber den Gesellschaftsgläubigern.[30] Die demgegenüber entwickelte These, die Gesellschafter seien (mit der Konsequenz einer etwaigen Schadensersatzpflicht) kraft ihrer Treuepflicht gegenüber der Gesellschaft zur Sanierung verpflichtet, wenn diese notwendig und zumutbar sei (wovon sie sich nur befreien könnten, indem sie die Gesellschaft durch Beschluss auflösen und liquidieren),[31] vermochte deshalb auch nicht zu überzeugen.[32] Denn die Auflösung der Gesellschaft durch Gesellschafterbeschluss steht im Ermessen der dafür erforderlichen Gesellschaftermehrheit. Zum *erzwungenen* Marktaustritt kommt es – so sah man es jedenfalls bis zum Inkrafttreten der Restrukturierungsrichtlinie[33] – erst mit der Eröffnung des Insolvenzverfahrens (oder dessen Ablehnung mangels Masse), was die Verwirklichung eines Insolvenzgrundes (Zahlungsunfähigkeit oder Überschuldung) voraussetzt. Im Einzelfall kann in Mehrheits-/Minderheitskonflikten die Minderheit kraft der Treuepflicht gegenüber den Mitgesellschaftern allerdings verpflichtet sein, mehrheitlich gewollte Sanierungsmaßnahmen nicht zu verhindern; das mag in Ausnahmekonstellationen auch in umgekehrter Richtung gelten, also im Fall einer sanierungsunwilligen Mehrheit.

Freilich werden auch die skizzierten Geschäftsführerpflichten zur Krisenreaktion im Schrifttum verbreitet unter dem Begriff der „Sanierungspflicht" (der Geschäftsleiter) beschrieben.[34] Angesichts der skizzierten (Letzt-)Entscheidungskompetenzen der Gesellschafter, die nicht umstritten sind, ist eine solche Begriffswahl wenig glücklich. In der Überschrift zu § 1 StaRUG ist denn auch vom „Krisenmanagement" die Rede. Und dass jene „Managementpflichten" der Geschäftsleiter unter dem Vorbehalt der Entscheidungszuständigkeit anderer Organe stehen, erkennt ersichtlich auch das StaRUG an: Den zur Überwachung berufenen Organen ist unverzüglich Bericht zu erstatten (§ 1 Abs. 1 S. 2 StaRUG). Berühren die zu ergreifenden Maßnahmen die Zuständigkeit anderer Organe, haben die Geschäftsleiter unverzüglich auf deren Befassung hinzuwirken (§ 1 Abs. 1 S. 3 StaRUG), was gleichfalls eine Pflicht zur Berichterstattung einschließen muss.[35] Zudem bleiben nach ausdrücklicher Bestimmung des § 1 Abs. 3 StaRUG weitergehende Pflichten, die sich aus anderen Gesetzen ergeben, unberührt. In der GmbH betrifft das auch die Verpflichtung zur Einberufung der Gesellschafterversammlung nach § 49 Abs. 2 GmbHG, um den Gesellschaftern Gelegenheit zur Beratung und Entscheidung zu geben. All das unterstreicht die Feststellung in der Begründung des RegE zu § 1

[30] Dazu etwa Haas Gutachten E zum 66. DJT 2006, S. E 114f; Kleindiek in Bayer/Koch, Das neue GmbH-Recht, 2008, S. 89, 103ff.; Veil ZGR 2006, 374 (383f.); Westermann DZWiR 2006, 485 (490f.), je mwN.

[31] Drenckhan, Gläubigerschutz in der Krise der GmbH, 2006, S. 193ff.; zusammenfassend S. 325ff.; Drenckhan GmbHR 2006, 1296 (1298ff.).

[32] S. zur Kritik Kleindiek in Bayer/Koch, Das neue GmbH-Recht, 2008, S. 89, 104f.

[33] Zu aktuell vorgetragenen Überlegungen vor dem Hintergrund von Art. 19 und Erwägungsgrund 3 RRL noch → VII.

[34] S. etwa L. M. Guntermann WM 2021, 214 (217f.); Schluck-Amend/Hefner ZRI 2020, 570 (577); Seibt/von Treuenfeld DB 2019, 1190 (1192); Thole BB 2021, 1347 (1348); aus dem älteren Schrifttum etwa Bork ZIP 2011, 101 (106f.); Schluck-Amend/Walker GmbHR 2001, 375 (376f.); Seibt ZIP 2013, 1597 (1598f.).

[35] Zutreffend Jungmann ZRI 2021, 209 (214).

StaRUG, die Vorschrift beschränke sich darauf, das geltende Recht im Interesse der Rechtsklarheit für die Rechtsanwender einer positiven Regelung zuzuführen.[36]

IV. Restrukturierungsanzeige und Gesellschafterentscheid: Die Perspektive des Gesellschaftsrechts

Die strategische Insolvenz durch freiwilligen Gang in ein Insolvenz(plan)verfahren gehört zu den grundlegenden Sanierungsentscheidungen im soeben skizzierten Sinne. Ein fakultativer Insolvenzantrag wegen (bloß) drohender Zahlungsunfähigkeit setzt in der GmbH im Innenverhältnis deshalb einen die Antragstellung billigenden Beschluss der Gesellschafter voraus, der einer qualifizierten Mehrheit von drei Vierteln der abgegebenen Stimmen bedarf. Das ist an anderer Stelle ausführlich begründet worden[37] und entspricht der heute ganz überwiegenden Meinung.[38] Jedenfalls aus der Perspektive des Gesellschaftsrechts wird man für die Restrukturierungsanzeige nach § 31 Abs. 1 StaRUG nicht anders entscheiden können:

1. Verfehlte Einwände

Wenn dem entgegengehalten wird, das Restrukturierungsverfahren sei auf Fortführung der Gesellschaft ausgelegt und führe – anders als die Eröffnung des Insolvenzverfahrens – nicht zur Auflösung der Gesellschaft, sodass sich die Restrukturierungsanzeige nicht als ein den Gesellschaftszweck änderndes Grundlagengeschäft darstelle,[39] ist zu erwidern: Weder die Analogie zu § 60 Abs. 1 Nr. 2 GmbHG noch die Qualifizierung des Insolvenzantrags als sog. Grundlagengeschäft bezeichnen die tragenden Argumente, warum die Letztentscheidungskompetenz zum freiwilligen Gang in das Insolvenzverfahren den GmbH-Gesellschaftern obliegt. Zwar führt die Eröffnung des Insolvenzverfahrens nach § 60 Abs. 1 Nr. 4 GmbHG ebenfalls zur Auflösung der Gesellschaft. Aber der freiwillige Eigenantrag auf Insolvenzeröffnung ist – anders als der Auflösungsbeschluss der Gesellschafter – an die materielle Voraussetzung der drohenden Zahlungsunfähigkeit geknüpft. Und dem daraufhin eröffneten Insolvenzverfahren wird – unter den aktuellen Rahmenbedingungen des ESUG – jedenfalls in der Regel das Ziel der finanziellen Sanierung des Unternehmens zugrunde liegen. Die Antragstellung wegen drohender Zahlungsunfähigkeit (gesellschaftsintern) der Beschlusskompetenz der Gesellschafter zu unterwerfen, lässt sich deshalb noch nicht überzeugend unter Rückgriff auf jene gesetzlichen Regeln begründen, welche für die Entscheidung über eine Auflösung der Gesellschaft gelten, mit der typischerweise die Abwicklung des Gesellschaftsvermögens (Liquidation) eingeleitet wird. Und wer mit dem schillernden Begriff des „Grundlagengeschäfts" argumentiert, über dessen zutreffendes Verständnis eine gewisse

---

[36] BT-Drs. 19/24181, 103.
[37] Kleindiek FS K. Schmidt, Bd. I, 2019, 655 ff.
[38] Nachweise zuletzt bei Bayer GmbHR 2023, 918 (919).
[39] Brackmann/Holze ZRI 2024, 143 (144); Skauradszun/Amort DB 2021, 1317 (1321).

Verwirrung herrscht,[40] muss zunächst klarstellen, was genau damit gemeint sein soll. Jedenfalls soweit unter einem „Grundlagengeschäft" solche Geschäfte verstanden werden, die auch zu ihrer Wirksamkeit im *Außen*verhältnis – nach den einschlägigen Rahmendaten der jeweiligen Gesellschaftsform – eines einstimmig oder mit ausreichender Mehrheit gefassten Gesellschafterentscheids bedürfen,[41] geht ein solcher Argumentationsansatz fehl. Denn um ein auch im *Außen*verhältnis mitwirkungsbedürftiges Vertretungsgeschäft geht es im hier in Rede stehenden Zusammenhang gerade nicht.

2. *Außenverhältnis und Innenverhältnis*

Ein für die juristische Person erklärter Eröffnungsantrag wegen drohender Zahlungsunfähigkeit ist nach § 18 Abs. 3 InsO wirksam gestellt, wenn der (oder die) Antragsteller zur Vertretung berechtigt ist (sind). Ob das einschlägige Gesellschaftsrecht die Billigung durch ein anderes Organ (in der GmbH: durch die Gesellschafter) verlangt und ob dem im konkreten Fall Genüge getan ist, spielt regelmäßig nur im Innenverhältnis eine Rolle; für die Wirksamkeit des Eröffnungsantrags dem Insolvenzgericht gegenüber (also im Außenverhältnis) hat es keine Bedeutung. Nichts anderes gilt für die Anzeige des Restrukturierungsvorhabens nach § 31 Abs. 1 StaRUG: Auch diese bleibt, sofern sie vom gesetzlichen Vertretungsorgan nach der im Einzelfall geltenden allgemeinen Vertretungsregelung (ggf. einem Bevollmächtigten) abgegeben wird, im Außenverhältnis wirksam, sollte es an einem billigenden Beschluss der Gesellschafter – obwohl im Innenverhältnis erforderlich – fehlen.[42] Abweichendes kommt nur in Betracht, wenn ausnahmsweise die Grundsätze über den Missbrauch der Vertretungsmacht Anwendung finden.[43]

3. *Das Kompetenzgefüge des GmbH-Rechts*

Das im Innenverhältnis bestehende Erfordernis eines billigenden Beschlusses der GmbH-Gesellschafter folgt – jedenfalls aus der Perspektive des Gesellschaftsrechts und für den freiwilligen Insolvenzantrag nach § 18 InsO wie für die Restrukturierungsanzeige nach § 31 Abs. 1 StaRUG gleichermaßen – aus dem Kompetenzgefüge der GmbH:

Nach dem Bauplan des GmbH-Gesetzes sind die Geschäftsführer zwar die primären Träger der unternehmerischen Initiativ- und Entscheidungsmacht in der Gesellschaft. Aber nach § 49 Abs. 2 GmbHG haben sie immer dann die Versamm-

---

[40] Näher dazu Kleindiek FS K. Schmidt, Bd. I, 2019, 655 (662ff.) mit Nachweisen; vgl. zuletzt etwa Flöther/Wilke ZRI 2023, 1028 (1033f.), die „satzungsändernde Beschlüsse und ungewöhnliche Geschäfte" als ein „Grundlagengeschäft" verstehen wollen.

[41] Zu Beispielen Kleindiek FS K. Schmidt, Bd. I, 2019, 655 (663).

[42] Brinkmann KTS 2021, 303 (316); Thole BB 2021, 1347 (1349); Thole in Jacoby/Thole, 2023, StaRUG § 1 Rn. 33.

[43] Im Kontext der Restrukturierungsanzeige weiterführend (mit unterschiedlichen Positionen) AG Hamburg NZI 2023, 584 und LG Hamburg NZG 2023, 1133; Baumert NZI 2023, 952 (954); Bayer GmbHR 2023, 918 (920) mwN; s. außer den dort genannten noch Flöther/Wilke ZRI 2023, 1029 (1039f.); Jacoby FS Becker-Eberhard, 2022, 229ff.; Schilken FS Becker-Eberhard, 2022, 501 (511ff.).

lung der Gesellschafter einzuberufen, wenn es im Interesse der Gesellschaft erforderlich erscheint; in § 49 Abs. 3 GmbHG bzw. § 5a Abs. 4 GmbHG wird diese Verpflichtung für bestimmte Fälle lediglich konkretisiert. Unter den Voraussetzungen jener Normen haben die Geschäftsführer die Gesellschafter zu informieren und ihnen Gelegenheit zu geben, über geeignete Maßnahmen zu beraten. Vor diesem Hintergrund sollte kein Zweifel daran bestehen, dass die Geschäftsführer der GmbH die Versammlung der Gesellschafter jedenfalls einzuberufen und zu informieren haben, wenn sie einen freiwilligen Insolvenzantrag wegen drohender Zahlungsunfähigkeit nach § 18 InsO erwägen oder – durch Anzeige nach § 31 Abs. 1 StaRUG – das Restrukturierungsverfahren einleiten wollen, um die Verfahrenshilfen des Stabilisierungs- und Restrukturierungsrahmens zur nachhaltigen Beseitigung einer drohenden Zahlungsunfähigkeit in Anspruch zu nehmen. Dass die Gesellschafterversammlung spätestens dann einzuberufen ist, wenn sich die Unternehmenskrise zu drohender Zahlungsunfähigkeit verdichtet hat, ergibt sich auch für die reguläre GmbH schon aus § 49 Abs. 2 GmbHG.

Allein fraglich kann sein, ob die Geschäftsführer einer GmbH zunächst die Beschlussfassung der Gesellschafter abwarten müssen oder den fakultativen Insolvenzantrag bzw. die Restrukturierungsanzeige (wenn ein solcher Beschluss nicht zustande kommt) ggf. auch ohne Gesellschafterentscheid und sogar gegen den erklärten Willen der Gesellschafter stellen bzw. abgeben dürfen, wenn sie dies – im Gläubigerinteresse – als geboten ansehen. Die Kompetenzordnung des GmbH-Rechts spricht nachdrücklich dafür, im Konfliktfall den Gesellschaftern das Letztentscheidungsrecht (im Innenverhältnis) auch hinsichtlich der Restrukturierungsanzeige zuzuweisen. Aus der Perspektive des Gesellschaftsrechts fehlt es an einer entsprechenden Kompetenz zur Entscheidung der Gesellschafter regelmäßig nicht, denn die Gesellschafterversammlung der GmbH ist allzuständig:[44] Die GmbH-Gesellschafter können die Entscheidungsbefugnis über nahezu jede Angelegenheit an sich ziehen; sie haben das Recht, durch Weisungen und sonstige Vorgaben die Geschäftsführer nahezu in ihren gesamten Geschäftsführungsaktivitäten (positiv) zu steuern und (negativ) zu begrenzen.[45] Soweit sie auf spezielle Weisungen verzichten, wird das Geschäftsführerhandeln jedenfalls durch unternehmenspolitische Vorgaben der Gesellschafter kanalisiert, da über die Grundsätze der Unternehmenspolitik nicht die Geschäftsführer, sondern die Gesellschafter befinden; und die Gesellschafter (nicht die Geschäftsführer) sind auch berufen, über ungewöhnliche Geschäftsführungsmaßnahmen zu entscheiden.[46] Das sind – unter anderem – solche, die wegen ihrer Bedeutung (für Gesellschaft oder Gesellschafter) oder ihres unternehmerischen Risikos Ausnahmecharakter haben. Die Kompetenz, über das

---

[44] Das aktienrechtliche Kompetenzgefüge ist anders gestaltet, sodass sich die hier zur GmbH getroffenen Feststellungen nicht ohne Weiteres auf die Aktiengesellschaft übertragen lassen; zu den Entscheidungszuständigkeiten in der AG, bezogen auf den freiwilligen Insolvenzantrag wegen drohender Zahlungsunfähigkeit, weiterführend Kleindiek FS K. Schmidt, Bd. I, 2019, 655 (668 ff.) mwN; bezogen auf die Restrukturierungsanzeige nach § 31 Abs. 1 StaRUG s. stellvertretend Brinkmann KTS 2021, 303 (317 ff.); Seibt in Seibt/Westpfahl, 2023, StaRUG § 1 Rn. 52.

[45] Kleindiek in Lutter/Hommelhoff, 21. Aufl. 2023, GmbHG § 37 Rn. 17 ff. mwN.

[46] Zum Ganzen (mit Einzelnachweisen) Kleindiek in Lutter/Hommelhoff, 21. Aufl. 2023, GmbHG § 37 Rn. 8 ff.

„Ob" derartiger Maßnahmen zu befinden, liegt im Kompetenzgefüge der GmbH originär bei den Gesellschaftern.

4. *Die Restrukturierungsanzeige als ungewöhnliche Maßnahme der Geschäftsführung*

Man wird nicht ernsthaft bestreiten wollen, dass es sich bei der Restrukturierungsanzeige nach § 31 Abs. 1 StaRUG ebenso wie beim fakultativen Insolvenzantrag um eine ungewöhnliche Maßnahme der Geschäftsführung in diesem Sinne handelt, denn die möglichen Folgen für die Gesellschafter sind schon allein angesichts der zu erwartenden Einbeziehung auch der Gesellschafterrechte in die insolvenzrechtliche Reorganisation bzw. vorinsolvenzliche Restrukturierung erheblich: Nach aktuellem Insolvenzrecht können die Anteilsrechte der Gesellschafter in den Insolvenzplan einbezogen, Forderungen von Gläubigern in Anteilsrechte umgewandelt und im Plan auch im Übrigen alle gesellschaftsrechtlich zulässigen Regelungen getroffen werden (§ 225a InsO). Und ebenso können durch den Restrukturierungsplan die Anteils- oder Mitgliedschaftsrechte der an dem Schuldner beteiligten Personen gestaltet, Restrukturierungsforderungen in Anteils- oder Mitgliedschaftsrechte umgewandelt, sonstige gesellschaftsrechtlich zulässige Regelungen getroffen sowie Anteils- und Mitgliedschaftsrechte übertragen werden (§§ 2 Abs. 3, 7 Abs. 1 und 4 StaRUG). Im Verfahren über die Annahme des Restrukturierungsplans können die Anteilsinhaber nach Maßgabe von §§ 26, 27 StaRUG durch gruppenübergreifende Mehrheitsentscheidungen überstimmt werden. Ob es zu solchen Eingriffen kommt, hängt zwar von der konkreten Ausgestaltung des Planangebots, der Annahme durch die Planbetroffenen und der gerichtlichen Bestätigung des Plans (§§ 60ff. StaRUG) ab. Aber die entscheidenden Weichen in Richtung einer „Degradierung der Anteilseigner zu einfachen Planbetroffenen"[47] werden bereits mit der Anzeige des Restrukturierungsvorhabens nach § 31 Abs. 1 StaRUG gestellt, zumal dieser schon der Entwurf eines Restrukturierungsplans oder zumindest ein Konzept für die Restrukturierung beizufügen ist (§ 31 Abs. 2 Nr. 1 StaRUG) und mit der (durch die Anzeige herbeigeführten) Rechtshängigkeit der Restrukturierungssache (§ 31 Abs. 3 StaRUG) ein Umschwung in der Interessenbindung – im Sinne einer Verpflichtung zur „Wahrung der Interessen der Gesamtheit der Gläubiger" (§§ 32 Abs. 1, 43 Abs. 1 StaRUG) – einhergeht: Bei Konkurrenz oder Konflikt mit den Interessen der Anteilsinhaber haben die Gläubigerinteressen Vorrang. Vor dem Hintergrund des gesetzlichen Kompetenzgefüges der GmbH ist es mithin nur folgerichtig, dass den Geschäftsführern einer GmbH auch die Inanspruchnahme des Stabilisierungs- und Restrukturierungsrahmens nicht ohne vorherige Zustimmung der Gesellschafter erlaubt sein kann. Und angesichts der im Restrukturierungsplan ggf. drohenden, sehr erheblichen Eingriffe in die Mitgliedschaftsrechte spricht alles dafür, diesen billigenden Beschluss der GmbH-Gesellschafter ebenso dem Erfordernis einer qualifizierten Mehrheit von drei Vierteln der abgegebenen Stimmen zu unterwerfen wie die Entscheidung zur

---

[47] In diesem Sinne die Formulierung bei Fuhrmann/Heinen/Schilz NZG 2021, 684 (685) unter Hinweis auf Brinkmann ZIP 2020, 2361 (2369).

Stellung eines freiwilligen Insolvenzantrags bei (bloß) drohender Zahlungsunfähigkeit[48] – hier wie dort in Gesamtanalogie zu jenen Bestimmungen, in denen der Gesetzgeber für eine Reihe von strukturändernden Beschlüssen ein solches qualifiziertes Mehrheitserfordernis vorgeschrieben hat.[49]

5. *Zwischenergebnis*

Aus der Perspektive des Gesellschaftsrechts ist damit als Zwischenergebnis festzuhalten: Die Anzeige des Restrukturierungsvorhabens nach § 31 Abs. 1 StaRUG ist in der GmbH im Innenverhältnis ebenso an einen – mit mindestens 3/4-Mehrheit der abgegebenen Stimmen zu fassenden – billigenden Gesellschafterentscheid gebunden wie der freiwillige Gang in das Insolvenz(plan)verfahren bei (bloß) drohender Zahlungsunfähigkeit zum Zwecke proaktiver Krisenbewältigung. Alles andere erschiene auch wertungswidersprüchlich. Denn schon der Gesetzgeber der (1999 in Kraft getretenen) InsO hatte mit dem seinerzeit neu normierten Eröffnungsgrund der drohenden Zahlungsunfähigkeit (§ 18 InsO) die Möglichkeit schaffen wollen, bereits vor Eintritt der sich abzeichnenden Insolvenz „verfahrensrechtliche Gegenmaßnahmen einzuleiten".[50] Und dem StaRUG liegt die Überlegung zugrunde, dass der damit geschaffene präventive Restrukturierungsrahmen „weitgehende funktionale Übereinstimmung mit den insolvenzrechtlichen Sanierungsoptionen aufweist", weshalb er sich „in wesentlichen Punkten an den fortentwickelten Regelungen zu den Sanierungsoptionen des Insolvenzrechts orientiert".[51]

V. Korrekturbedarf kraft StaRUG?

Gleichwohl bleibt zu erörtern, ob jenes Zwischenergebnis aus der Sicht des nationalen Restrukturierungsrechts der Korrektur bedarf.

1. *Drohende Zahlungsunfähigkeit und §§ 2, 3 StaRUG-RegE*

Schon vor Geltung des StaRUG war die These vom „kompetenzverschiebenden Perspektivwechsel" aufgrund der „Vorwirkung" einer sich anbahnenden materiellen Insolvenz formuliert worden:[52] Die mit Entstehung der Insolvenzantragspflicht (also bei Überschuldung oder Zahlungsunfähigkeit) einsetzende Bindung des Geschäftsführers an den Vorrang der Gläubigerinteressen entfalte Vorwirkungen auch schon vor der materiellen Insolvenzreife. Ab Eintritt der *bilanziellen* Überschuldung

[48] Übereinstimmend Bayer GmbHR 2023, 918 (919f.); Fuhrmann/Heinen/Schilz NZG 2021, 684 (688ff.); Goetker in Flöther, 2021, StaRUG § 1 Rn. 78; Seibt in Seibt/Westpfahl, 2023, StaRUG § 1 Rn. 48; wohl auch C. Schäfer FS Gehrlein, 2022, 491 (505f.). Demgegenüber will Scholz ZIP 2021, 219 (226 und 228) einen mit einfacher Mehrheit gefassten Zustimmungsbeschluss genügen lassen; ebenso Thole BB 2021, 1347 (1350); Thole in Jacoby/Thole, 2023, StaRUG § 1 Rn. 33.

[49] Kleindiek FS K. Schmidt, Bd. I, 2019, 655 (667).

[50] So die Begründung zum RegE InsO, BT-Drs. 12/2443, 114.

[51] Begründung zum RegE SanInsFoG, BT-Drs. 19/24181, 87.

[52] Hölzle ZIP 2013, 1846 (1850f.).

bei prognostisch fortbestehender Zahlungsfähigkeit und „erst recht“ ab drohender Zahlungsunfähigkeit komme es zu einem „Perspektivenwechsel“ in der Treubindung des Geschäftsführers; die Gläubigerinteressen hätten von nun an Vorrang vor den Gesellschafterinteressen, womit eine „Verlagerung der Organkompetenzen“[53] von der Gesellschafter- auf die Geschäftsführerebene einhergehe. Der Geschäftsführer dürfe keine Gesellschafterweisungen befolgen, die dem „Wohl der Gesellschaft im Sinne einer bestmöglichen Vermögenssicherung im Interesse der Gläubiger“ entgegenstünden. Sobald die Gesellschaft wegen drohender Zahlungsfähigkeit berechtigt sei, einen Insolvenzantrag zu stellen, sei der Geschäftsführer hierzu deshalb auch ohne Zustimmung und auch gegen den Willen der Gesellschafter befugt.

Der These vom kompetenzverschiebenden Perspektivwechsel ist an anderer Stelle widersprochen worden; sie hat zu Recht keine breitere Gefolgschaft gefunden, denn die *lex lata* steht ihr entgegen.[54] Jene Überlegungen hätten – wegen geänderter gesetzlicher Rahmendaten – allerdings neuerlicher Diskussion bedurft, wären §§ 2 und 3 StaRUG in der Fassung des Regierungsentwurfs Gesetz geworden. Denn nach § 2 StaRUG-E sollten die Geschäftsleiter juristischer Personen (sowie der ihnen gleichgestellten Gesellschaften ohne Rechtspersönlichkeit) verpflichtet sein, ab Eintritt drohender Zahlungsunfähigkeit die „Interessen der Gesamtheit der Gläubiger (zu) wahren“ (§ 2 Abs. 1 StaRUG-E); Beschlüsse und Weisungen der Überwachungsorgane und anderer Organe sollten unbeachtlich sein, soweit sie der gebotenen Wahrung der Gläubigerinteressen entgegenstehen (§ 2 Abs. 2 StaRUG-E). Was jene Pflicht zur Wahrung der Interessen der Gesamtheit der Gläubiger konkret bedeuten sollte, versuchte die Begründung zum Regierungsentwurf so zu erläutern: Mit der vorgeschlagenen Vorschrift des § 2 StaRUG-E trete an die Stelle der binären Unterscheidung zwischen einem außerinsolvenzlichen Bereich, in dem die Geschäftsleiter nach verbreiteter Auffassung nicht zur Wahrung von Gläubigerinteressen verpflichtet seien, und dem Bereich der materiellen Insolvenz, in der die Interessenwahrung der Gläubigerschaft im Vordergrund stehe, ein „stetiger Übergang auf der Grundlage eines sich dem Krisengrad anpassenden Pflichten- und Haftungsregimes“. Im Konfliktfall sei den Interessen der Gläubigerschaft „im Zweifel der Vorrang einzuräumen“. Die Vorschrift lasse zwar das gesellschaftsrechtliche Kompetenzgefüge „im Ausgangspunkt unberührt“. Hieraus folge insbesondere, „dass etwaige Organkompetenzen im Zusammenhang mit der Beantragung eines Insolvenzverfahrens im Stadium der drohenden Zahlungsunfähigkeit oder im Zusammenhang mit der Inanspruchnahme von Instrumentarien des Stabilisierungs- und Restrukturierungsrahmens von der Vorschrift unberührt bleiben“. Die Ausübung der Organkompetenzen dürften aber „nicht darauf gerichtet sein oder zur Folge haben, dass die Geschäftsleiter ihren Pflichten zur Wahrung der Interessen der Gläubiger nicht mehr nachkommen können“. Wo sich im Einzelfall die Pflichten der Geschäftsleiter zu konkreten Handlungs- oder Unterlassungspflichten verdichtet hätten, könnten diese „nicht durch Beschlüsse

[53] Hölzle ZIP 2013, 1846 (1848).
[54] Näher dazu Kleindiek FS K. Schmidt, Bd. I, 2019, 655 (666f.).

oder Weisungen anderer Organe ausgehebelt werden".[55] Wäre § 2 StaRUG-E Gesetz geworden, hätte sich also allemal die Frage gestellt, ob die Geschäftsführer einer GmbH, wenn sie die Inanspruchnahme der Instrumentarien des Stabilisierungs- und Restrukturierungsrahmens im Gläubigerinteresse als geboten ansehen, im Innenverhältnis an einen dem entgegenstehenden (den Gang in das präventive Restrukturierungsverfahren untersagenden) Gesellschafterentscheid gebunden gewesen wären.[56]

Die im Regierungsentwurf vorgesehenen §§ 2 und 3 StaRUG-E waren freilich *nicht* von der Annahme getragen, die Restrukturierungsrichtlinie würde solche Regelungen verlangen. Der Regierungsentwurf hatte die einschlägigen Vorgaben zu den Geschäftsleiterpflichten in Art. 19 RRL lediglich „zum Anlass" zur Schaffung rechtsformübergreifender Bestimmungen zum „Pflichtenkreis der Geschäftsleiter [...] im Bereich der Krisenfrüherkennung und Krisenbewältigung" genommen und klargestellt, dass die Richtlinie gerade nicht vorgebe, ob den Gläubigerinteressen im Konfliktfall der Vorrang vor den Interessen anderer Stakeholder einzuräumen sei; diese Entscheidung bleibe den nationalen Rechtsordnungen vorbehalten.[57] Ebenso zutreffend wurde in der Entwurfsbegründung jedoch darauf hingewiesen, dass der in § 2 Abs. 1 StaRUG-E angeordnete Vorrang der Gläubigerinteressen mit der Richtlinie vereinbar sei; denn nach Erwägungsgrund 71 S. 5 RRL sollten die Mitgliedstaaten in der Lage sein, eine Rangfolge zwischen den verschiedenen Interessenträgern festzulegen.[58]

2. *Die Entscheidung des Gesetzgebers*

Allein: §§ 2, 3 StaRUG-E sind nicht Gesetz geworden. Und die vom Rechtsausschuss – unter Verweis auf „das unklare Verhältnis zu den im Gesellschaftsrecht verankerten Sanierungspflichten"[59] – empfohlene Streichung jener Normen als eine „gesetzgeberische Bestätigung der Lehre vom ‚shift of duties'" (im Sinne eines Vorrangs der Gläubigerinteressen schon ab Eintritt drohender Zahlungsunfähigkeit) verstehen zu wollen,[60] liegt fern. Mit den dort angesprochenen „Sanierungspflichten" kann nur die schon bislang anerkannte Sanierungsverantwortung der Geschäftsleiter gemeint sein, deren Wahrnehmung – wie skizziert – unter dem Vor-

[55] Alle Zitate aus der Begründung zum RegE SanInsFoG, BT-Drs. 19/24181, 105–107; kritisch zu dem zugrundeliegenden Ansatz eines „‚schrittweisen' shift of fiduciary duties" Jungmann ZRI 2021, 209 (220); Sander ZHR 188 (2024), 8 (19); sympathisierend indes Thole ZIP 2020, 1985 (1987).

[56] Verneinend Brinkmann ZIP 2020, 2361 (2365); Brinkmann KTS 2021, 303 (319f.); Brünkmans ZInsO 2021, 1 (6); Eckert/Holzle/Ippen NZI 2021, 153 (154); Jungmann ZRI 2021, 209 (223); Scholz ZIP 2021, 219 (228); Skauradszun ZRI 2020, 625 (630); Skauradszun/Amort DB 2021, 1317 (1320). Bejahend indes Seibt/Bulgrin DB 2020, 2226 (2235f.); tendenziell auch C. Schäfer ZIP 2020, 2164 (2168).

[57] Begründung zum RegE SanInsFoG, BT-Drs. 19/24181, 103.

[58] Vgl. BT-Drs. 19/24181, 108, wo allerdings – wohl irrtümlich – auf Erwägungsgrund 71 S. 6 RRL Bezug genommen wird.

[59] Bericht des Ausschusses für Recht und Verbraucherschutz zum RegE SanInsFoG, BT-Drs. 19/25353, 6.

[60] In diesem Sinne aber Bitter ZIP 2021, 321 (322).

behalt der Letztentscheidung eines zur Beschlussfassung berufenen anderen Organs der juristischen Person (oder Gesellschaft) steht (→ III. 2.). Das war auch der „Ausgangspunkt“ der konzeptionellen Überlegungen in der Begründung des Regierungsentwurfs (→ V. 1.). Aber der Rechtsausschuss war ersichtlich (und durchaus zu Recht) der Meinung, dass die vorgeschlagenen Vorschriften der §§ 2, 3 StaRUG-E nicht für Rechtsklarheit hinsichtlich der Fortgeltung (oder Einschränkung) jener „im Gesellschaftsrecht verankerten Sanierungspflichten“ sorgen würden – im Gegenteil.

Man mag, wenn man das anders sieht, die Beschlussfassung des Gesetzgebers kritisieren und für „bessere Einsicht“ werben. Aber es bleibt der rechtspolitischen Entscheidung des Gesetzgebers vorbehalten, wo die Trennlinie zwischen Gesellschafts- und Insolvenzrecht genau verläuft,[61] ab wann die Unternehmensleitung am vorrangigen Gläubigerinteresse auszurichten ist.[62] Schon die mehrfachen Korrekturen am Überschuldungstatbestand des § 19 InsO in der jüngeren Vergangenheit[63] haben deutlich gemacht, wie der Gesetzgeber diesen Gestaltungsspielraum nutzt. Es kann jedenfalls keine Rede davon sein, dass den Gläubigerinteressen nach aktuellem Recht schon mit Eintritt der *drohenden* Zahlungsunfähigkeit der Vorrang eingeräumt ist: Die Geschäftsleiterhaftung wegen masseschmälernder Zahlungen setzt im Regelfall den Eintritt der Zahlungsunfähigkeit oder der insolvenzrechtlichen Überschuldung voraus (§ 15b Abs. 1 InsO); Zahlungen zu einem früheren Zeitpunkt sind nur (ausnahmsweise) in den engen Grenzen von § 15b Abs. 5 InsO sanktioniert. Und die bestmögliche Gläubigerbefriedigung wird in § 1 S. 1 InsO allein als Ziel des Insolvenzverfahrens – nicht aber einer früheren „Lebensphase“ des Schuldners – beschrieben. Das StaRUG verpflichtet den Schuldner und seine Geschäftsleiter erst ab Rechtshängigkeit der Restrukturierungssache zur Wahrung der Interessen der Gesamtheit der Gläubiger, denen im Fall eines Konflikts widerstreitender Interessen verschiedener Interessenträger damit im Zweifel Vorrang zukommt (§§ 32 Abs. 1, 43 Abs. 1 StaRUG).

3. *Zwischenergebnis*

Weder aus dem Gesellschaftsrecht noch aus den Regelungen des StaRUG lässt sich mithin ableiten, dass die Geschäftsführer der GmbH auf den Vorrang des Gläubigerinteresses verpflichtet und die Gesellschafter zugleich tendenziell entrechtet sind, wenn die Gesellschaft zwar in wirtschaftliche Schwierigkeiten geraten ist, die sich zur *drohenden* Zahlungsunfähigkeit verdichtet haben, wenn aber weder ein Insolvenzantrag gestellt wurde (der auch noch nicht gestellt werden musste) noch das Restrukturierungsvorhaben bei dem zuständigen Restrukturierungsgericht angezeigt worden ist. Da § 2 StaRUG-RegE nicht in das Gesetz übernommen wurde, rechtfertigen auch die Vorschriften des StaRUG nicht die Schlussfolgerung, dass

[61] Haas ZRI 15/2019, I; Haas FS Kayser, 2019, 309 (318ff.).

[62] Jungmann ZRI 2021, 209 (215ff.); Kuntz ZIP 2021, 597 (602); Sander ZHR 188 (2024), 8 (18f.).

[63] Für einen Überblick s. Kleindiek in Lutter/Hommelhoff, GmbHG, 21. Aufl. 2023, InsO § 15a Rn. 24ff.

sich die Geschäftsführer einer GmbH, wenn sie die Inanspruchnahme der Verfahrenshilfen des Stabilisierungs- und Restrukturierungsrahmens im Gläubigerinteresse als geboten ansehen, über einen dem entgegenstehenden, den Gang in das präventive Restrukturierungsverfahren untersagenden Gesellschafterentscheid hinwegsetzen dürften.

VI. Die Vorgaben der Restrukturierungsrichtlinie

Offen bleibt, ob sich diese Feststellung mit den Vorgaben der Restrukturierungsrichtlinie vereinbaren lässt oder ob – im Wege richtlinienkonformer Auslegung des Gesetzes- oder entsprechender Fortschreibung des Richterrechts – Anpassungen im hierzulande geltenden Recht vorzunehmen sind. Sofern nicht gar ein Umsetzungsdefizit auszumachen ist, das sich auch auf solchem Wege nicht heilen lässt. Anders formuliert: Setzen die einschlägigen Regelungen (insbesondere) des Art. 19 RRL der Pflicht zur Befolgung eines entgegenstehenden Gesellschafterbeschlusses Grenzen, wenn die Geschäftsleiter der GmbH die Inanspruchnahme des präventiven Restrukturierungsrahmens im Gläubigerinteresse als geboten ansehen?

1. Die Vorgaben in Art. 19 lit. b RRL

Nicht „konfliktträchtig" dürften insoweit die Vorgaben in Art. 19 lit. b RRL sein, wonach die Mitgliedstaaten sicherstellen, dass die Unternehmensleitung bei einer wahrscheinlichen Insolvenz die „Notwendigkeit" gebührend berücksichtigt, „Schritte einzuleiten, um eine Insolvenz abzuwenden".

Die „Notwendigkeit, Schritte einzuleiten, um eine Insolvenz abzuwenden", lässt sich zunächst als Lagebeschreibung im Fall wahrscheinlicher Insolvenz deuten: Zur Abwendung der materiellen Insolvenz bedarf es aktiven Tuns („Schritte"); es müssen – in der Begrifflichkeit des § 1 Abs. 1 StaRUG – „geeignete Gegenmaßnahmen" ergriffen werden. Was darunter fallen kann, erläutern die in Erwägungsgrund 70 S. 2 RRL (nicht abschließend) aufgeführten Beispiele. Dies „gebührend zu berücksichtigen", dh geeignete „Schritte" zur Insolvenzabwendung zu prüfen und vorzubereiten (ggf. auch zwingend gebotene Maßnahmen gegen einen drohenden Verlust der Sanierungsfähigkeit kurzfristig zu verwirklichen), ist die Pflicht (Verhaltenspflicht) der Geschäftsleiter. Dass § 1 Abs. 1 StaRUG für die Umschreibung dieser Pflicht nicht erst an die drohende Zahlungsunfähigkeit (als Konkretisierungstatbestand der „wahrscheinlichen Insolvenz"), sondern an (ggf. schon früher eintretende) bestandsgefährdende Entwicklungen anknüpft, ist unproblematisch. Denn Art. 19 RRL formuliert Mindestvorgaben. Und die Krisenreaktionspflicht der Unternehmensleitung steht auch im Regelungskonzept der Restrukturierungsrichtlinie ersichtlich unter dem Vorbehalt der Entscheidung eines (nach Maßgabe des jeweiligen nationalen Rechts) zuständigen anderen Gesellschaftsorgans. Das ergibt sich aus Erwägungsgrund 71 S. 6 RRL: „Diese Richtlinie sollte die nationalen Vorschriften der Mitgliedstaaten über die Entscheidungsprozesse in einem Unternehmen unberührt lassen." In der Debatte um mögliche Umsetzungsdefizite hierzulande spielt Art. 19 lit. b RRL – soweit ersichtlich – denn auch keine wesentliche Rolle.

2. *Die Vorgaben in Art. 19 lit. a RRL*

Das ist anders im Blick auf Art. 19 lit. a RRL, wonach die Mitgliedsstaaten sicherstellen, dass die Unternehmensleitung bei wahrscheinlicher Insolvenz „die Interessen der Gläubiger, Anteilsinhaber und sonstigen Interessenträger gebührend berücksichtigt".

Insoweit ist früh geltend gemacht worden: „Aufgrund der Wertung des Art. 19 lit. a RRL" könne keine Weisung der Anteilseigner rechtmäßig und damit für die Unternehmensleitung verbindlich sein, die eine von der Restrukturierungsrichtlinie bezweckte Restrukturierung verhindere, indem der Unternehmensleitung der Zugang zu einem aussichtsreichen Restrukturierungsrahmen untersagt werde.[64] Woraus sich diese „Wertung" ergeben soll, blieb freilich offen. Später wurde der Verweis auf Art. 19 lit. a RRL präzisiert:[65] Würde man § 1 Abs. 1 StaRUG oder § 31 Abs. 1 StaRUG dahingehend auslegen, dass die Anteilsinhaber oder ein anderes Gesellschaftsorgan über die Restrukturierungsanzeige entscheiden dürften, würde damit den Anteilsinhabern eine vom europäischen Gesetzgeber nicht gewollte Vorrangstellung eingeräumt; denn nach Art. 19 lit. a RRL sei keinem der dort genannten Interessenträger Vorrang zu gewähren. Deshalb hätten Geschäftsleiter ihre „Pflicht zum Krisenmanagement nach § 1 Abs. 1 S. 2 StaRUG weitgehend autonom" wahrzunehmen; sie bedürften für die Restrukturierungsanzeige (als „Gegenmaßnahme" im Sinne jener Norm) keiner vorherigen gesellschaftsrechtlichen Billigung.

Eine solche Argumentation überzeugt indes in keiner Weise: Richtig ist, dass die Restrukturierungsrichtlinie ausweislich ihres Erwägungsgrundes 71 S. 4 „nicht darauf ab(zielt), eine Rangfolge zwischen den verschiedenen Parteien festzulegen, deren Interessen gebührend berücksichtigt werden müssen". Aber „die Mitgliedstaaten sollten" – so formuliert der anschließende S. 5 – „in der Lage sein, eine solche Rangfolge festzulegen". Es kann also nicht als richtlinienwidrig angesehen werden, würde das nationale Recht den Anteilsinhabern tatsächlich eine Vorrangstellung einräumen. Und im hier in Rede stehenden Zusammenhang verfängt die referierte These vom entgegenstehenden Willen des europäischen Gesetzgebers auch deshalb nicht, weil die Restrukturierungsrichtlinie – wie es in Erwägungsgrund 71 S. 6 unmissverständlich heißt – „die nationalen Vorschriften der Mitgliedstaaten über die Entscheidungsprozesse in einem Unternehmen unberührt lassen" sollte.

3. *Die Vorgaben in Art. 12 RRL*

Vereinzelt ist versucht worden, den Gesellschaftern die Letztentscheidungskompetenz über die Restrukturierungsanzeige unter Verweis auf die Vorgaben des Art. 12 RRL abzusprechen,[66] nach dessen näherer Bestimmung sicherzustellen ist,

---

[64] So Skauradszun NZG 2019, 761 (765); dagegen schon Korch ZIP 2020, 446 (450) Fn. 38.

[65] Skauradszun/Amort DB 2021, 1317 (1322f.); zuvor auch schon Skauradszun KTS 2021, 1 (49f.).

[66] Ohne weitere Begründung Flöther/Wilke ZRI 2023, 1029 (1037).

dass die Anteilsinhaber die Annahme, Bestätigung und Umsetzung eines Restrukturierungsplans nicht grundlos verhindern oder erschweren dürfen. Dem sei auch eine „Vorwirkung“ in dem Sinn zu entnehmen, dass nicht schon der zur langfristigen Sicherung der Solvenz notwendige Gang in das Restrukturierungsverfahren am unberechtigten Widerstand der Gesellschafter scheitern dürfe.[67]

Indes beansprucht die Vorschrift vor der Inanspruchnahme des präventiven Restrukturierungsrahmens keine Geltung, ebenso wenig eine „Vorwirkung“.[68] Deshalb trägt Art. 12 RRL auch nicht die These, die Gesellschafter der GmbH dürften die von den Geschäftsführern befürwortete Einleitung des Restrukturierungsverfahrens dann nicht blockieren, wenn „dessen Durchführung [...] zum Schutz der Gläubiger notwendig“ sei, weil „der in Rede stehende Restrukturierungsplan vor dem Hintergrund der zuvor geführten Verhandlungen der einzige erfolgversprechende Weg zur Vermeidung der Insolvenz ist“.[69] Im Verlauf der Unternehmenskrise sind in aller Regel ohnehin alternative Wege der Krisenbewältigung zu erörtern.[70] Und die Geschäftsführer dürfen die Gesellschafter nicht erst so spät um eine Entscheidung ersuchen, dass keine Wahl mehr bleibt. Auch aus Art. 19 lit. a oder lit. b RRL lässt sich eine Verpflichtung zur Inanspruchnahme des präventiven Restrukturierungsrahmens jedenfalls nicht ableiten.[71]

4. Pflichtenbindung anderer Gesellschaftsorgane, soweit sie Leitungsaufgaben wahrnehmen?

Erwägungsgrund 71 S. 6 RRL mit dem dortigen Bekenntnis des Richtliniengebers, „die nationalen Vorschriften der Mitgliedstaaten über die Entscheidungsprozesse in einem Unternehmen unberührt lassen“ zu wollen, hat zu der zutreffenden Erkenntnis geführt, dass auch bei wahrscheinlicher Insolvenz – und erst recht bei vorgelagerter (potentiell) bestandsgefährdender Entwicklung – das Weisungsrecht der GmbH-Gesellschafter sowie die entsprechende Folgepflicht der Geschäftsführer bestehen bleiben,[72] die „Entscheidung über das weitere Schicksal der Gesellschaft in die Hände der Gesellschafter zu legen ist“.[73] Erwogen wurde jedoch, die an die Unternehmensleitung adressierte Pflichtenbindung aus Art. 19 RRL auch auf die Gesellschafter der GmbH zu erstrecken, wenn diese den Geschäftsführern Weisungen in Geschäftsführungsangelegenheiten erteilen: Eine den Pflichten aus Art. 19 RRL entgegenstehende Weisung sei dann zwar nicht nichtig, solle aber eine Gesellschafterhaftung nach dem „Maßstab des ordentlichen Sanierungs-

[67] So Brinkmann KTS 2021, 303 (321 f.) unter Verweis auf Westpfahl ZRI 2020, 157 (171 f.).

[68] Ablehnend auch Sander ZHR 188 (2024), 8 (38); Scholz ZIP 2021, 219 (228); Skauradszun NZG 2019, 761 (764); Thole BB 2021, 1347 (1350).

[69] So Brinkmann KTS 2021, 303 (321 f.); zustimmend Flöther/Wilke ZRI 2023, 1029 (1041); ganz ähnlich auch Fuhrmann/Heinen/Schilz NZG 2021, 684 (689).

[70] Thole BB 2021, 1347 (1348, 1350); Thole in Jacoby/Thole, 2023, StaRUG § 1 Rn. 26.

[71] Krüger, Insolvenzbezogene Pflichten von Unternehmensleitung und Beratern nach der sog. Restrukturierungsrichtlinie RL (EU) 2019/1023 und dem StaRUG, 2023, S. 184 ff; wohl ebenso Jungmann ZRI 2021, 209 (222); Sander ZHR 188 (2024), 8 (37 f.).

[72] Haas/Göb NZI 2020, 200 (201).

[73] Sander ZHR 188 (2024), 8 (38).

geschäftsmanns" auslösen.[74] Ähnliches mag man unter einer solchen Prämisse für den Aufsichtsrat einer AG im Falle der Wahrnehmung eines Zustimmungsvorbehalts (§ 111 Abs. 4 AktG) erwägen. Von anderer Seite ist jener Gedanke jüngst aufgegriffen und ausgebaut worden:[75] Es sei jedenfalls nicht fernliegend, die Gesellschafterversammlung bei ihren die Leitung des Unternehmens betreffenden Weisungen den für die Unternehmensleitung geltenden Mindestvorgaben aus Art. 19 RRL zu unterwerfen, da andernfalls die an den Geschäftsleiter adressierten Bindungen durch abweichende Gesellschafterweisungen wieder suspendiert werden könnten. Dann gehe es aber auch nicht um das Weisungsrecht selbst oder die Abgrenzung der Organkompetenzen; vielmehr unterliege die Gesellschafterversammlung entsprechenden inhaltlichen Beschränkungen bei der Ausübung ihres Weisungsrechts.[76] Ein Konflikt mit Erwägungsgrund 71 S. 6 RRL – so darf man wohl hinzufügen – bestehe dann nicht.

Bei dieser Argumentation wird durchaus gesehen:[77] Erwägungsgrund 36 des Richtlinienvorschlags der Europäischen Kommission vom November 2016 – dessen Text den Erwägungsgründen 70 und 71 der finalen Restrukturierungsrichtlinie funktional entspricht – enthielt noch den Satz „Zur Unternehmensleitung im Sinne dieser Richtlinie sollten die Personen gehören, die für die Entscheidungen über die Führung des Unternehmens zuständig sind."[78] Davon weiß der finale Richtlinientext indes nichts mehr. Stattdessen ist in Erwägungsgrund 71 RRL der schon mehrfach zitierte S. 6 (zu den unberührt bleibenden nationalen Vorschriften der Mitgliedstaaten über die Entscheidungsprozesse im Unternehmen) aufgenommen worden, der im seinerzeitigen Kommissionsvorschlag noch nicht enthalten war. Weder Art. 19 RRL noch die (einschlägigen) Erwägungsgründe 70 und 71 adressieren Verhaltensgebote an Gesellschaftsorgane jenseits der Unternehmensleiter.

Gleichwohl zu erörtern bleibt freilich eine gewisse Ausstrahlungswirkung des Art. 19 RRL auf Entscheidungen anderer Organe der Gesellschaft: Nämlich insofern, als die Haftung der Unternehmensleiter für die Verletzung ihrer Leitungspflichten im Bereich der zwingenden Mindestvorgaben des Art. 19 RRL nicht dadurch (wirksam) unterlaufen werden darf, dass andere Organe (insbesondere die Gesellschafter der GmbH) die in die Zuständigkeit der Geschäftsleiter fallende Maßnahme im Vorhinein anweisen oder nachträglich billigen können. Näher auszuloten und vor dem Hintergrund von Art. 19 RRL ggf. weiter fortzuentwickeln sind also die einschlägigen Grundlagen der Geschäftsleiterhaftung sowie die Grenzen der Disponibilität jener Haftung bei Verletzung gläubigerschützender Leitungspflichten – eine Diskussion, die bekanntlich auch im nationalen Gesellschaftsrecht

---

[74] So Haas/Göb NZI 2020, 200 (201 f.); s. zuvor auch schon Haas FS Kayser, 2019, 309 (332).

[75] Sander ZHR 188 (2024), 8 (41 ff.).

[76] Sander ZHR 188 (2024), 8 (41); vgl. im Blick auf Weisungen nach Rechtshängigkeit der Restrukturierungssache auch Ristelhuber NZI 2021, 417 (419 f.).

[77] Sander ZHR 188 (2024), 8 (42).

[78] Dazu auch Krüger, Insolvenzbezogene Pflichten von Unternehmensleitung und Beratern nach der sog. Restrukturierungsrichtlinie RL (EU) 2019/1023 und dem StaRUG, 2023, S. 46 ff.

seit Langem geführt wird.[79] Sorgfältig auszumessen ist dazu allerdings, welche Mindestvorgaben (hinsichtlich der Pflichten der Unternehmensleitung bei wahrscheinlicher Insolvenz) Art. 19 RRL tatsächlich trifft. Mit der Zielsetzung, weitere Verluste im Interesse der Gläubiger und sonstigen Interessenträger zu vermeiden[80] oder den Bestand des Schuldners nicht (weiter) zu gefährden und deshalb alles zu unterlassen, was das Ausfallrisiko der Gläubiger wahrscheinlich erhöhen würde,[81] wäre der Regelungsgehalt jener Vorgaben möglicherweise doch zu pauschal beschrieben: Bei Art. 19 lit. c RRL dürfte es (abgesehen von einer insolvenzverursachenden Ausplünderung des Unternehmensvermögens) vordringlich um die Vermeidung unvertretbarer wirtschaftlicher Risiken durch vorsätzliche oder grob fahrlässige Leitungsentscheidungen gehen. Bei Art. 19 lit. b RRL stehen in Erwägungsgrund 70 S. 2 beispielhaft erläuterte Schritte zur Insolvenzabwendung in Rede. Und Art. 19 lit. a RRL bezweckt offenbar die Abwehr der in Erwägungsgrund 71 S. 1 und 2 näher beschriebenen „Managemententscheidungen", die auf Kosten des Unternehmensvermögens oder einzelner Interessenträger zu persönlichen Vorteilen der Unternehmensleitung führen, bestimmte Interessenträger unfair bevorzugen oder Vermögenswerte des Unternehmens unter Marktwert verschleudern. Wobei eine strikte Trennung der Regelungsgegenstände in lit. a–c freilich kaum möglich ist; Überschneidungen sind vorprogrammiert.

Doch ist dem für die Zwecke dieses Beitrags nicht weiter nachzugehen: Wenn die Restrukturierungsrichtlinie nämlich – wie Erwägungsgrund 71 S. 6 erklärt – die nationalen Vorschriften der Mitgliedstaaten über die Entscheidungsprozesse in einem Unternehmen unberührt lässt, dann schränken die an die Unternehmensleitung adressierten Richtlinienvorgaben jedenfalls jene Maßnahmen nicht ein, die gerade anderen Gesellschaftsorganen – nach dem jeweiligen nationalen Recht – originär zur Entscheidung zugewiesen sind. Hierzu gehören hierzulande, was das GmbH-Recht betrifft, auch alle ungewöhnlichen Geschäftsführungsmaßnahmen; und dazu zählt die Anzeige des Restrukturierungsvorhabens nach § 31 Abs. 1 StaRUG ebenso wie ein freiwilliger Insolvenzantrag wegen (erst) drohender Zahlungsunfähigkeit (§ 18 InsO). Mit jenen Entscheidungen greifen die Gesellschafter nicht in Zuständigkeiten der Geschäftsführer ein; sie nehmen vielmehr jene Entscheidungszuständigkeiten wahr, die nach dem Kompetenzgefüge des GmbH-Rechts unmittelbar ihnen zugewiesen sind. Und diese nach der Binnenordnung des nationalen Gesellschaftsrechts bestehenden Entscheidungskompetenzen jenseits der Zuständigkeiten der Unternehmensleiter bleiben von den Richtlinienvorgaben auch inhaltlich unberührt.

[79] S. für das GmbH-Recht Kleindiek in Lutter/Hommelhoff, 21. Aufl. 2023, GmbHG § 43 Rn. 60ff. und dazu – im Blick auf die Pflichten der Unternehmensleiter bei wahrscheinlicher Insolvenz – Thole BB 2021, 1347 (1349). Für eine Analogie zu § 43 Abs. 3 S. 3 GmbHG, soweit auch die Gesellschafter den für die Unternehmensleitung geltenden Bindungen der Restrukturierungsrichtlinie unterliegen, Sander ZHR 188 (2024), 8 (42f.).

[80] So Sander ZHR 188 (2024), 8 (36).

[81] So der Ansatz von Krüger, Insolvenzbezogene Pflichten von Unternehmensleitung und Beratern nach der sog. Restrukturierungsrichtlinie RL (EU) 2019/1023 und dem StaRUG, 2023, S. 130ff.

5. *Ergebnis*

Es bleibt mithin dabei: Im Kompetenzgefüge des GmbH-Rechts ist die Anzeige des Restrukturierungsvorhabens nach § 31 Abs. 1 StaRUG im Innenverhältnis ebenso an einen – mit einer Mehrheit von mindestens drei Vierteln der abgegebenen Stimmen zu fassenden – billigenden Gesellschafterentscheid gebunden wie der freiwillige Gang in das Insolvenz(plan)verfahren bei (bloß) drohender Zahlungsunfähigkeit zum Zwecke proaktiver Krisenbewältigung. Die Geschäftsführer einer GmbH dürfen sich, auch wenn sie die Inanspruchnahme der Verfahrenshilfen des Stabilisierungs- und Restrukturierungsrahmens im Gläubigerinteresse als geboten ansehen, über einen dem entgegenstehenden, den Gang in das präventive Restrukturierungsverfahren untersagenden Gesellschafterentscheid nicht hinwegsetzen. Die Vorgaben der Restrukturierungsrichtlinie rechtfertigen kein anderes Ergebnis, denn die Richtlinie lässt die nationalen Vorschriften der Mitgliedstaaten über die Entscheidungsprozesse in einem Unternehmen unberührt.

VII. *Ausblick*

Wie schon angedeutet, sind die aus Art. 19 RRL resultierenden Mindestanforderungen an eine pflichtgemäße Unternehmensleitung im Falle wahrscheinlicher Insolvenz noch längst nicht rechtssicher vermessen. Das wird sich letztlich erst mit klärenden Entscheidungen des EuGH ändern. Und es betrifft gewiss auch aktuell zur Diskussion gestellte Überlegungen, aus den Vorgaben der Restrukturierungsrichtlinie den Normbefehl abzuleiten, das Unternehmen nicht fortzuführen, wenn seine Bestandsfähigkeit offensichtlich nicht mehr gegeben ist.[82] Obwohl eine allgemeine Sanierungspflicht nach dem nationalen Gesellschaftsrecht weiterhin abzulehnen sei und erst die Insolvenzreife die Pflicht zum Marktaustritt begründe, könne sich – so ist im Blick auf Art. 19 und Erwägungsgrund 3 der RRL geltend gemacht worden – die Pflicht zur gebührenden Berücksichtigung der Gläubigerinteressen zu einer Pflicht zum vorzeitigen Marktaustritt verdichten.[83]

Das wirft die Frage auf, wie eine solche Pflicht umzusetzen ist, wenn der Insolvenztatbestand der Überschuldung (angesichts des auf zwölf Monate verkürzten Prognosezeitraums nach § 19 Abs. 2 InsO) noch nicht erfüllt ist. Von anderer Seite ist – für einen etwas anders gelagerten (Ausnahme-)Fall – unlängst eine zwingende Verpflichtung der Geschäftsleiter zur Stellung eines Insolvenzantrags wegen drohender Zahlungsunfähigkeit (§ 18 InsO) befürwortet worden, ebenfalls im Blick auf Art. 19 und Erwägungsgrund 3 RRL: Wenn die Gesellschafter ihre Zustimmung zur Inanspruchnahme des Sanierungs- und Restrukturierungsrahmens (trotz hier bestehender Sanierungschance) nicht geben, eine Sanierung außerhalb dieses Rahmens aber nicht möglich ist und Überschuldung (mangels positiver

[82] Sander ZHR 188 (2024), 8 (36).
[83] Sander ZHR 188 (2024), 8 (37).

Fortführungsprognose) erst jenseits eines Zeitraums von zwölf Monaten eintreten wird.[84]

Die Vorgaben aus Art. 19 RRL könnten also möglicherweise doch weiter reichen, als es auf den ersten Blick den Anschein hat. Primäres Ziel der Restrukturierungsrichtlinie ist es zwar gewiss, in finanziellen Schwierigkeiten geratenen Schuldnern den „Zugang zu wirksamen nationalen präventiven Restrukturierungsrahmen" zu gewährleisten (Erwägungsgrund 1 RRL). An kaum weniger prominenter Stelle der Erwägungsgründe wird aber hervorgehoben, dass „im Restrukturierungsrahmen" die Rechte aller Beteiligten in ausgewogener Weise geschützt, „gleichzeitig" nicht bestandsfähige Unternehmen ohne Überlebenschance „so schnell wie möglich abgewickelt" werden sollten: Erwägungsgrund 3 S. 4 und 5 RRL. Und im anschließenden S. 6 wird auf die nachteiligen Folgen verwiesen, die Restrukturierungsmaßnahmen bei einem Schuldner auslösen können, dessen wirtschaftliche Bestandsfähigkeit nicht wiederhergestellt werden kann. Dies lässt durchaus den Schluss zu, dass das Gebot der schnellstmöglichen Abwicklung bestands*un*fähiger Unternehmen im Konzept der Restrukturierungsrichtlinie nicht erst eine Inanspruchnahme des präventiven Restrukturierungsrahmens voraussetzt, die nach dem nationalen Recht der Mitgliedstaaten im Übrigen von einer Bestandsfähigkeitsprüfung abhängig gemacht werden darf (vgl. Art. 4 Abs. 3 und dazu Erwägungsgrund 26 RRL).[85] Dass eine solche Prämisse auch auf die Interpretation der Pflichtenbindungen nach Art. 19 RRL ausstrahlen müsste, liegt auf der Hand.

---

[84] Krüger, Insolvenzbezogene Pflichten von Unternehmensleitung und Beratern nach der sog. Restrukturierungsrichtlinie RL (EU) 2019/1023 und dem StaRUG, 2023, S. 185 ff.

[85] S. zu den Zwecken der Restrukturierungsrichtlinie auch Klöhn/Franke ZEuP 2022, 44 (61 f.).

JAN LIEDER/RAPHAEL HILSER

Grenzüberschreitende Mobilität von Kapitalgesellschaften mit Drittstaatenbezug

I. Einleitung

Heribert Heckschen ist ein vorzüglicher Kenner des Umwandlungsrechts einschließlich seiner immer bedeutsamer werdenden europäischen und internationalen Bezüge[1] und in der Praxis oft erste Anlaufstelle für die notarielle Begleitung grenzüberschreitender Strukturmaßnahmen. In der Expertenkommission[2] zur Umsetzung der Umwandlungsrichtlinie[3] hat er Pionierarbeit zur Transformation des europäischen Sekundärrechts in nationales Recht (UmRUG)[4] geleistet. Diese grundstürzende Reform modernisierte nicht nur das Recht der grenzüberschreitenden Verschmelzungen (§§ 305ff. UmwG) und goss nicht nur das Recht der grenzüberschreitenden Spaltungen (§§ 320ff. UmwG)[5] und Formwechsel (§§ 333ff.

---

[1] Siehe nur Heckschen in BeckNotar-HdB, 8. Aufl. 2024, § 24 Rn. 336ff.; Heckschen, Internationales Gesellschaftsrecht, 2018; Heckschen ZIP 2015, 2049ff.; Heckschen FS Elsing, 2015, 823ff.; Heckschen GWR 2020, 449ff.; Heckschen FS Heidinger, 2023, 165ff.; Heckschen ZGR-Sonderheft, Band 26 (2023), 101ff. sowie die Kommentierungen der §§ 305, 306 UmwG in Widmann/Mayer, Umwandlungsrecht, 209. EL 2023; Heckschen DNotZ 2024, 404ff.; Heckschen/Knaier GmbHR 2022, 501ff.; Heckschen/Knaier GmbHR 2022, 613ff.; Heckschen/Knaier GmbHR 2022, R260ff.; Heckschen/Knaier GmbHR 2022, R359ff.; Heckschen/Knaier GmbHR 2022, R376ff.; Heckschen/Knaier GmbHR 2023, 5ff.; Heckschen/Knaier GmbHR 2023, 317ff.; Heckschen/Stelmaszczyk BB 2020, 1734ff.; Heckschen/Hilser DStR 2022, 1005ff.; Heckschen/Hilser DStR 2022, 1053ff.

[2] Diese bestand neben dem Jubilar aus Jessica Schmidt, Christoph Teichmann und Susanne Zwirlein-Forschner.

[3] Richtlinie (EU) 2019/2121 des Europäischen Parlaments und des Rates v. 27.11.2019 zur Änderung der Richtlinie (EU) 2017/1132 in Bezug auf grenzüberschreitende Umwandlungen, Verschmelzungen und Spaltungen, ABl. EU 2019 L 321, 1; hierzu statt aller Bayer/J. Schmidt BB 2019, 1922 (1925ff.); Teichmann NZG 2019, 241ff.; Habersack ZHR 182 (2018), 495ff.; Luy NJW 2019, 1905ff.

[4] Gesetz zur Umsetzung der Umwandlungsrichtlinie und zur Änderung weiterer Gesetze v. 28.2.2023, BGBl. I Nr. 51; siehe hierzu auch BR-Drs. 371/22; zum UmRUG Bungert/Strothotte DB 2022, 1818ff.; Bungert/Strothotte BB 2022, 1411ff.; Drinhausen/Keinath BB 2022, 1923ff.; J. Schmidt NZG 2022, 579ff.; J. Schmidt NZG 2022, 635ff.; Heckschen/Knaier GmbHR 2022, 501ff.; Heckschen/Knaier GmbHR 2022, 613ff.; Heckschen/Knaier GmbHR 2022, R260ff.; Heckschen/Knaier GmbHR 2022, R376ff.; Bungert/Reidt DB 2022, 1369ff.; Löbbe ZHR 187 (2023), 498ff.; Luy/Redler notar 2022, 163ff.; Baschnagel/Hilser NZG 2022, 1333ff.; Baschnagel/Hilser BWNotZ 2023, 2ff.

[5] Die sekundärrechtlich nicht determinierte Spaltung zur Aufnahme wurde – im Wege der überschießenden Umsetzung – nur partiell eröffnet, vgl. § 332 UmwG; hierzu ausführlich BR-Drs. 371/22, 133ff. sowie Teichmann/Knaier ZGR-Sonderheft, Band 26 (2023), 1 (25f.); J. Schmidt NZG 2022, 579 (580).

UmwG) in deutsches Gesetzesrecht, sondern unterzog auch das nationale Umwandlungsrecht einer Frischzellenkur, die eine grundlegende Neuordnung des Rechtsschutzsystems nach §§ 14 Abs. 2, 15 Abs. 1 UmwG[6] herbei- und eine neuartige Ersetzungsbefugnis nach §§ 72a, 72b UmwG[7] einführte.

Auch wenn das UmRUG uneingeschränkt zu begrüßen ist, gehen die gesetzgeberischen Reformbestrebungen an einer Stelle nicht weit genug: In sachlicher Hinsicht hat sich der Regelsetzer nämlich darauf beschränkt, die Vorgaben für grenzüberschreitende Umwandlungen unter den Vorbehalt zu stellen, dass mindestens eine der beteiligten Gesellschaften dem Recht eines (anderen) EU/EWR-Mitgliedstaats unterliegt.[8] Das Recht der grenzüberschreitenden Gesellschaftsmobilität für Drittstaatensachverhalte ist weiterhin ein blinder Fleck des UmwG. Die seit über 60 Jahren[9] im Raum stehenden Fragen nach dem „Ob" und „Wie" solcher Transaktionen bleiben – ungeachtet der Tatsache, dass in schöner Regelmäßigkeit eine Normierung dieses Themenkomplexes angemahnt wird[10] – auch weiterhin unbeantwortet. Dieser Umstand wiegt umso schwerer, da es an Anlässen, dieses häufig nur stiefmütterlich behandelte, dem Jubilar aber besonders am Herzen liegende[11] Desiderat zu beheben, in der jüngeren Vergangenheit nicht mangelte. Neben der bereits angesprochenen Umsetzung der Umwandlungsrichtlinie durch das UmRUG ist hier namentlich der Austritt des Vereinigten Königreichs aus der Europäischen Union zum 31.1.2020 zu nennen, der in die partiell eröffnete Zulässigkeit grenzüberschreitender Hereinverschmelzungen aus diesem Drittstaat mündete (vgl. § 319 UmwG).[12] Vor diesem Hintergrund unternimmt es der vorliegende Beitrag, die heillos umstrittene Rechtslage in Bezug auf die grenzüberschreitende Mobilität von Kapitalgesellschaften mit Drittstaatenbezug aufzuarbeiten und aus rechtspolitischer Perspektive Vorschläge für eine mobilitätsfreundliche Reform zu formulieren.

---

[6] Dazu ausf. Lieder/Hilser ZIP 2022, 2521 ff.

[7] Dazu ausf. Lieder/Hilser ZIP 2023, 1 ff.

[8] Vgl. § 305 Abs. 1 UmwG für die grenzüberschreitende Verschmelzung; § 320 Abs. 1 UmwG für die grenzüberschreitende Spaltung zur Neugründung; § 332 iVm § 320 Abs. 1 UmwG für die grenzüberschreitende Spaltung zur Aufnahme sowie § 333 Abs. 1 UmwG für den grenzüberschreitenden Formwechsel.

[9] Beitzke FS Hallstein, 1966, 14 (16) unter Verweis auf die entsprechende Diskussion im Rahmen des Kongresses für Rechtsvergleichung im Jahr 1962 in Hamburg.

[10] Bayer/J. Schmidt NJW 2006, 401; Bayer/J. Schmidt ZHR 173 (2009), 735 (774); Heckschen/Knaier GmbHR 2022, 613 (622); Heckschen/Hilser DStR 2022, 1053 (1059); Hilser, Grenzüberschreitende Rechtsformwechsel in der Europäischen Union, 2022, S. 370 f.

[11] Heckschen/Knaier GmbHR 2022, 613 (622 ff.); Heckschen/Hilser DStR 2022, 1053 (1059).

[12] Diese Vorschrift entspricht dem vor Inkrafttreten des UmRUG geltenden § 122m UmwG aF. Diese Regelung wurde nach dem Brexit-Referendum durch das 4. UmwGÄndG v. 19.12.2018 (BGBl. I 2694) eingefügt, um den zahlreichen britischen Gesellschaften mit effektivem Verwaltungssitz in Deutschland eine Umwandlung in eine deutsche Gesellschaftsform zu ermöglichen und eine Umqualifizierung in eine deutsche Personengesellschaft nach Maßgabe der „Wechselbalgtheorie" zu vermeiden (BT-Drs. 19/6466, 1); hierzu ausführlich Lieder/Bialluch NJW 2019, 805 (806 ff.); Lieder/Bialluch NotBZ 2017, 209 (210); J. Hoffmann NZG 2019, 1208 ff.

II. Zur geltenden Rechtslage

Die Zulässigkeit grenzüberschreitender Gesellschaftsmobilität bemisst sich nach dem Zusammenspiel der Kollisions- und Sachrechte von Wegzugs- und Zuzugsstaat.[13] Nur wenn beide Staaten auf beiden Ebenen die grenzüberschreitende Transaktion gestatten, kann diese wirksam durchgeführt werden.

1. Grundlagen

In diesem Zusammenhang entscheidet das Gesellschaftskollisionsrecht darüber, welche Voraussetzungen an die Verbundenheit mit der nationalen Rechtsordnung zu stellen sind und welche Verfahrensvorschriften – die des Wegzugsstaats oder die des Zuzugsstaats – für welches Verfahrensstadium der Umwandlung maßgeblich sind. Grundvoraussetzung für jede Form der grenzüberschreitenden Gesellschaftsmobilität ist ein Statutenwechsel und damit das gelungene Zusammenspiel der beteiligten Kollisionsrechte.[14] Der Wegzugsstaat muss die Gesellschaft aus seiner Rechtsordnung entlassen und der Zuzugsstaat sie umgekehrt in seine Rechtsordnung aufnehmen. Von zentraler Bedeutung ist hierbei, ob eine Verwaltungssitzverlegung rechtsformwahrend oder rechtsformwechselnd wirkt, mit anderen Worten, ob eine Sitzaufspaltung zulässig und erwünscht ist.[15]

Dem Kollisionsrecht nachgelagert sind die Fragen nach der Zulässigkeit und der konkreten Verfahrensschritte der grenzüberschreitenden Umwandlung, die sich nach Maßgabe des Sachrechts bestimmen (vgl. § 5 AktG, § 4a GmbHG).[16] Danach kann zwar der Verwaltungssitz, nicht aber der Satzungssitz ins Ausland verlegt werden. Eine gleichwohl angestrebte Satzungssitzverlegung bewirkt – nach Durchführung eines (zulässigen) förmlichen Umwandlungsverfahrens – einen Rechtsformwechsel, und zwar in eine entsprechende Verbandsform des Zuzugsstaats.[17] Anderenfalls ist der Beschluss über die Satzungssitzverlegung in das Ausland nach zutreffender hM nichtig.[18] Umgekehrt kann der Verwaltungssitz – vorbehaltlich

---

[13] Zur Bedeutung der Differenzierung von sach- und kollisionsrechtlicher Ebene Großfeld in Staudinger, Internationales Gesellschaftsrecht, 1998, Rn. 607; Grundmann, Europäisches Gesellschaftsrecht, 2. Aufl. 2011, § 22 Rn. 770; Behme, Rechtsformwahrende Sitzverlegung und Formwechsel von Gesellschaften über die Grenze, 2015, S. 10ff.; Zimmer, Internationales Gesellschaftsrecht, 1996, S. 198; K. Schmidt ZGR 1999, 20 (23); J. Hoffmann ZIP 2007, 1581 (1583f.); vgl. bereits die Ausführungen von Beitzke, Juristische Personen im Internationalprivatrecht und Fremdenrecht, 1938, S. 177ff.

[14] Komplementärstück einer grenzüberschreitenden Umwandlung durch Statutenwechsel ist damit die rechtsformwahrende Verwaltungssitzverlegung.

[15] Vgl. BGH NZG 2007, 752 (753); Zimmer, Internationales Gesellschaftsrecht, 1996, S. 219; Teichmann ZGR 2011, 639 (642).

[16] Insbesondere stand das deutsche Sachrecht vor der MoMiG-Reform Sitzverlegungen in das Ausland feindlich gegenüber (vgl. § 5 Abs. 2 AktG aF, § 4a Abs. 2 GmbHG aF); vgl. zur gesetzgeberischen Intention Begr. RegE, BT-Drs. 13/8444, 75.

[17] Statt aller Koch, 17. Aufl. 2023, AktG § 5 Rn. 7.

[18] Statt aller Koch, 17. Aufl. 2023, AktG § 5 Rn. 13; Koch in MüKoAktG, 5. Aufl. 2021, AktG § 262 Rn. 38; Lieder in BeckOGK, 1.1.2024, GmbHG § 1 Rn. 560; Marsch-Barner/Wilk in Kallmeyer, 7. Aufl. 2020, UmwG Vor §§ 122a-122m Rn. 22; Weller in MüKoGmbHG, 4. Aufl. 2022, Einl. Rn. 414 – jeweils mwN; vgl. auch OLG München NZG 2007, 915; vgl. zur antiquierten Gegenauffassung, die den Sitzverlegungsbeschluss als Auflösungsbeschluss einordnete

der kollisionsrechtlichen Zulässigkeit – von Anfang an im Ausland belegen sein oder nachträglich über die Grenze verlegt werden. Ist danach eine Sitzverlegung grundsätzlich zulässig, obliegt es dem Sachrecht, die Voraussetzungen für eine solche Transaktion zu bestimmen, insbesondere durch die nähere Ausformung des Umwandlungsverfahrens.

2. *Gesellschaftskollisionsrecht*

Im Allgemeinen zielt das Kollisionsrecht darauf ab, in typisierter Form die Vorschriften desjenigen nationalen Rechts zu identifizieren, die zum relevanten gesellschaftsrechtlichen Vorgang und zu den berührten Interessen die engste Verbindung aufweisen.[19] Noch immer stehen sich für die Bestimmung des Gesellschaftsstatuts die Sitztheorie und die Gründungstheorie recht unversöhnlich gegenüber.[20]

a) *Sitztheorie versus Gründungstheorie*

Während die auf Schutzzweckerwägungen fußende Sitztheorie die Gesellschaft dem Recht des Staates unterstellt, in dem ihr effektiver Verwaltungssitz belegen ist, knüpft die Gründungstheorie das Gesellschaftsstatut nach dem Satzungssitz an.[21] Unter diesen Prämissen wird der erforderliche Wechsel des kollisionsrechtlichen Anknüpfungsmoments entweder durch eine Verwaltungssitzverlegung (Sitztheorie) oder durch eine Satzungssitzverlegung (Gründungstheorie) herbeigeführt.

Die Entscheidung zwischen beiden Ansätzen ist seit jeher ein Politikum.[22] Es ist an sich die Aufgabe des Gesetzgebers zu entscheiden, wie viel Gestaltungsspielraum das deutsche Internationale Gesellschaftsrecht der Parteiautonomie gewährt, wie das nationale Kontrollbedürfnis zu beurteilen ist und wie viel Schutz die Interessen der inländischen Beteiligten genießen. Das betrifft namentlich das Interesse an der Sicherheit und Leichtigkeit des Rechtsverkehrs sowie die Belange der (Minderheits-)Gesellschafter, Gläubiger und Arbeitnehmer. Je stärker man Kontroll- und Schutzaspekte betont, desto eher gelangt man zur Sitztheorie. Je stärker man Aspekte der Gestaltungsfreiheit und Privatautonomie in den Vordergrund stellt, desto näher liegt die Adaption der Gründungstheorie.[23]

RGZ 107, 94 (97); BGHZ 25, 134 (144) = NJW 1957, 1433; BayObLGZ 1992, 113 (116) = NJW-RR 1993, 43.

[19] Vgl. Behrens/J. Hoffmann in Habersack/Casper/Löbbe, 3. Aufl. 2019, GmbHG Einl. B Rn. 1; Leible in Michalski/Heidinger/Leible/J. Schmidt, GmbHG, 4. Aufl. 2023, Systematische Darstellung 2 Rn. 1; Westermann in Scholz, 13. Aufl. 2022, GmbHG Anh. § 4a Rn. 1; Eidenmüller in Eidenmüller, Ausländische Kapitalgesellschaften, 2004, § 1 Rn. 1; Lieder in BeckOGK, 1.1.2024, GmbHG § 1 Rn. 510.

[20] Für weitere, vor allem im älteren Schrifttum vertretene vermittelnde Positionen siehe Leible in Michalski/Heidinger/Leible/J. Schmidt, GmbHG, 4. Aufl. 2023, Systematische Darstellung 2 Rn. 11 ff.; Westermann in Scholz, 13. Aufl. 2022, GmbHG Anh. § 4a Rn. 10.

[21] Ausführlich hierzu v. Bar/Mankowski, Internationales Privatrecht II, 2. Aufl. 2019, § 7 Rn. 1 ff.

[22] Dazu und zum Folgenden bereits Lieder in BeckOGK, 1.1.2024, GmbHG § 1 Rn. 510.1.

[23] Großfeld in Staudinger, Internationales Gesellschaftsrecht, 1998, Rn. 23; vgl. weiter Fleischer NZG 2023, 243 (249 f.).

Die traditionelle Sitztheorie wurde in Deutschland von der Rechtsprechung[24] und zunächst auch überwiegend im Schrifttum[25] vertreten. Die Gründungstheorie fand nur in der Literatur Zuspruch.[26] Seit dem Jahre 2002 vertreten die Rechtsprechung und das Schrifttum eine modifizierte Spielart der Sitztheorie. Infolge der EuGH-Rechtsprechung zur unionsrechtlichen Niederlassungsfreiheit haben die Rechtsprechung[27] und die herrschende Lehrmeinung[28] für EU/EWR-Staaten einen Schwenk zur Gründungstheorie vollzogen. Die Gründungstheorie kann außerdem auf staatsvertraglicher Grundlage zur Geltung gelangen. Man spricht in diesem Zusammenhang von privilegierten Drittstaaten.[29] Soweit keine europa- oder völkerrechtlichen Vorgaben die Anwendung der Gründungstheorie erzwingen, dh in Bezug auf nicht privilegierte oder echte[30] Drittstaaten,[31] halten Rechtsprechung[32] und herrschende Lehre[33] – jedenfalls für Zuzugsfälle[34] – an der (modifizier-

---

[24] BGH NZG 2000, 1025; BGHZ 134, 116 (118) = NJW 1997, 657; BGHZ 97, 269 (271) = NJW 1986, 2194; BGHZ 78, 318 (334) = NJW 1981, 522; BGHZ 53, 383 (385) = NJW 1970, 1187; BGHZ 53, 181 (183) = NJW 1970, 998; BGHZ 51, 27 (28) = NJW 1969, 188; BGHZ 25, 134 (144) = NJW 1957, 1433; BFHE 177, 347 (353) = DStR 1995, 1191; BayObLG DB 1998, 2318 (2319) = NJW-RR 1999, 401; EuZW 1992, 548f.; BayObLGZ 1986, 61 (67) = NJW 1986; KG DB 1997, 1124 (1125) = NJW-RR 1997, 1127; OLG Düsseldorf ZIP 1995, 1009 (1011) = NJW-RR 1995, 1124.

[25] Kindler in MüKoBGB, 8. Aufl. 2021, Internationales Handels- und Gesellschaftsrecht Rn. 361, 423ff.; Lüderitz in Soergel, BGB, 1961, EGBGB vor Art. 7 Rn. 204; Großfeld in Staudinger, Internationales Gesellschaftsrecht, 1998, Rn. 38ff.; Ebenroth/Hopp JZ 1989, 883; Großfeld/König RIW 1992, 433.

[26] Behrens/J. Hoffmann in Habersack/Casper/Löbbe, 3. Aufl. 2019, GmbHG Einl. B Rn. 52; Leible in Michalski/Heidinger/Leible/J. Schmidt, GmbHG, 4. Aufl. 2023, Systematische Darstellung 2 Rn. 7ff.; Balthasar RIW 2009, 221 (227); Drobnig ZHR 129 (1967), 93 (115ff.); Eidenmüller ZIP 2002, 2233 (2234ff.); Knobbe-Keuk ZHR 154 (1990), 325 (353ff.); Leible/Hoffmann ZIP 2003, 925 (929); Lieder/Kliebisch BB 2009, 338 (341ff.).

[27] BGH NZG 2016, 1187 Rn. 13; NJW 2011, 844 Rn. 16; NJW 2005, 3351; NZG 2005, 508 (509); NZG 2005, 44 (45); NZG 2004, 1001; NZG 2003, 531; BGHZ 154, 185 (189) = NJW 2003, 1461; NJW-RR 2002, 1359 (1360); OLG Hamm BeckRS 2005, 10712; OLG München NZG 2005, 850 (851); KG NZG 2004, 49 (51); OLG Zweibrücken BB 2003, 864 (865).

[28] v. Hein in MüKoBGB, 9. Aufl. 2024, EGBGB Art. 3 Rn. 101; Habersack in MüKoAktG, 6. Aufl. 2024, Einl. Rn. 87; Lutter/Bayer/J. Schmidt, Europäisches Unternehmens- und Kapitalmarktrecht, 6. Aufl. 2018, § 7 Rn. 30; Habersack/Verse, Europäisches Gesellschaftsrecht, 5. Aufl. 2019, Rn. 19; Raiser/Veil, Recht der Kapitalgesellschaften, 6. Aufl. 2015, § 8 Rn. 18; v. Hein/Brunk IPRax 2018, 46 (48); W.-H. Roth GS Heinze, 2005, 709 (710f.); ausführlich zu den europäischen Determinanten: Hübner, Kollisionsrechtliche Behandlung von Gesellschaften aus „nicht-privilegierten" Drittstaaten, 2013, S. 141ff.

[29] So v. Bar/Mankowski, Internationales Privatrecht II, 2. Aufl. 2019, § 7 Rn. 115.

[30] Zwirlein-Forschner ZGR-Sonderheft, Band 26 (2023), 195 (219).

[31] Heckschen/Hilser DStR 2022, 1005 (1007).

[32] BGHZ 178, 192 Rn. 21 = NJW 2009, 289; BayObLG BeckRS 2003, 2439.

[33] Altmeppen, 11. Aufl. 2023, GmbHG § 4a Rn. 14ff.; Thorn in Grüneberg, 83. Aufl. 2024, EGBGB Anh. Art. 12 Rn. 2ff., 10; Kindler in MüKoBGB, 8. Aufl. 2021, Internationales Handels- und Gesellschaftsrecht Rn. 423ff.; Weller in MüKoGmbHG, 4. Aufl. 2022, Einl. Rn. 360; Fastrich in Noack/Servatius/Haas, 23. Aufl. 2022, GmbHG Einl. Rn. 63; Friedl in Becksches Handbuch Umwandlungen international, 2013, Teil 2 Rn. 158; Pentz in Rowedder/Pentz, 7. Aufl. 2022, GmbHG Einl. Rn. 269; Westermann in Scholz, 13. Aufl. 2022, GmbHG Anh. § 4a Rn. 10 aE; Großfeld in Staudinger, Internationales Gesellschaftsrecht, 1998, Rn. 38ff., 72ff.; Kindler IPRax 2009, 189; Weller IPRax 2009, 202; Werner GmbHR 2009, 191 (192f., 196).

[34] Zur Unterscheidung zwischen Zuzugs- und Wegzugsfällen in Drittstaatenkonstellationen sogleich → II. 2. b) aa).

ten) Sitztheorie fest. Die besseren Gründe sprechen freilich dafür, auch in Bezug auf nicht privilegierte Drittstaaten eine modifizierte Spielart der Gründungstheorie zur Anwendung zu bringen und damit eine gespaltene Anknüpfung im deutschen Gesellschaftskollisionsrecht zu vermeiden.[35]

b) Nicht privilegierte Drittstaaten

Dass in Bezug auf nicht privilegierte Drittstaaten auch weiterhin die (modifizierte) Sitztheorie zur Anwendung gelangen soll, begründen Rechtsprechung[36] und Schrifttum[37] mit dem Argument, im Unterschied zu Sachverhalten innerhalb der EU/EWR mangele es an einer höherrangigen Vorgabe, vom deutschrechtlichen Dogma der Sitztheorie abzuweichen. Verbreitet wird angenommen, dass dies nicht nur für Zuzugs-, sondern auch für Wegzugsfälle gelte. Zwar entnimmt die herrschende Auffassung der Neufassung der § 5 AktG, § 4a GmbHG durch das MoMiG[38] einen (versteckten) Übergang zur Gründungstheorie in Wegzugsfällen.[39]

Die Reichweite des kollisionsrechtlichen Gehalts dieser Vorschriften ist jedoch streitig. Teilweise werden die kollisionsrechtlichen Implikationen des MoMiG auf EU/EWR-Gesellschaften beschränkt.[40] Andere lehnen den kollisionsrechtlichen Gehalt gänzlich ab[41] und wollen dementsprechend für Drittstaaten die Sitztheorie

---

[35] Dazu ausf. Lieder/Kliebisch BB 2009, 338ff.; Lieder in BeckOGK, 1.1.2024, GmbHG § 1 Rn. 566ff.; vgl. weiter Behrens/J. Hoffmann in Habersack/Casper/Löbbe, 3. Aufl. 2019, GmbHG Einl. B Rn. 62; Balthasar RIW 2009, 221; Behrens IPRax 2003, 193 (206); Eidenmüller ZIP 2002, 2233 (2244); Eidenmüller JZ 2003, 526 (528); Koch/Eickmann AG 2009, 73 (75); Leible/Hoffmann RIW 2002, 925 (935); W.-H. Roth ZGR 2014, 168 (194f.).

[36] BGHZ 178, 192 (197) („Trabrennbahn"); BGH BeckRS 2009, 28205; NJW 2009, 289 (290f.); NZG 2017, 347 (349); OLG Hamburg BB 2007, 1519 (1520f.).

[37] Kindler in MüKoBGB, 8. Aufl. 2021, Internationales Handels- und Gesellschaftsrecht Rn. 458; Weller/Hübner in Gebauer/Wiedmann, Europäisches Zivilrecht, 3. Aufl. 2021, Teil 23 Rn. 31ff.; Wall in Hausmann/Odersky, Internationales Privatrecht in der Notar- und Gestaltungspraxis, 5. Aufl. 2021, § 18 Rn. 121; Heckschen in Widmann/Mayer, Umwandlungsrecht, 196. EL 2/2022, UmwG § 13 Rn. 105.1.2; Heckschen FS Elsing, 2015, 823 (825); Weller FS Blaurock, 2013, 497 (501); monographisch zum Gesellschaftskollisionsrecht in Bezug auf Drittstaaten: Hübner, Kollisionsrechtliche Behandlung von Gesellschaften aus „nicht-privilegierten" Drittstaaten, 2013, S. 112ff.

[38] Gesetz zur Modernisierung des GmbH-Rechts und zur Bekämpfung von Missbräuchen (MoMiG) v. 23.10.2008, BGBl. I 2026ff.

[39] Statt aller OLG Düsseldorf NZG 2009, 678 (679); Lieder in BeckOGK, 1.1.2024, GmbHG § 1 Rn. 534; Scheller in Scholz, 13. Aufl. 2022, GmbHG § 4a Rn. 32; Behme in MüKoAktG, 6. Aufl. 2024, Anh. 5 Rn. 119; Ringe in K. Schmidt/Lutter, 5. Aufl. 2024, AktG § 5 Rn. 13; Teichmann/Knaier in Süß/Wachter, Handbuch des internationalen GmbH-Rechts, 4. Aufl. 2022, § 4 Rn. 19; Bayer/J. Schmidt ZHR 173 (2009), 735 (739); J. Hoffmann ZIP 2007, 1582 (1584ff.); Heckschen ZIP 2015, 2049 (2056); Verse ZEuP 2013, 458 (466); Tebben RNotZ 2008, 441 (447); Teichmann ZIP 2009, 393 (401); Fingerhuth/Rumpf IPRax 2008, 90 (92); Leitzen NZG 2009, 728; aA aber Kindler IPRax 2009, 189 (198); Franz/Laeger BB 2008, 678 (681f.).

[40] Paefgen WM 2009, 529 (530f.).

[41] Siehe insbesondere Weller in MüKoGmbHG, 4. Aufl. 2022, Einl. Rn. 416; Wall in Hausmann/Odersky, Internationales Privatrecht in der Notar- und Gestaltungspraxis, 5. Aufl. 2021, § 18 Rn. 140; Kindler IPRax 2009, 189 (198); Weller IPRax 2017, 167 (171); König/Bormann DNotZ 2008, 652 (658); Franz BB 2009, 1250 (1251); Peters GmbHR 2008, 245 (249).

einschränkungslos zur Anwendung bringen.[42] Die zutreffende Gegenauffassung bringt infolge der Neufassung der § 5 AktG, § 4a GmbHG auch in Wegzugsfällen unterschiedslos, dh auch in Drittstaatensachverhalten, die Gründungstheorie zur Anwendung.[43] Hierfür spricht entscheidend, dass nur so das vom Gesetzgeber verfolgte Ziel, Gesellschaften grenzüberschreitende Bewegungsfreiheit einzuräumen,[44] erreicht werden kann. Zu diesem Zweck muss insbesondere die drakonische Rechtsfolge der zwangsweisen Auflösung beim Wegzug in einen Sitztheorie-Drittstaat[45] vermieden werden.[46] Dies geschieht freilich zum Preis von komplexen Statutendoppelungen, sofern der Verwaltungssitz in einen Zielstaat verlegt wird, welcher der Sitztheorie anhängt, da in diesem Fall die Anknüpfungsmomente beider beteiligter Staaten erfüllt sind.[47]

Im Personengesellschaftsrecht ist die Rechtslage durch das zum 1.1.2024 in Kraft getretene MoPeG[48] inzwischen synchronisiert worden. Der neu geschaffene § 706 BGB gewährleistet die freie Sitzwahl und Sitzspaltungsfreiheit.[49] Auch für § 706 BGB ist umstritten, ob die Neuregelung einen (impliziten) Übergang zur Gründungstheorie für eingetragene Personengesellschaften bewirkt.[50] Dafür spricht zum

[42] Wall in Hausmann/Odersky, Internationales Privatrecht in der Notar- und Gestaltungspraxis, 5. Aufl. 2021, § 18 Rn. 116, 121; Sagasser in Sagasser/Bula, Umwandlungen, 6. Aufl. 2024, § 2 Rn. 107; Stürner in Erman, 17. Aufl. 2023, BGB Anh. zu Art. 12 Internationales Gesellschaftsrecht Rn. 21; A. Krüger/Epe in Prinz/Witt, Steuerliche Organschaft, 2. Aufl. 2019, Rn. 26.34.

[43] Lieder in BeckOGK, 1.1.2024, GmbHG § 1 Rn. 535; Bayer/J. Schmidt ZHR 173 (2009), 735 (751); Lieder/Kliebisch BB 2009, 338 (343); implizit auch Scheller in Scholz, 13. Aufl. 2022, GmbHG § 4a Rn. 33; so auch für das Personengesellschaftsrecht Lieder/Hilser ZHR 185 (2021), 471 (490ff.); Wertenbruch in Ebenroth/Boujong, 5. Aufl. 2024, HGB § 105 Rn. 680a; Wertenbruch NZG 2023, 1343 (1346).

[44] Begr. RegE, BT-Drs. 16/6140, 29.

[45] Folgt der Zuzugsstaat der Gründungstheorie, so besteht die Gesellschaft nach Verwaltungssitzverlegung in ihrer vertrauten Rechtsform fort, da der Zielstaat auf das deutsche Gesellschaftsrecht zurückverweist *(renvoi)* und das deutsche Recht diese Rückverweisung gem. Art. 4 Abs. 1 S. 2 EGBGB annimmt; dazu Lieder in BeckOGK, 1.1.2024, GmbHG § 1 Rn. 519; Heckschen FS Elsing, 2015, 823 (826); W.-H. Roth FS Heldrich, 2005, 973 (979); Koch ZHR 173 (2009), 101 (114).

[46] Lieder in BeckOGK, 1.1.2024, GmbHG § 1 Rn. 535; Koch, 17. Aufl. 2023, AktG § 5 Rn. 3; Teichmann/Knaier in Süß/Wachter, Handbuch des internationalen GmbH-Rechts, 4. Aufl. 2022, § 4 Rn. 19; Bayer/J. Schmidt ZHR 173 (2009), 735 (751); vgl. zu der Auflösungsfolge nach altem Sachrecht Knobbe-Keuk ZHR 154 (1990), 325 (350).

[47] Bayer in Lutter/Hommelhoff, 21. Aufl. 2023, GmbHG § 4a Rn. 14; Scheller in Scholz, 13. Aufl. 2022, GmbHG § 4a Rn. 34; Bayer/J. Schmidt ZHR 173 (2009), 735 (752); Lieder/Hilser ZHR 185 (2021), 471 (488).

[48] Gesetz zur Modernisierung des Personengesellschaftsrechts (Personengesellschaftsrechtsmodernisierungsgesetz – MoPeG) v. 10.8.2021, BGBl. I 3436; hierzu statt aller Lieder ZRP 2021, 34ff.; K. Schmidt ZHR 185 (2021), 16ff.; Habersack ZGR 2020, 539ff.; Fleischer DStR 2021, 430ff.; Fleischer BB 2021, 386ff.; Heckschen NZG 2020, 761ff.; Schäfer ZIP 2020, 1149ff.; Lieder/Hilser NotBZ 2021, 401ff.; Baschnagel/Hilser notar 2023, 167ff.

[49] Vgl. nur Lieder in Erman, 17. Aufl. 2023, BGB § 706 Rn. 2; Lieder/Hilser ZHR 185 (2021), 471 (481ff.); Lieder/Hilser NotBZ 2021, 401 (405).

[50] Hierfür Lieder in Erman, 17. Aufl. 2023, BGB § 706 Rn. 12ff.; Lieder in BeckOGK, 1.1.2024, GmbHG § 1 Rn. 558; Wertenbruch in Ebenroth/Boujong, 5. Aufl. 2024, HGB § 105 Rn. 674, 677ff.; Lieder/Hilser ZHR 185 (2021), 471 (490ff.); Lieder/Hilser NotBZ 2021, 401 (405f.); Hilser, Grenzüberschreitende Rechtsformwechsel in der Europäischen Union, 2022, S. 293f., Schön ZHR 187 (2023), 123 (136); J. Hoffmann/Horn RabelsZ 86 (2022), 65 (67); ablehnend Heckschen NZG 2020, 761 (764), der die kollisionsrechtlichen Folgen des § 706 BGB

einen das Regelungsziel des § 706 BGB, der grenzüberschreitende Transaktionen ermöglichen sollte,[51] zum anderen das Bestreben des Gesetzgebers, einen Gleichlauf mit der Rechtslage bei den Kapitalgesellschaften zu gewährleisten.[52]

Für grenzüberschreitende Umwandlungen einer deutschen Gesellschaft hat die Geltung der Sitztheorie zur Folge, dass sie nur in Form einer Verwaltungssitzverlegung vollzogen werden kann und darüber hinaus auch nur dann zulässig ist, wenn der Zuzugsstaat ebenfalls der Sitztheorie anhängt. Spiegelbildlich ist ein rechtsformwechselnder Zuzug aus Drittstaaten nach Deutschland nur durch Verwaltungssitzverlegung und aus einer ebenfalls der Sitztheorie anhängenden Jurisdiktion zulässig. Die Sitztheorie steht damit einem rechtsformwechselnden Verlassen der deutschen Rechtsordnung für sich genommen nicht entgegen,[53] ermöglicht jedoch keine Sitzaufspaltung. Bringt man in Wegzugsfällen die Gründungstheorie zur Anwendung, kann der erforderliche Statutenwechsel nur durch Verlegung des Satzungs- bzw. Vertragssitzes vollzogen werden.

c) *Privilegierte Drittstaaten*

Nach Art. 3 Nr. 2 EGBGB steht das deutsche Internationale Privatrecht unter dem Vorbehalt völkerrechtlicher Vereinbarungen. Von dem Grundsatz der Anwendung der Sitztheorie in Drittstaatenkonstellationen kann daher durch vorrangige bi- oder multilaterale Staatsverträge zugunsten einer gegenseitigen Anerkennung abgewichen werden.[54] Solche Verträge können rechtsformwahrende Verwaltungssitzverlegungen ausdrücklich ermöglichen. Darüber hinaus werden damit aber implizit auch die kollisionsrechtlichen Voraussetzungen für grenzüberschreitende Umwandlungen mitgeregelt, da durch die gegenseitigen Anerkennungspflichten zugleich bestimmt wird, welche Wirkungen eine Verwaltungssitzverlegung zeitigt.

Prominentestes Beispiel ist der Freundschafts-, Handels- und Schifffahrtsvertrag zwischen der Bundesrepublik Deutschland und den Vereinigten Staaten vom Amerika aus dem Jahr 1954.[55] Nach Maßgabe dessen Art. XXV Abs. 5 S. 2 müssen die nach dem Recht eines Vertragsteils errichteten Gesellschaften von dem anderen Vertragsteil anerkannt werden. Nach allgemeiner Auffassung folgt daraus, dass US-amerikanische Gesellschaften mit Verwaltungssitz in Deutschland nach der Grün-

---

für „unklar" hält; Heckschen/Nolting BB 2020, 2256 (2257) lehnen einen kollisionsrechtlichen Gehalt von § 706 BGB ab; ebenso Nazari-Khanachayi WM 2020, 2056 (2058 f.); M. Noack BB 2021, 643 (645); Leitzen FS Heidinger, 2023, 277 (284); vgl. noch Schall ZIP 2020, 1443 (1448): § 706 BGB legt die Sitztheorie als Grundsatz fest.

[51] Ausf. dazu Lieder/Hilser ZHR 185 (2021), 471 (490 ff.).

[52] So auch Lieder/Hilser ZHR 185 (2021), 471 (490 ff.); J. Hoffmann/Horn RabelsZ 86 (2022), 65 (68); Schön ZHR 187 (2023), 123 (137).

[53] So auch Heckschen FS Elsing, 2015, 823 (825).

[54] Heckschen in Widmann/Mayer, Umwandlungsrecht, 185. EL 7/2020, UmwG § 1 Rn. 80; Hübner, Kollisionsrechtliche Behandlung von Gesellschaften aus „nicht-privilegierten" Drittstaaten, 2013, S. 251 f.

[55] BGBl. 1956 II 487; dazu Bungert DB 2003, 1043; Dammann RabelsZ 68 (2004), 607; monografisch Kaulen, Die Anerkennung von Gesellschaften unter Art. XXV Abs. 5 S. 2 des deutsch-US-amerikanischen Freundschafts-, Handels- und Schifffahrtsvertrages von 1954, 2008.

dungstheorie zu behandeln sind.[56] In Parallele dazu ist die Geltung der Gründungstheorie im Verhältnis zu Kanada aus dem CETA[57] abzuleiten.[58] Gleiches gilt nach dem Abkommen zwischen der Europäischen Union und Japan über eine Wirtschaftspartnerschaft[59] für Gesellschaften japanischer Provenienz.[60] Soweit im Anwendungsbereich dieser Abkommen eine tatsächliche Verbindung der Gesellschaft zu ihrem Gründungsstaat (genuine link) gefordert wird, so sind die hieran zu stellenden Anforderungen nach Sinn und Zweck der Abkommen niedrig anzusiedeln.[61] Faktisch wird es deutschen Gesellschaften damit ermöglicht, die Rechtsform eines privilegierten Drittstaats anzunehmen, ohne dass im Zielstaat nennenswerte wirtschaftliche Aktivitäten entfaltet werden müssen.

Kein privilegierter Drittstaat ist nach zutreffender Auffassung das Vereinigte Königreich.[62] Nach Ablauf eines staatsvertraglichen Interimszeitraums, in dem die Niederlassungsfreiheit ungeachtet der Drittstaateneigenschaft Großbritanniens weiter angewendet worden war,[63] bestehen – entgegen einer abweichenden Auffassung, die den investitionsrechtlichen Regelungen des Handels- und Kooperationsabkommens einen versteckten kollisionsrechtlichen Gehalt entnehmen will[64] – keine gegenseitigen Anerkennungspflichten.[65] Britische Gesellschaften können sich

---

[56] BGH NJW-RR 2002, 1359 (1360); BGHZ 153, 353 (355ff.); NZG 2004, 1001; NZG 2005, 44f.; NJW-RR 2007, 574 (575); BeckRS 2009, 28205; Behrens/J. Hoffmann in Habersack/Casper/Löbbe, 3. Aufl. 2019, GmbHG Einl. B Rn. 2; v. Bar/Mankowski, Internationales Privatrecht II, 2. Aufl. 2019, § 7 Rn. 103; Kropholler, Internationales Privatrecht, 6. Aufl. 2006, § 55 3. d); J. Schmidt EuZW 2021, 613 (614); Heckschen/Hilser DStR 2022, 1005 (1012); Stürner FS Ebke, 2021, 965 (966ff.); ausführlich hierzu Hübner, Kollisionsrechtliche Behandlung von Gesellschaften aus „nicht-privilegierten" Drittstaaten, 2013, S. 252ff.

[57] Umfassendes Wirtschafts- und Handelsabkommen (CETA) zwischen Kanada einerseits und der Europäischen Union und ihren Mitgliedstaaten andererseits, ABl. EU 2017 L 11, 23.

[58] Behrens/J. Hoffmann in Habersack/Casper/Löbbe, 3. Aufl. 2019, GmbHG Einl. B Rn. 2, 50; Müller in BeckOGK, 1.7.2022, AktG § 1 Rn. 127; v. Bar/Mankowski, Internationales Privatrecht II, 2. Aufl. 2019, § 7 Rn. 105; Freitag NZG 2017, 615 (616ff.); J. Schmidt EuZW 2021, 613 (614, 618); Heckschen/Hilser DStR 2022, 1005 (1012).

[59] Abkommen zwischen der Europäischen Union und Japan über eine Wirtschaftspartnerschaft, ABl. EU 2018 L 330, 3.

[60] J. Schmidt EuZW 2021, 613 (618f.); dem folgend Müller in BeckOGK, 1.7.2022, AktG § 1 Rn. 127.

[61] BGH NZG 2005, 44f.; hierzu Lieder in BeckOGK, 1.1.2024, GmbHG § 1 Rn. 565f.; Müller in BeckOGK, 1.7.2022, AktG § 1 Rn. 128; v. Bar/Mankowski, Internationales Privatrecht II, 2. Aufl. 2019, § 7 Rn. 104; Kropholler, Internationales Privatrecht, 6. Aufl. 2006, § 55 3 d; Zwirlein-Forschner ZGR-Sonderheft, Band 26 (2023), 195 (220).

[62] Zur Diskussion statt aller Heckschen in Widmann/Mayer, Umwandlungsrecht, 196. EL 2/2022, UmwG § 13 Rn. 105.1.4ff.; Lieder/Bialluch NJW 2019, 805ff.; Lieder/Bialluch NotBZ 2017, 209ff.; Teichmann/Knaier EuZW-Sonderausgabe 1/2020, 14ff.; Heckschen/Strnad NotBZ 2019, 406ff.; Luy NJW 2019, 1905ff.; Schall ZfPW 2016, 407ff.; Grzeszick/Verse NZG 2019, 1129ff.

[63] Vgl. Art. 126 des Abkommens über den Austritt des Vereinigten Königreichs Großbritannien und Nordirland aus der Europäischen Union und der Europäischen Atomgemeinschaft, ABl. EU 2019 C 384, 1.

[64] J. Schmidt GmbHR 2021, 229 (233); J. Schmidt EuZW 2021, 613 (615ff.); J. Schmidt BB 2021, 1923 (1938); Otte-Gräbener BB 2021, 717; Zwirlein-Forschner ZGR-Sonderheft, Band 26 (2023), 195 (220).

[65] BGH NZG 2021, 702 Rn. 9; EWiR 2021, 423 mit zustimmender Anm. Lieder/Bialluch; OLG München NZG 2021, 1518; Lieder in BeckOGK, 1.1.2024, GmbHG § 1 Rn. 569; Heck-

angesichts des langen Übergangszeitraums auch nicht auf Vertrauensschutz berufen,[66] sodass im Ergebnis die modifizierte Sitztheorie zur Anwendung gelangt.

3. Sachrechtliche Zulässigkeit internationaler Umwandlungen

Das kollisionsrechtlich ermittelte Sachrecht entscheidet darüber, ob die zugezogene Gesellschaft identitätswahrend einen grenzüberschreitenden Rechtsformwechsel erfährt, sowie, welche Voraussetzungen dafür erfüllt sein müssen, dass eine deutsche Gesellschaft auf eine Gesellschaft aus einem Drittstaat verschmolzen werden kann. Die an jeder grenzüberschreitenden Umwandlung beteiligten Rechtsordnungen und ihr jeweiliges Sachrecht werden durch das Umwandlungskollisionsrecht miteinander verzahnt. Es regelt für Umwandlungen mit Auslandsbezug namentlich, welcher Rechtsordnung für welchen Verfahrensschritt die Regelungskompetenz zukommt. In diesem Zusammenhang ist anerkannt, dass die beteiligten Rechtsordnungen sukzessive zur Anwendung gelangen (modifizierte Vereinigungstheorie).[67] Damit wird die Anwendung der Normen desjenigen Staates gewährleistet, der durch den jeweiligen Vorgang überwiegend betroffen und infolgedessen sachnäher ist.

a) Staatsvertragliche Gewährleistungen

Die Zulässigkeit grenzüberschreitender Umwandlungen unter Beteiligung von privilegierten Drittstaaten ist umstritten. Die befürwortende Auffassung[68] verweist namentlich darauf, dass staatsvertraglich regelmäßig das Recht zur Errichtung von Zweigniederlassungen gewährleistet sei.[69] Diese Befugnis sei nicht abschließend zu verstehen, sondern umfasse im Wege der erweiternden Auslegung auch grenzüberschreitende Umwandlungen.[70] Teilweise wird die grenzüberschreitende Verschmelzung auch als andere, ebenfalls staatsvertraglich gewährleistete Form der Gesellschaftsgründung im Vertragsstaat interpretiert.[71]

---

schen in Widmann/Mayer, Umwandlungsrecht, 196. EL 2/2022, UmwG § 13 Rn. 105.1.5; Heckschen GWR 2022, 1 (2f.); Heckschen/Strnad GWR 2021, 215 (221); Schollmeyer NZG 2021, 692 (694); Lieder/T. Hoffmann NZG 2021, 1045 (1054); Knaier GmbHR 2021, 486 (488, 491); Mayer/Manz BB 2021, 451; Heckschen/Hilser DStR 2022, 1005 (1011f.); BMF 30.12.2020 – IV A 3 – S 0284/20/10006:003, BStBl. I 2021, 41 Rn. 6f.

[66] Lieder in BeckOGK, 1.1.2024, GmbHG § 1 Rn. 571f.; Heckschen in Widmann/Mayer, Umwandlungsrecht, 196. EL 2/2022, UmwG § 13 Rn. 105.1.5; Heckschen/Strnad GWR 2021, 215 (221).

[67] Grundlegend v. Spindler, Wanderungen gewerblicher Körperschaften, 1933, S. 65, 71, 78 sowie Beitzke FS Hallstein, 1966, 14 (20ff.).

[68] Klett in BeckOGK, 1.1.2024, UmwG § 306 Rn. 39; Drinhausen/Keinath RIW 2006, 81 (87); Samson/Flindt NZG 2006, 290 (292); Frenzel/Axer RIW 2007, 47ff.; Kiem WM 2006, 1091 (1093); in diese Richtung auch: Ebke RIW 2004, 740 (744); sehr zurückhaltend aber Zwirlein-Forschner ZGR-Sonderheft, Band 26 (2023), 195 (221ff.); Drinhausen in Semler/Stengel/Leonard, 5. Aufl. 2021, UmwG Einl. C Rn. 32.

[69] Zwirlein-Forschner ZGR-Sonderheft, Band 26 (2023), 195 (221f.) im Hinblick auf Art. VII Abs. 1 S. 1 lit. b des Deutsch-Amerikanischen Freundschaftsvertrags.

[70] Frenzel/Axer RIW 2007, 47 (49); im Ergebnis auch Krüger in Beck'sches Handbuch Umwandlungen international, 2013, Teil 1 Rn. 58; Zwirlein-Forschner ZGR-Sonderheft, Band 26 (2023), 195 (221).

[71] Lucay, Grenzüberschreitende Verschmelzung mit Drittstaatenbezug, 2017, S. 188.

Mit der zutreffenden Gegenauffassung[72] kommt eine grenzüberschreitende Umwandlung unter Beteiligung der Vertragsstaaten nur dann in Betracht, wenn sich diese Gewährleistung – wie dies derzeit für keinen Staatsvertrag der Fall ist – auch mit hinreichender Bestimmtheit aus dem Staatsvertrag entnehmen lässt. Nach dem Wortlaut wie auch nach dem Regelungsziel erschöpft sich der deutsch-amerikanische Freundschaftsvertrag in den ausdrücklich geregelten Freiheiten und ist – auch wenn das rechtspolitisch wünschenswert sein mag (→ III. 3. a)) – einer extensiven Auslegung nicht zugänglich.[73] Die Anerkennung von Gesellschaften nach ihrer Gründungsanknüpfung kann sachlich mit einer grenzüberschreitenden Umwandlung gerade nicht gleichgesetzt werden. Auch im Hinblick auf den historischen Kontext erscheint es fernliegend, dass der Gesetzgeber im Jahr 1954 US-amerikanischen Gesellschaften die Freiheit einräumen wollte, sich in eine deutsche Rechtsform umzuwandeln und umgekehrt. Das gilt umso mehr, als grenzüberschreitende Umwandlungen auf Grundlage der unionsrechtlichen Niederlassungsfreiheit erst mehr als 50 Jahre später höchstrichterlich anerkannt worden sind. Hinzu kommt, dass es an belastbaren Verfahrensvorschriften fehlt, anhand welcher sich die Transaktionen in der Unternehmenspraxis vollziehen können. Das alles spricht dagegen, über die staatsvertraglich gewährleisteten Anerkennungspflichten hinaus den beschränkten Schutzbereich der spezialvertraglichen Niederlassungsfreiheit auf die grenzüberschreitende Umwandlung privilegierter Drittstaaten zu erweitern.[74] Das bedeutet im Ergebnis, dass privilegierte und nicht privilegierte Drittstaaten in Bezug auf grenzüberschreitende Umwandlungen auf Ebene des Sachrechts prinzipiell gleich zu behandeln sind.

b) *Sachlicher Anwendungsbereich des § 1 Abs. 1 UmwG*

Die Frage nach dem deutschrechtlich anwendbaren Sachrecht wird in der Literatur weitgehend vernachlässigt, obwohl das „Wie" der grenzüberschreitenden Gesellschaftsmobilität unter Drittstaatenbezug bis heute ungeklärt ist. Zwar war mit Verabschiedung des UmwG 1994 ein Streit zu dieser Frage entbrannt (dazu sogleich → II. 3. b) aa) und bb) sowie → II. 4.). Die zugehörige Diskussion ist zwischenzeitlich hingegen verstummt. Das muss überraschen, weil das Kollisionsrecht für sich genommen der Durchführung internationaler Umwandlungen nicht *per se* entgegensteht, auch wenn die faktisch immens mobilitätshemmende Wirkung der Sitztheorie unbestritten ist.

---

[72] Heckschen in Widmann/Mayer, Umwandlungsrecht, 209. EL 2023, UmwG § 305 Rn. 107; Heckschen in Widmann/Mayer, Umwandlungsrecht, 179. EL 2019, UmwG § 122b Rn. 80 ff.; Heckschen in Widmann/Mayer, Umwandlungsrecht, 185. EL 7/2020, UmwG § 1 Rn. 105; Kindler in MüKoBGB, 8. Aufl. 2021, Internationales Handels- und Gesellschaftsrecht Rn. 871; Sagasser in Sagasser/Bula, Umwandlungen, 6. Aufl. 2024, § 2 Rn. 105; Engert in Eidenmüller, Ausländische Kapitalgesellschaften im deutschen Recht, 2004, § 4 Rn. 98; Heckschen/Hilser DStR 2022, 1005 (1012); tendenziell auch Teichmann/Knaier in Süß/Wachter, Handbuch des internationalen GmbH-Rechts, 4. Aufl. 2022, § 4 Rn. 187.

[73] Engert in Eidenmüller, Ausländische Kapitalgesellschaften im deutschen Recht, 2004, § 4 Rn. 98.

[74] Heckschen in Widmann/Mayer, Umwandlungsrecht, 179. EL 2019, UmwG § 122b Rn. 80 ff.; Heckschen in Widmann/Mayer, Umwandlungsrecht, 185. EL 7/2020, UmwG § 1 Rn. 105; Heckschen/Hilser DStR 2022, 1005 (1012).

Den normativen Kristallisationspunkt für die Diskussion um internationale Gesellschaftsmobilität bildet § 1 Abs. 1 UmwG. Danach findet das deutsche Umwandlungsrecht – seine kollisionsrechtliche Anwendbarkeit vorausgesetzt[75] – (nur) auf „Rechtsträger mit Sitz im Inland“ Anwendung.[76] Umstritten ist in diesem Kontext zum einen, ob § 1 Abs. 1 UmwG an den Satzungs- oder Verwaltungssitz anknüpft. Zum anderen wird darüber diskutiert, wie der Zusatz „im Inland“ auszulegen ist. Unklar ist namentlich, ob diese Beschränkung für sämtliche an der grenzüberschreitenden Umwandlung beteiligten Rechtsträger gilt oder nur vom übertragenden respektive übernehmenden Rechtsträger erfüllt werden muss oder aber grenzüberschreitende Umwandlungen gänzlich sperrt.

Eine höchstrichterliche Klärung dieser Rechtsfragen steht noch aus. Soweit ersichtlich ist in Deutschland bisher auch keine Umwandlung mit Drittstaatenbezug in das Handelsregister eingetragen worden.[77] Zumindest hat der EuGH im Jahr 2005 im Rahmen einer Beschwerde der *SEVIC Systems AG* klargestellt, dass die pauschale Versagung grenzüberschreitender Umwandlungen durch § 1 Abs. 1 UmwG unionsrechtswidrig ist.[78] Eine unionsrechtskonforme Auslegung im Wege einer teleologischen Extension des § 1 Abs. 1 UmwG auf Rechtsträger einer mitgliedstaatlichen Rechtsordnung führt zu dem Ergebnis, dass auch grenzüberschreitende Umwandlungsvorgänge innerhalb der EU/EWR zulässig sein müssen.[79] Auf Drittstaatenkonstellationen kann diese EuGH-Rechtsprechung mangels Anwendbarkeit der unionsrechtlichen Niederlassungsfreiheit nicht übertragen werden. Auch aus der im Unterschied zur Niederlassungsfreiheit global anwendbaren Kapitalverkehrsfreiheit nach Art. 63 Abs. 1 AEUV kann ein der Niederlassungsfreiheit entsprechender Schutzgehalt für grenzüberschreitende Umwandlungen mit Drittstaatenbezug nicht abgeleitet werden.[80] Eine solche extensive Auslegung würde die Anwendungsbereiche von Kapitalverkehrs- und Niederlassungsfreiheit verwischen und die klare räumliche Begrenzung der Art. 49, 54 AEUV auf EU/EWR-Sachverhalte umgehen.[81]

[75] Kindler in MüKoBGB, 8. Aufl. 2021, Internationales Handels- und Gesellschaftsrecht Rn. 795; Rollmann, Verschmelzungsvorgänge unter der Beteiligung von Drittstaatskapitalgesellschaften, 2016, S. 46; Sonntag, Zulässigkeit und Auswirkungen grenzüberschreitender Verschmelzungen, 2004, S. 6.

[76] Zur Gesetzgebungsgeschichte: Heckschen in Widmann/Mayer, Umwandlungsrecht, 185. EL 7/2020, UmwG § 1 Rn. 96ff.

[77] Vgl. aus jüngerer Zeit OLG Zweibrücken EWiR 2023, 327 mAnm Hilser.

[78] EuGH NZG 2006, 112 Rn. 31.

[79] Lieder in Münchner Handbuch des Gesellschaftsrechts, Band 8, 5. Aufl. 2018, § 5 Rn. 9; Drinhausen in Semler/Stengel/Leonard, 5. Aufl. 2021, UmwG Einl. C Rn. 33; Drygala in Lutter, 7. Aufl. 2024, UmwG § 1 Rn. 50; A. Frank, Formwechsel im Binnenmarkt, 2016, S. 167f.; Hübner IPRax 2015, 134 (136); Schall ZfPW 2016, 407 (428); ausführlich zur Diskussion im Hinblick auf grenzüberschreitende Verschmelzungen Günes, Grenzüberschreitende Verschmelzungen unter Beteiligung von Kapitalgesellschaften aus Drittstaaten, 2012, S. 81ff.

[80] Vgl. Rollmann, Verschmelzungsvorgänge unter der Beteiligung von Drittstaatskapitalgesellschaften, 2016, S. 95.

[81] Ausführlich zu dieser Frage J. Hoffmann in Münchner Handbuch des Gesellschaftsrechts, Band 6, 5. Aufl. 2022, § 47 Rn. 116; siehe zur Abgrenzung von Kapitalverkehrs- und Niederlassungsfreiheit und den daraus folgenden Implikationen für Drittstaatensachverhalten Behme in MüKoAktG, 6. Aufl. 2024, Anh. 5 Rn. 277ff.; Habersack/Verse, Europäisches Gesellschaftsrecht, 5. Aufl. 2019, § 3 Rn. 49ff.

aa) Sitzbegriff

In der Konsequenz ist sehr umstritten, ob § 1 Abs. 1 UmwG an den Satzungs-[82] oder an den Verwaltungssitz[83] anknüpft. Von Bedeutung ist die Streitfrage freilich nur dann, wenn sich die beiden Sitze in unterschiedlichen Staaten befinden.[84] Hält man für diesen Fall den Satzungssitz für maßgeblich, dann sind nur deutsche Rechtsträger umwandlungsfähig, weil ein im Ausland belegener Satzungssitz für deutsche Gesellschaften nach einhelliger Auffassung nicht in Betracht kommt.[85] Wäre der Verwaltungssitz entscheidend, kämen auch ausländische Rechtsträger mit deutschem Verwaltungssitz als umwandlungsfähige Rechtsträger in Betracht. Umgekehrt wären Rechtsträger deutscher Rechtsform mit ausländischem Verwaltungssitz nicht umwandlungsfähig. Bringt man vor diesem Hintergrund auf Drittstaatenkonstellationen die modifizierte Sitztheorie zur Anwendung, kann eine Gesellschaft aus einem Drittstaat nicht *als solche* anerkannt werden, wenn sie ihren Verwaltungssitz nach Deutschland verlegt, sondern sie mutiert nach der „Wechselbalgtheorie“[86] *ipso iure* identitätswahrend zu einer deutschen Personengesellschaft. Unter dieser Prämisse ist eine Drittstaatengesellschaft mit deutschem Verwaltungssitz nur unter einer entsprechenden vorrangigen völkerrechtlichen Vereinbarung möglich.

(1) Verwaltungssitzanknüpfung. Die Wortmeldungen zugunsten einer Verwaltungssitzanknüpfung sind vor dem Hintergrund der zum Zeitpunkt der Verabschiedung des UmwG 1994 – auch für EU/EWR-Sachverhalte – noch umfassend geltenden Sitztheorie zu würdigen. Die Befürworter hielten es für widersprüchlich, auf ausländische Rechtsträger mit deutschem Verwaltungssitz kein deutsches Sachrecht anzuwenden, obwohl dieses kollisionsrechtlich zur Anwendung berufen sei.[87]

[82] Für eine Satzungssitzanknüpfung Heckschen in Widmann/Mayer, Umwandlungsrecht, 185. EL 7/2020, UmwG § 1 Rn. 105; Drinhausen in Semler/Stengel/Leonard, 5. Aufl. 2021, UmwG Einl. C Rn. 20; Drinhausen/Keinath in BeckOGK, 1.1.2024, UmwG § 1 Rn. 18; Marsch-Barner/Oppenhoff in Kallmeyer, 7. Aufl. 2020, UmwG § 1 Rn. 2; Engert in Eidenmüller, Ausländische Kapitalgesellschaften im deutschen Recht, 2004, § 4 Rn. 76f.; Günes, Grenzüberschreitende Verschmelzungen unter Beteiligung von Kapitalgesellschaften aus Drittstaaten, 2012, S. 73f.; Rollmann, Verschmelzungsvorgänge unter der Beteiligung von Drittstaatskapitalgesellschaften, 2016, S. 53; Weng, Zulässigkeit und Durchführung grenzüberschreitender Verschmelzungen, 2008, S. 73ff.; Schaumburg GmbHR 1996, 501 (502 Fn. 1); Dötsch BB 1998, 1029 (1030); Bungert AG 1995, 489 (502 Fn. 170); Triebel/v. Hase BB 2003, 2409 (2416).

[83] Für eine Verwaltungssitzanknüpfung Großfeld in Staudinger, Internationales Gesellschaftsrecht, 1998, Rn. 914; J. Hoffmann NZG 1999, 1077 (1082f.); Kallmeyer ZIP 1996, 535; Großfeld AG 1996, 302f.

[84] Drinhausen in Semler/Stengel/Leonard, 5. Aufl. 2021, UmwG Einl. C Rn. 19.

[85] BayObLG DStR 2004, 1224 (1225); Lieder in BeckOGK, 1.1.2024, GmbHG § 1 Rn. 560; H. Fischer in Heidel, Aktien- und Kapitalmarktrecht, 5. Aufl. 2019, AktG § 5 Rn. 18; Schön FS Priester, 2007, 737 (746); Weller DStR 2004, 1218 (1219); Kindler in Sonnenberger, Vorschläge und Berichte zur Reform des europäischen und deutschen internationalen Gesellschaftsrechts, 2007, S. 389 (390); vgl. W.-H. Roth GS Heinze, 2005, 709 (714).

[86] BGH NJW 2002, 3539 (3540) („Jersey“); BGHZ 178, 192 (199) („Trabrennbahn“); ausführlich zur „Wechselbalgtheorie“: Weller FS Goette, 2011, 583 (591ff.); vgl. hierzu auch bereits vor der höchstrichterlichen Anerkennung der „Wechselbalgtheorie“ Eidenmüller/Rehm ZGR 1997, 89 (91ff.); vgl. auch K. Schmidt, Gesellschaftsrecht, 2002, S. 102ff. zur anfänglichen Rechtsformverfehlung und zum nachträglichen Rechtsformzwang.

[87] Lennerz, Die internationale Verschmelzung und Spaltung unter Beteiligung deutscher Gesellschaften, 2001, S. 63.

Die Gegenauffassung komme zu sachfremden und vom allgemeinen Kollisionsrecht abweichenden Ergebnissen: Namentlich habe die Satzungssitzanknüpfung zur Folge, dass in Fällen, in denen der Satzungssitz im Ausland, der Verwaltungssitz aber in Deutschland belegen sei, eine Umwandlung ausscheiden müsse.[88] Umgekehrt wäre das UmwG zur Anwendung berufen, wenn der Satzungssitz in Deutschland belegen sei, obwohl sich der Verwaltungssitz im Ausland befinde und damit nach allgemeinen Grundsätzen das Recht des Verwaltungssitzstaats maßgeblich sei.[89] Darüber hinaus spreche ein systematischer Blick auf § 3 Abs. 2 Nr. 2 UmwG für die Anknüpfung an den Verwaltungssitz, weil der Wohnsitz natürlicher Personen bei funktionaler Betrachtung dem Verwaltungssitz einer Gesellschaft entspreche.[90]

(2) Satzungssitzanknüpfung. Auch die Vertreter einer Satzungssitzanknüpfung führen systematische Argumente ins Feld: Da das UmwG an verschiedenen Stellen mit dem Begriff „Sitz" unstreitig an den Satzungssitz anknüpfe, wie beispielsweise in §§ 16, 19 UmwG,[91] müsse dieser aus Gründen der Kohärenz auch für § 1 Abs. 1 UmwG maßgeblich sein.[92] Darüber hinaus müsse es widersprüchlich erscheinen, auf ausländische Rechtsträger deutsches Recht anzuwenden, obwohl es an einer inländischen Gerichtszuständigkeit nach dem UmwG mangele und der Gesetzgeber keine Umwandlungsmöglichkeiten für Rechtsträger ohne inländische Gerichtspflichtigkeit schaffen wollte.[93] Ebenso vermöge es nicht zu überzeugen, deutschen Rechtsträgern mit ausländischem Verwaltungssitz die Berufung auf das UmwG zu versagen.[94] Der Gesetzgeber sei von der Geltung der Sitztheorie ausgegangen und habe daher ein Auseinanderfallen von Satzungs- und Verwaltungssitz nicht bedacht.[95]

(3) Stellungnahme. Nach zutreffender Auffassung handelt es sich bei § 1 Abs. 1 UmwG um eine sachrechtliche Norm ohne kollisionsrechtlichen Gehalt und folglich um eine Satzungssitzanknüpfung.[96] Dafür spricht bereits der Regelungszweck

---

[88] Lennerz, Die internationale Verschmelzung und Spaltung unter Beteiligung deutscher Gesellschaften, 2001, S. 44.

[89] Lennerz, Die internationale Verschmelzung und Spaltung unter Beteiligung deutscher Gesellschaften, 2001, S. 44.

[90] Großfeld AG 1996, 302f.

[91] Zu § 16 UmwG Fronhöfer in Widmann/Mayer, Umwandlungsrecht, 179. EL 7/2019, UmwG § 16 Rn. 18; Zimmermann/Marsch-Barner/Oppenhoff in Kallmeyer, 7./8. Aufl. 2020/2023, UmwG § 16 Rn. 2; zu § 19 UmwG Fronhöfer in Widmann/Mayer, Umwandlungsrecht, 179. EL 7/2019, UmwG § 19 Rn. 9; Kindler in MüKoBGB, 8. Aufl. 2021, Internationales Handels- und Gesellschaftsrecht Rn. 869.

[92] Kindler in MüKoBGB, 8. Aufl. 2021, Internationales Handels- und Gesellschaftsrecht Rn. 869; Drinhausen/Keinath in BeckOGK, 1.1.2024, UmwG § 1 Rn. 18; Drinhausen in Semler/Stengel/Leonard, 5. Aufl. 2021, UmwG Einl. C Rn. 20; Günes, Grenzüberschreitende Verschmelzungen unter Beteiligung von Kapitalgesellschaften aus Drittstaaten, 2012, S. 73; Engert in Eidenmüller, Ausländische Kapitalgesellschaften im deutschen Recht, 2004, § 4 Rn. 76; Rollmann, Verschmelzungsvorgänge unter der Beteiligung von Drittstaatskapitalgesellschaften, 2016, S. 53.

[93] Kindler in MüKoBGB, 8. Aufl. 2021, Internationales Handels- und Gesellschaftsrecht Rn. 869.

[94] Engert in Eidenmüller, Ausländische Kapitalgesellschaften im deutschen Recht, 2004, § 4 Rn. 76.

[95] Engert in Eidenmüller, Ausländische Kapitalgesellschaften im deutschen Recht, 2004, § 4 Rn. 76.

[96] Schaumburg GmbHR 1996, 501 (502 Fn. 1).

des § 1 Abs. 1 UmwG: Der Gesetzgeber wollte mit der Beschränkung des sachlichen Anwendungsbereichs des UmwG die in Drittstaatenkonstellationen drohenden Abstimmungsschwierigkeiten vermeiden, welche unter Anwendung der Sitztheorie nur bei Umwandlungen mit inländischem Satzungssitz drohen.[97] Es ist zwar zu konstatieren, dass sich das kollisionsrechtliche Fundament seit Verabschiedung des UmwG im Jahr 1994 – jedenfalls für EU/EWR-ausländische Gesellschaften – drastisch gewandelt hat. Nach der vom historischen Gesetzgeber zugrunde gelegten Prämisse – der Geltung der traditionellen Sitztheorie – wäre einem ausländischen Rechtsträger mit deutschem Verwaltungssitz von vornherein die Anerkennung zu versagen.[98] Die Verwaltungssitzanknüpfung verkennt allerdings, dass aus der kollisionsrechtlichen Anwendbarkeit der deutschen Rechtsordnung nicht automatisch folgt, dass diese auch entsprechende Regelungen bereithält.[99] Vielmehr bleibt es dem Gesetzgeber unbenommen, einen Regelungskomplex bewusst ungeregelt zu lassen, sei es, weil er die betreffenden Maßnahmen implizit für unzulässig erklären will, sei es, weil er eine Klärung der Rechtslage bewusst Rechtsprechung und Literatur überantworten möchte.

bb) Räumlicher Anwendungsbereich

Klärungsbedürftig erscheint weiterhin, wie der Zusatz „im Inland" in § 1 Abs. 1 UmwG auszulegen ist. Dieses Erfordernis kann man entweder in einem strikt formalen Sinne verstehen oder – unter teleologischen Gesichtspunkten – für eine weite Auslegung im Sinne der Offenheit für internationale Umwandlungen plädieren.

(1) Restriktive Auffassung. Nach der herrschenden – restriktiven – Auffassung sind internationale Umwandlungen durch den Zusatz „im Inland" versperrt.[100] Dieser ordne an, dass sämtliche an der Umwandlung beteiligten Rechtsträger ihren Sitz in Deutschland haben müssten. Bei § 1 Abs. 1 UmwG handele es sich um eine „selbstbeschränkte Sachnorm",[101] die den räumlichen Anwendungsbereich des UmwG eindeutig festlege und auch nicht im Wege der Analogiebildung oder erweiternden

---

[97] Engert in Eidenmüller, Ausländische Kapitalgesellschaften im deutschen Recht, 2004, § 4 Rn. 76.

[98] Dötsch BB 1998, 1029 (1030).

[99] Kindler in MüKoBGB, 8. Aufl. 2021, Internationales Handels- und Gesellschaftsrecht Rn. 867.

[100] Kindler in MüKoBGB, 8. Aufl. 2021, Internationales Handels- und Gesellschaftsrecht Rn. 864, 866; Großfeld in Staudinger, Internationales Gesellschaftsrecht, 1998, Rn. 699; Günes, Grenzüberschreitende Verschmelzungen unter Beteiligung von Kapitalgesellschaften aus Drittstaaten, 2012, S. 77 ff.; Weng, Zulässigkeit und Durchführung grenzüberschreitender Verschmelzungen, 2008, S. 69 ff.; Schwarz DStR 1994, 1694 (1698); Neye ZIP 1994, 1746 (1752); Schaumburg GmbHR 1996, 501 (502); v. Busekist GmbHR 2004, 650 (652); Zwirlein-Forschner ZGR-Sonderheft, Band 26 (2023), 195 (219); vgl. auch Lutter ZGR 1994, 87 (88 Fn. 3).

[101] Kindler in MüKoBGB, 8. Aufl. 2021, Internationales Handels- und Gesellschaftsrecht Rn. 795; Engert in Eidenmüller, Ausländische Kapitalgesellschaften im deutschen Recht, 2004, § 4 Rn. 67, 73; Sonntag, Zulässigkeit und Auswirkungen grenzüberschreitender Verschmelzungen, 2004, S. 6; Rollmann, Verschmelzungsvorgänge unter der Beteiligung von Drittstaatskapitalgesellschaften, 2016, S. 46; Kronke ZGR 1994, 26 (35); Dorr/Stukenborg DB 2003, 647; die Ansichten, die § 1 Abs. 1 UmwG als Bestätigung der Sitztheorie ansehen, sind – soweit ersichtlich – verstummt; vgl. zur Diskussion Lennerz, Die internationale Verschmelzung und Spaltung unter Beteiligung deutscher Gesellschaften, 2001, S. 53 ff.

Auslegung ausgedehnt werden könne. Lediglich für EU/EWR-Sachverhalte erzwinge eine unionsrechtskonforme Auslegung die Zulässigkeit grenzüberschreitender Umwandlungsmaßnahmen.[102]

Im Wege der historischen Auslegung sei den Gesetzgebungsmaterialien der unmissverständliche Wille des historischen Gesetzgebers zu entnehmen, internationale Umwandlungen auszuschließen.[103] Dafür spreche zugleich die Entstehungsgeschichte des UmwG 1994. In der vorgelagerten Diskussion war nämlich die Streichung der Worte „mit Sitz im Inland" gefordert worden, durch welche das UmwG für grenzüberschreitende Umwandlungen geöffnet worden wäre.[104] Weil diese Forderung im Rahmen des Gesetzgebungsverfahrens nicht aufgegriffen worden ist, habe der historische Gesetzgeber grenzüberschreitende Umwandlungen implizit ausgeschlossen.[105]

Darüber hinaus wird aus der nachträglichen Implementierung der §§ 122a ff. UmwG 2007, die durch das UmRUG in den §§ 305ff. UmwG eine neue Heimstatt gefunden haben, und ihre Beschränkung auf grenzüberschreitende Verschmelzungen in EU/EWR-Sachverhalten der Umkehrschluss gezogen, dass in Drittstaatenkonstellationen gerade keine vergleichbaren Umwandlungsmaßnahmen in Betracht kommen.[106] Der Gesetzgeber habe von einer überschießenden Umsetzung des damals auf grenzüberschreitende Verschmelzungen beschränkten Sekundärrechts bewusst Abstand genommen und diese legislatorische Richtungsentscheidung begründet mit der „nahezu unüberschaubar große(n) Anzahl von Kombinationsmöglichkeiten, sowohl was die möglichen Umwandlungsarten als auch die beteiligten Rechtsformen angeht".[107] Zwar waren diese Ausführungen erkennbar auf die überschießende Umsetzung grenzüberschreitender Umwandlungen innerhalb der EU bezogen. Die ihr zugrunde liegende Prämisse trage nach der restriktiven Leseart aber auch für Drittstaatenkonstellationen: Der Gesetzgeber sah grenzüberschreitende Umwandlungen ohne einen harmonisierten Normenbestand als zu komplex an und habe stattdessen auf eine kollisionsrechtliche Lösung gesetzt.[108]

(2) Extensive Auffassung. Am anderen Ende des Meinungsspektrums plädieren mobilitätsfreundliche Stimmen – bereits auf dem Boden des geltenden Rechts –

---

[102] Vgl. hierzu → II. 2. a) aa); hingegen auch hier für eine restriktive Auffassung v. Busekist GmbHR 2004, 650 (652) (insbes. Fn. 38).

[103] Koehler, Das Kollisionsrecht der Stiftungen aus Sicht des internationalen Privat- und Verwaltungsrechts, 2011, S. 221.

[104] Hierzu Kindler in MüKoBGB, 8. Aufl. 2021, Internationales Handels- und Gesellschaftsrecht Rn. 862; Neye ZIP 1994, 917 (919f.); vgl. zu der gesetzgeberischen Intention BR-Drs. 75/94, 80 (zum UmwG 1994); BR-Drs. 548/06, 20 (zur Umsetzung der „Internationalen Verschmelzungsrichtlinie").

[105] Lennerz, Die internationale Verschmelzung und Spaltung unter Beteiligung deutscher Gesellschaften, 2001, S. 45; vgl. auch Kallmeyer ZIP 1994, 1746 (1752).

[106] Koehler, Das Kollisionsrecht der Stiftungen aus Sicht des internationalen Privat- und Verwaltungsrechts, 2011, S. 221.

[107] BR-Drs. 548/06, 20; BT-Drs. 16/2919, 11; hierzu Zwirlein-Forschner ZGR-Sonderheft, Band 26 (2023), 195 (209).

[108] BR-Drs. 548/06, 20; BT-Drs. 16/2919, 11; hierzu Zwirlein-Forschner ZGR-Sonderheft, Band 26 (2023), 195 (209).

für die Zulässigkeit internationaler Umwandlungen mit Drittstaatenbezug.[109] § 1 Abs. 1 UmwG enthalte lediglich eine positive Aussage zur Anwendbarkeit des UmwG auf nationale Sachverhalte. Eine spiegelbildliche, negative Aussage im Sinne der Unzulässigkeit grenzüberschreitender Umwandlungen lasse sich der Vorschrift hingegen nicht entnehmen.[110] Mit anderen Worten sei die Frage nach der Zulässigkeit grenzüberschreitender Gesellschaftsmobilität unter Beteiligung einer Drittstaatengesellschaft vom Gesetzgeber bewusst ausgeblendet worden. Dementsprechend obliege es Rechtsprechung und Schrifttum, diese Gesetzeslücken im Wege einer kunstgerechten Rechtsfortbildung zu schließen. Für diese Sichtweise spreche weiter, dass der Gesetzgeber die vorliegende Streitfrage im Zusammenhang mit den zurückliegenden Kodifikationsbestrebungen, namentlich bei Schaffung des UmwG 1994 sowie im Rahmen der Umsetzung der Internationalen Verschmelzungsrechtlinie[111] lediglich „zurückstellen" wollte.[112]

(3) Vermittelnde Auffassung. Zwischen der restriktiven und der extensiven Auffassung gibt es zahlreiche vermittelnde Positionen. So differenziert ein Teil des Schrifttums für Drittstaatenkonstellationen etwa danach, ob die aktive oder die passive Umwandlungsfähigkeit in Frage steht. § 1 Abs. 1 UmwG schränke nur die aktive Umwandlungsfähigkeit ein, während die passive Umwandlungsfähigkeit von der Vorschrift unberührt bleibe.[113] Andere Stimmen sehen die Anforderungen des § 1 Abs. 1 UmwG auch dann als erfüllt an, wenn (nur) der übertragende Rechtsträger seinen Sitz im Inland hat.[114]

(4) Stellungnahme. Nach zutreffender Auffassung steht § 1 Abs. 1 UmwG grenzüberschreitenden Umwandlungen unter Drittstaatenbeteiligung nicht entgegen. Den insoweit uneindeutigen Gesetzgebungsmaterialien zum UmwG 1994 kann keine generelle Absage an internationale Umwandlungen entnommen werden.[115] Ausschlaggebend für die Ablehnung des im Gesetzgebungsverfahrens eingebrachten Impulses der Literatur, die Worte „mit Sitz im Inland" aus § 1 Abs. 1 UmwG zu streichen, war das zutreffende Argument, dass Deutschland wegen seiner kollisionsrechtlich beschränkten Regelungsbefugnis grenzüberschreitende Umwandlungen nicht im Alleingang regeln kann.[116] Der Gesetzgeber war deshalb sehr darauf be-

---

[109] Lucay, Grenzüberschreitende Verschmelzung mit Drittstaatenbezug, 2017, S. 192ff.; Bohrenkämper, Transnationale Sitzverlegung und Umstrukturierung von Kapitalgesellschaften im bilateralen Verhältnis Deutschland – Schweiz, 2013, S. 667; wohl auch Klett/Brenncke in Kraft/Edelmann/Bron, UmwStG, 2. Aufl. 2019, A. I. 2. c) Rn. 11.

[110] Marsch-Barner/Wilk in Kallmeyer, 7. Aufl. 2020, UmwG vor §§ 122a-122m Rn. 9; Lennerz, Die internationale Verschmelzung und Spaltung unter Beteiligung deutscher Gesellschaften, 2001, S. 52; Lucay, Grenzüberschreitende Verschmelzung mit Drittstaatenbezug, 2017, S. 216f.

[111] BR-Drs. 548/06, 20; BT-Drs. 16/2919, 11.

[112] Lucay, Grenzüberschreitende Verschmelzung mit Drittstaatenbezug, 2017, S. 217; vgl. auch Kronke ZGR 1994, 26 (35).

[113] Kraft/Bron RIW 2005, 641; wohl auch Triebel/v. Hase BB 2003, 2409 (2416); Wenglorz BB 2004, 1061 (1062f.).

[114] Vgl. Kronke ZGR 1994, 26 (35); Bungert AG 1995, 489 (502).

[115] So auch Klett in BeckOGK, 1.1.2024, UmwG § 306 Rn. 41; Lennerz, Die internationale Verschmelzung und Spaltung unter Beteiligung deutscher Gesellschaften, 2001, S. 52; vgl. auch Dorr/Stukenborg DB 2003, 647 (648).

[116] Hierzu Kindler in MüKoBGB, 8. Aufl. 2021, Internationales Handels- und Gesellschaftsrecht Rn. 862; Neye ZIP 1994, 917 (919f.); Dorr/Stukenborg DB 2003, 647 (648).

dacht, nicht in eine fremde Regelungshoheit einzugreifen[117] und Schwierigkeiten, die grenzüberschreitende Sachverhalte typischerweise mit sich bringen, weitestgehend zu vermeiden.[118] Insbesondere wollte er den sich damals bereits abzeichnenden Entwicklungen auf europäischer Ebene nicht vorgreifen.[119] Die Beweggründe des historischen Gesetzgebers sind damit als bewusste Zurückhaltung[120] zu akzeptieren, aber nicht als unüberwindlicher Verbotswille misszuinterpretieren.[121] Im Ergebnis ist § 1 Abs. 1 UmwG lediglich die deklaratorische Aussage zu entnehmen, dass nur inländische Rechtsträger den Vorschriften des UmwG unterworfen sind und nicht der gesamte internationale Umwandlungsvorgang nach deutschem Sachrecht zu beurteilen ist.[122]

Diese Sichtweise wird dadurch untermauert, dass sich der Gesetzgeber nicht von den klassischen, gegen die Förderung von grenzüberschreitender Gesellschaftsmobilität vorgebrachten – insbesondere mitbestimmungsrechtlichen – Bedenken hat leiten lassen. Vielmehr kommt die Offenheit gegenüber grenzüberschreitenden Umwandlungen in der Neufassung der § 5 AktG, § 4a GmbHG, § 706 BGB zum Ausdruck, die – generell, nicht etwa beschränkt auf EU/EWR-Staaten – auf Ebene des Sachrechts eine Sitzaufspaltung ermöglichen. Hierzu stünde es in einem deutlichen Wertungswiderspruch, die dort verankerte – sachrechtliche – Zulässigkeit einer Sitzaufspaltung auf der Ebene des Umwandlungsrechts zu unterminieren. Im Übrigen lässt sich den Regelungen zu grenzüberschreitenden Umwandlungen (§§ 305 ff. UmwG) eine allgemeine Wertung zugunsten der Zulässigkeit grenzüberschreitender Umwandlungen entnehmen.[123]

Gegen die differenzierenden Ansichten sind zunächst rechtssystematische Gesichtspunkte ins Feld zu führen: Nach der Struktur des UmwG wird zu Beginn eines jeden Kapitels für die jeweilige Umwandlungsart der Kreis umwandlungsfähiger Rechtsträger iSd § 1 Abs. 2 UmwG abschließend definiert (vgl. §§ 3, 124, 306, 321, 334 UmwG). Dieser Regelungssystematik widerspräche es, wenn eine allgemeine Weichenstellung in Form einer generellen Beschränkung der aktiven und (oder) passiven Umwandlungsfähigkeit gleichsam „vor die Klammer“ gezogen würde. Soweit vereinzelt nur die aktive Umwandlungsfähigkeit als erfasst angesehen wird, ist dem entgegenzuhalten, dass es unter Gesichtspunkten des Stakeholderschutzes wertungswidersprüchlich erscheinen muss, zwar einerseits Herausumwandlungen zuzulassen, Hereinumwandlungen aber andererseits die Wirksamkeit

117 Vgl. Neye in Lutter, Kölner Umwandlungsrechtstage, 1995, S. 7; dazu auch Heckschen in Widmann/Mayer, Umwandlungsrecht, 185. EL 7/2020, UmwG § 1 Rn. 97, 108.

118 Begr. RegE, BT-Drs. 12/6699, 80: „Überdies würde die Ausdehnung des Gesetzes auf internationale Fälle politisch wie rechtstechnisch erhebliche Probleme aufwerfen“.

119 Heckschen in Widmann/Mayer, Umwandlungsrecht, 185. EL 7/2020, UmwG § 1 Rn. 108.

120 Begr. RegE, BT-Drs. 12/6699, 80: „Angesichts der Bemühungen der Europäischen Gemeinschaften um eine Regelung grenzüberschreitender Vorgänge, insbesondere der internationalen Fusion, sollte eine Regelung dieses Komplexes zurückgestellt werden“.

121 Dorr/Stukenborg DB 2003, 647 (648).

122 Rollmann, Verschmelzungsvorgänge unter der Beteiligung von Drittstaatskapitalgesellschaften, 2016, S. 59; Kronke ZGR 1994, 26 (35 f.); Bungert AG 1995, 489 (502); Kallmeyer ZIP 1996, 535.

123 Vgl. Rollmann, Verschmelzungsvorgänge unter der Beteiligung von Drittstaatskapitalgesellschaften, 2016, S. 60.

zu versagen.[124] Bejaht man die aktive Umwandlungsfähigkeit deutscher Gesellschaften für transnationale Umwandlungen, dann wird man erst recht Hereinumwandlungen aus Drittstaaten zulassen müssen, weil berechtigte Stakeholderinteressen in diesem Fall weit weniger tangiert sind.[125]

4. *Verletzung umwandlungsrechtlicher Strukturprinzipien*

Der Zwischenbefund der bisherigen Überlegungen, dass § 1 Abs. 1 UmwG grenzüberschreitenden Umwandlungen unter Beteiligung von Drittstaaten nicht entgegensteht, darf nicht dahingehend fehlinterpretiert werden, dass hiermit zugleich deren rechtliche (und praktische) Durchführbarkeit zu bejahen sei. Denn weder die Normen über innerstaatliche Umwandlungen (vgl. §§ 2ff. UmwG) noch die Normen über grenzüberschreitende Umwandlungen (vgl. §§ 305ff. UmwG) finden auf Drittstaatenkonstellationen direkte Anwendung.[126] Aus rechtsmethodischer Perspektive kommt lediglich eine analoge Anwendung der bezeichneten Regelungen in Betracht, welcher das umwandlungsrechtliche *Numerus-clausus*-Prinzip in seiner Teilgewährleistung der Typenlimitierung sowie das Analogieverbot nach § 1 Abs. 2 UmwG entgegenstehen könnten.[127]

a) Extensive Auffassung

Eine Auffassung erkennt im umwandlungsrechtlichen Analogieverbot kein Hindernis für die Zulässigkeit grenzüberschreitender Umwandlungen.[128] Namentlich sei der sachliche Gehalt des umwandlungsrechtlichen Analogieverbots auf den *numerus clausus* der Umwandlungsformen beschränkt. Es beziehe sich nicht auf die Herkunft der beteiligten Rechtsträger und stehe damit auch einer Erstreckung des nationalen Umwandlungsverfahrens auf grenzüberschreitende Sachverhalte nicht entgegen.[129] Auch erzwängen weder der Wortlaut noch der Wille des UmwG-Gesetzgebers eine Differenzierung zwischen Gesellschaften, die an der unionsrechtlichen Niederlassungsfreiheit partizipierten, einerseits und Drittstaatengesellschaften andererseits

---

[124] Rollmann, Verschmelzungsvorgänge unter der Beteiligung von Drittstaatskapitalgesellschaften, 2016, S. 59; Kallmeyer ZIP 1996, 535; vgl. weiter Siems EuZW 2006, 135 (138).

[125] Kallmeyer ZIP 1996, 535; vgl. auch Rollmann, Verschmelzungsvorgänge unter der Beteiligung von Drittstaatskapitalgesellschaften, 2016, S. 97.

[126] AA Lucay, Grenzüberschreitende Verschmelzung mit Drittstaatenbezug, 2017, S. 234; wie hier aber J. Hoffmann in Münchner Handbuch des Gesellschaftsrechts, Band 6, 5. Aufl. 2022, § 47 Rn. 114.

[127] Zu diesen umwandlungsrechtlichen Strukturprinzipien ausf. Heckschen in Widmann/Mayer, Umwandlungsrecht, 185. EL 7/2020, UmwG § 1 Rn. 384ff.; Lieder in Münchner Handbuch des Gesellschaftsrechts, Band 8, 5. Aufl. 2018, § 4 Rn. 4ff.; K. Schmidt, Gesellschaftsrecht, 2002, S. 363ff.; vgl. weiter Drygala in Lutter, 7. Aufl. 2024, UmwG § 1 Rn. 50ff.; Marsch-Barner/Oppenhoff in Kallmeyer, 7. Aufl. 2020, UmwG § 1 Rn. 16ff.; siehe zum Analogieverbot auch K. Schmidt FS Kropff, 1997, 260ff.; Schnorbus DB 2001, 1654ff.

[128] Lennerz, Die internationale Verschmelzung und Spaltung unter Beteiligung deutscher Gesellschaften, 2001, S. 63.

[129] Rollmann, Verschmelzungsvorgänge unter der Beteiligung von Drittstaatskapitalgesellschaften, 2016, S. 58; Lucay, Grenzüberschreitende Verschmelzung mit Drittstaatenbezug, 2017, S. 233; Triebel/v. Hase BB 2003, 2409 (2417); Wenglorz BB 2004, 1061 (1062).

seits.[130] Das grenzüberschreitende Umwandlungsverfahren bestimme sich auf Grundlage einer kombinierten analogen Anwendung der allgemeinen und der auf grenzüberschreitende Umwandlungen zugeschnittenen Vorschriften.[131]

b) Restriktive Auffassung

Die herrschende Meinung sieht in dem umwandlungsrechtlichen Analogieverbot ein – aus rechtsmethodischer Perspektive – unüberwindbares Hindernis für grenzüberschreitende Umwandlungen in Drittstaatensachverhalten.[132] Dieses Strukturprinzip verlange für die Zulässigkeit grenzüberschreitender Umwandlungen eine ausdrückliche gesetzliche Regelung, an welcher es für die Beteiligung von Drittstaaten fehle.

c) Stellungnahme

Im Ergebnis verdient die hM Gefolgschaft. Grenzüberschreitende Umwandlungen unter Beteiligung von Drittstaatengesellschaften sind ohne in Gesetzesform gegossenes Sach- und Verfahrensrecht sowohl aus rechtlicher wie auch aus praktischer Perspektive schlicht nicht durchführbar.[133] Eine analoge Anwendung der Vorschriften über nationale und (oder) grenzüberschreitende Umwandlungen scheitert an § 1 Abs. 2 UmwG, weil das umwandlungsrechtliche Analogieverbot die Anwendung der organisationsrechtlichen Vorteile des UmwG, namentlich der Mechanismus der rechtsgeschäftlichen Universalsukzession, auf die gesetzlich besonders ausgeformten Umwandlungsarten und die für den jeweiligen Umwandlungstypus zugelassenen – umwandlungsfähigen – Rechtsträger beschränkt. Dass man noch vor Einfügung der §§ 305 ff. UmwG (und zuvor der §§ 122a ff. UmwG aF) für Umwandlungen innerhalb der EU eine Ausnahme zugelassen hat, resultierte aus der unionsrechtlichen Niederlassungsfreiheit (Art. 49, 54 AEUV). In deren Anwendungsbereich war § 1 Abs. 1 UmwG nicht nur auf Gesellschaften mit satzungsmäßi-

[130] J. Hoffmann in Münchner Handbuch des Gesellschaftsrechts, Band 6, 5. Aufl. 2022, § 47 Rn. 117 (in Bezug auf den Wortlaut des § 1 Abs. 1 UmwG).

[131] J. Hoffmann in Münchner Handbuch des Gesellschaftsrechts, Band 6, 5. Aufl. 2022, § 47 Rn. 118.

[132] Lieder in Münchner Handbuch des Gesellschaftsrechts, Band 8, 5. Aufl. 2018, § 5 Rn. 22; Kindler in MüKoBGB, 8. Aufl. 2021, Internationales Handels- und Gesellschaftsrecht Rn. 868; Kallmeyer ZIP 1994, 1746 (1752); Heckschen/Hilser DStR 2022, 1005 (1007); G. Förster DStR 2020, 865 (876); vgl. auch Großfeld AG 1996, 302 f. mit Verweis auf § 1 Abs. 3 UmwG.

[133] So im Ergebnis auch Lieder in Münchner Handbuch des Gesellschaftsrechts, Band 8, 5. Aufl. 2018, § 5 Rn. 22; Heckschen in BeckNotar-HdB, 8. Aufl. 2024, § 24 Rn. 336; Kindler in MüKoBGB, 8. Aufl. 2021, Internationales Handels- und Gesellschaftsrecht Rn. 863; Marsch-Barner/Wilk in Kallmeyer, 7. Aufl. 2020, UmwG vor §§ 122a–122m Rn. 22; Stelmaszczyk/Potyka in Herrler, Gesellschaftsrecht in der Notar- und Gestaltungspraxis, 2. Aufl. 2021, § 15 Rn. 6; Hilser, Grenzüberschreitende Rechtsformwechsel in der Europäischen Union, 2022, S. 369 f.; Decker in Henssler/Strohn, Gesellschaftsrecht, 5. Aufl. 2021, UmwG § 1 Rn. 18; G. Förster DStR 2020, 865 (876); Zwirlein-Forschner ZGR-Sonderheft, Band 26 (2023), 195 (219); Großfeld in Staudinger, Internationales Gesellschaftsrecht, 1998, Rn. 699; implizit auch Stengel in Semler/Stengel/Leonard, 5. Aufl. 2021, UmwG § 1 Rn. 25; Drinhausen/Keinath in BeckOGK, 1.1.2024, UmwG § 1 Rn. 22; Sagasser in Sagasser/Bula, Umwandlungen, 6. Aufl. 2024, § 2 Rn. 109.

gem Sitz im EU-Ausland zu erstrecken, sondern auch das Analogieverbot des § 1 Abs. 2 UmwG musste in entsprechendem Umfang weichen.

Dem kann auch nicht entgegengehalten werden, dass die Essenz des umwandlungsrechtlichen *numerus clausus* hier nicht angetastet sei, weil das Prinzip nur die Schaffung neuer Umwandlungsformen verbiete, wie zB in Form einer Vermischung von Umwandlungsformen.[134] Dieses Argument wird bereits dadurch widerlegt, dass der Gehalt des § 1 Abs. 2 UmwG sich nicht in einer auf die Umwandlungsformen beschränkten Typenlimitierung erschöpft, sondern auch den Kreis tauglicher umwandlungsfähiger Rechtsträger begrenzt.[135] Das schließt die Einbeziehung von Rechtsträgern, die vom Gesetzgeber bewusst nicht mit Umwandlungsfähigkeit ausgestattet worden sind – so wie Drittstaatengesellschaften –, aus dem sachlichen Anwendungsbereich des UmwG aus.[136] Davon abgesehen käme die Zulassung einer grenzüberschreitenden Umwandlung unter Beteiligung von Drittstaaten der Schaffung einer neuartigen – im UmwG nicht angelegten – Umwandlungsform sehr nahe. Dementsprechend lässt sich die grenzüberschreitende Umwandlung in Drittstaatenkonstellationen auch nicht auf eine umwandlungsrechtsinterne Analogiegrundlage[137] stützen. Denn im Vergleich zur grenzüberschreitenden Umwandlung innerhalb der EU handelt es nicht nur um einen graduellen, sondern um einen substanziellen Unterschied, weil es an einem Mindeststandard harmonisierter Rechtsrahmen für die Ausgestaltung des deutschen und des drittstaatlichen Rechts fehlt. Es kann nicht ausgeschlossen werden, dass sich die tragenden Grundsätze der beteiligten Umwandlungsrechte maßgeblich unterscheiden respektive das drittstaatliche Recht in diesem Kontext eine schwerwiegende Regelungslücke aufweist. In beiden Fällen muss schon mit Blick auf die Autonomie des ausländischen Rechts der Versuchung widerstanden werden, das ausländische Verfahren anhand der deutschrechtlichen Regeln zu strukturieren. Die drohenden Friktionen, die eine solche Adaption deutscher Regelungen in einer ausländischen Jurisdiktion mit sich bringen würde, sind mit Händen zu greifen.

Davon abgesehen fehlt es für eine Analogiebildung – sieht man einmal von der Geltung des § 1 Abs. 2 UmwG ab – an einer Planwidrigkeit der Regelungslücke. Die originäre Intention des historischen Gesetzgebers war darauf gerichtet, im Rahmen des UmwG abschließend zu regeln, inwieweit Umwandlungen von

[134] So aber Rollmann, Verschmelzungsvorgänge unter der Beteiligung von Drittstaatskapitalgesellschaften, 2016, S. 58; Lucay, Grenzüberschreitende Verschmelzung mit Drittstaatenbezug, 2017, S. 233.

[135] Heckschen in Widmann/Mayer, Umwandlungsrecht, 185. EL 7/2020, UmwG § 1 Rn. 384ff.; Drygala in Lutter, 7. Aufl. 2024, UmwG § 1 Rn. 50; Stengel in Semler Stengel, 5. Aufl. 2021, UmwG § 1 Rn. 58; Decker in Henssler/Strohn, Gesellschaftsrecht, 5. Aufl. 2021, UmwG § 1 Rn. 24; Marsch-Barner/Oppenhoff in Kallmeyer, 7./8. Aufl. 2020/2023, UmwG § 1 Rn. 19; Quass in Kallmeyer, 7./8. Aufl. 2020/2023, UmwG § 190 Rn. 18; Sagasser in Sagasser/Bula, Umwandlungen, 6. Aufl. 2024, § 2 Rn. 26; K. Schmidt, Gesellschaftsrecht, 2002, S. 363.

[136] Lieder in Münchner Handbuch des Gesellschaftsrechts, Band 8, 5. Aufl. 2018, § 4 Rn. 5; Drygala in Lutter, 7. Aufl. 2024, UmwG § 1 Rn. 50.

[137] Heckschen in Widmann/Mayer, Umwandlungsrecht, 185. EL 7/2020, UmwG § 1 Rn. 406; Drinhausen/Keinath in BeckOGK, 1.7.2022, UmwG § 1 Rn. 49; Stengel in Semler/Stengel/Leonard, 5. Aufl. 2021, UmwG § 1 Rn. 62; Hörtnagl in Schmitt/Hörtnagl, 9. Aufl. 2020, UmwG § 1 Rn. 69.

Rechtsträgern überhaupt möglich sind.[138] Spätestens seit der planvollen[139] Beschränkung der §§ 122a ff. UmwG 2007 auf EU/EWR-Gesellschaften fehlt es in Bezug auf Drittstaatengesellschaften an der erforderlichen Planwidrigkeit einer diesbezüglichen Regelungslücke.[140] Diese Sichtweise wurde nochmals durch das 4. UmwGÄndG (siehe nochmals → II. 3. b) bb) (1))[141] und nicht zuletzt durch das UmRUG (siehe nochmals → I. sowie → II. 3. b) bb) (1)) unterstrichen.

Schließlich fehlt es an belastbaren Aussagen der Gegenauffassung dazu, welche inländischen und drittstaatlichen Rechtsträger ganz konkret über eine aktive und (oder) passive Umwandlungsfähigkeit verfügen. Auch die internationalprivatrechtlichen Instrumente der Anpassung und Substitution vermögen der Gegenauffassung nicht zum Erfolg zu verhelfen.[142] Die Substitution betrifft die Frage, ob ein normatives Tatbestandsmerkmal einer inländischen Sachnorm auch durch ein ausländisches Rechtsinstitut ausgefüllt werden kann.[143] Im hiesigen Kontext ist danach zu fragen, ob ein nicht ausdrücklich mit Umwandlungsfähigkeit ausgestatteter ausländischer Rechtsträger unter einen der im UmwG genannten umwandlungsfähigen Rechtsträger subsumiert werden kann.[144] Methodische Voraussetzung für die Substitution ist die Offenheit der Norm für ausländische Rechtsverhältnisse.[145] An dieser Voraussetzung mangelt es bereits, weil Drittstaatengesellschaften nach dem Regelungsplan des UmwG nicht erfasst sein sollen.[146]

Auch die – der Substitution nachgelagerte – Anpassung muss scheitern.[147] In Abgrenzung zur Substitution setzt die Anpassung einen inhaltlichen Widerspruch zwischen zwei Rechtsordnungen voraus.[148] Ein solcher Fall liegt hier nicht vor, auch

---

[138] Begr. RegE BT-Drs. 12/6699, 80: „Entsprechend dem im Gesellschaftsrecht geltenden Typenzwang ist die Aufzählung der Umwandlungsarten abschließend; andere Arten der Umwandlung sind nur dann zulässig, wenn sie in anderen Bundes- oder Landesgesetzen zugelassen oder angeordnet sind"; dazu Weng, Zulässigkeit und Durchführung grenzüberschreitender Verschmelzungen, 2008, S. 68.

[139] Siehe nochmals BR-Drs. 548/06, 20; BT-Drs. 16/2919, 11.

[140] Rollmann, Verschmelzungsvorgänge unter der Beteiligung von Drittstaatskapitalgesellschaften, 2016, S. 82; Dorr/Stukenborg DB 2003, 647 (649).

[141] Siehe auch Fn. 12.

[142] In diese Richtung aber wohl J. Hoffmann in Münchner Handbuch des Gesellschaftsrechts, Band 6, 5. Aufl. 2022, § 47 Rn. 118.

[143] Statt aller v. Hein in MüKoBGB, 9. Aufl. 2024, IPR Einl. Rn. 247; Hausmann in Hausmann/Odersky, Internationales Privatrecht in der Notar- und Gestaltungspraxis, 5. Aufl. 2021, § 3 Rn. 89.

[144] Siehe dazu insbesondere im Hinblick auf die innereuropäische Rechtslage vor Schaffung eines sekundärrechtlichen Rahmens durch die Mobilitätsrichtlinie Zwirlein ZGR 2017, 114 (122 ff.).

[145] Hausmann in Hausmann/Odersky, Internationales Privatrecht in der Notar- und Gestaltungspraxis, 5. Aufl. 2021, § 3 Rn. 90; Hug, Die Substitution im internationalen Privatrecht, 1983, S. 110 f.; Mansel FS W. Lorenz, 1991, 689 (697); Zwirlein ZGR 2017, 114 (123).

[146] Vgl. Zwirlein ZGR 2017, 114 (123 ff.) zu § 190 UmwG aF; siehe dazu nochmals oben unter diesem Gliederungspunkt.

[147] Im Ergebnis auch Kindler in MüKoBGB, 8. Aufl. 2021, Internationales Handels- und Gesellschaftsrecht Rn. 822.

[148] v. Hein in MüKoBGB, 9. Aufl. 2024, IPR Einl. Rn. 248, 264; Hausmann in Hausmann/Odersky, Internationales Privatrecht in der Notar- und Gestaltungspraxis, 5. Aufl. 2021, § 3 Rn. 59, 89; Kindler in MüKoBGB, 8. Aufl. 2021, Internationales Handels- und Gesellschaftsrecht Rn. 822.

nicht in Form eines „Normmangels“[149]. Denn bei der hiesigen Frage geht es nicht um eine Billigkeitskorrektur des internationalprivatrechtlich ermittelten Ergebnisses durch Modifikation der an sich anwendbaren Rechtsnormen. Vielmehr geht es um die Schaffung von Regelungen für einen nicht vorgesehenen Umwandlungsvorgang, für die das internationalprivatrechtliche Instrument der Anpassung keinen Raum bietet. Die Anpassung kann daher erst dann zur Anwendung kommen, wenn Deutschland Drittstaatenumwandlungen sachrechtlich zulässt und im Vollzug solcher Transaktionen Normenwidersprüche auftauchen.

5. *Zwischenergebnis*

Nach hiesiger Auffassung sind grenzüberschreitende Umwandlungen unter Beteiligung von Drittstaatengesellschaften ohne ausdrücklich verankerte Gesetzesgrundlage unzulässig. Maßgebliches Mobilitätshindernis ist das – fehlende – geschriebene Sachrecht. Da die Gesellschaften somit nicht in den Genuss der erleichterten Reorganisationsmöglichkeiten des Umwandlungsrechts mit seinem universalsukzessiven Vermögenstransfer und dem identitätswahrenden Rechtsformwechsel kommen, führt dies für grenzüberschreitende Transaktionen zu einem Mehr an Kosten und Zeitaufwand und spiegelbildlich zu Effizienzverlusten. Angesichts der stetig zunehmenden internationalen Verflechtungen und der daraus resultierenden praktischen Bedürfnisse nach internationalen Umwandlungen[150] besteht akuter legislativer Handlungsbedarf, zumal andere europäische Länder in diesem Punkt deutlich liberalere Regelungen aufweisen.[151]

III. *Überlegungen de lege ferenda*

Da auf dem Boden des geltenden Rechts grenzüberschreitende Gesellschaftsmobilität mit Drittstaatenbezug rechtlich unzulässig ist, ist es dringend geboten, die bestehenden Hindernisse auf kollisions- und sachrechtlicher Ebene zu beseitigen, künftig für grenzüberschreitende Gesellschaftsmobilität auch mit Drittstaatenbezug zu sorgen.

1. *Kodifizierung und Harmonisierung der Gründungstheorie mit Sonderanknüpfungen*

Die Kodifizierung und Harmonisierung des Gesellschaftskollisionsrechts auf Grundlage der – mit Sonderanknüpfungen angereicherten – Gründungstheorie ist ein rechtspolitisches Petitum ersten Ranges.[152] Die mit der Anwendung der Sitz-

[149] Dazu aus Sicht der Anpassung Hausmann in Hausmann/Odersky, Internationales Privatrecht in der Notar- und Gestaltungspraxis, 5. Aufl. 2021, § 3 Rn. 62.
[150] Prinz DB 2022, M4.
[151] Vgl. Heckschen/Hilser DStR 2022, 1053 (1055 ff.).
[152] Habersack/Verse, Europäisches Gesellschaftsrecht, 5. Aufl. 2019, § 4 Rn. 33; J. Schmidt ZVglRWiss 117 (2017), 313 (338); Kieninger RabelsZ 73 (2009), 607 (610 ff.); Paefgen WM 2018, 1029 (1040); Bayer/J. Schmidt ZIP 2012, 1481 (1492); Bayer/J. Schmidt ZHR 173 (2009), 735 (771); Lieder/Hilser ZHR 185 (2021), 471 (499); Heckschen/Hilser DStR 2022, 1053 (1059).

theorie verbundenen Rechtsunsicherheiten sowie die durch sie ausgelöste Statutenverdoppelung schränken die Bewegungsfreiheit von Gesellschaften empfindlich ein und lassen sich mit den Bedürfnissen des grenzüberschreitenden Rechtsverkehrs schon lange nicht mehr in Einklang bringen.

Demgegenüber erweist sich die Gründungstheorie als außerordentlich mobilitätsfreundlich, indem sie die Verlegung des Verwaltungssitzes als rein tatsächlichen Vorgang begreift, der – zumindest aus gesellschaftsorganisationsrechtlicher Perspektive – mit keinen schwerwiegenden Rechtsfolgen verbunden ist.[153] Für die betroffenen Gesellschaften besteht daher ein hohes Maß an Rechtssicherheit und Gestaltungsfreiheit. Hiervon profitiert zugleich der Wettbewerb der Gesellschaftsrechtsordnungen,[154] da den Gesellschaften eine freie Rechtsformwahl nach Zweckmäßigkeitsgesichtspunkten ermöglicht wird. Zudem erhöht sich die „Exportfähigkeit"[155] deutscher Gesellschaftsformen spürbar.

Der Schutz berechtigter Drittinteressen kann nicht gegen die Hinwendung zur Gründungstheorie ins Feld geführt werden. Denn erstens wird ein hinreichender Drittschutz durch Sonderanknüpfungen gewährleistet.[156] Zweitens steht den Nationalstaaten auf kollisionsrechtlicher Ebene als ultima ratio das scharfe Schwert des *ordre public*-Vorbehalts iSd Art. 6 EGBGB zur Verfügung.[157] Drittens kann den berechtigten Drittinteressen auch auf sachrechtlicher Ebene Rechnung getragen werden. Dabei kommt den auf Stakeholder-Schutz (Anteilsinhaber, Gläubiger, Arbeitnehmer, Rechtsmissbrauch) gerichteten sekundärrechtlichen Vorschriften bei grenzüberschreitenden Umwandlungen nach §§ 305 ff. UmwG Vorbildcharakter zu. Insoweit stellt die um Sonderanknüpfungen angereicherte Gründungstheorie praktische Konkordanz zwischen den widerstreitenden Interessen der an einer grenzüberschreitenden Tätigkeit interessierten Unternehmen und den berechtigten Partikularinteressen schutzwürdiger und schutzbedürftiger Stakeholder her.

Da eine Harmonisierung deutlich wirkungsvoller ist als ein nationaler Alleingang, sollte der deutsche Gesetzgeber nur hilfsweise die Gründungstheorie in Gesetzesform gießen. Ein entsprechender Vorschlag lag bereits im Jahr 2008 in Form eines Referentenentwurfs zum Internationalen Gesellschaftsrecht[158] auf dem Tisch, wurde letztlich aber nicht weiterverfolgt.[159]

---

[153] W.-H. Roth GS Heinze, 2005, 709 (712); Behme ZHR 182 (2018), 32 (38); Hügel ZGR 1999, 71 (75).

[154] Hierzu grundlegend Kieninger, Wettbewerb der Privatrechtsordnungen im Europäischen Binnenmarkt, 2002, S. 105 ff.; Teichmann, Binnenmarktkonformes Gesellschaftsrecht, 2006, S. 353 ff.; Merkt RabelsZ 59 (1995), 545 (554 ff.); explizit im Hinblick auf die erleichterte Gesellschaftsmobilität: Behme, Rechtsformwahrende Sitzverlegung und Formwechsel von Gesellschaften über die Grenze, 2015, S. 290 ff.

[155] Schön ZHR 160 (1996), 221 (234).

[156] Lieder/Kliebisch BB 2009, 338 (341 ff.).

[157] Darauf weist auch Drygala in Lutter, 7. Aufl. 2024, UmwG § 1 Rn. 27 hin.

[158] BMVJ, Referentenentwurf für ein Gesetz zum Internationalen Privatrecht der Gesellschaften, Vereine und juristischen Personen, https://rsw.beck.de/docs/librariesprovider5/rsw-dokumente/Referentenentwurf-IGR (zuletzt abgerufen am 24.6.2024).

[159] Dazu Heckschen in Widmann/Mayer, Umwandlungsrecht, 185. EL 7/2020, UmwG § 1 Rn. 29.6; Günes, Grenzüberschreitende Verschmelzungen unter Beteiligung von Kapitalgesellschaften aus Drittstaaten, 2012, S. 194 ff.

Bei der konkreten Ausgestaltung ist in sachlicher Hinsicht zu berücksichtigen, dass die am Maßstab der unionsrechtlichen Niederlassungsfreiheit zu messenden[160] nationalen Sonderanknüpfungen gegenüber sekundärrechtlichen Sonderanknüpfungen tendenziell einer strengeren Überprüfung ausgesetzt sind.[161] Durch die *Kornhaas*-Entscheidung des EuGH[162] ist jedenfalls die Anwendbarkeit von Rechtsinstituten, die nach Maßgabe des Art. 7 Abs. 1 EuInsVO einer insolvenzrechtlichen Qualifikation unterliegen, höchstrichterlich anerkannt.[163] Zudem hat der EuGH in *Kornhaas* klargestellt, dass eine Sonderanknüpfung nur dann primärrechtswidrig ist, wenn der betreffende Mitgliedstaaten sich weigert, die Rechtsfähigkeit der Gesellschaft als Rechtsform des Gründungsstaats anzuerkennen, und wenn Geschäftsführer einer solchen EU-Auslandsgesellschaft einer persönlichen Haftung für den Fall unterworfen sind, dass das Gesellschaftskapital nicht den im Zuzugsstaat vorgeschriebenen Mindestbetrag erreicht.[164]

2. *Sachrecht*

Das zentrale Mobilitätshemmnis ist jedoch nicht das Kollisionsrecht, sondern das fehlende Sachrecht. Der Gesetzgeber ist daher dringend aufgerufen, für die grenzüberschreitende Gesellschaftsmobilität mit Drittstaatenbezug eine belastbare normative Grundlage zu schaffen.[165] Damit wird insbesondere verhindert, dass deutsche Unternehmen gegenüber liberaleren Rechtsordnungen, wie zB die Schweiz oder Luxemburg,[166] Wettbewerbsnachteile erleiden.[167] Der Gefahr eines gesellschaftsrechtlichen *„race to the bottom"* ist durch die Schaffung angemessener Schutzvorkehrungen – auch und gerade in Form von Verfahrensvorschriften – zu begegnen. Unberechtigt ist auch die Sorge, der deutsche Gesetzgeber könne hierdurch seinen Kompetenzbereich überschreiten. Dem wird bereits durch die Anwendung der einhellig anerkannten kollisionsrechtlichen (modifizierten) Vereinigungstheorie (siehe nochmals oben → II. 3.) begegnet, welche zugleich die Grundlage für die Kodifizierung solcher Umwandlungsvorgänge bildet.[168]

---

[160] Lieder in BeckOGK, 1.1.2024, GmbHG § 1 Rn. 546 ff.; Ringe in K. Schmidt/Lutter, AktG, 4./5. Aufl. 2020/2024, Internationales Gesellschaftsrecht Rn. 67 ff.

[161] Kainer in Müller-Graff, Europäisches Binnenmarkt- und Wirtschaftsordnungsrecht, 2. Aufl. 2021, § 4 Rn. 105.

[162] EuGH 10.12.2015 – C-591/14, ECLI:EU:C:2015:806 (Kornhaas).

[163] Dazu ausf. (mit speziellem Fokus auf die Existenzvernichtungshaftung) Lieder FS Pannen, 2017, 439 (460 ff.); vgl. weiter Lieder in BeckOGK, 1.1.2024, GmbHG § 1 Rn. 547 ff.; Behme in MüKoAktG, 6. Aufl. 2024, Anh. 5 Rn. 161 ff.

[164] EuGH 10.12.2015 – C-591/14, ECLI:EU:C:2015:806 Rn. 23 ff. (Kornhaas).

[165] Heckschen/Hilser DStR 2022, 1053 (1059); Bayer/J. Schmidt ZHR 173 (2009), 735 (774).

[166] Vgl. hierzu Heckschen/Hilser DStR 2022, 1053 (1056 f.); siehe auch Günes, Grenzüberschreitende Verschmelzungen unter Beteiligung von Kapitalgesellschaften aus Drittstaaten, 2012, S. 189.

[167] v. Busekist GmbHR 2004, 650 (652).

[168] Lucay, Grenzüberschreitende Verschmelzung mit Drittstaatenbezug, 2017, S. 239.

a) *Verankerung sachrechtlicher Regelungen im UmwG*

Grenzüberschreitende Umwandlungen mit Drittstaatenbezug sollten daher *de lege ferenda* in den Kanon der möglichen Umwandlungsformen aufgenommen werden. Die insoweit bestehenden Herausforderungen sind angesichts der Existenz von Verfahrensvorschriften für EU/EWR-grenzüberschreitende Umwandlungen und der „Baukastentechnik“[169] des UmwG überschaubar. Gleichwohl genügt die teilweise vorgeschlagene[170] Streichung des Zusatzes „mit Sitz im Inland“ in § 1 Abs. 1 UmwG nicht, um Drittstaatenumwandlungen zum Durchbruch zu verhelfen. Es bedarf stattdessen einer ausdrücklichen Normierung und damit Legitimierung von auf Drittstaaten bezogenen grenzüberschreitenden Umwandlungsmöglichkeiten im geschriebenen Umwandlungsrecht.

aa) *Ausdehnung an §§ 305ff. UmwG*

Notwendige, aber auch hinreichende Bedingung ist insoweit die Ausdehnung der umwandlungsfähigen Rechtsträger im Rahmen der §§ 306, 321, 334 UmwG. Das auf EU/EWR-ausländische Gesellschaften zugeschnittene Regelungssystem ist allenfalls um einzelne Sondervorschriften für Drittstaatenumwandlungen zu ergänzen.

Im Ausgangspunkt erscheinen die §§ 305ff. UmwG mit ihrem dreigeteilten Umwandlungsverfahren (Vorverfahren, Beschlussphase und Vollzugsphase)[171] auch für Umwandlungen mit Drittstaatenbezug vorzüglich geeignet.[172] Denn §§ 305ff. UmwG bieten auf Tatbestandsebene eine hinreichende Flexibilität, um berechtigte Stakeholderinteressen hinreichend zu schützen. Das sei anhand zweier Beispiele exemplifiziert: Den Gesellschaftsgläubigern steht nach § 314 Abs. 1 UmwG ein Anspruch auf Sicherheitsleistung zu, wenn die Erfüllung ihrer Verbindlichkeiten durch eine grenzüberschreitende Verschmelzung gefährdet ist.[173] Das Tatbestandsmerkmal der Erfüllungsgefährdung ist dabei einzelfallbezogen auszulegen und wird in Drittstaatensachverhalten in Abhängigkeit von den Umständen des konkreten Einzelfalls tendenziell eher zu bejahen sein als bei einer grenzüberschreitenden EU/EWR-Umwandlung. Man denke etwa an den Fall, dass der Zuzugsstaat an den Kapitalschutz bei der gewählten Zielrechtsform geringere Anforderungen stellt als der Wegzugsstaat. Während die Kapitalstandards innerhalb der EU harmonisiert sind, können die Kapitalerfordernisse bei Drittstaatengesellschaften deutlich niedriger ausfallen.

---

[169] Heckschen in Widmann/Mayer, Umwandlungsrecht, 185. EL 7/2020, UmwG § 1 Rn. 1, 5.

[170] So etwa Lennerz, Die internationale Verschmelzung und Spaltung unter Beteiligung deutscher Gesellschaften, 2001, S. 129; ebenso noch Heckschen/Hilser DStR 2022, 1053 (1059).

[171] Vgl. zu dem dreistufigen Umwandlungsverfahren Heckschen ZGR-Sonderheft, Band 26 (2023), 101 (102); so auch zum nationalen Umwandlungsrecht Heckschen DNotZ 2007, 444 (454).

[172] Hilser, Grenzüberschreitende Rechtsformwechsel in der Europäischen Union, 2022, S. 370f.; Heckschen/Hilser DStR 2022, 1053 (1059); Heckschen/Knaier GmbHR 2022, 613 (622).

[173] Vgl. dazu ausführlich Thole ZGR-Sonderheft, Band 26 (2023), 65 (69ff.); Baschnagel/Hilser NZG 2022, 1333ff.

Ganz ähnlich liegen die Dinge bei der Rechtsmissbrauchsprüfung (vgl. § 316 Abs. 3 UmwG).[174] Es steht zu erwarten, dass sie bei Umwandlungen unter Beteiligung von Drittstaatengesellschaften, deren Kapitalgesellschaftsrecht nicht ebenso harmonisiert ist, wie das der EU/EWR-Mitgliedstaaten, tendenziell an Bedeutung gewinnen wird. Der Anwendungsbereich für die Missbrauchskontrolle ist für EU/EWR-Umwandlungen eng begrenzt, da sie in Anbetracht des weitreichenden Schutzgehalts der unionsrechtlichen Niederlassungsfreiheit, die auch die Freiheit der Rechtsformwahl umfasst, nur bei Vorliegen konkreter Anhaltspunkten durchgeführt werden darf.[175] Bei internationalen Umwandlungen mit Drittstaatenbezug fehlt es an einer Rechtfertigung für eine vergleichbare Einschränkung der Prüfungskompetenz. In diesem Zusammenhang kann das Verbot einer Umwandlung zu „missbräuchlichen oder betrügerischen Zwecken" iSd § 316 Abs. 3 S. 1 UmwG als Generalklausel fungieren, durch welche den durch die speziellen Schutzvorschriften noch nicht adressierten Stakeholderinteressen hinreichende Geltung verschafft werden kann.

bb) Zweitbeste Lösung: Nur Hereinumwandlung

Der größte Hemmschuh für diesen Reformvorschlag ist sicherlich das politisch heikle Thema der unternehmerischen Mitbestimmung. Als zweitbeste Lösung mag man daher auch zunächst einmal damit beginnen, nach dem Vorbild des § 319 UmwG lediglich grenzüberschreitende Hereinumwandlungen aus Drittstaaten für zulässig zu erklären. Aus regelungstechnischer Perspektive wären zu diesem Zweck Drittstaatengesellschaften in den Kanon (ausschließlich) der tauglichen Zielrechtsträger aufzunehmen. Den Schutzzweckerwägungen der Sitztheorie kommt in diesem Zusammenhang nur untergeordnete Bedeutung zu.[176]

b) Ergänzung durch staatsvertragliche Abkommen mit sachrechtlichem Gehalt

Die Schaffung nationaler Normen für internationale Umwandlungen ist jedoch kein Allheilmittel, da diese Transaktionen weiterhin unter dem Vorbehalt der Kompatibilität mit den drittstaatlichen Rechtsordnungen stehen. Man denke etwa an den Fall, dass eine Rechtsordnung die Umwandlungsformen des UmwG im nationalen Recht nicht abzubilden vermag und (oder) keine dem deutschen Recht vergleichbare Strukturmerkmale aufweist, insbesondere keinen universalsukzessiven Vermögenstransfer anerkennt oder keinen identitätswahrenden Rechtsformwechsel zulässt. Zudem bedarf es einer engen Abstimmung der Verfahrensvorschriften, nicht zuletzt mit Blick auf die relevanten Register.

Die Notwendigkeit solcher Abkommen wird durch die Praxiserfahrungen mit § 319 UmwG eindrucksvoll unterstrichen. Denn das Companies House stellte sich auf den – aus deutschrechtlicher Perspektive kaum nachvollziehbaren – Stand-

---

[174] Dazu ausführlich Schön FS Krieger, 2020, 879 ff.; Foerster ZGR-Sonderheft, Band 26 (2023), 135 ff.; vgl. weiter auch Decker NZG 2021, 629 ff.; zu den Grundlagen der Missbrauchsprüfung Fleischer JZ 2003, 865 ff.; Schön FS Hopt, 2010, 1343 ff.

[175] Baschnagel/Hilser/Wagner RdA 2023, 103 (108 ff.).

[176] Vgl. Kallmeyer ZIP 1996, 535 (537).

punkt, dass grenzüberschreitende Verschmelzungen bis zum 1.1.2021 abgeschlossen sein mussten und verweigerte von da ab die Ausstellung der für den Zuzug nach Deutschland erforderlichen Verschmelzungsbescheinigungen.[177] Der Vorschrift blieb damit ein nennenswerter praktischer Erfolg versagt.

Deutschland sollte sich daher zusätzlich darum bemühen, mit Drittstaaten, wie namentlich der Schweiz, auf ein harmonisiertes und zugleich koordiniertes Umwandlungsverfahren sowie sachliche Mindeststandards für den Schutz berechtigter Stakeholderinteressen hinzuarbeiten. In einem ersten Schritt bietet es sich dabei an, die bestehenden völkerrechtlichen Verträge über die gegenseitige Gesellschaftsanerkennung um sachrechtliche Regelungen zur grenzüberschreitenden Gesellschaftsmobilität zu ergänzen.

IV. Fazit

Grenzüberschreitende Umwandlungen unter Beteiligung einer Drittstaatengesellschaft sind *de lege lata* unzulässig. Sie verstoßen zwar nicht gegen § 1 Abs. 1 UmwG. Sie scheitern aber letztlich am umwandlungsrechtlichen Numerus-clausus-Prinzip in seiner Teilgewährleistung der Typenlimitierung sowie am Analogieverbot des § 1 Abs. 2 UmwG. Gesellschaften, die eine grenzüberschreitende Umwandlung mit Drittstaatenbezug anstreben, können demnach aktuell von der umwandlungsrechtlichen Gestaltungsfreiheit keinen Gebrauch machen.

Dieser Zustand widerspricht den Bedürfnissen der Unternehmenspraxis. Die *de lege ferenda* für eine Aufrechterhaltung der geltenden Rechtslage vorgebrachten Argumente erscheinen antiquiert und durch zwischenzeitliche Rechtsentwicklungen überholt. Der Gesetzgeber ist daher aufgerufen, die auf kollisionsrechtlicher wie auch auf sachrechtlicher Ebene bestehenden Hindernisse zu beseitigen. Zu diesem Zweck genügt eine minimalinvasive Aufnahme von Drittstaatengesellschaften in den Kreis der nach §§ 306, 321, 334 UmwG umwandlungsfähigen Rechtsträger. Erschiene dem Reformgesetzgeber eine solche Ausdehnung des sachlichen Anwendungsbereichs der grenzüberschreitenden Umwandlung als zu weitgehend, kommt als zweitbeste Lösung die Zulassung nur der Hereinumwandlung in Betracht. Um das anwendbare Umwandlungsverfahren in den beteiligten Rechtsordnungen zu harmonisieren und vergleichbare Schutzstandards zu gewährleisten, sollte sich Deutschland darum bemühen, mit Drittstaaten völkerrechtliche Verträge zur sachrechtlichen Ausgestaltung grenzüberschreitender Transaktionen abzuschließen.

---

[177] Vgl. dazu Bayer/J. Schmidt in Lutter, 7. Aufl. 2024, UmwG § 319 Rn. 14; Heckschen in Widmann/Mayer, Umwandlungsrecht, 209. EL 2023, UmwG § 319 Rn. 21 f.; J. Schmidt GmbHR 2021, 229 (237).

OSWALD VAN DE LOO

Die Beteiligung Minderjähriger bei der Ausgliederung aus dem Vermögen des Einzelkaufmanns auf eine GmbH

I. Einleitung

Die Ausgliederung des einzelkaufmännischen Unternehmens bzw. von Teilen dieses Unternehmens aus dem Vermögen des Einzelkaufmanns wird in § 152 UmwG behandelt.[1] Ist der Einzelkaufmann minderjährig oder ist ein Minderjähriger an der an der Ausgliederung beteiligten GmbH (Kapitalgesellschaft) beteiligt, stellen sich zwei Fragenkreise, die hier betrachtet werden sollen: Zunächst ist zu erörtern, ob der Minderjährige von seinem gesetzlichen Vertreter (Eltern, Vormund, Pfleger) vertreten werden bzw. nach § 112 BGB auch selbst handeln kann und sodann, ob die Ausgliederung der familiengerichtlichen Genehmigung bedarf. Hierbei ist zwischen der Ausgliederung zur Neugründung und der Ausgliederung zur Aufnahme zu unterscheiden.

II. Das Handeln des Minderjährigen bei der Ausgliederung

1. Das Handeln des Minderjährigen durch seinen gesetzlichen Vertreter

Der Minderjährige wird als beschränkt Geschäftsfähiger bei nicht lediglich rechtlich vorteilhaften Rechtsgeschäften (§§ 106, 107 BGB) durch seine Eltern als gesetzlicher Vertreter vertreten (§ 1629 BGB).

a) Lediglich rechtlich vorteilhaftes Rechtsgeschäft (§ 107 BGB)

Soweit die Ausgliederung dem Minderjährigen lediglich einen rechtlichen Vorteil bringt, könnte dieser persönlich handeln und soweit seine Eltern für ihn auftreten, finden die Regelungen der §§ 1629 Abs. 2, 1824 BGB, die die Eltern an der Vertretung hindern würden, im Wege einer teleologischen Reduktion keine Anwendung. Zu § 181 BGB hat die Rechtsprechung[2] sich bereits früh von der formalen Auslegung der Vorschrift getrennt; der Schutzzweck der Vertretungsverbote erfordert nur dort eine Vertretungsbeschränkung, wo es nicht um eindeutige Fälle bloßer Kindesbegünstigung geht.[3] Soweit das Rechtsgeschäft dem Vertretenen also

[1] Allgemein und ausführlich dazu Heckschen/Weitbrecht ZPG 2023, 211 ff. (Teil I) und ZPG 2023, 244 ff. (Teil II).
[2] BGHZ 59, 236 (240).
[3] Siehe Schneider in MüKoBGB, 9. Aufl. 2024, BGB § 1824 Rn. 15 mwN.

lediglich einen rechtlichen Vorteil bringt, ist ein Interessenwiderstreit von vornherein ausgeschlossen und Belange Dritter stehen dann ebenfalls nicht entgegen.[4]

Ist der Minderjährige der ausgliedernde Einzelkaufmann, ergibt sich der rechtliche Nachteil aus seiner in beiden Ausgliederungsvarianten bestehenden Verpflichtung, nach §§ 126 Abs. 1 Nr. 2, 125, 5 Abs. 1 Nr. 2 UmwG, das einzelkaufmännische Vermögen auf die GmbH zu übertragen und bei der Neugründung auch aus § 9 GmbHG.[5] Ist er es nicht, sondern gliedert zB ein Elternteil als Einzelkaufmann aus, gilt Folgendes:

Bei der *Ausgliederung zur Neugründung* einer GmbH erhält der Minderjährige den Geschäftsanteil nicht wegen der Übertragung des einzelkaufmännischen Vermögens, für den ja der ausgliedernde Einzelkaufmann (also in unserem Fall ein Elternteil) den Geschäftsanteil erwirbt, sondern weil ihm die Beteiligung im Zuge dessen geschenkt wird. Hier gelten die allgemeinen Grundsätze, auf die hier nicht eingegangen werden soll.[6]

Bei der *Ausgliederung zur Aufnahme* auf eine bestehende GmbH, an der der Minderjährige bereits beteiligt ist, kann die für den Minderjährigen entstehende Ausfallhaftung (§§ 24, 31 GmbHG) jedoch mit rechtlichen Nachteilen verbunden sein.[7] Diese könnte eingreifen, wenn das einzelkaufmännische Unternehmen nicht den Wert der Stammeinlage (Sacheinlage) erreicht, was in der Praxis wohl nur in Betracht kommt, wenn der Einzelkaufmann insolvenzgefährdet ist. Denn die Höhe des Geschäftsanteils wird regelmäßig am Wert des einzubringenden Unternehmens ausgerichtet bzw. diesen gar nicht erst erreichen.

Da es – anders als zur familiengerichtlichen Genehmigungsbedürftigkeit – bei der Qualifizierung eines Rechtsgeschäft als rechtlich vorteilhaft auf den Einzelfall und nicht auf die abstrakte Gefährdung ankommt, kann bei voll eingezahlter Stammeinlage, dh Werthaltigkeit des einzelkaufmännischen Unternehmens, die Vorteilhaftigkeit jedoch angenommen werden,[8] weil dann im konkreten Fall keine Ausfallhaftung besteht.[9] Die Gefahr unerlaubter Auszahlungen auf das Stammkapital stellt hingegen weder einen unmittelbaren noch einen mittelbaren Nachteil dar, da deren Eintritt vom (unvorhersehbaren) Verhalten Dritter abhängig ist.[10] Bei der

---

[4] Die Ausnahme für lediglich rechtlich vorteilhafte Geschäfte gilt unabhängig davon, ob das Kind geschäftsunfähig oder beschränkt geschäftsfähig ist, BayObLGZ 1998, 139.

[5] So auch Böhringer NotBZ 2014, 121 ff.; Krauß, Vermögensnachfolge in der Praxis, 6. Aufl. 2022, Rn. 4501. Diese Begründung verfängt allerdings nicht bei der im Zuge der *Ausgliederung zur Aufnahme* auf eine bestehende GmbH erfolgende Sach-Kapitalerhöhung. Der BGH wendet im Umwandlungsrecht nämlich die sonst geltenden §§ 56 Abs. 2, 9 GmbHG nicht an (BGH NJW 2019, 589 für den Fall der Verschmelzung einer GmbH). Zur Aktiengesellschaft so schon BGHZ 37, 79 (81 f.): Die Gesellschafter gäben im Falle der Verschmelzung keine Kapitaldeckungszusage.

[6] Vgl. dazu Bürger RNotZ 2006, 156 (160).

[7] So auch Buck, Der Erwerb von Gesellschaftsanteilen durch Minderjährige, Diss. 2012, S. 72 f., 131.

[8] Klamroth BB 1975, 525 (527); Stürner AcP 173 (1973), 402 (436).

[9] Eine satzungsmäßig vorgesehene Nachschusspflicht (§§ 27, 28 GmbHG) wäre allerdings nachteilig, müsste aber bereits vorher vereinbart worden sein und ist dann mE nicht erneut zu prüfen.

[10] Vgl. zum Ganzen Buck, Der Erwerb von Gesellschaftsanteilen durch Minderjährige, Diss. 2012, S. 29.

Ausgliederung eines einem Elternteil gehörenden einzelkaufmännischen Unternehmen zur Aufnahme auf eine bestehende GmbH, an der der Minderjährige bereits beteiligt ist, greift ein Vertretungsverbot daher häufig nicht.

b) Vertretungsverbot nach §§ 1629 Abs. 2, 1824 BGB?

Ob die Eltern ihr Kind bei der nicht lediglich rechtlich vorteilhaften Ausgliederung vertreten dürfen, bestimmt sich nach §§ 1629 Abs. 2, 1824 BGB.

Nach §§ 1824 Abs. 2, 181 Alt. 1 BGB besteht erstens ein Vertretungsverbot bei einem Rechtsgeschäft zwischen den Eltern einerseits und dem Minderjährigen andererseits. Gliedert also der Minderjährige auf eine *GmbH zur Neugründung* aus, an der er dadurch deren Alleingesellschafter und Geschäftsführer ein familienfremder Dritter wird, besteht kein Vertretungsverbot. Wird dagegen einer der Elternteile zum Geschäftsführer bestellt, dürfen die Eltern den Minderjährigen nicht vertreten. Der Geschäftsführer kann nur Organ der GmbH werden, wenn er einerseits dazu von der Gesellschafterversammlung bestellt wird,[11] aber andererseits auch das Amt annimmt. Auch der Anstellungsvertrag wird zwischen dem (minderjährigen) Gesellschafter und dem Geschäftsführer geschlossen, sodass § 181 BGB angewandt werden muss. Auch ein Interessenkonflikt ist hier zu bejahen.

Ist der Minderjährige an der *aufnehmenden GmbH* beteiligt und einer der Eltern der ausgliedernde Einzelkaufmann, besteht ebenso ein Vertretungsverbot. Dasselbe gilt, wenn der minderjährige Einzelkaufmann[12] das Unternehmensvermögen auf die Kapitalgesellschaft ausgliedert, an der ein Elternteil beteiligt ist.[13] In diesen beiden Fällen besteht das Vertretungsverbot deshalb, weil die Ausgliederung nur wirksam wird, wenn auch die Gesellschafterversammlung der aufnehmenden Gesellschaft zustimmt (§§ 152, 125, 13 Abs. 1 UmwG); erst dadurch entsteht auch die Verpflichtung der GmbH, das einzelkaufmännische Unternehmen gegen Gewährung eines Geschäftsanteils zu übernehmen (§§ 126 Abs. 1 Nr. 2, 5 Abs. 1 Nr. 2 UmwG). Fraglich könnte dies nur sein, wenn die den Minderjährigen vertretenden Eltern an dem Gesellschafterbeschluss der Kapitalgesellschaft selbst nicht teilnehmen; dem Verfasser scheint es jedoch entscheidend, dass die Eltern durch ihre Beteiligung an der Kapitalgesellschaft an der Ausgliederung auch dann partizipieren.

Bei der Kapitalerhöhung *(Ausgliederung zur Aufnahme)* wird im Gegensatz zur Ausgliederung zur Neugründung von manchen hingegen argumentiert, dass der Übernahmevertrag zwischen der Kapitalgesellschaft und dem zeichnenden Minderjährigen abgeschlossen wird, an dem die Eltern auch dann nicht teilnehmen, wenn sie an der Kapitalgesellschaft beteiligt sind.[14] Zwar ist der Übernahme bei der Ausgliederung kein Gesellschafterbeschluss vorgeschaltet, der den Minderjähri-

---

[11] Das OLG Nürnberg (DNotZ 2019, 313) hat entschieden, dass die selbst an der GmbH beteiligten Eltern den Minderjährigen in der Gesellschafterversammlung, die den (fremden) Geschäftsführer bestellt, vertreten dürfen. Hier liegen die Dinge anders, da ein Elternteil zugleich zum Geschäftsführer bestellt wird.

[12] Zum Beispiel Erwerb des Vermögens aufgrund eines Erbfalls.

[13] So auch Mayer in Widmann/Mayer, Umwandlungsrecht, 209. EL 2023, UmwG § 152 Rn. 84.

[14] So Rust DStR 2005, 1947; Reimann DNotZ 1999, 179 (191).

gen zur Übernahme des Geschäftsanteils zulassen muss. Auch wird mit der Gesellschaft kein Übernahmevertrag geschlossen, weil dieser durch den Ausgliederungsvertrag ersetzt ist. Trotz allem folgt das Vertretungsverbot aus §§ 1824 Abs. 2, 181 Alt. 2 BGB:[15] Denn der gesetzlich vorgeschriebene Zustimmungsbeschluss hat rechtsgeschäftlichen Charakter, weil er der letzte notwendige Akt des Erwerbs des ausgegliederten einzelkaufmännischen Vermögens ist.[16] Dasselbe gilt für den Kapitalerhöhungsbeschluss,[17] der zugleich ein sog. Grundlagenbeschluss ist[18] und daher die Anwendung des § 181 BGB erzwingt. Das Alles gilt nicht nur dann, wenn der Minderjährige der ausgliedernde Einzelkaufmann ist, sondern auch, wenn er an der aufnehmenden GmbH bereits beteiligt ist.

Ein Vertretungsverbot gilt nach §§ 1824 Abs. 2, 181 Alt. 2 BGB zweitens auch für ein Rechtsgeschäft zwischen dem Minderjährigen einerseits und einem von einem oder beiden Elternteilen vertretenen Dritten andererseits. Schädlich ist es also, wenn einer der Elternteile, die beide nicht an der aufnehmenden Kapitalgesellschaft (GmbH) beteiligt sind, diese Kapitalgesellschaft beispielsweise als Geschäftsführer oder kraft Vollmacht vertreten.

Nach § 1824 Abs. 1 Nr. 1 BGB besteht drittens ein Vertretungsverbot bei einem Rechtsgeschäft zwischen dem Ehegatten des vertretenden Ehegatten oder einem seiner Verwandten in gerader Linie einerseits und dem Minderjährigen andererseits. Diese Konstellation liegt beispielsweise vor, wenn der Großvater oder der Bruder des Minderjährigen an der Kapitalgesellschaft beteiligt wird. Anderes gilt nur, wenn das Rechtsgeschäft ausschließlich in der Erfüllung einer Verbindlichkeit besteht.[19]

Dabei schlägt das Vertretungsverbot eines Elternteils auf den anderen Teil durch.[20] Dies gilt jedoch nicht, wenn die Elternteile nicht oder nicht mehr verheiratet sind; dann ist der vom Vertretungsverbot nicht betroffene Elternteil zur alleinigen Vertretung des Minderjährigen berechtigt.[21]

In allen genannten Fällen muss daher statt der Eltern ein Ergänzungspfleger (§ 1809 BGB) für den Minderjährigen bei der Ausgliederung handeln und vom Familiengericht[22] bestellt werden (§ 1813 BGB); bis zu dessen Bestellung und ggf. bis

---

[15] Man könnte versucht sein, zwischen Übernahme der Beteiligung durch den Minderjährigen kraft Bezugsberechtigung (kein Vertretungsverbot) und expliziter Zulassung als bisheriger Nichtgesellschafter (Vertretungsverbot) zu unterscheiden.

[16] Das Gesetz spiegelt mithin die Aussage des BGH, dass beim Übernahmevertrag die GmbH durch die Gesellschafter vertreten wird, BGHZ 49, 117 (123).

[17] Gutachten DNotI-Report 2016, 173 (174) – auch mit Nachweisen zu den verschiedenen Meinungen zur Anwendung des § 181 BGB bei Gesellschafterbeschlüssen.

[18] Damit rechtfertigt der BGH in BGHZ 65, 93 die Anwendung des § 181 BGB und damit das Vertretungsverbot – im Gegensatz zu reinen Sozialakten, auf die § 181 BGB nicht angewandt wird (Schilken in Staudinger, 2019, BGB § 181 Rn. 24).

[19] Zum Beispiel bei der Erfüllung eines vom Erblasser zu Lasten der Eltern und zugunsten des Minderjährigen angeordneten Vermächtnisses; dazu umfassend Friedrich-Büttner/Wiese ZEV 2014, 513ff.

[20] Herrschende Meinung, BGH NJW 1972, 1708; OLG Dresden NJW 2016, 1028 (1029).

[21] Grundlegend BGH RNotZ 2022, 164 (165); OLG Köln RNotZ 2023, 22 für den Fall eines Immobilienerwerbs.

[22] Zuständig für die Verfahrensanordnung, Auswahl und Bestellung des Pflegers (§§ 151 Nr. 5, 111 Nr. 2 FamFG) ist das Familiengericht (Rechtspfleger: § 3 Nr. 2 lit. a RPflG), in dessen Bezirk

zur Erteilung der familiengerichtlichen Genehmigung bleibt das Rechtsgeschäft schwebend unwirksam.[23]

2. *Die Ermächtigung des Minderjährigen nach § 112 BGB*

a) Voraussetzungen

Anders liegen die Dinge dann, wenn der Minderjährige nach § 112 BGB zum selbständigen Betrieb eines Erwerbsgeschäftes,[24] zu dem das einzelkaufmännische Unternehmen gehört, ermächtigt ist. Diese Ermächtigung erteilt der gesetzliche Vertreter, regelmäßig also die Eltern, § 1629 Abs. 1 S. 1 und 2 BGB, durch einseitige, formfreie Erklärung gegenüber dem Minderjährigen. Das Familiengericht muss allerdings zustimmen[25] und kann für bestimmte Rechtsgeschäfte des minderjährigen Einzelkaufmanns einen Einwilligungsvorbehalt zugunsten der Eltern entsprechend § 1825 Abs. 1 BGB anordnen. Die Eltern können ihrerseits die Ermächtigung zurücknehmen; die Zurücknahme bedarf ebenfalls der familiengerichtlichen Genehmigung (§ 112 Abs. 2 BGB).

b) Rechtsfolgen – unternehmensbezogene Geschäftsfähigkeit

Ist der Minderjährige in diesem Sinne ermächtigt, so ist er für Rechtsgeschäfts zum Betrieb des einzelkaufmännischen Unternehmens unbeschränkt geschäftsfähig.[26] Die Eltern können, solange die Ermächtigung besteht, in deren Umfang nicht für den Minderjährigen handeln. Die Ermächtigung hat verdrängende Wirkung. Konsequenterweise haftet der Minderjährige dann auch für Verbindlichkeiten aus dem Betrieb des Erwerbsgeschäfts, zB des einzelkaufmännischen Unternehmens (§ 1629 a Abs. 2 BGB). Der Umfang der vollen Geschäftsfähigkeit beschränkt sich auf Geschäfte, die der Betrieb des Einzelkaufmanns mit sich bringt. Zustimmungsfrei sind nach dem BGH[27] auch außerordentliche Rechtsgeschäfte, sofern sie dem geschäftlichen Bereich zuzuordnen sind.

c) Grenzen: familiengerichtliche Genehmigungsbedürftigkeit

Der Minderjährige ist allerdings in keinem Fall für solche Rechtsgeschäfte unbeschränkt geschäftsfähig, zu denen der Vertreter (also regelmäßig die Eltern) der Genehmigung des Familiengerichts bedarf, §§ 112 Abs. 1 S. 2, 1643 Abs. 1, 1850–1854 BGB.

---

der Minderjährige seinen gewöhnlichen Aufenthalt hat (§ 152 Abs. 2 FamFG). Die Gerichte bestellen häufig familienfremde Rechtsanwälte, um Interessenkollisionen zu vermeiden (vgl. OLG München MittBayNot 2018, 159).

[23] Werner GmbHR 2006, 737.

[24] Vgl. zum Begriff unter → IV. 2a) und RGZ 113, 7 (11); Scheerer BB 1971, 981 (982).

[25] Das Gericht entscheidet nach pflichtgemäßem Ermessen und kann die Genehmigung erteilen, wenn der Minderjährige die für die Leitung eines selbständigen Betriebes erforderlichen Fähigkeiten und Kenntnisse besitzt, OLG Köln NJW-RR 1994, 1450.

[26] Spickhoff in MüKoBGB, 9. Aufl. 2021, BGB § 112 Rn. 14; Ellenberger in Grüneberg, 83. Aufl. 2024, BGB § 112 Rn. 1.

[27] BGHZ 83, 76 (80) zu § 1456 BGB (Erwerbsgeschäft eines Ehegatten bei Gütergemeinschaft) mwN unter Rn. 20.

In diesen Fällen müssen also die Eltern für den Minderjährigen handeln und es gelten für den/die gesetzlichen Vertreter die Beschränkungen nach → II. 1. Bedarf der Ausgliederungsvorgang dagegen keiner gerichtlichen Genehmigung, kann der nach § 112 BGB ermächtigte Minderjährige regelmäßig selbst handeln und die Beschränkungen nach Abschnitt → II. 1. greifen nicht. Weitergehende Grenzen gibt es dann nicht. Dieses Ergebnis entspricht auch der Rechtsprechung des BGH.

Der BGH hat seine weite Auslegung der parallelen Vorschrift des § 1456 BGB, wonach auch außerordentliche Rechtsgeschäfte in der Gütergemeinschaft durch den zum Betrieb eines Erwerbsgeschäftes ermächtigten Ehegatten allein getätigt werden können, damit begründet, dass bei Wahrung der Belange (erg. für unsere Problematik: des Minderjährigen) der Rechtsverkehr rechtlich und praktisch nicht über Gebühr behindert werden soll.[28]

Da die Belange des Minderjährigen über die familiengerichtliche Genehmigungsbedürftigkeit einzelner Rechtsgeschäfte gewahrt werden, kann er in allen Fällen, in denen § 112 Abs. 1 S. 2 BGB nicht greift, bei der Ausgliederung selbst handeln. Die Bestellung eines Ergänzungspflegers wird damit obsolet; Vertretungsprobleme stellen sich nicht.

III. Das Erfordernis der familiengerichtlichen Genehmigung bei der Ausgliederung

1. Allgemeines

Die familiengerichtliche Genehmigung macht, wenn sie erforderlich ist, nicht nur das Rechtsgeschäft erst zivilrechtlich wirksam, sondern ist trotz § 41 AO auch für die steuerrechtliche Anerkennung entscheidend.[29] Die Mitteilung der familiengerichtlichen Genehmigung an den anderen Vertragsteil bestimmt beispielsweise auch den Zeitpunkt der schenkungsteuerlichen Ausführung, § 9 Abs. 1 Nr. 2 ErbStG. Das Steuerrecht folgt hier nicht dem Zivilrecht: eine Rückwirkung der Genehmigung scheidet aus.[30]

[28] BGHZ 83, 76 (80) führt dazu aus: „Ob ein Erwerbsgeschäft ein bestimmtes Rechtsgeschäft ‚mit sich bringt', läßt sich nicht nach dessen Einordnung in allgemeine rechtliche oder wirtschaftliche Vertragstypen beurteilen; maßgebend ist vielmehr die getroffene Vereinbarung in ihrer konkreten Gestalt. […] Es bedarf deshalb in Zweifelsfällen der Ermittlung aller Umstände, die dem einzelnen Rechtsgeschäft sein Gepräge geben. Lediglich subjektive Vorstellungen, die in den getroffenen Absprachen keinen Niederschlag gefunden haben, scheiden aus. Wenn die so ermittelte Vereinbarung nach der Verkehrsauffassung einen Zusammenhang mit dem Aufbau oder der Fortführung des Erwerbsgeschäftes aufweist, fällt sie unter § 1456 BGB."

[29] Dazu genauer Krauß, Vermögensnachfolge in der Praxis, 6. Aufl. 2022, Rn. 6498ff.

[30] Die zivilrechtliche Rückwirkung dieser Mitteilung nach §§ 1856 Abs. 1 S. 2, 184 Abs. 1 BGB (RGZ 142, 59 (62f.)) entfaltet also steuerrechtlich keine Wirkung, vgl. Krauß, Vermögensnachfolge in der Praxis, 6. Aufl. 2022, Rn. 4539, 5219 mwN in Fn. 633.

2. *Die möglichen Anknüpfungspunkte für das familiengerichtliche Genehmigungserfordernis*

Mit der Ausgliederung sind verschiedene Rechtsgeschäfte und Erklärungen verbunden, die jeweils gesondert auf ihre Genehmigungsbedürftigkeit durch das Familiengericht geprüft werden müssen. Zu diesen gehören zum einen *(i) die Ausgliederungserklärung* selbst. Darüber hinaus wird mit der Ausgliederung *(ii) der Gesellschaftsvertrag* der neugegründeten GmbH festgestellt bzw. bei der aufnehmenden GmbH wegen der notwendigen Kapitalerhöhung geändert. Schließlich stellt sich die Frage, ob die Beschlüsse *(iii) über die Zustimmung zur Ausgliederung bei der aufnehmenden GmbH, (iv) über die Zulassung zur Zeichnung* des bei der Kapitalerhöhung entstehenden neuen Geschäftsanteils und *(v)* über den Verzicht auf Ausgliederungsbericht und *dessen Prüfung gemäß §§ 125, 8 Abs. 3 und 9 Abs. 3 UmwG* jeweils genehmigungspflichtig sind. Auch ist *(vi) die Übernahmeerklärung* in diesem Zusammenhang zu prüfen. Denkbar wäre zum Schluss, dass auch *(vii) der Sachgründungsbericht* und *(viii) die Handelsregisteranmeldung* dem Familiengericht zur Genehmigung vorzulegen sind.

IV. Die Ausgliederungserklärung als Anknüpfungspunkt für die familiengerichtliche Genehmigung

1. *Auslegung des Gesetzeswortlautes zu § 1852 Nr. 1 BGB*

Die familiengerichtliche Genehmigung ist nach Gesetzeswortlaut dieser Vorschrift erforderlich

> *„zu einer Verfügung oder zur Eingehung einer Verpflichtung zu einer solchen Verfügung, durch die der [...] [Minderjährige]*
>
> *a) ein Erwerbsgeschäft oder*
>
> *b) einen Anteil an einer Personen- oder Kapitalgesellschaft [...] erwirbt oder veräußert."*

Diese unglückliche Formulierung[31] soll nach der Gesetzesbegründung sicherstellen, dass nicht nur das Verfügungsgeschäft, sondern auch das Verpflichtungsgeschäft genehmigungsbedürftig ist.[32] Der Verfasser fragt sich allerdings vom Wortlaut ausgehend, wie die Verfügung bzw. die Verpflichtung zu einer solchen Verfügung die Genehmigungsbedürftigkeit *eines Erwerbs* begründen soll. Der Erwerb ist gerade das Gegenteil von einer Verfügung,[33] mit der ja unmittelbar auf ein bestehendes Recht eingewirkt wird, dieses also verändert, übertragen oder aufgehoben wird. Zwar

---

[31] So auch Götz in Grüneberg, 83. Aufl. 2024, BGB § 1852 Rn. 2; aM aber wohl M. T. Schwab in Lutter, 7. Aufl. 2023, UmwG § 153 Rn. 6.

[32] BT-Drs. 19/24445, 288: „Die Neuregelung entspricht dem bisherigen § 1822 Nummer 3 erste Alternative BGB. Es wird klargestellt, dass sich die Genehmigungspflicht auf das Verpflichtungsgeschäft bezieht und auch Beteiligungen an Kapital- und Personengesellschaften grundsätzlich von der Genehmigungspflicht erfasst sind."

[33] Vgl. zum Begriff Ellenberger in Grüneberg, 83. Aufl. 2024, BGB vor § 104 Rn. 16 mwN.

kennt auch das Schuldrecht mit dem Erlass, der Abtretung, der befreienden Schuldübernahme und der Vertragsübernahme Verfügungsgeschäfte – der Erwerb kommt aber hier (verständlicherweise) nicht vor.[34] Da systematisch der Vergleich mit § 1850 Nr. 4 und 5 BGB zeigt, dass der Gesetzgeber auch bei den familiengerichtlichen Genehmigungsvorschriften zwischen Verfügung und Erwerb unterscheidet, kommt der Verf. eigentlich zu dem Schluss, dass entgeltliche oder unentgeltliche[35] *Erwerbe* von Anteilen an Personen- und Kapitalgesellschaften oder eines Erwerbsgeschäftes mangels Verfügung durch den Minderjährigen nicht genehmigungsbedürftig sind.[36]

Dieses Ergebnis kann allerdings nicht hingenommen werden. Es würde den durch die familiengerichtlichen Genehmigungsvorschriften beabsichtigten Schutz der Minderjährigen unterlaufen, der auch verfassungsrechtlich geboten ist.[37] Die Vorschrift ist daher entgegen dem Wortlaut aus verfassungsrechtlichen Gründen auch auf den Erwerb von Anteilen an Personen- und Kapitalgesellschaften oder eines Erwerbsgeschäftes durch den Minderjährigen anzuwenden.[38]

2. *Genehmigung bei Erwerb oder Veräußerung eines Erwerbsgeschäftes (§ 1852 Nr. 1 lit. a BGB)*

a) *Erwerbsgeschäft versus Vermögensverwaltung*

Nach §§ 1643 Abs. 1, 1852 Nr. 1 lit. a BGB bedarf der gesetzliche Vertreter zu einer Verfügung und Eingehung der Verpflichtung zu einer solchen Verfügung, durch die der Minderjährige ein Erwerbsgeschäft erwirbt oder veräußert, der familiengerichtlichen Genehmigung. Die Genehmigungspflicht entfällt hingegen, wenn es sich nicht um ein Erwerbsgeschäft, sondern um eine rein vermögensverwaltende Tätigkeit handelt.

Erwerbsgeschäft[39] ist jede regelmäßige, auf selbständigen Erwerb gerichtete Tätigkeit[40] mit der Absicht, Gewinn zu erzielen,[41] sofern sie auf Dauer angelegt ist. Die Ausübung einer künstlerischen oder wissenschaftlichen Tätigkeit gehören ebenso dazu wie die eines freien Berufes.[42] Ein kaufmännisch eingerichteter Ge-

---

[34] Man könnte deshalb nur an die Gegenleistung des Minderjährigen denken, mit der er zB durch Eingehen einer Zahlungsverpflichtung für den Anteilserwerb über seinen Auszahlungsanspruch gegenüber seiner Bank verfügt; dieses Vorgehen entspräche aber nicht einer systematischen Auslegung des Gesetzes und ist daher abzulehnen.

[35] Nach der Begründung soll die Formulierung des Gesetzes gerade sicherstellen, dass auch unentgeltliche Rechtsgeschäfte nach dieser Vorschrift der Genehmigungspflicht unterliegen.

[36] Angesichts des eindeutigen Wortlauts, der bekanntlich die Grenze der Auslegung darstellt, muss mE die Ausrichtung am Zweck der Vorschrift (siehe dazu Harbecke RNotZ 2022, 521 (539) mwN) zurücktreten (aA Everts MittBayNot 2023, 9 (10)).

[37] BVerfG NJW 1986, 1859.

[38] § 1852 Nr. 1 BGB sollte daher so gelesen werden: „Der Betreuer bedarf der Genehmigung des Betreuungsgerichts 1. *zu einem schuldrechtlichen oder dinglichen Vertrag* durch den der Betreute a) ein Erwerbsgeschäft oder b) einen Anteil an einer Personen- oder Kapitalgesellschaft, die ein Erwerbsgeschäft betreibt, erwirbt oder veräußert, […]".

[39] Ausführlich Eble RNotZ 2021, 117 (119ff).

[40] Motive I 142.

[41] Ideelle Zwecke scheiden also aus.

[42] Harbecke RNotZ 2022, 521 (539) mwN; aA Everts MittBayNot 2023, 9 (10).

werbebetrieb ist nicht erforderlich.[43] Die Rechtsform ist – auch bei der Vermögensverwaltung – unerheblich.[44] Zur Abgrenzung wird auf die geschäftsmäßige, gleichsam berufliche Tätigkeit, die Übernahme unternehmerischen Risikos sowie die Absicht, weiteres Vermögen hinzuzuerwerben, abgestellt. Bei der reinen Vermietung von Gewerbeimmobilien[45] wird teilweise – meines Erachtens für den Regelfall zu Unrecht – bereits ein Erwerbsgeschäft angenommen.[46] Gliedert also der Einzelkaufmann die Geschäftsimmobilie aus,[47] um zivilrechtlich den Betrieb aufzuspalten und die Haftungsmasse für die Gläubiger – zB durch Verkauf der entstandenen Tochter-Immobilien GmbH – langfristig zu vermindern, liegt nach Ansicht des Verfassers regelmäßig bei der aufnehmenden Gesellschaft kein Erwerbsgeschäft vor.[48]

Im Übrigen ist bei der Ausgliederung des einzelkaufmännischen Unternehmens jedoch regelmäßig – schon um dem steuerlichen Erfordernis des Teilbetriebes zu genügen[49] – ein Erwerbsgeschäft gegeben.

b) Ausgliederung als Veräußerung/Erwerb

Nach §§ 152, 131 Abs. 1 Nr. 1 UmwG geht mit der *Ausgliederung zur Aufnahme* das Vermögen des Einzelkaufmanns entsprechend der Ausgliederungserklärung als Gesamtheit auf den übernehmenden Rechtsträger über. Es fragt sich, ob dieser gesetzlich angeordnete Rechtsübergang (partielle Gesamtrechtsnachfolge) eine Veräußerung iSd § 1852 Nr. 1 lit. a BGB darstellt. Einerseits beruht die Gesamtrechtsnachfolge, auch die partielle, nicht auf einer Verfügung des Berechtigten, sondern auf einer gesetzlichen Anordnung, hier des § 131 UmwG.[50] Dies wird in unserem Zusammenhang besonders deutlich in der Regelung des § 131 Abs. 3 UmwG, in der der Gesetzgeber den Übergang von solchen Gegenständen regelt, die in der Ausgliederungserklärung keine Zuteilung zu einem der beteiligten Rechtsträger er-

---

[43] Krauß, Immobilienkaufverträge in der Praxis, 10. Aufl. 2023, Rn. 3409.

[44] Krauß, Immobilienkaufverträge in der Praxis, 10. Aufl. 2023, Rn 3410 mwN in Fn. 7447 und 7448.

[45] Zur Formulierung des Unternehmensgegenstandes vgl. Woinar NotBZ 2020, 87 (90).

[46] Woinar NotBZ 2020, 87 (89); ähnlich wohl auch OLG Schleswig ZEV 2020, 775 (776). Der Verf. kann hier keinen Unterschied zur Vermietung von zB 16 Mietwohnungen erkennen, die zB das LG Münster FamRZ 1997, 842 für genehmigungsfrei hält (Harbecke RNotZ 2022, 521 (539) mwN). Sind mit dem Mietergewerbe außergewöhnliche Risiken verbunden (zB Chemiebetrieb mit Altlastengefahr), die auch den Vermieter treffen, mag dies anders zu beurteilen sein. Insgesamt ist die Tendenz restriktiv, siehe dazu DNotI-Report 2004, 29 (31). Vgl. zur Absicherung der Vermögensverwaltung durch die Gestaltung des Gesellschaftsvertrages etc. van de Loo/Strnad ZEV 2018, 617 (623).

[47] Das ist nach § 6a GrErwStG grunderwerbsteuerfrei möglich, insbesondere bei der Ausgliederung zur Neugründung; vgl. nur Krauß, Vermögensnachfolge in der Praxis, 6. Aufl. 2022, Rn. 6435ff.

[48] Motiv einer solchen Ausgliederung kann auch sein, die erweiterte Kürzungsmöglichkeit bei der Gewerbesteuer nach § 9 Nr. 1 S. 2 GewStG zu erlangen.

[49] § 20 Abs. 1 UmwG, Art. 2 lit. j FusionRL; vgl. zum Ganzen auch Greve/Oehlschlägel in Engl/Fox/Traßl, Formularbuch Umwandlungen, 6. Aufl. 2023, D. 1 Rn. 39a ff.

[50] Mit diesem Argument verneint Böhringer (NotBZ 2014, 121 (123)) den Erwerb bzw. die Veräußerung eines Erwerbsgeschäftes aufgrund Rechtsgeschäftes und lehnt folgerichtig insoweit die Genehmigungsbedürftigkeit ab.

fahren haben.[51] Andererseits gilt aber auch bei der Spaltung der Bestimmtheitsgrundsatz des Sachenrechts, § 126 Abs. 2 UmwG.[52] Die partielle Gesamtrechtsnachfolge ist also ohne die rechtsgeschäftliche Identifizierung der dem gesetzlich angeordneten Rechtsübergang unterliegenden Gegenstände kaum möglich. Man wird daher in der Ausgliederung letztlich die Veräußerung eines Erwerbsgeschäftes sehen müssen, sodass dieser Vorgang beim minderjährigen Einzelkaufmann nur mit Genehmigung des Familiengerichts wirksam werden kann.

In der *Ausgliederung zur Neugründung* ist ebenfalls ein Erwerb bzw. eine Veräußerung eines Erwerbsgeschäftes zu sehen.[53] Die Ausgliederung kann meines Erachtens insoweit nicht anders behandelt werden als die Einbringung, für die anerkannt ist, dass sie eine Veräußerung darstellt (Tausch des einzubringenden Gegenstandes gegen Geschäftsanteil).

c) Anteilserwerb als mittelbarer Erwerb eines Erwerbsgeschäftes

Fraglich ist, ob die Genehmigungsbedürftigkeit auch besteht, wenn der Minderjährige lediglich an der das zB väterliche/mütterliche Einzelunternehmen durch Ausgliederung aufnehmenden Gesellschaft *(Ausgliederung zur Aufnahme)* bereits beteiligt ist. Liegt hierin der Erwerb eines Erwerbsgeschäftes durch den Minderjährigen?

Diese Frage muss verneint werden. Nicht der Minderjährige wird Eigentümer des (einzelkaufmännischen) Erwerbsgeschäftes, sondern die Gesellschaft. Seine Gesellschafterstellung vermag daran grundsätzlich nichts zu ändern. Allerdings ist zu bedenken, dass in Fällen, in denen die Beteiligung des Minderjährigen eine unternehmerische Mehrheit[54] vermittelt, jedenfalls ab 50%,[55] der Erwerb durch die GmbH einem Erwerb durch den Minderjährigen bisher gleichgestellt wurde, sofern nicht besondere Umstände[56] hinzutraten.[57]

§ 1852 Nr. 1 BGB differenziert heute aber für die Genehmigungspflicht zwischen Verfügungen über ein Erwerbsgeschäft (durch den Inhaber) – lit. a) – und Verfügungen über Gesellschaftsanteile (durch den Gesellschafter) – lit b). Es ist in der jetzigen Gesetzesfassung daher naheliegender und richtiger, den Erwerb oder die Veräußerung eines Erwerbsgeschäfts durch eine Gesellschaft als Inhaberin von

---

[51] Vgl. dazu BGH AG 2004, 98; NZG 2003, 1172; NZG 2008, 436 zum Vorrang des § 28 GBO bei Abspaltung von Grundstücksteilflächen – dazu auch Lietzen ZNotP 2010, 91.

[52] Siehe LAG Düsseldorf 5.6.2003 – 11 (1) Sa 1/03, Rn. 69 mwN.

[53] So die hM: siehe nur BFH 19.1.1998 – VIII R 59/95, unter I. 1. d); verneinend allerdings Buck, Der Erwerb von Gesellschaftsanteilen durch Minderjährige, Diss. 2012, S. 132 mwN, ihr folgend Böhringer NotBZ, 121 (123).

[54] KG NJW 1962, 54 (55) – Kapitalinvestition einerseits versus unternehmerisches Risiko andererseits.

[55] So BGH DNotZ 2004, 152 (153), zustimmend van de Loo/Strnad ZEV 2018, 617.

[56] Zum Beispiel Mehrstimmrechte des volljährigen Mitgesellschafters, die zur Umqualifizierung der unternehmerischen Mehrheit zwingen.

[57] Hierbei spielte es nach Ansicht des Verf. und bisheriger Gesetzeslage – vor der Reform des Vormundschafts- und Betreuungsrechtes – keine Rolle, ob es sich bei der neugegründeten oder aufnehmenden Gesellschaft um eine Kapital- oder Personengesellschaft handelt, sofern nur die mehrheitliche Beteiligung auch einen unternehmerischen Einfluss – vergleichbar mit der GmbH – vermittelte; vgl. van de Loo/Strnad ZEV 2018, 617 (621).

der Genehmigungspflicht immer als ausgenommen zu betrachten. Die Unterscheidung in § 1852 Nr. 1 BGB würde unterlaufen, wenn der Minderjährige nach lit. a) der Vorschrift bei wirtschaftlicher Betrachtungsweise als (gesellschaftsrechtlich vermittelter) Inhaber angesehen würde. Vielmehr greift hier abschließend die Sonderregelung des § 1852 Nr. 1 lit. b BGB, die allein Verfügungen über Gesellschaftsanteile erfasst. Dies entspricht auch einer allseits akzeptierten eher formalen, streng am Wortlaut orientierten Betrachtung der Genehmigungsvorschriften.[58]

3. Genehmigung zu einem Erwerb/einer Veräußerung eines Anteils an einer Personen- oder Kapitalgesellschaft, die ein Erwerbgeschäft betreibt (§ 1852 Nr. 1 lit. b BGB)

In der *Ausgliederung zur Neugründung* einer Kapitalgesellschaft liegt auch der Erwerb eines Kapitalgesellschaftsanteils. Unabhängig, ob dieser Erwerb als unentgeltlich oder entgeltlich qualifiziert werden muss, lässt sich hieraus eine Genehmigungsbedürftigkeit nach § 1852 Nr. 1 lit. b BGB nicht herleiten, da für die Gründung einer Kapitalgesellschaft die Regelung des § 1852 Nr. 2 BGB als lex specialis (dazu unter → IV. 1.) anzusehen ist.

Bei der *Ausgliederung zur Aufnahme* erhält der am aufnehmenden Rechtsträger beteiligte Minderjährige durch Kapitalerhöhung einen (neuen) Geschäftsanteil an der aufnehmenden GmbH. Dieser Anteil fällt ihm jedoch nicht aufgrund einer Verfügung zu, sondern er entsteht mit der Eintragung der Kapitalerhöhung im Handelsregister originär in der Person des (minderjährigen) Übernehmers. Eine Genehmigung nach § 1852 Nr. 1 lit. b BGB ist daher nicht erforderlich.[59]

4. Genehmigung zu einem Rechtsgeschäft, das auf Übernahme einer fremden Verbindlichkeit gerichtet ist (§ 1854 Nr. 4 BGB)

Nach der Begründung des Regierungsentwurfs ist nach dieser Vorschrift allein genehmigungsbedürftig die Übernahme einer Schuld, bei welcher der Übernehmende subsidiär haftet und die Möglichkeit des Regresses bei dem Hauptschuldner besteht.[60] Insoweit scheint es also bei der bisherigen Rechtslage gemäß § 1822 Nr. 10 BGB aF[61] zu bleiben. Die Modifizierung des Tatbestandes ergebe, so die Gesetzesbegründung, dass eine gerichtliche Genehmigung nicht erforderlich sei, wenn sich eine Haftung lediglich als Nebenfolge eines anderen Rechtsgeschäfts

---

[58] So auch Eble RNotZ 2021, 117 (141); zur strengen Wortlautauslegung schon BGH NJW 1962, 2344 (2345).

[59] So auch Eble RNotZ 2021, 117 (137). Insoweit ändert sich an der bisherigen Rechtslage (dazu Lieder in MüKoGmbHG, 4. Aufl. 2022, GmbHG § 55 Rn. 116) nichts.

[60] BT-Drs. 564/20, 289 f.; Eble RNotZ 2021, 117 (141); Kroll-Ludwigs in MüKoBGB, 9. Aufl. 2024, BGB § 1854 Rn. 17.

[61] Bisher wurde die Genehmigungsbedürftigkeit auch aus § 1822 Nr. 10 BGB aF hergeleitet, weil bei der Ausgliederung zur Neugründung die Gründungsvorschriften der Kapitalgesellschaft anzuwenden seien (§§ 135 Abs. 2, 36 Abs. 2 UmwG; §§ 9, 24 GmbHG – Ausfallhaftung bei Überbewertung von Sacheinlagen). Bei der Ausgliederung zur Aufnahme mit Kapitalerhöhung, bei der der BGH (DNotZ 2019, 224) § 9 GmbHG nicht für anwendbar hält, war dies schon nach bisheriger Rechtslage zweifelhaft (vgl. Heckschen NZG 2019, 561).

darstellt.[62] Der Tatbestand erfasse sonst weit über seinen Zweck hinaus alle möglichen gesetzlichen Folgen, was angesichts der geringeren Schutzbedürftigkeit des Minderjährigen in diesem Fall nicht der Sinn des Gesetzes sei. Die Ausfallhaftung des GmbH-Gesellschafters nach § 24 GmbHG und ggf. die den Minderjährigen aufgrund einer Satzungsregelung treffenden Nachschusspflicht, mit der bisher die Anwendung des § 1822 Nr. 10 BGB aF begründet wurde, ist aber eine Nebenfolge der Beteiligung an der durch Ausgliederung neugegründeten bzw. aufnehmenden GmbH.

Vor diesem Hintergrund lässt sich mit § 1854 Nr. 4 BGB eine Genehmigungsbedürftigkeit der Ausgliederung wohl nicht (mehr) begründen.[63]

V. Die sonstigen Anknüpfungspunkte für die familiengerichtliche Genehmigung

1. Der Gesellschaftsvertrag bzw. dessen Änderung durch Kapitalerhöhung

Der Gesellschaftsvertrag, der vom Minderjährigen zum Betrieb eines Erwerbsgeschäftes eingegangen wird, bedarf der familiengerichtlichen Genehmigung (§ 1852 Nr. 2 BGB).

In der *Ausgliederung zur Neugründung* einer Kapitalgesellschaft ist auch die Eingehung eines Gesellschaftsvertrages des Minderjährigen iSd § 1852 Nr. 2 BGB enthalten, da dieser als Inhaber des einzelkaufmännischen Unternehmens an der Kapitalgesellschaft beteiligt wird und diese ein Erwerbsgeschäft betreibt.[64] Denn die Satzung ist gemäß §§ 152, 125, 37 UmwG Teil der Ausgliederungsurkunde.

Gelten diese Grundsätze auch bei *Ausgliederung zur Aufnahme?* Die Befürworter einer Genehmigungspflicht argumentieren, dass der Gesellschaftsvertrag nur so genehmigt sei, wie er dem Richter vorgelegen habe, und es sonderbar wäre, wenn der Gesellschaftsvertrag im Nachgang ohne Genehmigung des Gerichts vollumfänglich geändert werden könnte.[65] Es bestünde ein Bedürfnis, den Minderjährigen vor möglicherweise riskanten Änderungen[66] der Satzung zu schützen.

Seinem Wortlaut nach passt aber § 1852 Nr. 2 BGB nicht, weil bei dieser Variante der Ausgliederung der Gesellschaftsvertrag der Kapitalgesellschaft nicht neu „eingegangen"[67] und Satzungsänderungen hierunter nicht zu subsumieren sind.

---

[62] Gesetzesbegründung, BT-Drs. 564/20, 289f.

[63] So auch Kroll-Ludwigs in MüKoBGB, 9. Aufl. 2024, BGB § 1854 Rn. 20 aE; Eble RNotZ 2021, 117 (129); Werner ZEV 2021, 618 (622).

[64] HM Eble RNotZ 2021, 117 (140); Mayer in Widmann/Mayer, Umwandlungsrecht, 209. EL 2023, UmwG § 152 Rn. 84 mwN in Fn. 2. Um dem Familiengericht die Genehmigungserteilung zu erleichtern, kann sich eine Schutzklausel zugunsten des Minderjährigen in der Satzung empfehlen; Formulierungsbeispiel bei Krauß, Vermögensnachfolge in der Praxis, 6. Aufl. 2022, Rn. 4563.

[65] So Kroll-Ludwigs in MüKoBGB, 9. Aufl. 2024, BGB § 1822 Rn. 29 mwN.

[66] So Veit in Staudinger, 2020, BGB § 1822 Rn. 29 mwN.

[67] So schon BGH NJW 1961, 724 (725) allgemein zu Satzungsänderungen. Auch führt der BGH aus: „[Es] geht die Regelung der §§ 1821/22 BGB keineswegs dahin, alle besonders wichtigen und über die Grenzen gewöhnlicher Verwaltung hinausgehenden Geschäfte in ihrem rechtlichen Bestand von der vormundschaftsgerichtlichen Genehmigung abhängig zu machen."

Hinzu kommt, dass die Satzungsänderung bei der Ausgliederung typischerweise nur hinsichtlich der Stammkapitalziffer erfolgt.[68] Mit dem Verweis auf den Wortlaut der Norm werden daher Gesellschaftsvertragsänderungen in der Literatur teilweise auch nicht für genehmigungspflichtig gehalten.[69] Dem folgt der BGH.[70] Im Interesse der Rechtssicherheit ist auch eine klare Abgrenzung vorzunehmen.[71] Bei der Ausgliederung zur Aufnahme kann nichts Anderes als für sonstige Satzungsänderungen gelten[72], jedenfalls dann, wenn nur das Stammkapital geändert wird. Sie bedarf also nicht der Genehmigung des Familiengerichts.

Der Jubilar sieht dies kritischer (arg: „weitreichende Strukturmaßnahme"), schließt sich aber wohl für die Fälle der hM an, in denen eine persönliche Haftung des Minderjährigen – wie bei der Kapitalgesellschaft – ausgeschlossen ist.[73]

2. *Die Gesellschafterbeschlüsse über die Zustimmung zur Ausgliederung und zum Verzicht auf Ausgliederungsbericht und dessen Prüfung*

Die *Ausgliederung zur Aufnahme* bedarf eines zustimmenden Beschlusses der Gesellschafter der aufnehmenden GmbH. Ist der Minderjährige bereits an dieser beteiligt, bedarf dieser Beschluss der familiengerichtlichen Genehmigung. Im Grunde bringt das Gesetz, indem es einen solchen Beschluss fordert, eine Überlegung des BGH zum Ausdruck, wonach beim Übernahmevertrag auf einen Geschäftsanteil die GmbH nicht vom Geschäftsführer, sondern von den Gesellschaftern vertreten wird.[74] Insofern kann man den Ausgliederungsvertrag, der zunächst zwischen dem Einzelkaufmann und der GmbH, vertreten durch den Geschäftsführer, geschlossen wird, nicht von dem Zustimmungsbeschluss der Gesellschafter trennen. Für beide gilt § 1852 Nr. 1 lit. a BGB und erzwingt die familiengerichtliche Genehmigung *dieses* Gesellschafterbeschlusses, der letztlich den Erwerbsakt erst vollendet.

Ein Beschluss über den Verzicht auf Ausgliederungsbericht und -prüfung (vgl. §§ 8, 9 UmwG) ist beim Einzelkaufmann entbehrlich, weil beides schon nach dem Gesetz (§ 153 UmwG bzw. § 125 S. 2 UmwG) entfällt. Soweit der Einzelkaufmann auch einziger Anteilsinhaber der übernehmenden Kapitalgesellschaft ist, bedarf es auch bei dieser weder eines Berichtes noch dessen Prüfung und damit auch keines Verzichts.[75] Sind bei der aufnehmenden Gesellschaft hingegen neben dem Einzel-

[68] Daher dürften diejenigen, die die Genehmigungspflicht auf fundamentale Änderungen beschränken (so OLG Düsseldorf DB 1951, 443; Merkel BB 1963, 455 (456)), den hier betrachteten Fall wohl auch als genehmigungsfrei einordnen.

[69] Drescher in MüKoGmbHG, 4. Aufl. 2023, GmbHG § 47 Rn. 89; zum Streitstand Kroll-Ludwigs in MüKoBGB, 9. Aufl. 2024, BGB § 1822 Rn. 29 mwN.

[70] BGH NJW 1972, 2344 (2345); WM 1972, 1368 (1370 unter I. 2).

[71] Deshalb scheidet auch eine Genehmigungsbedürftigkeit bei „wesentlichen" Änderungen aus, BGH NJW 1962, 2344 (2345). Dies ist jedoch nicht unbestritten, vgl. Eble RNotZ 2021, 117 (126) mwN in Fn. 129ff.

[72] Vgl. Eble RNotZ 2021, 117 (140) mwN in Fn. 310; Böhringer NotBZ 2014, 121 (123).

[73] Heckschen in Widmann/Mayer, Umwandlungsrecht, 209. EL 2023, UmwG § 13 Rn. 139.

[74] BGHZ 49, 117 (123).

[75] So zu Recht Sickinger in Kallmeyer, 7. Aufl. 2020, UmwG § 153 Rn. 2f.; Büterowe in Henssler/Strohn, Gesellschaftsrecht, 5. Aufl. 2021, UmwG § 153 Rn. 2; aM aber wohl Karollus in Lutter, 6. Aufl. 2019, UmwG § 153 Rn. 6.

kaufmann noch andere Gesellschafter beteiligt, verbleibt es bei der Notwendigkeit eines Berichtes und dessen Prüfung; hier muss daher auch die familiengerichtliche Genehmigungsbedürftigkeit geprüft werden.

Diese ist zu verneinen. Bei dem Ausgliederungsvorgang als solchem ist zu prüfen, ob dieser einen Genehmigungstatbestand erfüllt. Der Verzicht auf Bericht und Prüfung bedarf hingegen keiner familiengerichtlichen Genehmigung, weil er allein noch keine Verpflichtung des Minderjährigen begründet.[76]

3. *Der Gesellschafterbeschluss zur Zulassung zur Zeichnung des neuen Geschäftsanteils und die Übernahmeerklärung*

Bei der Kapitalerhöhung kann grundsätzlich nicht nur der Beschluss selbst, sondern auch der Zulassungsbeschluss für die Übernahme der neuen Geschäftsanteile und die Übernahmeerklärung/der Übernahmevertrag genehmigungsbedürftig sein.[77] Bei der *Ausgliederung zur Aufnahme* bedarf es solcher zusätzlichen Beschlüsse und Erklärungen jedoch nicht. Die Ausgliederung ist gerade dadurch gekennzeichnet, dass der Einzelkaufmann sich verpflichtet, Vermögen gegen die Gewährung von Gesellschaftsanteilen zu übertragen (§§ 126 Abs. 1 Nr. 2, 5 Abs. 1 Nr. 2 UmwG), sodass eine separate Zulassung und eine Übernahmevereinbarung nicht erforderlich sind.

4. *Der Sachgründungsbericht und die Handelsregisteranmeldung*

Die familiengerichtliche Genehmigung für den Anmeldungsvorgang[78] ist dem Registergericht zum Zwecke der Überprüfung der Wirksamkeit des materiellrechtlichen Vorgangs vorzulegen.[79] Die Handelsregisteranmeldung unterliegt aber ihrerseits nicht der Genehmigungspflicht.[80] Sie ist die formale Voraussetzung für die Eintragung der Ausgliederung im Handelsregister, schafft aber keine Verpflichtungen, die zum Schutz des Minderjährigen der familiengerichtlichen Genehmigung unterliegen könnten. Dasselbe muss für den Sachgründungsbericht gelten.

[76] So auch Buck, Der Erwerb von Gesellschaftsanteilen durch Minderjährige, Diss. 2012, S. 142. Ebenso wenig bedarf ein Verzicht des Minderjährigen auf alle durch Gesetz oder Satzung vorgeschriebenen Formen und Fristen der Genehmigung. Eine andere Frage ist, ob es sich – gerade bei der Ausgliederung zur Aufnahme auf eine mit fremden Gesellschaftern bestehende GmbH – im Hinblick auf das regelmäßig erforderliche familiengerichtliche Genehmigungsverfahren nicht empfiehlt, diese Berichte zu erstellen; so zu Recht Buck, Der Erwerb von Gesellschaftsanteilen durch Minderjährige, Diss. 2012, S. 143: „Wenn Anteilseigner auf solche Unterlagen verzichten, verlieren sie mit diesem Bericht bzw. Prüfungsbericht ein wesentliches Element der Richtigkeitsgewähr für ihr Umtauschverhältnis bzw. für die angebotene Abfindung. Ein solcher Verzicht wird das Genehmigungsverfahren erschweren."

[77] Vgl. dazu im Einzelnen DNotI-Report 2016, 173 (175f.).

[78] Die Anmeldung haben die Eltern aufgrund elterlicher Sorge und nicht der Pfleger für den Minderjährigen zu bewirken. Die Vertretungsbefugnis des gesetzlichen Vertreters entfällt wegen Interessenkollision nur „bei einem Rechtsgeschäft". Sie ist gegenüber dem Gericht abzugeben, so dass ein Vertretungsausschluss nicht in Betracht kommt (vgl. Buck, Der Erwerb von Gesellschaftsanteilen durch Minderjährige, Diss. 2012, S. 32f.).

[79] OLG Frankfurt a. M. NZG 2008, 749.

[80] So auch Kroll-Ludwigs in MüKoBGB, 9. Aufl. 2024, BGB § 1852 Rn. 7.

VI. Ergebnis

Wie festgestellt werden konnte, wird die Reichweite vieler Genehmigungstatbestände unterschiedlich beurteilt. Soweit keine höchstrichterliche Entscheidung vorliegt, dürfte es sich empfehlen, vorsorglich eine familiengerichtliche Genehmigung einzuholen.[81] Im Hinblick auf die einzuhaltende Acht-Monatsfrist (§§ 125, 17 Abs. 2 S. 4 UmwG, § 2 Abs. 1 UmwStG) gilt es dann, sehr rechtzeitig den Jahresabschluss auf- und festzustellen, um die Ausgliederungserklärung möglichst früh fassen und damit das Genehmigungsverfahren einleiten zu können. So kann die Gefahr vermieden werden, dass der Genehmigungsbeschluss des Familiengerichts nicht mehr rechtzeitig innerhalb der achtmonatigen Frist vorliegt. Eine noch nicht genehmigte Ausgliederungsurkunde darf zum Handelsregister zivilrechtlich nicht zur Eintragung angemeldet werden. Selbst wenn man dies anders sähe, wäre die steuerrechtliche Rückwirkung dann nicht mehr erreichbar (oben → III. 1.).

[81] Zum Verfahren und zur Genehmigungsfähigkeit siehe insbesondere Buck, Der Erwerb von Gesellschaftsanteilen durch Minderjährige, Diss. 2012, S. 142ff.; Böhringer NotBZ, 2014, 121 (126f.). Das Familiengericht muss eine umfassende Abwägung der Risiken und der Vorteile des Rechtsgeschäftes vornehmen, OLG Karlsruhe MittBayNot 2023, 367.

JOCHEN LUX/MADELINE GÖBEL

Die Einziehung des Geschäftsanteils und der Ausschluss des Gesellschafters aus wichtigem Grund im Recht der GmbH

I. Einleitung

Streit kommt in den besten Familien vor – und naturgemäß auch unter den Gesellschaftern einer GmbH. Dabei kann der Streit so weit gehen, dass ein Gesellschafter nicht mehr gewillt ist, mit einem anderen Gesellschafter zusammenzuarbeiten bzw. in Gesellschaft verbunden zu sein. Zwangsläufig stellt sich die Frage, ob der störende, missliebige oder ganz allgemein nicht mehr akzeptable Gesellschafter aus der Gesellschaft ausgeschlossen oder sein Geschäftsanteil eingezogen werden kann. Diese Frage kann sich naturgemäß auch dann stellen, wenn die Auseinandersetzung ihren Ursprung nicht im Gesellschaftsverhältnis selbst, sondern vielmehr im privaten Bereich der Gesellschafter hat. Muss auch in diesen Fällen weiterhin in der Gesellschaft zusammengearbeitet oder kann ein Gesellschafter auch in diesen Fällen aus der Gesellschaft ausgeschlossen werden? Macht es einen Unterschied, ob die Gesellschaft personalistisch oder kapitalistisch ausgestaltet ist? Was gilt, wenn sich private „Fehltritte" auf die Vermögens-, Finanz- oder Ertragslage der Gesellschaft auswirken? Und welche Besonderheiten bestehen bei der Zwei-Personen-GmbH?

Der praktische Alltag zeigt, dass Unstimmigkeiten zwischen Gesellschaftern, die eine weitere Zusammenarbeit unmöglich machen, nicht allzu selten vorkommen.[1] Es empfiehlt sich daher, bereits bei der Gründung der GmbH gesellschaftsvertraglich entsprechende Vorsorge zu treffen. Kautelarjuristisch kann insoweit im Gesellschaftsvertrag die Möglichkeit der Einziehung des Geschäftsanteils sowie der Ausschluss des Gesellschafters aus wichtigem Grund vorgesehen werden.

Der vorliegende Beitrag beleuchtet im Zusammenhang mit dem Ausschluss bzw. der Einziehung aus wichtigem Grund insbesondere die Konstellation der (rein privaten) Zerwürfnisse sowie die Besonderheiten in der Zwei-Personen-GmbH.

[1] Vgl. hierzu nur das aktuelle Urteil BGH NJW 2023, 3164 zu der Frage, ob ein Gesellschafter einer Zwei-Personen-GmbH die Ausschließungsklage in bestimmten Konstellationen im eigenen Namen erheben kann (sog. actio pro socio); vgl. zur Gesellschafterlage nach dem aktuellen Urteil den Beitrag von Barbara Grunewald auf S. 223ff. dieser Festschrift.

II. Voraussetzungen der Einziehung bzw. des Ausschlusses

1. Gesetzliche Grundlagen

Regelungen zur Einziehung des Geschäftsanteils eines Gesellschafters finden sich in § 34 GmbHG. Danach darf eine Einziehung von Geschäftsanteilen nur erfolgen, wenn sie in der Satzung zugelassen ist (§ 34 Abs. 1 GmbHG).

Der Ausschluss eines Gesellschafters ist demgegenüber im GmbHG nicht explizit geregelt. Dies bedeutet indes nicht, dass der Ausschluss eines Gesellschafters nicht zulässig ist. Der historische Gesetzgeber sah – unter Verweis auf die primär vermögensmäßige Beteiligung an der Kapitalgesellschaft – vorrangig die Auflösung der Gesellschaft (§§ 60, 61 GmbHG) als regelungsbedürftig an.[2]

2. Gesellschaftsvertragliche Verankerung

§ 34 Abs. 1 GmbHG bringt bereits von seinem Wortlaut her unmissverständlich zum Ausdruck, dass es keine Einziehung ohne ausdrückliche Zulassung im Gesellschaftsvertrag gibt. Anders ist dies bei dem Ausschluss eines Gesellschafters aus wichtigem Grund, der in der GmbH auch ohne Satzungsregelung möglich ist.[3] Dies folgt bereits daraus, dass sich das Ausschlussrecht aus dem allgemeinen zivilrechtlichen Grundsatz ableitet, dass stark in die Lebensgestaltung der Beteiligten eingreifende Dauerschuldverhältnisse, die ein gedeihliches Zusammenwirken in persönlichem Vertrauen voraussetzen, vorzeitig lösbar sein müssen, wenn den Beteiligten die weitere Zusammenarbeit nicht mehr zugemutet werden kann.[4] Die Gesellschafter insoweit auf die Auflösungsklage zu verweisen, würde – da die Auflösung der Gesellschaft stets nur das allerletzte Mittel sein kann – insoweit weit über das Ziel hinausschießen.[5]

Auch wenn eine gesellschaftsvertragliche Regelung für die Ausschließung danach nicht erforderlich ist, so empfiehlt es sich zur Schaffung von Transparenz und Rechtssicherheit gleichwohl, speziellere Regelungen zum Ausschluss (wie auch zur Einziehung) in den Gesellschaftsvertrag mit aufzunehmen.[6]

Den Gesellschaftern steht es dabei frei, einen für sie als „wichtigen Grund" einzuordnenden Sachverhalt im Gesellschaftsvertrag festzuschreiben.[7] Typische im Gesellschaftsvertrag vorgesehene Ausschluss- oder Einziehungsgründe sind die Insolvenz des Gesellschafters, die Pfändung des Geschäftsanteils, Verstöße gegen ein Wettbewerbsverbot, der Tod eines Gesellschafters, ein Kontrollwechsel in der Person des Gesellschafters, der Nichtabschluss von ehevertraglichen Regelungen sowie

---

[2] Winkler GmbHR 2017, 334 (334).

[3] Statt vieler Taetzer/Maul in Becksches Handbuch der GmbH, 6. Aufl. 2021, GmbHG § 14 Rn. 99; Strohn in MüKoGmbHG, 4. Aufl. 2022, GmbHG § 34 Rn. 114 mwN.

[4] Strohn in MüKoGmbHG, 4. Aufl. 2022, GmbHG § 34 Rn. 114; Seibt in Scholz, 13. Aufl. 2022, GmbHG Anh. § 34 Rn. 25.

[5] BGH NJW 1953, 780; Strohn in MüKoGmbHG, 4. Aufl. 2022, GmbHG § 34 Rn. 114.

[6] Gröner in Rowedder/Pentz, 7. Aufl. 2022, GmbHG § 34 Rn. 29; Werner GmbHR 2013, 1315 (1317); Seibt in Scholz, 13. Aufl. 2022, GmbHG Anh. § 34 Rn. 55.

[7] Fleischer in Henssler/Strohn, Gesellschaftsrecht, 6. Aufl. 2024, GmbHG § 34 Rn. 27; Ulmer/Habersack in Habersack/Casper/Löbbe, 3. Aufl. 2020, GmbHG Anh. § 34 Rn. 19.

das Ausscheiden aus Organ- oder Anstellungsverhältnissen. Nicht fehlen darf dabei – gleichsam als Auffangtatbestand – das Vorliegen eines wichtigen Grundes in der Person des Gesellschafters, wobei insoweit regelmäßig auf die Bestimmungen für Personenhandelsgesellschaften (§ 134 HGB nF) verwiesen wird.[8]

Soweit ein gesellschaftsvertraglich vorgesehener wichtiger Grund vorliegt, ist eine – andernfalls zwingend erforderliche – Interessenabwägung und Prüfung der Zumutbarkeit des Ausschlusses bzw. der Einziehung aus wichtigem Grund nicht mehr erforderlich. Die Interessenabwägung zulasten des betroffenen Gesellschafters haben die Gesellschafter in den einschlägigen Konstellationen bereits vorab mit der gesellschaftsvertraglichen Normierung als wichtiger Grund getroffen. Eine entsprechende Konkretisierung erhöht also die Rechtssicherheit und beugt Streitigkeiten vor.[9]

Im Rahmen der gesellschaftsvertraglichen Gestaltung ist indes darauf zu achten, dass den vorab durch die Gesellschafter festgelegten „wichtigen Gründen" kein abschließender Charakter anhaftet. Wie auch in der vorstehenden Aufzählung sollte die „Generalklausel" des „wichtigen Grundes" folglich stets neben die konkret normierten Einziehungsgründe treten, welche wegen des Schutzzwecks des § 34 Abs. 2 GmbHG und des ultima ratio-Gedankens einer Ausschließung im Zweifel restriktiv auszulegen sind.[10]

Zudem gilt es darauf zu achten, dass die Einziehungs-/Ausschlussgründe hinreichend bestimmt sind und sich ihre Tragweite ohne weiteres durch Auslegung ermitteln lässt.[11] Nicht verwendet werden sollten daher Formulierungen wie „schlechter Ruf", „unerwünschtes Verhalten" oder „Unfähigkeit, sich in die Gesellschaft einzufügen", da sich mit diesen Formulierungen das Ziel „Schaffung von Rechtssicherheit" nicht erreichen ließe.[12]

Die im Gesellschaftsvertrag statuierten Einziehungs-/Ausschlussgründe können schlussendlich sowohl strenger als auch milder als der sonst nach allgemeinen zivilrechtlichen Grundsätzen maßgebliche „wichtige Grund" ausgestaltet werden. Dabei sind jedoch zwei Grenzen zu beachten.[13] Der Ausschluss darf zum einen nicht derart hohen Anforderungen unterliegen, dass hierdurch das Recht zum Ausschluss faktisch ausgeschlossen wird, denn das Recht zum Ausschluss aus wichtigem Grund

---

[8] Mayer/Weiler in BeckNotar-HdB, 8. Aufl. 2024, § 22 Rn. 133. Die seit dem 1.1.2024 geltende Regelung des § 134 HGB nF entspricht inhaltlich den §§ 140, 133 HGB aF; vgl. BT-Drs. 19/27635, 245; Lehmann-Richter in BeckOK HGB, 42. Ed. 1.1.2024, HGB § 134 Rn. 1; Lorz in Ebenroth/Boujong, 5. Aufl. 2024, HGB § 134 Rn. 1.

[9] Kort in Münchener Handbuch des Gesellschaftsrechts, Band 3, 6. Aufl. 2023, § 29 Rn. 38; Schindler in BeckOK GmbHG, 60. Ed. 1.8.2023, GmbHG § 34 Rn. 128.

[10] Westermann/Seibt in Scholz, 13. Aufl. 2022, GmbHG § 34 Rn. 21; als milderes Mittel kann beispielsweise die Abberufung eines Gesellschafter-Geschäftsführers anzusehen sein, wenn dies die Streitigkeiten dahingehend minimiert, dass eine künftige Zusammenarbeit hiernach (wieder) zu erwarten ist; Kleindiek in Lutter/Hommelhoff, 21. Aufl. 2023, GmbHG § 34 Rn. 43.

[11] Görner in Rowedder/Pentz, 7. Aufl. 2022, GmbHG § 34 Rn. 29; Ulmer/Habersack in Habersack/Casper/Löbbe, 3. Aufl. 2020, GmbHG § 34 Rn. 38.

[12] Strohn in MüKoGmbHG, 4. Aufl. 2022, GmbHG § 34 Rn. 44.

[13] Strohn in MüKoGmbHG, 4. Aufl. 2022, GmbHG § 34 Rn. 149; Ulmer/Habersack in Habersack/Casper/Löbbe, 3. Aufl. 2020, GmbHG Anh. § 34 Rn. 19.

hat zwingenden Charakter.[14] Jedes dauerhaft angelegte Rechtsverhältnis muss aus wichtigem Grund kündbar sein.[15] Zum anderen darf die Ausschließung nicht in das freie Ermessen eines oder mehrerer anderer Gesellschafter gestellt werden. Der Verbleib in der Gesellschaft darf nicht grundlos vom Wohlwollen der anderen Gesellschafter abhängig sein, die Stellung als Gesellschafter darf nicht unter dem Damoklesschwert der Hinauskündigung stehen.[16] Anderes ist nur zulässig, wenn besondere Umstände dies hinreichend rechtfertigen, zB bei Freiberuflern für eine angemessene Zeit des Kennenlernens (Probezeit)[17] oder im Rahmen von Mitarbeiter- oder Managementbeteiligungen.[18]

Sollen Einziehungs-/Ausschlussgründe nachträglich in den Gesellschaftsvertrag aufgenommen oder bestehende Gründe erweitert werden, so müssen alle Gesellschafter zustimmen.[19]

3. *Voraussetzungen*

Ungeachtet des weiten Gestaltungspielraums bei der Formulierung von Einziehungs-/Ausschlussgründen soll im Folgenden allein die Generalklausel des „wichtigen Grundes in der Person des Gesellschafters" näher betrachtet werden. Zwar müssen die Instrumente des Ausschlusses und der Einziehung rechtstechnisch unterschieden werden, die diesen Instrumenten zugrundeliegenden Wertungen werden indes simultan verwendet, sodass sich die folgenden Ausführungen generalistisch auf beide Gestaltungsmöglichkeiten beziehen. Diesem Verständnis folgend sollen im Folgenden daher die einzelnen in die Gesamtabwägung einzustellenden Parameter näher betrachtet werden, die bei der Qualifizierung als „wichtiger Grund" zu berücksichtigen sind.

a) Definition: Wichtiger Grund

Über die generelle Definition des wichtigen Grundes besteht weitestgehend Einigkeit. Ein wichtiger Grund zum Ausschluss liegt danach vor, „wenn Umstände in der Person oder im Verhalten des Gesellschafters unter Berücksichtigung sämtlicher Umstände des Einzelfalles den Fortbestand der Gesellschaft unmöglich machen oder zumindest ernstlich gefährden und den übrigen Gesellschaftern daher der Verbleib des Gesellschafters in der Gesellschaft nicht zuzumuten ist".[20]

---

[14] OLG Jena NZG 2006, 36 (37); Görner in Rowedder/Pentz, 7. Aufl. 2022, GmbHG § 34 Rn. 101; Strohn in MüKoGmbHG, 4. Aufl. 2022, GmbHG § 34 Rn. 138.

[15] Schindler in BeckOK GmbHG, 60. Ed. 1.8.2023, GmbHG § 34 Rn. 128.

[16] Ring/Grziwotz in Ring/Grziwotz, Systematischer Praxiskommentar GmbH-Recht, 3. Aufl. 2019, GmbHG § 34 Rn. 5; Ulmer/Habersack in Habersack/Casper/Löbbe, 3. Aufl. 2020, GmbHG Anh. § 34 Rn. 19; Strohn in MüKoGmbHG, 4. Aufl. 2022, GmbHG § 34 Rn. 44.

[17] Seibt in Scholz, 13. Aufl. 2022, GmbHG Anh. § 34 Rn. 56; Strohn in MüKoGmbHG, 4. Aufl. 2022, GmbHG § 34 Rn. 153.

[18] BGH NJW 2005, 3641; NJW 2005, 3644.

[19] Statt vieler Seibt in Scholz, 13. Aufl. 2022, GmbHG Anh. § 34 Rn. 55; Kleindiek in Lutter/Hommelhoff, 21. Aufl. 2023, GmbHG § 34 Rn. 43.

[20] BGHZ 80, 346 (350); Schindler in BeckOK GmbHG, 60. Ed. 1.8.2023, GmbHG § 34 Rn. 119.

Die einem wichtigen Grund zugrunde liegenden Umstände können sich danach sowohl aus den persönlichen Verhältnissen des Gesellschafters als auch aus dessen Verhalten ergeben, wobei Ausschlussgründe in der Praxis in den allermeisten Fällen aus dem Verhalten des Gesellschafters folgen werden.[21] Ein Ausschluss kann insbesondere bei einer Verletzung der gesellschaftsrechtlichen Treuepflicht, einer kriminellen Handlung zum Nachteil der Gesellschaft oder zum Nachteil eines Mitgesellschafters, bei einem Entzug von liquiden Mitteln der Gesellschaft zugunsten eigennütziger Zwecke des Gesellschafters, bei einem der Stellung der Gesellschaft stark abträglichen Auftreten in der Öffentlichkeit oder einem erheblichen Verstoß gegen den Gesellschaftsvertrag gerechtfertigt sein.[22]

Ob ein bestimmter Sachverhalt im Zusammenhang mit dem konkreten Gesellschafterkreis und der betroffenen Gesellschaft zum Ausschluss führen kann, ist dabei jeweils im Einzelfall zu prüfen.

b) Gesamtabwägung/Unzumutbarkeit

Voraussetzung für die Ausschließung oder Einziehung aus wichtigem Grund ist die Unzumutbarkeit der Fortsetzung der Gesellschaft mit dem auszuschließenden Gesellschafter.[23] Es muss unzumutbar sein, die Gesellschaft (überhaupt) gemeinsam mit dem betreffenden Gesellschafter fortzuführen, die Kooperationsgrundlage muss entzogen sein und ein sinnvolles Zusammenwirken der Gesellschafter darf nicht mehr zu erwarten sein, sodass der Fortbestand der Gesellschaft unmöglich oder zumindest ernstlich gefährdet ist.[24] Diese Voraussetzungen liegen insbesondere vor, wenn aufgrund einer Abwägung aller Gesichtspunkte den übrigen Gesellschaftern die Fortsetzung mit dem auszuschließenden Gesellschafter infolge seines Verhaltens oder seiner Persönlichkeit nicht mehr zuzumuten ist.[25]

In die Gesamtabwägung sind dabei die Art und der Zweck sowie die bisherige Dauer der Gesellschaft und der Umfang der dabei geschaffenen Werte, die Intensität der persönlichen Zusammenarbeit und die Stellung des Auszuschließenden in der Gesellschaft, weiter das Ausmaß der eingetretenen Störung des Vertrauensverhältnisses und der voraussichtlichen Entwicklung der Gesellschafterbeziehungen einzubeziehen.[26] Ob ein materieller Schaden für die Gesellschaft eingetreten ist oder prognostiziert wird, ist für die Beurteilung der Unzumutbarkeit hingegen ohne Belang, korreliert praktisch jedoch häufig mit dem Vorliegen des wichtigen Grundes.[27]

---

[21] Görner in Rowedder/Pentz, 7. Aufl. 2022, GmbHG § 34 Rn. 102; Strohn in MüKo-GmbHG, 4. Aufl. 2022, GmbHG § 34 Rn. 134.

[22] Strohn in MüKoGmbHG, 4. Aufl. 2022, GmbHG § 34 Rn. 140; Seibt in Scholz, 13. Aufl. 2022, GmbHG Anh. § 34 Rn. 30.

[23] Klöhn in Henssler/Strohn, Gesellschaftsrecht, 6. Aufl. 2024, HGB § 134 Rn. 10; Seibt in Scholz, 13. Aufl. 2022, GmbHG Anh. § 34 Rn. 29.

[24] Statt vieler BGH NJW 1998, 146; NJW 1966, 2160 (2161).

[25] LG Köln BeckRS 2014, 205; Ulmer/Habersack in Habersack/Casper/Löbbe, 3. Aufl. 2020, GmbHG Anh. § 34 Rn. 12.

[26] OLG Stuttgart BeckRS 2015, 1986.

[27] Lorz in Ebenroth/Boujong, 5. Aufl. 2024, HGB § 134 Rn. 12; Haas in Röhricht/Graf von Westphalen/Haas/Mock/Wöstmann, 6. Aufl. 2023, HGB § 134 Rn. 3.

aa) Prognosetatbestand

Die den wichtigen Grund begründenden Tatsachen betreffen zwar in der Regel einen in der Vergangenheit abgeschlossenen Sachverhalt, müssen aber die Unzumutbarkeit der Zusammenarbeit mit dem betroffenen Gesellschafter für die Zukunft rechtfertigen (sog. Prognosetatbestand).[28] Der wichtige Grund muss zum Zeitpunkt der letzten mündlichen Verhandlung der Tatsacheninstanz im Rahmen der Ausschließungsklage vorliegen.[29]

bb) (Mit-)Verschulden und Gleichbehandlung

Ein Verschulden des betroffenen Gesellschafters führt nicht zwingend zur Annahme eines wichtigen Grundes, da der Ausschluss schlussendlich keinen Strafcharakter aufweist.[30] Ein Vertretenmüssen kann in der Interessenabwägung jedoch zur Bejahung eines wichtigen Grundes führen, insbesondere wenn es die Unzumutbarkeit der Fortsetzung des Gesellschaftsverhältnisses fördert.[31]

Demgegenüber kann ein schuldhaftes Verhalten der übrigen Gesellschafter die Annahme eines wichtigen Grundes in der Person des betreffenden Gesellschafters ausschließen.[32] Im Rahmen der umfassenden Prüfung aller Umstände des Einzelfalls muss daher auch das Verhalten der übrigen Gesellschafter näher beleuchtet werden.[33] Dabei kann es naturgemäß auch keine willkürliche Ungleichbehandlung der Gesellschafter bei der Ausschließung geben. Kann mehreren Gesellschaftern ein identisches Fehlverhalten angelastet werden und sind diese für die Gesellschaft folglich sämtlich untragbar geworden, darf nicht nur ein Gesellschafter ausgeschlossen werden, ohne dass dafür ein rechtfertigender Grund vorliegt oder diesen das überwiegende Verschulden trifft. Ebenso ist zu berücksichtigen, wenn Umstände in der Person der anderen Gesellschafter vorliegen, die zu einer milderen Beurteilung der Gründe, die der auszuschließende Gesellschafter gesetzt hat, führen.[34]

Auch ein tiefgreifendes Zerwürfnis zwischen den Gesellschaftern kann danach nur dann einen wichtigen Grund zum Ausschluss darstellen, wenn es überwiegend vom Auszuschließenden verursacht wurde und bei den anderen Gesellschaftern nicht ebenfalls gleichermaßen verschuldete Ausschlussgründe vorliegen.[35]

---

[28] Thiessen in Bork/Schäfer, 5. Aufl. 2022, GmbHG § 34 Rn. 58.

[29] Görner in Rowedder/Pentz, 7. Aufl. 2022, GmbHG § 34 Rn. 85; Seibt in Scholz, 13. Aufl. 2022, GmbHG Anh. § 34 Rn. 35.

[30] Kleindiek in Lutter/Hommelhoff, 21. Aufl. 2023, GmbHG § 34 Rn. 111; Görner in Rowedder/Pentz, 7. Aufl. 2022, GmbHG § 34 Rn. 81.

[31] Klöhn in Henssler/Strohn, Gesellschaftsrecht, 6. Aufl. 2024, HGB § 134 Rn. 14; Seibt in Scholz, 13. Aufl. 2022, GmbHG Anh. § 34 Rn. 30.

[32] Kleindiek in Lutter/Hommelhoff, 21. Aufl. 2023, GmbHG § 34 Rn. 111; Seibt in Scholz, 13. Aufl. 2022, GmbHG Anh. § 34 Rn. 33.

[33] Schindler in BeckOK GmbHG, 60. Ed. 1.8.2023, GmbHG § 34 Rn. 124; Kleindiek in Lutter/Hommelhoff, 21. Aufl. 2023, GmbHG § 34 Rn. 112.

[34] Görner in Rowedder/Pentz, 7. Aufl. 2022, GmbHG § 34 Rn. 87; Seibt in Scholz, 13. Aufl. 2022, GmbHG Anh. § 34 Rn. 33.

[35] Kleindiek in Lutter/Hommelhoff, 21. Aufl. 2023, GmbHG § 34 Rn. 111.

cc) Zeitliche Grenzen

Das Recht zur Einziehung aus wichtigem Grund ist grundsätzlich an keine Frist gebunden. Allerdings spielt ein etwaiger Zeitablauf zwischen Eintritt des wichtigen Grundes und Einziehung des Geschäftsanteils oder Ausschluss des Gesellschafters bei der Prüfung der Zumutbarkeit eine Rolle.[36]

Wenn die Gesellschaft in Kenntnis und ungeachtet der relevanten Umstände fortgesetzt wird, kann dies dazu führen, dass innerhalb der Interessenabwägung das Interesse an der Einziehung weniger stark wiegt.[37] Dies gilt jedoch nur dann, wenn die Gesellschafter mit dem Auszuschließenden vorbehaltlos weiter zusammengearbeitet haben.[38] Denn in dem Fall spricht eine tatsächliche Vermutung für einen nachträglichen, durch die spätere Entwicklung der gesellschaftlichen Beziehungen bedingten Wegfall des Ausschluss- oder Einziehungsgrundes.[39] Der Wegfall tritt aber nur dann ein, wenn den Gesellschaftern die Umstände jedenfalls in groben Umrissen bekannt waren.[40]

Im Rahmen der Qualifizierung als Ausschluss-/Einziehungsgrund grundsätzlich nicht berücksichtigungsfähig ist ein Verhalten des Gesellschafters vor seinem Beitritt zur Gesellschaft. Ein solches Verhalten kann aber naturgemäß gleichwohl bedeutsam für die Bewertung seines Verhaltens bei oder nach dem Beitritt sein.[41]

Mehrere Vorwürfe, die jeweils für sich genommen keinen wichtigen Grund zu begründen vermögen, können in ihrer Gesamtschau das Verbleiben des Gesellschafters in der Gesellschaft unzumutbar erscheinen lassen. Dabei ist zu berücksichtigen, dass ältere Tatsachen allein oder weit überwiegend nicht mehr ausreichen, da die zwischenzeitliche Fortsetzung der Gesellschaft sie als weniger schwerwiegend erscheinen lässt.[42] Denn es wäre in sich widersprüchlich, wenn die übrigen Gesellschafter an der Gesellschaft festhielten und dennoch angenommen würde, die Fortsetzung der Gesellschaft sei ihnen unzumutbar.[43]

dd) Ausgestaltung der Gesellschaft

Im Rahmen der Interessenabwägung ebenfalls zu berücksichtigen ist die Ausgestaltung der Gesellschaft als kapitalistische oder personalistische. Ein Verhalten kann in der einen Struktur tolerabel sein, während es in der anderen Struktur intolerabel ist.[44]

---

[36] Strohn in MüKoGmbHG, 4. Aufl. 2022, GmbHG § 34 Rn. 134.

[37] BGH NJW 1966, 2160 (2161); Klöhn in Henssler/Strohn, Gesellschaftsrecht, 6. Aufl. 2024, HGB § 134 Rn. 24.

[38] Strohn in MüKoGmbHG, 4. Aufl. 2022, GmbHG § 34 Rn. 134; Schindler in BeckOK GmbHG, 60. Ed. 1.8.2023, GmbHG § 34 Rn. 123.

[39] BGH NJW 1966, 2160 (2161).

[40] BGH NJW 1960, 866 (668).

[41] Strohn in MüKoGmbHG, 4. Aufl. 2022, GmbHG § 34 Rn. 134.

[42] OLG Hamm BeckRS 2014, 10895 (für einen Zeitraum von 18 Monaten); Habersack/Schäfer in Habersack/Schäfer, Das Recht der OHG, 2. Aufl. 2019, § 133 Rn. 15.

[43] BGH NJW 1966, 2160 (2161) (bei einem Zeitraum von eineinviertel Jahren); kein Wegfall des Grundes bei 11 Monaten in BGH NJW 1999, 2820 (2821).

[44] Thiessen in Bork/Schäfer, 5. Aufl. 2022, GmbHG § 34 Rn. 59; Rodewald/Blunk in Centrale für GmbH, GmbH-Handbuch, 188. EL 3/2024, 7. Abschnitt Rn. 1366.

Personalistisch strukturierte Gesellschaften sind im Wesentlichen dadurch gekennzeichnet, dass sie nur wenige Gesellschafter haben und der Einfluss der Gesellschafter gleich groß ist. Oft sind die Anteile vinkuliert und der Gesellschafterkreis auf Familienangehörige begrenzt.[45] Hiermit einher geht oft ein ausgeprägtes wechselseitiges Vertrauensverhältnis der Gesellschafter untereinander.

Kapitalistisch strukturierte Gesellschaften zeichnen sich demgegenüber dadurch aus, dass sie aus einem großen Kreis von Gesellschaftern bestehen, die vorrangig als Kapitalgeber fungieren, deren Einfluss auf die Gesellschaft generell oder jedenfalls überwiegend reduziert ist.[46]

Die Rechtsprechung hatte ihre Kasuistik zur Ausschließung aus wichtigem Grund zwar zunächst an personalistisch strukturierten Gesellschaften entwickelt, was im Schrifttum zunächst zum Anlass genommen wurde, das Ausschließungsrecht aus wichtigem Grund auf personalistisch strukturierte Gesellschaften zu beschränken.[47] Heute entspricht es jedoch der einhelligen Meinung in Rechtsprechung und Literatur, dass auch in der kapitalistisch strukturierten GmbH eine Ausschießungsklage dem Grunde nach möglich ist.[48] Denn auch in kapitalistisch ausgestalteten Strukturen kann ein Gesellschafter die Funktionsfähigkeit der Gesellschaft gefährden und das Gesellschaftsverhältnis nachhaltig schädigen, sodass einer zukünftigen Zusammenarbeit der Gesellschafter die Grundlage entzogen sein kann.[49] Eine Beschränkung des Ausschließungsrechts auf personalistisch strukturierte Gesellschaften verbietet sich zudem deshalb, weil eine trennscharfe Abgrenzung der Innenstrukturen kaum möglich ist.[50]

Festhalten lässt sich gleichwohl, dass ein wichtiger Grund für die Ausschließung in der kapitalistisch strukturierten GmbH seltener zu bejahen sein wird als in der personalistisch strukturierten.[51] Verwerfungen unter den Gesellschaftern werden sich in der personalistisch geprägten GmbH wesentlich stärker auf die Gesellschaft selbst auswirken und daher regelmäßig eher zum Ausschluss berechtigen als in Gesellschaften, die weitestgehend kapitalistisch verfasst sind. Denn in personalistischen Gesellschaften spielen die persönlichen Eigenschaften der Gesellschafter und das unter den Gesellschaftern herrschende Vertrauensverhältnis eine wesentlich größere Rolle.[52]

In personalistischen Gesellschaften genießt das Kontinuitätsinteresse jedoch zugleich stärkeren Schutz als in kapitalistischen Gesellschaften, weshalb Gesellschafter auch verpflichtet sein können, über gewisse gesellschaftswidrige Verhaltensweisen

---

[45] J. Schmidt in Michalski/Heidinger/Leible/J. Schmidt, GmbHG, 4. Aufl. 2023, Systematische Darstellung 1 Rn. 29; Liebscher in MüKoGmbHG, 4. Aufl. 2023, GmbHG § 45 Rn. 18.

[46] Liebscher in MüKoGmbHG, 4. Aufl. 2023, GmbHG § 45 Rn. 20.

[47] Ulmer/Habersack in Habersack/Kasper/Löbbe, 3. Aufl. 2020, GmbHG Anh. § 34 Rn. 14.

[48] Ulmer/Habersack in Habersack/Kasper/Löbbe, 3. Aufl. 2020, GmbHG Anh. § 34 Rn. 14.

[49] Strohn in MüKoGmbHG, 4. Aufl. 2022, GmbHG § 34 Rn. 136; Sosnitza in Michalski/Heidinger/Leible/J. Schmidt, 4. Aufl. 2023, GmbHG Anh. § 34 Rn. 16.

[50] Hommelhoff/Bayer/Kleindiek in Lutter/Hommelhoff, GmbHG, 21. Aufl. 2023, Einleitung Rn. 4; Schmidt in Michalski/Heidinger/Leible/J. Schmidt, GmbHG, 4. Aufl. 2023, Systematische Darstellung 1 Rn. 28.

[51] Kleindiek in Lutter/Hommelhoff, 21. Aufl. 2023, GmbHG § 34 Rn. 112.

[52] Strohn in MüKoGmbHG, 4. Aufl. 2022, GmbHG § 34 Rn. 136.

hinwegzusehen. Erforderlich sind daher über persönliche Spannungen und gesellschaftsbezogene Zerwürfnisse hinausgehende schädliche Auswirkungen auf die Gesellschaft.[53] Dies ist grundsätzlich nicht der Fall, wenn sich die Verfehlungen des Gesellschafters auf seinen privaten Bereich beschränken.[54] Zu bejahen sind schädliche Auswirkungen jedoch, wenn das Ansehen der Gesellschaft in der Öffentlichkeit erheblich geschädigt wird.[55] Dabei ist auch hier jeweils im Einzelfall zu prüfen, inwiefern sich die geltend gemachten Ausschließungsgründe auf die Zusammenarbeit im Gesellschafterkreis auswirken und inwiefern eine Störung des Gesellschaftsverhältnisses vorliegt.[56]

Auch in Bezug auf persönliche Eigenschaften der betroffenen Gesellschafter und Störungen des Vertrauensverhältnisses wird ein wichtiger Grund umso eher zu bejahen sein, je stärker personalistisch eine GmbH ausgestaltet ist.[57] In personalistischen Gesellschaften, die auf die Mitarbeit aller Gesellschafter angelegt ist, ist es Gesellschaftern bspw. möglich, gesellschaftsvertraglich eine Ausschließung eines nicht mehr mitarbeitenden Gesellschafters vorzusehen.[58] Als relevante Eigenschaft von Gesellschaftern kommt in personalistischen Gesellschaften auch die Familienzugehörigkeit in Betracht, deren Wegfall bei der Abwägung der Frage nach der Unzumutbarkeit besonderes Gewicht erhält und den Ausschluss zu begründen vermag.[59] Den Ausschluss rechtfertigen kann im Einzelfall auch eine Straftat, selbst wenn sie keinen Bezug zur Gesellschaft hat, sich aber geschäftsschädigend auswirkt.[60] Stellung und Verhalten des Gesellschafters können dabei naturgemäß auch Auswirkungen auf die Funktionsfähigkeit der kapitalistisch ausgestalteten Gesellschaft haben oder zur Gefährdung oder Vereitelung des Gesellschaftszwecks führen, sodass diese als wichtige Gründe auch bei einer kapitalistischen GmbH anzuerkennen sind.[61]

ee) Persönliche Verwerfungen im Privatbereich der Gesellschafter

Rein private Verfehlungen der Gesellschafter sind grundsätzlich unbeachtlich, und eine persönliche Zerstrittenheit der Gesellschafter kann allein keinen wichtigen Grund für eine Ausschließung oder eine Einziehung darstellen.[62] Relevant werden die Verfehlungen jedoch dann, wenn von dem Zerwürfnis zumindest lang-

[53] BGH NJW 1998, 146 (147); BGHZ 51, 204 (206); Seibt in Scholz, 13. Aufl. 2022, GmbHG Anh. § 34 Rn. 31.

[54] Sosnitza in Michalski/Heidinger/Leible/J. Schmidt, 4. Aufl. 2023, GmbHG Anh. § 34 Rn. 14.

[55] Seibt in Scholz, 13. Aufl. 2022, GmbHG Anh. § 34 Rn. 31.

[56] OLG Hamm NZG 2023, 1690 Rn. 64; Klöhn in Henssler/Strohn, Gesellschaftsrecht, 6. Aufl. 2024, HGB § 134 Rn. 13.

[57] Ulmer/Habersack in Habersack/Casper/Löbbe, 3. Aufl. 2020, GmbHG Anh. § 34 Rn. 14.

[58] BGH NJW 1983, 2880 (2881).

[59] BGH NJW 1973, 92.

[60] Strohn in MüKoGmbHG, 4. Aufl. 2022, GmbHG § 34 Rn. 139; Kersting in Noack/Servatius/Haas, 23. Aufl. 2022, GmbHG Anh. § 34 Rn. 3.

[61] K. Schmidt/Fleischer in MüKoHGB, 5. Aufl. 2022, HGB § 140 Rn. 51; Ulmer/Habersack in Habersack/Casper/Löbbe, 3. Aufl. 2020, GmbHG Anh. § 34 Rn. 14.

[62] K. Schmidt/Fleischer in MüKoHGB, 5. Aufl. 2022, HGB § 140 Rn. 17; Roth in Hopt, 43. Aufl. 2024, HGB § 134 Rn. 11.

fristig Auswirkungen auf das Gesellschaftsverhältnis ausgehen,[63] die sich in einer Zerstörung der für den Fortbestand des Gesellschaftsverhältnisses unentbehrlichen Vertrauenslage manifestieren.[64] Ein bloßer Gesellschaftsbezug und das Vorliegen eines Verhaltens gegen die wirtschaftlichen Interessen der Gesellschaft genügen dabei nicht, solange keine schädlichen Auswirkungen auf die Gesellschaft feststellbar sind.[65] Die Zusammenarbeit bleibt folglich regelmäßig zumutbar, wenn sich die persönlichen Spannungen nicht auf den Geschäftsbetrieb auswirken.[66]

Vereinzelt können Störfälle im persönlichen Bereich jedoch als ausreichend betrachtet werden, wenn die persönliche Verfehlung die Gesellschaft schädigt oder ein Mitgesellschafter hierdurch persönlich verletzt worden ist.[67] Die Rechtsprechung hat dies beispielsweise in einer Familiengesellschaft bei ehebrecherischen Beziehungen oder der Scheidung einer Ehe, die Geschäftsgrundlage für die Gesellschafteraufnahme war, bejaht.[68] Dabei ist jedoch stets streng darauf zu achten, ob sich aus dem Vorfall eine sich auf die Fortsetzung des Gesellschaftsverhältnisses beziehende Unzumutbarkeit ergibt.[69]

Ein Bezug zum Gesellschaftsverhältnis kann sich dabei häufig aus der Ursache der Störung ergeben. So genügt es, wenn sich die Folgen der Störung nachhaltig auf das Gesellschaftsverhältnis auswirken. Dies kann etwa bei ganz schwerwiegenden Straftaten oder gravierendem Fehlverhalten in der Öffentlichkeit der Fall sein, wenn dadurch das Ansehen der Gesellschaft beschädigt wird.[70] Kurzfristige Überreaktionen der Öffentlichkeit oder einzelner Dritter können den Ausschluss dabei jedoch nicht rechtfertigen.[71]

Weiter kann die willkürlich-strapaziöse Ausübung der dem Gesellschafter zustehenden Rechte, wie zB des Auskunfts- und Einsichtsrechts nach § 51a GmbHG, für Mitgesellschafter die Unzumutbarkeit begründen;[72] das betreffende Verhalten muss dabei jedoch über eine als lästig empfundene extensive Wahrnehmung der Rechte hinausgehen.[73] Leitet ein Gesellschafter gegen die Gesellschaft oder Mitgesellschafter Rechtsstreitigkeiten ein, kann dies einen Ausschließungsgrund darstellen, wenn der betreffende Gesellschafter schikanös und wahllos vorgeht.[74] An-

[63] OLG Stuttgart BeckRS 2015, 1986; Klöhn in Henssler/Strohn, Gesellschaftsrecht, 6. Aufl. 2024, HGB § 134 Rn. 13.

[64] K. Schmidt/Fleischer in MüKoHGB, 5. Aufl. 2022, HGB § 140 Rn. 51.

[65] OLG Stuttgart BeckRS 2015, 1986; Klöhn in Henssler/Strohn, Gesellschaftsrecht, 6. Aufl. 2024, HGB § 134 Rn. 13.

[66] OLG Dresden NZG 2001, 809 (809).

[67] BGHZ 4, 113; Lorz in Ebenroth/Boujong, 5. Aufl. 2024, HGB § 134 Rn. 22; Roth in Hopt, 43. Aufl. 2024, HGB § 134 Rn. 11.

[68] BGH NJW 1952, 461 (462); OLG Bremen BB 1972, 813; Roth in Hopt, 43. Aufl. 2024, HGB § 134 Rn. 6.

[69] K. Schmidt/Fleischer in MüKoHGB, 5. Aufl. 2022, HGB § 140 Rn. 17.

[70] Sosnitza in Michalski/Heidinger/Leible/J. Schmidt, 4. Aufl. 2023, GmbHG Anh. § 34 Rn. 14.

[71] K. Schmidt/Fleischer in MüKoHGB, 5. Aufl. 2022, HGB § 140 Rn. 51.

[72] Görner in Rowedder/Pentz, 7. Aufl. 2022, GmbHG § 34 Rn. 83.

[73] Ulmer/Habersack in Habersack/Casper/Löbbe, 3. Aufl. 2020, GmbHG Anh. § 34 Rn. 13.

[74] Volmer in Gehrlein/Witt/Volmer, GmbH-Recht in der Praxis, 4. Aufl. 2019, Kap. 3 Abschnitt II Rn. 32.

ders ist es naturgemäß, wenn der Gesellschafter ernsthaft und berechtigt Ansprüche gegen die Gesellschaft geltend macht.[75]

Verwandtschaftliche Beziehungen zwischen den Beteiligten sind generell ambivalent in die Gesamtwürdigung einzubeziehen: Während sie einerseits ein Fehlverhalten als besonders verwerflich erscheinen lassen können, können sie andererseits auch die Pflicht begründen, über gewisse gesellschaftswidrige Verhaltensweisen hinwegzusehen und gegen sie mit weniger einschneidenden Maßnahmen vorzugehen.[76] Die Schwierigkeit der Berücksichtigung von Verwandtschaftsverhältnissen zeigt sich dabei in zwei Beispielen aus der Rechtsprechung des BGH, in welchen die familiäre Bindung unterschiedlich in die Gesamtabwägung eingeflossen sind. In einem vom BGH zu entscheidenden Fall sollte nach dem Willen eines Erblassers ein ererbtes Familienunternehmen die Lebensgrundlage aller Gesellschafter-Erben sein. Zwischen den Gesellschafter-Erben kam es während der Fortführung des Familienunternehmens zu Zerwürfnissen, über welche nach Auffassung des Gerichts aufgrund der familiären Bindung gegebenenfalls hinwegzusehen oder mit weniger einschneidenden Maßnahmen zu reagieren sei.[77] Anders entschied das Gericht in einem Fall zu einer Gesellschaft zwischen zwei Brüdern. Gesellschaftswidrige Verfehlungen allein würden keine besondere Rücksichtnahme erfordern, nur weil es sich um Brüder handele.[78] In letzterem Fall stellte das Gericht die Leistung eines Gesellschafters für die Gesellschaft in den Vordergrund der Gesamtabwägung und wies der familiären Bindung eine untergeordnete Rolle zu.

ff) Besonderheit: Zwei-Personen-Gesellschaft

Die Ausschließung eines Gesellschafters aus einer zweigliedrigen GmbH ist grundsätzlich zulässig mit der Folge, dass die Gesellschaft nach der Ausschließung als Ein-Personen-GmbH fortbesteht.[79] Ebenso wie bei der mehrgliedrigen GmbH ist innerhalb der Prüfung des wichtigen Grundes das Verhalten beider Gesellschafter einzubeziehen. Dabei sind in der Zwei-Personen-Gesellschaft jedoch erhöhte Anforderungen an die Ausschließung zu stellen, denn die von den Gesellschaftern eingegangene Verbindung beruht gerade darauf, dass beide einen vereinbarten Beitrag zum Betrieb der Gesellschaft erbringen und diese Beiträge nicht substituiert oder – wie im Falle der Mehrpersonen-Gesellschaft – von anderen Gesellschaftern erbracht werden können.[80] Zudem entscheiden in der Mehr-Personen-Gesellschaft die verbleibenden Gesellschafter kollektiv über den Ausschluss des betreffenden Gesellschafters. Im Regelfall setzt diese Entscheidung einen Austausch von Argumenten voraus und das Hinterfragen jedes Gesellschafters, ob der Ausschluss des Mitgesellschafters als ultima ratio gerechtfertigt ist.[81]

---

[75] Seibt in Scholz, 13. Aufl. 2022, GmbHG Anh. § 34 Rn. 30.
[76] Lorz in Ebenroth/Boujong, 5. Aufl. 2024, HGB § 134 Rn. 22.
[77] BGHZ 4, 108 (115) = NJW 52, 461.
[78] BGH NJW 1969, 793 (794f.).
[79] Ulmer/Habersack in Habersack/Casper/Löbbe, 3. Aufl. 2020, GmbHG Anh. § 34 Rn. 15.
[80] Winkler GmbHR 2017, 334 (336).
[81] Winkler GmbHR 2017, 334 (336).

Generell ergeben sich aus der besonders personalistisch ausgeprägten Struktur der Gesellschaft und der damit verbundenen gesteigerten Treuepflicht der Gesellschafter erhöhte Anforderungen. Aus einer zweigliedrigen GmbH kann ein Gesellschafter daher nicht ausgeschlossen werden, wenn auch das Verhalten des anderen Gesellschafters, gemessen an dem Verhalten des auszuschließenden Gesellschafters, als ein wichtiger Grund anzusehen ist, denn dies würde einen Fall der unzulässigen Rechtsausübung begründen.[82] Gerade bei der Zwei-Personen-Gesellschaft kommt es in besonderem Maße auf ein gegenseitiges Vertrauen der Gesellschafter an. Ist dieses Vertrauen verloren gegangen, kann eine Fortsetzung der Zusammenarbeit schnell unzumutbar werden.[83] Liegen bei beiden Gesellschaftern deren Ausschluss rechtfertigende Gründe vor, so kommt nur eine Auflösung der Gesellschaft oder alternativ eine Aussöhnung der Gesellschafter in Betracht.[84]

In der Zwei-Personen-Gesellschaft ist schließlich insbesondere zu beachten, dass die Gefahr eines höheren Anreizes für den Ausschluss des Mitgesellschafters besteht.[85] Die sich mit dem Ausschluss ergebenden Vorteile kommen allein dem verbleibenden Gesellschafter zugute, wobei in der mehrgliedrigen Gesellschaft diese unter den übrigen Gesellschaftern aufzuteilen sind.[86]

III. Fazit

Persönliche Zerwürfnisse zwischen den Gesellschaftern können zwar eine Einziehung oder einen Ausschluss aus wichtigem Grund begründen. Erforderlich ist jedoch stets eine – wenn auch nur mittelbare – Auswirkung auf die Gesellschaft bzw. das Gesellschafterverhältnis selbst.

Unstrittig ist, dass nicht jede Unstimmigkeit zur Einziehung eines Geschäftsanteils oder zum Ausschluss eines Gesellschafters führen kann. In allen Fällen ist zu beachten, dass der Ausschluss aus wichtigem Grund ultima ratio ist.[87]

Kautelarjuristisch kann es hilfreich sein, Gründe, welche aus Sicht der Gesellschafter ein künftiges Zusammenarbeiten unmöglich erscheinen lassen, vorab im Gesellschaftsvertrag zu verankern. Zugleich sollten diese Gründe jedoch nicht als abschließend ausgestaltet werden. Vielmehr sollte stets auch ein Rückgriff auf die Generalklausel „Vorliegen eines wichtigen Grundes" möglich sein.

---

[82] Strohn in MüKoGmbHG, 4. Aufl. 2022, GmbHG § 34 Rn. 143; Sosnitza in Michalski/Heidinger/Leible/J. Schmidt, 4. Aufl. 2023, GmbHG Anh. § 34 Rn. 17.

[83] Strohn in MüKoGmbHG, 4. Aufl. 2022, GmbHG § 34 Rn. 143.

[84] BGH NJW 1999, 3779 (3780); Strohn in MüKoGmbHG, 4. Aufl. 2022, GmbHG § 34 Rn. 143.

[85] Winkler GmbHR 2017, 334 (336).

[86] Strohn in MüKoGmbHG, 4. Aufl. 2022, GmbHG § 34 Rn. 143.

[87] Statt vieler BGH NZG 2015, 429 (432); OLG München DB 1994, 320 (321).

DIETER MAYER

Einige Fallstricke bei der Anwendung des neuen Umwandlungsrechts in der Praxis

I. Einleitung

1. Der Jubilar

Im Jargon des Sport- und Showbusiness würde man wohl sagen, der Jubilar sei ein Superstar des Gesellschaftsrechts. Seine Publikationsliste macht jedem Ordinarius alle Ehre, was sicherlich der wesentliche Grund für seine Berufung zum Honorarprofessor an der Technischen Universität Dresden war. Damit verkörpert Heribert Heckschen die in seiner Notargeneration verstärkten Bemühungen zur Verwissenschaftlichung der „ars notarii“.[1]

Als Mitglied des Handels- und Gesellschaftsrechtsausschusses der Bundesnotarkammer hat er über mehrere Jahrzehnte die unterschiedlichsten Gesetzgebungsverfahren im Bereich des Gesellschaftsrechts begleitet und beeinflusst. Deshalb war wenig überraschend, dass das Bundesministerium für Justiz und Verbraucherschutz (BMJV) ihn im Jahre 2019 in eine Expertenkommission, bestehend aus Mitgliedern aus Wissenschaft und Praxis, berufen hat, die die Richtlinienumsetzung durch das sogenannte „Gesetz zur Umsetzung der Umwandlungsrichtlinie (UmRUG)“ vorbereiten sollte.[2]

Unser gemeinsamer Weg kreuzte sich bereits vor fast 35 Jahren anlässlich des vom Fachinstitut für Notare entwickelten Fortbildungsprogramms für Notare im Gebiet der ehemaligen DDR. Dieses Fortbildungsprogramm wurde im Wesentlichen von jungen Kollegen vorbereitet. So umfasste etwa Band I der Arbeitsunterlagen zum Handels- und Gesellschaftsrecht 400 Seiten mit Schwerpunktbeiträgen von Notarassessor Dr. Heribert Heckschen und Dieter Mayer. Dieses Fortbildungsprogramm war wesentliche Voraussetzung dafür, dass bereits im September 1990 hauptberufliche Notarinnen und Notare in den neuen Bundesländern amtieren konnten.[3] In den folgenden Jahrzehnten hatte ich das besondere Vergnügen, mit dem Jubilar bei zahlreichen Fachtagungen des deutschen Anwaltsinstituts e.V. (Fachinstitut für Notare) als Referent mitwirken zu dürfen. Besonders hervorheben möchte ich dabei die vom Jubilar ins Leben gerufene und als Tagungsleiter und Re-

---

[1] Vossius DNotZ 2020, 165.

[2] Zu den weiteren Mitgliedern der Expertenkommission siehe Heckschen/Knaier GmbHR 2023, 317 (318 bei Fn. 16).

[3] Einzelheiten hierzu bei Jerschke FS Mayer, 2020, 369 (376f.).

ferent stets exzellent begleitete Gesellschaftsrechtliche Jahresarbeitstagung, eine Tagung, die seit mehr als zwei Jahrzehnten in ausverkauften Sälen stattfindet.

2. *Das Thema*

Seit über 30 Jahren ist der Jubilar Mitautor des Kommentars zum Umwandlungs- und Umwandlungssteuerecht Widmann/Mayer. Er hat dieses Werk mit seiner exzellenten Praxiserfahrung als Notar im größten Notariat der neuen Bundesländer ganz wesentlich geprägt und es war und ist für mich eine große Ehre und ein großes Vergnügen, mit ihm, unter anderem auch im Rahmen dieser Publikation, zusammenarbeiten zu dürfen.

Ich danke dem Jubilar für die freundschaftliche Verbundenheit über so viele Jahre und würde mich sehr freuen, wenn der nachstehende Beitrag sein Interesse findet.

Seit dem 1.3.2023 ist bekanntlich das Gesetz zur Umsetzung der Umwandlungsrichtlinie (sog. UmRUG) in Kraft getreten.[4] Dabei wurden insbesondere erstmals die grenzüberschreitende Spaltung und der grenzüberschreitende Formwechsel kodifiziert.[5]

Mit dem UmRUG gehen aber auch zahlreiche Änderungen im nationalen Umwandlungsrecht einher. Hierauf möchte ich den Schwerpunkt meiner Ausführungen legen, denn gerade hier haben sich in der Praxis seit fast 30 Jahren Handlungsmuster eingespielt, von denen nun teilweise Abschied genommen werden muss.

II. *Neues zur Anteilsgewährpflicht und weiterer Gegenleistungen*

1. *Verzicht auf Anteilsgewährung bei Ausgliederungen*

Gemäß § 54 Abs. 1 S. 3 UmwG (für eine aufnehmende GmbH) und § 68 Abs. 1 S. 3 UmwG (für eine aufnehmende KG/KGaA/SE) darf die übernehmende Gesellschaft bei Verschmelzungen und Spaltungen von der Gewährung von Anteilen absehen, wenn alle Anteilsinhaber eines übertragenden Rechtsträgers in notarieller Form darauf verzichten. Für die Ausgliederung zur Aufnahme wurde vor Inkrafttreten des UmRUG in § 125 S. 1 UmwG jedoch nicht auf diese Verzichtsmöglichkeit verwiesen. Während große Teile des Schrifttums[6] in wortlautkonformer Auslegung einen Verzicht auf die Anteilsgewährung bei der Ausgliederung zur Aufnahme nach § 54 Abs. 1 S. 3 UmwG ausgeschlossen haben, plädierte die Gegenauffassung[7] auf der Grundlage einer teleologischen Reduktion des § 125 S. 1 UmwG aF für eine Anwendung der Verzichtsmöglichkeit auch bei der Ausglie-

[4] Gesetz zur Umsetzung der Umwandlungsrichtlinie v. 22.2.2023, BGBl. I Nr. 51.

[5] Überblick hierzu bei Heckschen/Knaier GmbHR 2023, 317.

[6] Vgl. Mayer in Widmann/Mayer, Umwandlungsrecht, 209. EL 2023, UmwG § 125 Rn. 75; Simon in Kölner Kommentar zum Umwandlungsgesetz, 2009, UmwG § 125 Rn. 19; Weiler in Widmann/Mayer, Umwandlungsrecht, 209. EL 2023, UmwG § 123 Rn. 67; Heinz/Wilke GmbHR 2012, 889 (891); Weiler GmbHR 2021, 473; Weiß FS Mayer, 2020, 127 (145).

[7] Schröer/Greitemann in Semler/Stengel/Leonard, 5. Aufl. 2021, UmwG § 126 Rn. 31; Lieder in Lutter, 6. Aufl. 2019, UmwG § 125 Rn. 63; Hörtnagl in Schmitt/Hörtnagl, 9. Aufl. 2020, UmwG § 126 Rn. 47; Heckschen GmbHR 2021, 8 und bereits DB 2008, 1363.

derung zur Aufnahme. Der Meinungsstreit hat in der Vergangenheit zu einer großen Rechtsunsicherheit in der Praxis geführt. Mit der Neuregelung in § 125 Abs. 1 S. 1 Nr. 4 UmwG hat der Gesetzgeber nunmehr klargestellt, dass die Verzichtsregelungen (§§ 54 Abs. 1 S. 3 und 68 Abs. 1 S. 3 UmwG) nach neuem Recht auch auf die Ausgliederung zur Aufnahme Anwendung finden.[8] Damit kann, etwa in den Fällen, in denen einer Anteilsgewährung bei der Ausgliederung von einer Tochter- auf ihre Muttergesellschaft Kapitalerhöhungsverbote nach dem GmbH- oder Aktienrecht entgegenstehen,[9] die Tochtergesellschaft ausdrücklich auf die Gewährung von Anteilen verzichten. Aber auch in allen sonstigen Fällen ist ein Anteilsverzicht durch die Anteilsinhaber des übertragenden Rechtsträgers möglich.

Für die Praxis ist allerdings auf folgendes hinzuweisen: Da die Ausgliederung von einer Körperschaft auf eine Kapitalgesellschaft unter Anwendung der Vorschriften der §§ 20ff. UmwStG zu erfolgen hat, wird es häufig aus steuerlichen Gründen erforderlich sein, auch bei einer Ausgliederung zur Aufnahme, neue Anteile zu gewähren, da § 20 UmwG die Möglichkeit der Buchwertfortführung in diesen Fällen durchweg an die Gewährung von neuen Anteilen knüpft.[10] Dies gilt, anders als bei einer Auf- und Abspaltung, auch dann, wenn die Überträgerin eine Kapitalgesellschaft oder sonstige Körperschaft ist, denn die §§ 11 Abs. 2 S. 1 Nr. 3, 15 Abs. 1 UmwStG gelten nicht für die Ausgliederung.[11]

2. *Regelung zu baren Zuzahlungen und sonstigen Gegenleistungen*

Da § 125 Abs. 1 S. 1 Nr. 4 UmwG in seiner Neufassung durch das UmRUG die §§ 54 Abs. 4 und 68 Abs. 4 UmwG auch bei der Ausgliederung zur Aufnahme für anwendbar erklärt, gelten die Schranken für die Gewährung barer Zuzahlungen[12] nunmehr auch für die Ausgliederung zur Aufnahme. Damit scheidet die bisherige Gestaltung in der Praxis, wonach der Mehrwert um den der Wert des zu übertragenden Vermögens den Nenn- bzw. Ausgabebetrag der dafür gewährten Anteile übersteigt, dem übertragenden Rechtsträger als zusätzliche Vergütung oder als Darlehen zur Verfügung gestellt werden kann,[13] aus, soweit die 10%-Grenze der §§ 54 Abs. 4 bzw. 68 Abs. 4 UmwG überschritten ist.[14] Damit ist auch die frühere Streitfrage, welche Rechtsfolge der in § 125 S. 1 UmwG aF angeordnete Ausschluss der Anwendung der §§ 54 Abs. 4, 68 Abs. 4 UmwG hatte (generelle Unzulässigkeit von baren Zuzahlungen oder – so die hM zum alten Recht – genau umgekehrt, generelle Zulässigkeit von baren Zuzahlungen) auch jenseits der 10%-Grenze unter Geltung des neues Rechts obsolet.[15]

---

[8] Dazu auch Heckschen/Knaier GmbHR 2023, 317 (323).

[9] Mayer in Widmann/Mayer, Umwandlungsrecht, 209. EL 2023, UmwG § 125 Rn. 75.

[10] Mayer in Widmann/Mayer, Umwandlungsrecht, 209. EL 2023, UmwG § 126 Rn. 96.

[11] Verse in Habersack/Wicke, 3. Aufl. 2023, UmwG § 125 Rn. 59.1.

[12] Dazu Mayer in Widmann/Mayer, Umwandlungsrecht, 209. EL 2023, UmwG § 54 Rn. 55ff.

[13] Dazu Mayer in Widmann/Mayer, Umwandlungsrecht, 209. EL 2023, UmwG § 152 Rn. 102.

[14] So auch Verse in Habersack/Wicke, 3. Aufl. 2023, UmwG § 125 Rn. 60; anders, aber entgegen dem klaren Wortlaut der Norm, Lieder in Lutter, 7. Aufl. 2024, UmwG § 125 Rn. 67.

[15] So auch Verse in Habersack/Wicke, 3. Aufl. 2023, UmwG § 125 Rn. 60.

Für die Praxis entsteht damit ein kaum nachvollziehbarer Wertungswiderspruch zur Ausgliederung im Wege der Einzelrechtsnachfolge, bei der eine sog. gemischte Sacheinlage[16] unzweifelhaft gestattet ist, dh es darf als Gegenleistung für die Einbringung der Sachwerte neben der Anteilsgewährung noch eine zusätzliche Vergütung für den Inferenten festgesetzt werden.[17]

III. Einreichung der Vertragsdokumentation beim Registergericht

1. Grundsatz

§ 61 S. 1 UmwG in seiner geänderten Fassung durch das UmRUG macht es einem Vorstand einer an der Verschmelzung beteiligten Aktiengesellschaft/KGaA/SE zur Pflicht, den Verschmelzungsvertrag oder seinen Entwurf mindestens einen Monat vor dem Tag der Hauptversammlung, die gem. § 13 Abs. 1 UmwG über die Zustimmung zum Verschmelzungsvertrag beschließen soll, zum Handelsregister einzureichen. Die Vorschrift gilt über § 125 Abs. 1 S. 1 UmwG auch für alle Spaltungsfälle.

2. Zeitpunkt der Beschlussfassung

In § 61 S. 3 UmwG wurde durch das UmRUG folgender neuer Satz eingefügt: „Die Hauptversammlung darf erst einen Monat nach der Bekanntmachung über die Zustimmung zum Verschmelzungsvertrag gem. § 13 beschließen." Diese Vorgabe wurde erst auf Beschlussempfehlung des Rechtsausschusses[18] geschaffen. In den Fällen einer Vollversammlung gem. § 121 Abs. 6 AktG ging die bisherige Praxis davon aus, dass eine Einreichung zwar nicht gänzlich entfallen kann, es aber genügt, wenn sie unmittelbar vor der Hauptversammlung – meist am selben Tag – beim Registergericht erfolgt.[19] Da § 61 S. 1 UmwG aF noch auf die Einberufung der Hauptversammlung abstellte, und bei einer Vollversammlung gar keine Einberufung stattfindet, erschien diese Handhabung in der Praxis als völlig unproblematisch und wurde von der Registerpraxis auch entsprechend anerkannt. Nachdem der Gesetzgeber in der Neufassung des § 61 S. 1 UmwG in Kenntnis der Problematik[20] für die Einreichung nicht mehr auf die bei der Vollversammlung entbehrliche Einberufung abstellt, kann an dieser Praxis aus meiner Sicht nicht mehr festgehalten werden. Dies zeigt sich insbesondere im Zusammenspiel mit der Regelung in § 61 S. 3 UmwG, wonach die Bekanntmachung der Einreichung Voraussetzung dafür ist, dass die Hauptversammlung dem Verschmelzungsvertrag

---

[16] Dazu Mayer in Widmann/Mayer, Umwandlungsrecht, 209. EL 2023, UmwG § 152 Rn. 102 und Anh. 5 Rn. 22ff. und OLG München NZG 2012, 229 (230).

[17] Ähnlich, aber wohl de lege ferenda Lieder in Lutter, 7. Aufl. 2024, UmwG § 125 Rn. 67.

[18] BT-Drs. 20/5237 v. 18.1.2023 und hierzu Limmer in Limmer, Handbuch der Unternehmensumwandlung, 7. Aufl. 2024, Kap. 4 Rn. 333.

[19] Dazu Rieger in Widmann/Mayer, Umwandlungsrecht, 209. EL 2023, UmwG § 61 Rn. 8; Simon in Kölner Kommentar zum Umwandlungsgesetz, 2009, § 61 Rn. 12; Grunewald in Lutter, 6. Aufl. 2019, UmwG § 61 Rn. 3.

[20] Stellungnahme DAV-Handelsrechtsausschuss NZG 2022, 849 (850); Habersack in Habersack/Wicke, 3. Aufl. 2023, UmwG § 61 Rn. 13.

zustimmt. Eine solche Bekanntmachung erfolgt aber bei einer Vollversammlung gerade nicht.[21]

3. *Verzichtsmöglichkeit*

Die hM war vor Inkrafttreten des UmRUG der Meinung, dass die Veröffentlichungspflicht nach § 61 UmwG allein dem Schutz der Aktionäre einer an einer Verschmelzung beteiligten Gesellschaft dient, diese sollen rechtzeitig und zuverlässig über die bevorstehende Verschmelzung informiert werden.[22] Daraus wurde gefolgert, dass die Aktionäre auf Einreichung und Bekanntmachung[23] oder zumindest auf die Einhaltung des Einreichungszeitpunkts verzichten können.[24] An dieser Verzichtsmöglichkeit kann trotz der Neufassung des § 61 S. 1 und S. 3 UmwG festgehalten werden, denn § 61 UmwG dient auch nach seiner Neufassung ausschließlich der Information der Aktionäre – ein darüber hinausgehender Schutz weiterer Interessen Dritter ist nicht bezweckt. Insbesondere dient die Vorschrift nicht dem Schutz der Gläubiger, da das deutsche Recht zum Erfordernis der Sicherheitsleistung nicht an die Bekanntmachung der Einreichung des Verschmelzungsvertrags, sondern an die Bekanntmachung der jeweiligen Eintragung der Verschmelzung anknüpft (§ 22 Abs. 1 S. 3 UmwG). Somit können die Aktionäre auf Einreichung und Bekanntmachung verzichten und auch auf die von § 61 S. 3 UmwG angeordnete Frist.[25]

Erforderlich ist ein Verzicht aller Aktionäre (auch der Vorzugsaktionäre) der an der Verschmelzung beteiligten Gesellschaft.[26]

4. *Form des Verzichts*

In der Literatur wird die Auffassung vertreten, dass, anders als in den gesetzlich vorgesehenen Fällen eines Verzichts (zB § 8 Abs. 2 UmwG), eine notarielle Beurkundung des Verzichts wegen der relativ geringen Bedeutung von Einreichung und Bekanntmachung nicht erforderlich ist.[27] Dafür findet sich im Gesetz aber keinerlei Grundlage. In entsprechender Anwendung von § 8 Abs. 3 S. 2 UmwG ist vielmehr eine notarielle Beurkundung der Verzichtserklärungen erforderlich.[28]

---

[21] Andes aber Habersack/Wicke, 3. Aufl. 2023, UmwG § 61 Rn. 13 und ihm folgend Limmer in Limmer, Handbuch der Unternehmensumwandlung, 7. Aufl. 2024, Kap. 4 Rn. 333, wonach bei einer Vollversammlung zumindest eine Verzichtsmöglichkeit der Aktionäre auf Einreichung und Bekanntmachung anzuerkennen ist.

[22] Vgl. die Nachw. bei Limmer in Limmer, Handbuch der Unternehmensumwandlung, 7. Aufl. 2024, Kap. 4 Rn. 333.

[23] Grunewald in Lutter, 6. Aufl. 2019, UmwG § 61 Rn. 7; Diekmann in Semler/Stengel/Leonard, 5. Aufl. 2021, UmwG § 61 Rn. 17; Habersack/Wicke, 2. Aufl. 2021, UmwG § 61 Rn. 13.

[24] Rieger in Widmann/Mayer, Umwandlungsrecht, 209. EL 2023, UmwG § 61 Rn. 10.

[25] Habersack in Habersack/Wicke, 3. Aufl. 2023, UmwG § 61 Rn. 14; Grunewald in Lutter, 7. Aufl. 2024, UmwG § 61 Rn. 8; Limmer in Limmer, Handbuch der Unternehmensumwandlung, 7. Aufl. 2024, Kap. 4 Rn. 333; Stiegler AG 2019, 708 (711).

[26] Habersack in Habersack/Wicke, 3. Aufl. 2023, UmwG § 61 Rn. 14.

[27] Grunewald in Lutter, 7. Aufl. 2024, UmwG § 61 Rn. 8; Simon in Kölner Kommentar zum Umwandlungsgesetz, 2009, UmwG § 61 Rn. 19; Rieger in Widmann/Mayer, Umwandlungsrecht, 209. EL 2023, UmwG § 61 Rn. 10.1.

[28] Limmer in Limmer, Handbuch der Unternehmensumwandlung, 7. Aufl. 2024, Kap. 4 Rn. 333; Habersack in Habersack/Wicke, 3. Aufl. 2023, UmwG § 61 Rn. 14; Diekmann in Sem-

IV. Publizitätspflichten und Zuleitung an den Betriebsrat beim verschmelzungsrechtlichen Squeeze-out (§ 62 Abs. 5 UmwG)

Nach § 5 Abs. 3 UmwG hat die Zuleitung eines Verschmelzungsvertrags oder seines Entwurfs an die Betriebsräte der am Verschmelzungsvorgang beteiligten Gesellschaften spätestens einen Monat vor dem Tag der Versammlung der Anteilsinhaber eines jeden der beteiligten Rechtsträger, die gem. § 13 Abs. 1 UmwG über die Zustimmung zum Verschmelzungsvertrag beschließen soll, zu erfolgen. Nach Eintragung des Vorbehaltsvermerks nach § 62 Abs. 5 S. 7 UmwG ist auf der Ebene der übertragenden Tochtergesellschaft im Rahmen eines verschmelzungsrechtlichen Squeeze-out aber kein Verschmelzungsbeschluss mehr erforderlich (§ 62 Abs. 4 S. 2 UmwG). Der Bezugspunkt für die rechtzeitige Zuleitung an den Betriebsrat der übernehmenden AG ergibt sich hier aus § 62 Abs. 4 S. 4 UmwG, wonach die Zuleitung des Verschmelzungsvertrags oder seines Entwurfs spätestens einen Monat vor dem Tag der Eintragung der Verschmelzung in das Register des übernehmenden Rechtsträgers zu erfolgen hat. Demgegenüber soll es bei der übertragenden AG nach § 62 Abs. 5 S. 4 UmwG für die Einhaltung der Monatsfrist auf den Abschluss des Verschmelzungsvertrags ankommen. Dabei hat der Gesetzgeber vergessen, die durch das UmRUG erfolgte Änderung des Bezugspunkts in § 62 Abs. 4 S. 3 und S. 4 UmwG auch in § 62 Abs. 5 S. 3 und S. 4 UmwG vorzunehmen. Es ist allerdings davon auszugehen, dass es sich dabei um ein Redaktionsversehen des Gesetzgebers handelt, dh, auch für die übertragende AG ist abweichend von § 62 Abs. 5 S. 3 und S. 4 UmwG der Bezugspunkt der Tag der Eintragung der Verschmelzung in das Register des übernehmenden Rechtsträgers.[29]

V. Sacheinlageprüfung bei Spaltungen auf eine AG/KGaA/SE

1. Spaltung zur Aufnahme

§ 142 Abs. 1 UmwG ordnet bei einer Spaltung zur Aufnahme, an der eine AG/KGaA oder SE als übernehmender Rechtsträger beteiligt ist, an, dass stets eine Sacheinlageprüfung stattzufinden hat. Nach § 183a AktG kann von einer Prüfung der Sacheinlage (§ 183 Abs. 3 AktG) unter den Voraussetzungen des § 33a AktG abgesehen werden. Auf diese Ausnahmevorschrift wurde in § 142 UmwG aF jedoch nicht verwiesen, so dass streitig war, inwieweit eine alternative Prüfung nach § 183a AktG stattfinden kann. § 142 Abs. 1 Hs. 2 UmwG in seiner Neufassung durch das UmRUG ordnet nunmehr ausdrücklich an, dass § 183a AktG auf die spaltungsbedingte Kapitalerhöhung anwendbar ist. Damit kann auf eine externe Werthaltigkeitsprüfung verzichtet werden, wenn Vermögensgegenstände eingelegt werden,

---

ler/Stengel/Leonard, 5. Aufl. 2021, UmwG § 61 Rn. 17; unentschieden Stiegler AG 2019, 708 (711).

[29] So auch Habersack in Habersack/Wicke, 3. Aufl. 2023, UmwG § 62 Rn. 40; anders aber Grunewald in Lutter, 7. Aufl. 2024, UmwG § 62 Rn. 40, die von einer wortlautgetreuen Anwendung der Norm ausgeht.

für deren Bewertung eindeutige Anhaltspunkte vorliegen (zB übertragbare Wertpapiere oder Geldmarktinstrumente, die an einem organisierten Markt iSv § 2 Abs. 11 WpHG gehandelt werden). Damit hat der Gesetzgeber auf die im Schrifttum geäußerte Kritik reagiert, wonach kein Grund erkennbar ist, warum der spaltungsrechtliche Schutz bei einer übernehmenden AG oder KGaA weiter gehen sollte als der aktienrechtliche.[30]

2. *Spaltung zur Neugründung*

Bei einer Spaltung zur Neugründung einer AG/KGaA/SE bedarf es gem. § 144 UmwG stets eines Gründungsberichts (§ 32 AktG) und einer (internen und externen) Gründungsprüfung (§ 33 Abs. 2 AktG). Anders als bei der Spaltung zur Aufnahme kann aufgrund des klaren Wortlauts des § 144 UmwG auch keine erleichterte Sachgründung gem. § 33 a Abs. 1 S. 1 AktG (ohne externe Gründungsprüfung) stattfinden, und zwar auch dann nicht, wenn durch die Spaltung Vermögensgegenstände iSv § 33 a AktG eingelegt werden, für deren Bewertung eindeutige Anhaltspunkte vorliegen.[31] Warum der Gesetzgeber allerdings bei der Spaltung zur Neugründung strengere Maßstäbe ansetzt als bei der Spaltung zur Aufnahme, erschließt sich nicht und erscheint auch nicht sachgerecht.

VI. Anteilsgewährpflicht und Verzichtsmöglichkeit bei grenzüberschreitenden Verschmelzungen

1. *Grundsatz*

Wie aus Art. 119 Nr. 2 Buchst. a und b der RL 2017/1135/EU vom 14.6.2017 über bestimmte Aspekte des Gesellschaftsrechts (sog. GesRRL)[32] geändert durch das Company Law Package bestehend aus Digitalisierungsrichtlinie[33] und Umwandlungsrichtlinie bzw. Mobilitäts-richtlinie[34] (sog. UmwRL) folgt und durch § 307 Abs. 2 Nr. 2 und 3 UmwG in der Fassung durch das Gesetz zur Umsetzung

---

[30] Dazu Simon in Kölner Kommentar zum Umwandlungsgesetz, 2009, UmwG § 142 Rn. 7; Hörtnagl in Schmitt/Hörtnagl, 9. Aufl. 2020, UmwG § 142 Rn. 7; Diekmann in Semler/Stengel/Leonard, 5. Aufl. 2021, UmwG § 142 Rn. 6 a.

[31] So ausdrücklich auch Weiß in Habersack/Wicke, 3. Aufl. 2023, UmwG § 135 Rn. 79 und wohl auch M. T. Schwab in Lutter, 7. Aufl. 2024, UmwG § 144 Rn. 9.

[32] RL 2017/1132/EU v. 14.6.2017 über bestimmte Aspekte des Gesellschaftsrechts, ABl. EU 2017 L 169, 46, zuletzt geändert mit Wirkung ab dem 12.8.2022 durch Art. 92 der VO 2021/23 EU des Europäischen Parlaments und des Rates v. 16.12.2020 über einen Rahmen für die Sanierung und Abwicklung zentraler Gegenparteien und zur Änderung der Verordnungen (EU) Nr. 1095/2010, (EU) Nr. 648/2012, (EU) Nr. 600/2014, (EU) Nr. 806/2014 und (EU) Nr. 2015/2365 sowie der Richtlinien 2002/47/EG, 2004/25/EG, 2007/36/EG, 2014/59/EU und 2017/1132/EU, ABl. EU 2021 L 22, 1.

[33] RL 2023/1151/EU des Europäischen Parlaments und des Rates v. 20.6.2023 zur Änderung der RL 2017/1132/EU im Hinblick auf den Einsatz digitaler Werkzeuge und Verfahren im Gesellschaftsrecht, ABl. EU 2023 L 186, 80.

[34] RL 2023/2121/EU des Europäischen Parlaments und des Rates v. 27.11.2023 zur Änderung der RL 2017/1132/EU in Bezug auf grenzüberschreitende Umwandlungen, Verschmelzungen und Spaltungen, ABl. EU 2023 L 321, 1.

der Umwandlungsrichtlinie und zur Änderung weiterer Gesetze vom 22.2.2023 (UmRUG)[35] bestätigt wird, unterliegt auch die grenzüberschreitende Verschmelzung dem Dogma der Anteilsgewährpflicht.[36] So heißt es in Art. 119 Nr. 2 Buchst. a und b der GesRRL jeweils: „[...] gegen Gewährung von Aktien oder sonstigen Anteilen am Gesellschaftskapital der anderen Gesellschaft bzw. der neuen Gesellschaft [...]" an die Gesellschafter der übertragenden Gesellschaft. Für eine aufnehmende oder im Zuge der Verschmelzung neu gegründete deutsche Kapitalgesellschaft oder Personenhandelsgesellschaft gelten damit die bei innerstaatlichen Verschmelzungen maßgeblichen Grundsätze zur Anteilsgewährpflicht.[37]

Wenn keine gesetzlichen Ausnahmeregelungen von der Anteilsgewährpflicht bestehen, ist ein Verschmelzungsplan ohne Anteilsgewährung grundsätzlich nichtig.[38]

2. *Ausnahmen von der Anteilsgewährpflicht*

a) Verschmelzung der Tochter- auf die Muttergesellschaft

Beispiel: Die deutsche M-GmbH hält 100% der Geschäftsanteile an der spanischen S-GmbH (sociedad de responsabilidad limitada = S.L.). Die spanische S-GmbH soll zum Stichtag 1.1.2024 auf die deutsche M-GmbH verschmolzen werden.

Hier folgt aus § 54 Abs. 1 S. 1 Nr. 1 UmwG (für eine deutsche aufnehmende GmbH) und § 68 Abs. 1 S. 2 Nr. 1 UmwG (für eine aufnehmende deutsche AG, KGaA bzw. SE) ein Verbot der Kapitalerhöhung. Auch der über § 305 Abs. 2 UmwG anwendbare § 20 Abs. 1 Nr. 3 UmwG zeigt, dass bei dieser Konstellation auf die Gewährung von Anteilen verzichtet wird.[39]

Nach § 307 Abs. 3 Nr. 1 UmwG entfallen im Verschmelzungsplan damit die Angaben zum Umtauschverhältnis in § 307 Abs. 2 Nr. 2, 3 und 5 UmwG sowie die Einzelheiten zum Angebot einer Barabfindung in § 307 Abs. 2 Nr. 13 UmwG.

Nach § 305 Abs. 2 iVm § 9 Abs. 2 iVm § 8 Abs. 3 Nr. 1 Buchst. a UmwG entfällt überdies die Durchführung einer Verschmelzungsprüfung und der Verschmelzungsbericht für die Anteilsinhaber (§ 309 Abs. 6 S. 1 iVm § 8 Abs. 3 Nr. 1 Buchst. a UmwG). Dagegen besteht auch in Konzernkonstellationen grundsätzlich ein berechtigtes Informationsinteresse der Arbeitnehmer, sodass ein Verschmelzungsbericht mit den arbeitnehmerspezifischen Angaben erforderlich ist.[40]

Gemäß § 312 Abs. 2 UmwG ist ein Verschmelzungsbeschluss einer deutschen übertragenden Kapitalgesellschaft entbehrlich, wenn es sich um die Verschmelzung einer 100-prozentigen Tochter auf ihre Mutter handelt. Damit werden die Vorgaben des Art. 132 Abs. 1 Spiegelstrich 2 der GesRRL umgesetzt. § 62 Abs. 4 UmwG legt dies auch für die innerstaatliche Verschmelzung fest, wenn es sich bei

---

[35] Gesetz zur Umsetzung der Umwandlungsrichtlinie und zur Änderung weiterer Gesetze (sog. UmRUG) v. 22.2.2023, BGBl. I Nr. 51, in Kraft getreten mit Wirkung ab dem 1.3.2023.

[36] Dazu ausf. Mayer in Widmann/Mayer, Umwandlungsrecht, 209. EL 2023, UmwG § 5 Rn. 20.

[37] Dazu Mayer in Widmann/Mayer, Umwandlungsrecht, 209. EL 2023, UmwG § 5 Rn. 15 ff.

[38] Mayer in Widmann/Mayer, Umwandlungsrecht, 209. EL 2023, UmwG § 5 Rn. 24.

[39] Mayer in Widmann/Mayer, Umwandlungsrecht, 209. EL 2023, UmwG § 5 Rn. 27 ff.

[40] Mayer in Widmann/Mayer, Umwandlungsrecht, 209. EL 2023, UmwG § 309 Rn. 31.

der übernehmenden Gesellschaft um eine AG, KGaA oder SE mit dem Sitz im Inland handelt.[41]

Für die Verschmelzung einer Gesellschaft aus einem anderen Mitgliedstaat auf eine mehrheitlich beteiligte deutsche AG, KGaA und SE mit dem Sitz im Inland gilt über § 305 Abs. 2 S. 1 UmwG die Sonderregelung in § 62 Abs. 1 UmwG.[42]

Beispiel: Die französische Y-S.A.R.L. (société à responsabilité limitée) steht im 90-prozentigen Anteilsbesitz der deutschen M-AG. Die Y-S.A.R.L. soll zum 1.1.2024 auf die M-AG verschmolzen werden.

Nach § 62 Abs. 1 S. 1 UmwG ist hier ein Verschmelzungsbeschluss für die übernehmende deutsche AG/SE mit dem Sitz im Inland nicht erforderlich.[43] Für eine übernehmende KGaA gilt über § 78 UmwG das Gleiche.

Sind allerdings auch andere übertragende Gesellschaften an der Verschmelzung beteiligt, die nicht in einem 100-prozentigen Tochter-Mutter-Verhältnis zur aufnehmenden Gesellschaft stehen, sind bezogen auf diese Rechtsträger entsprechende Anteile zu gewähren und die entsprechenden Angaben in den Verschmelzungsplan aufzunehmen.[44] Maßgeblicher Zeitpunkt für die 100-prozentige Beteiligung ist der Zeitpunkt der Eintragung der Verschmelzung in das Handelsregister der übernehmenden Gesellschaft,[45] soweit es sich um eine deutsche übernehmende oder neugegründete Gesellschaft handelt. Im Übrigen kommt es gem. Art. 131 der GesRRL auf den Zeitpunkt der Wirksamkeit nach dem Recht, das auf die aus der grenzüberschreitenden Verschmelzung hervorgehende Gesellschaft anwendbar ist, an.[46]

b) *Verschmelzung der Mutter- auf die Tochtergesellschaft*

Beispiel: Die Konzernholding A ist Alleingesellschafterin der österreichische X-GmbH. Diese wiederum hält 100% der Anteile an der deutschen T-GmbH. Die österreichische X-GmbH soll mit Stichtag 1.1.2024 auf die deutsche T-GmbH verschmolzen werden.

Für diese Konzernkonstellation (Mutter-Tochter-Verschmelzung) findet sich eine Sonderregelung in § 307 Abs. 3 Nr. 2 Buchst. c UmwG, wonach bestimmte Angaben im Verschmelzungsplan entfallen, wenn dieselbe Person alle Anteile an Gesellschaften hält, bei denen sich die Anteilsinhaberschaft bis zu der übertragenden oder der übernehmenden Gesellschaft fortsetzt. Hierzu wird die Auffassung vertreten, es sei nunmehr kein Rückgriff mehr auf § 305 Abs. 2 S. 1 iVm § 54 Abs. 1 S. 2 Nr. 2 UmwG für eine übernehmende GmbH und §§ 68 Abs. 1 Nr. 2,

---

[41] Rieger in Widmann/Mayer, Umwandlungsrecht, 209. EL 2023, UmwG § 62 Rn. 61f.

[42] Siehe hierzu auch Bayer/J. Schmidt in Lutter, 7. Aufl. 2024, UmwG § 312 Rn. 48; Drinhausen in Semler/Stengel/Leonard, 5. Aufl. 2021, UmwG § 122g Rn. 15; Hörtnagl in Schmitt/Hörtnagl, 9. Aufl. 2020, UmwG § 122g Rn. 14; Krauel/Mense/Wind Der Konzern 2010, 541 (546); Zimmermann in Kallmeyer, 7. Aufl. 2021, UmwG § 122g Rn. 29; Klett in Habersack/Wicke, 3. Aufl. 2023, UmwG § 312 Rn. 37.

[43] Rieger in Widmann/Mayer, Umwandlungsrecht, 209. EL 2023, UmwG § 62 Rn. 8ff.

[44] Hierzu auch Hörtnagl in Schmitt/Hörtnagl, 9. Aufl. 2020, UmwG § 122c Rn. 37.

[45] Mayer in Widmann/Mayer, Umwandlungsrecht, 209. EL 2023, UmwG § 5 Rn. 213; Bayer in Lutter, 6. Aufl. 2019, UmwG § 122c Rn. 32; Drinhausen in Semler/Stengel/Leonard, 5. Aufl. 2021, UmwG § 122c Rn. 41.

[46] Zutreffend Klett in Habersack/Wicke, 3. Aufl. 2023, UmwG § 307 Rn. 90.

78 UmwG für eine übernehmende AG/KGaA/SE[47] erforderlich,[48] denn die Sonderregelung in § 307 Abs. 3 Nr. 2 UmwG befreie grundsätzlich von einer Anteilsgewährpflicht. Eine Befreiung von der Pflicht zur Anteilsgewährung ist aber beim Downstream-Merger ausgeschlossen, weil sonst die übernehmende Gesellschaft keine Anteilsinhaber mehr hätte und somit eine sog. Kein-Mann-Gesellschaft entstehen würde, was rechtlich nicht möglich ist.[49] Deshalb müssen bei der vorgenannten Fallkonstellation die Anteilsinhaber des übertragenden Rechtsträgers zwingend die Anteile erhalten, die der übertragende Rechtsträger am übernehmenden Rechtsträger hält. Voraussetzung dafür ist bei einer übernehmenden deutschen Gesellschaft, dass der übertragende Rechtsträger Anteile an der übernehmenden Gesellschaft innehat, auf welche die Einlagen bereits in voller Höhe bewirkt sind (vgl. §§ 305 Abs. 2, 54 Abs. 1 S. 2 Nr. 2 UmwG für die GmbH – bzw. §§ 68 Abs. 1 S. 2 Nr. 2, 78 UmwG für die AG/KGaA/SE). Sind aber zwingend Anteile zu gewähren, finden die Erleichterungen in § 307 Abs. 3 Nr. 2 UmwG keine Anwendung, denn Tatbestandsvoraussetzung ist, dass keine Anteile gewährt werden.[50]

c) *Verschmelzung von Schwestergesellschaften*

aa) *Sidestream Merger (§ 307 Abs. 3 Nr. 2 Buchst. a UmwG)*

Bei einer übernehmenden deutschen GmbH (vgl. § 305 Abs. 2 S. 1 iVm § 54 Abs. 1 S. 3 UmwG) und einer übernehmenden deutschen AG/SE/KGaA (§ 305 Abs. 2 iVm §§ 68 Abs. 1 S. 3, 78 UmwG) sieht das UmwG vor, dass von einer Anteilsgewährung abgesehen werden kann, wenn alle Anteilsinhaber eines übertragenden Rechtsträgers darauf verzichten.

Beispiel: Die Muttergesellschaft X ist zu jeweils 100% an der deutschen Y-GmbH und der österreichischen Z-GmbH beteiligt. Die Y-GmbH soll grenzüberschreitend auf die Z-GmbH verschmolzen werden.

Der vorstehende Beispielsfall betrifft die sog. Schwesterverschmelzung,[51] bei der dieselbe/n Person/en alle Anteile der übertragenden und der übernehmenden Gesellschaft besitz/besitzen. Bei dieser Fallkonstellation kann auf die Angaben über den Umtausch der Anteile (§ 307 Abs. 2 Nr. 2, 3 und 5 UmwG) und die Einzelheiten zum Angebot einer Barabfindung (§ 307 Abs. 2 Nr. 13 UmwG) verzichtet werden, wenn den Anteilsinhabern der übertragenden Y-GmbH keine Anteile gewährt werden (§ 307 Abs. 3 Nr. 2 Buchst. a UmwG). Voraussetzung hierfür ist aber, dass sämtliche Anteilsinhaber der übertragenden Y-GmbH gem. § 305 Abs. 2 iVm § 54 Abs. 1 S. 3 Hs. 3 UmwG (bei einer übertragenden deutschen GmbH) bzw. §§ 305 Abs. 2, 68 Abs. 1 S. 3 Hs. 1 UmwG (bei einer übertragenden deutschen

[47] Dazu Mayer in Widmann/Mayer, Umwandlungsrecht, 209. EL 2023, UmwG § 5 Rn. 36 ff.
[48] Klett in Habersack/Wicke, 3. Aufl. 2023, UmwG § 307 Rn. 94; Knaier in Limmer, Handbuch der Unternehmensumwandlung, 7. Aufl. 2024, Kap. 18 Rn. 59.
[49] Mayer in Widmann/Mayer, Umwandlungsrecht, 209. EL 2023, UmwG § 5 Rn. 41 ff.
[50] Bayer/J. Schmidt in Lutter, 7. Aufl. 2024, UmwG § 307 Rn. 81; Klett in Habersack/Wicke, 3. Aufl. 2023, UmwG § 307 Rn. 91.
[51] Dazu ausf. Mayer in Widmann/Mayer, Umwandlungsrecht, 209. EL 2023, UmwG § 5 Rn. 41 ff.

AG/KGaA/SE) auf die Gewährung von Anteilen verzichten. Andernfalls muss die übernehmende Gesellschaft Anteile gewähren[52] und damit liegen die Voraussetzungen des § 307 Abs. 3 Nr. 2 UmwG nicht mehr vor, da diese Vorschrift nur greift, wenn im Zuge der Verschmelzung keine Anteile gewährt werden.[53]

Unterliegt die übernehmende Gesellschaft dem deutschen Recht und sieht das nationale Recht des Mitgliedsstaats, dem die übertragende Gesellschaft angehört, bei den in § 307 Abs. 3 UmwG genannten Fallkonstellationen generell keine Anteilsgewährung vor, müssen auch aus der Sicht des deutschen Rechts keine Anteile gewährt werden. Sieht das nationale Recht des Mitgliedsstaats, dem die übertragende Gesellschaft angehört, eine Verzichtsmöglichkeit vor, so ist eine Anteilsgewährung nur entbehrlich, wenn ein entsprechender Verzicht nach den Vorschriften des ausländischen Rechts erfolgt. Sieht das nationale Recht des Mitgliedsstaats, dem die übertragende Gesellschaft unterliegt, eine Entbehrlichkeit der Anteilsgewährung überhaupt nicht vor, so muss eine Anteilsgewährung durch die übernehmende deutsche Gesellschaft erfolgen.[54]

Im Schrifttum wird die Auffassung vertreten, dass in den in § 307 Abs. 3 Nr. 2 UmwG genannten Fällen eine Anteilsgewährung grundsätzlich nicht erfolgen darf.[55] Begründet wird dies damit, dass Art. 119 Nr. 2 Buchst. d Alt. 1 GesRRL sein Ziel, grenzüberschreitende Schwesterverschmelzungen zu erleichtern, verfehlen würde, wenn nicht alle beteiligten Rechtsordnungen generell keine Anteilsgewährung vorsehen bzw. den Verzicht auf die Anteilsgewährung zulassen.[56] Diese Betrachtungsweise hätte allerdings zur Voraussetzung, dass Art. 119 Nr. 2 Buchst. d Alt. 1 GesRRL die Bestimmung in Art. 119 Nr. 2 Buchst. a und b GesRRL (Grundsatz der Anteilsgewährpflicht) verdrängt bzw. überlagert. Dies ist jedoch dem Wortlaut des Art. 119 Nr. 2 Buchst. d GesRRL nicht zu entnehmen.[57] Auch § 307 Abs. 3 Nr. 2 UmwG stellt lediglich klar, dass in den dort genannten Fällen bestimmte Angaben im Verschmelzungsplan entfallen. Die Vorschrift enthält aber keine Aussage darüber, dass in diesen Fällen generell keine Anteilsgewährung erforderlich ist. Andernfalls wäre es sinnwidrig als zentrale Tatbestandsvoraussetzung vorzusehen, dass keine Anteile gewährt werden. Art. 119 Nr. 2 Buchst. d GesRRL enthält vielmehr lediglich eine Option für die Mitgliedsstaaten dergestalt, dass sie in den genannten Fallkonstellationen einen Verzicht auf die Anteilsgewährung vorsehen können oder generell eine Anteilsgewährung nicht für erforderlich halten. Für die hier vertretene Auffassung spricht auch der Wortlaut des Art. 132 Abs. 1

---

[52] Abweichend Klett in Habersack/Wicke, 3. Aufl. 2023, UmwG § 307 Rn. 92, die in diesen Fällen einen Rückgriff auf § 305 Abs. 2 iVm § 54 Abs. 1 S. 3 bzw. §§ 68 Abs. 1 S. 3, 78 UmwG nicht für erforderlich hält. Wie hier aber Bayer/J. Schmidt in Lutter, 7. Aufl. 2024, UmwG § 307 Rn. 85 unter Hinweis auf Art. 121 Abs. 2 Buchst. b S. 1 der GesRRL.

[53] Ausf. dazu Mayer in Widmann/Mayer, Umwandlungsrecht, 209. EL 2023, UmwG § 5 Rn. 64ff.

[54] Ausf. dazu Mayer in Widmann/Mayer, Umwandlungsrecht, 209. EL 2023, UmwG § 307 Rn. 67 und hierzu auch Bayer/J. Schmidt in Lutter, 7. Aufl. 2024, UmwG § 307 Rn. 84; Stelmaszczyk GmbHR 2020, 61 (63f.) und ausf. J. Schmidt in FS Grunewald, 2021, 1005 (1014f.).

[55] Vgl. die Nachw. bei Bayer/J. Schmidt in Lutter, 7. Aufl. 2024, UmwG § 307 Rn. 82 und wohl auch Klett in Habersack/Wicke, 3. Aufl. 2023, UmwG § 307 Rn. 92.

[56] So Bayer/J. Schmidt in Lutter, 7. Aufl. 2024, UmwG § 307 Rn. 82.

[57] Dazu auch Stelmaszczyk GmbHR 2020, 61 (63f.).

S. 1 GesRRL („[…] und teilt die übernehmende Gesellschaft im Rahmen der Verschmelzung keine Anteile zu […]"). Hinzu kommt, dass sich Art. 119 Nr. 2 Buchst. d und Art. 132 Abs. 1 GesRRL ebenso wie § 307 Abs. 3 Nr. 2 UmwG nur auf die reine Schwesterverschmelzung beziehen, während sich die Verzichtsmöglichkeiten in § 305 Abs. 2 iVm §§ 54 Abs. 1 S. 3 und 68 Abs. 1 S. 3 UmwG darauf nicht beschränken.[58]

bb) Schwesterverschmelzung mit mittelbarer alleiniger Anteilsinhaberschaft (§ 307 Abs. 3 Nr. 2 Buchst. b UmwG)

§ 307 Abs. 3 Nr. 2 Buchst. b UmwG erfasst diejenigen Fälle des Sidestream Mergers, bei denen dieselbe Person alle Anteile an solchen Gesellschaften besitzt, die gemeinsam wiederum alle Anteile an der übertragenden oder an der übernehmenden Gesellschaft besitzen.[59]

Beispiel: Die Konzernobergesellschaft X-AG hält jeweils 100% der Anteile an der Y-GmbH und der Z-SE, die wiederum zusammen alle Anteile an der übertragenden A-GmbH und übernehmenden B-Ltd. halten.

Es gelten dieselben Grundsätze wie bei der unmittelbaren alleinigen Anteilsinhaberschaft. Auch bei dieser Fallkonstellation muss ein Verzicht aller Anteilsinhaber der übertragenden A-GmbH nach § 305 Abs. 2 iVm § 54 Abs. 1 S. 3 UmwG erfolgen, damit die Konzernprivilegien in § 307 Abs. 3 UmwG in Anspruch genommen werden können. Die grundsätzliche Verpflichtung zur Anteilsgewährung wird nicht durch die Regelung des § 307 Abs. 3 UmwG verdrängt bzw. überlagert.[60]

Die Vorschriften der § 305 Abs. 2 iVm § 54 Abs. 1 S. 3 bzw. §§ 68 Abs. 1 S. 3, 78 UmwG verlangen für die Verzichtsmöglichkeit gerade nicht eine unmittelbare alleinige Anteilsinhaberschaft.[61]

cc) Schwesterverschmelzung mit mittelbarer alleiniger Anteilsinhaberschaft (§ 307 Abs. 3 Nr. 2 Buchst. c UmwG)[62]

§ 307 Abs. 3 Nr. 2 Buchst. c UmwG erfasst die Fälle, in denen dieselbe Person alle Anteile an Gesellschaften besitzt, bei denen sich die Anteilsinhaberschaft bis zu der übertragenden oder der übernehmenden Gesellschaft fortsetzt. Hierzu zählt in der Praxis insbesondere die Mutter-Tochter-Verschmelzung (Downstream Merger; dazu das Beispiel bei → VI. 2. b). Wie bereits ausgeführt, ist hier entgegen einer in der Literatur vertretenen Auffassung, ein Rückgriff über §§ 305 Abs. 2, 54 Abs. 1 S. 2 Nr. 2 UmwG (für die GmbH) bzw. §§ 68 Abs. 1 S. 2 Nr. 2, 78 UmwG (für die

---

[58] Ausf. hierzu Mayer in Widmann/Mayer, Umwandlungsrecht, 209. EL 2023, UmwG § 307 Rn. 64ff.

[59] Dazu auch Bayer/J. Schmidt in Lutter, 7. Aufl. 2024, UmwG § 307 Rn. 78; Klett in Habersack/Wicke, 3. Aufl. 2023, UmwG § 307 Rn. 93f.

[60] Mayer in Widmann/Mayer, Umwandlungsrecht, 209. EL 2023, UmwG § 307 Rn. 142.2; wie hier Knaier in Limmer, Handbuch der Unternehmensumwandlung, 7. Aufl. 2024, Kap. 18 Rn. 59; anders aber Bayer/J. Schmidt in Lutter, 7. Aufl. 2024, UmwG § 307 Rn. 82ff. und Klett in Habersack/Wicke, 3. Aufl. 2023, UmwG § 307 Rn. 92f.

[61] Mayer in Widmann/Mayer, Umwandlungsrecht, 209. EL 2023, UmwG § 307 Rn. 43.

[62] Vgl. hierzu auch das Beispiel bei Bayer/J. Schmidt in Lutter, 7. Aufl. 2024, UmwG § 307 Rn. 78.

AG/KGaA/SE), wonach das Stamm-/Grundkapital der übernehmenden Gesellschaft nicht erhöht zu werden braucht, wenn ein übertragender Rechtsträger Anteile dieser Gesellschaft innehat, auf welche die Einlagen bereits in voller Höhe bewirkt sind, in jedem Fall erforderlich. Beim Downstream Merger kann das Konzernprivileg nach § 307 Abs. 3 Nr. 2 UmwG nicht zur Anwendung kommen, denn es müssen zwingend Anteile gewährt werden, weil sonst die übernehmende Gesellschaft keine Anteilsinhaber mehr hätte, was rechtlich nicht möglich ist.

3. *Entbehrliche Angaben*

Liegen die Voraussetzungen des § 307 Abs. 3 Nr. 1 und 2 UmwG vor, so sind die Angaben nach § 307 Abs. 2 Nr. 2 UmwG (Umtauschverhältnis), § 307 Abs. 2 Nr. 3 UmwG (Umtausch der Anteile), § 307 Abs. 2 Nr. 5 UmwG (Zeitpunkt der Gewinnberechtigung) und § 307 Abs. 2 Nr. 13 UmwG (Einzelheiten zum Angebot einer Barabfindung) entbehrlich. Voraussetzung ist aber stets, dass es nicht zu einer Anteilsgewährung an die Anteilsinhaber des übertragenden Rechtsträgers kommt.[63]

[63] So auch Bayer/J. Schmidt in Lutter, 7. Aufl. 2024, UmwG § 307 Rn. 86; Klett in Habersack/Wicke, 3. Aufl. 2023, UmwG § 307 Rn. 91.

HANS-FRIEDRICH MÜLLER

Der Gläubigerschaden bei verbotswidrigen Zahlungen

I. Einleitung

Die Frage nach dem Umfang der Haftung der Geschäftsleiter bei Zahlungen nach Insolvenzreife ist schon seit Langem heftig umstritten. Durch § 15 Abs. 4 S. 2 InsO hat der Gesetzgeber die Ersatzpflicht nunmehr auf den der Gläubigerschaft der Gesellschaft entstandenen Schaden begrenzt.[1] Für Klarheit hat die seit dem 1.1.2021 geltende Regelung aber bislang nicht gesorgt. Vielmehr werden ganz unterschiedliche Meinungen zur Auslegung der neuen Vorschrift vertreten. Der weiterhin für die Organhaftung wegen Insolvenzverschleppung zuständige II. Zivilsenat des BGH hatte noch keine Gelegenheit, sich zu der Problematik zu äußern. Für die Praxis ist die damit verbundene Rechtsunsicherheit sehr unbefriedigend. Vor diesem Hintergrund untersucht der nachfolgende Beitrag, wie der Schaden der Gläubiger nach § 15 Abs. 4 S. 2 InsO zu bemessen ist.

II. Hintergrund der Neuregelung

Den zuvor in den gesellschaftsrechtlichen Einzelgesetzen (§ 64 GmbHG, § 93 Abs. 3 Nr. 6 AktG iVm § 92 Abs. 2 S. 1 AktG, § 130a Abs. 1 HGB, § 99 GenG) geregelten Anspruch hat der BGH in ständiger Rechtsprechung als Anspruch sui generis qualifiziert, der auf Erstattung der einzelnen aus dem Vermögen der Gesellschaft abgeflossenen Mittel gerichtet sei und dem Interesse der Gläubiger an gleichmäßiger Befriedigung diene.[2] Danach musste der Insolvenzverwalter lediglich die nach Insolvenzreife vorgenommenen Zahlungen addieren (Additionsmethode), was häufig zu existenzbedrohenden Haftungssummen führte. Demgegenüber plädierten Teile der Literatur für eine Einordnung als echten Schadensersatzanspruch, der sich auf die Kompensation der insgesamt eingetretenen Masseschmälerung beschränke.[3] Der österreichische OGH hat sich dieser Ansicht – bei ähnlicher gesetzlicher Ausgangslage – in einer Entscheidung aus dem Jahr 2017 angeschlossen.[4] In

[1] S. Heckschen in Reul/Heckschen/Wienberg, Insolvenzrecht in der Gestaltungspraxis, 3. Aufl. 2022, Rn. 1025a.

[2] BGH NJW 2021, 231 Rn. 20; NZG 2019, 1113 Rn. 18; NJW 2011, 2427 Rn. 20; BGHZ 187, 60 Rn. 14 = NJW 2011, 221; BGHZ 146, 264 (278) = NJW 2001, 1280.

[3] Altmeppen ZIP 2015, 949 (952f.); Altmeppen ZIP 2020, 937 (943f.); Bitter WM 2001, 666 (667ff.); Bitter ZInsO 2010, 1505 (1515); Casper ZIP 2016, 793 (794ff.); K. Schmidt ZHR 168 (2004), 637 (652ff.); K. Schmidt ZIP 2008, 1401 (1408f.).

[4] OGH Wien 26.9.2017 – 6 Ob 164/16k (unter 2.2.1.).

Deutschland hat die Rechtsprechung aber eine Gesamtsaldierung stets abgelehnt und lediglich konzediert, dass in unmittelbarem Zusammenhang mit der einzelnen Zahlung in das Gesellschaftsvermögen gelangte, liquide verwertbare Gegenstände (etwa Waren) anzurechnen seien.[5] Dieses Zugeständnis bei einem bloßen Aktiventausch erschien den Kritikern des BGH jedoch nicht weitreichend genug, um den „haftungsrechtlichen Kampfhund“[6] zu zähmen.

Durch das Gesetz zur Fortentwicklung des Sanierungs- und Insolvenzrechts (SanInsFoG)[7] wurde das Regime der Zahlungsverbote in einer Vorschrift zusammengeführt und inhaltlich zum Teil neu ausgestaltet. Es bleibt aber im Grundsatz dabei, dass die Organe von Handelsgesellschaften mit beschränktem Haftungsfonds nach Eintritt von Zahlungsunfähigkeit oder Überschuldung keine Zahlungen mehr vornehmen dürfen, die mit der Sorgfalt eines ordentlichen und gewissenhaften Geschäftsleiters unvereinbar sind (§ 15b Abs. 1 InsO). Der Gesetzgeber hält im Ansatz auch daran fest, dass der Verletzer die verbotswidrig von ihm veranlassten Zahlungen zu erstatten hat (§ 15b Abs. 4 S. 1 InsO). § 15b Abs. 4 S. 2 InsO sieht aber eine Begrenzung für den Fall vor, dass der Gläubigerschaft der juristischen Person oder kapitalistischen Personengesellschaft (s. Abs. 6) ein „geringerer Schaden“ entstanden ist. Nach der Begründung des Regierungsentwurfs eröffnet die Vorschrift den Nachweis „eines die einzelnen Zahlungen unterschreitenden Gesamtschadens“. Damit soll der bestehende Streit über die Rechtsnatur des Anspruchs und insbesondere darüber, ob es sich um einen Schadensersatzanspruch oder einen Anspruch eigener Art handelt, nicht abschließend entschieden, sondern beide Ansätze zu einem einheitlichen Ansatz verbunden werden. In der Sache laufe dies auf eine Vermutung eines Gesamtgläubigerschadens in Höhe der verbotswidrig geleisteten Zahlungen hinaus. Hierdurch werde vermieden, dass die Inanspruchnahme des Ersatzpflichtigen über dasjenige hinausgehe, was zur Erreichung des Zwecks der Zahlungsverbote – die Erhaltung der Masse im Interesse der Gläubiger – erforderlich sei.[8]

III. Erfordernis einer Gesamtbetrachtung

Nach einer teilweise vertretenen Ansicht soll es auch nach neuem Recht bei einer Einzelbetrachtung bleiben. Durch § 15b Abs. 4 S. 2 InsO werde lediglich die Rechtsprechung des BGH zur Berücksichtigung kompensierender Gegenleistungen kodifiziert.[9] Der Schaden der Gläubigerschaft liege bereits im Abfluss der Zahlungen. Könnte der Geschäftsleiter darauf hoffen, seine persönliche Haftung durch ein erfolgreiches Weiterwirtschaften zu reduzieren, weil der Schaden im Wege einer

[5] BGH NZG 2017, 1034 Rn. 10; BGHZ 206, 52 Rn. 33 = NJW 2015, 2806; BGHZ 203, 218 Rn. 9ff. = NZG 2015, 149; NJW 1974, 1088 (1089).

[6] K. Schmidt NZG 2015, 129.

[7] Art. 16 SanInsFoG vom 22.12.2020, BGBl. I 3256.

[8] Begr. RegE SanInsFoG, BT-Drs. 19/24181, 195.

[9] Gehrlein DB 2020, 2393 (2397); A. Schmidt ZRI 2024, 93 (94ff.); Thole BB 2021, 1347 (1353); Kleindiek in Kayser/Thole, 11. Aufl. 2023, InsO § 15b Rn. 108ff.

saldierenden Betrachtung möglicherweise kleiner werden könne, setze dies einen Anreiz zur Insolvenzverschleppung. Die verhaltenssteuernde Wirkung der Zahlungsverbote würde so erheblich geschwächt. Auf eine Gesamtbetrachtung komme es lediglich in dem Sonderfall an, in dem die Inanspruchnahme zur Befriedigung der Gläubiger gar nicht erforderlich sei.

Gegen diese Auffassung spricht schon der Gesetzeswortlaut. Der Anspruch nach § 15b Abs. 4 S. 1 InsO richtet sich auf Erstattung der verbotswidrig geleisteten „Zahlungen" (Plural). Darauf rekurriert § 15b Abs. 4 S. 2 InsO, der die Ersatzpflicht auf den Ausgleich des eingetretenen Schadens (Singular) begrenzt. Es gibt also nur einen einzigen Schaden, den die verschiedenen Zahlungen auslösen. Er wird in der Gesetzesbegründung folgerichtig als „Gesamtschaden" bezeichnet. Es geht also gerade nicht um diverse Einzelschäden, die sich jeweils aus der Differenz zwischen Zahlung und unmittelbarer Gegenleistung ergeben.[10] Zur Berücksichtigung solcher Gegenleistungen bedarf es des Rückgriffs auf § 15b Abs. 4 S. 2 InsO auch gar nicht. Vielmehr schließt ein kompensierender Massezufluss wie nach bisheriger Rechtslage aufgrund der gebotenen wirtschaftlichen Betrachtungsweise bereits das Vorliegen einer „Zahlung" aus oder mindert jedenfalls deren Wert.[11] Die Summe der so ermittelten Zahlungen bildet dann den widerleglichen Vermutungstatbestand für den der Masse während der Geltungsdauer des Zahlungsverbots insgesamt entstandenen Vermögensschaden.[12] Das neue Recht verlangt also eine Kombination von Einzel- und Gesamtbetrachtung.[13] Darin liegt der vom Gesetzgeber angestrebte Kompromiss zwischen den unter der Geltung des § 64 GmbHG und seinen Schwestervorschriften sich gegenüberstehenden Ansätzen.[14] Mit der in den Materialien offengelegten Absicht, beide Konzepte miteinander zu verbinden, ist die Annahme einer bloßen legislatorischen Bestätigung der Linie des BGH nicht zu vereinbaren.[15]

Dass der Umfang der Haftung auf den zur vollständigen Befriedigung sämtlicher Gläubiger (unter Einschluss der nachrangigen Insolvenzgläubiger) erforderlichen Betrag beschränkt ist, ist zwar richtig.[16] Der Einwand folgt aber schon aus allgemeinen Grundsätzen[17] und dürfte praktisch kaum einmal relevant werden.[18] Beließe man es dabei, hätte § 15b Abs. 4 S. 2 InsO keinen über § 242 BGB hinausgehenden Anwendungsbereich und wäre damit praktisch überflüssig. Dem Geschäftsleiter muss aber eine realistische Möglichkeit der Entlastung geboten werden. Die damit

[10] Zutreffend Bitter ZIP 2024, 153 (155).

[11] Jakobs/Kruth DStR 2021, 2534 (2335f.); H.-F. Müller FS Gehrlein, 2022, 377 (381f.); Casper in Habersack/Casper/Löbbe, 3. Aufl. 2021, GmbHG Anh. § 62 Rn. 105f.; Bork/Kebekus in Kübler/Prütting/Bork, 87. EL 3/2021, InsO § 15b Rn. 69.

[12] Sehr kritisch aber zu dieser Vermutungswirkung Altmeppen ZIP 2023, 721 (723).

[13] Bitter ZIP 2024, 153 (155).

[14] K. Schmidt/Herchen in K. Schmidt, 20. Aufl. 2023, InsO § 15b Rn. 30.

[15] Trenker KTS 2023, 495 (510).

[16] Arnold in Henssler/Strohn, Gesellschaftsrecht, 6. Aufl. 2024, InsO § 15b Rn. 55; Bork/Kebekus in Kübler/Prütting/Bork, 87. EL 3/2021, InsO § 15b Rn. 70; H.-F. Müller in MüKo-GmbHG, 4. Aufl. 2022, GmbHG § 64 Rn. 222.

[17] Vgl. zu § 93 InsO BGHZ 165, 185 (196) = NJW 2006, 1344; zu § 171 Abs. 2 HGB BGHZ 228, 28 Rn. 20 = NJW 2021, 928; BGHZ 217, 327 Rn. 39 = NZG 2018, 497.

[18] Dies konzediert A. Schmidt ZRI 2024, 93 (94).

verbundene Entschärfung der Haftung gegenüber dem bisherigen status quo ist als bewusste Entscheidung des Gesetzgebers hinzunehmen. Dieser will eine übermäßige Inanspruchnahme ohne Rücksicht auf die durch die Zahlungen tatsächlich bewirkte Masseschmälerung künftig verhindern. Ein Freibrief für eine Insolvenzverschleppung liegt darin schon deshalb nicht, weil den in Anspruch genommenen Geschäftsleiter die Darlegungs- und Beweislast für einen die Summe der Zahlungen unterschreitenden Gesamtschaden trifft.

Die überwiegende Auffassung hält eine zeitraumbezogene Vergleichsrechnung für erforderlich. Wie diese genau auszusehen hat, ist aber umstritten. Einige Autoren setzen den in § 15b Abs. 4 S. 2 InsO normierten Gesamtschaden gleich mit dem aus § 823 Abs. 2 BGB iVm § 15a InsO resultierenden Quotenschaden der Altgläubiger.[19] Andere stellen auf die während der Geltungsdauer des Zahlungsverbots bzw. im Zeitraum der Insolvenzverschleppung eingetretene Minderung des Gesellschaftsvermögens ab.[20] Einen dritten Lösungsvorschlag haben Lars Klöhn und Jacob Zell vorgelegt. Danach ist der Schaden der Gläubigerschaft identisch mit Saldo aus allen verbotenen Zahlungen und allen Zuflüssen in die Aktivmasse. Eine Verringerung der Verbindlichkeiten soll hingegen außer Betracht bleiben.[21]

IV. Systematische Überlegungen

1. Die Gesamtheit der Gläubiger

Gemeint sind mit der „Gläubigerschaft" in § 15b Abs. 4 S. 2 InsO die bereits bei Insolvenzeröffnung vorhandenen Gläubiger, dh die Insolvenzgläubiger iSv § 38 InsO. In den Materialien ist auch von der Gläubigergesamtheit die Rede.[22] Diese Gesamtheit der Gläubiger wird in der Lehre mitunter auch als Interessengemeinschaft bezeichnet.[23] Diese Einordnung ist jedenfalls für den hier interessierenden Zeitraum durchaus zweifelhaft, weil vor der Eröffnung des Verfahrens jeder einzelne Gläubiger ein legitimes Interesse an der vollständigen Durchsetzung seiner Forderung hat. Erst mit Verfahrenseröffnung werden die Gläubiger zwangsweise in eine Gemeinschaft überführt und können ihre Rechte nur noch im Rahmen des Insolvenzverfahrens geltend machen. Aber auch wenn man der Lehre von der Interessengemeinschaft folgt, so ist die Gläubigerschaft gewiss – anders als die auf freiwilligem Zusammenschluss beruhende (Außen-)Gesellschaft bürgerlichen Rechts,

[19] Baumert NZG 2021, 443 (448); Baumert ZRI 2021, 962 (965f.); Trenker KTS 2023, 495 (514ff.); Wolfer in BeckOK InsO, 33. Ed. 15.4.2024, InsO § 15b Rn. 33f.; für das österreichische Recht OGH Wien 26.9.2017 – 6 Ob 164/16k (unter 2.3.5).

[20] Bitter ZIP 2021, 321 (329); Cahn Der Konzern 2021, 221 (226); Jakobs/Kruth DStR 2021, 2534 (2540f.); H.-F. Müller FS Gehrlein, 2022, 377 (381); H.-F. Müller GmbHR 2021, 737 (741).

[21] Klöhn/Zell NZG 2022, 836 (837ff.); ähnlich Altmeppen ZIP 2023, 721 (727): „Verluste an der Masse"; Arnold in Henssler/Strohn, Gesellschaftsrecht, 6. Aufl. 2024, InsO § 15b Rn. 56 „Gesamtrechnung aller Zahlungen".

[22] Begr. RegE SanInsFoG, BT-Drs. 19/24181, 195.

[23] Wüst, Die Interessengemeinschaft – Ein Ordnungsprinzip des Privatrechts, 1958, S. 85f.; Wüst FS Wiese, 1998, 649 (653ff.); anders BGHZ 116, 319ff = NJW 1992, 967.

§ 705 Abs. 2 Alt. 1 BGB – nicht rechtsfähig. Daran ändert sich auch mit der Eröffnung des Verfahrens nichts. Die Insolvenzmasse bleibt Vermögen des Schuldners.

In § 15b Abs. 4 S. 2 InsO ist also von einem Schaden der Gläubigerschaft die Rede, obwohl diese Gläubigerschaft nicht rechtsfähig ist und daher auch kein Vermögen hat, das geschädigt werden kann.

2. *Haftungsrechtliche Zuweisung des Gesellschaftsvermögens*

Die fehlende Rechtsfähigkeit der Gläubigerschaft wird aber dadurch kompensiert, dass das Vermögen des Schuldners den Gläubigern immerhin haftungsrechtlich zugewiesen wird.[24] Der Insolvenzverwalter bzw. im Fall der Eigenverwaltung der Schuldner verwalten und verwerten die Masse im Interesse der Gläubiger, um diese möglichst optimal befriedigen zu können (§§ 1, 38 InsO).

Diese mit der Eröffnung des Verfahrens eintretende haftungsrechtliche Zuweisung des Gesellschaftsvermögens wird durch § 15b InsO partiell vorverlagert auf den Eintritt der materiellen Insolvenz. Ziel der Vorschrift ist es, Masseverkürzungen schon im Vorfeld des Insolvenzverfahrens zu verhindern bzw. – wenn der Geschäftsführer seine Massesicherungspflicht verletzt – zu gewährleisten, dass das Gesellschaftsvermögen wieder aufgefüllt wird, damit es zur ranggerechten und gleichmäßigen Befriedigung der Gläubiger zur Verfügung steht.[25] Diese haftungsrechtliche Zuweisung erlaubt es, den Schaden der Gesamtheit der Gläubiger mit der Minderung des Gesellschaftsvermögens gleichzusetzen.

3. *Berücksichtigung von Verbindlichkeiten*

Zu eng wäre es allerdings, mit dem von Klöhn/Zell entwickelten Ansatz allein auf die Veränderungen des Aktivvermögens zu blicken. Zwar schützt der Grundtatbestand des § 15b Abs. 1 InsO nur vor dem Entzug von Liquidität; die Begründung einer Verbindlichkeit ist keine Zahlung im Sinne der Norm.[26] Das Zahlungsverbot und die damit angestrebte Massesicherung sind jedoch kein Selbstzweck, sie dienen dem Schutz der Befriedigungsaussichten der Gläubiger.[27] Diese verschlechtern sich drastisch, wenn der Unternehmensleitung die Aufrechterhaltung des Geschäftsbetriebs nur durch Anhäufung neuer Schulden gelingt. Ob den Gläubigern durch die Fortführung des Unternehmens nach Insolvenzreife ein Schaden iSd § 15b Abs. 1, Abs. 4 S. 2 InsO entstanden ist, lässt sich nicht ohne Berücksichtigung der Verbindlichkeiten beurteilen. Maßgeblich muss die Entwicklung des Nettovermögens sein, also der Differenz zwischen Passiva und Aktiva. Der Vermögensstatus ist

---

[24] S. dazu nur Eichel in Jaeger, 2. Aufl. 2023, InsO § 38 Rn. 5.

[25] BGH NZG 2019, 1113 Rn. 18; BGHZ 219, 98 Rn. 25 = NJW 2018, 2494; BGHZ 146, 264 (278) = NJW 2001, 1280; BGHZ 143, 184 (186) = NJW 2000, 668; Goette ZInsO 2005, 1 (2ff.); Haas NZG 2004, 737 (738ff.); Röhricht ZIP 2005, 505 (509); Schulze-Osterloh FS Bezzenberger, 2000, 415 (419ff.).

[26] BGH NZG 2017, 1034 Rn. 13; BGHZ 203, 218 Rn. 17 = NZG 2015, 149; BGHZ 138, 211 (216f.) = NJW 1998, 2667; H.-F. Müller, Der Verband in der Insolvenz, 2002, S. 103; Poertzgen ZInsO 2006, 561 (564ff.).

[27] Bitter ZIP 2024, 153 (162); Trenker KTS 2023, 495 (515ff.).

jeweils nach den für die Überschuldungsbilanz maßgeblichen Grundsätzen zu erstellen, dh für den Vergleich ist der wahre Wert des Unternehmens maßgeblich.

V. Abstellen auf den Quotenschaden?

Wenig überzeugend ist es, auf den Quoten- oder Quotenverminderungsschaden abzustellen. Dieser steht nach der Rechtsprechung des BGH im Rahmen der Haftung nach § 823 Abs. 2 BGB iVm § 15a InsO den Altgläubigern zu. Er besteht in der Differenz zwischen der bei rechtzeitiger Verfahrenseinleitung erzielbaren und der tatsächlich erzielten Insolvenzquote.[28] Zur Ermittlung muss ein Vergleich der Ergebnisse des wirklich (verspätet) eröffneten Insolvenzverfahrens und dem eines hypothetischen, rechtzeitig eingeleiteten Verfahrens angestellt werden. Das gilt aufgrund der Vielzahl der damit verbundenen Unsicherheiten als kaum praktikabel.[29] Der an sich vom Verwalter zu liquidierende (vgl. § 92 InsO) Ersatzanspruch der Altgläubiger wegen Verletzung der Insolvenzantragspflicht ist deshalb nahezu bedeutungslos. Ein ähnliches Schicksal droht dem Einwand nach § 15b Abs. 4 S. 2 InsO, wenn man von dem Geschäftsleiter verlangen würde, die Höhe des Quotenschadens darzulegen und gegebenenfalls zu beweisen.[30]

Martin Trenker hat unter Berufung auf das Schätzungsermessen des Gerichts (§ 273 öZPO bzw. § 287 dZPO) vorgeschlagen, die Berechnung des Quotenschadens durch eine Reihe vereinfachender Annahmen zu erleichtern. So soll zur Ermittlung der Sollquote in einem früher eingeleiteten, rein hypothetischen Insolvenzverfahren etwa von fiktiv gleichen Aus- und Absonderungsrechten, fiktiv identischen Veräußerungserlösen für die Insolvenzmasse, fiktiv vergleichbaren Massekosten (insbesondere Verwaltervergütung) ausgegangen werden.[31] Das erscheint problematisch, weil die Schadensberechnung sich dann sehr weit vom tatsächlichen Quotenschaden entfernt. Je länger der Verschleppungszeitraum ist, desto schwieriger sind Rückschlüsse von einem tatsächlich durchgeführten Verfahren auf ein hypothetisches Verfahren.

§ 287 ZPO hilft hier nur sehr begrenzt. Der Schätzung nach dieser Norm müssen tragfähige Anknüpfungspunkte zu Grunde liegen. Sie darf nicht völlig abstrakt erfolgen, sondern muss dem jeweiligen Einzelfall Rechnung tragen.[32] Danach wäre konkreter Vortrag zum Verlauf eines hypothetischen Insolvenzverfahrens erforderlich („unter Berücksichtigung aller Umstände"), um dem Gericht überhaupt eine Grundlage für die Berechnung einer fiktiven Insolvenzquote zu verschaffen. Dies

[28] BGHZ 138, 211 (221) = NJW 1998, 2667; Poertzgen, Organhaftung wegen Insolvenzverschleppung, 2006, S. 274ff.; Dauner-Lieb ZGR 1998, 617 (626).

[29] Altmeppen ZIP 2023, 721 (723); Brinkmann ZIP 2020, 2361 (2365); Neuberger ZIP 2018, 909 (913); K. Schmidt NZG 2015, 129 (130); Klöhn in MüKoInsO, 4. Aufl. 2019, InsO § 15a Rn. 181ff.; aus der Prozesspraxis exemplarisch OLG Brandenburg BeckRS 2024, 2662.

[30] Bitter ZIP 2021, 321 (329); Klöhn/Zell NZG 2022, 836 (839); Lieder/Wagner ZGR 2021, 495 (526f.); Arnold in Henssler/Strohn, Gesellschaftsrecht, 6. Aufl. 2024, InsO § 15b Rn. 56.

[31] Trenker KTS 2023, 495 (520ff.).

[32] BGH NJW 2014, 3151 Rn. 17.

dürfte den Geschäftsleiter ebenso überfordern wie den Insolvenzverwalter in einem auf § 823 Abs. 2 BGB iVm § 15a InsO gestützten Haftungsprozess.

Diese Schwierigkeiten werden vermieden, wenn auf die reale Verminderung des Gesellschaftsvermögens während der Geltungsdauer des Zahlungsverbots abgestellt wird. Der „Schaden der Gläubigerschaft" bemisst sich nach der Differenz zwischen der Vermögenslage der Gesellschaft bei Eintritt der Zahlungsunfähigkeit bzw. Überschuldung und der Vermögenslage im Zeitpunkt der Eröffnung des Insolvenzverfahrens. Der Anspruch entsteht mit der Eröffnung des Verfahrens, zugleich ist auch die Höhe des Schadens bereits fixiert, auch wenn sie erst später retrograd berechnet wird.

VI. Parallele zur Beraterhaftung

Die hier präferierte Art der Schadensermittlung wird in der Rechtsprechung zur Beraterhaftung für Insolvenzverschleppungsschäden praktiziert.[33] In seiner Grundsatzentscheidung von 6.6.2013 hat der IX. Zivilsenat ausgesprochen, dass auch die Vertiefung der Verschuldung einen Schaden der Gesellschaft begründe. Der daraus resultierende Schadensersatzanspruch umfasse den gesamten Insolvenzverschleppungsschaden, der insbesondere durch die auf der Unternehmensfortführung beruhende Vergrößerung der Verbindlichkeiten erwachse. Folglich bemesse sich der Schaden der Schuldnerin nach der Differenz zwischen ihrer Vermögenslage im Zeitpunkt rechtzeitiger Antragstellung im Vergleich zu ihrer Vermögenslage im Zeitpunkt des tatsächlich gestellten Antrags.[34]

Folge der fehlerhaften Beratung bzw. Bilanzprüfung ist in den einschlägigen Fällen, dass der Insolvenzantrag für die Gesellschaft zu spät gestellt wird. Deshalb ist der hierdurch verursachte Schaden zu ersetzen. In dem hier interessierenden Zusammenhang knüpft die Haftung allerdings an die Verletzung des Zahlungsverbots an. Dieses greift bereits unmittelbar ab Eintritt der Insolvenzreife, also schon innerhalb der drei- bzw. sechswöchigen Insolvenzantragsfrist (§ 15a InsO), und auch noch nach Insolvenzantragstellung bis zur Eröffnung des Insolvenzverfahrens. Daher ist eine Modifikation hinsichtlich des maßgeblichen Zeitraums erforderlich und die Vermögenslage zu Beginn und am Ende der Geltung des Zahlungsverbots zu vergleichen. Im Übrigen aber entspricht der in § 15b Abs. 4 S. 2 InsO bezeichnete Schaden dem vom BGH für die Beraterhaftung anerkannten Insolvenzvertiefungsschaden.

Es soll nicht unerwähnt bleiben, dass die vorstehend angeführte Rechtsprechung des BGH neben Zustimmung[35] durchaus auch Kritik erfahren hat.[36] Moniert wird

[33] Bitter ZIP 2021, 321 (329).

[34] BGH NJW 2013, 2345 Rn. 23ff.; für das österreichische Recht ebenso OGH Wien 29.3.2016 – 8 Ob 76/15g (unter 2.).

[35] Heckschen in Reul/Heckschen/Wienberg, Insolvenzrecht in der Gestaltungspraxis, 3. Aufl. 2022, Rn. 1107; H.-F. Müller ZInsO 2013, 2181 (2184); Fl. Schmitt, Beraterhaftung für Insolvenzverschleppungsschäden, 2017, S. 134ff.; Thole ZfPW 2015, 31 (53); Klöhn in MüKoInsO, 4. Aufl. 2019, InsO § 15a Rn. 281.

[36] Bork ZRI 2024, 229 (234ff.); Brügge DStR 2023, 1672 (1673ff.); auch KG NZI 2023, 330 (331ff.).

insbesondere, dass die Vertiefung der Überschuldung kein Schaden der Gesellschaft, sondern allein ein solcher der Gläubiger sei. Die Gesellschaft verliere ihr Vermögen in der Insolvenz ohnehin, weil es als Insolvenzmasse zugunsten der Gläubiger verwertet werde. Schon mit Blick auf eine mögliche erhaltende Sanierung (§ 1 S. 1 Hs. 2 InsO) kann der Schuldnergesellschaft aber ein eigenes Interesse, eine Vergrößerung der Überschuldung zu verhindern, nicht abgesprochen werden. Denn ganz offensichtlich mindern zusätzliche Verluste die Sanierungschancen.[37] Einer abschließenden Stellungnahme zu dem Streit bedarf es hier an dieser Stelle nicht. Denn die Kritiker des BGH stellen nicht in Abrede, dass die Gesamtheit der Gläubiger unabhängig von der Anspruchsgrundlage einen Schaden erleidet, wenn nach Eintritt der materiellen Insolvenz sich die Vermögenslage der Gesellschaft weiter verschlechtert. Allein darauf kommt es im Rahmen des § 15b Abs. 4 S. 2 InsO an. Ob in anderen Konstellationen vor dem Hintergrund des Schutzzwecks der jeweils verletzten gesetzlichen oder vertraglichen Pflicht auch der Gesellschaft ein ihr zu ersetzender Schaden entsteht, kann daher hier offenbleiben.

VII. Keine gesonderte Abrechnung erfolgreicher Projekte

Abzulehnen sind Ansätze im Schrifttum,[38] über § 15b Abs. 4 S. 2 InsO die Einnahmen und Ausgaben bestimmter Projekte zu verrechnen. Ganz offensichtlich besteht die Gefahr der Rosinenpickerei, wenn der Geschäftsleiter sich erfolgreiche Projekte aussuchen kann.[39] Es ist nicht ersichtlich, nach welchen Kriterien die zu berücksichtigenden Projekte sachgerecht definiert und abgegrenzt werden sollen.[40] Einzel- und Gesamtbetrachtung dürfen nicht miteinander vermengt werden. Dass die verausgabten Mittel für ein erfolgreiches Gesamtprojekt eingesetzt wurden, lässt eine Zahlung iSd § 15b Abs. 1 S. 1 InsO nicht entfallen. Auch bei der gebotenen teleologischen Betrachtung muss der von der Gesellschaft erbrachten Leistung eine konkrete, korrespondierende Gegenleistung eindeutig zuzuordnen sein, damit sich der Leistungsaustausch noch als einheitlicher Zahlungsvorgang qualifizieren lässt. Entsprechende Zahlungen können nach § 15b Abs. 2 InsO für eine kurze Übergangszeit noch mit der Sorgfalt eines ordentlichen Geschäftsleiters vereinbar und damit nicht pflichtwidrig sein, nach Ablauf der Insolvenzantragsfrist ist eine Privilegierung aber regelmäßig ausgeschlossen (§ 15b Abs. 3 InsO). Dann mag ein im Rahmen eines Projekts erzielter Gewinn dazu beitragen, dass die Minderung des Gesellschaftsvermögens insgesamt geringer ausfällt, als es die Summe der einzelnen Zahlungen vermuten lässt. Das Gericht muss sich damit aber gar nicht näher beschäftigen, denn für den Einwand nach § 15b Abs. 4 S. 2 InsO ist allein der zu Las-

[37] Trenker KTS 2023, 495 (527ff.).

[38] Bitter ZIP 2021, 321 (330); Bitter GmbHR 2022, 57 (68ff.); Lieder/Wagner ZGR 2021, 495 (527); Trenker KTS 2023, 495 (522ff.); Bork/Kebekus in Kübler/Prütting/Bork, 87. EL 3/2021, InsO § 15b Rn. 71.

[39] Casper in Habersack/Casper/Löbbe, 3. Aufl. 2019, GmbHG Anh. § 62 Rn. 173.

[40] A. Schmidt ZRI 2021, 389 (395); Thole BB 2021, 1347 (1353); Arnold in Henssler/Strohn, Gesellschaftsrecht, 6. Aufl. 2024, InsO § 15b Rn. 56.

ten der Gläubigerschaft angefallene Totalverlust entscheidend. Der Geschäftsleiter hat Rechenschaft abzulegen über das Ergebnis der gesamten Unternehmensfortführung nach Eintritt der materiellen Insolvenz, er darf nicht einzelne erfolgreiche Projekte herausgreifen, um seine Haftung zu beschränken oder gar ganz zu vermeiden.[41]

VIII. Darlegungs- und Beweislast

Im Haftungsprozess ergibt sich eine abgestufte Verteilung der Darlegungs- und Beweislast. Zunächst ist es Sache des klagenden Insolvenzverwalters im Rahmen der Einzelbetrachtung nach § 15b Abs. 4 S. 1 InsO darzutun, wann Zahlungsfähigkeit bzw. Überschuldung eingetreten ist[42] und zu welchen Vermögensabflüssen (aufgeschlüsselt nach Höhe, Empfänger und Leistungszeit) es danach bis zur Eröffnung des Verfahrens gekommen ist.[43] Der beklagte Organwalter kann sich auf dieser Ebene damit verteidigen, dass in unmittelbarem wirtschaftlichen Zusammenhang mit dem jeweiligen Vermögensabfluss eine kompensierende Gegenleistung in das Gesellschaftsvermögen gelangt ist oder die Zahlung mit der Sorgfalt eines ordentlichen Geschäftsleiters vereinbar war (§ 15b Abs. 1 S. 2 InsO). Die Summe der unzulässigen Zahlungen ergibt den typisierenden Vermutungstatbestand für die Höhe des Gesamtschadens nach § 15b Abs. 4 S. 2 InsO.

Dem Geschäftsleiter bleibt es wiederum unbenommen, die gesetzliche Vermutung zu widerlegen, in dem er darlegt und ggf. beweist, dass die tatsächliche Minderung des Gesellschaftsvermögens in dem fraglichen Zeitraum geringer war. Es genügt nicht, dass er einfach nur pauschal behauptet, den Gläubigern sei gar kein Schaden entstanden und zum Beweis die Einholung eines Sachverständigengutachtens beantragt.[44] Vielmehr muss er die tatsächlich eingetretene Masseminderung genau beziffern, in dem er einen Vermögensstatus bezogen auf den Zeitpunkt des Eintritts von Zahlungsunfähigkeit oder Überschuldung und einen weiteren bezogen auf den Zeitpunkt der Verfahrenseröffnung erstellt. Hat der beklagte Geschäftsleiter sein Vorbringen hinreichend substantiiert, so obliegt es der Klägerseite, zu den einzelnen in dem Vermögensvergleich aufgeführten Positionen konkret vorzutragen.[45] Verbleiben Zweifel hinsichtlich des Werts einzelner Gegenstände, kann das Gericht diesen nach § 287 ZPO schätzen, wenn eine deutlich überwiegende, auf gesicherter Grundlage beruhende Wahrscheinlichkeit für die richterliche Überzeugungsbildung gegeben ist.[46]

---

[41] H.-F. Müller GmbHR 2021, 737 (742).

[42] Näher (auch zu Beweiserleichterungen) Arens GmbHR 2018, 555 (556ff.).

[43] Bitter in Scholz, GmbHG, 14. Aufl. 2024, InsO § 15b Rn. 202s.

[44] Baumert NZG 2021, 443 (448); Bitter GmbHR 2022, 57 (66); Lieder/Wagner ZGR 2021, 495 (530); H.-F. Müller GmbHR 2021, 737 (743).

[45] H.-F. Müller GmbHR 2021, 737 (743).

[46] Vgl. BGH NJW 1992, 2694 (2695f.); Prütting in MüKoZPO, 6. Aufl. 2020, ZPO § 287 Rn. 17.

Den vorstehend skizzierten Anforderungen kann der in Anspruch genommene Geschäftsleiter durchaus gerecht werden, denn er muss ohnehin aufgrund seiner Organstellung mit den finanziellen Verhältnissen der Gesellschaft vertraut sein. Außerdem hat er einen Anspruch darauf, dass der Verwalter ihm zum Zwecke der Beweisführung der Einsicht in die Buchhaltung der Gesellschaft gewährt.[47] Weitere wichtige Informationen kann er gem. § 4 InsO iVm § 299 ZPO Informationen durch Einsicht in die Verfahrensakten erlangen.[48] Insbesondere können für ihn das Eröffnungsgutachten, die Berichte des Insolvenzverwalters sowie die Insolvenztabelle von Bedeutung sein.

Auch für den Einwand, seine Inanspruchnahme sei zur vollständigen Gläubigerbefriedigung gar nicht notwendig, trägt der Geschäftsleiter die Darlegungs- und Beweislast. Er muss unter Ausschöpfung der ihm zur Verfügung stehenden Erkenntnismöglichkeiten konkret dartun, dass noch nicht ausgeschöpftes Aktivvermögen vorhanden ist, den Verwalter trifft auch hier lediglich eine sekundäre Behauptungslast.[49]

IX. Fazit

Der Anspruch nach § 15b Abs. 4 InsO erweist sich nach alledem als besonders ausgestalteter Schadensersatzanspruch.[50] Er richtet sich letztlich auf Kompensation des den Gläubigern, denen das Vermögen des Schuldners ab Insolvenzreife haftungsrechtlich zugewiesen ist, durch die Fortführung des Unternehmens entstandenen Gesamtschadens. Zur Erleichterung der Durchsetzung der Haftung wird allerdings typisierend vermutet, dass der Gesamtschaden der Summe der verbotenen Einzelzahlungen entspricht. Der Geschäftsleiter kann sich durch den Nachweis entlasten, dass der tatsächliche Vermögensverlust während der Geltungsdauer des Zahlungsverbots geringer ist. Hierzu muss er eine Vergleichsrechnung vorlegen, in der er den Wert des schuldnerischen Vermögens bei Eintritt der Insolvenzreife und bei Eröffnung des Verfahrens gegenüberstellt. Damit ist ein gangbarer Weg für die Praxis vorgezeichnet. Die Haftung wegen verbotswidriger Zahlungen bleibt ein wichtiges Instrument zur Auffüllung der Masse. Die neue Obergrenze des § 15b Abs. 4 S. 2 InsO sorgt aber dafür, dass die Interessen von Gläubigern und Geschäftsleitern nunmehr angemessen und fair austariert werden können.

---

[47] BGHZ 152, 280 (285); Arens GmbHR 2018, 555 (558); Baumert NZG 2021, 443 (448).

[48] OLG Celle NZG 2023, 998 (999); OLG Düsseldorf GmbHR 2021, 495; Baumert NZG 2021, 443 (448); Lieder/Wagner ZGR 2021, 495 (530); H.-F. Müller GmbHR 2021, 737 (743).

[49] H.-F. Müller GmbHR 2021, 737 (743); zur Kommanditistenhaftung BGHZ 109, 334 (344); BGHZ 217, 327 Rn. 39.

[50] Lieder/Wagner ZGR 2021, 495 (525); H.-F. Müller GmbHR 2021, 737 (741); aA Hentschel/Ruster ZInsO 2021, 637 (641); Kleindiek in Kayser/Thole, 11. Aufl. 2023, InsO § 15b Rn. 110.

ULRICH NOACK

„Mittels Videokommunikation" – virtuelle Gesellschafterversammlungen bei der GmbH

Unser Jubilar ist kein Freund virtueller Gesellschafterversammlungen – das hat er mehrfach sehr deutlich vorgetragen und publiziert.[1] Doch „jetzt sind sie nun mal da", um ein Diktum der Ex-Kanzlerin aus ganz anderem Zusammenhang zu bemühen. Der rechtstreue Notar wird gewiss seine Abneigung überwinden und die virtuellen Versammlungen bestmöglich begleiten, sollte er um Rat gebeten werden.

In diesen Kinderjahren der digitalen GmbH-Gesellschaftertreffen geht es um deren sinnvolle Gestaltung, man mag auch Erziehung dazu sagen. Der Patron, also der Gesetzgeber, hat nur einen kargen Satz beigesteuert: „Versammlungen können auch fernmündlich oder mittels Videokommunikation abgehalten werden, wenn sämtliche Gesellschafter sich damit in Textform einverstanden erklären" (§ 48 Abs. 1 S. 2 GmbHG).[2] Durchaus erstaunlich, denn bei Aktiengesellschaften (§§ 118a, 130a AktG) und Genossenschaften (§ 43b GenG) finden sich dezidierte Regelungen, auch das Vereinsrecht hat mehr Aufmerksamkeit erfahren (§ 32 Abs. 2 BGB).[3] Hingegen wird die populärste deutsche Rechtsform mit über einer Million Einheiten geradezu stiefmütterlich abgespeist. Dem entspricht die fachschriftstellerische Resonanz zu dieser 1-Satz-Bestimmung: Sie fällt ebenfalls frugal aus. Während die virtuellen Hauptversammlungen der Aktiengesellschaften eine wahre Flut von Für-und-Wider-Beiträgen entfachen,[4] befinden sich die virtuelle Gesellschafterversammlungen nahezu „unter dem Radar". Das liegt gewiss an dem sehr restriktiven Zugang, den das Gesetz nur ermöglicht – es sei denn, die Satzung ist weitherziger, aber kann sie das sein? Darüber und über die notarielle Begleitung von Satzungsänderungen „mittels Videokommunikation" wird im Folgenden zu handeln sein. Das Interesse des Jubilars ist hoffentlich geweckt.

---

[1] Heckschen, Aspekte der (Nicht-)Vergleichbarkeit des Diskurses in Präsenz und im virtuellen Raum, in Bochmann/Kumpan/Röthel/K. Schmidt, Beschlussfassung im virtuellen Raum, 2023, S. 29ff.; Heckschen/Hilser, Die virtuelle Gesellschafterversammlung – Bestandsaufnahme und aktuelle Entwicklungslinien, ZIP 2022, 461; Heckschen, Vortrag beim Tübinger Österbergseminar 2023 (Bericht NZG 2024, 626 (627f.)).

[2] Eingefügt durch Art. 5 Nr. 2 des Gesetzes zur Ergänzung der Regelungen zur Umsetzung der Digitalisierungsrichtlinie und zur Änderung weiterer Vorschriften (DiREG) v. 15.7.2022, BGBl. I 1146; in Kraft seit 1.8.2022.

[3] Zur „Beschlussfassung im virtuellen Raum als reformübergreifende Aufgabe für den Gesetzgeber" s. Guntermann in Bochmann/Kumpan/Röthel/K. Schmidt, Beschlussfassung im virtuellen Raum, 2023, S. 125ff.

[4] Guntermann/Noack in Hommelhoff/Hopt/Leyens, Unternehmensführung durch Vorstand und Aufsichtsrat, 2024, S. 927ff.; zusammenfassend für das Jahr 2023 Johannsen-Roth/Kießling/Raapke DB-Beilage 3/2023, 15ff.

Vorab ist festzuhalten, dass die seinerzeitigen COVID19-Notbestimmungen keine Blaupause für das Folgende ergeben. Von März 2020 bis August 2022 galt eine Erleichterung für versammlungslose Beschlüsse im Umlaufverfahren.[5] Schriftliche Umlaufbeschlüsse konnten „auch ohne Einverständnis sämtlicher Gesellschafter gefasst werden".[6] Die hauptsächliche Diskussion betraf die Frage, inwieweit sich diese temporär geltende Bestimmung gegenüber der älteren abweichenden Satzungsfassung durchsetzt.[7] Eine virtuelle Versammlung war, anders als im Aktienrecht, nicht vorgesehen. Als Kernelement in die Post-Corona-Zeit hat sich allerdings das Erfordernis des Einverständnisses sämtlicher Gesellschafter herübergerettet.

I. Sämtliche Gesellschafter einverstanden

1. Alle auf der Liste

Alle müssen einverstanden sein. Dieses Erfordernis ist es wohl, weshalb die virtuelle Gesellschafterversammlung so wenig aufregend erscheint. Eine „Digitalisierungsbremse" wurde hierin erblickt.[8] Zunächst zur Klärung dessen, was es mit der Einverständniserklärung „sämtlicher Gesellschafter" auf sich hat. Mit „sämtlich" sind alle in der Gesellschafterliste eingetragenen Personen gemeint, und zwar ausnahmslos. Weder auf die Beteiligungshöhe noch auf das Stimmrecht, sei es im Allgemeinen (stimmrechtsloser Geschäftsanteil),[9] sei es im Besonderen (Stimmverbot),[10] kommt es an.[11] Damit kann auch der minimalst Beteiligte oder gar vom Stimmrecht dispensierte Gesellschafter die virtuelle Versammlung unterbinden, negativ ausgedrückt: sich insoweit lästig machen. Ob in den genannten Fällen das fehlende Einverständnis unter dem Aspekt der Treubindung als ersetzt angesehen werden kann, dürfte schwerfallen – schließlich wird nicht total, sondern nur eine Zeit und Kosten sparende Durchführungsvariante blockiert. Bei satzungsändernden Beschlüssen wird der Notar die digitale Beurkundung der Video-Versammlung sowieso verweigern, wenn er erfährt, dass es am Einverständnis mangelt, jedenfalls bei auch nur einer Nein-Stimme (→ IV. 2.).

---

[5] Heckschen/Strnad GmbHR 2020, 807; W. Bayer/Möller GmbHR 2021, 461; Pentz FS Grunewald, 2021, 853; Reichert/Knoche GmbHR 2020, 461; Seulen/Heinrichs DB 2020, 1225; Wälzholz/J. Bayer DNotZ 2020, 285; Wicke NZG 2020, 501.

[6] Art. 2 § 2 Gesetz über Maßnahmen im Gesellschafts-, Genossenschafts-, Vereins-, Stiftungs- und Wohnungseigentumsrecht zur Bekämpfung der Auswirkungen der COVID-19-Pandemie (COVMG) v. 27.3.2020, BGBl. I 569 (571).

[7] Noack in Noack/Servatius/Haas, 24. Aufl. 2024, GmbHG Anh. § 48 Rn. 43ff.

[8] Bochmann NZG 2022, 531.

[9] C. Schäfer, Der stimmrechtslose Geschäftsanteil, 1997.

[10] Noack in Noack/Servatius/Haas, 24. Aufl. 2024, GmbHG § 47 Rn. 66ff.

[11] Wicke GmbHR 2022, 516 (521).

2. *Gegenstand des Einverständnisses*

Das Einverständnis hat sich grundsätzlich auf die konkrete Durchführung der anstehenden Versammlung zu beziehen. Wer der Videokommunikation zustimmt, ist nicht auch mit einer Telefonkonferenz einverstanden. Der Grund ist einleuchtend: Bei der Videoversammlung kann man sich sehen, bei der Telefonkonferenz nicht. Das ist mit Blick auf die nonverbale Kommunikation ein wesentlicher Unterschied, den der Jubilar zutreffend hervorgehoben hat.[12] Bei Satzungsänderungen geht es von Gesetzes wegen auch nur „mittels Videokommunikation".

Man könnte noch weitergehen und das Einverständnis auf ein bestimmtes Dienstprogramm beziehen, oder andersherum: nur gängige Software wird akzeptiert, keine exotische. Einige mögen auch datenschutzrechtliche Bedenken hegen, was in der Pandemiezeit an den Universitäten manchmal dazu führte, die Nutzung von US-amerikanischen Programmen zu untersagen. Hier lauern noch Fallstricke, bis sich ein akzeptiertes Muster herausgebildet hat. Für satzungsändernde Beschlüsse ist die Lage hingegen geklärt: Das BNotK-Videosystem ist zu verwenden (→ IV. 4.).

Es spricht nichts dagegen, dass Gesellschafter eine generelle Zustimmung zu dem gewünschten virtuellen Format bei der Geschäftsleitung hinterlegen, die auch bedingt sein kann, mithin bestimmte Beschlussgegenstände ausnimmt. Diese generelle Zustimmung ist ebenso wie das Ad-hoc-Einverständnis widerruflich. Ein Widerruf muss allerdings bis zur Eröffnung der virtuellen Versammlung erklärt werden. Nach deren Beginn kann man sich nicht mehr „ausklinken". Verfehlt wäre es, die Abstimmung als letzten Zeitpunkt für den Widerruf anzunehmen, sonst könnte man die Veranstaltung bei subjektiv ungünstigem Verlauf noch platzen lassen.

3. *Erklärung in Textform*

Das Einverständnis bedarf der Textform (§ 126b BGB). Adressat der Einverständniserklärungen ist die einberufende Stelle, also im Normalfall die Geschäftsführung der GmbH, ausnahmsweise sind es die einberufungsberechtigen Gesellschafter nach § 50 Abs. 3 GmbHG.

Die Textform hat sich seit ihrer Einführung im Jahr 2001 bewährt und weiterentwickelt. Sie erfasst, wie die Gesetzesbegründung ausführt, jedenfalls E-Mails bzw. Textnachrichten,[13] wozu der Chat bei den üblichen Konferenzprogrammen zählt. Emojis bzw. Emoticons (zB ein hochgereckter Daumen), die im Rahmen der Videokonferenz auf den Bildschirmen der Teilnehmer erscheinen, sind zwar flüchtig, doch zur Aufzeichnung geeignet, also auf einem dauerhaften Datenträger zu speichern. Die verlangte „lesbare Erklärung" braucht nicht aus Schriftzeichen zu bestehen, es genügt, wenn das Zeichen für die Beteiligten einen Erklärungsgehalt besitzt.[14] Hingegen reichen rein mündliche Äußerungen nicht, da dann keinesfalls eine „lesbare Erklärung" vorliegt. Die forsche Frage in die Runde bei einer Telefon- bzw. Videokonferenz, ob alle mit diesem Format glücklich sind, wäre durch

---

[12] Heckschen in Bochmann/Kumpan/Röthel/K. Schmidt, Beschlussfassung im virtuellen Raum, 2023, S. 29 (38).

[13] RegE DiREG, BT-Drs. 20/1672, 23.

[14] Noack/Kremer in NK-BGB, 4. Aufl. 2021, BGB § 126b Rn. 10 aE.

Ja-Sagen, Nicken oder ähnliche Gesten zwar beantwortet, doch eben nicht textförmlich. Die Lage wird gerettet, wenn man dem Zweck des Erfordernisses entsprechend auch die mündliche Erklärung zu Protokoll des Versammlungsleiters genügen lässt.[15] Eine Zustimmung liegt ferner in der Beteiligung an der textförmlichen bzw. entsprechend protokollierten Abstimmung[16] – denn wie anders sollte man diesen Akt verstehen?

4. *Zeitpunkt der Erklärung*

Man mag Bedenken hegen, weil die letztgenannte Variante in der Regel erst am Ende der virtuellen Versammlung zum Zuge kommt. Doch nirgends steht geschrieben, dass das Einverständnis schon vor dem Start vorliegen muss. Die Einverständniserklärung kann noch bis zur Schließung der virtuellen Versammlung erteilt werden.[17] Letzteres ergibt sich aus dem Gesetzeszweck, das virtuelle Format im Konsens aller zuzulassen. Wer ohne diese textförmliche Erklärung beginnt, riskiert allerdings den Kollaps am Ende.

Kollaps bedeutet: Nichtigkeit des Beschlusses.[18] Denn ohne textförmliches Einverständnis sämtlicher Gesellschafter ist die virtuelle Versammlung „illegal". Dieses Format hätte nicht gewählt werden dürfen. Bei fehlender Grundlage im Gesellschaftsvertrag soll diese Versammlungsform keinem Gesellschafter aufgezwungen werden, heißt es in der Gesetzesbegründung.[19] Ob man diese Rechtsfolge auf die entsprechende Anwendung von § 241 Nr. 1 AktG stützt oder der Kategorie eines Nichtbeschlusses anhängt,[20] mag hier dahingestellt bleiben.

5. *Virtuelle Vollversammlung*

Bevor die juristische Vernichtungsfreude vollends durchbricht, ist Einhalt für eine gar nicht so seltene Konstellation geboten: Was gilt, wenn sämtliche Gesellschafter an der Telefon- bzw. Videokonferenz mitgewirkt haben, also eine *Vollversammlung* in Rede steht? Sind alle dabei, kann wirksam beschlossen werden. Die in § 51 Abs. 3 GmbHG angesprochene Anwesenheit sämtlicher Gesellschafter trotz Einberufungsdefiziten wird herkömmlich auf ihre physische Präsenz bezogen. Doch ist die virtuelle Zusammenkunft seit August 2022 gesetzlich als weitere Versammlungsform anerkannt. Beispiel: Die Gesellschafter A, B und C besprechen eine Angelegenheit mittels Telefon- oder Videoschaltung und beschließen mündlich; textförmliche Einverständnisse gibt es nicht. Die vordergründig entscheidende

---

[15] Wertenbruch GmbHR 2023, 157 (160).

[16] Für notarielles Protokoll ebenso Preuß FS Vossius, 2023, 181 (193); Stelmascyk/Strauß ZIP 2022, 1077 (1081).

[17] Ebenso Liebscher in MüKoGmbHG, 4. Aufl. 2023, GmbHG § 48 Rn. 3a; wohl abw. Schindler in BeckOK GmbHG, 58. Ed. 1.8.2023, GmbHG § 48 Rn. 96c (nur bis Beginn der Versammlung bzw. Eintritt in die Tagesordnung).

[18] Wicke GmbHR 2022, 516 (521); Heckschen/Knaier NZG 2022, 885 (890); Wertenbruch GmbHR 2023, 157 (160).

[19] BT-Drs. 20/1672, 23; zust. Heckschen/Knaier NZG 2022, 885 (890); Leinekugel DB 2022, 2840 (2842).

[20] Dazu krit. Noack in Noack/Servatius/Haas, 24. Aufl. 2024, GmbHG Anh. § 47 Rn. 25.

Frage lautet, ob das textförmliche Einverständnis als Einberufungsmodalität[21] oder als konstituierendes Element des virtuellen Formats[22] zu deuten ist. Im ersten Fall ist der Weg zur Vollversammlung bei rügeloser Teilnahme frei, im zweiten Fall sieht es offenbar düster aus. Gerettet wird der Beschluss, wenn man anerkennt, dass bei Mitwirkung an der Abstimmung jedes Defizit geheilt wird, unabhängig von seiner dogmatischen Verortung.

II. Durchführung der virtuellen Versammlung

1. Arten: Audio und Video

Das Gesetz spricht von „fernmündlich", was man als Telefonkonferenz übersetzen kann, dh es besteht in der Regel nur eine Audioverbindung.[23] Den Nachteil der fehlenden Sichtbarkeit hat der Gesetzgeber insoweit in Kauf genommen. Als Alternative steht die Versammlung „mittels Videokommunikation". Damit haben breite Kreise in den Corona-Pandemiejahren ihre Erfahrungen gemacht. Zuvor waren Systeme wie Zoom, Teams, Skype etc. nur für besonders Interessierte geläufig; für die Führungsetage hat man spezielle Videokonferenzräume eingerichtet. Heute sind Endgeräte wie PC, Tablet und Smartphone durchweg mit der weithin kostenfrei zugänglichen Kommunikationssoftware bestückt. Der Aufwand, um an einer virtuellen Versammlung teilzunehmen, ist minimal. Dass eine Hard- und Softwarekonfiguration seitens des Gesellschafters vorgehalten werden muss, kann nicht gegen das virtuelle Format eingewandt werden. Auch bei Veranstaltungen in physischer Präsenz entstehen dem Teilnahmewilligen von ihm zu tragende Kosten, etwa die Anreise. Allerdings muss das Teilnahmerecht gewahrt bleiben, was bei exotischer bzw. proprietärer Software in Frage steht. Wie bei analoger Versammlung ein ungeeigneter Ort oder eine unzumutbare Zeit zu vermeiden sind, so liegt es entsprechend bei der Digitalveranstaltung.[24]

2. Leitung

Für das Verfahren der virtuellen Versammlung gelten im Grunde keine Besonderheiten. Die Einladung muss nebst dem Termin (Tag, Uhrzeit) die Informationen für die Online-Teilnahme enthalten, insbesondere die Einwahldaten. Auch bei virtueller Zusammenkunft ist keine Versammlungsleitung vorgeschrieben, doch gewiss schon der Koordination wegen zweckmäßig. Wie eine Versammlungsleitung zustande kommt und mit welchen Kompetenzen (insbesondere: stets verbindliche Beschlussfeststellung)? ist ein eigenes Thema.

---

[21] In diesem Sinne wohl Altmeppen, 11. Aufl. 2023, GmbHG § 51 Rn. 16; Leuering/Rubner NJW-Spezial 2023, 335.

[22] So dezidiert Wertenbruch GmbHR 2023, 157 (161).

[23] Heckschen in Bochmann/Kumpan/Röthel/K. Schmidt, Beschlussfassung im virtuellen Raum, 2023, S. 29 (38) hält Sichtbarkeit der sprechenden Teilnehmer für „zwingend notwendig", doch ist dies nach dem Gesetzeswortlaut nicht erforderlich.

[24] Bochmann NZG 2022, 531 (533).

3. Technik

Ein hauptsächliches Bedenken gilt technischen Schwierigkeiten, die sich bei audiovisueller Durchführung einstellen könnten. Oder dem Umstand, dass kaum zu kontrollieren ist, wer sich neben dem Berechtigten noch im virtuellen Raum aufhält.[25] Was die Technik betrifft, so kann man sich am Aktienrecht orientieren. Dort werden technische Störungen nur dann als anfechtungsrelevant bestimmt, „wenn der Gesellschaft grobe Fahrlässigkeit oder Vorsatz vorzuwerfen ist" (§ 243 Abs. 3 S. 2 AktG). Wird zB seitens der GmbH eine nicht hinreichend lizenzierte Videosoftware gewählt und können daher Gesellschafter nicht oder nur eingeschränkt teilhaben, so wäre dies ein Anfechtungsgrund. Liegt die Störung im allgemeinen Internetverkehr oder bei der vom Gesellschafter betriebenen Konfiguration, so hat dies keine Auswirkungen auf die Beschlüsse – wie es auch ein Autobahnstau oder eine Autopanne bei der Anreise nicht hätte. Was das potenzielle Mithören bzw. -sehen Dritter betrifft, so liegt dies in der Natur der Sache nicht physisch-präsenter Versammlungen. In der Tat besteht hier eine Diskrepanz zur herkömmlichen Versammlung, bei welcher die Teilnahme Dritter grundsätzlich ausscheidet.[26] Mit der gesetzlichen Anerkennung audiovisueller Versammlungen ist die Dritt-Gefahr akzeptiert, sie kann nicht mehr grundsätzlich gegen das Format eingewandt werden.

4. Hybrid

Nicht erforderlich ist, dass sämtliche Teilnehmer sich an unterschiedlichen Orten befinden.[27] Mehr noch: Auch eine hybride Gestaltung ist möglich. Diese kann in einer Kombination von physischer Präsenz und virtueller Teilnahme bestehen.[28] Beispiele: Ein Teil der Gesellschafter trifft sich im Geschäftsraum der GmbH, ein anderer Teil wird zugeschaltet. Oder ein Teil nimmt per Video, ein anderer per Audio teil.[29] Die Aversion des BGH und mancher Literaturstimmen gegen eine Kombination der Beschlussverfahren ohne statutarische Absicherung[30] ist jedenfalls dann nicht mehr zu halten, wenn alle Gesellschafter per Textform damit einverstanden sind. Der moderne Gesetzgeber setzt dieses Einverständnis für die virtuelle Versammlung voraus, umso mehr kann es auch die Kombination von herkömmlicher Präsenz und Online-Teilnahme tragen.

---

[25] Heckschen in Bochmann/Kumpan/Röthel/K. Schmidt, Beschlussfassung im virtuellen Raum, 2023, S. 29 (40).

[26] Noack in Noack/Servatius/Haas, 24. Aufl. 2024, GmbHG § 48 Rn. 12ff.

[27] BT-Drs. 10/1672, 23.

[28] Wertenbruch GmbHR 2023, 157 (160); Wicke GmbHR 2022, 516 Rn. 33; Bayer in Lutter/Hommelhoff, 21. Aufl. 2023, GmbHG § 53 Rn. 16a; Scheller GmbHR 2023, 20 Rn. 7.

[29] Zutr. Schindler in BeckOK GmbHG, 59. Ed. 1.8.2023, GmbHG § 48 Rn. 96b.

[30] BGH NZG 2006, 428; OLG München BB 1978, 471 (472); Römermann in Michalski/Heidinger/Leible/J. Schmidt, 4. Aufl. 2023, GmbHG § 48 Rn. 279; Hüffer/Schäfer in Habersack/Casper/Löbbe, 3. Aufl. 2020, GmbHG § 48 Rn. 59; Wolff in Münchner Handbuch des Gesellschaftsrechts, Band 3, 6. Aufl. 2023, § 39 Rn. 107; Wertenbruch GmbHR 2019, 149 (150); Miller/Nehring-Köppl WM 2020, 911 (914).

III. Satzungsklauseln zu virtuellen Versammlungen

§ 48 Abs. 1 S. 2 GmbHG ist dispositiv, was sich ohne weiteres gem. § 45 Abs. 2 GmbHG ergibt. Hätte der Gesetzgeber des DiREG[31] hier eine zwingende Regelung platzieren wollen, so wäre das eigens zu bestimmen gewesen (s. § 51 Abs. 3 GmbHG). Die Satzung kann daher weithin freie Regelungen für die virtuelle Versammlung treffen.[32]

1. Untersagung

Sie kann einerseits jedwede virtuelle Versammlungs-Beschlussfassung ausschließen, also keine Telefon- und keine Videokonferenz und Ähnliches erlauben. Eine solche Gestaltung wäre allerdings ungeschickt und wenig hilfreich. Denn wenn tatsächlich alle Gesellschafter an einer Online-Versammlung trotz Satzungsverbot mitwirken und einstimmig votieren, kann niemand anfechten.[33] Die Rechtsfolge der Nichtigkeit steht sowieso nicht in Rede bei einem Satzungsverstoß. Diese „Satzungsdurchbrechung" im Konsens wäre also ohne Sanktion. Gegenüber der gesetzlichen Ausgangslage würde allein die Verschärfung erreicht, dass nicht nur Einverständnis mit dem virtuellen Format, sondern auch noch Einstimmigkeit bei der Abstimmung erforderlich ist; so liegt es übrigens bei der Satzungsänderung per Videokommunikation (→ IV. 3.).

2. Erleichterung

Die hauptsächlich interessierende Frage ist jedoch, inwieweit die Satzung die virtuelle Beschlussfassung *erleichtern* kann. Die Statuierung einer bloßen Chat-Kommunikation (Textnachrichten etc.) wäre als Versammlung nicht zulässig, da eine solche begrifflich wenigstens die fernmündliche bzw. audiovisuelle Kommunikation erfordert.[34] Hier ist die nicht versammlungsgebundene Beschlussfassung gem. § 48 Abs. 2 GmbHG erreicht.

Per Satzungsbestimmung kann auf das textförmliche Einverständnis sämtlicher Gesellschafter mit der Abhaltung virtueller Versammlungen verzichtet werden, was insoweit noch unstreitig sein dürfte. Die Kontroverse besteht darin, ob die Regelung mit satzungsändernder qualifizierter Mehrheit beschlossen werden kann oder nur einstimmig bzw. mit Zustimmung sämtlicher Gesellschafter.

Für die letztgenannte Ansicht wird vorgebracht, wenn schon jede einzelne virtuelle Gesellschafterversammlung von Gesetzes wegen des Einverständnisses aller bedarf, dann erst recht deren generelle statutarische Erlaubnis.[35] Doch vom Einzel-

---

[31] S. Fn. 2.

[32] Eingehend Bochmann FS Heidinger, 2023, 37 ff.

[33] Keine Anfechtungsbefugnis bei positivem Votum Noack in Noack/Servatius/Haas, 24. Aufl. 2024, GmbHG Anh. § 47 Rn. 137.

[34] S. abermals Heckschen in Bochmann/Kumpan/Röthel/K. Schmidt, Beschlussfassung im virtuellen Raum, 2023, S. 29 (44 f.); Heckschen/Hilser ZIP 2022, 461 (463 f.) mit noch engerem Verständnis.

[35] Leinekugel DB 2022, 2840 (2850 f.); s. auch Wicke DStR 2022, 498 (505).

fall kann nicht *a fortiori* auf die (Un-)Zulässigkeit einer generellen Regelung geschlossen werden. Die dispositive Verfahrensbestimmung des § 48 Abs. 1 S. 2 GmbHG hindert daran, dem Einzelnen eine virtuelle Versammlung *ad hoc* aufzuzwängen.[36] Mit einer Satzungsregelung wird eine andere Rechtslage geschaffen. Für deren Einführung gibt es Vorgaben formeller und materieller Natur. Formell sind Einladung, Verfahren und Abstimmung, materiell geht es um Schranken der Satzungsautonomie. Eine solche explizite Schranke kennt § 53 Abs. 4 GmbHG, doch liegt der Tatbestand einer Vermehrung der Leistungen nicht vor. Darüber hinaus werden Eingriffe in den Kernbereich der Mitgliedschaft als mehrheitsfest angesehen. „Grundmitgliedschaftsrechte"[37] können verzichtbar sein, aber nur bei individueller Zustimmung. Würde nun mit der statutarischen Abschaffung des Individual-Einverständnisses in diese Grundposition eingegriffen? Die unbefriedigende Antwort lautet: Es kommt darauf an. Worauf denn? Ob das Teilnahmerecht unzumutbar verkürzt wird. Unter diesem Aspekt sind die virtuellen Formate zu prüfen. Wenn keine Funktionsäquivalenz mit einer Versammlung in physischer Präsenz besteht, dann ist das mitgliedschaftliche Grundrecht betroffen. So liegt es bei bloßer Audiokommunikation, also einer Telefonkonferenz. Nur Hören und Sprechen reicht nicht, zur Versammlung gehören auch Sehen, die Mimik, die Gestik, ja die Aura eines Gegenübers. Sind diese Funktionen nach dem Stand der Technik dem Grunde nach gewahrt, dann ist die audiovisuelle Kommunikation derjenigen in einem Versammlungsraum gleich*wertig*. Dass sie nicht gleich ist und sein kann, sollte selbstverständlich sein. Die DIREG-Begründung lässt erkennen, dass die Präsenz-Versammlung als Standard gilt, doch sind eben „auch" virtuelle Versammlungen anerkannt. Dann obliegt es den Gesellschaftern im Rahmen ihrer Satzungsautonomie, die Formate festzulegen. Der BGH hat in seinem bedeutsamen Beschluss vom 5.10.2021 darauf abgestellt, ob die „konkrete Ausgestaltung der Kommunikation eine *vergleichbare* Teilnahme der Anteilsinhaber und Durchführung der Versammlung wie bei einer physischen Präsenzveranstaltung ermöglicht."[38] Mit einer audiovisuellen Zwei-Wege-Kommunikation ist nach diesem Grundsatz die Funktionsäquivalenz hergestellt. Eine Satzungsklausel, die dieses virtuelle Format alternativ zur physischen Präsenzversammlung stellt, kann demnach mit 3/4-Mehrheit beschlossen werden. Ein Eingriff in das Mitgliedsrecht auf Teilhabe liegt nicht vor, weshalb es keiner Zustimmung sämtlicher Gesellschafter bedarf.[39]

---

[36] BT-Drs. 10/1672, 23.
[37] Casper in Habersack/Casper/Löbbe, 3. Aufl. 2020, GmbHG § 53 Rn. 69.
[38] BGH DNotZ 2022, 754 Rn. 19.
[39] Bochmann FS Heidinger, 2023, 37 (45); zust. Hommelhoff NZG 2023, 1217 (1219).

IV. Satzungsänderung: Videokonferenz und Videobeurkundung

1. Gesetzeslage

Auch eine Änderung der Satzung kann online beschlossen werden. Doch ist dieser Vorgang in mehrfacher Hinsicht besonders reglementiert. Das Tückische daran ist zuerst der vertrackte Gesetzesweg, der mühsam erschlossen werden muss. Es beginnt beim etablierten und dem Rechtsverkehr vertrauten Erfordernis: „Der Beschluss muss notariell beurkundet werden" (§ 53 Abs. 3 S. 1 GmbHG). Dann wird es holprig. „Erfolgt die Beschlussfassung einstimmig", so beginnt der folgende Halbsatz, dann „ist" das Verfahren des Gründungsrechts betreffend die Videokommunikation entsprechend anzuwenden. Das kann so nicht ernstgemeint sein. Bei einstimmiger Beschlussfassung in einer herkömmlichen Gesellschafterversammlung im Geschäftsraum der GmbH wird der Notar wie eh und je verfahren, der Verweis auf das Gründungsrecht geht insoweit ins Leere. Gemeint ist in der Sache die virtuelle Versammlung „mittels Videokommunikation" (§ 2 Abs. 3 S. 1 GmbHG).[40] Deren einstimmige Beschlüsse sind nach den §§ 16a ff. BeurkG zu beurkunden, mithin ist ein Willenserklärungsprotokoll zu fertigen; ein Tatsachenprotokoll ist unzulässig.[41] Dies folgt aus dem Rechtsgrundverweis auf das Gründungsrecht (§ 53 Abs. 3 S. 2 GmbHG). Die dort vorzufindende Weiterverweisung in das Beurkundungsrecht ergibt zudem, dass man sich des „von der Bundesnotarkammer nach § 78p der Bundesnotarordnung betriebenen Videokommunikationssystems" (§ 16a Abs. 1 BeurkG) bedienen muss.

Damit lautet das Zwischenfazit nach Durchdringen des Verweisungsdschungels: Satzungsänderung ist per Videoversammlung möglich, wenn deren Abhaltung textförmlich von sämtlichen Gesellschaftern gebilligt ist (→ IV.), wenn dort einstimmig votiert und wenn dafür das BNotK-System benutzt wird.

2. Einstimmigkeit

Jetzt beginnt die Feinarbeit. Was heißt in diesem Zusammenhang eigentlich „einstimmig"? Diese Frage hat zwei Aspekte. Einmal kann es sich um sämtliche Gesellschafter handeln oder nur um die Abstimmungsteilnehmer. Letzteres trifft zu, was sich schon aus der Gesetzessprache ergibt. Wenn alle Gesellschafter gemeint sind, wird meist der Begriff „sämtliche" benutzt oder deren Zustimmung verlangt (s. § 233 Abs. 1 UmwG). Einstimmig heißt mit Bezug auf eine Versammlung, dass es auf das Votum der dort Anwesenden ankommt.[42]

Bei Nein-Stimmen gibt es keine Einstimmigkeit. Jede Nein-Stimme verhindert die Beurkundung per Videokommunikation, auch dann, wenn gegen sie ein Stimmverbot eingewandt wird; die Klärung dieser Angelegenheit hat anderweitig zu erfolgen.[43] Unklar ist der Umgang mit Enthaltungen bzw. nicht abgegebenen

[40] BT-Drs. 20/1672, 24f.

[41] Scheller GmbHR 2023, 20 Rn. 7.

[42] Leo NZG 2023, 959 (962f.); aA Lieder ZRP 2022, 102 (103); Foerster WM 2023, 1111 (1114).

[43] Den umgekehrten Fall (Ja-Stimme wird mit Stimmverbot verdächtigt) hat wohl Bayer in Lutter/Hommelhoff, 21. Aufl. 2023, GmbHG § 53 Rn. 16b im Blick – doch dann wird die Op-

Stimmen. Müssen *alle* virtuellen Versammlungsteilnehmer positiv für die Satzungsänderung votieren, mit anderen Worten: Schaden Enthaltungen bzw. nicht abgegebene Stimmen? Der BGH hat vor über 40 Jahren zum Vereinsrecht erklärt: „Niemand, der sich der Stimme enthält, wird nach der Verkehrsanschauung auf den Gedanken kommen, sein Verhalten werde sich auf die Beschlussfassung anders auswirken, als wenn er der Versammlung ferngeblieben wäre oder sich vor der Abstimmung entfernt hätte.“[44] Dem folgend kann es nur für die Einstimmigkeit nur auf die positiv für den Antrag votierenden Stimmen ankommen.[45] Enthaltungen werden wie Nichtteilnahmen behandelt. Beurkundungsrechtliche Bedenken greifen nicht durch: Ausdrücklich erklärte Enthaltungen können ohne Weiteres als solche in die Niederschrift aufgenommen werden, bei fehlender Stimmabgabe ist der Gesellschafter vom Notar aufzufordern, sich zu äußern; das Ergebnis dieser Nachfrage ist dann zu vermerken.

Soweit es bei Ja-Stimmen zu Zweifeln oder gar Streit darüber kommt, ob diese gültig sind, steht dies der Beurkundung nicht entgegen. Der Notar kann und darf sich auf die Versammlungsleitung verlassen, soweit eine solche besteht; andernfalls muss es genügen, dass die Ja-Stimme formal von ihm registriert wird. Bei eklatanten Fällen kann nach § 17 Abs. 2 S. 2 BeurkG belehrt und vermerkt werden.

3. *Erfasste Beschlüsse*

Die Beurkundung per Videokommunikation erfasst alle Satzungsänderungen, also auch Kapitalmaßnahmen;[46] bei einer Kapitalerhöhung kann die Übernahmeerklärung ebenfalls online beurkundet oder beglaubigt werden, s. § 55 Abs. 1 S. 2 GmbHG. Hingegen sollen Zustimmungsbeschlüsse zu Unternehmensverträgen nach der Gesetzesbegründung nicht einbezogen sein.[47] Das mag man damit rechtfertigen, dass insoweit eine formelle Textänderung der Satzung nicht stattfindet. Indessen ist materiell bei Beherrschungs- und Gewinnabführungsverträgen von satzungsüberlagernder Wirkung zu sprechen; die Beurkundung des Zustimmungsbeschlusses wird entsprechend § 53 GmbHG verlangt.[48] Daher sind diese satzungsnahen Zustimmungsbeschlüsse bei Einstimmigkeit ebenfalls per Videokommunikation beurkundbar.[49]

---

position statt des Streits um das Stimmverbot mit „nein“ votieren, was die Video-Beurkundung zuverlässig verhindert.

[44] BGH NJW 1982, 1585.

[45] Zutr. Wicke GmbHR 2022, 516 (522); Bayer in Lutter/Hommelhoff, 21. Aufl. 2023, GmbHG § 53 Rn. 16a; Leo NZG 2023, 959 (964); aA Scheller GmbHR 2023, 20 Rn. 8, da Enthaltung als „Passivität“ nicht als Willenserklärung beurkundet werden könne (wieso nicht?); Scheller in Bochmann/Kumpan/Röthel/K. Schmidt, Beschlussfassung im virtuellen Raum, 2023, S. 114; ebenso mit anderer Begründung Stelmaszczyk/Strauß ZIP 2022, 1077 (1079); Stelmaszczyk/Strauß GmbHR 2022, 833 Rn. 34.

[46] Heckschen/Knaier NZG 2022, 885 (891).

[47] BT-Drs. 20/1672, 25; zust. Bayer in Lutter/Hommelhoff, 21. Aufl. 2023, GmbHG § 53 Rn. 16c; Meier BB 2022, 1731 (1735); Braun DNotZ 2022, 725 (734).

[48] BGH NJW 1989, 295.

[49] In diese Richtung Heckschen/Knaier NZG 2022, 885 (891); Wicke GmbHR 2022, 516 Rn. 34.

Umwandlungsbeschlüsse und ggf. erforderliche Zustimmungserklärungen sind gem. § 13 Abs. 3 UmwG notariell zu beurkunden.[50] Doch weil sich die Beurkundungspflicht nicht aus § 53 GmbHG ergibt, sollen diese Beschlüsse auch bei Einstimmigkeit von der Video-Beurkundung ausgeschlossen sein.[51] Dieses enge Verständnis folgt dem Normwortlaut; in der Sache ist es zweifelhaft, denn eine unterschiedliche Situation zwischen Satzungsänderung und Umwandlungsentscheidung ist im Grunde nicht vorhanden, jedenfalls bei der hier vorausgesetzten Einstimmigkeit. Will das Umwandlungsrecht einen besonderen Schutz, so verlangt es die Zustimmung sämtlicher Mitglieder.

Online beurkundbar in diesem Zusammenhang sind auch „sonstige Willenserklärungen" (s. § 2 Abs. 3 S. 3 GmbHG), etwa Vereinbarung von Nebenleistungen, Einbringung eines Unternehmens bei Sachkapitalerhöhung oder die Zustimmung bei Leistungsvermehrung (§ 53 Abs. 4 GmbHG).

Ist die Satzungsänderung mit anderen Maßnahmen verbunden, die ihrerseits nach anderen Vorschriften formpflichtig sind, steht dies der Beurkundung mittels Videokommunikation entgegen.[52] So kann etwa die Einbringung eines Grundstücks im Rahmen einer Kapitalerhöhung (§ 311b Abs. 1 BGB) oder die Abtretung eines Geschäftsanteils (§ 15 Abs. 4 GmbHG) einer Drittgesellschaft als Sacheinlage[53] vereinbart werden. Diese Geschäfte können nicht online (mit)beurkundet werden.

4. *Verfahren der Video-Beurkundung*

Der Notar braucht nicht in Geschäftsräumen oder bei Beteiligten anwesend zu sein. Schließlich gibt es keinen Ort für die virtuelle Versammlung bei der GmbH. Bemerkenswert anders entscheidet das Aktienrecht, das einen Ort der virtuellen Hauptversammlung verlangt, an welchem der Notar seine „Wahrnehmungen" macht (§§ 118a, 130a Abs. 2 AktG). Hier klafft das Beschlussrecht der beiden Kapitalgesellschafts-Rechtsformen ein weiteres Mal deutlich auseinander.

Als Plattform für die Beurkundung ist ausschließlich das von der Bundesnotarkammer betriebene Videokommunikationssystem (§ 16a BeurkG iVm § 78p BNotO) zulässig, das auch eine Konferenzfunktion bietet.[54] Es spricht allerdings nichts dagegen, zur vorgängigen Aussprache zunächst die den Gesellschaftern vertrauten gängigen Systeme wie Teams oder Zoom zu verwenden. Kommt es zum „offiziellen" Teil und schließlich zur Abstimmung, so muss dafür stets das Notarsystem genutzt werden, welches in der Ladung zu benennen ist.

Wie bei der Gründung sind die Beteiligten zu identifizieren (§ 16c BeurkG). Die elektronische Niederschrift ist vom Notar *und* ist von den Gesellschaftern mit ihrer

---

[50] Erfasst Schindler in BeckOK GmbHG, 59. Ed. 1.8.2023, GmbHG § 48 Rn. 96d aE.

[51] BT-Drs. 20/1672, 23; Wicke GmbHR 2022, 516 Rn. 15.

[52] M. Noack MDR 2022, 1505 (1506); zur künftigen Entwicklung der Online-Beurkundung Preuß FS Vossius, 2023, 181 (202ff.).

[53] Stelmaszczyk/Strauß GmbHR 2022, 833 Rn. 17f., 25; J. Weber FS Heidinger, 2023, 585 (593); C. Jaeger in BeckOK GmbHG, 58. Ed. 1.11.2023, GmbHG § 2 Rn. 83; Altmeppen, 11. Aufl. 2023, GmbHG § 2 Rn. 95; weitergehend Geuder FS Heidinger, 2023, 149 (155ff.).

[54] Braun DNotZ 2022, 725 (733); allg. zum notariellen Online-Verfahren Geuder FS Heidinger, 2023, 149ff.

qualifizierten elektronischen Signatur zu versehen (§ 16b Abs. 4 BeurkG). Die BNotK als anerkannter Anbieter für Zertifizierungsdienste erteilt auf Antrag den identifizierten Teilnehmern eine solche Signatur.

Zu protokollieren sind auf jeden Fall die mittels dieses Systems abgegebenen Ja-Stimmen sowie die Enthaltungen. Werden Nein-Stimmen abgegeben, ist der Beurkundungsvorgang abzubrechen. Auch die Feststellung des Versammlungsleiters, soweit vorhanden, ist zu notieren. Auf die Frage, ob es sich hierbei um eine Willenserklärung handelt, kommt es nicht an, da es um eine entsprechende Anwendung der §§ 16a ff. BeurkG geht und überdies sonstige Erklärungen gem. § 53 Abs. 3 S. 2 GmbHG iVm § 2 Abs. 3 S. 3 GmbHG mitbeurkundet werden können.

Der Notar darf nur beurkunden, wenn die Voraussetzungen dafür gegeben sind. Daher wird sich die Amtsperson davon überzeugen, dass textförmliche Einverständniserklärungen zum virtuellen Format vorliegen, wenn nicht alle Gesellschafter in der Videokonferenz zugegen sind. Grundsätzlich darf Notar insoweit den Erklärungen des Versammlungsleiters vertrauen.[55] Sind sämtliche Gesellschafter virtuell präsent, stellt sich diese Frage nicht dringlich, denn mit Teilnahme an der Abstimmung ist auch das Einverständnis mit der Videoversammlung verbunden (→ I. 3.);[56] bei Gegenstimmen ist sowieso keine Beurkundung möglich.

Angaben zur Wahrnehmung von Einberufung und Ladung sind nach den §§ 16a ff. BeurkG nicht vorgesehen. Das bedeutete in der Konsequenz, dass die elektronische Niederschrift nach den §§ 16a ff. BeurkG keinen Urkundsbeweis für die vorstehend angeführten Vorgänge enthält, was im Eintragungsverfahren bei dem Registergericht zu Schwierigkeiten führen kann. Um dem zu begegnen, ist eine Mischbeurkundung für zulässig zu erachten;[57] weitere Vorgänge über Stimmabgabe und ggf. Beschlussfeststellung hinaus können dort protokolliert werden.

Die Video-Beurkundung ist nicht auf die vollvirtuelle Versammlung beschränkt, sondern kann auch bei hybrider Gestaltung erfolgen. Es ist also möglich, dass sich ein Teil der Gesellschafter physisch präsent trifft und andere mittels der BNotK-Videosystems zugeschaltet sind; → II. 4.

V. Fazit und Ausblick

Die virtuelle Konferenz ist im Rechts- und Wirtschaftsleben etabliert – vor Corona noch eine mutige Aussage, im Jahr 2024 nicht mehr zu bestreiten. Der Jubilar, neben seinem Hauptberuf eifriger Autor juristischer Fachliteratur, wird es schätzen, dass viele Arbeitsbesprechungen mit Verlagsleuten online vonstattengehen. Dafür muss er von Dresden nicht eigens nach München reisen (oder umgekehrt). Selbst die Justiz hat die Videokonferenz entdeckt,[58] wenn auch mit Mühe und rechtspoli-

---

[55] Scheller GmbHR 2023, 20 Rn. 9.

[56] Preuß FS Vossius, 2023, 181 (193).

[57] In diesem Sinne Scheller in Bochmann/Kumpan/Röthel/K. Schmidt, Beschlussfassung im virtuellen Raum, 2023, S. 109.

[58] § 128a ZPO bzw. § 32 Abs. 3 FamFG und § 113 Abs. 1 FamFG; aus der Rechtsprechung etwa OLG Celle NJW-RR 2022, 1653; LG Bielefeld BeckRS 2023, 29045.

tischem Streit.[59] Um eine Totalablehnung kann es, wie eingangs betont, keineswegs mehr gehen, sondern um die bestmögliche Ausgestaltung.

Der Gesetzgeber ist erstaunlich vorsichtig bei der GmbH zu Werke gegangen. Das frappiert, wie bereits erwähnt, gerade im Vergleich mit der Aktiengesellschaft. Nehmen wir die Satzungsänderung bei einer AG bzw. GmbH mit fünf Mitgliedern. Bei der GmbH müssen alle der Durchführung mittels Videokommunikation zustimmen, Teilnehmer müssen sich dezidiert authentifizieren, ein spezielles Notarsystem ist zu nutzen und am Ende muss jeder qualifiziert digital signieren. Nichts davon bei der Aktiengesellschaft, sei sie groß oder – wie im Beispiel – klein. Der Vorstand kann aufgrund Satzungsermächtigung zur virtuellen Hauptversammlung laden, die Zulassung der Aktionäre obliegt ihm, die audiovisuelle Übertragung ebenso sowie die Online-Zuschaltung für Stellungnahmen, Reden und Fragen (§ 130a AktG). Und vor allem: Mehrheitsentscheidungen sind bei der AG online möglich.

Die hier vorgelegte Interpretation der §§ 48 Abs. 1 S. 2, 53 Abs. 3 S. 2 GmbHG versucht, das Maximale in Richtung Digitalisierung herauszuholen. Insbesondere die Satzungsfreiheit wird gegenüber Versuchen der Einengung unterstrichen. Dass die Beurkundung nur bei einstimmiger Beschlussfassung möglich ist, war eine sehr bewusste Entscheidung des Gesetzgebers.[60] Ob künftig auch Mehrheitsentscheidungen aufgenommen werden, soll bis August 2024 „im Lichte der dann schon vorliegenden praktischen Erfahrungen" geprüft werden.[61] Diesen ambitioniert festgelegte Zeitrahmen darf man skeptisch sehen,[62] allzu viel Erfahrung dürfte kaum vorliegen. Oder hat unser Jubilar mit seinem nicht ganz kleinen Notariat solche schon reichlich gesammelt?

Den Berufsstand wird es freuen, dass die Rolle der Notare bei Satzungsänderungen mittels Videokonferenz mit dem exklusiven BNotK-System gewachsen ist. Was die vorliegende Festschrift anbelangt, so ist es natürlich sehr angebracht, sie im physisch-präsenten Rahmen im schönen Dresden zu überreichen[63] – um dort mit dem Jubilar und den Mitautoren kräftig zu feiern!

---

[59] Im November 2023 hat der Bundestag ein Gesetz verabschiedet, das weithin Videokonferenzen bei den Gerichten ermöglicht; dagegen hat der Bundesrat den Vermittlungsausschuss angerufen (Beschlussempfehlung des Vermittlungsausschusses, BT-Drs. 20/11770 vom 12.6.2024).

[60] BT-Drs. 20/1672, 12.

[61] BT-Drs. 20/1672, 17f.

[62] Preuß FS Vossius, 2023, 181 (203f.).

[63] Die Corona-Lockdowns haben dem Verfasser vier Festschriftübergaben verhagelt, online gab es nichts zu essen und zu trinken.

EKKEHARD NOLTING

Beschlussmängelrecht bei GbR und PartG nach MoPeG

Wir schreiben das Jahr 2024 – der Jubilar, dem diese Festschrift gewidmet ist, vollendet sein 65. Lebensjahr. Am 1. Januar dieses Jahres ist die „Jahrhundertreform" zum Personengesellschaftsrecht – das Gesetz zur Modernisierung des Personengesellschaftsrechts,[1] im Folgenden kurz: „MoPeG" – in Kraft getreten. An ihm hat der zu Ehrende mit dem ihm eigenen Engagement und hoher Fachkompetenz sowohl durch schriftstellerische Beiträge als auch als Sachverständiger im Rechtsausschuss des Deutschen Bundestages anlässlich der Beratungen des Gesetzes mitgewirkt. Mir wurde die Ehre zuteil, gemeinsam mit ihm ein paar Fachbeiträge zu diesem Gesetz veröffentlichen zu dürfen und Vorträge zu halten. Von vielen Diskussionen mit ihm zu diversen offenen Fragen, die das MoPeG trotz aller zu lobenden Sorgfalt gelassen hat, durfte ich profitieren. Was liegt da näher, als ihm in dieser Festschrift einen Beitrag zu diesem neuen Gesetz und ein paar Gedanken zum Beschlussmängelrecht, insbesondere zu der Lücke, die der Gesetzgeber für die GbR und die PartG gelassen hat, zu widmen.

I. Einleitung

„Das deutsche Beschlussmängelrecht" – so schrieb Koch in seinem Gutachten vom 72. Deutschen Juristentag 2018 in Leipzig – „ist in keinem guten Zustand".[2] Er sprach damit unter anderem den Umstand an, dass es außer für das Aktienrecht und – zudem veraltet und lückenhaft – im Genossenschaftsrecht überhaupt keine gesetzliche Regelung erfahren hatte. Im GmbH-Recht behilft man sich bis heute mit einer sinngemäßen Anwendung des aktienrechtlichen Beschlussmängelrechts.[3] Das Personengesellschaftsrecht hatte sich bisher darauf beschränkt zu bestimmen, dass Beschlüsse der Einstimmigkeit bedürfen (§ 709 Abs. 1 BGB aF, § 119 Abs. 1 HGB aF). Da dies aber dispositiv war und zunehmend Gesellschaftsverträge Mehrheitsklauseln vorsahen, fehlten im Gesetz Bestimmungen zum Minderheitenschutz und zu den verfahrensrechtlichen Mindestvoraussetzungen, unter denen die überstimmte Minderheit eine Mehrheitsentscheidung hinzunehmen hatte. Bei den Rechtsfolgen denkbarer Mängel unterschied das Gesetz bisher auch nicht nach Art

[1] BGBl. 2021 I 3436.

[2] Verhandlungen des 72. Deutschen Juristentages, Leipzig 2018, Band I, S. F9.

[3] RGZ 85, 311; BGH NJW 1954, 385; NJW 1969, 841 (842); NZG 2021, 831; Leinekugel in BeckOK GmbHG, 58. Ed. 1.11.2023, GmbHG Anh. § 47; Wertenbruch in MüKoGmbHG, 4. Aufl. 2023, GmbHG Anh. § 47 Rn. 1 mwN.

und Schwere des Mangels: Nach der allgemeinen Rechtsgeschäftslehre soll nach hM jeder Mangel zur Nichtigkeit des Beschlusses führen.[4] Da gerade in mehrgliedrigen Gesellschaften die Fassung von Beschlüssen besonders fehleranfällig ist, hat dies eine erhebliche Rechtsunsicherheit zur Folge, da nie gewiss ist, ob der Beschluss auch tatsächlich wirksam ist und daher befolgt werden darf und muss. Das führt zu unverhältnismäßigen Ergebnissen, wenn selbst kleinste Rechtsverstöße, die die Interessen der Gesellschafter nicht oder kaum berühren, deren mögliche Nichtigkeitsfolge die Interessen der Gesellschaft aber schwerwiegend beeinträchtigen kann, unnachsichtig zur Nichtigkeit führen sollen.

Diese gesetzgeberischen Defizite waren Gegenstand intensiver Diskussionen auf dem 72. Deutschen Juristentag in Leipzig und führten zu entsprechenden Empfehlungen an den Gesetzgeber. Dem ist er im MoPeG nun in einem ersten Schritt gefolgt, indem er für die Personenhandelsgesellschaften in §§ 109ff. HGB Regelungen zur Beschlussfassung und in Anlehnung an das aktienrechtliche Anfechtungsmodell zum Beschlussmängelrecht vorgesehen hat. Abgesehen hat er aber bewusst davon, das Beschlussmängelrecht auch für die nichtkaufmännischen Rechtsformen der GbR und der PartG zu regeln. Der Mauracher Entwurf hatte insoweit noch eine allgemeine Regelung im BGB für alle Personengesellschaften vorgesehen.[5] Der Gesetzgeber hat dabei durchaus erkannt, dass die institutionellen Voraussetzungen, unter denen sich das aktienrechtliche Anfechtungsmodell rechtsformübergreifend auch bei der Gesellschaft mit beschränkter Haftung und der Genossenschaft etablieren konnte, für alle rechtsfähigen Personengesellschaften vorlägen. Er meinte, für die GbR und – so ist zu unterstreichen – auch für die PartG sei das Anfechtungsmodell dennoch ungeeignet, da es „Mindestanforderungen an die Formalisierung des Beschlussverfahrens und damit einen Professionalisierungsgrad“ erfordere, der bei den nichtkaufmännischen Rechtsformen nicht zu erwarten sei.[6]

Der folgende Beitrag widmet sich der Frage, ob es für die unterschiedliche, von der jeweiligen Organisationsform des Verbandes abhängige Behandlung von Beschlussmängeln eine Rechtfertigung gibt oder ob nicht vielmehr aus allgemeinen Prinzipien des Verbandsrechts eine einheitliche Behandlung des Phänomens geboten ist. Der Gedanke ist nicht neu, sondern wurde bereits unter anderem von Karsten Schmidt[7] vor 50 Jahren geäußert. Er gewinnt aber durch die nicht nachvollziehbare unterschiedliche Behandlung von kaufmännischen und nicht kaufmännischen Gesellschaften trotz ihrer strukturellen Identität neue Nahrung.[8]

---

[4] Koch in Verhandlungen des 72. Deutschen Juristentages, Leipzig 2018, Band I, S. F68; Liebscher/Reichelt ZPG 2023, 441.

[5] Heckschen/Nolting BB 2020, 2256 (2258); ausf. zu Beschlussmängelstreitigkeiten nach dem Mauracher Entwurf Otte ZIP 2020, 1743.

[6] BT-Drs. 19/27635, 228.

[7] K. Schmidt Die AG 1977, 243.

[8] K. Schmidt Die AG 1977, 243 (254) hielt die Trennung zwischen nichtigen und nur anfechtbaren – also erst einmal wirksamen – Beschlüssen im Recht der Personengesellschaften noch für zweifelhaft.

II. Materiellrechtliche Grundlagen des Beschlussrechts

1. Gegenstand des Beschluss(mängel)rechts

Wenn von Beschlussmängelrecht die Rede ist, geht es um die Rechtsfolgen mangelhafter Beschlüsse und ihre gerichtliche Geltendmachung. Mangelhaft ist ein Beschluss, wenn seine „Ist-Beschaffenheit" von der „Soll-Beschaffenheit" abweicht. Bevor man sich daher mit der Art der gerichtlichen Durchsetzung befassen kann, sollte zunächst Klarheit bestehen, wann überhaupt ein „Beschluss" vorliegt, was seine „Soll-Beschaffenheit" ist und welche konkrete Abweichung davon welche materiellrechtlichen Rechtsfolgen zeitigen soll.

a) Der Beschluss und seine Funktion

Bemerkenswerter Weise enthält das Gesetz keine Definition des Rechtsbegriffs „Beschluss", seiner konstitutiven Merkmale und der Voraussetzungen seines Zustandekommens. Die einzelnen gesetzlichen Bestimmungen zu den verschiedenen Verbandsformen, die den Beschluss zum Gegenstand haben, beschränken sich auf die Beschreibung seiner Funktion.

§ 32 BGB

(1) [1]Die Angelegenheiten des Vereins werden, soweit sie nicht von dem Vorstand oder einem anderen Vereinsorgan zu besorgen sind, durch Beschlussfassung in einer Versammlung der Mitglieder geordnet. [...]

§ 118 AktG

(1) [1]Die Aktionäre üben ihre Rechte in den Angelegenheiten der Gesellschaft in der Hauptversammlung aus, soweit nichts anderes bestimmt ist. [...]

§ 119 AktG

(1) [1]Die Hauptversammlung beschließt in den im Gesetz und in der Satzung ausdrücklich bestimmten Fällen [...].

§ 43 GenG

(1) Die Mitglieder üben ihre Rechte in den Angelegenheiten der Genossenschaft in der Generalversammlung aus.

(2) [1]Die Generalversammlung beschließt mit der Mehrheit der abgegebenen Stimmen [...].

§ 47 GmbHG

(1) Die von den Gesellschaftern in Angelegenheiten der Gesellschaft zu treffenden Bestimmungen erfolgen durch Beschlussfassung nach der Mehrheit der abgegebenen Stimmen.

Insgesamt wird die Existenz des Beschlusses als Instrument der Entscheidung der Mitglieder in einer Versammlung über Angelegenheiten des Verbandes vorausgesetzt. Auch § 109 HGB befasst sich nur mit einigen wenigen Verfahrensfragen, lässt aber ausdrücklich das Zustandekommen von Beschlüssen ungeregelt.[9] Und § 714 BGB besagt lediglich, dass Beschlüsse der Zustimmung aller stimmberechtigten Gesellschafter bedürfen. Zu Rechtsnatur, Entstehung, Tatbestandsvoraussetzungen gibt das Gesetz keine Antworten.

b) Der Beschluss als Willensbildungsmaßnahme des Verbands

Weitgehende Einigkeit besteht insoweit, als der Beschluss ein Rechtsgeschäft eigener Art und damit vom Vertrag iSd §§ 145ff. BGB verschieden ist.[10] Das erschließt sich schon daraus, dass der Vertrag auf korrespondierenden Willenserklärungen, also einer inhaltlichen Übereinstimmung von Vertragsangebot und Annahme beruht, während das beim Gesellschafterbeschluss allenfalls beim einstimmigen Beschluss angenommen werden kann. Bei Mehrheitsbeschlüssen fehlt gerade das vertragstypische konsensuale Element. Dasselbe gilt für den Beschluss in der Ein-Personen-GmbH. Aber auch dort, wo das Gesetz Einstimmigkeit voraussetzt (§ 714 BGB, § 109 Abs. 3 HGB) spricht es dennoch von „Beschluss".

Die Gesellschafter regeln mit Hilfe von Beschlüssen die – das bestimmen die zitierten Normen explizit und ausnahmslos – Angelegenheiten ihrer Gesellschaft. Sie regeln damit ihre Beziehungen untereinander, im Verhältnis zur Gesellschaft (Grundlagenbeschlüsse) und sie treffen Maßregeln zur Verfolgung des gemeinsam verabredeten Zwecks der Gesellschaft für die Geschäftsführung. Der Beschluss ist das Instrument der inneren Willensbildung eines Verbandes in seinen Angelegenheiten durch seine Willensbildungsorgane.[11] Er wird gefasst in dem dafür zuständigen Organ, der Gesellschafterversammlung als Willensbildungsorgan des rechtsfähigen Verbandes,[12] und ist daher auch einzig und allein sein Wille. Im Sinne der Organtheorie[13] wird diesem Organ das Handeln seiner Mitglieder – also der Gesellschafter – zugerechnet und das Organhandeln wiederum – im Sinne einer doppelten Zurechnung[14] – dem Verband. Drescher versteht den Gesellschafterbeschluss ebenfalls als „eine in einer Angelegenheit der Gesellschaft im Wege der Abstimmung getroffene Bestimmung, die der Gesellschaft als organschaftliche Willensbildung und Willensäußerung zugerechnet wird".[15]

Dieser Verbandswille ist daher nicht identisch mit dem Willen der Mitglieder. Er ist aliud. Das wird deutlich bei der Mehrheitsentscheidung, gilt aber auch bei Einstimmigkeit. Die Voten der Mitglieder sind nur notwendige Voraussetzung für die Entstehung des Beschlusses. Auch bei der Ein-Personen-Gesellschaft lassen sich Wille des Gesellschafters und der Gesellschaft trennen, auch wenn sie in diesem

[9] BT-Drs. 19/27635, 225.

[10] Roth in Hopt, 43. Aufl. 2024, HGB § 109 Rn. 6; K. Schmidt, Gesellschaftsrecht, 4. Aufl. 2002, § 15 I 2.

[11] K. Schmidt, Gesellschaftsrecht, 4. Aufl. 2002, § 15 I; ähnlich auch Noack in Noack/Servatius/Haas, 23. Aufl. 2022, GmbHG § 47 Rn. 2.

[12] Es soll hier nur um die Beschlüsse in rechtsfähigen Verbänden, nicht hingegen in sonstigen Gremien und nicht rechtsfähigen schuldvertraglichen Verbindungen gehen.

[13] V. Gierke, Deutsches Privatrecht, 1895/1936, Bd. I, 1899, S. 518ff.

[14] Leuschner in MüKoBGB, 9. Aufl. 2021, BGB § 26 Rn. 3f.

[15] Drescher in MüKoGmbHG, 4. Aufl. 2023, GmbHG § 47 Rn. 7.

Fall inhaltlich identisch sind. Die Trennung erfolgt durch die Zurechnung zu verschiedenen Rechtssubjekten: Das eine ist der Wille des rechtsfähigen und daher zur Bildung eines „eigenen" Willens fähigen Verbandes, das andere der Wille des einzelnen Gesellschafters.

Der Beschluss ist der zu diesem Willen führende Willensbildungsakt des rechtsfähigen Verbandes durch sein dafür zuständiges Organ. Auch der Gesellschafter der Ein-Personen-Gesellschaft schafft nur dann einen der Gesellschaft zurechenbaren Gesellschaftswillen, wenn er als Organ der Gesellschaft, als „Gesellschafterversammlung", handelt. Treffen die Gesellschafter sich zu einem privaten Dämmerschoppen und tauschen dabei auch Meinungen über Angelegenheiten der Gesellschaft aus, entsteht dadurch noch kein Willensentschluss der Gesellschaft. Das geschieht erst, wenn sie sich einig sind, dass sie als Organ „Gesellschafterversammlung" handeln, um aus ihren persönlichen Meinungen einen verbindlichen Willen der Gesellschaft zu formen.[16]

Dies gilt für den Beschluss als Instrument kollektiver Willensbildung rechtsformunabhängig jedenfalls insoweit, als es sich um rechtsfähige Verbände handelt, die über eigene Willensbildungsorgane verfügen und in der Lage sind, einen eigenen Willen zu haben und ihn umzusetzen. Insbesondere ist insoweit keine unterschiedliche Betrachtung zwischen körperschaftlich verfassten juristischen Personen und vertraglich begründeten Personengesellschaften geboten. Bei letzterer wird nur die Zurechnung schwieriger, da die Trennung zwischen Verband und den ihn tragenden und untereinander vertraglich verbundenen Mitgliedern zu verschwimmen droht.[17]

c) *Beschlussantrag als konstitutives Element des Beschlusses*

Der Inhalt der Entscheidung der Gesellschafter muss klar und eindeutig sein. Allein aus zahlreichen verschiedenen Meinungsäußerungen der Mitglieder lässt sich noch kein einheitlicher Wille der Gesellschaft ableiten. Jeder Beschluss bedarf daher eines eindeutigen Antrags mit eindeutigem Inhalt, dem die Gesellschafter ihre Zustimmung oder Ablehnung erklären. Der Beschluss verkörpert so die dem Verband zurechenbare Entscheidung über einen Antrag.[18]

---

[16] BGH NJW 2007, 917 Rn. 19; an dieser Stelle ist die Frage aufgeworfen, ob es sich bei einer Versammlung, zu der ein dafür nicht Befugter eingeladen hat, noch um eine zur Beschlussfassung legitimierte Versammlung des zuständigen Verbandsorgans handelt. Im Aktienrecht beantwortet die Frage § 121 Abs. 2 S. 2 AktG, den der BGH auf das Personengesellschaftsrecht zu Recht nicht anwendet (BGH NZG 2017, 303) und dort bisher die Nichtigkeit gefasster Beschlüsse angenommen hat (BGH NZG 2014, 945 Rn. 12 mwN; NJW 1954, 385 zur GmbH). Künftig wird die Frage aber für Personenhandelsgesellschaften zu beantworten sein, da ein einfacher Ladungsmangel nur zur Anfechtbarkeit führt, während die Verneinung einer Versammlung zu einem Scheinbeschluss führte, dem eine wesentliche Tatbestandsvoraussetzung für einen (anfechtbaren) Beschluss fehlte. Der Frage kann hier aus Raumgründen nicht weiter nachgegangen werden.

[17] K. Schmidt, Gesellschaftsrecht, 4. Aufl. 2002, § 15 I 1c).

[18] K. Schmidt, Gesellschaftsrecht, 4. Aufl. 2002, § 15 I 1a).

d) *Beschlussfixierung*

Streit ist darüber entbrannt, ob zum Beschluss auch die verbindliche Feststellung seines Inhalts gehört. Nach einer Auffassung entsteht der Beschluss noch nicht allein durch die Stimmabgaben, sondern erst durch einen konstitutiven Akt der Feststellung des Beschlussergebnisses.[19] Erst die Feststellung begründe den Organakt des Beschlusses. Die Stimmabgabe der Gesellschafter sei lediglich Willensbildung; erst die Feststellung führe zur „rechtlich konstitutiven Erklärung des Organwillens".[20]

Die hM hält hingegen ebenso wie der BGH eine förmliche Beschlussfeststellung nicht für erforderlich.[21] Ihr ist zu folgen. Die Feststellung des Inhalts ist ein Erkenntnisprozess. Das Ergebnis ergibt sich aus dem Antrag und dem Ergebnis des Abstimmungsprozesses. Zwar kann es Streit darüber geben, ob das nötige Quorum tatsächlich zustande gekommen ist. Das ändert aber nichts daran, dass die objektiven Voraussetzungen eines – entweder zustimmenden oder ablehnenden – Beschlusses gegeben sind. Die Fragen, welche Mehrheitsklausel anwendbar ist, ob Stimmverbote bestehen oder die gesellschafterliche Treuepflicht ggf. ein bestimmtes Stimmverhalten dem Einzelnen gebietet, sind Rechtsfragen, die im Wege rechtlicher Subsumtion zu lösen sind.[22]

Die Frage, ob die förmliche Feststellung für den Beschluss konstitutiv ist, wenn sie im Gesellschaftsvertrag oder ggf. ad hoc durch Beschluss vorgeschrieben ist,[23] soll hier nicht weiter vertieft werden. Dass die förmliche Feststellung aber eine konstitutive Wirkung haben kann,[24] steht auf einem andere Blatt: Die Gesellschafter können eine förmliche Feststellung vorsehen, um einen Streit über das Abstimmungsergebnis vorläufig zu entscheiden. Es gilt dann das festgestellte Ergebnis und zwar auch, wenn es mit der objektiven Rechtslage in Widerspruch steht. Darauf wird zurückzukommen sein.

e) *Beschlussverfahren*

Das Beschlussverfahren, das in den oben zitierten Vorschriften in unterschiedlich detaillierter Form gesetzlich ausgestaltet ist, ist kein konstitutives Merkmal des Beschlusses, sondern nur Legitimationsgrundlage.[25] Ist das gesetzlich vorgeschriebene oder gesellschaftsvertraglich vorgesehene Verfahren bei der Beschlussfassung nicht eingehalten, ändert das nichts am Vorliegen des Beschlusses; es ist aber ein fehlerhafter Beschluss, über dessen Rechtsfolgen sogleich nachzudenken sein wird.

---

[19] Altmeppen NJW 2016, 2833 (2837).

[20] Altmeppen NJW 2016, 2833 (2837).

[21] Fehrmann/Leclerc/Schirrmacher GmbHR 2024, 57 (59); BGH NJW 2007, 917 Rn. 19; NJW 1969, 841 (842); anders jedoch bei Beschlüssen im schriftlichen Umlaufverfahren BGH NZG 2017, 303 Rn. 19.

[22] BGH NJW 1980, 1527.

[23] S. etwa Stephan/Tieves in MüKoGmbHG, 4. Aufl. 2023, GmbHG § 38 Rn. 127.

[24] K. Schmidt, Gesellschaftsrecht, 4. Aufl. 2002, § 15 I 3.

[25] K. Schmidt, Gesellschaftsrecht, 4. Aufl. 2002, § 15 I.

f) Zwischenfazit

Zusammenfassend kann damit festgehalten werden, dass Beschlüsse rechtsformunabhängig dadurch gekennzeichnet sind, dass sie das Instrument des zuständigen Gesellschaftsorgans, der Gesellschafterversammlung, zur Bildung des dem rechtsfähigen Verband zurechenbaren Willens in Angelegenheiten der Gesellschaft sind. Rechtsfähigkeit des Verbandes ist dabei Voraussetzung, weil nur dann eine Zurechnung als „eigener" Wille denkbar ist.

2. Beschlussmängel und ihre Folgen

Beschlüsse können aus vielerlei Gründen an Mängeln leiden: Sie können im schlimmsten Fall außerhalb der Kompetenz der Gesellschafterversammlung liegen, weil sie Gegenstände regeln wollen, die nicht mehr zu den „Angelegenheiten" der Gesellschaft gehören, sie können das gesetzlich oder vertraglich vorgesehene Verfahren für die Fassung des Beschlusses missachten oder der Inhalt des Beschlusses kann gegen Recht und Gesetz, womöglich gar gegen zwingende Vorschriften, die nicht zur Disposition der Gesellschafter und der Gesellschafterversammlung stehen, verstoßen. Wie damit im Einzelnen umzugehen ist, welche Art von Mangel zu welcher Rechtsfolge für den Beschluss und seinen Bestand führt und wie diese Rechtsfolgen und von wem gegenüber wem gegebenenfalls mithilfe der Gerichte durchzusetzen und endgültig – dh allgemeinverbindlich – zu klären sind, war bisher nur im Aktienrecht und in groben Zügen im Genossenschaftsrecht geklärt. Die Personenhandelsgesellschaften sind nun in §§ 110ff. HGB hinzugekommen. Für alle sonstigen Verbandsformen schweigt das Gesetz hierzu; die hM nimmt bisher an, dass mangelhafte Beschlüsse in diesen Fällen ipso jure nichtig sind und die Nichtigkeit jederzeit von jedermann geltend gemacht werden kann.[26]

a) Das aktienrechtliche Anfechtungsmodell

Bis zum Inkrafttreten des MoPeG kannte positivrechtlich lediglich das Aktienrecht eine Unterscheidung der Mangelfolgen in Nichtigkeit und Anfechtbarkeit des betroffenen Hauptversammlungsbeschlusses: § 241 AktG bestimmt, dass ein Beschluss „nur dann nichtig" ist, wenn einer der enumerativ aufgeführten Fälle vorliegt. Das ist neben aktienrechtlichen Spezialfällen, Ladungs- und Beurkundungsmängeln sowie bestimmten gravierenden Inhaltsmängeln im Übrigen nur der Fall, wenn auf Anfechtungsklage durch gerichtliches Urteil der Beschluss rechtskräftig für nichtig erklärt worden ist (§ 241 Nr. 5 AktG). § 241 AktG teilt daher mangelhafte Beschlüsse von der Rechtsfolge her in nichtige und lediglich vernichtbare.

Zur Erhebung einer Anfechtungsklage sind jedoch nur Aktionäre, Organmitglieder und Organe der Gesellschaft befugt (§ 245 AktG). Daraus folgt zweierlei:

Mängel können nur von diesem begrenzten inneren Kreis mit Folgen für die Wirksamkeit des Beschlusses geltend gemacht werden. Außenstehende müssen den

[26] BGH NJW 1999, 3113; BeckRS 2011, 6710; Roth in Hopt, 41. Aufl. 2022, HGB § 119 aF Rn. 31; Liebscher/Reichelt ZPG 2023, 441; aA K. Schmidt, Gesellschaftsrecht, 4. Aufl. 2002, § 15 II 3, 21 V 2.

Beschluss hinnehmen, wie er ist, auch wenn er an einem Mangel leidet. Sie werden in ihren Rechten durch den Mangel nicht betroffen und haben kein anerkennenswertes Interesse an seiner Vernichtung. Das zieht eine erste Grenze zu den Fällen, in denen der Beschluss unabhängig von der Anfechtung nichtig sein muss: Dort, wo Personen von einem Beschluss betroffen sind, die nicht zum Kreis der Anfechtungsberechtigten gehören, muss der Beschluss nichtig sein;[27] die Gesellschafter haben nicht die Rechtsmacht, durch Beschluss in Rechte oder rechtlich geschützte Interessen Dritter einzugreifen. Dieser Sachverhalt wird im Wesentlichen durch § 241 Nr. 3 AktG abgedeckt.

Das heißt andererseits, dass den Anfechtungsbefugten mit der Klagemöglichkeit ein Instrument in die Hand gegeben wird, mangelhafte Beschlüsse zu beseitigen, von dem sie nach eigenem Ermessen Gebrauch machen können aber nicht müssen. Lassen sie die (befristete) Klagemöglichkeit verstreichen, bleibt der Beschluss trotz des ihm anhaftenden Mangels endgültig wirksam. Damit wird dem Interesse der Gesellschaft und der Gesellschafter nach baldiger Rechtssicherheit Genüge getan; andererseits wird dem Gesellschafter die Last auferlegt entscheiden zu müssen, den Klageweg zu beschreiten.

b) Das Anfechtungsmodell bei der GmbH

Im GmbH-Recht hat die Rechtsprechung seit RGZ 85, 311 die Differenzierung der Rechtsfolgen mangelhafter Gesellschafterbeschlüsse in nichtige und anfechtbare übernommen. Allerdings fehlt hier anders als im Aktienrecht ein Normenbestand, der die Abgrenzung näher ausgestaltet. Man behilft sich durch Anlehnung an § 241 AktG unter Berücksichtigung der strukturellen Besonderheiten, insbesondere des Unterschieds zwischen der Publikumsgesellschaft und der personalistisch strukturierten GmbH mit weitergehender Satzungsautonomie als sie nach § 23 Abs. 5 AktG der Aktiengesellschaft zugestanden ist.

Hier führt das Klageerfordernis zur Beseitigung eines mangelhaften Beschlusses zu einer zweiten wichtigen Grenzziehung zwischen Nichtigkeit und Anfechtbarkeit, wie Koch herausgearbeitet hat:[28] Greift ein Mangel in Rechte eines Gesellschafters ein, auf die er schon im Gründungsstadium nicht verzichten kann, weil das Gesetz der Satzungsautonomie Grenzen zieht, soll ein solcher Eingriff durch Mehrheitsbeschluss – also womöglich ohne sein Zutun oder gegen seinen Willen – ebenfalls nicht zulässig sein und soll ein solcher Beschluss auch nicht durch schlichtes Nichtstun des betroffenen Gesellschafters wirksam werden können, sondern eo ipso nichtig sein. Auch solche unverzichtbaren Rechte bilden im GmbH-Recht eine Grenze zwischen Nichtigkeit und Anfechtbarkeit. Koch spricht von einem „paternalistischen Ansatz", der den Gesellschafter quasi vor sich selbst und davor schützen soll, Eingriffe in seine Rechte durch Untätigkeit hinnehmen zu müssen.[29]

---

[27] Koch in Verhandlungen des 72. Deutschen Juristentages, Leipzig 2018, Band I, S. F82; Koch ZHR 2018, 378 (391).

[28] Koch ZHR 2018, 378 (395).

[29] Koch ZHR 2018, 378 (395).

c) Vorteile des Anfechtungsmodells

Der Ansatz des Aktienrechts, die Nichtigkeit mangelhafter Beschlüsse nur in schwerwiegenden Ausnahmefällen ispo jure anzuordnen, im Übrigen das Schicksal des Beschlusses in die Hand der in ihren (Mitgliedschafts)Rechten Betroffenen[30] zu legen, dient einem überwiegenden Interesse der Gesellschaft und ihrer Gesellschafter an Rechts- und Prozesssicherheit.[31]

aa) Rechtssicherheit versus Legalitätsinteresse

An der Entstehung des Beschlusses wirken eine Vielzahl von Beteiligten – man denke nur an Publikumsgesellschaften – mit verschiedenen persönlichen Interessen und Vorstellungen über das richtige Vorgehen in den Verbandsangelegenheiten mit. Bei Mehrheitsbeschlüssen bedeutet das, dass sich die Minderheit dem Mehrheitswillen beugen muss. Damit die dafür erforderliche Legitimation gegeben ist, müssen die gesetzlichen und gesellschaftsvertraglich vorgesehenen Regeln eingehalten werden, die eine mehr oder weniger große Komplexität erreichen können, die für Fehler besonders anfällig macht. Das Risiko eines Fehlers ist daher groß.[32] Und das Risiko, dass ein überstimmter Gesellschafter nach Fehlern sucht und sie zu jeder Zeit einwendet, kommt hinzu.

Der einzelne Gesellschafter hat sich dem Verband zu einem bestimmten Zweck angeschlossen und sich in diesem Rahmen zur Einbringung gegebenenfalls auch unter Hintanstellung seiner individuellen Interessen verpflichtet. Er hat sich in diesem Rahmen und unter bestimmten vereinbarten Bedingungen, zu denen auch ein Verfahren zur Beschlussfassung gehört, das seine berechtigten Interessen, Mitwirkungsrechte und sonstigen Mitgliedschaftsrechte wahren soll, auch einer Mehrheitsentscheidung unterworfen. Er hat damit im Gegenzug einen Anspruch darauf, dass die Bedingungen eingehalten und nur rechtmäßige Beschlüsse gefasst werden.[33]

Andererseits ist die Gesellschaft auf eine möglichst sichere Willensbildung als zuverlässiger Grundlage ihrer geschäftlichen Tätigkeit angewiesen. Eine Ungewissheit darüber, ob in dem komplexen Prozess bis zur endgültigen Entstehung des Beschlusses ein Fehler begangen worden ist, der womöglich längere Zeit unbemerkt bleiben könnte und der letzten Endes zur Unwirksamkeit eines Beschlusses mit unabsehbaren Konsequenzen für darauf gestützte geschäftliche Handlungen führt, muss jede geschäftliche Entwicklung massiv behindern. Es besteht daher ein Konflikt zwischen dem Legalitätsinteresse des einzelnen (überstimmten) Gesellschafters und dem Interesse an Rechts- und Prozesssicherheit des Verbandes und der Mehrheit seiner Mitglieder.[34]

---

[30] Die Anfechtungsbefugnis von Vorstand, Aufsichtsrat und ihren Mitgliedern lässt sich zwar nicht mit der Verletzung von Mitgliedschaftsrechten, aber wohl damit begründen, dass sie Verantwortung für rechtmäßiges Handeln der Gesellschaft tragen und damit die „Polizeifunktion" ausüben.

[31] Leinekugel in BeckOK GmbHG, 58. Ed. 1.11.2023, GmbHG Anh. § 47 vor Rn. 1.

[32] Koch in Verhandlungen des 72. Deutschen Juristentages, Leipzig 2018, Band I, S. F14.

[33] Caspar ZHR 163 (1999), 54 (60).

[34] Caspar ZHR 163 (1999), 54 (75); BGH NJW 1988, 1844 (1845).

bb) Nichtigkeitssanktion und Verhältnismäßigkeitsgrundsatz

Aus Sicht der dissentierenden Gesellschafter wäre die prinzipielle Nichtigkeit, wie sie die hM[35] annimmt, zwar der effektivste Rechtsschutz, da zur Beseitigung eines rechtswidrigen Beschlusses nichts weiter getan werden müsste und der einzelne Gesellschafter sich jederzeit auf die Nichtigkeit berufen könnte, sobald es darauf ankommen sollte. Diese Nichtigkeit kann aber jederzeit von jedermann gerichtlich im Wege der allgemeinen Feststellungsklage nach § 256 ZPO geltend gemacht werden. Darin liegt die entscheidende Schwäche. Es führt bei rechtsfähigen Verbänden jeder Art zu einer großen Rechtsunsicherheit. Diese verträgt sich nicht mit der notwendigen Zuverlässigkeit, die jedenfalls für unternehmenstragende, aber im Prinzip für jede rechtsfähige Gesellschaft, die als Rechtssubjekt im Rechtsverkehr auftritt und handelt und handlungsfähig sein muss, unabdingbar ist. Und es erscheint sehr zweifelhaft, ob die berechtigten Interessen und Rechte der Gesellschafter es rechtfertigen, den Verband dieser großen Ungewissheit und Unsicherheit auszusetzen. Das ist eine Frage der Verhältnismäßigkeit, also der Geeignetheit, Erforderlichkeit und Angemessenheit, der sich das materielle Recht bei der Anordnung von Rechtsfolgen stellen muss.[36]

Ein effektiver Rechtsschutz verlangt keineswegs, dass das Gesetz von vornherein jeden Fehler mit der Nichtigkeitssanktion belegt. Dem Mitglied kann auch angesonnen werden, die Initiative zu ergreifen und einen fehlerhaften Beschluss anzufechten. Die Folgen der Unsicherheit bei ungeklärter Rechtslage wiegen für die Gesellschaft deutlich schwerer als die Last, einen angenommenen Fehler aktiv geltend machen zu müssen. Das Mitglied mag auch entscheiden, ob es sich in seinen Mitgliedschaftsrechten betroffen fühlt und es gleichwohl die Verbandsinteressen über die eigenen stellt und auf eine Klage verzichtet. Diese Möglichkeit ist ihm verstellt, wenn man vorauseilend – eben paternalistisch – sogleich zur irreversiblen Nichtigkeitssanktion greift.

Koch hat daher in seinem Gutachten für den 72. Deutschen Juristentag sehr zu Recht festgestellt, dass das Bedürfnis nach Rechtssicherheit sich bei den Personengesellschaften nicht anders darstelle als bei der ihnen rechtstatsächlich durchaus verwandten GmbH. Auch aus der persönlichen Haftung lasse sich nichts anderes entnehmen.[37] Den Gesellschaftern werde im Gegenteil die Belastung abgenommen, die sich aus einer Rückabwicklung von Strukturentscheidungen ergeben würden. Ein rechtswidriger Eingriff würde den Gesellschaftern mit der Anerkennung der Wirksamkeit des rechtswidrigen Beschlusses auch nicht aufgezwungen, sondern ihnen würde lediglich die Obliegenheit zur rechtzeitigen Beanstandung auferlegt. K. Schmidt spricht davon, dass bei der Beurteilung der Rechtmäßigkeit von Beschlüssen, insbesondere solchen, die die Rechtsbeziehungen der Gesell-

[35] Roth in Hopt, 41. Aufl. 2022, HGB § 119 aF Rn. 31 mwN; Liebscher in Schäfer, Das neue Personengesellschaftsrecht, 2022, § 5 Rn. 59.

[36] Noack in Noack/Servatius/Haas, 23. Aufl. 2022, GmbHG Anh. § 47 Rn. 1 spricht davon, die Differenzierung in nichtige und anfechtbare Beschlüsse sei Ausdruck vernünftiger, für die Beschussfassung aller Personenverbände einschlägiger Prinzipien.

[37] Verhandlungen des 72. Deutschen Juristentages, Leipzig 2018, Band I, S. F75.

schafter untereinander beträfen, „Rechtssicherheit der Beteiligten ein vorrangiges Prinzip" sei.[38]

Auch der BGH hat in einer vereinsrechtlichen Entscheidung die strikte Nichtigkeitsfolge aus diesen Gründen schon relativiert:[39]

„Das kann jedoch nicht ohne jede Einschränkung gelten. Denn es würde die Willensbildung und -betätigung innerhalb des Vereins, aber auch dessen Rechtsbeziehungen nach außen mit unerträglichen Unsicherheiten belasten, wenn jedes Vereinsmitglied, ja sogar jeder Fremde wegen irgendeines Gesetzes- oder Satzungsverstoßes ohne Rücksicht auf dessen Schwere und die Bedeutung der betreffenden Angelegenheit die Nichtigkeit eines Beschlusses zeitlich unbegrenzt geltend machen könnte."

Das aber ist durchaus verallgemeinerungsfähig: Allen Verbänden – jedenfalls allen im Rechtsverkehr auftretenden rechtsfähigen Verbänden – ist rechtsformübergreifend gemein, dass das Verbandsinteresse an einer sicheren Entscheidungsgrundlage erheblich ist und gegen das individuelle Mitgliedschaftsinteresse daran, rechtswidrige Beschlüsse nicht dulden zu müssen, abgewogen werden muss.

Es liegt daher – rechtsformunabhängig – in der Natur des Beschlusses als Ergebnis eines Willensbildungsprozesses für den rechtsfähigen Verband, dass dieses Ergebnis zunächst einmal wirksam ist. Das vorrangige Verbandsinteresse an rechtssicherer Entscheidungsgrundlage überwiegt. Fehler im Prozess oder inhaltlicher Art ändern daran nichts. Sie müssen aktiv geltend gemacht werden, wenn sie am Beschlussergebnis etwas ändern sollen. Bis zu einem gewissen Grad ist den Gesellschaftern zuzumuten, die Verteidigung ihrer Rechte aktiv und – im Interesse der Gesellschaft – zeitnah in die Hand zu nehmen. Tun sie das nicht, indiziert das ein gewisses Desinteresse, gewinnt das Interesse der Gesellschaft Oberhand und es bleibt unbeschadet eines eventuell vorliegenden Mangels bei der Wirksamkeit des Beschlusses. Die Interessen der Gesellschafter erfordern nicht, dass sie sich unbefristet und in jeder Weise auf die Nichtigkeit eines Beschlusses berufen können; die Interessen der Gesellschaft, denen sich auch die Gesellschafter im Gesellschaftsvertrag verpflichtet haben, erfordern aber, dass sie sich auf einmal gefasste Beschlüsse verlassen können muss. Das ist aber kein Spezifikum des Aktienrechts – oder neuerdings des Rechts der Personenhandelsgesellschaften – sondern betrifft jedenfalls alle rechtsfähigen Verbände.

d) *Der Schluss vom Mangel auf die Nichtigkeit – Lösungsansätze de lege lata*

Dennoch geht die hM in Ermangelung spezialgesetzlicher Vorgaben wie in § 241 AktG bisher von dem Grundsatz aus, dass ein Mangel einen Beschluss eo ipso unwirksam sein lässt.[40] Auch Koch hielt vor Inkrafttreten des MoPeG einen expliziten positivrechtlichen Ausschluss der Nichtigkeitsfolge für notwendig.[41] Der BGH hat

[38] K. Schmidt AG 1977, 243 (251); s. auch Enzinger in MüKoHGB, 5. Aufl. 2022, HGB § 119 Rn. 112.

[39] BGH NJW 1973, 235.

[40] Schäfer in MüKoBGB, 9. Aufl. 2023, BGB § 714 Rn. 68, 71 mwN; Holle in Koch, Personengesellschaftsrecht, 2024, BGB § 714 Rn. 119; BGH NJW 1999, 3113.

[41] Koch ZHR 2018, 378 (403).

in der soeben zitierten vereinsrechtlichen Entscheidung[42] das damit begründet, dass eine analoge Anwendung des § 241 AktG im Vereinsrecht ausscheide. Der Gesetzgeber des BGB habe von einer entsprechenden Regelung bewusst abgesehen, da sie ihm für den Verein zu kompliziert erschienen sei und er angesichts geringer vermögensrechtlicher Bedeutung kein praktisches Bedürfnis gesehen habe.[43] Ob diese Überlegungen vor dem Hintergrund aktueller Rechtsentwicklungen noch gelten können, ob es insbesondere noch um eine Frage der analogen Anwendung von § 241 AktG (und jetzt § 110 HGB) oder eher um ein allgemeines Prinzip des Verbandsrechts geht, soll nun im Folgenden eingehender untersucht werden.

aa) Nichtigkeit fehlerhafter Rechtsgeschäfte

Dabei ist zunächst festzustellen, dass das Gesetz selbst außerhalb spezialgesetzlicher Regelungen keine allgemeine Lösung für die materiellrechtlichen Rechtsfolgen rechtswidriger Beschlüsse bietet.[44] Das erklärt sich schon daraus, dass sich das Gesetz mit dem Beschluss als Rechtsgeschäft – wie festgestellt – nicht befasst.

Im allgemeinen Teil des BGB finden sich Nichtigkeitsanordnungen für Rechtsgeschäfte wegen Formmängeln (§ 125 BGB), wegen Verstoßes gegen ein gesetzliches Verbot (§ 134 BGB) oder gegen die guten Sitten (§ 138 BGB). § 125 BGB lässt sich nur sehr eingeschränkt auf Beschlussmängel anwenden.[45] Gesetzliche Formen gibt es bei den Personengesellschaften nicht; Beschlüsse können jederzeit formlos gefasst werden. § 125 S. 1 BGB kann daher nur zum Zuge kommen, wenn das Gesetz für den Inhalt des Beschlusses ausnahmsweise die Wahrung einer bestimmten Form vorschreibt. Nach § 125 S. 2 BGB können auch Mängel der durch Rechtsgeschäft vorgesehenen Form im Zweifel zur Nichtigkeit führen. Die rechtsgeschäftlich, also gesellschaftsvertraglich vorgesehene Form muss dann nach dem Willen der Vertragsparteien Gültigkeitsvoraussetzung für den Beschluss sein. Das wird beispielsweise verneint für die Fälle, in denen die Beschlussprotokollierung nur Dokumentationszwecken dienen soll, also deklaratorischer Natur[46] ist.

Zweck der Formvorschriften, deren Verletzung nach § 125 BGB sanktioniert wird, sind Warn-, Belehrungs-, Beweis-, Dokumentations- und Kontrollfunktion.[47] Das ist nicht Aufgabe der Ladungsvorschriften, die das „Partizipationsinteresse der Gesellschafter" wahren sollen.[48] Für das GmbH-Recht stützt der BGH sich auf eine analoge Anwendung des § 241 AktG; für das Personengesellschaftsrecht hat der BGH dazu ausgeführt:[49]

„Verstöße gegen Form, Frist und Inhalt der Einberufung einer Gesellschafterversammlung können bei Personengesellschaften zur Nichtigkeit des Beschlusses führen, wenn der mit den

---

[42] BGHZ 59, 369 (372).

[43] BGHZ 59, 369 (372); ebenso jüngst OLG Naumburg ZPG 2024, 35.

[44] Noack, Fehlerhafte Beschlüsse in Gesellschaften und Vereinen, in: Abhandlungen zum deutschen und europäischen Handels- und Wirtschaftsrecht 1988, S. 10; zum GmbH-Recht BGHZ 11, 231 (235).

[45] Schröder GmbHR 1994, 532 (537).

[46] Wendtland in BeckOK BGB, 68. Ed. 1.11.2023, BGB § 125 Rn. 9.

[47] Einsele in MüKoBGB, 9. Aufl. 2021, BGB § 125 Rn. 8-11.

[48] BGH NJW-RR 2006, 831 Rn. 12.

[49] BGH NZG 2014, 621.

gesellschaftsvertraglichen oder gesetzlichen Ladungsbestimmungen verfolgte Zweck, dem einzelnen Gesellschafter die Vorbereitung auf die Tagesordnungspunkte und die Teilnahme an der Versammlung zu ermöglichen, vereitelt wird. Wird dieser „Dispositionsschutz" verletzt, liegt ein zur Nichtigkeit der in der Versammlung gefassten Beschlüsse führender schwerwiegender Mangel vor. Der Verfahrensmangel führt aber nur zur Nichtigkeit des Beschlusses, wenn nicht ausgeschlossen werden kann, dass sein Zustandekommen durch den Fehler beeinflusst ist."

Der Ladungsmangel führt also nur dann zur Nichtigkeit, wenn er im Sinne der Relevanztheorie[50] Einfluss auf die Beschlussfassung und das Beschlussergebnis haben kann. Der BGH stützt die Nichtigkeitsfolge jedenfalls nicht auf einen Formmangel und § 125 BGB, sondern auf eine relevante Verletzung des Partizipationsinteresses und fehlende Einflussnahmemöglichkeit auf den Inhalt des Beschlusses *in* der Gesellschafterversammlung.

§ 134 BGB bestimmt nur die Nichtigkeit von Rechtsgeschäften, die gegen eine gesetzliche Verbotsnorm verstoßen, wobei hinzukommen muss, dass die Norm auch die Nichtigkeitsfolge bezweckt.[51] Sonach führt schon nicht jeder Gesetzesverstoß zur Nichtigkeit. Bei Verstößen gegen gesellschaftsvertragliche Vereinbarungen greift § 134 BGB gar nicht. Und für eine Nichtigkeit nach § 138 BGB ist ein inhaltlicher Verstoß gegen die guten Sitten notwendig, die Norm erfasst also nicht den typischen Beschlussmangel.

Positivrechtlich lässt sich daher die allgemeine Nichtigkeitsfolge für fehlerhafte Beschlüsse nicht herleiten.[52] Nur für die AG in § 241 AktG und die Personenhandelsgesellschaft in § 110 Abs. 2 HGB ist geklärt, dass bestimmte Abweichungen von der „Soll-Beschaffenheit", also konkrete Mängel, die dem Beschluss anhaften, zu seiner Nichtigkeit führen sollen. Die Wirksamkeit im Übrigen wird auch bei Mängeln vorausgesetzt, ohne dass das ausdrücklich angeordnet würde.

bb) Wirksamkeit fehlerhafter Rechtsgeschäfte

Es bedarf daher einer besonderen Begründung, warum Beschlüsse auch ohne diese konkrete gesetzliche Nichtigkeitsanordnung bei jedwedem Mangel nichtig sein sollen. Das Recht kennt nämlich durchaus zahlreiche Fallgestaltungen, bei denen Rechtsgeschäfte trotz eines Mangels im Interesse des Rechtsverkehrs wirksam sind. Das gilt etwa für Willenserklärungen, die mit einem Mangel belegt sind und nur unwirksam werden, wenn der Erklärende sie anficht (§ 142 Abs. 1 BGB).

Im Gesellschaftsrecht gilt nach der Lehre von der fehlerhaften Gesellschaft[53] eine fehlerhafte Gründung oder ein fehlerhafter Beitritt als wirksam. Dem liegt die Abwägung zwischen den gegenläufigen Interessen von Beitretendem, Mitgesellschaftern, Gläubigern und Rechtsverkehr bei Mängeln der Gründung oder des Beitritts

[50] Wertenbruch in MüKoGmbHG, 4. Aufl. 2023, GmbHG Anh. § 47 Rn. 199; Nolting in Heckschen/Freier, Das MoPeG in der Notar- und Gestaltungspraxis, 2024, § 3 Rn. 355.

[51] Wendtland in BeckOK BGB, 68. Ed. 1.11.2023, BGB § 134 Rn. 10.

[52] Caspar ZHR 163 (1999), 54 (67); Schröder GmbHR 1994, 532 (536f.).

[53] Schöne in BeckOK BGB, 68. Ed. 1.11.2023, BGB § 705 Rn. 82ff., 93ff.; auf diese Lehre weist auch Koch in Verhandlungen des 72. Deutschen Juristentages, Leipzig 2018, Band I, S. F15 hin.

eines Gesellschafters zugrunde, die zum Ausgleich gebracht werden müssen. Das geschieht in der Weise, dass der (fehlerhaft) Beitretende sowohl im Innenverhältnis[54] zu seiner Gesellschaft und den Mitgesellschaftern als auch im Außenverhältnis[55] wie ein Gesellschafter mit allen Rechten und Pflichten behandelt wird, sobald das Gesellschaftsverhältnis in Vollzug gesetzt worden ist. Will der Betroffene den Mangel geltend machen, muss er die Initiative ergreifen und ex nunc für die Zukunft seine Mitgliedschaft kündigen.

Der Gesetzgeber des GmbHG von 1892 hielt eine Regelung für überflüssig, da bereits Einigkeit darüber bestanden habe, dass Rechtssicherheit und Rechtsklarheit es verbieten würden, auf fehlerhafte Beschlüsse die allgemeinen Vorschriften des Bürgerlichen Gesetzbuches über die Nichtigkeit von Rechtsgeschäften anzuwenden.[56] Das Reichsgericht[57] hat daher auch schon früh eine entsprechende Anwendung des aktienrechtlichen Anfechtungsmodells und ein Anfechtungsklageerfordernis zur Beseitigung der Wirksamkeit eines fehlerhaften Beschlusses anerkannt. Diese Rechtsprechung hat der BGH bis heute beibehalten.[58] Eine Begründung dafür, woraus die damit unterstellte Wirksamkeit des Beschlusses folgt, haben jedoch weder das Reichsgericht noch der BGH bisher für erforderlich gehalten.

cc) Differenzierung im Personengesellschaftsrecht

Es ist also nicht zwangsläufig so, dass ein Mangel eines Rechtsgeschäfts und erst recht eines Beschlusses zu dessen Nichtigkeit führen muss. Dass eine solche zwangsläufige Ursache-Folge-Wirkung blind für andere Wertungsgesichtspunkte, insbesondere den Verhältnismäßigkeitsgrundsatz wäre, hat die Rechtsprechung auch im Personengesellschaftsrecht erkannt und Einschränkungen bei der rigorosen Nichtigkeitsfolge von Mängeln anerkannt: Verfahrensmängel, die reine Ordnungs- oder Beweisfunktion haben, wie etwa die Protokollierung von Beschlüssen, sollen keine Nichtigkeitsfolge haben, da sie keine schutzwürdigen subjektiven Interessen der Gesellschafter berühren.[59] Ladungsmängel führen – wie gesehen – nur dann zur Nichtigkeit, wenn die verletzten Vorschriften für die Wahrung der Mitgliedschaftsrechte, insbesondere das Teilnahmerecht an der Versammlung, relevant sind.[60] Und die Geltendmachung sonstiger Mängel wird den Gesellschaftern aus dem Gesichtspunkt der gesellschafterlichen Treuepflicht oder der Verwirkung versagt, womit diese Rechtsinstitute im Rahmen der oben angesprochenen notwendigen Abwägung als Vehikel dienen, überwiegenden Interessen der Gesellschaft Rechnung zu tragen. Zur Frage, ob die Beschlüsse gleichwohl nichtig bleiben und sich der Gesellschafter nur darauf nicht mehr berufen kann oder geheilt und wirksam werden, äußert sich die Rechtsprechung in diesen Fällen jedoch nicht.

---

[54] BGH NJW 1958, 668.
[55] BGH NJW 1966, 107; BGHZ 177, 108 Rn. 22 = BeckRS 2008, 13187.
[56] Raiser/Schäfer in Habersack/Caspar/Löbbe, 3. Aufl. 2020, GmbHG Anh. § 47 Rn. 1.
[57] RGZ 85, 311.
[58] BGH NJW 1987, 1262 (1263).
[59] BGH NJW 1995, 1353 (1355).
[60] BGH NZG 2014, 621 Rn. 13.

Der Unterschied zum aktienrechtlichen „Anfechtungsmodell" liegt jedoch darin, dass die Entscheidung zwischen Nichtigkeit und Wirksamkeit eine endgültige ist, während bei der AG – und der GmbH – die Gesellschafter durchaus noch die Option haben, einen wirksamen Beschluss für unwirksam erklären zu lassen. Hier wird die Verantwortung in die Hand der Betroffenen gelegt, dort hat sie der Gesetzgeber – bzw. die Rechtsprechung – den Betroffenen abgenommen, durchbrochen nur durch das unsichere Instrument der Verwirkung, das in der Hand des Richters liegt.

e) Das Anfechtungsmodell nach MoPeG

Mit dem MoPeG hat der Gesetzgeber das aktienrechtliche Anfechtungsmodell für die Personenhandelsgesellschaften jetzt auch positivrechtlich in §§ 110ff. HGB in modifizierter Form implementiert. Die Bestimmungen finden über § 161 Abs. 2 HGB auch auf die Kommanditgesellschaft Anwendung. § 110 HGB greift die Regelungstechnik des § 241 AktG auf und zieht vergleichbare Grenzen zwischen Nichtigkeit und Anfechtbarkeit: Ein Beschluss ist (nur) nichtig, wenn er durch seinen Inhalt Rechtsvorschriften verletzt, auf deren Einhaltung die Gesellschafter nicht verzichten können (§ 110 Abs. 2 Nr. 1 HGB), oder durch Urteil rechtskräftig für nichtig erklärt worden ist (§ 110 Abs. 2 Nr. 2 HGB). Auch hier wird eine Grenzziehung zwischen den Rechten Dritter, in die die Gesellschafter nicht eingreifen können, sowie den unverzichtbaren Rechten der Gesellschafter auf der einen Seite gezogen, deren Verletzung zur Nichtigkeit ohne Anfechtungserfordernis führt, und den sonstigen Mängeln, die – weil verzichtbar – eine aktive Tätigkeit eines Klagebefugten (§ 111 Abs. 1 HGB) und die Nichtigerklärung durch rechtskräftiges Urteil voraussetzen.

Bezeichnenderweise definiert auch das MoPeG nicht positiv die Wirksamkeit von mangelhaften Beschlüssen. § 110 Abs. 1 HGB bestimmt lediglich, dass ein Beschluss wegen der Verletzung von Rechtsvorschriften „durch Klage auf Nichtigerklärung angefochten" werden könne. Wenn das Gesetz hier von der Klage auf Nichtigerklärung spricht, setzt das logisch voraus, dass ein Beschluss wegen der Verletzung von Rechtsvorschriften – wozu das Gesetz auch den Gesellschaftsvertrag zählt – nicht schon von Gesetzes wegen nichtig, sondern wirksam ist. Die Wirksamkeit trotz Mangels ist daher die Regel, die Nichtigkeit wegen Mangels die in § 110 Abs. 2 Nr. 1 HGB eng gefasste Ausnahme.

f) Conclusio

Es ergibt sich mithin folgender Befund: Bei der AG (§ 241 AktG), der Genossenschaft (§ 51 GenG) und der Personenhandelsgesellschaft (§ 110 Abs. 2 HGB) sind fehlerhafte Beschlüsse grundsätzlich wirksam und die Wirksamkeit muss (und kann) durch fristgemäße Klage und nachfolgendes Urteil aus der Welt geschafft werden. Nach Ablauf der Klagefrist bleibt auch der fehlerhafte Beschluss endgültig wirksam. Dasselbe gilt bei der GmbH ohne ausdrückliche gesetzliche Grundlage „angesichts der sehr weitgehenden Ähnlichkeit der Sach- und Rechtslage".[61] Nur

---

[61] BGHZ 11, 231 (235).

bei schwerwiegenden Rechtsverstößen, insbesondere Verletzung der Rechte Dritter (nicht Anfechtungsbefugter) und Verstößen gegen zwingendes Recht[62] ist hier ausnahmsweise die Nichtigkeit bereits von Gesetzes wegen vorgesehen.

Dieser Lösungsansatz trägt dem Interesse rechtsfähiger Personenzusammenschlüsse Rechnung, eine verbandsinterne Willensbildung auf rechtssicherer Grundlage zu ermöglichen, ohne den Mitgliedern – und dem Verband selbst – die Möglichkeit abzuschneiden, in einem überschaubaren Zeitraum den Beschlussmangel zum Anlass zu nehmen, den Beschluss für nichtig erklären zu lassen und ihm damit die Wirksamkeit zu entziehen.

3. *Erstreckung auf GbR und PartG*

Angesichts dieses Befundes stellt sich die Frage, ob es tatsächlich noch richtig sein kann, dass – vom Verein abgesehen – nur noch bei GbR und PartG Beschlussmängel irreversibel zur Nichtigkeit führen, während bei allen übrigen Gesellschaftsformen von der Wirksamkeit und dem Anfechtungserfordernis ausgegangen wird. Für eine solche Konsequenz wird üblicherweise angeführt, dass der Gesetzgeber das Beschlussmängelrecht bewusst abweichend vom Mauracher Entwurf im HGB nur für die Handelsgesellschaften geregelt habe, so dass eine Analogie in Ermangelung einer unbewussten Regelungslücke ausscheide.[63]

Das überzeugt aber schon deswegen nicht, weil das Gesetz sich nur mit der Folgefrage des Rechtsschutzes mit Hilfe der Anfechtungsklage befasst (§ 110 Abs. 1 HGB), nicht mit der implizit vorausgesetzten Vorfrage der Wirksamkeit oder Nichtigkeit mangelhafter Beschlüsse. Und dazu hatten die bisherigen Überlegungen zu dem Ergebnis geführt, dass es jenseits von §§ 134, 138 BGB keine Norm gibt, die die grundsätzliche Nichtigkeit mangelhafter Beschlüsse zwingend anordnet und dass sich eine solche Konsequenz auch nicht mit der Natur und Funktion des Beschlusses vertrüge. Der Umkehrschluss von § 110 HGB auf die Nichtigkeit mangelhafter Beschlüsse bei GbR und PartG ist daher schon deswegen nicht tragend, weil § 110 HGB sich zu dieser Frage gar nicht verhält. Hätte der Gesetzgeber gewollt, dass alle fehlerhaften Beschlüsse nichtig sind, hätte er es ins Gesetz schreiben müssen. Er hat aber im Gegenteil in seiner Begründung sogar davon gesprochen, dass der Normenkomplex der §§ 110–115 HGB als Vorbild für eine vertragliche Vereinbarung bei GbR und Partnerschaft tauge und „zu einer allgemeinen Institutionenbildung" beitragen könne.[64] Die unterstellte Nichtigkeitsfolge ist danach jedenfalls keine zwingende, sondern steht zur Disposition der Gesellschafter. Zur Disposition können aber nur Mangelfolgen stehen, für die nicht schon §§ 134, 138 BGB zwingend die Nichtigkeit anordnen. Auch das zeigt, dass es außerhalb des Anwendungsbereichs der §§ 134, 138 BGB Mängel gibt, deren Rechtsfolgen das Gesetz nicht regelt und der Disposition der Gesellschafter überlässt.

---

[62] BGHZ 11, 231 (237).

[63] Otte/Dietlein in BeckOGK, 1.1.2024, HGB § 110 Rn. 191; Schäfer in MüKoBGB, 9. Aufl. 2024, BGB § 714 Rn. 68; Schäfer ZIP 2021, 1527 (1530); Grunewald in Schäfer, Das neue Personengesellschaftsrecht, 2022, § 5 Rn. 39f.

[64] BT-Drs. 19/27635, 228.

Der Gesetzgeber begründet seine Beschränkung auf das Handelsrecht mit dem angeblich gebotenen „Professionalisierungsgrad“ und den Mindestanforderungen an die Formalisierung des Beschlussverfahrens, die das Anfechtungsmodell stelle und der bei den nichtkaufmännischen Rechtsformen nicht erwartet werden könne.[65] Auch das bezieht sich nicht auf die hier allein interessierende Frage nach der materiellen Rechtsfolge von Beschlussmängeln sondern eher auf die Folgefrage des Rechtsschutzes. Im Übrigen ist diese These schon aus mehrerlei Gründen äußerst fragwürdig. Sie ist rechtstatsächlich durch nichts unterlegt. So ist nicht zu begründen, warum die Führung einer kleinen offenen Handelsgesellschaft professioneller sein sollte als die einer großen PartG, in der sich etwa Wirtschaftsprüfer, Steuerberater und Rechtsanwälte verbunden haben. Die Erfahrung lehrt vielmehr, dass es auch bei Handelsgesellschaften und kleinen GmbHs bei der Beschlussfassung äußerst hemdsärmlich zugehen kann und auf Formalien nicht unbedingt immer großer Wert gelegt wird.

Außerdem gibt es auch nichtkaufmännische Handelsgesellschaften, nämlich kleingewerbliche, vermögensverwaltende und freiberufliche. Gerade mit der Öffnung der Handelsgesellschaften für freie Berufe in § 107 Abs. 1 HGB sind die Handelsgesellschaften praktisch für jeden Zweck nutzbar. Die Professionalität kann kaum davon abhängen, ob die Freiberufler sich entscheiden, sich mit ihrer Berufsausübungsgesellschaft als Handelsgesellschaft im Handelsregister eintragen zu lassen. Die gewählte Rechtsform ist daher ein denkbar ungeeignetes Kriterium zur Beurteilung des Professionalisierungsgrades der handelnden Personen.

Schließlich hat aber der „Professionalisierungsgrad“ nichts mit der Frage zu tun, wie der Konflikt zwischen dem Legalitätsinteresse, also insbesondere dem Schutz individueller Gesellschafterrechte, und dem Gesellschaftsinteresse an Rechtssicherheit bei der Gestaltung der Rechtsfolgen von Mängeln zu entscheiden ist. Ob ein Mangel einen Beschuss eo ipso unwirksam macht oder seine Wirksamkeit von einem Tätigwerden eines Betroffenen abhängig macht, hat mit dem Professionalisierungsgrad nichts zu tun. Allenfalls könnte man an eine Differenzierung nach der Größe des Gesellschafterkreises denken: Je größer dieser Kreis, umso mehr rückt das Individualinteresse in den Hintergrund. Dann dürfte man aber zwischen GbR, Partnerschaft, Handelsgesellschaft und GmbH keine Unterschiede machen. Die meisten GmbHs sind kleine Gesellschaften mit drei oder weniger Gesellschaftern.[66] Partnerschaften sind meist schon größer und Kommanditgesellschaften und auch GbRs treten nicht selten als Publikumsgesellschaften in Erscheinung. Daher verbietet sich auch eine typisierende Betrachtung.

Das anerkennt auch der Gesetzgeber und verstrickt sich damit in logische Widersprüche. Er stellt zutreffend fest, dass an sich „die institutionellen Voraussetzungen, unter denen sich das aktienrechtliche Anfechtungsmodell rechtsformübergreifend auch bei der Gesellschaft mit beschränkter Haftung und der Genossenschaft etablie-

[65] BT-Drs. 19/27635, 228.

[66] H. P. Westermann/Wicke in Scholz, 13. Aufl. 2022, GmbHG Einl. Rn. 24; Meyer GmbHR 2002, 177 (179); Ulmer/Habersack in Habersack/Caspar/Löbbe, 3. Aufl. 2019, GmbHG Einl. Rn. A110.

ren konnte, für alle rechtsfähigen Personengesellschaften" vorliege.[67] Das seien das Vorhandensein einer gewissen rechtlichen Verselbständigung des Verbandes gegenüber seinen Mitgliedern, das Unterworfensein der Mitglieder unter eine Mehrheitsentscheidung und das Vorhandensein eines geeigneten Beklagten.[68]

Diese Voraussetzungen sind sämtlichst auch bei der GbR und der PartG erfüllt. Spätestens seit der Entscheidung des BGH vom 29.1.2001 („Weißes Ross")[69] steht fest, dass die Außen-GbR gegenüber ihren Mitgliedern rechtlich verselbstständigt ist. Das hat der Gesetzgeber in § 705 Abs. 2 BGB jetzt auch ausdrücklich anerkannt. Sie selbst ist Trägerin von Rechten und Pflichten, sie kann als solche vor Gericht klagen und verklagt werden, ist also grundsätzlich auch „geeignete Beklagte". Und jedenfalls dann, wenn die Gesellschafter in ihrem Gesellschaftsvertrag von ihrem Gestaltungsrecht Gebrauch machen und vom Einstimmigkeitsprinzip des § 714 BGB abweichen, haben sich die Mitglieder auch einer Mehrheitsentscheidung unterworfen. Dass all das für die PartG gleichermaßen gilt, zumal durch Verweise auf das Recht der oHG und die Festlegung auf eine berufliche Tätigkeit in § 1 Abs. 1 PartGG hier noch eine größere Nähe zu den Handelsgesellschaften besteht, steht außer Frage.

Nicht zuletzt sprechen praktische Erwägungen gegen eine unterschiedliche Behandlung von GbR und Handelsgesellschaft: Im Grenzbereich der nicht messerscharfen Abgrenzung der GbR von den (vollkaufmännischen) Handelsgesellschaften muss der Gesellschafter, der sich gegen einen Beschluss wehren möchte, entscheiden, ob er aktiv gegen die Wirksamkeit des fehlerhaften Beschlusses vorgehen muss oder ob er sich ohne weiteres jederzeit auf die Nichtigkeit von Gesetzes wegen berufen kann. Das gilt insbesondere für Ladungsmängel, die – soweit sie die Mitgliedschaftsrechte in relevanter Weise beeinträchtigen – ohne gesetzliche Regelung nach Auffassung des Bundesgerichtshofs[70] zur Nichtigkeit der Beschlüsse führen, während das für Handelsgesellschaften nach § 110 Abs. 2 Nr. 1 HGB nicht mehr der Fall ist, da hier nur noch inhaltliche Mängel zu einer Nichtigkeit führen können und Ladungsmängel mit der befristeten Anfechtungsklage geltend gemacht werden müssen.

Mit der Übernahme des Konzepts des § 241 AktG in § 110 Abs. 2 HGB hat der Gesetzgeber ferner deutlich gemacht, dass er zur Frage der Rechtsfolgen von Mängeln bei der Beschlussfassung keine relevanten Unterschiede zwischen statutarisch verfassten Körperschaften und vertraglich gestalteten Personengesellschaften sieht. Das entspricht auch der gesetzgeberischen Zielsetzung vom „Leitbildwandel" der Gesellschaft bürgerlichen Rechts als Grundform aller Personengesellschaften[71] und der damit verbundenen strukturellen Annäherung der Personengesellschaften an die juristischen Personen. Insofern gibt es kein relevantes Differenzierungskriterium mehr, das eine unterschiedliche Qualifikation des Beschlusses und der Folgen eines

---

[67] BT-Drs. 19/27635, 228.

[68] So bereits K. Schmidt ZGR 2008, 1; Koch in Verhandlungen des 72. Deutschen Juristentages, Leipzig 2018, Band I, S. F68ff.

[69] BGH NJW 2001, 1056.

[70] BGH NZG 2014, 621 Rn. 13.

[71] BT-Drs. 19/27635, 105.

Mangels rechtfertigen könnte. In allen rechtsfähigen Verbänden besteht ein vorrangiges Interesse an Rechtssicherheit hinsichtlich der Wirksamkeit der einmal gefassten Beschlüsse, das es rechtfertigt, den Mitgliedern ein aktives Vorgehen abzuverlangen. Noch viel weniger lässt sich eine unterschiedliche Behandlung innerhalb der strukturidentischen Personengesellschaften begründen, zumal der Gesetzgeber den GbR-Gesellschaftern ausdrücklich ein „Opt-in" empfiehlt.

Die Entscheidung des Gesetzgebers, die Folgen von Beschlussmängeln im BGB für die GbR und die PartG nicht explizit zu regeln, steht daher der Anwendbarkeit des Grundsatzes, dass mangelhafte Beschlüsse mangels einer gesetzlichen Nichtigkeitsanordnung wirksam sind, nicht entgegen.

4. Ergebnis

Der Beschluss ist die im Wege der Abstimmung (Beschlussverfahren) in dem dafür zuständigen Willensbildungsorgan getroffene Entscheidung über einen Antrag, die den dem rechtsfähigen Verband zurechenbaren Willen in seinen Angelegenheiten formt. Er ist Rechtsgeschäft sui generis, insbesondere kein Vertrag und der vom Willen seiner Mitglieder verschiedene Verbandswille. Insoweit ist die Rechtsnatur des Beschlusses von der Rechtsform des Verbandes unabhängig.

Fehler im *Beschlussverfahren* lassen die Wirksamkeit des Beschlusses unberührt; es gibt keinen positiv-rechtlichen Rechtssatz, wonach fehlerhafte Beschlüsse grundsätzlich nichtig seien. Solche Fehler berühren das Internum der Willensbildung und damit lediglich die Rechte der Mitglieder und das Verbandsinteresse an rechtmäßig zustande gekommener Willensbildung und müssen von diesen aktiv durch Anfechtung mit dem Ziel geltend gemacht werden, den Beschluss wieder aus der Welt zu schaffen. Die Entscheidung, den Fehler um des Ergebnisses willen hinzunehmen, unterliegt der Dispositionsbefugnis der Betroffenen und bedarf keiner gesetzgeberischen Vorsorge.

Dasselbe gilt von Beschlüssen, die *inhaltlich* gegen Gesetz oder Gesellschaftsvertrag verstoßen. Ausgenommen sind Beschlüsse, mit denen Rechte unbeteiligter Dritter berührt werden – hier gilt, dass Rechtsgeschäfte zu Lasten Dritter grundsätzlich unzulässig sind – oder die gegen zwingendes Recht, gesetzliche Verbote (§ 134 BGB) oder die guten Sitten (§ 138 BGB) verstoßen.

Inwieweit sonstige Gründe ipso jure zur Nichtigkeit führen, ergibt sich nicht aus allgemeinen Vorschriften oder Grundsätzen und bedarf daher einer gesetzgeberischen, rechtspolitischen Entscheidung. Der Gesetzgeber hat in § 241 AktG für das Aktienrecht und in § 110 Abs. 2 HGB für die Personen(handels)gesellschaften Regeln aufgestellt, die die genannten Nichtigkeitsgründe umfassen, aber auch Eingriffe in unverzichtbare Mitgliedschaftsrechte einbeziehen (§ 110 Abs. 2 Nr. 1 HGB).

Die Entscheidung des Gesetzgebers auf eine entsprechende Regelung im BGB zu verzichten, steht nicht entgegen, auch bei GbR und PartG von der Wirksamkeit fehlerhafter Beschlüsse auszugehen, sofern sie nicht gegen §§ 134, 138 BGB verstoßen. Der Gesetzgeber hat die Regelung von Mangelfolgen im Übrigen der Disposition der Gesellschafter überlassen.

III. Durchsetzung des Abwehranspruchs gegen rechtswidrige Beschlüsse

1. Klageart

a) Gegenstand: Quasinegatorischer Folgenbeseitigungsanspruch

Die durch einen rechtswidrigen Beschluss in ihren Interessen und subjektiven Rechten betroffenen Gesellschafter können damit aber nicht rechtlos gestellt sein. Fehlerhafte Beschlüsse müssen sie nicht hinnehmen. Das Mitglied kann von dem Verband verlangen, dass Beschlüsse nur in rechtmäßiger Weise gefasst werden.[72] Das gilt insbesondere bei der Unterwerfung unter eine Mehrheitsentscheidung, da diese nur hingenommen werden soll, wenn die dafür stipulierten Voraussetzungen vorliegen. Die Gesellschafter können von ihrer Gesellschaft verlangen, dass sie den rechtswidrigen Eingriff in ihre Rechte beseitigt und rückgängig macht. Materiellrechtlich steht ihnen daher ein quasinegatorischer Folgenbeseitigungsanspruch nach §§ 1004, 823 BGB analog wegen eines rechtswidrigen Eingriffs in ihr Mitgliedschaftsrecht zu.[73] Das Instrumentarium zur Durchsetzung dieses Anspruchs muss ihnen aber das Prozessrecht liefern. Hier scheint sich für die GbR und die PartG eine Lücke aufzutun.

b) Leistungsklage

Die Leistungsklage wäre auf Beseitigung des Beschlusses durch Fassung eines Aufhebungsbeschlusses gerichtet. Die Vollstreckbarkeit eines daraufhin ergehenden Urteils wäre aber äußerst fraglich, da § 894 ZPO auf die Verurteilung zur Beschlussfassung unanwendbar wäre.[74] Es ginge hier nicht um die Abgabe einer Willenserklärung, sondern um die Bildung eines (Verbands-)Willens. Die Klage wäre zudem – mindestens auch – gegen die Gesellschafter auf Zustimmung zum Aufhebungsantrag zu richten.[75]

c) Unterlassungsklage

Eine Unterlassungsklage mit dem Ziel, der Gesellschaft die Anwendung und den Vollzug des rechtswidrigen Beschlusses zu untersagen, beseitigte nicht den rechtswidrigen Zustand in Gestalt des rechtswidrigen Beschlusses. Der Eingriff, der durch die Fassung des Beschlusses bereits erfolgt ist und weiterhin erfolgt, wenn der Beschluss Dauerwirkung hat und keines Vollzugs bedarf, wie etwa eine Änderung des Gesellschaftsvertrages oder eine Statusänderung, würde nicht beseitigt.

---

[72] K. Schmidt, Gesellschaftsrecht, 4. Aufl. 2002, § 15 II 3b) aa), § 21 V 2; Caspar ZHR 163 (1999), 54 (68 f.); BGH NJW 1990, 2877 (2878) zum Mitgliedschaftsrecht im Verein als sonstiges Recht iSd § 823 Abs. 1 BGB; BGH NJW 1965, 1378; OLG Düsseldorf GmbHR 2000, 1050; Schäfer in MüKoBGB, 9. Aufl. 2023, BGB § 705 Rn. 240 mwN; aA für das Aktienrecht Schwab in K. Schmidt/Lutter, 5. Aufl. 2024, AktG § 245 Rn. 1.

[73] BGH NJW 1990, 2877 (2879); Capar ZHR 163 (1999), 54 (68 f.), zur GmbH offen gelassen von BGH NZG 2023, 784 Rn. 12.

[74] BGH NJW-RR 1989, 1056.

[75] BGH NJW-RR 1989, 1056.

d) Feststellungsklage

Und mit einer Feststellungsklage wäre ebenfalls nichts gewonnen: Der Kläger könnte zwar die Rechtswidrigkeit feststellen lassen, würde damit aber nicht die fortwährende Wirksamkeit beseitigen können; die Zulässigkeit eines solchen Feststellungsantrags wäre daher wegen fehlenden Rechtsschutzinteresses auch höchst fraglich.

e) Folgenbeseitigung durch kassatorisches Urteil

Wenn man daher materiellrechtlich mangels einer die Nichtigkeit anordnenden Norm von der Wirksamkeit fehlerhafter Beschlüsse ausgehen will, wird man nicht umhinkommen, den in ihren Rechten Betroffenen ein effektives Instrument in die Hand zu geben, um die Wirksamkeit des Beschlusses wieder zu beseitigen. Der BGH hat dazu bereits 1965 zum GmbH-Recht ausgeführt:[76]

„Jeder Gesellschafter hat ein Recht darauf, dass die Gesellschafterversammlung nur solche Beschlüsse fasst, die mit Gesetz und Gesellschaftsvertrag in Einlag stehen. Dies durchzusetzen ist Aufgabe des Anfechtungsrechts.“

Dieses kann außergerichtlich – ähnlich wie § 119 BGB – eine Anfechtungserklärung sein.[77] Sie hätte jedoch den Nachteil, dass andere die Voraussetzungen der Anfechtbarkeit oder Wirksamkeit der Anfechtungserklärung außergerichtlich wiederum anzweifeln könnten. Es käme dann erneut zu einer langdauernden Unsicherheit über die Frage, ob der Beschluss wirksam angefochten und damit nichtig ist oder nicht. Dieser Streit könnte gerichtlich zwar wieder durch eine Feststellungsklage geklärt werden. Sie hätte aber den Nachteil, dass sie lediglich zu einer gerichtlichen Erkenntnis der Rechtslage führt, die nur zwischen den Prozessparteien in materielle Rechtskraft erwächst und an die die anderen Zweifler nicht gebunden wären. Sie könnten unverändert Unsicherheit säen. An Sicherheit für die Gesellschaft wäre nichts gewonnen.

Für die außergerichtliche Anfechtung von Beschlüssen gibt es bisher auch weder ein gesetzliches Vorbild noch sonstige Beispiele. Ein Vorbild gibt es hingegen für die gerichtliche Anfechtung rechtswidriger, aber wirksamer Beschlüsse. Sie erfolgt durch kassatorische Anfechtungsklage. Das Urteil gestaltet den rechtswidrig wirksamen in einen endgültig nichtigen Beschluss um, ist also Gestaltungsurteil. Das hat den Vorteil, dass – anders als bei der Feststellungklage – die objektive Rechtslage ex tunc umgestaltet wird und sie so als gegeben von jedermann hingenommen werden muss. Außerdem ordnet das Gesetz ausdrücklich die materielle Rechtskraft (§ 248 Abs. 1 AktG, § 51 Abs. 5 GenG und § 113 Abs. 6 HGB) und die Konzentration mehrerer Klagen gegen denselben Beschluss (§ 246 Abs. 3 S. 6 AktG, § 51 Abs. 3 S. 5 GenG, § 113 Abs. 4 S. 2 HGB) an, wodurch widersprüchliche Entscheidungen und weitere Klagen verhindert werden und endgültige Rechtssicherheit geschaffen wird.[78]

---

[76] BGH NJW 1965, 1378.
[77] So Caspar ZHR 163 (1999), 54 (74) mit Hinweis auf § 142 BGB.
[78] Gaul DStR 2009, 804.

Das Gesetz hat diese Klagemöglichkeit jedoch auf die Aktiengesellschaft, die Genossenschaft und die Personenhandelsgesellschaften beschränkt und der Gesetzgeber hat für die GbR und die PartG von einer entsprechenden Regelung ausdrücklich abgesehen. Und so werden auch zahlreiche Argumente gegen eine fristgebundene Anfechtungsklage bei der GbR und PartG vorgebracht. Eine grundsätzliche Kritik gegen das Anfechtungsklageerfordernis von Noack[79] weist – zum GmbH-Recht – auf fehlende Analogiefähigkeit und einen rechtspolitisch unerwünschten Zwang zur Klage und Belastung der Gerichte hin. Die Berufung auf Rechtssicherheit vermöge das Erfordernis fristgebundener Klage nicht zu tragen.

Letzteres ist bereits versucht worden damit zu widerlegen, dass die außergerichtliche Geltendmachung eines Anfechtungsrechts keine endgültige Klarheit zu schaffen vermag, das Interesse der Gesellschaft und der übrigen Gesellschafter daran aber vorrangig sei. Auch das von der hM genutzte Instrument der (materiell-rechtlichen) Verwirkung zeigt, dass Vertrauensschutz und Rechtssicherheit bei der Legitimität der Geltendmachung von Rechten durchaus eine Rolle spielen. Ein Zwang zur Klage besteht ebenfalls nicht; es steht den Gesellschaftern jederzeit frei, sich außergerichtlich zu einigen und außerhalb des Aktienrechts auch die – hier dispositive – Klagefrist einvernehmlich zu ändern oder zu verlängern. Schwerer mag wiegen, dass es angesichts einer bewussten Entscheidung des Gesetzgebers an der Analogiefähigkeit fehlt und nach hM der Numerus clausus der Gestaltungsklagen entgegensteht.[80]

Allerdings hat sich der BGH bisher nicht explizit auf den Numerus clausus sondern darauf berufen, dass es nach hM im Personengesellschaftsrecht keine anfechtbaren Beschlüsse gebe und „infolgedessen" auch keine Anfechtungsklage in Betracht komme.[81] Dabei scheint es jedoch angesichts der hier festgestellten materiellen Rechtslage eher umgekehrt zu sein: Die hM muss materiellrechtlich von der Nichtigkeit rechtswidriger Beschlüsse ausgehen, da es angesichts des Dogmas vom Numerus clausus andernfalls kein Instrument gäbe, die einmal zugestandene Wirksamkeit wieder effektiv aus der Welt zu schaffen. Die herrschende Meinung ist daher gezwungen, auf materiellrechtlicher Ebene eine Relativierung der Nichtigkeitsgründe vorzunehmen und mit Verwirkung zu argumentieren, was aber das Problem – die Nichtigkeit des Beschlusses – nicht beseitigen mag.

Deswegen soll die Gedankenfolge hier vom Kopf wieder auf die Füße gestellt werden: Das Prozessrecht hat dienende Funktion.[82] Es soll helfen, das materielle Recht durchzusetzen. Das materielle Recht hat sich nicht nach den Möglichkeiten des Verfahrensrechts zu richten. Ein Beispiel dafür waren manche Entscheidungen im Grundbuchrecht nach der Anerkennung der Rechtsfähigkeit der Gesellschaft bürgerlichen Rechts durch den BGH.[83] Obwohl damit anerkannt war, dass die GbR als solche Eigentümerin der Grundstücke war, weigerten sich einige Grundbuchämter und Gerichte, sie als Eigentümerin im Grundbuch einzutragen, weil sie

[79] Noack in Noack/Servatius/Haas, 23. Aufl. 2022, GmbHG Anh. § 47 Rn. 3f.
[80] Caspar ZHR 1999, 54 (70); K. Schmidt AG 1977, 243 (254).
[81] BGH NJW-RR 1990, 474 (475).
[82] BGH NJW 2009, 594 Rn. 13 zum Grundbuchverfahrensrecht.
[83] BGH NJW 2001, 1056.

angeblich nicht grundbuchfähig sei.[84] Das Verfahren darf aber nicht über das materielle Recht disponieren.[85] So verhält es sich auch beim Beschlussmangel: Wenn das materielle Recht zu dem Ergebnis führt, dass rechtswidrige Beschlüsse wirksam sind, sie aber die Rechte der Gesellschafter beeinträchtigen können und ihnen daher ein Anspruch auf Beseitigung zusteht, so gebietet es der Justizgewährungsanspruch ihnen geeignete prozessuale Instrumente an die Hand zu geben, um einen effektiven Rechtsschutz zu erlangen.[86]

Diese Möglichkeit aber besteht, ohne sich mit der herrschenden Meinung vom Numerus clausus der Gestaltungsklagen in Widerspruch setzen zu müssen. Denn das Gesetz kennt bereits die Gestaltungsklage zur Beseitigung wirksamer mangelhafter Beschlüsse bei Personengesellschaften in § 110 Abs. 1 HGB, wie schon bisher für Aktiengesellschaft und Genossenschaft in § 248 AktG und § 51 GenG.[87] Und da sich ihre materiellrechtliche Voraussetzung, die Wirksamkeit auch mangelhafter, die Gesellschafterrechte aber verletzender Beschlüsse nicht auf einzelne spezielle Formen von Verbänden, schon gar nicht auf nur kaufmännische in Abgrenzung zu nicht kaufmännischen Gesellschaften reduzieren lässt, sondern aus allgemeinem Verbandsrecht für alle Formen rechtsfähiger Verbände gleichermaßen gilt,[88] kann auch das Instrument des daraus erwachsenden notwendigen Rechtsschutzes nicht auf einzelne Rechtsformen begrenzt sein.

Das hat im Übrigen der Gesetzgeber mit seiner Beschränkung auf das HGB auch nicht beabsichtigt. Wie sich aus der Gesetzesbegründung ergibt, wollte er zwar den GbR-Gesellschaftern das Anfechtungsmodell nicht als gesetzlichen Regelfall vorgeben. Er geht aber „ungeachtet der Beschränkung seines Anwendungsbereichs auf Personenhandelsgesellschaften […] davon aus […], dass das Anfechtungsmodell auf das von der Rechtsprechung entwickelte Beschlussmängelrecht der Gesellschaft mit beschränkter Haftung ausstrahlen wird und als ein Vorbild für eine entsprechende gesellschaftsvertragliche Vereinbarung bei der Gesellschaft bürgerlichen Rechts und der Partnerschaftsgesellschaft taugt".[89] Nach dem erklärten Willen des Gesetzgebers sollen §§ 110ff. HGB zu einer „allgemeinen Institutionenbildung" beitragen.[90] Wenn der Gesetzgeber damit die §§ 110ff. HGB für die vertragliche Einbeziehung in die Gesellschaftsverträge von GbRs und Partnerschaftsgesellschaften öffnet

---

[84] BayObLG NJW 2003,70; OLG Schleswig NJW 2008, 306; dagegen BGH NZG 2008, 264; NJW 2009, 594 Rn. 10ff.

[85] S. auch zum Handelsregisterrecht OLG Celle NZG 2012, 667.

[86] Wenn der Verfasser in Heckschen/Freier, Das MoPeG in der Notar- und Gestaltungspraxis, 2024, § 3 Rn. 393 noch davon spricht, dass die Gestaltungsklage denklogisch ausgeschlossen sei, so geht das – dem Anspruch als Praktikerhandbuch entsprechend – von der hM aus, dass fehlerhafte Beschlüsse eo ipso nichtig seien; hier wurde jedoch dargelegt, dass sich dieser Ausgangspunkt nach dem MoPeG geändert hat, wenn man – entgegen der weiterhin hM – nunmehr auch bei der GbR materiellrechtlich von der Wirksamkeit fehlerhafter Beschlüsse ausgeht. Das entspricht der Konsequenz, dass sich der gerichtliche Rechtsschutz nach der materiellen Rechtslage und den daraus resultierenden Bedürfnissen nach effektivem Rechtsschutz richtet.

[87] Gaul DStR 2009, 804 (805f.).

[88] Koch in Verhandlungen des 72. Deutschen Juristentages, Leipzig 2018, Band I, S. F75; K. Schmidt, Gesellschaftsrecht, 4. Aufl. 2002, § 15 II 3b).

[89] BT-Drs. 19/27635, 228.

[90] BT-Drs. 19/27635, 228.

(„Opt-in"), muss das konsequenterweise auch für den Rechtsbehelf der Gestaltungsklage gelten. Das ergibt sich schon daraus, dass die Gesetzesbegründung ausdrücklich empfiehlt, dass die Gesellschafter der GbR für das neue Beschlussmängelrecht optieren können „und sich damit Rechtssicherheit hinsichtlich der Wirksamkeit eines Beschlusses verschaffen".[91] Diese Rechtssicherheit ist aber nur zu erlangen, wenn man von der Wirksamkeit mangelhafter Beschlüsse und der befristeten Möglichkeit zu ihrer Beseitigung durch Gestaltungsklage ausgeht. §§ 110ff. HGB sind insoweit auch für die GbR systemimmanent: Die GbR soll nach dem Willen des Gesetzgebers die Grundform aller rechtsfähigen Gesellschaften sein.[92] Es bleibt nur die Unterscheidung zwischen kaufmännischen und nicht kaufmännischen Personengesellschaften, die aber – wie gesehen – für die Bedeutung, die Voraussetzungen und rechtliche Einordnung von Beschlüssen als Vorgang interner Willensbildung rechtsfähiger Verbände, die Rechtsfolgen von Fehlern bei der Beschlussfassung und den Rechtsschutz gegen rechtswidrige Beschlüsse keine Relevanz haben kann.

f) Rechtskrafterstreckung des Feststellungsurteils nach dem Feststellungsmodell

Will man entgegen der hier vertretenen Meinung am Feststellungsmodell festhalten, stell sich die Frage, ob das ergehende Feststellungsurteil wenigsten auch materielle Rechtskraft gegenüber jedermann (erga omnes) unabhängig von der Beteiligung am Rechtsstreit entfaltet, um die vom Gesetzgeber gewünschte Rechtssicherheit[93] herbeizuführen. Angesichts dieser Gesetzesbegründung könnte man schon annehmen, es stehe den Vertragsparteien frei, die Geltung auch von § 110 Abs. 1 HGB zu vereinbaren: „Ein Beschluss der Gesellschafter kann wegen Verletzung von Rechtsvorschriften durch Klage auf Nichtigerklärung angefochten werden (Anfechtungsklage)." Liebscher[94] scheint ebenfalls davon auszugehen, wenn er für die GbR vertraglich eine „umfassende Übernahme der §§ 110ff. HGB"[95] unter Vereinbarung einer Klagefrist[96] empfiehlt. Andererseits geht er aber von § 110 Abs. 1 HGB abweichend weiterhin für die GbR von einer Feststellungsklage aus und hält es dann für unklar, ob für sie auch die Rechtskrafterstreckung nach § 113 Abs. 6 HGB vereinbart werden könne.[97] So ist wohl richtig, dass der BGH bisher daran festgehalten hat, dass eine Rechtskrafterstreckung auf nicht am Rechtsstreit beteiligte Personen ohne besondere Vorschrift kein Raum ist.[98] Das hat er aber für den zwischen den Gesellschaftern im Wege der „einfachen" Feststellungsklage nach § 256 ZPO ausgetragenen Streit so entschieden. Nun aber geht es um einen Streit mit der Gesellschaft – entweder kraft Vereinbarung[99] oder schon von Gesetzes we-

[91] BT-Drs. 19/27635, 107.
[92] BT-Drs. 19/27635, 105f.
[93] BT-Drs. 19/27635, 228.
[94] Liebscher in Schäfer, Das neue Personengesellschaftsrecht, 2024, § 5 Rn. 144ff.
[95] Liebscher in Schäfer, Das neue Personengesellschaftsrecht, 2024, § 5 Rn. 145.
[96] Liebscher in Schäfer, Das neue Personengesellschaftsrecht, 2024, § 5 Rn. 146.
[97] Liebscher in Schäfer, Das neue Personengesellschaftsrecht, 2024, § 5 Rn. 150.
[98] BGH NJW 2015, 3234 Rn. 15.
[99] BGH WM 1966, 1036; NJW 1983, 1056 (1057); NJW-RR 1990, 474 (475); BeckRS 2011, 6710.

gen (dazu sogleich → III. 4.) – um die Wirksamkeit oder auch den „richtigen" Beschlussinhalt, wofür auch für die Feststellungsklage § 115 HGB ausdrücklich die entsprechende Anwendbarkeit des § 113 Abs. 6 HGB anordnet.

Um die fehlende Rechtskrafterstreckung des Feststellungsurteils zwischen einem Gesellschafter und der Gesellschaft auf die übrigen Gesellschafter zu kompensieren und widerstreitende Entscheidungen zu vermeiden, hat der BGH bisher aus der entsprechenden Vertragsklausel die schuldrechtliche Verpflichtung der übrigen Gesellschafter abgeleitet, die gegenüber der Gesellschaft ergehende gerichtliche Entscheidung als endgültig anzuerkennen und auf weitere Klagen zu verzichten;[100] dies ist jedoch nur das angreifbare Ergebnis einer Auslegung der schuldrechtlichen Vertragsklausel, zu der die Rechtsprechung gezwungen ist, um nicht zu unbefriedigenden Ergebnissen zu gelangen.[101] Wenn es auch nach hM möglich ist, den (materiellen) Rechtszustand und die ausschließliche Passivlegitimation der Gesellschaft jedenfalls vertraglich nachzuzeichnen,[102] muss folglich auch der daraus resultierende notwendige Rechtsschutz anwendbar sein und jedenfalls die in § 113 Abs. 6 HGB, § 248 Abs. 1 AktG, § 51 Abs. 5 GenG angeordnete Rechtskrafterstreckung gelten (dazu sogleich näher → III. 2.).[103] Dann geht es schon gar nicht um Analogie zur Ausfüllung einer Gesetzeslücke, sondern allenfalls um eine im Wege der Auslegung zu füllende Vertragslücke.

Auch in diesem Fall ist das probate Mittel aber die Anfechtungs-, also Gestaltungsklage. Denn wenn die Gesellschafter wirksam vereinbaren können, dass auch ein fehlerhafter Beschluss zunächst als wirksam gelten und wirksam bleiben soll, wenn der Mangel nicht rechtzeitig geltend gemacht wird, muss das ergehende Urteil den Beschluss entgegen dieser Vereinbarung für nichtig erklären. Ein lediglich auf Erkenntnis der tatsächlichen Rechtslage zielendes Feststellungsurteil könnte die notwendige kassatorische Wirkung gegen die vereinbarte Wirksamkeit nicht entfalten. Der Numerus clausus der Gestaltungsklagen steht nicht entgegen, da genau für diesen Fall HGB, AktG und GenG die Gestaltungsklage vorsehen und das Gesetz erlaubt, die Voraussetzungen dafür gesellschaftsvertraglich bei GbR und PartG zu adaptieren.

2. *Notwendige Fixierung des Beschlussinhalts*

Voraussetzung des Anfechtungsmodells ist es, dass es einen Beschluss mit einem bestimmten Inhalt gibt. Nur ein inhaltlich bestimmter Willensentschluss der Gesellschaft kann wirksam werden und als Basis für die weitere Geschäftstätigkeit der Gesellschaft dienen.

Ausgangspunkt für die inhaltliche Festlegung ist – wie festgestellt (→ II. 1. c) – der Antrag, über den die Mitglieder abstimmen. Sofern Klarheit über das Abstim-

---

[100] BGH BB 1966, 1169; NJW-RR 1990, 474 (475); NJW 2006, 2854 Rn. 15; NZG 2022, 264 Rn. 19.

[101] K. Schmidt AG 1977, 243 (253) spricht hier von einer „Halbheit"; zu den Problemen, die die Auslegungsfrage insbes. im Zusammenhang mit Schiedsvereinbarungen mit sich bringt, Nolting NZG 2022, 1286 (1287).

[102] BGH NJW-RR 1990, 474 (475).

[103] Zur AG Schwab in K. Schmidt/Lutter, 4./5. Aufl. 2023, AktG § 248 Rn. 1 ff.

mungsergebnis besteht – Zustimmung oder Ablehnung zu dem Antrag – ist damit auch Klarheit über den Beschlussinhalt gewonnen. Ist das Abstimmungsergebnis unter Verletzung der Verfahrensregeln, der Mitgliedschaftsrechte einzelner Mitglieder zustande gekommen oder enthält der Beschluss inhaltliche Rechtsverstöße, berührt das nicht seine (vorläufige) Wirksamkeit, löst aber möglicherweise Beseitigungsansprüche aus.

Einer besonderen inhaltlichen Fixierung bedarf es also dann nicht, wenn der Beschluss nur an einem Mangel leidet, der das Abstimmungsergebnis als solches selbst nicht in Frage stellt.[104] Das ist bei formalen Mängeln, insbesondere bei Ladungsmängeln, aber auch bei inhaltlichen Verstößen des Beschlusses gegen materielles Recht der Fall, wenn diese nicht zugleich Einfluss auf das Zählergebnis haben. Letzteres ist unter anderem der Fall, wenn der Beschlussgegenstand den Ausschluss des Stimmrechts eines betroffenen Gesellschafters zum Gegenstand hat und über den Ausschließungsgrund und damit das Stimmrecht Streit besteht.

In diesen Fällen ist dann unklar, ob der Beschlussantrag die notwendige Mehrheit erhalten hat. Dasselbe gilt bei Streit über die anwendbare Mehrheitsklausel und über Stimmrechte und Stimmgewichte (zB Mehrstimmrechte). Dann bestehen Zweifel gerade darüber, ob ein positiver Beschluss im Sinne des Beschlussantrags oder ein negativer – ablehnender – Beschluss gefasst worden ist. Das ändert zwar nichts daran, dass objektiv ein wirksamer Beschluss mit dem vorläufig noch verborgenen Inhalt besteht. Richtig und maßgeblich ist das Ergebnis, das unter zutreffender Anwendung der gesetzlichen und vertraglichen Abstimmungsregeln tatsächlich aus der Abstimmung hervorgegangen ist. Für die Rechtssicherheit ist damit aber nicht viel gewonnen. Jeder Gesellschafter nimmt für sich in Anspruch, dass der Beschluss entsprechend seiner Sichtweise gefasst oder nicht gefasst worden ist. Ohne inhaltliche Fixierung des Beschlusses kommt daher auch eine Anfechtungsklage nicht in Betracht, weil der Kläger, der einen bestimmten Beschlussinhalt vom Gericht festgestellt wissen will, gerade davon ausgeht, dass der Beschluss mit diesem begehrten Inhalt gefasst worden sei.[105]

Streit besteht unvermindert darüber, unter welchen Umständen und von wem der Beschlussinhalt im Rahmen des Beschlussverfahrens soweit fixiert werden kann, dass für alle Beteiligten verbindlich der Inhalt feststeht und daher nur mit der Anfechtungsklage wieder aus der Welt geräumt werden kann.[106] Im Aktienrecht ist die Frage durch das Erfordernis der Beschlussfeststellung durch den Vorsitzenden (§ 130 Abs. 2 S. 1 AktG) und die Protokollierung durch den Notar (§ 130 Abs. 1 AktG) geklärt. Dem Vorsitzenden kommt mithin eine Art Schiedsrichterfunktion zu: Er beurteilt vorläufig die Rechtslage und legt das seiner Meinung nach zutreffende Ergebnis der Abstimmung über den Beschlussantrag fest. Damit ist für alle Betroffenen vorläufig verbindlich klargestellt, was gilt, wenn es nicht zu einer kassatorischen Aufhebung des Festgestellten kommen sollte und wer die Initiative er-

---

[104] BGH NZG 2016, 552 Rn. 33; NZG 2008, 317 Rn. 25.

[105] BGH NJW 1996, 259; NJW 1969, 841 (842).

[106] Nolting in Heckschen/Freier, Das MoPeG in der Notar- und Gestaltungspraxis, 2024, § 3 Rn. 348 ff.

greifen muss, um die Kassation des fehlerhaft festgestellten Beschlussinhaltes durch das Gericht zu erreichen.

Für alle anderen Rechtsformen ist es nach wie vor ungeklärt, wie und durch wen eine solche vorläufige Fixierung erfolgen kann und worauf diese „Schiedsrichterkompetenz" beruht. Dort, wo Beschlüsse notariell zu beurkunden sind, wie bei Satzungsänderungen oder Kapitalmaßnahmen in der GmbH oder bei Umwandlungsbeschlüssen, erfolgt eine inhaltliche Fixierung durch die notarielle Urkunde. Für die Richtigkeit des Urkundeninhalts spricht eine Richtigkeitsvermutung.[107] Auch in diesen Fällen greift daher die Rechtsprechung[108] auf die kassatorische Anfechtungsklage zurück: Der Beschluss ist und bleibt mit dem beurkundeten Inhalt wirksam, bis ein Gericht ihn für nichtig erklärt hat.

In der Mehrheit der Fälle steht im Personengesellschaftsrecht diese Möglichkeit jedoch nicht zur Verfügung. Es ist aber anerkannt, dass die Gesellschafter von sich aus eine Person bestimmen können, die die Schiedsrichterfunktion wahrnimmt und den Beschluss mit vorläufig verbindlichem Inhalt feststellt. Über die Voraussetzungen im Einzelnen besteht unvermindert Streit. Für die Personengesellschaft vertritt der Verfasser hierzu die Auffassung, dass es für die Fixierung des Inhalts einer besonderen Legitimation durch einen dafür von sämtlichen Gesellschaftern Ermächtigten bedarf.[109] Die Legitimation eines Mehrheitsbeschlusses folgt aus der allseitigen Unterwerfung der Gesellschafter im Gesellschaftsvertrag. Diese Unterwerfung ist aber an die Bedingung geknüpft, dass die Regeln, die für die Fassung des Mehrheitsbeschlusses vereinbart worden sind, eingehalten werden. Durch die Verbindlicherklärung eines fehlerhaften Beschlusses wird den Widersprechenden eine Entscheidung oktroyiert, für die sie im Gesellschaftsvertrag keine Zustimmung gegeben haben. Sie stellt eine zusätzliche Voraussetzung dafür dar, dass ein Beschluss wirksam und – vorbehaltlich der Anfechtbarkeit – von den Gesellschaftern zunächst einmal um den Preis der Initiativlast hinzunehmen ist. Soll daher die Feststellung des Beschlussinhaltes auch abweichend vom richtigen Zählergebnis und damit von der tatsächlichen Rechtslage zunächst für alle Gesellschafter verbindlich sein, bedarf es einer gesellschaftsvertraglich vereinbarten Bestimmung, unter welchen Voraussetzungen eine solche Verbindlichkeit gegeben sein soll, insbesondere wer mit Wirkung für und gegen alle befugt sein soll, diesen Inhalt einstweilen festzustellen.[110]

Fehlt die inhaltliche Fixierung und damit das Ziel einer Anfechtungsklage, kann als richtige Klageart nur die Feststellungsklage mit der richterlichen Erkenntnis der wahren Rechtslage in Betracht kommen. Nach zutreffender Meinung zum GmbH-Recht, der sich der Verfasser aus den oben genannten Gründen im Interesse der Rechtssicherheit und -klarheit für den Verband im Allgemeinen anschließt, sind auch darauf §§ 246, 248, 249 AktG sinngemäß anwendbar, soweit die Klage von

---

[107] BGH NJW1969, 841 (842).

[108] BGH NJW 1954, 1401 (1402).

[109] Näher hierzu Nolting NJW 2022, 113; Heckschen/Nolting BB 2021, 2946 (2949).

[110] § 112 Abs. 2 HGB knüpft den Beginn der Frist für die Erhebung der Anfechtungsklage an die Bekanntgabe des Beschlussinhalts an den anfechtungsbefugten Gesellschafter, besagt aber nicht, warum der bekannt gegebene Inhalt auch maßgeblich sein soll, wenn er falsch ist.

einem klagebefugten Gesellschafter erhoben wird.[111] Demgemäß hätte das Feststellungsurteil mit Wirkung für und gegen jedermann ebenfalls Gestaltungswirkung,[112] indem dem Beschluss durch das Feststellungsurteil der notwendige eindeutige Inhalt zugeordnet wird und ihm käme materielle Rechtskraftwirkung im Verhältnis zu den übrigen Klagebefugten zu.[113] Für das Personenhandelsgesellschaftsrecht bestimmt nun sogar § 115 HGB ausdrücklich, dass auf die positive Beschlussfeststellungsklage als Annex zur Anfechtungsklage gegen negative Beschlüsse ebenfalls die Bestimmungen für die Anfechtungsklage Anwendung finden.

Zwar hatte der Verfasser zunächst noch Zweifel an der Analogiefähigkeit des § 115 S. 2 HGB geäußert.[114] Die Norm betrifft explizit nur die (positive) Beschlussfeststellungsklage in Verbindung mit der Anfechtungsklage gegen negative Beschlüsse. Und dem Gesetzgeber war das Problem der fehlenden materiellen Rechtskrafterstreckung bei der isolierten Beschlussfeststellungsklage jedenfalls aus dem GmbH-Recht bekannt. Es kann aber keinen Unterschied geben, ob das Feststellungsurteil erfolgt, um den Beschlussinhalt erst nach vorheriger Beseitigung eines negativen Beschlusses inhaltlich festzulegen, oder ob es von vornherein ohne vorherige Anfechtungsklage auf verbindliche Fixierung des Beschlussinhaltes gerichtet ist. Es liegt daher nahe, dasselbe auch für die isolierte Beschlussfeststellungsklage anzunehmen und hier mit der wohl herrschenden Auffassung den Analogieschluss zu ziehen.[115] Dann muss das im Fall von GbR und PartG aus den hier vertretenen Gründen aber ebenso gelten.

Damit würde auch der oben (→ III. 1. f) beschriebene Umweg des BGH über die schuldrechtliche Verpflichtung der Gesellschafter zur Anerkennung der im Verhältnis zur Gesellschaft ergehenden Entscheidung überflüssig. Diese besondere Vorschrift, die der BGH für die Rechtskrafterstreckung verlangt,[116] besteht nun mit §§ 115, 113 Abs. 6 HGB sogar für das auf eine Beschlussfeststellungsklage hin ergehende Feststellungsurteil.[117]

---

[111] Noack in Noack/Servatius/Haas, 23. Aufl. 2022, GmbHG Anh. § 47 Rn. 182; K. Schmidt GmbHR 1992, 9 (12); aA Wurzel ZIP 1996, 1961 (1968), der allerdings noch von der nun durch das MoPeG überholten Auffassung ausgeht, dass Beschlussmängelklagen zwischen den Gesellschaftern auszutragen seien; BGH NJW 1996, 259 verweist zwar auf § 256 ZPO für die Zulässigkeit der Feststellungsklage, befasst sich aber nicht weiter mit den Detailfragen der Passivlegitimation oder Urteilswirkung.

[112] Ebenso Holle in Koch, Personengesellschaftsrecht, 2024, HGB § 115 Rn. 23; die Begründung zum Regierungsentwurf spricht von einer „quasi gestaltenden Wirkung" des Feststellungsurteils, BT-Drs. 19/27635, 236.

[113] Die hM löst das freilich nicht über die materielle Gestaltungswirkung, sondern über die von ihr angenommene Rechtskrafterstreckung des Feststellungsurteils erga omnes; s. BGH NZG 2008, 912; Vatter in BeckOGK, 1.10.2023, AktG § 249 Rn. 20; dagegen Schwab in K. Schmidt/Lutter, 4./5. Aufl. 2023, AktG § 248 Rn. 5.

[114] Nolting NZG 2022, 1286 (1291).

[115] So auch Holle in Koch, Personengesellschaftsrecht, 2024, HGB § 115 Rn. 23; Klimke in BeckOK HGB, 42. Ed. 1.4.2024, HGB § 115 Rn. 15ff.; Liebscher/Rickelt ZPG 2024, 41 (48).

[116] BGH NJW 1959, 1683 (1684f.); NJW 2015, 3234 Rn. 15.

[117] Zweifelnd, ob § 113 Abs. 6 HGB auch im Wege des vertraglichen Opt-in von GbR-Gesellschaftern vereinbart werden kann, Liebscher in Schäfer, Das neue Personengesellschaftsrecht, 2022, Rn. 150.

3. *Klagefrist*

Ebenfalls unverzichtbar, um die erstrebte Rechtssicherheit auch bei Zulassung der Gestaltungsklage zu erreichen, ist die Festlegung einer Frist, binnen derer der betroffene Gesellschafter die Anfechtungsklage zu erheben hat. Ohne die Setzung einer solchen Frist ist nichts gewonnen, da der Gesellschafter dann noch nach Jahr und Tag eine entsprechende Klage einreichen kann, lediglich zeitlich begrenzt durch die insoweit aber ebenfalls unsicheren Grenzen der Verwirkung.

Die Klagefrist bildet sozusagen einen notwendigen Bestandteil des Anfechtungsmodells. Wenn die Abwägung der Interessen es erfordert, den fehlerhaften Beschluss einstweilen wirksam werden zu lassen und dem in seinen Rechten Betroffenen aufzugeben, sich hiergegen mit einer Klage zu wehren, kann das seinen Zweck, alsbaldige Rechtssicherheit für den Verband herzustellen, nur durch eine Befristung des Verteidigungsrechts erreichen.[118] Auch hier liegt die Anwendung des § 112 Abs. 1 S. 1 HGB nahe, deren vertragliche Einbeziehung der Gesetzgeber im Rahmen des Opt-in auch für möglich hält.

Maßgeblich für den Beginn der Klagefrist ist der Zeitpunkt, zu dem der Gesellschafter verlässlich Kenntnis von Umstand und Inhalt der Beschlussfassung erlangt. Das ist bei fehlender Fixierung nicht der Fall. Dann kann in der Regel kein Anfangspunkt für die Klagefrist gesetzt werden. Die daraus erwachsenden Unsicherheiten können die Gesellschafter letztlich nur durch eine sorgfältige Gestaltung ihres Gesellschaftsvertrags vermeiden. Das aber gilt wiederum für alle Rechtsformen und ist keine Besonderheit der GbR.

4. *Der richtige Klagegegner*

Ohne anderslautende vertragliche Regelung ist der BGH bisher immer davon ausgegangen, dass ein Beschlussmängelstreit im Personengesellschaftsrecht zwischen den Gesellschaftern untereinander auszutragen sei.[119] Der BGH hat dies in den Fällen, in denen es um den personellen Bestand der Gesellschaft ging, damit begründet, dass es sich dabei um eine Streitigkeit handele, die die Grundlagen des Gesellschaftsverhältnisses, den Gesellschaftsvertrag, betreffe und die Gesellschaft hierüber keine Dispositionsbefugnis habe.[120]

Andererseits aber hat der BGH es für rechtlich nicht ausgeschlossen gehalten, dass selbst in diesen Fällen durch den Gesellschaftsvertrag bestimmt werden könne, dass die Klage gegen Grundlagenbeschlüsse gegen die Gesellschaft erhoben werden müsse und sich aus dieser Vereinbarung zugleich die Verpflichtung der Gesellschafter ergebe, das ergehende Urteil auch als für sie verbindlich anzuerkennen.[121] Der Umstand, dass Gegenstand der Klage eine Rechtsbeziehung der Gesellschafter untereinander ist, an der die Gesellschaft als solche nicht beteiligt ist und über die sie folglich nicht disponieren kann, steht also nicht grundsätzlich entgegen. Es ist

---

[118] BT-Drs. 19/27635, 230.

[119] BGH NZG 2011, 544 Rn. 19.

[120] BGHZ 30, 195 = NJW 1957, 1683; NJW 1967, 2159; K. Schmidt/Drescher in MüKoHGB, 5. Aufl. 2022, HGB § 124 aF Rn. 22.

[121] BGH NJW-RR 1990, 474 (475).

durchaus möglich, der Gesellschaft die Befugnis einzuräumen, über die Grundlagen der Gesellschaft im Rahmen der Prozessführung zu disponieren.[122] Der BGH spricht hier von „Selbstgestaltungskompetenz" der Gesellschafter.[123]

Diese Befugnis kann sich aber nicht nur aus der vertraglichen Übertragung ergeben, sondern auch aus den Besonderheiten des Verbandsrechts. Wenn der Beschluss – wie oben festgestellt (→ II. 1. b) – das Ergebnis des Willensbildungsprozesses eines Verbandsorgans ist und daher dem Verband zuzurechnen ist, muss er grundsätzlich auch darüber die Dispositionsbefugnis haben. Wenn die Gesellschafter einen Grundlagenbeschluss fassen, also im Beschlusswege eine Änderung des Gesellschaftsvertrags vorsehen, handeln sie nicht persönlich als Partner des Gesellschaftsvertrages, sondern als Mitglieder des Beschlussorgans der Gesellschaft. Es ist dann eine Frage der Legitimation, ob die Gesellschaft durch ihr Gesellschaftsorgan befugt ist, in die Grundlagen der Gesellschaft einzugreifen. Das ist aber in dem Moment der Fall, in dem die Gesellschafter in ihrem Vertrag vorsehen, dass Änderungen des Gesellschaftsvertrags, die Ausschließung von Gesellschaftern, die Entziehung von Geschäftsführungsbefugnissen und Ähnlichem durch Beschluss der Gesellschafterversammlung erfolgen können. Sie haben dadurch die Zuständigkeit dafür auf die Gesellschafterversammlung und damit auf die Gesellschaft übertragen, so wie sie sie übertragen, wenn sie die Gesellschaft als richtige Beklagte für Streitigkeiten über die Wirksamkeit derartiger Beschlüsse bestimmen. Die Passivlegitimation der Gesellschaft ergibt sich damit schon aus der Tatsache, dass sie es ist, die über die Grundlagen entscheidet, wenn und soweit dies durch Beschluss der Gesellschafter geschieht.

Die GbR unterscheidet sich insoweit nicht mehr maßgeblich von anderen rechtsfähigen Verbänden. Der Gesetzgeber hat einen bewussten Paradigmenwechsel vom vertraglichen Schuldverhältnis zum Rechtssubjekt, vom Vertrag zur Organisation vorgenommen.[124] Die GbR ist – nun auch nach den Buchstaben des Gesetzes – rechtsfähig (§ 705 BGB). Sie kann selbst Trägerin von Rechten und Pflichten sein. Ihr ist daher ebenso wie allen anderen rechtsfähigen Verbänden der Beschluss als „eigener Wille" zuzurechnen. Dann ist sie auch verpflichtet, diesen wieder zu beseitigen, wenn er unter Verletzung von Rechten der Mitglieder zustande gekommen ist oder inhaltlich gegen Gesetz oder Gesellschaftsvertrag verstößt.[125] Wie bei allen anderen rechts- und prozessfähigen Verbänden – übrigens auch beim Verein[126] – ist daher für die Beschlussmängelklage allein die rechtsfähige GbR passivlegitimiert.[127]

---

[122] BGH NJW-RR 1990, 474 (475).
[123] BGH NJW 1999, 3113 (3114).
[124] BT-Drs. 19/27635, 107 ff.
[125] Schäfer in MüKoAktG, 5. Aufl. 2021, AktG § 248 Rn. 5.
[126] Leuschner in MüKoBGB, 9. Aufl. 2021, BGB § 32 Rn. 58.
[127] Dazu schon Nolting NZG 2022, 1286 (1291 f.); Nolting in Heckschen/Freier, Das MoPeG in der Notar- und Gestaltungspraxis, 2024, § 3 Rn. 377 ff., 381.

IV. Zusammenfassung

Das Rechtsgeschäft des Beschlusses ist in seinen Voraussetzungen und Folgen, jedenfalls soweit er in einem Willensbildungsorgan eines rechtsfähigen Verbandes gefasst wird, von der konkreten Rechtsform des Verbandes unabhängig; oder anders gewendet: Er wandelt nicht chamäleonartig die Farbe je nachdem, ob es sich um einen Beschluss einer Hauptversammlung der Aktiengesellschaft, einer GmbH-Gesellschafterversammlung oder der Gesellschafterversammlung einer KG, oHG, PartG oder (rechtsfähigen) GbR handelt.

Beschlüsse dienen immer der Bildung des Willens des rechtsfähigen Verbandes; dieser Wille als Ergebnis des Beschlusses ist dem rechtsfähigen Verband zurechenbar.

Inhaltlich wird dieser Wille bestimmt durch einen konkreten Beschlussantrag und das Ergebnis der Abstimmung, das entweder dem Beschlussantrag stattgibt oder ihn ablehnt.

Es gibt keine Norm, die diesen Willen generell bei jedem Fehler für nichtig erklärt, der bei Vorbereitung oder Durchführung der Beschlussfassung begangen wird oder der ihm inhaltlich anhaftet. Eine Abwägung der beteiligten Interessen zeigt – wie etwa auch bei der Lehre von der fehlerhaften Gesellschaft –, dass das Abstimmungsergebnis als maßgeblich und wirksam gilt und eventuelle Rechtsverstöße durch die davon in ihren Rechten Betroffenen im Wege einer kassatorischen Beseitigungsklage geltend gemacht werden müssen.

Dort, wo das Gesetz sich mit dem Rechtsschutz gegen fehlerhafte Beschlüsse positiv befasst (§§ 248, 249 AktG, § 51 GenG, § 110 HGB), regelt es daher auch nur die Fälle, in denen die Art oder Schwere der Rechtsverstöße die Nichtigkeit zwingend erfordert; im Übrigen wird die Wirksamkeit vorausgesetzt.

Dort wo Rechtsgeschäfte trotz der ihnen anhaftenden Mängel wirksam sind, müssen sie korrigierbar sein, wenn sie Rechte Dritter – im Fall von Beschlüssen der Gesellschafter – berühren. Insoweit steht den Gesellschaftern bereits materiell gegen fehlerhaft zustande gekommene oder inhaltlich fehlerhafte Beschlüsse ein Folgenbeseitigungsanspruch nach §§ 823, 1004 BGB analog zu.

Dieser Anspruch kann effektiv nur mit Hilfe einer Anfechtungsklage, gerichtet auf Beseitigung der Wirksamkeit des rechtswidrigen Beschlusses mit Wirkung ex tunc, realisiert werden. In Abwägung mit den Interessen des Verbandes an rechtssicherer Grundlage für seine weitere Tätigkeit muss diese Möglichkeit befristet sein; dem in seinen Rechten Betroffenen ist möglich und zumutbar, sich in einer angemessenen Frist zu entscheiden, ob er von seinen Rechten Gebrauch machen will.

Dieses Instrument hält das Gesetz für die AG in §§ 246, 248 AktG, für die Genossenschaft in § 51 GenG, vor allem aber für die Personenhandelsgesellschaft in § 110 Abs. 1 HGB zur Verfügung.

Es gibt keinen in der Struktur oder Rechtsform der (nichtkaufmännischen) GbR und Partnerschaft liegenden Differenzierungsgrund, bei ihnen den Beschluss als das zur Bildung des Willens dieser Gesellschaften führende Rechtsgeschäft anders zu qualifizieren. Dort ist er nichtig, wenn er gegen §§ 134, 138 BGB, also zwingendes Recht oder die guten Sitten verstößt; im Übrigen ist er mangels Nichtigkeitsnorm wirksam. Den durch die Rechtsverstöße in ihren materiellen Rechten Betroffenen steht auch hier ein quasinegatorischer Folgenbeseitigungsanspruch zu.

Der Beseitigungsanspruch ist auch bei der GbR und der PartG durch befristete Anfechtungsklage gegen die Gesellschaft mit dem Ziel geltend zu machen, den Beschluss wegen des ihm anhaftenden Mangels mit Wirkung für und gegen jedermann ex tunc für nichtig zu erklären.

Der Numerus clausus der Gestaltungsklagen steht nicht entgegen. § 110 Abs. 1 HGB stellt sie gerade für diesen Fall zur Verfügung. Es gibt keinen nachvollziehbaren Grund, diese Klagemöglichkeit nicht auch GbR und Partnerschaft zur Verfügung zu stellen. Wenn es schon in der Natur von Beschlüssen und Rechtsfolgen von fehlerhaften Beschlüssen zwischen den nichtkaufmännischen und kaufmännischen Gesellschaftsformen keinen sichtbaren Unterschied geben kann und zudem die §§ 110ff. HGB ausweislich der Gesetzesbegründung auch für die nichtkaufmännischen Formen zur Disposition stehen sollen („Opt-in"), muss das für den prozessualen Rechtsschutz durch Gestaltungsklage am Ende der Kette ebenso gelten.

Wegen der dispositiven Normen zur Beschlussfassung im BGB und der ausdrücklich in der Gesetzesbegründung befürworteten Möglichkeit des Opt-in steht auch der Wille des historischen Gesetzgebers einer Anwendung der §§ 110ff. HGB bei GbR und PartG gerade nicht entgegen.

WALTER G. PAEFGEN

§ 706 BGB idF des MoPeG – Zuviel des „Däuens"

I. *Einleitung*

1. *Die Gesellschaft bürgerlichen Rechts, das MoPeG und das Regelungskonzept des „Däuens"*

Bei der umfassenden Reform des Rechts der Gesellschaft bürgerlichen Rechts (nachfolgend kurz „GbR") handelte es sich um ein zentrales Reformanliegen des MoPeG.[1] Heribert Heckschen, dem diese Studie mit herzlichen Glückwünschen um 65. Geburtstag zugeeignet ist, hat schon den am Anfang dieses Gesetzgebungsprojekts stehenden sog. Mauracher Entwurf grundsätzlich als „positiven Schritt zur Reform des Personengesellschaftsrechts" bezeichnet.[2] Ein wichtiges, gleichwohl in seiner Bedeutung bislang nicht ausreichend gewürdigtes Element der Regelung der GbR im MoMiG, das schließlich auch Eingang in das verabschiedete Gesetz gefunden hat, ist allerdings bei dem Jubilar von Beginn an auf Skepsis gestoßen. Dabei handelt es sich um die systematische Zweiteilung, die daraus folgt, dass der Gesetzgeber neben der aus dem alten, schon vor dem MoMiG geltenden Recht hinreichend bekannten Unterscheidung zwischen Außen- und Innengesellschaften bei der als solche stets rechtsfähigen Außen-GbR zwei Gestaltungsformen zugelassen hat, nämlich die in dem neu eingeführten Gesellschaftsregister eingetragene Außen-GbR einerseits und die nicht im Register eingetragene Außen-GbR andererseits.

Im Vorfeld der MoPeG-Gesetzgebung war gefordert worden, die Rechtsfähigkeit der GbR grundsätzlich an die Eintragung im Register zu knüpfen.[3] Der Regierungsentwurf ist diesem Vorschlag nicht gefolgt. In der amtlichen Begründung heißt es dazu:

---

[1] Gesetz zur Modernisierung des Rechts der Personengesellschaften (Personengesellschaftsmodernisierungsgesetz – MoPeG) v. 17.8.2021 (BGBl. I 3436), in Kraft getreten am 1.1.2024; gute Übersicht zur MoPeG-Reform und deren Entstehungsgeschichte bei Schäfer in Schäfer, Das neue Personengesellschaftsrecht, 2022, § 1 Reformbedarf des geltenden Rechts und Schwerpunkte des neuen Personengesellschaftsrechts, der aaO S. 1 von einer „grundlegende[n] Überarbeitung des Rechts der GbR" spricht.

[2] Heckschen NZG 2020, 761f. zum sog. Mauracher Entwurf, online abrufbar unter https://www.bmjv.de/SharedDocs/Downloads/DE/News/PM/042020_Entwurf_Mopeg.pdf?__blob=publicationFile&v=3.

[3] Vgl. Röder AcP 215 (2015), 451 (471–475); Weber in Verhandlungen des 71. Deutschen Juristentages, Band II/2, 2017, S. O124.

„Dieser Vorschlag hätte allerdings zur Folge, dass die nicht eingetragene Gesellschaft bürgerlichen Rechts in die Zeit vor Anerkennung ihrer Rechtsfähigkeit durch die Grundsatzentscheidung des Bundesgerichtshofs in der Rechtssache „ARGE Weißes Ross" zurückgeworfen würde. Dies würde zu erheblichen Friktionen führen, zumal Rechten, die von oder gegen die als rechtsfähig behandelte Gesellschaft bürgerlichen Rechts erworben worden sind, womöglich Bestandsschutz zu gewähren wäre. Es ist daher in typisierender Weise zu bestimmen, in welchen Konstellationen der Rechtsverkehr ein anerkennenswertes Interesse an Subjektpublizität hat. Diesem Ansatz wird nur ein Eintragungswahlrecht in Kombination mit Anreizen und mittelbarem Zwang zur Eintragung gerecht, wie es auch mehrheitlich v. 71. Deutschen Juristentag empfohlen wurde (vergleiche Beschluss 5c des 71. Deutschen Juristentages, in: Verhandlungen des 71. Deutschen Juristen-tages, Band II/2, 2017, S. O220). Die Gesellschafter sollen selbst entscheiden können, ob sie die Gesellschaft wegen intensiver Teilnahme am Rechtsverkehr eintragen lassen wollen, um sich so die Vorteile der Subjektpublizität insbesondere in Bezug auf den Nachweis der Existenz, Identität und ordnungsgemäßen Vertretung der Gesellschaft zunutze zu machen. Der Entwurf sieht deshalb an verschiedenen Stellen positive Anreize vor, v. Eintragungswahlrecht Gebrauch zu machen. Zu nennen sind insbesondere das Sitzwahlrecht (§ 706 BGB-E) und das Recht, mit Publizitätswirkung über die Vertretungsbefugnis zu disponieren (§ 720 BGB-E). Es steht zudem zu vermuten, dass eine Gesellschaft bürgerlichen Rechts mit ihrer Eintragung größeres Vertrauen des Rechtsverkehrs für sich in Anspruch nehmen kann, was sich positiv auf ihren Leumund bei Vertragspartnern und auf ihre Kreditwürdigkeit auswirken kann. Diesen positiven Anreizen steht ein mittelbarer Zwang zur Registrierung gegenüber insoweit, als die Eintragung der Gesellschaft bürgerlichen Rechts insbesondere zur verfahrensrechtlichen Voraussetzung für den Erwerb von und die Verfügung über registrierte Rechte durch die Gesellschaft sowie für die Umwandlungsfähigkeit der Gesellschaft gemacht wird."[4]

Die Vorstellung der Entwurfsverfasser von zwei Varianten der Außen-GbR, nämlich der im Gesellschaftsregister eingetragenen und der nicht eingetragenen Gesellschaft, liegt neben den unmittelbar die Eintragung im Gesellschaftsregister betreffenden Vorschriften (§§ 707ff. BGB) auch der erstmals ins Gesetz aufgenommenen Bestimmung zum Sitz der GbR in § 706 BGB zugrunde. Die Vorschrift ermöglicht es der im Gesellschaftsregister eingetragenen Außen-GbR, unabhängig von dem zwischen den Gesellschaftern vereinbarten inländischen sog. *Vertragssitz* (§ 706 S. 2), ihren *Verwaltungssitz,* dh den Ort, an dem die Geschäfte tatsächlich geführt werden (§ 706 S. 1 BGB), ins Ausland zu legen. Zur Bezeichnung dieser jeder Außen-GbR eingeräumten Gestaltungsmöglichkeit wird im Fortgang dieser Untersuchung der Ausdruck *„Sitzspaltungsfreiheit"* verwendet.

Wie dem vorstehenden Auszug aus der Amtlichen Begründung unschwer zu entnehmen ist, wollte der Gesetzgeber den neuen § 706 BGB als integralen Bestandteil eines Regelungskonzepts verstanden wissen, das darauf abzielt, die Gesellschafter einer Außen-GbR mittels positiver Anreize dazu zu drängen, die Gesellschaft im Gesellschaftsregister eintragen zu lassen.[5] In der Fachdiskussion wird dafür

---

[4] Begr. RegE MopeG, BT-Drs. 19/27635, 128.

[5] Zu dieser Regelungstechnik, die auch die gesellschaftsrechtlichen Voreintragungserfordernisse nach § 40 Abs. 1 S. 3 GmbHG, § 67 Abs. 1 S. 3 AktG und § 707a Abs. 1 S. 1 BGB sowie die Pflicht

gern der modernistisch anglophil anmutende Ausdruck *nudging* verwendet.[6] In der rheinischen Heimatsprache des Jubilars und des Verfassers dieses Beitrags würde man von „Däuen" sprechen.

2. *Gegenstand und Gang der Untersuchung*

Dieser Beitrag geht der Frage nach, wie der neue § 706 BGB vor dem Hintergrund der unionsrechtlich durch Art. 49, 54 AEUV geschützten Niederlassungsfreiheit der Außen-GbR und der eng damit zusammenhängenden kollisionsrechtlichen Bedeutung der Vorschrift auszulegen ist und welche Konsequenzen daraus für die praktische Handhabung dieser Norm zu ziehen sind. Zunächst wird ausgeführt, dass der nicht eingetragenen, aber gleichwohl rechtsfähigen Außen-GbR in der neuen Regelungssystematik des MoPeG die Stellung einer eigenständigen, durchaus validen Rechtsformvariante zukommt (→ II.). Dem folgen Ausführungen zur Relevanz der unionsrechtlichen Niederlassungsfreiheit für die Begründung der Sitzspaltungsfreiheit der Außen-GbR (→ III.). Auf dieser Grundlage ist sodann die internationalprivatrechtliche Bedeutung des § 706 BGB als versteckte Kollisionsnorm in den Blick zu nehmen, aus der sich entsprechend der durch die Rechtsprechung des EuGH geprägten kollisionsrechtlichen Gründungstheorie für die eingetragene wie auch die eintragungslose Außen-GbR die Anknüpfung an den Vertragssitz für die Bestimmung des Gesellschaftsstatuts ergibt (→ IV.).

In der Konsequenz werden die zum Unions- und Kollisionsrecht gewonnenen Erkenntnisse zu der Schlussfolgerung führen, dass § 706 BGB einer unionskonformen extensiven Auslegung zu unterziehen ist. Konkret bedeutet dies, dass die niederlassungsrechtlich fundierte, durch § 706 BGB im deutschen Recht verankerte Sitzspaltungsfreiheit nicht nur in Bezug auf die Rechtsformvariante der rechtsfähigen eingetragenen Außen-GbR, sondern auch bezüglich der ebenso rechtsfähigen, jedoch (noch) nicht im Gesellschaftsregister eingetragenen Außen-GbR zur Geltung zu bringen ist. Im Wege unionskonformer Auslegung des § 706 BGB ist deshalb, so die Kardinalthese dieser Studie, das in der Vorschrift stipulierte Erfordernis der Registereintragung einer die Sitzspaltungsfreiheit beanspruchenden Außen-GbR zu ignorieren (→ V.). Der Beitrag endet mit einer Zusammenfassung der gewonnenen Einsichten (→ VI.).

II. Die neue Systematik des MoPeG: drei Formen der Gesellschaft bürgerlichen Rechts

Entsprechend der Regelungssystematik der mit dem MoPeG reformierten §§ 705 ff. BGB sind drei Gestaltungsformen der GbR sorgfältig voneinander zu unterscheiden. Eine erste, grundlegende Unterscheidung betrifft die Abgrenzung der

---

zur Voreintragung im Grundbuch gem. § 47 Abs. 2 GBO und einer Reihe sonstiger ausgewählter Objektregister umfasst, s. Hermanns in Schäfer, Das neue Personengesellschaftsrecht, 2022, S. 28 f., 39 ff.

[6] Zur Regelungstechnik des Nudging Hensiek ARP 2022, 166 ff.

Außen-GbR von der Innen-GbR. Diese Unterscheidung war dem Grunde nach bereits im alten, vor dem Inkrafttreten des MoPeG geltenden Recht der GbR vorgezeichnet.[7] Innerhalb der Kategorie der Außen-GbRs ist sodann zwischen der im Gesellschaftsregister eingetragenen (§§ 706ff. BGB) und der eintragungslosen Außen-GbR zu unterscheiden.

1. *Innen- und Außengesellschaften*

a) *Die Legaldefinitionen des § 705 Abs. 2 BGB*

Die Unterscheidung von Innen- und Außen-GbR findet sich in § 705 Abs. 2 BGB. Nach Hs. 1 dieser Vorschrift ist Voraussetzung für das Vorliegen einer Außengesellschaft, dass die Gesellschaft nach dem gemeinsamen Willen der Gesellschafter durch den Erwerb von Rechten und das Eingehen von Verbindlichkeiten am Rechtsverkehr teilnehmen soll. Als Pendant dazu definiert Hs. 2 der Vorschrift, dass die Innengesellschaft den Gesellschaftern allein zur Ausgestaltung ihres Rechtsverhältnisses untereinander dient. Gemäß § 705 Abs. 3 wird das Vorliegen eines auf Teilnahme am Rechtsverkehr nach außen gerichteten gemeinsamen Willens der Gesellschafter vermutet, wenn Gegenstand der Gesellschaft der Betrieb eines Unternehmens unter gemeinsamem Namen ist. Darüber hinaus ist das Vorliegen der gesetzlichen Voraussetzungen einer Außengesellschaft anhand diesbezüglicher Regelungen im Gesellschaftsvertrag zur Identitätsausstattung der Gesellschaft (Name und Sitz, Handlungsorganisation, Haftungsverfassung), oder auch durch Rückschlüsse aus dem vereinbarten Gesellschaftszweck zu ermitteln, sowie auch aus dem Umstand, dass die Gesellschafter gemeinsam eine gewerbliche oder selbständige berufliche Tätigkeit ausüben.[8]

b) *Rechtsfähigkeit der Außen-GbR*

Mit den in den Parenthesen des § 705 Abs. 2 BGB enthaltenen Formulierungen „rechtsfähige Gesellschaft" bzw. „nicht rechtsfähige Gesellschaft" lässt die Vorschrift keinen Zweifel daran, dass jede das Kriterium einer Außengesellschaft erfüllende GbR die Eigenschaft der Rechtsfähigkeit besitzt. Armbrüster hat dies mit der treffenden Bemerkung auf den Punkt gebracht, die Begriffspaare „rechtsfähige Gesellschaft/Außengesellschaft" und „nicht rechtsfähige Gesellschaft/Innengesellschaft" seien auf der Grundlage des mit dem MoPeG eingeführten neuen Rechts jeweils als synonym anzusehen.[9] Kurz gewendet heißt das: der rechtliche Status als Außen-GbR geht mit der Rechtsfähigkeit einer solchen Gesellschaft Hand in Hand.

---

[7] Zur Rechtsentwicklung bis zum MoPeG Armbrüster in Schäfer, Das neue Personengesellschaftsrecht, 2022, S. 53ff.; Blaurock FS Westermann, 2008, 821 (827ff.).

[8] Vgl. Begr. RegE MopeG, BT-Drs. 19/27635, 126; näher zu den Anforderungen an das Vorliegen eines gemeinsamen Willens der Gesellschafter zur Teilnahme am Rechtsverkehr Armbrüster in Schäfer, Das neue Personengesellschaftsrecht, 2022, S. 59ff.; Schäfer in Schäfer, Das neue Personengesellschaftsrecht, 2022, S. 21; zur Unterscheidung von Außen- und Innengesellschaften auch Paefgen in Westermann/Wertenbruch, Handbuch der Personengesellschaften, 1/2024, § 60 Rn. I-4902.

[9] Armbrüster in Schäfer, Das neue Personengesellschaftsrecht, 2022, S. 53.

2. Eingetragene und nicht eingetragene Außen-GbR

Die Eintragung der GbR in dem durch das MoPeG neu eigeführten Gesellschaftsregister ist in §§ 706ff. BGB ausführlich geregelt. Wie der Wortlaut des § 707 Abs. 1 BGB („Die Gesellschafter können [...]") klar und deutlich zum Ausdruck bringt, ist die Eintragung der Außen-GbR im Gesellschaftsregister freiwillig und nicht Voraussetzung der Erlangung der Rechtsfähigkeit. Dafür kommt es allein auf den Willen der Gesellschafter zur Teilnahme am Rechtsverkehr im Außenverhältnis der Gesellschaft an (→ II. 1. a)).[10] Im Gesellschaftsregister eintragungsfähig ist nur eine GbR, der kraft ihrer Stellung als Außengesellschaft Rechtsfähigkeit zukommt (→ II. 1. b)). Das folgt bereits aus der systematischen Einordnung der Regelungen zur Registereintragung in Abschnitt 8, Titel 16, Untertitel 2 des BGB, der die Überschrift „Rechtsfähige Gesellschaften" trägt. Auf die nicht registrierungsfähige Innengesellschaft finden die die Registereintragung betreffenden §§ 706–707d BGB keine Anwendung. Die Verweisung auf die Vorschriften zur rechtsfähigen Außen-GbR in § 940 Abs. 2 BGB greift insoweit nicht ein.

III. Unionsrechtlicher Niederlassungsschutz von Personengesellschaften

Was die Mobilität im EU/EWR-Binnenmarkt betrifft, so ist die in § 706 BGB gewährleistete Sitzspaltungsfreiheit in der Form der Ansiedelung des Verwaltungssitzes im Ausland (→ I. 1.) für alle deutschen Gesellschaften, die in den Kreis der nach Art. 49, 54 AEUV niederlassungsberechtigten Gesellschaften fallen, durch das primäre Unionsrecht abgesichert.[11]

---

[10] Vgl. Begr. RegE MoPeG, BT-Drs. 19/27635, 3; Hermanns in Schäfer, Das neue Personengesellschaftsrecht, 2022, S. 28; Noack NZG 2020, 581. Treffend bemerken Heckschen/Nolting BB 2021, 2946 dazu: „Es bleibt dabei, dass die GbR, die rechtsfähig sein will, sich nicht zwingend im sog. Gesellschaftsregister eintragen lassen muss. Die entsprechende Forderung war von Habersack nochmals auch bei der Anhörung im Rechtsausschuss erhoben worden, konnte sich aber letztlich nicht durchsetzen. Die Neuregelungen stellen einen Kompromiss zwischen der Auffassung derjenigen, die das Gesellschaftsregister grundsätzlich abgelehnt haben, und denjenigen, die die Rechtsfähigkeit nur verleihen wollten, wenn die Eintragung erfolgt, dar. Letztlich will der Gesetzgeber über mittelbaren Druck die Eintragung jedenfalls der GbRs herbeiführen, die Rechte in einem Register halten."

[11] Zur Einbeziehung der EWR-Staaten Island, Liechtenstein und Norwegen in den Schutzbereich des EU-Rechts nach Art. 31, 34 des EWR-Abkommens EuGH 23.9.2003 – C-452/01 – Schlössle Weissenberg, Slg. 2003 I-9743, Rn. 28ff.; BGHZ 178, 192 (196ff.) – Trabrennbahn; OLG Frankfurt a. M. IPRax 2004, 56 (58ff.); Weller in MüKoGmbHG, 4. Aufl. 2022, Einl. Rn. 401f.; Baudenbacher/Buschle IPRax 2004, 26ff. Zum völkervertraglichen Niederlassungsschutz nach dem Muster des Art. XXV Abs. 5 S. 2 des Freundschafts-, Handels- und Schifffahrtsvertrages zwischen der Bundesrepublik Deutschland und den Vereinigten Staaten von Amerika v. 29.10.1954 (BGBl. 1956 II 487) Kindler in MüKoBGB, 8. Aufl. 2021, IntGesR Rn. 432; Paefgen in Westermann/Wertenbruch, Handbuch der Personengesellschaften, 1/2024, § 60 Rn. I-4899; Paefgen FS Vetter, 2019, 527 (534); Trautrims, Das Kollisionsrecht der Personengesellschaften, 2009, S. 148f.

1. Primärrechtlicher Niederlassungsschutz von Personengesellschaften

Nach ganz herrschender Ansicht fallen Personengesellschaften trotz des insoweit nicht klaren Wortlauts des Art. 54 Abs. 2 AEUV, der von „Gesellschaften" und „sonstigen juristischen Personen" spricht, in den Schutzbereich der Niederlassungsfreiheit.[12] Der EuGH bezieht sich in der Begründung seines „Überseering"-Urteils durchweg auf die Frage der Anerkennung der Rechtsfähigkeit von Gesellschaften als die durch die Entscheidung aufgeworfene Rechtsfrage. Darum geht es gerade auch bei den Personengesellschaften des Handelsrechts (§§ 105 Abs. 2, 161 Abs. 2 HGB) wie auch bei der nach § 705 Abs. 2 BGB idF des MoPeG und bereits zuvor ergangener BGH-Rechtsprechung rechtsfähigen BGB-Außengesellschaft.[13] Nicht zuletzt ergibt sich die Erstreckung des Schutzes der Niederlassungsfreiheit auf die rechtsfähigen Personengesellschaften implizit auch daraus, dass der EuGH im Fall „Cartesio", wo es sich um die Verlegung des Verwaltungssitzes einer ungarischen KG (betéti társaság) von Ungarn nach Italien handelte, ohne weiteres von der Geltung der Niederlassungsfreiheit ausging.[14]

2. Registereintragung keine Voraussetzung des Niederlassungsschutzes

Die im Vergleich mit den Körperschaften bei den Personengesellschaften fehlende konstitutive Wirkung einer Registereintragung bei der Gründung gibt im Hinblick auf das Eingreifen unionsrechtlichen Niederlassungsschutzes kein brauchbares Differenzierungskriterium ab. Zwar erleichtert die Registereintragung in der Regel die Ermittlung des Gründungsstatuts.[15] Sie muss deshalb jedoch nicht konstitutive Wirkung haben, wie dies bei den Körperschaften regelmäßig der Fall ist.[16]

---

[12] EuGH 14.9.2017 – C-646/15, ECLI:EU:C:2017:682 Rn. 36ff. – Panayi = BeckEuRS 2017, 523290 sowie dazu GA Kokott, Schlussanträge 21.12.2016 – C-646/15, ECLI:EU:C:2016:1000 Rn. 28 – Panayi; Müller-Graff in Streinz, 3. Aufl. 2018, AEUV Art. 54 Rn. 4; Korte in Callies/Ruffert/Bröhmer, 6. Aufl. 2022, AEUV Art. 54 Rn. 4 („Rechtsgrundverweis auf das Gesellschaftsrecht im Gründungsstaat"); Paefgen in Westermann/Wertenbruch, Handbuch der Personengesellschaften, 1/2024, § 60 Rn. I-4887ff.; Paefgen WM 2009, 529 (531); Paefgen FS Aderhold, 2021, 305 (311); Leible/Hoffmann RIW 2002, 925 (933); Wiedemann Gesellschaftsrecht II, 2004, S. 60f.; Koch ZHR 173 (2009), 101 (112f.); Saenger FS Pöllath + Partner, 2008, 295 (296f.); monografisch Trautrims, Das Kollisionsrecht der Personengesellschaften, 2009, S. 78ff.; Lechner, Das Schicksal der europäischen Personengesellschaften im Zeitalter der Niederlassungsfreiheit, Eine rechtsvergleichende Untersuchung zum Einfluss der Niederlassungsfreiheit auf die kollisionsrechtliche Behandlung der Personengesellschaften, 2014, S. 13ff., 50ff.; im Ergebnis so auch Schön ZHR 187 (2023), 123 (131f.), der eindeutigen Niederlassungsschutz allein den in Art. 54 Abs. 2 AEUV verwendeten Worten „die Gesellschaften des bürgerlichen Rechts und des Handelsrechts" entnehmen will.

[13] BGHZ 146, 341ff. – ARGE weißes Ross; BGH ZIP 2002, 614ff.

[14] EuGH 16.2.2008 – 210/06 – Cartesio, Slg. 2008 I-9641, Rn. 99ff.; dazu Paefgen in Westermann/Wertenbruch, Handbuch der Personengesellschaften, 1/2024, § 60 Rn. I-4889; Paefgen WM 2009, 529 (531); Schön ZHR 187 (2023), 123 (126); Trautrims, Das Kollisionsrecht der Personengesellschaften, 2009, S. 79.

[15] Vgl. unten → IV. 2. b) bei Fn. 27ff.

[16] Vgl. zu den Personenhandelsgesellschaften §§ 123 Abs. 1 S. 2, 161 Abs. 2 HGB sowie dagegen § 11 Abs. 1 GmbHG und § 41 Abs. 1 S. 1 AktG. S. aber auch zur konstitutiven Wirkung der Eintragung einer nicht rechtsfähigen Innen-GbR, die dann gem. § 719 Abs. 1 Alt. 2 BGB mit der

Der MoPeG-Gesetzgeber glaubte offenbar, die in § 706 S. 2 BGB vorgesehene Option der Sitzspaltung durch Verlegung des tatsächlichen Verwaltungssitzes ins Ausland, in der Entwurfsbegründung als „Sitzwahl“ bezeichnet, auf die mit den §§ 707 ff. BGB neu eingeführte Gestaltungsvariante der in ein Gesellschaftsregister eingetragenen Außen-GbR beschränken zu müssen.[17] Als Voraussetzung der Inanspruchnahme der primärrechtlich durch Art. 49, 54 AEUV geschützten Niederlassungsfreiheit der Gesellschaften war, so offenbar die Regierungsbegründung, die Eintragung in einem deutschen Gesellschaftsregister vorzuschreiben.[18] Für den Schutz der unionsrechtlich gewährleisteten Niederlassungsfreiheit und der daraus abzuleitenden Sitzspaltungsfreiheit (→ I. 1.) darf es jedoch auf die in der Entwurfsbegründung postulierte Herstellung von „Subjektpublizität“ mittels eines öffentlichen Registers nicht ankommen.[19] Ist die Außen-GbR rechtsfähig und damit fähig, als eigenständiges *Rechtssubjekt* Träger von Rechten und Pflichten zu sein, kann es somit für den unionsrechtlichen Freiheitsschutz auf die Eintragung der Gesellschaft im Gesellschaftsregister nicht ankommen.[20]

Registereintragung als rechtsfähige Außengesellschaft entsteht, Armbrüster in Schäfer, Das neue Personengesellschaftsrecht, 2022, S. 67.

[17] Im RegE MoPeG, BT-Drs. 19/27635, 138, heißt es dazu: „Der formlos mögliche Gesellschaftsvertrag einer Personengesellschaft bietet im Vergleich zu der notariell zu beurkundenden Satzung einer Gesellschaft mit beschränkter Haftung oder Aktiengesellschaft (§ 2 Abs. 1 S. 1 GmbHG, § 23 Abs. 1 S. 1 AktG) nur dann eine verlässliche Grundlage für die Sitzbestimmung, wenn die Angabe zum Sitz zur Eintragung in das Register angemeldet wird. In diesem Fall wird dem Registergericht der Sitz, auf den sich die Gesellschafter geeinigt haben, im Zuge der Anmeldung mitgeteilt (§ 707 Abs. 1 BGB-E). Dass diese Einigung dem tatsächlichen Willen der Gesellschafter entspricht, wird dadurch sichergestellt, dass sämtliche Gesellschafter die Anmeldung zu bewirken haben (§ 707 Abs. 4 S. 1 BGB-E). *Bezogen auf die Gesellschaft bürgerlichen Rechts hängt das Sitzwahlrecht also davon ab, ob die Gesellschafter von ihrem Eintragungswahlrecht Gebrauch machen* [Hervorhebung v. Verf.]. Hierbei muss der Vertragssitz – der Wertung des § 4a GmbHG folgend – zwingend im Inland liegen. Dadurch soll die Gesellschaft fest in der deutschen Rechtsordnung „verankert“ werden. Ein ausländischer Vertragssitz würde hingegen die Durchsetzung des deutschen Gesellschaftsrechts durch deutsche Gerichte und Behörden erschweren oder gar verhindern [Nachw.].“

[18] Siehe zu diesem im RegE MoPeG zum Ausdruck kommenden Postulat einer besonderen „Subjektpublizität“ der GbR RegE MoPeG, S. 143: „Da die Gesellschaft bürgerlichen Rechts über keine natürliche Publizität verfügt, kann die Subjektpublizität sinnvollerweise nur mittels eines öffentlichen Registers hergestellt werden. Bei der Einrichtung eines solchen Subjektregisters für die rechtsfähige Gesellschaft bürgerlichen Rechts handelt es sich also um eine Kehrseite zu ihrer Anerkennung als Rechtssubjekt.“

[19] Treffend dazu v. Thunen in BeckOGK, 1.8.2022, BGB IPR Internationales Personengesellschaftsrecht Rn. 42: „Das Erfordernis des „satzungsmäßigen Sitzes“ in Art. 54 AEUV ist nicht im Sinne von „konstitutiver Registereintragung in der EU“ zu verstehen, sondern dahingehend, dass anhand objektiver Kriterien eindeutig feststellbar sein muss, dass eine Gesellschaft innerhalb der EU nach den Rechtsvorschriften eines EU-Staates gegründet wurde. Dabei ist zu beachten, dass auch die Gesellschafter einer Personengesellschaft im Gesellschaftsvertrag einen statutarischen Gesellschaftssitz wählen können, tun sie dies nicht, lässt er sich jedenfalls nach objektiven Kriterien bestimmen. Liegt dieser Sitz innerhalb der EU, kann sich die nach den Vorschriften des Mitgliedsstaates entstandene Personengesellschaft in gleicher Weise wie Kapitalgesellschaften auf die Niederlassungsfreiheit berufen.“ Das gilt, wie v. Thunen (aaO) zutr. bemerkt, auch für die bereits rechtsfähige aber noch nicht im Register eingetragene Vorgesellschaft.

[20] Vgl. Paefgen in Westermann/Wertenbruch, Handbuch der Personengesellschaften, 1/2024, § 60 Rn. I-4888, I-4898; Paefgen WM 2009, 529 (531); im Ergebnis so auch Röß MDR 2023, 805 (807 ff.); aA dagegen Schwacha GmbHR 2024, 125 (127 ff.).

IV. Kollisionsrecht

Was das deutsche Kollisionsrecht anbelangt, so hat die Bestimmung des auf deutsche GbRs anwendbaren Rechts sich nach den Eigenarten der jeweiligen Gestaltungsform der Gesellschaft (→ II.) zu richten.

1. Vertragsrechtliche Anknüpfung der nicht rechtsfähige Innen-GbR

Bei nicht rechtsfähigen Innen-GbRs, die sich auf die Begründung obligatorischer Rechte und Pflichten im Verhältnis der Gesellschafter zueinander beschränken (§§ 705 Abs. 2, 740 BGB), ist die internationalprivatrechtliche Interessenlage derjenigen beim Abschluss schuldrechtlicher Verträge mit Auslandsberührung vergleichbar. Solche Gesellschaften sind deshalb in kollisionsrechtlicher Hinsicht vertragsrechtlich zu qualifizieren und das anwendbare Recht bestimmt sich nach Art. 3f. EU-Verordnung Nr. 593/2008 (Rom I-VO).[21]

2. Das Gesellschaftsstatut der Außen-GbR: Sitztheorie versus Gründungstheorie

a) Sitztheorie

Die klassische Sitztheorie der deutschen Rechtsprechung knüpft die Bestimmung des Gesellschaftsstatuts an den tatsächlichen Verwaltungssitz der Gesellschaft an. Die Rechtsprechung hat diese Anknüpfungsregel als autonomes deutsches Kollisionsrecht etabliert und bis dato aufrechterhalten, soweit die Rücksicht auf europarechtliche Vorgaben keine anderweitige Beurteilung gebietet.[22] Nach der Sitztheorie ist der Verwaltungssitz der Ort, wo die grundlegenden Entscheidungen der Unternehmensleitung effektiv in laufende Geschäftsführungsakte umgesetzt werden.[23] In Konzernverhältnissen handelt es sich dabei um den Ort, an dem die Geschäftsführung der abhängigen Gesellschaft die Vorgaben des herrschenden Unternehmens ausführt.[24]

[21] ABl. EU 2008 L 177, 6. Nach ihrem Art. 28 ist die Verordnung auf Verträge anzuwenden, die ab dem 17.12.2009 abgeschlossen wurden; für Altfälle gilt weiter die auf dem EVÜ beruhende Regelung in Art. 27ff. EGBGB aF. Im Einzelnen zur vertragsrechtlichen Anknüpfung von Innengesellschaften nach der Rom I-VO s. Blaurock FS Westermann, 2009, 821 (827ff.); Paefgen in Westermann/Wertenbruch, Handbuch der Personengesellschaften, 1/2024, § 60 Rn. I-4903ff.; Paefgen FS Aderhold, 2021, 305 (317f.).

[22] BGHZ 178, 192 (196ff.); BGH WM 2012, 1631 Rn. 27; BGHZ 151 (204, 206ff.); BGHZ 97, 269 (271f.); BGHZ 78, 318 (322, 334); BGHZ 53, 181 (183); BGHZ 25, 134 (144); Kindler in MüKoBGB, 8. Aufl. 2021, IntGesR Rn. 423ff., 459ff.; Leible in Michalski/Leible/Heidinger/J. Schmidt, GmbHG, 4. Aufl. 2023, Systematische Darstellung 2 Rn. 4ff.

[23] BGHZ 97, 269 (272); OLG Frankfurt a. M. GmbHR 1999, 1254 (1255) mAnm Borges; KG NJW 1989, 3100 (3101); BayObLGZ 1985, 272 (279); Kindler in MüKoBGB, 8. Aufl. 2021, IntGesR Rn. 459ff.; Weller in MüKoGmbHG, 4. Aufl. 2022, Einl. Rn. 342f.; Sandrock in FS Beitzke, 1979, 669 (683); Zimmer, Internationales Gesellschaftsrecht, 1996, S. 28.

[24] Großfeld in Staudinger, BGB, 1998, IntGesR Rn. 230ff.; Koppensteiner, Internationale Unternehmen im deutschen Gesellschaftsrecht, 1971, S. 124.

b) Gründungstheorie

Die Rechtsprechung des EuGH zur Niederlassungsfreiheit der Gesellschaften im EU-Binnenmarkt nach Art. 49, 54 AEUV hat bekanntlich im deutschen Gesellschaftskollisionsrecht einen Gezeitenwechsel hin zur Anknüpfung des Gesellschaftsstatuts nach der Gründungstheorie bewirkt. Diese der deutschen Rechtsprechung unionsrechtlich vorgegebene Kehrtwende wurde letztlich durch das „Überseering“-Urteil des EuGH herbeigeführt und sodann in weiteren Entscheidungen des Gerichtshofs konsequent fortgeführt.[25]

Nach der Gründungstheorie ist Gesellschaftsstatut das Recht des Staates, in dem eine Gesellschaft gegründet wurde.[26] Ist eine Gesellschaft in ein öffentliches Register eingetragen, entspricht das Gründungsstatut dem Recht des Staates, in dem das Register geführt wird.[27] Das findet seine Berechtigung darin, dass durch die Registereintragung die Beziehung der Gesellschaft zu einem bestimmten Staat offenkundig und damit nach einem objektiven Kriterium leicht feststellbar ist.[28]

Ist eine Außen-GbR nicht im Gesellschaftsregister eingetragen (→ II. 2.) und ist im Gesellschaftsvertrag auch nicht ausdrücklich ein bestimmter inländischer *Vertragssitz* iSv § 706 S. 2 BGB vereinbart, ist nach objektiven Indizien Ausschau zu halten, die den Willen der Gesellschafter bekunden, das Gesellschaftsverhältnis einer bestimmten Rechtsordnung zu unterstellen. Dazu gehören insbesondere das Auftreten der Gesellschaft unter einer bestimmten nationalen Rechtsform, wie etwa der GbR, einschließlich der Angabe einer bestimmten Rechtsform auf Visitenkarten und Geschäftsbriefen, die Bezugnahme auf bestimmte nationale Rechtsvorschriften im Gesellschaftsvertrag, wie etwa die §§ 705 ff. BGB, oder auch die Organisation der Gesellschaft nach dem Muster einer bestimmten nationalen Rechtsordnung.[29] Fehlt es an solchen Indizien, ist unter den verschiedenen theoretisch denkbaren Anknüp-

[25] EuGH 5.11.2002 – C-208/00 – Überseering, Slg. 2002 I-9919, Rn. 80; sowie weiter aus der Rspr. des Gerichtshofs EuGH 30.9.2003 – C-167/01 – Inspire Art, Slg. 2003 I-10155, Rn. 103; zur Umsetzung der niederlassungsrechtlichen Vorgaben des EuGH BGHZ 154 (185, 189 f.); aus dem Schrifttum dazu statt vieler Paefgen WM 2003, 561 ff.; Schön ZHR 187 (2023), 123 (143).

[26] Großfeld in Staudinger, BGB, 1998, IntGesR Rn. 18; Kindler in MüKoBGB, 8. Aufl. 2021, IntGesR Rn. 362 ff.; Eidenmüller/Rehm ZGR 1997, 89 (90); Großfeld in FS Westermann, 1974, 199 (203 ff.). zu weiteren im Schrifttum vertretenen Anknüpfungstheorien, die sich in der Praxis nicht durchgesetzt haben Paefgen DB 2003, 487 f.; Trautrims, Das Kollisionsrecht der Personengesellschaften, 2009, S. 30 ff.

[27] Vgl. dazu und zu den im Folgenden näher ausgeführten Kriterien der Feststellung des Gründungsstatuts Paefgen in Westermann/Wertenbruch, Handbuch der Personengesellschaften, 1/2024, § 60 Rn. I-4897 f.

[28] Kindler in MüKoBGB, 8. Aufl. 2021, IntGesR Rn. 432; Zimmer in Sonnenberger, Vorschläge und Berichte zur Reform des europäischen und deutschen internationalen Gesellschaftsrechts, 2007, S. 371, 375; Trautrims, Das Kollisionsrecht der Personengesellschaften, 2009, S. 148 f.; rechtsvergleichend Hoffmann ZVglRWiss 101 (2002), 283 ff.; zum Nachw. durch die Bescheinigung eines örtlichen Notars Wachter DB 2004, 2795 (2799).

[29] OLG Hamm NJW-RR 1993, 1383 ff.; Paefgen FS Aderhold, 2021, 305 (314 ff.); W.-H. Roth ZGR 2014, 168 (196); Trautrims, Das Kollisionsrecht der Personengesellschaften, 2009, S. 150 f.; radikal anders dagegen Schön ZHR 187 (2023), 123 (140), der behauptet, eine nicht registrierte GbR verfüge über keinen eigenständigen Vertragssitz.

fungspunkten[30] vorrangig auf den Ort des Schwerpunktes der wirtschaftlichen Betätigung der Gesellschaft abzustellen. Denn zu diesem Ort bestehen die meisten rechtlichen Beziehungen und er ist daher auch am leichtesten im Interesse des Schutzes des Rechtsverkehrs objektiv und rechtssicher feststellbar.[31]

3. § 706 BGB idF des MoPeG als versteckte Kollisionsnorm

Der Gesetzgeber hat durch die Einführung des § 706 BGB idF des MoPeG die Möglichkeit der *Sitzspaltung* im Sinne der örtlichen Trennung von Vertragssitz (§ 706 S. 2 BGB) und tatsächlichem Verwaltungssitz (§ 706 S. 1 BGB) für die eingetragene Gesellschaft bürgerlichen Rechts (§ 707 Abs. 1 BGB) und kraft der Verweisung auf § 706 BGB in § 105 Abs. 3 HGB und § 161 Abs. 2 HGB damit auch für die im Handelsregister einzutragende OHG und die KG, sowie kraft der Verweisung in § 1 Abs. 4 PartGG auch für die in das Partnerschaftsregister einzutragende Partnerschaftsgesellschaft im Gesetz verankert.[32] Mit der Einführung dieser Sitzspaltungsfreiheit folgte der Gesetzgeber einer Empfehlung des 71. Deutschen Juristentages 2006 betreffend die Ermöglichung freier „Sitzwahl" für Personengesellschaften.[33]

§ 706 BGB ist auf den ersten Blick nicht gerade leicht verständlich.[34] Die Begründung des Regierungsentwurfs zum MoPeG führt aus, die Vorschrift solle mit ihrer Unterscheidung zwischen dem *Verwaltungssitz* (Satz 1) und dem *Vertragssitz* (Satz 2) zum Ausdruck bringen, dass eine im inländischen (Gesellschafts-)Register eingetragene Gesellschaft befugt sein soll, ihren tatsächlichen Verwaltungssitz an einen anderen Ort als den mit der Registerreintragung korrespondierenden, zwingend im Inland zu allozierenden sog. Vertragssitz, zu legen, wobei dieser Ort des tatsächlichen Verwaltungssitzes sich im Ausland befinden könne.[35] Dabei betont die Gesetzesbegründung den Gleichklang der in § 706 BGB getroffenen Regelung mit den für die GmbH (§ 4a GmbHG) und die AG (§ 5 AktG) geltenden Bestimmungen zur Sitzspaltung.[36]

---

[30] Brauchbare Übersicht bei Trautrims, Das Kollisionsrecht der Personengesellschaften, 2009, S. 149ff.

[31] Trautrims, Das Kollisionsrecht der Personengesellschaften, 2009, S. 153f.

[32] Vgl. Begr. RegE MoMiG, BT-Drs. 16/27635, 126; Schall in NK-BGB, 13. Aufl. 2023, BGB § 706 Rn. 3; Servatius, GbR, 2023, BGB § 706 Rn. 4; zur OHG, KG und PartGG Bergmann in Herberger/Martinek/Rüßmann/Weth/Würdinger, jurisPK-BGB, 10. Aufl. 2024, BGB § 706 Rn. 5.

[33] Beschluss 26 des 71. Deutschen Juristentages in Verhandlungen des 71. Deutschen Juristentages, Band II/2, 2017, S. O223.

[34] Zu Recht krit. Lieder/Hilser ZHR 185 (2021), 471 (493) mit alternativem Formulierungsvorschlag wie auch Heckschen NZG 2020, 2764 (2767), der die Vorschrift als unklar bezeichnet. Siehe dazu auch die Stellungnahme des DAV zum Mauracher Entwurf, Stellungnahme 4972020, 7/2020, S. 8f., abrufbar unter www.anwaltverein.de, mit dem erheblich klareren Vorschlag, § 706 BGB-E folgendermaßen zu formulieren: „Ist die Gesellschaft im Gesellschaftsregister eingetragen, ist Sitz der Gesellschaft der Ort im Inland, den die Gesellschafter als Sitz vereinbart haben (Vertragssitz); er kann vom Verwaltungssitz abweichen."

[35] Als Verwaltungssitz ist dabei, so die Entwurfsbegründung, der Ort zu verstehen, „an dem die Verwaltung tatsächlich geführt wird"; Begr. RegE MopeG, BT-Drs. 16/27635, 127.

[36] Vgl. Begr. RegE MoPeG, BT-Drs. 16/27635, 126f., wo es heißt: „Für ein Sitzwahlrecht besteht hier ein praktisches Bedürfnis. Zum einen wird es deutschen Personengesellschaften ermög-

a) Das kapitalgesellschaftsrechtliche Regelungsvorbild: § 4a GmbHG und § 5 AktG

Mit § 4a GmbHG und § 5 AktG hat das MoMiG der GmbH und der AG der Rechtsprechung des EuGH zur Niederlassungsfreiheit der Gesellschaften im EU-Binnenmarkt (→ IV. 2. b)) folgend die Option der Aufspaltung von kollisionsrechtlichem Verwaltungssitz einerseits und sachrechtlichem Satzungssitz andererseits eingeräumt. Das Wesensmerkmal dieses Regelungsansatzes ist die Anerkennung zweier unterschiedlicher Arten von Gesellschaftssitzen, die sich jeweils an unterschiedlichen Orten befinden können. In internationalprivatrechtlicher Hinsicht sind in diesen kapitalgesellschaftsrechtlichen Normen unionsrechtlich durch die Niederlassungsfreiheit nach Art. 49, 54 AEUV untermauerte *versteckte Kollisionsnormen* zu erblicken, mit denen die Geltung der Gründungstheorie festgeschrieben wird.[37]

b) Zulässigkeit der Sitzspaltung bei der Außen-GbR

Wie bei § 4a GmbHG und § 5 AktG (→ IV. 3. a)) ist in kollisionsrechtlicher Hinsicht nach überwiegender Ansicht des Schrifttums, der sich auch der Verfasser dieses Beitrags zurechnen darf, wohl nicht dagegen der Jubilar, in der ausdrücklichen gesetzlichen Billigung der Allokation des vom Vertragssitz zu unterscheidenden Verwaltungssitzes einer in Deutschland gegründeten und dort im Gesellschaftsregister eingetragenen Personengesellschaft, nach dem Regelungsmodell des § 706 BGB eine einseitige versteckte Kollisionsnorm dergestalt zu erblicken, dass für eingetragene deutsche Personengesellschaften, zu denen auch die eingetragene Außen-GbR zu rechnen ist (→ II. 2.), die unionsrechtlich auf der Niederlassungsfreiheit nach Art. 49, 54 AEUV basierende Gründungstheorie zu gelten hat.[38] Für Gesell-

licht, sämtliche Geschäftstätigkeit außerhalb des deutschen Hoheitsgebietes zu entfalten, ohne auf eine für sie vertraute deutsche Rechtsform verzichten zu müssen. […] Das Sitzwahlrecht liegt zudem im Interesse der Rechtsvereinheitlichung, weil für die Gesellschaft mit beschränkter Haftung und die Aktiengesellschaft die privatautonome Sitzwahl nach Streichung der § 4a Absatz 2 GmbHG, § 5 Absatz 2 AktG durch das Gesetz zur Modernisierung des GmbH-Rechts und zur Bekämpfung von Missbräuchen (MoMiG) v. 23. Oktober 2008 (BGBl. 2008 I 2026) bereits gesetzlich anerkannt ist.“ S. zu dieser kollisionsrechtlichen ratio des § 706 BGB auch Noack NZG 2020, 581 (583). Zur Sitzwahlfreiheit nach § 4a GmbHG, § 5 AktG siehe Paefgen in FS Vetter, 2019, 527 (529f.); Paefgen in FS Aderhold, 2021, 305 (312); die Ähnlichkeit der Regelungsansätze von § 4a GmbHG, § 5 AktG und § 706 BGB betonend auch Hilser, Grenzüberschreitende Rechtsformwechsel in der Europäischen Union, 2022, S. 292.

[37] Vgl. Hoffmann ZIP 2007, 1581, 1586 (1589); Leible/Hoffmann BB 2009, 58 (62); Goette DStR 2009, 128; Paefgen in FS Vetter, 2019, 527 (535ff.); Paefgen WM 2009, 529 (530f.); Bayer in Lutter/Hommelhoff, 21. Aufl. 2023, GmbHG § 4a Rn. 14; aA Dauner-Lieb in Kölner Kommentar AktG, 3. Aufl. 2010, AktG § 5 Rn. 28 (lediglich Sachnorm); Kindler in Goette/Habersack, Das MoMiG in Wissenschaft und Praxis, 2009, S. 246ff.; Kindler IPRax 2009, 189 (197).

[38] Vgl. Schön ZHR 187 (2023), 123 (135ff.); Lieder/Hilser ZHR 185 (2021), 471 (490ff.); Paefgen in Westermann/Wertenbruch, Handbuch der Personengesellschaften, 1/2024, § 60 Rn. I-4895a ff.; Fleischer DStR 2021, 430 (434); Otte/Gräbener BB 2020, 1295 (1296); Storz GWR 2020, 257 (259); Schall in Hirte/Heidel, Das neue Personengesellschaftsrecht, 2022, Kap. 17 Rn. 23; Schall ZIP 2020, 1443 (1448); Hilser, Grenzüberschreitender Rechtsformwechsel in der Europäischen Union, 2022, S. 292ff.; **krit.** dagegen Heckschen NZG 2020, 761 (764); Heckschen/Nolting BB 2020, 2256 (2257); Heckschen/Nolting BB 2021, 2946 (2947); Nazari/Kanachayi WM 2020, 2056 (2058f.) sowie wohl auch Noack BB 2021, 643 (645).

schaften aus Drittstaaten, die ihren Verwaltungssitz nach Deutschland verlegen, kommt diese einseitige Kollisionsnorm dagegen nicht zur Anwendung. Insoweit beansprucht vielmehr die Sitztheorie des autonomen deutschen Gesellschaftskollisionsrechts (→ IV. 2. a)) Geltung.[39]

V. Unionskonforme Auslegung des § 706 BGB

1. Grundlage einer extensiven Interpretation

a) Kein Sitzspaltungsverbot der eintragungslosen Außen-GbR

Wie dem Wortlaut des § 706 S. 2 BGB unzweifelhaft zu entnehmen ist, soll die Sitzspaltungsfreiheit der rechtsfähigen Außen-GbR nur für solche Gesellschaften gelten, die gem. § 707 BGB im Gesellschaftsregister eingetragen sind. Ein Teil des Schrifttums vertritt die Ansicht, aus der bewussten Entscheidung des MoPeG-Gesetzgebers, die privatautonome Sonderung von Vertragssitz und Verwaltungssitz nur den eingetragenen Gesellschaften zuzugestehen, sei zu folgern, dass für die nicht eingetragene, aber nach § 705 Abs. 2 BGB rechtsfähige Außen-GbR (→ II. 1. b)) kollisionsrechtlich die Sitztheorie (→ IV. 2. a)) zu gelten habe. Nicht eingetragene Personengesellschaften könnten daher nach deutschem Recht nur wirksam ins Leben gerufen werden, wenn ihr Verwaltungssitz (→ IV. 2. a)) im Gründungszeitpunkt im Inland liege. Durch die Verlagerung des Verwaltungssitzes ins Ausland verlören solche Gesellschaften nach dem Willen des Gesetzgebers ihre inländische Rechtsfähigkeit iSv § 705 Abs. 2 BGB, ohne dass diese Gesellschaften als solche sich dagegen auf die unionsrechtlich geschützte Niederlassungsfreiheit berufen könnten.[40]

Jedoch ist, wie bereits erläutert wurde, die Eintragung im Gesellschaftsregister nicht Voraussetzung des unionsrechtlichen Niederlassungsschutzes der Außen-GbR nach Art. 49, 54 AEUV (→ III. 2.). Gegen die vorstehend referierte These, die auf ein Sitzspaltungsverbot für die rechtsfähige, aber nicht eingetragene GbR hinausläuft, ist zu halten, dass es für den unionsrechtlichen Niederlassungsschutz nach Art. 49, 54 AEUV und somit auch für die Anwendbarkeit der darauf beruhenden kollisionsrechtlichen Gründungstheorie allein auf die Rechtsfähigkeit einer Personengesellschaft iSd Fähigkeit ankommen kann, als eigenständiges Rechtssubjekt Träger von Rechten und Pflichten zu sein, nicht dagegen auf die Eintragung in ein öffentliches Register.[41] Rechtsfähig ist aber nach dem zweigeteilten

[39] Harnos in Koch, Personengesellschaftsrecht, 2024, BGB § 706 Rn. 8; Lieder/Hilser ZHR 185 (2021), 471 (496); Schön ZHR 187 (2023), 123 (143); Wertenbruch NZG 2023, 1343 (1344); Servatius, GbR, 2023, BGB § 706 Rn. 10.

[40] Schön ZHR 187 (2023), 123 (137); Lieder/Hilser ZHR 185 (2021), 471 (493f.); Servatius, GbR, 2023, BGB § 706 Rn. 12 (Unmöglichkeit, eine deutsche GbR ohne jeglichen Inlandsbezug (Registereintragung) ins Ausland und damit in den Geltungsbereich einer anderen Rechtsordnung ziehen zu lassen); Schall in Hirte/Heidel, Das neue Personengesellschaftsrecht, 2023, Kap. 17 Rn. 24ff.; Schall in NK-BGB, 3. Aufl. 2023, BGB § 706 Rn. 38.

[41] Vgl. Müller-Graff in Streinz, 3. Aufl. 2018, AEUV Art. 54 Rn. 2 und 4 („rechtlich konfigurierte Marktakteure", die als solche im Rechtsverkehr auftreten, von Art. 54 AEUV erfasst); Tiedje

Regelungsmodell des § 705 Abs. 2 BGB neben der eingetragenen Außen-GbR (§ 707 BGB) auch die nicht im Gesellschaftsregister eingetragene Außen-GbR, die entsprechend dem Willen der Gesellschafter nach außen hin am Rechtsverkehr teilnimmt und nicht nur den Gesellschaftern zur Ausgestaltung ihres Rechtsverhältnisses untereinander dient (→ II. 1. a) und b)).

Von dem Gedanken, die Rechtsfähigkeit der Außen-GbR an eine Registereintragung zu knüpfen, hat der MoPeG-Gesetzgeber sich ausdrücklich distanziert.[42] Damit hat der Gesetzgeber grundsätzlich den Zustand akzeptiert, dass sich „in weiten Bereichen des Rechtsverkehrs auch in Deutschland weiterhin Rechtssubjekte bewegen, deren Existenz nicht überprüfbar ist, und deren Vertretungsverhältnisse nicht nachvollziehbar sind."[43]

Man mag diesen Zustand durchaus als misslich empfinden wollen und als Remedur die unionsrechtliche Einführung eines Publizitätsregimes für Personengesellschaften nach dem Muster der für die Kapitalgesellschaften geltenden Publizitätsvorgaben der EU-Gesellschaftsrechtsrichtlinie (2017/1132) fordern.[44] Jedoch dürfen nach dem im „VALE"-Urteil des EuGH als Kontrollmaßstab herangezogenen primärrechtlichen Effektivitätsgrundsatz mitgliedstaatliche Freiheitsbeschränkungen die Ausübung der Niederlassungsfreiheit durch ein unionsrechtlich geschütztes Rechtssubjekt nicht praktisch unmöglich machen oder übermäßig erschweren.[45]

---

in von der Groeben/Schwarze/Hatje, Europäisches Unionsrecht, 7. Aufl. 2015, AEUV Art. 54 Rn. 19 („alle Wirtschaftssubjekte, die keine natürlichen Personen sind" einschließlich rechtsfähiger Außen-GbR nach dem Muster von BGHZ 146, 341 ff. – ARGE „Weißes Ross" von Art. 54 AEUV erfasst); Forsthoff in Grabitz/Hilf/Nettesheim, Das Recht der Europäischen Union, 80. EL 8/2023, AEUV Art. 54 Rn. 6 (von Art. 54 AEUV erfasst alle Gebilde, die „nach dem nationalen Recht Rechtspersönlichkeit haben oder sonst über eine rechtlich verfestigte Struktur verfügen, die ein Auftreten im Rechtsverkehr erlaubt"); Kalss/Klampfl in Dauses/Ludwigs, Handbuch des EU-Wirtschaftsrechts, 59. EL 8/2023 (von Art. 54 AEUV erfasst auch „rechtlich verselbstständigte und nach außen auftretende Personengesamtheiten ohne Rechtspersönlichkeit").

[42] Vgl. Begr. RegE MoPeG, BR-Drs. 59/21, 139, wo es heißt, es solle davon abgesehen werden, „dass die nicht eingetragene Gesellschaft bürgerlichen Rechts in die Zeit vor Anerkennung ihrer Rechtsfähigkeit durch die Grundsatzentscheidung des Bundesgerichtshofs in der Rechtssache „ARGE Weißes Ross" zurückgeworfen würde." Vorschlägen, die Erlangung der Rechtsfähigkeit an die Registereintragung zu knüpfen, ist der Gesetzgeber nicht gefolgt. Für die Koppelung von Registereintragung und Rechtsfähigkeit plädierend Heckschen NZG 2020, 761 (762); Geibel ZRP 2020, 137 (149) sowie auch Habersack ZGR 2020, 539 (544 f.), der vor „Zumutungen für den Rechtsverkehr" bei Zulassung nicht eingetragener rechtsfähiger GbRs warnt; siehe auch die w. Nachw. bei Paefgen in FS Aderhold, 2021, 305 (326 Fn. 77).

[43] So mit krit. Unterton Heckschen NZG 2020, 761 (762 f.).

[44] So Schön ZHR 187 (2023), 123 (162 f.).

[45] Vgl. EuGH ZIP 2012, 1394 Rn. 48 sowie dazu Paefgen WM 2018, 1029 (1031). Diese absolute Grenze jeglicher Beschränkung der Niederlassungsfreiheit hat der Gerichtshof auch schon im Urteil EuGH 13.12.2005 – C-411/03 – SEVIC, Slg. 2005 I-10805, Rn. 30, betont, wo es hinsichtlich der durch Art. 49, 54 AEUV geschützten Umwandlungsfreiheit heißt: „Wird aber in einem Mitgliedstaat die Eintragung der Verschmelzung einer Gesellschaft mit Sitz in diesem Staat mit einer in einem anderen Mitgliedstaat ansässigen Gesellschaft in das Handelsregister generell verweigert, so werden grenzüberschreitende Verschmelzungen auch dann verhindert, wenn die oben in Rn. 28 genannten Interessen [erg.: Interessen von Gläubigern, Minderheitsgesellschaftern und Arbeitnehmern, Wirksamkeit der Steueraufsicht und der Lauterkeit des Handelsverkehrs] nicht bedroht sind. Zudem geht eine solche Regelung über das hinaus, was zur Erreichung der verfolgten Ziele, nämlich zum Schutz der besagten Interessen, erforderlich ist."

Genau dies geschieht aber, wenn man bei der nicht eingetragenen deutschen Personengesellschaft die Registereintragung zur Vorbedingung der Gewährung von niederlassungsrechtlich gewährleisteter Sitzspaltungsfreiheit macht. Mit der Systematik des MoPEG, die die Registereintragung nur als *Option* begreift, dagegen aber nicht als Zwangsmittel zu Schutz des Rechtsverkehrs (→ II.), ist dies unvereinbar.[46]

Schall hat die Ansicht vertreten, das Erfordernis der Registereintragung als Voraussetzung der Sitzspaltung sei grundsätzlich mit dem primären Unionsrecht vereinbar.[47] Dafür beruft er sich auf die ursprünglich im „Daily Mail"-Urteil des EuGH vertretene sog. „Geschöpftheorie", der zufolge „eine Gesellschaft jenseits der nationalen Rechtsordnung, die ihre Gründung und ihre Existenz regelt, keine Realität hat."[48] Von dieser Theorie ist der EuGH jedoch in seiner zuletzt im Urteil „Polbud" kulminierenden neueren Rechtsprechung abgerückt, der zufolge die Ansiedelung des Satzungs- bzw. Vertragssitzes und des tatsächlichen Verwaltungssitzes einer EU-Gesellschaft in verschiedenen Mitgliedstaaten in den Schutzbereich der Niederlassungsfreiheit fällt.[49] Das hatte nach dem Verständnis des Verfassers wohl auch Schall in früheren Stellungnahmen noch so gesehen.[50]

b) Zwischenergebnis

Als Zwischenergebnis ist aufgrund der vorstehenden Überlegungen Folgendes festzuhalten. Vor dem Hintergrund des durch das primäre Unionsrecht gewährleisteten Niederlassungsschutzes ist die in § 706 BGB zum Ausdruck kommende versteckte Kollisionsnorm (→ IV. 3.) unionsrechtsrechtskonform expansiv in dem Sinne zu verstehen, dass die mit der Norm gewährleistete Sitzspaltungsfreiheit grundsätzlich auch der (noch) nicht im Gesellschaftsregister eingetragenen Außen-GbR zugutekommen muss.[51] Das muss jedenfalls insoweit gelten, als der Zuzugsstaat der unionsrechtlich fundierten Gründungstheorie folgt. Folgt der Zuzugsstaat der Sitztheorie, muss es allerdings darauf ankommen, ob dessen dann nach dem Ge-

[46] Nicht überzeugend daher der ausgiebige, mit dem Gedanken des Gläubigerschutzes argumentierende Rechtfertigungsversuch von Schwacha GmbHR 2024, 125 (127 ff.); sinngleich argumentierend auch Harnos in Koch, Personengesellschaftsrecht, 2024, BGB § 706 Rn. 8.

[47] Schall ZIP 2020, 1143 (1148); so gemeint wohl auch Schön ZHR 187 (2023), 123 (137).

[48] EuGH 27.9.1988 – C-81/87 – Daily Mail, Rn. 17 ff. (Zitat aus Rn. 19).

[49] EuGH WM 2017, 2359 Rn. 48 mit Bezugnahme auf die in EuGH WM 2009, 223 Rn. 112 f. näher ausformulierte Definition des Begriffs der Freiheitsbeschränkung; deutlich dazu Paefgen WM 2018, 981 (986 f.) („Daily Mail" overruled); Stelmaszczyk EuZW 2017, 890 (891); im letzteren Sinne auch bereits zum vorausgehenden „Cartesio"-Urteil des Gerichtshofs Paefgen WM 2009, 529 (532 f.).

[50] Vgl. Schall DB 2017, M4 (M5), der dort eine späte Präzisierung von „Daily Mail" wahrnimmt und formuliert: „Die Geschöpftheorie – das Recht des Wegzugstaates zur Wahl der Anknüpfungsmomente für die (Fort-)Existenz der nach seinem Recht errichteten Gesellschaften – erlaubt den Mitgliedstaaten nicht, ihre Gesellschaften einzusperren oder sie beim Grenzübertritt „totzuschlagen"; sowie Schall ZfPW 2018, 176 (187) („Erbsünde Daily Mail"); gleichsinnig wohl auch Schollmeyer ZGR 2018, 186 (192).

[51] Vgl. Paefgen in FS Aderhold, 2021, 305 (323 ff.); Paefgen in Westermann/Wertenbruch, Handbuch der Personengesellschaften, 1/2024, § 60 Rn. I-4896b; aA Schall in Hirte/Heidel, Das neue Personengesellschaftsrecht, 2022, Kap. 17 Rn. 26 (wanderwillige GbR sollte lieber zum Registerrichter als zum Europarichter gehen).

samtverweisungsgrundsatz des Art. 4 Abs. 1 S. 1 EGBGB maßgebliches Gesellschaftsrecht die Rechtsfigur einer Gesellschaft ohne Registereintragung kennt.[52]

2. *Methodologische Begründung der unionskonformen Extension*

Was den Verfahrensgang betrifft, so könnte die vorstehend eingeforderte unionskonforme Korrektur des § 706 BGB (→ V. 1.) nur auf dem Weg über eine Vorlage an den EuGH nach Art. 267 AEUV erfolgen, wobei die Entscheidung des Gerichtshofs dann für die deutsche Rechtsprechung Bindungswirkung entfalten würde.[53] In Anlehnung an die Rechtsprechung des BGH zur richtlinienkonformen Auslegung von Vorschriften des deutschen Kaufrechts setzt eine Rechtsfortbildung im Wege einer mit der unionsrechtlich gewährleisteten Niederlassungsfreiheit der Gesellschaften konformen Extension des Anwendungsbereichs des § 706 BGB, eine *verdeckte Regelungslücke* im Sinne einer planwidrigen Unvollständigkeit des Gesetzes voraus. Eine solche verdeckte Regelungslücke läge dann vor, wenn zwar ausweislich der Gesetzesbegründung die Absicht des Gesetzgebers dahin ging, eine mit dem primären Unionsrecht konforme Regelung zu schaffen, diese Auffassung sich jedoch aufgrund einer später im Vorlageverfahren nach Art. 267 AEUV ergangenen, den deutschen Gesetzgeber bindenden Entscheidung des EuGH als fehlerhaft erweisen würde.[54]

Genau die vorstehend beschriebene Fallkonstellation liegt im Hinblick auf die Negation der primärrechtlich geschützten Sitzspaltungsfreiheit der nicht eingetragenen rechtsfähigen Außen-GbR in der Form der Aufnahme des Eintragungserfordernisses in § 706 BGB vor. Die Begründung zum RegE MoPeG lässt an zwei Stellen deutlich erkennen, dass es dem Gesetzgeber durchaus darum ging, in § 706 BGB eine mit der Niederlassungsfreiheit nach Art. 49, 54 AEUV konforme Regelung zu schaffen.[55] Im Übrigen ergibt sich die Absicht des MoPeG-Gesetzgebers,

---

[52] In diesem Punkt beifallswürdig Servatius, GbR, 2023, BGB § 706 Rn. 12.

[53] EuGH 24.6.1969 – 29/68 – Milch-, Fett- u. Eierkontor, Slg. 1969, 165 Rn. 3; Karpenstein in Grabitz/Hilf/Nettesheim, Das Recht der Europäischen Union, 80. EL 8/2023, AEUV Art. 267 Rn. 102ff. mwN zur Rspr. des Gerichtshofs.

[54] Vgl. zur restriktiven Interpretation des § 439 Abs. 4 BGB aF BGH NJW 2009, 427ff., in der Folge von EuGH (1. Kammer) NJW 2008, 1433ff.; zur richtlinienkonformen Rechtsfortbildung durch teleologische Reduktion des § 439 Abs. 3 BGB aF auf einen mit Art. 3 der EU-Verbrauchsgüterkaufrichtlinie (1999/44/EG) zu vereinbarenden Inhalt BGH NJW 2012, 1073 (1076ff.), in der Folge von EuGH NJW 2011, 2269 ff. Zur methodologischen Grundlegung der unionsrechtskonformen Auslegung s. Larenz/Canaris, Methodenlehre der Rechtswissenschaft, 3. Aufl. 1995, S. 251; sowie auf den Punkt gebracht Auer NJW 2007, 1106 (1108), die zutr. bemerkt, eine unionsrechtskonforme Auslegung oder Rechtsfortbildung könne auch dann zulässig sein, wenn sie zwar über den Wortlaut und Zweck der betreffenden Einzelvorschrift hinausgehe, zugleich aber durch den übergeordneten Wertungszusammenhang der Gesamtrechtsordnung gefordert sei.

[55] Siehe dazu Begr. RegE MoPeG, BT-Drs. 19/27635, 129, wo es heißt, „es begegnete mit Blick auf die Niederlassungsfreiheit (Artikel 49, 54 AEUV) durchgreifenden rechtlichen Bedenken, einerseits der Gesellschaft bürgerlichen Rechts zu gestatten, ihren Verwaltungssitz im Ausland zu nehmen, ihr andererseits abzuverlangen, eine Anschrift im Inland vorzuhalten." Sowie dann auch S. 130, wo es heißt, „[e]ine Ausweitung der Möglichkeit einer öffentlichen Zustellung mit Wirkung für und gegen die eingetragene Gesellschaft bürgerlichen Rechts begegnet durchgreifenden rechtlichen Bedenken, sowohl was das Recht auf rechtliches Gehör (Artikel 103 Absatz 1 GG) als auch die Niederlassungsfreiheit (Artikel 49, 54 AEUV) anbelangt."

primärrechtskonform iSd Niederlassungsfreiheit zu handeln, auch aus der ausdrücklichen Bezugnahme auf die Vorbildfunktion der Regelungen in § 4a GmbHG und § 5 AktG (→ IV. 3. a)). Die Rechtsprechung des EuGH zur Niederlassungsfreiheit der Gesellschaften nach Art. 49, 54 AEUV (→ IV. 2. b)) hat den deutschen Gesetzgeber veranlasst, im Zuge der MoMiG-Reform von 2008 den zweiten Absatz des § 4a GmbHG aF, wo noch ein Gesellschaftssitz am Ort der Verwaltung, der Geschäftsführung oder einer Betriebsstätte der Gesellschaft gefordert wurde, zu streichen. Damit sollte für Gesellschaften aus den EU-Mitgliedstaaten, was den Niederlassungsschutz anbelangt, ein *levele playing field* geschaffen werden.[56] Den gleichen Regelungsansatz verfolgte dann auch der MoPeG-Gesetzgeber mit Blick auf die Niederlassungsfreiheit der GbR.

VI. Resümee

1. Auf den Punkt gebracht ist als Resümee der vorstehenden Überlegungen festzuhalten: Mit § 706 BGB hat der Gesetzgeber des MoMiG es mit seiner Regelungsstrategie, die Außengesellschaft bürgerlichen Rechts durch möglichst viele Anreize in die neu eingeführte Rechtsformvariante der im Gesellschaftsregister eingetragenen GbR zu „däuen", zu weit getrieben. Unionsrechtskonform ist § 706 BGB so zu verstehen, dass die mit dieser Norm gesetzlich verankerte Möglichkeit, einen vom „Vertragssitz" zu unterscheidenden „Verwaltungssitz" im Ausland zu begründen, nicht nur der in der Vorschrift ausdrücklich erwähnten rechtsfähigen und im Gesellschaftsregister eingetragenen Außen-GbR zu eröffnen ist, sondern ebenso der nicht im Register eingetragenen Außen-GbR nach dem Muster der Grundsatzentscheidung BGHZ 146, 341 ff. – „ARGE Weißes Ross". Insofern ist eine unionsrechtskonform extensive Auslegung des § 706 BGB angezeigt.
2. Für die hier eingeforderte unionsrechtskonform-expansive Auslegung des § 706 BGB sprechen die folgenden Gründe:

[56] Vgl. Begr. RegE MoMiG, BT-Drs. 16/6140, 29: „Durch die Streichung des § 4a Abs. 2 und der älteren Parallelnorm des § 5 Abs. 2 AktG [...] soll es deutschen Gesellschaften ermöglicht werden, einen Verwaltungssitz zu wählen, der nicht notwendig mit dem Satzungssitz übereinstimmt. Damit soll der Spielraum deutscher Gesellschaften erhöht werden, ihre Geschäftstätigkeit auch ausschließlich im Rahmen einer (Zweig-)Niederlassung, die alle Geschäftsaktivitäten erfasst, außerhalb des deutschen Hoheitsgebiets zu entfalten.". [...] „EU-Auslandsgesellschaften, deren Gründungsstaat eine derartige Verlagerung des Verwaltungssitzes erlaubt, ist es aufgrund der EuGH-Rechtsprechung nach den Urteilen Überseering v. 5. November 2002 (Rs. C-208/00) und Inspire Art v. 30. September 2003 (Rs. C-167/01) bereits heute rechtlich gestattet, ihren effektiven Verwaltungssitz in einem anderen Staat – also auch in Deutschland zu wählen. Diese Auslandsgesellschaften sind in Deutschland als solche anzuerkennen. [...] In Zukunft soll für die deutsche Rechtsform der Aktiengesellschaft und der GmbH durch die Möglichkeit, sich mit der Hauptverwaltung an einem Ort unabhängig von dem in der Satzung oder im Gesellschaftsvertrag gewählten Sitz niederzulassen, ein level playing field, also gleiche Ausgangsbedingungen gegenüber vergleichbaren Auslandsgesellschafen geschaffen werden."

(1) Ausweislich der Regierungsbegründung sollte die nicht eingetragene Außen-GbR nach dem Muster der Grundsatzentscheidung BGHZ 146, 341 ff. – „ARGE Weißes Ross“ durch das MoMiG nicht abgeschafft werden, sondern vielmehr als eigenständige Gestaltungsvariante neben der neu geschaffenen eingetragenen Rechtsformvariante der GbR fortbestehen (→ II.).

(2) Wie die eingetragene Außen-GbR, so genießt auch die nicht eingetragene Rechtsformvariante im EU/EWR Binnenmarkt unionsrechtlichen Niederlassungsschutz nach Art. 49, 54 AEUV (→ III.).

(3) Was das deutsche Gesellschaftskollisionsrecht betrifft, so gebietet der unionsrechtliche Niederlassungsschutz (→ IV. 2. b)) es, die nicht registergängige ebenso wie die eingetragene Außen-GbR in die internationalprivatrechtliche Interpretation des § 706 BGB als versteckte Kollisionsnorm mit einzubeziehen. Dies muss dann zur Folge haben, dass bei beiden Rechtsformvarianten, eingetragen oder nicht eingetragen, die Verlegung des Verwaltungssitzes ins Ausland unter Beibehaltung des deutschen Gründungsstatuts als zulässig anzusehen ist (→ IV.)

3. Was den Verfahrensablauf betrifft, so wäre die hier geforderte unionsrechtskonforme Auslegung des § 706 BGB auf der Grundlage einer entsprechenden Entscheidung des EuGH im Vorlageverfahren nach Art. 267 AEUV durch die deutsche Rechtsprechung umzusetzen (→ V.). Bis es dazu kommt, sollte der deutsche Gesetzgeber die Möglichkeit eines Reparaturgesetzes im Auge behalten.

ANDREAS PENTZ

Der Begriff des außenstehenden Aktionärs

I. Einleitung

Den Jubilar hat der Verfasser erstmals persönlich 2009 im Zusammenhang mit gemeinsamen Vorträgen zum damals neuen GmbH-Recht (MoMiG) kennengelernt. Aus der Literatur war der Jubilar ihm natürlich davor schon längst ein Begriff. Tatsächlich ist er allerdings schon in seiner Referendarsausbildung mehr als 20 Jahre früher auf ihn gestoßen. Denn der ausbildende Richter am Landgericht erwähnte mehrfach den Vorgänger des Verfassers lobend. Dieser Vorgänger war, wie sich später herausstellte, Heribert Heckschen. Nicht nur von daher ist es dem Verfasser eine besondere Freude, einen Beitrag zu dieser Festschrift beizusteuern.

II. Der Begriff des außenstehenden Aktionärs im Gesetz, in den Materialien, der Rechtsprechung und der Literatur

1. Verwendung des Begriffs des außenstehenden Aktionärs im Gesetz

Der Begriff des außenstehenden Aktionärs findet sich im Aktiengesetz im Recht der verbundenen Unternehmen im Dritten Buch in einer Vielzahl von Vorschriften. Der vierte Abschnitt des ersten Teils dieses Buchs befasst sich ausweislich seiner Überschrift in den §§ 304–307 AktG mit dem Schutz dieser Aktionäre. Der Begriff des außenstehenden Aktionärs findet sich allerdings nicht nur dort:

- § 158 Abs. 2 S. 1 AktG spricht von einem außenstehenden Gesellschafter und bestimmt, dass beim anderen Vertragsteil von dem Ertrag aus einem Gewinnabführungsvertrag oder Teilgewinnabführungsvertrag ein vertraglich zu leistender Ausgleich für außenstehende Gesellschafter abzusetzen und ein den Ertrag übersteigender Aufwand unter den Aufwendungen aus Verlustübernahme auszuweisen ist.
- § 295 Abs. 2 AktG sieht im Falle der Änderung eines Unternehmensvertrags einen Sonderbeschluss der außenstehenden Aktionäre entsprechend § 293 Abs. 1 S. 2 und 3 AktG als besondere Wirksamkeitsvoraussetzung des der Vertragsänderung zustimmenden Hauptversammlungsbeschlusses nach §§ 295 Abs. 1, 293–294 AktG vor, wenn der Unternehmensvertrag eine Ausgleichs- oder Abfindungsregelung vorsieht, und begründet hierzu Auskunftsrechte dieser Aktionäre.

- § 296 Abs. 2 AktG verlangt im Falle der vertraglichen[1] Aufhebung eines Unternehmensvertrags, der einen Ausgleich oder eine Abfindung für die außenstehenden Aktionäre vorsieht, einen Sonderbeschluss der außenstehenden Aktionäre entsprechend §§ 293 Abs. 1 S. 2 und 3, 295 Abs. 2 S. 3 AktG ist ebenfalls entsprechend anzuwenden. Abweichend vom Abschluss eines Änderungsvertrags im Sinne von § 295 AktG bedarf es für den Aufhebungsvertrag keines Hauptversammlungsbeschlusses; die Aufhebung fällt in den Zuständigkeitsbereich des Vorstands.[2]
- Für die ordentliche Kündigung eines Unternehmensvertrags, die beim Beherrschungs- bzw. Gewinnabführungsvertrag einer ausdrücklichen vertraglichen Regelung bedarf,[3] ist ein Sonderbeschluss der außenstehenden Aktionäre ebenfalls Wirksamkeitsvoraussetzung. Für die außerordentliche Kündigung nach § 297 Abs. 1 AktG fehlt es an einem solchen Erfordernis; dies beruht darauf, dass eine Kündigung im Falle eines wichtigen Grundes unter Umständen gerade im Interesse der außenstehenden Aktionäre schnell ausgesprochen werden muss.[4]
- Auf den Verlustübernahmeanspruch nach § 302 Abs. 1 AktG bei Vorliegen eines Unternehmensvertrags kann die Gesellschaft nach § 302 Abs. 3 S. 3 AktG nur wirksam verzichten oder sich über ihn vergleichen, wenn die außenstehenden Aktionäre dem durch einen Sonderbeschluss zustimmen, wobei als weitere Wirksamkeitsvoraussetzung hinzukommt, dass nicht eine 10%ige Minderheit der an der Beschlussfassung beteiligten außenstehenden Aktionäre Widerspruch zu Protokoll gibt. Entsprechende Regelungen finden sich zum Verzicht auf bzw. Vergleich über Ansprüche bei Bestehen eines Beherrschungsvertrags gegen die gesetzlichen Vertreter des herrschenden Unternehmens in § 309 Abs. 3 S. 1 AktG und zu Ansprüchen gegen Verwaltungsmitglieder der Gesellschaft in § 310 Abs. 4 AktG sowie bei Vorliegen einer faktischen Unternehmensverbindung zu Ansprüchen gegen das herrschende Unternehmen und dessen gesetzliche Vertreter in § 317 Abs. 4 AktG und zu Ansprüchen gegen die Verwaltungsmitglieder der Gesellschaft nach § 318 Abs. 4 AktG, jeweils in Verbindung mit § 309 Abs. 3 AktG.
- §§ 304, 305 AktG verlangen beim Gewinnabführungsvertrag bzw. Beherrschungsvertrag einen angemessenen Ausgleich bzw. eine angemessene Abfindung für die außenstehenden Aktionäre. Von der Bestimmung eines Ausgleichs kann nur abgesehen werden, wenn die Gesellschaft zum Zeitpunkt der Beschlussfassung nach § 293 Abs. 1 AktG keinen außenstehenden Aktionär hat.

---

[1] Zum vertraglichen Charakter der Aufhebung statt aller Altmeppen in MüKoAktG, 6. Aufl. 2023, AktG § 296 Rn. 7 ff.

[2] Statt aller Altmeppen in MüKoAktG, 6. Aufl. 2023, AktG § 296 Rn. 8: Geschäftsführungsmaßnahme; für das GmbH-Recht hält der BGH demgegenüber wegen der Wirkungen der Vertragsaufhebungen (Eingriff in die durch den Unternehmensvertrag ausgeformte Organisationsstruktur) einen mit qualifizierter Mehrheit zu fassenden Gesellschafterbeschluss für erforderlich, BGHZ 190, 45 = NZG 2011, 902 Rn. 18 ff.

[3] Näher Koch, 18. Aufl. 2024, AktG § 297 Rn. 12 f. mwN.

[4] Kropff, AktG – Textausgabe mit Begründung des Regierungsentwurfs und Bericht des Rechtsausschusses, 1965, S. 386.

- Nach § 307 AktG endet ein Beherrschungs- oder Gewinnabführungsvertrag spätestens zum Geschäftsjahresende, wenn die Gesellschaft im Zeitpunkt der Beschlussfassung ihrer Hauptversammlung über den Unternehmensvertrag keinen außenstehenden Aktionär hatte und im betreffenden Geschäftsjahr ein außenstehender Aktionär hinzukommt. Der Hintergrund dieser Bestimmung liegt in § 304 Abs. 1 S. 3 AktG, weil hiernach ein Ausgleich bei Fehlen außenstehender Aktionäre nicht vorgesehen werden muss und dann, wenn der Unternehmensvertrag gleichwohl eine Ausgleichsregelung enthält, diese mangels außenstehender Aktionäre keiner Angemessenheitskontrolle durch ein Spruchverfahren zugeführt werden konnte.[5]
- Außerhalb des Aktiengesetzes findet sich der Begriff des außenstehenden Aktionärs in §§ 1 Nr. 2, 3 Nr. 2, 6 Abs. 1 S. 5, 14 Nr. 2 SpruchG.

2. *Die Gesetzesmaterialien zum Begriff des außenstehenden Aktionärs*

Eine Definition des Begriffs des außenstehenden Aktionärs enthält das AktG nicht. In den Gesetzesmaterialien findet sich zu § 295 AktG allerdings Folgendes:

„Zur Vermeidung einer kasuistischen Regelung verzichtet der Entwurf darauf, im einzelnen festzulegen, wer außenstehender Aktionär ist. Der Kreis dieser Aktionäre ergibt sich aus dem Wesen der Sache. Grundsätzlich sind alle Aktionäre der Gesellschaft mit Ausnahme des anderen Vertragsteils außenstehende Aktionäre. Dem anderen Vertragsteil müssen aber diejenigen Aktionäre gleichgestellt werden, deren Vermögen wirtschaftlich mit dem Vermögen des anderen Vertragsteils eine Einheit bildet oder deren Erträge dem anderen Vertragsteil oder denen die Erträge des anderen Vertragsteils zufließen. Nicht außenstehende Aktionäre sind daher auch Aktionäre, die mit dem anderen Vertragsteil unmittelbar oder mittelbar durch den Besitz aller Anteile oder durch einen Gewinnabführungs- oder Beherrschungsvertrag verbunden sind. Das gleiche gilt, wenn die Gesellschaft ihre vertraglichen Leistungen statt an den anderen Vertragsteil an einen Dritten zu erbringen hat, für den Dritten und die mit ihm in der erwähnten Weise verbundenen Aktionäre.“[6]

Inhaltlich dürfte diese Umschreibung so zu verstehen sein, dass die angesprochene „wirtschaftliche Einheit der Vermögen“ zwischen dem anderen Vertragsteil und dem Aktionär dann vorliegen soll, wenn die beim Aktionär erzielten Erträge dem anderen Vertragsteil zufließen oder wenn umgekehrt dem Aktionär die Erträge des anderen Vertragsteils zufließen. Beides soll bei einer 100%igen Beteiligung bzw. bei Bestehen von Unternehmensverträgen im Sinne von § 291 AktG der Fall sein.

Der in den Materialien weiter aufgeführte Fall, in welchem die Gesellschaft ihre vertraglichen Leistungen statt an den anderen Vertragsteil an einen Dritten zu erbringen hat, setzt voraus, dass die Gesellschaft sich im Unternehmensvertrag nicht der Weisung des anderen Vertragsteils, sondern derjenigen eines Dritten unterstellt,

---

[5] Kropff, AktG – Textausgabe mit Begründung des Regierungsentwurfs und Bericht des Rechtsausschusses, 1965, S. 401 f.

[6] Kropff, AktG – Textausgabe mit Begründung des Regierungsentwurfs und Bericht des Rechtsausschusses, 1965, S. 385 zu § 295 AktG.

bzw. sie sich zur Gewinnabführung an einen Dritten verpflichtet.[7] Ob eine solche Gestaltung rechtlich zulässig wäre, ist fraglich,[8] muss vorliegend allerdings nicht vertieft werden, weil zusätzliche Erkenntnisse für den Begriff des außenstehenden Aktionärs hieraus nicht gewonnen werden können.

3. Die Rechtsprechung des Bundesgerichtshofs zum Begriff des außenstehenden Aktionärs

Der Bundesgerichtshof hat zu § 305 AktG unter Hinweis auf die Gesetzesmaterialien ausgeführt, als außenstehende Aktionäre kämen

„während der Dauer des Beherrschungsvertrags nach Sinn und Schutzzweck des Gesetzes – das selbst keine Definition enthält – alle Aktionäre der abhängigen Gesellschaft mit Ausnahme des anderen Vertragsteils und derjenigen Aktionäre in Betracht, die auf Grund rechtlich fundierter wirtschaftlicher Verknüpfung mit dem anderen Vertragsteil von der Gewinnabführung unmittelbar oder mittelbar in ähnlicher Weise profitieren wie dieser".[9]

4. Die Literaturauffassungen zum Begriff des außenstehenden Aktionärs

In der Literatur finden sich zwei Auffassungen zum Begriff des außenstehenden Aktionärs. Die ganz überwiegende Auffassung (→ a) orientiert sich ebenfalls an der Umschreibung in den Gesetzesmaterialien, unterscheidet allerdings begrifflich zwischen dem außenstehenden Aktionär im Sinne der §§ 304, 305, 307 AktG und demjenigen im Sinne der §§ 295 Abs. 2, 296 Abs. 2, 297 Abs. 2, 302 Abs. 3 S. 3, 309 Abs. 3, 310 Abs. 4, 317 Abs. 4 und 318 Abs. 4 AktG. Die hiervon abweichende Auffassung (→ b) geht von einem einheitlichen Begriff aus und reagiert auf die hiermit verbundenen Gefahrenlagen mit allgemeinen Grundsätzen (Stimmverbot) bzw. einer Anwendung des § 305 Abs. 2 Nr. 3 AktG.

a) Unterschiedliche Begriffsinhalte nach überwiegender Meinung

aa) Der Begriff in §§ 304, 305 AktG

Nach überwiegender Auffassung zu §§ 304, 305 AktG[10] zählen Aktionäre, die mit dem anderen Vertragsteil – als selbst anderer Vertragsteil oder vertraglich unterworfene Gesellschaft – über einen Unternehmensvertrag oder eine Eingliederung verbunden sind, in dessen 100%igem Besitz stehen oder an diesem zu 100% beteiligt sind, nicht zu den außenstehenden Aktionären.

Ist der andere Vertragsteil mit weniger als 100% am Aktionär beteiligt, ist streitig, ob es dann auf die Abhängigkeitsvermutung nach § 17 Abs. 2 AktG[11] bzw. die Kon-

[7] Zu dieser Gestaltung Geßler in Geßler/Hefermehl/Eckardt/Kropff, 1976, AktG § 304 Rn. 16.

[8] Gegen die Zulässigkeit von Unternehmensverträgen zugunsten Dritter Pentz, Die Rechtsstellung der Enkel-AG in einer mehrstufigen Unternehmensverbindung, 1994, S. 178 ff.

[9] BGHZ 167, 299 = NJW 2006, 3146 Rn. 10 mwN.

[10] Ausführliche Darlegung des seinerzeitigen, im Ergebnis auch heute noch geltenden Meinungsstands bei Pentz AG 1996, 97 (99 ff.).

[11] Hierfür Godin/Wilhelmi, 1971, AktG § 304 Anm. 7.

zernvermutung nach § 18 Abs. 1 S. 3 AktG[12] ankommt bzw. ob überhaupt ein Abhängigkeitsverhältnis genügen kann, um den Aktionär aus dem Kreis der außenstehenden Aktionäre auszuschließen.[13] Die heute ganz überwiegende Meinung[14] zählt den Aktionär in diesen Fällen stets zu den außenstehenden Aktionären und begründet dies mit andernfalls bestehenden Abgrenzungsschwierigkeiten, dem Schutzzweck der §§ 304, 305 AktG, Praktikabilitätserwägungen bzw. der Überlegung, der andere Vertragsteil könne in dieser Gestaltung die Ausgleichsleistung nicht vereinnahmen.[15]

bb) Der Begriff in § 307 AktG

Für § 307 AktG wird der Begriff des außenstehenden Aktionärs wie bei §§ 304, 305 AktG ausgelegt, da es auch dort um den Schutz der Ausgleichs- und Abfindungsberechtigten geht.[16]

cc) Der Begriff in §§ 295 Abs. 2, 296 Abs. 2, 297 Abs. 2 AktG

Bei §§ 295 Abs. 2, 296 Abs. 2, 297 Abs. 2 AktG wird der Begriff des außenstehenden Aktionärs demgegenüber von der ganz überwiegenden Auffassung enger gefasst. Obwohl diese Bestimmungen dem Schutz der nach §§ 304, 305 AktG erworbenen Rechte dienen, indem sie Eingriffe in die Rechte der außenstehenden Aktionäre über Sonderbeschlüsse von deren Zustimmung abhängig machen, und ein Gleichlauf der Bestimmungen insoweit an sich nahe läge, sollen Aktionäre, die vom anderen Vertragsteil abhängig sind, abweichend von §§ 304, 305 AktG hier nicht vom Begriff des außenstehenden Aktionärs erfasst sein, um einen Einfluss des anderen Vertragsteils auf den jeweiligen Sonderbeschluss zu verhindern. Der bloße Anteilsbesitz des anderen Vertragsteils am Aktionär unterhalb dieser Schwelle genügt demgegenüber nicht.[17]

---

[12] So Geßler in Geßler/Hefermehl/Eckardt/Kropff, 1976, AktG § 304 Rn. 18.

[13] Bejahend Krieger in FS K. Schmidt, 2009, 999 (1015ff.).

[14] Krieger in Münchner Handbuch des Gesellschaftsrechts, Band 4, 5. Aufl. 2020, § 71 Rn. 80, 112; Deilmann in Hölters/Weber, 4. Aufl. 2022, AktG § 304 Rn. 6, § 305 Rn. 10; Emmerich in Emmerich/Habersack, Aktien- und GmbH-Konzernrecht, 10. Aufl. 2022, AktG § 304 Rn. 20, § 305 Rn. 23; Hasselbach/Hirte in Großkommentar AktG, 4. Aufl. 2005, AktG § 304 Rn. 26ff., § 305 Rn. 9; Koch, 18. Aufl. 2024, AktG § 304 Rn. 3, § 305 Rn. 8; Koppensteiner in Kölner Kommentar AktG, 3. Aufl. 2004, AktG § 295 Rn. 40ff., § 304 Rn. 17, § 305 Rn. 33; Mülbert in Großkommentar AktG, 4. Aufl. 2012, AktG § 295 Rn. 67ff.; K. J. Müller in Wachter, 4. Aufl. 2022, AktG § 304 Rn. 6, § 305 Rn. 4; Paschos in Henssler/Strohn, Gesellschaftsrecht, 5. Aufl. 2021, AktG § 304 Rn. 2, § 305 Rn. 4; Schenk in Bürgers/Körber/Lieder, 5. Aufl. 2021, AktG § 304 Rn. 11ff., § 305 Rn. 9; Servatius in Grigoleit, 2. Aufl. 2020, AktG § 304 Rn. 8, § 305 Rn. 5; van Rossum in MüKoAktG, 6. Aufl. 2023, AktG § 304 Rn. 28ff., § 305 Rn. 24; Veil/Preisser in BeckOGK, 1.2.2024, AktG § 304 Rn. 18ff., § 305 Rn. 15 – jew. mwN.

[15] Veil/Preisser in BeckOGK, 1.2.2024, AktG § 304 Rn. 24, § 305 Rn. 15.

[16] Deilmann in Hölters/Weber, 4. Aufl. 2022, AktG § 307 Rn. 5; Emmerich in Emmerich/Habersack, Aktien- und GmbH-Konzernrecht, 10. Aufl. 2022, § 307 Rn. 9; Koch, 18. Aufl. 2024, AktG § 307 Rn. 2; K. J. Müller in Wachter, 4. Aufl. 2022, AktG § 307 Rn. 2; Paschos in Henssler/Strohn, Gesellschaftsrecht, 5. Aufl. 2021, AktG § 307 Rn. 2; Schenk in Bürgers/Körber/Lieder, 5. Aufl. 2021, AktG § 307 Rn. 3; van Rossum in MüKoAktG, 6. Aufl. 2023, AktG § 307 Rn. 10; Veil/Walla in BeckOGK, 1.7.2023, AktG § 307 Rn. 5.

[17] Vgl. zum Ganzen OLG Nürnberg AG 1996, 228 (229); LG Essen AG 1995, 189 (191); Krieger in Münchner Handbuch des Gesellschaftsrechts, Band 4, 5. Aufl. 2020, AktG § 71 Rn. 187;

dd) *Der Begriff in §§ 302 Abs. 3 S. 3, 309 Abs. 3, 310 Abs. 4, 317 Abs. 4 und 318 Abs. 4 AktG*

Für den Begriff des außenstehenden Aktionärs im Sinne des § 302 Abs. 3 S. 3 AktG wird von der ganz herrschenden Meinung auf den gleichen Begriffsinhalt wie bei §§ 295 Abs. 2, 296 Abs. 2, 297 Abs. 2 AktG abgestellt, da es auch hier darum geht, die Sonderinteressen des anderen Vertragsteils von einer Einflussnahme auf das Beschlussergebnis auszuschließen.[18] Gleiches gilt für die Verwendung dieses Begriffs in §§ 309 Abs. 3, 310 Abs. 4, 317 Abs. 4 und 318 Abs. 4 AktG.[19]

b) *Abweichende Auffassungen*

Dieser ganz überwiegenden Meinung steht eine abweichende Auffassung gegenüber, die von einem einheitlichen Begriff des außenstehenden Aktionärs ausgeht. Außenstehender Aktionär ist hiernach jeder Aktionär, der nicht der andere Vertragsteil selbst ist. Soweit es um das Problem der Beeinflussung der Sonderbeschlüsse durch den anderen Vertragsteil geht, wird hierauf nicht mit einer Modifikation des Begriffs selbst, sondern mit einem jeweiligen Stimmverbot reagiert, auf die Unzulässigkeit eines Aktienerwerbs nach §§ 71 ff. AktG mit der Anwendung des § 305 Abs. 2 Nr. 3 AktG (Barabfindung).[20]

Altmeppen in MüKoAktG, 6. Aufl. 2023, AktG § 295 Rn. 45 f.; Deilmann in Hölters/Weber, 4. Aufl. 2022, AktG § 295 Rn. 24, § 296 Rn. 7, § 297 Rn. 20; Emmerich in Emmerich/Habersack, Aktien- und GmbH-Konzernrecht, 10. Aufl. 2022, AktG § 295 Rn. 30, § 296 Rn. 18, § 297 Rn. 8; Koch, 18. Aufl. 2024, AktG § 295 Rn. 12, § 296 Rn. 7, § 297 Rn. 17; Koppensteiner in Kölner Kommentar AktG, 3. Aufl. 2004, AktG § 47; Langenbucher in Schmidt/Lutter, 4. Aufl. 2020, AktG § 295 Rn. 25 ff., § 296 Rn. 10; Meilicke/Kleinertz in NK-Aktien- und Kapitalmarktrecht, 5. Aufl. 2019, AktG § 304 Rn. 21, § 305 Rn. 12; Mülbert in Großkommentar AktG, 4. Aufl. 2012, AktG § 295 Rn. 67 ff., § 296 Rn. 25, § 297 Rn. 93; Peres in NK-Aktien- und Kapitalmarktrecht, 5. Aufl. 2019, AktG § 295 Rn. 23; Schenk in Bürgers/Körber/Lieder, 5. Aufl. 2021, AktG § 295 Rn. 13 f., § 296 Rn. 8, § 297 Rn. 18; Servatius in Grigoleit, 2. Aufl. 2020, AktG § 295 Rn. 12, § 296 Rn. 7, § 297 Rn. 19; Veil/Walla in BeckOGK, 1.2.2024, AktG § 295 Rn. 28, § 296 Rn. 19, § 297 Rn. 29; auf das Vorliegen einer Unternehmensverbindung abstellend und damit wegen § 16 AktG wohl weiter K. J. Müller in Wachter, 4. Aufl. 2022, AktG § 295 Rn. 6.

[18] Altmeppen in MüKoAktG, 6. Aufl. 2023, AktG § 302 Rn. 100; Deilmann in Hölters/Weber, 4. Aufl. 2022, AktG § 302 Rn. 29; Emmerich in Emmerich/Habersack, Aktien- und GmbH-Konzernrecht, 10. Aufl. 2022, AktG § 302 Rn. 55; Koppensteiner in Kölner Kommentar AktG, 3. Aufl. 2004, AktG § 302 Rn. 73; Paschos in Henssler/Strohn, Gesellschaftsrecht, 5. Aufl. 2021, AktG § 302 Rn. 29; Schubert in NK-Aktien- und Kapitalmarktrecht, 5. Aufl. 2019, AktG § 302 Rn. 32; Veil/Walla in BeckOGK, 1.2.2024, AktG § 302 Rn. 53.

[19] Bödeker in Henssler/Strohn, Gesellschaftsrecht, 5. Aufl. 2021, AktG § 317 Rn. 11; Koch, 18. Aufl. 2024, AktG § 309 Rn. 20, § 317 Rn. 15, § 318 Rn. 8; Leuering/Goertz in Hölters/Weber, 4. Aufl. 2022, AktG § 309 Rn. 45, § 317 Rn. 38; Servatius in Grigoleit, 2. Aufl. 2020, AktG § 309 Rn. 13; Veil/Walla in BeckOGK, 1.2.2024, AktG § 309 Rn. 29 f.; Altmeppen in MüKoAktG, 6. Aufl. 2023, AktG § 317 Rn. 106, § 318 Rn. 22; Grigoleit in Grigoleit, 2. Aufl. 2020, AktG § 317 Rn. 9.

[20] Ausf. Pentz, Die Rechtsstellung der Enkel-AG in einer mehrstufigen Unternehmensverbindung, 1994, S. 58 ff.; Pentz AG 1996, 97 (99 ff., 107); zuvor bereits auch Kley, Die Rechtsstellung der außenstehenden Aktionäre bei der vorzeitigen Beendigung von Unternehmensverträgen, 1986, S. 34 ff.; zust. Stephan in Schmidt/Lutter, 4. Aufl. 2020, AktG § 304 Rn. 69, § 305 Rn. 13; für eine Differenzierung nach dem Gesetzeszweck, aber zu §§ 304, 305 AktG ebenso Meilicke/

III. Stellungnahme

Der Verfasser hat für aktienrechtliche Mehrstufigkeitsverhältnisse bereits vor 30 Jahren kritisiert, dass die damals schon herrschende Auffassung zum Inhalt des Begriffs des außenstehenden Aktionärs nicht zu überzeugen vermag, sondern sich in systematische Widersprüche mit dem im Übrigen geltenden Aktienrecht und den gesetzlichen Vorgaben setzt.[21] Nachstehend ist auf diese Überlegungen unter Berücksichtigung der seitherigen Diskussion in der Literatur und auch unter Berücksichtigung der Ausübung von Rechten abhängiger Unternehmen sowie ihre Anwendbarkeit auf andere Rechtsformen nochmals einzugehen. Es wird sich erweisen, dass der herrschenden Meinung weder für Unternehmen in der Rechtsform der Aktiengesellschaft noch für die GmbH oder die Personengesellschaft zu folgen ist.

1. Gang der Darstellung

Bevor auf den Begriff des außenstehenden Aktionärs im Einzelnen eingegangen wird, sind zunächst im Rahmen von Vorüberlegungen verschiedene Klarstellungen zu teilweise zu findenden Begründungsansätzen veranlasst (→ 2.). Im Anschluss daran ist auf die Systematik der Bestimmungen einzugehen, in denen sich der Begriff des außenstehenden Aktionärs jeweils findet (→ 3.), und sodann die einzelnen Problemfelder (→ 4.–7.) einschließlich der Frage einzugehen, ob der Begriff je nach Rechtsform des Aktionärs unterschiedlich auszulegen ist. Eine Zusammenfassung der wichtigsten Ergebnisse findet sich am Ende des Beitrags (→ IV.).

2. Vorüberlegungen

Vorab sind zunächst verschiedene Begründungsansätze auszuscheiden, die in der Diskussion um den Begriff des außenstehenden Aktionärs keine Rolle spielen können. Insoweit geht es um die Bedeutung der Gesetzesmaterialien (→ a), den Begriff der wirtschaftlichen Einheit (→ b) und Praktikabilitätserwägungen (→ c).

a) Ausgangspunkt: Keine Bindung an die in den Gesetzesmaterialien zu findende Auffassung

Im Ausgangspunkt ist zunächst festzustellen, dass trotz der erkennbaren Orientierung der herrschenden Meinung in der Literatur und auch der Rechtsprechung an den Gesetzesmaterialien die dort zur Abgrenzung des Kreises der außenstehenden Aktionäre zu findende Auffassung rechtlich nicht bindet und einer von der dort geäußerten Rechtsmeinung abweichenden Auslegung des Begriffs nicht entgegensteht. Zwar sind die Gesetzesmaterialien selbstverständlich im Rahmen der genetischen Auslegung zu berücksichtigen. Aussagen in Gesetzesmaterialien geben aber

---

Kleinertz in NK-Aktien- und Kapitalmarktrecht, 5. Aufl. 2019, AktG § 304 Rn. 21, § 305 Rn. 12.

[21] Pentz, Die Rechtsstellung der Enkel-AG in einer mehrstufigen Unternehmensverbindung, 1994, S. 58ff., 94ff., 145ff., 154ff.; ausf. zum Begriff Pentz AG 1996, 97 (99ff.).

lediglich die Normvorstellungen ihrer Verfasser wieder, haben unter methodischen Gesichtspunkten keine Bindungswirkung,[22] sondern bedürfen ebenfalls einer inhaltlichen Überprüfung. Wäre dies anders und wären die in Gesetzesmaterialien vertretenen Rechtsauffassungen für den Rechtsanwender bindend, hätte es bereits wiederholt unerkannte Rechtsänderungen auf diesem Wege gegeben,[23] was angesichts der Gewaltenteilung offensichtlich nicht in Betracht kommen kann.

b) Kein Abstellen auf eine „wirtschaftliche Einheit“

Auszuscheiden ist weiter das im Zusammenhang mit § 304 AktG zu findende Argument, die Auffassung, nach der zu den außenstehenden Aktionären alle Aktionäre mit Ausnahme des herrschenden Unternehmens zählen, sei deshalb zu eng, „weil die Fälle der ‚wirtschaftlichen Einheit‘ nicht erfasst werden“.[24]

Diesem Argument steht zum einen entgegen, dass der Begriff der „wirtschaftlichen Einheit“ als solcher rechtlich nicht ausgefüllt ist und schon deshalb keine hinreichend sichere Argumentationsgrundlage bieten kann. Ebenso wie bei der „wirtschaftlichen Betrachtungsweise“[25] geht es bei diesem Begriff letztlich um eine teleologische, auf das Erreichen des Gesetzeszwecks gerichtete Betrachtung. Die auf die „wirtschaftliche Einheit“ gestützte Argumentation nimmt damit bei näherer Betrachtung die gerade erst zu untersuchende Frage, inwieweit Näheverhältnisse in diesem Zusammenhang zu berücksichtigen sind, bereits vorweg und läuft damit im Kern auf eine petitio principii hinaus.

c) Praktikabilitätserwägungen ebenfalls irrelevant

Als Begründung für eine Abgrenzung untauglich ist ebenfalls die Überlegung, eine bestimmte Abgrenzung sei einfach und klar bzw. praktisch gut handhabbar oder trennscharf.[26] Wer zum Kreis der außenstehenden Aktionäre gehört, ist nach der Zielrichtung und dem Schutzzweck der jeweiligen Vorschriften zu ermitteln. Praktikabilitätserwägungen können in diesem Zusammenhang keine Rolle spielen, weil keine der Vorschriften, die außenstehende Aktionäre betrifft, auf Praktikabilität abstellt, sondern jedenfalls vorrangig auf vermögensrechtliche Schutzaspekte.

3. Systematik der den außenstehenden Aktionär betreffenden Vorschriften

Geht man davon aus, dass die Gesetzesmaterialien für die Auslegung nicht binden und auch dem Begriff der „wirtschaftlichen Einheit“ oder Praktikabilitätserwägungen im Zusammenhang mit der Auslegung des Begriffs des außenstehenden

[22] Larenz/Canaris, Methodenlehre in der Rechtswissenschaft, 3. Aufl. 1995, S. 149ff.

[23] Beispiele bei Pentz in FS Priester, 2007, 593 (603f.) (zu § 131 Abs. 4 S. 3 AktG); Pentz GmbHR 1999, 437 (438f.) (zu § 32a Abs. 3 S. 2 GmbHG).

[24] Van Rossum in MüKoAktG, 6. Aufl. 2023, AktG § 304 Rn. 30.

[25] Zur sog. wirtschaftlichen Betrachtungsweise in diesem Sinne bei der verdeckten Sacheinlage vgl. nur Pentz in MüKoAktG, 6. Aufl. 2024, AktG § 27 Rn. 91; Pentz in Rowedder/Pentz, 7. Aufl. 2022, GmbHG § 19 Rn. 102.

[26] In dieser Richtung Koch, 18. Aufl. 2024, AktG § 304 Rn. 3; van Rossum in MüKoAktG, 6. Aufl. 2023, AktG § 304 Rn. 29.

Aktionärs keine Bedeutung zukommt, sind in einem nächsten Schritt für die Untersuchung des Begriffs im Einzelnen zunächst die ihn betreffenden Vorschriften zu systematisieren.

Außer Acht bleiben kann insoweit § 158 Abs. 2 S. 1 AktG. Diese Bestimmung betrifft allein die Verhältnisse des anderen Vertragsteils[27] und bietet für eine Abgrenzung des Begriffs des außenstehenden Aktionärs keinen Anhaltspunkt.

Als Ausgangspunkt der Überlegungen sind vielmehr die für den Ausgleich und die Abfindung maßgeblichen §§ 304, 305 AktG zugrunde zu legen (→ 4.). Da § 307 AktG den durch §§ 304, 305 AktG bezweckten Schutz gewährleisten will,[28] ist auf diese Regelung im Anschluss hieran einzugehen(→ 5.). Die Vorschriften in §§ 295 Abs. 2, 296 Abs. 2, 297 Abs. 2 AktG sollen vor Eingriffen der Parteien des Unternehmensvertrags in die durch §§ 304, 305 AktG gewährten Rechte schützen[29] und sind deshalb als logisch nachgelagert im Anschluss hieran zu überprüfen (→ 6.).

Eine eigenständige Gruppe stellen die §§ 302 Abs. 3 S. 3, 309 Abs. 3, 310 Abs. 4, 317 Abs. 4 und 318 Abs. 4 AktG dar, da sie nicht unmittelbar in Zusammenhang mit Ausgleichs- und Abfindungsansprüchen stehen. Auf sie ist deshalb gesondert einzugehen (→ 7.).

Die in §§ 1 Nr. 2, 3 Nr. 2, 6 Abs. 1 S. 5, 14 Nr. 2 SpruchG enthaltenen Bestimmungen können dagegen im Folgenden außer Acht bleiben. Sie beziehen sich auf §§ 304, 305 AktG und dienen allein der verfahrensrechtlichen Sicherstellung der dort verlangten angemessenen („vollen")[30] Ausgleichs- bzw. Abfindungsleistung. Eine eigenständige Bedeutung kommt ihnen für die vorliegend zu untersuchende Problematik nicht zu.

4. Der außenstehende Aktionär gem. §§ 304, 305 AktG

§§ 304, 305 AktG dienen dem Schutz der von den Auswirkungen eines Unternehmensvertrags in vermögensrechtlicher Hinsicht betroffenen Aktionäre.[31] Der geschützte Personenkreis ist deshalb nach diesem Maßstab zu bestimmen. §§ 304, 305 AktG sind dabei Bestandteile eines Gesamtkonzepts, zu dem auch die Verlustübernahme nach § 302 Abs. 1 AktG gehört: Die Verlustübernahme friert (bilanziell) gleichsam die Vermögensverhältnisse der vertraglich unterworfenen Gesellschaft ein und verhindert, dass Vermögen, das in der vorvertraglichen („vororganschaftlichen") Zeit, in der die Gesellschaft noch im Interesse aller Aktionäre geführt wurde, erwirtschaftet wurde, im Interesse des anderen Vertragsteils verwendet

---

[27] Näher Koch, 18. Aufl. 2024, AktG § 158 Rn. 9.

[28] Kropff, AktG – Textausgabe mit Begründung des Regierungsentwurfs und Bericht des Rechtsausschusses, 1965, S. 401 f.

[29] Näher Emmerich in Emmerich/Habersack, Aktien- und GmbH-Konzernrecht, 10. Aufl. 2022, AktG § 295 Rn. 24.

[30] Statt aller Emmerich in Emmerich/Habersack, Aktien- und GmbH-Konzernrecht, 10. Aufl. 2022, AktG § 304 Rn. 3, § 305 Rn. 2 mwN.

[31] Vgl. bereits bei Kropff, AktG – Textausgabe mit Begründung des Regierungsentwurfs und Bericht des Rechtsausschusses, 1965, S. 394 f. (zu § 304 AktG), S. 397 (im Zusammenhang mit § 305 AktG); aus der Literatur im Übrigen statt aller Emmerich in Emmerich/Habersack, Aktien- und GmbH-Konzernrecht, 10. Aufl. 2022, AktG § 304 Rn. 1 ff.

wird. Dies widerspiegelt sich unter anderem darin, dass nach § 302 Abs. 1 AktG zur Verlustdeckung nur Beträge aus solchen Gewinnrücklagen entnommen werden dürfen, die während der Vertragsdauer in sie eingestellt worden sind. § 302 Abs. 1 AktG beschränkt sich deshalb nicht nur auf den Gläubigerschutz, der während der Vertragsdauer[32] wie der hierdurch bewirkte Aktionärsschutz reflexiv durch den Schutz der Gesellschaft miterreicht wird; die Verlustübernahme dient vielmehr auch dem Minderheitenschutz. Bestätigt wird diese Schutzrichtung durch § 302 Abs. 3 S. 3 AktG, der einen Verzicht auf oder einen Vergleich über den Verlustausgleichsanspruch der Gesellschaft von einem Sonderbeschluss der außenstehenden Aktionäre und dem Fehlen eines Widerspruchs von 10% des hierbei vertretenen Grundkapitals abhängig macht.

Im Rahmen dieses Konzepts dient § 304 AktG dem Schutz der Dividendenaussichten der außenstehenden Aktionäre, weil das Dividendenbezugsrecht bei Vorliegen eines Beherrschungsvertrags zwar besteht, die Beherrschung sich aber auf die Dividendenaussichten nachteilig auswirken kann. Beim Gewinnabführungsvertrag besteht das Dividendenbezugsrecht als solches zwar ebenfalls noch, läuft aber wegen der Gewinnabführungsverpflichtung und des daraus folgenden Fehlens eines verteilungsfähigen Gewinns vollständig leer.

§ 305 AktG dient zumindest auch dem Vermögensschutz der außenstehenden Aktionäre. Schon in den Materialien ist die Rede davon, dass der Ausgleich nach § 304 AktG andere Vermögensnachteile nicht kompensieren könne. Erwähnt werden die Aussicht auf eine Kapitalerhöhung aus Gesellschaftsmitteln sowie insbesondere auch die Befürchtung, dass die Gesellschaft nach Vertragsende möglicherweise nicht mehr auf eigenen Beinen stehen könne.[33]

Das System der §§ 304, 305, 302 Abs. 1 AktG schützt damit den außenstehenden Aktionär umfassend. Soweit sein Schutz vor drohenden Vermögensnachteilen nicht über den Schutz der Gesellschaft (§ 302 Abs. 1 AktG) erreicht werden kann, werden ihm unmittelbar eigene Ansprüche eingeräumt (§§ 304, 305 AktG). Dieser Vermögensschutz hat einen verfassungsrechtlichen Hintergrund, weil die weitreichenden Eingriffe, die mit einem Unternehmensvertrag verbunden sind, mit Blick auf Art. 14 GG nur dann zugelassen werden können, wenn der Aktionär tatsächlich in vollem Umfang geschützt wird.[34]

Legt man das gesetzlich vorgegebene System zugrunde, erweist sich, dass zu den außenstehenden Aktionären alle Aktionäre außer dem anderen Vertragsteil zählen und es auf die Qualität der Unternehmensverbindung zwischen dem Aktionär und dem anderen Vertragsteil nicht ankommt. Das Ergebnis, zu dem die überwiegende Meinung auf der Grundlage der Gesetzesmaterialien kommt, steht in klarem Wi-

---

[32] Nach der Vertragsbeendigung und dem damit verbundenen Wegfall der Verlustübernahmepflicht wird der Gläubiger, weil er jetzt nicht mehr reflexiv über die Gesellschaft geschützt werden kann, durch eigene Ansprüche nach § 303 AktG geschützt.

[33] Kropff, AktG – Textausgabe mit Begründung des Regierungsentwurfs und Bericht des Rechtsausschusses, 1965, S. 397.

[34] Vgl. hierzu nur Emmerich in Emmerich/Habersack, Aktien- und GmbH-Konzernrecht, 10. Aufl. 2022, AktG § 304 Rn. 3 mit umfangreichen Nachweisen, allerdings auf den Schutz durch §§ 304, 305, 307 AktG beschränkt und ohne Berücksichtigung des durch § 302 Abs. 1 AktG mittelbar gewährleisteten Schutzes.

derspruch zu den gesetzlichen Vorgaben zum hiernach intendierten und zudem verfassungsrechtlich gebotenen Schutz der von einer Unternehmensverbindung betroffenen Anteilsinhaber. Hinzu kommt, dass die von der überwiegenden Meinung vertretene Auffassung auf einem Wechsel der Prämisse beruht.

Im Einzelnen ist im Rahmen der Darstellung zwischen dem Abschluss eines stufenübergreifenden[35] Unternehmensvertrags (Vertrag zwischen M und E, → a) und dem Abschluss auf einer unteren Stufe (Vertrag zwischen T und E, → b) zu unterscheiden. Im Anschluss daran ist auf die Einordnung einer abhängigen Gesellschaft als außenstehender Aktionär bei einem Unternehmensvertrag auf übergeordneter Stufe einzugehen (Vertrag zwischen M und T, → c). Schließlich ist zu prüfen, ob die Einordnung als außenstehender Aktionär von der Rechtsform abhängig ist (→ d).

a) Rechtslage beim stufenübergreifenden Unternehmensvertrag (Vertrag M – E)

Beim stufenübergreifenden Unternehmensvertrag geht es darum, ob ein zwischengeschaltetes Unternehmen (T) zu den außenstehenden Aktionären zu zählen ist. Die Frage ist in jedem Falle zu bejahen:

aa) Einfacher Anteilsbesitz und Mehrheitsbeteiligung am Aktionär

Dass auch ein Aktionär (im eingangs genannten Beispiel T), an dem der andere Vertragsteil (M) ebenfalls Aktien außerhalb der nach §§ 15ff. AktG erfassten Gestaltungen hält, sowohl hinsichtlich der Dividendenaussichten und damit nach § 304 AktG als auch hinsichtlich der weiteren, insbesondere nach einer Vertragsbeendigung ihm vermögensmäßig drohenden Beeinträchtigungen und damit nach § 305 AktG schutzwürdig ist, steht außer Frage. Insoweit bestehen auch keine unterschiedlichen Auffassungen.

Gleiches gilt bei Vorliegen einer einfachen Mehrheitsbeteiligung im Sinne des § 16 AktG. Denn auch in dieser Situation besteht die hinter §§ 304, 305 AktG stehende Gefährdungslage. Soweit im Rahmen der Abfindung § 71d S. 2 AktG einem Aktienerwerb durch das in Mehrheitsbesitz stehende Unternehmen entgegensteht, ist hierauf mit einer Anwendung des § 305 Abs. 2 Nr. 3 AktG zu reagieren.[36]

bb) Abhängigkeit und faktische Konzernierung des Aktionärs

Gleiches gilt auch für den Fall der (ggf. nach § 17 Abs. 2 AktG zu vermutenden) Abhängigkeit im Sinne von § 17 AktG. Die Gefährdungslage ist insoweit die gleiche und eine Abhängigkeitssituation bietet keine Grundlage dafür, die dem abhängigen Unternehmen zustehenden Vermögenswerte, zu denen auch die durch den Ausgleich kompensierten Dividendenaussichten gehören, im Ergebnis dem herrschenden Unternehmen zuzuordnen. Genauso wenig bietet die Abhängigkeitssituation eine Grundlage dafür, dem Aktionär das Interesse daran abzusprechen,

---

[35] Zur Terminologie Pentz, Die Rechtsstellung der Enkel-AG in einer mehrstufigen Unternehmensverbindung, 1994, S. 23.

[36] Ausf. hierzu Pentz AG 1996, 97 (105f.), auch zur Frage einer – hier sachlich gerechtfertigten – unterschiedlichen Behandlung außenstehender Aktionäre bzw. der Möglichkeit eines freiwilligen Abfindungsangebots in bar.

nicht zum Verbleib in einer nach der Vertragsbeendigung möglicherweise nicht mehr überlebensfähigen Gesellschaft bleiben zu müssen.

Eine ausdrückliche Regelung, die eine solche Rechtsfolge zuließe, enthält das AktG offensichtlich nicht. Dass die Herausnahme einer faktisch abhängigen Aktiengesellschaft aus dem Kreis der außenstehenden Aktionäre mit dem gesetzlichen Schutzsystem nicht zu vereinbaren wäre, ergibt sich außerdem aus dem hinter den §§ 304, 305 AktG stehenden Schutzanliegen des Gesetzes unmittelbar und auch aus der Wertungsvorgabe der §§ 311 ff. AktG. Durch die §§ 311 ff. AktG soll die abhängige Aktiengesellschaft, wie der Maßstab in § 317 Abs. 2 AktG zeigt, vor Nachteilen aus der Abhängigkeit geschützt werden. Durch den Schutz der Gesellschaft wird dabei reflexiv zugleich der Schutz ihrer Gläubiger und ihrer Minderheit erreicht. Würde man die abhängige Aktiengesellschaft nicht zu den außenstehenden Aktionären zählen und damit die durch §§ 304, 305 AktG aufzufangenden Vermögensnachteile nicht kompensieren, käme es allein aufgrund der Abhängigkeitslage zu einem nicht kompensierten Nachteil zulasten der Gesellschaft, ihrer Gläubiger und ihrer Minderheit, was mit dem Anliegen des Gesetzes ersichtlich in Widerspruch stünde. Diesem Widerspruch lässt sich auch nicht entgegenhalten, die Nachteile müssten dann über §§ 311 ff. AktG ausgeglichen werden. Denn wenn man die abhängige Aktiengesellschaft als solche nicht zu den außenstehenden Aktionären zählen würde, käme es zu dem Nachteil kraft Gesetzes und nicht aufgrund einer nachteiligen Veranlassung[37] durch das herrschende Unternehmen; §§ 311 ff. AktG wären auf eine solche Situation schon im Ansatz nicht einschlägig.

Eine abweichende Sichtweise wäre zudem mit dem europarechtlich gebotenen[38] Kapitalschutz kaum zu vereinbaren, da sie letztlich darauf hinausliefe, mit den Dividendenaussichten Vermögensbestandteile der abhängigen Gesellschaft wirtschaftlich dem herrschenden Unternehmen zuzuordnen. Dem steht (auch wertungsmäßig) nicht entgegen, dass es bei Beachtung der §§ 311 ff. AktG zu einer Suspendierung der §§ 57, 62 AktG kommt (Privilegierungsfunktion der §§ 311 ff. AktG).[39] Denn die Nachteile würden, wie vorstehend dargelegt, durch §§ 311 ff. AktG nicht aufgefangen werden können, weil die Rechtsfolge (Ausgrenzung aus dem Kreis der außenstehenden Aktionäre) nicht aufgrund einer Einflussnahme des herrschenden Unternehmens, sondern aufgrund des Gesetzes einträte.

Von daher ist es im Ergebnis (nicht aber in der oben bereits abgelehnten Begründung um mögliche Abgrenzungsschwierigkeiten)[40] überzeugend, wenn die ganz herrschende Meinung ein schlichtes Abhängigkeits- oder faktisches Konzernverhältnis nicht dafür genügen lässt, den vom anderen Vertragsteil abhängigen Aktionär aus dem Kreis der außenstehenden Aktionäre auszuscheiden. Soweit im Rahmen der Abfindung § 71 d S. 2 AktG einem Aktienerwerb durch das abhängige

---

[37] Zum Begriff statt anderer Habersack in Emmerich/Habersack, Aktien- und GmbH-Konzernrecht, 10. Aufl. 2022, AktG § 311 Rn. 22 ff. sowie zu nicht ausgleichungspflichtigen passiven Effekten bei Rn. 52.

[38] Bayer in MüKoAktG, 6. Aufl. 2024, AktG § 57 Rn. 1.

[39] Statt anderer Habersack in Emmerich/Habersack, Aktien- und GmbH-Konzernrecht, 10. Aufl. 2022, AktG § 311 Rn. 77 ff., 82 f.

[40] Insoweit krit. auch Veil/Preisser in BeckOGK, 1.2.2024, AktG § 304 Rn. 24 f.

Unternehmen entgegensteht, ist hierauf auch hier mit einer Anwendung des § 305 Abs. 2 Nr. 3 AktG zu reagieren.[41]

cc) Rechtslage bei einer 100%igen Beteiligung

An dieser rechtlichen Situation ändert sich nichts, wenn der Aktionär im unmittelbaren Alleinbesitz (100%ige Beteiligung) des anderen Vertragsteils steht. In beiden Fällen besteht nach den gesetzlichen Wertungsvorgaben das den §§ 304, 305 AktG zugrundeliegende Kompensationsbedürfnis:

An der Vermögenszuordnung der Beteiligung an die im 100%igen Besitz stehende Aktiengesellschaft ändert es nichts, dass sie im Alleinbesitz steht. Das der Aktiengesellschaft zuzuordnende Vermögen ist auch in dieser Situation keineswegs gleichsam als Vermögen ihres alleinigen Gesellschafters anzusehen, weshalb auch der sog. umgekehrte Haftungsdurchgriff[42] mit Recht allgemein für nicht möglich gehalten wird. Auch die aktienrechtliche Kapitalbindung gilt dem Alleinaktionär gegenüber und in welchem Umfang von der Gesellschaft erzielte Vermögensvorteile letztlich ihm ankommen, hängt vom „Filter" des gesetzlichen Ausschüttungsverfahrens ab, zu dem nicht zuletzt die nach § 150 AktG gebotene Rücklagenbildung gehört. Dass bei einer in Alleinbesitz stehenden Gesellschaft die Ausgleichszahlungen wirtschaftlich nur dem anderen Vertragsteil zugutekämen,[43] ist eine schon unter praktischen Aspekten kaum realistische Behauptung und steht tatsächlich in keiner Weise fest. Selbst wenn dies im Einzelfall (etwa bei einer reinen Holding mit aufgefüllten Rücklagen und ohne laufende Verpflichtungen) einmal so sein sollte, wäre dies kein Anlass, aus einer derart besonderen Situation Rückschlüsse auf den Begriff des außenstehenden Aktionärs generell zu ziehen. Eine Rechtfertigung dafür, einen Alleinaktionär insoweit zu privilegieren, dass man aus der Beteiligung der Gesellschaft resultierende Vorteile zum Teil (Ausgleichszahlungen) wirtschaftlich ihm unmittelbar zuordnet, indem man die in seinem Alleinbesitz stehende Aktiengesellschaft aus dem Kreis der außenstehenden Aktionäre ausscheidet, besteht vor diesem Hintergrund nicht.

In gleicher Weise besteht auch bei einem solchen Aktionär die § 305 AktG zugrundeliegende Gefährdungslage, die es nach den gesetzlichen Vorgaben notwendig macht, hierauf mit einem Abfindungsrecht zu reagieren. Ob von einem solchen Abfindungsrecht Gebrauch gemacht wird, ist eine ganz andere Frage, die sich im Grundsatz bei der betroffenen Aktiengesellschaft nach §§ 93, 116, §§ 311 ff. AktG richtet. Im Übrigen ist auf die Beschränkungen durch § 71 d S. 2 AktG auch hier mit einer Anwendung des § 305 Abs. 2 Nr. 3 AktG zu reagieren.[44]

Eine Begründung dafür, warum sich die Rechtslage bei einer 100%igen Beteiligung gegenüber der bei Vorliegen einer Mehrheitsbeteiligung bzw. einem Abhän-

---

[41] Ausf. hierzu Pentz AG 1996, 97 (105 f.), auch zur Frage einer – hier sachlich gerechtfertigten – unterschiedlichen Behandlung außenstehender Aktionäre bzw. der Möglichkeit eines freiwilligen Abfindungsangebots in bar.

[42] Heider in MüKoAktG, 6. Aufl. 2024, AktG § 1 Rn. 63.

[43] So Veil/Preisser in BeckOGK, 1.2.2024, AktG § 304 Rn. 24.

[44] Pentz AG 1996, 97 (105 f.), auch zur Frage der hier sachlich gerechtfertigten unterschiedlichen Behandlung außenstehender Aktionäre bzw. der Möglichkeit eines freiwilligen Abfindungsangebots in bar.

gigkeits-/Konzernverhältnisses ändern sollte, ist mithin nicht ersichtlich. Letztlich geht die herrschende Meinung, die für niedrigere Beteiligungsverhältnisse darauf abstellt, es sei nicht gewährleistet, dass der andere Vertragsteil den gewährten Ausgleich außerhalb seines Dividendenbezugsrechts vereinnahmen könne,[45] nur nicht weit genug. Denn genau dies steht auch bei einer 100%igen Beteiligung nicht fest. Zudem lässt diese Auffassung die aktienrechtliche Kapitalbindung sowie die Wertungsvorgabe aus § 305 AktG unberücksichtigt. Auf den in diesem Zusammenhang außerdem festzustellenden Prämissenwechsel wird im Rahmen der nachstehenden Ausführungen zurückzukommen sein.

dd) Rechtslage bei einer unternehmensvertraglichen Verbindung oder der Eingliederung

(1) Unternehmensvertrag. Besteht zwischen dem beteiligten Aktionär (T) bei Abschluss des Unternehmensvertrags zwischen der Aktiengesellschaft (E) und dem künftigen anderen Vertragsteil (M) ebenfalls schon ein Unternehmensvertrag (Unternehmensvertrag zwischen M und T), gilt gegenüber der vorstehend dargestellten Rechtslage nichts anderes. Soweit die ganz überwiegende Meinung dies anders sieht, ändert sie bei näherem Hinsehen die Prämisse, ohne hierfür eine Begründung zu geben, und überzeugt auch sachlich nicht:

Der Wechsel der Prämisse beruht darauf, dass die Blickrichtung gewechselt und nicht mehr auf den Aktionär gerichtet wird, sondern auf den anderen Vertragsteil. Dieser Wechsel überzeugt vor dem Hintergrund des gesetzlichen Schutzmodells nicht. Solange der Ausgleich bzw. die Abfindung nicht unmittelbar an den anderen Vertragsteil, der nach dem Gesetz offensichtlich nicht zu den außenstehenden Aktionären gehören kann, selbst geleistet wird, kann nicht auf Auswirkungen beim anderen Vertragsteil abgestellt werden. Maßgeblich ist allein die Schutzbedürftigkeit des Anteilsinhabers, die nach dem Maßstab der gesetzlich vorgegebenen Wertungen zu beurteilen ist.

Hinter der überwiegenden Meinung verbirgt sich letztlich eine Analogiefrage. Diese geht dahin, ob dem anderen Vertragsteil, der sich selbst schon aus Rechtsgründen keine Ausgleichs- oder Abfindungsleistung schulden kann und der der Nutznießer des Unternehmensvertrags ist, unter Aspekten der sachgerechten Gleichbehandlung[46] bestimmte andere Aktionäre gleichgestellt werden müssen. Beides klingt der Sache nach bereits in den eingangs zitierten Gesetzesmaterialien an.

Der *erste* Umstand, die Leistung an sich selbst, spielt unmittelbar keine Rolle, weil anderen Rechtsträgern unabhängig von der Qualität der Unternehmensverbindung rechtlich selbstverständlich eine Ausgleichs- oder Abfindungsleistung geschuldet werden kann. Von Bedeutung kann insoweit nur die Frage sein, ob die Ausgleichs- bzw. Abfindungszahlung an den Aktionär unter Wertungsgesichtspunkten letztlich einer Zahlung an sich selbst gleichgestellt werden muss, was in den Gesetzesmaterialien und auch Teilen der herrschenden Meinung angenommen wird. Die Frage ist indessen zu verneinen:

---

[45] Hierauf stellen Veil/Preisser in BeckOGK, 1.2.2024, AktG § 304 Rn. 23f. ab.
[46] Vgl. hierzu aus jüngerer Zeit nur BGH NZG 2023, 1522 Rn. 19 mwN.

Dass die Sichtweise von einer Leistung an sich selbst sachlich nicht nur für die vorstehend behandelte 100%ige Beteiligung, sondern auch für das Bestehen von Unternehmensverträgen nicht zutrifft, zeigt bereits der Fall des isolierten Gewinnabführungsvertrags, bei dem es keinerlei Weisungsrecht und damit keinen Zugriff auf Vermögenswerte der Gesellschaft gibt, sowie der Umstand, dass die gesetzliche Rücklage bei Unternehmensverträgen gem. §§ 300 Nr. 1 und 3, 301 AktG noch schneller als in vertragslosen Verhältnissen aufzufüllen ist. Insoweit fehlt es daher an der Vergleichbarkeit mit einer echten Leistung an sich selbst.

Die Suspendierung der Kapitalbindung durch § 291 Abs. 3 AktG bei Vorliegen eines Unternehmensvertrags[47] führt ebenfalls zu keinem anderen Ergebnis. Denn die Auswirkungen eines Unternehmensvertrags auf die Organisation der Gesellschaft erstreckt sich nicht auf die Vermögenszuordnung.

Außerdem berücksichtigt die abweichende Auffassung nicht, dass es auch bei einem über einen Unternehmensvertrag verbundenen Unternehmen durchaus von Interesse sein kann, wenigstens Durchlaufstation für eine Ausgleichszahlung zu sein. Denn vor einer Illiquiditätsinsolvenz oder einer Kreditunwürdigkeit schützt der Verlustausgleich nach § 302 Abs. 1 AktG die vertraglich unterworfene Gesellschaft in keiner Weise[48] und die Zeitpunkte der Fälligkeit des Ausgleichs (unterjährig)[49] und des Verlustausgleichs (Bilanzstichtag)[50] fallen deutlich auseinander. Die für eine Analogie erforderliche Vergleichbarkeit der Gestaltungen besteht damit nicht.

Der *zweite* Aspekt, wer Nutznießer der unternehmensvertraglichen Verbindung ist, greift mit Rücksicht auf diese vermögensrechtlichen Zuordnungen beim Gewinnabführungsvertrag ebenfalls nicht. Auch beim Beherrschungsvertrag ist dieser Aspekt nicht einschlägig, weil das Weisungsrecht nach § 308 AktG nur dem anderen Vertragsteil zusteht und nicht gewährleistet ist, dass sich die Vorteile aus diesem Vertrag bei dem betreffenden Aktionär auch tatsächlich so wiederfinden.

Vor allem aber berücksichtigt diese Sichtweise nicht, dass Ausgleich und Abfindung nichts mit einem Bezahlen oder Erkaufen von Vorteilen aus den Unternehmensverträgen zu hat.[51] Maßgeblich ist vielmehr die vermögensrechtliche Bedrohungslage, die der gesetzlichen Ausgleichs- und Abfindungsverpflichtung zugrunde liegt und diese auslöst. Ausschlaggebend ist deshalb nicht die der abweichenden Auffassung zugrundeliegende Sichtweise des anderen Vertragsteils („von oben"), sondern die vermögensrechtliche Schutzbedürftigkeit der betroffenen Aktionäre („Sichtweise von unten").[52]

Vor dem Hintergrund des vorstehenden Befundes lässt sich auch nicht argumentieren, der Anteilsinhaber bedürfe wegen der Verlustübernahmepflicht nach § 302

---

[47] Zu der irreführend weit gefassten Formulierung des § 291 Abs. 3 AktG mit Recht krit. Altmeppen in MüKoAktG, 6. Aufl. 2024, AktG § 291 Rn. 234 ff. mwN.

[48] Pentz AG 1996, 97 (104).

[49] Hierzu BGH NZG 2011, 780 Rn. 12 ff.

[50] BGHZ 142, 382 = NZG 2000, 139.

[51] S. hierzu BGHZ 138, 136 = NZG 1998, 379 mAnm Pentz – ABB II; ausf. bereits zuvor Pentz in FS Kropff, 1997, 225 ff.

[52] Pentz NZG 1998, 379 (380 f.).

Abs. 1 AktG keines Schutzes durch §§ 304, 305 AktG. Ob und in welcher Höhe ein Verlust entsteht, ist zudem unter anderem abhängig von den Erträgen aus § 304 AktG, weshalb diese Bestimmung der Verlustausgleichspflicht logisch vorgelagert ist und die Verlustübernahmepflicht nicht als Argument gegen einen Ausgleichanspruch herangezogen werden kann. Der durch § 305 AktG gewährleistete Schutz vor dem Verbleib in einer nach Vertragsbeendigung möglicherweise nicht mehr lebensfähigen Aktiengesellschaft ließe sich ohnehin nicht über § 302 Abs. 1 AktG erreichen, und eine nachvertragliche Wiederaufbauhilfe sieht das Gesetz nicht vor.[53] Ein Schutz allein über § 302 Abs. 1 AktG wäre vor dem Hintergrund des eingangs dargelegten umfassenden Schutzmodells der §§ 302, 304 und 305 AktG gesetzeswidrig unvollständig.

(2) Eingliederung. Die vorstehenden Überlegungen führen darüber hinaus dazu, dass auch eine eingegliederte Aktiengesellschaft als außenstehender Aktionär anzusehen ist. Zwar kommt es hier zu einer gegenüber dem Beherrschungsvertrag weiterreichenden Einflussmöglichkeit und Vermögenslockerung (§§ 323, 324 AktG). Der Rechtsträger als solcher und die damit verbundene Vermögenstrennung bleiben jedoch bestehen. Die eingegliederte Aktiengesellschaft wird als solche vermögensmäßig geschützt und der nach § 324 Abs. 3 AktG auszugleichende Verlust ist auch hier unter anderem von den Erlösen aus den Ausgleichszahlungen abhängig. Die vorstehenden Erwägungen zum Unternehmensvertrag gelten deshalb für die Eingliederung entsprechend.

b) Rechtslage beim Unternehmensvertrag auf untergeordneter Stufe

Soweit es um den Abschluss eines Unternehmensvertrags auf untergeordneter Stufe (Vertrag zwischen T und E) geht, stellt sich die Frage, ob auch ein dem anderen Vertragsteil (T) übergeordnetes Unternehmen (M), das hierneben unmittelbar an der vertraglich unterworfenen Aktiengesellschaft (Beteiligung der M an E) beteiligt ist, außenstehender Aktionär sein kann. Auch diese Frage ist zu bejahen. Ausschlaggebend ist insoweit, dass sich die Leistungsverpflichtung des Aktionärs nach § 54 Abs. 1 AktG auf die Einlageleistung beschränkt. Würde man das übergeordnete Unternehmen (M) in der genannten Gestaltung aus dem Kreis der außenstehenden Aktionäre ausschließen, würde dies zu einer wirtschaftlichen Zuordnung der aus den betreffenden Aktien resultierenden Vermögensrechte an den anderen Vertragsteil (T) führen. Für eine solche, in den Gesetzesmaterialien für richtig gehaltene Zuordnung fehlt es an jeglicher Grundlage. Den Aktionär trifft selbst bei Vorliegen einer unternehmensvertraglichen Verbindung (Unternehmensvertrag zwischen M und T) keine über § 302 Abs. 1 AktG hinausgehende Pflicht zur Vermögensausstattung, und eine sachliche Rechtfertigung dafür, über den gesetzlichen Rechtsrahmen und die eigentumsrechtliche Zuordnung der Beteiligungsrechte hinauszugehen, ist nicht ersichtlich. Soweit die übergeordnete Aktiengesellschaft (M) nach §§ 71 ff. AktG keine eigenen Aktien nach § 305 Abs. 2 Nr. 2 AktG erwerben

---

[53] Statt anderer Koch, 18. Aufl. 2024, AktG § 296 Rn. 9 mwN.

darf, ist ebenfalls auf § 305 Abs. 2 Nr. 3 AktG zurückzugreifen; eine Modifikation des Begriffs des außenstehenden Aktionärs ist auch insoweit nicht veranlasst.

Hieran ändert sich selbst bei einer Eingliederung (der T in die M) nichts. Aus der auch hier geschuldeten Verlustübernahme nach § 324 Abs. 3 AktG kann eine Zuordnung der wirtschaftlichen Vorteile aus der Beteiligung nicht hergeleitet werden; insoweit gilt das Gleiche wie beim Unternehmensvertrag. Soweit es hier zu einer Mithaftung der Hauptgesellschaft (hier der M) nach § 322 AktG kommt, läge zwar die Annahme nahe, die Hauptgesellschaft könne sich nicht selbst einen Ausgleich oder eine Abfindung schulden. Aber bei dieser Haftung handelt es sich ungeachtet des irreführenden Gesetzeswortlauts („als Gesamtschuldner") um eine akzessorische Haftung[54] und Haftungsschuldner soll letztlich die eingegliederte Gesellschaft (hier T) als der andere Vertragsteil sein. Von daher bestehen gegen eine Schuld des anderen Vertragsteils (der eingegliederten T) gegenüber der übergeordneten Gesellschaft (der Hauptgesellschaft M) ebenso wenig konstruktive Probleme wie bei der Haftung der OHG gegenüber ihrem Gesellschafter bei Drittgeschäften.[55]

c) Die abhängige Gesellschaft als außenstehender Aktionär

Ob auch eine abhängige Gesellschaft als außenstehender Aktionär in Frage kommt (E als außenstehender Aktionär der T bei Abschluss eines Unternehmensvertrags zwischen M und T), hängt davon ab, welche Reichweite man § 71 d S. 4 iVm § 71 b AktG beimisst:

Dem Wortlaut nach ist dem abhängigen Unternehmen sowohl die Ausübung von Verwaltungsrechten als auch von Vermögensrechten aus den am herrschenden Unternehmen gehaltenen Aktien verwehrt. In der Konsequenz läge es, diesen Aktionär mangels vermögensrechtlicher Betroffenheit auch vom Kreis der außenstehenden Aktionäre generell auszuschließen.[56] Tatsächlich ist jedoch hinsichtlich der Vermögensrechte der abhängigen Gesellschaft bei § 71 d S. 4 iVm § 71 b AktG von einem Redaktionsversehen auszugehen und die Regelung korrigierend auszulegen. § 71 b AktG bezieht sich nach zutreffender Auffassung nur auf die Verwaltungsrechte, nicht aber auf die für die Abgrenzung des außenstehenden Aktionärs maßgeblichen Vermögensrechte, deren Einbeziehung auch nicht in Art. 67 iVm Art. 63 Abs. 1 lit. a GesR-RL vorgesehen ist.[57] Vor diesem Hintergrund ist auch die abhängige Gesellschaft richtigerweise zu den außenstehenden Aktionären zu zählen. Soweit der Erwerb von Aktien nach § 305 Abs. 2 Nr. 1 AktG wegen § 71 d S. 2 AktG nicht in Betracht kommt, ist auch hier auf § 305 Abs. 2 Nr. 3 AktG zurückzugreifen.

---

[54] Statt vieler Grunewald in MüKoAktG, 6. Aufl. 2024, AktG § 322 Rn. 5 ff.; Koch, 18. Aufl. 2024, AktG § 322 Rn. 6.

[55] Hierzu statt anderer Noack in Ebenroth/Boujong, 5. Aufl. 2024, HGB § 126 Rn. 13.

[56] In diesem Sinne denn auch Veil/Preisser in BeckOGK, 1.7.2023, AktG § 304 Rn. 27.

[57] Zum Ganzen ausf. Oechsler in MüKoAktG, 6. Aufl. 2024, AktG § 71 d Rn. 58 mwN.

d) Erstreckung des Ergebnisses auf andere Rechtsträger

Ein Grund, bei der Definition des außenstehenden Aktionärs zwischen den einzelnen Rechtsformen zu unterscheiden, besteht nicht. Zwar bleibt der kapitalerhaltungsrechtliche Schutz bei der GmbH und der GmbH & Co KG[58] gegenüber dem aktienrechtlichen Schutzniveau zurück und besteht bei der typischen GbR, der OHG und der KG überhaupt nicht. Dies ändert aber nichts daran, dass es auch insoweit keinen Anlass gibt, sich über die auch hier zugunsten des jeweiligen Rechtsträgers geltende Vermögenszuordnung hinwegzusetzen. Denn es geht um die Erfassung des Kreises der außenstehenden Aktionäre von Gesetzes wegen, und insoweit bewendet es bei der maßgeblichen Vermögenszuordnung und der damit verbundenen gesetzlich vorgegebenen Schutzbedürftigkeit als solcher. Die Frage, ob es gesellschaftsrechtlich zulässig wäre, Ausnahmen von Ausgleich und Abfindung zu machen bzw. auf Ansprüche nach §§ 304, 305 AktG zu verzichten, spielt in diesem Zusammenhang keine Rolle, sondern ist eine Frage der vom Begriff des außenstehenden Aktionärs selbst klar zu unterscheidenden konkreten Situation im Einzelfall.

e) Ergebnis zu §§ 304, 305 AktG

Als Ergebnis ist damit zu §§ 304, 305 AktG festzuhalten, dass zu den außenstehenden Aktionären jeder Aktionär mit Ausnahme des anderen Vertragsteils selbst gehört. Soweit § 71 d S. 2 AktG einem Aktienerwerb im Rahmen der Abfindung entgegensteht, ist hierauf mit der Anwendung des § 305 Abs. 2 Nr. 3 AktG zu reagieren (Barabfindung). Eine Einschränkung des Personenkreises stünde einerseits mit dem gesetzlichen und für die Auslegung bindenden Schutzanliegen der Bestimmungen in Widerspruch und würde andererseits zu einem gesellschaftsrechtlich nicht vorgesehenen höheren unternehmerischen Risiko sowie zu einer Leistungsvermehrung des Aktionärs führen, die im Gesetz keine Grundlage findet.

5. Der außenstehende Aktionär in § 307 AktG

Hat die Aktiengesellschaft bei Abschluss des Unternehmensvertrags keinen außenstehenden Aktionär, muss der Vertrag weder einen Ausgleich noch eine Abfindung vorsehen.[59] Da die Vertragsbeendigung dem Schutz der nach §§ 304, 305 AktG Berechtigten dient, liegt allen drei Vorschriften der gleiche Begriffsinhalt zugrunde.[60]

---

58 Zu beidem statt anderer Pentz in Rowedder/Pentz, 7. Aufl. 2022, GmbHG § 30 Rn. 7 ff., 115 ff. mwN.

59 Näher Emmerich in Emmerich/Habersack, Aktien- und GmbH-Konzernrecht, 10. Aufl. 2022, AktG § 307 Rn. 2.

60 Pentz AG 1996, 97 (108).

6. Der außenstehende Aktionär in §§ 295 Abs. 2, 296 Abs. 2, 297 Abs. 2 AktG

Da die §§ 295 Abs. 2, 296 Abs. 2, 297 Abs. 2 AktG dem Schutz der nach §§ 304, 305 AktG erworbenen Rechte dienen, entspricht der Kreis der dort genannten außenstehenden Aktionäre dem der §§ 304, 305 AktG. Im Zusammenhang mit den dort geregelten Sonderbeschlüssen ist diese Abgrenzung allerdings problematisch. Denn bereits das Erfordernis eines Sonderbeschlusses überhaupt beruht auf dem Anliegen, den Einfluss des anderen Vertragsteils auf die Änderung von Unternehmensverträgen und deren Beendigung fernzuhalten.[61] Dieses Anliegen wird auch an § 299 AktG und der dortigen Beschränkung des Weisungsrechts deutlich, selbst wenn hiermit den Materialien nach[62] zuvörderst die Entscheidungsfreiheit des Vorstands der vertraglich unterworfenen Gesellschaft geschützt werden sollte.

Die zu verhindernde Einflussnahme auf den Sonderbeschluss veranlasst indessen zu keiner Modifikation des Begriffs des außenstehenden Aktionärs. Anzusetzen ist vielmehr am Problem selbst und damit an der Reichweite des Stimmrechts in einem solchen Zusammenhang. Da bereits an den Bestimmungen der §§ 295 Abs. 2, 296 Abs. 2, 297 Abs. 2 AktG und auch an § 299 AktG deutlich wird, dass eine Einflussnahme des anderen Vertragsteils auf die Vertragsänderung bzw. die Vertragsbeendigung ausgeschlossen werden soll, ist allgemeinen Grundsätzen folgend[63] von einem Stimmverbot nicht nur zulasten des anderen Vertragsteils, sondern wegen der insoweit zu befürchtenden Beeinflussung auch zulasten der von ihm abhängigen Unternehmen auszugehen, ebenso von einem Stimmverbot des den anderen Vertragsteil beherrschenden Aktionärs.[64] Dieser Ansatz ist vorzugswürdig gegenüber der Herausnahme befangener Aktionäre aus dem Kreis der außenstehenden Aktionäre überhaupt. Denn wenn es sich bei dem vom anderen Vertragsteil beherrschten Aktionär (T) bzw. bei dem den anderen Vertragsteil beherrschenden Aktionär (M) jeweils um den einzigen Aktionär neben dem anderen Vertragsteil handelt, gibt es keinen Grund, diesen vom Stimmrecht auszuschließen. Bei einer begrifflichen Herausnahme aus dem Kreis der außenstehenden Aktionäre könnten sich die betreffenden Gesellschaften als außenstehende Aktionäre dagegen nicht einmal selbst vor einem Eingriff in ihre Rechtspositionen schützen.

Lediglich bei den Sonderbeschlüssen auf der Ebene des herrschenden Unternehmens stehen der Ausübung des Stimmrechts durch ein abhängiges Unternehmen (E als Aktionär der T bei Beschlüssen über den Unternehmensvertrag zwischen M und T) §§ 71 d S. 4, 71 b AktG entgegen. An der begrifflichen Einordnung ändert diese logisch nachgelagerte Regelung allerdings nichts; ohne die Ein-

---

[61] Kropff, AktG – Textausgabe mit Begründung des Regierungsentwurfs und Bericht des Rechtsausschusses, 1965, S. 387.

[62] Kropff, AktG – Textausgabe mit Begründung des Regierungsentwurfs und Bericht des Rechtsausschusses, 1965, S. 387.

[63] Zur Erstreckung von Stimmverboten allgemein Koch, 18. Aufl. 2024, AktG § 136 Rn. 10f., 12ff. mwN.; aus einer Analogie zu § 47 Abs. 4 GmbHG – hierfür Meilicke/Kleinertz in NK-Aktien- und Kapitalmarktrecht, 5. Aufl. 2019, AktG § 304 Rn. 21 Fn. 33 – lässt sich das Stimmverbot demgegenüber im Aktienrecht nicht herleiten.

[64] Näher Pentz AG 1996, 97 (108f.).

ordnung als außenstehender Aktionär käme man schon gar nicht zu den Bestimmungen der §§ 71 d S. 4, 71 b AktG.

7. *Der außenstehende Aktionär gem. §§ 302 Abs. 3 S. 3, 309 Abs. 3, 310 Abs. 4, 317 Abs. 4 und 318 Abs. 4 AktG*

Bei den Sonderbeschlüssen über die Entscheidungen (Verzicht bzw. Vergleich) nach §§ 302 Abs. 3 S. 3, 309 Abs. 3, 310 Abs. 4, 317 Abs. 4 und 318 Abs. 4 AktG entspricht die Problematik der vorstehend dargestellten. Auch insoweit ist es aus den soeben dargelegten Gründen vorzugswürdig, von einem Stimmverbot der vom Anspruchsgegner abhängigen bzw. diesen beherrschenden Aktionäre auszugehen,[65] anstatt diese Aktionäre aus dem Kreis der außenstehenden Aktionäre auszuschließen.[66]

Soweit das Stimmverbot eingreift, bleiben bei der Ermittlung des jeweils 10% igen Quorums die hiervon betroffenen Anteile allgemeinen Grundsätzen entsprechend unberücksichtigt.[67] Der Ausschluss der vom anderen Vertragsteil abhängigen bzw. diesen beherrschenden Unternehmen bereits aus dem Begriff des außenstehenden Aktionärs ginge auch hier über das rechtlich Gebotene hinaus. Zudem bliebe unberücksichtigt, dass den Bestimmungen – wie das Fehlen eines Widerspruchs durch eine 10%ige Minderheit als besondere Wirksamkeitsvoraussetzung zeigt – auch der über die Gesellschaft kanalisierte Vermögensschutz zugunsten der Minderheit zugrunde liegt und dieser Rechtsgrund auch auf vom Anspruchsgegner abhängige bzw. diesen beherrschende Aktionäre einschlägig ist.[68]

Lediglich bei den Sonderbeschlüssen auf der Ebene des herrschenden Unternehmens stehen der Ausübung des Stimmrechts durch ein abhängiges Unternehmen (E als Aktionär der T bei Beschlüssen über Ansprüche der T gegen M) auch hier die §§ 71 d S. 4, 71 b AktG entgegen. Die insoweit betroffenen Stimmen sind bei der Ermittlung des 10%igen Quorums ebenfalls herauszurechnen.

IV. Zusammenfassung der wichtigsten Ergebnisse

1. Wer außenstehender Aktionär ist, bestimmt sich im Rahmen der §§ 304, 305, 307 AktG nach den gesetzlichen Wertungsvorgaben und demzufolge danach, ob der Aktionär mit Blick auf seine Dividendenaussichten und eine möglicherweise nach Vertragsbeendigung nicht mehr gegebene Überlebensfähigkeit der vertraglich unterworfenen Gesellschaft schutzbedürftig ist. Diese Abgrenzung

---

[65] Pentz AG 1996, 97 (110).

[66] Zur ähnlich gelagerten Problematik eines Stimmverbots des herrschenden Unternehmens bei der Beschlussfassung über die Geltendmachung von Ersatzansprüchen gegen Organmitglieder der abhängigen Gesellschaft, denen eine Veranlassung durch das herrschende Unternehmen zugrunde liegen soll, BGH NZG 2024, 198.

[67] Pentz, Die Rechtsstellung der Enkel-AG in einer mehrstufigen Unternehmensverbindung, 1994, S. 230 f.

[68] Näher Pentz AG 1996, 97 (109 f.); zu § 302 AktG s. auch Arnold in MüKoAktG, 6. Aufl. 2024, AktG § 136 Rn. 52 mit Fn. 142.

führt dazu, dass rechtsformunabhängig jeder Aktionär außer dem anderen Vertragsteil selbst zu den außenstehenden Aktionären zu zählen ist. Dies gilt aufgrund der zu §§ 71 d S. 4, 71 b AktG gebotenen korrigierenden Auslegung des Gesetzes auch für abhängige Unternehmen. Soweit § 71 d S. 2 AktG einer Abfindung in Aktien entgegensteht, ist hierauf mit der Anwendung des § 305 Abs. 2 Nr. 3 AktG zu reagieren (Barabfindung).
Auf die Qualität einer Unternehmensverbindung mit dem anderen Vertragsteil kommt es nicht an. Dies gilt nicht nur, soweit es den (Vermögens-)Schutz eines dem anderen Vertragsteil untergeordneten Unternehmens angeht, sondern auch, soweit die Einordnung eines übergeordneten Unternehmens in Rede steht. Denn auch die Erträge eines dem anderen Vertragsteil unter- oder übergeordneten Unternehmens sind allein diesem zugeordnet und es wäre mit dem Prinzip der Vermögenstrennung nicht zu vereinbaren, durch die Herausnahme solcher Unternehmen aus dem Begriff der außenstehenden Aktionäre diese im wirtschaftlichen Ergebnis einem anderen Rechtsträger zuzuordnen. Ein solche Zuordnung stünde nicht nur – soweit es untergeordnete Unternehmen angeht – in Widerspruch zu dem hinter §§ 304, 305 AktG stehenden Eigentumsschutz nach Art. 14 GG, sondern würde – soweit es übergeordnete Unternehmen angeht – zu einem gesellschaftsrechtlich nicht vorgesehenen höheren unternehmerischen Risiko und einer Leistungsvermehrung des Aktionärs führen, für die das Gesetz keine Grundlage bietet.

2. Das Verständnis, dass außenstehender Aktionär jeder Aktionär außer dem anderen Vertragsteil selbst ist, ist auch §§ 295 Abs. 2, 296 Abs. 2, 297 Abs. 2 AktG zugrunde zu legen. Soweit dies in Abhängigkeitsverhältnissen zu einer aktienrechtlich nicht gewollten Einflussnahmemöglichkeit des anderen Vertragsteils auf die Willensbildung zu führen droht, ist hierauf nicht mit der Herausnahme des betreffenden Aktionärs aus dem Begriff des außenstehenden Aktionärs zu reagieren, sondern – allgemeinen Grundsätzen entsprechend – mit einem Stimmverbot. Der Unterschied zur abweichenden Auffassung zeigt sich dann, wenn das vom anderen Vertragsteil abhängige bzw. ihn beherrschende Unternehmen der einzige weitere Aktionär der Gesellschaft ist. Denn in diesem Falle gibt es keine Rechtfertigung dafür, diesen Aktionär vom Stimmrecht auszuschließen. Eine Herausnahme aus dem Begriff des außenstehenden Aktionärs und damit ein unterschiedliches Verständnis dieses Personenkreises gegenüber §§ 304, 305 AktG wäre insoweit überschießend und sachlich nicht veranlasst. Der Ausübung von Stimmrechten aus Aktien eines abhängigen Unternehmens stehen unabhängig davon die §§ 71 d S. 4, 71 b AktG entgegen.
3. Außenstehender Aktionär im Sinne der §§ 302 Abs. 3 S. 3, 309 Abs. 3, 310 Abs. 4, 317 Abs. 4 und 318 Abs. 4 AktG ist ebenfalls jeder Aktionär außer dem anderen Vertragsteil selbst. Soweit dies im Rahmen der Sonderbeschlüsse zu einem nach den aktienrechtlichen Vorgaben nicht gewollten Einfluss des Anspruchsgegners auf die Willensbildung zu führen droht, ist auch hier allgemeinen Grundsätzen entsprechend von einem Stimmverbot derjenigen Aktionäre auszugehen, die von dem jeweiligen Anspruchsgegner abhängig sind bzw. ihn beherrschen. Das 10%ige Quorum bestimmt sich ohne die Berücksichtigung der

von einem Stimmverbot erfassten Aktionäre. Eine Herausnahme der betroffenen Aktionäre aus dem Begriff der außenstehenden Aktionäre selbst wäre auch hier aus den vorgenannten Gründen überschießend. Unberührt davon bleibt die Anwendung der §§ 71d S. 4, 71b AktG.

SIMON REDLER

Was der Formwechsel vom Statuswechsel lernen kann – und umgekehrt

Mit dem am 1.1.2024 in Kraft getretenen Gesetz zur Modernisierung des Personengesellschaftsrechts (MoPeG) hat eine Entwicklung, die spätestens der BGH in seiner Entscheidung „Weißes Ross“[1] angestoßen hatte, ihren bisherigen Höhepunkt erreicht: Die Außen-GbR wird de lege lata als rechtsfähig anerkannt (§ 705 Abs. 2 BGB). Flankiert wird dieses Bekenntnis des Gesetzgebers von der Einführung eines Subjektregisters für Gesellschaften bürgerlichen Rechts, dem Gesellschaftsregister. Ebenso wie eingetragene Partnerschafts- und Handelsgesellschaften genießen eingetragene GbR (eGbR) Registerpublizität. Der Rechtsverkehr darf nunmehr auf die Existenz der eGbR und die Vertretungsberechtigung ihrer Organe vertrauen (§ 707a Abs. 3 BGB iVm § 15 HGB). Damit können Personengesellschaften, die kein Handelsgewerbe im Sinne des §§ 1 Abs. 2, 105 Abs. 1 HGB betreiben, zwischen dem Gesellschafts- und Handelsregister wählen. Freiberuflich tätige Personengesellschaften können sich darüber hinaus ins Partnerschaftsregister eintragen lassen (§§ 1 Abs. 1, 4 Abs. 1 PartGG). Die Parallelität dreier Register, zwischen denen Gesellschafter wählen und wechseln können sollen, erfordert ein besonderes Registerregime. Dieses hat der Gesetzgeber mit dem sogenannten Statuswechsel in den § 707c BGB und §§ 106, 107 HGB etabliert. Der Statuswechsel steht in systematischer Nähe zum Formwechselverfahren nach dem Umwandlungsgesetz (§§ 190ff. UmwG) und ist diesem – was die Gesetzesbegründung zum MoPeG nicht verschweigt – mitunter entlehnt.[2] Die Gemeinsamkeiten des Status- und des Formwechselverfahrens, vor allem aber die Unterschiede, die daraus folgenden Konsequenzen und der etwaige gesetzgeberische Handlungsbedarf sind Gegenstand dieses Beitrags. Hierzu sollen zunächst die rechtlichen Grundlagen und sodann der Registervollzug der beiden Institute gegenübergestellt werden.

Der Jubilar hat die von diesem Beitrag berührten Materien des Personengesellschafts- und des Umwandlungsrechts in den vergangenen Jahrzehnten sowohl in wissenschaftlicher Hinsicht als auch in rechtspolitisch beratender Funktion[3] maßgeblich geprägt. Ihm ist dieser Beitrag gewidmet.

---

[1] BGHZ 146, 341 mit Bezugnahmen auf vorausgegangene Stimmen aus dem Schrifttum.

[2] BT-Drs. 19/27635, 137f.; vgl. auch Heckschen/Nolting BB 2021, 2946 (2953).

[3] Zuletzt war Herr Professor Dr. Heckschen als Experte im Rahmen der öffentlichen Anhörung des Rechtsausschusses des Bundestags vom 21.4.2021 zum MoPeG-Gesetzesentwurf sowie als Mitglied der vom Bundesjustizministerium einberufenen Expertenkommission zur Mitwirkung am Entwurf eines Gesetzes zur Umsetzung der Umwandlungsrichtlinie gefragt.

I. Rechtliche Grundlagen

1. Formwechsel

Der Formwechsel ist im Fünften Buch des Umwandlungsgesetzes geregelt. Er normiert den identitätswahrenden Wechsel zwischen verschiedenen Rechtsformen.[4] Identität bedeutet dabei, dass der Rechtsträger in neuer Organisationsordnung fortbesteht. Das Vermögen des Rechtsträgers bleibt diesem unverändert zugeordnet. Ebenso bleiben die Mitgliedschaften am Rechtsträger – wenn auch mit qualitativen und (gegebenenfalls) quantitativen Änderungen – erhalten (§ 202 Abs. 1 Nr. 1 und 2 UmwG).[5] Die grundsätzlich in Betracht kommenden Ausgangs- und Zielrechtsformen werden in § 191 Abs. 1 und 2 UmwG abschließend aufgezählt. Praktische Relevanz genießen dabei vor allem die verschiedenen Personen- und Kapitalgesellschaften sowie die eingetragene Genossenschaft. Das Verfahren des Formwechsels ist in den §§ 192ff. UmwG geregelt. Es flankiert die Wirkungen des Formwechsels mit einem austarierten System zum Schutze der Minderheitsgesellschafter (zB durch Informations- und Prüfungspflichten,[6] qualifizierte Mehrheitserfordernisse,[7] das Recht zum Austritt gegen Abfindung[8] und diverse Vetorechte[9]) und der Gläubiger (zB durch einen Anspruch auf Sicherheitsleistung[10] und Schadensersatz gegen die Verwaltungsorgane des Rechtsträgers[11]). Die Wirkungen des Formwechsels treten gemäß § 202 Abs. 1 UmwG mit der stets konstitutiven Registereintragung ein.

2. Rechtsform- und Statuswechsel

Wenngleich die verschiedenen Personengesellschaftsformen gemäß § 191 Abs. 1 Nr. 1 und Abs. 2 Nr. 2 UmwG grundsätzlich als formwechselfähige Ausgangs- und Zielrechtsformen in Betracht kommen, ist ein Formwechsel in diesen Konstellationen ausgeschlossen. Dies folgt aus den §§ 214 Abs. 1 und 225a UmwG, die bestimmen, dass eGbR, Personenhandelsgesellschaften und Partnerschaftsgesellschaften ausschließlich in Kapitalgesellschaften und eingetragene Genossenschaften formgewechselt werden können. Der identitätswahrende Wechsel zwischen verschiedenen Personengesellschaftsformen kann somit ausschließlich außerhalb des Umwandlungsgesetzes nach den allgemeinen Vorschriften der jeweiligen Organisationsord-

[4] Besondere Bestimmungen für den grenzüberschreitenden Formwechsel enthalten die §§ 333ff. UmwG.

[5] Vgl. Meister/Klöcker/Berger in Kallmeyer, 7./8. Auflage 2020/2023, UmwG § 202 Rn. 13ff. und 28ff.

[6] Hierzu zählen insbesondere der Formwechselbericht (§ 192 UmwG) und die Prüfung des Abfindungsangebots (§ 208 iVm § 30 Abs. 2 UmwG).

[7] Vgl. insbesondere die §§ 217 Abs. 1, 233 Abs. 1, 240 Abs. 1 UmwG.

[8] § 207 UmwG.

[9] Vgl. etwa § 233 Abs. 2 S. 3 UmwG (Eintritt in die unbeschränkte Gesellschafterhaftung), § 241 Abs. 2 iVm § 50 Abs. 2 UmwG (Beschränkung von Sonderrechten), § 242 UmwG (abweichende Festsetzung des Nennbetrags).

[10] § 204 iVm § 22 UmwG.

[11] § 205 UmwG.

nungen erfolgen.[12] Ein den §§ 192ff. UmwG vergleichbares Verfahren mit Minderheiten- und Gläubigerschutzbestimmungen[13] für diesen „Rechtsformwechsel"[14] zwischen Personengesellschaften enthalten das BGB, das PartGG und das HGB nicht. Dies ist auch nicht erforderlich, denn alle Personengesellschaften sind aufgrund ihrer identischen Struktur und ihrer damit einhergehenden Austauschbarkeit[15] „Holz vom selben Stamm".[16] Der Rechtsträger nimmt die neue Personengesellschaftsform an, sobald deren allgemeine gesetzliche Merkmale erfüllt sind.[17] Dieser Rechtsformwechsel kann sowohl durch einen Organisationsakt der Gesellschafter, gegebenenfalls iVm mit einer Registereintragung als auch durch rein tatsächliche Umstände eintreten; dazu im Einzelnen:

Der mit dem MoPeG neu eingeführte Statuswechsel ist in § 707c Abs. 1 BGB legal definiert als „Die Anmeldung zur Eintragung einer bereits in einem Register eingetragenen Gesellschaft unter einer anderen Rechtform einer rechtsfähigen Personengesellschaft in ein anderes Register". Der Statuswechsel beschreibt demnach – anders als der Formwechsel – ausschließlich den Registervollzug des Rechtsformwechsels zwischen verschiedenen Personengesellschaftsformen, also den Wechsel zwischen verschiedenen Personengesellschaftsregistern.[18] Hierbei maß der Gesetzgeber der Sicherung der Identität der registerwechselnden Gesellschaft und der Vermeidung von Doppeleintragungen „herausragende Bedeutung" bei.[19] In bestimmten Fällen wird die außerhalb des Registers eingetretene Rechtsänderung im Wege des Statuswechsels lediglich deklaratorisch auf Registerebene nachvollzogen. So wird etwa eine GbR, die ein Kleingewerbe (§ 1 Abs. 2 HGB) betreibt ohne Weiteres zur offenen Handelsgesellschaft (OHG), sobald der Gewerbebetrieb zum Handelsgewerbe erstarkt.[20] Der Rechtsformwechsel vollzieht sich somit durch rein tatsächliche Umstände außerhalb des Registers. Ist die GbR bei Überschreiten der nach §§ 1 Abs. 2, 105 Abs. 1 HGB maßgeblichen Schwelle[21] im Gesellschaftsregister eingetragen, wird diese Eintragung mit Überschreiten der Umsatzschwelle unrichtig. Die GbR ist außerhalb des Registers zur OHG erstarkt und nun als solche gemäß § 106 Abs. 1 HGB deklaratorisch in das Handelsregister einzutragen.[22] Gleiches gilt, wenn sich Gesellschafter einer Partnerschaftsgesellschaft (PartG) dazu

---

[12] Heckschen FS Mayer, 2020, 15 (18).

[13] Für den Wechsel in die Kommanditistenstellung bestimmt § 707c Abs. 5 BGB eine zeitlich begrenzte Nachhaftung.

[14] Der „Rechtsformwechsel" ist (ungeschriebener) Oberbegriff für den Formwechsel und sämtliche sonstigen Fälle, in denen ein Rechtsträger identitätswahrend seine Rechtsform verändert, vgl. Wertenbruch/Alm ZPG 2023, 201f.

[15] OLG Hamm ZIP 2019, 661 (662).

[16] K. Schmidt ZHR 177 (2013), 712 (722).

[17] Zu den verschiedenen Varianten Leuering/Rubner NJW-Spezial 2019, 591f.

[18] Heckschen/Weitbrecht in Heckschen/Freier, Das MoPeG in der Notar- und Gestaltungspraxis, 2024, § 5 Rn. 12: „[...] grundsätzlich ein rein verfahrensrechtliches Institut [...]".

[19] BT-Drs. 19/27635, 137.

[20] Vgl. BT-Drs. 19/27635, 136; Heckschen/Weitbrecht in Heckschen/Freier, Das MoPeG in der Notar- und Gestaltungspraxis, 2024, § 5 Rn. 2.

[21] Vgl. hierzu K. Schmidt in MüKoHGB, 5. Aufl. 2021, HGB § 1 Rn. 73f.; Kindler in Ebenroth/Boujong, 5. Aufl. 2024, HGB § 1 Rn. 48–52.

[22] Zum Grundsatz des „Registerzwangs" Fleischer in MüKoHGB, 5. Aufl. 2022, HGB § 106 Rn. 2.

entschließen, ihr freiberufliches Unternehmen aufzugeben, um stattdessen fortan ein Handelsgewerbe zu betreiben. Schon mit Aufgabe des freiberuflichen Gesellschaftszwecks entfällt eine konstitutive Voraussetzung der PartG (vgl. § 1 Abs. 1 S. 1 PartGG). Der Statuswechsel ist auch in diesem Fall deklaratorisch, da der Rechtsformwechsel bereits zuvor außerhalb des Registers vollzogen wurde.[23]

In anderen Fällen ist der Registervollzug eines Statuswechsels konstitutive Voraussetzung für die Änderung der Rechtsform. Dies gilt beispielweise dann, wenn eine im Gesellschafts- oder Handelsregister eingetragene Gesellschaft zur Partnerschaftsgesellschaft werden soll. Zu ihrer wirksamen Errichtung ist die Partnerschaftsgesellschaft nämlich gemäß § 7 Abs. 1 PartGG in das Partnerschaftsregister einzutragen. Ebenfalls konstitutiv ist die Eintragung in das Handelsregister, wenn eine im Gesellschaftsregister eingetragene eGbR ein Gewerbe unterhalb der Schwelle des § 1 Abs. 2 HGB betreibt oder lediglich vermögensverwaltend tätig ist, vgl. § 107 Abs. 1 S. 1 HGB.[24] Entsprechendes gilt vice versa für den Wechsel von der vermögensverwaltenden oder kleingewerblichen OHG zurück in die eGbR. Gleiches gilt auch, wenn eine im Gesellschafts- oder Partnerschaftsregister eingetragene Freiberufler-GbR oder Partnerschaftsgesellschaft unter Fortführung Ihres Unternehmensgegenstands[25] in die Rechtsform einer Handelsgesellschaft, insbesondere in die GmbH & Co. KG, wechseln möchte. Mit dem MoPeG wurde Freiberuflern diese zusätzliche Möglichkeit im Rahmen ihrer Rechtsformwahl eröffnet, soweit das anwendbare Berufsrecht dies zulässt (vgl. § 107 Abs. 1 S. 2 HGB).[26]

Bei den zur Herbeiführung der Rechtsformveränderung erforderlichen Maßnahmen ist wie folgt zu unterscheiden: Ein „freiwilliger" Wechsel der Rechtsform erfolgt in der Regel durch eine Änderung des Gesellschaftsvertrags.[27] Diese bedarf als mehrseitiges Rechtsgeschäft grundsätzlich der Zustimmung sämtlicher Gesellschafter.[28] Gesellschaftsvertraglich kann vereinbart werden, dass Vertragsänderungen durch einen Gesellschafterbeschluss herbeigeführt werden können, wobei vom grundsätzlichen Einstimmigkeitserfordernis (§ 714 BGB, § 109 Abs. 3 HGB) zugunsten eines Mehrheitsbeschlusses abgewichen werden kann, vgl. § 708 BGB, § 108 HGB.[29] Ist Wirksamkeitsvoraussetzung des Rechtsformwechsels die Eintragung in das Zielregister, zB beim Wechsel von der eGbR in die Partnerschafts-

---

[23] Vgl. BT-Drs. 19/27635, 136.

[24] Vgl. Heckschen/Weitbrecht in Heckschen/Freier, Das MoPeG in der Notar- und Gestaltungspraxis, 2024, § 5 Rn. 2.

[25] Wird der Gesellschaftszweck hin zum Betrieb eines Handelsgewerbes geändert, findet der Rechtsformwechsel außerhalb des Registers statt. Die Eintragung in das Zielregister ist dann lediglich deklaratorisch.

[26] Vgl. BT-Drs. 19/27635, 136.

[27] Vgl. Leuering/Rubner NJW-Spezial 2019, 591.

[28] Vgl. Tröger in Westermann/Wertenbruch, Handbuch Personengesellschaften, 84. EL 9/2022, § 4 Rn. 136.

[29] Zu den Anforderungen Westermann in Westermann/Wertenbruch, Handbuch Personengesellschaften, 72. EL 10/2018, § 24 Rn. 514ff. Trotz einer Mehrheitsklausel kann eine Zustimmung einzelner Gesellschafter erforderlich sein, wenn durch den Rechtsformwechsel in ein sog. relativ unentziehbares Recht derselben eingegriffen würde (zB die Aufgabe der beschränkten Haftung beim Wechsel von der PartG in die GbR), vgl. Heckschen/Weitbrecht in Heckschen/Freier, Das MoPeG in der Notar- und Gestaltungspraxis, 2024, § 5 Rn. 34–39.

gesellschaft, ist der Vereinbarung bzw. dem Beschluss über den Rechtsformwechsel die Entscheidung über den anschließenden Registervollzug im Wege des Statuswechsels immanent, auch wenn dies nicht ausdrücklich festgestellt wird. Ist die Eintragung im Zielregister keine Wirksamkeitsvoraussetzung, zB wenn eine im Partnerschaftsregister eingetragene Gesellschaft fortan ein Handelsgewerbe betreibt, ist der Statuswechsel lediglich deklaratorisch und infolge gesetzlichen Zwanges (§ 106 Abs. 1 HGB) durchzuführen, sodass über den Statuswechsel selbst keine zusätzliche Entscheidung auf Gesellschafterebene herbeigeführt werden muss. Die Entscheidung, eine kleingewerbliche eGbR in das Handelsregister eintragen zu lassen, erfordert zwar keine formale Vertragsänderung. Da der Vollzug des Statuswechsels jedoch zur Änderung der Rechtsform führt, bedarf die Entscheidung als Grundlagengeschäft gleichwohl der Zustimmung sämtlicher Gesellschafter[30] – es sei denn, der Gesellschaftsvertrag lässt die konkrete Maßnahme durch einen (Mehrheits-)beschluss zu.[31]

Anders zu behandeln sind dagegen Fälle, in denen der Rechtsformwechsel durch rein tatsächliche Umstände eingetreten ist und nun lediglich deklaratorisch im Register nachvollzogen werden muss. Dies betrifft insbesondere den Rechtsformwechsel zwischen eGbR und OHG durch Über- oder Unterschreiten der nach §§ 1 Abs. 2, 105 Abs. 1 HGB maßgeblichen Schwelle. Der Registervollzug im Wege des Statuswechsels erfolgt hier als Rechtsfolge tatsächlicher Umstände aufgrund zwingender gesetzlicher Vorschriften. Wenngleich auch diese Anmeldung formal durch sämtliche Gesellschafter erfolgen muss (vgl. § 707 Abs. 4 S. 1 BGB, § 106 Abs. 7 S. 1 HGB), handelt es sich um eine reine Geschäftsführungsmaßnahme, die nicht der vorherigen organisationsrechtlichen Zustimmung sämtlicher Gesellschafter bedarf.[32] Ein Zustimmungsakt auf Gesellschafterebene ist demnach nur dann nicht erforderlich, wenn der Rechtsformwechsel durch rein tatsächliche Umstände erfolgt. Ist ein Zustimmungsakt erforderlich, zielt dieser auf den Rechtsformwechsel. Der Statuswechsel ist hierzu lediglich formelle Wirksamkeitsvoraussetzung oder rein deklaratorisch infolge gesetzlichen Zwangs durchzuführen.[33]

Der Statuswechsel regelt ausschließlich den Registerwechsel von Personengesellschaften, die zuvor bereits in einem Subjektregister eingetragen wurden. Keine Anwendung findet das Statuswechselregime auf den Rechtsformwechsel nicht registrierter Personengesellschaften. Wird beispielsweise eine nicht eingetragene GbR durch Überschreiten der nach §§ 1 Abs. 2, 105 Abs. 1 HGB maßgeblichen Schwelle zur OHG, so ist die OHG im Wege der Erstanmeldung gemäß § 106 Abs. 1 HGB in das Handelsregister einzutragen und nicht etwa im Wege des Statuswechsels.

---

[30] Allgemein zu Grundlagengeschäften Lieder in Erman, 17. Aufl. 2023, BGB § 715 Rn. 5.

[31] Vgl. Heckschen/Weitbrecht in Heckschen/Freier, Das MoPeG in der Notar- und Gestaltungspraxis, 2024, § 5 Rn. 19, 22, 28 ff.

[32] Im Ergebnis ebenso Heckschen/Weitbrecht in Heckschen/Freier, Das MoPeG in der Notar- und Gestaltungspraxis, 2024, § 5 Rn. 19, 27.

[33] Heckschen/Weitbrecht in Heckschen/Freier, Das MoPeG in der Notar- und Gestaltungspraxis, 2024, § 5 Rn. 18–27 eruieren das Erfordernis eines „Statuswechselbeschlusses" und unterscheiden danach, ob die Eintragung im Zielregister konstitutiv oder lediglich deklaratorisch erfolgt.

3. *Entsprechende Anwendung des Formwechselregimes auf den Statuswechsel*

Bisweilen wird der Statuswechsel als Sonderfall des Formwechsels verstanden.[34] Hieraus wird teilweise gefolgert, dass ein gesellschaftsvertraglich zugelassener Mehrheitsbeschluss über den Rechtsformwechsel in eine andere Personengesellschaft entsprechend § 217 Abs. 1 S. 3 UmwG mit einer Mehrheit von mindestens drei Vierteln der abgegebenen Stimmen gefasst werden müsse[35] und dem Registergericht zur Prüfung zu übermitteln sei.[36]

Dem kann im Ergebnis nicht gefolgt werden. Zwar mag das Statuswechselregime den Registervollzugsbestimmungen des Formwechsels teilweise entlehnt sein (näher hierzu → II.). Als Sonderfall des Formwechsels ist der Statuswechsel jedoch nicht zu qualifizieren. Denn ungeachtet vieler Gemeinsamkeiten unterscheiden sich Formwechsel und Statuswechsel in zweierlei Hinsicht grundlegend: Während das Formwechselverfahren den Rechtsformwechsel in materiell-rechtlicher sowie registerverfahrensrechtlicher Hinsicht beschreibt, regelt der Statuswechsel ausschließlich die Ebene des Registervollzugs. Oder um es mit den Worten Jannik Weitbrechts und des Jubilars[37] auf den Punkt zu bringen: „Das Statuswechselverfahren erbringt im Ergebnis den Nachweis der Identität, es führt sie seinem Wesen nach – anders als der Formwechsel (§ 202 Abs. 1 Nr. 1 UmwG) – nicht materiellrechtlich herbei". Der dem Statuswechsel zugrundeliegende Rechtsformwechsel erfolgt nach den allgemeinen materiell-rechtlichen Bestimmungen der designierten Rechtsform (näher hierzu → I. 2.). Dies galt bis zum Inkrafttreten des MoPeG und der Gesetzesbegründung sind keine Anhaltspunkte für eine Änderung der materiell-rechtlichen Wirksamkeitsvoraussetzungen des Rechtsformwechsels zu entnehmen. Das Umwandlungsgesetz bringt dies mit dem durch das MoPeG unberührt gebliebenen § 190 Abs. 2 UmwG zum Ausdruck. Gemäß § 190 Abs. 2 UmwG gelten die Vorschriften über den Formwechsel nicht für Änderungen der Rechtsform, die in anderen Gesetzen vorgesehen oder zugelassen sind. Ein Rückgriff auf die §§ 192ff. UmwG ist somit grundsätzlich ausgeschlossen.[38] Verfahren, Form, Mehrheiten und Inhalt eines Beschlusses über die Änderung der Rechtsform bestimmen sich somit allein nach den allgemeinen materiell-rechtlichen Gesetzesbestimmungen des BGB, HGB und PartGG in Verbindung mit dem jeweiligen Gesellschaftsvertrag.

Da eine analoge Anwendung des § 217 Abs. 1 S. 3 UmwG nicht in Betracht kommt, steht es den Beteiligten grundsätzlich frei, den Rechtsformwechsel in eine andere Personengesellschaft und die damit verbundene Änderung des Gesellschafts-

---

[34] Schäfer in MüKoBGB, 9. Aufl. 2023, BGB § 707c Rn. 3; Lieder in Oetker, 8. Aufl. 2024, HGB § 106 Rn. 40; Born in Ebenroth/Boujong, 5. Aufl. 2024, HGB § 106 Rn. 56.

[35] Schäfer in MüKoBGB, 9. Aufl. 2023, BGB § 707c Rn. 3; Lieder in Oetker, 8. Aufl. 2024, HGB § 106 Rn. 40; Born in Ebenroth/Boujong, 5. Aufl. 2024, HGB § 106 Rn. 69.

[36] Schäfer in MüKoBGB, 9. Aufl. 2023, BGB § 707c Rn. 3, 10; vgl. auch Servatius, GbR, 2023, BGB § 707c Rn. 12.

[37] Heckschen/Weitbrecht in Heckschen/Freier, Das MoPeG in der Notar- und Gestaltungspraxis, 2024, § 5 Rn. 16.

[38] Vgl. Heckschen/Weitbrecht in Heckschen/Freier, Das MoPeG in der Notar- und Gestaltungspraxis, 2024, § 5 Rn. 33; Wertenbruch/Alm ZPG 2023, 201 (202).

vertrags statutarisch durch einfachen Mehrheitsbeschluss zuzulassen, vgl. § 708 BGB, § 108 HGB.[39]

Gleichermaßen abzulehnen ist eine registergerichtliche Prüfungskompetenz in Ansehung des Rechtsformwechselbeschlusses. Eine dem § 199 UmwG vergleichbare Bestimmung zur Übermittlung des Beschlusses als Anlage zur Anmeldung an das Registergericht ist für das Statuswechselverfahren nicht vorgesehen. Das Statuswechselverfahren ist ein reines Anmeldeverfahren, in dessen Rahmen die Gesellschafter einer Personengesellschaft die Wirksamkeit der materiell-rechtlichen Grundlagen grundsätzlich hinreichend durch die allseitige Unterzeichnung der Registeranmeldung dokumentieren.[40] Ebenso wie bei der Erstanmeldung der Personengesellschaft, bei der kein Gesellschaftsvertrag einzureichen ist,[41] ist im Rahmen des Statuswechsels kein Rechtsformwechselbeschluss an das Gericht zu übermitteln.[42] Die Annahme einer solchen Pflicht wäre auch mit den materiellrechtlichen Voraussetzungen unvereinbar, da der Rechtsformwechsel (ebenso wie der Gesellschaftsvertrag) grundsätzlich formlos gefasst werden kann.[43]

II. Registervollzug

1. Statuswechsel

Der Statuswechsel ist in § 707c BGB sowie den §§ 107 Abs. 3 und 106 HGB geregelt.[44] Rechtsformübergreifend bestimmt § 707c Abs. 1 BGB, dass die Anmeldung des Statuswechsels ausschließlich bei dem Gericht erfolgen kann, in dessen Register die betreffende Gesellschaft (vor Vollzug des Statuswechsels) eingetragen ist. § 106 Abs. 3 HGB stellt dies für den Statuswechsel in das Handelsregister zusätzlich klar. Gelangt das Ausgangsgericht nach seiner Prüfung[45] zu dem Ergebnis, dass dem weiteren Vollzug keine Hindernisse entgegenstehen, wird die Rechtsform, in

---

[39] Heckschen/Weitbrecht in Heckschen/Freier, Das MoPeG in der Notar- und Gestaltungspraxis, 2024, § 5 Rn. 33. Trotz einer Mehrheitsklausel kann die Zustimmung einzelner Gesellschafter erforderlich sein, wenn durch den Rechtsformwechsel in sog. relativ unentziehbare Rechte (zB die Aufgabe der beschränkten Haftung beim Wechsel von der PartG in die GbR) eingegriffen würde, vgl. Heckschen/Weitbrecht in Heckschen/Freier, Das MoPeG in der Notar- und Gestaltungspraxis, 2024, § 5 Rn. 34–39.

[40] Für die Erstanmeldung Krafka, Registerrecht, 12. Aufl. 2024, Rn. 619.

[41] Krafka, Registerrecht, 12. Aufl. 2024, Rn. 619.

[42] Heckschen/Weitbrecht in Heckschen/Freier, Das MoPeG in der Notar- und Gestaltungspraxis, 2024, § 5 Rn. 70–72; nach den Mustern in Gustavus, Handelsregisteranmeldungen, 12. Aufl. 2024, Muster M 20.18, 20.19, 20.20, 45.1, 46.1, 87.1, 88.1 und von Bressensdorf in BeckOF Vertrag, 68. Ed. 1.3.2024, Form. 7.1.6.11.1 Anm. 1–6 sind der Anmeldung selbst grundsätzlich keine entsprechenden Dokumente beizufügen.

[43] Mit weiteren Argumenten Heckschen/Weitbrecht in Heckschen/Freier, Das MoPeG in der Notar- und Gestaltungspraxis, 2024, § 5 Rn. 70–72. Zur ausnahmsweisen Beurkundungsbedürftigkeit aufgrund anderer gesetzlicher Vorschriften Heckschen/Weitbrecht in BeckNotar-HdB, 8. Aufl. 2024, § 20 Rn. 11–19a.

[44] § 707c BGB sowie § 107 Abs. 3 HGB finden auf Statuswechsel unter Beteiligung von Partnerschaftsgesellschaften entsprechende Anwendung, vgl. §§ 1 Abs. 4, 4 Abs. 4 PartGG.

[45] Das Ausgangsgericht prüft, ob eine formal ordnungsgemäße Anmeldung vorliegt, dass sich die Gesellschaft nicht in Liquidation befindet und – beim Wechsel in das Gesellschafts- oder Part-

der die Gesellschaft in dem anderen Register fortgesetzt werden soll, gemäß § 707c Abs. 2 S. 1 BGB in das Ausgangsregister eingetragen.[46] Diese in § 707c Abs. 2 S. 1 BGB als „Statuswechselvermerk" bezeichnete Eintragung im Ausgangsregister begründet noch nicht die Wirksamkeit des Statuswechsels, sondern kündigt dem Rechtsverkehr den bevorstehenden Statuswechsel lediglich an. Wirksamkeit erlangt der Statuswechsel erst mit der Eintragung der Gesellschaft in dem Register, in dem die künftige Rechtsform geführt wird. Damit der Rechtsverkehr den Statuswechselvermerk nicht bereits als Vollzug des Statuswechsels missversteht, ist die Eintragung im Ausgangsregister gemäß § 707c Abs. 2 S. 2 BGB um einen „Vorläufigkeitsvermerk"[47] zu ergänzen. Dieser soll darüber informieren, dass die Eintragung erst mit der Eintragung der Gesellschaft in deren Zielregister wirksam wird.[48] Entbehrlich ist dieser Vorläufigkeitsvermerk, wenn beide Eintragungen am selben Tag erfolgen, vgl. § 707c Abs. 2 S. 2 BGB. Nach Eintragung des Statuswechselvermerks gibt das Ausgangsgericht das Verfahren an das für die Führung des Zielregisters zuständige Zielgericht ab. Diese Abgabe erfolgt gemäß § 707c Abs. 2 S. 3 BGB von Amts wegen, sodass eine zusätzliche Anmeldung der Gesellschaft beim Zielgericht nicht erforderlich ist. Gemäß § 707c Abs. 3 S. 1 BGB (iVm § 1 Abs. 4 PartGG) bzw. § 106 Abs. 4 S. 1 HGB prüft das Zielgericht, dass der Statuswechsel zum Ausgangsregister angemeldet wurde, der Statuswechselvermerk in das Ausgangsregister eingetragen wurde, das Ausgangsgericht das Verfahren an das Zielgericht abgegeben hat sowie gemäß § 707c Abs. 3 S. 2 BGB bzw. § 106 Abs. 4 S. 3 HGB das Vorliegen der allgemeinen Eintragungsvoraussetzungen für die Gesellschaft neuer Rechtsform.[49] Liegen sämtliche Voraussetzungen vor, wird die Gesellschaft in neuer Rechtsform unter Angabe der Registerdaten des Ausgangsregisters gemäß § 707c Abs. 4 S. 1 BGB (iVm § 1 Abs. 4 PartGG) bzw. § 106 Abs. 5 S. 1 BGB ins Zielregister eingetragen. Von Amts wegen teilt das Zielgericht dem Ausgangsgericht gemäß § 707c Abs. 4 S. 2 BGB (iVm § 1 Abs. 4 PartGG) bzw. § 106 Abs. 5 S. 2 HGB den Tag der Eintragung in das Zielregister und die neue Registernummer mit, woraufhin das Ausgangsgericht diesen Tag gemäß § 707c Abs. 2 S. 4 BGB (iVm § 1 Abs. 4 PartGG bzw. § 107 Abs. 3 S. 2 HGB) im Ausgangsregister vermerkt und das gegenstandslos gewordene Registerblatt gemäß § 22 HRV[50] schließt.

Das Statuswechselregime enthält auch Verfahrensbestimmungen für den Fall, dass der Registervollzug nach Eintragung des Statuswechselvermerks im Ausgangsregister, also „auf halber Strecke", scheitert. Lehnt das Zielgericht die Eintragung ab, zB

---

nerschaftsregister – zusätzlich, dass kein Handelsgewerbe dem Registervollzug entgegensteht (§ 107 Abs. 3 S. 1 HGB, § 4 Abs. 4 PartGG), vgl. Noack/Göbel GmbHR 2021, 569 (573).

[46] § 707c Abs. 2 S. 1 BGB betrifft unmittelbar den Fall des Statuswechsels aus der eGbR. Das Verfahren findet über § 106 Abs. 4 S. 2 HGB und § 1 Abs. 4 PartGG entsprechende Anwendung auf die weiteren Statuswechselkonstellationen.

[47] BT-Drs. 19/27635, 136.

[48] Die Sätze 2 bis 5 des § 707c Abs. 2 BGB betreffen unmittelbar den Fall des Statuswechsels aus der eGbR. Die Bestimmungen gelten gemäß § 1 Abs. 4 PartGG und § 107 Abs. 3 S. 2 HGB entsprechend für die weiteren Statuswechselkonstellationen.

[49] Diese allgemeinen Eintragungsvoraussetzungen ergeben sich aus den § 707 Abs. 2 BGB, § 106 Abs. 2 HGB, § 4 Abs. 1 S. 2 iVm § 5 Abs. 1 PartGG.

[50] Die Handelsregisterverordnung findet gemäß § 1 Abs. 1 PRV und § 1 Abs. 1 GesRV auf die Führung der Partnerschafts- und Handelsregister Anwendung.

„weil der Gesellschaftszweck entgegen der Ansicht der Gesellschafter doch (noch) auf den Betrieb eines Handelsgewerbes gerichtet ist, oder die gemeinsame Ausübung freier Berufe durch die Gesellschafter in der Rechtsform der Gesellschaft bürgerlichen Rechts berufsrechtlich unzulässig ist,“[51] teilt es diese Ablehnung nach Eintritt der Rechtskraft gemäß § 707c Abs. 4 S. 3 BGB (iVm § 1 Abs. 4 PartGG) bzw. § 106 Abs. 5 S. 3 HGB dem Ausgangsgericht mit. Letzteres löscht daraufhin gemäß § 707c Abs. 2 S. 5 BGB (iVm § 1 Abs. 4 PartGG, § 107 Abs. 3 S. 2 HGB) den noch eingetragenen Statuswechselvermerk von Amts wegen.

Die Registeranmeldung hat neben der Tatsache, dass die im Ausgangsregister eingetragene Gesellschaft ihre Rechtsform geändert hat bzw. durch Eintragung ändern wird, diejenigen Tatsachen zu enthalten, die auch bei einer Anmeldung zur Ersteintragung erforderlich wären. Dazu zählen Angaben zur Gesellschaft, persönliche Angaben zu den Gesellschaftern und Angaben zur Vertretungsbefugnis der Gesellschafter, vgl. § 707c Abs. 3 S. 2 BGB und § 106 Abs. 4 S. 3 HGB. Die Verweisvorschriften erfassen ihrem Wortlaut nach auch die gemäß § 707 Abs. 2 Nr. 4 BGB und § 106 Abs. 2 Nr. 4 HGB bei Ersteintragung erforderliche Versicherung, dass die statuswechselnde Gesellschaft nicht bereits in einem anderen Register eingetragen ist. Da der Statuswechsel als reines Registervollzugsregime die Voreintragung in einem anderen Register gerade voraussetzt (→ I. 2.), müssen die Verweisvorschriften jedoch dahingehend teleologisch reduziert werden, dass die Versicherung im Rahmen der Anmeldung nicht erforderlich ist.[52] Dies entspricht auch dem Sinn und Zweck der Negativversicherung. Durch sie soll sichergestellt werden, dass voreingetragene Gesellschaften ihre Registerzuordnung ausschließlich im Wege des Statuswechselverfahrens verändern können. Ist die Gesellschaft bereits voreingetragen, wird die Doppeleintragung durch das Statuswechselverfahren selbst verhindert.[53]

2. *Formwechsel*

Beim Formwechsel erfolgt der Einstieg in den Registervollzug im Grundsatz gemäß § 198 Abs. 1 UmwG ebenso wie beim Statuswechsel: durch Anmeldung der neuen Rechtsform zur Eintragung in dasjenige Register, in dem der formwechselnde Rechtsträger bereits voreingetragen ist. Verändert sich im Zuge des Formwechsels weder die Art des Registers noch der Sitz des Rechtsträgers, trägt das registerführende Gericht die neue Rechtsform in ein neues Registerblatt ein (§ 13 Abs. 3 S. 2 HRV), womit der Formwechsel gemäß § 202 Abs. 1 UmwG wirksam wird. Registeridentität liegt insbesondere dann vor, wenn sowohl die Ausgangs- als auch die Zielrechtsform im Handelsregister eingetragen werden. Dies ist bei Formwechseln zwischen verschiedenen Kapitalgesellschaftsformen sowie bei Formwechseln zwischen Personenhandels- und Kapitalgesellschaften stets der Fall.[54] Anders

[51] BT-Drs. 19/27635, 138.

[52] Ebenso Noack/Göbel GmbHR 2021, 569 (574); Heckschen/Weitbrecht in Heckschen/Freier, Das MoPeG in der Notar- und Gestaltungspraxis, 2024, § 5 Rn. 58; aA Schäfer in MüKo-BGB, 9. Aufl. 2023, BGB § 707c Rn. 6; Gustavus, Handelsregisteranmeldungen, 12. Aufl. 2024, Muster M 20.18, 20.19, 20.20, 45.1, 46.1, 87.1, 88.1.

[53] BT-Drs. 19/27635, 131 (222).

[54] Hoger in Lutter, 7. Aufl. 2024, UmwG § 198 Rn. 5.

verhält es sich, wenn sich im Zuge des Formwechsels das zuständige Subjektregister ändert. Wird etwa eine GbR in eine GmbH formgewechselt, bestimmt sich das Registerverfahren nach § 198 Abs. 2 UmwG: Die GmbH als Rechtsträger neuer Rechtsform ist gemäß § 198 Abs. 2 S. 1 UmwG zur Eintragung in das Zielregister, also das Handelsregister, anzumelden. Parallel ist die Umwandlung gemäß § 198 Abs. 2 S. 2 und 3 UmwG zur Eintragung in das Ausgangsregister, dem Gesellschaftsregister, anzumelden. Diese Fälle der Veränderung der Registerart entsprechen denjenigen des Statuswechsels, der ebenfalls stets zu einem Registerwechsel zwischen Gesellschafts-, Partnerschafts- oder Handelsregister führt. Im Weiteren ist mit dem Begriff „Formwechsel" stets der registerwechselnde Formwechsel gemeint. Die Eintragung in das Ausgangsregister ist – ebenso wie beim Statuswechsel – mit dem (Vorläufigkeits-)vermerk zu versehen, wonach die Umwandlung erst mit der Eintragung ins Zielregister wirksam wird, vgl. § 198 Abs. 2 S. 3 und 4 UmwG. Die konstitutive Eintragung der neuen Rechtsform in das Zielregister darf gemäß § 198 Abs. 2 S. 5 UmwG zeitlich erst nach der Eintragung in das Ausgangsregister erfolgen.

3. Unterschiede im Registervollzug

Ausgangspunkt der Unterschiede auf Ebene des Registervollzugs ist die Anzahl der erforderlichen Anmeldungen. Während nach Anmeldung des Statuswechsels beim Ausgangsgericht das Verfahren ohne weiteres Zutun an das Zielgericht abgegeben, im dortigen Register vollzogen und im Ausgangsregister dokumentiert wird, sind beim Formwechsel zwei selbständige Anmeldungen erforderlich. Der Formwechsel ist sowohl zum Ausgangsregister als auch zum Zielregister anzumelden. Das Zusammenwirken zwischen Ausgangs- und Zielregister regelt das UmwG infolgedessen nur fragmentarisch.

Zunächst enthält das UmwG keine dem § 707c Abs. 2 S. 3 BGB entsprechende Vorschrift, nach der die Eintragung mit Vorläufigkeitsvermerk im Ausgangsregister von diesem an das Zielgericht mitzuteilen wäre. In dieser Nichtregelung wird im Schrifttum bisweilen ein offenkundiges Redaktionsversehen des Umwandlungsgesetzgebers erblickt.[55] Zur Begründung wird der Vergleich zu den Vorschriften der §§ 19 Abs. 2 und 130 Abs. 2 UmwG bemüht, die für die Umwandlungsarten der Verschmelzung und der Spaltung entsprechende Amtspflichten zur Mitteilung an das Gericht des Folgeregisters vorsähen.[56] Diese Annahme, die auch im Gesetzgebungsverfahren zum MoPeG Berücksichtigung fand,[57] beruht bei näherer Betrachtung auf einem Missverständnis der zitierten Vorschriften. Denn § 19 Abs. 2 UmwG statuiert gerade keine Mitteilungspflicht vom Ausgangs- an das Zielgericht über die Eintragung mit Vorläufigkeitsvermerk. Die Vorschrift regelt vielmehr den nachfolgenden Schritt, nämlich die Mitteilung vom Zielgericht an das Ausgangs-

---

[55] Hoger in Lutter, 7. Aufl. 2024, UmwG § 198 Rn. 27; Schäfer in MüKoBGB, 9. Aufl. 2023, BGB § 707c Rn. 9 Fn. 15.

[56] Hoger in Lutter, 7. Aufl. 2024, UmwG § 198 Rn. 27; Schwanna in Semler/Stengel/Leonard, 5. Aufl. 2021, UmwG § 198 Rn. 24; Zimmermann in Kallmeyer, 7./8. Auflage 2020/2023, UmwG § 198 Rn. 23; Quass in Maulbetsch/Klumpp/Rose, 2. Aufl. 2017, UmwG § 198 Rn. 49.

[57] BT-Drs. 19/27635, 137 f.

gericht über den Tag der (wirksamkeitsbegründenden) Eintragung im Zielregister. Darüber hinaus regelt § 19 Abs. 2 UmwG die hieran anknüpfende Pflicht des Ausgangsgerichts, den Zeitpunkt der Wirksamkeit der Maßnahme im Ausgangsregister zu vermerken und die Registerdokumentation sodann an das Zielgericht zu übermitteln.[58] Die §§ 19 Abs. 2 und 130 Abs. 2 UmwG entsprechen damit inhaltlich dem S. 4 des § 707c Abs. 2 BGB und nicht S. 3. Eine dem § 707c Abs. 2 S. 3 BGB entsprechende Bestimmung über die Abgabe des Verfahrens vom Ausgangsgericht an das Zielgericht oder eine Amtspflicht zur Mitteilung der Eintragung mit Vorläufigkeitsvermerk statuiert das UmwG für keine der Umwandlungsarten. Da nach dem UmwG stets eine zusätzliche selbständige Anmeldung zum Zielregister erforderlich ist, kann auch keine ungeschriebene Amtspflicht des Ausgangsgerichts zur Mitteilung der Eintragung mit Vorläufigkeitsvermerk an das Zielgericht unterstellt werden. Nach der Konzeption des Umwandlungsgesetzes obliegt es somit grundsätzlich den anmeldenden Rechtsträgern, die Eintragung im Ausgangsregister mit Vorläufigkeitsvermerk für den weiteren Vollzug gegenüber dem Zielregister durch Übermittlung eines beglaubigten Registerauszugs nachzuweisen.[59]

Mit der Eintragung in das Zielregister wird der Formwechsel gemäß § 202 Abs. 1 UmwG wirksam. Das nachgelagerte Registerverfahren regelt das UmwG nicht. Insbesondere enthalten die §§ 198ff. UmwG keine den §§ 19 Abs. 2 und 130 Abs. 2 UmwG (und damit § 707c Abs. 4 S. 2 BGB) entsprechenden Bestimmungen über die Mitteilung der Wirksamkeit der Maßnahme vom Zielgericht an das Ausgangsgericht und die hieran anknüpfende Pflicht, den Tag des Wirksamwerdens im Ausgangsregister zu vermerken.[60] Diese Inkonsistenz des Formwechselverfahrens gegenüber den Umwandlungsarten der Verschmelzung und Spaltung ist – und dies ist den zuvor zitierten Literaturstimmen zuzugeben – unter rechtlichen Gesichtspunkten nicht erklärbar. Das Interesse des Rechtsverkehrs von der Wirksamkeit einer Umwandlungsmaßnahme Kenntnis zu erlangen ist beim Formwechsel ebenso schutzwürdig wie bei den anderen Umwandlungsarten. Die Nichtregelung ist darauf zurückführen, dass mit dem zum 1.1.1995 in Kraft getretenen Gesetz zur Bereinigung des Umwandlungsrechts[61] verschiedene Maßnahmen aus verschiedenen Gesetzen in einem einzigen Gesetz konsolidiert wurden. Mit § 19 Abs. 2 UmwG

---

[58] Gleiches gilt mit spiegelbildlicher Eintragungsreihenfolge für § 130 Abs. 2 UmwG. Bei der Spaltung ist gemäß § 131 Abs. 1 UmwG die Eintragung im Ausgangsregister konstitutiv.

[59] Fronhöfer in Widmann/Mayer, Umwandlungsrecht, 209. EL 11/2023, UmwG § 19 Rn. 46; Hoger in Lutter, 7. Aufl. 2024, UmwG § 199 Rn. 6; Schwanna in Semler/Stengel/Leonard, 5. Aufl. 2021, UmwG § 198 Rn. 24; Quass in Maulbetsch/Klumpp/Rose, 2. Aufl. 2017, UmwG § 198 Rn. 49; Winter in Schmitt/Hörtnagl, 9. Aufl. 2020, UmwG § 198 Rn. 10. Für eine Amtspflicht hingegen wohl Krafka, Registerrecht, 12. Aufl. 2024, Rn. 1182.

[60] § 19 Abs. 2 S. 2 UmwG verpflichtet über den Regelungsgehalt von § 707c Abs. 4 S. 2 BGB hinaus das Gericht des Ausgangsregisters, die bei ihm aufbewahrten Dokumente an das Zielregister zu übersenden. Ob es sich bei dieser Nichtregelung um eine bewusste Entscheidung des MoPeG-Gesetzgebers oder um ein Versehen handelt, lässt sich der Begründung zum Regierungsentwurf nicht entnehmen. Zweckmäßig ist die Übermittlung der aufbewahrten Akten auch im Rahmen des Statuswechsels, da das Registerblatt im Ausgangsregister mit Vollzug des Statuswechsels geschlossen ist und die Chronologie der eingereichten Unterlagen somit nur noch beim Zielregister nachvollzogen werden kann.

[61] BGBl. 1994 I 3210.

wurde die Vorgängervorschrift des § 345 Abs. 6 AktG aF[62] nahezu wortlautidentisch übernommen. Ein Pendant für den registerwechselnden Formwechsel, zB für den Formwechsel von der Genossenschaft in die Aktiengesellschaft, enthielt das Gesetz schon damals nicht.[63] Es handelt sich daher tatsächlich um ein Redaktionsversehen des Gesetzgebers, das eine entsprechende Anwendung des (tatsächlichen Regelungsgehalts des) § 19 Abs. 2 UmwG auf den Formwechsel rechtfertigt.[64] Eine solche Übertragung von Vorschriften innerhalb des UmwG ist – anders als die entsprechende Anwendung umwandlungsgesetzlicher Bestimmungen auf im UmwG nicht genannte Rechtsformen – mit dem umwandlungsrechtlichen Analogieverbot vereinbar.[65] Da die Eintragungen im Ausgangsregister mit dem abschließenden Vermerk über den Wirksamkeitszeitpunkt gegenstandslos geworden sind, wird dieses Registerblatt geschlossen, vgl. § 22 Abs. 1 HRV.

Anders als beim Statuswechsel gibt das Umwandlungsgesetz den Inhalt der Eintragung des Formwechsels im Zielregister nicht explizit vor. Gemäß § 198 Abs. 2 S. 1 UmwG bedarf es der Eintragung „des Rechtsträgers neuer Rechtsform" und auch die Registerverordnung trifft in § 46a HRV eine ausdrückliche Regelung über den Eintragungsinhalt ausschließlich für den Sonderfall des grenzüberschreitenden Formwechsels.[66] Das Interesse des Rechtsträgers und seiner Gläubiger gebietet es jedoch, in die Registereintragung mindestens diejenigen Tatsachen aufzunehmen, die einen zweifelsfreien Nachweis der Identität des Rechtsträgers in alter und neuer Rechtsform zulassen. Hierzu sind jedenfalls der Umstand des Formwechsels selbst sowie Name bzw. Firma, Sitz, Registergericht und Registernummer ursprünglicher Rechtsform anzugeben.[67]

Anders als das Statuswechselregime enthält das Umwandlungsgesetz keine Bestimmungen für den Fall, dass das Zielgericht den Vollzug des Formwechsels rechtskräftig ablehnt, nachdem dieser bereits (mit dem Vermerk der Vorläufigkeit) im Ausgangsregister eingetragen wurde. Da der Formwechsel mit Rechtskraft der Ablehnung der Eintragung im Zielregister endgültig gescheitert ist, ist die Eintragung im Ausgangsregister gegenstandlos geworden und damit jedenfalls gemäß § 22 Abs. 1 HRV von Amts wegen zu löschen.

---

[62] Aktiengesetz vom 6.9.1965 (BGBl. I 1089) in seiner Fassung vor Inkrafttreten des Umwandlungsrechtsbereinigungsgesetzes zum 1.1.1995.

[63] Vgl. § 385o des Aktiengesetzes vom 6.9.1965 (BGBl. I 1089) in seiner Fassung vor Inkrafttreten des Umwandlungsrechtsbereinigungsgesetzes zum 1.1.1995. Das Umwandlungsgesetz vom 6.11.1969 enthielt lediglich Bestimmungen über den registerwahrenden Formwechsel zwischen Kaufleuten, Handelsgesellschaften und (nicht registrierten) bergrechtlichen Gewerkschaften.

[64] Im Ergebnis (ohne normative Anknüpfung) ebenso für eine Mitteilungspflicht: Vossius in Widmann/Mayer, Umwandlungsrecht, 209. EL 11/2023, UmwG § 198 Rn. 17.

[65] Stengel in Semler/Stengel/Leonard, 5. Aufl. 2021, UmwG § 1 Rn. 62; Marsch-Barner/Oppenhoff in Kallmeyer, 7./8. Auflage 2020/2023, UmwG § 1 Rn. 19.

[66] § 40 Nr. 5 lit. b) sublit. ee) und § 43 Nr. 6 lit. b) sublit. ee) HRV bestimmen lediglich die Registerblattspalte (5 bzw. 6), in der „Eintragungen nach dem Umwandlungsgesetz" vorzunehmen sind.

[67] Vgl. Krafka, Registerrecht, 12. Aufl. 2024, Rn. 790; Vossius in Widmann/Mayer, Umwandlungsrecht, 209. EL 11/2023, UmwG § 201 Rn. 23.

4. *Übertragung des „One-Stop-Shop" auf das Formwechselregime*

Durch präzise und abschließende Bestimmungen über den Registervollzug offenbart der Statuswechsel Regelungslücken in den §§ 190ff. UmwG. Grundlegender und nicht durch (entsprechende) Anwendung anderer Vorschriften überwindbarer Unterschied zwischen dem Statuswechsel- und dem Formwechselregime ist die für alle Konstellationen des Statuswechsels statuierte Exklusivität der Registeranmeldung beim Ausgangsgericht an das Zielgericht verbunden mit der von Amts wegen vorzunehmenden Verfahrensabgabe an das Zielregister. Der registerwechselnde Formwechsel erfordert nach der gesetzlichen Regelung stets Anmeldungen sowohl zum Ausgangs- als auch zum Zielregister. Soll beispielsweise eine eGbR die Rechtsform einer Partnerschaftsgesellschaft erhalten, wird der hierzu erforderliche Statuswechsel nach Anmeldung zum Gesellschaftsregister ohne weiteres Zutun der betroffenen Gesellschaft im Partnerschaftsregister vollzogen. Soll die eGbR hingegen die Rechtsform der GmbH erhalten, bedarf es für den hierzu erforderlichen Formwechsel selbständiger Registeranmeldungen sowohl zum Gesellschaftsregister als auch zum Handelsregister. Es stellt sich daher die Frage, ob dieser verfahrensrechtliche „One-Stop-Shop" des Statuswechsels als Vorbild für den Formwechsel dienen und auf Letzteren übertragen werden sollte.

Zur Identitätssicherung und zur Vermeidung von Doppeleintragungen ist der „One-Stop-Shop" beim Ausgangsgericht nicht zwingend erforderlich.[68] Die Sicherung der Identität im Formwechselverfahren wäre nur dann gefährdet, wenn nicht eindeutig nachvollzogen werden könnte, dass der Rechtsträger neuer Rechtsform aus dem formwechselnden Rechtsträger hervorgegangen ist. Diese Chronologie wird jedoch dadurch gewährleistet, dass der Rechtsträger neuer Rechtsform unter Bezugnahme auf seine ursprüngliche Rechtsform eingetragen wird. Doppeleintragungen wären zu befürchten, wenn der Statuswechsel im Zielregister unabhängig von der Eintragung im Ausgangsregister vollzogen werden könnte.[69] Doppeleintragungen infolge eines Formwechsels sind jedoch ausgeschlossen, da die (wirksamkeitsbegründende) Eintragung im Zielregister erst erfolgen kann, wenn sie zuvor im Ausgangsregister im Wege der Eintragung unter Vorläufigkeitsvermerk angekündigt wurde und das Registerblatt des formwechselnden Rechtsträgers im Ausgangsregister geschlossen wird, nachdem die Eintragung im Zielregister erfolgt ist. Da der Formwechsel im Gegensatz zum Statuswechsel stets konstitutiv wirkt, besteht im Übrigen bei Wechseln zwischen den in § 191 UmwG genannten Rechtsformen auch kein Risiko, dass der Rechtsformwechsel bereits außerhalb des Registers erfolgt ist, sodass eine Neuanmeldung (in neuer Rechtsform) zu einer Doppeleintragung führen könnte.

Nicht von der Hand zu weisen ist jedoch die Verfahrenserleichterung, die für den formwechselnden Rechtsträger mit dem „One-Stop-Shop" einherginge.[70]

[68] Von einem solchen Gesetzeszweck ausgehend Bergmann in Herberger/Martinek/Rüßmann/Weth/Würdinger, jurisPK-BGB, 10. Aufl. 2024, BGB § 707c Rn. 2.

[69] Vgl. BT-Drs. 19/27635, 137.

[70] BT-Drs. 19/27635, 137; nach Schäfer in MüKoBGB, 9. Aufl. 2023, BGB § 707c Rn. 9 sieht das Gesetz die zweite Anmeldung „unnötigerweise" vor; vgl. DAV NZG 2020, 1133 (1155).

Wird das Verfahren vom Ausgangsgericht an das Zielgericht abgegeben, erspart sich der formwechselnde Rechtsträger zum einen die Anmeldung zum Zielregister und darüber hinaus den Aufwand, die Eintragung im Ausgangsregister unter dem Gesichtspunkt der Nachweisführung durch Übermittlung eines beglaubigten Registerauszugs an das Zielgericht nachzuhalten. Für den Statuswechsel konnte nach Auffassung des MoPeG-Gesetzgebers gar

„[...] – wegen der weitreichenden Annäherung der Inhalte, Eintragungsvoraussetzungen und Eintragungswirkungen, die die §§ 707 und 707c BGB-E und §§ 106, 107 HGB-E vorsehen –, angenommen werden, dass diese Register von den zuständigen Registergerichten in technisch-organisatorischer Nähe zueinander geführt werden, so dass eine getrennte Anmeldung zu beiden Registern eine unverhältnismäßige Aufwandsmehrung bedeuten würde.“[71]

Auch im Formwechselverfahren sind die Wirkungen der Eintragung gemäß § 202 Abs. 1 UmwG grundsätzlich rechtsform- und somit registerunabhängig. Die Eintragungsvoraussetzungen- und Inhalte können abhängig von der Ausgangs- und Zielrechtsform variieren. Beispielsweise ist beim Formwechsel in die GmbH ein Nachweis zur Vermögensdeckung des Stammkapitals (§ 220 Abs. 1 UmwG)[72] abzugeben. Nach den gemäß § 197 S. 1 UmwG anwendbaren Gründungsvorschriften sind mit der Anmeldung insbesondere die Versicherungen nach § 8 Abs. 2 und 3 GmbHG abzugeben.[73] Ferner sind der Beschluss über die Geschäftsführerbestellung, eine erste Gesellschafterliste, ein Sachgründungsbericht und ein Werthaltigkeitsnachweis beizufügen.[74] Diese rechtsformspezifischen Eintragungsvoraussetzungen stellen jedoch kein Hindernis für den verfahrensrechtlichen „One-Stop-Shop“ dar. Denn durch die Anmeldung beim Ausgangsgericht würden dessen Prüfungskompetenzen nicht erweitert. Nach Abschluss der eigenen Prüfung und Eintragung unter Vorläufigkeitsvermerk übermittelte das Ausgangsgericht die Anmeldung an das Zielgericht mitsamt den von Letzterem zu prüfenden Anlagen. Die „technisch-organisatorische Nähe“ ist auch bei den denkbaren Formwechselvarianten gegeben. Neben dem Gesellschafts-, Partnerschafts- und Handelsregister sind das Genossenschaftsregister und das Vereinsregister praktisch relevant. Auch diese sind organisatorisch überwiegend beim selben Amtsgericht angesiedelt.[75] Da die als Ausgangs- und Zielregister in Betracht kommenden Gesellschafts-, Partnerschafts-, Handels-, Genossenschafts- und Vereinsregister inzwischen allesamt elektronisch geführt werden und zur technischen Kommunikation über das Elektronische Gerichts- und Verwaltungspostfach (EGVP) verbunden sind, entsteht den zuständigen Stellen selbst dann kein erwähnenswerter zusätzlicher Aufwand, wenn ihre Zuständigkeit im Einzelfall ausnahmsweise nicht beim selben Amtsgericht konzentriert

---

[71] BT-Drs. 19/27635, 137.

[72] Zur Prüfung und den Nachweismöglichkeiten Hoger in Lutter, 7. Aufl. 2024, UmwG § 220 Rn. 18.

[73] Vossius in Widmann/Mayer, Umwandlungsrecht, 209. EL 11/2023, UmwG § 198 Rn. 41.

[74] Vossius in Widmann/Mayer, Umwandlungsrecht, 209. EL 11/2023, UmwG § 199 Rn. 7.

[75] Die Mehrzahl der Landesregierungen hat die Zuständigkeiten für sämtliche Registersachen im Verordnungswege (§ 376 Abs. 2 FamFG) an jeweils demselben Amtsgericht konzentriert, vgl. Eickelberg in Sternal, 21. Aufl. 2023, FamFG § 376 Rn. 11–27.

sein sollte. Dass ein solcher gerichtsübergreifender Registerwechsel die involvierten Gerichte vor lösbare Aufgaben stellt, zeigt der Fall der gerichtsbezirksübergreifenden Sitzverlegung. Verlegt etwa eine GmbH ihren Sitz in einen anderen Gerichtsbezirk, ist sie fortan in einem anderen Handelsregister einzutragen. Die Anmeldung der Sitzverlegung erfolgt gemäß § 13h Abs. 1 HGB ausschließlich zum Ausgangsgericht, das nach eigener Prüfung das Verfahren unter Beifügung der bei ihm aufbewahrten Urkunden von Amts wegen an das Zielgericht abgibt.[76] Ebenso wie beim Statuswechsel (und anders als bei der Verschmelzung oder Spaltung) betrifft der Registervollzug des Formwechsels ein- und denselben Rechtsträger, weshalb die anzumeldenden Tatsachen ohne Weiteres in einer einzigen Registeranmeldung zusammengefasst werden könnten. Da de lege lata Anmeldungen betreffend eGbR (§ 707b Nr. 2 BGB iVm § 12 HGB), Partnerschaftsgesellschaften (§ 5 Abs. 2 PartGG iVm § 12 HGB), Personenhandels- und Kapitalgesellschaften (§ 12 HGB) sowie eingetragene Genossenschaften (§§ 11, 157 GenG) elektronisch in öffentlich beglaubigter Form einzureichen sind bzw. – bei eingetragenen Vereinen – jedenfalls fakultativ elektronisch eingereicht werden können,[77] wären in verfahrenstechnischer Hinsicht keine weiteren Anpassungen erforderlich.

Verfahrensrechtliche Grenzen sind dem „One-Stop-Shop“ jedoch auf unionsrechtlicher Ebene gesetzt. Gemäß Artikel 86m der sogenannten Gesellschaftsrechtsrichtlinie[78] bestimmt der Wegzugsstaat das für die Prüfung der nach seinem Recht erforderlichen Verfahrensschritte zuständige Ausgangsgericht sowie das Verfahren der Anmeldung in technischer und rechtlicher Hinsicht. Vice versa obliegt dem Zuzugsstaat die Regelungshoheit für die Anmeldung beim Zielgericht (Art. 86o der Gesellschaftsrechtsrichtlinie). Für eine von Amts wegen vorzunehmende grenzüberschreitende Verfahrensabgabe fehlte es daher gegenwärtig an einer unionsrechtlichen Grundlage. Zwar ließe sich eine grenzüberschreitende Verfahrensabgabe nebst Übermittlung der eingereichten Dokumente an das Zuzugsgericht in technischer Hinsicht grundsätzlich durch das Business Registers Interconnection System (BRIS) umsetzen. Über dieses System wird gegenwärtig unter anderem bereits die Formwechselbescheinigung vom Ausgangs- an das Zielgericht übermittelt, vgl. Artikel 86n der Gesellschaftsrechtsrichtlinie. In informationstechnischer Hinsicht müsste dieser Anwendungsbereich daher lediglich erweitert werden. Eine solche Konsolidierung sämtlicher Eintragungsinhalte in einer einzigen Registeranmeldung verbunden mit einer grenzüberschreitenden Verfahrensabgabe brächte jedoch keinen rechtstatsächlichen Mehrwert und wäre der Erfüllung des registergerichtlichen Prüfungsauftrags eher abträglich als förderlich. In Ermangelung einer sprachlichen Harmonisierung des grenzüberschreitenden Umwandlungsverfahrens müsste die (einzige) Registeranmeldung stets unter Berücksichti-

---

[76] Vgl. Krafka in MüKoHGB, 5. Aufl. 2021, HGB § 13h Rn. 5.

[77] DNotI-Report 2022, 25 (27); Geißler in BeckOGK, 1.12.2023, BGB § 77 Rn. 6.

[78] Richtlinie (EU) 2017/1132 des Europäischen Parlaments und des Rates vom 14.6.2017 über bestimmte Aspekte des Gesellschaftsrechts (ABl. 2017 L 169, 46) idF Richtlinie (EU) 2019/2121 des Europäischen Parlaments und des Rates vom 27.11.2019 zur Änderung der Richtlinie (EU) 2017/1132 in Bezug auf grenzüberschreitende Umwandlungen, Verschmelzungen und Spaltungen (ABl. 2019 L 321, 1).

gung der formalen Anforderungen in den beiden involvierten Gerichtssprachen verfasst sein. In formaler Hinsicht müssen zwar gemäß Art. 86m Abs. 4 und 86o Abs. 3 der Gesellschaftsrechtsrichtlinie alle Mitgliedsstaaten ein Verfahren zur Online-Registeranmeldung vorhalten. Die Voraussetzungen, die die Mitgliedstaaten unter anderem an die Echtheit, Korrektheit, Zuverlässigkeit, Vertrauenswürdigkeit und die vorgeschriebene rechtliche Form eingereichter Urkunden und Informationen stellen, können sich jedoch gemäß Art. 13 Abs. 3c der Gesellschaftsrechtsrichtlinie zwischen dem Wegzugs- und dem Zuzugsstaat unterscheiden, sodass nicht gewährleistet wäre, dass die Anmeldung zum Gericht des Wegzugsstaats auch den Anforderungen des Zuzugsstaats genügt. Schließlich bestimmen sich die materiellrechtlichen Eintragungsvoraussetzungen der neuen Rechtsform gemäß Art. 86o Abs. 1 UAbs. 2 der Gesellschaftsrechtsrichtlinie ausschließlich nach dem Recht des Zuzugsstaats, sodass die Eintragungsvoraussetzungen verschiedener Rechtsordnungen in einer Anmeldung zusammenzufassen wären.

III. *Zusammenfassung*

1. Der Formwechsel bestimmt die rechtlichen Grundlagen und den stets konstitutiven Registervollzug des Wechsels zwischen verschiedenen registrierten Rechtsformen. Der Statuswechsel beschreibt (ausschließlich) den (teils konstitutiven und teils deklaratorischen) Registervollzug des Wechsels zwischen verschiedenen registrierten Rechtsformen von Personengesellschaften und damit lediglich ein Element des Rechtsformwechsels. Die Anwendungsbereiche von Formwechsel und Statuswechsel schließen sich gegenseitig aus. Eine entsprechende Anwendung der §§ 192ff. UmwG auf den Wechsel zwischen verschiedenen Personengesellschaftsformen und den Statuswechsel kommt grundsätzlich nicht in Betracht.
2. Das BGB und HGB regeln den Registervollzug für den Statuswechsel präzise und abschließend. Der Registervollzug des Formwechsels ist im Umwandlungsgesetz unvollständig geregelt, wobei die Lücken teilweise durch eine an Sinn- und Zweck orientierte Anwendung der Formwechselvorschriften, die entsprechende Anwendung des Verschmelzungsregimes und durch die Anwendung allgemeiner Bestimmungen der HRV geschlossen werden können.
3. Während der Statuswechsel ausschließlich beim Ausgangsgericht anzumelden ist, welches das Verfahren von Amts wegen an das Zielgericht abgibt, wo es ohne weiteres Zutun des anmeldenden Rechtsträgers vollzogen wird, ist beim registerwechselnden Formwechsel eine zusätzliche Anmeldung zum Zielregister und der Nachweis der Eintragung im Ausgangsregister erforderlich. Diese verfahrensrechtliche Erleichterung des Statuswechsels kann und sollte perspektivisch vom Umwandlungsgesetzgeber aufgegriffen und auf den innerstaatlichen Formwechsel übertragen werden.

ADOLF REUL

Das Eigentümerwohnrecht und andere Eigentümerrechte in der Insolvenz/Eigentümergrundschulden bei Überlassungsverträgen

I. *Allgemeines zum dinglichen Wohnungsrecht in der Insolvenz*

Im Rahmen der Beurkundung von Überlassungsverträgen ist die Bestellung eines dinglichen Wohnungsrechts für den Übergeber gängige Praxis. Die Überlassung erfolgt im Wege der vorweggenommenen Erbfolge bzw. unter Ehegatten als sog. unbenannte Zuwendung. Um zu gewähren, dass der Übergeber den überlassenen Grundbesitz noch für eigene Wohnzwecke nutzen kann, behält sich der Übergeber ein lebenslängliches Wohnungsrecht am Objekt vor. Zur rechtlichen Absicherung des Übergebers wird dieses Wohnungsrecht gem. § 1093 BGB dinglich vereinbart und im Grundbuch eingetragen.

In der Insolvenz des Erwerbers gewährt das im Grundbuch eingetragene Wohnungsrecht als beschränktes dingliches Recht ein Aussonderungsrecht iSd § 47 InsO.[1] Die Immobilie fällt zwar ohne weiteres in die Insolvenzmasse und kann von dem Insolvenzverwalter gem. §§ 80, 81 InsO verwertet werden. Der Insolvenzverwalter muss aber das dingliche Wohnungsrecht gegen sich gelten lassen. Das dingliche Wohnungsrecht bleibt als schuldnerfremdes Vermögen bestehen. Der Erwerber, der die Immobilie aus der Insolvenzmasse erwirbt, muss das dingliche Wohnungsrecht übernehmen.[2] Ebenso stehen dem Berechtigten des Wohnungsrechts als Inhaber des Aussonderungsrechts die Ansprüche des § 1004 BGB zu.[3] Ein Selbsthilferecht besteht für den Aussonderungsberechtigten freilich nicht.[4]

Anders ist es im Falle der Insolvenz des Wohnungsberechtigten selbst. Nach §§ 80, 81 InsO geht die Verwaltungs- und Verfügungsbefugnis nur insoweit auf den Insolvenzverwalter über, als die Insolvenzmasse davon betroffen ist. Nur bezüglich der Insolvenzmasse besteht ein Recht (und eine Pflicht) zur Inbesitznahme durch den Insolvenzverwalter. Das Verwertungsrecht des Insolvenzverwalters gem. § 1 InsO zur bestmöglichen Gläubigerbefriedigung beschränkt sich ebenso nur auf das Vermögen des Schuldners, das zur Insolvenzmasse gehört.

---

[1] Haneke in BeckOK InsR, 34. Ed. 15. 1. 2024, InsO § 47 Rn. 62f.

[2] Vgl. statt aller Reul in Reul/Heckschen/Wienberg, Insolvenzrecht in der Gestaltungspraxis, 3. Aufl. 2022, § 2 Rn. 40ff.

[3] Lüdtke in Schmidt, Hamburger Kommentar zum Insolvenzrecht, 9. Aufl. 2022, InsO § 47 Rn. 8 und Rn. 81.

[4] Haneke in BeckOK InsR, 34. Ed. 15. 1. 2024, InsO § 47 Rn. 62; Brinkmann in Uhlenbruck, 15. Aufl. 2019, InsO § 47 Rn. 126.

Nach § 35 InsO umfasst das Insolvenzverfahren grundsätzlich das gesamte Vermögen, dass dem Schuldner zum Zeitpunkt der Eröffnung des Insolvenzverfahrens gehört und das er während der Dauer des Verfahrens erlangt. Nicht zur Insolvenzmasse gehören nach § 36 Abs. 1 S. 1 InsO dagegen solche Vermögenswerte, die nicht der Zwangsvollstreckung unterliegen. § 36 Abs. 1 S. 2 InsO verweist insoweit auf die Vorschriften der ZPO. Der Zwangsvollstreckung unterliegen hiernach nur solche Vermögenswerte, die der Pfändung unterworfen sind. Die Frage der Pfändbarkeit von Forderungen und Rechten richtet sich danach, ob das Recht übertragbar ist, § 851 Abs. 1 ZPO. Nicht übertragbare Rechte sind nach § 857 Abs. 3 ZPO der Pfändung unterworfen, wenn ihre Ausübung überlassen werden kann.

Das dingliche Wohnungsrecht ist nach § 1093 BGB seiner Rechtsnatur eine beschränkte persönliche Dienstbarkeit, jedoch mit nießbrauchsähnlichem Inhalt.[5] Damit gilt für das dingliche Wohnungsrecht nach § 1093 BGB auch § 1092 Abs. 1 S. 1 BGB. Das dingliche Wohnungsrecht ist daher nicht übertragbar. Damit ist das dingliche Wohnungsrecht an sich auch nicht pfändbar. In der Insolvenz des Wohnungsberechtigten fällt das dingliche Wohnungsrecht mangels Pfändbarkeit auch nicht in dessen Insolvenzmasse.

Das Wohnungsrecht kann allerdings in seiner Ausübung einem Dritten überlassen werden. Dies ist jedoch nur dann zulässig, wenn die Überlassung vom Eigentümer gestattet wurde, § 1092 Abs. 1 S. 2 BGB. Liegt eine solche Gestattung vor, ist damit auch das Recht pfändbar und damit in der Insolvenz des Wohnungsberechtigten Teil seiner Insolvenzmasse.[6] Fehlt eine solche Gestattung, gibt es keine Pfändbarkeit. Dann ist das dingliche Wohnungsrecht in der Insolvenz des Wohnungsberechtigten gerade nicht Teil seiner Insolvenzmasse.

Die Gestattung nach § 1092 Abs. 1 S. 2 BGB ist eine rechtsgeschäftliche Vereinbarung zwischen dem Eigentümer und dem Berechtigten, nicht aber ein einseitiges Rechtsgeschäft.[7] Die Gestattung kann dinglich vereinbart und mittels Einigung und Eintragung nach §§ 873, 877 BGB zum dinglichen Inhalt der Dienstbarkeit gemacht werden. Dann gilt die Gestattungsbefugnis gegenüber jedem Rechtsnachfolger des Grundstückseigentümers.[8] Zulässig ist aber auch eine nur schuldrechtlich wirkende Gestattung ohne Eintragung im Grundbuch. Diese kann formfrei, auch stillschweigend vereinbart werden. Ein Rechtsnachfolger des Eigentümers ist dann an diese Gestattung nicht gebunden.[9] Aus insolvenzrechtlicher Sicht spielt es indessen keine Rolle, ob die Gestattung zur Ausübungsüberlassung dinglich oder nur schuldrechtlich vereinbart wurde. In beiden Fällen ist das Recht pfändbar (§ 857

---

[5] Herrler in Grüneberg, 82. Aufl. 2023, BGB § 1093 Rn. 1.

[6] Zu den Folgen einer solchen Pfändung beim Nießbrauch, bei dem das Recht zur Ausübung bereits vom Gesetz wegen nach § 1059 S. 2 BGB einem Dritten überlassen werden kann, siehe BGHZ 166, 1 = NJW 2006, 1124.

[7] BGH NJW 2007, 1884 (1886); BeckRS 2009, 12594; RGZ 159, 193 (204); Mohr in MüKoBGB, 9. Aufl. 2023, BGB § 1092 Rn. 10.

[8] BGH MittBayNot 2009, 136; Herrler in Grüneberg, 82. Aufl. 2023, BGB § 1092 Rn. 7; Mohr in MüKoBGB, 9. Aufl. 2023, BGB § 1092 Rn. 10.

[9] Herrler in Grüneberg, 82. Aufl. 2023, BGB § 1092 Rn. 7; Mohr in MüKoBGB, 9. Aufl. 2023, BGB § 1092 Rn. 10.

Abs. 3 ZPO) und damit Teil der Insolvenzmasse des Berechtigten. Eine Eintragung im Grundbuch ist insoweit nicht erforderlich.[10]

Regelmäßig wird in der Praxis auf eine solche Gestattung der Überlassung der Ausübung beim dinglichen Wohnungsrecht verzichtet. Damit ist das dingliche Wohnungsrecht beim Berechtigten nicht pfändbar, unterliegt also nicht dem Zugriff seiner Gläubiger. Auch im Falle seiner Insolvenz fällt es daher nicht in die Insolvenzmasse und kann somit auch nicht vom Insolvenzverwalter verwertet werden.

Im Ergebnis ist die Bestellung eines dinglichen Wohnungsrechts daher in der Praxis ein gängiges Instrument zur Insolvenzsicherung: In der Insolvenz des Grundstückseigentümers verhindert das dingliche Wohnungsrecht zwar nicht die Verwertung des mit dem Wohnungsrecht belasteten Grundbesitzes selbst. Da das dingliche Wohnungsrecht aber ein Aussonderungsrecht gewährt, bleibt es auch bei einer Verwertung durch den Insolvenzverwalter bestehen und kann damit die Verwertung des Grundbesitzes zwar nicht verhindern, aber doch erheblich erschweren. In der Insolvenz des Wohnungsberechtigten kann der Insolvenzverwalter das Wohnungsrecht überhaupt nicht verwerten. Es steht uneingeschränkt dem insolventen Wohnungsberechtigten selbst zu.

II. Dingliche Rechte am eigenen Grundstück

Ein Wohnungsrecht nach § 1093 BGB kann auch für den Eigentümer am eigenen Grundstück bestellt werden. Das Gesetz geht bereits selbst in § 889 BGB davon aus, dass ein Recht an einem fremden Grundstück nicht dadurch erlischt, dass der Eigentümer des Grundstücks das Recht oder der Berechtigte das Eigentum an dem Grundstück erwirbt.[11]

Auch ein Nießbrauch am eigenen Grundstück[12] wie auch die Bestellung eines Wohnungsrechts[13] oder einer beschränkten persönlichen Dienstbarkeit[14] am eigenen Grundstück sind daher allgemein anerkannt.[15] Dies gilt dabei nicht nur, wenn das beschränkte dingliche Recht zunächst an einem fremden Grundstück bestellt wurde und danach der Berechtigte des beschränkten dinglichen Rechts Eigentümer dieses Grundstücks wird.[16] Ein solches beschränktes dingliches Recht kann vielmehr auch von vornherein am eigenen Grundstück bestellt werden.[17]

---

[10] BGH NJW 1962, 1392 (1393); MittBayNot 2007, 47; MittBayNot 2009, 136.

[11] BGHZ 190, 267 Rn. 7 = DNotZ 2012, 137.

[12] BGHZ 190, 267 Rn. 7.

[13] Herrler in Grüneberg, 82. Aufl. 2023, BGB § 1093 Rn. 7; Reymann in Staudinger, 2021, BGB § 1093 Rn. 19; Schöner/Stöber, Grundbuchrecht, 16. Aufl. 2020, Rn. 1244.

[14] BGHZ 41, 209 (210); NJW 1988, 2362 (2363).

[15] Vgl. Reischl in BeckOK BGB, 67. Ed. 1.8.2023, BGB § 1030 Rn. 13; Herrler in Grüneberg, 82. Aufl. 2023, BGB § 1030 Rn. 3, § 1090 Rn. 3, § 1093 Rn. 7; Pohlmann in MüKoBGB, 9. Aufl. 2023, BGB § 1030 Rn 80 ff.; Mohr in MüKoBGB, 9. Aufl. 2023, BGB § 1090 Rn. 38; Schöner/Stöber, Grundbuchrecht, 16. Aufl. 2020, Rn. 1200, 1244.

[16] OLG München FGPrax 2011, 17.

[17] BGHZ 190, 267 = NJW 2011, 3517; OLG Köln NJW-RR 1999, 239; BayObLG MittBayNot 1979, 6 (8); LG Stade NJW 1968, 1678 f.; LG Hamburg DNotZ 1969, 39 (40); LG Verden NdsRpfl. 1970, 208 (209); DNotI-Report 1997, 73; Pohlmann in MüKoBGB, 9. Aufl. 2023,

Die Rechtsprechung und Teile der Literatur verlangten für die Eintragung eines solchen Eigentümerrechts im Grundbuch zunächst, dass dafür ein berechtigtes Interesse nachzuweisen sei.[18] Ein solches berechtigtes Interesse wurde insbesondere dann angenommen, wenn die Eintragung des Rechts am eigenen Grundstück mit Rücksicht auf eine beabsichtigte Übertragung des Eigentums am belasteten Grundstück geschah.[19]

Geht es zB um die Bestellung eines Nießbrauchs im Zusammenhang mit einem Überlassungsvertrag, bietet eine vorherige, von dem Eigentümer selbst geschaffene dingliche Sicherung der ihm verbleibenden Nutzungsbefugnis erhebliche Vorteile gegenüber dem nur schuldrechtlichen Versprechen des Erwerbers, unmittelbar im Anschluss an den Erwerb einen Fremdnießbrauch an dem überlassenen Grundstück zu bestellen. Auch wenn dieses Versprechen durch einen Rangvorbehalt des Eigentümers (§ 881 BGB) und eine im Voraus abgegebene Eintragungsbewilligung des Erwerbers flankiert wird, ist der Eigentümer wegen der Möglichkeit von Verfügungsbeschränkungen des Erwerbers, die vor dem nach § 878 BGB maßgeblichen Zeitpunkt entstanden sind, und wegen der Wirkung des Rangvorbehalts nur für den jeweiligen Grundstückseigentümer (§ 881 Abs. 3 BGB) nicht in gleicher Weise geschützt.[20]

Später hat der BGH dieses Erfordernis, ein berechtigtes Interesse für die Bestellung eines Rechts am eigenen Grundstück (im konkreten Falle eines Nießbrauchs) nachzuweisen, ausdrücklich aufgegeben.[21] Nach Auffassung des BGH sei die Bestellung von Rechten am eigenen Grundstück bereits im Hinblick auf die bloße Möglichkeit eines solchen (berechtigten) Interesses als zulässig anzusehen. Wäre die Wirksamkeit der Bestellung eines Eigennießbrauchs von dem Nachweis eines – nur schwer nachprüfbaren – berechtigten Interesses abhängig, könnte die Entstehung des Rechts noch Jahre später mit der Begründung in Zweifel gezogen werden, bei dessen Begründung habe es an einem solchen Interesse des Eigentümers gefehlt. Mit dem Gebot, durch Eintragungen im Grundbuch im Grundstücksverkehr klare und sichere Rechtsverhältnisse zu schaffen, wäre dies nicht vereinbar.[22] Dem möglichen Einwand, der Eigentümernießbrauch könne dann dazu genutzt werden, Gläubigern den Zugriff auf das Grundstück zu erschweren, begegnete der BGH in dieser Entscheidung mit dem Hinweis auf die Anfechtungsvorschriften nach dem

---

BGB § 1030 Rn. 83; Schön, Der Nießbrauch an Sachen, 1992, S. 222ff.; Bayer in Erman, 17. Aufl. 2023, BGB § 1030 Rn. 6; Herrler in Grüneberg, 82. Aufl. 2023, BGB § 1030 Rn. 3; Heinze in Staudinger, 2021, BGB § 1030 Rn. 31ff.

[18] BGHZ 41, 209, 2011 = DNotZ 1964, 493; LG Stade NJW 1968, 1678; LG Verden Nds. Rpfleger 1970, 208; Rothe in RGRK-BGB, 12. Aufl. 2010, BGB § 1030 Rn. 5; Stürner in Soergel, 12. Aufl. 1991, BGB § 1030 Rn. 3; von Lübtow NJW 1962, 275 (276f.); Harder DNotZ 1970, 267 (271); aA Frank in Staudinger, 2009, BGB § 1030 Rn. 35; Pohlmann in MüKoBGB, 5. Aufl. 2007, BGB § 1030 Rn. 24; Bassenge in Palandt, 70. Aufl. 2011, BGB § 1030 Rn. 3; Schöner/Stöber, Grundbuchrecht, 14. Aufl. 2008, Rn. 1373; Schön, Der Nießbrauch an Sachen, 1992, S. 224; Weitnauer DNotZ 1958, 352 (358); Weitnauer DNotZ 1964, 716 (718); Harder DNotZ 1970, 267 (271ff.).

[19] BGHZ 41, 209, 2011 = DNotZ 1964, 493.

[20] BGH DNotZ 2012, 137 (138).

[21] BGH DNotZ 2012, 137.

[22] BGH DNotZ 1012, 137 (139); BGHZ 104, 298; BGHZ 26, 225 (228).

AnfG. Diese verdrängen nach Ansicht des BGH im Regelfall die zivilrechtlichen Vorschriften der §§ 138, 226 BGB. Eine etwaige Gläubigerbenachteiligungsabsicht sei daher im Anfechtungsverfahren, nicht aber im Rahmen einer Grundbucheintragung zu prüfen.[23]

Rechtsprechung und Literatur haben sich dieser neueren Auffassung – soweit ersichtlich – einhellig angeschlossen.[24] Der für das Immobilienrecht zuständige V. Senat des BGH hat diese Ansicht jüngst bestätigt und sie jetzt ausdrücklich auch auf das dingliche Wohnungsrecht als Sonderform einer beschränkten persönlichen Dienstbarkeit übertragen.[25] Ähnlicher Ansicht war bereits vorher der Insolvenzrechtssenat des BGH[26] und die Literatur.[27]

III. Eigentümerwohnrecht als Schutz vor einem Gläubigerzugriff und die Entscheidung des BGH vom 2. 3. 2023 – V ZB 64/21

Im Rahmen der vorsorgenden Vertragsgestaltung stellt sich die Frage, ob man auf dieser Grundlage die Bestellung eines Eigentümerwohnrechts auch als Gestaltungsinstrument im Rahmen eines „Asset Protection" einsetzen kann, wenn es also darum geht, durch bestimmte Gestaltungen das eigene Vermögen vor dem Zugriff der Gläubiger zu schützen.[28] Im Kern geht es darum, ob der Vollstreckungsschutz des dinglichen Wohnungsrechts – wie soeben dargestellt – nach §§ 1092 BGB, §§ 851 Abs. 1, 857 Abs 3 ZPO, §§ 35, 36 InsO nur greift, wenn das Wohnungsrecht im Zusammenhang mit der Veräußerung der Immobilie an einem (dann) fremden Grundstück bestellt wurde, oder auch dann, wenn das Wohnrecht für den Grundstückseigentümer selbst als Eigentümerwohnrecht im Grundbuch eingetragen, das Grundstück also gerade nicht veräußert wird.

In einem vom OLG Schleswig entschiedenen Fall hatte die Eigentümerin an ihrer Wohnung für sich ein Eigentümerwohnrecht bestellt und anschließend die Wohnung veräußert.[29] Später wurde über ihr Vermögen das Insolvenzverfahren eröffnet. Nach Anfechtung des Veräußerungsvertrages einigte man sich im Wege eines Vergleichs darauf, die Immobilie an die Schuldnerin, sprich an deren Insol-

---

[23] BGH DNotZ 2012, 137 (139f.).

[24] KG NZM 2019, 455; Rpfleger 2014, 130; OLG München DNotZ 2012, 778; RNotZ 2012, 44; Bayer/Lieder in Bauer/Schaub, GBO, 4. Aufl. 2018, AT C Rn. 440 und 506; Pohlmann in MüKoBGB, 9. Aufl. 2023, BGB § 1030 Rn. 82f.; Herrler in Grüneberg, 82. Aufl. 2023, BGB § 1030 Rn. 3 und § 1090 Rn. 3; Morvilius in Meikel, GBO, 11. Aufl. 2014, Einl. B Rn. 416; Reymann in Staudinger, 2017, BGB § 1093 Rn. 19; Schöner/Stöber, Grundbuchrecht, 15. Aufl. 2012, Rn. 1200 und 1244; Strobel ZfPW 2019, 2021, 42 (56ff.).

[25] BGH DNotZ 2023, 518 und BeckRS 2023, 22721.

[26] BGH BeckRS 2009, 12594; OLG Schleswig BeckRS 2009, 12640; OLG München FGPrax 2011, 17.

[27] Herrler in Grüneberg, 82. Aufl. 2023, BGB § 1093 Rn. 7; Mohr in MüKoBGB, 9. Aufl. 2023, BGB § 1093 Rn. 15; Reymann in Staudinger, 2021, BGB § 1093 Rn. 19; Schöner/Stöber, Grundbuchrecht, 16. Aufl. 2020, Rn. 1244.

[28] Vgl. dazu Reul in Reul/Heckschen/Wienberg, Insolvenzrecht in der Gestaltungspraxis, 3. Aufl. 2022, § 2 Rn. 200ff.

[29] OLG Schleswig BeckRS 2009, 12640.

venzverwalter zur Insolvenzmasse, zurück zu übertragen. Hierzu wurde ein notarieller Vertrag geschlossen. Ein Vollzug im Grundbuch blieb zunächst aus. In Streit war alsdann, ob das im Grundbuch eingetragene Wohnungsrecht in die Insolvenzmasse fiel. Das OLG Schleswig verneinte dies mit dem Argument, eine beschränkte persönliche Dienstbarkeit und damit das dingliche Wohnungsrecht sei nur dann Teil der Insolvenzmasse, wenn es gepfändet werden könne Dies setze voraus, dass dem Berechtigten die Überlassung der Ausübung der Dienstbarkeit nach § 1092 Abs. 1 S. 2 BGB gestattet sei.[30] Fehle es an einer solchen Gestattung, scheide ein Insolvenzbeschlag aus. Diese Gestattung könne auch der Insolvenzverwalter nicht einseitig erklären, wenn zugunsten der Schuldnerin aufgrund des Notarvertrages ein Anwartschaftsrecht auf Rückübertragung der Wohnung begründet wurde. Notwendig sei immer eine Vereinbarung zwischen Berechtigtem und Verpflichtetem.[31]

Der für das Insolvenzrecht zuständige IX. Senat des BGH hat diese Auffassung bestätigt.[32] Er hat nochmals ausdrücklich dargelegt, dass eine beschränkte persönliche Dienstbarkeit nur dann nach § 857 Abs. 3 ZPO gepfändet werden könne und zur Insolvenzmasse nach §§ 35, 36 InsO gehöre, wenn die Überlassung der Ausübung an einen Dritten gestattet sei. Die Gestattung könne zum Inhalt des dinglichen Rechts nach § 873 BGB oder schuldrechtlich vereinbart werden. Eine einseitige Überlassungsgestattung genüge nicht, und zwar selbst dann nicht, wenn die mit dem Wohnungsrecht zugunsten der Schuldnerin belastete Immobilie an die Schuldnerin übertragen worden und deren Rechtserwerb im Grundbuch vollzogen worden sei.[33]

Gleicher Ansicht war das OLG München.[34] Hier wurde das Wohnrecht zunächst an einem fremden Grundstück bestellt und im Grundbuch eingetragen. Im Zeitpunkt der Bestellung des Rechts war über das Vermögen des Berechtigten bereits das Insolvenzverfahren eröffnet. Später hat der Berechtigte des Wohnungsrechts das Eigentum an dem belasteten Grundstück erworben.[35] Das OLG München entschied, dass das dingliche Wohnungsrecht wie sonst eine beschränkte persönliche Dienstbarkeit auch nach §§ 1092 Abs. 1 S. 1 BGB nicht übertragbar und deshalb mangels Pfändbarkeit gem. § 857 Abs. 1 ZPO grundsätzlich nicht Gegenstand der Insolvenzmasse nach §§ 35, 36 InsO sei.[36] Auch insolvenzrechtliche Prinzipien gebieten entgegen des sonst bestehenden Gleichlaufs keine von der Einzelzwangsvollstreckung abweichende Wertung. Gebe es keine Gestattung, wonach das Wohnungsrecht einem Dritten gem. § 1092 Abs. 1 S. 2 BGB zur Ausübung überlassen werden könne, falle das Wohnungsrecht mangels Übertragbarkeit und Pfändbarkeit überhaupt nicht in die Insolvenzmasse. Gehöre aber das Wohnungsrecht nicht zur Insolvenzmasse, sei der Insolvenzverwalter auch nicht dazu befugt, hierüber zu verfügen. Dies sei ausschließlich der Wohnungsberechtigte selbst. Gehe es um die Auf-

[30] BGH BeckRS 2009, 12594.
[31] OLG Schleswig BeckRS 2009, 12640.
[32] BGH BeckRS 2009, 12594.
[33] BGH BeckRS 2009, 12594.
[34] OLG München FGPrax 2011, 17.
[35] OLG München FGPrax 2011, 17.
[36] BGH MittBayNot 2007, 47.

gabe und Löschung des Rechts, könne nur der Wohnungsberechtigte selbst das Recht aufgeben und im Grundbuch löschen lassen. Daran ändere nach Ansicht des OLG München auch nichts, dass der Berechtigte das Eigentum an dem belasteten Grundstück erworben habe, denn nach § 889 BGB erlösche ein an einem fremden Grundstück begründetes Recht nicht durch Konsolidation. Das Recht bestehe mit seinem bisherigen Inhalt fort und verleihe die gleichen Befugnisse wie vor der Vereinigung der Berechtigung am dinglichen Recht und dem Eigentum. Insbesondere bleibe es auch bei der Verfügungsberechtigung über das betreffende Recht. Deshalb könne aus der Insolvenzzugehörigkeit des Eigentums (Vollrechts) nicht auch auf die Insolvenzzugehörigkeit des Wohnungsrechts geschlossen werden.[37]

Dieser Auffassung ist nunmehr der für das Immobilienrecht zuständige V. Senat des BGH mit seiner Entscheidung vom 2.3.2023 entgegengetreten.[38] In dem zugrunde liegenden Sachverhalt hat der Grundstückseigentümer sein Grundstück als Einlage in eine GbR eingebracht. Zuvor hat er für sich ein Wohnungsrecht an dem Grundstück bestellt mit der Bestimmung, dass die Überlassung des Wohnungsrechts an einen Dritten zur Ausübung ausdrücklich nicht gestattet sei. Nach Eintragung des Eigentumswechsels und des Wohnungsrechts im Grundbuch wurde über das Vermögen des Wohnungsberechtigten das Insolvenzverfahren eröffnet. Der Insolvenzverwalter nahm im Wege der Insolvenzanfechtung die GbR erfolgreich auf Rückgewähr des Grundstücks in Anspruch. Im Rahmen der Rückauflassung bewilligte und beantragte er gleichzeitig die Löschung des Wohnungsrechts. Der Insolvenzschuldner wurde daraufhin wieder als Eigentümer des Grundstücks eingetragen. Sein Wohnungsrecht wurde gelöscht.

Das KG als Beschwerdegericht billigte die Löschung des Wohnungsrechts durch den Insolvenzverwalter.[39] Nach Ansicht des KG sei es jedenfalls für diese Fallgestaltung, bei der der Insolvenzschuldner bereits vor Insolvenzeröffnung Eigentümer des Grundstücks und zugleich Wohnungsberechtigter gewesen sei und dieser das Eigentum nach Anfechtung wiedererlange, gerechtfertigt, das Wohnungsrecht als der Insolvenzmasse zugehörig anzusehen.[40]

Der V. Zivilsenat des BGH bestätigte die Auffassung des KG. Auch wenn die Bestellung einer beschränkten persönlichen Dienstbarkeit und damit eines Wohnungsrechts am eigenen Grundstück zulässig sei, weil dafür ein praktisches Bedürfnis bestehe und die bloße Möglichkeit eines besonderen Interesses für die wirksame Bestellung eines solchen Eigentümerrechts genüge, sei eine solche beschränkte persönliche Dienstbarkeit am eigenen Grundstück nicht vollständig der Dienstbarkeit an einem fremden Grundstück gleichgestellt. Insbesondere gewähre eine solche Dienstbarkeit am eigenen Grundstück nicht dieselben Rechte wie eine Dienstbarkeit an einem fremden Grundstück. Leitbild des § 1092 Abs. 1 BGB, der die Unübertragbarkeit der Rechte aus einer beschränkten persönlichen Dienstbarkeit und damit den Ausschluss der Pfändbarkeit anordnet, sei, dass Grundstückseigentümer und Dienstbarkeitsberechtigter personenverschieden sind. § 1092 Abs. 1 BGB diene

---

[37] OLG München FGPrax 2011, 17.
[38] BGH DNotZ 2023, 518 und BeckRS 2023, 22721.
[39] KG NZI 2021, 1023.
[40] KG NZI 2021, 1023.

dem Schutz des Eigentümers. Der historische Gesetzgeber wollte mit der Unübertragbarkeit der beschränkten persönlichen Dienstbarkeit dem persönlichen Vertrauensverhältnis zwischen Eigentümer und Berechtigtem Rechnung tragen und ausschließen, dass der Berechtigte ohne Mitwirkung des Eigentümers ausgetauscht werden könne.[41] Das zeige, dass der Ausschluss der Pfändbarkeit nach §§ 851 Abs. 1, 857 Abs. 1 ZPO ein Fremdrecht voraussetze, wie es dem § 1092 Abs. 1 BGB zugrundeliegenden gesetzlichen Leitbild entspreche. Die Bestellung einer beschränkten persönlichen Dienstbarkeit an eigenen Grundstücken weiche davon ab. Dies sei allein aus Gründen der Praktikabilität zulässig. Für die beschränkte persönliche Dienstbarkeit und insbesondere das Wohnungsrecht an eigenen Grundstücken sei die Vorschrift des § 1092 Abs. 1 S. 2 BGB deshalb teleologisch einzuschränken. Der Berechtigte, der zugleich Eigentümer ist, müsse sich so behandeln lassen, als habe er es gem. § 1092 Abs. 1 S. 2 BGB gestattet, die Ausübung einem anderen zu überlassen.[42] Wäre eine beschränkte persönliche Dienstbarkeit und insbesondere das Eigentümerwohnrecht unpfändbar, könnte dies die Grundstücksverwertung erschweren und die Gläubiger benachteiligen. Das entspreche nicht dem Zweck des § 1092 Abs. 1 BGB.

Nach Ansicht des BGH komme es für die Pfändbarkeit dabei nicht auf den Zeitpunkt an, zu dem das Eigentümerwohnrecht entstehe. Unerheblich sei, ob das Wohnrecht von Anfang an als Eigentümerwohnrecht bestellt wurde oder ob nachträglich eine Vereinigung von Wohnrecht und Eigentum in einer Person erfolgt sei. In beiden Fällen sei bei dem Eigentümerwohnrecht von einer Gestattung der Überlassung zur Ausübung an einen Dritten auszugehen.

Mit dieser Entscheidung hat der V. Zivilsenat des BGH eine bereits ältere, wenig bekannte Entscheidung aus dem Jahr 1964 bestätigt.[43] Schon damals hatte der BGH entschieden, dass dann, wenn der Eigentümer eines Grundstücks und der Berechtigte einer beschränkten persönlichen Dienstbarkeit personenidentisch seien, die beschränkte persönliche Dienstbarkeit pfändbar sei, weil die Gestattung der Übertragung der Ausübung auf einen anderen gem. § 1092 Abs. 1 S. 2 BGB stets als erteilt zu erachten sei.

Der V. Zivilsenat des BGH widerspricht damit der gegenteiligen Ansicht des IX. Senats des BGH.[44] Dieser erklärte ausdrücklich, an seiner bisherigen gegenteiligen Auffassung nicht mehr festzuhalten.[45]

[41] Mugdan, Die gesamten Materialien zum BGB, Bd. III, S. 762; Mohr in MüKoBGB, 9. Aufl. 2023, BGB § 1092 Rn. 1; Sämisch ZInsO 2005, 923 (924).
[42] BGH NZI 2023, 413 Rn. 17; NJW 1964, 1226.
[43] BGHZ 41, 209 = NJW 1964, 1226.
[44] BGH BeckRS 2009, 12594.
[45] BGH DNotZ 2023, 518 Rn. 12.

IV. Folgen für die Vertragsgestaltung beim Wohnrecht

1. Dingliches Wohnungsrecht

Der V. Zivilsenat des BGH hat seine Auffassung zwischenzeitlich bestätigt.[46] Aufgrund dieser damit gefestigten Rechtsprechung scheidet die Bestellung eines Eigentümerwohnrechts als wirksames Gestaltungsinstrument zum Schutz vor dem Zugriff etwaiger eigener Gläubiger aus. Zu einem wirksamen Vollstreckungsschutz kommt es nur, wenn das Eigentümerwohnrecht zu einem Fremdrecht wird, das Recht also im Zusammenhang mit einer Veräußerung der Immobilie bestellt wird. Für das Wohnrecht am fremden Grundstück gilt dann uneingeschränkt die Regelung des § 1092 Abs. 1 S. 2 BGB. Ein Zugriff der Gläubiger des Berechtigten droht nur, wenn dem Wohnungsberechtigten gestattet wird, die Ausübung seines Rechts zu übertragen. Für einen wirksamen Vollstreckungsschutz ist es daher entscheidend, dass eine solche Gestattung zur Überlassung der Ausübung an einen Dritten nicht vereinbart wird.[47]

2. Anfechtungsrisiko

Was freilich bleibt ist das Risiko, dass – wie in dem Fall des OLG Schleswig[48] – das Veräußerungsgeschäft, mit welchem die Immobilie, an der zuvor oder gleichzeitig ein Wohnungsrecht für den vormaligen Eigentümer bestellt wird, an einen Dritten übertragen wird, im Wege der Gläubiger- oder Insolvenzanfechtung angefochten wird.

Im Rahmen der Einzelzwangsvollstreckung kann der anfechtende Gläubiger regelmäßig nicht die Beseitigung dieses Rechts verlangen, sondern nur, dass der Anfechtungsgegner dem Recht des Gläubigers gegen seinen Schuldner Vorrang vor dem anfechtbar bestellten Recht einräumt, wobei Zwischenrechte Dritter unberührt bleiben.[49] Der vormalige Eigentümer als Berechtigter des Wohnungsrechts ist insoweit Sonderrechtsnachfolger iSd § 11 Abs. 2 AnfG des ursprünglichen Anfechtungsgegners (= Erwerber). Die Sonderrechtsnachfolge setzt nicht die Vollrechtsübertragung des anfechtbar Erlangten voraus. Vielmehr kann Sonderrechtsnachfolge in diesem Sinne auch dann schon vorliegen, wenn aus dem anfechtbar Erworbenen ein neues beschränktes Recht geschaffen oder ein besondere Befugnis abgezweigt wird.[50] Dies trifft insbesondere auch dann zu, wenn bei der anfechtbaren Übertragung eines Grundstücks eine Dienstbarkeit etc. begründet wird.[51] Daneben kommt auch eine Anfechtung der Bestellung des beschränkten dinglichen Rechts gegenüber dem vormaligen Eigentümer selbst aufgrund Vorsatzanfechtung in Betracht (Selbstbegünstigung).[52]

---

[46] BGH BeckRS 2023, 22721.
[47] Drasdo NJW-Spezial 2023, 386.
[48] OLG Schleswig BeckRS 2009, 12640.
[49] BGH NJW 1995, 2846 (2848); Huber, 12. Aufl. 2021, AnfG § 13 Rn. 26.
[50] BGH NJW 1995, 2846.
[51] BGH NJW 1995, 2846; RGZ 25, 409 (412).
[52] BFH MittBayNot 2010, 410; BGH DNotZ 2012, 137.

Ähnlich ist die Rechtslage im Falle der Anfechtung nach der InsO. Der Anfechtungsgegner hat nach § 143 Abs. 1 InsO den gesamten durch die anfechtbare Rechtshandlung erlangten Vermögenswert zur Insolvenzmasse zurückzugewähren. Anders als im Falle der Anfechtung nach dem AnfG ist Rechtsfolge der Anfechtung nach der InsO aber die Löschung des beschränkten dinglichen Rechts. Insofern unterscheidet sich § 143 InsO von § 11 AnfG, welcher eine Zurverfügungstellung nur insofern verlangt, als dass dies zur Befriedigung des Gläubigers erforderlich ist.[53]

Da die längst mögliche Anfechtung bei der Vorsatzanfechtung zehn Jahre beträgt, tritt in dieser Konstellation der Begründung eines dinglichen Wohnungsrechts im Zusammenhang mit der Veräußerung der Immobilie mithin endgültiger Vollstreckungsschutz erst mit Ablauf dieser zehn Jahre ein.

V. Eigentümernießbrauch

Keinerlei Vollstreckungsschutz bietet der Eigentümernießbrauch. Der Nießbrauch ist nach § 1059 S. 2 BGB von Gesetz wegen in seiner Ausübung übertragbar. Damit unterliegt er der Pfändung nach § 857 Abs. 3 ZPO und gehört somit in der Insolvenz des Berechtigten auch zu dessen Insolvenzmasse, §§ 35, 36 InsO. Zwar kann das Recht, den Nießbrauch einem Dritten zur Ausübung zu überlassen, mit dinglicher Wirkung ausgeschlossen werden.[54] Dieser Ausschluss hindert jedoch nach § 851 Abs. 2 ZPO nicht die Vollstreckung in den Nießbrauch.[55]

VI. Dingliches Wohnungsrecht nach Ausübung von Rückforderungsrechten

Gegenstand der klassischen Überlassungsverträge ist neben der Bestellung eines dinglichen Wohnungsrechts oder Nießbrauchs in vielen Fällen auch die Vereinbarung von Rückforderungsrechten für den Veräußerer. Diese Rückforderungsrechte werden entweder für bestimmte Ereignisse beim Erwerber vereinbart (zB Veräußerung und/oder Belastung des übertragenen Grundbesitzes ohne Zustimmung des Veräußerers, Insolvenz des Erwerbers oder Pfändung in den überlassenen Grundbesitz, Vorversterben des Veräußerers, Verehelichung des Erwerbers ohne Vereinbarung von Gütertrennung oder einer modifizierten Zugewinngemeinschaft). Damit wird sichergestellt, dass zumindest zu Lebzeiten des Veräußerers der überlassene Grundbesitz nicht in fremde Hände gelangt.[56]

Zum Teil wird aber auch ein freies Rückforderungsrecht für den Veräußerer vereinbart, dass dieser stets und ohne Vorliegen besonderer Gründe ausüben kann. Ein solches freies Rückforderungsrecht kommt in Betracht, wenn es darum geht, den

---

[53] Schoon in BeckOK InsR, 34. Ed. 15.1.2024, InsO § 143 Rn. 13; Kirchhof/Piekenbrock in MüKoInsO, 4. Aufl. 2019, InsO § 143 Rn. 44.

[54] BGH NJW 1985, 827; Herrler in Grüneberg, 82. Aufl. 2023, BGB § 1059 Rn. 3.

[55] BGH NJW 1985, 2827; Herrler in Grüneberg, 82. Aufl. 2023, BGB § 1059 Rn. 5.

[56] Reul in Reul/Heckschen/Wienberg, Insolvenzrecht in der Gestaltungspraxis, 3. Aufl. 2022, § 2 Rn. 218 ff.

Veräußerer wirtschaftlich abzusichern, wenn er also sonst keine weiteren Vermögenswerte hat und andernfalls Gefahr liefe, in die wirtschaftliche Abhängigkeit der Erwerber der Immobilie zu geraten. Schenkungssteuerrechtlich ist ein solches freies Rückforderungsrecht anerkannt, dh die Schenkung gilt als ausgeführt und hindert nicht den Lauf der Zehn-Jahres-Frist des § 14 ErbStG.[57] Allerdings wird der Freibetrag des § 13a ErbStG für Betriebsvermögen nicht gewährt.[58] Der Erwerber wird auch nicht Mitunternehmer iSd Ertragsteuerrechts.[59]

Kommt es zur Ausübung eines solchen Rückforderungsrechts und wird der Veräußerer wieder als Eigentümer im Grundbuch eingetragen, wandelt sich sein dingliches Wohnungsrecht an dem fremden Grundstück in ein Eigentümerwohnrecht. Es gilt daher das oben Gesagte entsprechend. Vollstreckungsschutz bietet das Eigentümerwohnrecht auch in diesem Fall nicht.

VII. Dauerwohnrecht für den Eigentümer

Nach § 31 WEG kann ein Grundstück in der Weise belastet werden, dass derjenige, zu dessen Gunsten die Belastung erfolgt, berechtigt ist, unter Ausschluss des Eigentümers eine bestimmte Wohnung in einem auf dem Grundstück errichteten oder zu errichtenden Gebäude zu bewohnen oder in anderer Weise zu nutzen (Dauerwohnrecht).

Anerkannt ist, dass das Dauerwohnrecht auch am eigenen Grundstück bestellt werden kann.[60] Ein besonderes rechtliches Interesse muss hierfür nicht nachgewiesen werden. Schon zur alten Rechtsprechung, die für die Bestellung einer Dienstbarkeit oder eines Wohnungsrechts am eigenen Grundstück noch den Nachweis eines besonderen Interesses verlangte, lehnte das BayObLG einen solchen Nachweis für das Eigentümer-Dauerwohnrecht ab.[61] Zur Begründung führte das Gericht aus, dass sich das Dauerwohnrecht von der höchstpersönlichen Dienstbarkeit und dem höchstpersönlichen Wohnungsrecht dadurch unterscheide, dass es stets veräußerlich und vererblich sei.[62]

Aus insolvenzrechtlicher Sicht entscheidend ist, dass das Dauerwohnrecht nach § 33 WEG stets veräußerlich und vererblich ist. In der Insolvenz des Berechtigten fällt das Dauerwohnrecht daher uneingeschränkt in dessen Insolvenzmasse und kann vom Insolvenzverwalter verwertet werden.[63]

Besondere Bedeutung bei der Vertragsgestaltung zum Zwecke eines Insolvenzschutzes hat das Eigentümer-Dauerwohnrecht daher nicht. Es gilt dasselbe wie

[57] BFH BStBl. II 1989, 1034.

[58] Erbschaftsteuerrichtlinien 2019 H 13b.5; Münch, Ehebezogene Rechtsgeschäfte, 5. Aufl. 2020, III. Zuwendungen zur Haftungsvermeidung, Rn. 190.

[59] BFH BStBl. II 1989, 877; Erbschaftsteuerrichtlinien 2019 H 13b.5.

[60] BayObLG DNotZ 1998, 374; Schneider in Bärmann, 15. Aufl. 2023, WEG vor § 31 Rn. 25; Wicke in Grüneberg, BGB, 82. Aufl. 2023, WEG § 31 Rn. 4.

[61] BayObLG DNotZ 1998, 374.

[62] BayObLG DNotZ 1998, 374 (375).

[63] Munzig in BeckOK WEG, 56. Ed. 2.4.2024, WEG § 31 Rn. 84; Lehmann RNotZ 2011, 1 (29).

beim dinglichen Wohnungsrecht oder Nießbrauch. Vollstreckungsschutz wird erst erreicht, wenn das Recht zum Fremdrecht wird, also der damit belastete Grundbesitz veräußert wird. Auch dann aber schützt das Dauerwohnrecht nur im Falle der Vollstreckung in den Grundbesitz bzw. im Fall der Insolvenz des Grundstückseigentümers. Schutz in der Insolvenz des Dauerwohnberechtigten selbst gewährt das Recht aber auch in diesem Fall nicht.

VIII. Eigentümergrundschulden

Nach § 1196 Abs. 1 BGB kann der Grundstückseigentümer für sich selbst am eigenen Grundstück eine Grundschuld bestellen. Insolvenzrechtliche Besonderheiten gibt es bei Eigentümergrundschulden nicht. Die Grundschuld als solche kann übertragen werden. Die Eigentümergrundschuld unterliegt damit der Gläubigerpfändung und fällt nach §§ 35, 36 InsO in der Insolvenz des Eigentümers in dessen Insolvenzmasse. Der Insolvenzverwalter kann die Eigentümergrundschuld verwerten, insbesondere auch die Zwangsvollstreckung aus der Eigentümergrundschuld betreiben oder – ganz einfach – im Rahmen der auf ihn übergegangenen Verwaltungs- und Verfügungsbefugnis die Löschung der Eigentümergrundschuld bewilligen und beantragen. Das Vollstreckungsverbot für den Eigentümer bei einer Eigentümergrundschuld nach § 1197 Abs. 1 BGB gilt gegenüber dem Insolvenzverwalter nicht.[64]

Soweit es nachrangige Grundpfandrechtsgläubiger gibt, kann ggf. aber ein insolvenzfester Löschungsanspruch § 1179a BGB gegeben sein. Hiernach kann der Grundpfandgläubiger von dem Eigentümer nach § 1179a Abs. 1 S. 1 BGB verlangen, dass dieser eine vorrangige oder gleichrangige Hypothek löschen lässt, wenn sie im Zeitpunkt der Eintragung der Hypothek des Gläubigers mit dem Eigentum in einer Person vereinigt ist oder eine solche Vereinigung später eintritt. Soweit eine Grundschuld für den Eigentümer bestellt wurde, gilt dies nach § 1196 Abs. 3 BGB nur, nachdem diese zunächst an einen Dritten abgetreten wurde.[65]

Von Bedeutung ist die Bestellung von Eigentümergrundschulden im Zusammenhang mit einer etwaigen Insolvenz des Grundstückseigentümers, wenn der Eigentümer die Eigentümergrundschuld im Vorfeld der Insolvenz an einen Dritten, namentlich an Familienangehörige, abgetreten hat, sei es zur Absicherung einer eigenen Schuld oder einer fremden Schuld. Die Grundschuld wird damit zur Fremdgrundschuld. In Betracht kommt hier eine Anfechtung der Abtretung durch den Insolvenzverwalter nach den §§ 129ff. InsO. Dient eine solche Abtretung der Absicherung einer fremden Schuld, kann darin weiter eine Vermögensverschwendung iSd § 290 Abs. 1 Nr. 4 InsO erkannt werden, die zu einer Versagung der Restschuldbefreiung führt.[66]

---

[64] BGH NJW 2016, 3239 Rn. 15; Markovic in BeckOK InsR, 33. Ed. 15.7.2023, Immobilienverwertung im Insolvenzverfahren Rn. 538; Herrler in Grüneberg, 82. Aufl. 2023, BGB § 1197 Rn. 2.

[65] Markovic in BeckOK InsR, 33. Ed. 15.7.2023, Immobilienverwertung im Insolvenzverfahren Rn. 375.

[66] BGH NZI 2011, 641.

Insolvenzrechtliche Risiken haben Eigentümergrundschulden auch im Zusammenhang mit klassischen Überlassungsverträgen. Dies wird oftmals übersehen. Beispielhaft kann der Fall genannt werden, der der Entscheidung des BGH vom 24.3.2016 zu Grunde lag.[67] Dort hatten die Eigentümer ihrem Sohn ihr Grundstück überlassen und sich dabei – wie üblich – ein vormerkungsgesichertes Rückforderungsrecht unter anderem für den Fall der Insolvenz des Erwerbers vorbehalten. Die Besonderheit in diesem Fall lag darin, dass der überlassene Grundbesitz noch mit einer Fremdgrundschuld, die vor der Rückauflassungsvormerkung der Eigentümer eingetragen war, belastet war. Diese Fremdgrundschuld sicherte bestehende Darlehensverbindlichkeiten, die der Erwerber in der Folgezeit tilgte. Später wurde über das Vermögen des Erwerbers das Insolvenzverfahren eröffnet. Die Veräußerer machten daraufhin ihr im Überlassungsvertrag vereinbartes Rückforderungsrecht geltend. Gleichzeitig verlangten sie die Übertragung der eingetragenen Grundschuld, nachdem die ursprüngliche Gläubigerin zwischenzeitlich auf die Grundschuld verzichtete.

Der Insolvenzverwalter hat den Anspruch auf Rückübertragung des Grundstücks aufgrund der eingetragenen Vormerkung gem. § 106 InsO erfüllt, nicht aber den Anspruch auf Übertragung der Grundschuld.

Der BGH hat einen Anspruch auf Übertragung der Grundschuld verneint. Die Grundschuld wurde im Laufe des Insolvenzverfahrens von einer Fremdgrundschuld infolge des Verzichts zu einer Eigentümergrundschuld (§§ 1192 Abs. 1, 1168 Abs. 1 und Abs. 2 BGB) und alsdann nach Erfüllung des Rückforderungsanspruchs und Rückübereignung an die Veräußerer wieder zur Fremdgrundschuld. Als Eigentümergrundschuld ist diese nach § 35 Abs. 1 InsO in die Insolvenzmasse gefallen.[68] Der Insolvenzverwalter kann sie daher verwerten. Ob die Eigentümergrundschuld später durch Übertragung des belasteten Grundstücks an die vormaligen Veräußerer wieder zur Fremdgrundschuld geworden ist oder nicht, spielt für das Verwertungsrecht des Insolvenzverwalters keine Rolle. Selbst dann, wenn sich der Erwerber gegenüber den Veräußerern verpflichtete, die Grundschuld nach Tilgung der zu Grunde liegenden Forderungen nicht ohne Zustimmung der Veräußerer neu zu valutieren oder darüber zu verfügen bzw. dass die Veräußerer nach Ausübung des Rückforderungsrechts einen Anspruch auf Übertragung der auf den Erwerber übergegangenen Grundschuld (nach Tilgung der Forderungen und Verzicht der Gläubigerin auf die Grundschuld) gehabt haben, ergibt sich nach Ansicht des BGH nichts anderes. Der BGH führte aus, dabei handele es sich nur um schuldrechtliche Ansprüche, die nach § 137 S. 2 InsO nach insolvenzrechtlichen Regeln als „einfache Insolvenzforderungen" gegenüber dem Insolvenzverwalter geltend gemacht und nur mit der Insolvenzquote befriedigt werden (§§ 45, 38 InsO). Die zugunsten der Veräußerer eingetragene Vormerkung ändere daran nichts, denn diese sichere den Anspruch des Vormerkungsgläubigers gegenüber dem Insolvenzverwalter nach § 106 Abs. 1 S. 1 InsO nur in dem Umfang, wie er auch tatsächlich durch die Vormerkung gesichert ist. Sichere die Vormerkung danach nur den Anspruch auf

---

[67] BGH NZI 2016, 641.

[68] BGH NZI 2016, 451 Rn. 8f.; NJW 1989, 2536.

Rückübertragung des Eigentums bei Ausübung des Rückforderungsrechts, erstrecke sich der Vormerkungsschutz gegenüber dem Insolvenzverwalter nach § 106 Abs. 1 S. 1 InsO nicht auch auf einen etwaigen Anspruch auf Übertragung der vor der Rückauflassungsvormerkung eingetragenen Grundschuld.[69]

IX. Eigentümergrundschulden bei Überlassungsverträgen und notarielle Vertragsgestaltung

1. Risiken bei bestehenbleibenden Grundschulden

Die vorgenannte Entscheidung des BGH macht deutlich, welche besonderen Risiken bestehen, wenn im Rahmen von Überlassungsverträgen im Grundbuch vorrangig eingetragene Grundschulden vom Erwerber übernommen werden. Sofern sich die Veräußerer in solchen Überlassungsverträgen – wie häufig – Rechte zurückbehalten, sei es die klassischen Rückforderungsrechte für bestimmte Fälle und/oder etwa ein Wohnungsrecht oder ein Nießbrauch, droht den Veräußerern im Falle der Insolvenz des Erwerbers wegen dieser vorrangig eingetragenen Grundschulden der vollständige Verlust ihrer nachrangig eingetragenen Rechte. Dies gilt sowohl dann, wenn die vorrangig eingetragenen Grundschulden zunächst noch Fremdverbindlichkeiten sichern, die der Erwerber im Rahmen des Überlassungsvertrages entweder im Zusammenhang mit einer Schuldübernahme oder zur bloßen dinglichen Haftung übernimmt. Gleiches gilt aber auch dann, wenn die Grundschulden nicht mehr valutieren, jedoch bestehen bleiben sollen, um künftigen Finanzierungszwecken des Erwerbers zu dienen oder wenn bei der Bestellung neuer Grundschulden die Veräußerer mit ihren Rechten im Rang zurücktreten.

Sofern diese Grundschulden zu Eigentümergrundschulden werden, sind sie selbständiges Zugriffsobjekt für den Insolvenzverwalter des Erwerbers. Zu Eigentümergrundschulden werden sie, wenn der Grundschuldgläubiger nach §§ 1192, 1168 Abs. 1 BGB auf die Grundschuld verzichtet oder wenn der Gläubiger diese an den Eigentümer abtritt.

Das besondere Risiko besteht nun darin, dass in diesem Fall ein Zugriff des Insolvenzverwalters auf diese Grundschulden auch dann droht, wenn die den Grundschulden zugrunde liegenden Verbindlichkeiten bereits getilgt sind. Dieses besondere Risiko dürfte den Beteiligten regelmäßig nicht bewusst sein.

In den allermeisten Fällen handelt es sich bei den in Überlassungsverträgen vom Erwerber übernommenen Grundschulden um Sicherungsgrundschulden zur Absicherung noch bestehender oder vormals bestehender Verbindlichkeiten. Gläubiger dieser Grundschulden ist jedenfalls zunächst ein Dritter. Es handelt sich um Fremdgrundschulden, nicht aber um Eigentümergrundschulden. Hat sich der Sicherungszweck einer solchen Sicherungsgrundschuld endgültig erledigt, steht dem Sicherungsgeber ein schuldrechtlicher Rückgewähranspruch aufgrund des Sicherungsvertrages gegen den Grundschuldgläubiger zu.[70] Ob sich der Siche-

[69] BGH NZI 2016, 451 Rn. 17f.
[70] BGH NZI 2018, 90 Rn. 11; Ganter NZI 2024, 27.

rungszweck endgültig erledigt hat, der zum Entstehen des Rückgewähranspruchs führt, richtet sich danach, ob die Grundschuld noch revalutiert werden kann. Solange eine solche Revalutierung möglich ist oder sonstige zu sichernde Forderungen gegen den Sicherungsgeber noch entstehen können, die bei einer weiten Sicherungszweckerklärung vom Sicherungsumfang der Grundschuld erfasst werden, fehlt es an einem durchsetzbaren Rückgewähranspruch.[71] In diesem Fall entsteht der Rückgewähranspruch erst, wenn die Geschäftsbeziehung endet oder wenn die Sicherungsvereinbarung geändert oder gekündigt wurde.[72] Der Rückgewähranspruch ist insoweit aufschiebend bedingt.[73]

Erfüllt wird der Rückgewähranspruch durch Rückübertragung der Grundschuld an den Sicherungsgeber (§§ 1154, 1192 Abs. 1 BGB) bzw. an einen von ihm bestimmten Dritten (zB an einen anderen Gläubiger), durch Verzicht auf die Grundschuld (§§ 1168, 1192 Abs. 1 BGB) oder durch Aufgabe und Löschung der Grundschuld im Grundbuch (§§ 1183 S. 1, 1192 Abs. 1 BGB).[74] Im Falle der Rückübertragung der Grundschuld oder im Falle des Verzichts entsteht jeweils eine Eigentümergrundschuld. Der Gläubiger, nicht aber der Schuldner des Rückgewähranspruchs kann zwischen diesen drei Möglichkeiten wählen. § 262 BGB gilt nicht.[75] Regelmäßig wird dieses Wahlrecht erst unmittelbar vor Erfüllung des Rückgewähranspruchs konkretisiert.[76]

Gläubiger des Rückgewähranspruchs ist der Sicherungsgeber, bei der Sicherungsgrundschuld also der Grundstückseigentümer, der die Grundschuld an seinem Grundstück bestellt.[77] Dies gilt nach hM auch dann, wenn die Grundschuld keine eigenen Verbindlichkeiten des Grundstückseigentümers sichert, sondern fremde Verbindlichkeiten.[78]

Wird der mit der Sicherungsgrundschuld belastete Grundbesitz an einen Erwerber überlassen, geht der Rückgewähranspruch nicht automatisch auf diesen über, sondern bleibt beim vormaligen Grundstückseigentümer als Sicherungsgeber. Erforderlich ist stets eine Abtretung des Rückgewähranspruchs.[79] Werden die Rückgewähransprüche an den Erwerber abgetreten, gehören sie im Falle seiner Insolvenz zu seiner Insolvenzmasse.[80] Der Insolvenzverwalter kann die Rückgewähransprüche

[71] BGH NJW 2022, 2544; Ganter NZI 2024, 27f.

[72] BGH NJW 2022, 2544.

[73] BGH NJW 1989, 1349; NZI 2018, 601 Rn. 65; Ganter NZI 2024, 27; Samhat in Gladenbeck/Samhat, Kreditsicherung durch Grundschulden, 10. Aufl. 2020, Kap. 21 Rn. 723.

[74] BGH NJW 1989, 1349; NJW 2016, 3239 Rn. 8; NJW 2018, 3098 Rn. 9; Ganter NZI 2024, 27 (28); Samhat in Gladenbeck/Samhat, Kreditsicherung durch Grundschulden, 10. Aufl. 2020, Kap. 21 Rn. 741 ff.

[75] BGH DNotZ 1990, 581 (583); Ganter NZI 2024, 27 (28); Samhat in Gladenbeck/Samhat, Kreditsicherung durch Grundschulden, 10. Aufl. 2020, Kap. 21 Rn. 748.

[76] Samhat in Gladenbeck/Samhat, Kreditsicherung durch Grundschulden, 10. Aufl. 2020, Kap. 21 Rn. 748.

[77] BGH NJW-RR 1996, 234; Samhat in Gladenbeck/Samhat, Kreditsicherung durch Grundschulden, 10. Aufl. 2020, Kap. 21 Rn. 766.

[78] Ganter NZI 2024, 27 (29); Samhat in Gladenbeck/Samhat, Kreditsicherung durch Grundschulden, 10. Aufl. 2020, Kap. 21 Rn. 766; aA BGHZ 197, 155 = DNotZ 2013, 760 Rn. 22; NJW 2010, 935 Rn. 14.

[79] Samhat in Gladenbeck/Samhat, Kreditsicherung durch Grundschulden, 10. Aufl. 2020, Kap. 21 Rn. 766; Kesseler MittBayNot 2018, 441 (445).

[80] Ganter NZI 2024, 27 (31).

geltend machen, insbesondere einen Verzicht auf die Grundschulden fordern. Fremdgrundschulden werden dann zu Eigentümergrundschulden (§§ 1192 Abs. 1, 1168 BGB) und können vom Verwalter als solche verwertet werden. Ein Rückforderungsrecht für die Veräußerer für den Fall der Insolvenz des Erwerbers mit einer nachrangig eingetragenen Rückauflassungsvormerkung schützt die Veräußerer bezüglich dieser Eigentümergrundschulden nicht.[81]

2. *Sicherung mittels Vertragsgestaltung*

Für die notarielle Vertragsgestaltung stellt sich die Frage, wie in diesen Konstellationen ein Schutz der Veräußerer erreicht werden kann.

a) Löschung oder Rangrücktritt vorrangiger Rechte

Die sicherlich einfachste (und beste) Lösung besteht darin, dass in Überlassungsverträgen, in denen sich die Veräußerer die üblichen Rückforderungsrechte und/oder einen Nießbrauch bzw. ein Wohnungsrecht vorbehalten, vorrangig eingetragene Grundschulden stets gelöscht werden. Ein Risiko, dass diese Grundschulden dann in der Insolvenz des Erwerbers durch dessen Insolvenzverwalter verwertet werden können und somit die vorbehaltenen Rechte der Veräußerer in Frage stellen, besteht nicht.

Ebenso ist es, wenn ein Rangrücktritt der Grundschuld hinter die für die Veräußerer bestellten Rechte erreicht werden kann. Aufgrund des Vorrangs droht keine Gefahr für die Rechte der Veräußerer bei einer Insolvenz des Erwerbers.

b) Zurückbehalt der Rückgewähransprüche bei bestehenden Grundschulden

Sollen oder müssen vorrangig eingetragene Grundpfandrechte jedoch bestehen bleiben, weil sie noch Verbindlichkeiten sichern oder für künftige Finanzierungszwecke der Erwerber dienen sollen, kann ein Schutz der Veräußerer mit ihren nachrangig eingetragenen Rechten dadurch erreicht werden, dass die Rückgewähransprüche gegen die Grundpfandrechtsgläubiger gerade nicht an den Erwerber abgetreten werden, sondern bei den Veräußerern verbleiben. Die Veräußerer sind als ursprüngliche Grundstückseigentümer Sicherungsgeber für die von ihnen bestellten Sicherungsgrundschulden. Ihnen stehen damit die Rückgewähransprüche zu. Diese gehen mit der Übertragung des Eigentums an dem belasteten Grundstück nicht automatisch auf den Erwerber über. Notwendig ist dazu eine ausdrückliche Abtretung.

Die Veräußerer haben es damit in der Hand, ob im Falle der Geltendmachung der Rückgewähransprüche die vorrangig eingetragenen Grundschulden zu Eigentümergrundschulden werden oder nicht. Die Veräußerer als Gläubiger der Rückgewähransprüche können entweder die Rückgewähransprüche überhaupt nicht geltend machen. Dann bleiben die Grundschulden Fremdgrundschulden. Ebenso können sie ihr Wahlrecht dahingehend ausüben, dass die Grundschulden an sie ab-

[81] BGH NZI 2016, 451.

getreten werden, oder die Aufgabe und Löschung der Grundschulden erklärt wird. In dem letzten Fall können die Grundschulden gelöscht werden. Die hierzu weiter erforderliche Löschungszustimmung nach § 1183 BGB erteilt in der Insolvenz des Eigentümers dessen Insolvenzverwalter.[82] Verweigert der Verwalter die Zustimmung, so scheitert die Löschung. Die Grundschuld bleibt als Fremdrecht bestehen.[83] Sie verwandelt sich freilich nicht in eine Eigentümergrundschuld mit den oben genannten Risiken für nachrangige Gläubiger. Nach Ansicht des OLG München bleibt diese Zustimmungsbefugnis dagegen auch in der Insolvenz immer beim Eigentümer.[84] Die Löschung kann danach ohne Mitwirkung des Insolvenzverwalters erfolgen.

Entscheidend ist bei alledem, dass die Veräußerer als Gläubiger des Rückgewähranspruchs bei Ausübung ihres Wahlrechts zur Erfüllung des Rückgewähranspruchs gerade nicht den Verzicht auf die Grundschulden verlangen. Die Grundschulden verwandeln sich dann nicht in Eigentümergrundschulden (§§ 1192 Abs. 1, 1168 Abs. 1 BGB). Die vorstehend dargestellten Risiken bestehen nicht. Erklärt der Gläubiger der Grundschulden gleichwohl (versehentlich) einen Verzicht, was er kann, da die Rückgewähransprüche nur schuldrechtlich wirken, verstößt er gegen den Sicherungsvertrag. Dem Sicherungsgeber als Gläubiger der Rückgewähransprüche stehen in diesem Fall Schadensersatzansprüche gegen die Gläubiger zu.

c) *Abtretung von Rückgewähransprüchen bei neu zu bestellenden Grundschulden*

Schwieriger ist die Situation, wenn nach Vollzug eines Überlassungsvertrages und Eintragung der üblichen Rechte für die Veräußerer im Grundbuch neue Grundschulden im Grundbuch eingetragen werden sollen.

„Sicher" ist die Rechtsposition der Veräußerer in diesem Fall zunächst, wenn sie mit ihren Rechten im Grundbuch gegenüber den neuen Grundschulden vorrangig eingetragen bleiben. Aufgrund des Rangverhältnisses besteht für sie kein Risiko.

Anders ist es dagegen, wenn die Veräußerer mit ihren zurückbehaltenen Rechten im Rang zurücktreten, was von den neuen Grundschuldgläubigern für die Auszahlung der mit den Grundschulden zu sichernden Darlehen regelmäßig verlangt wird. Sicherungsgeber für die neuen Sicherungsgrundschulden ist der Erwerber als neuer Grundstückseigentümer. Ihm stehen deshalb auch alle Rückgewähransprüche für diese neu einzutragenden Sicherungsgrundschulden zu.

Auch hier ist geeignetes Sicherungsmittel zunächst die Abtretung der Rückgewähransprüche. Zum Schutz der Veräußerer können im Zusammenhang mit dem erforderlichen Rangrücktritt der Veräußerer mit ihren Rechten die Rück-

---

[82] OLG Dresden NotBZ 2010, 410; OLG Saarbrücken BeckRS 2013, 17986; Reul in Reul/Heckschen/Wienberg, Insolvenzrecht in der Gestaltungspraxis, 3. Aufl. 2022, § 3 Rn. 57; Herrler in Grüneberg, 82. Aufl. 2023, BGB § 1183 Rn. 3.

[83] Üben in diesem Fall die Veräußerer ein etwa vorbehaltenes mittels Vormerkung gesichertes Rückforderungsrecht aus, können sie die Fremdgrundschuld zunächst stehen lassen und deren Löschung dann nach Eigentumsumschreibung beantragen. Wegen der Löschungszustimmung nach § 1183 BGB ist dann auf ihre Zustimmung als neue Eigentümer abzustellen. Vgl. dazu Reul in Reul/Heckschen/Wienberg, Insolvenzrecht in der Gestaltungspraxis, 3. Aufl. 2022, § 3 Rn. 57.

[84] OLG München MittBayNot 2017, 89.

gewähransprüche bezüglich dieser neuen Grundschulden an die Veräußerer abgetreten werden. Wurde die Abtretung dem Grundschuldgläubiger als Schuldner der Rückgewähransprüche angezeigt, muss er die Abtretung beachten (§ 407 BGB).

In einer etwaigen Insolvenz des Erwerbers schützt die Abtretung der Rückgewähransprüche die Veräußerer mit einem Verlust ihrer Rechte jedoch nicht bzw. nur eingeschränkt. Nach Auffassung des BGH gewährt die Abtretung von Rückgewähransprüchen einer Grundschuld in der Insolvenz des Grundstückseigentümers keine besonderen Rechte, wenn eine Revalutierung der Grundschuld ohne Zustimmung des Abtretungsempfängers noch möglich ist.[85] § 91 Abs. 1 InsO steht dem entgegen. Danach können Rechte an Gegenständen der Insolvenzmasse nach Eröffnung des Insolvenzverfahrens nicht wirksam erworben werden, auch wenn keine Verfügung des Schuldners und keine Zwangsvollstreckung für einen Insolvenzgläubiger zugrunde liegt. Dieses gesetzliche Erwerbsverbot kann auch dann noch eingreifen, wenn der Verfügungstatbestand bereits abgeschlossen ist. Dies kommt namentlich bei der Abtretung eines künftigen oder aufschiebend bedingten Anspruchs in Betracht.[86] Von diesem Erwerbsverbot nach § 91 Abs. 1 InsO sind nur diejenigen Erwerber ausgenommen, mithin ihr Erwerb ist dann insolvenzfest, wenn sie an dem Erwerbsgegenstand bereits eine gesicherte Rechtsstellung erlangt haben. Dies ist der Fall, wenn die Verfügungsfreiheit des Schuldners gehindert ist. Bei der Abtretung eines Anspruchs ist darauf abzustellen, ob der Anspruch bereits entstanden und lediglich in seiner Durchsetzbarkeit von Beginn an oder vom Ablauf einer bestimmten Frist abhängig, also „betagt" ist. Rückgewähransprüche bei Sicherungsgrundschulden sind nicht betagt, sondern – wie dargestellt – aufschiebend auf den Wegfall des Sicherungszwecks bedingt. Der Sicherungszweck fällt weg, wenn die Grundschuld nicht mehr revalutiert werden kann.[87] Entscheidend ist mithin, ob die Grundschuld nur eine bestimmte Verbindlichkeit sichert und diese vor Insolvenzeröffnung vollständig getilgt ist. Sind sie nur teilweise getilgt, entsteht dann ein insolvenzfester Rückgewähranspruch, wenn der Sicherungsgeber wegen nachträglicher endgültiger Übersicherung einen Freigabeanspruch gegen den Sicherungsnehmer hat.[88] Bei einer weiten Sicherungszweckerklärung ist dagegen darauf abzustellen, ob noch künftige Verbindlichkeiten in den Sicherungsweck eingebunden werden können. Bei einer solchen weiten Zweckerklärung endet die Möglichkeit der Revalutierung erst mit Beendigung der Geschäftsbeziehung.[89]

Bei einer weiten Sicherungszweckerklärung bringt die Abtretung der Rückgewähransprüche dem Veräußerer somit in der Insolvenz des Erwerbers keinen besonderen Schutz. Entscheidend kommt es freilich auf eine Auslegung der Siche-

---

[85] BGH MittBayNot 2012, 237 mAnm Vollmer; Kesseler MittBayNot 2018, 441 (445); Ganter NZI 2024, 27 (31f.).

[86] BGH MittBayNot 2012, 237 (238); NZI 2019, 745 Rn. 37; NZI 2018, 90 Rn. 22; OLG Düsseldorf NZI 2019, 241; OLG Brandenburg BeckRS 2022, 39899 Rn. 33; Cymutta in BeckOK InsR, 33. Ed. 15.7.2023, InsO § 91 Rn. 12f.

[87] BGH MittBayNot 2012, 237 (238).

[88] Ganter NZI 2024, 27 (32).

[89] BGH MittBayNot 2012, 237 (239).

rungsvereinbarung an, ob auch bei einer weiten Sicherungszweckerklärung ein Rückgewähranspruch entsteht.[90]

Hier kann ein weiterer Schutz für den Veräußerer zumindest dadurch erreicht werden, dass der Veräußerer für seinen Rangrücktritt neben der Abtretung der Rückgewähransprüche zusätzlich verlangt, selbst (weitere) Partei des Sicherungsvertrages zu werden. Der Veräußerer kann damit sicherstellen, dass der Sicherungsvertrag nicht zu seinen Lasten geändert wird, etwa eine nur auf eine Verbindlichkeit bezogene Sicherungszweckerklärung umgewandelt wird in eine weite Sicherungszweckerklärung.[91] Auch eine Neuvalutierung durch den Insolvenzverwalter zusammen mit dem Sicherungsnehmer, etwa zur Besicherung eines Massekredits, kann er damit verhindern. Ebenso kann der Veräußerer damit erreichen, im Sicherungsvertrag ausdrücklich eine Regelung aufzunehmen, wonach der Rückgewähranspruch nicht erst bei einer vollständigen Tilgung der Verbindlichkeiten entsteht, sondern auch schon bei einer teilweisen Tilgung für den entsprechenden Teil der Grundschuld. Nicht gesichert werden kann aber, dass die Abtretung der Rückgewähransprüche für den entsprechenden Teil der Grundschulden wegen § 91 Abs. 1 InsO für den im Zeitpunkt der Insolvenzeröffnung noch nicht getilgten Teil der Verbindlichkeiten ins Leere geht.

d) *Vormerkungsgesicherter Anspruch auf Löschung oder Abtretung der bedingten Eigentümergrundschuld*

Scheitert hiernach eine Abtretung der Rückgewähransprüche in der Insolvenz des Erwerbers ganz oder teilweise wegen § 91 Abs. 1 InsO, bleibt als weitere Überlegung noch, einen Schutz mittels vormerkungsgesicherten Anspruchs zu erreichen. Ein vormerkungsgesicherter Anspruch ist nach § 106 Abs. 1 InsO insolvenzfest und aus der Insolvenzmasse zu erfüllen. Nach § 883 Abs. 1 S. 2 BGB kann mit einer Vormerkung auch ein künftiger oder bedingter Anspruch dinglich gesichert werden. Dieser Vormerkungsschutz für einen künftigen/bedingten Anspruch greift nach § 106 InsO auch in der Insolvenz.[92]

In Betracht kommt hier, dem Veräußerer einen Anspruch auf Löschung oder Abtretung der vorrangigen Grundschulden einzuräumen für den Fall, dass die den Grundschulden zugrunde liegenden Verbindlichkeiten getilgt wurden und die Grundschulden nach Ausübung des Rückgewähranspruchs durch den Sicherungsgeber aufgrund Verzichts (§ 1168 Abs. 1 BGB) oder Abtretung (§ 1154 Abs. 1 BGB) zu Eigentümergrundschulden des Erwerbers werden.[93] Der Anspruch auf Abtretung der Grundschuld kann mittels Vormerkung nach § 883 BGB gesichert werden. Als vormerkungsgesicherter Anspruch ist er insolvenzfest und kann nach § 106 Abs. 1 InsO auch gegenüber einem etwaigen Insolvenzverwalter des Erwerbers als künftigem Eigentümer durchgesetzt werden. Gleiches gilt nach § 1179 BGB für den Anspruch auf Löschung der Grundschuld des Gläubigers eines nach-

---

[90] BGH MittBayNot 2012, 237 (239).

[91] In diesem Sinne Volmer MittBayNot 2012, 239 (240); ebenso Kesseler NJW 2012, 577.

[92] BGH DNotZ 2002, 275; DNotZ 2004, 123.

[93] In diese Richtung BGH NZI 2016, 451 Rn. 18.

rangigen anderen dinglichen Rechts für den Fall, dass die Grundschuld zu einer Eigentümergrundschuld wird. Berechtigter einer solchen Löschungsvormerkung kann nach § 1179 Nr. 2 BGB auch der Gläubiger eines Anspruchs auf Übertragung des Eigentums an diesem Grundstück sein, somit also auch die Veräußerer als Gläubiger eines Rückübertragungsanspruchs. Auch diese Löschungsvormerkung nach § 1179 BGB kann wegen § 106 InsO gegenüber dem Insolvenzverwalter durchgesetzt werden. Dabei kommt es im Hinblick auf § 91 InsO nicht darauf an, ob die Voraussetzungen des § 1179 BGB bereits im Zeitpunkt der Eröffnung des Insolvenzverfahrens vorliegen oder erst danach eintreten.[94]

Eine Sicherung des Rückgewähranspruchs selbst durch Vormerkung im Falle der Aufhebung oder Abtretung des Rechts[95] hilft dagegen nicht weiter. Insolvenzfest nach § 106 InsO wäre hier der vormerkungsgesicherte Anspruch nur in der Insolvenz des Schuldners des Rückgewähranspruchs, also des Sicherungsnehmers. Vorliegend geht es aber um das Risiko, dass der Grundstückseigentümer als Sicherungsgeber (der Erwerber beim Überlassungsvertrag) in die Insolvenz fällt.

e) *Beschränkung des Rückgewähranspruchs auf Aufgabe und Löschung der Grundschuld*

Auf die Frage, ob die Abtretung der Rückgewähransprüche wegen § 91 Abs. 1 InsO dem Veräußerer in der Insolvenz des Erwerbers ausreichend Sicherheit bietet, kommt es jedoch nicht an, wenn von vornherein der Rückgewähranspruch auf Aufgabe und Löschung der Grundschuld beschränkt wird. Eine solche Beschränkung des Rückgewähranspruchs im Rahmen des schuldrechtlichen Sicherungsvertrages ist individualvertraglich möglich.[96] Streitig ist lediglich, ob eine solche Beschränkung im Formularvertrag zulässig ist.[97] Gleichwohl hält die Literatur eine solche individualvertragliche Regelung nicht für praxistauglich. Kreditinstitute müssten sich vergegenwärtigen, dass Gerichte die Abrede (etwa wegen bankinterner Vorgaben) möglicherweise doch als Formularvereinbarung qualifizieren.[98]

Erfolgt ungeachtet dessen eine solche Beschränkung des Rückgewähranspruchs im Individualvertrag und erklärt der Grundschuldgläubiger bei Geltendmachung des Rückgewähranspruch vertragsgemäß die Aufgabe und Löschung der Grundschuld, entsteht beim Grundstückseigentümer keine Eigentümergrundschuld, die vom Insolvenzverwalter verwertet werden könnte. Eine Gefahr für den Veräußerer mit seinen nachrangig eingetragenen Rechten besteht somit nicht.

---

[94] BGH DNotZ 2012, 936; umfassend dazu Reul in Reul/Heckschen/Wienberg, Insolvenzrecht in der Gestaltungspraxis, 3. Aufl. 2022, § 2 Rn. 18ff., insbes. Rn. 30.

[95] So wohl Volmer MittBayNot 2012, 239 (240).

[96] Samhat in Gladenbeck/Samhat, Kreditsicherung durch Grundschulden, 10. Aufl. 2020, Kap. 21 Rn. 755.

[97] Ganter NZI 2024, 27 (28); Samhat in Gladenbeck/Samhat, Kreditsicherung durch Grundschulden, 10. Aufl. 2020, Kap. 21 Rn. 755; Wolfsteiner in Staudinger, 2019, BGB vor § 1191 Rn. 175ff.

[98] Samhat in Gladenbeck/Samhat, Kreditsicherung durch Grundschulden, 10. Aufl. 2020, Kap. 21 Rn. 755.

f) Anfechtungsrisiko

Fraglich ist letztlich, ob dieser Schutz des Veräußerers mittels Anfechtung durch den Insolvenzverwalter des Erwerbers wieder beseitigt werden kann.

Erfolgt die Abtretung der Rückgewähransprüche nebst Abtretung des Anspruchs auf Aufgabe oder Abtretung der Grundschuld mit Bewilligung einer Vormerkung gemäß den vorstehenden Überlegungen außerhalb des Überlassungsvertrages und ohne Gegenleistung, droht eine Schenkungsanfechtung mit einer vierjährigen Anfechtungsfrist nach § 134 Abs. 1 InsO. Dies lässt sich vermeiden, wenn die Abtretung der Rückgewähranspruche und Bewilligung der Vormerkung als Gegenleistung für den Rangrücktritt vereinbart wird. Eine unentgeltliche Leistung gem. § 134 Abs. 1 InsO liegt nicht vor.

Denkbar ist jedoch noch eine Anfechtung nach § 133 Abs. 4 InsO als Unterfall der Vorsatzanfechtung. Hiernach ist ein vom Schuldner mit einer nahestehenden Person iSd § 138 InsO geschlossener entgeltlicher Vertrag anfechtbar, wenn dieser die Gläubiger unmittelbar benachteiligt. Die Anfechtungsfrist beträgt zwei Jahre (§ 133 Abs. 4 S. 2 InsO). Im Übrigen ist die Anfechtung ausgeschlossen, wenn dem Vertragspartner ein Vorsatz des Schuldners, die Gläubiger zu benachteiligen, nicht bekannt war (§ 133 Abs. 4 S. 2 InsO).

Die Anfechtung nach § 133 Abs. 4 S. 1 InsO fordert eine „unmittelbare" Gläubigerbenachteiligung. Der angefochtene entgeltliche Vertrag muss also bereits selbst im Zeitpunkt seines Abschlusses zu einer Gläubigerbenachteiligung führen.[99] Maßgeblich ist der Zeitpunkt der Vornahme der Rechtshandlung selbst.[100] Nicht ausreichend ist, wenn dadurch nur ein Geschehen in Lauf gesetzt wird, das möglicherweise erst später zu einer solchen Gläubigerbenachteiligung führt. Stellt man darauf ab, dass allein die Abtretung der Rückgewähransprüche schon ein einseitiges Vermögensopfer des künftigen Insolvenzschuldners ist, ließe sich eine unmittelbare Gläubigerbenachteiligung bejahen.[101] Der Schuldner erhält hierfür zwar keine Gegenleistung im eigentlichen Sinne. Jedoch wird ihm dadurch ermöglicht, über die vorrangige Grundschuldsicherung einen Kredit und damit Liquidität zu erlangen. Diese Möglichkeit wird ihm mit der Abtretung der Rückgewähransprüche genommen. Ob deshalb schon eine unmittelbare Gläubigerbenachteiligung ausscheidet, ist freilich zweifelhaft, denn eine die Abtretung kompensierende Mehrung des Schuldnervermögens geht damit nicht jedenfalls nicht einher.[102]

Auch wenn man deshalb eine unmittelbare Gläubigerbenachteiligung nicht ausschließen kann, scheidet eine Anfechtung der Abtretung der Rückgewähransprüche jedoch nach § 133 Abs. 4 S. 2 InsO weiter dann aus, wenn der Anfechtungsgegner einen etwaigen Gläubigerbenachteiligungsvorsatz des Schuldners nicht kannte.

---

[99] BGH NZI 2014, 775 (780); Raupach in BeckOK InsR, 33. Ed. 15.7.2023, InsO § 129 Rn. 46ff.

[100] Rogge/Leptien in Hamburger Kommentar zum Insolvenzrecht, 5. Aufl. 2015, InsO § 129 Rn. 73.

[101] Rogge/Leptien in Hamburger Kommentar zum Insolvenzrecht, 5. Aufl. 2015, InsO § 129 Rn. 73.

[102] BGH NZG 2020 119 (120); NZI 2016, 262; NZI 2007, 718f.; Raupach in BeckOK InsR, 33. Ed. 15.7.2023, InsO § 129 Rn. 49.

Ob hier ein solcher Benachteiligungsvorsatz des Schuldners überhaupt gegeben ist und ob dieser Vorsatz dem Zessionar bekannt ist, ist Tatfrage. Ein solcher Benachteiligungsvorsatz liegt vor, wenn der Schuldner bei Vornahme seiner Rechtshandlung die Benachteiligung der Gläubiger im Allgemeinen als Folge seiner Handlung gewollt oder zumindest billigend in Kauf genommen hat.[103] Nach hier vertretener Ansicht dürfte ein solcher Vorsatz bei der bloßen Abtretung von Rückgewähransprüchen wohl eher zu verneinen sein. Eine Anfechtung scheidet damit aus.

Werden im Überlassungsvertrag Rückforderungsrechte für den Veräußerer begründet und mittels Vormerkung gesichert, könnte eine Lösung schließlich auch darin bestehen, dass gleichsam pauschal Eigentümerrechte und Rückgewähransprüche an gegenüber der Rückauflassungsvormerkung vor- oder gleichrangig eingetragenen Rechten an den Veräußerer aufschiebend bedingt abgetreten werden sowie weiter ein vormerkungsgesicherter Anspruch auf Löschung bzw. Abtretung vorrangiger Eigentümergrundschulden begründet wird für den Fall der wirksamen Ausübung des Rückforderungsrechts.[104]

Eine Anfechtung scheidet in diesem Fall aus. Zur Vereinbarung von Rückforderungsrechten in Überlassungsverträgen hat der BGH bereits entschieden, dass kein Veräußerer verpflichtet ist, im Rahmen eines Überlassungsvertrages das Haftungsvermögen des Erwerbers zu mehren. Eine Anfechtung kann nicht damit begründet werden, dem Erwerber hätte mehr geschenkt oder ein Geschenk ohne Belastung überlassen werden müssen.[105]

g) *Risiko des Zugriffs der Gläubiger des Veräußerers*

Werden solche zusätzlichen Rechte für den Veräußerer begründet, ist damit für ihn neben der üblichen Begründung eines vormerkungsgesicherten Rückübertragungsanspruchs[106] bestmöglicher Schutz für den Fall einer Insolvenz des Erwerbers gegeben. Was bleibt ist freilich das Risiko, dass es nicht zur Insolvenz des Erwerbers kommt, sondern zu einer Insolvenz des Veräußerers. Derartige Rechte stellen ohne weiteres pfändbares Vermögen beim Veräußerer dar und unterliegen von daher dem Zugriff seiner Gläubiger bzw. fallen in seine Insolvenzmasse. Im Rahmen der Vertragsgestaltung gilt daher zu überlegen, ob dieser Schutz für den Veräußerer tatsächlich notwendig ist. Entscheidend wird es daher darauf ankommen, wo man das Risiko einer etwaigen Insolvenz höher einschätzt: Besteht das Risiko eher auf der Seite des Erwerbers, so ist die Vereinbarung dieser zusätzlichen Rechte sicherlich sinnvoll. Droht das Insolvenzrisiko eher auf Seiten des Veräußerers, wird man auf eine solche Absicherung verzichten. In diesem Fall sollte dann auch wohl überlegt werden, ob – wie sonst allgemein üblich – Rückforderungsrechte für den Veräußerer begründet werden sollten.[107]

---

[103] BGH NZI 2014, 863 (864); NZI 2014, 259; NZI 2013, 140 (141).

[104] Musterformulierung bei Herrler in BeckNotar-HdB, 8. Aufl. 2024, § 5 Rn. 492.

[105] BGH DNotZ 2007, 682; DNotZ 2008, 518; Reul in Reul/Heckschen/Wienberg, Insolvenzrecht in der Gestaltungspraxis, 3. Aufl. 2022, § 2 Rn. 164ff.

[106] Siehe dazu Reul in Reul/Heckschen/Wienberg, Insolvenzrecht in der Gestaltungspraxis, 3. Aufl. 2022, § 2 Rn. 218ff.

[107] Reul in Reul/Heckschen/Wienberg, Insolvenzrecht in der Gestaltungspraxis, 3. Aufl. 2022, § 2 Rn. 262ff., insbes. Rn. 268ff.

X. Zusammenfassung

Eigentümerrechte gewähren in der Insolvenz keinen besonderen Schutz. Dies gilt auch beim sog. Eigentümerwohnrecht, obgleich das dingliche Wohnrecht sonst, wenn es an einem fremden Grundstück bestellt wird, mangels Übertragbarkeit nicht in die Insolvenzmasse fällt, es sei denn, die Überlassung der Ausübung an einen Dritten wurde gestattet. Dies lässt sich einfach dadurch vermeiden, dass eine solche Gestattung nicht vereinbart wird. Im Übrigen ist ausreichender Insolvenzschutz nur dann gewährleistet, wenn das Eigentümerrecht zu einem Fremdrecht wird, also Belastungsgegenstand nicht mehr das eigene Grundstück, sondern ein fremdes Grundstück ist. Was auch in diesem Fall bleibt, ist das Risiko der Insolvenzverwalteranfechtung.

Besondere Risiken bestehen bei Überlassungsverträgen mit vorbehaltenen Rechten für den Veräußerer, wenn im Rang vor den Rechten des Veräußerers eingetragene Grundschulden bestehen bleiben oder solche vorrangigen Grundschulden neu eingetragen werden. Wegen der Gefahr, dass diese Fremdgrundschulden zu Eigentümergrundschulden werden, ist die Rechtsstellung des Veräußerers nur dann ausreichend geschützt, wenn es gerade nicht zu einem Vorrang der Grundschulden vor den Rechten des Veräußerers kommt, vorrangig eingetragene Grundschulden also gelöscht werden oder bei neuen Grundschulden gerade kein Rangrücktritt mit den Rechten des Veräußerers erklärt wird. Die bloße Abtretung der Rückgewähransprüche an den Veräußerer genügt nur dann, wenn im Zeitpunkt der Insolvenzeröffnung der Rückgewähranspruch bereits entstanden ist, weil die mit der Grundschuld gesicherten Verbindlichkeiten getilgt sind und eine Revalutierung ohne Mitwirkung des Veräußerers als Zessionar der Rückgewähransprüche nicht mehr möglich ist. Da jedoch nicht vorhersehbar ist, ob diese Voraussetzungen im Zeitpunkt der Eröffnung des Insolvenzverfahrens über das Vermögen des Erwerbers gegeben sind, bleibt als weiterer Schutz nur noch die Möglichkeit, neben der Abtretung der Rückgewähransprüche einen Anspruch auf Aufhebung oder Abtretung der vorrangig eingetragenen Grundschulden für den Veräußerer gegen den Erwerber zu begründen, wenn diese Grundschulden zu Eigentümergrundschulden beim Erwerber werden und diesen Anspruch mittels Vormerkung zu sichern. Ausreichender Schutz für den Veräußerer mit seinen nachrangigen Rechten kann schließlich dadurch erreicht werden, wenn der Rückgewähranspruch auf Aufhebung und Löschung der vorrangigen Sicherungsgrundschulden beschränkt wird. Eine solche Beschränkung ist individualvertraglich zulässig.

PASCAL SALOMON

Die Neuregelung der Abfindungsansprüche des ausgeschiedenen Gesellschafters gemäß § 728 BGB – ein Plädoyer für mehr Gestaltungsfreiheit

I. Einführung

Die „Jahrhundertreform" des Personengesellschaftsrechts durch das MoPeG[1] hat viele bedeutende und begrüßenswerte Neuerungen hervorgebracht. Hieran war der Jubilar maßgeblich als Sachverständiger beteiligt. Er hat mit seiner Expertise dazu beigetragen, dass die Reform zu einem Erfolg wurde. Genannt sei hier beispielhaft die wichtige Neuerung des § 728b Abs. 1 S. 2 BGB zur Begrenzung der Nachhaftung von ausgeschiedenen Gesellschaftern.

Der heutige Beitrag beschäftigt sich mit den Abfindungsansprüchen eines ausgeschiedenen Gesellschafters. Auch hierzu hat der Jubilar im Laufe des Gesetzgebungsprozesses Stellung genommen und Verbesserungsmöglichkeiten aufgezeigt.[2] Die Neuformulierung von § 728 BGB wirft die Frage auf, inwieweit die Gestaltungspraxis bei der Formulierung von Abfindungsbeschränkungen und Abfindungsausschlüssen ein im Vergleich zur alten Rechtslage größeres Maß an Gestaltungsfreiheit genießt.

II. Grundlagen und Interessen der beteiligten Akteure

Der Abfindungsanspruch ist ein elementares Mitgliedschaftsrecht eines jeden Gesellschafters. Sofern er die Gesellschaft verlässt, soll er eine Abfindung als Kompensation für den Verlust seiner Mitgliedschaft erhalten.[3] Hieran entzünden sich naturgemäß viele Konflikte, da man es häufig mit diametral gegenläufigen Interessen der beteiligten Akteure zu tun hat: Der ausscheidende Gesellschafter, bzw. sein Gesamtrechtsnachfolger, hat ein Interesse an einer möglichst hohen Abfindung. Die verbleibenden Gesellschafter werden im Interesse der Gesellschaft – und damit mittelbar auch im Eigeninteresse – darauf bedacht sein, die Ansprüche des ausgeschiedenen Gesellschafters zu begrenzen.[4] Ein zu großzügig bemessener Abfindungsanspruch könnte schließlich sogar den Fortbestand der Gesellschaft gefährden.

[1] Gesetz zur Modernisierung des Personengesellschaftsrechts (Personengesellschaftsrechtsmodernisierungsgesetz – MoPeG) vom 10.8.2021 (BGBl. I 3436).

[2] Heckschen BB 2020, 2256 (2262).

[3] Servatius, GbR, 2023, BGB § 728 Rn. 32.

[4] Schöne in BeckOK BGB, 68. Ed. 1.1.2024, BGB § 728 Rn. 13.

Neben der Liquiditätsschonung und Bestandssicherung der Gesellschaft ist ein weiteres häufiges Motiv für die Aufnahme von Abfindungsklauseln deren Rationalisierungsfunktion. Eine ausgewogene und klare Abfindungsklausel kann die Berechnung des Abfindungsbetrags erleichtern und somit eine reibungslose Auseinandersetzung fördern.[5] Ferner kommen Abfindungsklauseln auch als Disziplinierungsmittel in Betracht. Die Gesellschafter sollen zu einem vertragstreuen Verhalten motiviert werden, um die negativen Folgen einer „Bad-Leaver"-Abfindungsklausel zu vermeiden.

Dementsprechend ist die Kautelarpraxis seit jeher bestrebt, ausgewogene (und wirksame) Modifikationen des Abfindungsanspruchs zu formulieren, um im Idealfall die vorbeschriebenen Interessen in einen angemessenen und fairen Ausgleich zu bringen. Diese Aufgabe wird auch bei der Gestaltung künftiger Gesellschaftsverträge bestehen bleiben. Indessen dürfte sich nach hier vertretener Auffassung der Gestaltungsrahmen aufgrund der Neuregelungen erweitern.

1. *Die bisherige Rechtslage*

Um die durch das MoPeG vorgenommenen Änderungen zu bewerten, bietet es sich an, zunächst nochmal einen Blick auf die alte Rechtslage zu werfen und diese mit den Neuregelungen zu vergleichen.

§ 738 BGB Auseinandersetzung beim Ausscheiden (idF bis 31.12.2023)

(1) *Scheidet ein Gesellschafter aus der Gesellschaft aus, so wächst sein Anteil am Gesellschaftsvermögen den übrigen Gesellschaftern zu. Diese sind verpflichtet, dem Ausscheidenden die Gegenstände, die er der Gesellschaft zur Benutzung überlassen hat, nach Maßgabe des § 732 zurückzugeben, ihn von den gemeinschaftlichen Schulden zu befreien und ihm dasjenige zu zahlen, was er bei der Auseinandersetzung erhalten würde, wenn die Gesellschaft zur Zeit seines Ausscheidens aufgelöst worden wäre. Sind gemeinschaftliche Schulden noch nicht fällig, so können die übrigen Gesellschafter dem Ausscheidenden, statt ihn zu befreien, Sicherheit leisten.*

(2) *Der Wert des Gesellschaftsvermögens ist, soweit erforderlich, im Wege der Schätzung zu ermitteln.*

Die Norm hat also die Höhe des Abfindungsanspruchs an den Wert gekoppelt, den der ausscheidende Gesellschafter im Rahmen einer unterstellten Liquidation erhalten hätte.[6] Der Anspruch war auf eine Zahlung in Geld gerichtet und bezog sich auf den Verkehrswert des Anteils.[7] Dieser sollte indessen – obwohl der Gesetzestext eine hypothetische Liquidation in Bezug genommen hatte – nicht auf Grundlage des Liquidationswertes, sondern nach dem Fortführungswert bestimmt werden.[8]

[5] Kamanabrou in Oetker, 8. Aufl. 2024, HGB § 135 Rn. 23.
[6] Schöne in BeckOK BGB, 68. Ed. 1.1.2024, BGB § 728 Rn. 3.
[7] Hölscher notar 2023, 296.
[8] BGH NJW 1993, 2101; Schäfer in MüKoBGB, 8. Aufl. 2020, BGB § 738 Rn. 33.

2. *Die Neureglung*

§ 728 BGB Ansprüche des ausgeschiedenen Gesellschafters (idF ab 1. 1. 2024)

(1) Sofern im Gesellschaftsvertrag nichts anderes vereinbart ist, ist die Gesellschaft verpflichtet, den ausgeschiedenen Gesellschafter von der Haftung für die Verbindlichkeiten der Gesellschaft zu befreien und ihm eine dem Wert seines Anteils angemessene Abfindung zu zahlen. Sind Verbindlichkeiten der Gesellschaft noch nicht fällig, kann die Gesellschaft dem Ausgeschiedenen Sicherheit leisten, statt ihn von der Haftung nach § 721 zu befreien.

(2) Der Wert des Gesellschaftsanteils ist, soweit erforderlich, im Wege der Schätzung zu ermitteln.

Zunächst stellt § 728 BGB klar, dass die Norm im Grundsatz disponibel und damit gesellschaftsvertraglichen Modifizierungen im Rahmen der unter Ziffer 3. dargestellten Schranken zugänglich ist. Dies entspricht zwar auch der bisherigen Rechtslage und Gestaltungspraxis. Die Klarstellung ist gleichwohl zu begrüßen.

Ferner entfällt die bisherige Verknüpfung des Abfindungsanspruchs mit dem fiktiven Anteil am Liquidationswert. Stattdessen soll der ausscheidende Gesellschafter „eine dem Wert seines Anteils angemessene Abfindung“ erhalten, sofern im Gesellschaftsvertrag nichts anderes vereinbart ist. Ausweislich der Gesetzesbegründung wird den Gesellschaftern hierdurch „mehr Freiraum belassen“.[9] Begründet wird diese Neuregelung mit der insgesamt durch das MoPeG vollzogenen Kehrtwende, wonach nicht mehr die Auflösung der Gesellschaft, sondern das Ausscheiden des Gesellschafters der gesetzliche Regelfall bei der rechtsfähigen GbR ist. Vor diesem Hintergrund sollen die mit einer Abfindungszahlung einhergehenden finanziellen Belastungen der Gesellschaft stärker in den Blick genommen werden, um diese nach den vorbeschriebenen Grundsätzen in die Lage zu versetzen, auch nach Ausscheiden eines Gesellschafters und Zahlung der Abfindung weiter existieren zu können.[10] Klargestellt wird in diesem Zusammenhang allerdings auch, dass das Gesetz weder den Interessen der Gesellschaft – bzw. der verbleibenden Gesellschafter – noch den Interessen des ausgeschiedenen Gesellschafters Vorrang einräumt, sondern auf „Äquidistanz“ ausgelegt ist.[11]

Im Hinblick auf den Bewertungsgegenstand verdeutlicht die Neuregelung nunmehr auch sprachlich, dass zur Ermittlung der dem Gesellschafter zustehenden „angemessenen Abfindung“ der Geschäftsanteil zu bewerten ist.[12] In welchem Verhältnis die in Frage stehende Beteiligung des ausgeschiedenen Gesellschafters zu den Beteiligungen der anderen Gesellschafter steht, bestimmt sich nunmehr nach dem in § 709 Abs. 3 BGB geregelten Stufenverhältnis: Vorrangig kommt es auf die gesellschaftsvertraglich vereinbarten Beteiligungsverhältnisse an. Fehlt es an einer solchen Vereinbarung, sind die Werte der vereinbarten Beiträge heranzuziehen. Nur höchst hilfsweise findet eine Gleichbehandlung nach Köpfen statt. Letzteres ent-

[9] BT-Drs. 19/27635, 175.
[10] BT-Drs. 19/27635, 175.
[11] BT-Drs. 19/27635, 175.
[12] Schöne in BeckOK BGB, 68. Ed. 1.1.2024, BGB § 728 Rn. 9.

sprach dem gesetzlichen Regelfall vor Inkrafttreten des MoPeG und wurde in den meisten Gesellschaftsverträgen abbedungen.[13]

Auch die neuen Abfindungsvorschriften geben keine spezielle Bewertungsmethode zur Ermittlung des Anteilswertes vor. Vielmehr betont die Gesetzesbegründung das „Prinzip der Methodenoffenheit".[14] Richtigerweise bedeutet dies aber nicht, dass völlige Freiheit bei der Auswahl der Bewertungsmethode besteht. Vielmehr muss diejenige Bewertungsmethode gewählt werden, die eine möglichst realistische Wertermittlung unter Berücksichtigung der konkreten Verhältnisse der Gesellschaft ermöglicht.[15] Bei unternehmenstragenden Gesellschaften dürfte – wie auch nach alter Rechtslage – in der Regel die Ertragswertmethode anzuwenden sein.[16] Hierbei wird ein Unternehmen als Investition betrachtet und demnach dessen Verkehrswert unter Berücksichtigung der voraussichtlichen künftigen Erträge ermittelt.[17]

Die Substanzwertmethode nimmt demgegenüber (nur) die Gesamtheit der in der Gesellschaft vorhandenen Vermögenswerte in den Blick. Diese werden addiert und von dieser Summe die Gesellschaftsverbindlichkeiten gegenüber Dritten und Gesellschaftern abgezogen, um hierdurch den Gesamtwert der Gesellschaft zu ermitteln.[18] Künftige Erträge werden indessen nicht in die Betrachtung mit einbezogen, sodass die Substanzwertmethode allenfalls bei nicht unternehmenstragenden, rein vermögensverwaltenden Gesellschaften zu realistischen Ergebnissen führt. Auch hier stößt sie indessen schnell an ihre Grenzen, etwa wenn die Gesellschaft Eigentümerin vermieteter Immobilien ist. Insoweit kann es sinnvoll sein, objektbezogen die Ertragswertmethode heranzuziehen.[19]

3. *Allgemeine Grenzen von Abfindungsbeschränkungen*

Bislang und auch in Zukunft werden aus den bereits genannten Gründen, vor allem also, um den Fortbestand der Gesellschaft zu sichern, Gesellschaftsverträge Regelungen enthalten, die die Abfindungsansprüche des ausgeschiedenen Gesellschafters beschränken oder in Einzelfällen sogar komplett ausschließen.

Die Zulässigkeit derartiger Abfindungsbeschränkungen ist nach der Rechtsprechung des BGH und der hM anhand eines zweistufigen Prüfungsprogramms zu beurteilen.[20] Hiernach wird zunächst geprüft, ob die Abfindungsklausel bereits zum Zeitpunkt ihrer Vereinbarung gegen die guten Sitten verstößt und dementsprechend nichtig ist. Sofern dies nicht der Fall ist, wird auf einer zweiten Stufe geprüft, ob aufgrund nachträglich geänderter Rahmenbedingungen ein Festhalten an einer ursprünglich wirksamen Abfindungsregelung noch zumutbar ist.

An dieser zweistufigen Prüfung dürfte sich auch nach neuer Rechtslage im Grundsatz leider nichts ändern. Während der 71. DJT noch gefordert hatte, Abfin-

---

[13] Servatius, GbR, 2023, BGB § 728 Rn. 32.
[14] BT-Drs. 19/27635, 175.
[15] Servatius, GbR, 2023, BGB § 728 Rn. 35.
[16] Hölscher notar 2023, 296 (297).
[17] Servatius, GbR, 2023, BGB § 728 Rn. 38.
[18] Servatius, GbR, 2023, BGB § 728 Rn. 36.
[19] Servatius, GbR, 2023, BGB § 728 Rn. 36.
[20] BGH NJW 1992, 892; Roth in Hopt, 43. Aufl. 2024, HGB § 131 Rn. 69f.

dungsklauseln nicht mehr einer Nichtigkeitskontrolle zu unterziehen, sondern im Interesse der Vertragsfreiheit einer Ausübungskontrolle den Vorrang einzuräumen, hat der Gesetzgeber des MoPeG diesen Vorschlag ausdrücklich nicht aufgenommen. Vielmehr betont die Gesetzesbegründung, dass Abfindungsklauseln auch künftig von vorne herein nichtig gemäß § 138 BGB sein können.[21] Der Jubilar hat dies zu Recht kritisiert.[22] Somit tragen auch künftig Abfindungsklauseln von Personengesellschaften das Risiko in sich, von vornherein nichtig zu sein, ohne dass man eine berechtigte Hoffnung auf eine nachträgliche Heilung gemäß § 242 AktG analog haben kann.[23] Dies ist umso bedauerlicher, als von vorne herein unwirksame Abfindungsklauseln und solche, die einer nachträglichen Ausübungskontrolle nicht standhalten, unterschiedliche wirtschaftliche Folgen nach sich ziehen. Bei anfänglich nichtigen Klauseln wird der volle Verkehrswert der Beteiligung geschuldet, da eine geltungserhaltende Reduktion insoweit nicht in Betracht kommt.[24] Dies kann dramatische Folgen für die Gesellschaft haben und in vielen Fällen deren Fortbestand gefährden. Ergibt hingegen erst eine nachträgliche Ausübungskontrolle, dass es der Gesellschaft im konkreten Fall verwehrt ist, sich auf die – ursprünglich wirksame – Abfindungsregelung zu berufen, erhöht sich die Abfindung auf das zulässige Mindestmaß jedenfalls dann, wenn die Gesellschafter eine entsprechende Auffangklausel vereinbart haben.

Im Folgenden werden zunächst die bislang geltenden Maßstäbe zusammenfassend dargestellt, um im Anschluss zu untersuchen, inwieweit sich durch die Neuregelungen des MoPeG Änderungen ergeben.

a) Von vornherein nichtige Klauseln

Von vornherein nichtig gemäß § 138 BGB ist eine Abfindungsklausel dann, wenn bereits im Zeitpunkt ihrer Vereinbarung die Höhe der Abfindung in einem unangemessen niedrigen Verhältnis zum tatsächlichen Wert der Beteiligung steht. Feste und verbindliche Grenzen des Zulässigen durch die Rechtsprechung wären zwar für die Gestaltungspraxis wünschenswert, existieren indessen nicht. Vielmehr wird stets betont, dass sich eine schematische Betrachtung verbiete.[25] Sofern die Höhe der Abfindung weniger als 50% des wahren Wertes der Beteiligung beträgt, wird man im Regelfall jedoch von einem so großen Missverhältnis ausgehen müssen, dass die Abfindungsklausel von vornherein nichtig ist.[26] Häufig enthalten Abfindungsklauseln Regelungen, wonach als Untergrenze der Abfindung jedenfalls ein bestimmter Prozentsatz vom Verkehrswert der Beteiligung geschuldet wird.[27]

---

[21] BT-Drs. 19/27635, 175.

[22] Heckschen BB 2020, 2256 (2262); Heckschen NZG 2020, 761 (765); kritisch auch Bühler DNotZ 2021, 725ff.

[23] Heckschen/Weitbrecht in BeckNotar-HdB, 8. Aufl. 2024, § 20 Rn. 140.

[24] BGH NZG 2011, 1420 (1421).

[25] Hölscher notar 2023, 296 (297).

[26] Heckschen/Weitbrecht in BeckNotar-HdB, 8. Aufl. 2024, § 20 Rn. 143; Schäfer in MüKo-BGB, 9. Aufl. 2024, BGB § 728 Rn. 50.

[27] Wagner RNotZ 2022, 181 (188).

Reine so genannte Buchwertklauseln, die weder den Firmenwert noch die stillen Reserven der Gesellschaft berücksichtigen, werden in vielen Fällen nicht von vornherein nichtig sein, da zum Zeitpunkt der Vereinbarung – meistens also der Gründung der Gesellschaft – die Beteiligung tatsächlich keinen höheren Wert hat. Ein Firmenwert oder stille Reserven werden sich häufig nämlich erst nach Aufnahme der Geschäftstätigkeit der Gesellschaft entwickeln. Es sind allerdings auch Fälle denkbar, in denen eine Buchwertklausel von vornherein nichtig ist. Dies kann etwa dann der Fall sein, wenn ein Gesellschafter ein – bereits wirtschaftlich aktives und werthaltiges – Unternehmen in die Gesellschaft zu Buchwerten einbringt. Hier dürfte eine Buchwertklausel hinter dem wahren Wert der Beteiligung zurückbleiben, da diese nicht den höheren Verkehrswert des eingebrachten Unternehmens berücksichtigt. Ferner kann die nachträgliche Einführung einer Buchwertklausel bei einer bereits wirtschaftlich tätigen Gesellschaft bereits zum Zeitpunkt ihrer Einführung nichtig sein.

Ist eine reine Buchwertklausel zwar nicht von vornherein nichtig, kann sich allerdings mit einiger Wahrscheinlichkeit das Erfordernis einer nachträglichen ergänzenden Vertragsauslegung ergeben, wenn sich im Laufe der Jahre eine Diskrepanz zwischen Buchwert und wahrem Verkehrswert entwickelt hat und die Abfindungsbeschränkung nicht zusätzlich eine an den Verkehrswert gekoppelte prozentuale Mindestabfindung vorsieht. Abfindungsklauseln, die dem ausgeschiedenen Gesellschafter weniger als den Buchwert seiner Beteiligung zugestehen, sind in der Regel von vornherein sittenwidrig.[28]

Auch wenn die vereinbarte Höhe der geschuldeten Abfindung einer Sittenwidrigkeitskontrolle standhält, kann sich die Nichtigkeit der Abfindungsklausel aus den Modalitäten der Auszahlung ergeben. Es ist zwar anerkannt, dass es zulässig ist, im Interesse der Liquiditätsschonung eine ratenweise Zahlung der Abfindung gesellschaftsvertraglich vorzusehen.[29] Nach der Rechtsprechung des BGH müssen die hiermit einhergehenden Nachteile für den ausgeschiedenen Gesellschafter aber durch eine angemessene Verzinsung wenigstens teilweise wieder ausgeglichen werden.[30] Jedenfalls eine Erstreckung der Abfindungszahlung auf 15 Jahre hat der BGH als sittenwidrig eingestuft, ohne allerdings eine feste Obergrenze des Zulässigen zu formulieren.[31] In der Literatur wird empfohlen, den Auszahlungszeitraum nicht länger als fünf Jahre zu strecken.[32]

Begründet wurde die Sittenwidrigkeit solcher Abfindungsbeschränkungen häufig mit dem Argument, dass hierdurch den Gesellschaftern faktisch die Möglichkeit der Kündigung entzogen werde. Diese wäre aufgrund der für den kündigenden Gesellschafter verbundenen wirtschaftlich negativen Folgen unattraktiv, weshalb er sich scheue, von seinem Kündigungsrecht Gebrauch zu machen. Plastisch wurde in diesem Zusammenhang auch von einem „Einkerkern“[33] in der Gesellschaft gesprochen. Hierauf wird noch zurückzukommen sein.

---

[28] Heckschen/Weitbrecht in BeckNotar-HdB, 8. Aufl. 2024, § 20 Rn. 143.
[29] Harbecke RNotZ 2022, 521 (533).
[30] BGH NJW 1989, 2685 (2686).
[31] BGH NJW 1989, 2685 (2686).
[32] Heckschen/Weitbrecht in BeckNotar-HdB, 8. Aufl. 2024, § 20 Rn. 144.
[33] K. Schmidt, Gesellschaftsrecht, 4. Aufl. 2002, § 50 IV. 2. c.

Ferner kann sich die Nichtigkeit aus Gläubigerschutzgesichtspunkten ergeben. Wird nämlich mit einer Abfindungsklausel der alleinige Zweck verfolgt, die Gesellschaftsbeteiligung zu Lasten eines Gesellschaftergläubigers zu entwerten, geht die hM[34] von der Sittenwidrigkeit einer solchen Bestimmung aus. Dies ist etwa dann der Fall, wenn sich die Abfindungsbeschränkung ausschließlich auf den Fall des Ausscheidens wegen einer Gläubigerkündigung oder wegen der Insolvenz des Gesellschafters beschränkt. Betrifft die Abfindungsbeschränkung neben den vorgenannten hingegen noch weitere Fälle, die nichts mit einem Vermögensverfall des Gesellschafters zu tun haben, wird man nicht mehr davon ausgehen können, dass ihr alleiniger Zweck die Gläubigerbenachteiligung ist. Eine Sittenwidrigkeit aus diesem Grund kommt dann nicht mehr in Betracht.[35]

b) Nachträgliche Ausübungskontrolle

Auf einer zweiten Stufe ist zu prüfen, ob die Anwendung einer zwar zum Zeitpunkt ihrer Vereinbarung wirksamen Abfindungsklausel zum späteren Zeitpunkt ihrer konkreten Anwendung zu einem groben Missverhältnis zwischen dem wahren Wert der Beteiligung und der geschuldeten Abfindung führt. Dies ist immer dann der Fall, wenn sich im Nachhinein der Verkehrswert der Beteiligung erheblich erhöht hat, zB weil die Gesellschaft erfolgreich ist. In diesen Fällen kann es der Gesellschaft gemäß § 242 BGB verwehrt sein, sich auf die anfänglich wirksame Abfindungsklausel zu berufen. Bei der Beurteilung dieser Frage sind sämtliche Aspekte des Sachverhalts in die Bewertung mit einzubeziehen. Hierzu zählen neben der Dauer der Gesellschaftszugehörigkeit auch die Frage, inwieweit der ausgeschiedene Gesellschafter zum Erfolg der Gesellschaft beigetragen hat und was die Gründe seines Ausscheidens sind. Führt diese Prüfung zu dem Ergebnis, dass dem ausgeschiedenen Gesellschafter die Fortgeltung der ursprünglichen Abfindungsklausel nicht zugemutet werden kann, muss im Rahmen einer ergänzenden Vertragsauslegung eine Anpassung der Abfindungsbeschränkung vorgenommen werden.[36] Möglich und sinnvoll ist es, sogenannte Auffangklauseln zu formulieren, nach denen der niedrigste noch zulässige Abfindungswert geschuldet wird.[37]

c) Ausnahmen in besonderen Fällen

Rechtsprechung und Literatur haben im Laufe der Jahre einige Sonderfälle herausgearbeitet, in denen eine entgegen den vorbeschriebenen Grundsätzen höhere Abfindungsbeschränkung, bis hin zum kompletten Abfindungsausschluss, zulässig ist.

---

[34] BGH NJW 2000, 2819 (für die GmbH); Schäfer in MüKoBGB, 9. Aufl. 2024, BGB § 728 Rn. 45; K. Schmidt, Gesellschaftsrecht, 4. Aufl. 2002, § 50 IV. 2. b.

[35] Heckschen/Weitbrecht in BeckNotar-HdB, 8. Aufl. 2024, § 20 Rn. 142; Servatius, GbR, 2023, BGB § 728 Rn. 60.

[36] BGH NJW 1993, 3193.

[37] Harbecke RNotZ 2022, 521 (533).

aa) Abfindungsausschluss auf den Todesfall

Es ist anerkannt, dass ein Abfindungsausschluss auf den Todesfall des Gesellschafters zu Lasten seiner Erben grundsätzlich gesellschaftsrechtlich zulässig ist.[38] Solche Regelungen finden sich häufig in Gesellschaftsverträgen von Familiengesellschaften. Hierdurch soll der Abfluss von liquiden Mitteln aus der Gesellschaft verhindert werden, um das Familienvermögen zu erhalten.[39] Anders als im Fall des lebzeitigen Ausscheidens wird durch einen Abfindungsausschluss auf den Todesfall die Freiheit des Gesellschafters nicht beschränkt, insbesondere dem Gesellschafter hierdurch nicht sein Recht zur Kündigung genommen, bzw. die Kündigung wirtschaftlich unattraktiv gemacht.[40]

Eine für den Todesfall die Abfindung komplett ausschließende Klausel hält zwar einer Sittenwidrigkeitsprüfung stand. Indessen können derartige Ausschlussklauseln spätestens nach dem Urteil des BGH[41] vom 3.6.2020 schwerwiegende pflichtteilsrechtliche Konsequenzen nach sich ziehen. Der BGH hat nämlich klargestellt, dass es sich bei einem solchen Abfindungsausschluss um eine pflichtteilsergänzungsrelevante Schenkung gemäß § 2325 Abs. 1 BGB handeln kann. Im der Entscheidung zugrunde liegenden Fall wurde zwischen Ehegatten eine zweigliedrige rein vermögensverwaltende GbR gegründet. In diese GbR wurden Immobilien eingebracht. Der Gesellschaftsvertrag sah vor, dass im Fall des Versterbens eines Gesellschafters das Gesellschaftsvermögen dem Überlebenden anwächst, während die Erben des verstorbenen Gesellschafters – soweit gesetzlich zulässig – keine Abfindung erhalten sollen. Der Gesellschaftsvertrag enthielt ferner die Klarstellung, dass dieser wechselseitige Abfindungsausschluss auf dem beiderseits etwa gleich hohen Risiko des Vorversterbens beruhe und im Interesse des jeweils überlebenden Gesellschafters vereinbart worden sei. Der Sachverhalt des zu entscheidenden Falles legte indessen nahe, dass die Gründung der Ehegatten-GbR samt wechselseitigem Abfindungsausschluss einzig dem Zweck diente, Pflichtteilsansprüche eines vorehelichen Kindes des Ehemannes zu minimieren. Dementsprechend hat der BGH im konkreten Fall zu Recht eine plichtteilsergänzungsrelevante Schenkung bejaht. Jedenfalls bei einer zweigliedrigen Gesellschaft kann ein Abfindungsausschluss per se nicht der Sicherung des Fortbestands der Gesellschaft dienen, da diese infolge des Ausscheidens des vorletzten Gesellschafters und der damit verbundenen Anwachsung des Gesellschaftsvermögens beim verbliebenen Gesellschafter liquidationslos erloschen ist. Geklärt ist somit, dass Abfindungsausschlüsse in Gesellschaftsverträgen jedenfalls kein zuverlässig taugliches Mittel zur Reduzierung von Pflichtteilsergänzungsansprüchen sein dürften.[42] Fraglich ist allerdings, welche Auswirkungen die Entscheidung auf andere Fälle hat, in denen zwar ein Abfindungsausschluss für den Fall des Versterbens vereinbart wurde, eine offensichtliche Beeinträchtigung von Pflichtteilsberechtigten aber weniger offen oder gar nicht zutage tritt. Einerseits könnte hier zwischen zweigliedrigen und mehrgliedrigen Gesellschaften unter-

[38] BGH WM 1977, 192 (193).
[39] Harbecke RNotZ 2022, 521 (533).
[40] Hölscher notar 2023, 296 (298).
[41] BGH NZG 2020, 947 ff.; hierzu ausführlich Heckschen/Hindahl GmbHR 2024, 517 ff.
[42] Goslich MittBayNot 2021, 46 (49).

schieden werden. Bei Letzteren kann jedenfalls das Argument der Sicherung des Fortbestands der Gesellschaft weiter ins Feld geführt werden. Wenn diese Gesellschaft ferner noch unternehmenstragend ist, könnte man hieraus eine weitere sachliche Rechtfertigung für einen Abfindungsausschluss herleiten. Dieses Argument könnte auch für zweigliedrige unternehmenstragende Gesellschaften fruchtbar gemacht werden.

bb) Mitarbeiterbeteiligung

Ein Abfindungsausschluss kann ferner zulässig sein, wenn von vornherein feststeht, dass die Beteiligung nur auf Zeit und damit in einem treuhandähnlichen Verhältnis gehalten wird. Dies ist vor allem bei so genannten Mitarbeiterbeteiligungs- bzw. Managermodellen der Fall. Hier wird Mitarbeitern bzw. Geschäftsführern für die Dauer ihrer Beschäftigung eine Minderheitsbeteiligung an der Gesellschaft eingeräumt, die in der Regel zum Nennwert erworben werden kann. Dies dient der Motivationssteigerung und Identifizierung mit dem Unternehmen für die Dauer der Zugehörigkeit. Endet das Beschäftigungsverhältnis, muss der ausscheidende Mitarbeiter bzw. Geschäftsführer seine Beteiligung gegen Rückzahlung des Erwerbspreises, im Übrigen aber unter Ausschluss der Abfindung wieder zurückgeben. Von einer Werterhöhung des Unternehmens profitiert der ausscheidende Gesellschafter also nicht. In diesen Fällen steht von Anfang an fest, dass die Gesellschaftsbeteiligung nur zeitlich befristet besteht und treuhandähnlich gehalten wird.[43]

cc) Gemeinnützige Gesellschaften und Freiberufler

Auch bei gemeinnützigen Gesellschaften und Gesellschaften mit ideellen Zwecken hat der BGH[44] die Zulässigkeit eines Abfindungsausschlusses bejaht. In solchen Fällen stünden nämlich altruistische und nicht wirtschaftliche Erwägungen im Vordergrund, wobei der Gesellschafter auch hier zumindest seine geleistete Einlage zurückerhalten muss.[45] Ferner ist es anerkannt, dass Abfindungsbeschränkungen bei Freiberuflergesellschaften zulässig sind, zB dergestalt, dass einem ausgeschiedenen Rechtsanwalt die von ihm betreuten Mandate übertragen werden, er aber keine darüber hinausgehende Abfindung erhält.[46]

dd) Schenkungen?

Fraglich ist, ob ein vollständiger Abfindungsausschluss bei schenkweise erhaltenen Beteiligungen zulässig ist. Dem hat der BGH[47] entgegengehalten, dass allein die Tatsache, dass ein Gesellschafter seine Beteiligung unentgeltlich erhalten habe, ihn nicht zu einem Gesellschafter „zweiter Klasse" mache. Der BGH führt hierzu aus, dass der Beschenkte zwar nichts zu fordern habe, sondern sich mit dem zufrieden zu geben habe, was er geschenkt bekommen hat. Schließlich musste der Gesell-

---

[43] Vgl. hierzu ausführlich Heckschen/Stelmaszczyk in Heckschen/Heidinger, Die GmbH in der Gestaltungs- und Beratungspraxis, 5. Aufl. 2023, Kap. 4 Rn. 612ff.
[44] BGH NJW 1997, 2592 (2593).
[45] Servatius, GbR, 2023, BGB § 728 Rn. 64.
[46] Roßkopf/Hoffmann ZPG 2023, 14 (23).
[47] BGH NJW 1989, 2685 (2686).

schafter keinerlei Aufwendungen für die Erlangung der Gesellschafterstellung machen und hatte nie mehr als eine mit einem Abfindungsausschluss „belastete" Gesellschaftsbeteiligung. Dennoch habe die mit dem Beschenkten vereinbarte Abfindungsbeschränkung zumindest den gesetzlichen Mindestanforderungen des § 138 BGB zu genügen.

III. Erweiterung des Gestaltungsrahmens durch das MoPeG

Die Neuregelung von § 728 BGB hat in Verbindung mit der Gesetzesbegründung zu dieser Norm Verwirrung gestiftet. Einerseits soll sich ausweislich der Gesetzesbegründung durch das MoPeG nichts daran ändern, dass dem ausgeschiedenen Gesellschafter ein Abfindungsanspruch zusteht, der ein vollwertiges Äquivalent für den Verlust der Mitgliedschaft darstellt und sich am wahren Wert der Beteiligung zu orientieren hat.[48] Andererseits stellt die Gesetzesbegründung im selben Atemzug klar, dass den Gesellschaftern bei der Ermittlung des Anspruchs auf angemessene Abfindung grundsätzlich mehr Freiraum zu geben sei.[49] Schließlich wurde der Wortlaut von § 728 BGB nF im Vergleich zu § 738 BGB aF signifikant geändert, da nunmehr der Begriff „angemessen" verwendet wird.[50] Für diese – zugegebenermaßen – nicht widerspruchsfreien Ausführungen wurde der Gesetzgeber in der Literatur bereits heftig kritisiert und eine „nachhaltige Verunsicherung" des Rechtsverkehrs beklagt.[51]

Wenn sich durch das MoPeG tatsächlich nichts am bisherigen Gestaltungsrahmen für Abfindungsklauseln geändert haben sollte, stellt sich die unvermeidliche Frage, weshalb sich dies nicht im Gesetzeswortlaut widerspiegelt. Es wäre ohne Weiteres möglich gewesen, einen Begriff wie „vollwertig" oder „dem wahren Wert entsprechend" zu verwenden.[52] Dies ist aber gerade nicht passiert. Bereits rein sprachlich macht es einen Unterschied, ob eine „angemessene Abfindung" oder eine dem „dem wahren Wert entsprechende Abfindung" geschuldet ist. Man würde es sich jedenfalls zu einfach machen, wenn man über diese Differenzierung ohne Weiteres hinweg ginge und damit dem Gesetzgeber schlicht eine ungenaue Formulierungsweise unterstellte.

1. Gleichlauf mit aktienrechtlichen Vorschriften?

Teilweise wird von prominenter Seite vertreten, dass sich trotz der Neuformulierung des Gesetzeswortlauts im Ergebnis keine inhaltlichen Änderungen ergeben hätten. Geschuldet sei weiterhin eine vollwertige Abfindung, auch wenn der Begriff „angemessen" verwendet wird.[53] Für eine solche Betrachtungsweise könnte ein Vergleich mit §§ 305 Abs. 1, 320b Abs. 1 und 327a Abs. 1 AktG sprechen.

[48] BT-Drs. 19/27635, 176.
[49] BT-Drs. 19/27635, 176.
[50] Schöne in BeckOK BGB, 68. Ed. 1.1.2024, BGB § 728 Rn. 4.
[51] Hüttemann/Meyer ZIP 2022, 935 (938).
[52] Schöne in BeckOK BGB, 68. Ed. 1.1.2024, BGB § 728 Rn. 4.
[53] Fleischer GmbHR 2023, 1005 Rn. 28; Hüttemann/Meyer ZIP 2022, 935 (940).

§ 305 Abs. 1 AktG sieht vor, dass ein Beherrschungs- oder ein Gewinnabführungsvertrag die Verpflichtung des anderen Vertragsteils enthalten muss, auf Verlangen eines außenstehenden Aktionärs dessen Aktien gegen eine im Vertrag bestimmte angemessene Abfindung zu erwerben. Gemäß § 320b Abs. 1 AktG haben die ausgeschiedenen Aktionäre einer eingegliederten Gesellschaft Anspruch auf angemessene Abfindung. § 327a Abs. 1 AktG regelt schließlich, dass beim aktienrechtlichen Squeeze-Out der Hauptaktionär den Minderheitsaktionären für die Übertragung ihrer Aktien eine angemessene Barabfindung zu gewähren hat. In allen drei aktienrechtlichen Fällen ist es anerkannt, dass trotz der Verwendung des Begriffs „angemessen" eine vollwertige Abfindung geschuldet ist.[54] Fleischer zieht hieraus den Schluss, dass die vorgenannten aktienrechtlichen Abfindungsvorschriften und die Abfindungsvorschriften zum Personengesellschaftsrecht „Holz vom gleichen Stamm" seien.[55] Begründet wird dies damit, dass die aktienrechtlichen Vorschriften in Anlehnung an die Rechtsprechung zu § 738 BGB aF, die nach alter Rechtslage eine vollwertige Abfindung forderte, ausgelegt wurden. Die Gesetzesbegründung sei insoweit missverständlich, als dass es auch nach neuer Rechtslage nicht möglich sei, die aus dem Unternehmenswert abgeleitete Abfindungshöhe nach oben oder nach unten anzupassen. Weder sei ein Paketzuschlag für einen Mehrheitsgesellschafter noch ein Abschlag zu Lasten eines Minderheitsgesellschafters möglich.[56] Durch die Neuformulierung von § 728 BGB sei ein rechtsformübergreifender einheitlicher Standard für die Bestimmung von Abfindungsansprüchen ausscheidender Gesellschafter geschaffen worden.[57]

2. *Wesentliche Unterschiede zum Aktienrecht*

Der Vergleich zu den aktienrechtlichen Vorschriften erscheint zunächst schlüssig. Wenn dort der Begriff „angemessen" von Rechtsprechung und Literatur im Sinne von „vollwertig" verstanden wird, warum sollte dies bei § 728 BGB nicht ebenfalls der Fall sein? Schöne[58] weist in diesem Zusammenhang jedoch zu Recht darauf hin, dass dieser Rückschluss nur dann zwingend wäre, wenn es keinen legitimen und nachvollziehbaren Grund dafür gäbe, dass künftig im Personengesellschaftsrecht der Mindeststandard für die Kompensation des Mitgliedschaftsverlustes lediglich eine „angemessene" und nicht eine „vollwertige" Abfindung ist. Nur dann kann es gerechtfertigt sein, abweichend vom klaren Wortlaut des Gesetzes stets eine vollwertige Abfindung zu fordern.

Zunächst muss festgehalten werden, dass strukturell ganz erhebliche Unterschiede zwischen Aktiengesellschaften und Personengesellschaften bestehen. Zu nennen ist hier insbesondere das Prinzip der Fremdorganschaft auf der einen und das Prinzip der Selbstorganschaft auf der anderen Seite. Hieran hat das MoPeG ausdrücklich festgehalten. Ferner existiert in aller Regel bei einer zumeist personalis-

---

[54] Veil/Preisser in BeckOGK, 1.7.2023, AktG § 305 Rn. 45 mwN.
[55] Fleischer GmbHR 2023, 1005 Rn. 19.
[56] Fleischer GmbHR 2023, 1005 Rn. 46.
[57] Fleischer GmbHR 2023, 1005 Rn. 20.
[58] Schöne in BeckOK BGB, 68. Ed. 1.1.2024, BGB § 728 Rn. 7.

tisch geprägten Personengesellschaft im Gegensatz zur anonymen Aktiengesellschaft kein Markt, auf dem die Anteile gehandelt werden können.[59] Die Anteile an einer Personengesellschaft sind grundsätzlich nämlich nur mit Zustimmung der Mitgesellschafter übertragbar, was eine Handelbarkeit faktisch ausschließt. Dies hat Folgen für die Auswahl der Bewertungstechnik, anhand derer der Wert des in Frage stehenden Anteils bestimmt wird. Insoweit kann zwischen der direkten (unmittelbaren) und der indirekten (mittelbaren) Bewertung unterschieden werden. Letztere knüpft zunächst an den Gesamtwert der Gesellschaft an und leitet hieraus – quotal – den Wert des konkreten Anteils ab.[60] Bei der direkten Bewertung wird hingegen der Anteilswert unabhängig vom Wert des gesamten Unternehmens isoliert ermittelt, zB durch einen Börsenkurs oder anhand von Kaufpreisen aus vergangenen Transaktionen.[61] Mangels Handelbarkeit von Personengesellschaftsanteilen kommt für deren Bewertung in aller Regel nur die mittelbare Bewertung in Betracht.[62] Ausnahmen bilden insoweit Publikumspersonengesellschaften, wie zB Schiffsfonds. Im Gegensatz hierzu wird bei (börsennotierten) Aktien eine unmittelbare Bewertung möglich sein.

Bereits angesichts dieser offensichtlichen Differenzen ist nach hier vertretener Ansicht Vorsicht bei der Übertragung aktienrechtlicher Grundsätze auf das Personengesellschaftsrecht geboten. Der von Fleischer[63] gezogene Schluss, dass mit der Neufassung von § 728 BGB ein rechtsformübergreifender Grundsatz für Abfindungsansprüche geschaffen wurde, erscheint alles andere als zwingend.

Auch eine nähere Analyse der aktienrechtlichen Normen zeigt weitere Unterschiede zu den Personengesellschaften. So lohnt sich ein Blick darauf, wer im Fall eines Beherrschungs- und Gewinnabführungsvertrags (§ 305 Abs. 1 AktG), der Eingliederung (§ 320b Abs. 1 AktG) sowie beim Squeeze-Out (§ 327b Abs. 1 AktG) das für die Abfindungsermittlung erforderliche Gutachten in Auftrag gibt. In allen drei Fällen ist dies der Anspruchsschuldner, nämlich beim Beherrschungs- und Gewinnabführungsvertrag das herrschende und abhängige Unternehmen, bei der Eingliederung die Hauptgesellschaft und beim Squeeze-Out der Hauptaktionär.[64] Dieser hat in allen vorgenannten Fällen ein Interesse daran, die Abfindungsansprüche möglichst gering zu halten. Ein Mitspracherecht bei der Auswahl des Gutachters werden die außenstehenden Aktionäre als Anspruchsgläubiger in aller Regel nicht haben. Ihnen verbleibt die Möglichkeit, die Angemessenheit der ermittelten Abfindung im Rahmen des Spruchverfahrens gerichtlich überprüfen zu lassen.[65] Hieraus ergibt sich eine Schutzbedürftigkeit der Aktionäre, der unter anderem dadurch Rechnung getragen wird, dass sie einen Anspruch auf eine vollwertige Abfindung haben.

---

[59] Hüttemann/Meyer ZIP 2022, 935 (942).
[60] Fleischer GmbHR 2023, 1005 Rn. 34.
[61] Fleischer GmbHR 2023, 1005 Rn. 34.
[62] Servatius, GbR, 2023, BGB § 728 Rn. 34.
[63] Fleischer GmbHR 2023, 1005 Rn. 20.
[64] Schöne in BeckOK BGB, 68. Ed. 1.1.2024, BGB § 728 Rn. 13.1.
[65] Schöne in BeckOK BGB, 68. Ed. 1.1.2024, BGB § 728 Rn. 13.1.

Vergleichbare Zielkonflikte können zwar auch bei einer Personengesellschaft auftreten. Ein von der Gesellschaft beauftragter Gutachter wird mit einiger Wahrscheinlichkeit zu anderen Ergebnissen kommen als ein vom ausgeschiedenen Gesellschafter beauftragter Gutachter. Indessen lassen sich diese Konflikte bei einer Personengesellschaft anders als bei einer Aktiengesellschaft, nämlich auf gesellschaftsvertraglicher Ebene, lösen. Es steht den Gesellschaftern frei – und ist ihnen anzuraten – gesellschaftsvertragliche Regelungen zur Auswahl eines neutralen Gutachters und ggfs. Mitspracherechte des ausgeschiedenen Gesellschafters zu formulieren. Schöne[66] sieht hierin zu Recht eine Warnung des Gesetzgebers an die Gesellschafter, im Gesellschaftsvertrag Vorsorge für eine ausgewogene Anteilsbewertung für den Fall des Ausscheidens zu treffen. Diese Chance haben die Aktionäre einer Aktiengesellschaft nicht. Eine entsprechende gesellschaftsvertragliche Regelung vorausgesetzt, hat der aus einer Personengesellschaft ausscheidende Gesellschafter also deutlich größere Mitsprache- und Einwirkungsmöglichkeiten, um seine Interessen durchzusetzen, als ein Aktionär. Vor diesem Hintergrund ist es naheliegend, den Vergleich zu den aktienrechtlichen Vorschriften nur mit Vorsicht zu ziehen. Es zeigt sich nämlich, dass die Schutzbedürftigkeit der betroffenen Gesellschafter stark variieren kann.

Es existieren also gewichtige Gründe, die Formulierung „angemessene Abfindung" im Personengesellschaftsrecht nicht gleichbedeutend mit den aktienrechtlichen Vorschriften zu verstehen. Näherliegend ist vielmehr, den Wortlaut von § 728 BGB ernst zu nehmen, und künftig im Personengesellschaftsrecht davon auszugehen, dass der Mindeststandard für die Kompensation des Mitgliedschaftsverlustes lediglich eine „angemessene" und nicht eine „vollwertige" Abfindung ist. Die aktienrechtlichen Besonderheiten machen es erforderlich, zum Schutz der außenstehenden und Minderheitsaktionäre die Formulierung „angemessen" strenger zu verstehen, als es der reine Wortlaut nahelegt. Diese Besonderheiten sind indessen nicht auf die Personengesellschaften übertragbar, sodass die im Aktienrecht gerechtfertigte Abweichung vom klaren Wortlaut der Norm bei § 728 BGB nicht mehr zu rechtfertigen ist.

Eine Analyse des Wortlauts von § 728 BGB zeigt, dass nunmehr der Anteilswert und seine Ermittlung als rechnerische Akte auf der einen Seite und die Angemessenheit auf der anderen Seite voneinander zu trennen sind.[67] Die Neuregelung stellt jetzt darauf ab, welcher Betrag dem ausgeschiedenen Gesellschafter „gebührt".[68] Um dies herauszufinden und interessengerecht bestimmen zu können, ist selbstverständlich auch in Zukunft auf einer ersten Stufe zunächst eine möglichst realistische Ermittlung des Verkehrswertes der Beteiligung erforderlich, um sodann in einem zweiten Schritt für die Bestimmung des konkreten Abfindungsanspruchs unter Umständen einen gewissen Abschlag hierauf vorzunehmen.

---

[66] Schöne in BeckOK BGB, 68. Ed. 1.1.2024, BGB § 728 Rn. 16.
[67] Servatius, GbR, 2023, BGB § 728 Rn. 40.
[68] Servatius, GbR, 2023, BGB § 728 Rn. 41.

3. *Paradigmenwechsel von der Auflösung zur Fortsetzung der Gesellschaft*

Weiterhin muss der durch das MoPeG vollzogene Paradigmenwechsel vom früheren Grundsatz der Auflösung hin zum Grundsatz der Fortführung der GbR in Betracht gezogen werden. Die bisherigen Auflösungsgründe sind nunmehr zu Ausscheidensgründen und damit die Fortführung der Gesellschaft zum gesetzlichen Regelfall geworden. Konsequent nimmt § 728 BGB auch nicht mehr den fiktiven Auseinandersetzungsanspruch in Bezug. Dies zieht auch eine Interessenverschiebung bei Eintritt des gesetzlichen Regelfalls nach sich. Während bei einer Auflösung der Gesellschaft deren Liquiditätsinteressen nicht berücksichtigt werden mussten, da es keine fortzusetzende Gesellschaft mehr gab, deren Liquidität man schonen müsste, hat sich dies nunmehr geändert. Die mit Abfindungsklauseln bezweckte Liquiditätsschonung und Bestandssicherung der Gesellschaft wird nun noch wichtiger, da die Gesellschaft nur noch dann aufgelöst wird, wenn der Gesellschaftsvertrag dies ausdrücklich vorsieht. In allen anderen Fällen wird die Gesellschaft fortgeführt und ist darauf angewiesen, dass ihre Liquidität durch das Ausscheiden eines Gesellschafters nicht über Gebühr beeinträchtigt wird. Diese Akzentverschiebung spricht dafür, den Gesellschaftern bei der Formulierung ihrer Abfindungsklauseln ein größeres Maß an Gestaltungsfreiheit zuzugestehen. Würde man es bei den bisherigen Grundsätzen belassen, könnte der vom Gesetzgeber formulierte Vorrang des Ausscheidens vor der Auflösung konterkariert werden.[69]

4. *Differenzierung nach Ausscheidensgründen*

Die Erkenntnis, dass die Neuregelung dem ausgeschiedenen Gesellschafter nicht mehr zwingend eine vollwertige, sondern nur noch eine angemessene Abfindung zubilligt, führt indessen nicht zu einer völlig uferlosen Gestaltungsfreiheit und kompletten Abkehr von den bisherigen Grundsätzen zur Zulässigkeit von Abfindungsklauseln. Es liegt vielmehr nahe, künftig stärker nach den einzelnen Ausscheidensgründen zu unterscheiden. So ist zunächst danach zu fragen, ob auch Interessen Dritter, insbesondere Gläubigerinteressen, oder ausschließlich gesellschaftsinterne Interessen durch die in Frage stehende Abfindungsregelung berührt sind. Ferner dürfte es sinnvoll sein, danach zu unterscheiden, ob das Ausscheiden eines Gesellschafters auf Gründe zurückzuführen ist, die er selbst beherrschen konnte, oder die nicht unmittelbar seiner Sphäre zuzuordnen sind.

a) Drittinteressen sind betroffen

Keine Neuerungen ergeben sich bei der Gestaltungsfreiheit, sofern durch eine Abfindungsbeschränkung Drittinteressen betroffen sind.[70] Besonders relevant sind in diesem Zusammenhang Gläubigerinteressen. Auch künftig wird es also nicht möglich sein, allein für den Fall der Eröffnung des Insolvenzverfahrens über das Vermögen eines Gesellschafters oder für den Fall der Kündigung der Mitgliedschaft durch einen Privatgläubiger die Abfindung über das bislang mögliche Maß hinaus

[69] Servatius, GbR, 2023, BGB § 728 Rn. 33.
[70] Servatius, GbR, 2023, BGB § 728 Rn. 54.

auszuschließen. Dies ist auch interessengerecht, da die Gestaltungsfreiheit der Gesellschafter nicht zu Lasten der Interessen Dritter ausgeweitet werden kann und die bislang geltenden und entwickelten Grundsätze zum Verbot der gezielten Gläubigerbenachteiligung weiter gelten.

b) Nur gesellschaftsinterne Interessen sind betroffen

Ein größerer Gestaltungsrahmen dürfte den Gesellschaftern hingegen in solchen Fällen zuzusprechen sein, in denen durch eine Abfindungsregelung keine Drittinteressen betroffen sind. Berührt eine Abfindungsklausel nämlich ausschließlich die Interessen der Gesellschafter untereinander, wird man über den neuen Wortlaut von § 728 BGB künftig weder hinweggehen noch die alte Rechtsprechung unreflektiert übernehmen können.[71]

Dies gilt beispielsweise für Fälle, in denen ein Gesellschafter aufgrund einer ordentlichen Kündigung aus der Gesellschaft ausscheidet. In solchen Fällen ist richtigerweise der Gestaltungsspielraum der Gesellschafter für Abfindungsklauseln weiter als nach alter Rechtslage. Bis zum Inkrafttreten des MoPeG waren weder das außerordentliche noch das ordentliche Kündigungsrecht des Gesellschafters vertraglich abdingbar. Dies hat sich nun geändert. Gemäß § 725 Abs. 6 BGB sind nur noch das Recht zur außerordentlichen Kündigung gemäß § 725 Abs. 2 BGB und das Kündigungsrecht des volljährig gewordenen Gesellschafters gemäß § 725 Abs. 4 BGB gesellschaftsvertraglich unabdingbar. Das Recht zur ordentlichen Kündigung ist hingegen nunmehr grundsätzlich gesellschaftsvertraglichen Modifizierungen zugänglich. Damit entfällt von nun an ein nach alter Rechtslage häufig gegen die Zulässigkeit von abfindungsbeschränkenden Klauseln vorgebrachtes Argument. Es kann nämlich nicht mehr angeführt werden, dass durch eine Abfindungsbeschränkung faktisch das – früher unentziehbare, jetzt aber modifizierbare – Recht des Gesellschafters zur ordentlichen Kündigung vereitelt wird.[72] Dies muss nach hier vertretener Ansicht auch Auswirkungen auf den Gestaltungsspielraum bei Abfindungsklauseln haben. Es sprechen gute Gründe dafür, den Gesellschaftern einen größeren Gestaltungsrahmen zuzubilligen, wenn es um eine Abfindungsregelung für den Fall geht, dass ein Gesellschafter seine Mitgliedschaft ordentlich gekündigt hat. In diesem Fall beruht der Grund des Ausscheidens ausschließlich auf einer Entscheidung des betroffenen Gesellschafters selbst, weshalb ihm ein unter Umständen größerer Abschlag auf seinen Abfindungsanspruch zuzumuten ist, als in Fällen, in denen der Verlust der Mitgliedschaft auf Umstände zurückzuführen ist, die nicht der Sphäre des Gesellschafters zuzurechnen sind.

Hieraus ergibt sich umgekehrt, dass für den Fall der außerordentlichen Kündigung oder der Kündigung des volljährig gewordenen Gesellschafters kein im Vergleich zur bisherigen Rechtslage größerer Gestaltungsspielraum bestehen dürfte.

Gesellschaftsverträge enthalten gelegentlich Abfindungsklauseln, die bei der Höhe des Abfindungsanspruchs nach den Gründen des Ausscheidens differenzieren. So ist es etwa nicht unüblich, dass der Abfindungsanspruch für den Fall der

---

[71] Servatius, GbR, 2023, BGB § 728 Rn. 54.

[72] Liebscher ZIP 2023, 2225 (2230).

Ausschließung des Gesellschafters aus wichtigem Grund niedriger ausfällt als der Abfindungsanspruch in Ausscheidensfällen, die nicht auf durch den Gesellschafter beherrschbaren Umständen beruhen. Legitimes Ziel solcher „Bad-Leaver" Regelungen ist es, die Gesellschafter zu einem vertragstreuen Verhalten zu animieren. Auch hier dürfte sich der Gestaltungsrahmen für Abfindungsklauseln im Vergleich zur alten Rechtslage erweitert haben.[73]

Beruht der Verlust der Gesellschafterstellung also auf einem Umstand aus der Sphäre des Gesellschafters oder auf einem Verhalten, welches der betroffene Gesellschafter beherrschen kann, sollte künftig der Vertragsfreiheit der Gesellschafter bei der Formulierung von Abfindungsklauseln eine größere Bedeutung zukommen. Alle Gesellschafter – auch neu hinzukommende – wissen von vornherein, worauf sie sich einlassen und haben eine entsprechende Erwartungshaltung, was ihnen im Falle eines Ausscheidens gebührt.[74]

Selbstverständlich wird auch die hier geforderte neue Vertragsfreiheit nicht schrankenlos gelten können. So dürfte jedenfalls dann, wenn der Gesellschafter weniger als die von ihm geleistete Einlage zurückerhält, die Grenze des Zulässigen überschritten sein. Servatius[75] weist treffend darauf hin, dass die Abfindungsbeschränkung in diesem Fall auf eine Schenkung gegenüber den verbleibenden Gesellschaftern herausliefe. Diese stünde im Widerspruch zum Gesamtkonzept der §§ 705ff. BGB und im Hinblick auf § 518 BGB zur grundsätzlichen Formfreiheit für Personengesellschaftsverträge.[76] In diesem Zusammenhang sei darauf hingewiesen, dass eine gesellschaftsvertragliche Regelung, wonach dem ausgeschiedenen Gesellschafter die Gegenstände, die er der Gesellschaft zur Nutzung überlassen hat, zurückzugeben sind, sinnvoll ist.[77]

5. *Berücksichtigung von anteilsbezogenen Faktoren*

Fraglich ist, ob bei der Bestimmung des Abfindungsanspruchs auch anteilsbezogene Faktoren gesellschaftsvertraglich berücksichtigt werden können. So wäre es etwa denkbar, bei einem Minderheitsgesellschafter einen Abschlag von seinem Abfindungsanspruch vorzunehmen, während umgekehrt bei einem Mehrheitsgesellschafter ein Paketzuschlag vereinbart werden könnte. Ferner könnten beispielsweise Gesellschaftsanteile, die mit einer überproportional hohen Gewinnbeteiligung oder einem überproportionalen Stimmrecht ausgestattet sind, auch mit höheren Abfindungsansprüchen für den Fall des Verlustes der Mitgliedschaft verbunden werden und umgekehrt. Als weitere anteilsbezogene Faktoren kommen ferner erweiterte bzw. eingeschränkte Kündigungsrechte oder auch etwaige faktische oder rechtliche Erschwerungen bei der Anteilsveräußerung in Betracht.

Die Problematik wurde im Gesetzgebungsverfahren zwar nicht übersehen, allerdings weder in die eine noch in die andere Richtung gelöst. Vielmehr spricht die

[73] Servatius, GbR, 2023, BGB § 728 Rn. 64.
[74] Servatius, GbR, 2023, BGB § 728 Rn. 64.
[75] Servatius, GbR, 2023, BGB § 728 Rn. 63.
[76] Servatius, GbR, 2023, BGB § 728 Rn. 63.
[77] Liebscher ZIP 2023, 2225 (2230).

Gesetzesbegründung die Thematik kurz an und verweist darauf, dass eine diesbezügliche Klärung der Rechtsprechung überlassen bleibe.[78]

Die Zulässigkeit solcher Differenzierungen wird kontrovers diskutiert, da sie weitreichende Folgen für Minderheitsgesellschafter haben könnten und tief in mitgliedschaftliche Rechte eingriffen. Gegen die Zulässigkeit der Berücksichtigung von anteilsbezogenen Faktoren wird vorgebracht, dass eine solche Differenzierung dem gesellschaftsrechtlichen Gleichheitsgrundsatz zuwiderliefe.[79] Ferner bestünde die Gefahr einer Machtverschiebung zu Gunsten der Mehrheitsgesellschafter.[80] Andere Autoren gehen demgegenüber davon aus, dass die Neuregelung auch im Hinblick auf die Berücksichtigung von anteilsbezogenen Faktoren mehr Gestaltungsfreiheit gebracht hat.[81]

Der ablehnenden Meinung ist zuzugeben, dass bei der Berücksichtigung gewisser anteilsbezogener Faktoren die Gefahr einer Aushöhlung von Minderheitenrechten bestünde. Dies wird besonders anschaulich am Beispiel von Paketzuschlägen für Mehrheitsgesellschafter und Abschlägen zu Lasten von Minderheitsgesellschaftern. Für einen Minderheitsgesellschafter wird ein solcher Abschlag auf die ihm zustehende Abfindung eine gewisse Entwertung seiner Beteiligung bedeuten. Auch kann nicht bestritten werden, dass hiermit eine Ungleichbehandlung der Gesellschafter verbunden wäre.

Andererseits sollte auch bei der Beurteilung dieser Frage zunächst der Wortlaut der Norm in die Analyse einbezogen werden. § 728 BGB stellt klar, dass Bewertungsgegenstand nunmehr der Geschäftsanteil des ausgeschiedenen Gesellschafters selbst ist. Hieraus folgt, dass es im Grundsatz zuvörderst auf den Geschäftsanteil, und nicht auf die Gesellschaft insgesamt ankommen muss. Es wurde indessen bereits dargelegt, dass dieser Grundsatz bei Personengesellschaften nicht in dieser Konsequenz durchgehalten werden kann, da es hier – anders als etwa bei börsennotierten Aktien – in aller Regel an einem Markt für die Anteile fehlt. Deshalb wird man zumeist auf die indirekte Bewertung unter Betrachtung der gesamten Gesellschaft zurückgreifen müssen. Dies war dem Gesetzgeber bewusst. Dennoch wurde sprachlich eindeutig der Geschäftsanteil als Bewertungsgegenstand benannt. Wenn eine solche Bewertung schon nicht aufgrund eines Börsenkurses möglich ist, ist es naheliegend, dem Wortlaut der Norm zumindest durch die Berücksichtigung rein anteilsbezogener Faktoren Rechnung zu tragen. Es wird schwer zu bestreiten sein, dass einer Mehrheitsbeteiligung aufgrund des mit ihr verbundenen größeren Einflusses auf die Geschäfte der Gesellschaft unter Umständen ein Wert zuzumessen ist, der über die rein quotale Beteiligung an der Gesellschaft hinausgeht. Dann ist es aber auch konsequent, dies bei der Bemessung von Abfindungsansprüchen berücksichtigen zu können. Gleiches gilt für die anderen oben genannten Beispiele, wie disquotale Gewinnbeteiligungen oder Stimmrechte. Zwar ginge hiermit eine Un-

[78] BT-Drs. 19/27635, 176.

[79] Fleischer GmbHR 2023, 1005 Rn. 53.

[80] Hüttemann/Meyer ZIP 2022, 935 (939).

[81] Servatius, GbR, 2023, BGB § 728 Rn. 34; tendenziell auch Schöne in BeckOK BGB, 68. Ed. 1.1.2024, BGB § 728 Rn. 6; unentschieden Bergmann in Schäfer, Das neue Personengesellschaftsrecht, 2022, § 7 Rn. 64.

gleichbehandlung der Gesellschafter einher. Diese beruht indessen nicht auf rein willkürlichen Erwägungen, sondern auf der unterschiedlichen Ausgestaltung der Anteile, bzw. im Fall von Paketzuschlägen auf unterschiedlichen Beteiligungsverhältnissen. Insoweit würden ungleiche Sachverhalte eben auch ungleich behandelt. Bereits die Tatsache, dass es unstreitig möglich ist, Geschäftsanteile mit Mehrstimmrechten oder überproportionalen Gewinnbeteiligungen auszustatten zeigt, dass eine strikte Gleichbehandlung aller Gesellschafter ohnehin nicht zwingend ist. Schließlich wäre auch jedem Minderheitsgesellschafter von vornherein klar, worauf er sich einließe.

6. Einschränkung

Sofern in den vorstehenden Ausführungen für eine Erweiterung der Gestaltungsfreiheit bei der Formulierung von Abfindungsklauseln plädiert wurde, muss in allen Fällen indes eine – an sich selbstverständliche – Einschränkung gelten: Sofern die Gesellschafter Abfindungsklauseln bestehender Gesellschaftsverträge in diesem Sinne verändern möchten, ist dies nur mit Zustimmung sämtlicher Gesellschafter möglich. Nur in diesem Fall kann nämlich die hier verfolgte Argumentationslinie, dass alle Gesellschafter wissen, worauf sie sich einlassen und dementsprechend eine konkrete Erwartung im Hinblick auf die ihnen gebührende Abfindung haben, aufrechterhalten werden. Die erweiterte Gestaltungsfreiheit dürfte also vor allem bei der Abfassung neuer Gesellschaftsverträge zum Tragen kommen.

IV. Zusammenfassung

Die Neuregelung des § 728 BGB stellt klar, dass die Regelung von Abfindungsansprüchen ausgeschiedener Gesellschafter im Grundsatz dispositiv ist. Die bisherige Verknüpfung von § 738 BGB aF mit dem fiktiven Anteil am Liquidationswert entfällt. Dies trägt dem Paradigmenwechsel Rechnung, dass die Fortsetzung der Gesellschaft nun der gesetzliche Regelfall ist.

Bewertungsgegenstand ist nunmehr der Geschäftsanteil selbst. Welche Bewertungsmethode zur Ermittlung des Anteilswertes herangezogen werden soll, bleibt weiterhin ungeregelt. Es muss diejenige Methode gewählt werden, die eine möglichst realistische Bewertung ermöglicht. Jedenfalls bei unternehmenstragenden Unternehmen dürfte das in der Regel die Ertragswertmethode sein. Ein Markt für Anteile an Personengesellschaften existiert in aller Regel nicht, weshalb in den meisten Fällen nur eine indirekte (mittelbare) Bewertung möglich sein wird.

Auch in Zukunft wird sich leider an dem zweistufigen Prüfungsprogramm insoweit nichts ändern, als dass zwischen von vornherein nichtigen Abfindungsklauseln und solchen, die sich erst im Nachhinein als unangemessen herausstellen, unterschieden wird.

Allerdings sprechen gute Gründe dafür, dass sich aufgrund des Wortlauts von § 728 BGB, wonach eine „angemessene" und keine „vollwertige" Abfindung zu zahlen ist, der Gestaltungsspielraum im Vergleich zur alten Rechtslage erweitert hat.

Hiergegen spricht insbesondere nicht ein Vergleich mit den vermeintlichen aktienrechtlichen „Schwestervorschriften" der §§ 305 Abs. 1, 320b Abs. 1 und 327a Abs. 1 AktG. Zwar wird bei Letzteren die Formulierung „angemessen" in dem Sinn verstanden, dass eine vollwertige Abfindung geschuldet ist. Aufgrund der vielfältigen und gravierenden Unterschiede zwischen Aktiengesellschaften und Personengesellschaften lässt sich dies jedoch nicht auf § 728 BGB übertragen. Vielmehr ist es aufgrund des Paradigmenwechsels hin zum Grundsatz der Fortführung der Gesellschaft als gesetzlicher Regelfall geboten, die Liquiditätsinteressen der Gesellschaft stärker in den Blick zu nehmen und den Gesellschaftern einen weiteren Gestaltungsspielraum zuzugestehen.

Dieser erweiterte Gestaltungsspielraum besteht in solchen Fällen, in denen das Ausscheiden des Gesellschafters auf Umstände zurückzuführen ist, die von ihm beherrschbar, bzw. seiner Sphäre zuzuordnen sind und keine Drittinteressen betreffen. Insoweit können bei der Bemessung der Abfindungsansprüche auch anteilsbezogene Faktoren mitberücksichtigt werden.

Kein erweiterter Spielraum besteht indessen, sofern Drittinteressen – insbesondere Gläubigerinteressen – betroffen sind, oder das Ausscheiden des Gesellschafters auf einer außerordentlichen Kündigung wegen Umständen beruht, die nicht seiner Sphäre zuzuordnen sind.

Sofern Abfindungsklauseln bestehender Gesellschaftsverträge nach den vorstehenden Grundsätzen angepasst werden sollen, ist hierfür eine Zustimmung aller Gesellschafter erforderlich.

JESSICA SCHMIDT

Die grenzüberschreitende Spaltung von Kapitalgesellschaften zur Aufnahme – oder: Geht es auch ohne Richtlinie?

Heribert Heckschen und ich durften zusammen mit Susanne Zwirlein-Forschner und Christoph Teichmann im Rahmen einer von Eberhard Schollmeyer geleiteten Expertenkommission des BMJ an der Vorbereitung des UmRUG[1] mitarbeiten. Ein großes Thema war dabei auch die grenzüberschreitende Spaltung zur Aufnahme, die im folgenden Beitrag zu Ehren von Heribert Heckschen näher beleuchtet werden soll.

I. Der Schutz der grenzüberschreitenden Spaltung zur Aufnahme durch die Niederlassungsfreiheit

Der EuGH hat sich in seiner Rechtsprechung mehrfach mit dem Schutz grenzüberschreitender Umwandlungen durch die Niederlassungsfreiheit (Art. 49, 54 AEUV) befasst. Er entschied schon 2005 in der Rechtssache *SEVIC,* dass der Schutzbereich der Niederlassungsfreiheit grenzüberschreitende Verschmelzungen umfasst.[2] In seinem Grundsatzurteil in der Rechtssage *VALE*[3] bestätigte der Gerichtshof dann 2012 seine bereits 2005 in *SEVIC* angedeutete und dann 2008 in der Rechtssache *Cartesio*[4] *obiter dictum* getroffene Feststellung, dass auch der grenzüberschreitende Formwechsel durch die Niederlassungsfreiheit geschützt ist. Anknüpfend hieran stellte er dann 2017 in der Rechtssache *Polbud*[5] klar, dass dies auch für den grenzüberschreitenden Formwechsel in Form der isolierten Satzungssitzverlegung gilt.

Für die grenzüberschreitende Spaltung hat der EuGH zwar noch nicht ausdrücklich entschieden, dass sie vom Schutz der Niederlassungsfreiheit umfasst ist. Schon in der Rechtssache *SEVIC* hat der Gerichtshof jedoch im Kontext seiner Ausführungen zum Schutzbereich der Niederlassungsfreiheit ganz allgemein formuliert:

„Grenzüberschreitende Verschmelzungen entsprechen wie andere Gesellschaftsumwandlungen den Zusammenarbeits- und Umgestaltungsbedürfnissen von Gesellschaften mit Sitz in verschiedenen Mitgliedstaaten. Sie stellen besondere, für das reibungslose Funktionieren

---

[1] Gesetz zur Umsetzung der Umwandlungsrichtlinie und zur Änderung weiterer Gesetze v. 22.2.2023, BGBl. I Nr. 51.

[2] EuGH 13.12.2005 – C-411/03, ECLI:EU:C:2005:762, Rn. 19 – SEVIC.

[3] EuGH 16.12.2008 – C-210/08, ECLI:EU:C:2008:723 – Cartesio.

[4] EuGH 12.7.2012 – C-378/10, ECLI:EU:C:2012:440 – VALE.

[5] EuGH 25.10.2017 – C-106/16, ECLI:EU:C:2017:804 – Polbud.

des Binnenmarktes wichtige Modalitäten der Ausübung der Niederlassungsfreiheit dar und gehören damit zu den wirtschaftlichen Tätigkeiten, hinsichtlich deren die Mitgliedstaaten die Niederlassungsfreiheit [...] beachten müssen.“[6]

Unter ausdrücklicher Bezugnahme hierauf entschied er dann in der Rechtssache *VALE,* dass auch grenzüberschreitende Formwechsel vom Schutzbereich der Niederlassungsfreiheit umfasst sind.[7]

Grenzüberschreitende Spaltungen als eine weitere Form grenzüberschreitender Umwandlungen müssen daher ebenfalls vom Schutzbereich der Niederlassungsfreiheit erfasst sein; dies entspricht inzwischen nicht nur der ganz hM in der Literatur,[8] sondern wird in den Erwägungsgründen zur UmwRL (auch bekannt als MobilRL)[9] auch vom europäischen Gesetzgeber anerkannt.[10] Die Niederlassungsfreiheit in ihrer Ausprägung als „Spaltungsfreiheit“ gilt dabei sowohl für die Spaltung zur Neugründung als auch für die Spaltung zur Aufnahme[11] und für alle Gesellschaften iSd Art. 54 AEUV.[12]

II. Die Ausklammerung der grenzüberschreitenden Spaltung zur Aufnahme aus der GesRRL und ihre Konsequenzen

Schon der Kommissionsentwurf für die UmwRL[13] hatte vorgesehen, nur die grenzüberschreitende Spaltung zur Neugründung in Form der Aufspaltung und der Abspaltung, nicht dagegen die grenzüberschreitende Spaltung zur Aufnahme zu regeln (vgl. Art. 160b Nr. 3 GesRRL-E). Der Rechtsausschuss des Europäischen Parlaments hatte dann zwischenzeitlich sogar vorgeschlagen, das Kapitel über

---

[6] EuGH 13.12.2005 – C-411/03, ECLI:EU:C:2005:762, Rn. 19 – SEVIC [Hervorhebung durch die Verf.].

[7] EuGH 12.7.2012 – C-378/10, ECLI:EU:C:2012:440, Rn. 24ff. – VALE.

[8] Bayer/J. Schmidt ZHR 173 (2009), 735 (768); Bernard, Les enjeux des scissions transfrontalières au sein de l’Union européenne, 2022, n° 127–236; Kalss/Klampfl in Dauses/Ludwigs, Handbuch des EU-Wirtschaftsrechts, 60. EL 2024, E. III. Rn. 136; Lutter/Bayer/J. Schmidt, Europäisches Unternehmens- und Kapitalmarktrecht, 6. Aufl. 2018, 7.105; Roelofs, Grensoverschrijdende juridische splitsing kapitaalvennootschappen, 2014, S. 590; J. Schmidt, Cross-border mergers and divisions, transfers of seat: Is there a need to legislate?, PE 559.960, S. 11; Stelmaszczyk in BeckOGK, 1.4.2024, UmwG § 320 Rn. 9.

[9] RL (EU) 2019/2121 des Europäischen Parlaments und des Rates v. 27.11.2019 zur Änderung der RL (EU) 2017/1132 in Bezug auf grenzüberschreitende Umwandlungen, Verschmelzungen und Spaltungen, ABl. 2019 L 321, 1.

[10] Vgl. Erwägungsgrund 5 S. 1 UmwRL.

[11] Bayer/J. Schmidt BB 2019, 1922 (1926); Hansen EBLR 2007, 181 (195); Herrler EuZW 2007, 295 (299f.); Lutter/Bayer/J. Schmidt, Europäisches Unternehmens- und Kapitalmarktrecht, 6. Aufl. 2018, 7.105; J. Schmidt, Stellungnahme zum Entwurf des UmRUG für den BT-Rechtsausschuss, 2022, Rn. 6. Siehe ferner: BegrRegE UmRUG, BR-Drs. 371/22, 133.

[12] Bayer/J. Schmidt ZHR 173 (2009), 735 (768); Roelofs, Grensoverschrijdende juridische splitsing kapitaalvennootschappen, 2014, S. 590; J. Schmidt, Cross-border mergers and divisions, transfers of seat: Is there a need to legislate?, PE 559.960, S. 12.

[13] Vorschlag für eine RL des Europäischen Parlaments und des Rates zur Änderung der RL (EU) 2017/1132 in Bezug auf grenzüberschreitende Umwandlungen, Verschmelzungen und Spaltungen, COM(2018) 241.

grenzüberschreitende Spaltungen ganz zu streichen, weil damit angesichts des geringen Anwendungsbereichs kein Mehrwert verbunden sei.[14] Im Verlauf des weiteren Gesetzgebungsverfahrens gelang es dann zwar, die Spaltung grundsätzlich zu „retten" sowie zudem sogar noch die Ausgliederung als zusätzliche Variante der Spaltung zu ergänzen; der durch die UmwRL nun in Titel II Kapitel IV GesRRL[15] verankerte spezielle EU-Rechtsrahmen für grenzüberschreitende Spaltungen erfasst jedoch ausschließlich die grenzüberschreitende Spaltung zur Neugründung von Kapitalgesellschaften (vgl. Art. 160b Nr. 3–4 GesRRL; Erwägungsgrund 8 S. 1 UmwRL). Die Überprüfungsklausel in Art. 4 UmwRL verpflichtet die Kommission aber immerhin, im Kontext ihrer bis zum 1.2.2027 vorzulegenden Bewertung insbesondere auch zu prüfen, ob Regeln zur grenzüberschreitenden Spaltung zur Aufnahme ergänzt werden sollen.

Begründet wurde die Beschränkung auf grenzüberschreitende Spaltungen zur Neugründung damit, dass grenzüberschreitende Spaltungen zur Aufnahme sehr komplex seien, die Beteiligung der zuständigen Behörden mehrerer Mitgliedstaaten erfordern und zusätzliche Betrugs- und Umgehungsrisiken bürgen.[16] Diese Argumentation überzeugt indes nicht. Grenzüberschreitende Spaltungen sind – egal, ob zur Aufnahme oder zur Neugründung – generell sehr komplexe Vorgänge, die Beteiligung von Behörden aus verschiedenen Mitgliedstaaten ist ebenso bei der Spaltung durch Neugründung erforderlich, und warum das Risiko von Betrug und Umgehungen bei Spaltungen zur Aufnahme signifikant höher sein soll, wird nicht einmal im Ansatz erläutert.[17] Im Gegenteil: Bei der grenzüberschreitenden Spaltung zur Aufnahme liegt ein Missbrauch eher ferner, weil das Vermögen auf eine bereits existierende Gesellschaft übertragen wird.[18]

Der Ausschluss grenzüberschreitender Spaltungen vom Regelungsbereich der GesRRL bedeutet allerdings nur, dass der europäische Gesetzgeber für sie keinen speziellen europäischen Rechtsrahmen geschaffen hat, der von den Mitgliedstaaten in ihrem nationalen Recht umgesetzt werden müsste. Wie der EuGH in ständiger Rechtsprechung ausdrücklich betont, ist die Existenz unionsrechtlicher Harmonisierungsvorschriften indes keine Vorbedingung für die Anwendung der Niederlassungsfreiheit.[19] Grenzüberschreitende Spaltungen zur Aufnahme sind somit – trotz

---

[14] A8-0002/2019, S. 233.

[15] RL (EU) 2017/1132 des Europäischen Parlaments und des Rates v. 14.6.2017 über bestimmte Aspekte des Gesellschaftsrechts (Kodifizierter Text), ABl. 2017 L 169, 46; zuletzt geändert durch VO (EU) 2021/23, ABl. 2021 L 22, 1.

[16] Erwägungsgrund 8 S. 2 UmwRL; COM(2018) 241, 8.

[17] J. Schmidt in Lutter, 7. Aufl. 2024, UmwG § 332 Rn. 3; J. Schmidt Der Konzern 2018, 273 (275); s. ferner auch Bader/Börner in Kindler/Lieder, European Corporate Law, 2021, Art. 160b CLD para. 9; Bormann/Stelmaszczyk ZIP 2019, 353 (355); Bungert FS Krieger, 2020, 109 (111); Stelmaszczyk GmbHR 2020, 61 (64); Stelmaszczyk Der Konzern 2021, 1 (4); Stelmaszczyk in BeckOGK, 1.4.2024, UmwG § 332 Rn. 4; Zwirlein-Forschner ZGR-Sonderheft 26 (2023), 195 (201).

[18] Heckschen NotBZ 2020, 241 (245); J. Schmidt in Lutter, 7. Aufl. 2024, UmwG § 332 Rn. 3.

[19] Speziell in Bezug auf grenzüberschreitende Umwandlungen: EuGH 13.12.2005 – C-411/03, ECLI:EU:C:2005:762, Rn. 26 – SEVIC (zur grenzüberschreitenden Verschmelzung); EuGH 12.7.2012 – C-378/10, ECLI:EU:C:2012:440, Rn. 38 – VALE (zum grenzüberschreiten-

der Ausklammerung aus der GesRRL – (weiterhin) auf der Basis der Niederlassungsfreiheit (Art. 49, 54 AEUV) in ihrer Ausprägung als „Spaltungsfreiheit" zulässig.[20] Das Fehlen eines speziellen EU-Rechtsrahmens bedeutet aber nicht nur ein erhebliches Maß an Rechtsunsicherheit für die Gesellschaften und zwingt diese zu aufwendigen und kostenträchtigen „Umwegen", sondern zugleich auch ein geringeres Schutzniveau für (Minderheits-)Gesellschafter, Gläubiger und Arbeitnehmer.[21]

Im Übrigen steht es den Mitgliedstaaten bereits *de lege lata* frei, über die Vorgaben der GesRRL hinaus auch Regelungen zur grenzüberschreitenden Spaltung zur Aufnahme vorzusehen. Entgegen einer vereinzelt im Schrifttum[22] sowie anfangs offenbar auch von einigen deutschen Registergerichten vertretenen Ansicht entfaltet Titel II Kapitel IV GesRRL insoweit keine dem entgegenstehende „Sperrwirkung". Genauso wenig wie die Beschränkung von Titel II Kapitel III GesRRL auf Aufspaltungen es den nationalen Gesetzgebern verwehrt, die Regelungen über nationale Spaltungen auch auf Abspaltungen und Ausgliederungen zu erstrecken,[23] verwehrt es die Beschränkung des Titel II Kapitel IV GesRRL auf Spaltungen durch Neugründung den Mitgliedstaaten, die Richtlinienvorgaben überschießend auch für Spaltungen zur Aufnahme umzusetzen.

Alternativ können die Mitgliedstaaten für grenzüberschreitende Spaltungen zur Aufnahme in ihrem nationalen Recht aber auch einen Rechtsrahmen etablieren, der von den Standards der GesRRL für grenzüberschreitende Spaltungen zur Neugründung abweicht. Nach der Rechtsprechung des EuGH[24] – die zwar in Bezug auf grenzüberschreitende Formwechsel entwickelt wurde, konsequenterweise *mutatis mutandis* aber auch für den Parallelfall grenzüberschreitender Spaltungen gelten muss – müssen sie dabei jedoch den Äquivalenz- und Effektivitätsgrundsatz beachten. Grenzüberschreitende Spaltungen zur Aufnahme dürfen also weder ungünstiger behandelt werden als innerstaatliche Spaltungen zur Aufnahme (Äquivalenzgrundsatz) noch dürfen sie praktisch unmöglich gemacht oder übermäßig erschwert werden (Effektivitätsgrundsatz).

---

den Formwechsel); s. ferner etwa bereits EuGH 28.1.1992 – C-204/90, ECLI:EU:C:1992:35, Rn. 11 – Bachmann.

[20] BegrRegE UmRUG, BR-Drs. 371/22, 133; Bayer/J. Schmidt BB 2019, 1922 (1926); J. Schmidt in Lutter, 7. Aufl. 2024, UmwG § 332 Rn. 3; J. Schmidt, Stellungnahme zum Entwurf des UmRUG für den BT-Rechtsausschuss, 2022, Rn. 6; Stelmaszczyk in BeckOGK, 1.4.2024, UmwG § 332 Rn. 4.

[21] J. Schmidt in Lutter, 7. Aufl. 2024, UmwG § 332 Rn. 3; vgl. auch BegrRegE UmRUG, BR-Drs. 371/22, 133; J. Schmidt NZG 2022, 579 (580); J. Schmidt, Stellungnahme zum Entwurf des UmRUG für den BT-Rechtsausschuss, 2022, Rn. 6; Teichmann NZG 2019, 241 (243).

[22] Kappenhagen/Wentz WM 2023, 2113 (2114); Mayer/Weiler in Münchner Handbuch des Gesellschaftsrechts, Band 3, 6. Aufl. 2023, § 72 Rn. 787e; Schulte GmbHR 2020, 139 (144).

[23] EuGH 30.1.2020 – C-394/18, ECLI:EU:C:2020:56, Rn. 53 – I.G.I.

[24] EuGH 12.7.2012 – C-378/10, ECLI:EU:C:2012:440, Rn. 48ff. – VALE.

III. Der Umgang mit der grenzüberschreitenden Spaltung zur Aufnahme in Deutschland

1. Grundkonzept: partiell überschießende Umsetzung

Der deutsche Gesetzgeber hat sich jedoch mit dem mWv 1.3.2023 durch das UmRUG eingefügten § 332 UmwG erfreulicherweise entschieden, die GesRRL überschießend auch für bestimmte grenzüberschreitende Spaltungen zur Aufnahme von Kapitalgesellschaften umzusetzen. Entscheidend war insoweit, dass auch für grenzüberschreitende Spaltungen zur Aufnahme ein erhebliches praktisches Bedürfnis besteht.[25] Eine klare Regelung sorgt insoweit – jedenfalls für die „deutsche Seite" – für Rechtssicherheit und erspart den Unternehmen aufwendige und kostenträchtige Umwege.[26] Zugleich wird so ein angemessener Schutz von Minderheitsgesellschaftern, Gläubigern und Arbeitnehmern gewährleistet.[27]

Nach § 332 S. 1 UmwG sind vom Anwendungsbereich des UmwG jedoch nur grenzüberschreitende Spaltungen zur Aufnahme erfasst, bei denen in allen beteiligten Gesellschaften in den sechs Monaten vor Offenlegung des Spaltungsplans weniger Arbeitnehmer beschäftigt sind als es 4/5 der Mitbestimmungsschwelle des Rechts der übertragenden Gesellschaft entspricht („nicht mitbestimmungsrelevante grenzüberschreitende Spaltungen zur Aufnahme"); die GesRRL wurde also nur partiell überschießend umgesetzt. Grund ist, dass nach Auffassung des deutschen Gesetzgebers bei grenzüberschreitenden Spaltungen zur Aufnahme mangels sekundärrechtlicher Grundlage ein effektiver Schutz der Mitbestimmung nicht möglich ist.[28] Um zu verhindern, dass der Schutz der unternehmerischen Mitbestimmung bei grenzüberschreitenden Spaltungen zur Aufnahme geringer ist als derjenige, den Art. 160l Abs. 2 GesRRL durch die 4/5-Schwelle für grenzüberschreitende Spaltungen zur Neugründung gewährleistetet,[29] wurde der Anwendungsbereich des UmwG deshalb mit § 332 S. 1 UmwG auf grenzüberschreitenden Spaltungen zur Aufnahme unterhalb dieser 4/5-Schwelle begrenzt.[30]

---

[25] BegrRegE UmRUG, BR-Drs. 371/22, 133; Bayer/J. Schmidt BB 2019, 1922 (1926); Bormann/Stelmaszczyk ZIP 2019, 353 (355); Bungert FS Krieger, 2020, 109 (111); Bungert/Becker DB 2019, 1609 (1617); J. Schmidt EuZW 2019, 801 (802); J. Schmidt NZG 2022, 579 (580); J. Schmidt in Lutter, 7. Aufl. 2024, UmwG § 332 Rn. 4; Stelmaszczyk GmbHR 2020, 61 (64); Stelmaszczyk Der Konzern 2021, 1 (4).

[26] BegrRegE UmRUG, BR-Drs. 371/22, 133; J. Schmidt NZG 2022, 579 (580); J. Schmidt in Lutter, 7. Aufl. 2024, UmwG § 332 Rn. 4.

[27] BegrRegE UmRUG, BR-Drs. 371/22, 133; J. Schmidt NZG 2022, 579 (580); J. Schmidt in Lutter, 7. Aufl. 2024, UmwG § 332 Rn. 4.

[28] BegrRegE UmRUG, BR-Drs. 371/22, 134.

[29] BegrRegE UmRUG, BR-Drs. 371/22, 134; s. ferner auch Schollmeyer NJW-Spezial 2023, 207 (208).

[30] J. Schmidt in Lutter, 7. Aufl. 2024, UmwG § 332 Rn. 5.

2. Einzelheiten zur Reichweite der partiell überschießenden Umsetzung

a) Grenzüberschreitende Hinausspaltung zur Aufnahme

Grenzüberschreitende Hinausspaltungen zur Aufnahme von Kapitalgesellschaften sind nach § 332 S. 1 Nr. 1 UmwG nur dann vom Anwendungsbereich des UmwG erfasst, wenn in der übertragenden Gesellschaft und in den übernehmenden Gesellschaften in den sechs Monaten vor Bekanntmachung des Spaltungsplans durchschnittlich weniger als 400 Arbeitnehmer beschäftigt sind.

Die Grenze von 400 Arbeitnehmern entspricht der 4/5-Schwelle des Art. 160l Abs. 2 GesRRL, die im deutschen Recht in § 5 Nr. 1 MgFSG[31] umgesetzt wurde; Hintergrund ist, dass ab 500 Arbeitnehmern das DrittelbG eingreifen würde (vgl. § 1 DrittelbG) und 4/5 davon 400 Arbeitnehmer sind.[32] Hinsichtlich der Details des Schwellenwerts muss daher konsequenterweise das Gleiche gelten wie im Rahmen des § 5 Nr. 1 MgFSG.[33]

Der Umstand, dass die Grenze von 400 Arbeitnehmern sowohl für die deutsche übertragende Gesellschaft als auch für die übernehmenden Gesellschaften gilt (unabhängig davon, welchem Recht diese unterliegen) hat die paradoxe Konsequenz, dass eine grenzüberschreitende Spaltung zur Aufnahme auch dann nicht in den Anwendungsbereich des UmwG fällt, wenn eine übernehmende Gesellschaft mehr als 400 Arbeitnehmer hat, obwohl die 4/5-Schwelle nach ihrem nationalen Recht deutlich höher liegt.[34] Konsequenter wäre es gewesen, entsprechend dem Rechtsgedanken des Art. 133 Abs. 2 GesRRL auf 4/5 der Mitbestimmungsschwelle nach dem Recht, dem die jeweilige an der grenzüberschreitenden Spaltung beteiligte Gesellschaft unterliegt, abzustellen.[35]

b) Grenzüberschreitende Hereinspaltung zur Aufnahme

Grenzüberschreitende Hereinspaltungen zur Aufnahme von Kapitalgesellschaften sind nach § 332 S. 1 Nr. 2 UmwG nur dann vom Anwendungsbereich des UmwG erfasst, wenn in der übertragenden Gesellschaft und in den übernehmenden Gesellschaften in den sechs Monaten vor Offenlegung des Spaltungsplans durchschnittlich weniger als 4/5 der Zahl der Arbeitnehmer, die für eine Mitbestimmung nach dem Recht des Staates maßgeblich sind, dem die übertragende Gesellschaft unterliegt, beschäftigt sind. Es wird also ebenfalls die in Art. 160l Abs. 2 GesRRL vorgesehene 4/5-Schwelle entsprechend angewendet.[36] Maßgeblich sind hier jedoch 4/5 der Mitbestimmungsschwelle nach dem Recht des Mitgliedstaats, dem die übertragende Gesellschaft unterliegt; diese Grenze ist dann sowohl in Bezug auf die ausländische übertragende Gesellschaft als auch für die übernehmenden Gesellschaften maßgeblich.[37]

---

[31] Gesetz über die Mitbestimmung der Arbeitnehmer bei grenzüberschreitendem Formwechsel und grenzüberschreitender Spaltung (MgFSG) v. 4.1.2023, BGBl. I Nr. 10.
[32] J. Schmidt in Lutter, 7. Aufl. 2024, UmwG § 332 Rn. 5.
[33] J. Schmidt in Lutter, 7. Aufl. 2024, UmwG § 332 Rn. 5.
[34] J. Schmidt in Lutter, 7. Aufl. 2024, UmwG § 332 Rn. 10.
[35] J. Schmidt in Lutter, 7. Aufl. 2024, UmwG § 332 Rn. 10.
[36] J. Schmidt in Lutter, 7. Aufl. 2024, UmwG § 332 Rn. 14.
[37] J. Schmidt in Lutter, 7. Aufl. 2024, UmwG § 332 Rn. 14.

Ebenso wie bei § 332 S. 1 Nr. 1 UmwG hat dies die paradoxe Konsequenz, dass es für alle an der grenzüberschreitenden Spaltung beteiligten Gesellschaften – sowohl die übertragende als auch die übernehmenden Gesellschaften – allein auf 4/5 der Mitbestimmungsschwelle nach dem Recht des Mitgliedstaats, dem die übertragende Gesellschaft unterliegt, ankommt.[38] Konsequenter wäre es auch insoweit gewesen, entsprechend dem Rechtsgedanken des Art. 133 Abs. 2 GesRRL auf 4/5 der Mitbestimmungsschwelle nach dem Recht, dem die jeweilige an der grenzüberschreitenden Spaltung beteiligte Gesellschaft unterliegt, abzustellen.[39]

3. *Ausgestaltung des Rechtsrahmens für grenzüberschreitende Spaltungen zur Aufnahme und Besonderheiten*

Auf die vom Anwendungsbereich des UmwG erfassten grenzüberschreitenden Spaltungen zur Aufnahme sind nach § 332 S. 1 UmwG grundsätzlich die – in Umsetzung von Titel II Kapitel IV GesRRL – geschaffenen Bestimmungen der §§ 320–331 UmwG entsprechend anwendbar.[40] Die Standards der GesRRL für grenzüberschreitende Spaltungen zur Neugründung werden also prinzipiell überschießend auch für grenzüberschreitende Spaltungen zur Aufnahme umgesetzt.

Allerdings musste der deutsche Gesetzgeber natürlich den Besonderheiten grenzüberschreitender Spaltungen zur Aufnahme Rechnung tragen. § 332 S. 2 UmwG bestimmt daher, dass ergänzend die Vorschriften über grenzüberschreitende Verschmelzungen in §§ 305–318 UmwG anwendbar sind, soweit sich aus dem Umstand, dass bei einer grenzüberschreitenden Spaltung zur Aufnahme mehrere Gesellschaften beteiligt sind, Besonderheiten ergeben. Hintergrund ist, dass bei einer grenzüberschreitenden Spaltung zur Neugründung naturgemäß nur eine Ausgangsgesellschaft existiert, bei einer grenzüberschreitenden Spaltung zur Aufnahme dagegen mehrere.[41] Die sich damit ergebende „Normenlücke“ wird durch eine ergänzende Anwendung der Vorschriften über die grenzüberschreitende Verschmelzung in §§ 305–318 UmwG – die auf der Existenz mehrerer Ausgangsgesellschaften basieren – geschlossen.[42]

Ergänzend anwendbar sind die Vorschriften über grenzüberschreitende Verschmelzungen insbesondere in folgenden Kontexten:

- Gemäß §§ 332 S. 2, 307 Abs. 1 UmwG müssen die an einer grenzüberschreitenden Spaltung zur Aufnahme beteiligten Gesellschaften einen gemeinsamen Spaltungsplan aufstellen.[43]
- Im Kontext der Eintragung der grenzüberschreitenden Spaltung bei einer aufnehmenden deutschen Gesellschaft finden gem. § 332 S. 2 UmwG ergänzend §§ 318 Abs. 1 S. 3, Abs. 3 Nr. 2 UmwG Anwendung.[44]

[38] J. Schmidt in Lutter, 7. Aufl. 2024, UmwG § 332 Rn. 14.
[39] J. Schmidt in Lutter, 7. Aufl. 2024, UmwG § 332 Rn. 14.
[40] Näher J. Schmidt in Lutter, 7. Aufl. 2024, UmwG § 332 Rn. 17 ff. mwN.
[41] BegrRegE UmRUG, BR-Drs. 371/22, 135.
[42] J. Schmidt in Lutter, 7. Aufl. 2024, UmwG § 332 Rn. 20.
[43] Näher J. Schmidt in Lutter, 7. Aufl. 2024, UmwG § 322 Rn. 9.
[44] Näher J. Schmidt in Lutter, 7. Aufl. 2024, UmwG § 331 Rn. 60 ff.

– Gemäß § 332 S. 2 UmwG finden ferner auch bestimmte für grenzüberschreitende Verschmelzungen geltende Konzernprivilegien entsprechende Anwendung auf grenzüberschreitende Spaltungen zur Aufnahme.[45]

IV. Ein Blick in ausgewählte andere Mitgliedstaaten

1. Österreich

In Österreich existierten vor der Umsetzung der UmwRL keine speziellen Regelungen zur grenzüberschreitenden Spaltung. Im Zuge der Umsetzung der UmwRL durch das GesMobG[46] im neu geschaffenen EU-UmgrG[47] wurde ausschließlich die grenzüberschreitende Spaltung zur Neugründung geregelt (§§ 46–67 EU-UmgrG). Dies entspricht der generellen Leitlinie des österreichischen Gesetzgebers, das nationale Recht nur soweit zu ändern, wie dies zur Umsetzung der UmwRL erforderlich ist.[48]

2. Niederlande

In den Niederlanden erfolgte die Umsetzung der UmwRL durch das Wet van 28 juni 2023.[49] Art. 2:334jj BW bestimmt explizit, dass der Abschnitt über grenzüberschreitende Spaltungen nicht für Spaltungen zur Aufnahme gilt.

3. Irland

Irland hat die UmwRL durch die European Union (Cross-Border Conversions, Mergers and Divisions) Regulations 2023[50] umgesetzt. Part 4 Cross-Border Divisions regelt – im Einklang mit Titel II Kapitel IV GesRRL – ebenfalls nur die grenzüberschreitende Spaltung zur Neugründung. R. 49 definiert „recipient company" („begünstigte Gesellschaft") explizit als „a company newly formed in the course of a cross-border division" („eine im Zuge der grenzüberschreitenden Spaltung neu gegründete Gesellschaft").

---

[45] Näher J. Schmidt in Lutter, 7. Aufl. 2024, UmwG § 322 Rn. 96ff., § 323 Rn. 5, § 324 Rn. 12, 62ff., § 325 Rn. 39ff., § 326 Rn. 57ff.

[46] Bundesgesetz, mit dem zur Umsetzung der Gesellschaftsrechtlichen Mobilitäts-Richtlinie 2019/2121 ein Bundesgesetz über grenzüberschreitende Umgründungen von Kapitalgesellschaften in der Europäischen Union (EU-Umgründungsgesetz – EU-UmgrG) erlassen wird und das Firmenbuchgesetz, das Rechtspflegergesetz, das Übernahmegesetz, das Aktiengesetz, das Umwandlungsgesetz, das Bankwesengesetz sowie das Gerichtsgebührengesetz geändert werden (Gesellschaftsrechtliches Mobilitätsgesetz – GesMobG), BGBl. I Nr. 78/2023.

[47] Bundesgesetz über grenzüberschreitende Umgründungen von Kapitalgesellschaften in der Europäischen Union (EU-Umgründungsgesetz – EU-UmgrG), BGBl. I Nr. 78/2023.

[48] Vgl. ErlRV 2028 BlgNR XXVII. GP, S. 1.

[49] Wet van 28 juni 2023 tot wijziging van Boek 2 van het Burgerlijk Wetboek en de Wet op het notarisambt in verband met de implementatie van Richtlijn (EU) 2019/2121 van het Europees Parlement en de Raad van 27 november 2019 tot wijziging van Richtlijn (EU) 2017/1132 met betrekking tot grensoverschrijdende omzettingen, fusies en splitsingen (PbEU 2019, L 321/1) (Wet implementatie richtlijn grensoverschrijdende omzettingen, fusies en splitsingen), Staatsblad 2023, 252.

[50] S.I. No. 233/2023.

4. Malta

Malta hat sich im Zuge der Umsetzung der UmwRL darauf beschränkt, ebenso wie in Titel II Kapitel IV GesRRL nur die grenzüberschreitende Spaltung zur Neugründung zu regeln. R. 3 Cross-border Divisions of Limited Liability Companies Regulations, 2023[51] definiert „recipient company" („begünstigte Gesellschaft") als „a company newly formed in the course of a cross-border division" („eine im Zuge der grenzüberschreitenden Spaltung neu gegründet Gesellschaft").

5. Luxemburg

Das luxemburgische Recht ließ grenzüberschreitende Spaltungen zur Aufnahme sowie zur Neugründung bereits vor der UmwRL ausdrücklich zu: Art. 1030–1(3) Loi du 10 août 1915, concernant les sociétés commerciales[52] bestimmt schlicht, dass eine luxemburgische Gesellschaft eine Spaltung auch mit einer ausländischen Gesellschaft durchführen kann, sofern deren nationales Recht nicht entgegensteht.[53]

Im Rahmen der Umsetzung der UmwRL durch das Projet de loi n° 8053, die zum Zeitpunkt der Drucklegung noch nicht abgeschlossen war, will Luxemburg die neuen Vorgaben des Titel II Kapitel IV GesRRL ganz bewusst nicht überschießend, sondern ausschließlich für grenzüberschreitende Spaltungen von Kapitalgesellschaften zur Aufnahme umsetzen.[54] Hintergrund ist, dass der luxemburgische Gesetzgeber im Rahmen der Umsetzung generell dem Prinzip „toute la directive, rien que la directive" („die gesamte Richtlinie, nichts als die Richtlinie") folgen möchte.[55] Nachdem der durch die UmwRL in Titel II Kapitel IV GesRRL geschaffene Rechtsrahmen für grenzüberschreitende Spaltungen sich nach Auffassung des luxemburgischen Gesetzgebers als wesentlich weniger günstig für die grenzüberschreitende Mobilität von Gesellschaften darstellt als das bisherige luxemburgische Recht, will der luxemburgische Gesetzgeber den insoweit traditionell liberalen luxemburgischen Ansatz soweit wie möglich bewahren und erachtet es deshalb nicht für zielführend, die Vorgaben des Titel II Kapitel IV GesRRL überschießend auch für grenzüberschreitende Spaltungen zur Aufnahme umzusetzen.[56]

Das neu gefasste Loi du 10 août 1915, concernant les sociétés commerciales soll daher nun in den neu eingeführten Art. 1034-1 bis Art. 1034-20 die „scissions transfrontalières européennes" („europäischen grenzüberschreitenden Spaltungen")

---

[51] L.N. 26 of 2023.

[52] Loi du 10 août 1915, concernant les sociétés commerciales.

[53] Vgl. Corbisier/Bernard (2019) 16 ECL 18, 19.

[54] Projet de loi modifiant 1) La loi modifiée du 10 août 1915 sur les sociétés commerciales, 2) La loi modifiée du 19 décembre 2002 concernant le registre de commerce et des sociétés ainsi que la comptabilité et les comptes annuels des entreprises, aux fins de transposer la Directive (UE) 2019/2121 du Parlement européen et du Conseil du 27 novembre 2019 modifiant la directive (UE) 2017/1132 en ce qui concerne les transformations, fusions et scissions transfrontalières, n° 8053, Chambre Des Députés, Session ordinaire 2021–2022.

[55] Projet de loi n° 8053 (Fn. 54), S. 5, 108.

[56] Projet de loi n° 8053 (Fn. 54), S. 108. Dazu auch Conac Rev. soc. 2023, 782 (786).

iSd Titel II Kapitel IV GesRRL und in Art. 1030-1 bis Art. 1033-1 die nationale Spaltung sowie sonstige grenzüberschreitende Spaltungen (dh solche zur Aufnahme sowie solche unter Beteiligung von Gesellschaften aus Drittstaaten) regeln, vgl. Art. 1030-0.[57]

6. *Frankreich*

In Frankreich wurde die UmwRL durch die Ordonnance n° 2023-393[58] umgesetzt. Der neu eingefügte Art. L236-46(1) C. com. definiert die grenzüberschreitende Spaltung als eine Operation, durch die eine S. A. oder S.à.r.l. die ihren Sitz in Frankreich hat, sich an einer Spaltung mit einer oder mehreren Gesellschaften iSd Art. 160b GesRRL beteiligt. Nach Art. L236-46(2) gelten für solche grenzüberschreitenden Spaltungen neben den speziellen Vorschriften für grenzüberschreitende Spaltungen in Art. L236-46 bis Art. L236-47 C. com. auch die Vorschriften über nationale Spaltungen in Art. L236-18 bis Art. L236-21 und Art. L236-23 bis Art. L236-26 C. com., soweit sie diesen nicht widersprechen. Damit ist insbesondere auch Art. L236-18(1) C. com. anwendbar, wonach eine Gesellschaft ihre Vermögen im Wege der Spaltung auf mehrere bestehende oder auf mehrere neue Gesellschaften übertragen kann.[59] Folglich ermöglicht das französische Recht grenzüberschreitende Spaltungen sowohl zur Neugründung als auch zur Aufnahme.[60]

7. *Italien*

In Italien wurde die UmwRL durch das Decreto Legislativo 2 marzo 2023, n. 19[61] umgesetzt. Art. 41(1)(a) verweist hinsichtlich der Definition des Begriffs Spaltung („scissione“) auf Art. 2506 Codice Civile,[62] in dessen Abs. 1[63] ausdrücklich sowohl die Spaltung zur Neugründung als auch die Spaltung zur Aufnahme genannt sind. Italien ermöglicht somit ebenfalls sowohl die grenzüberschreitende Spaltung zur Neugründung als auch zur Aufnahme.[64]

---

[57] Projet de loi n° 8053 (Fn. 54).

[58] Ordonnance n° 2023-393 du 24 mai 2023 portant réforme du régime des fusions, scissions, apports partiels d'actifs et opérations transfrontalières des sociétés commerciales, JORF n° 0120 du 25 mai 2023.

[59] Art. L236–18(1) C. com.: „Une société peut, par voie de scission, transmettre son patrimoine à plusieurs sociétés existantes ou à plusieurs sociétés nouvelles."

[60] Vgl. Cathiard BJS 2023, n° 9, 45 (48); Reygrobellet Rev. soc. 2023, 732 (735).

[61] Decreto Legislativo 2 marzo 2023, n. 19. Attuazione della direttiva (UE) 2019/2121 del Parlamento europeo e del Consiglio, del 27 novembre 2019, che modifica la direttiva (UE) 2017/1132 per quanto riguarda le trasformazioni, le fusioni e le scissioni transfrontaliere, GU n. 56 del 7-3-2023.

[62] GU n. 79 del 4-4-1942.

[63] Art. 2506(1) Codice civile: „Con la scissione una società assegna l'intero suo patrimonio a più società, preesistenti o di nuova costituzione, o parte del suo patrimonio, in tal caso anche ad una sola società, e le relative azioni o quote ai suoi soci."

[64] Vgl. dazu auch Conac Rev. soc. 2023, 782 (786); Magliulo Revista del Notariato 2023, 481 (604 f.).

8. Spanien

In Spanien erfolgte die Umsetzung der UmwRL durch das Real Decreto-ley 5/2023.[65] Der spanische Gesetzgeber ist dabei im Hinblick auf den Anwendungsbereich einer sehr liberalen Linie gefolgt: Das RDL 5/2023 enthält neben dem Abschnitt für grenzüberschreitende Spaltungen zur Neugründung (Art. 107–111) auch einen Abschnitt für grenzüberschreitende Spaltungen zur Aufnahme (Art. 112–113).[66] Darüber hinaus wurden sogar spezielle Regelungen für außereuropäische Spaltungen vorgesehen (Art. 121–126).[67]

9. Belgien

Das belgische Recht hatte grenzüberschreitende Spaltungen sowohl zur Neugründung als auch zur Aufnahme bereits vor der UmwRL zugelassen (Art. 12:73, 12:90 CSA[68] in der bis zum 15.6.2023 geltenden Fassung). Vor diesem Hintergrund entschied sich der belgische Gesetzgeber im Kontext der Umsetzung der UmwRL durch das Gesetz v. 25.5.2023,[69] auch weiterhin sowohl die grenzüberschreitende Spaltung zur Neugründung als auch zur Aufnahme zuzulassen.[70] Die Art. 12:120–12:141 CSA enthalten nun an die Vorgaben der GesRRL angepasste spezielle Vorschriften für grenzüberschreitende Spaltungen zur Neugründung und zur Aufnahme; im Übrigen gelten die Vorschriften für nationale Spaltungen (vgl. Art. 12:120 CSA).

---

[65] Real Decreto-ley 5/2023, de 28 de junio, por el que se adoptan y prorrogan determinadas medidas de respuesta a las consecuencias económicas y sociales de la Guerra de Ucrania, de apoyo a la reconstrucción de la isla de La Palma y a otras situaciones de vulnerabilidad; de transposición de Directivas de la Unión Europea en materia de modificaciones estructurales de sociedades mercantiles y conciliación de la vida familiar y la vida profesional de los progenitores y los cuidadores; y de ejecución y cumplimiento del Derecho de la Unión Europea, BOE Núm. 154 Jueves 29 de junio de 2023 Sec. I. Pág. 90565.

[66] Dazu Virgós Soriano in Pulgar Ezquerra/Fuentes Naharro, La nueva Ley de modificaciones estructurales, 2024, Capítula Octavo IX.

[67] Dazu Virgós Soriano in Pulgar Ezquerra/Fuentes Naharro, La nueva Ley de modificaciones estructurales, 2024, Capítula Octavo XI.

[68] Code des sociétés et des associations, M.B. 4.4.2019.

[69] Loi modifiant le Code des sociétés et des associations, la loi du 16 juillet 2004 portant le Code de droit international privé et le Code judiciaire, notamment à la suite de la transposition de la directive (UE) 2019/2121 du Parlement européen et du Conseil du 27 novembre 2019 modifiant la directive (UE) 2017/1132 en ce qui concerne les transformations, fusions et scissions transfrontalières, M.B. 6.6.2023.

[70] Vgl. Projet de loi modifiant le Code des sociétés et des associations, la loi du 16 juillet 2004 portant le Code de droit international privé et le Code judiciaire, notamment à la suite de la transposition de la directive (UE) 2019/2121 du Parlement européen et du Conseil du 27 novembre 2019 modifiant la directive (UE) 2017/1132 en ce qui concerne les transformations, fusions et scissions transfrontalières, Doc., Ch., 2022–2023, n° 3219/001, S. 5.

V. Schlussfolgerungen

Obgleich der vorstehende rechtsvergleichende Rundblick nur zehn der 30 EU-/EWR-Mitgliedstaaten umfasst, zeigt er doch sehr deutlich, dass die Mitgliedstaaten mit der Ausklammerung der grenzüberschreitenden Spaltung zur Aufnahme aus der GesRRL sehr unterschiedlich umgegangen sind. Einige haben sich darauf beschränkt, im Einklang mit Titel II Kapitel IV GesRRL in ihrem nationalen Recht nur die grenzüberschreitende Spaltung zur Neugründung zu regeln. Im Vordergrund stand dabei meist, dass man bewusst nicht weitergehen wollte, als dies zur Umsetzung der UmwRL notwendig war. Luxemburg hingegen will für grenzüberschreitende Spaltungen zur Aufnahme bewusst an seinem im Vergleich zur GesRRL liberaleren Rechtsrahmen festhalten. Auf der anderen Seite gibt es aber auch viele Mitgliedstaaten, die die Vorgaben des Titel II Kapitel IV GesRRL bewusst überschießend auch für grenzüberschreitende Spaltungen zur Aufnahme umgesetzt haben. Deutschland nimmt insoweit eine Sonderstellung ein, hat man sich doch mit der partiell überschießenden Umsetzung nur für nicht mitbestimmungsrelevante grenzüberschreitende Spaltungen zur Aufnahme für einen spezifisch deutschen Mittelweg entschieden.

Im Ergebnis ist damit eine Art „Flickenteppich" entstanden, der es erfordert, im jeweiligen Einzelfall zu prüfen, auf welcher Basis die konkrete grenzüberschreitende Spaltung zur Aufnahme möglich ist:

i) Im günstigen Fall haben alle beteiligten Mitgliedstaaten die Vorgaben des Titel II Kapitel IV GesRRL überschießend auch für grenzüberschreitende Spaltungen zur Aufnahme umgesetzt (bzw. dies zumindest partiell getan), sodass die Rechtsordnungen der einzelnen Mitgliedstaaten die grenzüberschreitende Spaltung zur Aufnahme nicht nur grundsätzlich zulassen, sondern auch aufeinander abgestimmt sind. Zumindest für solche Konstellationen existiert damit ein relativ sicherer Rechtsrahmen. Beispiele für solche Fälle wären etwa die Aufspaltung einer französischen SA auf eine spanische SA und eine italienische SA oder die Aufspaltung einer deutschen AG mit 200 Arbeitnehmern auf eine französische SA und eine spanische SA.

ii) Hat dagegen nur einer oder ein Teil der beteiligten Mitgliedstaaten die Vorgaben des Titel II Kapitel IV GesRRL (partiell) überschießend auch für grenzüberschreitende Spaltungen zur Aufnahme umgesetzt, steht die gesamte Transaktion schon mit einem Fuß auf einem wackeligen Fundament. Dann existiert nämlich zumindest auf Seiten eines oder mehrerer der beteiligten Mitgliedstaaten entweder gar kein spezieller Rechtsrahmen oder ein Rechtsrahmen, der nicht abgestimmt ist. Beispiele für solche Konstellationen wären etwa eine grenzüberschreitende Aufspaltung einer französischen SA auf eine irische Limited und eine maltesische Limited oder eine grenzüberschreitende Aufspaltung einer spanischen SA auf eine österreichische GmbH und eine luxemburgische SA.

iii) Im schlechtesten Fall haben alle beteiligten Mitgliedstaaten sich darauf beschränkt, im Einklang mit Titel II Kapitel IV GesRRL in ihrem nationalen

Recht nur die grenzüberschreitende Spaltung zur Neugründung zu regeln bzw. die konkrete Transaktion liegt außerhalb des Anwendungsbereichs einer partiell überschießenden Umsetzung. Beispiele hierfür wären etwa die Abspaltung von einer irischen Limited auf eine maltesische Limited oder die Aufspaltung einer deutschen AG mit 1000 Arbeitnehmern auf eine irische Limited und eine österreichische GmbH.

In den Konstellationen (ii) und (iii) müssen sich die beteiligten Gesellschaften (zumindest teilweise) auf den steinigen und unsicheren Pfad einer grenzüberschreitenden Spaltung zur Aufnahme allein auf der Basis der Niederlassungsfreiheit in ihrer Ausprägung als „Spaltungsfreiheit" begeben. Dies bedeutet für die beteiligten Gesellschaften Rechtsunsicherheit sowie erheblichen Aufwand und Kosten sowie ggf. die Notwendigkeit „Umwege" zu gehen.[71] Zudem ist der Schutzstandard für Minderheitsgesellschafter, Gläubiger und Arbeitnehmer ggf. niedriger, als wenn die Transaktion entsprechend dem Schutzstandard der GesRRL erfolgen würde.[72]

De lege ferenda sollte der Anwendungsbereich von Titel II Kapitel IV GesRRL daher unbedingt auch auf grenzüberschreitende Spaltungen zur Aufnahme erweitert werden.[73]

VI. Zusammenfassung in Thesen

1. Grenzüberschreitende Spaltungen sind – sowohl zur Neugründung als auch zur Aufnahme – durch die Niederlassungsfreiheit (Art. 49, 54 AEUV) geschützt.
2. Der europäische Gesetzgeber hat durch die UmwRL in Titel II Kapitel IV GesRRL bedauerlicherweise nur einen speziellen europäischen Rechtsrahmen für grenzüberschreitende Spaltungen von Kapitalgesellschaften zur Neugründung geschaffen.
3. Die Mitgliedstaaten sind mit dieser Ausklammerung grenzüberschreitender Spaltungen zur Aufnahme aus der GesRRL sehr unterschiedlich umgegangen: Einige haben sich darauf beschränkt, im Einklang mit Titel II Kapitel IV

---

[71] Vgl. J. Schmidt in Lutter, 7. Aufl. 2024, UmwG § 332 Rn. 3; J. Schmidt NZG 2022, 579 (580); Teichmann NZG 2019, 241 (243) sowie BegrRegE UmRUG, BR-Drs. 371/22, 133.

[72] Vgl. J. Schmidt in Lutter, 7. Aufl. 2024, UmwG § 332 Rn. 3; J. Schmidt NZG 2022, 579 (580); Teichmann NZG 2019, 241 (243) sowie BegrRegE UmRUG, BR-Drs. 371/22, 133.

[73] Bayer/J. Schmidt BB 2019, 1922 (1935); Bormann/Stelmaszczyk ZIP 2019, 353 (355); Brandi/M. Schmidt AG 2023, 297 (300); Bungert/Becker DB 2019, 1609 (1617); Knaier GmbHR 2019, R132 (R134); J. Schmidt in Lutter, 7. Aufl. 2024, UmwG § 332 Rn. 3; Teichmann NZG 2019, 241 (243). Kritisch zur Beschränkung auf Spaltungen durch Neugründung auch: Bader/Börner in Kindler/Lieder, European Corporate Law, 2021, Art. 160a CLD para. 9; Bernard D.A.O.R. 2018, n° 127, 5 (11); Bormann/Stelmaszczyk ZIP 2019, 353 (355); Bungert FS Krieger, 2020, 109 (111); Bungert/Wansleben DB 2018, 2094 (2095); ECLE ECFR 2019, 196 (201); Handelsrechtsausschuss des DAV NZG 2018, 857 Rn. 88; Heckschen NotBZ 2020, 241 (245); Lecourt Rev. soc. 2020, 338 n° 7; Menjucq Rev. soc. 2019, 17 (18); J. Schmidt EuZW 2019, 801 (802); J. Schmidt (2019) 16 ECL 13 (14); J. Schmidt ECFR 2019, 222 (234); J. Schmidt NZG 2022, 579 (580); Stelmaszczyk GmbHR 2020, 61 (64); Stelmaszczyk DK 2021, 1 (4); Thomale RdW 2020, 424 (430); Thomale/Schmid NotBZ 2023, 91 (94); Wachter GmbH-StB 2018, 317 (329).

GesRRL in ihrem nationalen Recht nur die grenzüberschreitende Spaltung zur Neugründung zu regeln; andere haben die Richtlinienvorgaben (zumindest partiell) überschießend auch für grenzüberschreitende Spaltungen zur Aufnahme umgesetzt oder einen von den Richtlinienstandards abweichenden Rechtsrahmen für grenzüberschreitende Spaltungen vorgesehen.

4. Der hieraus resultierende „Flickenteppich" führt zu Rechtsunsicherheit, Aufwand und Kosten; zudem gewährleistet er keinen EU-/EWR-weit einheitlichen Schutzstandard für Minderheitsgesellschafter, Gläubiger und Arbeitnehmer.
5. Der Anwendungsbereich von Titel II Kapitel IV GesRRL sollte daher *de lege ferenda* auf grenzüberschreitende Spaltungen zur Aufnahme erweitert werden.

EBERHARD SCHOLLMEYER

Der Umwandlungsbeschluss in der Personengesellschaft

Heribert Heckschen gehört zu den wenigen Praktikern, die die aktive Mitwirkung an der Rechtsfortbildung im rechtspolitischen Berlin zu ihren Kernaufgaben zählen. Hierbei zeigt er regelmäßig eine außergewöhnliche Präsenz und Durchschlagskraft, wie sie bei arrivierten Festschriftempfängern nicht häufig anzutreffen ist. In der jüngeren Vergangenheit hat er sich, gestützt auf breite praktische Erfahrung und wissenschaftliche Vertiefung sowie mit großem Einsatz für zwei gesellschaftsrechtliche Reformvorhaben engagiert: Die Modernisierung des Personengesellschaftsrechts durch das MoPeG und die Umsetzung der EU-Umwandlungsrichtlinie durch das UmRUG.[1] Deshalb geht dieser Beitrag einem Thema nach, bei dem diese zwei Teilgebiete des Gesellschaftsrechts, das Personengesellschaftsrecht und das Umwandlungsrecht, ihre Schnittmenge haben: dem Umwandlungsbeschluss in der Personengesellschaft.[2]

I. Verschmelzungs- und Spaltungsfähigkeit der Gesellschaft bürgerlichen Rechts

Das MoPeG hat den Kreis der verschmelzungs- und spaltungsfähigen Rechtsträger um die eingetragene Gesellschaft bürgerlichen Rechts erweitert. In dieser Erweiterung steckt die Umsetzung von zwei Zielen des am 1.1.2024 in Kraft getretenen Gesetzes zur Modernisierung des Personengesellschaftsrechts. Zum einen wird mit der Eröffnung der Möglichkeit, an Verschmelzungen und Spaltungen beteiligt zu sein oder die Rechtsform zu wechseln, der Übergang zu dem Leitbild der Gesellschaft bürgerlichen Rechts als eines auf Dauer angelegten Rechtsträgers[3] und in Ergänzung zu den neuen Vorschriften über den Statuswechsel[4] konsequent auch im Umwandlungsrecht vollzogen. Zum anderen wird durch die Beschränkung der Umwandlungsfähigkeit auf Gesellschaften, die in das Gesellschaftsregister eingetragen sind oder werden, der Grundsatz der grundsätzlich freiwilligen, aber nach er-

---

[1] Zum Gesetz zur Modernisierung des Personengesellschaftsrechts (MoPeG) vom 10.8.2021 (BGBl. I 3436) ist Heribert Heckschen vom Ausschuss für Recht und Verbraucherschutz des Deutschen Bundestages als Sachverständiger angehört worden (BT-Drs. 19/31105, 3). Er war ferner Mitglied der vom Bundesministerium der Justiz eingesetzten Expertenkommission für das Gesetz zur Umsetzung der Umwandlungsrichtlinie (UmRUG) vom 22.2.2023 (BGBl. I Nr. 51; BT-Drs. 20/3822, 45).

[2] Der Verfasser gibt in diesem Beitrag ausschließlich seine persönliche Meinung wieder.

[3] BT-Drs. 19/27635, 106ff.

[4] Noack/Göbel GmbHR 2021, 569.

folgter Registereintragung verbindlichen Subjektpublizität auch umwandlungsrechtlich abgesichert. Ausdruck findet dieser neue Grundsatz auch darin, dass Gesellschaften bürgerlichen Rechts – anders als nach altem Recht – künftig nur noch Gesellschaft neuer Rechtsform nach einem Formwechsel sein können, wenn sie im Zuge des Formwechsels in das Gesellschaftsregister eingetragen werden, § 191 Abs. 2 Nr. 1 UmwG. Insofern hat das MoPeG auch eine Einschränkung gebracht, durch die sichergestellt wird, dass eine einmal bestehende Registerpublizität nicht ohne weiteres wieder abgestreift werden kann. Dies gilt auch für die „Kann-OHG", die nicht mehr als werbende Gesellschaft in die Registerlosigkeit zurückkehren kann. Will sie die Kaufmannseigenschaft wieder abstreifen, kann sie nur noch im Wege des Statuswechsels in die eingetragene Gesellschaft bürgerlichen Rechts wechseln, § 107 Abs. 2 S. 2 HGB.

Die Eintragung der Gesellschaft bürgerlichen Rechts im Gesellschaftsregister als Voraussetzung für die Beteiligung an Umwandlungen bildet also neben den Voreintragungserfordernissen für ihre Eintragung im Grundbuch, in der Gesellschafterliste, im Aktienregister und als Gesellschafterin einer anderen eingetragenen Personengesellschaft einen weiteren Eintragungsanreiz,[5] der zur Registerpublizität motivieren soll. Abweichend von den anderen genannten Eintragungsanreizen, die jeweils als formale Voraussetzung für die Eintragung im jeweiligen Objektregister ausgestaltet sind und damit einem materiellen Rechtserwerb durch eine nicht eingetragene Gesellschaft nicht entgegenstehen, ist die Registereintragung der Gesellschaft gemäß §§ 3 Abs. 1 Nr. 1, 191 Abs. 1 Nr. 1 UmwG materiellrechtliche Voraussetzung für die Umwandlungsfähigkeit. Dies dient in erster Linie der Übersichtlichkeit der Gesetzesformulierung.[6] Eine formal den Registervollzug der Umwandlung beschränkende Regelung wäre wegen der Mehrstufigkeit des Umwandlungsverfahren und der Beteiligung mehrerer Register sehr kompliziert und dadurch anwenderunfreundlich gewesen.

Eine trotz fehlender Voreintragung vereinbarte und beurkundete Verschmelzung kann nicht eingetragen werden. Das Eintragungshindernis ist aber behebbar. Andernfalls müsste man von unterschiedlichen Regelungen für Umwandlungen zur Aufnahme und Umwandlungen zur Neugründung ausgehen. Es genügt also, wenn der übernehmende oder neue Rechtsträger im Zuge der Anmeldung der Umwandlung angemeldet wird.

Welche praktischen Gestaltungsoptionen die neue Freiheit der Verschmelzung und Spaltung von Gesellschaften bürgerlichen Rechts mit sich bringen, wird die Kautelarpraxis zeigen. Vorbehaltlich der steuerrechtlichen Beurteilung ist hieran im Bereich der Umstrukturierung von Immobilienportfolios zu denken, eventuell auch im Zusammenhang mit Nachlassauseinandersetzungen. Hier könnte sich die – nicht verhältniswahrende – Spaltung als praktisches Instrument erweisen.

Bei den anderen Personengesellschaften, also den Personenhandelsgesellschaften und Partnerschaftsgesellschaften, hat sich durch das MoPeG an der Umwandlungs-

---

[5] BT-Drs. 19/27635, 128; Schollmeyer in Schäfer, Das neue Personengesellschaftsrecht, 2022, § 12 Rn. 3.

[6] BT-Drs. 19/27635, 264.

fähigkeit nichts geändert. Lediglich die Regelungsstruktur ist umgestellt worden. Seit 1.1.2024 findet sich die Regelung der Verschmelzung von Gesellschaften bürgerlichen Rechts in den §§ 39–39f UmwG, auf die für die Verschmelzung von Personenhandelsgesellschaften und Partnerschaftsgesellschaften verwiesen wird. Die – wenigen – Besonderheiten, die für diese Rechtsformen gegenüber der Gesellschaft bürgerlichen Rechts bestehen, sind in Spezialvorschriften in den §§ 40–42, 45a–45e UmwG zu finden. Damit folgt die Regelungsstruktur auch hier allgemeinen Aufbauprinzipien, nach denen die Gesellschaft bürgerlichen Rechts Grundform der Personengesellschaft ist.

II. Die Gesellschafterversammlung: Vorbereitung, Ladung, Form und Frist

Umwandlungsbeschlüsse sind in Versammlungen der Anteilsinhaber zu fassen. So legen es § 13 Abs. 1 S. 2 UmwG und § 193 Abs. 1 S. 2 UmwG fest. Die Frage, welche Merkmale eine Zusammenkunft aufweisen muss, um „Versammlung" im Sinne dieser Bestimmungen zu sein, war lange Zeit ein eher theoretisches als praktisches Problem. Erst mit der im Zuge der Covid-19-Pandemie in der heraufziehenden Hauptversammlungssaison 2020 immer drängenden Frage, ob „virtuelle", also per Videokonferenz abgehaltene Versammlungen besonderer gesetzlicher oder statutarischer Regelungen bedürfen, geriet auch der Versammlungsbegriff des § 13 UmwG stärker in den Fokus. So war es der in einer virtuellen Vertreterversammlung gefasste Beschluss über die Verschmelzung zweier Genossenschaftsbanken, der Rechtsprechung und Gesetzgeber in Bewegung brachte: Nachdem das Beschwerdegericht[7] bestätigt hatte, dass das Genossenschaftsregister die Eintragung der Verschmelzung zu Recht abgelehnt habe, weil einer der erforderlichen Beschlüsse nicht in einer Präsenzversammlung gefasst worden sei, wurde mit rückwirkender Änderung des § 3 Abs. 1 GesRuaCOVBekG zunächst eine provisorische Grundlage für virtuelle General- bzw. Vertreterversammlungen geschaffen.[8] Der Bundesgerichtshof gab der Rechtsbeschwerde in dem Ausgangsfall auf Grundlage dieser Gesetzesänderung statt.[9] Im Zuge des Gesetzes zur Einführung virtueller Hauptversammlungen[10] wurde dann mit § 43b GenG eine dauerhafte Grundlage für virtuelle General- bzw. Vertreterversammlungen von Genossenschaften geschaffen. § 13 UmwG bliebt in diesem Zusammenhang unverändert.

Dieser kleine Exkurs in das Genossenschaftsgesetz zeigt vor allem eines: § 13 UmwG geht von demjenigen Versammlungsbegriff aus, den er jeweils in den rechtsträgerspezifischen Bestimmungen über Versammlungen der an der Ver-

[7] OLG Karlsruhe NZG 2021, 696.

[8] Art. 32 des Gesetzes zur Neuregelung des Berufsrechts der anwaltlichen und steuerberatenden Berufsausübungsgesellschaften sowie zur Änderung weiterer Vorschriften im Bereich der rechtsberatenden Berufe vom 12.7.2021 (BGBl. I 2363, 2437).

[9] BGH NZG 2021, 1562.

[10] Gesetz zur Einführung virtueller Hauptversammlungen von Aktiengesellschaften und Änderung genossenschafts- sowie insolvenz- und restrukturierungsrechtlicher Vorschriften vom 20.7.2022 (BGBl. I 1166).

schmelzung beteiligten Rechtsträger vorfindet. Entsprechendes gilt auch für die Versammlungen von Personengesellschaften einschließlich der Gesellschaft bürgerlichen Rechts, in denen Beschlüsse über Verschmelzungen (und andere Umwandlungen) gefasst werden.

Die Anforderungen an die Gesellschafterversammlung einer Personengesellschaft, in der ein Beschluss über eine Umwandlung gefasst werden soll, sind also in erster Linie im Personengesellschaftsrecht zu suchen. Allerdings war der Gesetzgeber des MoPeG der Mahnung Karsten Schmidts folgend,[11] das Personengesellschaftsrecht „für künftige Rechtsfortbildung anschlussfähig" zu reformieren, bei den Regelungen zur Versammlung ausgesprochen zurückhaltend. Der Mauracher Entwurf[12] enthielt noch keinerlei Vorschriften über Versammlungen. Der Regierungsentwurf beschränkte sich im Zuge der Regelungen des Beschluss- und Beschlussmängelrechts für Personenhandelsgesellschaften auf den schlanken Satz „Die Beschlüsse der Gesellschafter werden in Versammlungen gefasst." in § 109 Abs. 1 HGB-E, begleitet vom Hinweis in der Gesetzesbegründung, dass dies auch virtuelle Versammlungen sein könnten.[13]

Zur Vorbereitung der Versammlung, in der ein Beschluss über eine Umwandlung gefasst werden soll, gehört grundsätzlich die Übersendung des Verschmelzungsvertrages bzw. Spaltungs- oder Formwechselplans oder des entsprechenden Entwurfs und des Umwandlungsberichts, § 39b UmwG, auch iVm §§ 42, 54e UmwG. Für die Übersendung des Vertrages oder Plans bzw. des zugehörigen Entwurfs sieht das Umwandlungsgesetz keine bestimmte Form oder Frist vor. Vielmehr richten sich Form und Frist für die Einberufung sowie die Bekanntmachung der Tagesordnung und der Beschlussvorschläge für die Versammlung ebenso wie die Anforderungen an eine in Präsenz oder virtuell durchgeführte Versammlung nach den gesellschaftsrechtlichen Vorgaben.

Für Personengesellschaften können Regelungen über Form und Frist der Gesellschafterversammlung in den Gesellschaftsvertrag aufgenommen werden. Von dieser Möglichkeit wird freilich nicht immer Gebrauch gemacht. Da weder das BGB noch das HGB oder das PartGG hierfür gesetzliche Anforderungen aufstellen, ist in Ermangelung von gesellschaftsvertraglichen Regelungen von einer angemessenen Frist für die Ladung und die Übersendung von Tagesordnung und Beschlussvorschlägen einschließlich des Verschmelzungsvertrages bzw. Spaltungs- oder Formwechselplans auszugehen.[14] Angesichts der Bedeutung einer Umwandlungsmaßnahme für die Gesellschaft und die Gesellschafter müssen Form und Frist dabei so gewählt sein, dass auch die von der Geschäftsführung ausgeschlossenen Gesellschafter sich zu der anstehenden Beschlussfassung eine auf ausreichende Information gestützte Meinung bilden können. Hierfür wird man in

---

[11] K. Schmidt ZHR 177 (2013), 712 (713).

[12] https://www.bmj.de/SharedDocs/Downloads/DE/Gesetzgebung/Dokumente/Mauracher-Entwurf.pdf?__blob=publicationFile&v=3 (zuletzt abgerufen am 26.3.2024); hierzu Schäfer in Schäfer, Das neue Personengesellschaftsrecht, 2022, § 1 Rn. 5 ff.

[13] BT-Drs. 19/27635, 226.

[14] H. Schmidt in Lutter, 7. Aufl. 2024, UmwG § 39b Rn. 7; Vossius in Widmann/Mayer, Umwandlungsrecht, 201. EL 2022, UmwG § 39b Rn. 10.

Anlehnung an § 51 Abs. 1 S. 1 GmbHG von einer Untergrenze von einer Woche auszugehen haben.[15]

Weitergehende praktische Fristanforderungen können sich ergeben, wenn den Gesellschaftern zudem ein Verschmelzungs-, Spaltungs- oder Formwechselbericht zur Verfügung zu stellen ist. Gemäß § 39a UmwG – auch in Verbindung mit § 125 Abs. 1 UmwG – sowie § 215 UmwG ist ein Formwechselbericht nicht erforderlich, wenn alle Gesellschafter geschäftsführungsbefugt sind. Sind einzelne oder auch nur ein Gesellschafter von der Geschäftsführung ausgeschlossen, ist also zusammen mit dem Verschmelzungsvertrag bzw. Spaltungs- oder Formwechselplan auch der Bericht mit der Einladung zur Gesellschafterversammlung an die Gesellschafter zu versenden, vgl. § 39b UmwG. Hierfür gilt zwar unmittelbar keine gesetzliche Frist. Allerdings ist der Zugang dieser Unterlagen maßgeblich für den Beginn der Wochenfrist des § 39e UmwG, innerhalb derer der Gesellschafter die Prüfung der Verschmelzung oder Spaltung verlangen kann, wenn der Beschluss gemäß § 39c Abs. 2 UmwG mit Mehrheit gefasst werden kann.[16] Das bedeutet, dass in Fällen, in denen kein Verzicht auf die Prüfung gemäß § 12 Abs. 2 iVm § 8 Abs. 3 S. 1 und S. 2 UmwG vorliegt oder erwartet werden kann, die Ladung zur Gesellschafterversammlung unter Übersendung der Unterlagen gemäß § 39b UmwG zweckmäßigerweise so rechtzeitig erfolgt, dass bis zum vorgesehenen Versammlungstermin sowohl die Frist für das Prüfverlangen gemäß § 39e UmwG laufen kann als auch Zeit für die Prüfung selbst bleibt, da andernfalls das Risiko besteht, die Beschlussfassung verschieben zu müssen.

III. Das Kaskadensystem zum Schutz der Minderheit: Einstimmigkeit, qualifizierter Mehrheitsbeschluss, Zustimmungserfordernisse, Widerspruchsrecht

1. Erste Stufe: Einstimmigkeitserfordernis

Die Gesellschafter einer Gesellschaft bürgerlichen Rechts haften gemäß § 721 BGB für die Verbindlichkeiten der Gesellschaft, gleiches gilt gemäß § 126 HGB für die Gesellschafter einer offenen Handelsgesellschaft und die Komplementäre einer Kommanditgesellschaft. Auch die Kommanditisten haften persönlich, wenn auch der Höhe nach beschränkt auf die eingetragene Haftsumme und mit der Möglichkeit, die Haftung auszuschließen, indem sie ihrer Einlageverpflichtung mindestens in Höhe der Haftsumme nachkommen, § 171 Abs. 1 HGB.

Diese Haftungsregelungen bilden den Bezugspunkt der gesetzlichen Regelungen zum Schutz der Minderheitsgesellschafter bei Umwandlungen unter Beteiligung von Personengesellschaften. Die Gesellschafter sollen infolge einer Umwandlung nicht gegen ihren Willen einer Gesellschafterhaftung bzw. deren Verschärfung oder Ausweitung ausgesetzt werden. Hierfür enthalten die §§ 13 Abs. 2, 39c, 39d, 41

[15] Heckschen in Westermann/Wertenbruch, Handbuch Personengesellschaftsrecht, 78. EL 2020, § 61 Rn. 5141.

[16] Zum Prüfungsverlangen bei Einstimmigkeit Schollmeyer in BeckOGK, 1.1.2024, UmwG § 39c Rn. 13.

UmwG ein kaskadenartig aufgebautes Schutzsystem, das bestimmte Zustimmungsquoren, Zustimmungserklärungen und Widerspruchsrechte vorsieht.

Ausgangspunkt ist die gesetzliche Regelung, nach der Gesellschafterbeschlüsse in Personengesellschaften einstimmig zu fassen sind. Dies gilt für die Gesellschaft bürgerlichen Rechts, die Partnerschaftsgesellschaft und die Personenhandelsgesellschaften gleichermaßen, § 714 BGB, auch in Verbindung mit § 1 Abs. 4 PartGG, § 109 Abs. 3 HGB. Dieses allgemeine Einstimmigkeitserfordernis erfährt durch §§ 39c Abs. 1, 217 Abs. 1 S. 1 UmwG eine Modifikation: Ist für die Einstimmigkeit nach den allgemeinen Bestimmungen nur die Zustimmung derjenigen Gesellschafter erforderlich, die stimmberechtigt sind, ist bei Umwandlungsbeschlüssen die Zustimmung aller Gesellschafter erforderlich, so dass es auf Stimmverbote oder etwaige Stimmrechtslosigkeit eines Anteils nicht ankommt.[17] In dieser gesetzgeberischen Entscheidung schlagen sich der Schutz des Gesellschafters vor ungewollter Gesellschafterhaftung, die für seine Gesellschafterstellung prägend ist, als überragendes Schutzgut und das Erfordernis der Teilnahme aller Gesellschafter an Maßnahmen, durch die Beteiligungsverhältnisse sich ändern, nieder.[18]

Nach § 39c Abs. 1 UmwG müssen auch die nicht erschienenen Gesellschafter zustimmen. Neben der Bedeutung dieser Vorschrift für Mehrheitsklauseln (dazu sogleich unten) führt diese Bestimmung insbesondere dazu, dass ein von den Versammlungsteilnehmern einstimmig gefasster Beschluss schwebend unwirksam ist, bis die erforderlichen Zustimmungserklärungen vorliegen.[19] In dieser Schwebezeit sind die Gesellschafter an ihre bereits abgegebenen Zustimmungserklärungen gebunden.[20]

2. *Zweite Stufe: Mehrheitsklauseln*

Das Erfordernis einstimmiger Beschlussfassung nach § 39c Abs. 1 UmwG ist nicht zwingend ausgestaltet. § 39c Abs. 2 UmwG stellt jedoch besondere Anforderungen an Mehrheitsklauseln auf, wenn sie für Umwandlungsbeschlüsse gelten sollen: Erforderlich ist, dass die Mehrheitsklausel eine Zustimmung von mindestens drei Viertel der abgegebenen Stimmen vorsieht. Dieses Erfordernis muss in der Mehrheitsklausel verankert sein, eine einfache Mehrheitsklausel reicht also nicht aus, auch wenn in der tatsächlichen Abstimmung eine Mehrheit von drei Vierteln erreicht wird. Für die Stimmkraft zur Berechnung der Dreiviertelmehrheit ist die allgemeine Vorschrift des § 709 Abs. 3 BGB maßgeblich. Danach kommt es zunächst auf die vereinbarten Beteiligungsverhältnisse, sodann auf die vereinbarten Beitragswerte und schließlich auf die Köpfe an.

Das in § 39c Abs. 1 UmwG geregelte doppelte Mehrheitserfordernis, wonach es auch auf die nicht zur Versammlung erschienenen Gesellschafter ankommt, hat auch bei Geltung einer Mehrheitsklausel Bedeutung: Für das Erreichen der Drei-

---

[17] H. Schmidt in Lutter, 7. Aufl. 2024, UmwG § 39c Rn. 11; Vossius in Widmann/Mayer, Umwandlungsrecht, 201. EL 2022, UmwG § 39c Rn. 81.

[18] Schollmeyer in BeckOGK, 1.1.2024, UmwG § 39c Rn. 13.

[19] Heckschen in Westermann/Wertenbruch, Handbuch Personengesellschaftsrecht, 78. EL 2020, § 61 Rn. 5154.

[20] H. Schmidt in Lutter, 7. Aufl. 2024, UmwG § 39c Rn. 10.

viertelmehrheit zählen nicht nur die in der Versammlung abgegebenen Stimmen, sondern auch weitere übermittelte Zustimmungserklärungen, so dass abwesende Gesellschafter der Grundgesamtheit zugerechnet werden müssen, wenn die Mehrheitsklausel nicht ausdrücklich auf die Versammlungsteilnehmer abstellt. In diesem Fall haben nicht abgegebene Stimmen (Enthaltung oder Abwesenheit) die Wirkung einer Nein-Stimme.[21] Auch müssen – sofern der Gesellschaftsvertrag von diesem doppelten Erfordernis nicht befreit – drei Viertel der Stimmen jeweils in beiden Gruppen gesondert erreicht werden, den Versammlungsteilnehmern und den abwesenden Gesellschafter. Das nachträgliche Erreichen des in der Gesellschafterversammlung zunächst verfehlten Quorums durch eine entsprechend höhere Zustimmungsrate unter den nicht anwesenden Gesellschaftern ist also nicht ausreichend.[22]

Ob eine gesellschaftsvertragliche Mehrheitsklausel ihrem Inhalt nach auch Umwandlungsbeschlüsse erfasst, ist eine Auslegungsfrage. Maßgeblich ist, ob die Gesellschafter bei Abschluss des Gesellschaftsvertrages anhand der Formulierung der Mehrheitsklausel erkennen konnten, dass sie auch Umwandlungsmaßnahmen umfasst, die sich auf ihre Beteiligung und ihre Haftung auswirken. Im Zweifel ist hier ein strenger Maßstab anzulegen.

3. *Dritte Stufe: Zustimmungserfordernis nach § 13 Abs. 2 UmwG*

Neben das für eine Mehrheitsklausel vorgeschriebene Mindestquorum von drei Vierteln tritt das gesetzliche Zustimmungserfordernis des § 13 Abs. 2 UmwG. Danach ist die Zustimmung derjenigen Anteilsinhaber zu dem Verschmelzungs- bzw. Spaltungsbeschluss erforderlich, von deren Genehmigung die Abtretung von Anteilen des übertragenden Rechtsträgers abhängt.[23] Für den Formwechsel gilt gemäß § 193 Abs. 2 UmwG entsprechendes. Die Vorschrift hat namentlich für vinkulierte GmbH-Anteile Bedeutung. Im Bereich der Personengesellschaften ist das Zustimmungserfordernis des § 13 Abs. 2 UmwG insbesondere in Verbindung mit § 711 Abs. 1 BGB relevant. Gemäß § 711 Abs. 1 BGB, von dem gemäß § 708 BGB im Gesellschaftsvertrag abgewichen werden kann, bedarf die Übertragung eines Gesellschaftsanteils der Zustimmung der anderen Gesellschafter. Das bedeutet, dass der Umwandlungsbeschluss der Zustimmung aller Gesellschafter bedarf, wenn die Übertragbarkeit im Gesellschaftsvertrag hiervon nicht freigestellt ist oder von der Zustimmung nur bestimmter Gesellschafter abhängig sein soll. Bei der Formulierung einer Mehrheitsklausel gemäß § 39c Abs. 2 UmwG ist also darauf zu achten, dass die gesellschaftsvertragliche Regelung zur Übertragbarkeit von Gesellschaftsanteilen hieran angepasst wird, da die Mehrheitsklausel andernfalls leerlaufen könnte. Denn über ein aus § 711 Abs. 1 BGB abgeleitetes Einstimmigkeitserfordernis wird eine gesellschaftsvertragliche Regelung, die entsprechend § 39c Abs. 2

[21] H. Schmidt in Lutter, 7. Aufl. 2024, UmwG § 39c Rn. 9.

[22] Heckschen in Westermann/Wertenbruch, Handbuch Personengesellschaftsrecht, 78. EL 2020, § 61 Rn. 5159.

[23] Heckschen in Westermann/Wertenbruch, Handbuch Personengesellschaftsrecht, 78. EL 2020, § 61 Rn. 5159.

UmwG eine Mehrheit von drei Vierteln für den Umwandlungsbeschluss vorsieht, in aller Regel nicht hinweghelfen. Vielmehr dürfte im Gesellschaftsvertrag auch eine ausdrückliche Regelung zur freien Übertragung der Gesellschaftsanteile oder andere Abweichungen von § 711 Abs. 1 BGB, die eine Dreiviertelmehrheit ausreichen lassen, erforderlich sein. Ausnahmen sind allenfalls denkbar, wenn die Auslegung des Gesellschaftsvertrages ausnahmsweise ergibt, dass eine Klausel über eine Mehrheit von drei Vierteln für Umwandlungsbeschlüsse den Willen erkennen lässt, zugleich das Zustimmungsbedürfnis nach § 13 Abs. 2 UmwG abzubedingen.

4. *Vierte Stufe: Widerspruchsrechte gemäß §§ 39d, 41 UmwG*

Über die genannten Zustimmungs- bzw. Mehrheitserfordernisse hinaus schützt das Gesetz die Gesellschafter vor einer umwandlungsbedingten Haftungsvermehrung durch spezifische Widerspruchsrechte, die bei Mehrheitsentscheidungen zum Tragen kommen können.[24] Die in den §§ 39d und 41 UmwG geregelten Widerspruchsrechte gelten auch für Spaltungen.[25]

Das Gesetz unterscheidet dabei zwischen der Gesellschaft bürgerlichen Rechts und den Personenhandelsgesellschaften. Den persönlich unbegrenzt haftenden Gesellschaftern von Personenhandelsgesellschaften verschafft der Widerspruch gegen die Verschmelzung oder Spaltung die Stellung eines Kommanditisten. Der Gesetzgeber des MoPeG hat sich bei der Gesellschaft bürgerlichen Rechts aus zwei Gründen dafür entschieden, ein die Umwandlung blockierendes Widerspruchsrecht einzuführen, statt es zwingend bei der Einstimmigkeit für den Umwandlungsbeschluss zu belassen: Zum einen vermeidet die Kombination aus möglicher Mehrheitsentscheidung gemäß § 39c UmwG mit dem Widerspruch, dass ein Gesellschafter die Umwandlungsmaßname durch bloße Passivität blockieren kann, zum anderen ist die Ausübung des Widerspruchsrechts nicht den aus der Treuepflicht abgeleiteten Bindungen beim Abstimmungsverhalten ausgesetzt.

Erhebt der Gesellschafter einer Gesellschaft bürgerlichen Rechts Widerspruch, muss die Verschmelzung oder Spaltung unterbleiben. Denn ein Wechsel in eine Kommanditistenstellung ist hier nicht ohne weiteres möglich und würde einen vorangehenden Statuswechsel erfordern. Dies wirft die Frage auf, ob der widersprechende Gesellschafter einer Gesellschaft bürgerlichen Rechts einen Anspruch auf eine Kommanditistenstellung hat, wenn ein Statuswechsel in eine KG möglich ist. Umgekehrt ist auch zu fragen, ob er in einem solchen Fall von der Gesellschaftermehrheit auf eine Kommanditistenstellung verwiesen werden kann, um die Blockade der Umwandlung abzuwenden. Einen Anspruch auf die Kommanditistenstellung wird man ihm nicht gewähren können, weil der Wechsel in eine Personenhandelsgesellschaft eine Reihe von Veränderungen mit sich bringt, die der Gesellschaftermehrheit nicht gegen ihren Willen aufgezwungen werden können. Bietet die Gesellschaftermehrheit den Statuswechsel und den Wechsel in eine Kommanditistenstellung freilich an, kann die Blockade der Umwandlung jeden-

---

[24] Heckschen in Westermann/Wertenbruch, Handbuch Personengesellschaftsrecht, 78. EL 2020, § 61 Rn. 5166.

[25] Einzelheiten Schollmeyer in BeckOGK, 1.1.2024, UmwG § 39d Rn. 4, 5.

falls dann rechtsmissbräuchlich sein, wenn der Wechsel in die Kommanditistenstellung dem widersprechenden Gesellschafter zumutbar ist.

Zwar schweigt das Gesetz zur Form und Frist des Widerspruchs, aber aus allgemeinen Grundsätzen lassen sich einige Anforderungen ableiten. Grundsätzlich kann der Widerspruch mündlich oder in Textform erklärt werden. Enthält der Gesellschaftsvertrag formale Vorgaben für Erklärungen, Anträge oder Mitteilungen der Gesellschafter, ist durch Auslegung zu ermitteln, ob die Regelung auch für die Widerspruchserklärung gilt. Wird der Widerspruch bereits vor der Gesellschafterversammlung erklärt, ist es ratsam, den Zugangsnachweis sicherzustellen. Er ist an alle geschäftsführenden Gesellschafter zu richten. In der Sitzung sollte der erklärte Widerspruch im Protokoll festgehalten werden. Adressat der Erklärung ist in diesem Fall der Versammlungsleiter.

Das Umwandlungsverfahren vollzieht sich in mehreren Schritten, seine Beschlussphase ist mit dem Ende der Gesellschafterversammlung, in der über die Zustimmung zum Umwandlungsvorhaben abgestimmt wird, abgeschlossen. Im Interesse der Rechtssicherheit in dem sich anschließenden Registerverfahren ist es dem widerspruchswilligen Gesellschafter zuzumuten, den Widerspruch bis zum Ende der Gesellschafterversammlung zu erklären, damit die übrigen Gesellschafter und andere an dem Vorhaben beteiligte Rechtsträger im nachfolgenden Registerverfahren auf die Bestandskraft des Beschlusses vertrauen können. Nimmt der Gesellschafter an der Gesellschafterversammlung trotz form- und fristgerechter Ladung nicht teil, muss er den Widerspruch den Adressaten spätestens bis zum Ende der Versammlung zur Kenntnis bringen. Ist der Gesellschafter nicht zur Versammlung geladen, aus Gründen, die er nicht zu vertreten hat, an der Präsenzteilnahme gehindert oder infolge technischer Fehler von der Teilnahme an einer virtuellen Versammlung ausgeschlossen, ist der Widerspruch unverzüglich nach Kenntniserlangung zu erklären.

IV. Beschlussmängel

1. Allgemeines

Der Verschmelzungs-, Spaltungs- oder Formwechselbeschluss einer Personengesellschaft kann unter einer Reihe von umwandlungsspezifischen Beschlussmängeln leiden, die ihn anfechtbar oder nichtig machen und sich auf das nachfolgende Registerverfahren auswirken können. Mit dem MoPeG hat der Gesetzgeber erstmals für die Personenhandelsgesellschaften ein kodifiziertes Beschlussmängelrecht eingeführt.[26] Dieses neu kodifizierte Beschlussmängelrecht trifft nun auf die spezifischen umwandlungsrechtlichen Beschlussmängel.

Das neue Beschlussmängelrecht für Personenhandelsgesellschaften lehnt sich in seiner Grundstruktur an das aktienrechtliche Beschlussmängelrecht an, es unterscheidet zwischen nichtigen und anfechtbaren Beschlüssen und regelt Elemente

[26] Grunewald/Liebscher in Schäfer, Das neue Personengesellschaftsrecht, 2022, § 5.

der Beschlussanfechtungsklage, die gegen die Gesellschaft zu richten ist.[27] Zu diesen Elementen zählen Klagefrist, Unterrichtung der Gesellschafter und erga-omnes-Wirkung des Urteils. Für die Gesellschaft bürgerlichen Rechts und die Partnerschaftsgesellschaft wurde mit dem MoPeG kein Beschlussmängelrecht eingeführt. In der Begründung des Regierungsentwurfs wird aber klargestellt, dass diese Gesellschaften im Gesellschaftsvertrag in das Anfechtungsmodell der §§ 110ff. HGB hineinoptieren können, wobei die prozessualen Auswirkungen einer solchen Optionsausübung im Einzelnen umstritten sind.[28]

Auch bei den umwandlungsspezifischen Beschlussmängeln ist mithin bei Personenhandelsgesellschaften und solchen anderen Personengesellschaften, die für das Anfechtungsmodell der §§ 110ff. HGB optiert haben, jeweils danach zu unterscheiden, ob sie zur Nichtigkeit oder zur Anfechtbarkeit des Beschlusses führen. In Gesellschaften bürgerlichen Rechts und Partnerschaftsgesellschaften, die nicht für das Anfechtungsmodell optiert haben, führen die nachfolgend noch im einzelnen dargelegten Beschlussmängel demgegenüber regelmäßig zur Nichtigkeit des Beschlusses.

Für Nichtigkeits- und Anfechtungsklagen gegen den Verschmelzungs- Spaltungs- oder Formwechselbeschluss gilt einheitlich nach der zwingenden Vorschrift des § 14 Abs. 1 UmwG eine Monatsfrist.[29] Sie gilt auch bei Geltung der §§ 110ff. HGB bei Personenhandelsgesellschaften oder anderen Gesellschaften, die hierfür optiert haben. § 14 Abs. 1 UmwG geht als lex specialis der Vorschrift des § 112 Abs. 1 S. 1 HGB vor, der für Anfechtungsklagen gegen Beschlüsse einer Personenhandelsgesellschaft allgemein eine – in Grenzen dispositive – Frist von drei Monaten vorsieht.

2. *Einzelne Beschlussmängel*

a) Ausschluss der Umwandlung

Zwar können gemäß § 3 Abs. 3 UmwG auch aufgelöste Rechtsträger grundsätzlich an einer Verschmelzung beteiligt sein, wenn ihre Fortsetzung beschlossen werden kann. Die Vorschrift ist auch auf die Gesellschaft bürgerlichen Rechts anwendbar.[30] Dies gilt gemäß § 39 UmwG jedoch nicht, wenn die Gesellschafter eine andere Art der Auseinandersetzung als die Liquidation oder die Verschmelzung gewählt haben. Zweck der Vorschrift ist die Sicherstellung der umwandlungsrechtlichen Gesamtrechtsnachfolge: Sie setzt voraus, dass das auf den übernehmenden bzw. neuen Rechtsträger übergehende Vermögen zumindest teilweise noch vorhanden ist.[31] Dies ist beispielsweise dann nicht der Fall, wenn für die Auseinandersetzung einer Gesellschaft bürgerlichen Rechts die Übernahme der Aktiva und Passiva durch einen Gesellschafter vorgesehen ist. Daneben hat § 39 UmwG eine

---

27 Liebscher/Rickelt ZPG 2023, 441 (442).

28 Vgl. Schäfer in MüKoBGB, 9. Aufl. 2024, BGB § 714 Rn. 69.

29 Heckschen in Westermann/Wertenbruch, Handbuch Personengesellschaftsrecht, 78. EL 2020, § 61 Rn. 5174.

30 H. Schmidt in Lutter, 7. Aufl. 2024, UmwG § 39 Rn. 9.

31 H. Schmidt in Lutter, 7. Aufl. 2024, UmwG § 39 Rn. 8.

Schutzfunktion für die Gesellschafterminderheit.[32] Sie soll davor geschützt werden, durch einen – möglichen – Mehrheitsbeschluss Rechte zu verlieren, die ihr im Gesellschaftsvertrag für den Auseinandersetzungsfall eingeräumt sind. Aus diesem Grund enthält § 214 Abs. 2 UmwG eine dem § 39 UmwG entsprechende Bestimmung für den Formwechsel. Die demgegenüber verschiedentlich vertretene Zwecksetzung der §§ 39, 214 Abs. 2 UmwG als gläubigerschützende Bestimmungen[33] erscheint nicht recht überzeugend. Die Nachhaftung der bisherigen haftenden Gesellschafter unterscheidet sich in den denkbaren Auflösungs- und Umwandlungsfällen nicht signifikant voneinander.

Ein entgegen § 39 UmwG oder § 214 Abs. 2 UmwG gefasster Umwandlungsbeschluss ist fehlerhaft. In der Gesellschaft bürgerlichen Rechts und der Partnerschaftsgesellschaft folgt daraus die Nichtigkeit des Beschlusses jedenfalls dann, wenn diese Gesellschaften nicht für das Beschlussmängelrecht gemäß §§ 110ff. HGB optiert haben. Anders stellt sich dies in Personenhandelsgesellschaften und solchen anderen Personengesellschaften dar, die für das Anfechtungsmodell optiert haben. Hier führt ein entgegen den §§ 39, 214 Abs. 2 UmwG gefasster Beschluss zur Anfechtbarkeit, seine Nichtigkeit muss also erforderlichenfalls innerhalb der Anfechtungsfrist des § 14 Abs. 1 UmwG im Wege der Anfechtungsklage nach § 113 HGB herbeigeführt werden. Ohne erfolgreiche Anfechtungsklage ist ein fehlerhafter Beschluss gemäß § 110 Abs. 2 S. 1 HGB nur dann nichtig, wenn er seinem Inhalt nach Rechtsvorschriften verletzt, auf deren Einhaltung die Gesellschafter nicht verzichten können. Die gesellschaftsvertragliche Vereinbarung, die Auseinandersetzung auf eine andere Art als Liquidation oder Verschmelzung bzw. Spaltung oder Formwechsel herbeizuführen, ist nicht unverzichtbar. Sie steht in zweierlei Hinsicht zur Disposition der Gesellschafter. Zum einen kann die Gesellschaft durch einen Fortsetzungsbeschluss wieder zur werbenden Gesellschaft werden, so dass es auf die Vereinbarung nicht mehr ankommt. Zum anderen stehen der Änderung der gesellschaftsvertraglichen Klausel keine zwingenden gesetzlichen Bestimmungen entgegen. Dementsprechend ist es im Einzelfall denkbar, dass ein Umwandlungsbeschluss zugleich eine konkludente Aufhebung der Auseinandersetzungsklausel enthält, vorausgesetzt, die erforderliche Mehrheit ist erreicht.

b) Fehlender Verschmelzungsbericht

Gemäß § 8 Abs. 1 UmwG haben die vertretungsberechtigten Organe der Gesellschaft einen Verschmelzungsbericht zu erstatten, der die Verschmelzung erläutert und begründet. Entsprechendes gilt für Spaltung und Formwechsel, §§ 125 Abs. 1, 192 Abs. 1 UmwG. Der Bericht ist gemäß § 39b UmwG den Gesellschaftern, die von der Geschäftsführungsbefugnis ausgeschlossen sind, spätestens zusammen mit der Einberufung zur Gesellschafterversammlung zu übersenden und gemäß § 17 Abs. 1 UmwG der Registeranmeldung beizufügen. Auf den Bericht kann gemäß § 8 Abs. 3 UmwG grundsätzlich verzichtet werden. Für den Verschmelzungsbericht der Personengesellschaft wird § 8 UmwG gemäß § 39a UmwG dem dort geltenden

---

[32] H. Schmidt in Lutter, 7. Aufl. 2024, UmwG § 39 Rn. 8.
[33] Kühn in Habersack/Wicke, 3. Aufl. 2023, UmwG § 214 Rn. 4.

Grundsatz der Selbstorganschaft angepasst. Danach ist der Bericht nicht erforderlich, wenn alle Gesellschafter zur Geschäftsführung befugt sind, was für die Gesellschaft bürgerlichen Rechts, die OHG und die Partnerschaftsgesellschaft dem Regelfall der § 715 BGB, § 116 HGB, §§ 1 Abs. 4, 6 Abs. 1 PartGG entspricht. Der Bericht ist also nur erforderlich, wenn einzelne Gesellschafter von der Geschäftsführungsbefugnis ausgeschlossen sind.[34] In diesem Fall reicht es allerdings nicht aus, wenn diese Gesellschafter auf den Bericht verzichten, um ihn gemäß § 8 Abs. 3 UmwG entbehrlich zu machen. Vielmehr ist nach dem Gesetzeswortlaut in diesem Fall der Verzicht aller Gesellschafter erforderlich, also auch der zur Geschäftsführung befugten Gesellschafter.[35]

Fehlt der Bericht bei Beschlussfassung in Fällen, in denen einzelne Gesellschafter von der Geschäftsführungsbefugnis ausgeschlossen sind und nicht alle Gesellschafter auf den Bericht verzichtet haben, ist der Beschluss einer Personenhandelsgesellschaft oder einer Gesellschaft bürgerlichen Rechts sowie einer Partnerschaftsgesellschaft, die für das Anfechtungsmodell optiert hat, nach § 110 Abs. 1 HGB anfechtbar, bei nicht optierenden Gesellschaften bürgerlichen Rechts und Partnerschaftsgesellschaften ist er nichtig. Gleiches gilt, wenn die Übersendung entgegen § 39b UmwG nicht rechtzeitig erfolgt. Auch hier ist die Monatsfrist des § 14 Abs. 1 UmwG für die Anfechtungsklage zu beachten.

c) Widerspruch

Auch der Widerspruch gemäß § 39d UmwG oder § 41 UmwG begründet einen Mangel des Umwandlungsbeschlusses, wenn er vor der Beschlussfassung erhoben wurde. Der Mangel führt im Anwendungsbereich der §§ 110ff. HGB zur Anfechtbarkeit, im Übrigen zur Nichtigkeit des Umwandlungsbeschlusses. Für die gerichtliche Geltendmachung gilt die Frist des § 14 Abs. 1 UmwG. Erfolgt der Widerspruch nach der Beschlussfassung, macht er den Beschluss nicht rückwirkend unwirksam oder anfechtbar, bildet aber ein Eintragungshindernis (dazu → 3.).

d) Fehlende Prüfung

Im Fall einer Verschmelzung, die gemäß § 39c Abs. 2 UmwG mit Mehrheit beschlossen werden kann, haben die Gesellschafter das Recht, die Prüfung der Verschmelzung zu verlangen. Voraussetzung ist nach § 39e UmwG, dass sie die Prüfung innerhalb einer Woche nach Erhalt von Verschmelzungsvertrag und Verschmelzungsbericht geltend machen. Wird die wegen eines solchen Prüfungsverlangens erforderliche Prüfung nicht durchgeführt und dennoch ein Zustimmungsbeschluss über den Verschmelzungsvertrag gefasst, ist der Beschluss mangelhaft. Auch dieser Beschlussmangel führt in einer Gesellschaft bürgerlichen Rechts oder einer Partnerschaftsgesellschaft zur Nichtigkeit des Beschlusses, wenn diese

---

[34] Schollmeyer in BeckOGK, 1.1.2024, UmwG § 39a Rn. 8ff.

[35] H. Schmidt in Lutter, 7. Aufl. 2024, UmwG § 39a Rn. 6; Schollmeyer in BeckOGK, 1.1.2024, UmwG § 39a Rn. 8ff.; Ihrig in Semler/Stengel/Leonhard, 4. Aufl. 2021, UmwG § 41 Rn. 6; aA Vossius in Widmann/Mayer, Umwandlungsrecht, 201. EL 2022, UmwG § 39a Rn. 12.

nicht für die Anwendbarkeit der §§ 110ff. HGB optiert haben. Im Fall der Option für das Anfechtungsmodell ist ein solcher Beschluss wie bei Personenhandelsgesellschaften, für die § 39e UmwG gemäß § 42 UmwG entsprechend gilt, anfechtbar.

3. *Eintragungshindernis*

Ist der Umwandlungsbeschluss nichtig oder anfechtbar, besteht regelmäßig ein Eintragungshindernis. Dass ein solches Eintragungshindernis zur Kenntnis des Registergerichts gelangt, sucht das Gesetz dadurch sicherzustellen, dass die vertretungsbefugten Personen, die die Anmeldung der Umwandlung zum Register vornehmen, versichern müssen, dass keine Klage gegen die Wirksamkeit des Beschlusses anhängig ist, § 16 Abs. 2 UmwG. Die Vorschrift erfasst Anfechtungs- und Nichtigkeitsklagen. Der über die diesbezügliche strafbewehrte Versicherung vermittelte Schutz vor fehlerhaften Umwandlungen ist schon wegen der regelmäßig heilenden Wirkung des Registervollzugs geboten, der eine Rückgängigmachung oder anderweitige nachträgliche Korrektur ausschließt.[36]

[36] Decher in Lutter, 7. Aufl. 2024, UmwG § 16 Rn. 14.

PETER STELMASZCZYK

Neue und alte Fragen zur Barkapitalerhöhung mit erleichtertem Bezugsrechtsausschluss

I. *Einführung*

Das Zukunftsfinanzierungsgesetz[1] (ZuFinG) vom 11.12.2023 hat zahlreiche aktien-, kapitalmarkt- und wertpapierrechtliche Neuerungen gebracht. Diese betreffen auch die Eigenkapitalfinanzierung von Aktiengesellschaften im Wege der Kapitalerhöhung gegen Einlagen und dort namentlich die Barkapitalerhöhung mit erleichtertem Bezugsrechtsausschluss.

Die Vorschrift des § 186 Abs. 3 S. 4 AktG besagte bislang, dass ein Bezugsrechtsausschluss insbesondere dann zulässig ist, wenn (i) die Kapitalerhöhung gegen Bareinlagen erfolgt, (ii) der Erhöhungsbetrag sich auf maximal 10% des Grundkapitals beläuft und (iii) der Ausgabebetrag den Börsenpreis nicht wesentlich unterschreitet. Sind diese Vorgaben eingehalten, bedarf es – anders als sonst[2] – keiner gesonderten sachlichen Rechtfertigung für den Bezugsrechtsausschluss.[3] Der solchermaßen erleichterte Bezugsrechtsausschluss ist über die Verweisung des § 203 Abs. 1 S. 1, Abs. 2 AktG auch bei der Kapitalerhöhung aus genehmigtem Kapital möglich und hat hier seinen Hauptanwendungsbereich. Bei großen börsennotierten Aktiengesellschaften ist der erleichterte Bezugsrechtsausschluss oftmals die einzige Möglichkeit, das Bezugsrecht der bestehenden Aktionäre bei einer Barkapitalerhöhung rechtssicher auszuschließen.

Das ZuFinG hat nunmehr mit Wirkung vom 15.12.2023 das gesetzliche Maximalvolumen für den erleichterten Bezugsrechtsausschluss von 10% auf 20% des Grundkapitals angehoben. Ziele dieser weiteren Liberalisierung des Bezugsrechtsausschlusses sind die Schaffung von mehr Flexibilität bei der Finanzierung von Aktiengesellschaften und insbesondere von kapitalintensiven Start-ups und Wachstumsunternehmen, die Harmonisierung des deutschen Aktienrechts mit der Prospekt-VO (EU) 2017/1129 und die Angleichung an das französische Aktienrecht, ohne dabei den Verwässerungsschutz für die Aktionäre zu beeinträchtigen.

Der vorliegende Beitrag unternimmt es, einen Überblick über neue und alte Rechtsfragen bei der Barkapitalerhöhung aus genehmigtem Kapital mit erleichtertem Bezugsrechtsausschluss zu geben.[4]

---

[1] Gesetz zur Finanzierung von zukunftssichernden Investitionen, BGBl. 2023 I 354.

[2] Vgl. BGHZ 136, 133 – Siemens/Nold; BGHZ 83, 319 – Holzmann; BGHZ 71, 40 – Kali + Salz.

[3] Vgl. Fraktionsbegründung, BT-Drs. 12/6721, 10.

[4] Auf Fragen der Ad-hoc-Publizitätspflichten und der Zulassung der neuen Aktien zum Börsenhandel soll aus Raumgründen nicht näher eingegangen werden.

II. Hintergrund

Ziel des mit dem Gesetz für kleine Aktiengesellschaften und zur Deregulierung des Aktienrechts vom 2.8.1994 eingeführten erleichterten Bezugsrechtsausschlusses gemäß § 186 Abs. 3 S. 4 AktG war es, deutschen Emittenten zu ermöglichen, ihren Eigenkapitalbedarf rechtssicher, kurzfristig und ohne signifikante Risikoabschläge vom Börsenkurs decken zu können.[5] Hintergrund der seinerzeitigen Neuregelung war neben rechtsökonomischen und rechtsvergleichenden Untersuchungen (insbesondere des US-amerikanischen Gesellschaftsrechts)[6] der Befund, dass deutsche Emittenten bei der Eigenkapitalaufnahme gegenüber Wettbewerbern aus bestimmten anderen Jurisdiktionen einem Wettbewerbsnachteil unterlagen.[7]

Die bis dahin genutzte Möglichkeit einer bezugsrechtsfreien Barkapitalerhöhung aufgrund eines direkten Hauptversammlungsbeschlusses war wegen des erheblichen Zeitaufwands für die Durchführung der Hauptversammlung und der – infolge der geforderten sachlichen Rechtfertigung des Bezugsrechtsausschlusses – bestehenden Transaktionsrisiken für eine kurzfristige Eigenkapitalmaßnahme ungeeignet.[8] Die Alternative einer Bezugsrechtsemission aus genehmigtem Kapital hat den Nachteil, dass sie einer Mindestzeit von etwa drei Wochen bedarf, von der die Mindestbezugsfrist des § 186 Abs. 1 S. 2 AktG bereits zwei Wochen beträgt. Als Folge kann der Emittent nicht kurzfristig auf günstige oder ungünstige Marktverhältnisse reagieren, sondern ist rückläufigen Aktienkursen während der Bezugsfrist ausgesetzt. Dies führt bei volatilen Kapitalmärkten zu höheren Sicherheitsabschlägen sowie zu höheren Emissionsgebühren und damit zu einer für die Gesellschaft ungünstigeren Eigenkapitalbeschaffung.[9]

Tatsächlich verfügen mittlerweile die meisten der DAX-, MDAX- und TecDax-Unternehmen über ein genehmigtes Kapital mit Ermächtigung zum erleichterten Bezugsrechtsausschluss.[10] In der Regel enthalten die Satzungen für die Ausübung eines genehmigten Kapitals mit erleichtertem Bezugsrechtsausschluss keine spezifischen Zweckvorgaben oder Beschränkungen auf bestimmte Emissionskonzepte. Gleiches gilt für die Vorstandsberichte zum Bezugsrechtsausschluss. Zwar konkretisieren die Ausführungen in den Vorstandsberichten den Beschlussvorschlag, so dass sie zur Grundlage für den Hauptversammlungsbeschluss werden und damit den Umfang der Ermächtigung bestimmen.[11] Doch beschränken sich die Vorstandsberichte in der Praxis im Wesentlichen auf eine Wiedergabe der in den Gesetzes-

---

[5] Vgl. Fraktionsbegründung, BT-Drs. 12/6721, 10.

[6] Grundlegend Kübler/Mendelson/Mundheim AG 1990, 461 (464ff.); Kübler ZBB 1993, 1ff. und AG 1994, 141 (146f.); Martens ZIP 1992, 1677 (1690ff.).

[7] Kübler/Mendelson/Mundheim AG 1990, 461 (470f.); Kübler ZBB 1993, 1 (5) und AG 1994, 141 (143); Martens ZIP 1992, 1677 (1695).

[8] Seibt CFL 2011, 74f.; Martens ZIP 1992, 1677ff. und ZIP 1994, 669.

[9] Seibt CFL 2011, 74; vgl. Kübler/Mendelson/Mundheim AG 1990, 461 (470ff.); Kübler ZBB 1993, 1 (4f.) und AG 1994, 141 (146f.); Martens ZIP 1992, 1677 (1687f., 1695).

[10] Vgl. Stelmaszczyk, Barkapitalemission mit erleichtertem Bezugsrechtsausschluss, 2013, S. 251ff.

[11] BGH NZG 2023, 1068 Rn. 27ff.; BGHZ 136, 133 (140) – Siemens/Nold; Cahn ZHR 1999, 554 (561, 566); Lutter in KölnKommAktG, 2. Aufl. 1995, AktG § 203 Rn. 29; Martens ZIP 1994, 669 (670).

materialien zu § 186 Abs. 3 S. 4 AktG enthaltenen Erwägungen[12] (dh Möglichkeit zur schnellen, flexiblen und kostengünstigen Eigenkapitalaufnahme bei sich kurzfristig bietenden Marktchancen; bestmögliche Stärkung der Eigenmittel im Interesse der Gesellschaft und der Aktionäre).[13] Als Folge rechtfertigt die Eigenkapitalschöpfung als solche den Ausschluss des Bezugsrechts unter den in § 186 Abs. 3 S. 4 AktG geregelten Voraussetzungen. Als verbindliche Mindestvorgabe ist lediglich der Finanzierungszweck der Kapitalerhöhung unter bestmöglicher Kapitalschöpfung angelegt.

Für die Einsatzmöglichkeiten der Barkapitalerhöhung aus genehmigtem Kapital mit erleichtertem Bezugsrechtsausschluss bedeutet dies, dass die Verwaltungen über den Finanzierungszweck hinaus ganz unterschiedliche (Neben-)Ziele effizient und flexibel verfolgen können. Hierzu können strategische Ziele zählen – zB die Werbung neuer Aktionärsgruppen im In- und Ausland oder der Ausbau bestehender Kooperationen – wie auch die Finanzierung des Erwerbs von Beteiligungen an anderen Unternehmen. Gleichermaßen kommt eine Verbesserung der Bilanzrelationen zur Erhöhung der Bonität und einer Reduzierung der Kosten für die Fremdkapitalaufnahme in Betracht.

III. Schaffung des genehmigten Kapitals

Die Schaffung eines genehmigten Kapitals bedarf stets einer Grundlage in der Satzung. Diese erfolgt in der Praxis regelmäßig gemäß § 202 Abs. 2 S. 1 AktG durch nachträgliche Satzungsänderung.

1. Verfahren

Die Schaffung eines genehmigten Kapitals durch nachträgliche Satzungsänderung bedarf eines Hauptversammlungsbeschlusses (§ 179 Abs. 1 S. 1 AktG). Die Einberufung der Hauptversammlung richtet sich nach den allgemeinen Vorschriften. Dabei ist gemäß § 124 Abs. 2 S. 3 AktG der genaue Wortlaut des Beschlusses über die Schaffung des genehmigten Kapitals in der Tagesordnung zur Hauptversammlung bekanntzumachen. Der Hauptversammlungsbeschluss bedarf neben der einfachen Stimmenmehrheit (§ 133 Abs. 1 AktG) einer Kapitalmehrheit von mindestens drei Viertel des bei der Beschlussfassung vertretenen Grundkapitals (§ 202 Abs. 2 S. 2 AktG). Die Satzung kann eine größere Kapitalmehrheit und weitere Erfordernisse bestimmen (§ 202 Abs. 2 S. 3 AktG). Bei verschiedenen stimmberechtigten Aktiengattungen müssen die Aktionäre jeder Gattung einen Sonderbeschluss fassen (§§ 202 Abs. 2 S. 4, 182 Abs. 2 AktG).

Der Notar ist bei der Schaffung des genehmigten Kapitals mit erleichtertem Bezugsrechtsausschluss insoweit eingebunden, als die entsprechenden Beschlüsse nach § 130 Abs. 1 AktG durch eine über die Verhandlung notariell aufgenommene Nie-

---

[12] Vgl. Fraktionsbegründung, BT-Drs. 12/6721, 10, und Bericht des Rechtsausschusses, BT-Drs. 12/7848, 9.

[13] Stelmaszczyk, Barkapitalemission mit erleichtertem Bezugsrechtsausschluss, 2013, S. 252f.

derschrift zu beurkunden sind. Die Aufgabe des Notars in der Hauptversammlung beschränkt sich zwar vom Grundsatz her auf die Protokollierung der Beschlüsse im Wege des Tatsachenprotokolls nach § 36f. BeurkG. Hierfür gilt nicht die umfangreiche Prüfungs- und Belehrungspflicht des § 17 BeurkG, der nur bei der Beurkundung von Willenserklärungen anwendbar ist.[14] Möglich und zweckmäßig ist es jedoch im Einzelfall, dem Notar über seine Pflichtaufgaben hinaus einen weitergehenden Beratungs- und Betreuungsauftrag zu erteilen, der sich zB auf die Erstellung der Einladung oder die Formulierung der Beschlüsse erstreckt. Der Notar hat dabei jedoch stets seine Neutralitätspflicht zu beachten.

2. *Obligatorischer Beschlussinhalt*

Die besonderen gesetzlichen Anforderungen an die Schaffung eines genehmigten Kapitals dienen dazu, die Aktionäre vor den Folgen der Zuständigkeitsverlagerung von der Hauptversammlung auf den Vorstand zu schützen. Hierzu zählen:

a) Dauer der Ermächtigung

Die Ermächtigung zur Ausnutzung des genehmigten Kapitals kann gemäß § 202 Abs. 2 S. 1 AktG für höchstens fünf Jahre nach Eintragung der Satzungsänderung im Handelsregister erteilt werden. Die ermächtigende Satzungsbestimmung muss daher ausdrücklich die Dauer der Ermächtigung angeben, und zwar entweder durch Benennung eines konkreten Datums („bis 31.5.2029") oder durch Angabe der Berechnungsgrundlage („für die Dauer von fünf Jahren ab Eintragung des genehmigten Kapitals in das Handelsregister").[15] Fehlt die Befristung, kann nicht auf die maximale Frist von fünf Jahren zurückgegriffen werden; der Beschluss ist unwirksam.[16] Bis zum Ablauf der Frist muss die Kapitalerhöhung aus genehmigtem Kapital im Handelsregister eingetragen sein.[17]

b) Volumen des genehmigten Kapitals

Die Ermächtigung muss das Volumen des genehmigten Kapitals konkret beziffern. Gemäß § 202 Abs. 3 AktG darf dieses Volumen einschließlich bereits bestehender oder früher beschlossener genehmigter Kapitalia – soweit diese noch nicht abgelaufen und nicht ausgenutzt sind – die Hälfte des bei der Eintragung des genehmigten Kapitals in das Handelsregister vorhandenen Grundkapitals der Gesellschaft nicht überschreiten. Ein ggf. zusätzlich bestehendes bedingtes Kapital ist auf das zulässige Maximalvolumen des genehmigten Kapitals nicht anzurechnen;

---

[14] Kubis in MüKoAktG, 5. Aufl. 2022, AktG § 130 Rn. 39; Wicke in BeckOGK, 1.2.2024, AktG § 130 Rn. 58.

[15] Stelmaszczyk in BeckOF Vertrag, 68. Ed. 1.3.2024, Form. 7.9.9.1.1 Anm. 6; Pogorzelski in Hauschild/Kallrath/Wachter, Notarhandbuch Gesellschafts- und Unternehmensrecht, 3. Aufl. 2022, § 17 Rn. 777.

[16] Koch, 18. Aufl. 2024, AktG § 202 Rn. 11; Stelmaszczyk in BeckOF Vertrag, 68. Ed. 1.3.2024, Form. 7.9.9.1.1 Anm. 6.

[17] Koch, 18. Aufl. 2024, AktG § 202 Rn. 11; Bayer in MüKoAktG, 5. Aufl. 2021, AktG § 202 Rn. 62; Stelmaszczyk in BeckOF Vertrag, 68. Ed. 1.3.2024, Form. 7.9.9.1.1 Anm. 6.

beide Kapitalia können bis zu den für sie jeweils maßgeblichen Höchstgrenzen (§§ 192 Abs. 3, 202 Abs. 3 AktG) gleichzeitig nebeneinander bestehen.[18] Da der Zeitpunkt der Handelsregistereintragung des genehmigten Kapitals maßgeblich ist, kann bei der Ermittlung des maßgeblichen Grundkapitals eine zeitgleich mit dem genehmigten Kapital eingetragene ordentliche Kapitalerhöhung berücksichtigt werden.[19] Ebenfalls zum Grundkapital hinzuzurechnen ist ein bedingtes Kapital, soweit es im Zeitpunkt der Handelsregistereintragung des genehmigten Kapitals bereits durch Ausgabe neuer Aktien wirksam ausgenutzt ist (vgl. § 200 AktG).[20]

c) Art, Verbriefung und Gattung

Schließlich muss der Hauptversammlungsbeschluss – wie bei der ordentlichen Kapitalerhöhung – die Art der neuen Aktien festlegen, also Nennbetrags- oder Stückaktien (vgl. § 23 Abs. 3 Nr. 4 AktG), sowie deren Verbriefung, also Inhaber- oder Namensaktien (vgl. § 23 Abs. 3 Nr. 5 AktG), soweit diese Entscheidung nicht dem Vorstand mit Zustimmung des Aufsichtsrats überlassen werden soll (vgl. § 204 Abs. 1 AktG).[21] Soweit die Satzung dies bereits generell vorgibt, können diese Angaben entfallen. Sind verschiedene Gattungen von Aktien vorhanden oder sollen sie neu geschaffen werden, hat der Beschluss die Gattung der neuen Aktien zu bestimmen.

3. Fakultativer Beschlussinhalt

Die Hauptversammlung kann im Beschluss über die Schaffung eines genehmigten Kapitals weitere Bestimmung über den Ausgabebetrag, den Inhalt der Aktienrechte (zB Zeitpunkt der Gewinnberechtigung) und die Bedingungen der Aktienausgabe (zB Betrag der eingeforderten Einzahlungen bei Barkapitalerhöhungen) treffen. Trifft sie – wie regelmäßig – keine Entscheidung, ist hierfür der Vorstand mit Zustimmung des Aufsichtsrats zuständig (§ 204 Abs. 1 AktG).

Bei Beachtung der Höchstgrenzen des § 202 Abs. 3 AktG zulässig – und in der Praxis gebräuchlich – ist die Schaffung mehrerer voneinander unabhängiger genehmigter Kapitalia mit unterschiedlicher Ausgestaltung. Nicht selten wird dabei zwischen einem „genehmigten Kapital I", das zu einer Barkapitalerhöhung unter Einräumung des Bezugsrechts ermächtigt, und einem „genehmigten Kapital II", welches die Ermächtigung zu einer Bar- und/oder Sachkapitalerhöhung unter Ausschluss des Bezugsrechts enthält, unterschieden.[22]

---

[18] BGH NZG 2006, 229 (230); Koch, 18. Aufl. 2024, AktG § 202 Rn. 13; Stelmaszczyk in BeckOF Vertrag, 68. Ed. 1.3.2024, Form. 7.9.9.1.1 Anm. 9.

[19] Stelmaszczyk in BeckOF Vertrag, 68. Ed. 1.3.2024, Form. 7.9.9.1.1 Anm. 9; Koch, 18. Aufl. 2024, AktG § 202 Rn. 14.

[20] Koch, 18. Aufl. 2024, AktG § 202 Rn. 13; Stelmaszczyk in BeckOF Vertrag, 68. Ed. 1.3.2024, Form. 7.9.9.1.1 Anm. 9.

[21] Koch, 18. Aufl. 2024, AktG § 202 Rn. 16; Bayer in MüKoAktG, 5. Aufl. 2021, AktG § 202 Rn. 77.

[22] Stelmaszczyk in BeckOF Vertrag, 68. Ed. 1.3.2024, Form. 7.9.9.1.1 Anm. 9; vgl. Reul in Wachter, Praxis des Handels- und Gesellschaftsrechts, 5. Aufl. 2021, § 10 Rn. 1571.

Schließlich sollte der Hauptversammlungsbeschluss zur Schaffung des genehmigten Kapitals den Aufsichtsrat gemäß § 179 Abs. 1 S. 2 AktG zur Änderung der Satzungsfassung ermächtigen, sofern diese Ermächtigung nicht bereits allgemein in der Satzung enthalten ist.

IV. Ermächtigung zum erleichterten Bezugsrechtsausschluss nach § 186 Abs. 3 S. 4 AktG

1. Allgemeines

Wie bei der ordentlichen Kapitalerhöhung steht den Aktionären auch bei einer Kapitalerhöhung aus genehmigtem Kapital ein Bezugsrecht zu. Soll dieses ausgeschlossen werden, muss der Ausschluss entweder im Beschluss der Hauptversammlung über die Schaffung des genehmigten Kapitals enthalten sein (Direktausschluss, §§ 203 Abs. 1 S. 1, 186 AktG), oder dieser Beschluss muss den Vorstand ausdrücklich ermächtigen, erst bei der Ausnutzung des genehmigten Kapitals über den Ausschluss zu entscheiden (Ausschlussermächtigung, § 203 Abs. 2 S. 1 AktG).

Die formellen Voraussetzungen für den Ausschluss entsprechen grundsätzlich denen bei der ordentlichen Kapitalerhöhung (§ 203 Abs. 1 S. 1 und Abs. 2 S. 2 iVm § 186 Abs. 3 und Abs. 4 AktG). Erforderlich sind somit insbesondere die ordnungsgemäße Bekanntmachung des beabsichtigten Bezugsrechtsausschlusses in der Tagesordnung und ein schriftlicher Ausschlussbericht des Vorstands an die Hauptversammlung. Der Bericht ist der Hauptversammlung gemäß § 203 Abs. 2 S. 2 iVm § 186 Abs. 4 S. 2 AktG zugänglich zu machen. Eine Bekanntmachung des Vorstandsberichts (zumindest) mit seinem wesentlichen Inhalt entsprechend § 124 Abs. 2 S. 3 Alt. 5 AktG idF des ZuFinG (vormals: § 124 Abs. 2 S. 3 Alt. 2 AktG aF) ist nicht erforderlich; dies hat der BGH mit Urteil vom 19.7.2022 ausdrücklich entschieden.[23] In seinem Urteil vom 23.5.2023 hat der BGH die formellen Anforderungen der Ermächtigung des Vorstands zum Bezugsrechtsausschluss weiter präzisiert.[24] Zum einem lässt es der II. Zivilsenat ausreichen, dass mögliche Gründe für einen vom Vorstand anzuordnenden Bezugsrechtsausschluss nicht abschließend, sondern nur beispielhaft aufgezählt werden; zum anderen muss eine solche beispielhafte Aufzählung nicht im Ermächtigungsbeschluss selbst erfolgen, sondern kann auch in den Vorstandsbericht aufgenommen werden.[25] Der gemäß § 203 Abs. 2 S. 2 iVm § 186 Abs. 4 S. 2 AktG der Hauptversammlung zugänglich zu machende Vorstandsbericht ist bei der Auslegung des Ermächtigungsbeschlusses heranzuziehen.[26]

---

[23] BGHZ 234, 19 = NZG 2022, 1441 mAnm Seibt/Stepper, diese Frage offenlassend BGHZ 120, 141 (155f.) = NJW 1993, 400; anders noch Koch, 16. Aufl. 2022, AktG § 186 Rn. 23; Apfelbacher/Metzner in Hölters/Weber, 4. Aufl. 2022, AktG § 186 Rn. 52; Schürnbrand/Verse in MüKoAktG, 5. Aufl. 2021, AktG § 186 Rn. 90.

[24] BGH NZG 2023, 1068 mAnm Lieder; s. dazu auch Stelmaszczyk in Henssler/Strohn, Gesellschaftsrecht, 6. Aufl. 2024, AktG § 203 Rn. 6.

[25] BGH NZG 2023, 1068 Rn. 12ff.

[26] BGH NZG 2023, 1068 Rn. 27ff.

Hinsichtlich der materiellen Voraussetzungen übertrug der BGH bekanntlich in seiner Holzmann-Entscheidung[27] zunächst die strengen Kali + Salz-Grundsätze zur ordentlichen Kapitalerhöhung auf das genehmigte Kapital und unterwarf den Bezugsrechtsausschluss einer gestuften Kontrolle: Im ersten Schritt bedurfte es einer sachlichen Rechtfertigung des Ermächtigungsbeschlusses der Hauptversammlung und sodann einer weiteren, noch intensiveren sachlichen Rechtfertigung der Ausübungsentscheidung der Verwaltung. Diese Vorgaben stießen jedoch zunehmend auf Kritik. Als besonders problematisch erwiesen sich die hohen Anforderungen des BGH an den Vorstandsbericht im Zeitpunkt des Hauptversammlungsbeschlusses.[28] Als Reaktion auf die Kritik lockerte der BGH in der Siemens/Nold-Entscheidung[29] im Jahre 1997 die Voraussetzungen für den Ausschluss des Bezugsrechts gegenüber den Anforderungen bei der ordentlichen Kapitalerhöhung: Für den Ausschluss des Bezugsrechts bzw. die Ermächtigung des Vorstands zum Ausschluss des Bezugsrechts durch die Hauptversammlung reiche es aus, wenn die Maßnahme, derentwegen das Bezugsrecht ausgeschlossen werde, im Interesse der AG liegt und der Hauptversammlung in allgemein umschriebener Form bekanntgemacht wird. Der Vorstand müsse dann bei der Durchführung in eigener Verantwortung prüfen, ob die Durchführung des Beschlusses im Interesse der Gesellschaft liegt bzw. wenn er selber über den Bezugsrechtsausschluss entscheiden kann, ob dieser im Interesse der Gesellschaft liegt.[30]

Nach § 186 Abs. 3 S. 4 AktG in seiner bisher geltenden Fassung ist ein Bezugsrechtsausschluss insbesondere dann zulässig, wenn eine Barkapitalerhöhung 10% des Grundkapitals nicht übersteigt und der Ausgabebetrag den Börsenpreis nicht wesentlich unterschreitet. Sind diese Vorgaben eingehalten, bedarf es gerade keiner gesonderten sachlichen Rechtfertigung für den Bezugsrechtsausschluss.[31] Das ZuFinG hat mit Wirkung vom 15. 12. 2023 das gesetzliche Maximalvolumen für den erleichterten Bezugsrechtsausschluss von 10% auf 20% des Grundkapitals angehoben.

2. *Maximales Kapitalerhöhungsvolumen*

Nach § 186 Abs. 3 S. 4 AktG in der seit dem 15. 12. 2023 geltenden Fassung ist ein Bezugsrechtsausschluss bei einer Kapitalerhöhung bis 20% des Grundkapitals zulässig.

a) Grundkapital als Berechnungsgrundlage

Für die Berechnung des maximal zulässigen Kapitalerhöhungsvolumens kommt es auf das prozentuale Verhältnis des (rechnerischen) Gesamtnennbetrages der neu

---

[27] BGHZ 83, 319 (321 f.) – Holzmann.

[28] BGHZ 83, 319 (327) – Holzmann.

[29] BGHZ 136, 133 – Siemens/Nold.

[30] Die Diskussion dieser Entscheidung im Schrifttum ist noch nicht abgeschlossen; eine Zusammenfassung des Diskussionsstands findet sich bei Bayer in MüKoAktG, 5. Aufl. 2021, AktG § 203 Rn. 109 ff.

[31] Vgl. Fraktionsbegründung, BT-Drs. 12/6721, 10.

auszugebenden Aktien zum gesamten Grundkapital an.[32] Nicht entscheidend ist dagegen die auf die neuen Aktien zu leistende Einlage, dh (rechnerischer) Nennbetrag der neuen Aktien und Agio. Denn nur der Gesamtnennbetrag bzw. – bei Stückaktien – der anteilige Betrag des Grundkapitals der neuen Aktien erhöht die Grundkapitalziffer.[33]

§ 186 Abs. 3 S. 4 AktG gilt seit dem 15.12.2023 für Kapitalerhöhungen bis einschließlich 20% des Grundkapitals. Das ergibt sich aus dem Wortlaut der Norm, der von „nicht übersteigen" spricht. Um eine prospektfreie Zulassung der neuen Aktien zu ermöglichen, war in der Vergangenheit nach § 4 Abs. 2 Nr. 1 WpPG aF indessen das Volumen der neuen Aktien – zusammengerechnet mit Emissionen derselben Aktiengattung innerhalb der letzten zwölf Monate – auf 10% des Grundkapitals minus eine Aktie zu beschränken. Mit Wirkung zum 20.7.2017 hat Art. 1 Abs. 5 UAbs. 1 lit. a EU-Prospekt-VO[34] die Grenze für eine prospektfreie Zulassung von 10% auf 20% angehoben. Die Angleichung des maximalen Kapitalerhöhungsvolumens für den erleichterten Bezugsrechtsausschluss an die Grenze für die prospektfreie Zulassung der neuen Aktien nach der EU-Prospekt-VO (EU) 2017/1129 war ein erklärtes Ziel des ZuFinG. Nunmehr ist für eine prospektfreie Zulassung der neuen Aktien das Volumen der neuen Aktien – zusammengerechnet mit Emissionen derselben Aktiengattung innerhalb der letzten zwölf Monate – auf 20% des Grundkapitals minus eine Aktie zu beschränken.

Fraglich ist die Bezugsgröße für die Berechnung der 20%-Grenze, wenn nur ein Teil der Aktien börsennotiert ist. Relevant wird dies insbesondere dann, wenn der Emittent Stamm- und Vorzugsaktien ausgegeben hat und nur eine der beiden Aktiengattungen börsennotiert ist. Nach der herrschenden Auffassung der Literatur kommt es auch in diesen Fällen auf den Betrag des gesamten Grundkapitals an.[35] Eine andere Ansicht erwägt hingegen, für die Bestimmung des maximalen Kapitalerhöhungsvolumens nur das auf die börsennotierte Gattung entfallende Grundkapital heranzuziehen.[36] Für das gesamte Grundkapital als Referenzgröße spricht, dass der Wortlaut des § 186 Abs. 3 S. 4 AktG – nach wie vor – nicht zwischen verschiedenen Aktiengattungen differenziert. Für die Gegenansicht lässt sich der Aktionärsschutz anführen. In der Praxis wird man sich in der Regel schon deshalb an dem auf die börsennotierte Gattung entfallenden Grundkapital zu orientieren haben, weil Art. 1 Abs. 5 UAbs. 1 lit. a EU-Prospekt-VO zur Bestimmung der 20%-Grenze für eine prospektfreie Emission auf die Zahl der Wertpapiere abstellt, die bereits zum Handel am selben geregelten Markt zugelassen sind.

---

[32] Unstr., vgl. nur Koch, 18. Aufl. 2024, AktG § 203 Rn. 16; Groß in Happ/Groß/Möhrle/Vetter, Aktienrecht, 5. Aufl. 2019, 12.07 Anm. 9.1; Seibt CFL 2011, 74 (77), jeweils mwN.

[33] Groß in Happ/Groß/Möhrle/Vetter, Aktienrecht, 5. Aufl. 2019, 12.07 Anm. 9.1; Koch, 18. Aufl. 2024, AktG § 203 Rn. 16.

[34] Verordnung (EU) 2017/1129 des Europäischen Parlaments und des Rates v. 14.6.2017 über den Prospekt, der beim öffentlichen Angebot von Wertpapieren oder bei deren Zulassung zum Handel an einem geregelten Markt zu veröffentlichen ist und zur Aufhebung der Richtlinie 2003/71/EG (ABl. EU 2017 L 168, 12).

[35] So Veil in Schmidt/Lutter, 4. Aufl. 2020, AktG § 186 Rn. 41; Koch, 18. Aufl. 2024, AktG § 203 Rn. 16; Seibt CFL 2011, 74 (77); Schlitt/Schäfer AG 2005, 67 (68f.).

[36] Groß in Happ/Groß/Möhrle/Vetter, Aktienrecht, 5. Aufl. 2019, 12.07 Anm. 9.2.

b) Maßgeblicher Zeitpunkt

§ 186 Abs. 3 S. 4 AktG schweigt – nach wie vor – zum Zeitpunkt, der für die Berechnung der 20%-Grenze maßgeblich ist. Nach einer verbreiteten Ansicht kommt es beim genehmigten Kapital auf den Zeitpunkt der Eintragung des Ermächtigungsbeschlusses der Hauptversammlung ins Handelsregister und – kumulativ – auf die Ausnutzung der Ermächtigung durch die Verwaltung an, wobei die niedrigere der beiden Grundkapitalziffern den Ausschlag geben soll.[37] Die Ansicht stützt sich zum einen darauf, dass nach § 203 Abs. 1 S. 2 AktG beim genehmigten Kapital an die Stelle des Erhöhungsbeschlusses der Hauptversammlung die Ermächtigung der Satzung zur Ausgabe neuer Aktien tritt; daher sei im Grundsatz vom Zeitpunkt der Eintragung des satzungsändernden Ermächtigungsbeschlusses ins Handelsregister auszugehen. Zum anderen müsse die Verwaltung bei der Ausnutzung der Ermächtigung prüfen, ob dann noch die Voraussetzungen des § 186 Abs. 3 S. 4 AktG – mithin die 20%-Grenze – vorliegen; daher habe die Verwaltung eine Verringerung des Grundkapitals bis zum Zeitpunkt der Ausnutzung der Ermächtigung zu berücksichtigen, während eine zwischenzeitliche Kapitalerhöhung unbeachtlich sei. Nach anderer Ansicht, die sich in erster Linie auf den Wortlaut des § 186 Abs. 3 S. 4 AktG stützt, kommt es allein auf den Zeitpunkt der Ausnutzung des genehmigten Kapitals an.[38] Als Folge könne die Verwaltung bei der Bestimmung des maximalen Kapitalerhöhungsvolumens auch zwischen Schaffung des genehmigten Kapitals und dessen Ausnutzung durchgeführte Kapitalerhöhungen berücksichtigten.

Letztere Ansicht erscheint vor allem im Hinblick auf den Sinn und Zweck der Begrenzung des Kapitalerhöhungsvolumens vorzugswürdig. Der Gesetzgeber wollte damit die Gefahr eines Einflussverlustes der Aktionäre minimieren und unterstellt, dass bei Einhaltung der gesetzlichen Höchstgrenze stets ein Nachkauf zur Erhaltung der relativen Beteiligung über die Börse möglich ist.[39] Beim genehmigten Kapital wird der Einfluss der Aktionäre indes allein durch die Eintragung des Ermächtigungsbeschlusses ins Handelsregister noch nicht geändert; dies kann erst mit Durchführung der bezugsrechtsfreien Kapitalerhöhung geschehen.[40] Daher sollte es für die Bestimmung der 20%-Grenze nur auf das im Zeitpunkt der Ausnutzung des genehmigten Kapitals vorhandene Grundkapital ankommen. Auch die Möglichkeit eines Nachkaufs über die Börse wird für die Aktionäre erst zu diesem Zeitpunkt relevant. Es muss daher zumindest zulässig sein, dass der Ermächtigungs-

---

[37] Krause in Habersack/Mülbert/Schlitt, Unternehmensfinanzierung am Kapitalmarkt, 4. Aufl. 2019, Rn. 6.56; Koch, 18. Aufl. 2024, AktG § 203 Rn. 17; Veil in Schmidt/Lutter, 4. Aufl. 2020, AktG § 203 Rn. 10; Ihrig/Wagner NZG 2002, 657 (660).

[38] Scholz in Münchner Handbuch des Gesellschaftsrechts, Band 4, 5. Aufl. 2020, § 59 Rn. 34; Groß in Happ/Groß/Möhrle/Vetter, Aktienrecht, 5. Aufl. 2019, 12.07 Anm. 10; Stelmaszczyk, Barkapitalemission mit erleichtertem Bezugsrechtsausschluss, 2013, S. 276f.; Seibt CFL 2011, 74 (78); Schlitt AG 2005, 67 (69); Marsch-Barner AG 1994, 532 (534); Hirte in GroßKommAktG, 4. Aufl. 2001, AktG § 203 Rn. 115f.; Lutter in KölnKommAktG, 2. Aufl. 1995, Nachtrag zu AktG § 186 Rn. 34.

[39] Fraktionsbegründung, BT-Drs. 12/6721, 10.

[40] Scholz in Münchner Handbuch des Gesellschaftsrechts, Band 4, 5. Aufl. 2020, § 59 Rn. 34; Groß in Happ/Groß/Möhrle/Vetter, Aktienrecht, 5. Aufl. 2019, 12.07 Anm. 10; Hirte in GroßKommAktG, 4. Aufl. 2001, AktG § 203 Rn. 115f.

beschluss der Hauptversammlung die Höhe des Grundkapitals allein im Zeitpunkt seiner Ausnutzung für maßgeblich erklärt.[41] Das von den Gegnern einer solchermaßen dynamisierten Hauptversammlungsermächtigung vorgetragene Argument, der Schutz der Aktionäre verlange es, dass diese bereits zum Zeitpunkt der Beschlussfassung über das genehmigte Kapital weitestgehend Kenntnis darüber haben, in welchem Umfang sie zur Aufrechterhaltung ihres relativen Anteils am Grundkapital Aktien zukaufen müssen,[42] vermag nicht zu überzeugen. Dieser Kenntnis bedürften die betroffenen Aktionäre nur, wenn sie bereits im Zeitpunkt der Schaffung des genehmigten Kapitals Vermögensdispositionen im Hinblick auf einen solchen Nachkauf treffen wollten. Dies erscheint aber aus der Sicht eines rationalen Anlegers bereits deshalb wenig realitätsnah, weil er zu diesem Zeitpunkt noch gar nicht weiß, ob die Verwaltung das genehmigte Kapital im Ermächtigungszeitraum überhaupt ausnutzen wird.

Die Praxis orientiert sich zur Vermeidung von Rechtsunsicherheiten gleichwohl überwiegend an der restriktiveren Auffassung. Die Hauptversammlungsermächtigungen stellen zumeist kumulativ auf das im Zeitpunkt des Wirksamwerdens der Ermächtigung und – falls dieser Wert geringer ist – das zum Zeitpunkt der Ausnutzung der Ermächtigung bestehende Grundkapital ab.[43] In diesem Fall ist die Verwaltung bei ihrer Ausübungsentscheidung selbstverständlich an die Vorgaben der Ermächtigung gebunden.

c) Mehrfache Ausnutzung des maximalen Kapitalerhöhungsvolumens

Fraglich ist weiterhin, ob die 20%-Grenze mehrfach ausgenutzt werden darf. Diskutiert werden vor allem die Fälle der Stufenermächtigung und der Anrechnung von Aktienausgaben aufgrund anderweitiger Ermächtigungen zum erleichterten Bezugsrechtsausschluss.

aa) Stufenermächtigung

Bei einer Stufenermächtigung beschließt die Hauptversammlung zB für die Laufzeit von fünf Jahren ein genehmigtes Kapital in Höhe von bis zu 50% des Grundkapitals und ermächtigt den Vorstand, diesen Rahmen durch einzelne Erhöhungstranchen von jeweils bis zu 10% (nunmehr bis zu 20%) des Grundkapitals unter Ausschluss des Bezugsrechts nach § 186 Abs. 3 S. 4 AktG auszunutzen.[44] Diskutiert werden in diesem Zusammenhang zwei Fragen, nämlich

– ob die Hauptversammlung ein genehmigtes Kapital mit Ermächtigung zum erleichterten Bezugsrechtsausschluss nur bis zur Höhe von 10% (nunmehr: 20%) oder bis zur Höhe von 50% des Grundkapitals beschließen darf und

---

[41] Groß in Happ/Groß/Möhrle/Vetter, Aktienrecht, 5. Aufl. 2019, 12.07 Anm. 10; Scholz in Münchner Handbuch des Gesellschaftsrechts, Band 4, 5. Aufl. 2020, § 59 Rn. 34; Seibt CFL 2011, 74 (78); Schlitt AG 2005, 67 (69).

[42] So Ihrig/Wagner NZG 2002, 657 (660).

[43] Vgl. die Untersuchung bei Stelmaszczyk, Barkapitalemission mit erleichtertem Bezugsrechtsausschluss, 2013, S. 277 ff.

[44] Groß in Happ/Groß/Möhrle/Vetter, Aktienrecht, 5. Aufl. 2019, 12.07 Anm. 9.3; Marsch-Barner AG 1994, 532 (535).

– im letzteren Fall, wie häufig der Vorstand von einem solchermaßen geschaffenen genehmigten Kapital Gebrauch machen darf.

Nach Ansicht der bisherigen instanzengerichtlichen Rechtsprechung[45] und der überwiegenden Auffassung in der Literatur[46] schränkt die 10%-Grenze (nunmehr 20%-Grenze) des § 186 Abs. 3 S. 4 AktG nicht nur das Emissionsvolumen, sondern bereits die Ermächtigungskompetenz der Hauptversammlung ein. Zur Begründung hat das OLG München angeführt, dass die Ermächtigung nicht weitergehen dürfe als die Kompetenz der Hauptversammlung selbst, die in einem Beschluss an die maximale Kapitalerhöhungsgrenze des § 186 Abs. 3 S. 4 AktG gebunden sei. Dem ist das überwiegende Schrifttum mit der Maßgabe gefolgt, dass die Hauptversammlung ein genehmigtes Kapital mit Ermächtigung zum erleichterten Bezugsrechtsausschluss nur bis zur Höhe von 10% (nunmehr: 20%) des Grundkapitals beschließen darf.

Eine gewichtige Literaturansicht hält indes eine Stufenermächtigung in der beschriebenen Form für zulässig.[47] Sie begründet dies damit, dass sich die 10%-Schranke (nunmehr: 20%-Schranke) nicht auf die Ermächtigung als solche beziehe, sondern auf die einzelne Kapitalerhöhung, so wie sie die Verwaltung aufgrund der Ermächtigung vornehme. Die Hauptversammlung dürfe daher eine Ermächtigung zum erleichterten Bezugsrechtsausschluss für das gesamte genehmigte Kapital erteilen; die Verwaltung müsse dann aber bei der Ausnutzung der Ermächtigung unter Ausschluss des Bezugsrechts nach § 186 Abs. 3 S. 4 AktG die 10%-Schranke (nunmehr: 20%-Schranke) einhalten. Geteilter Auffassung ist man innerhalb dieser Ansicht, wie einer Umgehung dieser Schranke begegnet werden kann: So wollen *Lutter* und *Hirte* ein missbräuchliches Ausnutzen eines umfangreichen genehmigten Kapitals in mehreren Tranchen dadurch verhindern, dass eine Kapitalerhöhung nach Maßgabe des § 186 Abs. 3 S. 4 AktG nur einmal pro Jahr zulässig sei;[48] andere Stimmen lehnen eine solche Begrenzung ab.[49]

Richtigerweise ist davon auszugehen, dass der Vorstand ein genehmigtes Kapital in mehreren Tranchen ausnutzen darf. Außerhalb des erleichterten Bezugsrechtsausschlusses ist es unbestritten, dass die Hauptversammlung über einen Ausschluss

---

[45] OLG München AG 1996, 518 – Bayr. Hypobank; LG München I AG 1996, 138 (139).

[46] Martens ZIP 1994, 669 (678); Ihrig/Wagner NZG 2002, 657 (661); Bayer in MüKoAktG, 5. Aufl. 2021, AktG § 203 Rn. 164; Koch, 18. Aufl. 2024, AktG § 186 Rn. 42 und § 203 Rn. 18; Veil in Schmidt/Lutter, 4. Aufl. 2020, AktG § 203 Rn. 10; Krause in Habersack/Mülbert/Schlitt, Unternehmensfinanzierung am Kapitalmarkt, 4. Aufl. 2019, Rn. 6.57.

[47] Lutter in KölnKommAktG, 2. Aufl. 1995, Nachtrag zu AktG § 186 Rn. 34; Hirte in GroßKommAktG, 4. Aufl. 2001, AktG § 203 Rn. 115f.; Groß in Happ/Groß/Möhrle/Vetter, Aktienrecht, 5. Aufl. 2019, 12.07 Anm. 9.3; Stelmaszczyk, Barkapitalemission mit erleichtertem Bezugsrechtsausschluss, 2013, S. 280ff.; Marsch-Barner AG 1994, 532 (535); Schwark FS Claussen, 1997, 357 (378); Trapp AG 1997, 115 (117); Schlitt/Schäfer AG 2005, 67 (69).

[48] So Lutter in KölnKommAktG, 2. Aufl. 1995, Nachtrag zu AktG § 186 Rn. 34; Hirte in GroßKommAktG, 4. Aufl. 2001, AktG § 203 Rn. 116; ihnen folgend auch Schlitt/Schäfer AG 2005, 67 (69).

[49] So Stelmaszczyk, Barkapitalemission mit erleichtertem Bezugsrechtsausschluss, 2013, S. 280ff.; Trapp AG 1997, 115 (117); Groß in Happ/Groß/Möhrle/Vetter, Aktienrecht, 5. Aufl. 2019, 12.07 Anm. 9.3; Groß DB 1994, 2431 (2439); wohl auch Marsch-Barner AG 1994, 532 (535) und Schwark FS Claussen, 1997, 357 (378).

des Bezugsrechts für das gesamte genehmigte Kapital bis zur Höhe von 50% des Grundkapitals entscheiden kann, und zwar sowohl im Wege eines Direktausschlusses als auch einer Ausschlussermächtigung des Vorstands nach § 203 Abs. 2 S. 1 AktG. Wenn im Rahmen der erleichterten Bezugsrechtsausschlusses von diesen Grundsätzen abgewichen werden soll, bedarf es einer besonderen Begründung. Der Gesetzeswortlaut und die Verweisungssystematik des § 203 Abs. 1 und Abs. 2 AktG liefern hierfür keine hinreichenden Anhaltspunkte.[50] Beim genehmigten Kapital ist vielmehr zwischen der Ermächtigung durch die Hauptversammlung und der Durchführung der Kapitalerhöhung durch die Verwaltung zu unterscheiden. Bei der Ausübung der Ermächtigung ist die Verwaltung an die 20%-Grenze gebunden, wenn sie den Bezugsrechtsausschluss auf § 186 Abs. 3 S. 4 AktG stützen will. Die Ermächtigungskompetenz der Hauptversammlung bleibt hiervon aber unberührt.

Die von der Gegenansicht angenommene kompetenzbegrenzende Funktion des § 186 Abs. 3 S. 4 AktG für die Ermächtigungsmöglichkeit der Hauptversammlung widerspricht auch der dogmatischen Einordnung der Norm. Danach ersetzt die Einhaltung der Vorgaben des § 186 Abs. 3 S. 4 AktG die ansonsten erforderliche sachliche Rechtfertigung.[51] Im Zuge der Siemens/Nold-Rechtsprechung bedarf beim genehmigten Kapital indes nur noch die Ausübungsentscheidung der Verwaltung der sachlichen Rechtfertigung, nicht aber der Ermächtigungsbeschluss der Hauptversammlung. Es erscheint daher wenig stimmig, die einschränkenden Voraussetzungen des § 186 Abs. 3 S. 4 AktG auf den Ermächtigungsbeschluss anzuwenden. Die Argumentation des OLG München, die Hauptversammlung könne dem Vorstand nicht mehr Rechte übertragen, als sie besitze, verkennt die Funktion des § 186 Abs. 3 S. 4 AktG als Spezialfall der sachlichen Rechtfertigung. Die Verwaltung ist bei der Ausnutzung eines genehmigten Kapitals vielmehr in gleicher Weise an die 20%-Grenze gebunden wie die Hauptversammlung bei einer ordentlichen Kapitalerhöhung, wenn sie den Ausschluss des Bezugsrechts auf § 186 Abs. 3 S. 4 AktG stützen will. Überdies ist es nichts Ungewöhnliches, dass die Ermächtigungskompetenz der Hauptversammlung bei der Schaffung eines genehmigten Kapitals weiter geht als ihre aktuelle Ausschlusskompetenz: Möchte die Hauptversammlung etwa im Rahmen einer ordentlichen Kapitalerhöhung gegen Sacheinlagen das Bezugsrecht der Aktionäre zur liquiditätsschonenden Finanzierung eines konkret in Aussicht genommenen Beteiligungserwerbs ausschließen, ist der Bezugsrechtsausschluss nur in dem Umfang sachlich gerechtfertigt, der für den konkreten Erwerb notwendig ist. Dagegen darf die Hauptversammlung ein entsprechendes genehmigtes Kapital mit Ermächtigung zum Bezugsrechtsausschluss nach der Siemens/Nold-Rechtsprechung nicht nur in dem Umfang schaffen, der für einen im Beschlusszeitpunkt bereits konkret in Aussicht genommenen Beteiligungserwerb notwendig erscheint, sondern darüber hinaus – bis zur Hälfte des Grundkapitals – auch für weitere, sich noch nicht konkret abzeichnende Beteiligungserwerbe.

---

[50] Hierauf weist Groß in Happ/Groß/Möhrle/Vetter, Aktienrecht, 5. Aufl. 2019, 12.07 Anm. 9.3 zu Recht hin.

[51] Dazu ausf. Stelmaszczyk, Barkapitalemission mit erleichtertem Bezugsrechtsausschluss, 2013, S. 257 ff.

Schließlich gebieten es auch Gründe des Aktionärsschutzes nicht, der 20%-Grenze des § 186 Abs. 3 S. 4 AktG eine kompetenzbeschränkende Wirkung im Hinblick auf den Ermächtigungsbeschluss zuzusprechen. Denn eine Beeinträchtigung der Aktionärsinteressen steht – wenn überhaupt – erst mit der bezugsrechtsfreien Durchführung der Kapitalerhöhung zu befürchten.

Insgesamt sprechen daher die besseren Argumente für die Zulässigkeit von Stufenermächtigungen. Aus denselben Gründen kann die Hauptversammlung auch mehrere genehmigte Kapitalien nebeneinander beschließen und den Vorstand ermächtigen, diese durch einzelne Tranchen von jeweils bis zu 20% des Grundkapitals nach § 186 Abs. 3 S. 4 AktG auszunutzen, sei es, dass die Hauptversammlung zeitgleich mehrere genehmigte Kapitalien schafft oder ein genehmigtes Kapital, dessen Laufzeit sich mit derjenigen weiterer genehmigter Kapitalien überschneidet.

Hält man Stufenermächtigungen für eine zulässige Gestaltungsvariante, erscheint schließlich auch die von *Lutter* und *Hirte* angenommene zeitliche Beschränkung der Ausnutzungsmöglichkeit auf einmal pro Jahr als zu pauschal. Vielmehr ist auch ein mehrfaches Ausnutzen des 20%-Volumens innerhalb eines Jahres nicht *per se* rechtsmissbräuchlich. Entscheidend sind die Umstände des Einzelfalls, namentlich, ob die Verwaltung konkrete Finanzierungszwecke in entsprechender Größenordnung plausibel darlegen kann.

Die Bedeutung der Diskussion zu Stufenermächtigungen sollte für die Praxis allerdings nicht überschätzt werden. Börsennotierte Unternehmen schöpfen die Möglichkeit zur Schaffung eines bezugsrechtsfreien genehmigten Kapitals von bis zu 50% des Grundkapitals kaum aus. Grund hierfür ist, dass institutionelle Anleger und Proxy Advisory-Dienstleister umfangreichen genehmigten Kapitalien ohne Bezugsrechte der Aktionäre kritisch genüberstehen. In ihren Policy-Erklärungen unterstützen sie die Zustimmung zu Kapitalerhöhungen mit (möglichem) Bezugsrechtsausschluss verbreitet nur bis zum einem Gesamtvolumen von 20%[52] oder gar nur von 10%.[53]

Begrenzt man zum anderen mit *Lutter* und *Hirte* die Möglichkeit zur Ausnutzung einer Stufenermächtigung auf einen jährlichen Betrag von 10% (oder nunmehr 20%) des Grundkapitals, lässt sich dieses Ergebnis auch auf Grundlage der Gegenauffassung dadurch erreichen, dass die Aktionäre auf der jährlichen Hauptversammlung um eine entsprechende Ermächtigung in Höhe des Maximalvolumens gebeten werden.[54]

---

[52] So Glass Lewis, 2024 Germany Benchmark Policy Guidelines, S. 33, abrufbar unter https://www.glasslewis.com/wp-content/uploads/2023/11/2024-Germany-Benchmark-Policy-Guidelines-Glass-Lewis.pdf (zuletzt abgerufen am 15.4.2024).

[53] So die ISS Continental Europe Proxy Voting Guidelines (Stand: 1.2.2024), S. 19, abrufbar unter: https://www.issgovernance.com/file/policy/active/emea/Europe-Voting-Guidelines.pdf?v=1 (zuletzt abgerufen am 15.4.2024) sowie BVI, Analyse-Leitlinien für Hauptversammlungen 2024, Nr. 2.1, abrufbar unter: https://www.bvi.de/fileadmin/user_upload/Regulierung/Branchenstandards/ALHV/ALHV_2024_neu.pdf (zuletzt abgerufen am 15.4.2024).

[54] So zutreffend Bayer in MüKoAktG, 5. Aufl. 2021, AktG § 203 Rn. 165; sofern zwei Hauptversammlungen in kürzeren Abständen stattfinden und die Ermächtigung erneuert wird, dürfte auch eine kürzere Zeitspanne in Betracht kommen, vgl. Schlitt/Schäfer AG 2005, 67 (69).

Hinzu kommt, dass eine Erhöhung des Grundkapitals um 20%, ja bereits um 10%, für große Publikumsgesellschaften ein erhebliches Volumen bedeutet, das sich nicht beliebig oft im Kapitalmarkt platzieren lässt. Börsennotierte Unternehmen führen Kapitalerhöhungen daher im Abstand von mehreren Jahren, kaum aber jährlich durch.[55]

Weiterhin kommt es für den Einsatz der Barkapitalerhöhung mit erleichtertem Bezugsrechtsausschluss regelmäßig darauf an, dass die Transaktion prospektfrei durchgeführt werden kann. Hierfür setzt Art. 1 Abs. 5 UAbs. 1 lit. a EU-Prospekt-VO der unterjährigen Ausgabe von Aktien gleicher Gattung eine klare Grenze in Höhe von 20% (minus einer Aktie).

Die Praxis sieht zur Vermeidung von Anfechtungsrisiken von Stufenermächtigungen ab.

bb) Anrechnung

Ähnlich gelagert ist die Frage, in welchem Umfang eine Ausnutzung von anderweitigen Ermächtigungen zum erleichterten Bezugsrechtsausschluss auf die 20%-Schranke anzurechnen ist. Das Gesetz erklärt bei der Veräußerung eigener Aktien (§ 71 Abs. 1 Nr. 8 S. 5 Hs. 2 AktG) wie auch bei der Ausgabe von Wandelschuldverschreibungen, Gewinnschuldverschreibungen und Genussrechten (§ 221 Abs. 4 S. 2 AktG) die Vorschrift des § 186 Abs. 3 S. 4 AktG für entsprechend anwendbar und ermöglicht auch hier einen erleichterten Bezugsrechtsausschluss. Eine ausdrückliche Anrechnungsklausel enthält das Gesetz nicht. Für die Verwaltung stellt sich somit die Frage, ob sie das Bezugsrecht der Aktionäre – kumulativ – in Höhe von jeweils 20% des Grundkapitals bei einer Barkapitalemission, der Veräußerung eigener Aktien und der Ausgabe von Wandelschuldverschreibungen oder sonstigen Finanzierungsinstrumenten des § 221 AktG unter den erleichterten Voraussetzungen des § 186 Abs. 3 S. 4 AktG ausschließen kann.

Bei Übertragung der Grundsätze zur Stufenermächtigung auf die Anrechnungsproblematik ergibt sich folgendes Bild: Spricht man § 186 Abs. 3 S. 4 AktG mit der überwiegenden Auffassung in der Literatur eine kompetenzbegrenzende Wirkung zu,[56] müssen die Hauptversammlungsbeschlüsse zwingend eine Anrechnungsklausel vorsehen, wonach sich der Umfang der jeweiligen Ermächtigung in dem Maße verringert, in dem während ihrer Laufzeit von einer anderen Ermächtigung zum Bezugsrechtsausschluss Gebrauch gemacht wird.[57] Ist die 20%-Schranke des § 186 Abs. 3 S. 4 AktG dagegen mit der hier vertretenen Auffassung erst bei der Ausnutzung zu beachten, bedarf es einer solchen Anrechnungsklausel nicht.[58] Vielmehr kann die Hauptversammlung die unterschiedlichen Ermächtigungen zum erleich-

---

[55] Vgl. die Studie von Seibt zu 10%-Kapitalerhöhungen deutscher Emittenten im Zeitraum vom 1.6.2008 bis 15.2.2011, abgedr. in CFL 2011, 74 (76f.).

[56] OLG München AG 1996, 518 – Bayr. Hypobank; LG München I AG 1996, 138 (139).

[57] So ausdrücklich Ihrig/Wagner NZG 2002, 657 (662); Koch, 18. Aufl. 2004, AktG § 203 Rn. 17; Busch in Marsch-Barner/Schäfer, Handbuch börsennotierte AG, 5. Aufl. 2022, Rn. 43.22.

[58] Gleichsinnig Schlitt/Schäfer AG 2005, 67 (69f.); Seibt CFL 2011, 74 (78); Trapp AG 1997, 115 (117); vgl. auch Groß in Happ/Groß/Möhrle/Vetter, Aktienrecht, 5. Aufl. 2019, 12.07 Anm. 9.4.

terten Bezugsrechtsausschluss jeweils in Höhe von bis zu 20% des Grundkapitals erteilen. Anders als im Rahmen der Diskussion zur Stufenermächtigung steht auch die Entscheidung des OLG München[59] dem nicht entgegen. Denn das OLG München sieht die Hauptversammlung nur in einem (einzigen) Beschluss an die Schranke des § 186 Abs. 3 S. 4 AktG gebunden, während die verschiedenen Ermächtigungen zum Bezugsrechtsausschluss im Rahmen der Barkapitalerhöhung, der Veräußerung eigener Aktien und der Ausgabe von Wandelschuldverschreibungen etc. auf mehreren (getrennten) Beschlüssen beruhen. Nimmt man allerdings mit *Lutter* und *Hirte* wegen der möglichen Missbrauchsgefahr an, dass die innerhalb eines Jahres (zwischen zwei Hauptversammlungen) ausgenutzten Volumina stets zusammenzurechnen sind,[60] darf die Verwaltung innerhalb dieser Frist die jeweiligen Ermächtigungen zum erleichterten Bezugsrechtsausschluss nur in Höhe von insgesamt 20% des Grundkapitals ausnutzen. Nach der hier vertretenen Ansicht erscheint ein solches Verständnis indes nicht zwingend. Anstelle einer starren zeitlichen Grenze sollte es vielmehr bei einer Missbrauchskontrolle im Einzelfall verbleiben. Daher ist es der Verwaltung nicht generell untersagt, in einer bestimmten Situation in Höhe von 20% des Grundkapitals neue Aktien aus genehmigtem Kapital auszugeben und daneben in Höhe von nochmals 20% des Grundkapitals Wandelschuldverschreibungen zu begeben und dabei jeweils das Bezugsrecht der Aktionäre unter den erleichterten Voraussetzungen des § 186 Abs. 3 S. 4 AktG auszuschließen.

Die Praxis ist jedoch vorsichtiger und sieht in der Regel eine wechselseitige Anrechnung der Inanspruchnahme des erleichterten Bezugsrechtsausschlusses bei der Barkapitalemission, der Veräußerung eigener Aktien und der Ausgabe von Wandelschuldverschreibungen etc. vor.[61] Hat die Verwaltung während der Laufzeit der Ermächtigung bereits eine Kapitalmaßnahme unter Rückgriff auf § 186 Abs. 3 S. 4 AktG durchgeführt, kann das für den erleichterten Bezugsrechtsausschluss zur Verfügung stehende Erhöhungsvolumen entsprechend (deutlich) unterhalb der 20%-Grenze liegen oder sogar bereits ganz ausgeschöpft sein. Da zumeist eine prospektfreie Zulassung der neuen Aktien beabsichtigt sein wird, ist zudem die durch Art. 1 Abs. 5 UAbs. 1 lit. a EU-Prospekt-VO gesetzte Volumenbeschränkung zu beachten.

---

[59] OLG München AG 1996, 518 – Bayr. Hypobank; LG München I AG 1996, 138 (139).

[60] So zur Stufenermächtigung Lutter in KölnKommAktG, 2. Aufl. 1995, Nachtrag zu AktG § 186 Rn. 34; Hirte in GroßKommAktG, 4. Aufl. 2001, AktG § 203 Rn. 116; diese Grundsätze auf die Anrechnungsfrage übertragend Seibt CFL 2011, 74 (78); Groß in Happ/Groß/Möhrle/Vetter, Aktienrecht, 5. Aufl. 2019, 12.07 Anm. 9.4; Krause in Habersack/Mülbert/Schlitt, Unternehmensfinanzierung am Kapitalmarkt, 4. Aufl. 2019, Rn. 6.57 f.; Scholz in Münchener Handbuch des Gesellschaftsrechts, Band 4, 5. Aufl. 2020, § 59 Rn. 34.

[61] Vgl. die ISS Continental Europe Proxy Voting Guidelines (Stand: 1.2.2024), S. 19, abrufbar unter: https://www.issgovernance.com/file/policy/active/emea/Europe-Voting-Guidelines.pdf?v=1 (zuletzt abgerufen am 15.4.2024); Glass Lewis, 2024 Germany Benchmark Policy Guidelines, S. 33, BVI, Analyse-Leitlinien für Hauptversammlungen 2024, Nr. 2.1, abrufbar unter: https://www.bvi.de/fileadmin/user_upload/Regulierung/Branchenstandards/ALHV/ALHV_2024_neu.pdf (zuletzt abgerufen am 15.4.2024), s. auch Stelmaszczyk, Barkapitalemission mit erleichtertem Bezugsrechtsausschluss, 2013, S. 285 f.

3. *Kein wesentliches Unterschreiten des Börsenpreises*

Neben der Einhaltung der 20%-Grenze verlangt § 186 Abs. 3 S. 4 AktG für den erleichterten Ausschluss des Bezugsrechts, dass der Ausgabebetrag den Börsenpreis nicht wesentlich unterschreitet.

a) Ausgabebetrag

Unter dem „Ausgabebetrag" ist nach allgemeiner Auffassung[62] wie bei § 186 Abs. 5 S. 2 AktG der endgültige Platzierungspreis der neuen Aktien zu verstehen und nicht der im Zeichnungsschein anzugebende Ausgabebetrag iSd § 185 Abs. 1 S. 3 Nr. 2 AktG, so dass auch bei einer Kapitalerhöhung mit erleichtertem Bezugsrechtsausschluss das Kapital im zweistufigen Verfahren unter Einschaltung von Emissionsbanken aufgebracht werden darf.

b) Relevanter Börsenpreis

§ 186 Abs. 4 S. 3 AktG lässt offen, welcher Börsenkurs als maßgeblicher Referenzpreis für den erforderlichen Vergleich mit dem Ausgabebetrag heranzuziehen ist. Im Hinblick auf die maßgebliche Börse und den relevanten Kurs besteht Einigkeit darüber, dass zur Ermittlung des maßgeblichen Börsenpreises sowohl die am regulierten Markt (§§ 32ff. BörsenG) als auch die im Freiverkehr (§ 48 BörsenG) ermittelten Preise in Betracht kommen (*arg e* § 24 Abs. 1 S. 2 BörsenG).[63] Angesichts der Vereinheitlichung durch die Finanzmarktrichtlinie vom 21.4.2004[64] genügt auch die Auslandsnotierung in anderen geregelten Märkten iSd Art. 36ff. der Finanzmarktrichtlinie.[65] Bestehen verschiedene Aktiengattungen, kommt es auf den Börsenpreis der betreffenden Gattung an; sind einzelne Gattungen nicht börsennotiert, ist ein erleichterter Bezugsrechtsausschluss insoweit nicht möglich.[66]

Sind die Aktien an mehreren Börsen notiert, ist nach hM die Börse mit den größten Umsätzen maßgeblich, da der an dieser Börse festgestellte Kurs die beste Gewähr für einen marktgerechten Kurs bietet.[67] Die früher vertretene Gegenansicht, der zufolge ein Durchschnittkurs aller in Betracht kommenden Börsen-

---

[62] Unstr., s. nur Krause in Habersack/Mülbert/Schlitt, Unternehmensfinanzierung am Kapitalmarkt, 4. Aufl. 2019, Rn. 6.32; Apfelbacher/Metzner in Hölters/Weber, 4. Aufl. 2022, AktG § 186 Rn. 75.

[63] Ganz hM, s. statt aller Koch, 18. Aufl. 2024, AktG § 186 Rn. 39f.; Schürnbrand/Verse in MüKoAktG, 5. Aufl. 2021, AktG § 186 Rn. 129.

[64] Richtlinie 2004/39/EG des Europäischen Parlaments und des Rates vom 21.4.2004 über Märkte für Finanzinstrumente (ABl. 2004 L 145, 1; ber. ABl. 2005 L 45, 18).

[65] Krause in Habersack/Mülbert/Schlitt, Unternehmensfinanzierung am Kapitalmarkt, 4. Aufl. 2019, Rn. 6.33; Schürnbrand/Verse in MüKoAktG, 5. Aufl. 2021, AktG § 186 Rn. 127; Koch, 18. Aufl. 2024, AktG § 186 Rn. 39f.

[66] Schürnbrand/Verse in MüKoAktG, 5. Aufl. 2021, AktG § 186 Rn. 129; Groß in Happ/Groß/Möhrle/Vetter, Aktienrecht, 5. Aufl. 2019, 12.07 Anm. 12.2; Schlitt/Schäfer AG 2005, 67 (68).

[67] Groß in Happ/Groß/Möhrle/Vetter, Aktienrecht, 5. Aufl. 2019, 12.07 Anm. 13.2; Seibt CFL 2011, 74 (80); v. Oppen/Menhart/Holst WM 2011, 1835 (1837); Schlitt/Schäfer AG 2005, 67 (70f.).

plätze zu bilden sei,[68] konnte sich wegen fehlender Praktikabilität und möglicher Verzerrungen durch Börsenplätze mit geringer Liquidität nicht durchsetzen. Bei mehreren Handelssystemen an einer Börse ist der Kurs mit der höchsten Liquidität heranzuziehen, dh in der Regel der im XETRA-Handel ermittelte Kurs.[69]

Zur Frage, welche zeitliche Referenz für die Bestimmung des Börsenpreises maßgebend ist, hat sich im Schrifttum seit Einführung des § 186 Abs. 3 S. 4 AktG ein vielschichtiges Meinungsspektrum herausgebildet. Die Rechtsprechung musste sich hierzu bislang noch nicht äußern. Uneinigkeit besteht zum einen darüber, ob zur Ermittlung des Börsenpreises ein bestimmter Zeitpunkt bzw. kurzer Zeitraum am Platzierungstag oder eine mehrtägige Referenzperiode heranzuziehen ist. Innerhalb der jeweiligen Auffassung wird weiterhin uneinheitlich beurteilt, wann dieser Zeitpunkt bzw. diese Periode anzusetzen sind.

Eine vor allem im älteren Schrifttum verbreitete Ansicht empfiehlt, zur Ermittlung des relevanten Börsenpreises eine mehrtägige Referenzperiode heranzuziehen, um Börsenkursschwankungen auszugleichen und Kursmanipulationen vorzubeugen.[70] Unter den Befürwortern eines mehrtägigen Referenzzeitraums besteht indes bereits keine Einigkeit über den Endpunkt des Zeitrahmens: Die Vorschläge reichen beim genehmigten Kapital vom Zeitpunkt der Ankündigung der Kapitalerhöhung über den Zeitpunkt der Preisfestsetzung[71] bzw. der Zeichnung[72] bis zum Zeitpunkt der Ausgabe der neuen Aktien.[73] Für einen Endpunkt kurz vor Zeichnung bzw. Ausgabe der neuen Aktien wird angeführt, dass den vom Bezugsrechtsausschluss betroffenen Aktionären auf diese Weise die Möglichkeit zu einem Nachkauf über die Börse erhalten bleibe.[74] Uneinheitlich beurteilt wird auch die „richtige" Dauer der Referenzperiode: Einige Stimmen erachten einen Zeitraum von drei,[75] andere von fünf[76] Börsenhandelstagen vor der Zeichnung bzw. Ausgabe der neuen Aktien für maßgeblich. Andere stellen auf eine Periode von bis zu zehn Tagen vor Abschluss des Zeichnungsvertrages bzw. der Ausgabe der jungen Aktien ab.[77]

---

[68] Lutter in KölnKommAktG, 2. Aufl. 1995, Nachtrag zu AktG § 186 Rn. 14.

[69] Groß in Happ/Groß/Möhrle/Vetter, Aktienrecht, 5. Aufl. 2019, 12.07 Anm. 13.2; Seibt CFL 2011, 74 (80); Schlitt/Schäfer AG 2005, 67 (71).

[70] Lutter in KölnKommAktG, 2. Aufl. 1995, Nachtrag zu AktG § 186 Rn. 14 und 36; Lutter AG 1994, 429 (442, 445); Wiedemann in GroßKommAktG, 4. Aufl. 2001, AktG § 186 Rn. 153; Schwark FS Claussen, 1997, 357 (372); Veil in Schmidt/Lutter, 4. Aufl. 2020, AktG § 186 Rn. 42; im Grundsatz auch Krause in Habersack/Mülbert/Schlitt, Unternehmensfinanzierung am Kapitalmarkt, 4. Aufl. 2019, Rn. 6.32; Apfelbacher/Metzner in Hölters/Weber, 4. Aufl. 2022, AktG § 186 Rn. 76 und Scholz in Münchener Handbuch des Gesellschaftsrechts, Band 4, 5. Aufl. 2020, § 57 Rn. 127.

[71] Apfelbacher/Metzner in Hölters/Weber, 4. Aufl. 2022, AktG § 186 Rn. 76; Krause in Habersack/Mülbert/Schlitt, Unternehmensfinanzierung am Kapitalmarkt, 4. Aufl. 2019, Rn. 6.32.

[72] Lutter in KölnKommAktG, 2. Aufl. 1995, Nachtrag zu AktG § 186 Rn. 14 und 36; Veil in Schmidt/Lutter, 4. Aufl. 2020, AktG § 186 Rn. 42.

[73] Lutter AG 1994, 429 (442, 445).

[74] Veil in Schmidt/Lutter, 4. Aufl. 2020, AktG § 186 Rn. 42.

[75] Vgl. Wiedemann in GroßKommAktG, 4. Aufl. 2001, AktG § 186 Rn. 153.

[76] Lutter in KölnKommAktG, 2. Aufl. 1995, Nachtrag zu AktG § 186 Rn. 14 und 36; Lutter AG 1994, 429 (442, 445).

[77] Schwark FS Claussen, 1997, 357 (372).

Die im Vordringen befindliche Gegenansicht hält den Börsenpreis am Platzierungstag für maßgeblich, da es bei einer Kapitalerhöhung mit erleichtertem Bezugsrechtsausschluss auf eine marktgerechte Preisfestsetzung ankomme.[78] Unterschiedlich beurteilen die Vertreter dieser Ansicht indes, ob dieser stichtagsbezogene Referenzpreis stets verbindlich ist[79] oder ob die Verwaltung bei starken Kursschwankungen an den vorangehenden Börsentagen oder (sonstigen) Anzeichen auf Kursmanipulationen ausnahmsweise auf Durchschnittskurse abstellen darf.[80] Noch weitergehend wollen Stimmen aus der Praxis der Verwaltung ein Wahlrecht einräumen, entweder den Börsenpreis am Platzierungstag heranzuziehen oder eine Referenzperiode in Ansatz zu bringen.[81] Stellt man auf den Börsenpreis am Platzierungstag ab, kann noch weiter unterschieden werden zwischen

– dem Schlussauktionspreis am Vortag,[82]
– dem Zeitpunkt der Preisfestsetzung durch den Vorstand,[83]
– dem Zeitpunkt der letzten Verwaltungsentscheidung[84] (womit regelmäßig auf den Zustimmungsbeschluss des Aufsichtsrats zur Festlegung des endgültigen Ausgabebetrags Bezug genommen wird),
– dem Schlussauktionspreis am Platzierungstag,[85]
– dem gewichteten Durchschnittskurs am Platzierungstag[86] oder
– dem gewichteten Durchschnittskurs am Platzierungstag zwischen der Ankündigung der Emission und der Beendigung des Bookbuilding.[87]

[78] Groß in Happ/Groß/Möhrle/Vetter, Aktienrecht, 5. Aufl. 2019, 12.07 Anm. 13.1; Busch in Marsch-Barner/Schäfer, Handbuch börsennotierte AG, 5. Aufl. 2022, Rn. 42.90; Krause in Habersack/Mülbert/Schlitt, Unternehmensfinanzierung am Kapitalmarkt, 4. Aufl. 2019, Rn. 6.32; Veil in Schmidt/Lutter, 4. Aufl. 2020, AktG § 186 Rn. 42; Koch, 18. Aufl. 2024, AktG § 186 Rn. 39h; Schürnbrand/Verse in MüKoAktG, 5. Aufl. 2021, AktG § 186 Rn. 134; Hirte in GroßKommAktG, 4. Aufl. 2001, AktG § 204 Rn. 12f.; Bayer in MüKoAktG, 5. Aufl. 2021, AktG § 204 Rn. 19; Seibt CFL 2011, 74 (80); Schlitt/Schäfer AG 2005, 67 (71); v. Oppen/Menhart/Holst WM 2011, 1835 (1839f.).

[79] So Seibt CFL 2011, 74 (80); Groß in Happ/Groß/Möhrle/Vetter, Aktienrecht, 5. Aufl. 2019, 12.07 Anm. 13.1; Hirte in GroßKommAktG, 4. Aufl. 2001, AktG § 204 Rn. 12f.; Bayer in MüKoAktG, 5. Aufl. 2021, AktG § 204 Rn. 19; wohl auch Veil in Schmidt/Lutter, 4. Aufl. 2020, AktG § 186 Rn. 42; Busch in Marsch-Barner/Schäfer, Handbuch börsennotierte AG, 5. Aufl. 2022, Rn. 42.90.

[80] Koch, 18. Aufl. 2024, AktG § 186 Rn. 39h; Schürnbrand/Verse in MüKoAktG, 5. Aufl. 2021, AktG § 186 Rn. 134; v. Oppen/Menhart/Holst WM 2011, 1835 (1839f.).

[81] Krause in Habersack/Mülbert/Schlitt, Unternehmensfinanzierung am Kapitalmarkt, 4. Aufl. 2019, Rn. 6.32; Scholz in Münchener Handbuch des Gesellschaftsrechts, Band 4, 5. Aufl. 2020, § 57 Rn. 127; Schlitt/Schäfer AG 2005, 67 (71).

[82] Schlitt/Schäfer AG 2005, 67 (71).

[83] Groß in Happ/Groß/Möhrle/Vetter, Aktienrecht, 5. Aufl. 2019, 12.07 Anm. 13.1; Koch, 18. Aufl. 2014, AktG § 186 Rn. 39h; Veil in Schmidt/Lutter, 4. Aufl. 2020, AktG § 186 Rn. 42; v. Oppen/Menhart/Holst WM 2011, 1835 (1839f.).

[84] Hirte in GroßKommAktG, 4. Aufl. 2001, AktG § 204 Rn. 12f.; Bayer in MüKoAktG, 5. Aufl. 2021, AktG § 204 Rn. 19.

[85] Schlitt/Schäfer AG 2005, 67 (71).

[86] Busch in Marsch-Barner/Schäfer, Handbuch börsennotierte AG, 5. Aufl. 2022, § 42 Rn. 90.

[87] Schlitt/Schäfer AG 2005, 67 (71); Seibt CFL 2011, 74 (80); v. Oppen/Menhart/Holst WM 2011, 1835 (1837).

Richtigerweise geben weder der Wortlaut der Norm noch die Gesetzesmaterialien eindeutige Vorgaben dafür, ob bei der Ermittlung des relevanten Börsenpreises auf einen bestimmten Zeitpunkt oder eine Referenzperiode abzustellen ist und wann dieser Zeitpunkt bzw. diese Periode anzusetzen ist. Entscheidend ist der mit § 186 Abs. 3 S. 4 AktG verfolgte Zweck. So soll der erleichterte Ausschluss des Bezugsrechts deutschen Publikums-Aktiengesellschaften ermöglichen, ihren Eigenkapitalbedarf angesichts zunehmend volatiler Aktienmärkte durch bestmögliche Platzierung zu niedrigen Kapitalaufnahmekosten und mit hoher Transaktionssicherheit zu decken, ohne die schutzwürdigen Interessen der bestehenden Aktionäre zu beeinträchtigen. Dieser Zweck wurde in der Regierungsbegründung zum ZuFinG im Wesentlichen nochmals bekräftigt. Das Erfordernis der börsenkursnahen Preisfestsetzung bezweckt in erster Linie, eine Aktienwertverwässerung zulasten der bestehenden Aktionäre zu verhindern. Dabei unterstellt der Gesetzgeber, dass interessierte Altaktionäre zu Wahrung ihrer Stimmrechtsmacht Kompensationskäufe am Markt tätigen können.

Die Heranziehung einer mehrtägigen Referenzperiode zur Bestimmung des relevanten Börsenpreises – und damit des nach § 186 Abs. 3 S. 4 AktG zulässigen Kursabschlags – wird diesem gesetzgeberischen Anliegen gerade bei volatilen Aktienmärkten nicht gerecht, da sich Kursschwankungen unmittelbar auf den zulässigen Kursabschlag auswirken: Fällt der Börsenkurs innerhalb der gewählten Referenzperiode, müsste die Verwaltung einen Bezugspreis festsetzen, der oberhalb des Börsenpreises am Platzierungstag läge mit der Folge, dass die Emission scheitert. Steigt dagegen der Börsenkurs innerhalb des relevanten Zeitraumes, wäre der nach § 186 Abs. 3 S. 4 AktG zulässige Kursabschlag größer als es im Hinblick auf den Schutz der Aktionäre vor einer Aktienkursverwässerung hinnehmbar und im Interesse des Unternehmens an einer bestmöglichen Kapitalschöpfung geboten erscheint.[88] Bei Heranziehung einer mehrtägigen Referenzperiode würde das Emissionsverfahren mithin gerade durch diejenigen Volatilitätsrisiken belastet, von denen der Gesetzgeber die Eigenkapitalaufnahme mit Einführung des § 186 Abs. 3 S. 4 AktG befreien wollte. Auch die Zukaufshypothese träfe nicht zu, da Kompensationskäufe zu (historischen) Durchschnittskursen nicht möglich sind.

Die gesetzgeberischen Ziele sind allein durch eine möglichst marktgerechte Festlegung des relevanten Börsenpreises erreichbar. Denn auf diese Weise lässt sich die Aktienwertverwässerung im Interesse der Aktionäre minimieren und zugleich die bestmögliche Kapitalschöpfung im Interesse des Unternehmens sicherstellen. Es ist daher auf einen emissionsnahen Zeitpunkt bzw. kurzen Zeitraum am Platzierungstag abzustellen. Auf die Frage, welche zeitliche Referenz an diesem Tag maßgebend ist, gibt es keine pauschale Antwort. Nimmt man die Ziele des § 186 Abs. 3 S. 4 AktG zum Maßstab, hat die Verwaltung im Einzelfall die bestmögliche Platzierung der Aktien zu niedrigen Kapitalaufnahmekosten und möglichst hoher Transaktionssicherheit anzustreben, zugleich aber auch Manipulationsmöglichkeiten durch In-

[88] Zutreffend Groß in Happ/Groß/Möhrle/Vetter, Aktienrecht, 5. Aufl. 2019, 12.07 Anm. 13.1; Koch, 18. Aufl. 2023, AktG § 186 Rn. 39h; Schlitt/Schäfer AG 2005, 67 (71); Seibt CFL 2011, 74 (80); v. Oppen/Menhart/Holst WM 2011, 1835 (1839).

vestorengruppen entgegenzuwirken. Missbrauchsgesichtspunkte können im Einzelfall gegen die Heranziehung von Börsenkursen sprechen, die zeitlich nach dem Ablauf der Zeichnungsfrist liegen oder generell in einer Schlussauktion oder Eröffnung festgestellt wurden.[89] Nicht zu beanstanden ist es, wenn der Vorstand auf den Zeitpunkt der endgültigen Festsetzung des Platzierungspreises abstellt. Wahlweise bietet sich auch der gewichtete Durchschnittskurs zwischen der Ankündigung der Kapitalerhöhung (Ad-hoc-Meldung) und dem Ende des Bookbuilding-Verfahrens (Schließung des Orderbuchs) an.[90] Diese Phase erstreckt sich nur über einen sehr kurzen Zeitraum von oft nur wenigen Stunden und preist üblicherweise nur Kursentwicklungen ein, die im Zusammenhang mit der Kapitalmaßnahme stehen. Ein längerer Referenzzeitraum scheint dagegen allenfalls in besonders gelagerten Ausnahmefällen gerechtfertigt, etwa bei eindeutigen Hinweisen auf Marktverwerfungen oder Manipulationsversuche durch Investoren.[91]

Für die Praxis sind schließlich die Vorgaben der Ermächtigung bzw. des zugrundeliegenden Vorstandsberichts entscheidend. Erklären diese einen bestimmten Zeitpunkt für maßgeblich (etwa den Zeitpunkt der endgültigen Festsetzung des Ausgabebetrags), so ist die Verwaltung daran gebunden. Enthält die Ermächtigung hingegen keine näheren Bestimmungen, verfügt die Verwaltung bei der Wahl der zeitlichen Referenz über einen Beurteilungsspielraum nach Maßgabe der Business Judgment Rule. Denn die Wahl des Referenzzeitpunkts wirkt sich maßgeblich auf den zulässigen Kursabschlag aus, und die Bemessung des Kursabschlags ist im Kern eine unternehmerische Entscheidung.

c) *Kein wesentliches Unterschreiten*

Der Ausgabebetrag für die neuen Aktien darf den Börsenpreis „nicht wesentlich unterschreiten." Nach der Beschlussempfehlung des Rechtsausschusses bedeutet dies, dass der Abschlag vom Börsenpreis in der Regel bei 3% liegen kann, jedoch maximal ca. 5% betragen darf; im Übrigen müsse die zulässige Abweichung anhand des minimierten Volatilitätsrisikos und einer sehr geringen Kaufanreizmarge im Einzelfall bestimmt werden.[92] Dem hat sich im Grundsatz auch das überwiegende Schrifttum angeschlossen, wobei im Einzelfall Abweichungen in beide Richtungen für zulässig gehalten werden.[93] Strengere Auffassungen in der Literatur, denen zufolge der zulässige Höchstabschlag bei 3%[94] oder eher noch unter

[89] Ebenso Seibt CFL 2011, 74 (80).

[90] Schlitt/Schäfer AG 2005, 67 (71); Seibt CFL 2011, 74 (80); v. Oppen/Menhart/Holst WM 2011, 1835 (1839f.)

[91] Koch, 18. Aufl. 2023, AktG § 186 Rn. 39c; v. Oppen/Menhart/Holst WM 2011, 1835 (1839f.).

[92] Bericht des Rechtsausschusses, BT-Drs. 12/7848, 9.

[93] Scholz in Münchener Handbuch des Gesellschaftsrechts, Band 4, 5. Aufl. 2020, § 57 Rn. 128; Veil in Schmidt/Lutter, 4. Aufl. 2020, AktG § 186 Rn. 42; Groß in Happ/Groß/Möhrle/Vetter, Aktienrecht, 5. Aufl. 2019, 12.07 Anm. 14.1; v. Oppen/Menhart/Holst WM 2011, 1835 (1837); Schlitt/Schäfer AG 2005, 67 (70); Schürnbrand/Verse in MüKoAktG, 5. Aufl. 2021, AktG § 186 Rn. 135.

[94] Lutter in KölnKommAktG, 2. Aufl. 1995, Nachtrag zu AktG § 186 Rn. 15 und 36 (höchstens 3%); Lutter AG 1994, 429 (445).

3%[95] anzusetzen sei, konnten sich nicht durchsetzen. Demgegenüber mehren sich in jüngerer Zeit Stimmen, die abstrakt vorgegebene Abschlagsgrenzen durchweg ablehnen.[96] Die Praxis wendet überwiegend einen Abschlag von etwa 5% an, wobei dieser allerdings auf sehr unterschiedliche Referenzzeitpunkte bzw. -zeiträume bezogen wird.[97]

Die vom Rechtsausschuss vorgeschlagene Faustregel mit einem Regelabschlag von 3% und einem Maximalabschlag von ca. 5% hat den Unternehmen in der Vergangenheit eine durchaus praktikable Orientierung gegeben. Da es sich aber nur um eine Faustregel handelt, sind Abweichungen im Einzelfall zulässig.[98] Maßgeblich für die Bemessung des zulässigen Preisabschlags ist letztlich – ebenso wie bei der Bestimmung des relevanten Börsenpreises – der Zweck des § 186 Abs. 3 S. 4 AktG. Entscheidungskriterien sind die bestmögliche Platzierung der Aktien (maximale Kapitalschöpfung bei minimalen Kapitalaufnahmekosten unter Berücksichtigung strategischer Nebenzwecke), die sichere Durchführung der Transaktion (verlässliches Erreichen der mit der Kapitalmaßnahme verfolgten Finanzierungszwecke) und die minimale Beeinträchtigung der Interessen der Altaktionäre (Schutz vor Aktienwert-/Aktienquotenverwässerung). Die – mitunter gegenläufigen – Ziele hat die Verwaltung unter Berücksichtigung der konkreten Umstände des Einzelfalls, insbesondere der Volatilität der Aktie, der allgemeinen Kapitalmarktsituation und der notwendigen Kaufanreize in Ausgleich zu bringen. Der Preisabschlag sollte mit Blick auf das Interesse des Unternehmens an einer optimalen Kapitalschöpfung und den Verwässerungsschutz der Aktionäre so gering wie möglich und mit Blick auf die Transaktionssicherheit so hoch wie nötig sein. Daher kann im Einzelfall auch ein Kursabschlag von über 5% gerechtfertigt sein, zB wenn die Durchführung einer Kapitalerhöhung mit erleichtertem Bezugsrechtsausschluss nach § 186 Abs. 3 S. 4 AktG zur Deckung eines dringenden Finanzbedarfs notwendig ist, die aktuellen Marktbedingungen eine sichere Platzierung aber nur zu einem höheren Abschlag erlauben oder wenn die Dividendenberechtigung der jungen Aktien *pro rata temporis* beschränkt ist. Besteht umgekehrt eine große Nachfrage nach den Aktien des Emittenten, darf der Abschlag von 3% bis maximal 5% nicht voll ausgenutzt werden.[99] Auch hier verbietet sich also eine pauschale Antwort. Schließlich verfügt die Verwaltung bei der konkreten Bemessung des Preisabschlags über einen Beurteilungsspielraum (§ 93 Abs. 1 S. 2 AktG).

In der Praxis kann der Beurteilungsspielraum der Verwaltung durch konkrete Vorgaben in der Satzung oder im Ausschlussbericht eingeschränkt sein. Formuliert etwa die Satzung oder der Ausschlussbericht den in der Beschlussempfehlung des

---

[95] Vgl. Zöllner AG 2002, 585 (592).

[96] Dezidiert Seibt CFL 2011, 74 (79) („gehört überwunden"); auch Koch, 18. Aufl. 2024, AktG § 186 Rn. 39i sowie Krause in Habersack/Mülbert/Schlitt, Unternehmensfinanzierung am Kapitalmarkt, 4. Aufl. 2019, Rn. 6.32a verzichten auf starre Grenzen.

[97] Vgl. die Studie von Seibt CFL 2011, 74 (76f.).

[98] Koch, 18. Aufl. 2024, AktG § 186 Rn. 39i; Groß in Happ/Groß/Möhrle/Vetter, Aktienrecht, 5. Aufl. 2019, 12.07 Anm. 14.1.

[99] Groß in Happ/Groß/Möhrle/Vetter, Aktienrecht, 5. Aufl. 2019, 12.07 Anm. 14.1; Krause in Habersack/Mülbert/Schlitt, Unternehmensfinanzierung am Kapitalmarkt, 4. Aufl. 2019, Rn. 6.32a; Schlitt/Schäfer AG 2005, 67 (70); Seibt CFL 2011, 74 (79f.).

Rechtsausschusses als Faustregel gedachten Maximalabschlag von 5% als verbindliche Obergrenze, ist der Vorstand daran gebunden. In diesem Fall lässt sich die nötige Flexibilität durch eine sachgerechte Wahl der zeitlichen Referenz für den maßgeblichen Börsenkurs erreichen, es sei denn, die Ermächtigung hat auch den Referenzzeitpunkt bzw. -zeitraum verbindlich festgelegt.

V. Handelsregisteranmeldung der Ermächtigung

Der Beschluss der Hauptversammlung über die Schaffung des genehmigten Kapitals mit Ermächtigung zum erleichterten Bezugsrechtsausschluss ist als Satzungsänderung gemäß §§ 202 Abs. 2, 181 AktG zur Eintragung in das Handelsregister anzumelden.[100] Eine Verbindung der Anmeldung der Ermächtigung mit der Ausnutzung des genehmigten Kapitals ist nicht zulässig, da die Ausübung des genehmigten Kapitals eine wirksame Ermächtigung voraussetzt, die erst mit der Eintragung im Handelsregister vorliegt.[101] Die Anmeldung ist elektronisch in öffentlich beglaubigter Form (§ 12 Abs. 1 S. 1 HGB) einzureichen. Anmeldepflichtig ist gemäß § 181 Abs. 1 S. 1 AktG der Vorstand in vertretungsberechtigter Zahl. Der Aufsichtsratsvorsitzende muss nicht mitwirken. Rechtsgeschäftliche Vertretung ist bei dieser Anmeldung zulässig, da keine strafrechtliche Verantwortlichkeit nach § 399 AktG in Betracht kommt.

Inhaltlich muss die Anmeldung die Schaffung des genehmigten Kapitals mit Ermächtigung zum erleichterten Bezugsrechtsausschluss und die damit verbundene Satzungsänderung enthalten. Da es sich beim genehmigten Kapital um eine gemäß § 39 Abs. 2 AktG ausdrücklich ins Handelsregister einzutragende Tatsache handelt, ist nach der hM der Inhalt des genehmigten Kapitals in der Anmeldung ausdrücklich zu bezeichnen und zu diesem Zweck schlagwortartig zu umschreiben; eine bloße Bezugnahme auf die eingereichten Unterlagen reicht nicht aus.[102]

VI. Ausnutzung des genehmigten Kapitals mit Ermächtigung zum erleichterten Bezugsrechtsauschluss

Im Hinblick auf die Ausnutzung des genehmigten Kapitals mit Ermächtigung zum erleichterten Bezugsrechtsausschluss durch die Verwaltung formuliert § 186 Abs. 3 S. 4 AktG (iVm § 203 Abs. 1 S. 1 AktG), dass der Ausschluss des Bezugsrechts bei Erfüllung der dort genannten Voraussetzungen zulässig ist. Die Gesetzesbegründung präzisiert dies dahingehend, dass es bei Einhaltung der Vorgaben für den erleichterten Bezugsrechtsausschluss „weder einer Interessenabwägung […] noch weiterer sachlicher Rechtfertigungsgründe" bedarf.[103]

---

[100] Muster einer solchen Handelsregisteranmeldung bei Stelmaszczyk in BeckOF Vertrag, 68. Ed. 1.3.2024, Form. 7.9.9.1.9.

[101] Koch, 18. Aufl. 2024, AktG § 203 Rn. 27 mwN.

[102] Koch, 18. Aufl. 2024, AktG § 181 Rn. 6 mwN.

[103] Fraktionsbegründung, BT-Drs. 12/6721, 10.

1. *Ungeschriebene Einschränkungen des erleichterten Bezugsrechtsausschlusses*

Trotz dieser eindeutigen Rechtsfolgenanordnung wird die Reichweite des § 186 Abs. 3 S. 4 AktG seit seiner Einführung kontrovers diskutiert. Dabei geht es vor allem darum, ob der erleichterte Bezugsrechtsausschluss ungeschriebenen Einschränkungen unterliegt.

a) Adäquate Nachkaufmöglichkeit von Aktien

Besonders umstritten ist die Frage, ob die Verwaltung sich nur dann auf § 186 Abs. 3 S. 4 AktG stützen kann, wenn für interessierte Aktionäre im Einzelfall eine adäquate Nachkaufmöglichkeit zur Erhaltung ihrer Beteiligungsquote besteht. Hintergrund sind die legitimierenden Wertungsgesichtspunkte für den erleichterten Bezugsrechtsausschluss. Dieser ist zulässig, weil bei ihm nach der Vorstellung des Gesetzgebers keine relevanten Schutzbedürfnisse der bestehenden Aktionäre berührt sind.[104] Diese Vorstellung basiert auf zwei sich ergänzenden Prämissen, dass nämlich erstens die Gefahr einer Kurswertverwässerung dann nicht besteht, wenn die neuen Aktien zumindest zum aktuellen Börsenkurs ausgegeben werden und zweitens eine relevante Quotenverwässerung ausscheidet, weil die Aktionäre zur Erhaltung ihrer Beteiligungsquote Aktien über die Börse zu vergleichbaren Bedingungen wie beim Bestehen eines Bezugsrechts nachkaufen können. Die erste Prämisse – Aktienausgabe zum Börsenpreis – hat das Gesetz ausdrücklich als Tatbestandsvoraussetzung formuliert, wenngleich mit der Relativierung, dass der Ausgabebetrag den Börsenpreis „nicht wesentlich" unterschreiten darf. Dagegen kommt die zweite Prämisse – adäquate Nachkaufmöglichkeit – im Wortlaut nicht zum Ausdruck; vielmehr soll sich diese Möglichkeit aus der Beschränkung des Erhöhungsvolumens auf – seinerzeit – maximal 10% des Grundkapitals ergeben. Ausweislich der Begründung zum Gesetzesentwurf unterstellen die Verfasser, „dass in diesen Fällen stets ein Nachkauf zur Erhaltung der relativen Beteiligung über die Börse möglich ist." Dies hat die Frage aufgeworfen, ob § 186 Abs. 3 S. 4 AktG bei Einhaltung der geschriebenen Tatbestandsvoraussetzungen den Bezugsrechtsausschluss stets rechtfertigt, oder ob die Verwaltung auch die legitimierenden Prämissen – insbesondere also die adäquate Nachkaufmöglichkeit – im Einzelfall nachweisen muss. Hierzu haben sich in der Literatur im Wesentlichen drei Auffassungen entwickelt; der BGH hat die Frage in seinem Urteil vom 10.7.2018[105] ausdrücklich offengelassen:

Nach einem Teil der Literatur,[106] dem sich auch das OLG München[107] angeschlossen hat, ist die adäquate Nachkaufmöglichkeit ein ungeschriebenes Tat-

---

[104] Fraktionsbegründung, BT-Drs. 12/6721, 10.

[105] BGH NJW 2018, 2796 Rn. 41 = ZIP 2018, 1586.

[106] Lutter in KölnKommAktG, 2. Aufl. 1995, Nachtrag zu AktG § 186 Rn. 4, 10, 17, 22; Bayer in MüKoAktG, 5. Aufl. 2021, AktG § 203 Rn. 77f.; Scholz in Münchener Handbuch des Gesellschaftsrechts, Band 4, 5. Aufl. 2020, § 57 Rn. 129; Krause in Habersack/Mülbert/Schlitt, Unternehmensfinanzierung am Kapitalmarkt, 4. Aufl. 2019, Rn. 6.34; wohl auch Hirte in GroßKommAktG, 4. Aufl. 2001, AktG § 203 Rn. 114; iErg auch Schwark FS Claussen, 1997, 357 (369f., 373f.).

[107] OLG München ZIP 2006, 1440 (1441, 1443).

bestandsmerkmal für den Bezugsrechtsausschluss nach § 186 Abs. 3 S. 4 AktG. Nach anderer – im Ergebnis gleichgerichteter – Auffassung bedarf die Vorschrift beim Fehlen einer adäquaten Nachkaufmöglichkeit der teleologischen Reduktion.[108] Nach beiden Auffassungen erkläre die Vorschrift den Ausschluss des Bezugsrechts im Hinblick auf das Finanzierungsinteresse der Gesellschaft nur deshalb für sachlich gerechtfertigt, weil dem Aktionär daraus keine (relevanten) Nachteile erwachsen. Diese *ex-lege* getroffene Interessenabwägung stehe und falle daher mit ihren Prämissen: Haben die bestehenden Aktionäre gleich aus welchen Gründen (doch) keine Möglichkeit zum Zuerwerb über die Börse oder wäre ein solcher Erwerb wegen einer besonderen Marktenge nur zu einem deutlich höheren Preis möglich (als Relevanzschwelle wird ein Zuschlag von mehr als 3% auf den Börsenpreis vorgeschlagen),[109] und wird ihnen eine Zuerwerbschance auch nicht in sonstiger Weise eingeräumt (zB durch ein Vorerwerbsrecht),[110] so sei die Vorschrift unanwendbar. Dieses Verständnis folge auch aus der systematischen Einordnung der Norm in das Konzept von der sachlichen Rechtfertigung des Bezugsrechtsausschlusses: Wie der Gesetzeswortlaut („insbesondere dann zulässig“) zeige, sei § 186 Abs. 3 S. 4 AktG keine Exemtion von der sachlichen Rechtfertigung, sondern ein gesetzlicher Anwendungsfall der Interessenabwägung.[111]

Eine andere Ansicht im Schrifttum[112] hält den erleichterten Ausschluss des Bezugsrechts im Ergebnis ebenfalls für unzulässig, wenn die ungeschriebenen Annahmen des Gesetzgebers nicht zutreffen und interessierten Aktionären eine adäquate Nachkaufmöglichkeit verschlossen ist. Allerdings begründe § 186 Abs. 3 S. 4 AktG eine widerlegliche Vermutung für die sachliche Rechtfertigung des Bezugsrechtsausschlusses und damit auch für die zugrundeliegenden Prämissen. Nur im Fall ihrer Widerlegung scheide eine Berufung auf diese Vorschrift aus und bedürfe der Bezugsrechtsausschluss der sachlichen Rechtfertigung nach den allgemeinen Regeln. Auch diese Auffassung führt zur Begründung ihres Standpunktes an, dass es sich bei § 186 Abs. 3 S. 4 AktG um einen gesetzlichen Beispielsfall handele, der in das von Rechtsprechung und Lehre entwickelte Konzept von der sachlichen Rechtfertigung des Bezugsrechtsausschlusses einzuordnen sei.[113] Danach statuiere die börsenkursnahe Aktienausgabe einen sachlichen Grund, weil und soweit die Altaktionäre dadurch nicht beeinträchtigt werden.

Vor allem praxisnahen Stimmen[114] zufolge kommt es für die Zulässigkeit des erleichterten Bezugsrechtsausschlusses nicht darauf an, ob die bestehenden Aktionäre

[108] Koch, 18. Aufl. 2004, AktG § 186 Rn. 391; Schürnbrand/Verse in MüKoAktG, 5. Aufl. 2021, AktG § 186 Rn. 136; Kindler FS E. Vetter, 2019, 307 (311); Oetker FS Pannen, 2017, 773 (778 ff.).

[109] Lutter in KölnKommAktG, 2. Aufl. 1995, Nachtrag zu AktG § 186 Rn. 4, 17.

[110] Bayer in MüKoAktG, 5. Aufl. 2021, AktG § 203 Rn. 78 mit Hinweis auf die Vorschläge insbesondere von Claussen WM 1996, 609 (615).

[111] Lutter in KölnKommAktG, 2. Aufl. 1995, Nachtrag zu AktG § 186 Rn. 4.

[112] Wiedemann in GroßKommAktG, 4. Aufl. 2001, AktG § 186 Rn. 149 f.; Bayer in MüKoAktG, 5. Aufl. 2021, AktG § 203 Rn. 77 f.; Claussen WM 1996, 609 (614).

[113] Wiedemann in GroßKommAktG, 4. Aufl. 2001, AktG § 186 Rn. 150.

[114] Goette ZGR 2012, 505 (513); Seibt CFL 2011, 74 (82); Ihrig/Wagner NZG 2002, 657 (659); Hoffmann-Becking ZIP 1995, 1 (9); Schilha/Guntermann AG 2018, 883 (886 f.); Kocher/v. Falkenhausen ZIP 2018, 1949 (1950 f.); Seibert/Köster/Kiem, Handbuch kleine AG, 1994,

nach den konkreten Marktverhältnissen über adäquate Zuerwerbsmöglichkeiten verfügen. Sofern die – geschriebenen – Voraussetzungen des § 186 Abs. 3 S. 4 AktG vorliegen, werde die sachliche Rechtfertigung des Bezugsrechtsausschlusses ebenso wie die zugrundeliegende Nachkaufhypothese unwiderleglich vermutet. Eine Ausnahme wird nur in den seltenen Fällen des Rechtsmissbrauchs angenommen. Die legitimierenden Prämissen seien lediglich als Hinweis auf die Wertungsgesichtspunkte des Gesetzgebers zu verstehen, nicht aber als ungeschriebene Zulässigkeitsvoraussetzungen. Hierfür spreche nicht nur der eindeutige Wortlaut der Norm, sondern auch die Intention des Gesetzgebers. Dieser habe den Unternehmen mit § 186 Abs. 3 S. 4 AktG im Interesse einer flexiblen Eigenkapitalaufnahme Rechtssicherheit beim Bezugsrechtsausschluss geben wollen.[115] Der Gesetzgeber nehme es daher in Kauf, dass es den Altaktionären im Einzelfall an der Möglichkeit fehlen kann, die relative Beteiligung an der Gesellschaft durch Zukauf über die Börse aufrechtzuerhalten.[116]

Letzterer Auffassung ist zu folgen. Entscheidend für das Verständnis der Norm ist die Erkenntnis, dass § 186 Abs. 3 S. 4 AktG nicht ein gesetzgeberischer Zweck zugrunde liegt, sondern die Regelung mehrere Ziele verfolgt. Die Gesetzesmaterialien bringen es auf den Punkt, worum es bei der Regelung ging: „Flexibilisierung der Unternehmensfinanzierung und Wettbewerbsgleichheit der deutschen Publikums-Aktiengesellschaften hinsichtlich der Kosten der Eigenmittelbeschaffung, ohne dabei schutzwürdige Interessen der Altaktionäre, insbesondere der Kleinaktionäre, zu beeinträchtigen."[117] Es ging mithin um eine Optimierung der Unternehmensfinanzierung unter der Nebenbedingung des Aktionärsschutzes. Dass diese Zielsetzungen im Einzelfall widerstreiten können, war dem Gesetzgeber bewusst. Für die Auslegung des § 186 Abs. 3 S. 4 AktG ist daher entscheidend, wie der Gesetzgeber diesen potentiellen Zielkonflikt gelöst hat.

Die Begründung des Initiativantrags der Fraktionen zeigt, dass sich die Entwurfsverfasser weniger von einer dogmatischen und mehr von einer wirtschaftlichen Betrachtung des Bezugsrechts haben leiten lassen. So sei der Aktionär vor einem Wertverlust seiner Aktien durch den am Börsenkurs orientierten Bezugspreis geschützt. Hinsichtlich der Gefahr des Einflussverlustes differenziert die Gesetzesbegründung zwischen verschiedenen Aktionärsgruppen. Für den typischen Publikumsaktionär mit einer Kleinstbeteiligung spiele die Frage des Einflussverlustes wirtschaftlich keine Rolle.[118] Für den Großaktionär (25%-Paketinhaber) sei die Situation ebenfalls unproblematisch. Er könne die Fassung eines seinen Beteiligungsinteressen zuwiderlaufenden Bezugsrechtsauschlusses verhindern oder seine Zustimmung von

---

Rn. 207ff.; Groß in Happ/Groß/Möhrle/Vetter, Aktienrecht, 5. Aufl. 2019, 12.07 Anm. 9.2; Scholz in Münchener Handbuch des Gesellschaftsrechts, Band 4, 5. Aufl. 2020, § 57 Rn. 129; Marsch-Barner AG 1994, 32 (540); Martens ZIP 1994, 669 (674); Veil in Schmidt/Lutter, 4. Aufl. 2020, AktG § 186 Rn. 44.

[115] Groß in Happ/Groß/Möhrle/Vetter, Aktienrecht, 5. Aufl. 2019, 12.07 Anm. 9.2.

[116] Marsch-Barner AG 1994, 532 (540).

[117] Bericht des Rechtsausschusses, BT-Drs. 12/7848, 9; vgl. Seibert/Köster/Kiem, Handbuch kleine AG, 1994, Rn. 196.

[118] Fraktionsbegründung, BT-Drs. 12/6721, 10.

Voraussetzungen abhängig machen.[119] Stimmt er einem solchen Beschluss dennoch zu, muss er die Reduzierung in Kauf nehmen. Ein schutzwürdiges Interesse der Aktionäre an einer Erhaltung ihres Stimmengewichts – so die Gesetzesbegründung – bestehe erst ab einer Beteiligungsquote, an die Minderheitsrechte gekoppelt sind, also ab einer 5%-igen Beteiligung (5 bis 10%-Aktionär), und auch nur für diejenigen Aktionäre, die beim Hauptversammlungsbeschluss über den Bezugsrechtsausschluss überstimmt worden sind.[120] Deshalb verlangt § 186 Abs. 3 S. 4 AktG, dass die Kapitalerhöhung nicht mehr als – seinerzeit – 10% des Grundkapitals betragen darf.[121] Ausweislich der Entwurfsbegründung „unterstellt [das Gesetz] damit, dass in diesen Fällen stets ein Nachkauf zur Erhaltung der relativen Beteiligung über die Börse möglich ist."[122] Dahinter steht die Überlegung, dass aufgrund der – seinerzeitigen – 10%-Deckelung eine Stimmrechtsverwässerung nicht in solchem Maße eintritt, dass ein Ausgleich durch Erwerb weiterer Aktien aufgrund fehlenden Angebots oder überhitzter Preise ausgeschlossen ist, zumal es lediglich wenige „nachkaufwillige" Aktionäre geben wird.[123]

Für die Auslegung des § 186 Abs. 3 S. 4 AktG ist mithin weniger entscheidend, ob es sich bei der zitierten gesetzgeberischen Erwägung zur Nachkaufmöglichkeit um eine widerlegliche oder unwiderlegliche Vermutung oder gar eine Fiktion handelt, sondern vielmehr, dass der Gesetzgeber die potentielle Beeinträchtigung einzelner Aktionäre erkannt hat und mit der – seinerzeitigen – 10%-Deckelung eine gesetzgeberische Lösung formuliert hat. Er hat damit im Interesse einer Flexibilisierung der Unternehmensfinanzierung bewusst in Kauf genommen, dass in Ausnahmefällen der 5 bis 10%-Aktionär aufgrund der Kapitalerhöhung unter seine bisherige Beteiligungsquote absinken und dadurch Minderheitsrechte verlieren kann. In der Sache hat der Gesetzgeber eine Wertungsentscheidung getroffen, nämlich, dass in diesem (Ausnahme-)Fall das Interesse des Unternehmens an einer schnellen und rechtssicheren Finanzierung das Interesse des betroffenen Aktionärs am Erhalt seiner Stimmrechtsquote überwiegt. Dies wurde in den frühen Stellungnahmen auch völlig zutreffend erkannt[124] und selbst von dezidierten Kritikern der Regelung nicht in Frage gestellt.[125] Die Anhebung des Maximalvolumens von 10% auf 20% des Grundkapitals durch das ZuFinG führt zu keiner anderen Bewertung. Zwar wiederholt der Gesetzgeber des ZuFinG die Erwägung zur Nachkaufmöglichkeit.[126] Der Gesetzgeber verfolgt jedoch ausweislich der Regierungsbegründung[127] wie schon vor 30 Jahren eine Optimierung der Unternehmensfinanzierung unter der Nebenbedingung des Aktionärsschutzes und nimmt damit im Wege einer gesetzgeberischen Wertentscheidung in Kauf, dass einzelne Aktionäre (5 bis 10%-Aktionär) im Interesse des Unternehmens an einer schnellen und rechtssicheren Finan-

[119] Seibert/Köster/Kiem, Handbuch kleine AG, 1994, Rn. 205.
[120] Fraktionsbegründung, BT-Drs. 12/6721, 10.
[121] Fraktionsbegründung, BT-Drs. 12/6721, 10.
[122] Fraktionsbegründung, BT-Drs. 12/6721, 10.
[123] Seibert/Köster/Kiem, Handbuch kleine AG, 1994, Rn. 207 und 205.
[124] So insbesondere Marsch-Barner AG 1994, 532 (540); Hoffmann-Becking ZIP 1995, 1 (9).
[125] So etwa Zöllner AG 1994, 336 (341); Hirte ZIP 1994, 356 (359).
[126] Begründung RegE ZuFinG, BT-Drs. 20/8292, 115.
[127] Begründung RegE ZuFinG, BT-Drs. 20/8292, 114f.

zierung im Einzelfall eine Quotenverwässerung erleiden können. Diese ausdrückliche und durch das ZuFinG bekräftigte Entscheidung des Gesetzgebers sollte respektiert werden.

In der Praxis setzen die Ausschlussberichte des Vorstands gleichwohl verbreitet voraus, dass im Zeitpunkt der Ausübung der Ermächtigung zum erleichterten Bezugsrechtsausschluss nach den konkreten Marktverhältnissen eine (adäquate) Zukaufsmöglichkeit für die an der Erhaltung ihrer Beteiligungsquote interessierten Aktionäre besteht. Da der Vorstand an seine Ausführungen im Ausschlussbericht gebunden ist, darf er bei einem entsprechend formulierten Bericht die Ermächtigung zum erleichterten Bezugsrechtsausschluss nur in Anspruch nehmen, wenn für interessierte Aktionäre tatsächlich eine (adäquate) Zuerwerbsmöglichkeit besteht.[128]

b) Breit gestreute Platzierung

Als weitere ungeschriebene Voraussetzung des Bezugsrechtsausschlusses nach § 186 Abs. 3 S. 4 AktG wird von einigen Stimmen im Schrifttum gefordert, dass der Vorstand die neuen Aktien breit gestreut auszugeben habe, eine Platzierung bei wenigen institutionellen Investoren im Wege des Accelerated Bookbuilding oder als Paket bei einem Einzelinvestor mithin ausscheidet. So sieht *Bayer*[129] das Erfordernis einer breit gestreuten Platzierung – ebenso wie die adäquate Nachkaufmöglichkeit – als ungeschriebenes Tatbestandsmerkmal des § 186 Abs. 3 S. 4 AktG an, während nach *Wiedemann*[130] bei einem Paketverkauf an außenstehende Dritte die von dieser Regelung ausgehende Vermutung der sachlichen Rechtfertigung widerlegt ist. *Lutter*[131] wiederum leitet das Erfordernis der breiten Aktienstreuung aus der allgemeinen Sorgfaltspflicht der Verwaltung bei der Abwicklung der Kapitalerhöhung ab.

Folgte man diesen Stimmen, wäre die Einsatzmöglichkeit der Barkapitalemission mit erleichtertem Bezugsrechtsausschluss schon allein deshalb deutlich eingeschränkt, weil eine 10%-Kapitalerhöhung – und erst recht eine 20%-Kapitalerhöhung – in der Praxis oftmals nur darstellbar ist, wenn die Aktien bei wenigen institutionellen Investoren im Wege des Accelerated Bookbuilding oder bei einem strategisch orientierten Einzelinvestor (zB Staatsfonds oder Private Equity-Fonds) platziert werden können. Hinzu kommt, dass schon aus Zeitgründen zumeist eine prospektfreie Transaktion beabsichtigt ist. Das ist insbesondere dann möglich, wenn sich das Angebot an einen begrenzten Personenkreis richtet, der dem Emittenten bekannt ist, gezielt ausgewählt und individuell angesprochen wurde (dann liegt schon kein „öffentliches Angebot von Wertpapieren" iSv Art. 2 lit. d EU-Prospekt-VO vor),[132] oder wenn sich das

---

[128] Zu den hierbei vom Vorstand anzustellenden Prognosen s. Stelmaszczyk, Barkapitalemission mit erleichtertem Bezugsrechtsausschluss, 2013, S. 315 f.

[129] Bayer in MüKoAktG, 5. Aufl. 2021, AktG § 203 Rn. 77 ff.; Bayer ZHR 1999, 505 (541 f.).

[130] Wiedemann in GroßKommAktG, 4. Aufl. 2001, AktG § 186 Rn. 150.

[131] Lutter in KölnKommAktG, 2. Aufl. 1995, Nachtrag zu AktG § 186 Rn. 31; Lutter AG 1994, 429 (444).

[132] Vgl. Meyer in Habersack/Mülbert/Schlitt, Unternehmensfinanzierung am Kapitalmarkt, 4. Aufl. 2019, Rn. 36.5 mwN.

Angebot ausschließlich an qualifizierte Anleger richtet (zB Banken oder ausländische Investmentgesellschaften, Art. 1 Abs. 4 lit. a EU-Prospekt-VO iVm Art. 2 lit. e EU-Prospekt-VO) oder in jedem EU/EWR-Mitgliedstaat nur an weniger als 150 nicht qualifizierte Anleger (Art. 1 Abs. 4 lit. b EU-Prospekt-VO), nicht aber bei einer breit gestreuten Platzierung der Aktien.[133]

Die von den genannten Vertretern vorgetragenen Gründe für das Erfordernis einer breit gestreuten Platzierung überzeugen nicht. § 186 Abs. 3 S. 4 AktG schreibt keine breite Aktienstreuung vor, und – anders als die Zuerwerbsmöglichkeit – ist diese Voraussetzung in den Gesetzesmaterialien nicht einmal als ungeschriebene Prämisse für den erleichterten Bezugsrechtsausschluss erwähnt. Dies erkennt auch *Bayer* und versucht deshalb folgerichtig, das Erfordernis der breit gestreuten Platzierung mit der Zukaufsprämisse in Verbindung zu bringen, indem er die These aufstellt, dass eine Zukaufsmöglichkeit für die Altaktionäre nur bei einer breiten Streuung der Aktien am Markt bestehe.[134] Dieser Bedingungszusammenhang wird aber nicht weiter begründet, und er lässt sich wohl auch nicht begründen. Denn die absolute Zahl der im Streubesitz befindlichen Anteile wird auch durch die Platzierung der jungen Aktien bei einem Einzelinvestor nicht verringert. Ein solcher Zusammenhang ließe sich somit allenfalls dann herstellen, wenn die Nachfrage der zuerwerbswilligen Altaktionäre nur durch die sich nach einer breiten Platzierung üblicherweise einstellenden Aktienrückflüsse bedient werden könnte. Aber auch dies ist empirisch nicht belegbar. Selbst wenn sich die Nachkaufmöglichkeit nur bei einer breit gestreuten Platzierung realisieren ließe, spricht gegen eine entsprechend lautende Voraussetzung, dass sich der Gesetzgeber bewusst dagegen entschieden hat, die Zulässigkeit des Bezugsrechtsausschlusses nach § 186 Abs. 3 S. 4 AktG vom Bestehen einer solchen Möglichkeit abhängig zu machen. Aus diesem Grund ist die von *Wiedemann* angenommene Vermutung der Zulässigkeit des erleichterten Bezugsrechtsausschlusses bei einem Paketverkauf auch nicht widerlegt und kann der Hinweis von *Lutter* auf die allgemeine Sorgfaltspflicht ebenso wenig verfangen.

Es ist daher mit der hM im Schrifttum davon auszugehen, dass der erleichterte Bezugsrechtsausschluss nach § 186 Abs. 3 S. 4 AktG eine breit gestreute Platzierung nicht zur ungeschriebenen Voraussetzung hat.[135] Eine entsprechende Pflicht kann sich daher nur aus dem Hauptversammlungsbeschluss oder dem zugrundeliegenden Vorstandsbericht ergeben, was jedoch in der Praxis nicht der Fall ist.[136] Der Vor-

---

[133] Zum Ganzen Meyer in Habersack/Mülbert/Schlitt, Unternehmensfinanzierung am Kapitalmarkt, 4. Aufl. 2019, Rn. 36.5ff.

[134] Bayer ZHR 1999, 505 (537, 541).

[135] Habersack AG 2015, 613 (617f.); Seibt CFL 2011, 74 (82); Schlitt/Schäfer AG 2005, 67 (72); Scholz in Münchener Handbuch des Gesellschaftsrechts, Band 4, 5. Aufl. 2020, § 57 Rn. 129; Krause in Habersack/Mülbert/Schlitt, Unternehmensfinanzierung am Kapitalmarkt, 4. Aufl. 2019, Rn. 6.34; Groß in Happ/Groß/Möhrle/Vetter, Aktienrecht, 5. Aufl. 2019, 12.07 Anm. 21.2; Schürnbrand/Verse in MüKoAktG, 5. Aufl. 2021, AktG § 186 Rn. 136; Seibert/Köster/Kiem, Handbuch kleine AG, 1994, Rn. 221; iErg auch Busch in Marsch-Barner/Schäfer, Handbuch börsennotierte AG, 5. Aufl. 2022, Rn. 42.93.

[136] Vgl. Stelmaszczyk, Barkapitalemission mit erleichtertem Bezugsrechtsausschluss, 2013, S. 312ff.

stand darf die neuen Aktien daher grundsätzlich auch an wenige institutionelle Investoren im Wege des Accelerated Bookbuilding oder als Paket an einen Einzelinvestor ausgeben. Dies wird auch durch die nicht angegriffene Emissionspraxis bestätigt.[137]

c) Zuteilung an bestehende Aktionäre; Gleichbehandlungsgebot

Schließlich darf der Vorstand die neuen Aktien nach zutreffender Auffassung grundsätzlich auch *en bloc* einem bestehenden Aktionär zuteilen.[138] In der Sache trifft die Verwaltung bei der Allokation der Aktien eine unternehmerische Entscheidung, bei der sie ihre allgemeine Sorgfaltspflicht zu erfüllen hat.[139] Darüber hinausgehende Beschränkungen ergeben sich weder aus dem verbandsrechtlichen Gleichbehandlungsgebot (§ 53a AktG) noch aus einem allgemeinen kapitalmarktrechtlichen Gleichbehandlungsgebot der Anleger, sofern vernünftige sachliche Gründe für die Allokationsentscheidung des Vorstands sprechen. Die grundsätzlich freie Investorenauswahl wird allein durch die Grenzen des Rechtsmissbrauchs beschränkt, die dann überschritten sind, wenn mit der Kapitalmaßnahme überhaupt keine Finanzierungszwecke verfolgt werden, sondern diese ausschließlich den Auf- oder Abbau aktienrechtlich relevanter Beteiligungsgrößen und die Änderung der Machtverhältnisse in der Gesellschaft bezweckt. Genau so war der Fall gelagert, der dem Urteil des BGH vom 10.7.2018[140] zugrunde lag. Der II. Zivilsenat hat in dieser Entscheidung die Ausübungsbeschlüsse der Verwaltung wegen Verstoßes gegen das Gleichbehandlungsgebot aus § 53a AktG für nichtig erklärt.[141] Zu keinem anderen Ergebnis wäre man allerdings am Kontrollmaßstab des Rechtsmissbrauchs gelangt. Die inhaltlichen Anforderungen an die Allokationsentscheidung der Verwaltung sind nach beiden Maßstäben weitgehend deckungsgleich.[142]

---

[137] Vgl. etwa die Übersicht bei Seibt CFL 2011, 74 (76f.); der Fall des BGH NJW 2018, 2796 war speziell gelagert, da es dort um einen über viele Rechtstreitigkeiten geführten „Machtkampf" bei der betroffenen Gesellschaft ging, vgl. Seibt EWiR 2018, 549.

[138] Seibt CFL 2011, 74 (82); Seibt EWiR 2018, 549; Schlitt/Schäfer AG 2005, 67 (72); Scholz in Münchener Handbuch des Gesellschaftsrechts, Band 4, 5. Aufl. 2020, § 57 Rn. 129; Krause in Habersack/Mülbert/Schlitt, Unternehmensfinanzierung am Kapitalmarkt, 4. Aufl. 2019, Rn. 6.35; Seibert/Köster/Kiem, Handbuch kleine AG, 1994, Rn. 221; vgl. Schürnbrand/Verse in MüKoAktG, 5. Aufl. 2021, AktG § 186 Rn. 139.

[139] Krause in Habersack/Mülbert/Schlitt, Unternehmensfinanzierung am Kapitalmarkt, 4. Aufl. 2019, Rn. 6.35; Seibt CFL 2011, 74 (82); Schlitt/Schäfer AG 2005, 67 (72).

[140] BGH NJW 2018, 2796.

[141] BGH NJW 2018, 2796, Rn. 41ff.; zustimmend Veil in Schmidt/Lutter, 4. Aufl. 2020, AktG § 186 Rn. 44a; Koch, 18. Aufl. 2024, AktG § 186 Rn. 40; Scholz in Münchener Handbuch des Gesellschaftsrechts, Band 4, 5. Aufl. 2020, § 57 Rn. 129; Groß in Happ/Groß/Möhrle/Vetter, Aktienrecht, 5. Aufl. 2019, 12.07 Anm. 21.2; Schilha/Guntermann AG 2018, 883 (886); hingegen das unternehmerische Ermessen betonend Krause in Habersack/Mülbert/Schlitt, Unternehmensfinanzierung am Kapitalmarkt, 4. Aufl. 2019, Rn. 6.35; Seibt EWiR 2018, 549; Rahlmeyer GWR 2018, 394.

[142] Der Unterschied ist vielmehr prozessualer Natur; dazu weiterführend Stelmaszczyk, Barkapitalemission mit erleichtertem Bezugsrechtsausschluss, 2013, S. 323ff.

2. Verfahrensablauf und Gremienbeschlüsse

a) Accelerated Bookbuilding

Sollen die neuen Aktien nicht an einen strategisch orientierten Einzelinvestor, sondern im Rahmen einer breiter platzierten Kapitalerhöhung mit erleichtertem Bezugsrechtsausschluss ausgegeben werden, bietet die Verwaltung die neuen Aktien in der Regel vor allem institutionellen Investoren im Wege des Bookbuilding-Verfahrens an. Dieses ist bei DAX-, MDAX und TeDAX-Unternehmen meist auf wenige Stunden verkürzt (sog. Accelerated Bookbuilding). Anders als bei einem Börsengang können die neuen Aktien bei einer Kapitalerhöhung mit erleichtertem Bezugsrechtsausschluss zu Beginn des Bookbuilding nicht im Rahmen einer bestimmten, betraglich festgelegten Preisspanne angeboten werden. Da der für die Abschlagsberechnung maßgebliche Börsenkurs zu Beginn des Bookbuilding noch nicht bekannt ist, fehlt die betragliche Grundlage für die Festlegung der Preisspanne. Diese lässt sich allenfalls umschreiben, indem als Untergrenze ein bestimmter Abschlag vom Börsenkurs kurz vor Beginn des Angebotsverfahrens angegeben wird. Über den tatsächlichen Kaufpreis sagt diese Angabe allerdings nichts aus, weil der maßgebliche Börsenpreis, nämlich der zum Zeitpunkt der Preisfestsetzung, noch nicht feststeht.

b) Zwischenschaltung einer Emissionsbank und zweistufige Einzahlung des „Ausgabebetrags“

Bei breiter platzierten Kapitalerhöhungen aus genehmigtem Kapital mit Ermächtigung zum erleichterten Bezugsrechtsausschluss wird in der Regel eine Emissionsbank zwischengeschaltet, welche die neuen Aktien übernimmt und sie dann insbesondere institutionellen Investoren anbietet. Das ist rechtlich zulässig. Die Emissionsbank hat ein Interesse daran, ihr wirtschaftliches Platzierungsrisiko dadurch zu minimieren, dass die Zahlung des „Ausgabebetrags“ in zwei Schritten erfolgt (sog. zweistufiges Verfahren). In einem ersten Schritt werden die neuen Aktien zum (rechnerischen) Nennbetrag, also ohne Festsetzung eines höheren, über den Nennwert liegenden Ausgabebetrags iSv § 185 Abs. 1 S. 3 Nr. 2 AktG gezeichnet. Die Bank zahlt 100% des rechnerischen Nennbetrags oder auch nur 25% dieses Betrags (vgl. § 36a Abs. 1 AktG) auf ein von den Emissionsbanken für den Emittenten geführtes, in der Regel unverzinsliches „Sonderkonto Kapitalerhöhung“. Nach der Aktienplatzierung führt die Emissionsbank den Differenzbetrag zwischen dem (rechnerischen) Nennwert und dem Bezugspreis der Aktien (nach Abzug der Emissionskosten und Provisionen) aufgrund der schuldrechtlichen Verpflichtung im Übernahmevertrag (Underwriting Agreement) an die Emittentin ab. Dieses zweistufige Verfahren steht nicht mit dem Wortlaut von § 186 Abs. 3 S. 4 AktG („Ausgabebetrag“) im Widerspruch; es ist in der Praxis seit langem üblich und wird von der herrschenden Auffassung in der Literatur auch im Falle eines erleichterten Bezugsrechtsausschlusses als unbedenklich angesehen. Die sich hieraus für die Emittentin ergebenden Risiken sind dann vom Vorstand im Sinne eines sorgfaltspflichtgemäßen Verhaltens hinnehmbar, wenn ansonsten aufgrund der Marktumstände eine Aktienemission nicht oder nur mit unverhältnismäßig hohen Kosten möglich wäre.

c) Beschluss des Vorstands

Die Entscheidung über die Ausnutzung des genehmigten Kapitals mit Ermächtigung zum erleichterten Bezugsrechtsauschluss trifft der Gesamtvorstand.[143] Für die Beschlussfassung und die Beschlussmehrheiten gelten die allgemeinen Regeln (§ 77 AktG).[144] Es handelt sich um eine Geschäftsführungsmaßnahme, die der Vorstand grundsätzlich unter eigener Verantwortung mit dem Handlungs- und Haftungsfreiraum der Business Judgment Rule trifft (§ 93 Abs. 1 S. 1, S. 2 AktG). Da der Vorstand aufgrund Zuständigkeitsübertragung durch die Hauptversammlung handelt, darf er ein genehmigtes Kapital mit Ermächtigung zum erleichterten Bezugsrechtsausschluss allerdings nur nach Maßgabe des Ermächtigungsbeschlusses der Hauptversammlung ausnutzen. Auch über den Inhalt der Aktienrechte und die Bedingungen der Aktienausgabe entscheidet der Vorstand gemäß § 204 Abs. 1 AktG nur, soweit die Ermächtigung hierzu keine Bestimmungen enthält. Zwingend festzusetzen sind innerhalb des durch den Ermächtigungsbeschluss gesetzten Rahmens das Volumen der Kapitalerhöhung, der Ausgabebetrag und die Zahl der neuen Aktien.[145]

Erklärt die Emissionsbank keine Festübernahme, muss der Vorstand zwei Beschlüsse fassen. In dem ersten Beschluss wird die Barkapitalerhöhung (ggf. als Bis-zu-Kapitalerhöhung) beschlossen, die Emissionsbank zur Zeichnung zugelassen, die weiteren Einzelheiten der Aktienplatzierung (zB die Grundlagen für die Festsetzung des Platzierungspreises) festgelegt und der Abschluss des Underwriting Agreements beschlossen. Nach Abschluss des Bookbuilding-Verfahrens wird in einem zweiten Beschluss das konkrete Volumen der Kapitalerhöhung, der Ausgabebetrag iSd Bezugspreises festgelegt und der Abschluss des Preisfestsetzungsvertrags (Pricing Agreement) beschlossen.

d) Zustimmung des Aufsichtsrats

Bei der Ausnutzung eines genehmigten Kapitals mit Ermächtigung zum erleichterten Bezugsrechtsausschluss durch den Vorstand schreibt das Gesetz an verschiedenen Stellen die Zustimmung des Aufsichtsrats vor: Gemäß § 202 Abs. 3 S. 2 AktG sollen die neuen Aktien nur mit Zustimmung des Aufsichtsrats ausgegeben werden, wobei eine Verletzung dieser Sollvorschrift die Wirksamkeit der Kapitalerhöhung grundsätzlich unberührt lässt. Nach § 204 Abs. 1 S. 2 AktG bedarf die Entscheidung des Vorstands über den Inhalt der Aktienrechte und die Ausgabebedingungen sowie über den Bezugsrechtsausschluss der Zustimmung des Aufsichtsrats; dieser Vorbehalt ist zwingend, so dass ein ohne Zustimmung des Aufsichtsrats gefasster Vorstandsbeschluss unwirksam ist.[146]

---

[143] Koch, 18. Aufl. 2024, AktG § 202 Rn. 20.

[144] Stelmaszczyk in BeckOF Vertrag, 68. Ed. 1.3.2024, Form. 7.9.9.2.1.1.

[145] Stelmaszczyk in BeckOF Vertrag, 68. Ed. 1.3.2024, Form. 7.9.9.2.1.1. Anm. 2.

[146] Koch, 18. Aufl. 2024, AktG § 204 Rn. 6f.; Bayer in MüKoAktG, 5. Aufl. 2021, AktG § 204 Rn. 25ff.

Sieht die Ermächtigungsbestimmung – wie in der Praxis üblich – ausdrücklich vor, dass das genehmigte Kapital nur mit Zustimmung des Aufsichtsrats ausgenutzt werden darf, ist die Erteilung der Zustimmung Wirksamkeitsvoraussetzung für die Kapitalerhöhung.

Der Aufsichtsrat entscheidet über seine Zustimmung durch Beschluss.[147] Die Entscheidungszuständigkeit kann auf einen zu diesem Zweck eingesetzten Ad-hoc-Ausschuss (§ 107 Abs. 3 AktG) übertragen werden. Von dieser Möglichkeit machen die Gesellschaften insbesondere für Sondersituationen wie etwa einer feindlichen Übernahme oder einer Sanierung zunehmend Gebrauch.[148] Inhaltlich muss sich die Zustimmung auf die konkreten Festsetzungen des Vorstands beziehen und mit diesen übereinstimmen. Daher wird der Aufsichtsrat in der Regel zweimal nach den jeweiligen Vorstandsentscheidungen einen Beschluss fassen. Ein zweiter Aufsichtsratsbeschluss über die Festsetzung des Bezugspreises ist nur dann ausnahmsweise entbehrlich, wenn der Aufsichtsrat bereits im Erstbeschluss seine Zustimmung zur Festsetzung des Bezugspreises nach Maßgabe des im Rahmen des Bookbuilding-Verfahrens bestmöglich erzielbaren Preises innerhalb einer bestimmten Bandbreite unter Angabe eines Mindestpreises beschlossen hatte.

Sofern der Aufsichtsrat gemäß § 179 Abs. 1 S. 2 AktG zu Fassungsänderungen der Satzung ermächtigt wurde, sollte er im Rahmen seines Zustimmungsbeschlusses auch den Beschluss über die notwendige Satzungsänderung fassen. Zu ändern sind zunächst der Betrag des Grundkapitals sowie die Zahl der Aktien. Bei nur teilweiser Ausnutzung des genehmigten Kapitals ist der Betrag des noch nicht ausgenutzten Kapitals in der Ermächtigung anzugeben, während bei vollständiger Ausnutzung die Ermächtigungsbestimmung insgesamt zu streichen ist.

e) Kein Vorabbericht des Vorstands

Im Anschluss an die Siemens/Nold-Entscheidung sahen gewichtige Stimmen in der Literatur[149] den Vorstand als Ausgleich für die gelockerten Berichtsanforderungen im Zeitpunkt des Hauptversammlungsbeschlusses in der Pflicht, die Hauptversammlung unmittelbar vor Ausnutzung des bezugsrechtsfreien genehmigten Kapitals in einem schriftlichen Vorabbericht über den Bezugsrechtsausschluss und dessen Gründe zu unterrichten. Diesen Stimmen hat der BGH in seiner Mangusta/Commerzbank I-Entscheidung[150] eine klare Absage erteilt. Der Vorstand sei lediglich gehalten, über die Einzelheiten seines Vorgehens auf der nächsten ordentlichen Hauptversammlung der Gesellschaft zu berichten und „Rede und Antwort zu stehen“. Wie dies im Einzelfall geschehen soll, hat der BGH nicht näher konkretisiert. Eine Entscheidung des OLG Frankfurt a. M.[151] stellt hohe Anforderungen

---

[147] Muster bei Stelmaszczyk in BeckOF Vertrag, 68. Ed. 1.3.2024, Form. 7.9.9.2.2.

[148] Ausführlich hierzu Stelmaszczyk, Barkapitalemission mit erleichtertem Bezugsrechtsausschluss, 2013, S. 226 ff., 393 f.

[149] So etwa Lutter in KölnKommAktG, 2. Aufl. 1995, AktG § 203 Rn. 30 ff.; Hirte in GroßKommAktG, 4. Aufl. 2001, AktG § 203 Rn. 86 ff., 106 ff. und 118.

[150] BGHZ 164, 241 – Mangusta/Commerzbank I.

[151] OLG Frankfurt a. M. NZG 2011, 1029; die Revision wurde nicht zugelassen; die dagegen eingelegte Nichtzulassungsbeschwerde (Az. beim BGH: II ZR 159/11) wurde zurückgenommen.

an die nachträgliche Berichterstattung und nimmt überdies an, dass eine Verletzung der Berichtspflicht nicht nur zur Anfechtbarkeit der Entlastung der Vorstandsmitglieder, sondern auch zur Anfechtbarkeit von Beschlüssen über ein neues genehmigtes Kapital mit Ermächtigung zum Bezugsrechtsausschluss führt.[152]

3. *Kein Verwässerungsschutz nach § 255 AktG*

Im Schrifttum ist weiterhin die Frage aufgeworfen worden, ob der erleichterte Bezugsrechtsausschluss nach § 186 Abs. 3 S. 4 AktG unter dem Vorbehalt des Verwässerungsverbots aus § 255 AktG steht. Nach § 255 Abs. 2 AktG in der bis zum Inkrafttreten des ZuFinG geltenden Fassung konnte eine Anfechtung im Falle des Bezugsrechtsausschlusses auch darauf gestützt werden, dass der sich aus dem Hauptversammlungsbeschluss ergebende Ausgabebetrag oder der darin festgelegte Mindestbetrag „unangemessen niedrig" ist. Entgegen vereinzelter Stimmen[153] ließ sich die Anwendbarkeit des § 255 Abs. 2 AktG aF im Bereich des genehmigten Kapitals nicht von vornherein mit dem Hinweis abstreiten, ein genehmigtes Kapital mit Ermächtigung zum Bezugsrechtsausschluss nach § 186 Abs. 3 S. 4 AktG enthalte keine zahlenmäßig bestimmten Vorgaben für den Ausgabebetrag/Mindestbetrag (und bei einer Ausschlussermächtigung auch noch keinen Ausschluss des Bezugsrechts). Zwar trifft es zu, dass in diesen Fällen eine Anfechtung des Hauptversammlungsbeschlusses nach § 255 Abs. 2 AktG aF angesichts des eindeutigen Gesetzeswortlauts ausschied und auch für eine analoge Anwendung der Vorschrift auf den Hauptversammlungsbeschluss mangels Vorliegens einer Regelungslücke kein Raum war.[154] Zumindest außerhalb des Anwendungsbereichs des § 186 Abs. 3 S. 4 AktG entsprach es aber der ständigen Rechtsprechung des BGH[155] und der ganz überwiegenden Auffassung in der Literatur,[156] dass die Verwaltung bei Ausnutzung eines genehmigten Kapitals mit Ermächtigung zum Ausschluss des Bezugsrechts auch die in § 255 AktG aF gezogenen Grenzen zu beachten hatte. Das bedeutete: Die von § 255 Abs. 2 AktG aF bei einer regulären Kapitalerhöhung der Hauptversammlung auferlegten Pflichtenbindungen trafen beim genehmigten Kapital die Verwaltung im Rahmen der Ausnutzungsentscheidung. Ein Fehlverhalten begründete hier zwar kein Anfechtungsrecht der Aktionäre, aber neben Unterlassungs- und Feststellungsansprüchen insbesondere eine persönliche Haftung der Mitglieder von Vorstand und Aufsichtsrat.[157] Insoweit zog der BGH eine Parallele zur sachlichen Rechtfertigung des Bezugsrechtsausschlusses. Denn auch hier hatte er die für den

---

[152] Zur Kritik an dieser Entscheidung s. zB Schäfer CFL 2011, 399ff.; Born ZIP 2011, 1793ff.; Stelmaszczyk, Barkapitalemission mit erleichtertem Bezugsrechtsausschluss, 2013, S. 406ff.

[153] So etwa Groß ZIP 2002, 160 (164f.); Hoffmann-Becking FS Lieberknecht, 1997, 25 (28).

[154] Allg. Meinung, vgl. BGH ZIP 2009, 913 (914) – Senator Entertainment AG II; K. Schmidt in GroßKommAktG, 4. Aufl. 2001, AktG § 255 Rn. 4, 10.

[155] BGH NJW 1997, 2185 (2817) – Siemens/Nold; BGH NJW 2000, 2356 (2357) – adidas; BGH ZIP 2009, 913 (914) – Senator Entertainment AG II.

[156] Vgl. statt aller Bayer in MüKoAktG, 5. Aufl. 2021, AktG § 204 Rn. 7, 14, § 203 Rn. 56ff.; Lutter in KölnKommAktG, 2. Aufl. 1995, AktG § 204 Rn. 11; Hirte in GroßKommAktG, 4. Aufl. 2001, AktG § 203 Rn. 97ff.; Veil in Schmidt/Lutter, 4. Aufl. 2020, AktG § 204 Rn. 9.

[157] BGHZ 164, 249 (253ff.) = NZG 2006, 20 – Mangusta/Commerzbank II; BGH NJW 1997, 2185 (2817) – Siemens/Nold.

Hauptversammlungsbeschluss entwickelte materielle Beschlusskontrolle beim genehmigten Kapital auf die Ausnutzungsentscheidung der Verwaltung übertragen. Umgekehrt folgte aus der prinzipiellen (analogen) Anwendbarkeit des § 255 Abs. 2 AktG aF im Bereich des genehmigten Kapitals nicht zwingend, dass auch der erleichterte Bezugsrechtsausschluss nach § 186 Abs. 3 S. 4 AktG unter dem Vorbehalt dieser Vorschrift stand.

Nach richtiger Ansicht wurde der Verwässerungsschutz des § 255 Abs. 2 AktG aF im Anwendungsbereich des erleichterten Bezugsrechtsausschlusses durch den börsenpreisorientierten Verwässerungsschutz nach Maßgabe des § 186 Abs. 3 S. 4 AktG verdrängt:[158] Der Gesetzgeber ging davon aus, dass der Börsenpreis grundsätzlich dem wahren Unternehmenswert iSd § 255 Abs. 2 AktG aF entspricht. Sollte dies ausnahmsweise nicht der Fall sein, können die schutzbedürftigen Aktionäre aufgrund der Volumendeckelung grundsätzlich vermögenswahrende Zukäufe über die Börse tätigen. Sofern auch dies nicht möglich ist, nimmt der Gesetzgeber eine Beeinträchtigung der Vermögensinteressen der Aktionäre in Kauf, weil in diesem Ausnahmefall nach der *ex lege* getroffenen Abwägung das Interesse des Unternehmens an einer schnellen und rechtssicheren Finanzierung das Vermögensinteresse der Aktionäre überwiegt.

Der Gesetzgeber des ZuFinG hat diese Ansicht im Rahmen der Neuregelung des § 255 AktG nunmehr ausdrücklich bestätigt. Danach können die Altaktionäre die ordentliche Kapitalerhöhung im Falle einer unangemessen niedrigen Einlage nicht mehr im Wege der Anfechtungsklage aufhalten oder gar abwenden (§ 255 Abs. 2 AktG nF). Stattdessen können sie – wie schon bei Verschmelzungen, Spaltungen, Unternehmensverträgen und beim Squeeze-out – einen baren Ausgleich beanspruchen (§ 255 Abs. 4 AktG nF), der auf Antrag im Spruchverfahren nach dem SpruchG bestimmt wird (§ 255 Abs. 7 AktG nF). Dies gilt allerdings ausdrücklich nur, soweit ihr Bezugsrecht ausgeschlossen wird, und zwar „in anderer Weise als nach § 186 Abs. 3 S. 4 AktG". Bei einer Barkapitalerhöhung mit erleichtertem Bezugsrechtsausschluss kann die Wert- bzw. Bewertungsrüge somit weder mit der Anfechtungsklage noch im Spruchverfahren erhoben werden. Denn § 255 Abs. 2 AktG nF schließt die Anfechtung aus, während § 255 Abs. 4 AktG nF für diesen Fall auch den baren Ausgleich ausschließt. Im Bericht des Finanzausschusses heißt es dazu, dass andernfalls eine rechtssichere Handhabung des erleichterten Bezugsrechtsausschlusses unmöglich wäre und die Aktionäre außerdem eine Verwässerung ohne größere Schwierigkeiten durch Zukauf über die Börse kompensieren könnten.[159] Damit bekräftigt der Gesetzgeber des ZuFinG in der Sache die bereits im Gesetz für kleine Aktiengesellschaften und zur Deregulierung des Aktienrechts vom 2.8.1994 getroffene Abwägung, wonach im Ausnahmefall das Interesse des Unternehmens an einer schnellen und rechtssicheren Finanzierung das Vermögensinteresse der Aktionäre überwiegt. Aus diesem Grund verfangen auch diejenigen Stimmen nicht, die beim erleichterten Bezugsrechtsausschluss eine Rechtsschutz-

---

[158] So bereits ausf. Stelmaszczyk, Barkapitalemission mit erleichtertem Bezugsrechtsausschluss, 2013, S. 327 ff. mwN.

[159] Ausschussbericht ZuFinG, BT-Drs. 20/9396, 128.

lücke beklagen, weil den Altaktionären eine gerichtliche Kontrolle der finanziellen Konditionen der Kapitalerhöhung insgesamt verwehrt werde.[160]

Überdies hat der Gesetzgeber des ZuFinG ausdrücklich bestätigt, dass die Neuregelung des § 255 AktG nF auf die Ausnutzungsentscheidung der Verwaltung beim genehmigten Kapital keine Anwendung findet. Zwar wollte der Referentenentwurf das neue Regelungskonzept im Hinblick auf den Anspruch auf Barausgleich und seine Geltendmachung im Spruchverfahren auch auf die Ausnutzung eines genehmigten Kapitals durch die Verwaltung erstrecken.[161] Jedoch hat der Regierungsentwurf diese Erstreckung ausdrücklich zurückgenommen.[162] Dies ist bereits deshalb konsequent, weil das Spruchverfahren die Kompensation für die ausgeschlossene Anfechtungsklage darstellt und die Entscheidung des Vorstands gemäß § 204 Abs. 1 S. 1 AktG im Gegensatz zum Beschluss der Hauptversammlung nicht der Anfechtung unterliegt.[163] Wird also bei einer Kapitalerhöhung aus genehmigtem Kapital mit erleichtertem Bezugsrechtsausschluss der Ausgabebetrag (Bezugspreis) der Aktien vom Vorstand zu niedrig festgesetzt, so berührt dies die Wirksamkeit der Kapitalerhöhung nicht.[164] Aktionäre können dagegen nur durch Unterlassungsklage, Feststellungsklage und ggf. durch Erwirkung einer einstweiligen Verfügung (mit dem Risiko der Haftung nach § 945 ZPO) vorgehen. Vorstand und Aufsichtsrat können sich jedoch gegenüber der Gesellschaft insbes. nach §§ 93, 116 AktG schadensersatzpflichtig machen.[165]

VII. Fazit

Das ZuFinG hat für die Barkapitalerhöhung mit erleichtertem Bezugsrechtsausschluss gemäß § 186 Abs. 3 S. 4 AktG knapp 30 Jahre nach ihrer Einführung einige Neuerungen und Klarstellungen gebracht, welche dieses etablierte Instrument der Eigenkapitalbeschaffung weiterentwickeln.

Die Anhebung des maximalen Kapitalerhöhungsvolumens von 10% auf 20% schafft in rechtlicher Hinsicht eine zusätzliche Flexibilisierung der Kapitalmaßnahme. Es ist aber nicht zu verkennen, dass eine Erhöhung des Grundkapitals um 20% für große Publikumsgesellschaften ein erhebliches Volumen bedeutet, das sich nicht leicht und schon gar nicht beliebig oft im Kapitalmarkt platzieren lässt. Hinzu kommt, dass institutionelle Anleger und Proxy Advisory-Dienstleister in ihren Policy-Erklärungen die Zustimmung zu bezugsrechtsfreien Kapitalerhöhungen verbreitet nur bis zum einem Gesamtvolumen von 10% unterstützen und zudem eine wechselseitige Anrechnung der Inanspruchnahme des erleichterten Bezugsrechts-

[160] So aber Harnos AG 2023, 873 Rn. 18; Koch AG 2024, 1 Rn. 10, dagegen von der Linden AG 2024, 23 Rn. 22.

[161] Vgl. § 255 Abs. 3 S. 3 AktG-RefE sowie die Begr. RefE ZuFinG, S. 104, abrufbar unter https://www.bmj.de/SharedDocs/Downloads/DE/Gesetzgebung/RefE/RefE_Zukunftsfinanzierungsgesetz.pdf?__blob=publicationFile&v=2 (zuletzt abgerufen am 15.4.2024).

[162] Begr. RegE ZuFinG, BT-Drs. 20/8292, 117.

[163] Begr. RegE ZuFinG, BT-Drs. 20/8292, 117; von der Linden AG 2024, 23 Rn. 25.

[164] Stelmaszczyk in Henssler/Strohn, Gesellschaftsrecht, 6. Aufl. 2024, AktG § 204 Rn. 4.

[165] Stelmaszczyk in Henssler/Strohn, Gesellschaftsrecht, 6. Aufl. 2024, AktG § 204 Rn. 4.

ausschlusses bei der Barkapitalerhöhung, der Veräußerung eigener Aktien sowie der Ausgabe von Wandelschuldverschreibungen, Gewinnschuldverschreibungen und Genussrechten verlangen. Es bleibt abzuwarten, ob die vom Gesetzgeber gewünschte Flexibilisierung der Barkapitalerhöhung mit erleichtertem Bezugsrechtsausschluss auch in der Praxis effektiv genutzt wird.

Ausdrücklich zu begrüßen ist die Bestätigung des Gesetzgebers, dass der Verwässerungsschutz des § 255 AktG im Anwendungsbereich des erleichterten Bezugsrechtsausschlusses keine Anwendung findet, sondern durch den börsenpreisorientierten Verwässerungsschutz nach Maßgabe des § 186 Abs. 3 S. 4 AktG verdrängt wird. § 255 Abs. 2 AktG nF schließt nunmehr die Anfechtung explizit aus, ohne dass § 255 Abs. 4 AktG nF für diesen Fall einen baren Ausgleich vorsieht. Damit bekräftigt der Gesetzgeber des ZuFinG in der Sache die bereits im Gesetz für kleine Aktiengesellschaften und zur Deregulierung des Aktienrechts vom 2.8.1994 getroffene Abwägung, wonach im Ausnahmefall das Interesse des Unternehmens an einer schnellen und rechtssicheren Finanzierung das Vermögensinteresse der Aktionäre überwiegt.

Die im Schrifttum weiterhin diskutierten ungeschriebenen Einschränkungen des erleichterten Bezugsrechtsausschlusses wie das Bestehen einer adäquaten Nachkaufmöglichkeit bei Ausnutzung der Ermächtigung durch die Verwaltung, das Erfordernis einer breit gestreuten Platzierung der neuen Aktien oder das Verbot der Zuteilung der neuen an bestehende Aktionäre, sind abzulehnen.

CHRISTOPH TEICHMANN/HANNAH KRAPP

Organschaftliche Vertretungsmacht im deutschen und US-amerikanischen Gesellschaftsrecht – Grundlagen einer Transaktionskostenanalyse

Die rechtsdogmatischen Unterschiede zwischen der organschaftlichen Vertretungsmacht im deutschen und US-amerikanischen Gesellschaftsrecht führen erstaunlicherweise ein Schattendasein in der Rechtsvergleichung. Während zahlreiche Einzelfragen des Kapitalgesellschaftsrechts im Rechtsvergleich bereits erschlossen worden sind, erscheint die organschaftliche Vertretung als ein Randthema, dem allein rechtspraktische, nicht aber rechtswissenschaftliche Bedeutung beigemessen wird. Dies führt nicht selten zu folgenschweren Missverständnissen. So wird sehr häufig das US-amerikanische *board of directors* dem Vorstand einer deutschen Aktiengesellschaft und der *chief executive officer (CEO)* dem Vorstandsvorsitzenden gleichgestellt. Das mag für den Kontakt unter Managern genügen, die lediglich wissen müssen, wer im anderen Unternehmen der starke Mann oder – immer häufiger – auch die starke Frau ist. Rechtsdogmatisch allerdings werden dadurch kategoriale Unterschiede zwischen den Rechtssystemen schlichtweg ignoriert. Dies rächt sich besonders dann, wenn im globalen Wettbewerb der Rechtsordnungen Effizienzvergleiche angestellt werden, die auf einem Auge blind sind und wichtige Funktionsvoraussetzungen der einen oder anderen Rechtsordnung übersehen. Typisch für diesen eingeengten Blick sind die Analysen der Weltbank unter dem Stichwort *„Doing Business"*, in denen die Leistungsfähigkeit einer Wirtschaftsordnung nach der Zahl der Tage bemessen wird, die man für die Gründung einer Kapitalgesellschaft benötigt, ohne den Mehrwert zu erkennen, der in einem rechtlich geregelten Handelsregisterverfahren liegen kann. Dieser Mehrwert erschließt sich insbesondere dann, wenn man die Rechtsfragen der organschaftlichen Vertretung mit ins Blickfeld nimmt. Der vorliegende Beitrag will dafür einen Anstoß liefern und die Grundlagen einer weiter gefassten Transaktionskostenanalyse legen. Er ist dem *Jubilar* in Anerkennung seiner nicht nachlassenden Bemühungen um eine Verknüpfung von Rechtswissenschaft und Notariatspraxis gewidmet.

I. *Einführung*

Vor einigen Jahren weilte der *Erstverfasser* dieses Beitrags für einen Forschungsaufenthalt an der Harvard Law School. Beim Streifgang durch die dortige Bibliothek blieb sein Blick an einem Werk hängen, das deutliche Gebrauchsspuren zeigte; offenbar hatte es für die Studierenden und andere Besucher der Bibliothek eine erhebliche Bedeutung. Das voluminöse Werk handelte von der Erstellung einer sog. *legal opinion* im Bereich des Gesellschaftsrechts.[1] Der Leser erfährt dort auf vielen Seiten, wie er ein Rechtsgutachten zu der Frage erstellt, ob eine *corporation* wirksam entstanden ist und noch existiert; weitere Aufmerksamkeit widmet das Werk der Erstellung von Gutachten zur Frage der wirksamen Vertretung einer *corporation* im rechtsgeschäftlichen Verkehr.[2] Beim deutschen Besucher rief dies Erstaunen hervor, genießen diese Fragen doch in der hiesigen Juristenausbildung keine herausgehobene Bedeutung. Der Forschende beschloss der Frage nachzugehen, ob hier wohl eine Lücke im deutschen Curriculum zu beklagen sei oder ob es US-spezifische Gründe dafür gebe, dass den genannten Rechtsgutachten in der US-amerikanischen Ausbildungsliteratur derartige Bedeutung beigemessen wird.

Die Ursachenforschung führte tief in Fragen des allgemeinen Zivil-, Handels- und Gesellschaftsrechts. In einigen bereits erschienen Publikationen wurde der gerade im Rechtsvergleich bemerkenswerte Stellenwert des deutschen Handelsregisters und der damit verbundenen vorsorgenden Rechtspflege erarbeitet.[3] Auch das europäische Sekundärrecht, das der Publizitätswirkung des Handelsregisters unionsweite Geltung verschafft, war insoweit zu würdigen.[4] Die *Zweitverfasserin* dieses Beitrags ließ sich von diesen Vorarbeiten zu einer weiteren Tiefenbohrung inspirieren. Ihre Dissertation befasst sich rechtsvergleichend mit der Frage des Verkehrsschutzes im Recht der Stellvertretung.[5] Der vorliegende Gemeinschaftsbeitrag zieht die Summe der bisherigen Überlegungen und legt den Grundstein für eine Transaktionskostenanalyse.

II. Die Stellvertretung im Zivil-, Handels- und Gesellschaftsrecht

Die Stellvertretung ist keine trockene Rechtsmaterie, sondern für den Geschäftsverkehr einer entwickelten Wirtschaft von außerordentlich großer praktischer Bedeutung (→ 1.). Aufbauend auf den allgemein-zivilrechtlichen Grundlagen haben sich daher sowohl in Deutschland als auch in den USA spezifische unternehmensbezogene Grundsätze der Stellvertretung entwickelt (→ 2.). Die dritte Regelungsebene bildet das Gesellschaftsrecht, das die Vertretungsorgane einer Gesellschaft mit unbegrenzter und unbeschränkbarer Vertretungsmacht ausstattet – so jedenfalls das

---

[1] Glazer and Fitzgibbon on Legal Opinions, Third Edition, 2008, S. 191 ff.

[2] Vgl. neben Glazer and Fitzgibbon on Legal Opinions, Third Edition, 2008, S. 191 ff. aus jüngerer Zeit auch Sterba, Legal Opinion Letters: A Comprehensive Guide to Opinion Letter Practice, 3rd Edition, 2021-2 Supplement, Chapter 3.

[3] Zum Schutz des Rechtsverkehrs nach § 15 Abs. 3 HGB Teichmann FS K. Schmidt, 2019, 471 ff.; zur Bedeutung der digitalen GmbH-Gründung für die vorsorgende Rechtspflege Teichmann GmbHR 2021, 1237 ff.; zur Weiterentwicklung des sog. Informationsmodells im digitalen Zeitalter Teichmann RDi 2023, 357 ff.

[4] Teichmann GmbHR 2021, 1237 (1238 ff.).

[5] Hannah Krapp, Vertretungsmacht und Verkehrsschutz – Eine vergleichende Untersuchung des deutschen und des US-amerikanischen Rechts unter besonderer Berücksichtigung des Gesellschaftsrechts, Diss. Würzburg, 2024.

Verständnis des deutschen Rechts, das allzu häufig unkritisch auf die US-amerikanischen Verhältnisse übertragen wird (→ 3.).

1. *Rechtspraktische und ökonomische Bedeutung*

Das Recht der Stellvertretung ist in seiner Bedeutung für den Rechts- und Geschäftsverkehr kaum zu überschätzen. Die von Arbeitsteilung geprägte moderne Wirtschaft kommt ohne derartige Rechtsregeln nicht aus. Stellvertretung bedeutet bekanntlich das rechtsgeschäftliche Handeln für eine andere Person, der die rechtlichen Folgen des Handelns zugerechnet werden (vgl. § 164 Abs. 1 S. 1 BGB). Der Vertreter unterscheidet sich vom Boten dadurch, dass er nicht etwa eine fremde Erklärung überbringt, sondern eine eigene Erklärung abgibt, womit typischerweise ein eigener Entscheidungsspielraum verbunden ist, um auf die Anforderungen der konkreten Gesprächssituation angemessen reagieren zu können.

Der ökonomische Nutzen von Stellvertretung leuchtet unmittelbar ein. Sie erlaubt dem Vertretenen eine Erweiterung seines Aktionsradius. Er muss nicht alle Rechtsgeschäfte selbst abschließen, sondern kann dies anderen Personen überlassen, denen er die entsprechende Rechtsmacht übertragen hat.[6] Es unterliegt daher weder in der deutschen noch in der US-amerikanischen Rechtsordnung einem Zweifel, dass Stellvertretung rechtlich ermöglicht werden muss. Sedes materiae ist im US-amerikanischen Recht das sog. *law of agency*. Dies lässt sich indessen nicht mit „Stellvertretungsrecht" übersetzen – vielmehr umfasst die Rechtsbeziehung der *agency* wesentlich mehr Aspekte als das deutsche Rechtsinstitut der Stellvertretung (→ IV. 1.).

2. *Stellvertretung im Zivil- und Handelsrecht*

In seinem Kern ist das deutsche Stellvertretungsrecht ebenso wie das *law of agency* ein Teilbereich des allgemeinen Zivilrechts. Es handelt sich um Regeln, die auf jedermann Anwendung finden, gleichgültig ob eine private oder gewerbliche Tätigkeit ausgeübt wird, und unabhängig davon, für welche Art von Rechtsgeschäft die Stellvertretung genutzt wird. Im Handelsverkehr zeigt sich ein gesteigertes praktisches Bedürfnis für Stellvertretung, weshalb das Handelsgesetzbuch von 1861 in der deutschen Rechtsgeschichte der Vorreiter des Rechts der Stellvertretung war, das sich seit 1900 im BGB findet.[7] Die praktischen Notwendigkeiten der für ein Unternehmen typischen arbeitsteiligen Organisation führten sowohl in Deutschland als auch in den USA zu spezifischen Ausprägungen der Stellvertretung im unternehmerischen Rechts- und Geschäftsverkehr. Das Handelsrecht, das auf Vereinfachung und Schnelligkeit des Handelsverkehrs angelegt ist, hilft insbesondere mit der Typisierung von Fallkonstellationen, die auf das Vorliegen von Vertretungsmacht schließen lassen. In Deutschland ist hier an den von § 54 HGB vermuteten

---

[6] Müller-Freienfels, Die Vertretung beim Rechtsgeschäft, 1955, S. 53, spricht von „Arbeitsteilung im Prozess der Rechtsentstehung und Rechtsausübung".

[7] Siehe nur Schilken in Staudinger, 2019, BGB vor §§ 164ff. Rn. 3ff. Zur historischen Entwicklung der agency im anglo-amerikanischen Recht Moser, Die Offenkundigkeit der Stellvertretung, 2010, S. 35ff.

Umfang der Vertretungsmacht sowie an die sog. Ladenvollmacht (§ 56 HGB) zu denken. Hinzu kommt mit der Prokura eine gesetzlich festgelegte Vertretungsmacht, die von den Publizitätswirkungen des Handelsregisters profitiert (§§ 48ff. HGB). Auf Parallelen im US-amerikanischen Recht wird nachfolgend an verschiedenen Stellen einzugehen sein.

3. Organschaftliche Vertretungsmacht im Gesellschaftsrecht

Das Gesellschaftsrecht bildet für die vorliegende Untersuchung nach dem Zivil- und Handelsrecht die dritte Regelungsebene. Im deutschen Recht wird die Vertretungsmacht bestimmter Gesellschaftsorgane nicht nur vermutet, sondern gesetzlich zwingend ausgestaltet. Geschäftsführungsorgane sind nach deutschem Rechtsverständnis zugleich Vertretungsorgane mit unbeschränkter und unbeschränkbarer Vertretungsmacht. Der Geschäftsführer einer GmbH (§ 37 Abs. 2 GmbHG) hat ebenso wie der Vorstand einer Aktiengesellschaft (§ 82 Abs. 1 AktG) eine vom Gesetz verliehene Vertretungsmacht, die im Außenverhältnis nicht beschränkt werden kann. Damit tritt bei der organschaftlichen Vertretung von Gesellschaften das Interesse des Vertretenen, an unerwünschte Rechtsgeschäfte nicht gebunden zu sein, gegenüber dem Vertrauensschutz außenstehender Dritter vollkommen in den Hintergrund.

Im Rechtsvergleich mit den USA verleitet dieses deutsch-rechtliche Vorverständnis häufig zu Fehleinschätzungen. Die Gleichsetzung von Geschäftsführungs- und Vertretungsorgan ist dem US-amerikanischen Recht konzeptionell unbekannt. Stattdessen stützt sich auch die Vertretungsmacht von Geschäftsführungsorganen auf das allgemein-zivilrechtliche Institut der *agency*. Ein US-amerikanisches Lehrbuch zum Gesellschaftsrecht beginnt daher typischerweise mit einem Kapitel über das *law of agency*.[8] Kein deutsches Lehrbuch geht diesen Weg; Stellvertretung wird als zivilrechtliches Thema verstanden, das im Gesellschaftsrecht keiner besonderen Erwähnung bedarf. Erneut verweist die Ausbildungsliteratur, wie schon am Beispiel der *legal opinions* angedeutet, auf eine tieferliegende dogmatische Divergenz der beiden Rechtsordnungen (→ V.).

III. Funktionale Betrachtung: Interessenausgleich im Drei-Personen Verhältnis

Der Betrachtung der materiellen Rechtsregeln soll hier eine Analyse der betroffenen Interessen vorangestellt werden. Eine solche funktionale Betrachtung ist nicht nur ein sinnvoller methodischer Ansatz in der Rechtsvergleichung (→ 1.), sondern auch ein Schlüssel für das Verständnis der konkreten Regelung im Zivilrecht (→ 2.), Handelsrecht (→ 3.) und Gesellschaftsrecht (→ 4.). Zudem fällt die Interessenabwägung bisweilen von einer zur anderen Rechtsordnung unterschiedlich aus (→ 5.) und bedarf möglicherweise bei grenzüberschreitenden Sachverhalten einer anderen Bewertung als bei rein innerstaatlichen Fällen (→ 6.). Zu guter Letzt ist die präzise

---

[8] Siehe beispielsweise Allen/Kraakman, Commentaries and Cases on the Law of Business Organization, 5. Aufl. 2016, Kapitel 1: „Acting Through Others: The Law Of Agency", S. 7-32.

Erfassung der konkret geregelten Interessenbalance eine zentrale Voraussetzung dafür, dass im Wettbewerb der Systeme keine Fehlschlüsse und Fehlsteuerungen unterlaufen (→ 7.).

1. *Interessenanalyse im Bereich der Stellvertretung*

Für die Methodik der weiteren Überlegungen gilt der sog. funktionale Ansatz, der sich in der Rechtsvergleichung bewährt hat.[9] Das Erkenntnisinteresse gilt nicht dem Wortlaut einer Regelung, sondern ihrer Funktion. Dies lässt sich auch für das Stellvertretungsrecht fruchtbar machen, bei dem es sich keineswegs um eine rein technische Materie handelt. Es geht bei Stellvertretung um den Ausgleich von Interessen der Beteiligten, die zumindest partiell in unterschiedliche Richtungen weisen.[10] Dem Vertretenen ist daran gelegen, dass ein Stellvertreter seinem Willen gemäß handelt und nicht „über die Stränge schlägt". Der Vertreter will sich darauf verlassen können, nicht persönlich für eine Erklärung in Anspruch genommen zu werden, die er im Namen des Vertretenen abgegeben hat. Außenstehende Dritte wiederum legen Wert auf Rechtssicherheit hinsichtlich der Frage, ob die vom Stellvertreter abgegebene Erklärung tatsächlich rechtliche Wirkung für den Vertretenen entfaltet.

2. *Interessenbalance im Zivilrecht*

Der zwischen Zivilrecht, Handels- und Gesellschaftsrecht hin- und herwandernde Blick zeigt, dass die Interessenbalance nicht in jedem Fall an derselben Stelle justiert werden muss. Im allgemeinen Zivilrecht genießt der Schutz des Vertretenen weitgehend den Vorrang vor den Interessen des außenstehenden Dritten. Nach der gesetzlichen Regelung des BGB trägt der Dritte das Risiko, vom Vertreter bewusst oder unbewusst über den Umfang der Vertretungsmacht getäuscht zu werden. Bei ihm liegt im Streitfall gegenüber dem vermeintlich Vertretenen die Beweislast dafür, dass überhaupt eine Vollmacht vorlag und welchen Umfang diese hatte. Einen Vertrauensschutz kann der Dritte nur für sich in Anspruch nehmen, wenn einer der Vertrauenstatbestände der §§ 170–172 BGB vorliegt oder wenn die Voraussetzungen einer Duldungs- und Anscheinsvollmacht vorlagen.[11]

3. *Interessenbalance im Handelsrecht*

Im Handelsrecht neigt sich die Waagschale stärker in Richtung des außenstehenden Dritten. Dem Handelsrecht ist an der Schnelligkeit und Zuverlässigkeit des Geschäftsverkehrs gelegen, daher erhält der Schutz des Dritten größeres Gewicht.[12]

---

[9] Siehe nur Zweigert/Kötz, Einführung in die Rechtsvergleichung, 3. Aufl. 1996, S. 31 ff.

[10] Vgl. den Überblick zur Interessenlage bei Krapp, Vertretungsmacht und Verkehrsschutz, Diss. Würzburg, 2024, Teil I, B I.

[11] Eingehend zu den Rechtsscheintatbeständen im deutschen Stellvertretungsrecht Krapp, Vertretungsmacht und Verkehrsschutz, Diss. Würzburg, 2024, Teil I, B III.

[12] Vgl. die Analyse der handelsrechtlichen Verkehrsschutzinstrumente im deutschen Stellvertretungsrecht Krapp, Vertretungsmacht und Verkehrsschutz, Diss. Würzburg, 2024, Teil I, C I, II und III.

Gemäß § 54 HGB (Handlungsvollmacht) wird zu seinen Gunsten der Umfang der Vollmacht vermutet, im Falle des § 56 HGB (Ladenvollmacht) sogar fingiert.

Besonders weit reicht der Drittschutz bei der Prokura. Ihr Inhalt ist gesetzlich festgelegt und kann nicht mit Außenwirkung eingeschränkt werden (§§ 49, 50 HGB). Außerdem sind Erteilung und Erlöschen der Prokura im Handelsregister einzutragen (§ 53 HGB). Folglich kann sich ein Dritter darauf verlassen, dass eine im Handelsregister als Prokurist eingetragene Person auch tatsächlich Prokura hat. Ein eventuelles Erlöschen kann der Geschäftsherr dem Dritten gemäß § 15 Abs. 1 HGB nicht entgegenhalten, wenn er es nicht im Handelsregister hat eintragen lassen.

4. Interessenbalance im Gesellschaftsrecht

Gänzlich sorgenfrei ist der Dritte im Fall der organschaftlichen Vertretung des Gesellschaftsrechts:[13] Die Geschäftsführer einer GmbH und die Vorstandsmitglieder einer Aktiengesellschaft vertreten die Gesellschaft kraft ihrer Organstellung gerichtlich und außergerichtlich (§ 35 GmbHG, § 78 AktG). Interne Beschränkungen der Vertretungsmacht haben im Außenverhältnis keine Wirkung (§ 37 Abs. 2 GmbHG, § 82 AktG). Hinzu kommt auch hier die Publizitätswirkung des Handelsregisters. Die konkreten Personen und ihre jeweilige Vertretungsbefugnis (Gesamt- oder Einzelvertretung) sind dort einzutragen (§ 39 GmbHG, § 81 AktG). Somit erhalten potenzielle Geschäftspartner durch einen Blick in das Handelsregister die nötige Klarheit. Auf die Wirksamkeit von Rechtsgeschäften, die auf dieser Basis abgeschlossen werden, kann sich ein redlich handelnder Dritter verlassen.[14]

5. Interessenbalance im Rechtsvergleich

Die Justierung der Interessenbalance variiert nicht nur zwischen Zivil-, Handels- und Gesellschaftsrecht. Sie kann sich auch von einer zur anderen Rechtsordnung unterschiedlich darstellen. Das gilt im vorliegenden Fall insbesondere für die organschaftliche Vertretungsmacht, die eine klare Tendenz zum Drittschutz aufweist – ggf. auf Kosten der Gesellschaft, die auch unerwünschte Rechtsgeschäfte ihrer organschaftlichen Vertreter als wirksam hinnehmen muss. Ob eine andere Rechtsordnung dies ebenso handhabt, ist nicht allein der wissenschaftlichen Neugierde wegen eine reizvolle Fragestellung; schließlich kann die eventuelle Fehleinschätzung von Stellvertretungsregeln in der Praxis des grenzüberschreitenden Rechtsverkehrs erhebliche wirtschaftliche Nachteile bedeuten. Ob ein Vertrag wirksam zustande kommt oder nicht, ist daher keineswegs eine rein akademische Frage.

[13] Ausführlich Krapp, Vertretungsmacht und Verkehrsschutz, Diss. Würzburg, 2024, Teil I, C IV.

[14] Die Ausnahme des Missbrauchs der Vertretungsmacht setzt auf Seiten des Dritten kollusive Mitwirkung oder jedenfalls Missachtung evidenter Verdachtsmomente voraus (siehe nur Krapp, Verkehrsschutz und Vertretungsmacht, 2024, Diss. Würzburg, Teil 2, B. I. 2. b)). Zum Einwand des Missbrauchs der Vertretungsmacht gegenüber der Publizitätswirkung des § 15 Abs. 1 HGB jüngst BGH NZG 2024, 452ff.

6. *Interessenbalance im grenzüberschreitenden Rechtsverkehr*

Im Gesellschaftsrecht der Europäischen Union tritt ein weiterer Aspekt hervor, der für die gesetzliche Interessenbalance maßgeblich sein kann. Solange ein Rechtsgeschäft im Inland zwischen inländischen Vertragspartnern abgeschlossen wird, darf man bei den Beteiligten die Kenntnis der Rechtslage voraussetzen. Dies gilt namentlich im Handelsverkehr, der in typisierter Form eine gewisse Geschäftserfahrung unterstellt. Wer in Deutschland unternehmerisch tätig ist, wird auch ohne Jurastudium eine Vorstellung davon haben, welche Rechtsmacht ein Geschäftsführer oder ein Vorstandsmitglied haben. Es wird ihm außerdem bewusst sein, dass es ein Handelsregister gibt und es sich zumindest bei bedeutsamen Geschäftsabschlüssen lohnt, dort einen Blick hineinzuwerfen.

Anders liegen die Dinge bei einer grenzüberschreitenden Transaktion. Der Geschäftspartner, der in einer Rechtsordnung beheimatet ist, in der die Figur der organschaftlichen Vertretung unbekannt ist und möglicherweise kein mit dem deutschen Handelsregister vergleichbares öffentliches Register existiert, wird sich schwertun bei der Klärung der Vertretungsmacht in einer deutschen GmbH oder Aktiengesellschaft. Dies erhöht die Transaktionskosten, da der Partner eines grenzüberschreitenden Geschäftes zunächst Rechtsrat über die Vertretungsregelungen der anderen Rechtsordnung einholen muss. Deutsche Anwaltskanzleien verdienen daran recht gut. Denn es wird anekdotisch berichtet, dass US-amerikanische Mandanten auf der Erstellung einer *legal opinion* zu den gesellschaftsrechtlichen Vertretungsverhältnissen bestehen, wie sie es aus der eigenen Rechtsordnung kennen, und sich nicht mit der Antwort zufriedengeben, diese Information könne man gebührenfrei dem Handelsregister entnehmen.

Die Europäische Union hat für ihren eigenen Binnenmarkt bereits im Jahre 1968 in der ersten gesellschaftsrechtlichen Richtlinie einheitliche Regeln zur Vertretungsmacht geschaffen.[15] Sie musste sich dabei im Wesentlichen zwischen zwei gegenläufigen dogmatischen Konzepten entscheiden:[16] Nach der französischen „Mandatstheorie" reichte die Vertretungsmacht eines Geschäftsführungsorgans nicht weiter als der Unternehmensgegenstand; ebenso verhielt es sich nach der „ultra vires"-Doktrin des englischen Rechts. Bei der Interessenabwägung genießt hier das Interesse der Gesellschaft den Vorrang, nicht durch Verträge gebunden zu sein, die einer im Innenverhältnis festgelegten Beschränkung widersprechen. Anders liegen die Dinge bei der im deutschen Recht beheimateten Organtheorie. Demnach ist das Vertretungsorgan einer Körperschaft kraft Amtes zu allen gerichtlichen und außergerichtlichen Rechtshandlungen befugt. Beschränkungen, die im Innenverhältnis existieren mögen, schlagen nicht auf das Außenverhältnis durch. Hier steht der Schutz des Dritten im Vordergrund.

Für den innerstaatlichen Verkehr mag jede Theorie ihre Vor- und Nachteile haben; im grenzüberschreitenden Rechtsverkehr ist hingegen zu bedenken, dass aus dem Innenverhältnis stammende Beschränkungen für ausländische Geschäftspartner

---

[15] Sie finden sich heute in Art. 9 der Richtlinie zu bestimmten Aspekten des Gesellschaftsrechts (RL 2007/1132).

[16] Zusammenfassend Teichmann, Binnenmarktkonformes Gesellschaftsrecht, 2006, S. 203ff.

noch schwerer zu ermitteln sind als für inländische Geschäftspartner, bei denen wenigstens eine Kenntnis der Rechtslage und ihrer spezifischen Fußangeln vorausgesetzt werden darf. Das europäische Sekundärrecht folgt daher bei der Harmonisierung der Materie mit guten Gründen der Organtheorie. Das Vertretungsorgan einer Kapitalgesellschaft genießt uneingeschränkte Vertretungsmacht; Beschränkungen aus dem Innenverhältnis entfalten gegenüber außenstehenden Dritten keine Wirkung, es sei denn die Beschränkung war ihnen bekannt.[17] Die EU baut hier ebenso wie das deutsche Recht auf das Handelsregister, dem sich die notwendigen Informationen entnehmen lassen. Bekanntlich harmonisierte die erste gesellschaftsrechtliche Richtlinie auch die Handelsregisterinformationen. Eine nicht unerhebliche Divergenz gestattete das EU-Recht allerdings bislang bei der Qualität der vorsorgenden Rechtspflege. Während Deutschland mit notarieller Vorprüfung und anschließender Kontrolle durch das Registergericht mehr tat als unionsrechtlich geboten, gab sich beispielsweise das Vereinigte Königreich mit einer strafbewehrten Versicherung der Richtigkeit zufrieden und verkündete ganz offiziell, die Authentizität der angemeldeten Informationen nicht nachzuprüfen.[18] Die jüngeren Überarbeitungen der Gesellschaftsrechts-Richtlinie haben indessen die Harmonisierung auch im Bereich der vorbeugenden Rechtskontrolle auf ein neues Niveau gehoben.[19]

7. *Wettbewerb der Rechtssysteme*

Zu guter Letzt ist die präzise Analyse und das vertiefte Verständnis der Gemeinsamkeiten und Unterschiede im Vergleich zum US-amerikanischen Recht besonders relevant, weil letzteres einen weltweiten Systemwettbewerb anführt und in der internationalen Betrachtung nicht selten als Leitbild herangezogen wird. Die Effizienzvorteile anderer Rechtsordnungen werden dabei möglicherweise allein deshalb übersehen oder geringeschätzt, weil sie sich dem US-amerikanischen Juristen ohne rechtsvergleichende Anstrengungen nicht erschließen. Paradigmatisch hierfür sind die lange Zeit sehr einflussreichen *„Doing Business"*-Berichte der Weltbank. Im Jahresbericht von 2007 weist die Weltbank darauf hin, dass maßgebliche Geldgeber ihre Entscheidungen davon abhängig machen, auf welchem Platz des Rankings eine Volkswirtschaft vorzufinden ist.[20] An derselben Stelle wird berichtet, dass viele Entwicklungs- und Schwellenländer ihre Rechtsordnungen reformiert hätten, um sich den hiermit gesetzten Zielen anzunähern.

---

[17] Vgl. Art. 9 Richtlinie zu bestimmten Aspekten des Gesellschaftsrechts (2017/1132) und die entsprechende Literatur (Habersack/Verse, Europäisches Gesellschaftsrecht, 5. Aufl. 2019, S. 121 ff.; Lutter/Bayer/J. Schmidt, Europäisches Unternehmens- und Kapitalmarktrecht, 6. Aufl. 2018, S. 421 ff.; Teichmann in Gebauer/Teichmann, Europäisches Privat- und Unternehmensrecht, 2. Aufl. 2022, S. 654 ff.).

[18] Hierzu monographisch Bock, Der Harmonisierungserfolg der Publizitätsrichtlinie, 2016.

[19] Zu dieser Entwicklung Teichmann GmbHR 2021, 1237 ff.; Teichmann RDi 2023, 357 ff. sowie J. Schmidt NZG 2024, 563 ff.

[20] Doing Business 2007 – How to reform, A publication of the Worldbank and the International Finance Corporation, S. 3: *„In 2003 the donors of the International Development Association set targets for reducing the time and cost to start a business as conditions for obtaining additional grant money."* Der Bericht fährt fort (S. 8): *„The United States' Millenium Challenge Account sets explicit targets on the time and cost to start a business: to qualify fort its grants, countries must do better on both measures than the median eligible country."*

Im Jahre 2007 widmete sich der Bericht der Frage, in welchem Land man am schnellsten ein Unternehmen gründen könne. Dabei wurde nicht etwa die Qualität der Rechtsprüfung durch Gerichte oder Behörden bewertet; es wurde die Zahl der Tage gezählt, die von der Antragstellung bis zur Freigabe der Unternehmenstätigkeit vergehen. An vorderster Stelle lagen Staaten aus dem angel-sächsischen Rechtskreis, die kein effizientes Handelsregister kennen. Durch einen Verzicht auf die lästige Vorprüfung der eingereichten Unterlagen erreichen sie teilweise Eintragungszeiten von nicht mehr als 24 Stunden. Es verwundert nicht, dass auf den ersten drei Plätzen des *„Ranking on the ease of doing business"* Singapur, Neuseeland und die USA landeten. Deutschland fand sich auf einem bescheidenen 21. Platz.[21] Der Bericht hebt als Musterschüler das Land Serbien hervor, dem es durch gezielte Reformen gelungen war, sein Ranking von Platz 95 im Jahre 2006 auf Platz 68 im Jahre 2007 zu erhöhen. Eine der hierfür entscheidenden Maßnahmen bestand darin, auf eine Prüfung der eingereichten Informationen zu verzichten.[22]

An keiner Stelle des Berichts findet sich eine Analyse und Gewichtung der Transaktionsosten, die durch ein verlässliches Handelsregister auf mittlere Sicht eingespart werden können. Stattdessen folgt er der schlichten Logik: *„What gets measured, get's done."*[23] Da sich die Zahl der Tage zwischen Anmeldung und positiver Bescheidung gut messen lässt, wird dies als Indikator des Geschäftsklimas verwendet. Messungen, die eine anspruchsvollere Methodik voraussetzen, finden nicht statt. Dadurch unterbleiben möglicherweise Reformen, die einen wesentlich höheren Effizienzgewinn versprächen, allein deshalb, weil sie in der Methodik der Weltbank untergehen. Die Transaktionskosten im auf die Gründung folgenden Geschäftsverkehr (Stichwort *„legal opinions"*) bleiben hoch, aber unsichtbar.

Die Autoren der Studie verkennen offenbar, dass die solide und altmodische funktionale Rechtsvergleichung einen Beitrag dazu leisten könnte, die maßgeblichen Parameter für die ökonomische Leistungsfähigkeit einer Rechtsordnung überhaupt erst einmal zu identifizieren. Stattdessen verfahren sie lieber nach der Methode desjenigen, der im Dunkeln seinen Schlüssel verloren hat und ihn nur im Lichtkegel der Straßenlaternen sucht, weil er außerhalb dieses Radius ohnehin nichts sehen kann.

IV. Stellvertretung im US-amerikanischen Zivilrecht

Um zu verstehen, ob und gegebenenfalls aus welchen Gründen das Modell eines staatlich geführten und verantworteten Handelsregisters einen Wettbewerbsvorteil gegenüber dem US-amerikanischen Recht darstellen könnte, bedarf zunächst das

---

[21] Doing Business 2007 – How to reform, A publication of the Worldbank and the International Finance Corporation, S. 6.

[22] Doing Business 2007 – How to reform, A publication of the Worldbank and the International Finance Corporation, S. 11.

[23] Doing Business 2007 – How to reform, A publication of the Worldbank and the International Finance Corporation, S. 3. Kritisch zum methodischen Ansatz von Weltbank und OECD auch Murray/Stürner, German Notaries in Real Estate and Corporate Law Matters, 2020, S. 173ff.

dortige *law of agency* einer näheren Betrachtung. In seinem Regelungsbereich greift es weit hinaus über diejenigen Rechtsfragen, die ein deutscher Jurist im Recht der Stellvertretung verorten würde (→ 1.). Ungeachtet dessen findet sich auch im US-amerikanischen Recht eine Trennung von Innen- und Außenverhältnis, die sich in den Begrifflichkeiten von *„power"* und *„authority"* niederschlägt (→ 2.). Um ein rechtspraktisches Verständnis für die Fälle zu entwickeln, in denen ein *agent* im Rechtsverkehr Vertretungsmacht hat, sind die unterschiedlichen Varianten der *authority* einer näheren Betrachtung zu unterziehen (→ 3.).

1. *Regelungsbereich der Agency-Relationship*

In der deutschen Rechtsdogmatik verteilen sich die Rechtsbeziehungen zwischen Vertreter und Vertretenem bekanntlich auf mehrere Rechtsverhältnisse. Gedankliche Grundlage ist der sog. Trennungsgrundsatz, wonach die Stellvertretung nur das Außenverhältnis regelt und das Innenverhältnis einem anderen Rechtsverhältnis vorbehalten bleibt.[24] Im Verhältnis zum Geschäftspartner entscheidet über die Frage, ob eine Erklärung des Stellvertreters den Vertretenen bindet, allein das Recht der Stellvertretung (§§ 164ff. BGB). Ob der Vertreter dabei für seine Tätigkeit vergütet wird und ob er Weisungen befolgen muss, dafür gilt wie für alle andere Fragen des Innenverhältnisses im zivilrechtlichen Grundfall das Auftragsrecht (§§ 662ff. BGB), in der Wirtschaftspraxis häufig das Arbeitsrecht.

Im Vergleich dazu erfasst die US-amerikanische *agency* sowohl das Innen- als auch das Außenverhältnis. Erkennbar wird dies beispielsweise an der zusammenfassenden Formulierung eines gängigen Lehrbuches: *„agency law governs the legal relationships among principals, their agents, and the third parties with whom the agents interact."*[25] Die *agency relationship* ist ein umfassendes zweiseitiges Rechtsverhältnis zwischen dem Geschäftsherren *(principal)* und dem Gehilfen *(agent)*.[26] Aus ihr folgen nicht nur die Rechtsmacht, den *principal* rechtlich zu binden, sondern auch Pflichten sowohl für den *agent* als auch für den *principal*.[27] Beispielsweise trifft den *agent* gegenüber dem *principal* eine Treuepflicht, vermöge derer der *agent* verpflichtet ist, im bestmöglichen Interesse des *principal* zu handeln.[28] Weiterhin folgt aus dieser Verbindung, dass der *agent* Weisungen des *principal* beachten muss.

Es wäre daher verfehlt, die deutsche Stellvertretung und die US-amerikanische *agency* gleichzusetzen. Auf Basis des deutschen Trennungsprinzips erfasst das Stell-

---

[24] Hierzu Krapp, Verkehrsschutz und Vertretungsmacht, 2024, Diss. Würzburg, Teil 2, B I.

[25] Allen/Kraakman, Commentaries and Cases on the Law of Business Organization, 5. Aufl. 2016, S. 7.

[26] Restatement (Third) Agency § 1.01: *„Agency is the fiduciary relationship that arises when one person (a ‚principal') manifests assent to another person (an ‚agent') that the agent shall act on the principal's behalf and subject to the principal's control, and the agent manifests assent or otherwise consents so to act."* Zu den Merkmalen der *Agency*-Verbindung (mwN): Krapp, Verkehrsschutz und Vertretungsmacht, 2024, Diss. Würzburg, Teil 3, A II.

[27] Allen/Kraakman, Commentaries and Cases on the Law of Business Organization, 5. Aufl. 2016, S. 13.

[28] Allen/Kraakman, Commentaries and Cases on the Law of Business Organization, 5. Aufl. 2016, S. 27ff.

vertretungsrecht nur einen Teil dessen, was in der *agency-relationship* geregelt ist.[29] Viele Elemente der *agency,* wie beispielsweise die Treuepflicht, die Weisungsgebundenheit oder der Vergütungsanspruch, sind im deutschen Recht dem Innenverhältnis zuzuordnen. Zugleich vermittelt die *agency*-Beziehung aber die Rechtsmacht, den *principal* im Verhältnis zu Dritten wirksam zu vertreten.[30] In rechtsvergleichender Perspektive enthält das Recht der *agency* damit sowohl Elemente des Auftragsrechts (§§ 662ff. BGB) als auch solche des Stellvertretungsrechts (§§ 164ff. BGB). Nur am Rande sei erwähnt, dass vermittels der *agency*-Beziehung dem *principal* sogar deliktisches Handeln des *agent* zugerechnet werden kann.[31] Hier findet sich eine weitere Thematik, die nach deutschem Verständnis außerhalb des Rechts der Stellvertretung angesiedelt ist.

2. *Die Unterscheidung von „Power" und „Authority"*

Regelmäßig ergibt sich aus der *agency*-Verbindung im Außenverhältnis die Rechtsmacht, für den *principal* wirksame Rechtsgeschäfte abzuschließen. Aus der Außenperspektive betrachtet hat der *agent* die sog. *„power",* auf die Rechtsverhältnisse des *principal* einzuwirken.[32] Die *power* bezeichnet somit das rechtliche Können unabhängig von der Frage, ob der *agent* tatsächlich in Übereinstimmung mit dem Willen des *principal* gehandelt hat.[33] Der Begriff *„authority"* bestimmt demgegenüber das rechtliche Dürfen, also die im Innenverhältnis bestehende Befugnis des *agent,* den *principal* rechtlich zu binden.[34] Allerdings werden die beiden Begriffe in der US-amerikanischen Literatur nicht immer in der gewünschten dogmatischen Klarheit verwendet.[35] Zumeist ist nur von *„authority"* die Rede, wenn die Vertretungsmacht gegenüber Dritten thematisiert wird. In diesem Sinne steht der Begriff der *authority* auch hier im Mittelpunkt des Rechtsvergleiches.

3. *Die unterschiedlichen Formen von Authority*

Das US-amerikanische Recht unterscheidet als zentrale Fallgruppen der Vertretungsmacht die *actual* und die *apparent authority.* Die Unterscheidung richtet sich danach, ob der Vertretene seinen Willen, Vertretungsmacht zu verleihen, gegenüber dem Vertretenen *(actual authority)* oder gegenüber dem Geschäftspartner *(apparent authority)* geäußert hat.

[29] Krapp, Verkehrsschutz und Vertretungsmacht, 2024, Diss. Würzburg, Teil 3, A III.

[30] Damit korrespondieren die Begriffe der Power und Authority; dazu sogleich → IV. 2.

[31] Dazu mwN Krapp, Verkehrsschutz und Vertretungsmacht, 2024, Diss. Würzburg, Teil 3, A III.

[32] Gregory, The Law of Agency and Partnership, 3. Aufl. 2001, S. 35; Restatement (Second) of Agency, § 6b), d) (Am. Law Inst. 1958). Die sog Restatements dienen der Aufbereitung und systematischen Darstellung der sich insbesondere aus dem Case Law ergebenden Regeln und Prinzipien. Sie existieren zu verschiedenen Bereichen des US-amerikanischen Rechts und werden von einer privaten Vereinigung von Juristen, dem American Law Institute, erstellt. Zur Rolle der Restatements s. Clark in Clark/Ansay, Introduction to the Law of the United States, 2. Aufl. 2022, S. 35, 49f.; Hay, US-Amerikanisches Recht, 7. Aufl. 2020, Rn. 32.

[33] Vgl. Gregory, The Law of Agency and Partnership, 3. Aufl. 2001, S. 35.

[34] Krapp, Verkehrsschutz und Vertretungsmacht, 2024, Diss. Würzburg, Teil 3, B I.

[35] Die inkonsequente Begriffsverwendung kritisiert bereits Seavey, 29 Yale L. J. 859, 860f. (1920).

a) Actual Authority

Der Normalfall der Vertretungsmacht ist die *actual authority.*[36] Dabei handelt es sich um eine tatsächlich bestehende Vertretungsmacht, die durch eine Willensmanifestation des *principal* gegenüber dem *agent* entsteht. Nach deutscher Terminologie liegt eine Innenvollmacht vor, über deren konkreten Inhalt der Empfängerhorizont des Stellvertreters entscheidet. Das Verständnis der Willensmanifestation des *principal* richtet sich also nicht etwa nach dessen subjektiver Vorstellung; beispielsweise sind unausgesprochene Vorbehalte oder Bedingungen auf seiner Seite für die Entstehung und den Inhalt der *actual authority* unbeachtlich.[37] Maßgebend ist einzig und allein, wie der *agent* als Adressat der Willensmanifestation diese vernünftigerweise verstehen konnte *(„reasonable belief“).*[38] Mit diesem Inhalt entsteht die Vertretungsmacht. Außen- und Innenverhältnis – *power* und *authority* – decken sich in diesem Fall.

Die Gewährung von *actual authority* beruht auf einer einseitigen Willensmanifestation des Vertretenen. Zwar kann die *agency*-Beziehung als rechtliches Gesamtgefüge nur mit Zustimmung des *agent* zustande kommen, die Entstehung von *actual authority* ist aber von seinem Einverständnis unabhängig.[39] Der *principal* kann die Vertretungsmacht außerdem ausdrücklich erteilen *(express authority)* oder durch schlüssiges Handeln zum Ausdruck bringen *(implied authority).*[40]

Auch der Umfang der Vertretungsmacht bestimmt sich nach dem, was der *agent* vernünftigerweise verstehen durfte.[41] Hierfür ist die Perspektive einer vernünftigen Person in der Situation des *agent* einzunehmen.[42] Zu berücksichtigen sind alle Umstände, von denen er *„notice“* hatte; dieser Begriff meint nicht nur positive Kenntnis, sondern greift auch, wenn eine Person Grund hat, eine Sache zu wissen, wirksam in Kenntnis gesetzt wurde oder eine Sache bei pflichtgemäßem Verhalten wissen sollte.[43] Diese Form der Auslegung erlaubt im Einzelfall erhebliche Flexibilität. Ein Beispiel dafür sind Sachverhalte, in denen der *principal* lediglich ein bestimmtes Ziel oder eine bestimmte Aufgabe formuliert; der *agent* ist in diesem Fall zu allen Handlungen und

[36] Krapp, Verkehrsschutz und Vertretungsmacht, 2024, Diss. Würzburg, Teil 3, B II.

[37] Restatement (Third) of Agency, § 3.01 b) (Am. Law Inst. 2006); s. auch Pohl v. United Airlines, Inc., 213 F.3d 336, 339 (7th Cir.2000).

[38] Gregory, The Law of Agency and Partnership, 3. Aufl. 2001, S. 37; Restatement (Third) of Agency, § 2.01 (Am. Law Inst. 2006): *„An agent acts with actual authority when, at the time of taking action that has legal consequences for the principal, the agent reasonably believes, in accordance with the principal's manifestations to the agent, that the principal wishes the agent so to act.“* S. etwa Cho Mark Oriental Food, Ltd. v. K & K Int'l., 836 P.2d 1057, 1062 (Haw.1992). Zu den Einzelheiten Krapp, Verkehrsschutz und Vertretungsmacht, 2024, Diss. Würzburg, Teil 3, B II 3.

[39] Gregory, The Law of Agency and Partnership, 3. Aufl. 2001, S. 37.

[40] Gregory, The Law of Agency and Partnership, 3. Aufl. 2001, S. 38 ff. Die Begriffe werden in der US-amerikanischen Literatur nicht immer einheitlich verwendet (vgl. Krapp, Verkehrsschutz und Vertretungsmacht, 2024, Diss. Würzburg, Teil 3, B II 2).

[41] Zu den Einzelheiten Krapp, Verkehrsschutz und Vertretungsmacht, 2024, Diss. Würzburg, Teil 3, B II 3.

[42] Restatement (Third) of Agency, § 2.02 e) (Am. Law Inst. 2006).

[43] *„A person has notice of a fact if the person knows the fact, has reason to know the fact, has received an effective notification of the fact, or should know the fact to fulfill a duty owed to another person.“*, s. Restatement (Third) of Agency, § 1.04 (Am. Law Inst. 2006).

Schritten befugt, die üblicherweise zur Erreichung dieses Ziels oder zur Erfüllung der Aufgabe notwendig sind.[44]

b) Apparent Authority

aa) Allgemeine Grundsätze

Während sich die *actual authority* aus der Perspektive des Vertreters ergibt, ist für die *apparent authority* die Perspektive des Geschäftspartners maßgeblich.[45] Es geht um den Fall, in dem ein Dritter vernünftigerweise annimmt, der Handelnde habe die Befugnis, für den *principal* zu handeln; weitere Voraussetzung ist, dass diese Annahme auf eine Willensmanifestation des *principal* zurückzuführen ist.[46] In der Praxis wird häufig beides vorliegen, also sowohl *actual* als auch *apparent authority.*[47] Die *apparent authority* hat für den Geschäftspartner den Vorteil der leichteren Beweisbarkeit, da es sich um Umstände handelt, die seiner eigenen Wahrnehmung unterliegen.[48]

Als dogmatische Grundlage der *apparent authority* werden in der US-amerikanischen Diskussion zwei Ansätze vertreten:[49] Die wohl mehrheitliche Auffassung ist der Überzeugung, die *apparent authority* habe ihre Wurzeln in der *objective theory of contract,* wonach für eine rechtsgeschäftliche Bindung nicht allein die subjektive Intention der Parteien maßgeblich ist, sondern auch das ins Gewicht fällt, was aus der Sicht eines vernünftigen Dritten objektiv zum Ausdruck gebracht wurde. Andere sehen in der *apparent authority* einen Anwendungsfall der *estoppel*-Doktrin, die Parallelen zum deutschen Rechtsgedanken von Treu und Glauben aufweist.

Voraussetzung für den Schutz des Geschäftspartners ist dessen *reasonable belief,* der sich auf eine Willensmanifestation des *principal* zurückführen lässt.[50] Hierin kommt der Gedanke zum Ausdruck, dass der *principal* nur haften soll, wenn er für den beim Geschäftspartner entstandenen Eindruck verantwortlich ist. Maßgeblich für die Beurteilung der Frage, ob der Geschäftspartner vernünftigerweise vom Vorliegen einer *authority* ausgehen durfte, ist die Sicht einer vernünftigen Person in der Situation des Geschäftspartners.[51] In die Prüfung sind im Einzelfall eine Vielzahl von Faktoren und der jeweilige Kontext, in dem der *agent* handelt, einzubeziehen.

---

[44] Gregory, The Law of Agency and Partnership, 3. Aufl. 2001, S. 40; vgl. auch Restatement (Third) of Agency, § 2.02 d) (Am. Law Inst. 2006). Üblicherweise wird dies *incidental authority* genannt; die Gerichte verwenden aber auch den Begriff der *implied authority,* s. etwa Castillo v. Case Farms of Ohio, Inc., 96 F.Supp.2d 578, 593 (W.D.Tex.1999).

[45] Gregory, The Law of Agency and Partnership, 3. Aufl. 2001, S. 64; Hynes/Loewenstein, Agency, Partnership, and the LLC, 6. Aufl. 2016, S. 134; s. auch Lewis v. Washington Metro. Area Transit Auth., 463 A.2d 666, 670 (D.C.App. 1983).

[46] Restatement (Third) of Agency, § 2.03 (Am. Law Inst. 2006). Im kodifizierten Recht einiger Bundesstaaten finden sich teils leicht abweichende Definitionen der *apparent authority,* die bisweilen als *ostensible authority* bezeichnet wird, s. Restatement (Third) of Agency, § 2.03 Reporter's Notes (Am. Law Inst. 2006).

[47] Restatement (Third) of Agency, § 2.01 c), § 2.03 c) (Am. Law Inst. 2006); vgl. das Beispiel des Ladenangestellten bei Gregory, The Law of Agency and Partnership, 3. Aufl. 2001, S. 36.

[48] S. Restatement (Third) of Agency, § 2.03 c) (Am. Law Inst. 2006).

[49] Näher Krapp, Verkehrsschutz und Vertretungsmacht, 2024, Diss. Würzburg, Teil 3, C I 1.

[50] Restatement (Third) of Agency, § 2.03 d) (Am. Law Inst. 2006).

[51] Restatement (Third) of Agency, § 2.03 d) (Am. Law Inst. 2006).

Rechtlich relevant wird die *apparent authority* in Fällen, in denen der Vertreter seine im Innenverhältnis bestehenden Befugnisse überschreitet, ohne dass dies dem Dritten erkennbar wäre. Die *apparent authority* erfasst sowohl den Fall, in dem der *agent* den Umfang einer intern bestehenden *actual authority* überschreitet, als auch denjenigen, in dem gar keine *agency*-Beziehung zum (vermeintlichen) *principal* besteht.[52] Voraussetzung für die Bindung des Vertretenen ist, dass dieser für den äußeren Eindruck verantwortlich ist, das Handeln des *agent* sei von ihm autorisiert.[53] Selbst die stillschweigende Duldung eines bestimmten Verhaltens kann als entsprechende Willensmanifestation aufgefasst werden und zur Entstehung einer *apparent authority* führen.[54] Nicht selten geht es dabei um frühere Verhaltensmuster von *principal* und *agent,* die dem Geschäftspartner bekannt sind, weshalb er dann in einer ähnlichen Situation mangels anderweitiger Information vom Vorliegen einer *authority* ausgeht.[55] Insoweit enthält die Figur der *apparent authority* ein Element des Verkehrsschutzes, das mit der deutschen Duldungs- und Anscheinsvollmacht vergleichbar ist.

bb) Bedeutung für die Unternehmenspraxis

Blickt man in die Unternehmenspraxis, so geht es häufig um Fälle, in denen der *principal* dem *agent* innerhalb seines Unternehmens eine bestimmte Position zuweist oder ihn mit einer bestimmten Aufgabe betraut.[56] Ein Geschäftspartner wird daraus vernünftigerweise den Schluss ziehen, dass mit dieser Position zugleich die üblicherweise damit verbundene *authority* verliehen wurde.[57] Ein typischer Fall der *apparent authority* ist der sogenannte *general agent,* der ein Geschäft tätigt, das den vom *principal* autorisierten Geschäften ähnelt, von ihm so aber nicht vorgesehen war.[58] Weitere Indizien für das Vorliegen von Vertretungsmacht können in der Verwendung von Formularen, Briefköpfen oder Siegeln liegen, sofern sich daraus bei vernünftiger Betrachtung eine ausreichende *manifestation* des *principal* ergibt; eine bloße Nutzung derartiger Insignien ohne weitere Anzeichen für eine *authority* genügt allerdings zumeist nicht.[59]

---

[52] Restatement (Third) of Agency, § 2.03a), b) (Am. Law Inst. 2006).

[53] Restatement (Third) of Agency, § 2.03a) (Am. Law Inst. 2006).

[54] Restatement (Third) of Agency, § 3.03b) (Am. Law Inst. 2006), s. etwa Utley Lumber Co. v. Bank of the Bootheel, 810 S.W.2d 610, 613 (Mo.App.1991).

[55] Gregory, The Law of Agency and Partnership, 3. Aufl. 2001, S. 67; Restatement (Third) of Agency, § 3.03b) (Am. Law Inst. 2006); vgl. Federal Land Bank v. Union Bank & Trust Co., 228 Iowa 205, 290 N.W. 512, 515 (1940); Fidelity & Cas. Co. v. First Nat. Bank, 71 N.D. 415, 1 N. W.2d 401, 406–407 (1941); Harrah v. Home Furniture, Inc., 67 Nev. 114, 214 P.2d 1016, 1017–1018 (1950); Hawaiian Paradise Park Corp. v. Friendly Broad. Co., 414 F.2d 750, 756n.4 (9th Cir.1969).

[56] Gregory, The Law of Agency and Partnership, 3. Aufl. 2001, S. 67f.; Hynes/Loewenstein, Agency, Partnership, and the LLC, S. 135; Restatement (Third) of Agency, §. 3.03b) (Am. Law Inst. 2006); beispielhaft Hull v Manufacturing Co., 92 Kan. 538, 141 P. 592 (1914), Bucher & Willis v. Smith, 643 P.2d 1156, 1159 (Kan.App.1982).

[57] Restatement (Third) of Agency, § 3.03b) (Am. Law Inst. 2006).

[58] Restatement (Second) of Agency, § 161 (Am. Law Inst. 1958). Ein häufig genannter Beispielsfall ist Croisant v. Wartrud, 432 P.2d 799 (Or. 1967).

[59] S. Restatement (Third) of Agency, § 3.11 d) (Am. Law Inst. 2006). Beispielhaft Herbert Constr. Co. v. Continental Ins. Co., 931 F.2d 989, 995 (2d Cir.1991).

Im Kontext der *apparent authority* ist anerkannt, dass den Geschäftspartner, der auf seine vernunftgemäße Wahrnehmung vertraut, im Regelfall keine Nachforschungspflicht hinsichtlich der *authority* des *agent* trifft. Erst wenn außergewöhnliche Umstände vorliegen, darf er nicht mehr ohne weiteres auf das Bestehen einer *authority* vertrauen.[60] Zu berücksichtigen sind dabei die Art des angestrebten Geschäfts, der Kontext, in dem es normalerweise abgewickelt wird,[61] ebenso wie die Branche und ihre Bräuche und Gepflogenheiten.[62] Für das Verständnis dessen, was ein Geschäftspartner vernünftigerweise annehmen darf, erlangt auch die treuhänderische Bindung des *agent* eine gewisse Relevanz. Handelt der *agent* in einer Weise, die gegen die Interessen des *principal* verstößt, sind Zweifel an der *authority* angebracht.[63] Geht es um die Vertretung eines Unternehmens, so ist dessen Zweck zu beachten. Sollte das Geschäft fundamentale Konsequenzen für den *principal* haben, sich gar auf seine Existenz auswirken, erscheint es selbst bei einer mit weitreichender Befugnis verbundenen Stellung des *agent* grundsätzlich nicht vernünftig, ohne Weiteres von einer umfassenden *authority* auszugehen.[64]

Hinter der Annahme von Vertretungsmacht bei der *apparent authority* steht gerade im Unternehmenskontext der Gedanke, dass derjenige, der die mit der Arbeitsteilung verbundenen Vorteile genießt, auch das damit verbundene Risiko von Pflichtverletzungen tragen soll.[65] Der Handelsverkehr profitiere von der *agency* und sei auf ihr Funktionieren angewiesen, sodass es angemessen erscheine, ein Unternehmen, das *agents* einsetzt, auch mit den damit in Zusammenhang stehenden Gefahren zu belasten.[66] Diese Risikoverteilung liege letztlich auch im Interesse des *principal,* da sie auf Seiten der Geschäftspartner das Vertrauen im Kontakt mit einem *agent* stärke, zeitraubende Nachfragen erspare und damit einer zügigen und sicheren Abwicklung von Geschäften diene.[67] Argumentiert wird weiterhin, der Geschäftspartner habe im Gegensatz zum *principal* keinerlei Einfluss auf das Verhalten des *agents,* wes-

---

[60] S. Restatement (Third) of Agency, § 2.03 d) (Am. Law Inst. 2006); vgl. dazu Itel Containers Int'l Corp. v. Atlanttrafik Express Serv. Ltd., 909 F.2d 698, 703 (2d. Cir. 1990).

[61] Restatement (Third) of Agency, § 2.03 d) (Am. Law Inst. 2006); dieser Aspekt spielt eine Rolle in In re Victory Corrugated Container Corp., 183 B.R. 373, 377 (Bankr.D.N.J.1995); Flame Cut Steel Prods. Co. v. Performance Foams & Coatings, Inc., 46 F.Supp.2d 222, 230 (E.D. N.Y.1999).

[62] Restatement (Third) of Agency, § 2.03 d) (Am. Law Inst. 2006). Dieser Aspekt wird relevant in Epstein v. Corporacion Peruana de Vapores, 325 F.Supp. 535, 538 (S.D.N.Y.1971); Johnson v. Shenandoah Life Ins. Co., 281 So. 2d 636, 640–641 (Ala.1973); Maurice Elec. Supply Co. v. Anderson Safeway Guard Rail Corp., 632 F.Supp. 1082, 1090 n.13 (D.D.C.1986); Property Advisory Group, Inc. v. Bevona, 718 F.Supp. 209, 211–212 (S.D.N.Y.1989); FASA Corp. v. Playmates Toys, Inc., 892 F.Supp. 1061, 1065 (N.D.Ill.1995).

[63] Restatement (Third) of Agency, § 2.03 d) (Am. Law Inst. 2006).

[64] Restatement (Third) of Agency, § 2.03 d) (Am. Law Inst. 2006); s. etwa Jennings v. Pittsburgh Mercantile Co., 202 A.2d 51, 55 (Pa. 1964).

[65] McKay, 46 Baylor L. Rev. 449, 451 (1994); Gregory, The Law of Agency and Partnership, 3. Aufl. 2001, S. 77f.; Restatement (Second) of Agency, § 8A a) (Am. Law Inst. 1958); Ward, 59 Wash. & Lee L. Rev. 1585, 1595 (2002).

[66] Restatement (Second) of Agency, § 8A a) (Am. Law Inst. 1958); vgl. auch McKay, 46 Baylor L. Rev. 449, 451 (1994).

[67] Vgl. Dormire, 5 J. Small & Emerging Bus. L. 243, 261f. (2001); Gregory, The Law of Agency and Partnership, 3. Aufl. 2001, S. 78; Restatement (Second) of Agency, § 8A a) (Am. Law Inst. 1958); vgl. auch McKay, 46 Baylor L. Rev. 449, 451f. (1994).

halb es vorzugswürdig sei, das Risiko von Kompetenzüberschreitungen dem *principal* zuzuweisen.[68] Indirekt trage dies zu einer sorgfältigen Auswahl und gewissenhaften Überwachung des *agent* durch den *principal* bei, wovon der gesamte Rechtsverkehr profitiere.[69]

c) Rechtsvergleichendes Zwischenergebnis

Der Rechtsvergleich rechtfertigt die Annahme, dass die meisten im unternehmerischen Verkehr auftretenden Konstellationen in den USA nach dem *law of agency* im Ergebnis kaum anders entschieden würden als in Deutschland auf der Basis von BGB und HGB. In den typischen Fällen handelt für das Unternehmen eine Person, der vom Unternehmensinhaber eine bestimmte Funktion zugewiesen wurde, die nach außen kundgetan wird. Der Geschäftsverkehr geht dann vernünftigerweise davon aus, dass die betreffende Person jedenfalls die Vertretungsmacht erhalten habe, die sie zur Wahrnehmung der zugewiesenen Funktion benötigt. In den USA hilft hier der Gedanke der *apparent authority,* in Deutschland wird häufig die Vermutungsregel des § 54 HGB greifen.

Ungeachtet dessen ist es für den Geschäftspartner nicht ohne Risiko, sich auf den äußeren Eindruck zu verlassen. Zumindest bei Transaktionen von einigem wirtschaftlichen Gewicht könnte ein Gericht zu der Auffassung gelangen, der Geschäftspartner habe hier nicht mehr vernünftigerweise von einer Vertretungsmacht ausgehen dürfen. In derartigen Fällen wird ein Vertragspartner im deutschen Rechtsverkehr zumeist darauf bestehen, mit einem Prokuristen oder mit der Geschäftsleiterebene zu kontrahieren, da sich deren Vertretungsmacht zwingend aus dem Gesetz ergibt und der entsprechende Status durch einen Blick in das Handelsregister geklärt werden kann. Zu prüfen bleibt, ob sich der Geschäftspartner einer US-amerikanischen Corporation auf vergleichbare Instrumente des Verkehrsschutzes stützen kann.

V. Vertretungsmacht im Gesellschaftsrecht

Die Grundstrukturen der Organisation einer US-amerikanischen *corporation* sind durchaus mit jenen einer deutschen Kapitalgesellschaft vergleichbar (→ 1.). Bei der Frage, nach welchen Regeln die *corporation* im Geschäftsverkehr mit Dritten wirksam vertreten wird, zeigen sich hingegen erhebliche Unterschiede (→ 2.).

1. Grundzüge der US-amerikanischen Corporation

Die Wesensmerkmale einer US-amerikanischen *corporation* entsprechen weitgehend denjenigen einer deutschen Kapitalgesellschaft: Sie genießt eigene Rechtspersönlichkeit, beschränkt die Haftung der Investoren auf die zugesagte Einlage und

[68] Restatement (Second) of Agency, § 8A b) (Am. Law Inst. 1958); Ward, 59 Wash. & Lee L. Rev. 1585, 1630f. (2002).

[69] Gregory, The Law of Agency and Partnership, 3. Aufl. 2001, S. 78; Ward, 59 Wash. & Lee L. Rev. 1585, 1630 (2002).

ermöglicht die freie Übertragung der Anteile.[70] Im Hinblick auf die Unternehmensführung wird als wesentliche Errungenschaft der *corporation* das *„centralized management"* genannt. Darunter ist – in Abgrenzung zur *partnership* – zu verstehen, dass für Geschäftsführungsfragen nicht die Gesellschafter zuständig sind. Stattdessen bestellen die Gesellschafter gemeinsam das *board of directors,* dem die Managementfunktion zugewiesen ist.

Während das *board* in kleineren Gesellschaften tatsächlich als Geschäftsführungsorgan agiert, nimmt es in einem modernen Großunternehmen eher eine Aufsichtsfunktion wahr und überlässt das Tagesgeschäft den sog. *officers.*[71] Die beschriebene Entwicklung spiegelt sich in den *corporation statutes* der einzelnen Bundestaaten wider.[72] Während es früher häufig hieß, die Geschäfte der *corporation* seien vom *board of directors* zu führen *(„shall be managed"),*[73] ist heute eher die Rede davon, dass die Geschäfte vom *board of directors* oder nach seinen Weisungen und unter seiner Aufsicht geführt werden.[74]

Bei der Betrachtung des US-amerikanischen Gesellschaftsrechts ist stets in Rechnung zu stellen, dass die genannten Regelungen nur gesetzliche Auffangregeln sind. Die Kompetenzen können auch anders geregelt werden. Dies bringt beispielsweise § 141 des Delaware General Corporation Law zum Ausdruck:[75]

> *„The business and affairs of every corporation organized under this chapter shall be managed by or under the direction of a board of directors, except as may be otherwise provided in this chapter or in its certificate of incorporation."*

2. *Vertretung der Corporation im Rechtsverkehr mit Dritten*

Eine mit § 35 GmbHG oder § 78 AktG vergleichbare Regelung der Frage, wer befugt ist, die Gesellschaft im Verhältnis zu Dritten zu vertreten, sucht man im *Delaware Corporation Law* und den vergleichbaren Gesetzen anderer US-Staaten vergeblich. Ganz offensichtlich ist die Vertretungsmacht nach US-amerikanischem Verständnis kein Regelungsgegenstand des Gesellschaftsrechts.[76] Stattdessen findet sich in Lehrbüchern zum US-amerikanischen Gesellschaftsrecht gleich zu Beginn

---

[70] Zu den hier genannten Merkmalen der Corporation siehe etwa Allen/Kraakman, Commentaries and Cases on the Law of Business Organization, 5. Aufl. 2016, S. 75. Zum Gründungsverfahren, auch rechtsvergleichend zum deutschen Recht, Murray/Stürner, German Notaries in Real Estate and Corporate Law Matters, 2020, S. 117 ff.

[71] Freer/Moll, Principles of Business Organizations, 2. Aufl. 2018, S. 212. Näher zu dieser Entwicklung Clark, Corporate Law, § 3.2.1; s. auch Cox/Hazen, Treatise on the Law of Corporations, § 9:2.

[72] S. Cox/Hazen, Treatise on the Law of Corporations, § 9:4; Freer/Moll, Principles of Business Organizations, 2. Aufl. 2018, S. 212.

[73] S. Clark, Corporate Law, § 3.2.1; Freer/Moll, Principles of Business Organizations, 2. Aufl. 2018, S. 212.

[74] Beispielhaft RMBCA § 8.01 (b): *„[...] the business and affairs of the corporation shall be managed by or under the direction, and subject to the oversight, of its board of directors [...]";* vgl. auch Del.Gen.Corp. Law § 141 (a).

[75] Das Recht von Delaware hat bekanntlich in den USA eine besondere Vorbildwirkung (siehe nur von Hein, Die Rezeption US-amerikanischen Gesellschaftsrechts in Deutschland, 2008, S. 466 ff.) und soll daher auch hier exemplarisch herangezogen werden.

[76] Dazu bereits Teichmann ZfPW 2019, 247 (265).

eines jeden Lehrbuches ein ausführliches Kapitel über die Grundsätze des *law of agency.*[77] In einem deutschen Gesellschaftsrechtslehrbuch würde man derartige Ausführungen als Fremdkörper empfinden, gehören sie doch nach unserem Verständnis in den Allgemeinen Teil des BGB, während das Gesellschaftsrecht die organschaftliche Vertretungsmacht regelt.

Im US-amerikanischen Gesellschaftsrecht hingegen ist das *board* kein geborenes Vertretungsorgan; die Gestaltung der Außenverhältnisse obliegt vielmehr den vom *board* ernannten *officers* (→ a). Demgemäß ist in jedem Einzelfall zu klären, welche Rechtsmacht einem *officer* der Gesellschaft in Bezug auf das Außenverhältnis verliehen wurde oder von Dritten vernünftigerweise angenommen werden darf (→ b). Da ein dem deutschen Recht vergleichbares Handelsregister nicht existiert, haben sich in der US-amerikanischen Praxis spezifische Sicherungsinstrumente entwickelt, um das Risiko eines Vertragsschlusses ohne Vertretungsmacht zu minimieren (→ c).

a) Ernennung von sog. Officers durch das Board

Das *board of directors* ist zwar gesellschaftsrechtlich das oberste Organ der *corporation* und trifft dort die wesentlichen Geschäftsführungsentscheidungen, seine Handlungen wirken aber nicht *per se* im Außenverhältnis zu Dritten. Das allgemeine Zivilrecht knüpft die Vertretungsmacht anhand der oben genannten Regeln (*actual* oder *apparant authority*) an die Ernennung einer Person zum sog. *officer.*[78] Dabei kann es sich um Mitglieder des *board* handeln, zwingend erforderlich ist das allerdings nicht. Dem einzelnen *director* verschafft sein Status als *board*-Mitglied keine Rechtsmacht, die Gesellschaft nach außen zu vertreten.[79] Es ist lediglich denkbar, dass ein *director* in der Weise als *agent* zu qualifizieren ist, dass ihm nach den allgemeinen Regeln des *law of agency* Vertretungsmacht zukommt.[80]

In der Rechtspraxis findet sich eine Fülle von Bezeichnungen für die unterschiedlichen Funktionen, die ein *officer* wahrnehmen kann. Während sich kleine Gesellschaften häufig mit einem *general manager* zufrieden geben, schmücken sich größere Unternehmen mit mehr oder weniger aussagekräftigen selbst geprägten Begrifflichkeiten.[81] So gibt es in den meisten großen Unternehmen nicht nur den *chief executive officer (CEO),* sondern auch den *chief financial officer (CFO), chief operating officer (COO), chief accounting officer (CAO)* und *chief legal officer* (*CLO* oder *general counsel*).[82] Daneben oder darüber steht gerade in größeren Gesellschaften zumeist

---

[77] Siehe beispielsweise Allen/Kraakman, Commentaries and Cases on the Law of Business Organization, 5. Aufl. 2016, Kapitel 1: „Acting Through Others: The Law Of Agency" (S. 7-32).

[78] Siehe nur Freer/Moll, Principles of Business Organizations, 2. Aufl. 2018, S. 258: „*One key issue is whether an officer can bind the corporation to a transaction. The answer depends upon agency law.*"

[79] 2 Fletcher Cyc. Corp. § 505; Cox/Hazen, Treatise on the Law of Corporations, § 9:6; Freer/ Moll, Principles of Business Organizations, 2. Aufl. 2018, S. 245; Restatement (Third) of Agency, § 1.01f) (2) (Am. Law Inst. 2006); s. auch Star Corp. v. General Screw Prods. Co., 501 S.W.2d 374, 380 (Tex. Civ. App. 1973).

[80] Restatement (Third) of Agency, § 1.01f) (2) (Am. Law Inst. 2006). Ein öffentliches Register, auf das Dritte vertrauen könnten, existiert hierzu nicht (Murray/Stürner, German Notaries in Real Estate and Corporate Law Matters, 2020, S. 119).

[81] Cox/Hazen, Treatise on the Law of Corporations, § 8:2.

[82] Freer/Moll, Principles of Business Organizations, 2. Aufl. 2018, S. 259f.

ein *chairman of the board.*[83] Unübersichtlich wird die Lage darüber hinaus durch die zahlreichen *vice presidents, executive vice presidents, senior vice presidents, assistant vice presidents, assistant secretaries, assistant treasurers* und viele mehr.[84]

Über die Auswahl und Einsetzung der *officers* entscheidet regelmäßig das *board of directors,* teilweise wird das Verfahren der Regelung durch die *bylaws* überlassen.[85] Zumeist setzt das *board* zumindest die höchstrangigen *officers* ein, die dann weitere *officers* auf den nachfolgenden Ebenen ernennen dürfen.[86]

b) Bestimmung der Vertretungsmacht eines Officers

Den Gerichten bleibt von Fall zu Fall die Klärung der Frage überlassen, welche Vertretungsmacht sich mit der Position als *officer* im Einzelfall verbindet. Eine *actual authority* eines *officers* ergibt sich entweder aus einer Umschreibung in den *bylaws* der *corporation* – selten auch den *articles of incorporation* – oder einem Beschluss des *board of directors,* der dem *officer* die *authority* für ein bestimmtes Geschäft oder eine bestimmte Art von Geschäften überträgt.[87] Die Willensmanifestation der *corporation* erfolgt in diesen Fällen gegenüber dem *officer.* Ein außenstehender Dritter, der in der Regel keinen vertieften Einblick in die gesellschaftsinternen Vorgänge hat, kann das Vorliegen von *actual authority* bei einem ihm als *agent* gegenübertretendem *officer* daher nur schwer beurteilen und überprüfen. Er wird im Regelfall darauf vertrauen, dass sich mit der Funktionsbezeichnung zumindest eine *apparent authority* verbindet.

aa) Vertretungsmacht eines „President" oder „CEO"

Die *actual authority* des *president* beziehungsweise *CEO* ergibt sich grundsätzlich entweder aus den *bylaws* der *corporation* oder Beschlüssen des *board of directors.*[88] Auch aus der stillschweigenden Duldung bestimmter Geschäfte durch das *board* kann sich eine *actual authority* ableiten.[89] Ist dem *president* oder *CEO* vom *board* oder den *bylaws* ausdrücklich die *authority* übertragen, die Geschäfte der gesamten *corporation* oder eines Teilbereichs zu führen und zu überwachen, so sind davon alle Geschäfte erfasst, die mit der üblichen Geschäftstätigkeit der *corporation* beziehungsweise des betreffenden Teilbereichs einhergehen.[90] Nicht in den Umfang dieser *authority* fallen dagegen für die *corporation* außergewöhnliche Geschäfte.[91]

---

[83] Cox/Hazen, Treatise on the Law of Corporations, § 8:2.

[84] Cox/Hazen, Treatise on the Law of Corporations, § 8:2.

[85] Cox/Hazen, Treatise on the Law of Corporations, § 8:4; s. beispielhaft 2016 MBCA § 8.40 (a).

[86] 2 Fletcher Cyc. Corp. § 289; Freer/Moll, Principles of Business Organizations, 2. Aufl. 2018, S. 266.

[87] Clark, Corporate Law, § 3.3.1; Freer/Moll, Principles of Business Organizations, 2. Aufl. 2018, S. 261 f.

[88] Cox/Hazen, Treatise on the Law of Corporations, § 8:6; 2A Fletcher Cyc. Corp. § 554; Merkt, US-amerikanisches Gesellschaftsrecht, Rn. 670.

[89] Cox/Hazen, Treatise on the Law of Corporations, § 8:6; 2A Fletcher Cyc. Corp. § 554; Merkt, US-amerikanisches Gesellschaftsrecht, Rn. 671.

[90] Cox/Hazen, Treatise on the Law of Corporations, § 8:6; 2A Fletcher Cyc. Corp. § 594; vgl. aus der Rechtsprechung Missouri Valley Steel Co. v. New Amsterdam Casualty Co., 148 N.W.2d 126, 126, 130 (Minn. 1966).

[91] Cox/Hazen, Treatise on the Law of Corporations, § 8:6; 2A Fletcher Cyc. Corp. § 594.

Aus Sicht eines Dritten ist allerdings nicht einmal ein Vertragsschluss mit dem höchsten *officer* der Gesellschaft gänzlich risikofrei. Denn der Begriff *„president"* wird nicht einheitlich verwendet und kann von *corporation* zu *corporation* unterschiedliche Positionen mit verschiedenen Zuständigkeiten bezeichnen, so dass der Umfang der *authority* erheblich variiert.[92] In manchen Gesellschaften trägt der *chief executive officer* gleichzeitig den Titel *president,* andere bezeichnen ihren *general manager* oder *COO* als *president,* in wieder anderen *corporations* bekleidet ein und dieselbe Person gleichzeitig die Ämter des *president* und des *general manager.*[93] Kleinere *corporations* verwenden dagegen tendenziell allein die Bezeichnung *president* für die höchste Managementposition.[94]

Ob sich allein aus der Stellung als *president* eine von einer gesonderten Übertragung durch *board* oder *bylaws* unabhängige *authority* ergibt, erscheint zweifelhaft. Es gibt Gerichtsentscheidungen, die eine allein aus dem Status als *president* abgeleitete *authority* nicht anerkennen;[95] dem stehen zahlreiche Entscheidungen gegenüber, in denen davon ausgegangen wird, der *president* habe allein aufgrund seines Amtes die *authority,* die *corporation* im üblichen Geschäftsbetrieb zu binden.[96] Wenngleich die hierbei verwandte Terminologie uneinheitlich ist (sie reicht von einer *„inherent"*[97] oder *„implied authority"*[98] bis hin zu einer *„presumptive authority"*[99]), handelt es sich nach dem Verständnis des Restatement (Third) in all diesen Fällen um eine *apparent*

---

[92] S. 2A Fletcher Cyc. Corp. § 557.

[93] Cox/Hazen, Treatise on the Law of Corporations, § 8:6; s. auch Restatement (Third) of Agency, § 3.03e) (3) (Am. Law Inst. 2006).

[94] Cox/Hazen, Treatise on the Law of Corporations, § 8:6.

[95] S. Grant v. Duluth, M. & N. Ry., 69 N.W. 23, 24 (Minn. 1896); Black v. Harrison Home Co., 99 P. 494, 497 (Cal. 1909); Du Bois-Matlack Lumber Co. v. Henry D. Davis Lumber Co., 42 P.2d 152, 154 (Or. 1935); Kroeger v. Brody, 200 N.E. 836, 838 (Ohio 1936); Kelly v. Citizens Fin. Co., 28 N.E. 2d 1005, 1006 (Mass. 1940); Hale-Georgia Minerals Corp. v. Hale, 63 S.E. 2d 920, 921 (Ga. Ct. App. 1951); Pattelena v. Segel, 195 N.E. 2d 900, 902 (Mass. 1964); Belcher v. Birmingham Trust Nat'l Bank, 348 F.Supp. 61, 122 (N.D. Ark. 1968); American Bank & Trust Co. v. Freeman, 560 S.W.2d 444, 446 (Tex. App. Ct. 1977); Buxton v. Diversified Resources Corp., 634 F.2d 1313, 1316 (10th Cir. 1980).

[96] S. etwa Grummet v. Fresno Glazed Cement Pipe Co., 185 P. 388, 389 (Cal. 1919); Bloom v. Nathan Vehon Co. 173 N.E. 270, 272 (Ill. 1930); In re Grabill Corp., 121 B.R. 983, 1001 (Bankr. N.D. Ill. 1990); Bell Atlantic Tricon Leasing Corp. v. DRR, Inc. 443 S.E. 2d. 374, 376–377 (N.C. Ct. App. 1994).

[97] S. etwa Menard, Inc. v. Dage MTI, Inc. 726 N.E. 2d. 1206, 1210–1215 (Ind. 2000).

[98] S. Joseph Greenspon's Sons Iron & Steel Co. v. Pecos Valley Gas Co., 156 A. 350, 351–352 (Del. Super. Ct. 1931).

[99] S. Milwaukee Trust Co. v. Van Valkenburgh, 112 N.W. 1083, 1085 (Wis. 1907); Quigley v. W.N. Macqueen & Co., 151 N.E. 487, 488–489 (Ill. 1926); Hardin v. Morgan Lithograph Co., 160 N.E. 388, 390 (N.Y. 1928); Bloom v. Nathan Vehon Co. 173 N.E. 270, 272 (Ill. 1930); Sawyer v. Rochester Trust Co., 45 F.2d 867, 871 (D.N.H. 1931); Twyeffort v. Unexcelled Mfg. Co., 188 N.E. 138, 139 (N.Y. 1933) *(„prima facie")*; Adams v. Barron G. Collier, Inc., 73 F.2d 975, 979 (8th Cir. 1934) *(„prima facie")*; Schwartz v. United Merchants & Mfgrs., Inc., 72 F.2d 256, 258 (2d Cir. 1934); Warszawa v. White Eagle Brewing Co., 20 N.E. 2d 343, 346 (Ill. App. 1939); Italo-Petroleum Corp. v. Hannigan, 14 A.2d 401, 406 (Del. 1940); Aimonetto v. Rapid Gas, Inc., 126 N.W.2d 116, 119 (S.D. 1964);Goldston v. Bandwidth Technology Corp., 859 N.Y.S.2d 651, 655 (N.Y. App. Div. 2008). So auch 2A Fletcher Cyc. Corp. § 559, wo aber auch auf die uneinheitliche Terminologie in der Rechtsprechung hingewiesen wird.

authority.[100] Denn durch die Einsetzung als *president* manifestiert die *corporation* gegenüber dem Rechtsverkehr, dass die betreffende Person die mit dieser Position üblicherweise einhergehende *authority* haben soll.[101]

bb) Weitere wichtige Funktionsbezeichnungen

Mehr noch als die Bezeichnungen *„president"* oder *„CEO"* werfen all die anderen gängigen Funktionsbezeichnungen einzelfallbezogene Abgrenzungsfragen auf, die gegebenenfalls gerichtlich zu klären sind. Die Fülle der Entscheidungen kann hier nur angedeutet werden.[102] Die Gerichtspraxis zeigt jedenfalls, dass selbst für den *chairman of the board* keine generalisierenden Aussagen möglich sind. Denn bisweilen besteht seine Aufgabe allein darin, den Vorsitz in den Sitzungen des *board of directors* zu führen.[103] In anderen Fällen übernimmt er hingegen zusätzlich die Rolle des *CEO* oder *president* und ist mit weitreichenden Geschäftsführungs- und Vertretungsbefugnissen ausgestattet.[104] Dies spricht dann für eine *apparent authority* jedenfalls im gewöhnlichen Geschäftsbetrieb.[105]

Der *vice president* steht unter dem *president* und fungiert üblicherweise als dessen Stellvertreter.[106] Auch seine Rolle sowie der Umfang seines Aufgabenbereiches können von *corporation* zu *corporation* variieren.[107] Handelt er als Stellvertreter des *president,* kommt ihm dieselbe *authority* wie diesem zu.[108] Eine aus dem bloßen Status als *vice president* abgeleitete *authority* wird hingegen regelmäßig nicht anerkannt.[109] Dem stehen Entscheidungen gegenüber, in denen eine weitreichende *authority* des *vice president* allein aufgrund seines Amtes angenommen wurde.[110] Diese Tendenz wird verstärkt, wenn zusätzliche Bezeichnungen wie *„senior"* oder *„executive"* im Titel geführt werden.[111] Auch hier erstreckt sich die *authority* aber

---

[100] Restatement (Third) of Agency, § 3.03 e) (3) (Am. Law Inst. 2006); in diese Richtung auch Bell Atlantic Tricon Leasing Corp. v. DRR, Inc. 443 S.E. 2d. 374, 376-77 (N.C. Ct. App. 1994).

[101] Vgl. Oben IV 3b bb.

[102] Ausführliche Analyse der Kasuistik bei Krapp, Vertretungsmacht und Verkehrsschutz, Diss. Würzburg, 2024, Teil 3, D. I. 2. c).

[103] Cox/Hazen, Treatise on the Law of Corporations, § 8:7; 2 Fletcher Cyc. Corp. § 506; s. auch Freer/Moll, Principles of Business Organizations, 2. Aufl. 2018, S. 250.

[104] Cox/Hazen, Treatise on the Law of Corporations, § 8:7; 2 Fletcher Cyc. Corp. § 506.

[105] Cox/Hazen, Treatise on the Law of Corporations, § 8:7; s. etwa FDIC v. Texas Bank of Garland, 783 S.W.2d 604, 607 (Tex. 1989).

[106] S. 2A Fletcher Cyc. Corp. § 627.

[107] S. 2A Fletcher Cyc. Corp. § 627.

[108] Cox/Hazen, Treatise on the Law of Corporations, § 8:8; 2A Fletcher Cyc. Corp. § 627.

[109] Cox/Hazen, Treatise on the Law of Corporations, § 8:8; 2A Fletcher Cyc. Corp. § 627; Restatement (Third) of Agency, § 3.03 e) (4) (Am. Law Inst. 2006), s. etwa Morris v. Griffith & Wedge Co., 69 F. 131, 135–138 (S.D. Ohio 1895); Interstate Nat'l Bank v. Koster, 292 P. 805, 811–812 (Kan. 1930); Barnes v. Treece, 549 P.2d 1152, 1156 (Wash.App.1976); Royal Mfg. Co. v. Denard & Moore Constr. Co., 224 S.E. 2d 770, 771 (Ga. Ct. App. 1976); Hudson United Bank v. Cinnamon Ridge Corp., 845 A.2d 417, 430 (Conn. Ct. App. 2004).

[110] Cox/Hazen, Treatise on the Law of Corporations, § 8:8; s. U.S. Ore Corp. v. Commercial Transp. Corp., 369 F.Supp. 792, 794 (E.D. La. 1974).

[111] Cox/Hazen, Treatise on the Law of Corporations, § 8:8; s. Morrison v. Bank of Mt. Hope, 20 S.E. 2d 790, 792–794 (W. Va. 1942; First Interstate Bank of Texas v. First National Bank of Jefferson, 928 F.2d 153, 157 (5th Cir. 1991).

jedenfalls nicht auf Geschäfte, die über den üblichen Geschäftsbetrieb hinausgehen.[112]

Der *general manager* hat üblicherweise umfassende Befugnisse zur Führung und Überwachung der Geschäfte der *corporation.*[113] In diesem Fall wird davon ausgegangen, dass ihm zumindest die *apparent authority* zukommt, alle Geschäfte des üblichen Geschäftsbetriebs vorzunehmen.[114] Allerdings tragen immer häufiger schon die Leiter einer bestimmten Abteilung oder eines bestimmten Geschäftsbereichs den Titel *„general manager“.*[115] Meist wird der *general manager* durch eine *board resolution* eingesetzt, aus der dann auch seine *authority* hervorgeht. Eine solche formale Ernennung ist aber keine zwingende Voraussetzung. Die *authority* eines *general manager* kann sich auch aus der tatsächlichen Übernahme der Geschäftsführung und einem entsprechenden stillschweigenden Einverständnis durch das *board* ergeben.[116]

cc) Außergewöhnliche Geschäfte

Die aus einer Funktionsbezeichnung abgeleitete Vertretungsmacht bezieht sich stets nur auf den üblichen Geschäftsbetrieb. Selbst ein *president* hat nicht die *authority,* im Namen der Gesellschaft außergewöhnliche Geschäfte abzuschließen.[117] Ob es sich im Einzelfall um gewöhnliche oder außergewöhnliche Geschäfte handelt, lässt sich selbstredend nicht pauschal beantworten; die Abgrenzung hängt von der einzelnen *corporation* und der konkret betroffenen Branche ab.[118] Zu berücksichtigen sind namentlich die konkrete Tätigkeit und Situation des Unternehmens[119] oder die Umstände des Geschäftsabschlusses.[120] Typische gewöhnliche Geschäfte sind der Einkauf von notwendigen Materialien und Maschinen sowie der benötigten Büroeinrichtung,[121] die Anmietung von Flächen und Räumlichkeiten für den Geschäftsbetrieb[122] oder die Anstellung von Personal.[123] Über den gewöhnlichen

---

[112] Cox/Hazen, Treatise on the Law of Corporations, § 8:8; s. etwa Colish v. Brandywine Raceway Ass'n, 119 A.2d 887, 891 (Del. 1955).

[113] Cox/Hazen, Treatise on the Law of Corporations, § 8:11; 2A Fletcher Cyc. Corp. § 665.

[114] Cox/Hazen, Treatise on the Law of Corporations, § 8:11; 2A Fletcher Cyc. Corp. § 667.

[115] 2A Fletcher Cyc. Corp. § 665.

[116] Cox/Hazen, Treatise on the Law of Corporations, § 8:11; 2A Fletcher Cyc. Corp. § 666.

[117] 2A Fletcher Cyc. Corp. § 592; Restatement (Third) of Agency, § 3.03 e) (3) (jeweils mit Beispielen).

[118] S. Clark, Corporate Law, § 3.3.1.

[119] Eine Rolle kann in diesem Zusammenhang auch die Unterscheidung zwischen trading und non-trading corporations spielen, s. 2A Fletcher Cyc. Corp. § 668.

[120] S. 2A Fletcher Cyc. Corp. § 667.

[121] Cox/Hazen, Treatise on the Law of Corporations, § 8:11; Rathbun v. Snow, 25 N.E. 379, 380 (N.Y. 1890).

[122] Cox/Hazen, Treatise on the Law of Corporations, § 8:11; s. Hawley v. Gray Bros. Artificial Stone Paving Co., 39 P. 609, 609–610 (Cal. 1895); Singer Mfg. Co. v. McLean, 16 So. 912, 914 (Ala. 1895); Montelone v. Southern Cal. Vending Corp., 70 Cal.Rptr. 703, 708 (Ct. App. 1968); Medallion Tower, Inc. v. Fort Lauderdale Tech. Col., 323 F.Supp. 180, 185 (E.D. La. 1970).

[123] Cox/Hazen, Treatise on the Law of Corporations, § 8:11; Hardy v. Tittabawassee Boom Co., 17 N.W. 235, 236 (Mich. 1883) (für einen „superintendent“); Hessler, Inc. v. Farrell, 226 A.2d 708 (Del. 1967); Gibson v. Contract Waterproofing Co., 179 N.E. 157, 158–159 (Mass. 1931); Gillian v. Consolidated Foods Corp., 227 A.2d 858, 861 (Pa. 1967); Celatron, Inc. v. Cavic Engg. Co., 432 S.W.2d 794, 799 (Mo. App. Ct. 1968). Ausführlich zu einzelnen Vertragstypen s. auch 2A Fletcher Cyc. Corp. §§ 671 ff.

Geschäftsbetrieb hinausgehend sind in der Regel Immobiliengeschäfte,[124] Verträge über das gesamte Gesellschaftsvermögen,[125] aber auch Anstellungsverhältnisse zu ungewöhnlichen Konditionen.[126]

c) Sicherungsmechanismen gegen Vertragsschluss ohne Vertretungsmacht

Angesichts der Unwägbarkeiten des allgemeinen *agency*-Rechts muss der Geschäftspartner im Eigeninteresse Vorkehrungen treffen, um sich jedenfalls bei bedeutsamen Geschäften gegen das Risiko einer fehlenden Vertretungsmacht abzusichern. So wird bei wichtigen Transaktionen regelmäßig die zertifizierte Kopie einer *board resolution* verlangt, aus der sich die *authority* des handelnden *officers* für das betreffende Geschäft ergibt.[127] Wenn der *secretary* der Gesellschaft das Zertifikat ausstellt, es mit dem Firmensiegel *(corporate seal)* versieht und den handelnden *officer* darin namentlich nennt, wird die *corporation* durch das Handeln des *officers* gebunden, da dem *secretary* regelmäßig die *actual authority* zukommt, solche Zertifikate auszustellen.[128] Auf diese Unterlagen kann sich dann die eingangs erwähnte *legal opinion* über die wirksame Vertretungsmacht beziehen. Die sog. „*duly authorized opinion*“ bestätigt, dass das innerhalb der Gesellschaft zuständige Organ der Transaktion in der gesellschaftsrechtlich geforderten Weise zugestimmt hat.[129] Die zusätzlich gebotene „*duly executed opinion*“ bestätigt, dass die Vereinbarung von einer Person abgeschlossen wurde, die berechtigt war, im Namen der Gesellschaft zu handeln.[130]

---

[124] Cox/Hazen, Treatise on the Law of Corporations, § 8:11; Stow v. Wyse, 7 Conn. 214, 219 (1828); Newberry v. Barth, Inc., 252 N.W.2d 711, 714–715 (Iowa 1977).

[125] Cox/Hazen, Treatise on the Law of Corporations, § 8:11; Goodyear Rubber Co. v. George D. Scott Co., 11 So. 370, 371 (Ala. 1892); Hadden v. Linville, 38 A. 37, 39 (Md. 1897); Cupit v. Park City Bank, 58 P. 839, 842 (Utah 1899).

[126] Cox/Hazen, Treatise on the Law of Corporations, § 8:11; Elk Valley Coal Co. v. Thompson, 150 Ky. 614, 150 S.W. 817, 820 (1912); Horvath v. Sheridan-Wyoming Coal Co., 131 P.2d 315, 319–320 (Wyo. 1942); Pullman Co. v. Ray, 94 A.2d 266, 271 (Md. 1953); Porshin v. Snider, 212 N.E. 2d 216, 217 (Mass. 1965); Mannion v. Campbell Soup Co., 52 Cal.Rptr. 246, 251 (Ct. App. 1966); Nelms v. A & A Liquor Stores, Inc., 445 S.W.2d 256, 259 (Tex. Civ. App. 1969).

[127] Cox/Hazen, Treatise on the Law of Corporations, § 8:16 (hier wird als Alternative auch die zertifizierte Kopie eines wirksam verabschiedeten bylaw genannt); Freer/Moll, Principles of Business Organizations, 2. Aufl. 2018, S. 262; Merkt, US-amerikanisches Gesellschaftsrecht, Rn. 673. Ein Beispiel für ein solches Zertifikat ist abgedruckt bei Fischer, ZNotP 1999, 352, 357.

[128] Freer/Moll, Principles of Business Organizations, 2. Aufl. 2018, S. 262; s. auch 2A Fletcher Cyc. Corp. § 671.

[129] Vgl. folgende Auszüge aus Glazer and Fitzgibbon on Legal Opinions, Third Edition, 2008, S. 267 ff.: „*[...] that the proper body or bodies within the company approved the agreement in a manner required by the corporation law of the state in which the company was incorporated and the company's charters and bylaws and that the approval remains in effect on the closing date. For some matters, the corporation statute under which the company was incorporated or the company's charters or bylaws may specify the approvals that are required. Thus, corporation statutes typically require stockholder approval of a sale of substantially all a corporation's assets or a merger. For many matters the statute, charter and bylaws do not specify the approvals that are required. Normally, that is not a problem because, even in the absence of an express requirement, transactions that are significant enough to call for a closing opinion usually are approved by the board as a matter of course pursuant to its general authority to manage the affairs of the corporation.*“

[130] Glazer and Fitzgibbon on Legal Opinions, Third Edition, 2008, S. 280: „*The opinion that the agreement has been „duly executed“ covers issues not only of corporation law but also of agency law and contract law. The opinion means that the agreement was signed in the name of the company by someone having authority to act on the company's behalf.*“

Etwas schwächere Absicherung bietet das an einem Vertrag angebrachte Firmensiegel. Das *corporate seal* wird in einigen Gerichtsentscheidungen als Anscheinsbeweis *(prima facie evidence)* für eine bestehende *authority* gewertet. Das Gegenteil muss dann von der anderen Partei bewiesen werden.[131] Eine weitere praktisch relevante Absicherungsmöglichkeit besteht darin, mit dem handelnden *officer* eine Garantie für die Erfüllung des Vertrages zu vereinbaren.[132] Das dadurch entstehende persönliche Haftungsrisiko wird den *officer* regelmäßig davon abhalten, ein Geschäft abzuschließen, das außerhalb seiner *authority* liegen könnte.

VI. Rechtsvergleich und Transaktionskostenvergleich

1. Rechtsvergleichende Erkenntnisse

Der Blick in das US-amerikanische *law of agency* belegt eine häufige rechtsvergleichende Erkenntnis: Die dogmatische Begründung mag abweichen, aber die praktischen Ergebnisse liegen nicht weit auseinander. Betrachtet man zunächst die Ebene der Rechtsdogmatik, so ist die scharfe Trennung zwischen Innen- und Außenverhältnis nur dem deutschen Recht eigen. Im US-amerikanischen Recht regelt die *agency-relationship* zwar sowohl das Innen- als auch das Außenverhältnis. Dennoch ist die gedankliche Trennung nicht gänzlich unbekannt, da im Außenverhältnis zahlreiche Gesichtspunkte greifen, die dem Schutz des Geschäftspartners dienen und im Ergebnis zu einem Auseinanderfallen von Innen- und Außenverhältnis führen können. So zeigt sich in der Trennung von *„authority"* und *„power"* eine Parallele zur deutschen Unterscheidung in das rechtliche „Dürfen" und „Können" eines Stellvertreters.[133] Die Auslegung einer Willensmanifestation des Vertretenen im Lichte des *„reasonable belief"* des Vertreters (bei der *actual authority*) oder des Geschäftspartners (bei der *apparent authority*) führt im Ergebnis gleichfalls dazu, dass Innen- und Außenverhältnis auseinanderfallen können.[134]

Das Konzept der Duldungs- und Anscheinsvollmacht, das in der deutschen Dogmatik eigenständig als Rechtsscheinhaftung verstanden wird, findet sich im US-amerikanischen Recht – jedenfalls im praktischen Endergebnis – in Anwendungsfällen der *apparent authority.*[135] Auch die gesetzlich geregelten Fälle des Vertrauens in den §§ 170–172 BGB würden in den USA vermutlich über den Gedanken der *apparent authority* gelöst.[136] Was deutsche Juristen die Gutgläubigkeit nennen, ist vom *reasonable belief* des US-amerikanischen Rechts im praktischen Ergebnis nicht weit

---

[131] Cox/Hazen, Treatise on the Law of Corporations, § 8:16; 2 Fletcher Cyc. Corp. § 437.40, § 671; s. Italo-Petroleum Corp. v. Hannigan, 14 A.2d 401, 405 (Del. 1940); Associates Discount Corp. v. Tobb Co., 50 Cal.Rptr. 738, 742 (Ct. App. 1966); Snukal v. Flightways Mfg., Inc., 3 P.3d 286, 306–307 (Cal. 2000).

[132] Freer/Moll, Principles of Business Organizations, 2. Aufl. 2018, S. 264.

[133] Zusammenfassend Krapp, Verkehrsschutz und Vertretungsmacht, 2024, Diss. Würzburg, Teil 4 A.

[134] Krapp, Verkehrsschutz und Vertretungsmacht, 2024, Diss. Würzburg, Teil 4 B.

[135] Krapp, Verkehrsschutz und Vertretungsmacht, 2024, Diss. Würzburg, Teil 4 C.

[136] Krapp, Verkehrsschutz und Vertretungsmacht, 2024, Diss. Würzburg, Teil 4 C.

entfernt. In beiden Jurisdiktionen entfällt der Schutz des Geschäftspartners bei positiver Kenntnis; ebenso besteht Einigkeit, dass ihm grundsätzlich keine Nachforschungspflicht auferlegt werden soll.[137] Arrondiert wird der Anwendungsbereich der *apparent authority* durch das Konzept des *estoppel,* dessen konkrete Anwendungsfälle eine auffällige Parallele zur deutschen Anscheinsvollmacht aufweisen.[138]

Die Willensmanifestation des *principal* in Bezug auf den Umfang der Vertretungsmacht kann sich ebenso wie im deutschen Recht konkludent aus den Umständen ergeben. So wird im Lichte der dem *agent* übertragenen Aufgaben die *special authority,* die sich nur auf einzelne Transaktionen bezieht, von der *general authority,* die eine Vielzahl von Geschäften gestattet, unterschieden.[139] Letzteres ist beispielsweise bei einem *business manager* gegeben, der weitreichende Geschäftsführungsbefugnisse im Unternehmen des *principal* hat.[140] Zu denselben Ergebnissen würden deutsche Juristen vermutlich in Anwendung der handelsrechtlichen Grundsätze der Spezial- und Generalvollmacht gemäß § 54 Abs. 1 HGB gelangen.

Die Betrachtung der Vertretungsverhältnisse einer Gesellschaft ergibt allerdings, dass das US-amerikanische Recht insoweit über den Entwicklungsstand des § 54 HGB nicht wirklich hinausgelangt ist. Selbst der *„president"* einer US-corporation hat keine originäre und umfassende Vertretungsmacht kraft Amtes. Dritte müssen sich hier ebenso wie bei anderen Funktionsbezeichnungen auf eine *apparent authority* verlassen, die aber stets nur Vertragsabschlüsse des gewöhnlichen Geschäftsbetriebs umfasst. Dies deckt sich weitgehend mit der Übertragung einer verkehrstypisch mit Handlungsvollmacht verbundenen Stellung oder Aufgabenzuweisung im betreffenden Geschäftsbetrieb im Kontext des § 54 HGB.[141] Eine solche Handlungsvollmacht kann auch als Duldungs- oder Anscheinsvollmacht entstehen.[142]

Ebenso wie die *apparent authority* eines *officers* erfasst § 54 Abs. 1 HGB nur Geschäfte und Rechtshandlungen, die der Betrieb eines derartigen Handlungsgewerbes oder die Vornahme derartiger Geschäfte gewöhnlich mit sich bringt. Diese Voraussetzung ist anhand eines objektiven Maßstabs zu bestimmen.[143] Dafür sind einerseits die Verhältnisse des konkreten Unternehmens entscheidend; beispielsweise zählen bei einem Großunternehmen auch Vertragsabschlüsse von erheblicher finanzieller Tragweite noch zum gewöhnlichen Geschäftsbetrieb.[144] Andererseits ist

[137] Krapp, Verkehrsschutz und Vertretungsmacht, 2024, Diss. Würzburg, Teil 4 C.

[138] Krapp, Verkehrsschutz und Vertretungsmacht, 2024, Diss. Würzburg, Teil 4 C.

[139] Hynes/Loewenstein, Agency, Partnership, and the LLC, 6. Aufl., 2016, S. 7 ff.; Restatement (Third) of Agency, § 2.01 d) (Am. Law Inst. 2006).

[140] Hynes/Loewenstein, Agency, Partnership, and the LLC, 6. Aufl., 2016, S. 7; Restatement (Third) of Agency, § 2.01 d) (Am. Law Inst. 2006).

[141] Teichmann/Körber in Heymann, 3. Aufl., 2019, HGB § 54 Rn. 14; BGH NJW 2015, 2584 (2588).

[142] Teichmann/Körber in Heymann, 3. Aufl., 2019, HGB § 54 Rn. 16; RGZ 100, 48 (49); RGZ 118, 234 (236); RGZ 133, 97 (100); BGH BeckRS 1969, 31181494; BeckRS 1978, 31114196.

[143] Krebs in MüKoHGB, 5. Aufl. 2021, HGB § 54 Rn. 20; Teichmann/Körber in Heymann, 3. Aufl. 2019, HGB § 54 Rn. 27.

[144] BGH NJW-RR 2002, 967 (968).

auf die Branchenüblichkeit abzustellen.[145] Auch hier findet sich reichhaltiges Fallmaterial in der Rechtsprechung über Konstellationen, in denen eine Handlungsvollmacht bejaht wurde, und solche, in denen sie abgelehnt wurde.[146] Ungeachtet der verkehrsschützenden Funktion des § 54 HGB bleibt daher für den Geschäftspartner ein Restrisiko, dass er die Umstände falsch eingeschätzt haben könnte; auch der in § 54 Abs. 3 HGB geregelte Schutz des guten Glaubens bezieht sich nur auf den typisierten Umfang der Vollmacht.[147]

2. *Grundlage einer Transaktionskostenanalyse*

Der breit gefächerte Rechtsvergleich belegt, dass eine ökonometrische Analyse der Effizienz des einen oder anderen Systems nicht allein daran festmachen kann, dass in Deutschland die Eintragung im Handelsregister eine gewisse Verzögerung und eine Eintragungsgebühr mit sich bringt. Denn der verhältnismäßig geringen Gebühr und der nur kurzen Verzögerung, die eine Anmeldung oder Abmeldung einer vertretungsberechtigten Person mit sich bringt, stehen erhebliche Vorteile im weiteren Geschäftsverkehr gegenüber. Außenstehende Dritte können bei einem Vertrag mit den vertretungsberechtigten Organen einer Gesellschaft die Rechtsunsicherheit über die Auslegung der Vertretungsmacht vermeiden, die dem System der *apparent authority* ebenso immanent ist wie demjenigen der Handlungsvollmacht nach § 54 HGB. Verglichen mit den Anwaltshonoraren, die bei einer US-amerikanischen *legal opinion* fällig werden, bewegen sich die Eintragungsgebühren beim Handelsregister im mikroskopischen Bereich.

Indessen wäre es methodisch verfehlt, lediglich die hohen Kosten einer *legal opinion* den niedrigen Gebühren einer Handelsregistereintragung gegenüberzustellen. Zur Wahrheit gehört auch der Befund, dass eine *legal opinion* allein bei bedeutsamen Transaktionen eingeholt werden muss, während die Handelsregistergebühr bei jeder Gesellschaft und bei jeder Änderung im Personenkreis der Vertretungsorgane fällig wird, obwohl dieser besondere Vertrauensschutz keineswegs in jedem Fall nötig ist. Ganz im Gegenteil dürfte im unternehmerischen Alltag in der weit überwiegenden Zahl der Fälle kein vernünftiger Zweifel daran bestehen, ob ein Vertragsschluss zu den üblichen Geschäften gehört oder einen außergewöhnlichen Charakter hat. Auf dieser pragmatischen Annahme beruht die Regelung des § 54 HGB ebenso wie diejenige der *apparent authority.* Die Transaktion, die erkennbar außergewöhnlichen Charakter hat oder bei der die Abgrenzung so unsicher erscheint, dass besondere Vorsicht geboten ist, stellt im Alltag den Ausnahmefall dar. In einer solchen Situation wiederum fallen die Kosten einer *legal opinion* für die Beteiligten prozentual kaum ins Gewicht, gemessen an den Gesamtkosten der Transaktion. Es ließe sich darüber hinaus argumentieren, dass die Kosten der Rechtsberatung bei den Beteiligten der fraglichen Transaktion am besten aufgehoben

[145] Krebs in MüKoHGB, 5. Aufl. 2021, HGB § 54 Rn. 28; Teichmann/Körber in Heymann, 3. Aufl. 2019, HGB § 54 Rn. 27.

[146] Vgl. die Einzelbeispiele bei Teichmann/Körber in Heymann, 3. Aufl. 2019, HGB § 54 Rn. 34 f.

[147] Teichmann/Körber in Heymann, 3. Aufl. 2019, HGB § 54 Rn. 47.

sind, während die Handelsregistergebühren für jedes handelsrechtliche Unternehmen anfallen, ganz unabhängig davon, ob sich für dieses Unternehmen im Geschäftsleben die Frage der Abgrenzung von gewöhnlichen und außergewöhnlichen Geschäften jemals stellen wird oder wie oft dies der Fall sein könnte.

Einem methodisch belastbaren Effizienzvergleich stehen nach alledem erhebliche Hindernisse entgegen. Der Gesamtbetrag der beispielsweise in einem Jahr in Deutschland für derartige Eintragungen anfallenden Handelsregistergebühren ließe sich wohl mit einigem Aufwand noch verhältnismäßig genau ermitteln. Deutlich schwieriger, wenn nicht praktisch unmöglich erscheint die Klärung der Frage, wie oft in den USA eine *legal opinion* in Fällen eingeholt werden muss, in denen im deutschen Rechtsverkehr ein Blick in das Handelsregister genügt, und welche Honorare dafür verlangt werden.

Einer ähnlichen Schwierigkeit begegnet der Versuch, den Wert von Rechtssicherheit zu beziffern. Immerhin fördert die Untersuchung der US-amerikanischen Kasuistik eine Fülle von Gerichtsentscheidungen zutage, die sich mit der Frage befassen mussten, ob und mit welchem Umfang ein sog. *officer actual* oder *apparent authority* hatte. Wenngleich es zu § 54 HGB gleichfalls eine Reihe von Gerichtsentscheidungen gibt, scheint deren Menge doch deutlich hinter der Anzahl vergleichbarer Rechtsstreitigkeiten in den USA zurückzubleiben. Dies lässt sich zumindest als Indiz dafür werten, dass die Abwesenheit von Rechtssicherheit, wie sie neben den gesellschaftsrechtlichen Vertretungsorganen auch die Prokura des Handelsrechts bietet, zu einer höheren Zahl an Gerichtsverfahren führt.

VII. Fazit

Der Rechtsvergleich zwischen Deutschland und den USA zeigt frappierende Ähnlichkeiten im allgemeinen Zivilrecht der Stellvertretung und klare Unterschiede bei der organschaftlichen Vertretung von Kapitalgesellschaften. Eine auf das Handelsregister gestützte organschaftliche Vertretungsmacht, die Rechtssicherheit im Geschäftsverkehr vermittelt, existiert in den USA nicht. Wer nur einseitig die Verfahrensdauer und Gebühren von Handelsregistereintragungen beklagt, geht daher in die Irre. Der Blick in die USA zeigt, dass das Fehlen eines zuverlässigen Registers erhebliche Transaktionskosten in Form von ausgefeilten *legal opinions* nach sich zieht, die im deutschen System nicht anfallen. Dieser positive Beitrag der vorsorgenden Rechtspflege sollte bei einem Effizienzvergleich der Systeme nicht übersehen werden.

EBERHARD VETTER

Besetzung des Aufsichtsrats der GmbH unter Einfluss von Dritten

Die Mitglieder des Aufsichtsrats der Aktiengesellschaft oder der GmbH werden von ihren Aktionären bzw. Gesellschaftern gewählt oder im Wege des Entsenderechts einzelner Aktionäre oder Gesellschafter bestimmt, sieht man von der Sondersituation ab, dass die Gesellschaft der Unternehmensmitbestimmung der Arbeitnehmer unterliegt. In diesem Fall sind darüber hinaus auch die Arbeitnehmer zur Wahl von Aufsichtsratsmitgliedern ihres Vertrauens nach dem DrittelbG, MitbestErgG oder dem MitbestG berechtigt. Auch wenn die Aufsichtsratswahl das ureigenste Interesse der Eigentümer der Gesellschaft betrifft, finden sich doch in der Praxis immer wieder Fälle, in denen außenstehenden Dritten auch ohne kapitalmäßige Beteiligung die Möglichkeit eingeräumt werden soll, auf die Besetzung des Aufsichtsrats auf langfristig stabiler Basis direkt oder indirekt und unabhängig von der Stimmrechtsmacht und der Stimmung der einzelnen Aktionäre oder Gesellschafter Einfluss zu nehmen.

In diesem Festschriftbeitrag, der *Heribert Heckschen* mit allen guten Wünschen anlässlich seines 65. Geburtstags gewidmet ist, soll eine spezielle Problematik bei der Besetzung des Aufsichtsrats der GmbH erörtert werden, nämlich die Frage, inwieweit die Besetzung des Aufsichtsrats von der Gesellschafterversammlung in die Hände Dritter gelegt werden darf. Der Autor geht davon aus, dass dem Jubilar derartige Fragen in seiner notariellen Praxis nicht fremd sind, insbesondere weil dieser, wie seine zahlreichen Publikationen belegen, ein besonderes Interesse an gesellschaftsrechtlichen Fragen hat. Vor diesem Hintergrund hofft der Autor mit den nachfolgenden Überlegungen zum Dritteinfluss bei der Aufsichtsratsbesetzung auf das Interesse von *Heribert Heckschen,* der sich auch bereits literarisch mit Fragen der Gestaltungsmacht der Gesellschafterversammlung im Zusammenhang mit der Bildung des Aufsichtsrats der GmbH auseinandergesetzt hat.[1] Die Gestaltung des Dritteinflusses bei der Aufsichtsratsbesetzung zählt sicher nicht zum Standardrepertoire der notariellen Praxis, kann aber im Einzelfall gleichwohl erhebliche praktische Bedeutung haben.

[1] Heckschen, Öffnungsklauseln in GmbH-Satzungen, NZG 2019, 1281; siehe auch generell Heckschen in Heckschen/Heidinger, Die GmbH in der Gestaltungs- und Beratungspraxis, 4. Aufl. 2018, Kap. 4 Satzungsgestaltung.

I. Einleitung

Die Besetzung des Aufsichtsrats liegt grundsätzlich in den Händen der Aktionäre bzw. Gesellschafter. Im Normalfall werden die Mitglieder des Aufsichtsrats der AG nach § 101 Abs. 1 AktG von der Hauptversammlung bzw. im Fall der GmbH von der Gesellschafterversammlung gewählt. Schließlich steht auch den Arbeitnehmern das Recht zur Wahl von Aufsichtsratsmitgliedern zu, sofern es sich um eine Gesellschaft handelt, deren Aufsichtsrat nach Durchführung eines Statusverfahrens gemäß § 96 ff. AktG[2] nach den Vorschriften des MitbestG, des MitbestErgG oder des DrittelbG zu bilden ist.

Abweichend davon kann die Satzung allerdings auch ein Entsenderecht vorsehen. Gemäß § 101 Abs. 2 AktG kann bestimmten Aktionären bzw. den Inhabern bestimmter Aktien ein Recht zur Entsendung von Aufsichtsratsmitgliedern eingeräumt werden. Es trägt dem Umstand Rechnung, dass ein Aktionär ein besonderes Interesse daran haben kann, unabhängig vom Willen der Mehrheit der Gesellschafterversammlung seine Belange durch Personen seines Vertrauens gewahrt zu wissen.[3]

Das Entsenderecht ist gemäß § 101 Abs. 2 S. 4 AktG – in der börsennotierten wie in der nicht börsennotierten AG[4] – auf ein Drittel der Aufsichtsratsmitglieder der Aktionäre beschränkt, aus denen der Aufsichtsrat nach Gesetz oder Satzung besteht. Die Vorschriften über das aktienrechtliche Entsenderecht sind zwingendes Recht,[5] Abweichungen sind nicht zulässig. Im Unterschied zum österreichischen Aktienrecht[6] scheidet auch ein satzungsmäßiges Nominierungsrecht bei der Wahl von Aufsichtsratsmitgliedern durch die Hauptversammlung aus. Die Einführung eines derartigen Sonderrechts als „kleine Schwester des Entsenderechts“[7] durch die Satzung ist mit § 23 Abs. 5 S. 2 AktG nicht zu vereinbaren, da das Gesetz insoweit für eine Einschränkung des Gleichbehandlungsgrundsatzes der Aktionäre keinen Freiraum eröffnet, wie letztlich auch der Blick auf die Ausnahmevorschrift von § 137 AktG bestätigt, die unter bestimmten Voraussetzungen in der Hauptversammlung ein vorrangiges Recht zur Abstimmung über Wahlvorschläge von Aktionären vorsieht.

Auch wenn § 46 GmbHG dazu keine Aussage trifft, liegt die Wahl von Aufsichtsratsmitgliedern (der Anteilseigner) in der Zuständigkeit der Gesellschafter, die entweder in der Gesellschafterversammlung oder im Verfahren nach § 48 Abs. 2 GmbHG erfolgt.[8] Daneben besteht auch die Möglichkeit, im Gesellschaftsvertrag die Entsendung von Aufsichtsratsmitgliedern vorzusehen. Während das Recht zur

---

[2] Siehe dazu jüngst BAG NZG 2023, 1000.

[3] BGHZ 36, 296 (307).

[4] Anders zB § 88 öAktG.

[5] Koch, 17. Aufl. 2023, AktG § 101 Rn. 11; Spindler in BeckOGK, 1.7.2023, AktG § 101 Rn. 51.

[6] Kalss FS Hoffmann-Becking, 2013, 631 (635); Kalss in Nowotny/Doralt/Kalss, 3. Aufl. 2021, AktG § 88 Rn. 41; kritisch zB Klausmann, Entsendungsrechte in der AG, 2016, S. 184.

[7] Kalss ZHR 187 (2023), 438 (456).

[8] Heermann in Habersack/Casper/Löbbe, 3. Aufl. 2020, GmbHG § 52 Rn. 39, 185 und 281; Noack in Noack/Servatius/Haas, 23. Aufl. 2022, GmbHG § 52 Rn. 41, 176 und 290.

Begründung eines Entsenderechts bei der GmbH mit fakultativem Aufsichtsrat wie auch im Fall der paritätischen Mitbestimmung[9] unmittelbar auf die Satzungsautonomie der Gesellschafter gestützt werden kann, beruht die Möglichkeit eines statutarischen Entsenderechts bei der GmbH, deren Aufsichtsrat zu einem Drittel aus Aufsichtsratsmitgliedern der Arbeitnehmer besteht, auf dem Verweis von § 2 Abs. 1 Nr. 3 DrittelbG auf § 101 Abs. 2 AktG.

In der Unternehmenspraxis besteht mitunter seitens der Gesellschafter der GmbH Interesse, Dritten die Möglichkeit einzuräumen, Aufsichtsratsmitglieder zu entsenden oder ihre Wahl durch die Gesellschafterversammlung verbindlich zu bestimmen. Entsenderechte finden sich zB in Unternehmen, an denen die öffentliche Hand direkt oder indirekt beteiligt ist, in Familienunternehmen aber auch in der Start-up-Szene sind sie zugunsten von Kapitalgebern bekannt.[10] Zur Verdeutlichung seien folgende praktische Beispiele genannt, in denen im Gesellschaftsvertrag jeweils Regelungen zur Bildung und Zusammensetzung des Aufsichtsrats enthalten sind:

a) Das Stammkapital der A-GmbH liegt zu 60% bei der kommunalen Holdinggesellschaft und zu jeweils 20% bei der Stadtsparkasse und dem regionalen Energieversorger. Nach dem Gesellschaftsvertrag gehört der Oberbürgermeister der Kommune kraft Amtes dem Aufsichtsrat der GmbH als Mitglied an.
b) Die B-GmbH erhält von einem Finanzier ein Darlehen im Wege einer Wandelanleihe, das die Wandlung in einen Geschäftsanteil in Höhe von 20% am Stammkapital ermöglicht. Dem Finanzier wird im Gesellschaftsvertrag – ungeachtet der fehlenden Beteiligung am Stammkapital und auch unabhängig, davon, ob er von seinem Wandlungsrecht Gebrauch macht – für die Laufzeit der Wandelanleihe das Recht zur Entsendung eines Mitglieds in den Aufsichtsrat eingeräumt.
c) Die C-GmbH mit zwei Gesellschaftern mit Anteilen in Höhe von 65% und 35% am Stammkapital verfügt über einen fakultativen Aufsichtsrat mit sechs Mitgliedern, die von der Gesellschafterversammlung gewählt werden. Der Muttergesellschaft des Minderheitsgesellschafters steht das Vorschlagsrecht für zwei Aufsichtsratsmitglieder zu, deren Wahl von der Gesellschafterversammlung nur bei Vorliegen eines wichtigen Grundes verweigert werden darf.
d) Die D-GmbH hat zwei Gesellschafter, die jeweils hälftig an der Gesellschaft beteiligt sind. Die Gesellschaft hat einen fakultativen Aufsichtsrat mit drei Mitgliedern. Für eines der Aufsichtsratsmitglieder steht nach dem Gesellschaftsvertrag dem Leiter des Forschungsinstituts der Universität das Recht zur Entsendung eines Aufsichtsratsmitglieds zu.
e) An der E-GmbH mit paritätisch mitbestimmtem Aufsichtsrat bestehend aus zwölf Mitgliedern sind ein Gesellschafter mit 74% und ein weiterer mit 26% beteiligt. Für den Mehrheitsgesellschafter besteht ein Entsenderecht über zwei Aufsichtsratsmitglieder, für den Minderheitsgesellschafter für ein Aufsichtsratsmit-

---

[9] § 6 Abs. 2 S. 1 MitbestG nimmt im Verweis auf das AktG ausdrücklich § 101 Abs. 2 AktG aus.

[10] Bayer/Hoffmann AG Report 2009, R347ff.; Klausmann, Entsendungsrechte in der AG, 2016, S. 96; Möslein AG 2007, 770 (771); Wälzholz DStR 2003, 511 (515).

glied. Die übrigen Aufsichtsratsmitglieder der Anteilseigner werden von der Gesellschafterversammlung gewählt. Für den Fall, dass ein Gesellschafter sein Entsenderecht nicht ausübt, sieht der Gesellschaftsvertrag vor, dass der andere Gesellschafter bei der Industrie und Handelskammer die Ernennung der fehlenden Aufsichtsratsmitglieder beantragen kann.

f) In der F-GmbH mit 700 Mitarbeitern soll – ungeachtet des maßgeblichen DrittelbG – durch Aufnahme entsprechender Bestimmungen in den Gesellschaftsvertrag ein zwölfköpfiger Aufsichtsrat nach dem Vorbild des MitbestG eingerichtet werden, der zur Hälfte aus Mitgliedern der Anteilseigner und zur Hälfte aus Mitgliedern der Arbeitnehmer gebildet wird. Die Mitglieder der Arbeitnehmer werden auf Grund einer Vereinbarung zwischen der Alleingesellschafterin und der zuständigen Gewerkschaft, soweit sie nicht unmittelbar von der Belegschaft gewählt werden, von der Gesellschafterversammlung auf Vorschlag des Betriebsrats gewählt. Für die Wahl des Vorsitzenden und des stellvertretenden Vorsitzenden des Aufsichtsrats bestimmt der Gesellschaftsvertrag die Befolgung des Verfahrens nach § 27 Abs. 1 und 2 MitbestG. Bei Abstimmungen im Aufsichtsrat hat der Aufsichtsratsvorsitzende nach dem Gesellschaftsvertrag dem Vorbild von § 29 MitbestG folgend zwei Stimmen. Weiterhin bestimmt der Gesellschaftsvertrag, dass die Geschäftsführung aus mindestens zwei Mitgliedern besteht, die nach dem Vorbild des Verfahrens gemäß § 31 MitbestG gewählt werden und von denen ein Mitglied die Funktion des Arbeitsdirektors ausübt.[11]

Die Ausübung des Stimmrechts zur Wahl der Mitglieder des Aufsichtsrats der GmbH zählt zu den mitgliedschaftlichen Grundrechten der Gesellschafter. Gesetzliche Einschränkungen bestehen allein nach den Gesetzen zur unternehmerischen Mitbestimmung der Arbeitnehmer.[12] Die Einführung eines satzungsmäßigen Entsenderechts zum Aufsichtsrat verkürzt das Stimmrecht bzw. das Stimmgewicht des einzelnen Gesellschafters bei der Wahl der Aufsichtsratsmitglieder und bedarf deshalb der Zustimmung aller Gesellschafter.[13] Die Begründung eines Entsenderechts kommt zudem nur aufgrund einer Rechtsgrundlage im Gesellschaftsvertrag in Betracht. Es bindet künftige Gesellschafter und unterliegt über das Handelsregister der Publizität gegenüber Dritten.

Die Tragweite eines Entsenderechts auf die Rechtsstellung der Gesellschafter ist deutlich größer, wenn außenstehenden Dritten in der Satzung der Gesellschaft Rechte bezüglich der Zusammensetzung des Aufsichtsrats und der Bestellung seiner Mitglieder eingeräumt werden sollen.[14] Vor diesem Hintergrund stellt sich zwangsläufig die Frage nach der Zulässigkeit bzw. nach den Voraussetzungen der Begründung von diesbezüglichen Rechten Dritter. Darüber hinaus geht es auch um die

---

[11] Nähe rechtstatsächliche Hinweise zB bei Bork/Schäfer/Rieble, 5. Aufl. 2022, GmbHG § 52 Rn. 67; siehe auch OLG Bremen NJW 1976, 1153; VG Gelsenkirchen NJW 1974, 378.

[12] DrittelbG, MitbestG, MontanmitbestErgG.

[13] Heermann in Habersack/Casper/Löbbe, 3. Aufl. 2020, GmbHG § 52 Rn. 42; Klausmann, Entsendungsrechte in der AG, 2016, S. 118; Noack in Noack/Servatius/Haas, 23. Aufl. 2022, GmbHG § 52 Rn. 42; Peres in Saenger/Inhester, 4. Aufl. 2020, GmbHG § 52 Rn. 43; Simon GmbHR 1999, 257 (259); Spindler in MüKoGmbHG, 4. Aufl. 2023, GmbHG § 52 Rn. 166.

[14] Deutlich Hommelhoff ZHR 148 (1984), 118 (122).

Schranken des zwingenden Rechts sowie um die Vereinbarkeit von entsprechenden Satzungsregelungen mit dem allgemeinen Grundsatz der Verbandsautonomie. Höchstrichterliche Rechtsprechung zu diesem Fragenkomplex liegt bislang nicht vor und da auch die Beurteilung im Schrifttum uneinheitlich ausfällt, soll im Folgenden auf die Möglichkeit eines Entsenderechts Dritter näher eingegangen werden.

Die Fragen zur Einführung eines Entsenderechts zum Aufsichtsrat sind für die Unternehmenspraxis keinesfalls trivial. Könnte etwa auf Grund zwingenden Rechts in der Satzung ein Entsenderecht nicht wirksam begründet werden, wäre die Entsendung in den Aufsichtsrat unwirksam. Die Entsendung würde in der betreffenden Person kein Mitgliedschaftsrecht begründen und ihr stünde im Aufsichtsrat weder ein Teilnahmerecht noch das Stimmrecht zu. Bei einer unwirksamen Entsendung, insbesondere, wenn es mehrere entsandte Aufsichtsratsmitglieder betrifft, können sich die Mehrheitsverhältnisse im Aufsichtsrat verschieben mit unter Umständen gravierenden Folgen für die vom Aufsichtsrat getroffenen bzw. zu treffenden Entscheidungen.

II. Gesetzliche Vorgaben für die Besetzung des Aufsichtsrats

1. Besetzung des Aufsichtsrats der AG

Neben dem Regelfall der Wahl von Aufsichtsratsmitgliedern der Anteilseigner durch die Hauptversammlung gemäß § 101 Abs. 1 AktG sieht § 101 Abs. 2 AktG die Möglichkeit vor, in der Satzung ein Recht zur Entsendung von Mitgliedern in den Aufsichtsrat der AG zu begründen. In Betracht kommt entweder ein Entsenderecht für bestimmte in der Satzung namentlich genannte Aktionäre oder für die Inhaber bestimmter Aktien, was die Ausgabe von vinkulierten Namensaktien voraussetzt.[15] Das aktienrechtliche Entsenderecht ist ein Sonderrecht des begünstigten Aktionärs iSv § 35 BGB.[16] Es kann nach dem klaren Gesetzeswortlaut nur zugunsten von Aktionären begründet werden. Die Einräumung eines Entsenderechts zugunsten eines Dritten durch eine entsprechende Satzungsregelung ist nicht zulässig, § 23 Abs. 5 AktG.[17] § 101 Abs. 2 S. 4 AktG sieht zudem eine Begrenzung des Entsenderechts auf ein Drittel der Mitglieder vor, aus denen der Aufsichtsrat nach Gesetz oder Satzung zu bestehen hat; entgegenstehende Bestimmungen sind nichtig.[18] Das Entsenderecht kann dem berechtigten Aktionär in entsprechender Anwendung

---

[15] Bürgers/Fischer in Bürgers/Körber/Lieder, 5. Aufl. 2021, AktG § 101 Rn. 12; Grigoleit/Tomasic in Grigoleit, 2. Aufl. 2020, AktG § 101 Rn. 16.

[16] Grigoleit/Tomasic in Grigoleit, 2. Aufl. 2020, AktG § 101 Rn. 18; Habersack in MüKoAktG, 6. Aufl. 2023, AktG § 101 Rn. 31; Koch, 17. Aufl. 2023, AktG § 101 Rn. 10; Seeling/Zwickel BB 2008, 622 (626).

[17] Habersack in MüKoAktG, 6. Aufl. 2023, AktG § 101 Rn. 32; Koch, 17. Aufl. 2023, AktG § 101 Rn. 9.

[18] Bürgers/Fischer in Bürgers/Körber/Lieder, 5. Aufl. 2021, AktG § 101 Rn. 14; Klausmann, Entsendungsrechte in der AG, 2016, S. 45; Koch, 17. Aufl. 2023, AktG § 101 Rn. 11.

von § 35 BGB nicht gegen seinen Willen und nur durch Satzungsänderung entzogen werden.[19]

2. *Besetzung des Aufsichtsrats der GmbH*

Das GmbHG selbst enthält weder eigenständige Vorschriften zur Wahl noch zur Entsendung von Aufsichtsratsmitgliedern. § 52 Abs. 1 GmbHG, der bei Bestehen eines fakultativen Aufsichtsrats auf einige aktienrechtliche Bestimmungen zum Aufsichtsrat der AG verweist, die allerdings sämtlich der Disposition der Gesellschafterversammlung unterliegen,[20] spart § 101 Abs. 2 AktG über die Entsendung von Aufsichtsratsmitgliedern ausdrücklich aus. Damit wird mit großer Deutlichkeit klargestellt, dass sich für die Einräumung eines Entsenderechts zum Aufsichtsrat aus dem GmbHG keine Beschränkungen ergeben. Demgemäß kann sich das Entsenderecht auch auf alle Aufsichtsratssitze erstrecken.[21]

Aus funktionaler Sicht bestehen zwei unterschiedliche Wege, das Entsenderecht im Gesellschaftsvertrag zu regeln. Es kann entsprechend der Situation bei der AG entweder einem im Gesellschaftsvertrag namentlich benannten Gesellschafter persönlich zugewiesen sein oder mit einem bestimmten Geschäftsanteil verknüpft und damit übertragbar gestaltet werden.[22]

Was den Aufsichtsrat der gesetzlich mitbestimmten GmbH anbetrifft, ergibt sich kein einheitliches Bild. Während § 1 Abs. 1 Nr. 3 DrittelbG für den Aufsichtsrat der GmbH mit in der Regel mehr als 500 Arbeitnehmern unter anderem auf die §§ 95 bis 114 AktG verweist und damit auch die Regelung über das aktienrechtliche Entsenderecht von Aufsichtsratsmitgliedern der Anteilseigner nach § 101 Abs. 2 AktG einschließlich seiner gesetzlichen Beschränkungen einbezieht, gelten demgegenüber für die GmbH mit in der Regel mehr als 2000 Arbeitnehmern auf Grund des Verweises in § 6 Abs. 2 S. 1 MitbestG neben anderen Bestimmungen ausdrücklich nur die §§ 97–101 Abs. 1 und 3 AktG. Nach dem reinen Gesetzeswortlaut findet das aktienrechtliche Entsenderecht von Aufsichtsratsmitgliedern der Anteilseigner gemäß § 101 Abs. 2 AktG auf die paritätisch mitbestimmte GmbH keine entsprechende Anwendung.[23] Es gilt insoweit allein die Satzungsautonomie der Gesellschafter.

---

[19] Hoffmann-Becking in Münchner Handbuch des Gesellschaftsrechts, Band 4, 5. Aufl. 2020, § 30 Rn. 61; Hopt/Roth, HGB, 5. Aufl. 2019, AktG § 101 Rn. 191; Mertens/Cahn in Köln-KommAktG, 3. Aufl. 2010, AktG § 101 Rn. 51.

[20] Zu den Mindestanforderungen an den fakultativen Aufsichtsrat der GmbH zB Lutter/Krieger/Verse, Rechte und Pflichten des Aufsichtsrats, 7. Aufl. 2022, Rn. 1206; Noack in Noack/Servatius/Haas, 23. Aufl. 2022, GmbHG § 52 Rn. 130; Spindler ZIP 2011, 689 (695); E. Vetter GmbHR 2011, 449 (452); einschränkend Altmeppen FS Schneider 2011, 1 (8).

[21] Hommelhoff/Bayer in Lutter/Hommelhoff, 21. Aufl. 2023, GmbHG § 52 Rn. 17; Heermann in Habersack/Casper/Löbbe, 3. Aufl. 2020, GmbHG § 52 Rn. 42; Uwe H. Schneider/Seyfarth in Scholz, 12. Aufl. 2021, GmbHG § 52 Rn. 181; Simon GmbHR 1999, 257 (263).

[22] Altmeppen, 11. Aufl. 2023, GmbHG § 52 Rn. 11; Heermann in Habersack/Casper/Löbbe, 3. Aufl. 2020, GmbHG § 52 Rn. 42; Noack in Noack/Servatius/Haas, 23. Aufl. 2022, GmbHG § 52 Rn. 42.

[23] Habersack in Habersack/Henssler, Mitbestimmungsrecht, 4. Aufl. 2018, MitBestG § 8 Rn. 6; Oetker in Großkommentar AktG, 5. Aufl. 2018, MitbestG § 8 Rn. 3; Raiser in Raiser/Veil/Jacobs, 7. Aufl. 2020, MitbestG § 8 Rn. 8.

Für die GmbH mit fakultativem Aufsichtsrat und für die GmbH mit paritätisch mitbestimmtem Aufsichtsrat bestehen keine gesetzlichen Vorgaben hinsichtlich des Entsenderechts von Aufsichtsratsmitgliedern der Anteilseigner und damit auch nicht hinsichtlich der Zahl der höchstens zu entsendenden Mitglieder. Wird der Aufsichtsrat hingegen nach dem DrittelbG gebildet, ergibt sich aus dem Verweis in § 1 Abs. 1 Nr. 3 DrittelbG nach strenger Wortlautanalyse, eine Begrenzung des Entsenderechts gemäß § 101 Abs. 2 S. 4 AktG auf ein Drittel der Aufsichtsratsmitglieder der Anteilseigner.[24] Nach verbreiteter Ansicht im Schrifttum soll hingegen auch in diesem Fall für die Begründung eines Entsenderechts allein die Satzungsautonomie maßgeblich sein, sodass auch mehr als ein Drittel der Aufsichtsratsmitglieder entsandt werden können.[25]

III. Vertragliche Vereinbarungen über die Besetzung des Aufsichtsrats

Soweit Entsenderechte für Mitglieder des Aufsichtsrats über den gesetzlichen Rahmen hinaus begründet werden sollen, bleibt in der Praxis nur der Weg zu schuldrechtlichen Abreden, in denen sich ein Gesellschafter zur Ausübung des Stimmrechts bei der Aufsichtsratswahl durch die Gesellschafterversammlung zugunsten einer bestimmten Person im konkreten Einzelfall verpflichtet.[26] Dieser Weg kommt aus funktionaler Sicht einem Entsenderecht nahe, kann es aber nicht ersetzen.[27] Er wird in der Unternehmenspraxis nicht nur beschritten, um gesetzliche Grenzen des Entsenderechts zu überwinden bzw. Zweifel an der Zulässigkeit eines Entsenderechts auszuschalten. Diese Alternative dient nicht selten auch als Ausweg, wenn der qualifizierte Einfluss auf die Zusammensetzung des Aufsichtsrats mittels Entsenderecht nicht offengelegt werden soll.

Schließlich ist die Alternative der vertraglichen Vereinbarung grundsätzlich nicht nur für Entsenderechte, die einzelnen Gesellschaftern über den gesetzlichen Rahmen hinaus eingeräumt werden sollen, eröffnet, sondern dieser Weg besteht auch für faktische Entsenderechte mittels Vorschlagsrechten außenstehender Dritter für die Wahl bestimmter Personen in den Aufsichtsrat. Hier mag das Interesse der Beteiligten an der vertraulichen Behandlung des Einflusses von außen auf die Geschicke der Gesellschaft besonders stark sein.

Ist mit einem Dritten für die Wahl zum Aufsichtsrat ein Vorschlagsrecht vereinbart, unterwirft sich der Gesellschafter auf Grund einer solchen schuldrechtlichen Vereinbarung der Bindung bei der Stimmrechtsausübung in der Gesellschafterver-

---

[24] So dezidiert Noack in Noack/Servatius/Haas, 23. Aufl. 2022, GmbHG § 52 Rn. 177; Peres in Saenger/Inhester, 4. Aufl. 2020, GmbHG § 52 Rn. 154.

[25] Giedinghagen in Michalski/Heidinger/Leible/J. Schmidt, 4. Aufl. 2023, GmbHG § 52 Rn. 97a; Uwe H. Schneider/Seyfarth in Scholz, 12. Aufl. 2021, GmbHG § 52 Rn. 189; Spindler in MüKoGmbHG, 4. Aufl. 2023, GmbHG § 52 Rn. 185.

[26] Siehe dazu zB Bausch NZG 2007, 574 (576); Nießen in Gehrlein/Born/Simon, 4. Aufl. 2019, GmbHG § 52 Rn. 28; Schnorbus in Rowedder/Pentz, 7. Aufl. 2022, GmbHG § 52 Rn. 17; Schatz FS E. Vetter, 2019, 681 (700ff.).

[27] Habersack FS Säcker, 2023, 205 (207); Klausmann Entsendungsrechte in der AG, 2016, S. 97.

sammlung im vertraglich definierten Rahmen. Einer solchen Vereinbarung steht das sog. Abspaltungsverbot nicht entgegen, das die Trennung von Mitgliedschaft und Stimmrecht untersagt.[28] Bei der Wahl von Aufsichtsratsmitgliedern bleiben das korporative Stimmrecht des vertraglich gebundenen Gesellschafters in der Gesellschafterversammlung und seine korporative Rechtsstellung formal unberührt. In inhaltlicher Hinsicht hat der Dritte jedoch, soweit die Vereinbarung reicht, Einfluss auf die Besetzung des Aufsichtsrats, indem der verpflichtete Gesellschafter sein Stimmrecht bei der Wahl der Aufsichtsratsmitglieder durch die Gesellschafterversammlung in bestimmter Weise – nämlich nach Maßgabe der getroffenen Vereinbarung – auszuüben hat.[29] Andernfalls muss er damit rechnen, in Regress genommen zu werden.[30]

Während die Zulässigkeit derartiger Vereinbarungen mit Dritten zB im Vereinsrecht umstritten ist,[31] ist sie jedoch, soweit es um Vereinbarungen zwischen einem GmbH-Gesellschafter und einem Drittem betreffend die Aufsichtsratsbesetzung geht, höchstrichterlich bestätigt worden.[32] Gleichwohl stellt sich die Frage, unter welchen konkreten Voraussetzungen derartige Vereinbarungen anzuerkennen sind. Grundsätzliche Bedenken könnten sich im Hinblick auf den Umstand ergeben, dass mit der Einräumung von Einflussrechten Dritter hinsichtlich der Besetzung des Aufsichtsrats das Selbstbestimmungsrecht der Verbandsmitglieder zur Ausgestaltung des Verbands berührt ist (dazu → V.).

IV. Begründung von Entsenderechten zugunsten Dritter im Gesellschaftsvertrag

1. Aufsichtsrat nach § 52 GmbHG

Hinsichtlich der Verankerung des Rechts zur Entsendung von Mitgliedern des fakultativen Aufsichtsrats der GmbH im Gesellschaftsvertrag bestehen nach § 52 GmbHG keine Einschränkungen. Die Vorschrift gewährt umfassende Satzungsfreiheit, sodass letztlich von allen in der Norm genannten aktienrechtlichen Vorschriften Abstand genommen werden kann. Von dieser Gestaltungsmöglichkeit wird in der Praxis auch weitgehend Gebrauch gemacht. Dies gilt auch für das Entsenderecht, ohne dass dabei eine zahlenmäßige Begrenzung auf die Zahl der Aufsichts-

[28] BGHZ 43, 261 (267); generell zB Liebscher in MüKoGmbHG, 4. Aufl. 2023, GmbHG § 45 Rn. 136; Ch. Weber, Parteiautonomie und Außeneinfluss im Gesellschaftsrecht, 2000, S. 63ff.; Wiedemann, Die Übertragung und Vererbung von Mitgliedschaftsrechten, 1965, S. 276.

[29] BGHZ 48, 163 (171); siehe zB auch Heermann in Habersack/Casper/Löbbe, 3. Aufl. 2020, GmbHG § 52 Rn. 41; Priester FS Werner, 1984, 657ff.; aA Flume, Die Juristische Person, 1983, S. 241.

[30] Giedinghagen in Michalski/Heidinger/Leible/J. Schmidt, 4. Aufl. 2023, GmbHG § 52 Rn. 88; Heermann in Habersack/Casper/Löbbe, 3. Aufl. 2020, GmbHG § 52 Rn. 41; Zöllner ZHR 155 (1991), 168 (175).

[31] Siehe jüngste Nachweise bei Habersack FS Säcker, 2023, 205 (207); Leuschner in MüKo-BGB, 9. Aufl. 2021, BGB § 32 Rn. 38.

[32] BGHZ 48, 163 (171); GmbHR 1983, 196; OLG Köln ZIP 1988, 1122 (1124); siehe auch Wiedemann, Gesellschaftsrecht, Band I, 1980, S. 373; ferner Priester FS Werner, 1984, 657 (670).

ratsmitglieder besteht.[33] Mangels entsprechender Anwendbarkeit von § 101 Abs. 2 AktG ergeben sich damit für die Einräumung eines satzungsmäßigen Entsenderechts in den fakultativen Aufsichtsrat der GmbH zugunsten eines außenstehenden Dritten aus dem reinen Gesetzeswortlaut keine Beschränkungen.[34]

2. *Aufsichtsrat nach MitbestG*

Für die GmbH mit paritätisch mitbestimmtem Aufsichtsrat ergibt sich kein anderes Bild. Zwar verweist § 6 Abs. 2 MitbestG auf einen Großteil der aktienrechtlichen Vorschriften zum Aufsichtsrat, die damit als zwingendes Recht zu beachten sind. Auf § 101 Abs. 2 AktG wird jedoch ausdrücklich nicht verwiesen, sodass mangels Anwendbarkeit der entsprechenden aktienrechtlichen Beschränkungen aus dem Gesetzeswortlaut für die Einräumung und Ausgestaltung eines satzungsmäßigen Entsenderechts in den paritätisch mitbestimmten Aufsichtsrat zugunsten eines Dritten kein Hindernis besteht.[35]

3. *Aufsichtsrat nach DrittelbG*

Für die GmbH, deren Aufsichtsrat nach dem DrittelbG gebildet wird, ergibt sich hingegen eine unterschiedliche Ausgangslage. § 1 Abs. 1 Nr. 3 DrittelbG verweist ohne Einschränkung auf die aktienrechtlichen Bestimmungen zum Aufsichtsrat und spart dabei auch das Entsenderecht gemäß § 101 Abs. 2 AktG nicht aus. Welche Schlussfolgerungen sich daraus u. a. für ein Entsenderecht von Dritten ergeben, ist im Schrifttum umstritten. Nach einem Teil des Schrifttums folgt aus dem klaren Gesetzeswortlaut und der Gesetzessystematik, dass für den nach dem DrittelbG gebildeten Aufsichtsrat im Unterschied zu den beiden zuvor genannten Fällen keine Gestaltungsmöglichkeit besteht, die über den aktienrechtlichen Rahmen hinausreicht. Infolge des uneingeschränkten Verweises auf § 101 Abs. 2 AktG kommen demnach ausschließlich Gesellschafter als Inhaber des Entsenderechts in

---

[33] Hommelhoff/Bayer in Lutter/Hommelhoff, 21. Aufl. 2023, GmbHG § 52 Rn. 17; Hommelhoff ZHR 148 (1984), 118 (120); Uwe H. Schneider/Seyfarth in Scholz, 12. Aufl. 2022, GmbHG § 52 Rn. 181; Simon GmbHR 1999, 257 (263); aA Noack in Noack/Servatius/Haas, 23. Aufl. 2022, GmbHG § 52 Rn. 43.

[34] Altmeppen, 11. Aufl. 2023, GmbHG § 52 Rn. 13; Bayer in Lutter/Hommelhoff, 21. Aufl. 2023, GmbHG § 52 Rn. 17; Heermann in Habersack/Casper/Löbbe, 3. Aufl. 2020, GmbHG § 52 Rn. 42 und 43; Peres in Saenger/Inhester, 4. Aufl. 2020, GmbHG § 52 Rn. 44; Nießen in Gehrlein/Born/Simon, 4. Aufl. 2019, GmbHG § 52 Rn. 28; Simon GmbHR 1999, 257 (259); Spindler in MüKoGmbHG, 4. Aufl. 2023, GmbHG § 52 Rn. 167; Wicke, 4. Aufl. 2020, GmbHG § 52 Rn. 5; aA Noack in Noack/Servatius/Haas, 23. Aufl. 2022, GmbHG § 52 Rn. 43; Ulmer/Casper in Habersack/Casper/Löbbe, 3. Aufl. 2021, GmbHG § 53 Rn. 19; Ulmer FS Werner, 1984, 911 (923); siehe auch Ulmer/Löbbe in Habersack/Casper/Löbbe, 3. Aufl. 2019, GmbHG § 3 Rn. 44.

[35] Hommelhoff/Bayer in Lutter/Hommelhoff, 21. Aufl. 2023, GmbHG § 52 Rn. 141; Heermann in Habersack/Casper/Löbbe, 3. Aufl. 2020, GmbHG § 52 Rn. 281; Simon GmbHR 1999, 257 (264); Spindler in MüKoGmbHG, 4. Aufl. 2023, GmbHG § 52 Rn. 197; Schubert/Wißmann in Schubert/Wißmann/Kleinsorge, Mitbestimmungsrecht, 6. Aufl. 2024, MitbestG § 8 Rn. 4; aA Habersack in Habersack/Henssler, Mitbestimmungsrecht, 4. Aufl. 2018, MitBestG § 8 Rn. 6; Noack in Noack/Servatius/Haas, 23. Aufl. 2022, GmbHG § 52 Rn. 290.

Betracht.[36] Andere Autoren gehen bei der Regelung in § 1 Abs. 1 Nr. 3 DrittelbG von einem Redaktionsversehen des Gesetzgebers[37] aus und verweisen auf die allgemeine Satzungsautonomie der Gesellschafter, für die auch mit Blick auf die Mitbestimmung der Arbeitnehmer keine Einschränkung zu rechtfertigen sei. Sie wollen deshalb ungeachtet des klaren Gesetzeswortlauts unter Verweis auf das insoweit liberalere MitbestG auch insoweit Satzungsautonomie gewähren, was die Einräumung eines satzungsmäßigen Entsenderechts für Dritte einschließt.[38] Schließlich seien mit einem Entsenderecht eines Dritten keine Einschränkungen der Mitbestimmung der Arbeitnehmer im Aufsichtsrat verbunden. Höchstrichterliche Rechtsprechung zu dieser Streitfrage liegt bisher – soweit ersichtlich – nicht vor.

Ungeachtet des unterschiedlichen Wortlauts von § 1 Abs. 1 Nr. 3 DrittelbG und § 6 Abs. 1 MitbestG erschließt sich die unterschiedliche Einbeziehung des Entsenderechts von § 101 Abs. 2 AktG nicht. Insbesondere sind insoweit keine Unterschiede hinsichtlich Umfang und Reichweite der Mitbestimmung der Arbeitnehmer im Aufsichtsrat erkennbar, denn das Entsenderecht nach § 101 AktG bezieht sich ausschließlich auf die Aufsichtsratssitze, die den Aufsichtsratsmitgliedern der Anteilseigner zustehen. Auf die Aufsichtsratssitze der Arbeitnehmer, denen ein Entsenderecht ohnehin nicht eingeräumt werden kann,[39] hat das Entsenderecht keinen Einfluss. Andererseits wiegt der Umstand schwer, dass die Verweisung auf die §§ 95–110 AktG bereits in der Vorläufervorschrift § 77 Abs. 1 S. 2 BetrVG 1952 enthalten war und der Gesetzgeber dann im Jahre 2004 die Vorschrift mit unverändertem Wortlaut in § 1 DrittelbG überführt hat, obwohl er zB im MitbestG erkannte gesetzgeberische Versäumnisse korrigiert hat.[40] Auch die Gesetzesbegründung zum DrittelbG, aus der deutlich wird, dass mit dem neuen Gesetz ausdrücklich sowohl redaktionelle Fehler der bisherigen Regelungen korrigiert werden sollten als auch der Bestand der in Bezug genommenen aktienrechtlichen Bestimmungen bewusst erweitert wurde,[41] enthält keinerlei Anzeichen dafür, dass die Re-

[36] Brock GmbHR 2019, 101 (103); Heermann in Habersack/Casper/Löbbe, 3. Aufl. 2020, GmbHG § 52 Rn. 186; Nießen in Gehrlein/Born/Simon, 4. Aufl. 2019, GmbHG § 52 Rn. 112; Noack in Noack/Servatius/Haas, 23. Aufl. 2022, GmbHG § 52 Rn. 177; Oetker in Erfurter Kommentar zum Arbeitsrecht, 23. Aufl. 2023, DrittelbG § 1 Rn. 22; Kleinsorge in Schubert/Wißmann/Kleinsorge, Mitbestimmungsrecht, 6. Aufl. 2024, DrittelbG § 1 Rn. 27; Peres in Saenger/Inhester, 4. Aufl. 2020, GmbHG § 52 Rn. 154; Uwe H. Schneider in Großkommentar Mitbestimmungsgesetz, 1977, § 5 Rn. 125; Veil in Raiser/Veil/Jacobs, 7. Aufl. 2020, DrittelbG § 1 Rn. 23.

[37] Habersack in Habersack/Henssler, Mitbestimmungsrecht, 4. Aufl. 2018, DrittelbG § 1 Rn. 28.

[38] Giedinghagen in Michalski/Heidinger/Leible/J. Schmidt, 4. Aufl. 2023, GmbHG § 52 Rn. 97a; Schnorbus in Rowedder/Pentz, 7. Aufl. 2022, GmbHG § 52 Rn. 60; Uwe H. Schneider/Seyfarth in Scholz, 12. Aufl. 2021, GmbHG § 52 Rn. 191; Spindler in MüKo-GmbHG, 4. Aufl. 2023, GmbHG § 52 Rn. 185; offen hingegen Hommelhoff/Bayer in Lutter/Hommelhoff, 21. Aufl. 2023, GmbHG § 52 Rn. 125; siehe aber § 52 Rn. 120, wo der Verweis von § 1 Abs. 1 Nr. 3 DrittelbG auf das AktG als zwingend bezeichnet wird.

[39] Hopt/Roth, HGB, 5. Aufl. 2019, AktG § 101 Rn. 123; Mertens/Cahn in KölnKommAktG, 3. Aufl. 2010, AktG § 101 Rn. 48.

[40] Siehe Habersack in Habersack/Henssler, Mitbestimmungsrecht, 4. Aufl. 2018, MitbestG § 25 Rn. 55.

[41] RegE eines Zweiten Gesetzes zur Vereinfachung der Wahl der Arbeitnehmervertreter in den Aufsichtsrat, BT-Drs. 15/2542, 11.

gelung zum Entsenderecht entgegen dem reinen Gesetzeswortlaut von dem Verweis ausgenommen sein sollte.[42] Im Gegenteil: Auch das im Jahre 2006 in Kraft getretene MgVG,[43] das im Zuge der Umsetzung der Richtlinie zur Arbeitnehmerbeteiligung in der SE generell Vereinbarungen zwischen der Unternehmensleitung und einem Verhandlungsgremium der Arbeitnehmer zur Regelung der Arbeitnehmermitbestimmungsrechte zulässt,[44] verweist in § 24 Abs. 2 MgVG für den Fall einer aus einer grenzüberschreitenden Verschmelzung hervorgegangenen GmbH für den Aufsichtsrat unter anderem pauschal auf die §§ 95–116 AktG.

Auch wenn das Ergebnis in der Sache nicht befriedigen kann,[45] ist der Gesetzeswortlaut von § 1 Abs. 1 Nr. 3 DrittelbG vor dem historischen Befund und ungeachtet der fehlenden mitbestimmungsrechtlichen Auswirkungen ernst zu nehmen und der Gesetzesbefehl zu beachten. Es bleibt dem Gesetzgeber überlassen, soweit gewünscht, das Entsenderecht in der mitbestimmten GmbH einheitlich zu regeln.

Als Ergebnis ist deshalb festzuhalten, dass in der GmbH, deren Aufsichtsrat nach dem DrittelbG gebildet wird, ein Recht eines Dritten zur Entsendung von Aufsichtsratsmitgliedern auf Grund des klaren Gesetzeswortlauts sowie des systematischen Gesetzeszusammenhangs ausscheidet.

V. Zwischenfazit

Beschränkt man die Beurteilung der Zulässigkeit der Einräumung eines Entsenderechts zugunsten außenstehender Dritter allein auf den Wortlaut der maßgeblichen Gesetzesbestimmungen, stehen sowohl bei der GmbH mit fakultativem Aufsichtsrat als auch bei der GmbH mit paritätisch mitbestimmtem Aufsichtsrat der Begründung eines solchen Rechts keine Vorschriften des positiven Rechts entgegen. Mit qualifizierter Mehrheit könnte die Gesellschafterversammlung einem Dritten ein Entsenderecht einräumen, wobei auch keine Beschränkungen in der Anzahl der Aufsichtsratsmitglieder, die höchstens entsandt werden können, zu beachten wären.[46]

Die bisherigen Überlegungen haben gezeigt, dass allein ausgehend vom Gesetzeswortlaut des GmbHG, den einschlägigen Normen der Mitbestimmungsgesetze und den Regelungszielen von DrittelbG und MitbestG als Zwischenfazit festgestellt werden kann, dass in der GmbH die aktienrechtlichen Beschränkungen des Entsende-

---

[42] Ebenso Veil in Raiser/Veil/Jacobs, 7. Aufl. 2020, DrittelbG § 1 Rn. 23.

[43] Gesetz zur Umsetzung der Regelung über die Mitbestimmung der Arbeitnehmer bei einer grenzüberschreitenden Verschmelzung von Kapitalgesellschaften aus verschiedenen Mitgliedstaaten (MgVG), BGBl. 2006 I 3332.

[44] Siehe zB Habersack in Habersack/Henssler, Mitbestimmungsrecht, 4. Aufl. 2018, SEBG Einl. Rn. 152; Kleinsorge in Nagel/Freis/Kleinsorge, SEBG, SCEBG, MgVG, 3. Aufl. 2018, SE Einl. Rn. 30 ff.

[45] Ebenso zB Henssler in Henssler/Strohn, Gesellschaftsrecht, 5. Aufl. 2021, GmbHG § 52 Rn. 31.

[46] Heermann in Habersack/Casper/Löbbe, 3. Aufl. 2020, GmbHG § 52 Rn. 42; Hommelhoff ZHR 148 (1984), 118 (120); Schnorbus in Rowedder/Pentz, 7. Aufl. 2022, GmbHG § 52 Rn. 17; Spindler in MüKoGmbHG, 4. Aufl. 2023, GmbHG § 52 Rn. 185.

rechts nicht durchweg zur Anwendung kommen. Mit Ausnahme der GmbH, deren Aufsichtsrat nach dem DrittelbG gebildet wird, sollten der Einräumung eines Entsenderechts für außenstehende Dritte keine gesetzlichen Bedenken entgegenstehen. In den Beispielsfällen a) bis e) bestünden gegen die vorgesehenen Entsenderechte des außenstehenden Dritten keine rechtlichen Bedenken, soweit es sich um eine GmbH mit fakultativem Aufsichtsrat nach § 52 GmbHG handelt oder die GmbH dem MitbestG unterliegt. Ist der Aufsichtsrat der GmbH hingegen nach dem DrittelbG gebildet, lässt die entsprechende Geltung von § 101 Abs. 2 AktG im Gesellschaftsvertrag ein Entsenderecht zugunsten eines Dritten nicht zu. In diesem Fall bleibt nur der Weg, die gesicherte – wenn auch wenig transparente – Einflussnahme des Dritten auf die Zusammensetzung des Aufsichtsrats der Gesellschaft mittels schuldrechtlicher Vereinbarung eines Gesellschafters mit dem Dritten herzustellen.

Ob unabhängig vom konkreten Gesetzeswortlaut aus übergeordneten allgemeinen Grundprinzipien des Gesellschaftsrechts gleichwohl durchgreifende Bedenken gegen die Einräumung von Entsenderechten zugunsten von Dritten im Gesellschaftsvertrag zu erheben sind, soll im Folgenden erörtert werden.

VI. Grundsatz der Verbandsautonomie

1. Gegenstand der Verbandsautonomie

Unabhängig vom Wortlaut der zuvor genannten spezifischen Vorschriften wie auch von der Gesetzessystematik stellt sich die Frage, ob übergeordnete gesellschaftsrechtliche Wertungsprinzipien der Einräumung von Entsenderechten für den Aufsichtsrat zugunsten außenstehender Dritter entgegenstehen. So werden gegen das oben dargestellte Ergebnis von prominenter Seite grundsätzliche Einwände unter Verweis auf den allgemeinen Grundsatz der Verbandsautonomie geltend gemacht.

Der Grundsatz der Verbandsautonomie oder auch der Verbandssouveränität steht für die Selbstbestimmung des Verbands gegenüber Dritteinflüssen, das heißt, des Schutzes seiner Mitglieder als den Herren der Gesellschaft,[47] die in einem gemeinsamen Verantwortungs- und Haftungsverbund stehen. Er betrifft die Frage, ob und in wie weit sich ein Verband zu Lasten der Gesellschaftergesamtheit einer Fremdsteuerung seiner Geschicke durch Nichtgesellschafter unterwerfen kann. Für die GmbH bedeutet er, dass die gesetzlichen Kompetenzen der Gesellschafterversammlung als oberstem Gesellschaftsorgan nicht durch den Gesellschaftsvertrag beschränkt werden dürfen. Das Schicksal des Verbands soll durch den Gesellschaftsvertrag grundsätzlich nicht in die Abhängigkeit von Personen gebracht werden können, die nicht die gleichen Interessen wie die Verbandsmitglieder haben und bei denen insoweit auch nicht die gleichen Mechanismen der Rechtsausübungskontrolle bestehen.[48] Nach diesem Grundsatz ist es den Gesellschaftern insbeson-

[47] Ch. Weber, Parteiautonomie und Außeneinfluss im Gesellschaftsrecht, 2000, S. 206.

[48] Wiedemann FS Schilling, 1973, 105 (118); siehe auch Ulmer FS Werner, 1984, 1297 (1320).

dere untersagt, außenstehenden *Dritten* im Organisationsstatut der Gesellschaft persönlichen *Einfluss* über wesentliche Fragen des Verbands einzuräumen.[49] Der Grundsatz der Verbandsautonomie gilt nicht nur im Recht der Personengesellschaften, sondern ist aber darüber hinaus im Grundsatz auch für das GmbH-Recht als maßgeblich anerkannt.[50]

Die Rechtfertigung für die Sicherung der Entscheidungssouveränität der Gesellschafter folgt aus dem Schutzprinzip der Verbandsautonomie. Es soll verhindert werden, dass sich die Verbandsmitglieder durch Delegation von Entscheidungsgewalt an außenstehende Dritte ihres Selbstbestimmungsrechts sowie des notwendigen Schutzes ihrer gesellschaftsbezogenen Interessen begeben, die sich aus der gemeinsamen Vermögenszuordnung und der inneren Organisation der Gesellschaft ergeben.[51]

2. *Verbandsautonomie in der GmbH und Dritteinfluss*

a) Meinungsstand

Auch wenn der Grundsatz der Verbandsautonomie im GmbH-Recht allgemein anerkannt ist, wird doch seine Reichweite im Einzelfall, insbesondere seine Bedeutung für die Einräumung von Entsenderechten Dritter zum Aufsichtsrat unterschiedlich beurteilt. Nach einem Teil des Schrifttums ist die Begründung von Mitspracherechten Außenstehender im Gesellschaftsvertrag der GmbH – dazu sind auch Entsenderechte Dritter zum Aufsichtsrat zu zählen – generell nicht zulässig.[52] Andere sprechen sich trotz Skepsis gegenüber der Einflussnahme auf die innere Organisation der Gesellschaft von außen für die Anerkennung von Entsenderechten Dritter im Gesellschaftsvertrag jedenfalls dann aus, wenn die Gesellschafterversammlung mit der notwendigen Mehrheit den Dritteinfluss im Wege der Satzungsänderung jederzeit wieder beenden kann.[53] Soweit ersichtlich, hat sich der BGH zu dieser Streitfrage bislang nicht geäußert.

---

[49] Ulmer FS Werner, 1984, 1297 (1320); Wiedemann FS Schilling, 1973, 105 (111ff.); Wiedemann, Gesellschaftsrecht, Band I, 1980, S. 371; Zöllner FS 100 Jahre GmbHG, 1992, 85 (119); referierend zB Flume, Die Juristische Person, 1983, S. 190ff.; K. Schmidt, Gesellschaftsrecht, 4. Aufl. 2004, § 5. I. 3. b; Schubel, Verbandssouveränität und Binnenorganisation der Handelsgesellschaften, 2003, S. 520ff.; Ch. Weber, Parteiautonomie und Außeneinfluss im Gesellschaftsrecht, 2000, S. 47ff.

[50] Hüffer/Schäfer in Habersack/Casper/Löbbe, 3. Aufl. 2020, GmbHG § 45 Rn. 14; Zöllner FS 100 Jahre GmbHG, 1992, 85 (119ff.).

[51] Wiedemann FS Schilling, 1973, 105 (114).

[52] Ulmer FS Werner, 1985, 911 (920); Ulmer FS Wiedemann, 2002, 1297 (1321); ohne ausdrücklichen Verweis auf die Verbandssouveränität Noack in Noack/Servatius/Haas, 23. Aufl. 2022, GmbHG § 52 Rn. 177; wohl auch Pentz in Rowedder/Pentz, 7. Aufl. 2022, GmbHG Einl. Rn. 161; zur Historie siehe Schubel, Verbandssouveränität und Binnenorganisation der Handelsgesellschaften, 2003, S. 520ff.

[53] Altmeppen, 11. Aufl. 2023, GmbHG § 52 Rn. 13; Giedinghagen in Michalski/Heidinger/Leible/J. Schmidt, 4. Aufl. 2023, GmbHG § 52 Rn. 93; Heermann in Habersack/Casper/Löbbe, 3. Aufl. 2020, GmbHG § 52 Rn. 43; Spindler in MüKoGmbHG, 4. Aufl. 2023, GmbHG § 52 Rn. 167; Ch. Weber, Parteiautonomie und Außeneinfluss im Gesellschaftsrecht, 2000, S. 274.

b) *Eigene Auffassung*

aa) *Selbstbestimmung der Verbandsmitglieder*

Die Selbstbestimmung der Verbandsmitglieder über Zweck, Gestalt und Schicksal ihres Verbands einschließlich der personellen Besetzung der Schlüsselfunktionen sowie der finanziellen und sachlichen Ausstattung bildet einen elementaren Grundsatz des Verbandsrechts; er ist ernst zu nehmen. Dies gilt allerdings auch insoweit, als „die Einbeziehung fremder Interessen in den internen Willensbildungsprozeß einer Gesellschaft als Akt der Selbstbestimmung grundsätzlich zu respektieren" ist.[54] Zu fragen ist deshalb, ob der Grundsatz der Verbandsautonomie beeinträchtigt und der Schutz des Verbands der Gesellschafter gefährdet sind, wenn nach dem freien Willen der Mehrheit der Verbandsmitglieder einem außenstehenden Dritten ein Entsenderecht zum Aufsichtsrat iSv § 101 Abs. 2 AktG eingeräumt wird, sodass dieser jederzeit nach seinen eigenen Vorstellungen Mitglieder des Aufsichtsrats benennen und abberufen kann. Mit anderen Worten, wenn das den einzelnen Verbandsmitgliedern generell zustehende Recht zur privatautonomen Gestaltung ihres Verbands, wie sie gerade durch die satzungsmäßige Einräumung eines Entsenderechts an einen Dritten zum Ausdruck gebracht wird, durch Rechtsgrundsätze zwingenden Charakters begrenzt werden soll, bedarf es dazu einer besonderen Rechtfertigung.[55]

Ein erstes Signal zur Gestaltungsfreiheit der Gesellschafter geht bereits von einer Entscheidung des Reichsgerichts aus dem Jahre 1901 aus. Im Fall Brauhaus Zell-Würzburg hat das Gericht die freie Entscheidung der Gesellschafter betont, im Gesellschaftsvertrag einem außenstehenden Dritten das Recht zum Stichentscheid bei Stimmengleichheit in der Gesellschafterversammlung einzuräumen.[56] Von einer Selbstentmündigung der Gesellschafter, die das Reichsgericht in einem anderen Sachzusammenhang wenige Jahre später 1913 für unzulässig und unwirksam erklärt hat,[57] kann dabei nicht die Rede sein.

Mit Blick auf das Entsenderecht geht es konkret um die Frage, ob die notwendige vertrauensvolle Zusammenarbeit aller Aufsichtsratsmitglieder und die Wahrnehmung der dem Aufsichtsrat der GmbH kraft Gesellschaftsvertrag oder kraft Gesetzes zugewiesenen Aufgaben entscheidend gestört wäre, wenn seine Mitglieder[58] nicht ausschließlich von der Gesellschafterversammlung gewählt oder von einzelnen Gesellschaftern entsandt würden, sondern wenn auch Aufsichtsratsmitglieder von Dritten und damit ohne konkrete personenbezogene Entscheidung der Gesellschafter benannt werden könnten. Es ist nicht erkennbar, dass dem Entsenderecht eines Dritten zum Aufsichtsrat ein solches Störpotential zugemessen werden kann.[59]

---

[54] Hommelhoff ZHR 148 (1984), 118 (121); Ch. Weber, Parteiautonomie und Außeneinfluss im Gesellschaftsrecht, 2000, S. 175.

[55] Ähnlich bereits Haberer, Zwingendes Kapitalgesellschaftsrecht, 2009, S. 15.

[56] RGZ 49, 141 (147).

[57] RGZ 82, 308 (317); ebenso bereits Brodmann, 1924, GmbHG § 53 Anm. 3.

[58] Die Aufsichtsratsmitglieder der Arbeitnehmer können bei diesen Überlegungen außer Betracht bleiben.

[59] Siehe bereits Hommelhoff ZHR 148 (1984), 118 (121).

bb) Gleiche Rechtsstellung aller Aufsichtsratsmitglieder

Dabei ist dem Eindruck entgegenzutreten, dass dem entsandten Aufsichtsratsmitglied allein schon auf Grund des besonderen im Vergleich zur Wahl der übrigen Aufsichtsratsmitglieder unterschiedlichen Bestellungsaktes eine Rechtsstellung zukommen könnte, der generell ein besonderes Störpotential zugemessen werden müsste. Es ist unstreitig, dass das entsandte Aufsichtsratsmitglied – wie alle Aufsichtsratsmitglieder – in einem korporativen Rechtsverhältnis zur Gesellschaft steht und die gleichen Rechte und Pflichten hat wie die gewählten Aufsichtsratsmitglieder.[60] Das entsandte Aufsichtsratsmitglied nimmt hinsichtlich seiner Stellung als Organwalter im Aufsichtsrat keine Sonderposition ein.[61] Das heißt, dass es wie alle anderen Aufsichtsratsmitglieder bei der Ausübung des Amtes Treuepflichten zu beachten hat, allein in eigenverantwortlicher Einschätzung dem Unternehmensinteresse verpflichtet ist und hinsichtlich des außenstehenden Dritten und dessen – möglicherweise abweichenden – Individualinteressen keinen Weisungen unterliegt. Diese Grundsätze sind für das Aktienrecht unumstritten.[62] Für das entsandte Aufsichtsratsmitglied einer GmbH mit obligatorischem Aufsichtsrat ergeben sich gegenüber der AG insoweit keine Besonderheiten.[63] Gleiches muss aber auch für die Mitglieder des fakultativen Aufsichtsrats der GmbH gelten.[64]

cc) Historische Gesichtspunkte

Ein erstes Indiz für die freie Gestaltungsmöglichkeit des Entsenderechts zugunsten Dritter folgt bereits aus der 2. Aktienrechtsnovelle des ADHGB von 1884. Die bis dahin zwingende Voraussetzung, dass zu Aufsichtsratsmitgliedern ausschließlich Aktionäre gewählt werden konnten, war entfallen und wurde auch trotz rechtspolitischer Bemühungen in der Folgezeit nicht mehr in das Gesetz aufgenommen.[65]

---

[60] Giedinghagen in Michalski/Heidinger/Leible/J. Schmidt, 4. Aufl. 2023, GmbHG § 52 Rn. 174; Spindler in MüKoGmbHG, 4. Aufl. 2023, GmbHG § 52 Rn. 170; siehe auch zum Aktienrecht zB Grigoleit/Tomasic in Grigoleit, 2. Aufl. 2020, AktG § 101 Rn. 20; Habersack in MüKoAktG, 6. Aufl. 2023, AktG § 101 Rn. 67.

[61] BGHZ 36, 296 (306); Drygala in K. Schmidt/Lutter, 4. Aufl. 2020, AktG § 101 Rn. 24; Habersack in MüKoAktG, 6. Aufl. 2023, AktG § 101 Rn. 50; Koch, 17. Aufl. 2023, AktG § 101 Rn. 12; Mutter/Werner in Backhaus/Tielmann, Der Aufsichtsrat, 2. Aufl. 2023, AktG § 101 Rn. 102.

[62] Siehe nur BGHZ 90, 381 (398); BGHZ 85, 293 (296); BGHZ 36, 296 (306); LG München I NZG 2022, 371 (372); Koch, 17. Aufl. 2023, AktG § 101 Rn. 12; Klausmann, Entsendungsrechte in der AG, 2016, S. 47; Mutter/Werner in Backhaus/Tielmann, Der Aufsichtsrat, 2. Aufl. 2023, AktG § 101 Rn. 136; Raiser ZGR 1978, 391 (399).

[63] Bachmann FS E. Vetter 2019, 15 (19); Heermann in Habersack/Casper/Löbbe, 3. Aufl. 2020, GmbHG § 52 Rn. 43; Spindler in MüKoGmbHG, 4. Aufl. 2023, GmbHG § 52 Rn. 170; Uwe H. Schneider/Seyfarth in Scholz, 12. Aufl. 2021, GmbHG § 52 Rn. 185.

[64] Heermann in Habersack/Casper/Löbbe, 3. Aufl. 2020, GmbHG § 52 Rn. 145; Lutter ZIP 2007, 1991; Noack in Noack/Servatius/Haas, 23. Aufl. 2022, GmbHG § 52 Rn. 130; Uwe H. Schneider/Seyfarth in Scholz, 12. Aufl. 2021, GmbHG § 52 Rn. 610; Schwintowski NJW 1995, 1316 (1318); E. Vetter GmbHR 2011, 449 (458); E. Vetter GmbHR 2012, 181 (185); aA Altmeppen, 11. Aufl. 2023, GmbHG § 52 Rn. 3; Altmeppen NJW 2003, 2561 (2564); Bachmann FS E. Vetter, 2019, 15 (19ff.); Rieble in Bork/Schäfer, 5. Aufl. 2022, GmbHG § 52 Rn. 90.

[65] Lieder, Der Aufsichtsrat im Wandel der Zeit, 2006, S. 228; Lutter in Bayer/Habersack, Aktienrecht im Wandel, Band II, 2007, Kap. 8 Rn. 2; Schubel, Verbandssouveränität und Binnenorganisation der Handelsgesellschaften, 2003, S. 351.

Zudem wurde in der Unternehmenspraxis die in der Satzung für Aufsichtsratsmitglieder angeordnete Voraussetzung des persönlichen Besitzes eines bestimmten Aktiennennbetrags nicht in signifikantem Umfang fortgeführt.[66] Der Aktionärseigenschaft als notwendiges besonderes Qualifikationsmerkmal für die Übernahme eines Aufsichtsratsamts fehlte offensichtlich – im Vergleich zu anderen Kriterien – die sachliche Überzeugungskraft; noch weniger lässt sie sich für ein bloßes Entsenderecht begründen.[67] Wichtiger als die Frage der personellen Besetzung des Aufsichtsrats waren seine zwingenden Befugnisse.[68] Diese historische Entwicklung erinnert an das Prinzip der Selbstorganschaft, das bei der Personengesellschaft vielfach als wesentliches Strukturmerkmal betrachtet wird,[69] dem aber nicht selten ein erhebliches praktisches Bedürfnis nach dem Einsatz Gesellschaftsfremder in der Unternehmensführung entgegensteht. Diesem Bedürfnis wird in der Unternehmenspraxis durch die Anerkennung einer Reihe von strukturellen Dispositionen in der Gesellschaft Rechnung getragen, die zwar die Selbstorganschaft nicht formell beseitigen, sie allerdings materiell in weitem Umfang aushebeln.[70]

Ein zweites Indiz für die Vereinbarkeit von Entsenderechten für außenstehende Dritte liefert der Referentenentwurf eines GmbH-Gesetzes aus dem Jahre 1969 wie auch der Regierungsentwurf aus dem Jahre 1971. § 98 Abs. 2 S. 2 GmbHG-RefE sowie § 100 Abs. 2 GmbHG-RegE[71] sahen ausdrücklich die Einräumung eines Entsenderechts auch für Dritte vor, das zwingend im Gesellschaftsvertrag zu regeln war.[72] Auch wenn der Gesetzentwurf nicht den Weg ins Bundesgesetzblatt gefunden hat, ist er doch ein deutlicher Beleg dafür, dass jedenfalls auch seitens des zuständigen Ministeriums bei der GmbH keine grundsätzlichen Bedenken gegen ein Entsenderecht zugunsten außenstehender Dritter bestand.

Die Gesellschafter der GmbH sind auf Grund der ihnen zustehenden Satzungsautonomie frei, ob sie Entsenderechte im Gesellschaftsvertrag bereits bei der Gründung der Gesellschaft oder erst zu einem späteren Zeitpunkt einräumen wollen und damit ihrem persönlichen Einfluss auf die Wahl der Aufsichtsratsmitglieder der Anteilseigner gewisse Grenzen setzen. Steht den Gesellschaftern Satzungsautonomie zu, so ist kein Grund ersichtlich, ihnen deren Anerkennung grundsätzlich zu verweigern, wenn sie außenstehenden Dritten bestimmte Einflussrechte einräumen wollen, indem sie sich über die gesetzlichen Beschränkungen hinaus weitergehende Bindungen hinsichtlich der Bildung und Zusammensetzung des Aufsichtsrats auferlegen. Die begrenzte Preisgabe von Autonomie ist letztlich gerade Ausdruck der Wahrnehmung ihrer Satzungsautonomie bei der Ausgestaltung der inneren Organisation der Gesellschaft.[73]

---

[66] Lieder, Der Aufsichtsrat im Wandel der Zeit, 2006, S. 230.

[67] Ähnlich Heermann in Habersack/Casper/Löbbe, 3. Aufl. 2020, GmbHG § 52 Rn. 43.

[68] Ähnlich zur Parallelfrage des Beirats in der GmbH Teubner ZGR 1986, 565 (573ff.).

[69] Siehe dazu zB Ch. Weber, Parteiautonomie und Außeneinfluss im Gesellschaftsrecht, 2000, S. 75ff.

[70] Siehe dazu Osterloh-Konrad ZGR 2019, 271 (276ff.).

[71] BT-Drs. VI/3088, 149.

[72] Bundesministerium der Justiz, Referentenentwurf eines Gesetzes über Gesellschaften mit beschränkter Haftung, 1969, S. 256.

[73] Ähnlich Ch. Weber, Parteiautonomie und Außeneinfluss im Gesellschaftsrecht, 2000, S. 215; siehe bereits die Begründung zu § 100 Abs. 2 GmbHG-RegE, BT-Drs. VI/3088, 149.

Als alternative Form gegenüber der Einräumung eines Entsenderechts des Dritten können die Gesellschafter im Gesellschaftsvertrag auch vorsehen, dass die Entsendung einer Person in den Aufsichtsrat durch den Dritten der vorherigen Zustimmung der Gesellschafterversammlung bedarf oder dass die Mitgliedschaft der entsandten Person im Aufsichtsrat bei Widerspruch der Gesellschafterversammlung mit einfacher Mehrheit binnen einer bestimmten Frist erlischt.[74]

dd) Entsendung wider das Organisationsgefälle

Eine Einschränkung der Einräumung eines Entsenderechts für Dritte ergibt sich jedoch aus der Überwachungsaufgabe des Aufsichtsrats. Sie ist – auch wenn es sich um einen fakultativen Aufsichtsrat handelt – ernst zu nehmen.[75] Ungeachtet der breiten durch § 52 Abs. 1 GmbHG eröffneten Gestaltungsmöglichkeiten der Gesellschafter hat auch der fakultative Aufsichtsrat der GmbH die gesetzliche Aufgabe die Geschäftsführung zu überwachen.[76] Damit ist es generell unvereinbar,[77] der Geschäftsführung oder einzelnen Mitgliedern der Geschäftsführung im Gesellschaftsvertrag ein Entsenderecht für Mitglieder des eigenen Kontroll- und Überwachungsorgans einzuräumen.[78] Soweit ein Gesellschafter selbst der Geschäftsführung angehört, ruht das Entsenderecht während seiner Amtszeit als Mitglied der Geschäftsführung.

ee) Fehlender Ewigkeitscharakter des Entsenderechts

Auch wenn die Gesellschafter der GmbH ihr Einverständnis zur Begründung eines Entsenderechts – sei es bereits im Gründungsakt oder auch später im Wege der Änderung des Gesellschaftsvertrags – erklären müssen,[79] ist das Entsenderecht eines außenstehenden Dritten keineswegs trivial. In zeitlicher Hinsicht ist nicht auszuschließen, dass sich die Interessen der Gesellschafter einerseits und des Dritten andererseits hinsichtlich der Zukunft der Gesellschaft unterschiedlich entwickeln und daraus Konflikte oder Störungen bei der Besetzung des Aufsichtsrats resultieren.

---

[74] Siehe Habersack in MüKoAktG, 6. Aufl. 2023, AktG § 101 Rn. 60; Mertens/Cahn in KölnKommAktG, 3. Aufl. 2010, AktG § 101 Rn. 58; Simons in Hölters/Weber, 4. Aufl. 2022, AktG § 101 Rn. 28; aA Mutter/Werner in Backhaus/Tielmann, Der Aufsichtsrat, 2. Aufl. 2023, AktG § 101 Rn. 131.

[75] Siehe dazu zB Heckschen in Heckschen/Heidinger, Die GmbH in der Gestaltungs- und Beratungspraxis, 4. Aufl. 2018, Kap. 4 Rn. 675; Noack in Noack/Servatius/Haas, 23. Aufl. 2022, GmbHG § 52 Rn. 28; Spindler ZIP 2011, 689 (695); E. Vetter GmbHR 2011, 449 (452 ff.); E. Vetter GmbHR 2012, 181 (182); Wicke, 4. Aufl. 2020, GmbHG § 52 Rn. 3.

[76] Noack in Noack/Servatius/Haas, 23. Aufl. 2022, GmbHG § 52 Rn. 28; E. Vetter GmbHR 2012, 181 (182).

[77] Simon GmbHR 1999, 257 (259); Hopt/Roth, HGB, 5. Aufl. 2019, AktG § 101 Rn. 129; aA Noack in Noack/Servatius/Haas, 23. Aufl. 2022, GmbHG § 52 Rn. 41; Habersack in MüKoAktG, 6. Aufl. 2023, AktG § 103 Rn. 32; Mertens/Cahn in KölnKommAktG, 3. Aufl. 2010, AktG § 101 Rn. 58; Mutter/Werner in Backhaus/Tielmann, Der Aufsichtsrat, 2. Aufl. 2023, § 101 Rn. 73.

[78] Steht einem Mitglied der Geschäftsführung in seiner Eigenschaft als Gesellschafter ein satzungsmäßiges Entsenderecht zu, ruht das Recht, solange der Gesellschafter der Geschäftsführung angehört. Das Entsenderecht kann auch nicht an einen anderen zur Ausübung delegiert werden.

[79] Heermann in Habersack/Casper/Löbbe, 3. Aufl. 2020, GmbHG § 52 Rn. 42; Noack in Noack/Servatius/Haas, 23. Aufl. 2022, GmbHG § 52 Rn. 42; Uwe H. Schneider/Seyfarth in Scholz, 12. Aufl. 2021, GmbHG § 52 Rn. 180.

Zwar treffen alle Aufsichtsratsmitglieder die gleichen Rechte und Pflichten, gleichwohl können sich im Laufe der Zeit Störungen und gravierende Belastungen in der vertrauensvollen Zusammenarbeit zwischen dem entsandten Aufsichtsratsmitglied und den übrigen Mitgliedern ergeben, die in ihrer Tragweite letztlich die Verbandssouveränität der Gesellschafter massiv tangieren.

Vor diesem Hintergrund ist für die Beurteilung der Zulässigkeit eines satzungsmäßigen Entsenderechts zum Aufsichtsrat für außenstehende Dritte von entscheidendem Gewicht, dass den Gesellschaftern der GmbH als den Trägern des Verbands die Möglichkeit eröffnet bleibt, den Fremdeinfluss auf die Organbesetzung jederzeit zu beenden und zum allein durch den Gesellschafterwillen bestimmten Ordnungssystem des Verbands zurückzukehren, indem dem Dritten das Entsenderecht wieder entzogen wird. Der Dritte hat damit Einfluss auf Zeit in Abhängigkeit vom Willen der Gesellschafter. Dies gebietet die Verbandsautonomie. Der Dritteinfluss bleibt damit für die Gesellschafter als Verbandsmitglieder beherrschbar und es ist gewährleistet, dass dem satzungsmäßigen Entsenderecht des Dritten kein Ewigkeitscharakter zukommt. Die Einräumung eines Entsenderechts zum Aufsichtsrat stellt für den Dritten im Unterschied zum Entsenderecht eines Gesellschafters kein Sonderrecht iSv § 35 BGB dar. Es kann deshalb von der Gesellschafterversammlung durch satzungsändernden Beschluss auch gegen den Willen des Dritten jederzeit und entschädigungslos wieder beseitigt werden, ohne dass es dazu einer Pflichtverletzung seitens des Dritten oder weiterer Voraussetzungen bedarf.[80]

Im Einzelfall mag den Gesellschaftern auch ein milderes Mittel zur Korrektur des Dritteinflusses genügen. Zwar enthält § 52 GmbHG für den fakultativen Aufsichtsrat keinen Verweis auf § 103 Abs. 3 AktG, sodass offenbleibt, unter welchen Voraussetzungen das entsandte Aufsichtsratsmitglied von der Gesellschaftergesamtheit abberufen werden kann. Da die Gesellschafterversammlung das Entsenderecht des Dritten jederzeit mit satzungsändernder Mehrheit aufheben kann, steht ihr als Minus das Recht zur Abberufung des entsandten Aufsichtsratsmitglieds durch Beschluss mit qualifizierter Mehrheit zu, sofern der Gesellschaftsvertrag nichts Anderes vorsieht.[81] In der GmbH mit mitbestimmtem Aufsichtsrat steht der Gesellschafterversammlung hingegen kein generelles Recht zu, ein entsandtes Aufsichtsratsmitglied jederzeit durch Mehrheitsbeschluss abzuberufen, denn durch den Verweis in § 1 Abs. 1 Nr. 3 DrittelbG bzw. § 6 Abs. 1 MitbestG ist auch § 103 Abs. 3 AktG entsprechend zu beachten. Danach kommt eine Abberufung eines entsandten Aufsichtsratsmitglieds nur bei Vorliegen eines wichtigen Grundes durch gerichtliche Entscheidung des zuständigen Amtsgerichts in Betracht. Antragsberechtigt ist in

[80] Altmeppen, 11. Aufl. 2023, GmbHG § 52 Rn. 13; Giedinghagen in Michalski/Heidinger/Leible/J. Schmidt, 4. Aufl. 2023, GmbHG § 52 Rn. 93; Heermann in Habersack/Casper/Löbbe, 3. Aufl. 2020, GmbHG § 52 Rn. 44; Hommelhoff ZHR 148 (1984), 118 (122); Uwe H. Schneider/Seyfarth in Scholz, 12. Aufl. 2021, GmbHG § 52 Rn. 182; Simon GmbHR 1999, 257 (259); Wicke, 4. Aufl. 2020, GmbHG § 52 Rn. 5.

[81] Heermann in Habersack/Casper/Löbbe, 3. Aufl. 2020, GmbHG § 52 Rn. 54; Priester FS Werner, 1984, 657 (665); Uwe H. Schneider/Seyfarth in Scholz, 12. Aufl. 2021, GmbHG § 52 Rn. 184; Spindler in MüKoGmbHG, 4. Aufl. 2023, GmbHG § 52 Rn. 168; anders zB Altmeppen, 11. Aufl. 2023, GmbHG § 52 Rn. 13; Hommelhoff ZHR 148 (1984), 118 (121), die die einfache Mehrheit genügen lassen wollen.

entsprechender Anwendung von § 103 Abs. 3 S. 3 AktG sowohl eine Gesellschafterminderheit mit einem Anteil von 10% am Stammkapital[82] als auch der Aufsichtsrat in entsprechender Anwendung von § 103 Abs. 3 S. 2 AktG.[83]

ff) Gesellschafterbeschluss zur Aufhebung des Entsenderechts des Dritten

Während die Aufhebung des Entsenderechts eines Gesellschafters nur im Wege der Beschlussfassung der Gesellschafterversammlung mit qualifizierter Mehrheit und Zustimmung des Betroffenen möglich ist, ist fraglich, ob es zu einem Gesellschafterbeschluss zur Aufhebung des Entsenderechts des außenstehenden Dritten ebenfalls einer qualifizierten Mehrheit bedarf oder ob dazu auch ein Beschluss der Gesellschafterversammlung mit einfacher Mehrheit ausreicht. Letzteres ist dann anzunehmen, wenn es sich bei der Regelung des Entsenderechts des Dritten nicht um einen echten materiellen Satzungsbestandteil handelt, sondern der Regelung ungeachtet ihrer Integration in den Gesellschaftsvertrag kein korporativer Charakter zuzumessen, sondern vielmehr von einem unechten Satzungsbestandteil auszugehen ist.[84] Ob das Entsenderecht des Dritten echter oder unechter Satzungsbestandteil ist, das heißt, ob eine statutarische Bindung gewollt ist, lässt sich im Allgemeinen kaum aus dem bloßen Wortlaut der Regelung ableiten. Vielmehr sind auch die sonstigen objektiven Umstände in die Betrachtung einzubeziehen.

Welche Schlussfolgerungen aus dem Umstand zu ziehen sind, dass für den Dritten im Gesellschaftsvertrag ein Entsenderecht und nicht wie im Beispielsfall c) ein bloßes Vorschlagsrecht niedergelegt worden ist, wird in der Literatur unterschiedlich behandelt. Während *Ulrich Noack* im Zweifel einen echten Satzungsbestandteil annehmen will,[85] soll nach anderer Ansicht der Begründung von Rechten Dritter im Gesellschaftsvertrag zwingend nur schuldrechtlicher Charakter zukommen.[86] Andere Autoren verlangen hingegen Anhaltspunkte dafür, dass das Entsenderecht zB auf einem besonderen Vertrauensverhältnis der Gesellschafter zu dem Dritten beruht oder dem Entsenderecht des Dritten ein neutralisierender Faktor bei widerstreitenden Interessen der Gesellschafter beigemessen werden sollte. Ohne konkrete Anhaltspunkte könne nicht von einer Regelung mit Satzungsqualität ausgegangen werden.[87] Mit Blick auf die Bindungswirkung der echten Satzungsbestimmung für

---

[82] Ebenso Nießen in Gehrlein/Born/Simon, 4. Aufl. 2019, GmbHG § 52 Rn. 121; Uwe H. Schneider/Seyfarth in Scholz, 12. Aufl. 2021, GmbHG § 52 Rn. 184; Simon GmbHR 1999, 257 (264).

[83] Generell zur aktienrechtlichen Ausgangslage siehe zB Habersack in MüKoAktG, 6. Aufl. 2023, AktG § 103 Rn. 33; Hopt/Roth, HGB, 5. Aufl. 2019, AktG § 103 Rn. 81; jüngst zur Abberufung aus wichtigem Grund E. Vetter FS Braun, 2024, 423 ff.

[84] Harbarth in MüKoGmbHG, 4. Aufl. 2022, GmbHG § 53 Rn. 24; Ulmer/Casper in Habersack/Casper/Löbbe, 3. Aufl. 2021, GmbHG § 53 Rn. 10; Wicke DNotZ 2006, 419 (431).

[85] Noack in Noack/Servatius/Haas, 23. Aufl. 2022, GmbHG § 53 Rn. 16.

[86] Bayer in Lutter/Hommelhoff, 21. Aufl. 2023, GmbHG § 3 Rn. 64; Harbarth in MüKo-GmbHG, 4. Aufl. 2022, GmbHG § 53 Rn. 18; Inhester in Saenger/Inhester, 4. Aufl. 2020, GmbHG § 53 Rn. 7; Wicke DNotZ 2006, 419 (431).

[87] Altmeppen, 11. Aufl. 2023, GmbHG § 52 Rn. 14; Giedinghagen in Michalski/Heidinger/Leible/J. Schmidt, 4. Aufl. 2023, GmbHG § 52 Rn. 93; Hoffmann/Bartlitz in Michalski/Heidinger/Leible/J. Schmidt, 4. Aufl. 2023, GmbHG § 53 Rn. 20; siehe auch BGH WM 1970, 246 (247); BGHZ 18, 205 (207).

Gesellschafter wie auch die Gesellschaftsorgane wird man danach zu differenzieren haben, ob dem Entsenderecht bei objektiver Betrachtung gesteigerte Bindungswirkung auch im Verhältnis der Gesellschafter untereinander zukommt, das heißt, inwieweit die Gesellschafter ein Schutzinteresse daran haben, dass das Entsenderecht des Dritten nicht durch einfachen Mehrheitsbeschluss der Gesellschafterversammlung wieder beseitigt werden kann.

Im obigen Beispielsfall d) wird man die gesteigerte Bindungswirkung der Gesellschafter untereinander annehmen können. Auf Grund der jeweils hälftigen Kapitalbeteiligung beider Gesellschafter bestand bei beiden Gesellschaftern das nachvollziehbare Interesse an einer – von beiden Gesellschaftern unabhängigen neutralen – Stimme im Aufsichtsrat. Das Recht zur Entsendung einer von beiden Gesellschaften unabhängigen Person in den Aufsichtsrat kann zur Überwindung von möglichen konträren Interessen der Gesellschafter beitragen und damit letztlich dem Schutz vor Stillstand zum Schaden des Unternehmens dienen. Das Entsenderecht ist damit im Beispielsfall d) als echter Satzungsbestandteil zu qualifizieren. Die Schutzfunktion zugunsten eines Gesellschafters und damit das Vorliegen eines echten Satzungsbestandteils ist auch im Beispielsfall c) zu bejahen. Der Minderheitsgesellschafter verfolgt mit dem Entsenderecht ein gesteigertes objektives Interesse an der Absicherung seines Interesses auf Mitwirkung von Personen seines Vertrauens im Aufsichtsrat, da er andernfalls in jeder Gesellschafterversammlung bei Beschlüssen, die mit einfacher Mehrheit getroffen werden können, überstimmt werden könnte. Dies wäre nicht nur bei Aufsichtsratswahlen der Fall, sondern auch bei Beschlüssen, die auf die Beseitigung des Entsenderechts in der Satzung gerichtet sind. Auch im Beispielsfall b) ist das Schutzinteresse des Dritten, der jederzeit durch Ausübung seines Wandlungsrechts zum Gesellschafter werden kann, offensichtlich. Sein Schutzinteresse ist weniger auf die Informationsversorgung auch ohne Gesellschafterstellung ausgerichtet, sondern darauf, sichergestellt zu wissen, dass ihm bei Eintritt in den Kreis der Gesellschafter – ungeachtet der dann bestehenden Beteiligungsverhältnisse und sonstigen Gesellschafterinteressen – die Mitgliedschaft von Personen seines Vertrauens im Aufsichtsrat gesichert ist. Im Beispielsfall f) ist kein Schutzinteresse der Gesellschafter zu erkennen, das besondere Mitbestimmungsrechte der Belegschaft im Aufsichtsrat begründen könnte, sodass die Regelungen im Gesellschaftsvertrag als unechter Satzungsbestandteil zu qualifizieren sind. Auch in den Beispielsfällen a) und e) sind keine Schutzinteressen der Gesellschafter erkennbar, die der Einräumung des Entsenderechts zugrunde liegen könnten. Insoweit sind die Parteien im Streitfall darauf angewiesen, weitere Hinweise zur Auslegung des Gesellschaftsvertrags vorzubringen. Andernfalls kann das Entsenderecht des Dritten durch Beschluss der Gesellschafterversammlung mit einfacher Mehrheit aufgehoben werden.

c) Zwischenfazit

Auf die obige Frage nach der besonderen Rechtfertigung für das Verbot von Dritten als Inhaber eines satzungsmäßigen Entsenderechts zum Aufsichtsrat konnte eine tragende Begründung im zwingenden Recht nicht gefunden werden. Als Ergebnis der Überlegungen zur GmbH kann deshalb festgehalten werden, dass dem Grundsatz der Verbandssouveränität kein Verbot der Einräumung eines satzungsmäßigen Entsenderechts zugunsten eines außenstehenden Dritten entnommen werden kann. Dem Grundsatz der Verbandssouveränität ist mit einem satzungsimmanenten Rückholrecht der Gesellschafter ausreichend Rechnung getragen, indem diese jederzeit das Entsenderecht des Dritten jedenfalls mit satzungsändernder Mehrheit – und bei fehlendem Gesellschafterinteresse auch bereits mit einfacher Mehrheit – entschädigungslos aufheben und wieder zum Normalstatut der GmbH mit Aufsichtsrat zurückkehren können, ohne dass es dazu der Einwilligung des Dritten bedarf. Die Gesellschafter behalten damit auch bei Einräumung eines Entsenderechts an einen außenstehenden Dritten das Heft des Handelns im Sinne der ihnen zustehenden Verbandssouveränität weiterhin in der Hand.

VII. Vereinbarte Erweiterung der Mitbestimmung der Arbeitnehmer

1. Wahl der Aufsichtsratsmitglieder durch die Gesellschafterversammlung

Soll der Belegschaft zB aufgrund einer Vereinbarung der Gesellschafter der GmbH mit der betrieblichen Arbeitnehmervertretung oder der zuständigen Gewerkschaft das Recht eingeräumt werden, über die Zahl der nach dem DrittelbG vorgeschriebenen Aufsichtsratsmitglieder der Arbeitnehmer hinaus, bis zur zahlenmäßigen Parität im Sinne des MitbestG weitere von der Belegschaft zu wählende Personen zu bestimmen, die anschließend von der Gesellschafterversammlung als Aufsichtsratsmitglieder zu wählen sind, wird hierdurch – ähnlich wie beim Entsenderecht – das Recht der Gesellschafter zur Wahl von Zwei-Drittel der Aufsichtsratsmitglieder beschnitten. Nach institutioneller Absicherung im Gesellschaftsvertrag ist die Gesellschafterversammlung an die vorhergehende Wahlentscheidung der Belegschaft gebunden und hat die benannten Personen in den Aufsichtsrat der Gesellschaft zu wählen. Die zusätzlichen Aufsichtsratsmitglieder der Arbeitnehmer sind gleichwohl aus rechtlicher Sicht als Aufsichtsratsmitglieder der Anteilseigner zu qualifizieren.[88] Eine derartige Gestaltung der freiwilligen Aufstockung der Mitbestimmung im Aufsichtsrat ist nach herrschender Ansicht zulässig.[89]

[88] Giedinghagen in Michalski/Heidinger/Leible/J. Schmidt, 4. Aufl. 2023, GmbHG § 52 Rn. 46; Kleinsorge in Schubert/Wißmann/Kleinsorge, Mitbestimmungsrecht, 6. Aufl. 2024, DrittelbG § 4 Rn. 7; Oetker in Erfurter Kommentar zum Arbeitsrecht, 24. Aufl. 2024, DrittelbG Einl. Rn. 6.

[89] BGH NJW 1975, 1657 (1658); OLG Bremen NJW 1977, 1153 (1156); Henssler FS Westermann, 2008, 1019 (1027 ff.); Hommelhoff ZHR 148 (1984), 118 (131); Ihrig/Schlitt NZG 1999, 333 (336); Kleinsorge in Schubert/Wißmann/Kleinsorge, Mitbestimmungsrecht, 6. Aufl. 2024, DrittelbG § 4 Rn. 8; Raiser ZGR 1976, 105 (108); Raiser BB 1977, 1461 (1468); Windbichler, Arbeitsrecht im Konzern, 1989, S. 546; Wahlers ZIP 2008, 1897 (1903) zur AG; aA Habersack in Habersack/Henssler, Mitbestimmungsrecht, 4. Aufl. 2018, DrittelbG § 1 Rn. 23; Lutter ZGR 1977, 195 (197); Pentz in Rowedder/Pentz, 7. Aufl. 2022, GmbHG Einl. Rn. 161.

2. *Unmittelbares Entsenderecht der Belegschaft kraft Gesellschaftsvertrag*

Sollen in der GmbH mit fakultativem Aufsichtsrat die Aufsichtsratsmitglieder der Arbeitnehmer nicht nach Vorschlag durch die Belegschaft durch die Gesellschafterversammlung gewählt, sondern unmittelbar durch Wahlen der Arbeitnehmer bestimmt werden, begründet dies faktisch ein Recht der Belegschaft als außerhalb des Verbands stehendem Dritten zur Entsendung von Mitgliedern in den Aufsichtsrat. Das Recht der Gesellschafter zur Wahl der Aufsichtsratsmitglieder der Anteilseigner wird hierdurch beschnitten.[90] Hinderungsgründe aus dem Gesichtspunkt der Verbandsautonomie bestehen – wie oben gezeigt (→ V.) – nicht. In der GmbH mit fakultativem Aufsichtsrat kann demnach im Gesellschaftsvertrag ein Entsenderecht zugunsten der Belegschaft oder der zuständigen Gewerkschaft wirksam vorgesehen werden.[91] Dies schließt auch die Möglichkeit ein, das Wahlverfahren gemäß den Wahlordnungen zum MitbestG vorzusehen.

Für die GmbH, deren Aufsichtsrat dem DrittelbG unterliegt, ergeben sich jedoch Beschränkungen aus der Verweisung von § 1 Abs. 1 Nr. 3 DrittelbG auf die aktienrechtlichen Bestimmungen zur Zusammensetzung des Aufsichtsrats, die auch das Entsenderecht nach § 101 Abs. 2 AktG mit den gesetzlichen Beschränkungen einschließt (→ IV. 3.). Den Gesellschaftern ist es demnach nach zutreffender Ansicht verwehrt, im Gesellschaftsvertrag ein Entsenderecht zugunsten der Belegschaft oder einer Gewerkschaft zu begründen.[92]

VIII. Ergebnisse

Für die zu Anfang des Beitrags geschilderten Beispielsfälle ist damit festzustellen, dass in den Fällen a), b), c), d) und e) keine rechtlichen Bedenken an der Zulässigkeit der jeweiligen von den Gesellschaftern im Gesellschaftsvertrag der GmbH getroffenen Gestaltungen zur Begründung von Einflussrechten Dritter bei der Besetzung des Aufsichtsrats bestehen.

Auch wenn die Ergebnisse hinsichtlich der Begründung von Entsenderechten Dritter bei Geltung des DrittelbG im Vergleich zur paritätischen Mitbestimmung in der Sache kaum überzeugen können, sind die Schranken nach dem klaren Gesetzeswortlaut und der jüngsten Rechtsentwicklung zwingend. Hier ist den strengen Vorgaben von § 101 Abs. 2 AktG zu folgen mit der Konsequenz, dass im Gesell-

---

[90] Ebenso Ihrig/Schlitt NZG 1999, 333 (336).

[91] OLG Bremen NJW 1977, 1153 (1154); Henssler FS Westermann, 2008, 1019 (1024); Lutter ZGR 1977, 195 (198); Oetker in Erfurter Kommentar zum Arbeitsrecht, 24. Aufl. 2024, DrittelbG Einl. Rn. 7; Windbichler, Arbeitsrecht im Konzern, 1989, S. 545; einschränkend Pentz in Rowedder/Pentz, 7. Aufl. 2022, GmbHG Einl. Rn. 162.

[92] Im Ergebnis ebenso zB ebenso Habersack in Habersack/Henssler, Mitbestimmungsrecht, 4. Aufl. 2018, Einl. Rn. 49; Henssler FS Westermann, 2008, 1019 (1029); Lutter ZGR 1977, 195 (198); Oetker in Erfurter Kommentar zum Arbeitsrecht, 24. Aufl. 2024, DrittelbG Einl. Rn. 7; Pentz in Rowedder/Pentz, 7. Aufl. 2022, GmbHG Einl. Rn. 161; Veil in Raiser/Veil/Jacobs, 7. Aufl. 2020, DrittelbG § 1 Rn. 26; aA Hoffmann/Lehmann/Weinmann, 1978, MitbestG § 7 Rn. 44; Hommelhoff ZHR 148 (1984), 118 (131); Ihrig/Schlitt NZG 1999, 333 (336); Raiser ZGR 1976, 105 (109); Raiser BB 1977, 1461 (1468).

schaftsvertrag keine Entsenderechte für Dritte zulässig sind. In diesem Fall bleibt – wie im Beispielsfall f) – nur der Weg der vertraglichen Vereinbarung, nach der sich die Gesellschafter verpflichten in der Gesellschafterversammlung von der Belegschaft bzw. der entsprechenden Gewerkschaft benannte Personen zu Mitgliedern des Aufsichtsrats zu wählen.

IX. Summa

1. Die Begründung eines Entsenderechts im Gesellschaftsvertrag zugunsten außenstehender Dritter, das ihnen das Recht zur Entsendung von Personen in den Aufsichtsrat der Gesellschaft eröffnet, ist in der GmbH mit fakultativem Aufsichtsrat wie auch in der GmbH mit paritätisch mitbestimmtem Aufsichtsrat zulässig.
2. Soweit dem Entsenderecht nach dem GmbHG wie auch nach dem MitbestG keine zahlenmäßigen Beschränkungen entgegenstehen, kann im Gesellschaftsvertrag die Entsendung sämtlicher Aufsichtsratsmitglieder der Anteilseigner vorgesehen werden.
3. In der GmbH, deren Aufsichtsrat nach dem DrittelbG zu bilden ist, scheidet ein satzungsmäßiges Entsenderecht für Dritte auf Grund des umfassenden Verweises von § 1 Abs. 1 Nr. 3 DrittelbG auf das aktienrechtliche Entsenderecht nach § 101 Abs. 2 AktG aus. Argumente, die ein Abweichen vom klaren Gesetzeswortlaut zulassen könnten, vermögen nicht zu überzeugen.
4. Scheidet die Begründung eines Entsenderechts zugunsten eines außenstehenden Dritten im Gesellschaftsvertrag aus, bleibt zur Einflussnahme auf die personelle Besetzung des Aufsichtsrats allein die Möglichkeit der schuldrechtlichen Vereinbarung des Dritten mit einem oder allen Gesellschaftern zur Stimmabgabe nach Anweisung des Dritten.
5. Der Grundsatz der Verbandsautonomie steht der Einräumung eines satzungsmäßigen Entsenderechts zugunsten eines Dritten nicht entgegen. Die Begründung des Entsenderechts im Gesellschaftsvertrag bedarf eines Beschlusses der Zustimmung der Gesellschafter und ist damit letztlich konkretisierter Ausdruck der Verbandsautonomie, ohne dass dadurch die Autonomie aufgegeben wird. Es ist deshalb kein Grund ersichtlich, der unter dem Gesichtspunkt des Schutzes der Verbandsautonomie die Verweigerung der Anerkennung des Willens der Gesellschafter rechtfertigen könnte.
6. Das satzungsmäßige Entsenderecht des Dritten genießt im Unterschied zu einem Entsenderecht des Gesellschafters nicht den Schutz einer Ewigkeitsgarantie gemäß § 35 BGB. Die Gesellschafter können das Entsenderecht des Dritten jederzeit durch satzungsändernden Beschluss zu Fall bringen; damit ist die dauerhafte Einflussnahme eines Dritten auf die personelle Zusammensetzung des Aufsichtsrats ausgeschlossen und die Verbandsautonomie der Gesellschafter zur Gestaltung der Geschicke ihrer Gesellschaft in ausreichendem Maße geschützt.

JANNIK WEITBRECHT

Keine Ausstrahlwirkung des StaRUG auf die Ausübungskontrolle insolvenzabhängiger Lösungsklauseln

Heribert Heckschen sucht als Jurist zu jedem Zeitpunkt nach neuen Rechtsproblemen. Er will neu auftauchende Probleme nicht nur einer praxisgerechten Lösung zuführen, sondern er will sie auch *wirklich* durchdringen. Hierbei kommt dem Jubilar eine Eigenschaft zugute, die ich an ihm als Ausbilder, Mentor und Freund ganz besonders schätze: die stetige Bereitschaft, von den Menschen um ihn herum zu lernen, deren Ideen aufzugreifen, weiterzuentwickeln und auch einmal von eigenen Standpunkten abzurücken, wenn dafür bei noch genauerer Betrachtung die besseren Argumente sprechen.

Seit dem Jahr 2016 haben wir unzählige Diskussionen geführt, häufig zu Schnittstellenproblemen mit gesellschaftsrechtlichem Einschlag. Dabei schreckt Heribert Heckschen auch vor eher abseitigen Rechtsgebieten nicht zurück. Besonders die Schnittstellen zwischen Gestaltungspraxis und Insolvenzrecht haben es ihm angetan.[1] Diese Materie wurde zum 1.1.2021 durch das Unternehmensstabilisierungs- und -restrukturierungsgesetz (StaRUG) um eine neue Facette erweitert. Das Restrukturierungsrecht will zwar kein kleines Insolvenzrecht sein und insbesondere mit dessen stigmatisierender Wirkung möglichst wenig zu tun haben, bedient sich jedoch umfangreich aus dessen Baukasten. Insolvenz- und Restrukturierungsrecht können schon deshalb – und weil sich Insolvenzverfahren und Restrukturierungsverfahren gegenseitig ausschließen – nicht voneinander getrennt gedacht werden.

Noch an dem Tag, an dem der Entwurf für eine Restrukturierungsrichtlinie im Jahr 2018 erschienen ist,[2] haben wir die Diskussion darüber aufgenommen, wie sich die Restrukturierungsrichtlinie[3] auf die Vertragsgestaltung und insbesondere auf gesellschaftsrechtliche Lösungsrechte, namentlich Einziehungsklauseln, auswirken könnte (die Ergebnisse unserer ersten Überlegungen sind zu finden in der 7. Auflage des Beck'schen Notarhandbuchs).[4] Drei Jahre später wurde die erste höchstrichterliche Entscheidung veröffentlicht, in der das auf der Restrukturierungsrichtlinie beruhende StaRUG erstmals und in Gestalt des Lösungsklauselverbots (§ 44

[1] Davon zeugt das von ihm mit herausgegebene Standardwerk Reul/Heckschen/Wienberg, Insolvenzrecht in der Gestaltungspraxis, 3. Aufl. 2022.

[2] COM(2016) 723 final.

[3] Richtlinie (EU) 2019/1023 des Europäischen Parlaments und des Rates vom 20.6.2019 über präventive Restrukturierungsrahmen, über Entschuldung und über Tätigkeitsverbote sowie über Maßnahmen zur Steigerung der Effizienz von Restrukturierungs-, Insolvenz- und Entschuldungsverfahren und zur Änderung der Richtlinie (EU) 2017/1132 (Richtlinie über Restrukturierung und Insolvenz), ABl. 2019 L 172, 18.

[4] Heckschen/Weitbrecht in BeckNotar-HdB, 7. Aufl. 2019, § 22 Rn. 601 ff.

StaRUG) im Rahmen eines *obiter dictum* erwähnt wird.[5] Bisher waren wir noch nicht dazu gekommen, dieses *obiter dictum* genauer zu untersuchen. Das soll im Folgenden nachgeholt werden, was bei genauerer Betrachtung interessante dogmatische Fragen zum Verhältnis von Restrukturierungs- und Insolvenzrecht aufwirft.

I. Inhaltskontrolle insolvenz- und restrukturierungsbedingter Lösungsklauseln

Seit der Entscheidung BGHZ 235, 36 ist für die Prüfung insolvenzabhängiger Lösungsklauseln zwischen Wirksamkeitskontrolle und Ausübungskontrolle zu unterscheiden. Während die Inhaltskontrolle die Unwirksamkeit einer vertraglichen Vereinbarung betrifft, schränkt die Ausübungskontrolle die Geltendmachung eines Lösungsrechts auf der Grundlage einer entsprechenden Klausel am Maßstab von § 242 BGB im Einzelfall ein.

1. Betriebsfortführung und das Wahlrecht des Insolvenzverwalters nach §§ 103ff. InsO

Im deutschen Vertragsrecht gilt der Grundsatz der Privatautonomie.[6] Vertragspartnern steht es grundsätzlich frei, selbst zu entscheiden, mit wem sie Verträge abschließen und Geschäftsbeziehungen eingehen. In gleicher Weise steht es den Vertragspartnern grundsätzlich[7] frei, selbst die Voraussetzungen festzulegen, unter denen sie sich wieder von einem Vertrag lösen können. Dieser Grundkonzeption folgend bedürfen Einschränkungen dieser Freiheit einer besonderen Rechtfertigung.

Die Insolvenz eines der Vertragspartner stellt für den anderen Teil regelmäßig einen Störfall dar, der die bisherige Geschäftsbeziehung in Frage stellt. Wenige Vertragspartner wollen sich nach Eröffnung des Insolvenzverfahrens mit dem Insolvenzverwalter „herumärgern", der an die Interessen der Gläubiger*gesamtheit* gebunden ist (vgl. § 1 S. 1 InsO). Wenn er an dem Vertrag festhalten will (§§ 103ff. InsO), dann tut er dies nicht einer (mitunter langjährigen) Geschäftsbeziehung zuliebe, sondern ausschließlich im Interesse einer bestmöglichen Befriedigung der Gläubigergesamtheit – und um eine eigene Haftung aus §§ 60, 61 InsO zu vermeiden. Die damit einhergehenden Probleme für die Vertragsabwicklung werden häufig vom anderen Teil nicht gewünscht, weshalb gerade Verträge über längerfristige Lieferbeziehungen Kündigungsrechte im Falle der Insolvenz eines Vertragspartners oder ähnliche Instrumente vorsehen können (sog. insolvenzabhängige Lösungsklauseln). Ist keine Lösungsklausel vorgesehen, entscheidet der Insolvenzverwalter über die weitere Durchführung gegenseitiger Verträge (§ 103 InsO).

[5] BGHZ 235, 36 = NZI 2023, 165 Rn. 56; dazu Jacoby ZIP 2023, 2273; J. F. Hoffmann JZ 2023, 464; Thole EWiR 2023, 49; Dahl/Schmidt NJW 2023, 610.

[6] Busche in MüKoBGB, 9. Aufl. 2021, BGB vor § 145 Rn. 2ff.

[7] Grenzen setzten beispielsweise §§ 134, 138 BGB, §§ 305ff. BGB, vgl. insbes. § 308 Abs. 1 Nr. 3 BGB (der aber nicht für Dauerschuldverhältnisse gilt).

Eine wesentliche Aufgabe eines modernen (Unternehmens-)Insolvenzrechts besteht darin, durch Erhalt des Schuldnerunternehmens Fortführungswerte zu realisieren und dadurch ein gegenüber der Zerschlagung des Schuldnerunternehmens besseres Verwertungsergebnis für die Gläubigergesamtheit zu erreichen (§ 1 InsO).

Aus diesem Grund ist die Verwertung einzelner Sicherungsrechte durch Individualgläubiger im laufenden Insolvenzverfahren beschränkt. Die gesicherten Gläubiger können lediglich abgesonderte Befriedigung verlangen (§ 49f. InsO). Soweit der Schuldner im Besitz der belasteten Gegenstände ist und diese folglich für die Betriebsfortführung benötigt werden könnten, übernimmt der Insolvenzverwalter die Verwertung (§§ 165ff. InsO).[8]

Die Betriebsfortführung in der Insolvenz setzt neben dem Zusammenhalt der Substanz des Schuldnerunternehmens voraus, dass betriebswesentliche Verträge auch in der Insolvenz fortgesetzt werden. Deshalb geben die §§ 103ff. InsO dem Insolvenzverwalter das Recht, zu entscheiden, welche von ihm vorgefundenen, nicht vollständig erfüllten gegenseitigen Verträge er erfüllt (§ 103 Abs. 1 InsO) und welche nicht (§ 103 Abs. 2 S. 1 InsO). Auf diese Weise soll dem Insolvenzverwalter ermöglicht werden, das Schuldnerunternehmen von nicht wirtschaftlichen Verträgen zu entlasten und betriebswesentliche Geschäftsverbindungen zu erhalten. Dieses System liegt im Interesse der Gesamtgläubigerschaft, und zwar auch derjenigen Gläubiger, deren Geschäftsbeziehungen beendet wird: Haben diese Gläubiger noch offene Forderungen, so würden sie ohne Fortführung des Betriebs im Rahmen der Verteilung in aller Regel eine geringere Insolvenzquote erhalten, als wenn das Unternehmen fortgeführt wird.

2. *§ 119 InsO und das Verbot insolvenzabhängiger Lösungsklauseln*

a) Allgemeines

Das vorstehende Konzept der §§ 103ff. InsO könnte nun dadurch konterkariert werden, dass Vertragspartner sich allein aufgrund des Umstandes der Insolvenz ihres Vertragspartners vom Vertrag lösen können. Diesem Problem hätte der Gesetzgeber mit einem generellen Verbot insolvenzabhängiger Lösungsklauseln begegnen können, was jedoch nicht geschehen ist.[9] Noch im Regierungsentwurf der InsO war in § 137 Abs. 2 InsO-E ein striktes Lösungsklauselverbot geregelt. Gemäß § 137 Abs. 2 S. 1 InsO-E sollten Vereinbarungen, die für den Fall der Eröffnung des Insolvenzverfahrens die Auflösung eines gegenseitigen Vertrags vorsehen oder der anderen Partei das Recht geben, sich einseitig vom Vertrag zu lösen, unwirksam sein. § 137 Abs. 2 S. 2 InsO-E sah darüber hinaus vor, dass ein Lösungsrecht nach Eröffnung des Insolvenzverfahrens nicht mehr ausgeübt werden kann, wenn in einem gegenseitigen Vertrag vereinbart war, dass bei einer Verschlechterung der Vermögensverhältnisse einer Vertragspartei die andere das Recht hat, sich einseitig vom Vertrag zu lösen. Im weiteren Gesetzgebungsverfahren wurde § 137 Abs. 2 InsO-E gestrichen und nur die in § 137 Abs. 1 InsO-E vorgesehene Regelung wurde in Gestalt von

---

[8] Dazu BGH NZI 2023, 74; NZI 2016, 21; NZI 2011, 602.
[9] BGHZ 235, 36 = NZI 2023, 165 Rn. 26–28.

§ 119 InsO Gesetz. Danach sind Vereinbarungen unwirksam, durch die im Voraus die Anwendung der §§ 103–118 InsO ausgeschlossen oder beschränkt wird.

b) Die Entscheidung BGHZ 235, 36

§ 119 InsO erfasst insbesondere Vereinbarungen, welche die gesetzlichen Regelungen der §§ 103ff. InsO unmittelbar außer Kraft setzen sollen.[10] Darüber hinaus stellt sich aber die Frage, ob und unter welchen Voraussetzungen insolvenzabhängige Lösungsklauseln als eine Umgehung der §§ 103ff. InsO ebenfalls unter § 119 InsO zu subsumieren sind.[11] Mit seiner Entscheidung vom 27.10.2022 hat der *IX. Zivilsenat* für die Überprüfung von insolvenzabhängigen Lösungsklauseln die (aus anderen Bereichen wie dem Familienrecht und dem Gesellschaftsrecht bekannte) Unterscheidung zwischen Inhalts- und Ausübungskontrolle übernommen, also die Differenzierung zwischen einer Wirksamkeitskontrolle am Maßstab von § 119 InsO und der Kontrolle der Ausübung der wirksamen Klauseln am Maßstab von § 242 BGB.[12]

Der BGH hatte 2012 noch entschieden, dass Lösungsklauseln in Verträgen über die fortlaufende Lieferung von Waren oder Energie, die an den Insolvenzantrag oder die Insolvenzeröffnung anknüpfen, unwirksam sind.[13] Konnte man in dieser Entscheidung noch eine strenge Haltung des *IX. Zivilsenats* vermuten, hat dieser mit Urteil vom 27.10.2022 eine eindeutig zurückhaltende Position im Hinblick auf die Unwirksamkeit insolvenzabhängiger Lösungsklauseln eingenommen. Der Senat stellt im Rahmen der Begründung zunächst klar, dass das Gesetz keine ausreichende Grundlage dafür enthält, dass insolvenzabhängige Lösungsklauseln stets unwirksam sind.[14] Mangels einer klaren Vorgabe bedürfe eine auf § 119 InsO gestützte Unwirksamkeit von insolvenzabhängigen Lösungsklauseln einer besonderen Rechtfertigung, die den Grundsatz der Vertragsfreiheit berücksichtigen müsse.[15] Die vertraglich vereinbarten Begrenzungen einer Bindung als Ausdruck der Privatautonomie seien grundsätzlich auch in der Insolvenz zu respektieren.[16] Ausgehend von diesen von ihm selbst gesetzten hohen Hürden kommt der *IX. Zivilsenat* zu dem Ergebnis, dass eine insolvenzabhängige Lösungsklausel nach § 119 InsO (ausnahmsweise) unwirksam ist, wenn der insolvenzabhängige Umstand für sich allein die Lösung vom Vertrag ermöglicht und die Lösungsklausel in Voraussetzungen oder Rechtsfolgen von gesetzlichen Lösungsmöglichkeiten abweicht, ohne dass für diese Abweichungen bei objektiver Betrachtung ex ante zum Zeitpunkt des Vertragsabschlusses auf der Grundlage der wechselseitigen Interessen der Parteien berechtigte Gründe bestehen.[17] Solche berechtigten Gründe könnten sich bei insolvenzabhängigen Lösungsklauseln allgemein aus einer insolvenzrechtlich nicht

[10] BT-Drs. 12/2443, 152 (zu § 137 InsO-E).
[11] BGHZ 235, 36 = NZI 2023, 165; Jacoby ZIP 2023, 2273 (2276ff.).
[12] BGHZ 235, 36 = NZI 2023, 165 Rn. 56.
[13] BGHZ 195, 348 = NZI 2013, 178.
[14] BGHZ 235, 36 = NZI 2023, 165 Rn. 33.
[15] BGHZ 235, 36 = NZI 2023, 165 Rn. 37.
[16] BGHZ 235, 36 = NZI 2023, 165 Rn. 38 mit Verweis auf Hoffmann KTS 2018, 343 (348).
[17] BGHZ 235, 36 = NZI 2023, 165 (Leitsatz 1).

gerechtfertigten Zielsetzung oder zugunsten eines Sach- oder Dienstleistungsgläubigers ergeben.[18] Hingegen sei eine insolvenzabhängige Lösungsklausel zugunsten eines Geldleistungsgläubigers regelmäßig unwirksam.[19] Im konkreten Fall hielt der *IX. Zivilsenat* eine Lösungsklausel in einem Schülerbeförderungsvertrag, wonach eine Kündigung aus wichtigem Grund zulässig ist und der vom Erbringer der Leistungen gestellte Insolvenzantrag als wichtiger Grund gilt, für wirksam, wenn der Besteller bei einer typisierten, objektiven Betrachtung ex ante zum Zeitpunkt des Vertragsschlusses ein berechtigtes Interesse hatte, mit der Vereinbarung eines Insolvenzereignisses als wichtigem Grund Vorsorge für eine allgemein bei Schülerbeförderungsverträgen mit einem Insolvenzfall einhergehenden besonderen Risikoerhöhung zu treffen.[20]

Hieraus folgt ein deutlich zurückhaltender Umgang des BGH mit insolvenzabhängigen Lösungsklauseln. Der BGH interpretiert die Unwirksamkeit als klare Ausnahme vom Grundsatz der Vertragsfreiheit, der im Rahmen der Abwägung erkennbar einen hohen Stellenwert einnimmt. Dieser Eingriff in die Rechtsstellung einzelner Vertragspartner des Schuldners lässt sich im Insolvenzverfahren durch dessen Charakter als kollektives Verwertungsverfahren im Interesse der Gläubigergesamtheit (§ 1 S. 1 InsO) rechtfertigen. Eingriffe in die Rechte einzelner Stakeholder erfolgen im Insolvenzverfahren im Interesse der Gläubigergesamtheit, deren kollektive Befriedigungschancen angesichts des geordneten Verfahrens höher ausfallen, als wenn alle Gläubiger in einem „Wettrennen" gegeneinander ihre eigenen Interessen wahrnehmen und durchsetzen würden.

Die genauen Einzelheiten der *Inhaltskontrolle* insolvenzabhängiger Lösungsklauseln, die nach wie vor ungeklärt sind,[21] sollen vorliegend nicht untersucht werden. Von näherem Interesse sind vielmehr die Ausführungen des BGH zur *Ausübungskontrolle* wirksamer Lösungsklauseln (→ II.). Einleitend bedarf es jedoch zunächst eines Blicks auf die seit dem 1.1.2021 geltende Vorschrift des § 44 StaRUG.

3. § 44 StaRUG

a) Inhalt des Lösungsklauselverbots

Der zurückhaltende Umgang des BGH mit *insolvenz*abhängigen Lösungsklauseln lässt sich nicht auf den vorinsolvenzlichen Bereich übertragen. Vertragspartner können allgemein ein Interesse daran haben, sich auch außerhalb eines formellen Insolvenzverfahrens bei ernsthaften Krisenanzeichen beim Schuldner von Verträgen lösen zu können.

---

[18] BGHZ 235, 36 = NZI 2023, 165 (Leitsatz 1b).

[19] BGHZ 235, 36 = NZI 2023, 165 (Leitsatz 1b).

[20] BGHZ 235, 36 = NZI 2023, 165 (Leitsatz 2).

[21] Ausf. Jacoby ZIP 2023, 2273; Hoffmann KTS 2018, 343; Piekenbrock ZIP 2018, 1; Andres in Andres/Leithaus, 4. Aufl. 2018, InsO § 119 Rn. 3; Berberich in BeckOK InsR, 33. Ed. 15.10.2023, InsO § 119 Rn. 8ff.; Huber in MüKoInsO, 4. Aufl. 2019, InsO § 119 Rn. 28ff.; Sinz in Uhlenbruck, 15. Aufl. 2019, InsO § 119 Rn. 10ff.; Balthasar in Nerlich/Römermann, 47. EL 3/2023, InsO § 119 Rn. 10ff.; Ringstmeier in K. Schmidt, 20. Aufl. 2023, InsO § 119 Rn. 11ff.; s. auch BGHZ 210, 1 = NZI 2016, 532 zur Wirksamkeit des in § 8 Abs. 2 Nr. 1 Alt. 2 iVm Nr. 2 VOB/B (2009) geregelten Lösungsrechts.

Seit dem 1.1.2021 ist neben die Insolvenzordnung das Unternehmensstabilisierungs- und -restrukturierungsgesetz (StaRUG) getreten.[22] Das StaRUG stellt dem Schuldner bei drohender Zahlungsunfähigkeit einen modularen Baukasten an Restrukturierungsinstrumenten (vgl. § 29 Abs. 2 StaRUG) zur Verfügung, insbesondere in Gestalt der an § 21 Abs. 2 Nr. 3 InsO angelehnten Stabilisierungsanordnung (§§ 49ff. StaRUG) und des an das Insolvenzplanverfahren (§§ 217ff. InsO) angelehnten Restrukturierungsplanverfahrens (§§ 2ff., 60ff. StaRUG).

Anders als für das laufende Insolvenzverfahren existiert für den Anwendungsbereichs des StaRUG ein expliziteres Lösungsklauselverbot: Gemäß § 44 Abs. 1 StaRUG ist die Rechtshängigkeit der Restrukturierungssache oder die Inanspruchnahme von Instrumenten des Stabilisierungs- und Restrukturierungsrahmens durch den Schuldner ohne weiteres kein Grund (1.) für die Beendigung von Vertragsverhältnissen, an denen der Schuldner beteiligt ist, (2.) für die Fälligstellung von Leistungen oder (3.) für ein Recht des anderen Teils, die diesem obliegende Leistung zu verweigern oder die Anpassung oder anderweitige Gestaltung des Vertrags zu verlangen. Die Rechtshängigkeit der Restrukturierungssache oder die Inanspruchnahme von Instrumenten des Stabilisierungs- und Restrukturierungsrahmens berührt gemäß § 44 Abs. 1 S. 2 StaRUG auch nicht ohne Weiteres die Wirksamkeit des Vertrags. Eine § 44 Abs. 1 StaRUG entgegenstehende Vereinbarung ist gemäß § 44 Abs. 2 StaRUG unwirksam.[23] § 44 Abs. 2 StaRUG gilt auch für wirtschaftlich vergleichbare Rechtsfolgen (zB Vertragsstrafen).[24] Um den Vertragspartner zu schützen, dürfte § 139 BGB unanwendbar sein, bleibt daher der Vertrag im Übrigen wirksam.[25]

b) Begründung, europarechtlicher Hintergrund und Einordnung

Die Gesetzesbegründung beschränkt sich inhaltlich auf einen Verweis auf Art. 7 Abs. 5 RestrukturierungsRL, dessen Umsetzung § 44 StaRUG dient.[26] Nach dieser Vorschrift stellen die Mitgliedstaaten sicher, dass es Gläubigern nicht gestattet ist, aufgrund einer Vertragsklausel, die entsprechende Maßnahmen vorsieht, allein aus folgenden Gründen aus noch zu erfüllenden Verträgen zu verweigern oder diese Verträge zu kündigen, vorzeitig fällig zu stellen oder in sonstiger Weise zum Nachteil des Schuldners zu ändern:

a) wegen eines Antrags eines präventiven Restrukturierungsverfahrens,[27]
b) wegen eines Antrags auf Aussetzung von Einzelzwangsvollstreckungsmaßnahmen,
c) wegen der Eröffnung eines präventiven Restrukturierungsverfahrens oder

---

[22] Einführend Wienberg/Weitbrecht in Reul/Heckschen/Wienberg, Insolvenzrecht in der Gestaltungspraxis, 3. Aufl. 2022, § 1 Rn. 155ff.

[23] Ausf. zu den in § 44 Abs. 1 StaRUG abschließend aufgezählten Verboten Fritz in Uhlenbruck, InsO, 16. Aufl. 2023, StaRUG § 44 Rn. 27.

[24] Curtze in Römermann, InsO, 48. EL 5/2023, StaRUG § 44 Rn. 27.

[25] Curtze in Römermann, InsO, 48. EL 5/2023, StaRUG § 44 Rn. 27.

[26] BT-Drs. 19/24181, 146; vgl. auch Curtze in Römermann, InsO, 48. EL 5/2023, StaRUG § 44 Rn. 26.

[27] Nach Richtlinienumsetzung: Anzeige einer Restrukturierungssache gem. § 31 StaRUG (die gem. Abs. 3 zur Rechtshängigkeit der Restrukturierungssache führt).

d) wegen der Gewährung einer Aussetzung von Einzelzwangsvollstreckungsmaßnahmen[28] als solcher.

Eine nähere Erklärung für die Vorschrift und etwaige denkbare Überlegungen zum Verhältnis zu § 119 InsO sind in der Gesetzesbegründung nicht zu finden. Lediglich die Erwägungsgründe 40 und 41 zur RestrukturierungsRL geben einige Einblicke in den Hintergrund des in Art. 7 Abs. 5 normierten Lösungsklauselverbots, dessen Umsetzung § 44 StaRUG dient. Zusammengefasst soll die Vorschrift verhindern, dass sich die Ausübung von Lösungsklauseln (von der Richtlinie als „Ipso-Facto-Klauseln" bezeichnet) während der Durchführung eines Restrukturierungsverfahrens negativ auf die Rettung des Unternehmens des Schuldners auswirken. Die Richtlinie hat dabei insbesondere zu erfüllende Miet- und Lizenzverträge, langfristige Lieferverträge und Franchiseverträge vor Augen.

II. Ausübungskontrolle wirksamer Lösungsklauseln

1. Allgemeines zur Ausübungskontrolle

Im Anschluss an die Prüfung der *Wirksamkeit* insolvenzabhängiger Lösungsklauseln sprach der *IX. Zivilsenat* in seiner Entscheidung vom 27.10.2022 erstmals von der Durchführung einer Ausübungskontrolle wirksamer Lösungsklauseln am Maßstab von Treu und Glauben (§ 242 BGB) und schloss sich damit den von *Wagner* und *Klein* entwickelten Ideen[29] an.[30] Die Differenzierung zwischen Inhalts- (also Wirksamkeits-)Kontrolle und Ausübungskontrolle sind dem Jubilar besonders aus dem Familienrecht (bei Eheverträgen und Scheidungsfolgenvereinbarungen)[31], aus dem Gesellschaftsrecht (bei Abfindungsklauseln)[32], aber auch im Zusammenhang mit Heimfallklauseln in Erbbaurechtsverträgen[33], vertraut.

Hierzu führt der *IX. Zivilsenat* aus, dass der Kündigungsberechtigte zwar im Regelfall berechtigte Belange wahrnehme.[34] Anders sei dies, wenn er die Insolvenz dazu nutzt, höhere Preise durchzusetzen, oder sich von einem Vertrag lösen möchte, dessen Durchführung durch die Insolvenz nicht weiter erschwert wird.[35]

---

[28] Buchstaben b), c) und d) nach Richtlinienumsetzung zusammengefasst: Inanspruchnahme von Instrumenten des Stabilisierungs- und Restrukturierungsrahmens iSd § 29 Abs. 2 StaRUG.

[29] Wagner/Klein FS Prütting, 2018, 805 (814).

[30] BGHZ 235, 36 = NZI 2023, 165 Rn. 56.

[31] Vgl. dazu Rakete-Dombek in BeckNotar-HdB, 8. Aufl. 2024, § 13 Rn. 8ff.

[32] Zur Ausübungskontrolle von Abfindungsklauseln Kleindiek in Lutter/Hommelhoff, 21. Aufl. 2023, GmbHG § 34 Rn. 172ff.; Roth in Hopt, 43. Aufl. 2024, HGB § 135 Rn. 31f.; Michel in BeckOGK, 1.1.2024, HGB § 135 Rn. 74ff.; zur Problematik der Heilung unwirksamer Abfindungsklauseln in GmbH-Satzungen Heckschen FS Bergmann, 2018, 259ff.; Heckschen/Weitbrecht BB 2023, 259; Born FS Gehrlein, 2022, 81ff.

[33] BGH DNotZ 2024, 263; zum Heimfallrecht in der Insolvenz Heckschen FS Frenz, 2024, 153.

[34] BGHZ 235, 36 = NZI 2023, 165 Rn. 55 mit Verweis auf Wagner/Klein FS Prütting, 2018, 805 (814f.).

[35] BGHZ 235, 36 = NZI 2023, 165 Rn. 55 mit Verweis auf Wagner/Klein FS Prütting, 2018, 805 (814f.).

Habe der andere Vertragsteil kein schutzwürdiges Interesse an der Ausübung des vertraglich eingeräumten insolvenzabhängigen Lösungsrechts oder überwögen die schutzwürdigen Belage des Schuldners das Interesse des Ausübungsberechtigten, schließe dies die Ausübung des insolvenzabhängigen Lösungsrechts mit Blick auf Treu und Glauben aus.[36]

Im Anschluss an diese allgemeinen und überzeugenden Ausführungen zur Ausübungskontrolle am Maßstab des § 242 BGB trifft der IX. Zivilsenat *obiter dictum* die folgende Aussage:

> *„Im Hinblick auf § 44 StaRUG wird zu erwägen sein, ob im Falle der Eigenverwaltung (§§ 270ff. InsO) die Interessen des Gläubigers an einer Lösungsklausel zurücktreten."*[37]

Dieses *obiter dictum* dürfte von der Überlegung getragen sein, dass das Eigenverwaltungsverfahren (§§ 270ff. InsO), währenddessen der Schuldner anders als in der Regelinsolvenz (§ 80 Abs. 1 InsO) seine Verwaltungs- und Verfügungsbefugnis behält und ihm anstelle eines Insolvenzverwalters ein Sachwalter an die Seite gestellt wird, eine gewisse Verwandtschaft zum Restrukturierungsverfahren nach dem StaRUG aufweist. Beide Verfahren sind Instrumente zur Sanierung des Schuldnervermögens, während deren der Schuldner anders als im Regelinsolvenzverfahren (§ 80 Abs. 1 InsO) seine Verwaltungs- und Verfügungsbefugnis behält (§ 270 Abs. 1 S. 1 InsO)[38] und ihm kein Insolvenzverwalter, sondern in Gestalt des Restrukturierungsbeauftragten (§§ 73ff. StaRUG) bzw. des Sachwalters (§§ 270 Abs. 1 S. 2, 274 InsO) eine Person an die Seite gestellt wird, die nur Überwachungs- und Beratungsfunktionen wahrnimmt und ihn nicht aus seiner Vermögenssphäre verdrängt.

Aus diesem Grund kann erwogen werden, Wertungen aus dem Restrukturierungsrecht auf das Insolvenzverfahren in Eigenverwaltung zu übertragen. Aber überzeugt dies auch im Hinblick auf § 44 StaRUG, der – wie oben (→ I. 3.) gezeigt – ein weitaus schärferes Lösungsklauselverbot enthält als § 119 InsO?

2. *Ausstrahlwirkung von § 44 StaRUG im Rahmen der Ausübungskontrolle?*

Das vorgenannte *obiter dictum* des *IX. Zivilsenats* wirft die Frage auf, ob das Verhältnis zwischen § 119 InsO als normativem Anknüpfungspunkt für die Unwirksamkeit insolvenzabhängiger Lösungsklauseln und § 44 StaRUG eine Übertragung von Wertungen des restrukturierungsrechtlichen Lösungsklauselverbots auf das Insolvenzverfahren zulässt.

§ 44 StaRUG enthält in Bezug auf die Wirksamkeitskontrolle restrukturierungsbedingter Lösungsklauseln ein absolutes Verbot, welches weit über die vom BGH zur Wirksamkeitskontrolle von insolvenzabhängigen Lösungsklauseln am Maßstab des § 119 InsO entwickelten Grundsätze hinausgeht. Angesichts der Ausführungen

---

[36] BGHZ 235, 36 = NZI 2023, 165 Rn. 55 mit Verweis auf Wagner/Klein FS Prütting, 2018, 805 (813).

[37] BGHZ 235, 36 = NZI 2023, 165 Rn. 55.

[38] Das StaRUG kennt allgemein keine Beschränkung der Verwaltungs- und Verfügungsbefugnis.

des *IX. Zivilsenats* zu insolvenzabhängigen Lösungsklauseln ist die gesetzliche Regelung in § 44 StaRUG ein Wertungswiderspruch: Wenn ein Verbot von Lösungsklauseln ein Eingriff in die Vertragsfreiheit eines einzelnen Vertragspartners des Schuldners darstellt und ein solches Verbot in der Insolvenz des Schuldners nur ausnahmsweise im Einzelfall aufgrund der Sondersituation der Insolvenz gerechtfertigt ist, dann muss dies erst recht auch in einem bloßen vorinsolvenzlichen Restrukturierungsverfahren gelten, welches gerade voraussetzt, dass der Schuldner lediglich drohend zahlungsunfähig, nicht aber materiell insolvent (vgl. §§ 32 Abs. 3, 33 Abs. 2 S. 1 Nr. 1 StaRUG) ist. Mit steigender Intensität der Krise steigt auch die Rechtfertigung für Eingriffe in die Rechte einzelner Gläubiger bzw. Stakeholder des Schuldners. Aus diesem Grund bedarf die Zustimmung zum Restrukturierungsplan als Herzstück des StaRUG in jeder Plangruppe der Zustimmung von 3/4 der Mitglieder (§ 25 Abs. 1 StaRUG) und nicht wie im Insolvenzplanverfahren lediglich einer einfachen Mehrheit (§ 244 Abs. 1 InsO). Das StaRUG adressiert strukturell betrachtet ein früheres Krisenstadium als das Insolvenzverfahren, weswegen die Rechtfertigung für Eingriffe in die Gläubigerrechte geringer als in der Insolvenz.

Vor diesem Hintergrund hätte es ein schlüssiges System bedeuten können, im Rahmen der Wirksamkeitskontrolle von Lösungsklauseln in der Restrukturierung einen weniger starken Eingriff in die Vertragsfreiheit der Vertragspartner des Schuldners vorzunehmen als in der Insolvenz. Es wäre weiterhin nicht unschlüssig gewesen, sowohl in der Insolvenz als auch in der Restrukturierung *gleichermaßen* Lösungsklauseln im Interesse der Sanierung des Schuldnerunternehmens zu verbieten. Jedenfalls aber erscheint es wertungswidersprüchlich, im Restrukturierungsverfahren im Hinblick auf Lösungsklauseln einen *schärferen* Eingriff in die Rechte der Vertragspartner des Schuldners anzuordnen als in der Insolvenz. Hierfür besteht keine Rechtfertigung.

Gleichwohl ist die Begründung des *IX. Zivilsenats* im Hinblick auf die *Wirksamkeits*kontrolle insolvenzabhängiger Lösungsklauseln überzeugend. Denn der Gesetzgeber der InsO von 1999 hatte bewusst auf ein allgemeines Lösungsklauselverbot verzichtet und der Gesetzgeber hat bei Schaffung des StaRUG erneut darauf verzichtet, eine § 44 StaRUG bzw. § 137 Abs. 2 InsO-E entsprechende Norm in die Insolvenzordnung aufzunehmen. Für den Gesetzgeber des StaRUG bestand das Problem darin, dass die Regelung in § 44 StaRUG europarechtlich zwingend vorgegeben war – unabhängig von der Dogmatik der Insolvenzordnung. Vor diesem Hintergrund muss die gesetzgeberische Entscheidung, die Insolvenzordnung unangetastet zu lassen, als bewusste Entscheidung interpretiert werden, dass insolvenzrechtliche Lösungsklauseln weiterhin lediglich am weniger strengen Maßstab des § 119 InsO gemessen werden können – und das, obwohl es sich hierbei aus Rechtfertigungsgesichtspunkten um einen Wertungswiderspruch zu § 44 StaRUG handelt. Vor diesem Hintergrund wird die restriktive Handhabung von § 119 InsO durch den *IX. Zivilsenat* noch überzeugender. Eine strenge Interpretation von § 119 InsO, was auf einen ähnlichen Anwendungsbereich wie derjenige des § 44 StaRUG hinauslaufen würde, käme einer Analogie durch die Hintertür gleich, die angesichts der vorstehenden Ausführungen mangels planwidriger Regelungslücke unzulässig wäre.

Wenn nun im Ergebnis die Wertung von § 44 StaRUG nicht auf die *Inhalts*kontrolle von insolvenzabhängigen Lösungsklauseln durchschlagen kann, dann ist nicht ersichtlich, warum dies im Rahmen einer *Ausübungs*kontrolle anders sein soll. Vielmehr würde die überzeugende Wertung des *IX. Zivilsenats* im Hinblick auf die Inhaltskontrolle unterlaufen, wenn im Rahmen des Eigenverwaltungsverfahrens (bei dem es sich um ein echtes Insolvenzverfahren handelt) die Ausübungskontrolle zulasten des Vertragspartners des Schuldners gehen würde, nicht aber im Regelinsolvenzverfahren. Die Rechtfertigung für Eingriffe die Vertragsfreiheit einzelner Vertragspartner des Schuldners ist vielmehr am größten, wenn in einem Regelinsolvenzverfahren die Verwaltungs- und Verfügungsbefugnis des Schuldners auf den Insolvenzverwalter übergegangen ist (§ 80 Abs. 1 InsO) und damit eine Einheitlichkeit der Eingriffe in die Rechte der Stakeholder stärker abgesichert ist als im Eigenverwaltungsverfahren und im Restrukturierungsverfahren. Würde § 44 StaRUG nur im Rahmen der Ausübungskontrolle berücksichtigt, würde es sich um eine Quasi-Analogie handeln, die genauso unzulässig sein muss, wie eine Analogie im Rahmen der Inhaltskontrolle.

Da es sich bei § 44 StaRUG wertungsmäßig um einen rein europarechtlich determinierten dogmatischen Fremdkörper handelt, der keine Rückschlüsse auf das Insolvenzrecht zulässt und dies nach der Entscheidung des BGH vom 27.10.2022 umso mehr gilt, ist eine Ausstrahlwirkung von § 44 StaRUG auf die Ausübungskontrolle insolvenzabhängiger Lösungsrechte generell abzulehnen. § 44 StaRUG und § 119 InsO stehen in keinem dogmatischen Verhältnis zueinander und lassen keine gegenseitigen Rückschlüsse zu.

III. Ausübungskontrolle und Einziehungsklauseln?

Das vorstehend diskutierte *obiter dictum* des IX. Zivilsenats zeigt, dass Insolvenz- und Restrukturierungsrecht nicht getrennt voneinander gedacht werden können, dass aber das Restrukturierungsrecht angesichts des europarechtlichen Hintergrunds des StaRUG nicht zu voreiligen Rückschlüssen auf das Insolvenzrecht verleiten darf. Aus demselben Grund müssen auch umgekehrt Rückschlüsse vom Insolvenzrecht auf das StaRUG einer genauen Prüfung unterzogen werden. Von besonderem Interesse des Jubilars ist seit vielen Jahren die sog. Störfallvorsorge in Gesellschaftsverträgen, insbesondere das von uns so bezeichnete „Gesellschafterkreismanagement“[39] – namentlich durch Einziehungs- und Zwangsabtretungsregelungen in GmbH-Gesellschaftsverträgen.[40]

In Bezug auf § 44 StaRUG wird (soweit ersichtlich nur von einer Stimme)[41] ohne jegliche Begründung vertreten, dass die Vorschrift auf Gesellschaftsverträge

[39] Heckschen/Weitbrecht NZG 2021, 709.

[40] Ausf. Heckschen/Stelmaszczyk in Heckschen/Heidinger, Die GmbH in der Beratungs- und Gestaltungspraxis, 5. Aufl. 2023, Kap. 4 Rn. 674ff.

[41] Curtze in Römermann, InsO, 48. EL 5/2023, StaRUG § 44 Rn. 8.

anwendbar sei.[42] Ohne dies näher zu begründen dürfte sich diese Überlegung allenfalls auf § 44 Abs. 1 S. 1 Nr. 1 StaRUG („Beendigung von Vertragsverhältnissen") beziehen können, wenngleich bereits an dieser Stelle wohl die Wortlautgrenze für eine Anwendung ohne Analogie erreicht sein dürfte. Denn zwar handelt es sich beim Gesellschaftsvertrag (zumindest auch) um ein Vertragsverhältnis.[43] Dieses wird jedoch durch die Einziehung eines insolventen Gesellschafters nicht beendet. Eine Vertragsbeendigung im Sinne von § 44 StaRUG ist im Falle einer GmbH vielmehr gar nicht möglich. Schließlich ist auch weder der Sinn und Zweck von § 44 StaRUG noch von Art. 7 Abs. 5 RestrukturierungsRL berührt. Ausweislich Erwägungsgrund 40 zur RestrukturierungsRL geht es bei Art. 7 Abs. 5 um die Aufrechterhaltung betriebsnotwendiger noch zu erfüllender gegenseitiger schuldrechtlicher Verträge („beispielsweise Miet- und Lizenzverträge, langfristige Lieferverträge und Franchiseverträge"), keinesfalls aber um Gesellschaftsverträge. Für den Schuldner ist es neben der Betriebsfortführung vielmehr irrelevant, wenn seine Mitgliedschaft in einer anderen Gesellschaft anlässlich seiner Insolvenz beendet wird. Aus diesen Gründen empfehlen der Jubilar und der Verfasser die Aufnahme von restrukturierungsbedingten Einziehungsklauseln in GmbH-Satzungen.[44]

Unter der Prämisse, dass die dargestellte abweichende Ansicht zu § 44 StaRUG zutrifft – wonach Einziehungsklauseln an dieser Vorschrift zu messen wären – könnten sich wiederum im Zusammenhang mit der Inhalts- und Ausübungskontrolle zwei Fragen zum Verhältnis zwischen Insolvenz- und Restrukturierungsrecht stellen:

Wenn eine Einziehungsklausel in der Restrukturierung unwirksam sein sollte, müsste dies dann erst recht in der Insolvenz gelten? Denn die Rechtfertigung für einen derartigen Eingriff in die Vertragsfreiheit wäre in der Insolvenz (wie oben unter → II. 2. dargestellt) größer als in der bloßen Restrukturierung. Jedenfalls mangels normativen Anknüpfungspunkts in der InsO dürfte diese Überlegung jedoch ins Leere gehen. Soweit ersichtlich wird nämlich nicht vertreten, dass § 119 InsO auf Gesellschaftsverträge anwendbar ist und auf § 137 Abs. 2 InsO-E wurde – wie oben unter → I. 2. a) dargestellt – vom Gesetzgeber bewusst verzichtet. Ein Umkehrschluss vom Restrukturierungs- auf das Insolvenzrecht würde folglich fehl gehen. Eine *Inhaltskontrolle* von insolvenzabhängigen Einziehungsklauseln dürfte daher unter allen denkbaren Gesichtspunkten scheitern.

Sollte sich die abweichende Ansicht durchsetzen – wonach es bisher nicht aussieht – würde dann der *IX. Zivilsenat* (wenn er denn überhaupt darüber einmal anstelle des *II. Zivilsenats* entscheiden müsste) ebenfalls die Frage aufwerfen, ob eine *Ausübungskontrolle* insolvenzabhängiger Einziehungsklauseln im Eigenverwaltungsverfahren in Betracht kommt? Diese Frage und zahlreiche mehr werden den Jubilar noch für viele weitere produktive Jahre beschäftigen.

---

[42] Die übrige Literatur lässt die Frage unerwähnt Mock in BeckOK StaRUG, 12. Ed. 1.4.2024, StaRUG § 44 Rn. 12ff.; Hölzle in Seibt/Westpfahl, 2023, StaRUG § 44 Rn. 12; Haffer/Schuster in Braun, 2023, StaRUG § 44 Rn. 2ff.; Spliedt in Flöther, 2021, StaRUG § 44 Rn. 5ff.; Fritz in Uhlenbruck, InsO, 16. Aufl. 2023, StaRUG § 44 Rn. 5f.; Thole ZIP 2020, 1985 (1993).

[43] Zur Rechtsnatur des GmbH-Gesellschaftsvertrags Cramer in Scholz, 13. Aufl. 2022, GmbHG § 2 Rn. 3ff.

[44] Heckschen/Weitbrecht in BeckNotar-HdB, 8. Aufl. 2024, § 22 Rn. 603b.

IV. Zusammenfassung der Erkenntnisse

1. Der *IX. Zivilsenat* unterscheidet zwischen der *Inhalts-* und *Ausübungs*kontrolle insolvenzabhängiger Lösungsklauseln und begreift die Unwirksamkeit insolvenzabhängiger Lösungsklauseln nach § 119 InsO als Ausnahme vom Grundsatz der Privatautonomie, die einer besonderen Rechtfertigung bedarf. Die Rechtfertigung für Eingriffe in die Rechte von Vertragspartnern des Schuldners ist in der Insolvenz strukturell größer als im Rahmen eines Restrukturierungsverfahrens nach dem StaRUG.
2. § 44 StaRUG ist zwar in gewisser Weise ein „restrukturierungsrechtliches Äquivalent" zu § 119 InsO. Letztgenannte Norm ist jedoch Konsequenz bzw. Absicherung eines Normkomplexes in Gestalt der §§ 103–118 InsO, den es im StaRUG gerade nicht gibt. § 44 StaRUG steht in keinem dogmatischen Zusammenhang zu § 119 InsO. Das StaRUG verbietet restrukturierungsabhängige Lösungsklauseln *per se,* die InsO verbietet lediglich die Umgehung des Insolvenzverwalterwahlrechts in §§ 103ff. InsO. Insoweit ist es sozusagen ein „dogmatischer Zufall", wenn insolvenzabhängige Lösungsklauseln" unter § 119 InsO subsumiert werden, weil sie diese Vorschriften umgehen können.
3. Der StaRUG-Gesetzgeber hat bewusst darauf verzichtet, ein insolvenzrechtliches Pendant zu § 44 StaRUG schaffen. Das Ergebnis ist nach den vom IX. Zivilsenat aufgestellten Grundsätzen wertungswidersprüchlich, weil die Rechtfertigung für Eingriffe in die Vertragsfreiheit in der Insolvenz größer sind als im Restrukturierungsverfahren. Insolvenzabhängige Lösungsklauseln sind grundsätzlich wirksam und nur ausnahmsweise nach § 119 InsO unwirksam, restrukturierungsabhängige Lösungsklauseln sind stets unwirksam (§ 44 Abs. 2 StaRUG).
4. Diese Entscheidung des Gesetzgebers ist auf eine wortlautgetreue Umsetzung von Art. 7 Abs. 5 RestrukturierungsRL durch § 44 StaRUG zurückzuführen. Das so geschaffene wertungswidersprüchliche Konzept, welches durch die Entscheidung des BGH vom 27.10.2022 bestätigt wurde, ist zu akzeptieren und mangels Planwidrigkeit nicht durch eine Übertragung der Wertungen von § 44 StaRUG zu korrigieren. Daher überzeugen die vom *IX. Zivilsenat* aufgestellten Grundsätze zur Inhaltskontrolle von insolvenzabhängigen Lösungsklauseln. Die Wertung von § 44 StaRUG kann dann jedoch auch nicht im Rahmen einer *Ausübungs*kontrolle auf das Insolvenzverfahren übertragen werden, weil dadurch das durch den *IX. Zivilsenat* geschaffene Konzept in Bezug auf § 119 InsO konterkariert würde.
5. Sowohl Inhalts- (§ 119 InsO) als auch Ausübungskontrolle (§ 242 BGB) von insolvenzabhängigen Lösungsklauseln erfolgen im Ergebnis unabhängig von den Wertungen des § 44 StaRUG. Eine Ausstrahlwirkung von § 44 StaRUG auf die Ausübungskontrolle insolvenzabhängiger Lösungsklauseln ist abzulehnen.

WOLFGANG WEITNAUER

Der Vollständigkeitsgrundsatz oder die Erstreckung der notariellen Form

Auszugehen ist vom Grundsatz der Formfreiheit jeglichen Rechtsgeschäfts.[1] Nur soweit das Gesetz eine bestimmte Form vorschreibt oder die Parteien eines Rechtsgeschäfts eine bestimmte Form vereinbaren, ist diese zu beachten. Welches Thema könnte sich besser als Festschriftgabe für einen so herausragenden Vertreter des deutschen Notarwesens wie Heribert Heckschen eignen als Gedanken zum notariellen Beurkundungserfordernis und zu seinen Grenzen? Die Form entspricht nach den Motiven zu § 125 BGB dem „Gepräge einer Münze", die dem „fertigen juristischen Willen" den Stempel aufdrückt.[2] Notare haben den Prägestock inne, aber eben nur in manchen und nicht in allen Fällen. Wo die Grenzen zu ziehen sind, und dies im heutigen Zeitalter der Digitalisierung, ist Gegenstand der folgenden Betrachtung.

I. *Zwecke der Form*

Das BGB kennt bekanntlich verschiedene Arten der Form, die durch Gesetz vorgeschriebene Schriftform, § 126 BGB, die eine eigenhändige Unterschrift aller Parteien auf derselben Urkunde verlangt und, soweit sich aus dem Gesetz nichts anderes ergibt, auch durch die elektronische Form, § 126a BGB, und ohne jede Einschränkung durch notarielle Beurkundung ersetzt werden kann, § 126 Abs. 3, Abs. 4 BGB. Daneben lässt § 126b BGB die Textform zu, die eine lesbare Erklärung auf einem dauerhaften Datenträger verlangt, wobei die Person des Erklärenden nur genannt sein muss. Des Weiteren kann auch durch Rechtsgeschäft nach § 127 BGB die Form bestimmt werden. Die notarielle Beurkundung, § 128 BGB, ist durch Gesetz vorzuschreiben; insoweit besagt § 128 BGB nur, dass Antrag und Annahme auch gesondert beurkundet werden können. Ersetzt wird die notarielle Beurkundung nach § 127a BGB durch den gerichtlichen Vergleich.

Jede Art der Form verfolgt eine Warnfunktion sowie eine Klarstellungs- und Beweisfunktion.[3] Dabei berücksichtigt das Gesetz in bestimmten Fällen, etwa bei von Kaufleuten abgegebenen Bürgschaften, Schuldversprechen oder Schuldanerkenntnissen, deren geringere Schutzwürdigkeit, § 350 HGB. Soweit das Gesetz aber ansonsten eine bestimmte Form vorschreibt, kommt es auf die Schutzwürdigkeit der

[1] Armbrüster/Einsele in MüKoBGB, 9. Aufl. 2021, BGB § 125 Rn. 1.
[2] Armbrüster/Einsele in MüKoBGB, 9. Aufl. 2021, BGB § 125 Rn. 8.
[3] Ellenberger in Grüneberg, 83. Aufl. 2024, BGB § 125 Rn. 2f.

beteiligten Parteien generell nicht an. Jede Art der Form soll der Identifizierung des Ausstellers der Urkunde und damit der Verifizierung ihrer Echtheit dienen und verfolgt darüber hinaus den Zweck, die Parteien eindeutig über die von ihnen übernommenen Rechte und Pflichten zu informieren.[4] Privaturkunden haben Beweiskraft dafür, dass die in ihnen enthaltenen Erklärungen jeweils von dem Aussteller abgegeben sind, § 416 ZPO; öffentliche Urkunden nach § 415 ZPO führen vollen Beweis für den beurkundeten Vorgang. Ob die Erklärung inhaltlich richtig und wirksam ist, etwa im Fall einer Anfechtung, unterliegt hingegen in allen Fällen der freien Beweiswürdigung nach § 286 ZPO.[5] Der Beweis dafür, dass der Vorgang unrichtig öffentlich beurkundet ist, ist nach § 418 Abs. 2 ZPO zulässig.

Soweit das Gesetz eine notarielle Beurkundung vorschreibt, wie insbesondere für die Verpflichtung zur Übertragung eines Grundstücks, § 311b Abs. 1 BGB oder zur Übertragung des Vermögens im Ganzen, § 311b Abs. 3 BGB, für ein Schenkungsversprechen, § 518 Abs. 1 BGB oder auch für güter- oder erbrechtliche Verfügungserklärungen, etwa §§ 1410, 1491, 2033, 2348, 2371 BGB, tut es dies aus einem weitergehenden Grund, nämlich die beteiligten Parteien vor übereilten Entscheidungen zu schützen, indem sie hinsichtlich des Inhalts des zu beurkundenden Rechtsgeschäfts belehrt werden. Dies ist die vornehme Aufgabe des Notars: Er soll nach § 17 Abs. 1 BeurkG den Willen der Beteiligten erforschen, den Sachverhalt klären, die Beteiligten über die rechtliche Tragweite des Geschäfts belehren und ihre Erklärungen klar und eindeutig in der Niederschrift wiedergeben. Damit sollen Irrtümer und Zweifel vermieden und verhindert werden, dass unerfahrene und ungewandte Beteiligte benachteiligt werden.

Dies gilt aber nicht in allen Fällen: So ist insbesondere hinsichtlich des Erfordernisses der Beurkundung von Geschäftsanteilsübertragungen und der diesbezüglichen Vereinbarungen in § 15 Abs. 3 und 4 GmbHG allgemein anerkannt, dass hiermit lediglich außer der Sicherung des Beweises der Anteilsinhaberschaft der Zweck verfolgt wird, einen auf Gewinn ausgerichteten „spekulativen Handel“ mit GmbH-Geschäftsanteilen zu verhindern oder zumindest zu erschweren. Die Regelungen bezwecken keinen Schutz vor Übereilung; insbesondere ist kein Schutz des Veräußerers beabsichtigt.[6] Damit soll auch die Kontinuität der GmbH-Geschäftsführung gesichert werden. Ebenso dienen auch die Erfordernisse der Beurkundung einer Satzung bei der GmbH, §§ 2, 53 GmbHG, bzw. einer notariellen Niederschrift von Beschlüssen der Hauptversammlung einer AG mit qualifizierter Mehrheit, § 130 Abs. 1 AktG, aus Gründen der Rechtsicherheit allein der Beweissicherung.[7]

---

[4] Ellenberger in Grüneberg, 83. Aufl. 2024, BGB § 125 Rn. 3.

[5] Seiler in Thomas/Putzo, 43. Aufl. 2022, ZPO § 415 Rn. 5, § 416 Rn. 2.

[6] Seibt in Scholz, 13. Aufl. 2022, GmbHG § 15 Rn. 1; BGH in ständiger Rechtsprechung, etwa BGHZ 13, 49 (51); BGHZ 127, 135; GmbHR 1996, 919 sowie GmbHR 2008, 589 (590) mAnm Werner; Weller/Reichert in MüKoGmbHG, 4. Aufl. 2022, GmbHG § 15 Rn. 16f., 80; Löbbe in Habersack/Casper/Löbbe, 3. Aufl. 2021, GmbHG § 15 Rn. 43; Heidenhain NJW 1999, 3073 (3075).

[7] Noack/Servatius/Haas, 23. Aufl. 2022, GmbHG § 47 Rn. 113 sowie § 53 Rn. 71; Priester/Tebben in Scholz, 12. Aufl. 2011, GmbHG § 53 Rn. 36 und § 55 Rn. 116; Koch, 17. Aufl. 2023, AktG § 130 Rn. 1, 12; Maidl/Kreifels NZG 2003, 1091.

Diese unterschiedlichen Zweckrichtungen der gesetzlich angeordneten notariellen Beurkundung sind im Folgenden im Blick zu behalten und für die daraus zu ziehenden Rechtsfolgen maßgeblich. Denn die Rechtsfolge des Formfehlers ist drastisch. Er hat nach § 125 BGB die Nichtigkeit des gesamten Rechtsgeschäfts zur Folge, im Zweifel, so § 125 S. 2 BGB, auch im Fall der rechtsgeschäftlich bestimmten Form. Gerade soweit § 15 Abs. 3, 4 GmbHG aufgrund der mit der notariellen Beurkundung verbundenen Umstände und Kosten nur eine Übertragung von Geschäftsanteilen verhindern bzw. erschweren sollen, stellt sich die Frage, ob dies noch wirklich zeitgemäß ist.[8] Denn Notare sollten ihre Rolle nicht in der eines Ver- oder Behinderers sehen, sondern entsprechend dem Grundgedanken des § 17 BeurkG in der Belehrung und Aufklärung der Parteien. Verfolgt aber eine Formvorschrift gerade keinen Schutz der Parteien vor Übervorteilung, ist Vorsicht vor einer über den eigentlichen Gesetzeswortlaut und Gesetzeszweck hinausgehenden Anwendung der Formvorschrift geboten. Ohnehin ist ein „spekulativer Handel" mit GmbH-Geschäftsanteilen bereits deshalb ausgeschlossen, weil bekanntlich die GmbH keine börsentaugliche und damit dem öffentlichen Kapitalmarkt zugängliche Rechtsform ist.[9] Die Entscheidung darüber, ob Gesellschafter einer GmbH ihre Beteiligungen fungibel halten wollen, sollte ihnen nicht durch den Gesetzgeber durch Formerfordernisse indirekt aufoktroyiert werden, sondern ihrer Entscheidung überlassen bleiben, so wie dies § 15 Abs. 5 GmbHG durch die entsprechende Vinkulierungsmöglichkeit zulässt.

II. Anwendungsfälle des Vollständigkeitsgrundsatzes

1. Allgemeines

Wird eine Vereinbarung in einer einzigen Urkunde zusammengefasst, ist von der Einheitlichkeit der Vereinbarung auszugehen und erstreckt sich ein etwaiges notarielles Beurkundungserfordernis auf die gesamte Urkunde. Schwieriger wird es, wenn Teile eines einheitlichen Rechtsgeschäfts der notariellen Form bedürfen und ohne Einhaltung dieser Form nach § 125 S. 1 BGB nichtig wären, andere Teile hingegen nicht. In diesem Fall greift die Vermutungsregelung des § 139 BGB, wonach bei Nichtigkeit des Teils eines Rechtsgeschäfts im Zweifel das gesamte Rechtsgeschäft nichtig ist, sofern nicht nach dem rechtsgeschäftlichen Willen der Parteien das Rechtsgeschäft auch ohne den nichtigen Teil vorgenommen worden wäre. Erfasst wird also im Zweifel das Rechtsgeschäft im Ganzen, also in allen Teilen, die

[8] Hierzu Weitnauer GWR 2018, 245ff.

[9] Abweichend von der ursprünglichen Motivation des Gesetzgebers suchte das MoMiG durch die Einführung von Geschäftsanteilen im Nennwert von auch nur 1 EUR, § 5 Abs. 2 S. 1 GmbHG, und der damit zusammenhängenden Abschaffung der Teilbarkeitsanforderungen für Geschäftsanteile in § 17 GmbHG aF gerade die Fungibilität der Geschäftsanteile zu erleichtern. Ebenso wurde die „kleine" UG (haftungsbeschränkt) in § 5a GmbHG als Alternative zur seinerzeit populär gewordenen Rechtform der englischen Ltd. geschaffen, die keinerlei Formerfordernisse kennt. Obwohl ein „spekulativer Handel" mit Beteiligungen an einer UG (haftungsbeschränkt) kaum denkbar sein wird, gilt die Erschwernis von § 15 Abs. 3, 4 GmbHG auch hier.

nach dem Willen der Parteien Vertragsinhalt sein sollen.[10] Dies gilt auch für Nebenabreden, soweit sich nicht aus dem Zweck der Formvorschrift etwas anderes ergibt.[11] Ausgenommen sind entsprechend § 139 BGB lediglich völlig unwesentliche Nebenpunkte oder Abreden.[12] Nochmals schwieriger wird es, wenn die Parteien mehrere Rechtsgeschäfte abschließen, von denen nur eines formbedürftig ist, ein anderes hingegen nicht, insbesondere auch dann, wenn an einem der Rechtsgeschäfte Dritte beteiligt sind, oder im Fall vorvertraglicher Abreden. Da es insoweit auf den rechtsgeschäftlichen Willen der Parteien ankommt, ob ein einheitliches Geschäft vorliegt, § 139 BGB, ist die Beurteilung dieser Frage letztlich im Einzelfall dem Tatrichter vorbehalten.[13] Erschwerend kommt hinzu, dass dann, wenn die Rechtsgeschäfte eine rechtliche Einheit bilden, nach Auffassung des BGH[14] der Verknüpfungswille ebenfalls beurkundet werden muss, also in den Urkunden, zumindest in der zeitlich später errichteten Urkunde eindeutig zum Ausdruck zu bringen ist, andernfalls wiederum von einer Gesamtformunwirksamkeit auszugehen ist.[15]

2. *Einzelfälle*

Unter welchen Voraussetzungen ein rechtlicher Zusammenhang zwischen unterschiedlichen Abreden besteht, sei im Folgenden mit Blick auf die Besonderheiten der jeweiligen gesetzlichen Formvorschrift untersucht.

a) Bauwerkverträge, § 311b Abs. 1 BGB

Den Vollständigkeitsgrundsatz hat der BGH in Zusammenhang mit einem Grundstückserwerb vorgelagerten Bauverträgen entwickelt. Im Fall des BGH-Urteils vom 6.12.1979 (VII ZR 313/78)[16] hatten Eheleute privatschriftlich einen Bauunternehmer mit der schlüsselfertigen Errichtung eines Fertighauses auf einem konkreten Grundstück beauftragt, das einer anderen Firma gehörte. Dabei sahen sie ein Rücktrittsrecht der Bauherren für den Fall vor, dass das Grundstück nicht innerhalb bestimmter Frist zum Kauf angeboten würde. Obwohl das Grundstück fristgerecht angeboten wurde, nahmen die Bauherren das Angebot nicht an und beriefen sich gegenüber dem Schadensersatzverlangen des Werkunternehmers auf Formunwirksamkeit des Bauwerkvertrags. Der BGH verneinte in diesem Fall ein Beurkundungserfordernis, weil der Bauwerkvertrag weder unmittelbar zum Grundstückserwerb verpflichtet habe noch hierüber ein mittelbarer Zwang zum Grundstückserwerb begründet worden sei. Wer in der Erwartung eines möglichen Grundstückerwerbs bereits einen Vertrag im Hinblick hierauf abschließe, handele

---

[10] BGHZ 40, 252 (262); BGHZ 84, 322.

[11] BAG DB 1982, 1417; BGH DNotZ 1966, 737; NJW 1977, 115.

[12] BGH NJW 2008, 1661 Rn. 22; NJW 1981, 222; Ellenberger in Grüneberg, 83. Aufl. 2024, BGB § 125 Rn. 9.

[13] BGHZ 76, 43 (48f.); BGHZ 78, 346 (249); NJW-RR 2003, 1565; BGHZ 101, 393 (397); NZG 2021, 782 Rn. 74.

[14] BGH NZG 2021, 782 Rn. 73.

[15] BGHZ 104, 23; NJW 2000, 2017; NJW-RR 2003, 1565 (1566); NJW 2001, 226.

[16] NJW 1980, 829.

auf eigenes Risiko, wenn sich die Erwartung, gleich aus welchem Grund, nicht erfüllt. Der denkbare Schadensersatzanspruch könnte zwar die Entschließungsfreiheit beeinflussen, doch treffe die Ersatzpflicht den Bauherren auch dann, wenn er bereits Eigentümer des Grundstücks gewesen wäre. Nur dann, wenn die Vereinbarungen nach dem Willen der Parteien derart voneinander abhängig seien, dass sie miteinander *„stehen und fallen"* sollen, sei auch eine nicht formbedürftige Vereinbarung notariell zu beurkunden. Insoweit sei nicht erforderlich, dass an jedem der Rechtsgeschäfte dieselben Parteien beteiligt sind. Und auch die Hinnahme des auch nur von einem Vertragspartner zum Ausdruck gebrachten Einheitswillens genüge, um einen einheitlichen Vertrag annehmen zu können. Hierum sei es aber in dem zu beurteilenden Fall nicht gegangen. Auch wenn ein Haus nicht ohne Grundstück errichtet werden könne, vermöge dies den erforderlichen rechtlichen Zusammenhang nicht zu begründen.

Anders entschied der BGH in seinem Urteil vom 6.11.1980 (VII ZR 12/80).[17] Hier hatte ein Unternehmen in einer Zeitungsanzeige die schlüsselfertige Herstellung eines Doppelhauses angeboten. Der Bauvertrag wurde unterschrieben, jedoch war für den Erwerb des dem Filialleiter des Bauunternehmers gehörenden Grundstücks ein gesonderter Vertrag vorgesehen. In diesem Fall hielt es der BGH für rechtsfehlerfrei, dass das Berufungsgericht den Erwerb des Grundstücks als Bestandteil der rechtsgeschäftlichen Vereinbarung der Parteien angesehen habe. Zwar spreche bei getrennt abzuschließenden Verträgen eine tatsächliche Vermutung für die rechtliche Selbständigkeit der jeweiligen Vereinbarungen, doch habe sich hier die Anzeige auf ein ganz bestimmtes für die Errichtung der Doppelhaushälfte vorgesehenes Grundstück bezogen und habe der angegebene Preis die Gesamtkosten für Haus und Grundstück umfasst. Damit habe der Werkunternehmer den sicheren Eindruck erweckt, dass er den Bauwilligen auch das für die Errichtung des Hauses erforderliche Grundstück verschaffen werde. Die Selbständigkeit von Bauvertrag und Grundstückserwerb begründende Sondervereinbarungen, wie etwa im Fall der Vereinbarung eines Rücktrittsrechts für den Fall des Scheiterns des Grundstückserwerbs, seien nicht getroffen worden.[18]

Aus diesen Urteilen folgt der Grundsatz, dass ein nicht beurkundungsbedürftiger Vertrag dann beurkundungsbedürftig ist, wenn das formbedürftige Grundstücksgeschäft von ihm abhängt. Oder anders ausgedrückt: Entscheidend ist, ob der Bauvertrag nicht ohne den Grundstücksvertrag (und insoweit wohlgemerkt bezogen auf ein ganz konkretes mit angebotenes Grundstück) gelten soll oder unabhängig hiervon. Ist hingegen der Grundstücksvertrag nicht von dem anderen Geschäft abhängig (einseitige Abhängigkeit), berührt die Nichtbeurkundung des anderen Ge-

---

[17] NJW 1981, 274.

[18] Im Urteil DNotZ 1988, 547 hat der BGH allerdings einen Treuhandvertrag im Rahmen eines Bauherrenmodells, mit dem der Treuhänder zum Abschluss eines Grundstückskaufvertrags und zur steuerlichen Betreuung verpflichtet werden sollte, trotz des im Treuhandvertrag vorgesehenen jederzeitigen Rücktrittsrechts für formbedürftig gehalten. Auf die Einräumung des Rücktrittsrechts komme es nicht an, weil der Treuhandvertrag gerade auch dann wirksam sein sollte, wenn die Beteiligten gemäß ihrem primären Zweck von dem Rücktrittsrecht keinen Gebrauch machen.

schäfts die Formwirksamkeit des Grundstückskaufvertrags nicht.[19] Im Fall wechselseitiger Abhängigkeit ist aber mangels abweichender Vereinbarung der Parteien grundsätzlich von einer Unwirksamkeit beider Verträge wegen entsprechender Bedingtheit oder auch wegen eines offenen Einigungsmangels, § 154 Abs. 1 BGB, auszugehen. Zu beachten ist allerdings die Heilungswirkung von § 311b Abs. 1 S. 2 BGB: Danach wird der ohne Beachtung der Form geschlossene Grundstücksvertrag „mit seinem ganzen Inhalt", also einschließlich aller mit ihm zusammenhängenden Verträge, auch soweit sie nicht beurkundet sind, gültig, wenn die Auflassung und die Eintragung im Grundbuch erfolgt ist.[20]

b) Vereinbarungen über die Übertragung von Geschäftsanteilen, § 15 Abs. 4 GmbHG

aa) Rechtlicher, nicht nur wirtschaftlicher Zusammenhang

Wie oben dargelegt, bezweckt § 15 Abs. 4 GmbHG nicht den Schutz der Kaufvertragsparteien und verfolgt auch keinen Belehrungszweck. Dennoch hat der BGH in seinem Urteil vom 14.4.1986[21] entschieden, dass nach § 15 Abs. 4 S. 1 GmbHG nicht nur die Übertragungsverpflichtung als solche, sondern die gesamte Vereinbarung, durch die die Übertragungsverpflichtung begründet wird, unter Einschluss aller mit ihr verbundenen Abreden, insbesondere denjenigen über die Gegenleistung, formbedürftig sei. Hier hatten sich die Parteien bereits verbindlich über die Übertragung eines Kommanditanteils an einer GmbH & Co. KG in Kenntnis der Formbedürftigkeit der späteren Übertragung des Geschäftsanteils auch an der Komplementär-GmbH, die als Verpflichtung bereits in der Satzung für den Fall des Austritts aus der KG vorgesehen war, verständigt. Der BGH schloss hier die mögliche Formunwirksamkeit der getroffenen Vereinbarung nicht aus, weil nicht klar festgestellt sei, ob durch die vereinbarte Vergütung auch eine Entschädigung für den abzutretenden Geschäftsanteil berücksichtigt worden sei und die getroffene Vereinbarung daher noch durch die Satzungsregelung gedeckt sei. Doch schränkte der BGH dies sogleich durch eine entsprechende Anwendung von § 139 BGB ein. Denn für sich allein nicht formbedürftige Teile der Vereinbarung blieben vom Formerfordernis unberührt, wenn anzunehmen sei, dass sie auch ohne die Verpflichtung zur Abtretung des Geschäftsanteils abgeschlossen worden wären.[22]

Den „wirtschaftlich notwendigen Zusammenhang" hat das LG Hamburg in einem Urteil vom 16.12.2022,[23] ohne den eingeschränkten Formzweck von § 15 Abs. 4 GmbHG zu bedenken, nicht nur auf die bloße Gegenleistung, sondern auch auf einen angeblich gesondert geschlossenen Geschäftsführeranstellungsvertrag

---

[19] BGH NJW 2000, 951; NJW 2001, 226 (227); Maier-Reimer NJW 2015, 273ff. (275).

[20] Unterliegt allerdings der andere Vertrag seinerseits einem eigenen Formerfordernis, kann richtigerweise der Mangel dieser Form nicht durch Vollzug geheilt werden, Maier-Reimer NJW 2015, 273 (278).

[21] NJW 1986, 2642.

[22] Hierzu noch nachfolgend → III. 2. Ähnlich wie die Gegenleistung für die Übertragung des Geschäftsanteils steht eine vertraglich vorgesehene Freistellungsverpflichtung des Verkäufers regelmäßig im notwendigen wirtschaftlichen Zusammenhang mit der Pflicht zur Übertragung des Geschäftsanteils; OLG Hamburg GmbHR 2007, 377.

[23] BeckRS 2022, 50209 = GWR 2023, 378 (Köster).

bezogen. In dem zugrunde liegenden Fall ging es um den Versuch eines Management Buy-In. Hier behauptete der Kläger, lediglich gestützt auf angeblich gefasste Gesellschafterbeschlüsse, sich nach längeren Verhandlungen mit dem schon älteren Unternehmer über den Erwerb einer 49%-Beteiligung und seiner Anstellung als „Gesellschafter-Vertriebsgeschäftsführer" geeinigt zu haben. Er machte deshalb Vergütungsansprüche aus der behaupteten Geschäftsführerbestellung und auf Gewinnbeteiligung klageweise geltend. Das LG Hamburg wies die Klage insgesamt wegen Verstoßes gegen die Formvorschrift von § 15 Abs. 4 GmbHG ab, weil eine Tätigkeit des Klägers als bloßer Fremdgeschäftsführer nach seinem eigenen Vortrag ausgeschlossen sein sollte und daher die Bestellung und Anstellung als Geschäftsführer mit dem beabsichtigten Anteilserwerb ein einheitliches Rechtsgeschäft darstellen sollte, das somit insgesamt der Beurkundung bedurft hätte. Diese Begründung überdehnt allerdings den Schutzzweck von § 15 Abs. 4 GmbHG und hätte, da sich die Parteien ersichtlich noch nicht über alle Punkte vollständig geeinigt hatten, wohl auch auf einen offenen Dissens, § 154 Abs. 1 BGB, gestützt werden können.

Den bloß wirtschaftlichen Zusammenhang, der vorliegt, wenn ein Geschäft für das andere bloßer Anlass war oder dieses erst ermöglicht hat, ließ der BGH in seinem Urteil vom 29.2.2021 (II ZR 65/19)[24] für die Erstreckung der Beurkundungspflicht eines Spaltungsvertrags nach § 6 UmwG iVm § 125 S. 1 UmwG hingegen nicht genügen. Hier griff er für den Umfang der Beurkundungspflicht auf die zu § 311b Abs. 1, 3 BGB entwickelten Grundsätze zurück und forderte demgemäß einen *rechtlichen* Zusammenhang dergestalt, dass ein Geschäft nicht ohne das andere durchgeführt werden sollte, also *„mit ihm stehen und fallen"* sollte. In diesem Fall waren im Vorfeld eines einige Monate später abgeschlossenen Ausgliederungs- und Abspaltungsvertrags aus steuerlichen Gründen bereits Vermögenswerte und Beteiligungen übertragen worden, darunter auch der Großteil einer Kommanditbeteiligung an einer GmbH & Co. KG, in der die wesentlichen deutschen Immobilienaktivitäten der Gruppe gebündelt waren; hinsichtlich des bei der Beklagten, deren Spaltung vereinbart wurde, verbliebenen Kommanditanteils wurde gleichzeitig ein Optionsvertrag geschlossen, der im späteren formbedürftigen Spaltungsvertrag jedoch keine Erwähnung fand. Der BGH ließ die Würdigung des Berufungsgerichts unbeanstandet, das lediglich eine wirtschaftliche Verknüpfung annahm, da die Verträge in zeitlichem Abstand und getrennt voneinander notariell beurkundet wurden, auch wenn beide Verträge dadurch verknüpft waren, dass die Optionen erst nach Vollzug des Spaltungsvertrags ausgeübt werden konnten.

Der „Kitt" des rechtlichen Zusammenhangs ist der Parteiwille. So hat der BGH in seinem Urteil vom 22.9.2016[25] den erforderlichen Einheitlichkeitswillen der Parteien in einem Fall verneint, in dem nach der schweren Erkrankung des früheren Treuhänders ein Steuerberater der Gesellschaft den Geschäftsanteil treuhänderisch für den Alleingesellschafter übernahm, die Parteien aber wegen des persönlichen Vertrauens, das der Alleingesellschafter in die Person des Steuerberaters setzte, von der Beurkundung des Treuhandvertrags bewusst absahen, dann aber die

---

[24] NZG 2021, 782, dort Rn. 73.

[25] BGH NJW 2016, 3525 Rn. 14ff.

Übertragung des Geschäftsanteils beurkunden ließen. Der BGH ließ die Wirksamkeit der Geschäftsanteilsübertragung nicht an der Formunwirksamkeit des Treuhandvertrags scheitern. Denn die Parteien hätten im Bewusstsein der Formnichtigkeit der Treuhandvereinbarung gehandelt, da hierauf auch der beurkundende Notar hingewiesen hatte, hätten aber gleichwohl den Übergang des GmbH-Geschäftsanteils herbeiführen wollen. Daher liege kein einheitliches Rechtsgeschäft iSv § 139 BGB vor. Im Hinblick auf die vermutlich nicht gewollten steuerlichen Folgen der Unwirksamkeit des Treuhandvertrags, die dazu führt, dass das wirtschaftliche Eigentum an dem Geschäftsanteil nicht mehr dem früheren Alleingesellschafter, sondern dem Steuerberater zugewiesen wird, § 39 Abs. 2 Nr. 1 S. 2 AO, wäre wohl eher von einem Einheitlichkeitswillen der Parteien auszugehen gewesen. In diesem Fall hätte dann die Heilungswirkung der Geschäftsanteilsübertragung nach § 15 Abs. 4 S. 2 GmbHG auch zur Wirksamkeit des Treuhandvertrags geführt. Denn die Heilung erfasst auch die nicht beurkundeten Nebenabreden.[26]

bb) Mittelbare oder zwangsläufige Folge

Dass die Abgrenzung nicht immer zweifelsfrei ist, zeigt sich auch an der Unterscheidung, ob die Verpflichtung zur Übertragung eines Geschäftsanteils nur mittelbare oder zwangsläufige Folge einer Vereinbarung ist. Bestes Beispiel hierfür sind Treuhandabreden. So soll einerseits etwa die Vereinbarung zur treuhänderischen Übernahme eines Geschäftsanteils bei Gründung einer GmbH formfrei möglich sein, da hierbei die Pflicht zur Übertragung des Geschäftsanteils bereits aus Gesetz, etwa aus § 667 BGB, folge. Andererseits soll aber eine nach Gründung der GmbH eingegangene Verpflichtung eines Gesellschafters, seinen (bestehenden) Geschäftsanteil zukünftig treuhänderisch für den Treugeber zu halten, der notariellen Form von § 15 Abs. 3, 4 GmbHG unterliegen.[27] Im Unterschied hierzu ist wiederum die Verpflichtung zur Übertragung eines Anteils an einer Mitarbeiterbeteiligungs-GbR, deren Vermögen aus einem GmbH-Geschäftsanteil besteht, nicht beurkundungsbedürftig, da der Erwerb der Mitberechtigung an dem Geschäftsanteil nur gesetzliche Folge des Mitgliedschaftserwerbs ist.[28]

c) Gesellschaftsrechtlich verzahnte Vereinbarungen

aa) Stimmbindungsvereinbarung zur Satzungsänderung

Häufig wird in Beteiligungsverträgen eine Verpflichtung der Altgesellschafter vorgesehen, zum Zwecke der Aufnahme von Investoren eine Kapitalerhöhung unter Verzicht auf ihr eigenes Bezugsrecht zu beschließen.[29] Zwar bedarf die Satzungsänderung bei der GmbH eines notariell zu beurkundenden Gesellschafterbeschlusses, § 53 Abs. 2 S. 1 GmbHG. Doch ist inzwischen allgemein anerkannt, dass eine

[26] Bayer in Lutter/Hommelhoff, 21. Aufl. 2023, GmbHG § 15 Rn. 65; Seibt in Scholz, 13. Aufl. 2022, GmbHG § 15 Rn. 74 mwN.

[27] BGH GmbHR 1999, 707 (709) = BeckRS 1999, 30055527; hierzu auch Tholen/Weiß GmbHR 2016, 915 (919 f.).

[28] BGH GmbHR 2008, 58 (590).

[29] Zur Alternative einer Beteiligung über genehmigtes Kapital Weitnauer GWR 2024, 1 ff.

solche bloße Stimmbindungsvereinbarung der Gesellschafter keiner besonderen Form bedarf.[30] Grund hierfür ist, dass das Formerfordernis von § 53 GmbHG vor allem Beweis- und Rechtssicherheitszwecken dient, jedoch keine Belehrungsfunktion hat. Dies zeigt sich auch daran, dass die Beurkundung in Form eines bloßen Tatsachenprotokolls im Sinne der §§ 36, 37 BeurkG möglich ist, und zwar auch dann, wenn sich die notarielle Form aus anderen Vorschriften, etwa aus § 15 Abs. 4 S. 1 GmbHG, ergibt, wenn also etwa durch die Satzungsänderung eine rechtsgeschäftliche Pflicht zur Abtretung von Geschäftsanteilen eingeführt werden soll, wie typischerweise bei Beteiligung von Investoren eine Mitverkaufspflicht aller Gesellschafter auf Verlangen einer bestimmten Mehrheit. Zwar unterliegt die Beurkundung vertraglicher Willenserklärungen typischerweise den §§ 8 ff. BeurkG. Da aber die §§ 36, 37 BeurkG dem Erfordernis notarieller Beurkundung entsprechen und etwa auch § 15 Abs. 4 S. 1 GmbHG nur eine notarielle Beurkundung, nicht aber eine bestimmte Form der notariellen Beurkundung vorschreibt, genügt auch dann, wenn eine Satzung eine Mitverkaufspflicht enthält, grundsätzlich die Beurkundung durch ein Tatsachenprotokoll im Sinne der §§ 36, 37 BeurkG.[31] Festzuhalten ist somit: Da § 53 GmbHG keinerlei Warn- bzw. Belehrungsfunktion hat, bedarf auch die Verpflichtung zu einer Satzungsänderung bzw. Kapitalerhöhung bei einer GmbH keiner notariellen Form.[32] In diesem Fall findet § 17 BeurkG keine Anwendung.[33] Daher folgt aus § 53 Abs. 2 S. 1 GmbHG kein Vollständigkeitsgebot, richtigerweise auch nicht soweit die Verpflichtung zur Satzungsänderung gegenüber Dritten, etwa einem Investor, eingegangen werden sollte.[34]

bb) Verpflichtung zur Übernahme von Geschäftsanteilen

Das OLG Zweibrücken hatte es in seinem Urteil vom 17.5.2022[35] mit folgendem Fall zu tun: Einer (überschuldeten) GmbH war privatschriftlich ein Wandeldarlehen gewährt worden, das eine Wandlungsverpflichtung im Fall einer Kapitalerhöhung mit einem Mittelzufluss in Höhe von mindestens 1 Mio. EUR und darüber hinaus bis zum Ablauf der Laufzeit Ende 2018 ein jeweils einseitiges Wandlungsrecht der Darlehensgeber vorsah. Ausgerechnet der dann vom Insolvenzverwalter auf Ersatz der geleisteten Zahlungen (seinerzeit § 64 S. 1 GmbHG, nun § 15b Abs. 4 InsO) in Anspruch genommene Geschäftsführer rügte die Unwirksamkeit der Wandeldarlehen, als die Wandeldarlehensgeber von ihrem Wandlungsrecht Gebrauch machen wollten; sie verlangten daraufhin die Rückzahlung, die die Gesellschaft nicht zu leisten vermochte. Das OLG Zweibrücken bejahte trotz des

---

[30] Bayer in Lutter/Hommelhoff, 21. Aufl. 2023, GmbHG § 53 Rn. 39; Priester/Tebben in Scholz, 12. Aufl. 2021, GmbHG § 53 Rn. 36; Noack in Noack/Servatius/Haas, 23. Aufl. 2022, GmbHG § 53 Rn. 71; OLG Köln GmbHR 2003, 416. Anders nur im Fall einer Ermächtigung der Geschäftsführer durch die Gesellschafter zu einer konkret bestimmten Satzungsänderung, für die es nach Ansicht von Priester/Tebben in Scholz, 12. Aufl. 2021, GmbHG § 53 Rn. 35 eines beurkundeten Beschlusses mit satzungsändernder Mehrheit und einer Eintragung im Handelsregister bedarf. Dies ist aber kein praxisrelevanter Fall.

[31] So auch Noack in Noack/Servatius/Haas, 23. Aufl. 2022, GmbHG § 53 Rn. 70.

[32] So etwa der BGH in seinem Beschl. v. 12.9.2023, BeckRS 2023, 29212 Rn. 11.

[33] Noack in Noack/Servatius/Haas, 23. Aufl. 2022, GmbHG § 53 Rn. 71.

[34] So auch das DNotI-Gutachten, Abrufnummer 187499 v. 25.3.2022 unter III. 1. b.

[35] NZG 2022, 1696 = GWR 2022, 273 (Weitnauer).

vereinbarten Rangrücktritts auch den Insolvenzgrund der Zahlungsunfähigkeit, da die Wandlungsverpflichtung des noch nicht als Gesellschafter beteiligten Darlehensgebers nach § 55 Abs. 1 GmbHG notariell hätte beglaubigt werden müssen. Die Formnichtigkeit ergreife gemäß § 139 BGB das gesamte Vertragswerk, da die günstigen Zinskonditionen nicht von der Wandlungsregelung getrennt betrachtet werden könnten. Überdies spreche – so das OLG Zweibrücken – die vertragliche Verpflichtung zur Kapitalerhöhung, die der Wandlung des Darlehens in Geschäftsanteile dienen soll, auch für eine Formnichtigkeit wegen Nichteinhaltung des Beurkundungserfordernisses nach § 53 Abs. 2 GmbHG.[36]

Nach allgemeiner Ansicht hat jedoch die Formvorschrift des § 55 Abs. 1 GmbHG keine Warnfunktion für den Übernehmer, sondern dient nur der Aufklärung der Öffentlichkeit über die Kapitalgrundlage der Gesellschaft und damit dem Schutz des Rechtsverkehrs.[37] Steht der Zweck der Formvorschrift für das Hauptgeschäft (hier die Übernahmeerklärung) aber der Gültigkeit des Vorvertrags nicht entgegen, unterliegt auch dieser keinem Formzwang.[38] Für die Gewährleistung der Richtigkeit der später im Handelsregister eingetragenen Kapitalverhältnisse und damit dem Verkehrsschutz genügt allein die notarielle Beglaubigung der Übernahmeerklärung. Dies gilt für einen Vorvertrag mit einem Nichtgesellschafter ebenso wie für einen Vorvertrag zwischen Gesellschaftern. Daher unterliegt die Übernahmeverpflichtung in keinem Fall dem Formerfordernis des § 55 Abs. 1 GmbHG.[39] Enthält der Wandeldarlehensvertrag jedoch die Verpflichtung eines noch nicht als Gesellschafter beteiligten Darlehensgebers zum Beitritt zu einer Gesellschaftervereinbarung, die ihrerseits deshalb formbedürftig war, weil dort für die Gesellschafter eine Mitverkaufspflicht (Drag-along Regelung) vorgesehen war, bedürfte diese vorvertragliche Verkaufspflicht ihrerseits der notariellen Beurkundung und damit, wegen der Einheit der Urkunde, der gesamte Wandeldarlehensvertrag.[40] Anders verhält es sich aber dann, wenn die Mitverkaufspflicht nicht im Beteiligungsvertrag, sondern in der Satzung geregelt ist, denn in diesem Fall ist der als Gesellschafter beitretende Wandeldarlehensgeber als nur mittelbare Folge seines Beitritts (→ II. 2. b) bb)) aufgrund der korporativen Bindungswirkung der Satzung und dieser Nebenleistungsverpflichtung gemäß § 3 Abs. 2 GmbHG an die Regelungen der Satzung und damit an die Mitverkaufspflicht gebunden.

---

[36] OLG Zweibrücken NZG 2022, 1696 Rn. 60, 66. Hinsichtlich des Beglaubigungserfordernisses (fälschlich spricht das OLG insoweit von einer notariellen Beurkundung) verweist das OLG auf die frühere Entscheidung des OLG München NZG 2005, 756. Dort hatte das OLG München jedoch gerade entschieden, dass die Verpflichtung eines GmbH-Gesellschafter zur Übernahme der Stammeinlage im Rahmen einer beabsichtigten Kapitalerhöhung gerade nicht der Form des § 55 Abs. 1 GmbHG bedarf, weil diese Formvorschrift keine Warnfunktion für den Übernehmer habe.

[37] Bayer in Lutter/Hommelhoff, 21. Aufl. 2023, GmbHG § 55 Rn. 34; BGH NJW 1977, 1151. Lediglich die Vollmacht für eine Übernahmeerklärung bedarf nach hM analog § 2 Abs. 2 GmbHG ebenso der notariellen Beglaubigung, etwa BayObLG GmbHR 2002, 497 (498); Priester/Tebben in Scholz, 12. Aufl. 2021, GmbHG § 55 Rn. 81; § 167 Abs. 2 BGB gilt somit hier nicht.

[38] BGH NJW 2007, 1817 Rn. 14 sowie Ellenberger in Grüneberg, 83. Aufl. 2024, BGB § 125 Rn. 11.

[39] So auch Priester/Tebben in Scholz, 12. Aufl. 2021, GmbHG § 55 Rn. 117 sowie Servatius in Noack/Servatius/Haas, 23. Aufl. 2022, GmbHG § 55 Rn. 40.

[40] Weitnauer, Handbuch Venture Capital, 7. Aufl. 2022, Teil E Rn. 9.

cc) Beschluss über eine Zwangsabtretung statt Einziehung von Geschäftsanteilen

Die Satzung kann vorsehen, dass die Gesellschafter anstelle der Einziehung auch die Abtretung des einzuziehenden Geschäftsanteils an Dritte, auch Mitgesellschafter, beschließen können, die dann die Abfindung schulden.[41] Diese Abtretungsermächtigung hat den Vorteil, dass die „Nichtigkeitsfalle" des § 34 Abs. 3 GmbHG bei nicht ausreichendem freien Vermögen der Gesellschaft im Fall der Einziehung vermieden wird, da in diesem Fall der Erwerber des Anteils das Entgelt schuldet. Auch kann dadurch dieselbe Rechtsfolge hergestellt werden wie im Fall der rechtsgeschäftlichen Vereinbarung einer Call Option, die ihrerseits nach § 15 Abs. 4 S. 1 GmbHG, sofern im Rahmen einer Beteiligungsvereinbarung getroffen, diese Vereinbarung insgesamt beurkundungsbedürftig machen würde. Auch in diesem Fall ist der Zwangsabtretungsbeschluss (ebenso wie der Beschluss über die Einziehung) nicht formbedürftig, obwohl er zu einer Abtretungsverpflichtung iSd § 15 Abs. 4 GmbHG führt. Diese Verpflichtung hat ihren Grund jedoch in der entsprechenden Satzungsregelung, die eine weitere notarielle Beurkundung des Beschlusses entbehrlich macht.[42] Der notariellen Form bedarf allein die eigentliche Anteilsabtretung nach § 15 Abs. 3 GmbHG.

dd) Beschluss zur Übertragung des ganzen Gesellschaftsvermögens

§ 179a AktG verlangt für einen Vertrag, durch den sich die AG zur Übertragung ihres gesamten Gesellschaftsvermögens verpflichtet, einen Hauptversammlungsbeschluss wie für eine Satzungsänderung nach § 179 AktG mit 3/4 Mehrheit. Der BGH[43] hat diese Bestimmung auf die GmbH nicht für analog anwendbar erklärt. Auch eine Beurkundungsbedürftigkeit des Ausführungsgeschäfts bei der Veräußerung des gesamten Vermögens ergibt sich nicht aus einer entsprechenden Anwendung des § 179a AktG, da dies keine Formvorschrift darstellt.[44] Der BGH hat dies in seinem Urteil vom 8.1.2019 zwar offengelassen, allerdings die Gesamtveräußerung nicht mit einer Satzungsänderung gleichgesetzt. Auch ein Liquidationsbeschluss, der in gleicher Weise zu einer Geschäftsbeendigung führt, bedarf nach § 60 Abs. 1 Nr. 2 GmbHG keiner notariellen Form.[45] Die Frage des notariellen Beurkundungsbedürfnisses richtet sich allein nach § 311b Abs. 3 BGB. Danach bedarf ein Vertrag, durch den sich ein Teil verpflichtet, sein gegenwärtiges Vermögen oder einen Bruchteil seines gegenwärtigen Vermögens zu übertragen, der notariellen

---

[41] Kleindiek in Lutter/Hommelhoff, 21. Aufl. 2023, GmbHG Rn. 140f.; BGH NJW 1983, 2880.

[42] Blath GmbHR 2012, 657 (660); Stelmaszczyk in Heckschen/Heidinger, Die GmbH in der Gestaltungs- und Beratungspraxis, 5. Aufl. 2023, Kap. 4 Rn. 725; Clevinghaus RNotZ 2011, 449 (469).

[43] NJW 2019, 1512ff.; ebenso dann später für die KG BGHZ 232, 375 Rn. 20ff. = NZG 2022, 706.

[44] OLG Düsseldorf BeckRS 2017, 133913; Weitnauer GWR 2018, 1 (4).

[45] Dass der BGH die Frage der Beurkundungsbedürftigkeit offengelassen hat, führte aber gleichwohl immer wieder zu Sicherheitsbeurkundungen, so wie im Fall des OLG Celle BeckRS 2021, 20386 = GWR 2021, 450 (Serke). In diesem Fall wurde eine Amtspflichtverletzung des Notars, der einen solchen Beschluss beurkundet hatte, verneint, eben weil die Rechtsfrage vom BGH offengelassen worden sei.

Beurkundung. Dies gilt nach hM auch für juristische Personen.[46] Zweck der Norm ist es den Beteiligten die Reichweite der Verpflichtung vor Augen zu führen.[47] Schutzzweck der Norm ist somit auch hier die Warnfunktion und der Schutz der Vertragsparteien vor Übereilung ohne sachkundige Beratung, nicht der wirtschaftliche Schutz der Gläubiger.[48] Dementsprechend ging das Reichsgericht und dem folgend dann auch der BGH[49] davon aus, dass § 311 b Abs. 3 BGB nur davor schützen soll, dass der sich Verpflichtende das ganze Vermögen in „Bausch und Bogen" ohne sichere Vorstellung über den Umfang der von ihm eingegangenen Verpflichtung überträgt. Im Hinblick auf diesen Schutzzweck wird überwiegend § 311 b Abs. 3 BGB nicht für anwendbar gehalten, wenn die vertragsgegenständlichen Vermögenswerte im Vertrag bzw. dessen Anlagen selbst klar bestimmt bezeichnet sind.[50] Häufig wird bei einem Asset Deal vorsorglich auch noch eine sog. „Catch-All-Klausel" eingeführt, um sicherzustellen, dass nichts vergessen wurde. Auch wenn in diesem Fall eine notarielle Beurkundung nichts zur Klärung dieser Unsicherheit beitragen kann, tendiert die Praxis in diesem Fall zur Beurkundung. Dafür spricht bereits der Wortlaut der gesetzlichen Regelung von § 311 b Abs. 3 BGB. Gerade durch die „Catch-All"-Regelung bringen die Parteien zum Ausdruck, dass das ganze gegenwärtige Vermögen übertragen werden soll, auch wenn es richtigerweise auf die subjektive Absicht der Parteien, dies zu tun, nicht ankommt.[51] Es mag dann zwar nicht das Vermögen in „Bausch und Bogen" übertragen worden sein, doch ist es das gesamte gegenwärtige Vermögen. In diesem Fall mag zwar die notarielle Beurkundung nicht der Aufklärung dienen können, ob wirklich alles im Vertrag erfasst ist, doch gebietet der Schutzzweck der Norm die Beurkundung.

III. Folgerungen für den Vollständigkeitsgrundsatz

Heidenhain zog bereits 1999[52] das Fazit, dass der Vollständigkeitsgrundsatz die Praxis „tyrannisiere"; mit Blick auf § 15 Abs. 4 S. 1 GmbHG habe die Rechtsprechung den Grundsatz ohne Begründung „frei erfunden". Diese Kritik ist auch 25 Jahre später weiter berechtigt. Allein der bloße Hinweis auf die Anwendbarkeit eines nicht näher durchdachten oder begründeten Vollständigkeitsgrundsatzes führt, da nach Möglichkeit immer der sicherste Weg beschritten werden sollte, auch um jegliches anwaltliches Haftungsrisiko zu vermeiden, zu Sicherheitsbeurkundungen. Dies gilt insbesondere für den Beteiligungsbereich. Hier werden ausgetretene Pfade eingespielter Vertragsmuster beschritten, ohne zu bedenken, ob es

[46] Grüneberg in Grüneberg, 83. Aufl. 2024, BGB § 311 b Rn. 66; Ruhwinkel in MüKoBGB, 9. Aufl. 2022, BGB § 311 Rn. 117.
[47] Ruhwinkel in MüKoBGB, 9. Aufl. 2022, BGB § 311 b Rn. 118.
[48] Böttcher/Grewe NZG 2005, 950 (952).
[49] RGZ 94, 314 (316); BGHZ 25, 1 (4) = NJW 1957, 1514.
[50] Grüneberg in Grüneberg, 83. Aufl. 2024, BGB § 311 b Rn. 66.
[51] So Heckschen NZG 2006, 772 (775, 777); aA Müller NZG 2007, 201 (205) sowie Böttcher/Grewe NZG 2005, 950 (954).
[52] NJW 1999, 3073 (3077).

nicht kostengünstigere Wege gäbe. Nicht nur werden Call-Optionen und Exit-Regeln, einschließlich der Mitverkaufspflicht, häufig im Beteiligungsvertrag geregelt, der hiermit beurkundungsbedürftig wird; sondern es wird auch aus übervorsichtigem Sicherheitsdenken häufig ein Beteiligungsvertrag sogar in solchen Fällen nur mit Hinweis auf den Vollständigkeitsgrundsatz beurkundet, in denen von der Aufnahme solcher Regeln im Beteiligungsvertrag abgesehen wird und sie stattdessen in der Satzung, sei es durch eine Abtretungsermächtigung anstelle der Einziehung oder auch im Kontext der üblichen Verfügungsbeschränkung über Geschäftsanteile erfasst werden. Der für die Berechnung der Notarkosten maßgebliche Wert eines Beteiligungsvertrags bestimmt sich aber nicht nur nach der Höhe des dort für den Investor vereinbarten Investments, sondern es werden kumulativ auch die weiteren Verpflichtungen des Beteiligungsvertrags zur Geschäftswertbemessung hinzugerechnet.[53] Im Hinblick darauf, dass sich Erwerbs- und Veräußerungsrechte auf sämtliche Anteile erstrecken, ist hierfür, vorbehaltlich von § 97 Abs. 3 GNotKG, gemäß § 51 Abs. 1 S. 1 GNotKG der volle Wert aller Anteile, also die dem Investment zugrunde gelegte Post Money Bewertung, nur abzüglich des Anteils mit dem geringsten Wert, anzusetzen.[54] Es lohnt sich daher, den Vollständigkeitsgrundsatz zu entmystifizieren und auf seinen berechtigten Kern zurückzuführen.

1. *Zweck der Formvorschrift*

a) *Abgrenzung*

Wie eingangs bereits dargelegt, hat jede Art der Form, auch die elektronische, § 126a BGB, oder auch die rechtsgeschäftlich vereinbarte, § 127 BGB, den Zweck, den Inhalt der zustande gekommenen Einigung festzuhalten und die beteiligten Parteien im Sinne einer Warnfunktion zur Achtsamkeit anzuhalten. Soweit das Gesetz darüber hinaus eine notarielle Beurkundung vorschreibt, ist dies aber nicht in allen Fällen verbunden mit einem Belehrungszweck, § 17 BeurkG. Dies gilt insbesondere für die in der gesellschaftsrechtlichen Praxis besonders bedeutsamen Einfallstore des notariellen Beurkundungserfordernisses, nämlich der § 53 GmbHG und § 15 Abs. 3, 4 GmbHG. Hier hat das notarielle Beurkundungserfordernis (abgesehen von der überholten Erschwernisfunktion von § 15 Abs. 3, 4 GmbHG) keinerlei Schutzwirkung, sondern allein Beweisfunktion. In diesen Fällen kann das Formerfordernis aber nach Sinn und Zweck der gesetzlichen Formregelung nicht über den eigentlichen Gegenstand des Beurkundungserfordernisses, also die Satzungsänderung, die Geschäftsanteilsabtretung und die diesbezügliche vertragliche Verpflichtung, hinaus erweiternd angewandt werden. Vielmehr ist es restriktiv zu verstehen und genügt seinem Zweck, soweit dasjenige beurkundet und damit beweissichernd festgehalten ist, was allein nach dem Gesetzeswortlaut zu beurkunden ist. Dies bedeutet etwa für einen Beteiligungsvertrag, in dem eine Verpflichtung der

[53] Vgl. LG München MittBayNot 2019, 193ff.; Thelen RNotZ 2020, 121 (142); Weitnauer GWR 2018, 245 (248).

[54] Notarkasse, Streifzug durch das GNotKG, 13. Aufl. 2021, Rn. 1937. Nur dann, wenn die Erwerbs- und Veräußerungsrechte bereits in einem früheren Beteiligungsvertrag vereinbart waren, kann nach § 51 Abs. 3 GNotKG auch ein niedrigerer Wert angesetzt werden.

Altgesellschafter zu einer Satzungsänderung enthalten ist, die (formwahrend, § 2 Abs. 1 GmbHG) eine Mitverkaufsverpflichtung vorsieht, dass der Beteiligungsvertrag nur der rechtsgeschäftlich vorgesehenen Schriftform bedarf, nicht aber der notariellen Form eines satzungsändernden Beschlusses. Denn die Verpflichtung zur Satzungsänderung unterliegt nicht der Form des § 53 GmbHG (→ II. 2. c) aa)). Erst recht gilt dies für die Nichtanwendbarkeit von § 15 Abs. 4 S. 1 GmbHG, da sich die Altgesellschafter im Beteiligungsvertrag allenfalls zu einer Satzungsänderung verpflichten, nicht aber zu einer Abtretung ihrer Geschäftsanteile.

Im Hinblick auf den beschränkten Zweck einer Beweissicherung, den § 15 Abs. 3, 4 GmbHG verfolgen, ist das Beurkundungserfordernis nicht auf nur wirtschaftlich und abtrennbar mit der Anteilsübertragung verbundene Rechtsgeschäfte zu beziehen, wie etwa auf die Finanzierungsbestätigung eines Private Equity-Investors für eine über eine noch nicht mit Kapital ausgestattete Erwerbergesellschaft (Equity Commitment Letter), und zwar unabhängig davon, von wem die Finanzierungsbestätigung abgegeben wird, ob also von einer Partei mit eigenem wirtschaftlichen Interesse, wie etwa einem mit dem Käufer verbundenen Unternehmen, oder einer Partei ohne ein solches eigenes Interesse.[55] Dem entsprechend hat es auch das OLG Frankfurt a. M. mit Urteil vom 12.5.2015[56] im Hinblick auf die anderen Erwägungen, die der Formvorschrift des § 15 Abs. 4 S. 1 GmbHG zugrunde liegen, abgelehnt, dieses für eine Optionsvereinbarung bestehende Formerfordernis auf die Übernahme eines GmbH-Geschäftsanteils im Wege der Kapitalerhöhung zu erstrecken, die ebenfalls Teil des Vertragswerks war. Weiterer Entscheidungsgrund war hierbei, dass die Übernahmevereinbarung ohnehin einer eigenen gesetzlich vorgeschriebenen Form, nämlich der notariellen Beglaubigung nach § 55 Abs. 1 GmbHG unterliege.

b) Rechtfertigung des Vollständigkeitsgrundsatzes durch den Schutzzweck

Nur dann, wenn das notarielle Beurkundungserfordernis auch einen Schutz der Parteien im Auge hat, kann im Interesse dieses Schutzes das Beurkundungserfordernis auch erweiternd auf vorgelagerte Vereinbarungen erstreckt werden, nämlich aus folgenden Gründen:

aa) Vorvertragliche Bindung

Grundsätzlich bedarf ein Vorvertrag der Form des Hauptvertrags, wenn diese, wie insbesondere in den Fällen von § 311b Abs. 1, 3 BGB oder auch im Fall der Schenkung nach § 518 BGB, einen Übereilungsschutz verfolgt.[57] In den vom BGH zum Bauträgergeschäft entschiedenen Fällen ging es zwar nicht um Vorverträge zu einem Grundstückskauf, sondern um wirtschaftlich hiermit im Zusammenhang stehende Abreden, da der Erwerb eines Fertighauses jeweils immer nur denkbar ist, wenn auf dem zu erwerbenden Grundstück auch ein Haus errichtet

[55] Seibt in Scholz, 12. Aufl. 2021, GmbHG § 15 Rn. 66a; Herrmann GmbHR 2009, 625 (629).

[56] GmbHR 2015, 1040 (1042) = BeckRS 2015, 11018.

[57] Ellenberger in Grüneberg, 83. Aufl. 2024, BGB § 125 Rn. 11 und Einf v § 145 Rn. 20; → I.

wird. Grund für die Erstreckung des notariellen Beurkundungserfordernisses ist in diesen Fällen aber über den wirtschaftlichen Zusammenhang hinaus, dass das vorgelagerte formfreie Rechtsgeschäft auf den Erwerb des betreffenden Grundstücks vom jeweiligen Vertragspartner als gleichzeitigem Werkunternehmer abzielt. Ist hingegen der Erwerb des Grundstücks dem Bauherrn freigestellt, liegt es in seinem Risikobereich, ob er das betreffende Grundstück erwirbt; demgemäß ist in diesem Fall der jeweilige Bauvertrag auch ohne notarielle Beurkundung wirksam. Ebenso gilt dies, wenn der Bauvertrag dem notariell beurkundeten Grundstücksvertrag nachfolgt. In diesen Fällen besteht kein entsprechendes Schutzbedürfnis. Gleiches meint der BGH, wenn er zwischen einem wirtschaftlichen und einem rechtlichen Abhängigkeitsverhältnis differenziert.[58] Sieht hingegen eine gesetzliche Regelung als Grund für das notarielle Beurkundungserfordernis den Schutz der Parteien vor Übereilung vor, wie etwa § 311b Abs. 3 BGB, besteht kein Grund, abweichend vom Gesetzeswortlaut den Anwendungsbereich je nach dem Schutzbedürfnis der Vertragsparteien oder je nach dem Detaillierungsgrund der vertraglichen Regelung einzuschränken (→ II. 2. c) dd)).

bb) Mittelbarer Zwang

Grundsätzlich unterliegen auch solche Verträge, die mittelbar eine Verpflichtung zur Eingehung eines formbedürftigen Rechtsgeschäfts begründen, der auf diesen Vertrag anwendbaren Form.[59] So entspricht es etwa dem Schutzzweck von § 311b Abs. 1 BGB, dass Abreden, die den Grundstückseigentümer oder Erwerbsinteressenten mittelbar zum Abschluss des Grundstückskaufvertrags zwingen sollen, aufgrund der hierdurch verursachten Beeinträchtigung der Willensentschließung bereits dem Formerfordernis des § 311b Abs. 1 BGB unterliegen. Beispiele sind die Vereinbarung einer Verfallklausel hinsichtlich einer Kaufpreisanzahlung oder die Verpflichtung zur Zahlung einer Maklerprovision bzw. einer die tatsächlichen Aufwendungen deutlich übersteigenden Unkostenpauschale bei Verweigerung des formbedürftigen Grundstückskaufvertrags, die für formbedürftig angesehen wurden.[60]

Anderes gilt wegen des eingeschränkten Schutzzwecks von § 15 Abs. 4 S. 1 GmbHG für einen einem Anteilskaufvertrag vorgelagerten Letter of Intent (LoI). Auch wenn der LoI grundsätzlich keine Bindungswirkung hat, wird hier doch meist (neben bspw. einer zeitlich begrenzten Exklusivitätsbindung für weitere Verhandlungen) eine sog. Break Up-Fee vorgesehen. Hintergrund sind die üblicherweise nicht unerheblichen Kosten einer vorgelagerten Due Diligence, mit denen der Erwerber im Vertrauen auf das Zustandekommen des Vertrags in Vorleistung tritt. Eine solche Break Up-Fee kann so gestaltet werden, dass entweder die die Verhandlung abbrechende Partei nur zum Ersatz angemessener entstandener Aufwen-

---

[58] BGH NZG 2021, 782; siehe bereits oben bei Fn. 24.

[59] Einsele in MüKoBGB, 9. Aufl. 2021, BGB § 125 Rn. 14.

[60] So unter anderem BGH NJW 1970, 1915 (1916); NJW 1971, 93 (94); NJW 1971, 557; NJW 1979, 307 (308) für den Fall eines Vertragsstrafeversprechens für den Grundstücksmakler in Höhe der Maklerprovision für den Fall, dass das Grundstück nicht verkauft oder gekauft wird; BGH NJW 1980, 1622 (1623).

dungen verpflichtet oder auch ein selbstständiges Strafversprechen nach § 339 BGB mit einer pauschalierten Pönale vorgesehen wird.[61] Für die Frage, ob durch eine solche pauschalierte Break Up-Fee ein mittelbarer Zwang zum Abschluss des Anteilskaufvertrags begründet wird und sie daher ebenfalls der Form des § 15 Abs. 4 S. 1 GmbHG unterliegt, ist auch hier richtigerweise der eingeschränkte Schutzzweck von § 15 Abs. 4 S. 1 GmbHG maßgeblich. Da § 15 Abs. 4 S. 1 GmbHG keinen Übereilungsschutz verfolgt, bedarf auch eine solche, nicht auf die reinen Aufwendungen beschränkte Vertragsstraferegelung, nicht seiner notariellen Form.[62] Hat die fragliche Regelung notarieller Form hingegen eine Warn- und Belehrfunktion, wie etwa § 13 Abs. 3 UmwG, verhält es sich auch für das Vertragsstrafeversprechen in einem LoI anders. So hat etwa das LG Paderborn[63] eine Vereinbarung in einem LoI, wonach die Parteien für den Fall, dass die erforderlichen Verschmelzungsbeschlüsse nicht mitgetragen werden sollten, eine Zahlung von 250.000 DM versprochen hatten, diese Regelung als bindende Beschlussverpflichtung für ihrerseits nach § 13 Abs. 3 UmwG notariell beurkundungsbedürftig und daher, da nicht beurkundet, nach § 125 BGB nichtig angesehen.

2. *§ 139 BGB und der Einheitlichkeitswille*

Der Vollständigkeitsgrundsatz kann nur insoweit zur Anwendung gelangen, als es sich um ein einheitliches Rechtsgeschäft handelt. Dafür ist nach § 139 BGB der Parteiwille entscheidend. Werden selbstständige Verträge in verschiedenen Urkunden niedergelegt, begründet dies die widerlegbare Vermutung, dass die Verträge nicht im rechtlichen Zusammenhang stehen, also nicht „miteinander stehen und fallen" sollen.[64] Umgekehrt begründet die Niederlegung in nur einer Urkunde die Vermutung für die Einheitlichkeit. Die Beteiligung unterschiedlicher Personen an den einzelnen Abreden steht der Einheitlichkeit nicht entgegen. Ebenso genügt der Einheitlichkeitswille auch nur einer Partei, wenn er für die andere Partei erkennbar und von ihr gebilligt oder zumindest hingenommen wurde.[65]

Sehen die Parteien im Bewusstsein einer möglichen Formunwirksamkeit von der Beurkundung eines Teils einer Gesamtabrede ab, liegt kein einheitliches Rechtsgeschäft vor und findet folglich der Vollständigkeitsgrundsatz keine Anwen-

---

[61] OLG München BeckRS 2012, 19757 = GWR 2012, 468 (Bergjan/Feltes). Das OLG München hielt dort die Regelung in einem Term Sheet, die die Erstattung von Due Diligence Kosten bis zur Höhe von 400.000 EUR bei Abbruch der Verhandlungen durch eine Vertragspartei vorsah, allerdings nur deshalb für wirksam, weil sie auf die Geltendmachung der nachgewiesenen und tatsächlich entstandenen Kosten beschränkt war. Vgl. auch Bergjan/Schwarz GWR 2013, 4 (6), die allerdings inkonsequent aus dem Urteil des OLG München ableiten, dass ein Abschlusszwang auch dann eine Beurkundungspflicht auslöst, wenn die dem Hauptgeschäft zugrundeliegende Norm keine Warn- und Belehrfunktion hat.

[62] Eine übermäßig belastende Break Up-Fee Regelung kann aber, wenn im Rahmen eines Standarddokuments verwandt, nach §§ 309 Nr. 6, 307 BGB unwirksam sein. Grüneberg in Grüneberg, 83. Aufl. 2024, BGB § 309 Rn. 38.

[63] NZG 2000, 899 (900).

[64] Busche in MüKoBGB, 9. Aufl. 2021, BGB § 139 Rn. 18; so auch BGHZ 76, 43 (49) = NJW 1980, 829; NJW 2011, 2874 Rn. 24.

[65] Busche in MüKoBGB, 9. Aufl. 2021, BGB § 139 Rn. 19 mwN.

dung.[66] Anders als in dem vom BGH in seinem Urteil vom 22.9.2016[67] entschiedenen Fall, in dem der Treuhandvertrag bezüglich des übernommenen Geschäftsanteils formnichtig blieb, weil er selbst der Form des § 15 Abs. 4 S. 1 GmbHG unterlag, gilt anderes dann, wenn dieser nicht beurkundete Teil keiner notariellen Form bedarf, etwa bei einem nur ein Investment in ein Unternehmen regelnden Beteiligungsvertrag.[68] Daher empfiehlt es sich in einem solchen Fall, den Willen, nicht zu beurkunden, ausdrücklich im Beteiligungsvertrag festzuhalten. Damit wird ein Formerfordernis nicht etwa vom Willen der Vertragsparteien abhängig gemacht, denn ein solches Formerfordernis besteht nicht, wenn der nicht beurkundete Teil selbst keine beurkundungsbedürftigen Regelungen enthält. Vielmehr verhindert der durch die Verschriftlichung zum Ausdruck gebrachte übereinstimmende Parteiwille die Beurteilung als einheitliches Rechtsgeschäft, sodass folglich eine Beurkundungspflicht aufgrund des Vollständigkeitsgrundsatzes abzulehnen ist.

In seinem Urteil vom 14.4.1986[69] hat der BGH zwar die Ausdehnung des Formerfordernisses auf alle mit der Übertragungsverpflichtung verbundenen Abreden (im entschiedenen Fall ging es allerdings nur um die Gegenleistung) durch die entsprechende Anwendung der Teilunwirksamkeitsregelung des § 139 BGB eingeschränkt. § 15 Abs. 4 S. 1 GmbHG führe nicht zur Nichtigkeit von solchen Teilen einer Vereinbarung, die für sich allein nicht formbedürftig gewesen wären und von denen anzunehmen sei, dass sie auch ohne die Verpflichtung zur Abtretung des Geschäftsanteils abgeschlossen worden wären. Da allerdings die Formbedürftigkeit die gesamte Vereinbarung erfasst und daher der Mangel der Form als Nichtigkeitsgrund nach § 125 S. 1 BGB sich grundsätzlich auf alle Teile der Vereinbarung erstreckt, ist § 139 BGB – so der BGH – nur entsprechend anwendbar. Insoweit kommt somit wiederum der zu erforschende Parteiwille zum Tragen.

Auch wenn daher eine salvatorische Erhaltungs- und Ersetzungsregelung[70] in dem nicht beurkundungsbedürftigen Teil der Vereinbarung wegen des weiterreichenden Formerfordernisses unwirksam wäre, hat sie dennoch zur Folge, dass sie demjenigen die Beweislast zuweist, der sich auf die Gesamtnichtigkeit des Vertrags beruft. Dementsprechend war auch für das Urteil des OLG Frankfurt a. M. vom 12.5.2015[71] ein maßgeblicher Grund für die Aufrechterhaltung der gesondert neben der Anteilsübertragungsverpflichtung vorgesehenen Übernahmevereinbarung, dass dort im Beteiligungsvertrag und der Gesellschaftervereinbarung eine salvatorische Regelung vorgesehen war, die auch für die Verträge und Urkunden in der Anlage gelten sollte. Daher sollte die salvatorische Regelung nicht nur auf die kon-

---

[66] BGH NJW 2016, 3525.

[67] BGH NJW 2016, 3525.

[68] Die hierin üblicherweise enthaltenen Regelungen wie Zuzahlungsverpflichtungen, Garantien, Verwässerungsschutz, Liquidationspräferenzen, Wettbewerbsverbote, Pflichten zur Übertragung von IP-Rechten etc. unterliegen nur der rechtsgeschäftlich bestimmten Form. Dass die Verpflichtung zu einer Satzungsänderung nicht der notariellen Form bedarf, wurde bereits oben unter → II. 2. c) aa) dargelegt.

[69] NJW 1986, 2642 = BeckRS 1986, 1986 (4411); siehe bereits oben → II. 2. b) aa).

[70] Ellenberger in Grüneberg, 83. Aufl. 2024, BGB § 139 BGB Rn. 17.

[71] GmbHR 2015, 1040 (1043); → III. 1.

krete Vereinbarung beschränkt, sondern klargestellt werden, dass die Parteien für das gesamte Vertragswerk von der Grundregel des § 139 BGB abweichen wollen.

IV. Fazit

Der Vollständigkeitsgrundsatz führt nur dann zu einer Erstreckung des notariellen Beurkundungserfordernisses auf eine andere, ihrerseits nicht formbedürftige Vereinbarung, wenn dies vom Schutzzweck der Formbestimmung aufgrund ihrer Belehrungsfunktion, § 17 BeurkG, gedeckt ist. Daher ist der Schutzzweck vorrangig zu klären. Hat ein notarielles Formerfordernis nur beweissichernde Bedeutung, wie etwa § 53 GmbHG, ist es nicht auf vorgelagerte Vereinbarungen, etwa Stimmbindungsabreden, zu erstrecken. Formvorschriften, die inzwischen aus der Zeit gefallen sind und daher ihren Zweck verloren haben, wie etwa § 15 Abs. 3, 4 GmbHG mit der Erschwerniswirkung für Geschäftsanteilsübertragungen, sollten vom Gesetzgeber aufgehoben werden.[72] Da maßgeblich für die Anwendung des Vollständigkeitsgrundsatzes, § 139 BGB, der Parteiwille ist, empfiehlt es sich, den Parteiwillen, dass der nicht beurkundete Teil einer Transaktion auch ohne Beurkundung wirksam sein soll, in einer Erhaltungsregelung zum Ausdruck zu bringen, selbst wenn sie im Fall der Formerstreckung nach § 125 BGB unwirksam wäre.

[72] Weitnauer GWR 2024, 69ff.

HARTMUT WICKE

MoPeG meets MoMiG: die Gesellschafterliste (erneut) im Fokus

Das am 1.1.2024 in Kraft getretene MoPeG hat das Recht der Gesellschaft bürgerlichen Rechts (GbR) entsprechend den Bedürfnissen der modernen Wirtschaftspraxis konsolidiert und konsequent am Leitbild einer auf gewisse Dauer angelegten, mit eigenen Rechten und Pflichten ausgestatteten Personengesellschaft ausgerichtet. Kernstück der Reform ist die Einführung eines Gesellschaftsregisters, dessen Eintragungen in Anlehnung an das Handelsregister öffentlichen Glauben genießen (§ 707a Abs. 3 BGB nF iVm § 15 HGB) und das somit im Rechtsverkehr Klarheit über Existenz, Identität, Vertretungsverhältnisse und Haftung schafft. Die Anmeldung zum Gesellschaftsregister ist grundsätzlich freiwillig und die Eintragung nicht Voraussetzung für die Rechtsfähigkeit der GbR. Es besteht aber ein Voreintragungserfordernis, wenn die GbR in Objektregistern wie dem Grundbuch eingetragen werden soll.[1] In diesem Sinne bestimmt auch § 40 Abs. 1 S. 3 GmbHG, dass Gesellschaften bürgerlichen Rechts nur in die Gesellschafterliste eingetragen und Veränderungen an ihrer Eintragung nur vorgenommen werden können, wenn sie in das Gesellschaftsregister eingetragen sind. Damit rückt die Gesellschafterliste erneut in den Fokus, die seinerzeit durch das MoMiG aufgewertet wurde zu einem Rechtsscheinträger, der einerseits als maßgebliche Legitimationsgrundlage für die Entstehung von Rechtsbeziehungen zwischen GmbH und Gesellschafter dient (§ 16 Abs. 1 GmbHG) und andererseits die Grundlage für den gutgläubigen Erwerb von GmbH-Geschäftsanteilen schafft (§ 16 Abs. 3 GmbHG).

Nach Verabschiedung des MoMiG im Jahr 2008 hatte ich das besondere Vergnügen, mit dem „großen Heribert Heckschen“ durch die Republik reisen zu dürfen, um im Rahmen von ganztägigen DAI-Veranstaltungen über das neue Recht zu referieren. Die mitunter kontrovers geführten Diskussionen vor dem Publikum gelehrter Kolleginnen und Kollegen sind mir in bester Erinnerung geblieben, der äußerst engagierte und humorvolle Vortragsstil von Heribert Heckschen war sehr inspirierend. Mein GmbH-Kommentar war gerade in erster Auflage erschienen, „Das MoMiG in der notariellen Praxis“ von Heribert Heckschen schon im Druck. Nun hat Heribert Heckschen in Form des mit Sophie Freier herausgegebenen Bands „Das MoPeG in der Notar- und Gestaltungspraxis“ pünktlich zur großen Reform erneut geliefert. Höchste Zeit also, wieder einmal „in den Ring zu steigen.“ Der vorliegende Beitrag behandelt vor diesem Hintergrund die Änderungen

[1] Vgl. § 47 Abs. 2 GBO, § 51 Abs. 2 SchiffsRegO, § 67 Abs. 1 S. 3 AktG nF, § 707a Abs. 1 S. 2 BGB, §§ 105 Abs. 2, 161 Abs. 2 HGB; dazu auch Wicke/Ruhwinkel in Fuhrmann/Wälzholz, Formularbuch Gesellschaftsrecht, 4. Aufl. 2023, S. 1788.

der Gesellschafterliste des MoPeG, welche die rechtlich zwingend vorgegebene Bezeichnung der Gesellschafter betreffen, und für die GbR eine Reihe von Praxisfragen aufwerfen.

I. Natürliche Personen

Unverändert geblieben ist zunächst die Vorschrift des § 40 Abs. 1 S. 1 GmbHG. Handelt es sich bei dem Gesellschafter um eine natürliche Person, ist sie in der Gesellschafterliste weiterhin mit Namen, Vornamen, Geburtsdatum und Wohnort (= politische Gemeinde) zu bezeichnen. Halten mehrere Erben einen Geschäftsanteil (§ 18 GmbHG), so sind diese in der vorgenannten Weise unter Angabe der gesamthänderischen Bindung einzutragen, zB ergänzt durch den Zusatz „in Erbengemeinschaft". Entsprechendes gilt für die Gütergemeinschaft und für Bruchteilsgemeinschaften.[2] Sind einzelne oder alle Erben unbekannt, ist auch dies in der Gesellschafterliste zu vermerken.[3] Zudem sollte ggf. ein Nachlasspfleger aufgenommen werden.[4] Die Erbquote ist hingegen nicht anzugeben.[5] Im Fall eines im Handelsregister eingetragenen Einzelkaufmanns sind Firma, zuständiges Register und Registernummer anzugeben, der bürgerliche Name ist nach zutreffender Auffassung nicht erforderlich.[6]

II. Rechtsfähige Personengesellschaften und juristische Personen

Für die Bezeichnung von Gesellschaften und juristischen Personen in der Gesellschafterliste wurden durch das MoPeG Änderungen redaktioneller Art in § 40 Abs. 1 S. 2 GmbHG vorgenommen. Während die Vorgängerversion der Vorschrift sich auf den Fall bezog, dass ein „Gesellschafter selbst eine Gesellschaft" ist und sodann zwischen eingetragenen und nicht eingetragenen Gesellschaften unterschied, spaltet die neue Fassung den Oberbegriff „Gesellschaft" auf in die Unterbegriffe „juristische Person oder rechtsfähige Personengesellschaft." Eine inhaltliche Änderung ist damit laut Regierungsentwurf nicht bezweckt, zumal die Regelung auch schon zuvor auf Körperschaften und Anstalten des öffentlichen Rechts sowie Stiftungen entsprechend angewandt wurde.[7] Folge der terminologischen Aufspaltung

---

[2] Servatius in Noack/Servatius/Haas, 23. Aufl. 2022, GmbHG § 40 Rn. 12a; Heilmeier in BeckOK GmbHG, 58. Ed. 1.8.2022, GmbHG § 40 Rn. 21; zum Folgenden s. auch Wicke, 5. Aufl. 2024, GmbHG § 40 Rn. 6ff.

[3] Bayer in Lutter/Hommelhoff, 21. Aufl. 2023, GmbHG § 40 Rn. 14, str.

[4] Dafür Servatius in Noack/Servatius/Haas, 23. Aufl. 2022, GmbHG § 40 Rn. 9; optional Seibt in Scholz, 12. Aufl. 2021, GmbHG § 40 Rn. 17; ferner OLG Karlsruhe NZG 2022, 1349 offen lassend, ob der Nachlasspfleger oder die unbekannten Erben aufzunehmen sind.

[5] Bayer in Lutter/Hommelhoff, 21. Aufl. 2023, GmbHG § 40 Rn. 14.

[6] S. auch Servatius in Noack/Servatius/Haas, 23. Aufl. 2022, GmbHG § 40 Rn. 10: eingetragener Firmenname ausreichend; aA Görner in Rowedder/Pentz, 7. Aufl. 2022, GmbHG § 40 Rn. 6: stets Bezeichnung als natürliche Person nach Abs. 1 S. 1.

[7] BT-Drs. 19/27635, 271.

ist weiter, dass anstelle des Satzungssitzes der Sitz und anstelle der Firma entweder die Firma oder der Name anzugeben ist.[8] Bei rechtsfähigen Personengesellschaften sind in die Liste demgemäß deren Firma, Satzungssitz, zuständiges Register und Registernummer aufzunehmen. Dies gilt auch für ausländische Gesellschaften[9] und wohl bei eigenen Geschäftsanteilen der Gesellschaft iSd § 33 GmbHG. Wie § 40 Abs. 1 S. 2 GmbHG jetzt ausdrücklich klarstellt, sind entsprechende Angaben ferner bei juristischen Personen wie eingetragenen Vereinen und Genossenschaften erforderlich.

III. Nicht eingetragene Personenvereinigungen

Nach § 40 Abs. 1 S. 2 GmbHG in der Fassung des MoPeG sind bei juristischen Personen oder rechtsfähigen Personengesellschaften in die Liste neben Namen/ Firma und Sitz das zuständige Registergericht und die Registernummer nur aufzunehmen, „soweit" dies „gesetzlich vorgesehen" ist. Bei nicht eingetragenen Personenvereinigungen inländischen und ausländischen Rechts kann daher nach der Regierungsbegründung an die bisherige Eintragungspraxis unter Außerachtlassung von Registergericht und Registernummer angeknüpft werden, soweit eine eindeutige Identifizierung des Gesellschafters auf andere Weise gewährleistet ist.[10] Dies gilt zB für Körperschaften und Anstalten des öffentlichen Rechts, Stiftungen,[11] Vor-Kapitalgesellschaften und Vereine ohne Rechtspersönlichkeit im Sinne von § 54 Abs. 1 BGB nF.[12] „Eine subsidiäre Eintragung der Mitglieder einer solchen Personenvereinigung braucht im Gesetz" nach den Vorstellungen des Gesetzgebers demgegenüber „nicht geregelt zu werden."[13] Da die Eintragung der Mitglieder der Personenvereinigung im Unterschied zu § 40 Abs. 1 S. 2 Hs. 2 GmbHG aF also nicht mehr verlangt wird, ist davon auszugehen, dass diese auch nicht mehr in die Gesellschafterliste aufzunehmen sind, jedenfalls soweit eine eindeutige Identifizierung des betreffenden (nicht im Register eingetragenen) Gesellschafters anderweitig gewährleistet ist.[14] Daher genügt zB bei der Vor-GmbH die Angabe des Registergerichts, auch wenn die HRB-Nummer noch nicht vorliegt.[15]

---

8 BT-Drs. 19/27635, 271.

9 Bayer in Lutter/Hommelhoff, 21. Aufl. 2023, GmbHG § 40 Rn. 15.

10 Zur GbR s. aber unten → IV.; ferner Wicke, 5. Aufl. 2024, GmbHG § 40 Rn. 9.

11 Zum künftigen Stiftungsregister gemäß § 82b BGB nF s. Konu notar 2024, 61 (64).

12 BT-Drs. 19/27635, 271; Bayer in Lutter/Hommelhoff, 21. Aufl. 2023, GmbHG § 40 Rn. 15b.

13 BT-Drs. 19/27635, 271.

14 Vgl. auch Seibt in Scholz, 12. Aufl. 2021, GmbHG § 40 Rn. 22a; für Eintragung der Mitglieder aber Servatius in Noack/Servatius/Haas, 23. Aufl. 2022, GmbHG § 40 Rn. 12a; Görner in Rowedder/Pentz, 7. Aufl. 2022, GmbHG § 40 Rn. 63.

15 S. schon zum bisherigen Recht Wicke, 4. Aufl. 2020, GmbHG § 40 Rn. 5.

IV. Voreintragungsgrundsatz bei der GbR (§ 40 Abs. 1 S. 3 GmbHG)

1. Voreintragung und Registerpublizität

Für die Gesellschaft bürgerlichen Rechts ergeben sich mit Inkrafttreten des MoPeG zum 1.1.2024 und der Einführung des Gesellschaftsregisters gemäß §§ 707 ff. BGB weitreichende Änderungen. Während nach § 40 Abs. 1 S. 2 Hs. 2 GmbHG aF deren jeweilige Gesellschafter unter einer zusammenfassenden Bezeichnung mit Namen, Vornamen, Geburtsdatum und Wohnort (bzw. bei eingetragenen Gesellschaftern entsprechend den Vorgaben des § 40 Abs. 1 S. 2 Hs. 1 GmbHG aF) zu benennen waren,[16] kann eine Gesellschaft bürgerlichen Rechts gemäß § 40 Abs. 1 S. 3 GmbHG in der Fassung des MoPeG nur dann in die Liste eingetragen und Veränderungen an ihrer Eintragung können nur vorgenommen werden, wenn sie in das Gesellschaftsregister eingetragen ist.[17] Die Vorschrift schafft für die GbR eine Obliegenheit zur Voreintragung im Gesellschaftsregister.[18] Die wesentliche Funktion des Gesellschaftsregisters besteht nach § 707 a Abs. 3 S. 1 BGB iVm § 15 HGB darin, die an die Eintragung und Bekanntmachung anknüpfende Registerpublizität zu vermitteln.[19] Durch das Erfordernis der Voreintragung lassen sich damit die Existenz, Identität und ordnungsgemäße Vertretung der GbR mit Gutglaubenswirkung aus dem Gesellschaftsregister ablesen,[20] gleichzeitig wird die Mitgliedschaft der GbR für alle Beteiligten, insbesondere auch die Öffentlichkeit, transparenter gemacht.[21] Die Anmeldung erfolgt durch sämtliche Gesellschafter der GbR (§ 707 Abs. 4 S. 1 BGB) in öffentlich beglaubigter Form (§ 707 b Nr. 2 BGB, § 12 Abs. 1 S. 1 HGB), und kann auch online erfolgen (§ 12 Abs. 1 S. 2 HGB).

So klar der Voreintragungsgrundsatz als abstraktes Kriterium erscheint, stellen sich einige praxiswichtige Fragen, wenn eine GbR noch nach den Vorgaben des alten Rechts in der Gesellschafterliste eingetragen ist. Zudem bedarf im Einzelnen der Klärung, wie in den unterschiedlichen Konstellationen zu verfahren ist, wenn eine nicht registrierte GbR an einer GmbH beteiligt werden soll.

2. Veräußerung oder Erwerb von GmbH-Geschäftsanteilen durch nicht registrierte GbR

a) Allgemeines

Erfasst werden von § 40 Abs. 1 S. 3 GmbHG sowohl der Erwerb als auch die Veräußerung von Geschäftsanteilen durch eine GbR.[22] In beiden Fällen kann ohne Voreintragung der Veräußerer- bzw. der Erwerber-GbR weder der Veräußerer aus

[16] Ausführlich Wicke, 4. Aufl. 2020, GmbHG § 40 Rn. 5.
[17] Vgl. auch Wicke NotBZ 2022, 401 (403).
[18] BT-Drs. 19/27635, 271.
[19] Noack ZPG 2023, 95.
[20] BT-Drs. 19/27635, 272; dazu Reymann FS Heidinger, 2023, 413 (417 f.).
[21] BT-Drs. 19/27635, 270.
[22] BT-Drs. 19/27635, 272; Baschnagel/Hilser notar 2023, 167 (177); Reymann FS Heidinger, 2023, 413 (420 f.); aA für Veräußerung Servatius, GbR, 2023, BGB § 713 Rn. 23; für die vollstän-

der Gesellschafterliste ausgetragen, noch der Erwerber in die Gesellschafterliste eingetragen werden.[23] Materiell-rechtlich ist die nicht eingetragene GbR allerdings in der Lage, GmbH-Geschäftsanteile zu erwerben und zu veräußern,[24] die rechtliche Veränderung der Anteilsverhältnisse als solche vollzieht sich nach allgemeinen Grundsätzen außerhalb der Gesellschafterliste.[25] Eine GbR erlangt gemäß § 705 Abs. 2 Alt. 1 BGB dadurch Rechtsfähigkeit, dass sie nach dem gemeinsamen Willen der Beteiligten am Rechtsverkehr teilnehmen soll. Mit Abschluss des (schuldrechtlichen und dinglichen) Vertrags zur Veräußerung von GmbH-Geschäftsanteilen entsteht sie gemäß § 719 BGB auch Dritten gegenüber.[26]

Nach dem Wortlaut der Bestimmung des § 40 Abs. 1 S. 3 GmbHG kann die GbR jedoch nur dann in die Liste eingetragen und Veränderungen an ihrer Eintragung können nur vorgenommen werden, wenn sie in das Gesellschaftsregister eingetragen ist. Andernfalls ist die eingereichte Liste vom Registergericht zurückzuweisen.[27] Für den Erwerber ist aber die Eintragung in die Gesellschafterliste von herausragender Bedeutung, da diese Voraussetzung für die Legitimationswirkung gegenüber der GmbH nach § 16 Abs. 1 GmbHG ist. Und auch der Veräußerer hat ein Interesse daran, nicht länger gemäß § 16 Abs. 2 GmbHG für fällig werdende rückständige Einlageverpflichtungen zu haften.[28] Gegen eine erneute Abtretung der Geschäftsanteile durch den Veräußerer an einen gutgläubigen Zweiterwerber auf der Grundlage des § 16 Abs. 3 GmbHG wird der Erwerber sich hingegen durch Vereinbarung einer aufschiebend bedingten Abtretung schützen können.[29] Nach zutreffender, aber nicht unbestrittener Auffassung ist es zudem möglich, die Abtretung aufschiebend bedingt durch Eintragung des Erwerbers in der Gesellschafterliste zu vereinbaren.[30]

b) *Gestaltungsfragen bei der Veräußerung*

Wenn eine nicht registrierte GbR nach altem Recht in die Gesellschafterliste eingetragen wurde, ergibt sich allein durch das Inkrafttreten des MoPeG zum 1.1.2024 noch keine Verpflichtung zur Eintragung im Gesellschaftsregister.[31] Entsprechendes gilt, wenn Änderungen in den Beteiligungsverhältnissen in der GmbH erfolgen, welche nicht die GbR betreffen.[32] Beabsichtigt die nicht registrierte GbR sodann aber, ihre GmbH-Geschäftsanteile zu veräußern, sollte sie idealerweise vor Abschluss des Kauf- und Abtretungsvertrags im Gesellschaftsregister eingetragen

---

dige Veräußerung bzw. Ausscheiden der GbR mit guten Gründen auch Bolkart MittBayNot 2024, 110.

[23] Wertenbruch/Alm GmbHR 2024, 225 Rn. 9f.

[24] John NZG 2022, 243 (246).

[25] Wicke, 5. Aufl. 2024, GmbHG § 16 Rn. 1.

[26] Vgl. auch Meier NJW 2024, 465 (468); Schäfer in MüKoBGB, 9. Aufl. 2024, BGB § 719 Rn. 5.

[27] BT-Drs. 19/27635, 272.

[28] S. auch § 22 Abs. 3 S. 2 GmbHG; Bolkart MittBayNot 2024, 110 (115).

[29] BGH DStR 2011, 2356; dazu kritisch etwa Wicke DStR 2011, 2356.

[30] Wicke, 5. Aufl. 2024, GmbHG § 16 Rn. 1; Seibt in Scholz, 13. Aufl. 2023, GmbHG § 16 Rn. 11; aA Heidinger in MüKoGmbHG, 4. Aufl. 2022, GmbHG § 16 Rn. 178, 187.

[31] Baschnagel/Hilser notar 2023, 167 (168, 177); Schudlo/Bock BB 2023, 2051.

[32] Baschnagel/Hilser notar 2023, 167 (178).

werden, um die Publizitätswirkung herbeizuführen.[33] Der Erwerber kann sich in diesem Fall darauf verlassen, dass die mit entsprechender Vertretungsbefugnis eingetragenen Gesellschafter zum Abschluss des schuldrechtlichen und dinglichen Übertragungsvertrags berechtigt sind und genießt nach Maßgabe der § 15 HGB, § 707a Abs. 3 BGB Gutglaubensschutz.[34] Ist dies aus Zeitgründen nicht möglich bzw. nicht gewünscht, wird vorgeschlagen, die Anmeldeerklärung zum Gesellschaftsregister gemäß § 707 BGB mitzubeurkunden und im Rahmen des Vollzugs des Anteilsübertragungsvertrags mitzuvollziehen[35] bzw. die Anmeldung zum Gesellschaftsregister vorab zu beglaubigen, in der Abtretungsurkunde auf die Anmeldung Bezug zu nehmen und die Identität der anmeldenden mit der eingetragenen GbR nach Vollzug der Registereintragung durch Eigenurkunde festzustellen.[36] Sofern es sich um einen (Kauf-)Vertrag mit Gegenleistungspflicht handelt, bietet es sich als sichere Gestaltung zusätzlich an, diesen durch die erst nach dem Vertragsschluss eingetragene GbR vor Kaufpreisfälligkeit bzw. als Closing-Bedingung (schriftlich oder zumindest in Textform) genehmigen zu lassen, um die Rechtswirkung der § 15 HGB, § 707a Abs. 3 BGB nachträglich herbeizuführen. Darüber hinaus kann dem Käufer ein Rücktrittsrecht für den Fall eingeräumt werden, dass die Genehmigung nicht innerhalb einer zu bestimmenden Frist vorliegt.

c) Gestaltungsfragen beim Erwerb

Auch beim Erwerb eines Geschäftsanteils durch eine nicht registrierte GbR empfiehlt sich in erster Linie eine Voreintragung der GbR im Gesellschaftsregister vor Abschluss des Erwerbsvertrags. Sofern dies nicht rechtzeitig möglich ist, sollte zumindest die Anmeldung der GbR unmittelbar vor Abschluss des Erwerbsvertrags beglaubigt und hierauf in der Erwerbsurkunde Bezug genommen werden.[37] Ein strukturelles Problem entsteht, wenn eine nicht registrierte GbR Geschäftsanteile erwirbt und dem nach § 40 Abs. 2 GmbHG zur Einreichung der Liste verpflichteten Notar dies wegen unterlassener Voreintragung der GbR nicht möglich ist. Heckschen und Nolting sprechen nicht zu Unrecht von einem „Schönheitsfehler“ des Gesetzes.[38]

d) Verpflichtung zur Voreintragung

Klar ist allerdings auch, dass es nicht im freien Belieben einer nicht registrierten GbR steht, wenn sie nach Inkrafttreten des MoPeG GmbH-Geschäftsanteile erworben hat, die Eintragung im Gesellschaftsregister als Voraussetzung für die Auf-

[33] Vgl. zum Grundbuchverkehr schon Bolkart MittBayNot 2021, 319 (327): erst registrieren, dann beurkunden; ferner Freier in Heckschen/Freier, Das MoPeG in der Notar- und Gestaltungspraxis, 2024, § 3 Rn. 742.

[34] S. zum Grundbuch auch Wobst ZPG 2023, 58 (60).

[35] Reymann FS Heidinger, 2023, 413 (421).

[36] Hermanns in Schäfer, Das neue Personengesellschaftsrecht, 2022, § 2 Rn. 50.

[37] Hermanns in Schäfer, Das neue Personengesellschaftsrecht, 2022, § 2 Rn. 49.

[38] S. Heckschen/Nolting BB 2021, 2946 (2947); dazu auch Stock NZG 2023, 361 (364); Heidinger in MüKoGmbHG, 4. Aufl. 2023, GmbHG § 40 Rn. 20; ferner John NZG 2022, 243 (246), eine Austragung des Veräußerers vor Eintragung der GbR erwägend.

nahme in die Gesellschafterliste einfach zu unterlassen.[39] Solange die GbR ihrer Obliegenheit zur Eintragung ins Gesellschaftsregister nicht nachkommt, hat das Registergericht die neue Gesellschafterliste zurückzuweisen.[40] Da ein gutgläubiger Erwerb der Anteile einer GbR, die wegen Verstoßes gegen die Voreintragungsobliegenheit nicht in die Gesellschafterliste aufgenommen wurde, auf der Grundlage des § 16 Abs. 3 GmbHG möglich ist,[41] und die Legitimationswirkung gemäß § 16 Abs. 1 GmbHG an die Eintragung in der Gesellschafterliste anknüpft, hat die GbR grundsätzlich ein ureigenes Interesse daran, die Eintragung so schnell wie möglich zu vollziehen. Nach der Konzeption der Gesellschafterliste müssen Entwicklungen des Gesellschafterbestands zudem in der Liste lückenlos nachvollziehbar sein.[42] Daraus und aus der Systematik des Gesetzes ergeben sich Pflichten der Geschäftsführer und Gesellschafter zur Mitwirkung an der Aktualisierung der Gesellschafterliste und damit mittelbar eine Verpflichtung der GbR zur Eintragung in das Gesellschaftsregister.

Bei Vorliegen der Voraussetzungen des § 40 Abs. 1 GmbHG trifft den Geschäftsführer eine Pflicht zur Einreichung einer aktualisierten Gesellschafterliste, die durch das Registergericht mit Zwangsgeld durchgesetzt werden kann (§ 14 HGB, §§ 388 ff. FamFG),[43] und deren Verletzung nach § 40 Abs. 3 GmbHG zu einer Schadensersatzpflicht gegenüber Gläubigern und betroffenen Gesellschaftern führt. Es besteht allgemein ein Anspruch des Gesellschafters gegen die GmbH auf zutreffende Aufnahme in die Gesellschafterliste[44] und letztlich auch ein Anspruch jedes Gesellschafters gegenüber der GmbH auf zeitgerechte Einreichung einer richtigen Liste.[45] Aus diesem Pflichtenprogramm folgt als Ausfluss der mitgliedschaftlichen Treuepflicht weiterhin, dass jeder Gesellschafter im Fall einer ihn betreffenden Veränderung in den Beteiligungsverhältnissen, sei es als Veräußerer oder als Erwerber, gegenüber der GmbH verpflichtet ist, die ihn treffenden Voraussetzungen für die Korrektur der Gesellschafterliste zu erfüllen. Im Ergebnis kann daher die GmbH von einer nicht im Gesellschaftsregister registrierten GbR, die Anteile an ihr erwirbt, die Voreintragung im Gesellschaftsregister verlangen.[46] Entsprechendes gilt,

---

[39] Das verfahrensrechtliche Voreintragungserfordernis besteht nach hier vertretener Auffassung analog § 40 Abs. 1 S. 3 GmbHG auch dann, wenn eine kleingewerbliche oder vermögensverwaltende Gesellschaft noch nicht nach § 107 Abs. 1 S. 2 HGB im Handelsregister eingetragen ist. Entsprechendes ist anzunehmen, wenn eine vollkaufmännische OHG oder KG ihrer Obliegenheit zur Eintragung im Handelsregister gem. §§ 29, 106 Abs. 1 HGB, § 161 Abs. 2 HGB noch nicht nachgekommen ist. Vgl. auch Wicke, 5. Aufl. 2024, GmbHG § 40 Rn. 16; Schümmer/Winter in Gehrlein/Born/Simon, 6. Aufl. 2023, GmbHG § 40 Rn. 8.

[40] BT-Drs. 19/27635, 272.

[41] BT-Drs. 19/27635, 272.

[42] KG ZIP 2019, 862; OLG Düsseldorf NZG 2019, 821 Rn. 21, 23; Wicke, 5. Aufl. 2024, GmbHG § 40 Rn. 5.

[43] Heidinger in MüKoGmbHG, 4. Aufl. 2023, GmbHG § 40 Rn. 157, 371; Wicke, 5. Aufl. 2024, GmbHG § 40 Rn. 28; zur Frage, ob die Erfüllung der Verpflichtung aus § 40 Abs. 2 GmbHG dem Notar gegenüber durch Zwangsgeld nach § 14 HGB durchgesetzt werden kann s. ablehnend OLG München NZG 2009, 797; dafür hingegen OLG Köln GmbHR 2014, 28.

[44] S. BGH NZG 2023, 784 zum Anspruch gegen den Gesellschafter-Geschäftsführer und die Möglichkeit einer (vorbeugenden) Unterlassungsklage gegen diesen.

[45] Wicke, 5. Aufl. 2024, GmbHG § 40 Rn. 28.

[46] Offen lassend noch Seibt in Scholz, 12. Aufl. 2021, GmbHG § 40 Rn. 22a.

wenn aus anderen Gründen eine Voreintragung der GbR geboten ist, wie zB bei einem Beschluss zum Formwechsel einer GmbH mit einer nicht registrierten GbR als Gesellschafterin in eine GbR, OHG oder KG im Hinblick auf das Voreintragungserfordernis nach § 707a Abs. 1 S. 2 BGB (ggf. in Verbindung mit § 105 Abs. 3 HGB bzw. § 161 Abs. 2 HGB).[47] Darüber hinaus wird vertreten, dass eine GbR gegenüber ihren Mitgesellschaftern sowie gegenüber der GmbH aus ihrer gesellschaftsrechtlichen Treuepflicht verpflichtet sein dürfte, sich ab dem 1.1.2024 möglichst frühzeitig im Gesellschaftsregister eintragen zu lassen.[48] Im Schrifttum wird ferner bei entsprechender Satzungsregelung die Möglichkeit einer Einziehung des Geschäftsanteils der die Voreintragung verweigernden GbR aus wichtigem Grund gemäß § 34 GmbHG befürwortet,[49] was aber nur im äußersten Fall in Betracht zu ziehen ist. Verweigert eine veräußernde, nicht im Gesellschaftsregister eingetragene GbR ihre Voreintragung als Voraussetzung zur Eintragung des Erwerbers in die Gesellschafterliste, wird dieser zudem aus dem Erwerbsvertrag regelmäßig einen Anspruch direkt gegen die GbR auf Herbeiführung der Änderungsvoraussetzungen haben.[50]

Aus diesem Befund ergeben sich schließlich Konsequenzen für das Innenverhältnis der GbR. Da die Anmeldung der GbR zum Gesellschaftsregister nach § 707 Abs. 4 BGB von deren sämtlichen Gesellschaftern zu bewirken ist, trifft auch diese eine Treuepflicht gegenüber der GbR zur Mitwirkung daran.[51] Der Notar, der eine Veränderung bei einer GmbH mit einer GbR als Gesellschafterin beurkundet und nach § 40 Abs. 2 GmbHG eine neue Gesellschafterliste zum Handelsregister einzureichen hat, sollte daher auf das entsprechende Pflichtenprogramm der GbR und ihrer Gesellschafter hinweisen und nach Möglichkeit für eine Umsetzung Sorge tragen. Empfehlenswert ist eine Voreintragung nicht zuletzt, wenn eine Aktualisierung der Gesellschafterliste durch eine Veränderung bei anderen Beteiligten erforderlich wird und die GbR andernfalls mit ihrer bisherigen Eintragung fortgeführt werden müsste.[52]

3. Beteiligung einer nicht registrierten GbR an Gründung, Umwandlungen und Kapitalerhöhung einer GmbH

Wenn eine GbR bei der Gründung oder Kapitalerhöhung einer GmbH Anteile übernehmen oder als Gesellschafterin an Umwandlungsmaßnahmen mitwirken möchte, können die maßgeblichen Willenserklärungen materiell-rechtlich im

---

[47] So auch Stock NZG 2023, 361 (367); Wertenbruch/Alm GmbHR 2024, 225 (233); ferner Schudlo/Bock BB 2023, 2051 (2055).

[48] Reymann FS Heidinger, 2023, 413 (420); bei konkreten Anhaltspunkten für das kurzfristige Erfolgen einer Veränderung und Verzögerungsgefahr auch Wertenbruch/Alm GmbHR 2024, 225 (233); ferner Servatius in Noack/Servatius/Haas, 23. Aufl. 2022, GmbHG § 40 Rn. 12a.

[49] Schudlo/Bock BB 2023, 2051 (2055); Wertenbruch/Alm GmbHR 2024, 225 (233).

[50] S. zum Berichtigungsanspruch gegen den Scheingesellschafter auch Wicke, 5. Aufl. 2024, GmbHG § 16 Rn. 25.

[51] Vgl. dazu John NZG 2023, 243f.; Stock NZG 2023, 361 (367f.); Schudlo/Bock BB 2023, 2051 (2055); Wertenbruch/Alm GmbHR 2024, 225 (233).

[52] Baschnagel/Hilser notar 2023, 167 (178); Freier in Heckschen/Freier, Das MoPeG in der Notar- und Gestaltungspraxis, 2024, § 3 Rn. 757.

Grundsatz schon vor ihrer Eintragung im Gesellschaftsregister abgegeben werden. Soweit es aber zum Vollzug einer Aufnahme der GbR in die Gesellschafterliste bedarf, ist wiederum die vorherige Eintragung der GbR in die Gesellschafterliste erforderlich. Gründet eine nicht registrierte GbR eine GmbH, kann die Liste demgemäß erst erstellt und die Gesellschaft auch erst zur Eintragung in das Handelsregister angemeldet werden (§ 8 Abs. 1 Nr. 3 GmbHG), wenn die Eintragung der GbR im Gesellschaftsregister zuvor erfolgt ist.[53] Entsprechendes gilt im Fall der Gründung einer GmbH im Wege einer Umwandlung nach dem Umwandlungsgesetz.[54] Wird eine in die Gesellschafterliste aufgenommene GbR nachträglich mit dem Ziel ihrer Beteiligung an einer Umwandlung im Gesellschaftsregister eingetragen (vgl. §§ 3 Abs. 1 Nr. 1, 124 Abs. 1 Nr. 1, 191 Abs. 1 Nr. 1 UmwG), so ist nach der Systematik des Gesetzes die Zwischeneintragung der sodann im Gesellschaftsregister verzeichneten GbR in die Gesellschafterliste vor ihrer Umwandlung in eine andere Zielrechtsform eigentlich auch dann erforderlich, wenn sie nach dem Gesamtvollzug nicht mehr als GbR fortbestehen sollte.[55] Eine Eintragung im Gesellschaftsregister kann aber sinnvollerweise nicht mehr erfolgen, wenn die GbR als solche nicht mehr existiert, da der Umwandlungsvorgang abgeschlossen ist. Der Voreintragungsgrundsatz bedarf demgemäß generell einer Einschränkung, wenn die GmbH wegen Ausscheiden des vorletzten Gesellschafters (§ 712a Abs. 1 S. 2 BGB), Verschmelzung oder Spaltung (§ 3 Abs. 1 Nr. 1 UmwG, §§ 39 ff., 124 Abs. 1 UmwG) oder aufgrund eines Formwechsels (§ 191 Abs. 1 Nr. 1 UmwG, §§ 214 ff. UmwG) als solche nicht mehr existent ist.[56] Sofern eine GmbH mit einer nicht im Gesellschaftsregister eingetragenen GbR als Gesellschafter an einer Umwandlungsmaßnahme mit einer Personengesellschaft als Zielrechtsträger mitwirkt, ist zu beachten, dass sich für die künftige Beteiligung der GbR an dem Zielrechtsträger ein parallel gelagertes Voreintragungserfordernis aus § 707a Abs. 1 S. 2 BGB (ggf. in Verbindung mit § 105 Abs. 3 HGB und § 161 Abs. 2 HGB) für die GbR ergeben kann, um die Umwandlungsmaßnahme vollziehen zu können.[57]

Besonderheiten gelten für die Kapitalerhöhung. Übernimmt eine nicht registrierte GbR im Rahmen einer Kapitalerhöhung Anteile an einer GmbH, kann diese im Handelsregister auch schon vor Eintragung der GbR im Gesellschaftsregister vollzogen werden.[58] Der Grund liegt darin, dass die Kapitalerhöhung als Satzungsänderung erst mit Eintragung im Handelsregister wirksam wird, die neue Gesellschafterliste gemäß § 40 Abs. 1 S. 1 bzw. Abs. 2 S. 1 GmbHG aber erst „nach Wirksamwerden" einer Veränderung in den Beteiligungsverhältnissen einzureichen

---

[53] Stock NZG 2023, 361 (363 f.).

[54] Schudlo/Bock BB 2023, 2051 (2054 f.); Wertenbruch/Alm GmbHR 2024, 225 Rn. 26; für eine teleologische Einschränkung des Voreintragungserfordernisses in diesem Fall s. Stock NZG 2023, 361 (369).

[55] AA Wertenbruch/Alm GmbHR 2024, 225 Rn. 23.

[56] S. zum Grundbuchverfahren auch Bolkart MittBayNot 2021, 319 (328); ferner Leitzen ZEV 2024, 152 (156); kritisch Hermanns in Schäfer, Das neue Personengesellschaftsrecht, 2022, § 2 Rn. 43.

[57] S. dazu schon unter → IV. 2. d); Wertenbruch/Alm GmbHR 2024, 225 Rn. 28.

[58] Zutreffend Stock NZG 2023, 361 (364 f.); aA Wertenbruch/Alm GmbHR 2024, 225 Rn. 17; zur Übernehmerliste Wicke, 5. Aufl. 2024, GmbHG § 57 Rn. 5.

ist.[59] Daher kann die Gesellschafterliste nach heute herrschender Auffassung zwar schon mit der Anmeldung vorgelegt werden (jedenfalls wenn ein Hinweis auf die erst noch wirksam werdende Kapitalerhöhung im Rahmen der Anmeldung oder in der Bezeichnung der Liste erfolgt), zwingend geboten ist dies aber nicht.[60] Die Einreichung der Gesellschafterliste spätestens nach Wirksamwerden der Veränderung erfordert dann aber für alle durch die Kapitalerhöhung eintretenden Veränderungen wiederum die Voreintragung der GbR im Gesellschaftsregister.[61] Ähnliche Überlegungen können in Umwandlungsfällen zum Tragen kommen, wenn erst die Wirksamkeit der Umwandlung zu einer „Veränderung" im Sinne des § 40 Abs. 1 oder 2 GmbHG führt und in der neuen Liste Änderungen bezogen auf eine GbR dokumentiert werden sollen, wie etwa im Fall der Verschmelzung einer GmbH mit einer nicht registrierten GbR als Gesellschafterin unter Gewährung von Anteilen.

Eine andere Auffassung wird im Schrifttum für die Kapitalerhöhung unter Hinweis auf die Übernehmerliste vertreten, die nach § 57 Abs. 3 Nr. 2 GmbHG bereits der Anmeldung der Kapitalerhöhung beizufügen ist. Es sei zwingend geboten, an die Übernehmerliste dieselben Voraussetzungen in Bezug auf das Voreintragungsprinzip zu stellen wie an die Gesellschafterliste.[62] Diese Auffassung ist abzulehnen. Schon nach dem Wortlaut des § 57 Abs. 3 Nr. 2 GmbHG wird eine Voreintragung der GbR im Gesellschaftsregister nicht verlangt. In den letzten Jahren wurden die Anforderungen an die Gesellschafterliste, insbesondere durch Nummerierung der Geschäftsanteile und die Prozentangaben zunehmend verschärft, ohne dass die Vorgaben an die Übernehmerliste in gleicher Weise angepasst wurden.[63] Dementsprechend wird eine Übernehmerliste in der Registerpraxis nicht beanstandet, wenn sie im Einklang mit dem Wortlaut des § 57 Abs. 3 Nr. 2 GmbHG lediglich die Personen der Übernehmer und die übernommenen Geschäftsanteile samt Nennbeträgen bezeichnet, aber keine Nummerierung oder Prozentangaben enthält. Allgemein ist zu konstatieren, dass die Übernehmerliste spätestens seit dem MoMiG keinen sinnvollen Zweck mehr erfüllt, da für die Transparenz der Beteiligungsverhältnisse in erster Linie die Gesellschafterliste maßgeblich ist. Von einer im Vordringen befindlichen Auffassung im Schrifttum wird daher schon seit längerer Zeit die ersatzlose Streichung der gesetzlichen Regelung über die Übernehmerliste gefordert.[64] Sie verursacht lediglich zusätzlichen Kosten- und Zeitaufwand und führt, wie auch die vorliegende Problematik zeigt, nicht selten zu unnötigen Verzögerun-

---

[59] Wicke, 5. Aufl. 2024, GmbHG § 57 Rn. 5.

[60] Lieder in MüKoGmbHG, 4. Aufl. 2022, GmbHG § 57 Rn. 21; Krafka, Registergericht, 12. Aufl. 2024, Rn. 1051a.

[61] Stock NZG 2023, 361 (364); Wicke, 5. Aufl. 2024, GmbHG § 40 Rn. 13; anders, wenn die GbR keine neuen Geschäftsanteile an der GbR übernimmt, s. Schudlo/Bock BB 2023, 2051 (2053f.).

[62] Wertenbruch/Alm GmbHR 2024, 225 Rn. 17; Bolkart MittBayNot 2024, 110 (120); Ziemons in BeckOK GmbHG, 59. Ed. 1.11.2023, GmbHG § 57 Rn. 31.

[63] Vgl. auch Priester/Tebben in Scholz, 12. Aufl. 2021, GmbHG § 57 Rn. 17; Ulmer/Casper in Habersack/Casper/Löbbe, 3. Aufl. 2021, GmbHG § 57 Rn. 13.

[64] Wicke GmbHR 2022, 516 Rn. 38 mwN; zustimmend Bayer in Lutter/Hommelhoff, 21. Aufl. 2023, GmbHG § 57 Rn. 11; Priester/Tebben in Scholz, 12. Aufl. 2021, GmbHG § 57 Rn. 17; aA Miller in BeckOGK, 15.12.2023, GmbHG § 57 Rn. 69.

gen im Registerverfahren. Die GbR kann daher schon vor Eintragung im Gesellschaftsregister unter Angabe ihrer Gesellschafter in der Übernehmerliste vermerkt werden und die Kapitalerhöhung somit im Handelsregister vollzogen werden.[65]

4. *Sonderfall: Ausschluss einer nicht voreingetragenen GbR*

Die Austragung einer GbR aus der Gesellschafterliste ist eine Veränderung im Sinne des § 40 Abs. 1 S. 3 GmbHG und kann im Grundsatz nur vorgenommen werden, nachdem die Gesellschaft zuvor in das Gesellschaftsregister eingetragen wurde.[66] Eine Ausnahme ist insoweit allerdings bei einem zwangsweisen Ausschluss einer nicht voreingetragenen GbR geboten, sei es durch Einziehung, Kaduzierung oder Ausschlussklage, da andernfalls die GbR eine gegen ihren Willen und aufgrund eigener Pflichtverletzung erfolgende Austragung aus der Gesellschafterliste mutwillig blockieren könnte.[67]

5. *Umschreibung einer vor dem MoPeG in die Gesellschafterliste aufgenommenen GbR im Gesellschaftsregister*

Lässt sich eine GbR, die noch vor dem MoPeG in die Gesellschafterliste aufgenommen wurde, nachträglich in das Gesellschaftsregister eintragen und erhält sie damit den Namenszusatz „eingetragene Gesellschaft bürgerlichen Rechts“ oder „eGbR“ (§ 707a Abs. 2 S. 1 BGB), ist von einer Veränderung im Sinne von § 40 Abs. 1 S. 3 GmbHG auszugehen und stets eine neue Gesellschafterliste einzureichen.[68] Für den Nachweis der Identität zwischen der in der Gesellschafterliste nach altem Recht unter Angabe ihrer Gesellschafter verlautbarten GbR und der nach neuem Recht im Gesellschaftsregister eingetragenen GbR verlangt § 12 Abs. 1 EGGmbHG die Versicherung sämtlicher bislang in der Gesellschafterliste eingetragenen Gesellschafter (der GbR) wie auch der im Gesellschaftsregister eingetragenen GbR selbst gegenüber dem für die Einreichung der Liste zuständigen Geschäftsführer oder Notar.[69] Eine besondere Form ist für diese Versicherung nicht vorgeschrieben, aus Nachweisgründen ist Schriftform empfehlenswert.[70] Nach einer Auffassung kann die Versicherung vor Eintragung der GbR in das Gesellschaftsregister abgegeben werden, insbesondere im Rahmen ihrer Anmeldung,[71] wofür Erwägungen der Verfahrenseffizienz sprechen. Sofern eine Veränderung einer bestehenden GbR ein Voreintragungserfordernis auslöst bzw. die GbR sich freiwillig im Gesell-

---

[65] S. auch Wicke, 5. Aufl. 2024, GmbHG § 57 Rn. 5.

[66] Hermanns in Schäfer, Das neue Personengesellschaftsrecht, 2022, § 2 Rn. 50.

[67] Zutreffend Stock NZG 2023, 361 (365); Schudlo/Bock BB 2023, 2051 (2054).

[68] BT-Drs. 19/27635, 272.

[69] Also nicht gegenüber dem Registergericht, BT-Drs. 19/27635, 273; unzutreffend Servatius in Noack/Servatius/Haas, 23. Aufl. 2022, GmbHG § 40 Rn. 6a: Registergericht hat bei Fehlen/Fehlern der Versicherung Liste zurückzuweisen.

[70] Görner in Rowedder/Pentz, 7. Aufl. 2022, GmbHG § 40 Rn. 64.

[71] Reymann FS Heidinger, 2023, 413 (424, 426); Bolkart MittBayNot 2024, 110 (119), nach dessen Auffassung sogar auf die Identitätsversicherung insgesamt verzichtet werden kann, wenn der Notar ihr Nachweisthema vollständig zuverlässiger auf anderer Basis feststellen kann.

schaftsregister eintragen lässt, kann der mit der Anmeldung der GbR befasste Notar die Liste nach § 40 Abs. 2 S. 1 GmbHG einreichen.[72]

6. Anwendung des § 40 Abs. 1 S. 2 GmbHG auf die im Gesellschaftsregister eingetragene GbR

Als Folge der Voreintragung kann die GbR entsprechend der Grundregel des § 40 Abs. 1 S. 2 GmbHG mit Name, Sitz, zuständigem Registergericht und der Registernummer in der Liste angegeben werden. Für Eintragung und Veränderungen gelten die allgemeinen Grundsätze der §§ 8 Abs. 1 Nr. 3, 40 GmbHG.[73] Erfasst werden neben Verfügungen über den Geschäftsanteil durch die GbR „isolierte Umfirmierungen" ohne korrespondierende Verfügung, nicht aber Änderungen im Gesellschafterbestand der GbR. Eine rückwirkende Pflicht zur Voreintragung im Gesellschaftsregister wird nach der Regierungsbegründung jedoch in keinem der vorgenannten Fälle begründet.[74] Nach § 12 Abs. 2 EGGmbHG gelten aber Veränderungen im Gesellschafterbestand einer bereits nach bisherigem Recht unter Angabe ihrer Gesellschafter eingetragenen GbR als Veränderung im Sinne des § 40 Abs. 1 S. 1 und S. 3 GmbHG mit der Folge, dass das Voreintragungserfordernis greift.[75] Wird die Voreintragung versäumt, bleibt es aber dabei, dass Bezugspunkt der Legitimationswirkung des § 16 Abs. 1 GmbHG und auch des gutgläubigen Erwerbs nach § 16 Abs. 3 GmbHG weiterhin allein die GbR als Inhaberin des Geschäftsanteils und nicht deren Gesellschafter sind.

V. Würdigung

Die vorstehenden Ausführungen zeigen, dass bei jeder Erstberatung einer GbR, die Anteile an einer GmbH (originär oder derivativ) erwerben oder sich an Umwandlungsmaßnahmen nach dem Umwandlungsgesetz beteiligen möchte, dem Thema Voreintragung im Gesellschaftsregister besondere Aufmerksamkeit zu widmen ist. Sofern alle Gesellschafter der GbR kooperativ und erreichbar sind, kann die Anmeldung und der Vollzug zügig mit geringem Kostenaufwand durchgeführt werden. Die Verbesserung für den Rechtsverkehr und letztlich auch für die beteiligten Gesellschafter ist ganz erheblich: Das Gesetz gewährte bislang bezüglich der Existenz, Identität und ordnungsgemäßen Vertretung einer veräußernden GbR keinen Gutglaubensschutz, selbst wenn sämtliche in der Gesellschafterliste eingetragenen Gesellschafter für die GbR aufgetreten sind.[76] Namentlich existierte kein Vermutungstatbestand, wie ihn § 899a BGB für das Grundbuch geschaffen

---

[72] Für Notarzuständigkeit Herrler ZGR Sonderheft 23/2021, 73; Aumann notar 2022, 99 (104); einschränkend Baschnagel/Hilser notar 2023, 167 (172): nur bei Entwurfserstellung durch den Notar; zur Zuständigkeitsabgrenzung ausführlich Reymann FS Heidinger, 2023, 413 (423ff.); Wicke, 5. Aufl. 2024, GmbHG § 40 Rn. 39.

[73] BT-Drs. 19/27635, 271.

[74] BT-Drs. 19/27635, 271.

[75] BT-Drs. 19/31105, 10; Baschnagel/Hilser notar 2023, 167 (177).

[76] Reymann FS Heidinger, 2023, 413 (416).

hatte.[77] Mit der Eintragung im Gesellschaftsregister und der Subjektpublizität gemäß § 707a Abs. 3 S. 1 BGB in Verbindung mit § 15 HGB können Existenz der GbR, ihre Identität und Vertretungsverhältnisse nunmehr rechtssicher nachgewiesen werden. Nicht zuletzt für die Gesellschafter können damit erhebliche Vorteile verbunden sein, da sie anderweitige umständliche, aber nicht wirklich zuverlässige Nachweise nicht mehr benötigen und damit in vielen Fällen Transaktionskosten vermeiden. Gleichzeitig verkörpert die eGbR eine erhöhte Seriosität und kann mit größerer Akzeptanz im Rechtsverkehr rechnen. Nimmt man hinzu, dass einige der geschilderten Problembereiche, soweit sie nämlich die Austragung einer nicht registrierten GbR aus der Gesellschafterliste betreffen, im Wesentlichen nur übergangsweise relevant werden dürften, fällt die Bilanz der neuen Vorschriften zum Gesellschaftsregister und Voreintragungsgrundsatz für die Praxis positiv aus.[78] Zu erwähnen ist schließlich, dass die Neukonzeption einen nicht unbedeutenden Baustein der sich in den letzten Jahren verschärfenden legislativen Bemühungen zur Bekämpfung von Geldwäsche und Terrorismusfinanzierung bildet: Da nach § 20 Abs. 1 GwG nur eingetragene Personengesellschaften Transparenzpflichten treffen, wird gleichzeitig ein anerkanntes geldwäscherechtliches Defizit verringert.[79] Noch wichtiger als im GmbH-Recht erscheint der Voreintragungsgrundsatz insoweit für den Immobiliensektor, der bekanntlich als besonders anfällig für Geldwäsche gilt.[80]

Erweitert man die wissenschaftliche Perspektive über das geltende Recht hinaus, stellt sich allerdings die Frage, ob es andere gesetzgeberische Lösungen gibt, die höhere Transparenz gewährleisten und womöglich mit geringeren Kosten verbunden sind. So ist zu konstatieren, dass die rechtsfähige, aber nicht registrierte GbR in Bereichen, in den der Voreintragungsgrundsatz nicht zum Tragen kommt, nach wie vor erhebliche Nachteile für den Rechtsverkehr bringen kann. Neben der eingeschränkten Rechtssicherheit bei Rechtsgeschäften mit einer GbR, deren Existenz und Vertretung sich nicht einem Register entnehmen lassen, sind der Rechtsverkehr und ihre Gläubiger nicht davor geschützt, dass diese ihren frei gewählten Namen samt Adresse sang- und klanglos ändert und auf diesem Wege ihre Identität und die ihrer Gesellschafter verschleiert.[81] Im Hinblick darauf erscheint der Weg des MoPeG nach wie vor nur als die zweitbeste Lösung. Vorzugswürdig wäre ein anderer Ansatz, der auch auf dem Deutschen Juristentag zur Reform des Personengesellschaftsrecht im Jahr 2016 diskutiert wurde, nämlich die Erlangung der Rechtsfähigkeit an die Eintragung in einem öffentlichen Register zu knüpfen. Neben der registerpflichtigen GbR wäre demzufolge weiterhin Raum für eine formlose Variante der GbR mit Gesamthandsvermögen, die einen rechtlichen Rahmen insbesondere für Gelegenheits- und Familiengesellschaften und auch für andere

[77] Seibt in Scholz, 12. Aufl. 2021, GmbHG § 40 Rn. 22.

[78] So auch die ganz überwiegende Meinung im Schrifttum, s. bspw. Hermanns DNotZ 2022, 2 (9); Reymann FS Heidinger, 2023, 413 (415); Noack ZPG 2023, 95 (101), speziell auch zur Gesellschaftsregisterverordnung.

[79] BT-Drs. 19/27635, 271; Seehafer in Herzog, 5. Aufl. 2023, GwG § 20 Rn. 7.

[80] S. jüngst Zypries ZRP 2024, 28.

[81] Wertenbruch NJW 2002, 324 (329); Wicke DNotZ 2017, 261 (262).

kleinere Einheiten schafft, aber nicht als solche rechtsfähig wäre.[82] Die vorstehend geschilderten Probleme rund um den Voreintragungsgrundsatz würden sich allenfalls in veränderter Form und nur in vergleichsweise seltenen Fällen stellen. Dem Vernehmen nach wird die nicht registrierte rechtsfähige GbR, die es nach dem Alternativansatz schlichtweg nicht mehr gegeben hätte, unter geldwäscherechtlichen Gesichtspunkten weiterhin als sehr kritisch angesehen. Dass das Ruder in dieser Hinsicht noch einmal herumgerissen wird, erscheint aber insbesondere nach Aufgabe des Gesamthandsprinzips[83] als nahezu ausgeschlossen.

[82] Wicke DNotZ 2017, 261 (266), auch zu notwendigen prozess- und vollstreckungsrechtlichen Anpassungen; Wicke, Referat zum 71. DJT, in Verhandlungen des 71. DJT Essen 2016, Band II/1, 2017, S. O33; Habersack ZGR 2020, 539 (545ff.); Habersack, Stellungnahme zum Entwurf eines Gesetzes zur Modernisierung des Personengesellschaftsrechts (MoPeG), S. 4, abrufbar unter https://www.bundestag.de/resource/blob/835878/ff89ec9d5d1da39a76b9af601b08ef27/stellungnahme-habersack-data.pdf; Röder AcP 215 (2015), 450ff.; sympathisierend Bachmann in Verhandlungen des 71. DJT Essen 2016, Band II/2, 2017, S. O164f.; dagegen BT-Drs. 19/27635, 128; ferner Herrler ZGR Sonderheft 23/2021, 39 (47f.).

[83] BT-Drs. 19/27635, 104.

RÜDIGER WIENBERG/FRANK R. PRIMOZIC

Die Geltendmachung der Nichtigkeit des Jahresabschlusses im Insolvenzverfahren[1]

I. Einleitung

Mit der „Wirecard-Entscheidung" vom 5.5.2022 – 5 HK O 15710/20 hat das LG München I[2] gleich zwei Jahresabschlüsse sowie Gewinnverwendungsbeschlüsse wegen Überbewertungen der Handelsbilanz iHv 39% bzw. 41% für nichtig erklärt. Die Entscheidung tangiert viele Facetten der Nichtigkeit einer Überbewertung von Handelsbilanzen und deren Folgen in der Insolvenz.

Parallel hierzu hatte der BGH nach einer ganzen Reihe von Entscheidungen zu Scheingewinnen bei Genussrechten[3] am 30.3.2023 auch über die Anfechtbarkeit von Dividendenzahlungen zu entscheiden und hierbei, anders als bei den Genussrechten, an die förmliche Nichtigkeit der Jahresabschlüsse angeknüpft.[4] In zwei weiteren Entscheidungen vom 14.12.2023 zu Auszahlungen an stille Gesellschafter hat der BGH sodann wieder die von ihm für Genussrechte entwickelten Grundsätze angewendet.[5]

Die Entscheidungen lassen es geboten erscheinen, das zugrundeliegende und anlässlich des MoPeG zwischenzeitlich auch für Personengesellschaften in Betracht gezogene (→ II. 2.) „System" zu besprechen und den Blick auf fehlerhafte Jahresabschlüsse und die daraus in der Insolvenz resultierenden Ansprüche zu werfen. Die hier von den Autoren gewählte Perspektive ist diejenige des Insolvenzverwalters, so dass der Schwerpunkt auf den im Insolvenzkontext regelmäßig anzutreffenden Bewertungsfehlern iSd § 256 Abs. 5 AktG liegt.[6] Dabei soll es nachfolgend um die *unmittelbaren* Folgen der Nichtigkeit, dh die daraus folgenden Rückforderungsansprüche gehen; die in diesen Fällen stets auch im Raum stehenden Schadensersatzansprüche gegenüber Organen oder Wirtschaftsprüfers[7] sind zu gegebener Zeit gesondert zu besprechen.

---

[1] Die Verfasser danken Frau Ref. iur. Valerie Lang herzlich für die Mitarbeit an der Sichtung und Aufbereitung.

[2] LG München I BeckRS 2022, 9961.

[3] BGH BeckRS 2021, 41083 Rn. 17ff.; NZG 2022, 458; NZI 2021, 973 Rn. 11f.; NJW 2021, 234.

[4] BGHNZI 2023, 543 Rn. 24.

[5] BGHWM 2024, 353; BeckRS 2023, 42988.

[6] Zu „formellen" Fehlern vgl. § 256 Abs. 1 Nr. 2, Nr. 3, Abs. 2 und Abs. 3 AktG, § 10 PublG.

[7] Hierzu Bange ZInsO 2006, 519ff.

II. Rechtsgrundlagen

Aus § 256 AktG ergibt sich, wann der Jahresabschluss einer Gesellschaft nichtig ist, und – durch die Verweisung in Abs. 7 auf § 249 AktG – wie die Nichtigkeit geltend zu machen ist. Die Norm gilt für Einzelabschlüsse, nicht für Konzernabschlüsse.[8]

1. Kapitalgesellschaften

Die Vorschrift gilt für die AG und kraft der Verweisungen in Art. 9 Abs. 1 c) ii) VO (EG) 2157/2001 (SE-VO) bzw. § 278 Abs. 3 AktG gelten diese Vorschriften auch für die SE und die KGaA.[9] Auch bei der den Kapitalgesellschaften als juristische Person angenäherten Genossenschaft geht die ganz hM von einer Anwendbarkeit des § 256 AktG aus.[10]

Von einer selbständigen Regelung für die GmbH hat der Gesetzgeber bewusst abgesehen, da man die Entwicklung von Grundsätzen für die Nichtigkeit der Rechtsprechung überlassen wollte, die sich hierfür freilich an § 256 AktG orientieren sollte.[11] Für die Gesellschafterbeschlüsse der GmbH gilt § 256 AktG daher analog, soweit dem keine rechtsformspezifischen Besonderheiten entgegenstehen.[12] So stellen die Gesellschafter der GmbH deren Jahresabschluss bspw. durch formlosen Beschluss fest (§ 42a Abs. 2 GmbHG), so dass die Nichtigkeitsgründe aus § 256 Abs. 2, Abs. 3 Nr. 2 AktG strukturell keine Anwendung finden können. Bei den im Zusammenhang mit einer nachfolgenden Insolvenz als Nichtigkeitsgrund im Vordergrund stehenden Bewertungsfehlern gemäß § 256 Abs. 5 AktG besteht bei der AG und der GmbH aber Gleichlauf.[13]

2. Personenhandelsgesellschaften

Bei den Personenhandelsgesellschaften ist man mangels einer gesetzlichen Regelung für fehlerhafte Jahresabschlüsse bis zuletzt überwiegend von der Anwendbarkeit des allgemeinen Beschlussmängelrechts ausgegangen.[14] § 256 AktG soll insoweit lediglich auf die als Rechtsform an die Kapitalgesellschaften angenäherte

---

[8] Vgl. hM, unter anderem BGH BeckRS 2008, 2202; J. Koch in MüKoAktG, 5. Aufl. 2021, AktG § 256 Rn. 7f.

[9] Jansen in BeckOGK, 1.10.2023, AktG § 256 Rn. 6 und § 257 Rn. 1 und 6.

[10] BT-Drs. 10/4268, 132; Jansen in BeckOGK, 1.10.2023, AktG § 256 Rn. 7; BGH NZG 2003, 882.

[11] BT-Drs. 10/4268, 130f.; Fleischer in MüKoGmbHG, 4. Aufl. 2023, GmbHG § 42a Rn. 29 mwN.

[12] BGH NZG 2013, 957; Brete/Thomsen GmbHR 2008, 176; Langseder in Prinz/Winkeljohann, Beck'sches Handbuch der GmbH, 6. Aufl. 2021, § 9 Rn. 338.

[13] OLG Hamm BeckRS 1996, 292; Hamminger in Münchener Anwaltshandbuch GmbH-Recht, 5. Aufl. 2023, Teil E § 16 Rn. 531; Kersting in Noack/Servatius/Haas, 23. Aufl. 2022, GmbHG § 42a Rn. 31.

[14] Jansen in BeckOGK, 1.10.2023, AktG § 256 Rn. 7 mwN; Winnefeld in Winnefeld, Bilanz-Handbuch, 5. Aufl. 2015, Kap. I Rn. 25.

GmbH & Co. KG anwendbar sein.[15] Die Frage ist, ob die Inkraftsetzung des MoPeG[16] zum 1.1.2024 zu einer Neubewertung zwingt.

Da es sich bei den handelsrechtlichen Rechnungslegungsvorschriften um Schutzgesetze iSv § 134 BGB handelt, hat ein Verstoß gegen handelsrechtliche Rechnungslegungsvorschriften nach den allgemeinen Grundsätzen über § 134 BGB – sofern der Gesellschaftsvertrag keine Heilungsvorschriften vorsieht – die Unwirksamkeit des Feststellungsbeschlusses zur Folge, ohne dass es einer Anfechtung bedarf.[17] Fehler des Jahresabschlusses können damit ohne Rücksicht auf die Wesentlichkeit des Verstoßes zeitlich unbefristet mittels Feststellungsklage gemäß § 256 Abs. 1 ZPO geltend gemacht werden. Die damit verbundenen praktischen Probleme liegen auf der Hand.

Nachdem das MoPeG das Beschlussmängelrecht der Personengesellschaften in den §§ 110ff. HGB den Regelungen für Kapitalgesellschaften angenähert hat, stellt sich aber die Frage, ob das unter dem Gesichtspunkt konsistenter Regelungen nicht auch die entsprechende Anwendung des § 256 AktG gebietet.[18] Fakt ist aber zunächst, dass Art. 51 des MoPeG keine solche Regelung oder Verweisung enthält. Hennrichs argumentiert daher mit einer „unbedachten" Lücke hinsichtlich des spezifischen Regelungsbedürfnisses für fehlerhafte Jahresabschlüsse, die durch eine analoge Anwendung des § 256 AktG zu schließen sei.[19] Das ist aber letztlich Spekulation. Weil zwischen der Fehlerhaftigkeit des Jahresabschlusses als solchem und der Fehlerhaftigkeit des Feststellungsbeschlusses zu unterscheiden ist,[20] mag die Neuregelung des Beschlussmängelrechts Überlegungen in Richtung auf eine analoge Anwendbarkeit des § 257 AktG rechtfertigen; für die Frage nach einer Nichtigkeit des Jahresabschlusses als solchem ergibt sich daraus aber nichts.

Es bleibt damit bei dem Bedürfnis nach Rechtsklarheit. Da die Vorschriften über den Jahresabschluss auch im öffentlichen Interesse bestehen,[21] sollte der Gesetzgeber derart grundlegende Fragen für die Personengesellschaften auch nicht der Rechtsprechung und der rechtswissenschaftlichen Diskussion überlassen.

III. Geltendmachung der Nichtigkeit

Während des Insolvenzantragsverfahrens und in der Eigenverwaltung sind die Buchführungspflichten weiterhin vom Schuldner zu erfüllen (arg. e. §§ 21 Abs. 2

[15] OLG München BeckRS 2018, 17265 Rn. 46; OLG Hamburg BeckRS 2011, 17233; Sinz in Uhlenbruck, 15. Aufl. 2019, InsO § 155 Rn. 11.

[16] Gesetz zur Modernisierung des Personengesellschaftsrechts, BGBl. 2021 I 3436, zuletzt geändert durch Art. 34 Abs. 4 KreditzweitmarktförderungsG vom 22.12.2023, BGBl. I Nr. 411.

[17] LG Heilbronn NZI 2021, 887 Rn. 36–38.

[18] Hennrichs in Schäfer, Das neue Personengesellschaftsrecht, 2022, § 11 Rn. 73; BT-Drs. 19/27635, 102f.; so auch Liebscher/Rickelt ZPG 2024, 41 Rn. 5, die aber auf nicht unerhebliche inhaltliche Unterschiede hinweisen.

[19] Hennrichs in Schäfer, Das neue Personengesellschaftsrecht, 2022, § 11 Rn. 72ff.; Schäfer ZIP 2021, 1527 (1532); Bochmann in Ebenroth/Boujong, 5. Aufl. 2024, HGB § 121 Rn. 15.

[20] Bochmann in Ebenroth/Boujong, 5. Aufl. 2024, HGB § 121 Rn. 14.

[21] Störk/Rimmelspacher in Beck'scher Bilanz-Kommentar, 13. Aufl. 2022, HGB § 264 Rn. 40; Maier in Kirsch, Rechnungslegung Kommentar, 125. EL 12/2023, AktG § 256 Rn. 20.

S. 1 Nr. 1, 281 Abs. 3 S. 1 InsO).[22] Geht die Verwaltungs- und Verfügungsbefugnis auf den (vorläufigen) Insolvenzverwalter über, treffen den vorläufigen starken Verwalter gemäß § 34 Abs. 1, 3 AO[23] und nach Verfahrenseröffnung den Insolvenzverwalter gemäß § 155 Abs. 1 InsO *„in Bezug auf die Insolvenzmasse"* auch die handels- und steuerrechtlichen Pflichten. Auch wenn § 249 Abs. 1 S. 1 AktG nur eine Klagebefugnis der Aktionäre, Vorstände und Aufsichtsräte vorsieht, muss der Insolvenzverwalter zur Erfüllung seiner Aufgaben daher die Möglichkeit haben einen womöglich nichtigen Jahresabschluss gerichtlich überprüfen zu lassen.

1. *Klagebefugnis – wirtschaftlicher Pflichtenkreis des Insolvenzverwalters*

Es herrscht daher Einigkeit, dass die Nichtigkeitsklage von dem Insolvenzverwalter erhoben werden kann.[24] Die Frage ist gleichwohl, in welchem Umfang diese Klagebefugnis bestehen soll. Da die Organstruktur trotz Eröffnung des Insolvenzverfahrens bestehen bleibt, herrscht zwischen dem Insolvenzverwalter und den Organen im Ergebnis Funktionsteilung.[25] Soweit die Verwaltung und Verwertung der Insolvenzmasse betroffen ist, verdrängt der Insolvenzverwalter die Organe (§§ 35, 80 Abs. 1, 148 Abs. 1 InsO); die Gesellschaftsorgane behalten ihre Kompetenzen mithin nur soweit kein Massebezug besteht.[26] Für die handels- und steuerrechtlichen Pflichten ergibt sich das unmittelbar aus dem von § 155 Abs. 1 S. 2 InsO geforderten *„Bezug auf die Insolvenzmasse"*.

a) Massebezug als Abgrenzungskriterium

Rechtsprechung und hM nehmen daher an, dass die Klagebefugnis des Insolvenzverwalters (nur) insoweit bestehe, wie die Insolvenzmasse betroffen ist.[27] Im Umkehrschluss würde das dann auch bedeuten, dass der Vorstand und der Aufsichtsrat ungeachtet der Insolvenz klagebefugt bleiben, wenn die Nichtigkeit des Jahresabschlusses keinen Bezug zur Insolvenzmasse aufweist.[28] Auf diesem Standpunkt verbleibt auch das LG München in der Wirecard-Entscheidung.[29] Der Insolvenzverwalter könnte damit zB gehindert sein, rein formelle Nichtigkeitsgründe – zB aus § 256 Abs. 1 Nr. 2, Nr. 3 und Abs. 2 AktG – geltend zu machen. Nach aA

---

[22] Litta in Reul/Heckschen/Wienberg, Insolvenzrecht in der Gestaltungspraxis, 3. Aufl. 2022, § 4 Rn. 12; Sonnleitner in Sonnleitner/Witfeld, Insolvenz- und Sanierungssteuerrecht, 2. Aufl. 2022, Kap. 8 Rn. 60; zur Verantwortlichkeit des „starken" vorläufigen Insolvenzverwalters gemäß § 22 Abs. 1 InsO differenzierend Jaffé in MüKoInsO, 4. Aufl. 2019, InsO § 155 Rn. 3.

[23] Jaffé in MüKoInsO, 4. Aufl. 2019, InsO § 155 Rn. 3.

[24] BGH WM 2020, 1256; Drescher in Henssler/Strohn, Gesellschaftsrecht, 5. Aufl. 2021, AktG § 249 Rn. 5.

[25] Fleischer in BeckOGK, 1.10.2023, AktG § 78 Rn. 21; Schäfer in MüKoAktG, 5. Aufl. 2021, AktG § 245 Rn. 71.

[26] Fleischer in BeckOGK, 1.10.2023, AktG § 78 Rn. 21; BGH NZI 2020, 234 Rn. 37.

[27] BGH NZG 2021, 1603 Rn. 26; NZI 2020, 739 Rn. 17 ff.; BeckRS 2020, 8598 Rn. 23 ff.; OLG Dresden BeckRS 2017, 102414 Rn. 34 ff.; Backhaus jurisPR-HaGesR 9/2020 Anm. 3; Gehrlein BB 2020, 2242 (2255); Gelbrich WuB 2020, 443 (446); Haase DB 1977, 241 (243); Müller WuB 2020, 482 (485).

[28] BGH BeckRS 2006, 2722.

[29] LG München I BeckRS 2022, 9961 Rn. 28.

soll der Insolvenzverwalter generell klagebefugt sein.[30] Dafür mag sprechen, dass der in § 155 Abs. 1 S. 2 InsO geforderte Massebezug beim Jahresabschluss als Gegenüberstellung des Vermögens und der Schulden (§ 242 HGB) per se gegeben ist. Die Vertreter dieser Ansicht können zudem mit dem BGH argumentieren, dass der Insolvenzverwalter die Rechtmäßigkeit des Korporationshandelns sicherzustellen hat,[31] da die Nichtigkeit des Jahresabschlusses einen großen Personenkreis betreffen würde und die Legalitätskontrolle in seinen Aufgabenbereich fällt.[32]

Dagegen spricht aber, dass das Amt des Insolvenzverwalters gemäß §§ 35, 80, 81, 148 InsO massebezogen ausgestaltet ist und der Insolvenzverwalter damit gerade nicht die Aufgaben einer allgemeinen *„Bilanzpolizei"* ausübt. Wenn die Einschränkung auf Sachverhalte mit Massebezug in § 155 Abs. 1 S. 2 InsO einen Sinn haben soll, muss das auch für den Jahresabschluss gelten, so dass Nichtigkeitsklagen, welche die Verwaltung, Verwertung und Verteilung der Insolvenzmasse unter keinem Gesichtspunkt berühren, außerhalb des Zuständigkeitsbereichs des Insolvenzverwalters liegen und eine von ihm erhobene Nichtigkeitsklage in diesem Fall als unzulässig abgewiesen werden müsste.

b) Grenzfälle

Da der Insolvenzverwalter eine Nichtigkeitsklage ohnehin nur erheben wird, wenn er sich davon eine Massemehrung verspricht, mutet der Streit rein theoretisch an, zumal sich der von der Rechtsprechung geforderte Massebezug bislang, soweit ersichtlich, in allen Fällen unproblematisch bejahen ließ. Gleichwohl sind Grenzfälle denkbar:

Beispielsfall 1: Hat die Schuldnerin vorinsolvenzlich zu hohe Gewinne ausgewiesen und daher zu hohe Ertragsteuern gezahlt besteht schon deshalb ein Massebezug, weil die Nichtigkeitsklage darauf abzielt, die überzahlten Ertragsteuern zur Masse zurückzufordern (→ IV. 3.).[33] Ist die Schuldnerin die überhöhte Ertragsteuer hingegen schuldig geblieben und wäre diese nunmehr zur Insolvenztabelle festzustellen (§§ 38, 174 ff. InsO),[34] ginge es dem Insolvenzverwalter mit der Nichtigkeitsklage nicht um eine Erhöhung der verteilungsfähigen Insolvenzmasse, sondern um die Abwehr bzw. Reduzierung der iRd Verteilung zu berücksichtigenden Verbindlichkeiten.

Dass auch hierin noch ein „Massebezug" iSd § 155 Abs. 1 S. 2 InsO liegt, folgt bereits aus den von der Rechtsprechung zu § 240 ZPO entwickelten Wertungen, nach denen ein Verfahren „die Insolvenzmasse betrifft", wenn es Ansprüche der Masse begründet oder Verbindlichkeiten entfallen lässt.[35] Da es bei § 155 Abs. 1

---

[30] Schwab in K. Schmidt/Lutter, 5. Aufl. 2024, AktG § 256 Rn. 40; Heidel in Heidel, Aktien- und Kapitalmarktrecht, 5. Aufl. 2020, AktG § 256 Rn. 41.

[31] LG München I NZG 2023, 125 Rn. 28; BGH NZI 2020, 739 Rn. 22.

[32] BGH NZI 2020, 739 Rn. 21 und 19.

[33] BGH NZI 2020, 739 Rn. 24 f.; WM 2020, 1256 Rn. 29 f.; OLG Dresden BeckRS 2017, 133748 Rn. 34; missverständlich insoweit OLG Dresden BeckRS 2017, 102414 bezüglich des „Fernziels" einer Steuererstattung (Rn. 38) und Verweis auf die „finanziellen Folgebelastungen" aus den abgeführten Steuern (Rn. 39).

[34] Zum Verfahren nach Insolvenzeröffnung Rüsken in Klein, 17. Aufl. 2023, AO § 155 Rn. 20.

[35] BGH NZI 2020, 739 Rn. 24; NZG 2011, 1147 Rn. 9; Schäfer in MüKoAktG, 5. Aufl. 2021, AktG § 245 Rn. 71.

S. 2 InsO wie auch bei § 240 ZPO um die Abgrenzung der Zuständigkeiten des Insolvenzverwalters geht, kann der hierfür als Kriterium herangezogene Massebezug nicht unterschiedlich auszulegen sein. Das Ergebnis ist systemkonform, weil die Prüfung und Abwehr unberechtigter Verbindlichkeiten ausweislich §§ 174 ff., 179 ff. InsO zu dem *wirtschaftlichen Pflichtenkreis des Insolvenzverwalters* gehört.[36]

Beispielsfall 2: Der Insolvenzverwalter könnte den vorinsolvenzlichen Jahresabschluss auch angreifen, um die Wertansätze des Anlage- und/oder Umlaufvermögens zu erhöhen, um (a.) erhöhte Abschreibungspotenziale zu generieren, welche die Schuldnerin für Investoren attraktiver erschienen lassen oder (b.) den steuerpflichtigen Ertrag aus den im Insolvenzverfahren durchgeführten Veräußerungen zu reduzieren. Anders als in den „klassischen" Fällen der Nichtigkeitsklagen von Insolvenzverwaltern geht es dann nicht mehr um die unberechtigte Rückabwicklung von Masseabflüssen oder -belastungen aufgrund vorinsolvenzlich gezahlter oder zumindest geschuldeter Dividenden oder Steuern (→ Beispielsfall 1), sondern um die Generierung künftiger Vorteile zur Erzielung einer möglichst hohen Quote.

Beurteilt man die Frage nach dem „Massebezug" iSd § 155 Abs. 1 S. 2 InsO danach, ob die betreffende Maßnahme in den wirtschaftlichen Pflichtenkreis des Insolvenzverwalters gehört, kann nicht zweifelhaft sein, dass die als → Beispielsfall 2 beschriebenen künftigen Vorteile ebenfalls eine hinreichende Rechtfertigung für eine Nichtigkeitsklage des Insolvenzverwalters darstellen.

Auch wenn der Rechtsprechung und hM beizupflichten ist, dass die Klagebefugnis des Insolvenzverwalters einen hinreichenden Massebezug voraussetzt und es sich hierbei auch beim Jahresabschluss gerade nicht um eine „Leerformel" handelt, steht dem Insolvenzverwalter für seine Entscheidungen ein weiter Ermessensspielraum zu.[37] Es verbietet sich daher, an den nach § 155 Abs. 1 S. 2 InsO erforderlichen „Massebezug" Anforderungen zu stellen, welche den Ermessensspielraum des Insolvenzverwalters einengen.

c) Klagebefugnis der Organe und Anteilseigner

Da die Zuständigkeit des Insolvenzverwalters die Zuständigkeit der Gesellschaftsorgane überlagert, soweit die diesem von der InsO nach §§ 80, 148 ff., 155 InsO überwiesene Verwaltungs- und Verwertungsbefugnis reicht, schließt der Insolvenzverwalter „in Bezug auf die Insolvenzmasse" eine Nichtigkeitsklage des Vorstands oder Aufsichtsrats aus.[38] Das gilt sowohl für den Vorstand als Organ, als auch für einzelne Vorstands- oder Aufsichtsratsmitglieder, da auch diese die ihnen gemäß § 249 Abs. 1 S. 1 AktG zugewiesene Klagebefugnis aus ihrer Organstellung ableiten.[39]

Die nach § 249 Abs. 1 S.1 AktG ebenfalls zulässige Nichtigkeitsklage von Aktionären bzw. Gesellschaftern dürfte hingegen ungeachtet des Massebezugs zulässig bleiben, da es sich bei diesen nicht um Organe oder Organmitglieder, sondern um die mit eigenständigen Rechten ausgestatteten Anteilseigner handelt. Die Klagebefugnis nach § 249 Abs. 1 S. 1 AktG gehört zu den unmittelbar aus der Mitglied-

---

[36] Ähnlich Sinz in Uhlenbruck, 15. Aufl. 2019, InsO § 155 Rn. 11.
[37] BGH NZI 2020, 671.
[38] BGH NZI 2020, 739 Rn. 28 f.
[39] Vatter in BeckOGK, 1. 10. 2023, AktG § 249 Rn. 12.

schaft entspringenden Rechten,[40] die vom Insolvenzbeschlag grundsätzlich unberührt bleibt (zu der daraus folgenden Frage nach der Passivlegitimation → III. 2.) Damit bleibt auch eine (streitgenössische) Nebenintervention von Anteilseignern auf beliebiger Seite, dh auch neben dem Insolvenzverwalter möglich (§§ 246 Abs. 4 S. 2, 249 Abs. 1 S. 1, 256 Abs. 7 S. 1 AktG).[41]

2. *Passivlegitimation*

Durch die Eröffnung des Insolvenzverfahrens ändert sich nichts an der Prozess- und Parteifähigkeit der Gesellschaft.[42] Die in der Insolvenz befindliche Gesellschaft bleibt daher für die Nichtigkeitsklage des Insolvenzverwalters passivlegitimiert. Sie wird hierbei von Vorstand und Aufsichtsrat vertreten (Grundsatz der Doppelvertretung, §§ 246 Abs. 2 S. 1, 249 Abs. 1 S. 1, 256 Abs. 7 S. 1 AktG), wobei die Zustellung an jeweils mindestens ein Mitglied der beiden Organe erfolgen muss (§ 170 Abs. 3 ZPO).[43] Die GmbH wird durch ihren Geschäftsführer vertreten, wobei die Zustellung an einen von mehreren Geschäftsführern genügt, § 35 Abs. 1 S. 1, Abs. 2 S. 2 GmbHG.[44] Bei Amtsniederlegungen kann die Bestellung von Prozesspflegern erforderlich werden (§ 57 Abs. 1 ZPO).[45]

Noch nicht diskutiert worden ist, ob die nach Insolvenzeröffnung zulässiger Weise erhobene Nichtigkeitsklage eines Aktionärs (→ III. 1.) abweichend von § 246 Abs. 2 S. 1 AktG spiegelbildlich zumindest dann gegen den Insolvenzverwalter zu richten wäre, wenn diese im Erfolgsfalle für die Insolvenzmasse nachteilig wäre.[46]

3. *Klageanträge*

Die Nichtigkeitsklage ist bei dem Landgericht zu erheben, in dessen Bezirk die Gesellschaft ihren satzungsgemäßen Sitz hat (§§ 246 Abs. 3 S. 1, 249 Abs. 1 S. 1, 256 Abs. 7 S. 1 AktG).[47] Ob der Insolvenzverwalter entsprechend des Wortlautes in § 256 Abs. 7 S. 1 AktG beantragt *„festzustellen, dass der Jahresabschluss für das Geschäftsjahr XYZ nichtig ist"* oder, angelehnt an den Wortlaut in § 249 Abs. 1 S. 1 AktG, *„festzustellen, dass die Feststellung des Jahresabschlusses nichtig ist" oder gar „festzustellen, dass der festgestellte Jahresabschluss nichtig ist"*, kann dahinstehen, solange für das Gericht klar ist, dass es sich um eine Jahresabschluss-Nichtigkeitsklage handelt.[48] Die

[40] Heidel in Heidel, Aktien- und Kapitalmarktrecht, 5. Aufl. 2020, AktG § 249 Rn. 6.

[41] Jansen in BeckOGK, 1.10.2023, AktG § 256 Rn. 84; Koch, 17. Aufl. 2023, AktG § 256 Rn. 31; Schwab in K. Schmidt/Lutter, 5. Aufl. 2024, AktG § 256 Rn. 42.

[42] BGH BeckRS 2006, 02722 Rn. 6.

[43] BGH NZI 2020, 739 Rn. 39– 41; BeckRS 2020, 8598 Rn. 46–53; Vatter in BeckOGK, 1.10.2023, AktG § 249 Rn. 14.

[44] Stephan/Tieves in MüKoGmbHG, 4. Aufl. 2023, GmbHG § 35 Rn. 34f.; Beurskens in Noack/Servatius/Haas, GmbHG, 23. Aufl. 2022, GmbHG § 35 Rn. 52.

[45] OLG Dresden BeckRS 2005, 30361148; vgl. Bange ZInsO 2006, 519 (520).

[46] Angedeutet bei BGH NZI 2020, 739 Rn. 39; OLG Dresden BeckRS 2017, 102414 Rn. 38.

[47] Funktional zuständig ist die Kammer für Handelssachen, § 95 Abs. 2 GVG.

[48] Bezzenberger in Hirte/Mülbert/Roth, 5. Aufl 2020, AktG § 256 Rn. 226; vgl. OLG München BeckRS 2018, 17265; J. Koch in MüKoAktG, 5. Aufl. 2021, AktG § 256 Rn. 71.

Nichtigkeitsklage gemäß § 256 AktG ist eine besondere *„gesellschaftsrechtlich erleichterte und verstärkte“* Feststellungsklage,[49] für die aufgrund der korporationsrechtlichen Beziehungen grundsätzlich kein gesondertes Feststellungsinteresse dargelegt werden muss.[50] Um das Klageziel zu erreichen, wird der Insolvenzverwalter dabei in aller Regel auch die Feststellung beantragen müssen, dass auch der auf den Jahresabschluss aufbauende Gewinnverwendungsbeschluss nichtig ist (§ 253 Abs. 1 S. 2 AktG).[51]

Die Nichtigkeit des Jahresabschlusses führt nicht per se zur Nichtigkeit der nachfolgenden Jahresabschlüsse; deren Nichtigkeit kann sich freilich daraus ergeben, dass diese an demselben Fehler leiden.[52] Aus diesem Grund ist die Feststellung der Nichtigkeit des Jahresabschlusses und der darauf aufbauenden Gewinnverwendungsbeschlüsse für jeden betroffenen Jahresabschluss zu beantragen.[53] Zu den steuerlichen Auswirkungen der Bilanzberichtigung → V. 3.[54]

4. Wirkung des Urteils

Das Feststellungsurteil im Streit über die Nichtigkeit des Jahresabschlusses unterscheidet sich von der allgemeinen Feststellungsklage gemäß § 256 ZPO vor allem dadurch, dass es auch gegenüber Aktionären, Vorständen und Aufsichtsräten Wirkung entfaltet, die nicht an dem Klageverfahren beteiligt waren (sog. inter-omnes-Wirkung; §§ 256 Abs. 7 S. 1, 249 Abs. 1 S. 1, 248 Abs. 1 S. 1 AktG).[55] Nach § 242 Abs. 3 HGB besteht der Jahresabschluss aus der Bilanz und der Gewinn- und Verlustrechnung, bei Kapitalgesellschaften nach § 264 Abs. 1 S. 1 HGB zusätzlich aus dem Anhang,[56] welche insgesamt für nichtig erklärt werden. Eine auf bestimmte inhaltliche Fehler beschränkte Teilnichtigkeit ist nicht vorgesehen.[57] Eine gesonderte Feststellung der Nichtigkeit erfolgt, sofern beantragt, nur für den Gewinnverwendungsbeschluss, § 253 Abs. 1 S. 1 AktG (→ III. 3.).

Ist der Jahresabschluss nichtig, hat die Schuldnerin ihre gesetzlichen Verpflichtungen zur Rechnungslegung insoweit nicht erfüllt, so dass der Insolvenzverwalter

---

[49] Vgl. nur BGH NZI 2020, 739; Schwab in K. Schmidt/Lutter, 5. Aufl. 2024, AktG § 249 Rn. 1.

[50] BGH NZI 2020, 739 Rn. 28; Vetter in Henssler/Strohn, Gesellschaftsrecht, 5. Aufl. 2021, AktG § 256 Rn. 29; Jansen in BeckOGK, 1.10.2023, AktG § 256 Rn. 85; Bezzenberger in Hirte/Mülbert/Roth, 5. Aufl. 2020, AktG § 256 Rn. 222.

[51] BGH NZI 2020, 739 Rn. 34; Maier in Kirsch, Rechnungslegung, 125. EL 12/2023, AktG § 256 Rn. 56; Jansen in BeckOGK, 1.10.2023, AktG § 256 Rn. 85; für die GmbH vgl. Langseder in Prinz/Winkeljohann, Beck'sches Handbuch der GmbH, 6. Aufl. 2021, § 9 Rn. 347.

[52] Zu der damit vor dem Hintergrund der formellen Bilanzkontinuität verbundenen Problematik s. J. Koch in MüKoAktG, 5. Aufl. 2021, AktG § 256 Rn. 86; zur „Überwindung“ des Fehlers in einem nachfolgenden Jahresabschluss s. Bezzenberger in Hirte/Mülbert/Roth, 5. Aufl. 2020, AktG § 256 Rn. 89 und 247.

[53] Maier in Kirsch, Rechnungslegung, 125. EL 12/2023, AktG § 256 Rn. 57; Jansen in BeckOGK, 1.10.2023, AktG § 256 Rn. 102.

[54] Zur Auswirkung auf Folgejahre s. Fn. 143.

[55] BGH NJW 1994, 520 (521); Waclawik in Hölter/Weber, 4. Aufl. 2022, AktG § 256 Rn. 38.

[56] Bezzenberger in Hirte/Mülbert/Roth, 5. Aufl. 2020, AktG § 256 Rn. 30.

[57] Jansen in BeckOGK, 1.10.2023, AktG § 256 Rn. 94; Streck/Binnewies in Streck, KStG, 10. Aufl. 2021, Bilanz der GmbH Rn. 20.

den Jahresabschluss des betroffenen vorinsolvenzlichen Geschäftsjahres gemäß § 155 InsO neu aufstellen muss.[58] An den ursprünglich erstellten Jahresabschluss ist er dann nicht mehr gebunden, sondern muss prüfen, ob und inwieweit inhaltliche Änderungen geboten sind.[59] Die Nichtigkeit bietet daher auch die Möglichkeit, die Vermögensgegenstände innerhalb der zulässigen Grenzen neu zu bewerten und bilanzielle Wahlrechte neu und erforderlichenfalls abweichend auszuüben.

IV. Materielle Nichtigkeitsgründe

Die Gründe für eine Nichtigkeit für den Jahresabschluss finden sich abschließend in § 256 AktG.[60] Bei Nichtigkeitsklagen des Insolvenzverwalters geht es regelmäßig um Verstöße gegen die nachfolgend dargestellten handelsrechtlichen Bewertungsvorschriften.

1. Bewertungs- und Ansatzfehler

Bewertungsfehler liegen entweder in einer Überbewertung oder einer Unterbewertung einzelner „Posten" des Jahresabschlusses iSd § 256 Abs. 5 AktG. Dem steht es gleich, wenn eine Aktivierung oder Passivierung von Positionen gänzlich unterblieben ist (sog. Ansatzfehler).[61] Maßstab sind die handelsrechtlichen Vorschriften der §§ 246 Abs. 1, 249, 250, 252ff. HGB und deren Ausformung durch die Grundsätze der ordnungsgemäßen Buchführung (nachfolgend → IV. 2.).[62] Maßgebender Zeitpunkt sind die zum Ende des sog. Wertaufhellungszeitraums – nach hM also bei Feststellung des Jahresabschlusses – bekannten Verhältnisse zum Bilanzierungsstichtag.[63]

Streitig ist, ob es auf die richtige Bewertung *einzelner* Vermögensgegenstände bzw. Verbindlichkeiten oder, wie die hM annimmt, auf die Gliederungsposten der Bilanz oder der Gewinn- und Verlustrechnung ankommt (§§ 266, 275 HGB), so dass sich Über- und Unterwertungen innerhalb eines Gliederungspostens aufheben

---

[58] Sinz in Uhlenbruck, 15. Aufl. 2019, InsO § 155 Rn. 11; J. Koch in MüKoAktG, 5. Aufl. 2021, AktG § 256 Rn. 78; Jansen in BeckOGK, 1.10.2023, AktG § 256 Rn. 85 und 97; v. Bodungen in BeckOK InsR, 33. Ed. 15.10.2023, InsO § 155 Rn. 7; Geist DStR 1996, 306; Langseder in Prinz/Winkeljohann, Beck'sches Handbuch der GmbH, 6. Aufl. 2021, § 9 Rn. 346.

[59] J. Koch in MüKoAktG, 5. Aufl. 2021, AktG § 256 Rn. 83; Forster in Adler/Düring/Schmaltz, Rechnungslegung und Prüfung von Unternehmen, Bd. 4, 6. Aufl. 1997, AktG § 256 Rn. 92; Bezzenberger in Hirte/Mülbert/Roth, 5. Aufl. 2020, AktG § 256 Rn. 250ff.; Gelhausen/Hennrichs in IDW, WP-HdB Wirtschaftsprüfung und Rechnungslegung, 16. Aufl. 2019, Kap. B Rn. 366; Hense ADSG 1993, 716 (718); Jungius/Schmidt DB 2012, 1761 (1764); Kropff FS Budde, 1995, 341 (347f.).

[60] Überblick bei Heckt in Beck'sches Steuer- und Bilanzrechtslexikon, 65. Ed. 1.7.2023, „Nichtigkeit des Jahresabschlusses" Rn. 2; Jansen in BeckOGK, 1.10.2023, AktG § 256 Rn. 2.

[61] OLG Dresden WM 2006, 2177; Jansen in BeckOGK, 1.10.2023, AktG § 256 Rn. 70; Schwab in K. Schmidt/Lutter, AktG, 5. Aufl. 2023, AktG § 256 Rn. 6 und 14.

[62] Maier in Kirsch, Rechnungslegung, 125. EL 12/2023, AktG § 256 Rn. 21.

[63] Heidel in Heidel, Aktien- und Kapitalmarktrecht, 5. Aufl. 2020, AktG § 256 Rn. 34; Störk/Büsow in Beck'scher Bilanz-Kommentar, 13. Aufl. 2022, HGB § 252 Rn. 53; Winnefeld in Winnefeld, Bilanz-Handbuch, 5. Aufl. 2015, Kap. E Rn. 240.

können.[64] Unseres Erachtens ist unter dem Gesichtspunkt der Wesentlichkeit (→ IV. 1. a), b)) darauf abzustellen, ob Bewertungsfehler auf der Ebene einzelner Vermögensgegenstände die Aussage des Jahresabschlusses ebenso verfälschen wie eine unrichtige Angabe auf der Ebene eines formellen Gliederungspostens iSd §§ 266, 275 HGB. Kommt einzelnen Vermögensgegenständen (zB bestimmten Beteiligungen) eine besondere Bedeutung zu, kommt es nach dem Sinn und Zweck des § 256 Abs. 5 AktG auch auf deren Bewertung an.

a) Überbewertung

Nichtigkeitsklagen von Insolvenzverwaltern dürften regelmäßig Überbewertungen iSv § 256 Abs. 5 S. 1 Nr. 1 AktG zugrunde liegen. Eine Überbewertung liegt immer dann vor, wenn die schuldnerische Gesellschaft ihr Eigenkapital oder ihren Ertrag im Ergebnis überhöht, dh Aktiva mit einem höheren Wert oder Passiva mit einem niedrigeren Wert (zB durch unterlassene Rückstellungen) ausgewiesen hat (§ 256 Abs. 5 S. 2 AktG).[65] So führt es bspw. zu einer Überbewertung, wenn Forderungen aus Lieferungen und Leistungen oder Ausleihungen entgegen § 253 Abs. 4 HGB nicht abgeschrieben werden, obgleich diese Forderung zum Bilanzstichtag bereits mit einem über das allgemeine Kreditrisiko hinausgehenden Risiko behaftet waren.[66]

Auch wenn der Wortlaut des § 256 Abs. 5 AktG das nicht vorsieht, verlangen Rechtsprechung und hM, dass die Überbewertung *„ihrem Umfang nach nicht bedeutungslos"*, dh von einiger Relevanz ist.[67] Da die von § 256 Abs. 5 AktG in Bezug genommenen Bewertungsvorschriften dem Gläubigerschutz dienen, der nicht zur Disposition gestellt werden darf, sollen die Hürden andererseits aber auch nicht zu hoch liegen.[68]

Eine relevante Überbewertung wird idR verneint, wenn nicht wenigstens 1% der Bilanzsumme betroffen ist[69] und ab einem Schwellenwert von 5% der Bilanzsumme grundsätzlich bejaht. Geringere Auswirkungen als 1% können nur dann wesentlich sein, wenn sie sich aus anderen Gründen wesentlich auf den Jahresabschluss auswirken.[70] Als wesentlich gelten ferner Abweichungen von

– 10% des Jahresergebnisses

---

[64] Jansen in BeckOGK, 1.10.2023, AktG § 256 Rn. 69; Schwab in K. Schmidt/Lutter, 5. Aufl. 2024, AktG § 256 Rn. 18; Waclawik in Hölters/Weber, 4. Aufl. 2022, AktG § 256 Rn. 28; aA Heidel in Heidel, Aktien- und Kapitalmarktrecht, 5. Aufl. 2020, AktG § 256 Rn. 31–33.

[65] Maier in Kirsch, Rechnungslegung, 125. EL 12/2023, AktG § 256 Rn. 24; Hoffmann-Becking in Münchener Handbuch des Gesellschaftsrechts, Bd. 4, 5. Aufl. 2020, Kap. 8 § 48 Rn. 10.

[66] BGH NJW-RR 2022, 411 Rn. 23.

[67] BGH NJW 1983, 42 (44); Ehmann in Grigoleit, 2. Aufl. 2020, AktG § 256 Rn. 6; J. Koch in MüKoAktG, 5. Aufl. 2021, AktG § 256 Rn. 59.

[68] BGH NJW 1983, 42 (44 f.); Bange ZInsO 2006, 519 (520); aA Heidel in Heidel, Aktien- und Kapitalmarktrecht, 5. Aufl. 2020, AktG § 256 Rn. 35.

[69] Vgl. zu den Deutsche Bank/Breuer-Fällen LG Frankfurt a. M. NZG 2009, 149: 0,5% und OLG Frankfurt a. M. NZG 2008, 429.

[70] Schwab in K. Schmidt/Lutter, 5. Aufl. 2024, AktG § 256 Rn. 16 mwN; BGH NZG 2021, 1603 Rn. 19: 2,45%.

- 5% des Vorsteuerergebnisses
- 10% für die Beurteilung besonders wichtiger Einzelposten.[71]

Die diskutierten Schwellenwerte können aber bestenfalls als Anhaltspunkte dienen, so dass der Insolvenzverwalter die von ihm angenommene Nichtigkeit bezogen auf die konkrete Schuldnerin, dh *im Einzelfall,* zB mit

- einer Beeinträchtigung der Kapitalerhaltung,[72]
- die Umkehrung eines Verlustes in einen Gewinn[73] oder eine sonstige maßgebliche Beeinflussung des Jahresergebnisses[74] zB mit Blick auf Zielvorgaben, Dividenden, Tantiemen oder anderen Vorteilen[75]

begründen sollte. Mehrere für sich genommen möglicherweise noch nicht wesentliche Bewertungsfehler können sich zu einer wesentlichen Falschbewertung kumulieren.[76]

Wie die Beispiele aus der Rechtsprechung zeigen, bedarf es also keiner Überbewertung von 39% bzw. 41%, wie sie das LG München im Wirecard-Urteil festgestellt hat,[77] um eine relevante Überbewertung anzunehmen. Außerhalb jeder Diskussion liegt die Nichtigkeit des Jahresabschlusses jedenfalls dann, wenn wegen infolge der Überbewertung nicht deutlich wird, dass bereits die Hälfte des Grundkapitals aufgebraucht oder die Gesellschaft überschuldet ist.[78]

b) Unterbewertung

Bei der sog. Unterbewertung nach § 256 Abs. 5 S. 1 Nr. 2 iVm S. 3 AktG besteht der Bewertungsfehler in einer zu niedrigen Aktivierung oder einer überhöhten Passivierung.[79] Der Gesetzgeber ist davon ausgegangen, dass die Unterbewertung im Verhältnis zur Überbewertung geringere Gefahren für die Gläubiger begründet, weil es hierdurch zu keinen ungerechtfertigten Gewinnverwendungsbeschlüssen oder sonstigen Eigenkapitalabflüssen kommen kann.[80] Zu einer Unterbewertung kann es bspw. kommen, wenn die schuldnerische Gesellschaft vor Insolvenzantragstellung noch Scheinrechnungen akzeptiert hat, um etwa noch verfügbare Liquidi-

---

[71] Vgl. die Zusammenstellung bei Kraft/Hohage Ubg 2020, 581 (584).

[72] Bezzenberger in Hirte/Mülbert/Roth, 5. Aufl. 2020, AktG § 256 Rn. 88.

[73] Kraft/Hohage Ubg 2020, 581 (584).

[74] Jungius/Schmidt DB 2012, 1697 (1701): „[…] wenn das Jahresergebnis durch den Bilanzierungsfehler um mindestens 10% verändert wird."

[75] OLG Frankfurt a. M. AG 2009, 542 (548); OLG Hamm AG 1992, 233 (234); Kraft/Hohage Ubg 2020, 581 (584); Schwab in K. Schmidt/Lutter, 5. Aufl. 2024, AktG § 256 Rn. 16.

[76] Kraft/Hohage Ubg 2020, 581 (584); Weilep/Weilep BB 2006, 147 (149 und 152); differenzierend Schwab in K. Schmidt/Lutter, 5. Aufl. 2024, AktG § 256 Rn. 18.

[77] LG München I BeckRS 2022, 9961 Rn. 43.

[78] J. Koch in MüKoAktG, 5. Aufl. 2021, AktG § 256 Rn. 59; Schwab in K. Schmidt/Lutter, 5. Aufl. 2024, AktG § 256 Rn. 16; Wolf StuB 2009, 909 (913).

[79] Maier in Kirsch, Rechnungslegung, 125. EL 12/2023, AktG § 256 Rn. 25; Hoffmann-Becking in Münchener Handbuch des Gesellschaftsrechts, Bd. 4, 5. Aufl. 2020, Kap. 8 § 48 Rn. 10.

[80] Maier in Kirsch, Rechnungslegung, 125. EL 12/2023, AktG § 256 Rn. 20; Jansen in BeckOGK, 1.10.2023, AktG § 256 Rn. 71; Schwab in K. Schmidt/Lutter, 5. Aufl. 2024, AktG § 256 Rn. 17.

tät abzuschöpfen oder es unterlässt, durchsetzbare Rückforderungsansprüche (zB nach Schmiergeldzahlungen)[81] oder sonstige Forderungen zu erfassen, um deren Verfolgung zu verhindern.

Unterbewertungen begründen die Nichtigkeit des Jahresabschlusses nach § 256 Abs. 5 S. 1 Nr. 2 AktG nur, wenn sie die Vermögens- und bzw. oder[82] die Ertragslage der Gesellschaft außenstehenden Dritten unrichtig vermitteln, also „informationell wesentlich" sind,[83] wofür die Fehlbewertung eines einzigen Bilanzpostens nur ausnahmsweise ausreichen soll.[84] Eine 4,4%ige Ertragsminderung hat dem BGH jedenfalls noch nicht ausgereicht, um die Nichtigkeit des Jahresabschlusses festzustellen.[85]

Zudem muss der Insolvenzverwalter bei der Unterbewertung – anders als bei der Überbewertung – einen bedingt vorsätzlich falschen Bilanzausweis nachweisen (§ 256 Abs. 5 S. 1 Nr. 2 AktG),[86] was in den oben angegebenen Fällen (Scheinrechnungen, unterbliebene Einbuchung von Forderungen) allerdings möglich sein sollte.

Zusammenfassend ist daher festzustellen, dass nichtigkeitsbegründende Unterbewertungen im Insolvenzkontext vorstellbar sind, dem Insolvenzverwalter aber auch einen höheren Begründungsaufwand abverlangen.

2. *Sonstige Verstöße gegen die Grundsätze ordnungsgemäßer Buchführung*

Im Insolvenzkontext kommt als Nichtigkeitsgrund neben Bewertungsfehlern iSv § 256 Abs. 5 AktG noch der in § 256 Abs. 1 Nr. 1 AktG genannte Verstoß gegen ausschließlich oder überwiegend gläubigerschützende Vorschriften in Betracht. Hierzu gehören vor allem die handelsrechtlichen Buchführungs-, Bilanzierungs- und Ansatzvorschriften einschließlich der diese ausformenden Grundsätze ordnungsgemäßer Buchführung (GoB).[87]

Weil jeder Bewertungsfehler gleichzeitig auch einen Verstoß gegen die handelsrechtlichen Rechnungslegungsvorschriften und die GoB darstellt, ist das Verhältnis zwischen § 256 Abs. 1 Nr. 1 AktG und § 256 Abs. 5 AktG streitig.[88] Nach hM soll es sich bei § 256 Abs. 5 AktG um eine „Interpretationsnorm mit Begrenzungsfunktion" handeln, sodass eine Nichtigkeit des Jahresabschlusses nach Abs. 1 Nr. 1 nur unter den Voraussetzungen des Abs. 5 (oder, bei Gliederungsmängeln, des Abs. 4) denkbar

---

[81] LG München I NJOZ 2007, 3403 (3405).

[82] J. Koch in MüKoAktG, 5. Aufl. 2021, AktG § 256 Rn. 61.

[83] Bezzenberger in Hirte/Mülbert/Roth, 5. Aufl. 2020, AktG § 256 Rn. 94; Heidel in Heidel, Aktien- und Kapitalmarktrecht, 5. Aufl. 2020, AktG § 256 Rn. 33; s. auch Schwab in K. Schmidt/Lutter, 5. Aufl. 2024, AktG § 256 Rn. 17: „großzügigere Maßstäbe".

[84] Früchtl in Wachter, 4. Aufl. 2020, AktG § 256 Rn. 14.

[85] BGH NZG 1998, 314.

[86] BGH NJW 1994, 520 (522); Schwab in K. Schmidt/Lutter, 5. Aufl. 2024, AktG § 256 Rn. 20; Jansen in BeckOGK, 1.10.2023, AktG § 256 Rn. 74; Bezzenberger in Hirte/Mülbert/Roth, 5. Aufl. 2020, AktG § 256 Rn. 97.

[87] LG München I BeckRS, 9961 Rn. 39; BGH NJW 1994, 520 (522); Brete/Thomsen GmbHR 2008, 176 (177); Heidel in Heidel, Aktien- und Kapitalmarktrecht, 5. Aufl. 2020, AktG § 256 Rn. 11; Bezzenberger in Hirte/Mülbert/Roth, 5. Aufl. 2020, AktG § 256 Rn. 48.

[88] Zusammenfassend Schwab in K. Schmidt/Lutter, 5. Aufl. 2024, AktG § 256 Rn. 5.

ist.[89] Nach aA handelt es sich bei § 256 Abs. 5 AktG um ein lex specialis, welches bei Bewertungsmängeln der allgemeinen Regelungen in Abs. 1 Nr. 1 vorgeht.[90] Die hM überzeugt nicht, weil § 256 Abs. 1 Nr. 1 AktG hiernach letztlich überflüssig wäre. Vor allem sind auch andere GoB-Verstöße als Gliederungs-, Ansatz- oder Bewertungsmängel denkbar, welche die Darstellung der Vermögens-, Finanz- und Ertragslage wesentlich beeinträchtigen. Schwab führt hierfür als Beispiel einen Verstoß gegen die Bilanzkontinuität an.[91] Daneben ist an das weite Feld der Anhangangaben gemäß §§ 284f. HGB, die beschreibenden Ausführungen zu wesentlichen Haftungsverhältnissen (§ 268 Abs. 7 HGB) oder Informationen zur Liquidität zu denken. Für all diese Fälle stellt Abs. 1 Nr. 1 den Auffangtatbestand[92] für Verstöße gegen die allgemeinen Buchführungs- und Bilanzierungsgrundsätze dar.[93]

Einen weiteren Aspekt hat das LG München im Wirecard-Urteil herausgearbeitet, indem es die Existenz oder Nichtexistenz der Treuhandguthaben letztlich für gar nicht streitentscheidend ansah, da es jedenfalls an einer GoB-konformen Dokumentation fehlte und der Jahresabschluss damit bereits gemäß § 256 Abs. 1 Nr. 1 AktG nichtig war.[94]

Eine wesentliche Einschränkung liegt jedoch darin, dass es sich nach dem klaren Wortlaut des § 256 Abs. 1 Nr. 1 AktG um einen inhaltlichen Verstoß handeln muss, durch den die Darstellung der Vermögens- oder Ertragslage wesentlich beeinträchtigt wird.[95] GoB-Verstöße, die lediglich das Zustandekommen des Jahresabschlusses, nicht aber dessen Inhalt berühren, scheiden aus.[96]

3. *Heilung*

Die Nichtigkeit des Jahresabschlusses und des darauf fußenden Gewinnverwendungsbeschlusses wird gemäß §§ 253 Abs. 1 S. 2, 256 Abs. 6 AktG durch Zeitablauf geheilt.[97] Ob es sich hierbei um eine echte Heilung handelt oder sich lediglich niemand mehr auf die Nichtigkeit berufen kann, dürfte im Ergebnis nicht entscheidend sein.[98]

---

[89] BGH NJW 1994, 520; Schwab in K. Schmidt/Lutter, 5. Aufl. 2024, AktG § 256 Rn. 5; Jansen in BeckOGK, 1.10.2023, AktG § 256 Rn. 65; J. Koch in MüKoAktG, 5. Aufl. 2021, AktG § 256 Rn. 4 mwH und Rn. 55.

[90] Sandleben in Münchener Anwaltshandbuch Aktienrecht, 3. Aufl. 2018, Teil D § 17 Rn. 131; Forster in Adler/Düring/Schmaltz, Rechnungslegung und Prüfung der Unternehmen, Bd. 4, 6. Aufl. 1997, AktG § 254 Rn. 7.

[91] So auch Schwab in K. Schmidt/Lutter, 5. Aufl. 2024, AktG § 256 Rn. 7.

[92] Bezzenberger in Hirte/Mülbert/Roth, 5. Aufl. 2020, AktG § 256 Rn. 53 und 72.

[93] LG München I BeckRS 2022, 9961 Rn. 39; Heidel in Heidel, Aktien- und Kapitalmarktrecht, 5. Aufl. 2020, AktG § 256 Rn. 11.

[94] LG München I BeckRS 2022, 9961 Rn. 39.

[95] Koch, 17. Aufl. 2023, AktG § 256 Rn. 7; Bezzenberger in Hirte/Mülbert/Roth, 5. Aufl. 2020, AktG § 256 Rn. 52; aA Heidel in Heidel, Aktien- und Kapitalmarktrecht, 5. Aufl. 2020, AktG § 256 Rn. 12.

[96] Bezzenberger in Hirte/Mülbert/Roth, 5. Aufl. 2020, AktG § 256 Rn. 51.

[97] J. Koch in MüKoAktG, 5. Aufl. 2021, AktG § 256 Rn. 66; Waclawik in Hölters/Weber, 4. Aufl. 2022, AktG § 256 Rn. 41; Stilz/Schumann in BeckOGK, 1.10.2023, AktG § 253 Rn. 18f.

[98] J. Koch in MüKoAktG, 5. Aufl. 2021, AktG § 256 Rn. 64.

Bei Bewertungsfehlern iSv § 256 Abs. 5 AktG beträgt die Frist drei Jahre, bei sonstigen GoB-Verstößen iSv § 256 Abs. 1 Nr. 1 AktG nur sechs Monate. Es handelt sich um eine sog. Ereignisfrist. Beginn ist mit Veröffentlichung des Jahresabschlusses im Unternehmensregister (§ 325 Abs. 1 S. 2 HGB) gemäß § 187 Abs. 1 BGB. Das Ende richtet sich nach § 188 Abs. 1 Fall 1 BGB. Fristbeginn ist der Tag nach dem im Unternehmensregister[99] festgehaltenen Erscheinungsdatum (§ 187 Abs. 1 BGB).[100] Die Frist wird gehemmt, wenn die Nichtigkeitsklage rechtshängig oder zumindest bei Gericht anhängig und alsbald zugestellt wird (§ 256 Abs. 6 S. 2 AktG iVm § 167 ZPO), für welchen Fall sich die Heilungsfrist für die Dauer des Rechtsstreits verlängert, so dass auch Nichtigkeitsgründe nachgeschoben werden können.[101]

Eine Heilung ist damit nur möglich, wenn der Vorstand die Pflicht zur Offenlegung nach § 325 HGB erfüllt hat, weil ansonsten keine Heilungsfrist läuft.[102] War die schuldnerische Gesellschaft als Konzerngesellschaft von der Offenlegung ihres Einzelabschlusses befreit (§ 264 Abs. 3 HGB) oder hat sie als Kleinstkapitalgesellschaft nur ihre Bilanz offengelegt (§ 326 Abs. 2 HGB), scheidet eine Heilung nach § 256 Abs. 6 AktG ebenfalls aus.[103] Da die Heilung *inter omnes* eintritt und § 256 Abs. 6 S. 2 AktG auch nicht danach differenziert, wer die Nichtigkeitsklage erhebt, muss das in gleicher Weise für den Insolvenzverwalter gelten, der die Nichtigkeit damit nicht zeitlich unbefristet geltend machen kann.

V. Nichtigkeitsfolgen

Aus einem nichtigen Jahresabschluss ergeben sich keine Rechtswirkungen.[104] Mit der Nichtigkeitsklage will der Insolvenzverwalters in aller Regel bestimmten Zahlungen oder Verbindlichkeiten, die auf dem Jahresabschluss beruhen, die Grundlage entziehen.

1. Gewinnausschüttungen

So diente die Nichtigkeitsklage im Wirecard-Verfahren offensichtlich dazu, die aufgrund der nichtigen Jahresabschlüsse ausgezahlten Dividenden zurückzufordern.[105]

---

[99] Bis zum Inkrafttreten von Art. 18 Nr. 6 des Gesetzes zur Umsetzung der Digitalisierungsrichtlinie (DiRUG) vom 5.7.2021, BGBl. I Nr. 52, kam es für den Fristbeginn auf die Bekanntgabe des Jahresabschlusses im Bundesanzeiger an. Nach der Übergangsregelung in § 26m Abs. 2 EGAktG idF Art. 19 DiRUG gilt das noch für alle Jahresabschlüsse für vor dem 1.1.2022 beginnende Geschäftsjahre.

[100] Waclawik in Hölters/Weber, 4. Aufl. 2020, AktG § 256 Rn. 35.

[101] LG Leipzig BeckRS 2017, 133749 Rn. 34; Bezzenberger in Hirte/Mülbert/Roth, 5. Aufl. 2020, AktG § 256 Rn. 234.

[102] J. Koch in MüKoAktG, 5. Aufl. 2021, AktG § 256 Rn. 65.

[103] J. Koch in MüKoAktG, 5. Aufl. 2021, AktG § 256 Rn. 30 und 65; Naumann in IDW, WP-HdB Wirtschaftsprüfung und Rechnungslegung, 15. Aufl. 2017, Kap. B Rn. 347.

[104] Jansen in BeckOGK, 1.10.2023, AktG § 256 Rn. 93.

[105] Vgl. www.wirecard.com/de/dividendenanfechtung/ (letzter Abruf am 26.6.2024).

a) Fallgestaltungen

Fordert der Insolvenzverwalter vorinsolvenzlich ausgeschüttete Gewinne heraus, setzt das nicht in allen Fällen einen unrichtigen oder gar nichtigen Jahresabschluss voraus. So geht der IX. Senat des BGH in seiner neueren und von den Verfassern kritisierten[106] Rechtsprechung davon aus, dass die Ausschüttung zuvor thesaurierter Gewinne nach § 135 Abs. 1 Nr. 2 InsO anfechtbar sein kann,[107] ohne dass es hierfür auf die Bilanzansätze ankäme.

Greifen Gewinnausschüttungen in das satzungsmäßige Haftkapital ein, kann der Insolvenzverwalter Rückzahlungsansprüche aus §§ 57, 62 AktG, §§ 30f. GmbHG, §§ 169, 171 Abs. 2, 172 Abs. 4 HGB geltend machen. Ob die Ausschüttungen das statuarische Haftkapital mindern, ist nach handelsbilanziellen Grundsätzen zu ermitteln,[108] wobei etwaige fehlerhafte Bilanzansätze des Jahresabschlusses mit ihrem korrekten Wert anzusetzen sind, ohne dass die Bilanz hierfür neu aufgestellt werden müsste.[109] Auch diese Ansprüche kann der Insolvenzverwalter also ohne eine vorherige oder parallele Nichtigkeitsklage nach § 256 AktG erheben.[110]

In der Fallgestaltung der sog. „Scheingewinne" erhalten die Anleger aufgrund bewusster oder auch unbewusster Bilanzierungsfehler Gewinne ausgezahlt, die tatsächlich nicht bestanden haben. Nach den gesellschaftsrechtlichen Regelungen folgt der Anspruch auf Auszahlung von Gewinnen aus dem Jahresabschluss und dem Gewinnverwendungsbeschluss (§§ 58 Abs. 4, 174 AktG, § 29 GmbHG, § 122 HGB). Ist der Jahresabschluss und damit auch der Gewinnverwendungsbeschluss (§ 253 Abs. 1 AktG) nichtig, stehen dem Gesellschafter keine Gewinne zu.[111] Das gilt aber dann nicht mehr, wenn die Klagefrist aus § 256 Abs. 6 S. 1 AktG verstrichen und die Nichtigkeit geheilt ist (→ IV. 3.).[112]

b) Rückforderung ausgeschütteter Gewinne

Die Rechtsprechung hat hieraus in den letzten Jahren ein System aus bereicherungs-, gesellschafts- und insolvenzrechtlichen Rechts- und Anspruchsgrundlagen entwickelt. Dieses geht zunächst davon aus, dass die aufgrund eines nichtigen Jahresabschlusses ausgezahlten Gewinne rechtsgrundlos erlangt und damit nach

---

[106] Wienberg/Primozic in Reul/Heckschen/Wienberg, Insolvenzecht in der Gestaltungspraxis, 3. Aufl. 2022, § 9 Rn. 290; Primozic/Ruf NZI 2021, 983; Primozic NZI 2014, 29; ebenso Moeckel NZI 2022, 636.

[107] BGH NZG 2023, 1037; NZI 2021, 980.

[108] BGH NJW 2003, 3629; Schmolke in BeckOK GmbHG, 58. Ed. 1.11.2023, GmbHG § 30 Rn. 59.

[109] Habersack in Habersack/Caspar/Löbbe, 3. Aufl. 2020, GmbHG § 30 Rn. 33 und § 31 Rn. 26; Schmolke in BeckOK GmbHG, 58. Ed. 1.11.2023, GmbHG § 30 Rn. 60 und § 31 Rn. 40; Oetker in Oetker, 8. Aufl. 2024, HGB § 172 Rn. 34f.

[110] Anders möglicherweise Cahn in BeckOGK, 1.10.2023, AktG § 62 Rn. 26.

[111] BGHBeckRS 2023, 8924; Mylich AG 2011, 765f.; ähnlich für den stillen Gesellschafter LG Heilbronn NZI 2021, 887 und für die Genossenschaft BGH NZG 2003, 882.

[112] Mylich AG 2011, 765 (768f.); aA Mock NZI 2021, 890f. unter Gläubigerschutzgesichtspunkten bei einer Kenntnis oder einem Kennenmüssen der Anleger von der Fehlerhaftigkeit des Jahresabschlusses.

§§ 812ff. BGB zurückzugewähren sind.[113] Lediglich bei der AG wird die bereicherungsrechtliche Anspruchsgrundlage durch den spezielleren § 62 AktG verdrängt.[114]

Die hieraus folgenden Ergebnisse haben in der Insolvenz der Gesellschaft aber nicht vollständig befriedigt, weil der Insolvenzverwalter den Aktionären nach § 62 Abs. 1 S. 2 AktG[115] nachweisen muss, dass sie um die Nichtigkeit des Jahresabschlusses wussten oder infolge von Fahrlässigkeit nicht wussten.[116] Dabei werden Anleger mangels Einsicht in das Rechnungswesen der Schuldnerin gar nicht die Möglichkeit haben, Bilanzierungsfehler zu erkennen und sich daher auf das uneingeschränkte Testat des Abschlussprüfers verlassen dürfen. Bei der GmbH und den Personengesellschaften scheitert eine Rückforderung von Scheingewinnen nach § 812 BGB, wenn die Gesellschaft, dh ihre Organe oder sonstigen Vertreter (analog § 166 BGB),[117] von der Fehlerhaftigkeit des Jahresabschlusses wussten (§ 814 BGB).

Wie der BGH nunmehr klargestellt hat, stellen rechtsgrundlose Leistungen, denen nach § 62 Abs. 1 S. 2 AktG kein Rückforderungsanspruch gegenübersteht, in der Insolvenz des Leistenden eine unentgeltliche Leistung iSd § 134 InsO dar.[118] Der Schutz des gutgläubigen Aktionärs gemäß § 62 Abs. 1 S. 2 AktG und die Sanktion des bewusst auf eine Nichtschuld Leistenden gemäß § 814 BGB treten in der Insolvenz mithin hinter den Gläubigerschutz zurück, indem der Insolvenzverwalter die rechtsgrundlos ausgeschütteten Gewinne in diesen Fällen gemäß § 134 InsO als unentgeltliche Leistung anfechten und zurückfordern kann.[119]

Dass das systematisch stimmig ist, zeigt sich daran, dass der gutgläubige Aktionär/Gesellschafter in allen Fällen durch den Entreicherungseinwand geschützt bleibt (§ 818 Abs. 3 BGB, § 143 Abs. 2 InsO).

c) Tatsächliche Probleme bei der Geltendmachung

Da die gerichtliche Feststellung der Nichtigkeit gegen alle Gesellschafter wirkt (§ 248 Abs. 1 S. 1 AktG; → III. 4.), bietet es sich für den Insolvenzverwalter an, die unter → V. 1. b) behandelten Rückforderungsansprüche einzuklagen, wenn über die Nichtigkeitsklage rechtskräftig entschieden ist. Da der Jahresabschluss und der Gewinnverwendungsbeschluss unter den Voraussetzungen des § 256 AktG ipso iure nichtig ist, dh nicht erst für nichtig erklärt werden muss, und der Insolvenzver-

---

[113] OLG Stuttgart BeckRS 2004, 4251 Rn. 13 mwN; Verse in Scholz, 13. Aufl. 2022ff., GmbHG § 29 Rn. 68 mwN.

[114] Heidel in Heidel, Aktien- und Kapitalmarktrecht, 5. Aufl. 2020, AktG § 253 Rn. 7; Austmann in Münchener Handbuch des Gesellschaftsrechts, Bd. 4, 5. Aufl. 2020, Kap. 7 § 42 Rn. 187; Heckt in Beck'sches Steuer- und Bilanzrechtslexikon, 65. Ed. 1.7.2023, „Nichtigkeit des Jahresabschlusses" Rn. 4; Mylich AG 2011, 765 (768).

[115] Die parallelen Regelungen für die GmbH in §§ 31 Abs. 2, 32 GmbHG dürften in der Insolvenz meist ausscheiden.

[116] BGH NZG 2016, 1182 Rn. 30; Heckt in Beck'sches Steuer- und Bilanzrechtslexikon, 65. Ed. 1.7.2023, „Nichtigkeit des Jahresabschlusses" Rn. 4.

[117] Wendehorst in BeckOK BGB, 68. Ed. 1.11.2023, BGB § 814 Rn. 9.

[118] BGH BeckRS 2023, 8924 Rn. 24, 32 und 34; OLG Frankfurt a. M. DStR 2022, 1875 Rn. 30; Jansen in BeckOGK, 1.10.2023, AktG § 256 Rn. 96; BGH NZI 2017, 669 Rn. 21.

[119] BGH BeckRS 2023, 8924 Rn. 37f., 43 und 45; BGH NJW 2017, 2199 Rn. 21.

walter diese Nichtigkeit nach § 249 Abs. 1 S. 2 AktG in jeder Weise geltend machen kann, kann er die Rückzahlungsansprüche auch schon vorher rechtshängig machen. Das kann dann geboten sein, wenn die Rückzahlungsansprüche zu verjähren drohen. Die Nichtigkeitsklage richtet sich gegen die Gesellschaft, nicht gegen die einzelnen Anteilsinhaber und bewirkt diesen gegenüber daher auch keine Ablaufhemmung.[120] Die zehnjährigen Verjährungsfristen gelten nach § 62 Abs. 3 S. 1 AktG für die SE, die AG und die KGaA und nach § 31 Abs. 5 GmbHG bei der GmbH, wenn die Gewinnausschüttung aus deren satzungsmäßigen Grundkapital erfolgt ist; im Übrigen bleibt es bei den bereicherungs- und insolvenzrechtlichen Anspruchsgrundlagen (→ V. 1. b)) und damit bei der dreijährigen Regelverjährung (§ 146 Abs. 1 InsO, §§ 195, 199 BGB).

Lassen sich die Empfänger der Gewinnausschüttungen auf keine Verjährungsverzichtsvereinbarung ein und zwingen den Insolvenzverwalter damit, die Rückzahlungsansprüche verjährungsunterbrechend geltend zu machen, bevor über die Nichtigkeitsklage rechtskräftig entschieden ist, ist die Zahlungsklage bis zur Rechtskraft der Entscheidung über die Nichtigkeitsklage auszusetzen (§ 148 ZPO).

De facto dürfte eine Rückforderung von Dividenden aber nur bei Großaktionären, bei denen die Zubuchung der Dividende sicher festgestellt werden kann, sinnvoll sein. Zum einen wird es dem Insolvenzverwalter bei Inhaberaktien schon nicht ohne Weiteres möglich sein, die Inhaber bzw. Dividendenempfänger der im Streubesitz befindlichen Aktien zu identifizieren. Zum anderen wird der mit der Anspruchsverfolgung verbundene Aufwand mit den Prozessrisiken, etwa im Zusammenhang mit einem Bereicherungseinwand gemäß § 818 Abs. 3 BGB, § 143 Abs. 2 InsO,[121] und dem mutmaßlichen Ertrag abzuwägen sein.

d) Gewinnabführungen im Vertragskonzern

Hat die schuldnerische Gesellschaft ihre Gewinne nicht ausgeschüttet, sondern aufgrund eines Gewinnabführungsvertrages abgeführt (§§ 291, 301 AktG), stellen sich dieselben Fragen im Verhältnis des Insolvenzverwalters zu dem vormals[122] kontrollierenden Unternehmen. Dabei ist noch ungeklärt, inwieweit der Rückforderungsanspruch auf eine Analogie zu § 302 AktG oder zu § 62 AktG zu stützen ist, sodass sich auch das kontrollierende Unternehmen auf schuldlose Unkenntnis von der fehlenden Grundlage der Gewinnausschüttung berufen könnte (§ 62 Abs. 1 S. 2 AktG).[123] Dabei wird vertreten, dass es für den Rückforderungsanspruch gegenüber dem kontrollierenden Unternehmen nicht auf den festgestellten Jahresabschluss, sondern – wie beim Verstoß gegen die Kapitalerhaltungsvorschriften (→ V. 1. a)) – auf den sich bei ordnungsgemäßer Bilanzierung ergebenden Jahres-

---

[120] Vgl. auch Henrich in BeckOK BGB, 68. Ed. 1.11.2023, BGB § 204 Rn. 3.

[121] Nach der Rspr. ist bei überschaubaren Bereicherungen (bis zu 10% der regulären Bezüge) im Wege des Anscheinsbeweises ein Verbrauch zur Verbesserung der Lebenshaltung zu vermuten; vgl. Sprau in Grüneberg, 83. Aufl. 2024, BGB § 818 Rn. 55 mwN.

[122] Zur Insolvenz des abhängigen Unternehmens und dessen Auswirkung auf den Gewinnabführungsvertrag s. ausführlich Altmeppen in MüKoAktG, 6. Aufl. 2023, AktG § 297 Rn. 116ff.

[123] Mylich AG 2011, 765 (773f.).

überschuss oder Jahresfehlbetrag ankommen soll.[124] Das kann in dieser Allgemeinheit schon deshalb nicht richtig sein, weil die Gewinnabführung eine vertragliche Regelung darstellt, die es auszulegen gilt (→ V. 2.).[125] Dabei sollte es unseres Erachten *im Zweifel* auch hier auf den festgestellten Jahresabschluss und nicht nach § 256 AktG nichtigen Jahresabschluss ankommen.[126] Es wäre systemwidrig, wollte man die Rückforderung der nach §§ 58 Abs. 4, 174 Abs. 2 Nr. 2 AktG, § 29 GmbHG ausgeschütteten Gewinne auf den wirksam festgestellten Jahresabschluss beziehen und diesen bei der Rückforderung der nach §§ 291, 301 AktG abgeführten Gewinne für irrelevant ansehen.

Um eine gesetzliche Regelung handelt es sich hingegen bei der Verlustausgleichspflicht in § 302 AktG. Nach der hM wird die Höhe des Verlustausgleichs „unabhängig von der Wirksamkeit oder Unwirksamkeit der Bilanzfeststellung durch den sich bei objektiv ordnungsgemäßer Bilanzierung zum Bilanzstichtag ergebenden (fiktiven) Jahresfehlbetrag bestimmt".[127] Der hiergegen erhobene Vorwurf des Systembruchs[128] ist unseres Erachtens unberechtigt, weil es bei der Verlustausgleichspflicht des § 302 AktG ebenfalls um einen Verstoß gegen die Kapitalerhaltungsvorschriften (→ V. 1. a)) und den vorrangigen Gesichtspunkt des Gläubigerschutzes geht.

2. *Vertragliche Vereinbarungen*

Während sich das Gewinnbezugsrecht aus dem wirksam festgestellten Jahresabschluss ergibt und von diesem abhängig ist, ergibt sich die Verknüpfung der vom Schuldner zu leistenden Zahlungen mit dem Jahresergebnis in anderen Fällen aus vertraglichen Vereinbarungen und unterliegt damit der Parteidisposition.

a) Genussrechte, stille Beteiligungen und partiarische Darlehen

Das gilt nach der „Scheingewinnrechtsprechung" des BGH etwa für Genussrechte[129] und stille Beteiligungen,[130] daneben aber auch für partiarische Darlehen[131] und dürften auch für Gewinnschuldverschreibungen (§ 221 AktG) gelten. Diesen liegen allgemeine Geschäftsbedingungen zugrunde, welche die zugesagte Gewinnbeteiligung vom Jahresüberschuss abhängig machen. Auch wenn der Wortlaut dieser Regelungen in diesem Zusammenhang regelmäßig auf die Jahresabschlüsse verweist, sind diese nach §§ 157, 242 BGB so auszulegen, dass es im Zweifel auf die

[124] Jansen in BeckOGK, 1.10.2023, AktG § 256 Rn. 105.
[125] Stephan in K. Schmidt/Lutter, 5. Aufl. 2024, AktG § 301 Rn. 21 f.; Hennrichs/Pöschke in MüKoAktG, 5. Aufl. 2022, AktG § 172 Rn. 49.
[126] Hennrichs/Pöschke in MüKoAktG, 5. Aufl. 2022, AktG § 172 Rn. 49.
[127] BGH NZG 2005, 481 (482); NZG 2000, 205; Bezzenberger in Hirte/Mülbert/Roth, 5. Aufl. 2020, AktG § 256 Rn. 212.
[128] Krieger in NZG 2005, 787 ff.; ohne Begründung ebenso Hennrichs/Pöschke in MüKo-AktG, 5. Aufl. 2022, AktG § 172 Rn. 49 mwN.
[129] BGH BeckRS 2021, 41083 Rn. 17 ff.; NZG 2022, 458; NZI 2021, 973 Rn. 11 f.; NJW 2021, 234.
[130] BGH WM 2024, 353; BeckRS 2023, 42988.
[131] Bezzenberger in Hirte/Mülbert/Roth, 5. Aufl. 2020, AktG § 256 Rn. 213.

„wahre" Ertragslage und nicht auf die fehlerhaft festgestellten Jahresabschlüsse der Schuldnerin oder deren Nichtigkeit bzw. Heilung nach § 256 AktG ankommt.[132] Das ergibt sich schon daraus, dass Genussrechtsininhaber und stille Beteiligte mangels Klagebefugnis iSd § 249 Abs. 1 S. 1 AktG keine Möglichkeit hätten, gegen fehlerhafte Jahresabschlüsse gemäß § 256 AktG vorzugehen.

Die im Rahmen solcher Vereinbarungen vom Jahresüberschuss abhängigen Gewinnausschüttungen sind mithin rechtsgrundlos iSd § 812 Abs. 1 S. 1 Alt. 1 BGB, wenn der fehlerfrei erstellte Jahresabschluss keine Gewinne ausgewiesen hätten. Hatte der Schuldner hiervon zumindest im Rahmen einer „Parallelwertung in der Laiensphäre" Kenntnis und scheidet der Kondiktionsanspruch daher aus (§ 814 BGB), liegt darin nach den vom BGH entwickelten Grundsätzen eine nach § 134 InsO anfechtbare unentgeltliche Leistung (→ V. 1. b)).[133]

b) Boni und Tantiemen

Auf vertraglichen Vereinbarungen beruht auch eine den Vorständen und Mitarbeitern zugesagte Erfolgsbeteiligung. Auch in diesem Fall ist der jeweilige Vertrag maßgeblich und auszulegen. Weil die Mitarbeiter des schuldnerischen Unternehmens mangels Klagebefugnis weder die Möglichkeit haben, gegen fehlerhafte Jahresabschlüsse vorzugehen (§ 249 Abs. 1 S. 1 AktG) und auch nicht von den Urteilswirkungen iSd § 248 Abs. 1 S. 1 AktG erfasst werden, ist die Interessenlage unseres Erachtens mit den unter → V. 2. a) besprochenen Inhabern von Genussrechten etc. vergleichbar. Die Bezugnahme auf das im Jahresabschluss ausgewiesene Ergebnis ist daher *im Zweifel* nach §§ 157, 242 BGB zugunsten, wie zulasten des Mitarbeiters im Sinne einer Anknüpfung an die tatsächliche Ertragslage so auszulegen, wie sie im Jahresabschluss zutreffend ausgewiesen ist oder auszuweisen gewesen wäre, so dass auch eine Heilung nach § 256 Abs. 6 AktG ohne Bedeutung ist.[134]

Der beim vorsätzlichen Ausweis von Scheingewinnen damit begründbare Anfechtungsanspruch aus § 134 InsO (→ V. 2.) unterliegt keiner tarifvertraglichen Ausschlussfrist.[135] Weil sich der Arbeitnehmer im Grundsatz darauf verlassen kann, dass der Arbeitgeber seine Erfolgsbeteiligung richtig berechnet hat,[136] besteht vor allem bei Beschäftigen mit mittleren und kleineren Einkommen nach der Rechtsprechung ein erhöhtes Risiko eines Entreicherungseinwands nach § 143 Abs. 2 InsO (→ V. 1. c) aE).

Bei den Boni der Organmitglieder ist die Ausgangslage gänzlich anders. Die Mitglieder des Vorstands der AktG und die Geschäftsführer der GmbH sind nicht nur

---

[132] BGH WM 2024, 353 Rn. 17–20); NJW 2021, 234 Rn. 18 ff.; LG Arnsberg BeckRS 2019, 2079.

[133] BGH NZG 2022, 458 Rn. 11; Huber in Graf-Schlicker, 6. Aufl. 2022, InsO § 134 Rn. 21 f.; Gehrlein WM 2023, 1725 Rn. 18 f.

[134] AA ohne nähere Begründung Bezzenberger in Hirte/Mülbert/Roth, 5. Aufl. 2020, AktG § 256 Rn. 213.

[135] BAG NZA 2004, 208; Treber in Schaub, Arbeitsrechts-Handbuch, 20. Aufl. 2023, § 209 Rn. 17; aA LAG Niedersachsen BeckRS 2012, 73008 und NZI 2012, 862; zum Streitstand Froehner NZI 2012, 833.

[136] BAG NZA 2005, 812 (813).

iSd § 249 Abs. 1 S. 1 AktG klagebefugt und an das Nichtigkeitsurteil gebunden (§ 248 Abs. 1 S. 1 AktG). Sie sind vor allem für die Aufstellung des Jahresabschlusses verantwortlich (§ 172 AktG, §§ 41, 42a GmbHG, § 264 HGB). Es kann nach Treu und Glauben (§ 242 BGB) nicht angehen, dass sich der Vorstand auf einen Jahresabschluss beruft, den er fehlerhaft aufgestellt und nicht innerhalb der hierfür eröffneten Frist aus § 256 Abs. 6 AktG angegriffen hat (Rechtsgedanke aus § 162 BGB).[137]

3. *Ertragsteuer*

Der Jahresabschluss ist nach § 5 EStG, § 8 KStG, § 7 GewStG Grundlage für die Veranlagung der Schuldnerin zur Körperschaft- und Gewerbesteuer. Diesen liegt zwar nicht die Handels-, sondern die Steuerbilanz zugrunde (§ 5 Abs. 1 S. 2 EStG). Auch die Steuerbilanz muss nach § 5 Abs. 1 S. 1 EStG aber den handelsrechtlichen GoB entsprechen,[138] wobei die handelsrechtlichen Aktivierungs- oder Passivierungsgebote oder -verbote grundsätzlich auch für die Steuerbilanz gelten, weshalb die in dem vorliegenden Beitrag im Vordergrund stehenden Bewertungsfehler iSd § 256 Abs. 5 AktG auf die Steuerbilanz durchschlagen können.[139] Ist der Jahresabschluss nach § 256 AktG aus diesen Gründen nichtig und erneut aufzustellen, ist dies nach dem Maßgeblichkeitsgrundsatz (§ 5 Abs. 1 S. 1 EStG) daher auch steuerrechtlich nachzuvollziehen und kann zur Änderung der Besteuerungsgrundlagen führen.[140]

Die Umsetzung erfolgt nach § 4 Abs. 2 S. 1 EStG im Wege einer sog. Bilanzberichtigung, dh der Einreichung einer berichtigten Bilanz beim Finanzamt.[141] Ist ein Insolvenzverfahren über das Vermögen der Steuerpflichtigen eröffnet worden, so tritt der Insolvenzverwalter mit dem Übergang der Verwaltungs- und Verfügungsbefugnis über die Insolvenzmasse in die steuerlichen Rechte und Pflichten des Schuldners ein (§ 155 InsO).[142] Das umfasst auch die Berichtigung der vorinsolvenzlichen Besteuerungsgrundlagen.

Der Insolvenzverwalter kann die fehlerhafte Gewinnermittlung so lange berichtigen, wie diese noch nicht Grundlage einer bestandskräftigen Steuerfestsetzung geworden ist (§ 4 Abs. 2 S. 1 EStG). Eine Berichtigung der Besteuerungsgrundlagen ist nicht mehr möglich, soweit eine unabänderliche Steuerfestsetzung vorliegt. Die Möglichkeit einer Abänderung kann sich ergeben aus

– dem Vorbehalt der Nachprüfung (§ 164 Abs. 2 AO);
– einer lediglich vorläufigen Steuerfestsetzung (§ 165 Abs. 2 AO);

---

[137] Ähnlich Mock NZI 2021, 890f. beiKenntnis oder Kennenmüssen Dritter von der Fehlerhaftigkeit des Jahresabschlusses.

[138] Meinert in BeckOK EStG, 17. Ed. 1.10.2023, EStG § 5 Rn. 225; Krumm in Brandis/Heuermann, Ertragsteuerrecht, 170. EL 12/2023, EStG § 5 Rn. 180–183.

[139] Berberich/Haaf in Drinhausen/Eckstein, Beck'sches Handbuch der AG, 3. Aufl. 2018, § 11 Rn. 87; Maier in Beck'sches Steuer- und Bilanzrechtslexikon, 65. Ed. 1.10.2023, „Aktivierung" Rn. 6; anders für rein „formelle" Nichtigkeitsgründe (zB § 256 Abs. 1 Nr. 2 AktG) Buch in Beck'-sches Steuerberater-Handbuch 2023/2024, 19. Aufl. 2023, Kap. F Rn. 33.

[140] Korn in Korn, 149. EL 12/2023, EStG § 4 Rn. 424.

[141] Meyer in BeckOK EStG, 17. Ed. 1.10.2023, EStG § 4 Rn. 1185.

[142] Damaschke/Epler in Münchener Anwaltshandbuch Insolvenz und Sanierung, 4. Aufl. 2023, § 155 Rn. 2.

- dem Eingreifen expliziter Änderungsvorschriften (§§ 172–177 AO), wobei die Bilanzberichtigung *als solche* kein „rückwirkendes Ereignis" iSv § 175 Abs. 1 Nr. 2 AO darstellt[143]; oder
- einem noch laufenden Einspruchs- oder finanzgerichtlichen Verfahren (§ 367 Abs. 2 AO, § 100 Abs. 1 S. 1 FGO).[144]

Nach der Praxis der Finanzverwaltung dürften die Veranlagungen derjenigen Zeiträume, bei denen die dreijährige Klage- und Heilungsfrist aus § 256 Abs. 6 AktG noch läuft, in aller Regel noch unter dem Vorbehalt der Nachprüfung stehen (§ 164 AO), so dass eine Bilanzberichtigung noch möglich ist (§ 4 Abs. 2 S. 1 EStG, § 165 Abs. 2 AO).

Eine auf dieser Grundlage erwirkte Steuererstattung kann das Finanzamt nach der neueren Rechtsprechung des BFH dem Insolvenzverwalter gegenüber per Steuerbescheid festsetzen.[145]

VI. Zusammenfassung

Die Jahresabschlüsse insolventer Gesellschaften sind häufig fehlerhaft, weil diese nicht alle Verbindlichkeiten ausweisen, es an den erforderlichen Rückstellungen fehlt oder das Aktivvermögen nicht wertberichtigt worden ist. Haben die in den Jahresabschlüssen der schuldnerischen Gesellschaft vorinsolvenzlich ausgewiesenen Gewinne zu Gewinnausschüttungen, Gewinnbeteiligungen oder Steuern geführt, lohnt daher ein genauerer Blick. Ein zur Nichtigkeit des Jahresabschlusses führender Bewertungsfehler kann nach der Rechtsprechung einzelfallabhängig bereits ab einer Größenordnung von 1% bzw. 5% der Bilanzsumme vorliegen. Geht der Insolvenzverwalter im Rahmen seines pflichtgemäßen Ermessens davon aus, dass die Korrektur der Bilanzansätze für die Insolvenzmasse vorteilhaft wäre, ist er befugt, die Nichtigkeit gemäß §§ 249 Abs. 1 S. 1, 256 Abs. 6 AktG, § 155 Abs. 1 S. 2 InsO gerichtlich feststellen zu lassen und deren Heilung nach Ablauf von 3 Jahren nach der Veröffentlichung des Jahresabschlusses im Unternehmensregister zu verhindern.

Das gilt jedenfalls für die Kapitalgesellschaften, die Genossenschaft und die GmbH & Co. KG, wohingegen für die nicht haftungsbeschränkten Personengesellschaften auch nach dem MoPeG gemäß §§ 110ff. HGB nF noch immer eine endgültige und damit nicht heilbare Nichtigkeit vertreten wird.

Erweist sich der Jahresabschluss als nichtig, fehlt es für die auf seiner Grundlage an die Anteilseigner ausgezahlten Gewinne an einem Rechtsgrund, so dass der Insolvenzverwalter diese entweder nach § 62 AktG, § 812 BGB oder gemäß § 134 InsO als unentgeltliche Leistung herausverlangen kann. Ob das auch für die vertraglich (zB im Rahmen von Genussrechten oder Mitarbeiterboni) zugesagten Ge-

---

[143] BFH BStBl. II 2008, 226; BStBl. II 2005, 809; Rüsken in Klein, 17. Aufl. 2023, AO § 175 Rn. 104; Meyer in BeckOK EStG, 17. Ed. 1.10.2023, EStG § 4 Rn. 1176.4 und 1176.5: Für das Folgejahr führt die Bilanzberichtigung aufgrund des geänderten Anfangsvermögens aber zu einem rückwirkenden Ereignis.

[144] Meyer in BeckOK EStG, 17. Ed. 1.10.2023, EStG § 4 Rn. 1176.

[145] BFH DStRE 2022, 1136.

winnbeteiligungen gilt, richtet sich nach den hierzu getroffenen Vereinbarungen. Soweit die nach § 256 Abs. 6 AktG noch „erreichbaren" Jahre noch nicht bestandskräftig veranlagt sind, kann der Insolvenzverwalter die für diese festgesetzten Ertragsteuern über eine Bilanzberichtigung (§ 4 Abs. 2 S. 1 EStG) ändern und ggf. erstatten lassen.

CHRISTIAN ZWADE

Die Ausschließungsklage bei der Zwei-Personen-GmbH nach der Entscheidung des BGH vom 11.7.2023 (II ZR 116/21) und der Aufgabe der Bedingungslösung

I. Einleitung

Unüberwindbare Streitigkeiten zwischen Gesellschaftern einer Zwei-Personen-GmbH führen in letzter Konsequenz meist unweigerlich zu einer Trennung. Fehlt es in der Satzung der GmbH an einer statuarischen Regelung zu einem Ausschluss von Gesellschaftern, bzw. zu einer Einziehung von Geschäftsanteilen, so bleibt unter Beachtung der Regelung des § 34 GmbHG nur eine Ausschließung durch Gestaltungsurteil. Die höchstrichterliche Rechtsprechung war mit diesbezüglichen Fragen lange Zeit nicht mehr befasst, was einen Rückschluss auf die hohe Qualität der Mehrzahl der heutigen GmbH-Satzungen zulässt, die meist statuarische Regelungen zu Ausschluss- und Einziehungskonstellationen enthalten. Ältere, nicht aktualisierte Satzungen von Gesellschaften mit beschränkter Haftung, die oft als Ein-Personen-Gesellschaft gegründet worden waren und sich im Laufe der Zeit – meist durch einen Generationenwechsel – zur Zwei-Personen-GmbH wandelten, enthalten solche Regelungen hingegen tatsächlich bis heute oft nicht. Diese Insuffizienz der Satzung fällt den Gesellschaftern regelmäßig erst dann auf, wenn es zum Streit unter den Gesellschaftern gekommen ist und zur Beantwortung der Frage, was nun zu tun ist, ein Blick in die Satzung genommen wird.

II. Die Ausgangslage in der Rechtssache II ZR 116/21

In der von dem II. Zivilsenat des BGH am 11.7.2023 entschiedenen Rechtssache waren Kläger und Beklagter Gesellschafter einer GmbH und an dieser je zu 50% beteiligt. Die mit einem Stammkapital von 25.000 EUR ausgestattete GmbH war ursprünglich von dem Vater des Klägers als Ein-Personen-GmbH gegründet worden. Jahre später übertrug dieser an seinen Sohn sowie an seinen Neffen entgeltlich je 50% der Anteile. Im Zusammenhang mit seit Jahren bestehenden Streitigkeiten zu Treuepflichtverletzungen des Neffen übertrug dieser, nachdem er zuvor als Geschäftsführer abberufen worden war, seinen Geschäftsanteil aufgrund einer nicht näher bekannten notariellen Urkunde im Jahr 2017 an den Beklagten. Zu diesem Zeitpunkt hatte der Kläger bereits eine Ausschließungsklage gegen seinen Cousin erhoben. Nach Rücknahme dieser Klage wurde eine neue Klage gegen den aktuellen Gesellschafter erhoben, der seine Gesellschafterstellung aus Sicht des

Klägers nur als Strohmann für den untreuen Cousin hielt. Die Gesellschaft verfügte über einen nennenswerten Immobilienbestand.

Der Kläger hatte zuletzt beantragt, den Beklagten aus wichtigem Grund aus der GmbH auszuschließen und dessen Geschäftsanteil nach seiner Wahl entweder gegen Zahlung einer Abfindung einzuziehen oder ihn für befugt zu erklären, die Abtretung des Geschäftsanteils an sich, die Gesellschaft, oder einen Dritten herbeizuführen. Hilfsweise hatte er beantragt, den Beklagten unter der Bedingung auszuschließen, dass die Gesellschaft innerhalb eines Zeitraums von höchstens sechs Monaten ab Rechtskraft des Urteils eine in das Ermessen des Gerichts gestellte Abfindung an den Beklagten zu zahlen hat.[1]

Der Klage blieb in beiden Instanzen der Erfolg versagt. Dagegen richtete sich die vom Berufungsgericht zugelassene Revision des Klägers, mit der er seine Schlussanträge aus der Berufungsinstanz weiterverfolgte. Der Bundesgerichtshof hob mit Urteil vom 11.7.2023 das Berufungsurteil des 7. Zivilsenats des Oberlandesgerichts München vom 16.6.2021 (7 U 1407/19) auf und verwies die Sache zur neuen Verhandlung und Entscheidung an das Berufungsgericht zurück.[2]

Mit seinem Urteil vom 11.7.2023 hat der II. Zivilsenat des BGH eine grundlegende Rechtsprechungsänderung vorgenommen und die seit über 70 Jahren gültige Bedingungslösung bei der Ausschließungsklage gegen einen GmbH – Gesellschafter aufgegeben.

III. Die bisherigen höchstrichterlichen Grundsätze zur Ausschließungsklage

Die Ausschließung eines GmbH-Gesellschafters muss nach höchstrichterlichen Rechtsprechungsgrundsätzen auch dann rechtlich zulässig sein, wenn die Satzung dazu schweigt, weil den Gesellschaftern einer GmbH eine Treuepflicht obliegt, nach der sie sich persönlich für die Belange der Gesellschaft einzusetzen sowie alles zu unterlassen haben, was deren Interesse schädigen könnte.[3] Zerstört ein Gesellschafter die gesellschaftliche Verbundenheit, so ist für ihn in der GmbH kein Raum mehr.[4]

1. Die Möglichkeit der Ausschließung hat der Bundesgerichtshof in seinem Grundsatzurteil aus 1953 bei Vorliegen eines wichtigen Grundes dogmatisch darauf gestützt, dass eine Ausschließung dem allgemeinen Rechtsprinzip der Treuepflicht entspricht, welches auch in den § 737 BGB, § 140 HGB seinen Niederschlag und eine Auswirkungsform gefunden hat; das Recht habe dem Leben zu dienen und müsse die entsprechenden Formen zur Verfügung stellen, so dass ein pflichtbewusster Richter sich der Aufgabe, das Recht notfalls fortzuentwickeln, nicht entziehen könne.[5] Dem aus wichtigen Grund Auszuschließenden steht dabei jedoch ein Anspruch auf den vollen Gegenwert seines Geschäftsanteils zu.[6]

---

[1] BGH 11.7.2023 – II ZR 116/21, Rn. 2f.
[2] BGH 11.7.2023 – II ZR 116/21, Rn. 2f.
[3] BGHZ 9, 157 Rn. 14.
[4] BGHZ 9, 157 Rn. 14.
[5] BGHZ 9, 157 Rn. 15.
[6] BGH 17.2.1955 – II ZR 316/53, Rn. 9.

2. Fehlt der Satzung der GmbH eine Regelung für die Ausschließung eines Gesellschafters, ist der untreue GmbH-Gesellschafter bei Vorliegen eines wichtigen, in seiner Person liegenden Grundes nach ständiger höchstrichterlicher Rechtsprechung und ganz herrschender Meinung in der Literatur im Urteilswege auszuschließen.[7] Die von der Gesellschaft zu erhebende Ausschließungsklage erfordert einen vorherigen Gesellschafterbeschluss, bei dem der betroffene Gesellschafter kein Stimmrecht hat.[8] Die Ausschließung kann statuarisch zwar erschwert, nicht jedoch abbedungen oder wesentlich eingeschränkt werden.[9]

Die Ausschließung erfolgt in diesen Fällen durch ein rechtsgestaltendes Urteil. Die höchstrichterliche Rechtsprechung hat hierzu seit der Grundsatzentscheidung vom 1.4.1953[10] die Überzeugung vertreten, dass der Urteilsausspruch zu dem Ausschluss an die Bedingung zu knüpfen ist, dass der betroffene Gesellschafter von der GmbH oder durch sie binnen einer für den Einzelfall durch den Tatrichter als angemessen festzusetzenden Frist den im Urteil zu bestimmenden Gegenwert für seinen Geschäftsanteil erhält. Die Wirksamkeit des Gestaltungsurteils stand damit unter der aufschiebenden Bedingung der Zahlung der Abfindung aus ungebundenem Vermögen.[11]

Mit dieser sog. Bedingungslösung hat der BGH den Ausschluss eines untragbar gewordenen Gesellschafters bei fehlender Satzungsgrundlage zugleich aber auch für die Fälle eröffnet, in denen die Gesellschaft mangels ausreichendem ungebundenem, dh das Stammkapital übersteigenden Vermögen den Ausschluss wegen des Kapitalerhaltungsgebots des § 30 Abs. 1 S. 1 GmbHG lediglich durch Kapitalherabsetzung bewerkstelligen konnte oder die Gesellschaft ansonsten gar mangels freien Kapitals von der Ausschließung Abstand nehmen musste. Die Ausschließung eines untragbar gewordenen Gesellschafters dürfe – so der BGH – in Fällen schwieriger, aber immerhin möglicher Durchführung nicht versperrt werden, weshalb eine bedingte Ausschließung die zu deren Durchführung notwendigen Maßnahmen fördern und damit die Ausschließung bewirken könne.[12] Die Gesellschaft habe damit innerhalb der von dem Tatrichter festzusetzenden Frist die ernsthafte Möglichkeit, sich durch Zuzahlungen der Gesellschafter oder Zuzahlungen Dritter Geld zu beschaffen, um den Gegenwert für den Geschäftsanteil des Ausschließenden aufzubringen.[13]

Das Erfordernis der Festsetzung des Abfindungsbetrages im Urteil ergibt sich dabei unter Berücksichtigung der Regelungen der §§ 19 Abs. 2, 30ff. GmbHG

---

[7] BGHZ 9, 157 Rn. 37f.; BGH 17.2.1955 – II ZR 316/53, Rn. 9; Kersting in Noack/Servatius/Haas, 23. Aufl. 2021, GmbHG Anh. § 34 Rn. 2; Seibt in Scholz, 13. Aufl. 2022, GmbHG Anh. § 34 Rn. 37 mwN; Strohn in MüKoGmbHG, 4. Aufl. 2022, GmbHG § 34 Rn. 170.

[8] BGHZ 9, 157 Rn. 37f.; BGH 17.2.1955 – II ZR 316/53, Rn. 9; Kersting in Noack/Servatius/Haas, 23. Aufl. 2021, GmbHG Anh. § 34 Rn. 2; Seibt in Scholz, 13. Aufl. 2022, GmbHG Anh. § 34 Rn. 37 mwN; Strohn in MüKoGmbHG, 4. Aufl. 2022, GmbHG § 34 Rn. 170.

[9] Seibt in Scholz, 13. Aufl. 2022, GmbHG Anh. § 34 Rn. 55; Strohn in MüKoGmbHG, 4. Aufl. 2022, GmbHG § 34 Rn. 149; BGHZ 116, 359ff.

[10] BGHZ 9, 157 Rn. 30.

[11] Altmeppen, 11. Aufl. 2023, GmbHG § 60 Rn. 99.

[12] BGHZ 9, 157 Rn. 33.

[13] BGHZ 9, 157 Rn. 33.

zur Wahrung der schutzwürdigen Vermögensinteressen des betreffenden Gesellschafters.[14]

3. Die Schwebelage bis zur Zahlung des Abfindungsentgelts wurde – in gleicher Weise wie bei Einziehungsfällen – in späteren höchstrichterlichen Entscheidungen als kritisch bewertet, da neuer Streit entstehen oder provoziert werden könne und damit schlimmstenfalls ein jahrelanger Streit einhergehe.[15] Gleichwohl wurde die höchstrichterliche Festlegung zu der Bedingungslösung aber lange in Kauf genommen.

Eine schwierige Situation ergab sich daraus, dass dem auszuschließenden Gesellschafter bis zur Zahlung der Abfindung seine mitgliedschaftlichen Rechte verblieben, nachdem der wichtige Grund zwar die Ausschließung, nicht aber den sofortigen Verlust des Geschäftsanteils ohne Erhalt der Abfindung rechtfertigte.[16]

Soweit der auszuschließende Gesellschafter – vor der gerichtlichen Entscheidung zur Ausschlussklage – nicht alles in seinen Kräften stehende unternommen hatte, um die Ermittlung des Wertes seiner Beteiligung ohne nennenswerte Verzögerung der Ausschließung zu ermöglichen oder gar noch obstruierte, sollte nach den weiteren höchstrichterlichen Rechtsprechungsgrundsätzen die Schätzung des Werts des Geschäftsanteils genügen, um das Verfahren der Ausschließungsklage abzuschließen, zumal es dem ausgeschlossenen Gesellschafter offenstand, in einem gesonderten Verfahren die Differenz zu dem Entgelt geltend zu machen, das ihm nach seiner Meinung für den abzugebenden Geschäftsanteils zustand.[17]

4. Ein paralleler Schwebezustand mit entsprechenden Problemen ergab sich auch bei Einziehungsfällen auf statuarischer Grundlage, bei denen in Rechtsprechung und Literatur umstritten war, ob die Einziehung vor Zahlung des Abfindungsentgelts wirksam werden könne.[18] Vorausschauende Satzungen enthielten deshalb oft die Regelung, wonach in Fällen der Einziehung diese bereits mit der Mitteilung des Beschlusses an den betroffenen Gesellschafter wirksam wurde.

Dem ist der Bundesgerichtshof in seiner neueren Rechtsprechung mit der Grundsatzentscheidung vom 24.1.2012[19] gefolgt und hat seine Überzeugung, dass die Einziehung des Geschäftsanteils bereits mit der Mitteilung eines entsprechenden Beschlusses an den betroffenen Gesellschafter wirksam wird, soweit der Einziehungsbeschluss weder nichtig ist noch für nichtig erklärt wird, auch in der Folge mehrfach bestätigt.[20]

Dass es für Fälle der Ausschließung ohne statuarische Grundlage trotz eines lebhaften Streitstandes in der Literatur[21] bis zum Jahre 2023 dauerte, bis der BGH sich mit der Frage der Fortgeltung der Bedingungslösung beschäftigte, ist wohl maßgeb-

---

[14] Seibt in Scholz, 13. Aufl. 2022, GmbHG Anh. § 34 Rn. 43.

[15] BGH NJW-RR 2003, 1265 Rn. 14; BGHZ 192, 236 Rn. 15; Goette FS Lutter, 2001, 399 (405ff.); Altmeppen, 11. Aufl. 2023, GmbHG § 34 Rn. 19 aE.

[16] Seibt in Scholz, 13. Aufl. 2022, GmbHG Anh. § 34 Rn. 43; Goette FS Lutter, 2001, 399 (406).

[17] BGHZ 16, 317 Rn. 15; Seibt in Scholz, 13. Aufl. 2022, GmbHG Anh. § 34 Rn. 43a.

[18] Zum damaligen Streitstand BGHZ 192, 236 Rn. 9f.

[19] BGHZ 192, 236 Rn. 13.

[20] BGHZ 220, 207 Rn. 25; BGHZ 222, 323 Rn. 46.

[21] Seibt in Scholz, 13. Aufl. 2022, GmbHG Anh. § 34 Rn. 44; Strohn in MüKoGmbHG, 4. Aufl. 2022, GmbHG § 34 Rn. 184ff.

lich dem Umstand geschuldet, dass dem II. Zivilsenat zuvor keine geeignete Rechtssache als Revision zur Entscheidung vorlag.

IV. Die Klagebefugnis bei der Zwei-Personen-GmbH

Offen war in der höchstrichterlichen Rechtsprechung bis zur besprochenen Entscheidung vom 11.7.2023 zudem, ob bei einer Zwei-Personen-GmbH dem Gesellschafter, der den untreuen, bzw. untragbar gewordenen Mitgesellschafter durch Gestaltungsurteil ausschließen will, ein unmittelbares Klagerecht für die Ausschließung aus wichtigem Grund neben dem Klagerecht der Gesellschaft zusteht.[22]

1. Die gesellschaftsrechtliche Literatur hatte eine persönliche Klagebefugnis des anderen Gesellschafters gegen den untragbar gewordenen Gesellschafter in überwiegendem Maße befürwortet.[23]

Als Begründung wurden zumeist Praktikabilitätserwägungen angebracht,[24] während manche Stimmen auch auf die Grundsätze der actio pro socio, bzw. deren Rechtsgedanken abstellten.[25] Als actio pro socio wird die Geltendmachung eines Anspruchs aus dem Gesellschaftsverhältnis durch einen Gesellschafter im eigenen Namen gegen einen Mitgesellschafter auf Leistung an die Gesellschaft definiert; sie hat ihre Grundlage im Gesellschaftsverhältnis und ist Ausfluss des Mitgliedschaftsrechts des Gesellschafters.[26]

---

[22] Ausdrücklich offen gelassen in BGHZ 9, 157 Rn. 36.

[23] Strohn in MüKoGmbHG, 4. Aufl. 2022, GmbHG § 34 Rn. 176; Fleischer in Henssler/Strohn, Gesellschaftsrecht, 6. Aufl. 2023, GmbHG § 34 Rn. 31; Ensthaler in Ensthaler/Füller, 3. Aufl. 2023, GmbHG § 34 Rn. 26; Sosnitza in Michalski/Heidinger/Leible/J. Schmidt, 4. Aufl. 2023, GmbHG Anh. § 34 Rn. 28; Görner in Rowedder/Pentz, 7. Aufl. 2022, GmbHG § 34 Rn. 93; Kersting in Noack/Servatius/Haas, 23. Aufl. 2021, GmbHG Anh. § 34 Rn. 8a; Kleindiek in Lutter/Hommelhoff, 21. Aufl. 2023, GmbHG § 34 Rn. 124; Klingsch in Saenger/Inhester, 5. Aufl. 2024, GmbHG Anh. § 34 Rn. 16; Sandhaus in Gehrlein/Born/Simon, 6. Aufl. 2023, GmbHG § 34 Rn. 83; Schindler in BeckOK GmbHG, 55. Ed. 1.9.2022, GmbHG § 34 Rn. 144; Seibt in Scholz, 13. Aufl. 2022, GmbHG Anh. § 34 Rn. 38; Ulmer/Habersack in Habersack/Casper/Löbbe, 3. Aufl. 2021, GmbHG Anh. § 34 Rn. 33; Wicke, 4. Aufl. 2020, GmbHG Anh. § 34 Rn. 5; Gehrlein, Ausschluss und Abfindung von GmbH-Gesellschaftern, 1997, Rn. 228; Kort in Münchener Handbuch des Gesellschaftsrechts, Bd. 3, 6. Aufl. 2023, § 29 Rn. 44, 52; Reher, Die Zweipersonen-GmbH – Notwendigkeit eines Sonderrechts?, 2003, S. 146ff.; K. Schmidt, Gesellschaftsrecht, 4. Aufl. 2002, § 35 IV 2c (S. 1062f.); Soufleros, Ausschließung und Abfindung, 1983, S. 71ff.; Damrau-Schröter NJW 1991, 1927 (1934); Eser DB 1985, 29 (31); Eser DStR 1991, 747 (749); Oppenländer DStR 1996, 922 (927f.); Wolf ZGR 1998, 92 (106ff.); Battke GmbHR 2008, 850 (854); U. H. Schneider FS Kellermann, 1991, 403 (416f.); Fischer FS W. Schmidt, 1959, 117 (133f.).

[24] Klingsch in Saenger/Inhester, 4. Aufl. 2020, GmbHG Anh. § 34 Rn. 16; Kersting in Noack/Servatius/Haas, 23. Aufl. 2021, GmbHG Anh. § 34 Rn. 8a; Battke GmbHR 2008, 850 (854).

[25] Strohn in MüKoGmbHG, 4. Aufl. 2022, GmbHG § 34 Rn. 176; Ulmer/Habersack in Habersack/Casper/Löbbe, 3. Aufl. 2021, GmbHG Anh. § 34 Rn 33; Sosnitza in Michalski/Heidinger/Leible/J. Schmidt, 4. Aufl. 2023, GmbHG Anh. § 34 Rn. 28; Ensthaler in Ensthaler/Füller, 3. Aufl. 2023, GmbHG § 34 Rn. 26; Reher, Die Zweipersonen-GmbH – Notwendigkeit eines Sonderrechts?, 2003, S. 146ff.; K. Schmidt, Gesellschaftsrecht, 4. Aufl. 2002, § 35 IV 2c (S. 1062f.).

[26] BGH 22.1.2019 – II ZR 143/17, Rn. 10; BGH 19.12.2017 – II ZR 255/16, Rn. 11; BGH 25.4.2010 – II ZR 69/09, Rn. 3.

Die Kommentarliteratur brachte zudem das Argument vor, dass bei der Zwei-Personen-GmbH eine Zulassung der Klagebefugnis des Gesellschafters unnötige Doppelarbeit verhindern kann, soweit der von dem Ausschließungsversuch betroffene Gesellschafter selbst versuchen will, seinerseits den Gegenspieler auszuschließen, was er dann auf einfachem Wege durch Erhebung einer Widerklage versuchen kann.[27]

Nach anderer Auffassung in der Literatur wie auch in der obergerichtlichen Rechtsprechung sollte es auch bei der Zwei-Personen-GmbH bei der Grundregel der Klagebefugnis der GmbH bleiben, nachdem der untreue und untragbar gewordene Gesellschafter bei der Beschlussfassung über die Erhebung der Ausschließungsklage in der Gesellschafterversammlung ohnehin nicht stimmberechtigt sei.[28]

2. Mit seinem Urteil vom 11.7.2023[29] hat der II. Zivilsenat des BGH nun auch diese Grundsatzfrage geklärt. Er ist der überwiegenden Ansicht gefolgt und hat festgelegt, dass der Gesellschafter einer Zwei-Personen-GmbH unter den Voraussetzungen der actio pro socio eine Ausschließungsklage gegen den untreuen Gesellschafter erheben kann. Zur Begründung hat der II. Zivilsenat angeführt, das Recht zur Ausschließung eines Gesellschafters habe seinen materiellen Grund in der gesellschafterlichen Treuepflicht[30] und die actio pro socio solle die Gesellschafter gerade vor Beeinträchtigungen durch eine unrechtmäßige Einflussnahme auf die Geschäftsführung bei der Verfolgung von aus der Verletzung der gesellschaftsrechtlichen Treuepflicht abgeleiteten Ansprüchen schützen.[31] Der gegenüber einer Gesellschafterklage grundsätzlich bestehende Vorrang der inneren Zuständigkeitsordnung der Gesellschaft entfalle, wenn der untreue und untragbar gewordene Gesellschafter eine Klage der Gesellschaft aufgrund der Machtverhältnisse vereiteln oder erschweren könne.[32] So war es auch in der dem II. Zivilsenat am 11.7.2023 zur Entscheidung vorliegenden Rechtssache gewesen, bei der die beiden Gesellschafter bereits lebhaft Rechtsstreite zu Geschäftsführerbestellungen ausgefochten hatten und die Handlungsfähigkeit der GmbH erheblich belastet war.

Letztlich soll sich der Streit zwischen den beiden Gesellschaftern auch möglichst nicht auf die Geschäftsführung auswirken und soll diese nicht instrumentalisiert werden können.[33] Diese Gefahr sei aber gerade bei einer GmbH besonders virulent, weil der Geschäftsführer gegenüber der Gesellschafterversammlung weisungsgebunden ist.

3. Die Klarstellung, dass bei einer Zwei-Personen-GmbH neben der Gesellschaft selbst auch der Gesellschafter für die Ausschließungsklage prozessführungsbefugt ist, ist begrüßenswert.

---

[27] Strohn in MüKoGmbHG, 4. Aufl. 2022, GmbHG § 34 Rn. 177.

[28] Goette, Die GmbH, 3. Aufl. 2019, § 6 Rn. 12; Goette DStR 2001, 533 (534); Ganßmüller GmbHR 1956, 145 (148); Seydel GmbHR 1953, 149 (150); OLG Nürnberg BB 1970, 1371.

[29] II ZR 116/21, Rn. 14.

[30] II ZR 116/21, Rn. 16 mit Verweis auf BGHZ 9, 157 Rn. 14; ZIP 1999, 1833 (1844).

[31] II ZR 116/21, Rn. 16 mit Verweis auf BGHZ 235, 57 Rn. 67.

[32] II ZR 116/21, Rn. 18 mit Verweis auf BGH 5.6.1975 – II ZR 65, Rn. 15, 21; ZIP 1982, 1203 (1204); ZIP 2005, 320 (321).

[33] II ZR 116/21, Rn. 16; Strohn in MüKoGmbHG, 4. Aufl. 2022, GmbHG § 34 Rn. 176.

Diese höchstrichterliche Festlegung des BGH vermag sicherzustellen, dass in Fällen des Vorliegens von gewichtigen Treuepflichtverletzungen und des Zerwürfnisses der beiden Gesellschafter einer Zwei-Personen-GmbH möglichst einfach und zeitnah eine gerichtliche Klärung herbeigeführt werden kann.

Nebenkriegsschauplätze im Vorfeld durch Geschäftsführerabberufungen sowie Gesellschafterversammlungen mit angreifbaren Beschlüssen werden dadurch bestmöglich vermieden.

V. Die Kritik an der Bedingungslösung

Durch die tatrichterliche Bestimmung des Abfindungsbetrages war dieser zwar dem Streit zwischen den Parteien – zumindest teilweise – entzogen, was für die Koppelung des Ausschließungs- mit dem Abfindungsverfahren sprach. Gleichzeitig führte die Koppelung aber dazu, dass sich die gerichtliche Entscheidung über die Ausschließung teilweise erheblich verzögerte und sich damit die Unsicherheit über den Erfolg des eingeleiteten Verfahrens gar verlängerte, soweit die Wertermittlung des Geschäftsanteils des auszuschließenden Gesellschafters Schwierigkeiten bereitete.[34]

1. Der BGH ging im Hinblick auf die Probleme des Schwebezustandes davon aus, dass der beklagte Gesellschafter – über die zivilprozessuale Prozessförderungspflicht hinaus – alles in seinen Kräften stehende zu tun hatte, um die Ermittlung des Wertes des Geschäftsanteils ohne nennenswerte Verzögerung zu ermöglichen.[35] Überdies sollte der verurteilte Gesellschafter Maßnahmen, die der Durchführung seiner Ausschließung dienen, nicht vereiteln können.[36] Jedoch sollte der zum Ausscheiden verurteilte Gesellschafter seine Mitgliedschaftsrechte bis zum finalen Ausscheiden im Übrigen weiter ausüben können, besonders wenn es sich um Entscheidungen handelte, die sich unmittelbar oder mittelbar auf seine Haftung auswirken konnten.[37]

2. In der Kommentarliteratur ist die Bedingungslösung wegen der Unwägbarkeiten in der Schwebezeit zunehmend auf Kritik gestoßen.[38] Weite Teile der Kommentarliteratur haben sich deshalb, gerade unter Berücksichtigung der Grundsätze der neueren Rechtsprechung des Bundesgerichtshofes zur Wirksamkeit eines – auf statuarischer Grundlage erfolgten – Einziehungsbeschluss bereits mit der Mitteilung an den betroffenen Gesellschafter,[39] für eine persönliche und anteilige Haftung der verbleibenden Gesellschafter auf die Abfindung ausgesprochen, soweit diese nicht fristgemäß bezahlt wird.[40]

---

[34] Seibt in Scholz, 13. Aufl. 2022, GmbHG Anh. § 34 Rn. 43a; Strohn in MüKoGmbHG, 4. Aufl. 2022, GmbHG § 34 Rn. 183.

[35] BGH 17.2.1955 – II ZR 316/53, Rn. 15.

[36] BGHZ 9, 157 Rn. 34; BGHZ 88, 320 Rn. 19.

[37] BGHZ 88, 320 Rn. 18.

[38] Seibt in Scholz, 13. Aufl. 2022, GmbHG Anh. § 34 Rn. 44; Strohn in MüKoGmbHG, 4. Aufl. 2022, GmbHG § 34 Rn. 184.

[39] BGHZ 192, 236 Rn. 13; BGHZ 220, 207 Rn. 25; BGHZ 222, 323 Rn. 46.

[40] Lutter/Kleindiek in Lutter/Hommelhoff, 21. Aufl. 2023, GmbHG § 34 Rn. 65a; Strohn in MüKoGmbHG, 4. Aufl. 2022, GmbHG § 34 Rn. 187; Altmeppen, 11. Aufl. 2023, GmbHG § 60 Rn. 99; Fischer FS W. Schmidt, 1959, 117 (133); Goette FS Lutter, 2000, 399 (410).

Andere Literaturstimmen haben sich dafür stark gemacht, den Schutz des verbleibenden Gesellschafters stärker in den Vordergrund zu stellen, wonach die Gestaltungswirkung des Ausschließungsurteils zwar sofort mit Rechtskraft eintreten sollte, wohl aber unter der auflösenden Bedingung der fristgemäßen Zahlung der in dem Urteil festzusetzenden Abfindung.[41] Bei der aufschiebenden Bedingung sollte es nach dieser Ansicht nur dann bleiben, wenn die Gesellschaft nicht bereits bei Urteilserlass nachweisen konnte, dass sie voraussichtlich zur Zahlung der vorläufigen Abfindung fähig sein wird.[42]

Die Probleme des Schwebezustandes und mögliche Schwierigkeiten im Zusammenhang mit einer eventuellen Rückabwicklung sollten nach einer weiteren vermittelnden Ansicht dadurch vermieden werden, dass die Mitgliedschaftsrechte des ausgeschlossenen Gesellschafters ab Rechtskraft des Ausschließungsurteils ruhen, der Geschäftsanteil jedoch so lange bei dem Gesellschafter verbleibt, bis die Abfindung bezahlt ist.[43]

Darüber hinaus ging eine weitere Literaturmeinung, wonach die Gesellschaft mit Rechtskraft des Ausschließungsurteils berechtigt sein müsse, den Geschäftsanteil des ausgeschlossenen Gesellschafters ohne Rücksicht auf eine Abfindung zu verwerten und dieser bei Nichtzahlung der Abfindung dadurch gesichert sei, dass er die Auflösung der Gesellschaft verlangen könne.[44]

Weiter gab es im Nachgang zu der Entscheidung des BGH vom 24.1.2012[45] Stimmen, die einen Gleichklang zwischen Fällen der Einziehung, bzw. des Ausschluss kraft Satzungsregelung und Fällen der Ausschlussklage für wünschenswert erachteten und ein unbedingtes Ausschließungsurteil in den Fällen für vorzugswürdig hielten, soweit die Gesellschaft nachgewiesen habe, die Abfindung sofort oder in angemessener Zeit mit nach § 30 GmbHG ungebundenem Vermögen bedienen zu können, zumal eine anteilige persönliche Haftung aller verbleibenden Gesellschafter in solchen Fällen den Schutz des ausgeschlossenen Gesellschafters flankieren könne.[46]

Eine andere Kommentarmeinung lehnte eine persönliche Haftung der Gesellschafter in Konstellation der Ausschließungsklage nach der Systematik des GmbH-Gesetzes de lege lata als systemwidrig ab.[47] Als taugliche Lösung wurde zur Beseitigung der Probleme der Schwebezeit stattdessen vorgeschlagen, das Gestaltungsurteil an die aufschiebende Bedingung zu knüpfen, dass die vorläufige Abfindung an den

---

[41] Ulmer FS Rittner, 1991, 735 (752f.); Ulmer FS Priester, 2007, 775 (793f.).

[42] Ulmer FS Rittner, 1991, 735 (751); Ulmer FS Priester, 2007, 775 (793f.).

[43] A. Hueck DB 1953, 776 (777f.); Westermann/Pöllath, Abberufung und Ausschließung von Gesellschaftern/Geschäftsführern in Personengesellschaften und GmbH, 4. Aufl. 1988, S. 142; Lindemann/Imschweiler GmbHR 2009, 423 (425); weitere Nachw. bei Strohn in MüKo-GmbHG, 4. Aufl. 2022, GmbHG § 34 Rn. 185.

[44] Spitze, Der Ausschluss eines GmbH-Gesellschafters aus wichtigem Grund bei Schweigen der Satzung, 1985, S. 93ff., 100ff. mwN; vgl. dazu auch Nachw. bei Strohn in MüKoGmbHG, 4. Aufl. 2022, GmbHG § 34 Rn. 185.

[45] BGHZ 192, 236ff.

[46] Schneider/Hoger NJW 2013, 502 (505); Stumpf/Müller GWR 2012, 143 (144f.); Klöckner GmbHR 2012, 1325 (1328); Altmeppen NJW 2013, 1025 (1030); vgl. auch Strohn in MüKo-GmbHG, 4. Aufl. 2022, GmbHG § 34 Rn. 185.

[47] Seibt in Scholz, 13. Aufl. 2022, GmbHG Anh. § 34 Rn. 44.

Gesellschafter fristgerecht gezahlt wird, andernfalls die bis dahin ruhenden Verwaltungsrechte dem auszuschließenden Gesellschafter wieder uneingeschränkt einzuräumen.[48]

Hervorgehoben wurde in der Kommentarliteratur unisono, dass die Ausschließungsklage jedenfalls dann abzuweisen sei, wenn bei Schluss der mündlichen Verhandlung bereits feststehe, dass die Gesellschaft die Abfindung aus freiem Vermögen nicht wird zahlen können, nachdem die subsidiäre Haftung der Gesellschafter ausschließlich ein Sicherungsmittel in Bezug auf die Zahlungspflicht der Gesellschaft darstellen könne.[49]

3. Von Praktikerseite wurde der Streitstand in der Literatur oft als rein akademisch bewertet, da man annahm, dass GmbH-Satzungen in der Praxis durchweg statuarische Regelungen zu Einziehung und Ausschluss enthalten.

Diese Annahme hat sich als unzutreffend erwiesen. Bei lebensnaher Betrachtung ist unter Berücksichtigung des demographischen Wandels vielmehr davon auszugehen, dass in den nächsten Jahren bei Gesellschafterstreitigkeiten noch eine Vielzahl von GmbH-Satzungen aus grauer Vorzeit auftauchen werden, die keine statuarische Regelung für Fälle der Einziehung und des Ausschlusses enthalten. Gerade in patriarchisch geprägten Familiengesellschaften sind die gesellschaftsrechtlichen Regelwerke nicht immer up to date, schlummern diese im Tabernakel und gilt allzu oft noch der Grundsatz, dass das Tischtuch jedenfalls dann zerschnitten ist, wenn erst einmal der Inhalt des Gesellschaftsvertrages bemüht werden muss.

VI. Die Aufgabe der Bedingungslösung und die Neufestlegung des BGH

Nachdem das OLG München in dem Berufungsurteil die Revision zugelassen und zur Begründung darauf verwiesen hatte, dass es mit seiner Entscheidung von dem höchstrichterlichen Urteil der II. Zivilsenats vom 1.4.1953 abweicht, war in der Streitsache die Tür für eine Entscheidung der klärungsbedürftigen und entscheidungserheblichen Rechtsfragen geöffnet. Dabei war von einer unbeschränkten Revisionszulassung auszugehen, nachdem die Angabe des Grundes für die Zulassung der Revision nach höchstrichterlichen Rechtsprechungsgrundsätzen nicht genügt, um von einer Einschränkung des Rechtsmittels auszugehen.[50]

1. Das OLG München hatte als Vorinstanz judiziert, dass zwar die Zahlung der Abfindung an den auszuschließenden Gesellschafter in rechtsdogmatischer Sicht selbst keine Bedingung für das Wirksamwerden des den Ausschluss aussprechenden Gestaltungsurteils sei, jedoch die Kapitalerhaltungspflicht des § 30 Abs. 1 GmbHG zwingend berücksichtigt werden müsse, weshalb ein Ausschluss nur ausgesprochen werden kann, wenn nicht schon bei Urteilserlass feststehe, dass die an den aus-

---

[48] Seibt in Scholz, 13. Aufl. 2022, GmbHG Anh. § 34 Rn. 46 mwN.

[49] Strohn in MüKoGmbHG, 4. Aufl. 2022, GmbHG § 34 Rn. 188 mit Verweis auf BGH 21.6.2021 – II ZR 391/18, Rn. 23; NJW 2011, 2294 Rn. 19 für die Ausschließung durch Gesellschafterbeschluss.

[50] BGH NJW 2018, 2494 Rn. 9; BGHZ 211, 309 Rn. 11.

zuschließenden Gesellschafter zu leistende Abfindung nicht aus dem freien Vermögen der Gesellschaft aufgebracht werden kann.[51]

Weiter hat das OLG München die Überzeugung vertreten, dass die höchstrichterlichen Rechtsprechungsgrundsätze aus der Entscheidung des BGH vom 24.12.2012[52] zu Einziehungsfällen auf Satzungsgrundlage, wonach der Einziehungsbeschluss mit Bekanntgabe gegenüber dem betroffenen Gesellschafter – soweit er weder nichtig ist noch für nichtig erklärt wird – wirksam wird, auch auf den Ausschluss eines Gesellschafters durch Gestaltungsurteil übertragen werden sollten.[53]

Gesetzgeberische Festlegungen, die an einer solchen Lösung hindern, waren aus Sicht des OLG München nicht gegeben. Die Regelung des § 30 Abs. 1 GmbHG, auf der die Notwendigkeit der Erbringbarkeit der Abfindungszahlung an den auszuschließenden Gesellschafter aus dem freien Vermögen der Gesellschaft fuße, diene einzig dem Schutz der Gläubiger, nicht aber dem Schutz des auszuschließenden Gesellschafters, sodass daraus nicht in grundsätzlicher Weise zu dessen Gunsten abgeleitet werden könne, die Ausschließung könne erst mit der Zahlung der Abfindung wirksam werden.[54]

Im Rahmen der tatrichterlichen Würdigung ist das OLG München hinsichtlich des – unter Berücksichtigung des Klägervortrages – zugrunde zulegenden Mindestabfindungsbetrages dann zu der Überzeugung gelangt, dass im Zeitpunkt des Schlusses der mündlichen Verhandlung kein hinreichendes freies ungebundenes Vermögen der GmbH zur Verfügung stand, um die Abfindung an den Beklagten zu bezahlen. Damit kam ein Ausschluss im Ergebnis nicht in Betracht und die Ausschlussklage blieb auch zweitinstanzlich ohne Erfolg.[55]

2. Die gegen das Berufungsurteil von dem Kläger geführte Revision hatte Erfolg und führte zur Aufhebung des angefochtenen Urteils sowie zur Zurückverweisung der Sache an das Berufungsgericht zu neuer Verhandlung und Entscheidung.

3. Der II. Zivilsenat hat mit der Entscheidung festgelegt, dass er an der bisherigen sogenannten Bedingungslösung aus der Entscheidung vom 1.4.1953[56] nicht mehr festhält.

Die Erwägungen der neueren höchstrichterlichen Rechtsprechung zu Einziehungsfällen, bei denen die Einziehung des Geschäftsanteils bereits mit der Mitteilung eines entsprechenden Gesellschafterbeschlusses an den betroffenen Gesellschafter wirksam wird, soweit der Einziehungsbeschluss weder nichtig ist noch für nicht erklärt wird,[57] können nach Überzeugung des II. Zivilsenates auch für die Ausschließung eines Gesellschafters ohne statutarische Regelung durch Klage Geltung beanspruchen.[58]

---

[51] OLG München NZG 2021, 1213 Rn. 72.
[52] BGHZ 192, 236 Rn. 13.
[53] OLG München NZG 2021, 1213 Rn. 76.
[54] OLG München NZG 2021, 1213 Rn. 77.
[55] OLG München NZG 2021, 1213 Rn. 95.
[56] BGHZ 9, 157.
[57] BGHZ 192, 236 Rn. 13; BGHZ 220, 207 Rn. 25; BGHZ 222, 323 Rn. 46.
[58] BGH 11.7.2023 – II ZR 116/21, Rn. 22 mwN.

Die Bedenken, die die höchstrichterliche Rechtsprechung zu Einziehungsfällen gegen die Bedingungslösung vorgebracht habe, respektive die mit der Aufrechterhaltung der mitgliedschaftlichen Rechte während der Schwebezeit einhergehenden Gefahren weiteren Streits, soweit der betroffene Gesellschafter zB durch Wahrnehmung seiner Gesellschafterrechte die Auszahlung der Abfindung an sich selbst in der Schwebezeit obstruiert,[59] sind in Fällen der Ausschließungsklage gar in besonderer Weise gegenwärtig.

Die Ausschließung ist – so der II. Zivilsenat – unter ultima-ratio-Gesichtspunkten ohnehin stets nur zulässig, wenn in der Person oder dem Verhalten des Gesellschafters ein wichtiger Grund vorliegt, der dessen Verbleib in der Gesellschaft für die weiteren Gesellschafter als unzumutbar erscheinen lässt, da eine gedeihliche Fortführung des Unternehmens infrage gestellt ist.[60]

Die Ausschließung des betroffenen Gesellschafters wird – so der II. Zivilsenat weiter – bereits mit Rechtskraft des Urteils wirksam und ist nicht durch die Zahlung einer Abfindung bedingt.[61] Das Fehlen einer antizipierten Zustimmung zur Ausschließung, die bei einer statutarischen Regelung als Argument für das fehlende Erfordernis einer Koppelung des Abfindungsanspruchs an die Wirksamkeit des Ausschlusses vorgebracht wird, zwingt nach weiterer Festlegung des II. Zivilsenat auch bei der Ausschließungsklage nicht zu einer Koppelung, nachdem der betroffene Gesellschafter in dem gerichtlichen Verfahren zu seiner Ausschließung einen gegenüber dem Beschlusswege besseren verfahrensrechtlichen Schutz erfährt.[62]

Der Unterwerfungsgedanke bei statutarischen Regelungen, wonach der Gesellschafter für den Fall des Eintritts eines wichtigen Grundes dem Fortsetzungsinteresse der übrigen Gesellschafter gegenüber dem Interesse an dem Verbleib in der Gesellschaft den Vorzug gibt,[63] kann in Fällen der Ausschließungsklage die sofortige Wirksamkeit des Ausschlusses unabhängig von der Zahlung der Abfindung auch deshalb nicht infrage stellen, da dem Recht der Dauerschuldverhältnisse der Grundsatz innewohnt, sich aus wichtigem Grund von dem untreuen Gesellschafter lösen zu können (§§ 314, 626, 723 BGB, §§ 117, 127, 133, 140 HGB) und dieser deshalb nicht auf einen Verbleib in der Gesellschaft vertrauen kann.[64]

4. Ein hinreichender Schutz des Abfindungsanspruchs des Gesellschafters sei durch das Gebot der Kapitalerhaltung zum einen und durch die persönliche Haftung der verbliebenen Gesellschaft zum anderen in dem Zeitpunkt, zu dem die Fortsetzung der Gesellschaft unter Verzicht auf Maßnahmen zur Befriedigung des Abfindungsanspruchs des ausgeschiedenen Gesellschafters als treuwidrig zu qualifizieren ist, sichergestellt.[65]

---

[59] Goette FS Lutter, 2001, 399 (345).
[60] BGH 11.7.2023 – II ZR 116/21, Rn. 2; BGHZ 16, 317; WM 1964, 1188 (1191); GmbHR 1987, 302; Strohn in MüKoGmbHG, 4. Aufl. 2022, GmbHG § 34 Rn. 134.
[61] BGH 11.7.2023 – II ZR 116/21, Rn. 29f.
[62] BGH 11.7.2023 – II ZR 116/21, Rn. 32.
[63] Pentz FS Ullmer, 2003, 451 (467).
[64] Goette DStR 2001, 533 (539); Strohn FS Bergmann, 2018, 729 (732f.).
[65] BGH 11.7.2023 – II ZR 116/21, Rn. 24.

Danach sollen dem ausgeschlossenen Gesellschafter die verbliebenen Gesellschafter nach Wirksamwerden der Ausschließung persönlich für die Abfindung ab dem Zeitpunkt haften, in dem die Fortsetzung der Gesellschaft unter Verzicht auf Maßnahmen zur Befriedigung des Abfindungsanspruchs des ausgeschiedenen Gesellschafters als treuwidrig anzusehen ist.[66] Die persönliche Haftung der Gesellschafter entsteht somit erst dann, wenn diesen ihrerseits ein Treuwidrigkeitsverstoß anzulasten ist, weil sie von Maßnahmen zur Befriedigung des Abfindungsanspruchs absehen, weiter wirtschaften und sich damit den Wert des Gesellschaftsanteils des ausgeschiedenen Gesellschafters einverleiben, ohne dass dieser eine angemessene Entschädigung erhält.[67]

§ 30 Abs. 1 GmbHG, der vorrangig dem Gläubigerschutz dient, stellt – so der II. Zivilsenat – zudem zugunsten des Auszuschließenden sicher, dass er seine Mitgliedschaft nur verliert, wenn die Abfindung ohne Verletzung des zur Erhaltung des Stammkapitals erforderlichen Vermögens der Gesellschaft gezahlt werden kann.[68] Danach soll der Grundsatz, wonach ein Beschluss über die Ausschließung eines Gesellschafters entsprechend § 241 Nr. 3 AktG bei einem feststehenden Verstoß gegen § 30 Abs. 1 GmbHG nichtig ist,[69] auch bei der Ausschließung ohne Satzungsregelung uneingeschränkt gelten. Denn es ist kein Grund ersichtlich, warum sich ein Gesellschafter bei einer solchen Sachlage einer Ausschließung unterwerfen soll.[70]

5. Das Erfordernis der Zurückweisung der Rechtssache an das Berufungsgericht ergab sich vor dem Hintergrund, dass die bisherigen Feststellungen des Berufungsgerichts die Annahme, die Abfindung könne nicht aus dem freien Vermögen der Gesellschaft aufgebracht werden, nicht zu tragen vermochten. So hatte das Berufungsgericht die Zusage des Klägers, die streitbefangene GmbH mit den zur Auszahlung der Abfindung notwendigen finanziellen Mitteln auszustatten als unbeachtlich qualifiziert, solange es in der Gesellschaft an dem für die Abfindung erforderlichen Kapital fehle. Dies erwies sich nach Überzeugung des BGH rechtsfehlerhaft, nachdem für das Auszahlungsverbot des § 30 Abs. 1 S. 1 GmbHG zu dem gebundenen Vermögen eine bilanzielle Betrachtungsweise unter Heranziehung von Buchwerten anhand einer stichtagsbezogenen Handelsbilanz – ohne Berücksichtigung von stillen Reserven – anzustellen ist.[71] Bei einer Handelsbilanz kann jedoch nach allgemeinen Grundsätzen die Zusage eines Gesellschafters zu einer Kapitalausstattung der Gesellschaft im Hinblick auf den Zahlbetrag der Abfindung als Forderung aktiviert werden. Denn ein Gesellschafter kann sich im Hinblick auf seine Mitgliedschaft (causa societatis) jederzeit zur Erbringung weiterer Leistungen – etwa zu Sanierungszwecken in Form von Verlustanteilserhöhungen oder verlorenen Zuschüssen oder sonstigen freiwilligen Zuwendungen – verpflich-

[66] BGH 11.7.2023 – II ZR 116/21, Rn. 28; BGHZ 210, 186 Rn. 23.
[67] BGHZ 210, 186 Rn. 24.
[68] BGH 11.7.2023 – II ZR 116/21, Rn. 25.
[69] BGH ZIP 2011, 1104 Rn. 19; ZIP 2020, 1757 Rn. 31.
[70] BGH 11.7.2023 – II ZR 116/21, Rn. 27.
[71] BGH 29.9.2008 – II ZR 234/07, Rn. 11; BGH 5.4.2011 – II ZR 263/08, Rn. 17; BGH 26.6.2018 – II ZR 65/16, Rn. 15; BGH 26.1.2021 – II ZR 459/21.

ten.[72] Somit kann sich der Gesellschafter auch erst im Rahmen eines Prozesses gegenüber der Gesellschaft verpflichten, sie so auszustatten, dass diese die Abfindungsforderung eines ausscheidenden Gesellschafters ohne Verstoß gegen § 30 Abs. 1 GmbHG zahlen kann; ein solcher Erstattungsanspruch kann in der Bilanz gem. § 42 GmbHG, §§ 242ff. HGB aktiviert werden.[73]

VII. Bewertung

Die besprochene Entscheidung des II. Zivilsenat des BGH ist zu begrüßen, da sie eine Kohärenz zwischen den Fällen der Einziehung bzw. des Ausschlusses kraft statutarischer Regelung und den Fällen einer Ausschließungsklage herstellt. Sie hat bislang – soweit ersichtlich – auch überwiegend positive Resonanz gefunden.[74]

1. Die Festlegung, dass der Gesellschafter einer Zwei-Personen-GmbH unter den Voraussetzungen des actio pro socio die Ausschließungsklage erheben kann, ist als echter Fortschritt bei der effizienten Bewältigung solcher Konfliktlagen zu bewerten.

Die bei der Zwei-Personen-GmbH mit paritätischen Stimmverhältnissen verbundenen Nachteile der inneren Zuständigkeitsordnung der Gesellschaft, nach der zunächst ein Gesellschafterbeschluss zur Klageerhebung durch die Gesellschaft gefasst werden müsste, werden damit vermieden.

2. Weiter ist die durch Richterrecht nunmehr niedergelegte Systematik zu den Rechtsfolgen eines Ausschließungsurteils aus Kohärenzgründen und aus Praktikabilitätsgründen zu begrüßen.

Die Aufgabe der Bedingungslösung zwingt nun dazu, frühzeitig vor Einleitung des Ausschließungsprozess die maßgeblichen Überlegungen zur Bewerkstelligung der Abfindungszahlung anzustellen. So muss sich der verbleibende Gesellschafter Gedanken machen, in welcher Höhe eine Abfindung entstehen wird und wie diese unter Beachtung von § 30 Abs. 1 GmbHG ohne Verletzung des Stammkapitals aufgebracht werden kann. Das setzt zunächst eine möglichst rechtsfeste Bestimmung des Abfindungsbetrages an sich voraus. Dies kann, gerade bei Vorhandensein erheblicher Immobilienwerte im Bereich des Anlagevermögens, mit Schwierigkeiten behaftet sein und wird bestenfalls nur entsprechende Zeit und finanzielle Mittel erfordern. Privatgutachterliche Stellungnahmen, die auch im Ausschließungsprozess vorgelegt werden können, dürften sich als sehr förderlich erweisen, um den Rechtsstreit der Ausschließungsklage zu beschleunigen.

3. Weiter ist frühzeitig zu klären, wie eine eventuell durch die Abfindungsforderung drohende Unterbilanz, die den Ausschluss des untreuen Gesellschafters wegen

[72] BGH 8.5.2006 – II ZR 94/05, Rn. 11; BGHZ 142, 116 Rn. 19.

[73] BGH 11.7.2023 – II ZR 116/21, Rn. 39; Ekkenga in MüKoGmbHG, 4. Aufl. 2022, GmbHG § 30 Rn. 105; Harnos in BeckOGK, 1.5.2023, BGB § 765 Rn. 668.2; Wittmann GmbHR 2020, 191 (193f.).

[74] Lüttenberg/Fischer NJW 2023, 3169; Heckschen GWR 2023, 341; Pieper/Schultes NZG 2023, 1547 (1549); Leuering/Rubner NJW-Spezial 2023, 656 (657).

Verstoß gegen § 30 Abs. 1 S. 1 GmbHG zunichtemacht, tragfähig vermieden werden kann.

Denkbar sind insoweit Kapitalausstattungszusagen des verbleibenden Gesellschafters oder eines Dritten, wie auch sonstige finanzielle Verpflichtungserklärungen in Form von Patronatserklärungen. Diese sind ausschließlich gegenüber der GmbH zu erklären und sollten die Verpflichtung enthalten, die GmbH für den Fall, dass der andere Gesellschafter mit einem rechtskräftigen Urteil als Gesellschafter ausgeschlossen wird, mit den für die Zahlung der Abfindung erforderlichen Mitteln auszustatten (Grund: Zahlung der Abfindung aus freiem Vermögen der Gesellschaft – § 30 GmbH). Bezifferte Kapitalausstattungszusagen sollten hinsichtlich des zur Verfügung zu stellenden Betrages unbedingt einen Sicherheitszuschlag beinhalten. Weiter erscheint auch eine Annahmeerklärung zur der Kapitalausstattungszusage durch den Geschäftsführer der GmbH vorteilhaft.

4. Ist eine Kapitalausstattungszusage zur Beseitigung einer durch den Abfindungsanspruch entstehenden Unterbilanz gestellt, so kann dies zudem nur gelingen, wenn die Zusage in der Bilanz aktiviert werden kann.

Bei Verknüpfung der Kapitalausstattungszusage mit einer aufschiebenden Bedingung ist zu beachten, dass die Aktivierung einer aufschiebend bedingten Forderung grundsätzlich ausscheidet und nur ausnahmsweise unter Realisationsgesichtspunkten in Betracht kommt, wenn die Forderung entweder rechtlich oder doch zumindest wirtschaftlich entstanden ist und mit der zukünftigen rechtlichen Entstehung fest gerechnet werden kann.[75]

Bezieht man diese Rechtsprechungsgrundsätze des BFH in die Überlegungen ein, so ist die Kapitalausstattungszusage mit ansatz- und wertbegründender Wirkung aktivierbar, sobald das Ausschließungsurteil rechtskräftig ist. Dies sollte genügen, weil dann bei Urteilserlass feststeht, dass die Gesellschaft die Abfindung ohne Verletzung von § 30 Abs. 1 S. 1 GmbHG leisten kann. Vermieden wird durch die Bedingung die Situation, dass die Ausschließung scheitert und die Kapitalausstattungszusage gleichwohl zu einem Vermögenszufluss bei der GmbH geführt hat.

Weiter setzt die Aktivierung eine hinreichende Bonität der die Kapitalausstattungszusage gebenden Person voraus. Der Nachweis einer Werthaltigkeit der Kapitalausstattungszusage kann dabei in geeigneter Weise zB mit einer Bankbestätigung zu entsprechenden liquiden Mitteln erfolgen. Auch der Nachweis entsprechender Mittel auf einem anwaltlichen oder notariellen Anderkonto können ein gangbarer Weg sein.

Der verbleibende Gesellschafter oder der Dritte, der die Kapitalausstattungszusage gibt, ist zudem gut beraten, die Frage der Aktivierbarkeit der Zahlungszusage im Vorfeld durch eine positive Bestätigung eines rechtlichen und steuerlichen Beraters zu untermauern und diese im Ausschließungsrechtsstreit vorzulegen, damit sich der Tatrichter eine hinreichende Überzeugung dazu bilden kann, dass die Abfindung an den untreuen Gesellschafter ohne Verletzung von § 30 Abs. 1 S. 1 GmbHG geleistet werden kann.

---

[75] BFH/NV 2013, 1566 Rn. 9f.

VIII. Auswirkungen für die Praxis

Die Entscheidung des BGH vom 11.7.2023 zeigt zu guter Letzt auf, dass bei einer Zwei-Personen-GmbH mit paritätischen Beteiligungs- und/oder Stimmverhältnissen idealerweise bereits bei Gesellschaftsgründung Werkzeuge überdacht werden sollten, die im Falle eines elementaren Konflikts unter den beiden Gesellschaftern langwierigen Streit in geeigneter Weise verhindern können. Zu denken ist dabei insbesondere an die Einrichtung eines Beirats, der mit von beiden Gesellschaftern geschätzten, unabhängigen Personen besetzt wird.

Zudem führt kein Weg an einer gut ausgearbeiteten GmbH-Satzung vorbei, die bei paritätischen Beteiligungs- und/oder Stimmverhältnissen eine wohldefinierte statutarische Regelung zu Fällen der Einziehung und des Ausschlusses sowie zur Bestimmung des Abfindungsguthabens und dessen zeitnaher Begleichung enthält. Die Satzung muss klar festlegen, wann ausgeschlossen werden kann und wie dies im Einzelnen von statten geht. Dabei muss klar zu Tage treten, dass trotz der je hälftigen Beteiligung an der GmbH das Bestandsinteresse der Gesellschaft klar überwiegt und der untreue Gesellschafter bei Scheitern von Einigungsbemühungen auf schnellem und einfachem Wege die Gesellschaft verlassen muss.

Der Aufnahme einer Schiedsklausel in die GmbH-Satzung für Streitigkeiten aus dem Gesellschaftsverhältnissen bedarf es hingegen, so nicht besondere Verschwiegenheitsbelange tangiert sind, regelmäßig nicht. Kommt es zu streitigen Auseinandersetzungen, ist die ordentliche Gerichtsbarkeit meist die bessere Wahl, weil sie nicht mit weniger Expertise ausgestattet ist, bei guter Strukturierung der Streitpunkte durch die am Rechtsstreit beteiligten Rechtsanwälte ebenso zügig agieren kann wie ein Schiedsgericht und zudem noch kostengünstiger ist.